25 ANOS DO CÓDIGO DE DEFESA DO CONSUMIDOR

Panorama atual e perspectivas futuras

COORDENADORES
Angélica Arruda Alvim
Eduardo Arruda Alvim
Marcelo Chiavassa de Mello Paula Lima

25 ANOS DO CÓDIGO DE DEFESA DO CONSUMIDOR

Panorama atual e perspectivas futuras

AUTORES

Ada Pellegrini Grinover
Alessandro Schirrmeister Segalla
Alexandre Torres Petry
Ana Beatriz Marchioni Kesselring
Andrea Zanetti
Angélica Arruda Alvim
António Pinto Monteiro
Araken de Assis
Bóris Chechi de Assis
Bruno Pereira Marques
Carlos Alberto Garbi
Carolina Teodoro Falleiros
Daniel Marques de Camargo
Daniel Willian Granado
Décio Luiz José Rodrigues
Eduardo Arruda Alvim
Emmanuel Gustavo Haddad
Erik Frederico Gramstrup
Everaldo Augusto Cambler
Fernanda Tartuce
Fernando Crespo Queiroz Neves
Fernando Rey Cota Filho
Fernando Rister de Sousa Lima
Fernando Rodrigues Martins
Flávio Tartuce
Francisco José Barbosa de Barros Neto
Frederico Thales de Araújo Martos
Gianvito Ardito
Gracileia Monteiro
Guilherme Guimarães Coam
Hugo Pires
José Augusto Delgado
Juliana Pereira da Silva
Leticia Arenal
Lucas Rister de Sousa Lima
Luís Augusto da Rocha Pires
Lygia Maria Moreno Molina Henrique
Mairan Gonçalves Maia Júnior
Marcelo Chiavassa de Mello Paula Lima
Maria Beatriz Crespo Ferreira Sobrinho
Mariângela Guerreiro Milhoranza
Matheus Gomes Camacho
Nathália Gonçalves de Macedo Carvalho
Olavo de Oliveira Neto
Rennan Faria Krüger Thamay
Rodrigo Mazzei
Rogério Luiz dos Santos Terra
Rosane Pereira dos Santos
Tatiana Bonatti Peres
William Néri Garbi

GZ EDITORA
Rio de Janeiro
2017

1ª edição – 2017

CIP – Brasil. Catalogação-na-fonte.
Sindicato Nacional dos Editores de Livros, RJ.

V791

25 anos do código de defesa do consumidor: panorama atual e perspectivas futuras / Ada Pellegrini Grinover ... [et. al.]; coordenação Angélica Arruda Alvim, Eduardo Arruda Alvim , Marcelo Chiavassa de Mello Paula Lima. – 1. ed. – Rio de Janeiro: LMJ Mundo Juridico, 2017.

712 p.; 24 cm.
Inclui bibliografia e índice
ISBN: 978-85-952-4006-3

1. Brasil. [Código de defesa do consumidor (1990)]. 2. Defesa do consumidor – Legislação – Brasil. I. Alvim, Angélica Arruda. II. Alvim, Eduardo Arruda. III. Lima, Marcelo Chiavassa de Mello Paula. IV. Título: Vinte e cinco anos do código de defesa do consumidor: panorama atual e perspectivas futuras.

17-39334

CDU: 34:366:342(81)(094.5)

GZ EDITORA

e-mail: contato@editoragz.com.br
www.editoragz.com.br
Av. Erasmo Braga, 299 – sala 202 – 2º andar – Centro – Rio de Janeiro – RJ – CEP 20010-170
Tels.: (0XX21) 2240-1406 / 2240-1416 – Fax: (0XX21) 2240-1511

Impresso no Brasil
Printed in Brazil

Impressão e acabamento:
Grupo Smart Printer
Soluções em impressão

APRESENTAÇÃO

O ano de 2015 trouxe uma impactante mudança legislativa, qual seja o Novo Código de Processo Civil, que veio alterar todo o sistema processual brasileiro, agora, mais do que nunca, apegado ao sistema de precedentes. Mas 2015 ainda nos reservou um importante aniversário, que não pode passar despercebido pelos juristas: os 25 anos do Código de Proteção e Defesa do Consumidor.

Uma das primeiras codificações a espelhar os princípios basilares da Constituição Federal de 1988, o CDC modificou profundamente a interpretação do Direito Privado – através dos mecanismos de proteção dos grupos hipossuficientes –, levando a um movimento que ficou conhecido como "descodificação do direito privado" e que mais tarde foi complementado por uma série de outros microssistemas legais, e também do Direito Público, através da tutela efetiva dos interesses difusos, individuais homogêneos e coletivos.

Estes primeiros 25 anos sinalizam o acerto do Legislador em relação às ideias e institutos trazidos pelo Código de Defesa do Consumidor, mas o movimento não pode parar e se até o momento o saldo é positivo, devemos nos manter atentos e ativos para que as conquistas não sejam dizimadas pelo tempo e pela omissão.

Aquela sociedade de 1990 não existe mais. Hoje fala-se em um planeta globalizado, com meios de comunicação instantâneos e uma publicidade cada vez mais individualizada e incisiva. Os contratos que antes eram realizados presencialmente, hoje são massificados e realizados essencialmente no ambiente virtual, através da Internet.

A comunicação e a informação fluem de forma direta e incrivelmente rápida, e se antes estas questões atingiam apenas os adultos, hoje atingem também as crianças, que desde muito cedo passam a ingressar neste mundo digital. A preocupação com o tratamento dos dados digitais é hoje um problema de primeira grandeza, principalmente por conta das chamadas redes sociais e dos aplicativos e sítios eletrônicos que acabam utilizando nossas informações como moeda para que prestem serviços digitais. Se antes o ouro moveu o mundo e remodelou paisagens, hoje não é exagero dizer que quem detém a informação, detém também o "poder" de escrever as próximas linhas da história.

O mundo mudou muito nestes últimos 25 anos e o Direito – como ciência social – está sempre correndo atrás destas mudanças, com a importante missão de criar instrumentos jurídicos que propiciem uma vida social organizada e segura para todos os envolvidos. É nesta linha que também o direito do consumidor vem se atualizando, com importantes inovações legislativas que tentam acompanhar esta incessante e cada vez mais veloz transformação global.

É neste cenário que surgiu a ideia de elaborar esta obra em comemoração aos 25 anos de conquistas do Código de Defesa do Consumidor, mas sem perder de vista que novas questões devem ser também objeto de análise e de estudo, a fim de garantir outras décadas de conquistas.

Desta forma, a presente obra tem como objetivo o estudo aprofundado do Direito do Consumidor através de diversos artigos (34) que visam abordar com profundidade os diferentes aspectos das relações de consumo, tais como (i) questões materiais e processuais já existentes no CDC; (ii) questões materiais e processuais que podem sofrer alteração em virtude dos PLS 281/2012 e 283/2012; (iii) Comércio Eletrônico; (iv) Direito ao esquecimento; (v) Contratos Internacionais – Projeto de alteração do art. 9º da LINDB; (vi) Relações de Consumo no direito imobiliário, dentre outros.

Acreditamos que o momento da obra seja oportuno por conta da data comemorativa (25 anos), das recentes e importantes inovações (novo CPC, Marco Civil da Internet) e, também, por conta dos projetos 281/2012 e 283/2012 em trâmite no Senado Federal, que poderão trazer novidades significativas para o direito do consumidor.

A obra encontra-se dividida em duas partes. A primeira delas é dedicada ao estudo do Direito Material, com temas de grande relevância acadêmica e prática, tais como reflexões acerca do Código de Defesa do Consumidor nos últimos 25 anos, comércio eletrônico, marco civil da internet, responsabilidade civil, práticas abusivas, planos de saúde e uma análise do meio ambiente e as relações de consumo.

A segunda parte da obra é dedicada ao estudo do Direito Processual, de onde se extraem importantes análises dos processos coletivos, coisa julgada, ônus da prova e os chamados negócios jurídicos processuais nas relações de consumo.

Não se trata de uma obra essencialmente acadêmica. Os autores escolhidos são todos reconhecidos em suas áreas de atuação e os temas escolhidos são abordados sempre com viés extremamente prático, o que auxiliará os profissionais do Direito no dia-a-dia.

O trabalho de organização e coordenação da obra restou pequeno ante o resultado final obtido, que não seria possível sem a contribuição de cada um dos autores e sem a excelente edição da GZ. Agradecemos imensamente todos os envolvidos.

Os coordenadores

PREFÁCIO

Foi com imensa satisfação que recebemos o convite para prefaciar a obra *"25 Anos do Código de Defesa do Consumidor: Panorama Atual e Perspectivas Futuras"*, coordenada por Angélica Arruda Alvim, Eduardo Arruda Alvim e Marcelo Chiavassa de Mello Paula Lima.

A inovação representada, na década de 1990, pela promulgação do Código de Defesa do Consumidor, consistente na tentativa de conferir tratamento especial às partes vulneráveis na relação de consumo, constitui, ainda, hoje, tema palpitante. Isso se deve à dificuldade de se restabelecer o equilíbrio entre os sujeitos da relação jurídica em hipóteses cada vez mais diversificadas, surgidas com a evolução da ciência e da tecnologia. Em decorrência, verificam-se impactos na economia, na cultura e na sociedade, que não podem ser ignorados pelo Direito.

A busca do reequilíbrio entre os sujeitos na relação de consumo passa, como se sabe, pela revisitação dos preceitos de direito material e processual já existentes, bem como pela concepção de outros, novos, que sejam mais adequados à sociedade de consumo.

Esta obra coletiva retrata primorosamente o estado contemporâneo e as perspectivas para tais institutos, dedicando-se, ora a *temas gerais cujo debate é sempre atual,* como a Política Nacional de Consumo, o tratamento constitucional das questões atinentes à produção e consumo, a função social do contrato, o meio ambiente e as relações de consumo, a constante inovação do direito privado, a coisa julgada coletiva etc., ora a *temas mais específicos e inovadores*, tais como a neutralidade de rede e a ausência de discriminação dos consumidores no uso da banda larga, a responsabilidade civil dos provedores no marco civil da *internet* e os negócios jurídicos processuais nas relações de consumo.

Impossível enumerar, neste prefácio, a variedade de questionamentos e temas instigantes que são abordados em cada um dos artigos, mas devem-se enfatizar as inúmeras perspectivas sob as quais o direito do consumidor é analisado: tem-se desde ensaios dedicados ao direito comparado, perpassando direito internacional e as reformas legislativas brasileiras, até temas de aplicabilidade prática mais especializada, tais como a responsabilidade civil do transportador aéreo, o direito imobiliário e a proteção do consumidor, os planos e seguros de saúde, a publicidade infantil etc..

A riqueza e multiplicidade dos temas é revigorada pela primorosa abordagem dos autores, juristas formados em universidades e faculdades de altíssimo nível, no Brasil (PUC-SP, PUC-RS, PUC-MG, FDV, UENP, FMU, FAAP, Universidade Presbiteriana Mackenzie, FADISP, USP, UFRGS, UFES, UFRN, UNISINOS) e no exterior (*University of Miami, Scuola di Specializzazione dell'Università Degli Studi di Camerino, Università degli Studi di Milano, Universidade de Lisboa, Università degli Studi di Pavia*).

Esses autores são advogados, juízes, desembargadores, conselheiros do CNJ, membros do Ministério Público e, em sua grande maioria, professores de instituições renomadas de todas as partes do país.

Não podemos deixar de destacar, entre os excelentes autores desta obra coletiva, a preciosa contribuição da Professora Ada Pellegrini Grinover, jurista de grandeza ímpar, que participou diretamente na elaboração do projeto original do Código de Defesa do Consumidor. Ao lado dela, destaca-se a colaboração do Ministro Aposentado do Superior Tribunal de Justiça, José Augusto Delgado, cujas valiosas ideias contribuíram diretamente para alicerçar as bases interpretativas do Código de Defesa do Consumidor na jurisprudência brasileira. A presença de ambos nesta obra coletiva apenas prenuncia a excelência dos demais coautores, cujas qualificações não seria possível aqui pormenorizar.

A obra reflete bem aquilo que pretende: a repercussão de um diploma legislativo concebido num momento de ruptura paradigmática dos direitos civil e constitucional, e que, ainda hoje, é influenciado pela dinâmica das relações sociais, jurídicas e econômicas, em decorrência da constante evolução tecnológica.

Parabenizamos os coordenadores, os autores e a editora GZ pela iniciativa deste trabalho coletivo, de extrema relevância e utilidade para advogados, juízes e estudiosos do Direito.

São Paulo, 16 de novembro de 2016.

Arruda Alvim

SOBRE OS COORDENADORES E AUTORES

ADA PELLEGRINI GRINOVER
Professora Titular da Faculdade de Direito da Universidade de São Paulo

ALESSANDRO SCHIRRMEISTER SEGALLA
Mestre em Direito Civil pela USP. Especialista em Direito pela PUC-SP. Graduado em Direito pelo Centro Universitário das Faculdades Metropolitanas Unidas. Autor do livro "Contrato de Fiança", publicado pela Editora Atlas em 2013. Professor do Curso de Graduação em Direito do Centro Universitário das FMU e do Curso de Graduação em Direito da Universidade São Judas Tadeu. Professor dos Cursos de Pós-Graduação em Direito da Escola Paulista de Direito. Professor da Escola Superior da Advocacia (ESA) da OAB-SP. Advogado e Consultor Jurídico em São Paulo.

ALEXANDRE TORRES PETRY
Mestre em Direito pela PUCRS. Especialista em Direito e Economia pela UFRGS. Especialista em Direito do Consumidor e Direitos Fundamentais pela UFRGS. Graduado pela UFRGS. Doutorando em Educação pela UFRGS. Coordenador do grupo de estudos em Direito do Consumidor da OAB/RS e membro da Comissão Especial de Defesa do Consumidor da OAB/RS. Coordenador e professor do Curso de Capacitação em Direito do Consumidor da Escola Superior de Advocacia da OAB/RS. Professor de Direito nas graduações da FADIPA e CESUCA e nos cursos de pós-graduação do IMED. Advogado.

ANA BEATRIZ MARCHIONI KESSELRING
Graduada em Direito pela Faculdade de Direito da Pontifícia Universidade Católica de São Paulo (1993). Mestrado em Direito do Mar e Costeiro ("Ocean and Coastal Law") em 2002 e em Direito Comparado ("Comparative Law") em 2003 - ambos os cursos realizados na University of Miami, Coral Gables, Florida. Pós Graduação em Direitos Difusos e Coletivos pela Escola Superior do Ministério Público de São Paulo, 1994. Sócia de Sales e Kesselring Advogados, com experiência de cerca de 20 anos na área de relações de consumo.

ANDREA ZANETTI
Doutoranda e Mestre em Direito Civil pela Pontifícia Universidade Católica de São Paulo. Professora convidada e orientadora, respectivamente, nos cursos de Pós-graduação *lato sensu* em Direito Civil e Processual Civil na Escola Paulista de Direito (EPD) e em Contratos na Escola de Direito de São Paulo da Fundação Getúlio Vargas (DIREITO SP). Membro do Instituto de Direito Privado (IDP). Advogada e autora.

ANGÉLICA ARRUDA ALVIM
Professora de Direito Civil da PUC/SP. Advogada.

ANTÓNIO PINTO MONTEIRO
Professor Catedrático da Faculdade de Direito da Universidade de Coimbra

ARAKEN DE ASSIS
Desembargador (aposentado) do TJ/RS. Professor Titular (aposentado) da PUC/RS. Doutor em Direito (PUC/SP). Advogado

BÓRIS CHECHI DE ASSIS
Advogado em Porto Alegre/RS.

BRUNO PEREIRA MARQUES
Mestrando em Direito pela Universidade Federal do Espírito Santo (UFES). Advogado. Pós-Graduado em Direito Civil pela Faculdade de Direito de Vitória – FDV. Mestrando em Direito pela Universidade Federal do Espírito Santo (UFES). Advogado.

CARLOS ALBERTO GARBI
Doutor em Direito Civil pela PUC/SP, Mestre em Direito Civil pela PUC/SP, Professor da graduação e pós-graduação da FMU/SP, Chefe do Departamento de Direito Civil da FMU/SP, Professor convidado da pós-graduação da FAAP, EPD e Complexo Jurídico Damásio de Jesus. Desembargador do Tribunal de Justiça de São Paulo.

CAROLINA TEODORO FALLEIROS
Mestre em Direito Processual Civil pela Univeridade de São Paulo (USP). Advogada.

DANIEL MARQUES DE CAMARGO
Mestre em Ciência Jurídica UENP – Jacarezinho/PR. Professor universitário. Advogado OAB/SP. Autor do livro Jurisdição crítica e direitos fundamentais (2ª Ed. Editora Núria Fabris, 2010). Coautor do livro Execução civil e temas afins – Do CPC/1973 ao novo CPC – estudos em homenagem ao Professor Araken de Assis (Editora Revista dos Tribunais, 2014).

DANIEL WILLIAN GRANADO
Doutor e Mestre em Direito Processual Civil pela PUC/SP. Especialista em Direito Processual Civil pela PUC/SP. Professor de Direito Civil e Direito Processual Civil das Faculdades Metropolitanas Unidas – FMU. Membro do Instituto Brasileiro de Direito Processual – IBDP. Membro do Conselho Editorial da Revista Forense. Membro da Comissão Permanente de Estudos de Processo Constitucional do IASP. Coordenador Editorial e Membro Fundador da Academia de Pesquisas e Estudos Jurídicos – APEJUR. Advogado.

DÉCIO LUIZ JOSÉ RODRIGUES
Professor de Direito da Escola Paulista da Magistratura e ex-professor do CPC- Curso Preparatório para Concursos (Marcato). Autor de 31 livros jurídicos. Juiz de Direito Titular da 5ª Vara de Acidentes do Trabalho de São Paulo, atualmente atuando como Juiz Assessor da Presidência da Seção de Direito Privado do Tribunal de Justiça do Estado de São Paulo.

EDUARDO ARRUDA ALVIM
Doutor e Mestre em Direito Processual Civil pela Pontifícia Universidade Católica de São Paulo. Professor dos cursos de doutorado, mestrado, especialização e bacharelado da Pontifícia Universidade Católica de São Paulo – PUC/SP e da Faculdade Autônoma de Direito – FADISP. Acadêmico titular da Cadeira nº 20 da Academia Paulista de Direito. Membro do Instituto Brasileiro de Direito Processual. Membro do Instituto Iberoamericano de Derecho Procesal. Membro do Instituto Panamericano de Derecho Procesal. Membro da Comissão de Juristas do Senado Federal, incumbida da elaboração de Anteprojeto de Nova Lei de Arbitragem e Mediação. Presidente da Comissão Permanente de Estudos de Processo Constitucional do Instituto dos Advogados de São Paulo – IASP. Diretor da Revista Forense. Advogado.

EMMANUEL GUSTAVO HADDAD
Mestrando em Ciência Jurídica pela UENP. Professor Universitário. Advogado.

ERIK FREDERICO GRAMSTRUP
Juiz Federal. Doutor e Mestre em Direito das Relações Sociais. Especialista em Direito Financeiro e Tributário Aplicado à Administração. Professor da Pontifícia Universidade Católica de São Paulo e da Faculdade Autônoma de Direito de São Paulo – FADISP.

EVERALDO AUGUSTO CAMBLER
Advogado integrante do Escritório Arruda Alvim & Thereza Alvim Advocacia e Consultoria Jurídica. Mestre e Doutor em Direito pela Pontifícia Universidade Católica de São Paulo. Professor assistente doutor do curso de Direito da Pontifícia Universidade Católica de São Paulo. Cocoordenador do Curso de Especialização em Direito Imobiliário do COGEAE-SP da mesma instituição. Docente da Faculdade Autônoma de Direito de São Paulo – FADISP.

FERNANDA TARTUCE
Doutora e Mestre em Direito Processual pela Universidade de São Paulo. Professora dos cursos de Mestrado e Doutorado da Faculdade Autônoma de Direito (FADISP). Professora e coordenadora em cursos de Pós-graduação *lato sensu* em Direito Civil e Processual Civil na Escola Paulista de Direito (EPD).

FERNANDO CRESPO QUEIROZ NEVES
Advogado. Doutor e Mestre em Direito Processual Civil pela PUC/SP

FERNANDO REY COTA FILHO
Mestrando em Direito Processual Civil pela PUC/SP. Advogado.

FERNANDO RISTER DE SOUSA LIMA
Professor da Faculdade de Direito do UNITOLEDO, Araçatuba. Segundo Vice-Presidente da ABraSD

FERNANDO RODRIGUES MARTINS
Doutor e Mestre em Direito Civil pela Puc/SP. Promotor de Justiça em Minas Gerais. Vice-Presidente do Instituto de Direito Privadoç Professor de Direito Civil da Universidade Federal de Uberlândia. Professor de Pós-Graduação da Universidade Federal de Uberlândia. Coordenador do Curso de Pós-Graduação da Faculdade de Direito da UFU. Coordenador Pedagógico do Centro de Estudos e Aperfeiçoamento do MPMG.

FLÁVIO TARTUCE
Doutor em Direito Civil pela USP. Mestre em Direito Civil Comparado pela PUC/SP. Professor do programa de mestrado e doutorado da Faculdade Autônoma de Direito (FADISP). Professor e coordenador dos cursos de graduação e pós-graduação em Direito Civil da Escola Paulista de Direito (EPD). Professor da Rede LFG. Membro do BRASILCON. Advogado, consultor jurídico e parecerista.

FRANCISCO JOSÉ BARBOSA DE BARROS NETO
Especialista em Direito Processual Civil pela Escola Paulista da Magistratura (EPM). Bacharel em Direito pela PUC-SP. Assistente Jurídico no TJSP.

FREDERICO THALES DE ARAÚJO MARTOS
Doutor e Mestre em Direito pela FADISP. Professor da pós-graduação da rede de ensino LFG/Anhanguera/ Króton. Professor Titular de Direito Empresarial na Graduação da UNIP. Associado ao CONPEDI, SBPC e AASP. Advogado regularmente inscrito na OAB/SP. Contato: fredmartos@gmail.com.

GIANVITO ARDITO
Mestre em Direitos Difusos e Coletivos pela PUC/SP. Especialista em Direito do Consumidor pela Escola Paulista da Magistratura (EPM). Bacharel em Direito pela PUC/SP. Advogado.

GRACILEIA MONTEIRO
Mestranda e Especialista em Direito Civil e Processo Civil pela Escola Paulista de Direito. Advogada

GUILHERME GUIMARÃES COAM
Mestre em Direito Político e Econômico pela Universidade Presbiteriana Mackenzie. Membro do Grupo de Pesquisas *Ativismo Judicial e Seguridade Social*, da Universidade Presbiteriana Mackenzie. Advogado.

HUGO PIRES
Graduado em Letras/Literatura pela Universidade do Norte Pioneiro – UENP (2009). Acadêmico de Direito FIO/Ourinhos (2011-2015). Pós-Graduando em Direito Processual Civil – PROJURIS/FIO (2014-2015).

JOSÉ AUGUSTO DELGADO
Parecerista. Consultor. Advogado. Magistrado durante 43 anos. Ministro Aposentado do STJ. Ex-Ministro do Tribunal Superior Eleitoral. Doutor Honoris Causa pela Universidade Federal do Rio Grande do Norte. Idem pela Universidade Potiguar do RN. Acadêmico da Academia Brasileira de Letras Jurídicas. Acadêmico da Academia Brasileira de Direito Tributário. Integrante da Academia de Direito Tributário das Américas. Acadêmico da Academia Norte-rio-grandense de Letras. Acadêmico da Academia de Letras Jurídicas do Rio Grande do Norte. Professor Aposentado da UFRN. Professor convidado do Curso de Especialização do CEUB – Brasília. Ex-Professor da Universidade Católica de Pernambuco. Ex-Juiz Estadual. Ex-Juiz Federal. Do Instituto dos Advogados de Brasília-DF. Autor de mais de 200 artigos jurídicos. Autor de 4 livros jurídicos. Co-autor em mais de 20 obras coletivas.

JULIANA PEREIRA DA SILVA
Secretária Nacional do Consumidor

LETICIA ARENAL
Mestranda em Direito Processual Civil pela PUC-SP. Especialista em Direito Civil e Direito Processual Civil pela Escola Paulista de Direito (EPD). Professora Assistente na graduação do curso de Direito da PUC-SP. Advogada.

LUCAS RISTER DE SOUSA LIMA
Advogado. Especialista em Direito Processual Civil pela PUC-SP. Mestre em Direito Processual Civil pela PUC-SP.

LUÍS AUGUSTO DA ROCHA PIRES
Acadêmico de Direito na UFRGS e Assistente Jurídico no Escritório Portanova Advogados Associados em Porto Alegre/RS.

LYGIA MARIA MORENO MOLINA HENRIQUE
Mestranda na Pontifícia Universidade Católica (PUC-SP) em Direitos Difusos e Coletivos.

MAIRAN GONÇALVES MAIA JÚNIOR
Desembargador Federal do TRF da 3ª. Região. Diretor Presidente da Escola de Magistrados do TRF da 3ª. Região (2012-2014). Conselheiro do CNJ (2007-2009). Mestre e Doutor em Direito Civil pela Pontifícia Universidade Católica de São Paulo. Professor Assistente Mestre da Pontifícia Universidade Católica de São Paulo.

MARCELO CHIAVASSA DE MELLO PAULA LIMA
Doutorando em Direito Civil pela Universidade de São Paulo e Mestre em Direito Civil PUC/SP. Pós-Graduando em Direito Civil Italiano e Europeu na *Scuola di Specializzazione dell'Università Degli Studi di Camerino* (UNICAM). Especialista em Direito Contratual pela PUC-SP. Bacharel em Direito pela PUC-SP. Membro do Instituto de Direito Privado (IDP). Advogado.

MARIÂNGELA GUERREIRO MILHORANZA
Pós Doutoranda em Direito pela PUCRS, Doutora em Direito pela PUCRS, Mestre em Direito pela PUCRS, Especialista em Direito Processual Civil pela PUCRS, Professora da Pós Graduação em Direito e Processo do Trabalho da PUCRS, Professora da Graduação e Coordenadora da Pós Graduação em Direito Previdenciário e Direito do Trabalho da FACOS – Faculdade Cenecista de Osório e Advogada no Escritório Portanova Advogados Associados em Porto Alegre/RS.

MATHEUS GOMES CAMACHO
Mestrando em Ciência Jurídica pela UENP. Advogado. Membro do IBDFAM, do IASP e do IBDP. Advogada, mediadora e autora.

NATHÁLIA GONÇALVES DE MACEDO CARVALHO
Mestranda em direito processual civil pela Pontifícia Universidade Católica de São Paulo – Puc-SP. Professora Assistente em Direito Processual Civil na Graduação da PUC/SP. Advogada.

OLAVO DE OLIVEIRA NETO
Mestre e Doutor pela PUCSP. Pós-doutorado pela Università degli Studi di Milano. Professor de Direito Processual Civil nos cursos de Mestrado e de Graduação da PUCSP, do COGEAI, da Escola Paulista da Magistratura e de inúmeros cursos de especialização. Ex-professor do programa de doutorado, mestrado, especialização e graduação da ITE-Bauru. Vice-presidente do Centro de Estudos de Direito Civil e Processual Civil – CECIPRO. Membro do Instituto Brasileiro de Direito Processual. Vencedor do Prêmio *"Professor Nota 10"* de 1998. Ex-Procurador do Estado e ex-Promotor de Justiça no Estado de São Paulo. Juiz de Direito Titular da 39ª Vara Cível de São Paulo, atualmente atuando como Juiz Assessor da Presidência da Seção de Direito Privado do Tribunal de Justiça do Estado de São Paulo.

RENNAN FARIA KRÜGER THAMAY
Pós-Doutorado pela Universidade de Lisboa. Doutor em Direito pela PUC/RS e Università degli Studi di Pavia. Mestre em Direito pela UNISINOS e pela PUC Minas. Especialista em Direito pela UFRGS. É Professor do programa de graduação e pós-graduação (Doutorado, Mestrado e Especialização) da FADISP. Foi Professor assistente (visitante) do programa de graduação da USP. Foi Professor do programa de graduação e pós-graduação (lato sensu) da PUC/RS. Membro do IAPL (International Association of Procedural Law), do IIDP (Instituto Iberoamericano de Derecho Procesal), do IBDP (Instituto Brasileiro de Direito Processual), IASP (Instituto dos Advogados de São Paulo), da ABDPC (Academia Brasileira de Direito Processual Civil), do CEBEPEJ (Centro Brasileiro de Estudos e Pesquisas Judiciais).

RODRIGO MAZZEI
Pós doutor (UFES), Professor da graduação e do mestrado da Universidade Federal do Espírito Santo (UFES). Vice-presidente do Instituto dos Advogados do Estado do Espírito Santo (IAEES). Presidente da Escola Superior da Advocacia (ESA-OAB/ES).

ROGÉRIO LUIZ DOS SANTOS TERRA
Mestre e Doutorando em direito processual civil pela Pontifícia Universidade Católica de São Paulo – PUC/SP. Professor Assistente em Direito Processual Civil na Graduação e Mestrado da PUC/SP. Advogado.

ROSANE PEREIRA DOS SANTOS
Mestranda em Direito Econômico pela PUC/SP. Especialista em Direito Processual Civil pela Escola Superior de Advocacia. Advogada.

TATIANA BONATTI PERES
Doutoranda em Direito Civil pela PUC-SP. Mestra em Direito Civil pela PUC-SP. Graduada pela PUC-SP. Advogada em São Paulo. Autora do livro "Opção de Compra", publicado pela Editora Juruá em 2011, do livro "Temas de Direito Imobiliário e Responsabilidade Civil" publicado pela Editora Lumen Juris em 2012 e do livro "Direito Imobiliário Esquematizado", publicado pela Editora Lumen Juris, em 2014, com prefácio de Luiz Antonio Scavone Junior; co-autora e organizadora do livro "Defeitos da Compra e Venda" publicado pela Editora Lumen Juris em 2013, com prefácio de Ruy Rosado de Aguiar Júnior, e do livro "Temas Relevantes de Direito Empresarial", publicado pela Editora Lumen Juris em 2014, com prefácio de José Manoel de Arruda Alvim Netto, além de diversos artigos jurídicos na área de Direito Civil, inclusive pela Revista dos Tribunais, onde teve a oportunidade de escrever, dentre outros temas, sobre "Abuso do Direito", artigo que se tornou referência no consagrado Código Civil comentado de Theotonio Negrão (art. 187).

WILLIAM NÉRI GARBI
Especialista em Direito do Consumidor pela EPM – Escola Paulista da Magistratura, Especialista em Direito Econômico e Negocial pela EPM – Escola Paulista da Magistratura. Especialista em Direito Imobiliário pela EPD – Escola Paulista de Direito. *Scholarship* na Public University of Lodz, Poland. Advogado.

SUMÁRIO

Parte II
TEMAS DE DIREITO PROCESSUAL

Parte I

Temas de Direito Material

UMA BREVE REFLEXÃO SOBRE OS VINTE E CINCO ANOS DA POLÍTICA NACIONAL DAS RELAÇÕES DE CONSUMO

Juliana Pereira da Silva

Introdução

De antemão peço desculpas pelo olhar enviesado, por esquecer de coisas importantes e eventualmente por cometer alguma injustiça ou imprecisão técnica. Esse texto não se propõe a ser um artigo científico e sim uma pequena narrativa idealista e até nostálgica sobre o quanto foi feito nos últimos vinte e cinco anos pela defesa dos consumidores e pelo desenvolvimento das relações de consumo no Brasil, especialmente no âmbito da tutela administrativa e nas políticas públicas.

Devo avisar ao leitor que o conteúdo terá um olhar limitado, o olhar de uma operária da defesa do consumidor no Brasil, que iniciou seu trabalho no balcão de atendimento de um PROCON municipal, militou na mobilização social em comunidades de baixa renda. Convidada a participar da construção da Política Nacional das Relações de Consumo, andou pelo país trabalhando na integração dos Procons, estava presente na criação da Secretaria Nacional do Consumidor, e teve a honra de discutir e elaborar o primeiro plano federal para relações de consumo no Brasil diretamente com a Presidência da República.

Para refletir sobre a evolução da Política Nacional das Relações de Consumo no Brasil nos últimos vinte e cinco anos, tentarei dividi-la didaticamente em três fases, para permitir uma melhor contextualização dos seus importantes momentos.

Permitam-me iniciar essa reflexão pela Constituição de 1988, muito provavelmente alguns colegas não concordariam com esse corte, afinal na década de 70 já tínhamos no Brasil associações civis de defesa do consumidor e até PROCON, pois a criação do PROCON de São Paulo é de 1976, o primeiro do país. Mas considerando que o objetivo do texto é um olhar sobre políticas públicas de defesa do consumidor no âmbito nacional, o corte se faz necessário, pois me parece que só depois da Constituição é que o governo federal dá os primeiros passos no sentido de incluir a proteção do consumidor nos seus escaninhos.

Sendo assim, tomemos que a primeira fase se inicia pela Constituição de 1988 e vai até meados dos anos 90, marcada pela normatização dos direitos do consumidor no Brasil. Essa fase tem suas raízes na Constituição e seu frondoso tronco no Código de Defesa do Consumidor, norma de ordem pública e interesse social editada em 1990.

É necessário também pensar sobre a fase imediatamente pós normatização. Reconhecida como uma lei de vanguarda pelos juristas e especialistas, o Código de Defesa do Consumidor entrou em vigor em uma economia que se abria gradualmente aos produtos importados, a globalização chega ao país, momento também em que se iniciam as privatizações dos principais serviços públicos e que, após vários planos econômicos, o Brasil parecia ter encontrado a estabilidade, deixando para trás a inflação.

Por fim, há que se compreender o momento atual que é marcado pela inclusão econômica de milhões de pessoas, pela ampliação do acesso a bens e serviços, pelo surgimento de um novo mercado de consumo no Brasil na sociedade da informação, que nos mantém conectados e exige ainda mais transparência e efetividade do Estado e do mercado.

1. A normatização dos direitos do consumidor no Brasil

Há várias formas de avaliar a inclusão do direito do consumidor na Constituição brasileira, farei a mais otimista e entusiasta. Primeiramente porque trata-se de um direito fundamental do consumidor ser protegido pelo Estado, está devidamente reconhecida então a necessidade de proteção e, portanto, consagrada a vulnerabilidade do cidadão nas relações de consumo. Em segundo lugar, porque está claro no capítulo da ordem econômica que a livre iniciativa, ou seja, o capital, o mercado, deverá conviver com a proteção ao consumidor. Pode parecer paradoxal, mas é assim, está garantida a liberdade para o capital, para o investimento e a produção, mas há que se cumprir valores, como boa-fé e transparência em relação ao consumidor.

Ainda na visão otimista, graças aos Deputados Constituintes e ao movimento consumerista à época, é claro, devemos agradecer pela Disposição Constitucional Transitória do artigo 48, que estabeleceu cento e vinte dias de prazo para edição de lei que fizesse valer o previsto no inciso XXXII do artigo 5.

Diante desse contexto, em 11 de setembro de 1990 é sancionada a Lei 8.078, que entraria em vigor em 11 de março de 1991. A nova lei, chamada de Código de Proteção e Defesa do Consumidor (CDC), é reconhecida até hoje, vinte e cinco anos depois de sua edição, como uma lei de vanguarda, que marcou não só a vida dos brasileiros, mas que significou uma inovação jurídica ao país.

Ela colocou as relações de consumo no Brasil em um novo patamar, reconheceu a vulnerabilidade do consumidor, estabeleceu a boa-fé como princípio basilar de toda e qualquer ação mercadológica, definiu que os fornecedores serão responsáveis objetivamente por produtos e serviços colocados no mercado, permitiu a inversão do ônus da prova e a revisão dos contratos, inclusive nulidade de cláusulas abusivas. Enfim, promoveu uma pequena revolução!

Dentre vários institutos jurídicos, a nova lei instituiu o Sistema Nacional de Defesa do Consumidor, definiu os princípios da Política Nacional das Relações de Consumo e criou um órgão federal para atuar em todo esse novo universo. Nasceu nesse momento um grande desafio, implementar o novo marco legal em um país de dimensões continentais, com realidade econômica e social muito diversas, unidades federativas autônomas com competência para atuar no âmbito da proteção ao consumidor e um setor privado relutante em aceitar a nova lei.

Não era raro, naquela oportunidade, representantes do setor privado afirmarem que o país não estava preparado para a nova lei aprovada. Muitos afirmavam que iriam embora do país e que cumprir o CDC poderia levá-los à falência.

As instituições financeiras, por sua vez, levaram ao Poder Judiciário sua argumentação de que a nova lei não se aplicaria aos bancos e que somente o Banco Central, como autoridade monetária, poderia fiscalizá-los.

Diante desse contexto, podemos verificar que a primeira fase da Política Nacional das Relações de Consumo é a fase do conflito. Conflito deflagrado não só pelas discussões jurídicas, mas pela importante atuação do Ministério Público e dos Procons. Aos poucos esses órgãos estaduais e municipais de defesa do consumidor foram ocupando um importante espaço na sociedade, seja por conta do atendimento oferecido a população, seja por suas ações de educação e de fiscalização do mercado de consumo.

Procurar o PROCON para tirar dúvidas, receber orientações e registrar reclamações foi uma importante forma do consumidor brasileiro contribuir para os primeiros passos de implementação do nosso Código.

Da mesma forma, a atuação intensa do Ministério Público na instauração de inquéritos civis e na proposição de ações para assegurar os direitos coletivos e difusos dos consumidores contribuiu para que ele fosse reconhecido como grande guardião dos direitos e garantias estabelecidas na Constituição e no Código de Defesa do Consumidor.

Importante destacar que mesmo sendo uma época de conflitos e discussões, os primeiros anos de implementação do CDC foram imprescindíveis para a disseminação dos direitos dos consumidores e para sua ampla popularização na sociedade brasileira.

Dessa forma, os consumidores passaram então a reclamar da publicidade enganosa, do descumprimento da oferta, da qualidade e validade dos produtos; a exigir informações mais claras e ostensivas. Passaram também a despertar interesse pela leitura do contrato e, quando não concordavam, buscavam a justiça para rediscutir as cláusulas que classificam como abusivas.

O tema da proteção à saúde e segurança do consumidor, por sua vez, também entrou na agenda de políticas públicas, em grande medida pela atuação contundente do PROCON de São Paulo e do Ministério Público também daquele estado, que exigem a realização de *recall* de um veículo de uma grande montadora.

Importante também destacar o importante papel que a imprensa desempenhou para a defesa do consumidor nesse primeiro momento e que permanece até hoje, pois, na medida em que as ações são amplamente divulgadas pelos veículos de comunicação, desdobramentos importantes acontecem, como a conscientização do consumidor e a exposição daqueles que descumprem a lei.

Não tenho a menor dúvida que esses primeiros anos foram imprescindíveis para a construção de um novo conceito em políticas públicas, para a disseminação dos direitos dos consumidores, para o aprimoramento do mercado de consumo no Brasil e para a articulação do Sistema Nacional de Defesa do Consumidor.

2. A institucionalização da proteção do consumidor e a consolidação do sistema nacional de defesa do consumidor

Como proposto, imaginemos que em seguida a esse primeiro momento, damos início a uma outra fase que traz consigo novos desafios, como o aumento de produtos importados no mercado brasileiro, o fim da inflação (e, com isso, uma nova maneira de comprar e contratar), a privatização dos serviços públicos (especialmente telecomunicações), o surgimento das agências reguladoras, a lei de planos de saúde e outros tantos temas.

A nova etapa passou a exigir mais de todos os atores envolvidos na proteção e defesa dos consumidores. Além de uma nova complexidade técnica, o processo de privatização dos serviços públicos, com a consequente criação das agências reguladoras, ignorou completamente o papel dos órgãos de defesa do consumidor e não previu nenhuma articulação institucional com o Sistema Nacional de Defesa do Consumidor.

Período difícil, pois se até então os grandes embates da defesa do consumidor eram com fornecedores de produtos e serviços, nesse momento surge um novo embate, com os órgãos públicos responsáveis pela regulação e fiscalização de um novo mercado de consumo: os serviços recém privatizados.

Somado-se a isso, a entrada de produtos importados no mercado brasileiro incluiu novos atores no pólo passivo das discussões de defesa do consumidor, os importadores e o varejo, que até então não eram alvo de tantas discussões sobre garantia, assistência técnica e falta de peças de reposição. A notícia boa era a estabilização econômica que parecia finalmente ter chegado aos brasileiros.

De outro lado, durante essa fase o Sistema Nacional de Defesa do Consumidor ganha duas importantes forças institucionais, o Fórum dos Procons e o Fórum Nacional das Entidades Civis de Defesa do Consumidor. Passos que se revelariam importantes para os anos seguintes.

Seguindo uma lógica cronológica, até aqui devemos ter entre quinze e dezesseis anos pós-edição do Código de Defesa do Consumidor. Passemos então a refletir sobre os últimos dez anos da Política Nacional das Relações de Consumo.

Comecemos pelo fato de que o Departamento de Proteção e Defesa do Consumidor - DPDC priorizou ações estruturantes para a Política Nacional no momento em que começou discutir um projeto para viabilizar a elaboração e divulgação do Cadastro Nacional de Reclamações Fundamentadas, que culminou na contratação de um grande estudo para essa finalidade.

Esses foram sinais concretos de que o DPDC precisava se municiar de informações sobre as reclamações dos consumidores brasileiros para poder então lastrear e balizar as suas ações de defesa do consumidor.

Dentre as várias conclusões desse estudo, duas merecem destaque especial: (i) para viabilizar a elaboração e publicação do Cadastro Nacional seria importante trabalhar na harmonização dos conceitos e procedimentos para elaboração dos cadastros estaduais, uma vez que o nacional seria a consolidação destes; (ii) para facilitar essa harmonização seria importante que todos utilizassem os mesmos fluxos e quiçá um mesmo sistema informático.

Levando em consideração essas recomendações, fora aventada a possibilidade de se firmar parceria com algum ente federativo que já detivesse um sistema. Chegou-se, então, à conclusão que os sistemas do Paraná e de São Paulo poderiam ser utilizados para essa finalidade.

Nada mais importante para o fortalecimento das instituições do que a discussão colegiada e a tomada de decisões compartilhadas. Nesse sentido, foi organizado um encontro com dirigentes estaduais de defesa do consumidor das vinte e sete unidades da federação, ocasião em que se deliberou por uma cooperação técnica entre o DPDC e a Fundação PROCON de São Paulo para a customização do Sistema de Informações Gerais de Atendimento – SIGA para um sistema que pudesse ser implantando em âmbito nacional para permitir a integração das informações de defesa do consumidor oriundas dos atendimento realizado em cada PROCON do Brasil em um banco de dados nacional sobre as demandas e os problemas de consumo no país. Nasce, assim, o Sistema Nacional de Informações de Defesa do Consumidor - SINDEC.

Seguramente esse momento institucional foi decisivo para inauguração de uma nova etapa para a Política Nacional das Relações de Consumo. O modelo de discussões colegiadas e tomada de decisões compartilhadas tornou-se regra para inúmeras outras ações do Sistema Nacional de Defesa do Consumidor, como, por exemplo, nas fiscalizações de rotulagem de alimentos transgênicos, monitoramento do mercado quanto a maquiagem de produtos e fraude na comercialização de frango congelado, leite Longa Vida, glaceamento de pescados, dentre outros. Gestos importantes para que a defesa do consumidor fosse cada dia mais reconhecida como uma importante política pública e para fortalecer o entendimento de que um sistema forte é aquele que tem capacidade de trabalhar integrado.

As ações conjuntas, a integração dos PROCONs e a ampliação da capacidade de atuação do DPDC foram insumos importantes para que as históricas reuniões do DPDC com o SNDC fossem aos poucos se tornando o "lócus" oficial da discussão sobre a elaboração e a implementação da Política Nacional das Relações de Consumo.

De outro lado, a estabilidade econômica, somada às novas políticas de transferência de renda, ampliação do emprego, inclusão financeira e popularização do crédito permitiram o acesso de milhões de novos consumidores ao mercado de consumo. Esse momento gerou inúmeras externalidades positivas para toda sociedade brasileira, pois o acesso permite mais conforto, qualidade de vida e desenvolvimento socioeconômico. No entanto, a falta de planejamento do próprio mercado para esse momento gerou também aumento do volume de conflitos de consumo, como, por exemplo, o grande comprometimento de renda, que desequilibrou economicamente inúmeros consumidores, especialmente os mais vulneráveis.

O novo contexto econômico e social brasileiro exigiu de todos os órgãos e entidades de defesa do consumidor um reposicionamento estratégico para lidar com a nova realidade.

Felizmente crescia a adesão de estados e municípios ao SINDEC, as reuniões do Sistema Nacional de Defesa do Consumidor se fortaleciam em quantidade de órgãos e entidades participantes, o que proporcionava maior articulação e integração em ações técnicas e institucionais para proteção do consumidor.

É importante destacar que no ano de 2006 foi possível publicar o primeiro Cadastro Nacional de Reclamações Fundamentadas - CNRF, resultado da consolidação de onze cadastros estaduais de Procons integrados ao SINDEC. Exatamente no aniversário de dezesseis anos do CDC é publicado o primeiro CNRF da História da Defesa do Consumidor. Resultado concreto do crescimento e fortalecimento do trabalho que estava sendo realizado.

Cumpre ressaltar que o ano de 2006, também reservou uma outra grande conquista aos consumidores brasileiros, pois foi também naquele ano julgada improcedente a Ação Direta de Inconstitucionalidade (ADI 2591), movida pelas instituições financeiras contra o Código de Defesa do Consumidor. Ação que havia sido distribuída em 26 de dezembro de 2001. Começa uma outra etapa para aplicação do CDC no Brasil, não restando dúvida alguma de que aos bancos competiria cumprir o Código e buscar restabelecer as pontes junto aos órgãos e entidades de defesa do consumidor, missão difícil, mas necessária.

A atuação articulada e integrada entre todos os membros do SNDC também possibilitou ao DPDC o aprimoramento do exercício da advocacia do consumidor no âmbito federal. Seja na interlocução permanente com o Congresso Nacional, na representação dos consumidores junto aos órgãos federais e agências reguladoras, na intervenção no mercado de consumo, tanto nos espaços de diálogo ou por meio de ações de repressão às praticas infrativas de repercussão nacional.

Foi assim, na fiscalização do cumprimento ao Decreto 5.440/2005, que regulamentou o direito à informação da qualidade da água. Foram realizados seminários sobre o tema em todas as regiões do Brasil. Na mesma oportunidade foi criado o Centro Integrado de Monitoramento do Leite, CQualileite, formado pelo Departamento de Proteção e Defesa do Consumidor do Ministério da Justiça, Departamento de Inspeção de alimentos de Origem Animal - DIPOA do Ministério da Agricultura e Agência Nacional de Vigilância Sanitária - ANVISA.

Ainda no âmbito da regulação, surgiu a primeira aproximação institucional com a Agência Nacional de Telecomunicações - ANATEL, por conta do tema da migração do modelo de bilhetagem na telefonia fixa, que na ocasião deixava de ser por pulso e passava para minutos. Demanda antiga do movimento consumerista, pois a cobrança em pulsos não proporcionava transparência suficiente aos consumidores.

O mercado de consumo gradativamente torna-se mais complexo, os mecanismos de contratações ampliam-se e novas normas e regulamentos surgem, o que reforça a necessidade de uma preparação adequada do SNDC para lidar com as novas demandas. É nesse contexto que a Escola Nacional de Defesa do Consumidor – ENDC é criada.

A Política Nacional das Relações de Consumo passa a contar com um novo espaço para estudos, cursos, pesquisas, publicações, enfim para a construção do conhecimento em defesa do consumidor.

Criada e inaugurada em 2007, a Escola Nacional tornou-se referência não só para órgãos e entidades do SNDC, mas para outros órgãos e agências reguladoras, dentro e fora do Brasil. Por meio dela, milhares de pessoas já foram capacitadas e dezenas de artigos, boletins e livros já foram publicados. Sem contar que é na Escola Nacional que os especialistas do SNDC aprofundam rotineiramente seu aprendizado e estabelecem as novas diretrizes de atuação de seus respectivos órgãos e entidades.

Professores e especialistas contribuem voluntariamente na produção de conteúdos desenvolvidos pela Escola Nacional, para a realização de cursos ou oficinas temáticas e para construção conjunta de políticas públicas de defesa do consumidor.

Na medida em que crescia o acesso a produtos e serviços no mercado brasileiro, os dados e relatórios do Sindec detectavam também o aumento das reclamações dos consumidores em relação ao atendimento disponibilizados pelos fornecedores. A tal ponto que se verificou que metade de todas as demandas levadas aos Procons eram resolvidas rapidamente através de um telefonema realizado pelo órgão de defesa do consumidor ou pelo envio de uma Carta de Informações Preliminares - CIP. Estamos falando de milhares de consumidores que buscavam os Procons porque não conseguiam acesso aos canais das empresas, ou, quando conseguiam, não obtinham êxito para os problemas apresentados diretamente.

Com a ampliação do acesso e a universalização de alguns serviços públicos, especialmente telecomunicações, o atendimento ao consumidor tornou-se cada vez mais impessoal, automatizado, protocolar, burocrático e, na maioria das vezes, ineficiente. Esse diagnóstico foi realizado a partir de análises realizadas nos dados e informações disponíveis por meio do Sindec.

Diante dessa realidade, o Ministério da Justiça em conjunto com o SNDC, inaugurou um amplo debate público sobre a possível regulamentação do Serviço de Atendimento ao Consumidor - SAC ou *"Call Centers"*.

Foram realizadas várias audiências públicas para debater o assunto, garantindo a participação de órgãos e entidades de defesa do consumidor, representantes dos setores mais reclamados, órgão e agências reguladoras, bem como demais outros interessados.

Assim, em 31 de julho de 2008 é assinado, em cerimônia oficial no Palácio do Planalto, o Decreto Federal n. 6.523, que fixou normas gerais sobre o Serviço de Atendimento ao Consumidor - SAC por telefone, no âmbito dos fornecedores de serviços regulados pelo Poder Público federal.

Mais um novo marco para a Política Nacional das Relações de Consumo, a nova regulamentação materializou uma resposta concreta a todos os consumidores ao estabelecer uma regra para o atendimento realizado pelas empresas.

É inaugurado um novo patamar de empoderamento do consumidor: os atendimentos realizados pelos Procons passam a lastrear a intervenção do Estado no mercado de consumo. O Sindec representa a voz do consumidor e, através dele, os membros do SNDC passaram a contar com dados objetivos para analisar as reclamações e a conduta das empresas e assim propor medidas e analisar impactos.

Não foi diferente quando, no monitoramento do cumprimento ao Decreto, verificou-se que o setor de telecomunicações era o mais reclamado por desrespeitar as novas regras. Mais uma vez o SNDC reuniu-se e propôs uma Ação Coletiva de Consumo contra duas operadoras de telefonia. Foi uma forma encontrada para sancionar as empresas que insistiam no desrespeito aos consumidores e criar um novo paradigma na Política Nacional. Além de membros do SNDC, também assinaram a Ação Judicial Procuradorias de Estado de vinte e quatro unidades da federação, o Ministério Público Federal e a Advocacia Geral da União.

Também no sentido de integrar e fortalecer ações e políticas públicas foi criado o Grupo de Estudos Permanentes sobre Acidentes de Consumo - GEPAC, um espaço técnico e institucional que tem como tema principal a segurança de produtos. Fazem parte do GEPAC, representantes do Ministério Público Estadual, Distrital e Federal, a Defensoria Pública, Procons, Entidades Civis e órgãos e agências reguladoras.

Importante destacar que o grupo foi criado como resultado de um trabalho integrado no caso de um automóvel que causou lesões a muitos consumidores em decorrência do mecanismo de rebatimento do seu banco traseiro. O caso foi tratado no DPDC em conjunto com diversos órgãos e resultou em um Termo de Ajustamento de Conduta - TAC com a montadora responsável. Além da efetiva reparação aos consumidores vitimados, foi feita campanha de chamamento para aperfeiçoamento do mecanismo de rebatimento e depósito pecuniário ao Fundo de Direitos Difusos como forma de reparação à coletividade de consumidores expostos ao risco.

A Política Nacional das Relações de Consumo e o Sistema Nacional de Defesa do Consumidor vão gradativamente se consolidando no Brasil. A realidade vai se transformando silenciosamente, o mercado de consumo cresce, mas cresce também a capacidade de atuação de todos os envolvidos na temática.

Um marco importante nessa transformação silenciosa é a instituição do Projeto Indicadores Públicos de Defesa do Consumidor. Na medida em que o Sindec propiciava a divulgação de inúmeros dados e informações, seja por meio de Boletins Técnicos, seja pela publicação dos Cadastros de Reclamações Fundamentadas, surgia um novo desafio: como deveria ser o posicionamento dos fornecedores perante seus respectivos consumidores sobre os dados que se tornavam cada dia mais públicos?

Nesse sentido, de uma proposta simples, mas de grande repercussão, é que nascem os Indicadores Públicos de Defesa do Consumidor. Os fornecedores mais demandados no Sindec deveriam apresentar propostas de melhorias em três eixos: i) diminuição de demandas nos Procons; ii) aumento de resolutividade no procedimento preliminar (CIP); iii) aumento de resolutividade nas audiências realizadas nos Procons.

Não se tratava de um Termo de Ajustamento de Conduta, ao contrário, tratava-se de um compromisso público de melhoria. O desafio era imenso, mas era necessário criar esse novo espaço, um espaço de discussão de aperfeiçoamento de processos e sua repercussão na diminuição de conflitos de consumo. A primeira edição desse projeto aconteceu em 2010 e contou com apenas nove empresas. Posteriormente, foram realizadas mais duas edições, em 2011 e 2012.

O resultados foram muito positivos. Algumas empresas aumentaram sua participação no mercado e ao mesmo tempo diminuíram demandas nos Procons. Além disso, alguns setores se destacaram na melhoria da resolutividade dos conflitos que chegam aos Procons.

Claro que nem todos tiveram o mesmo grau de comprometimento e, por essa razão, não mostraram resultados favoráveis ou significativos. Mas, no geral, a conclusão foi que as informações reunidas no SINDEC tornaram possível mais esse novo mecanismo para promover a melhoria das relações de consumo.

Surge então um novo tipo de intervenção, o diálogo de resultados, que permite o estabelecimento de metas positivas por parte das empresas, o seu respectivo monitoramento pelos Procons e pelo DPDC, tudo isso na mesma régua, o SINDEC.

Como consequência, o SINDEC foi sendo reconhecido e respeitado não só pelos membros do SNDC, mas também por outros órgãos, como o Banco Central que naquela altura já havia assinado uma Cooperação Técnica com o DPDC, Tribunal de Contas da União, Conselho Nacional de Justiça, Agência Nacional de Telecomunicações, dentre outros. Sem contar que ele foi premiado pela Escola Nacional de Administração Pública - ENAP como inovação na administração pública. Também foi o primeiro sistema do Ministério da Justiça a publicar informações no formato de dados abertos, dentro das melhores práticas de governo aberto.

Vale ressaltar que por meio de Cooperação Técnica Internacional, atualmente o SINDEC já conta com uma versão adaptada e implantada no Uruguai, dando origem ao SIUDEC, Sistema Uruguaio de Informações de Defesa do Consumidor. Peru e Paraguai também já assinaram cooperação com a Brasil para implantar SINDEC naqueles países. Enfim, podemos dizer que se trata de uma política pública de grandes e importantes resultados no âmbito da defesa do consumidor.

Atualmente já são mais de 13 milhões de atendimentos realizados no SINDEC, que integra mais de 400 cidades brasileiras em defesa do consumidor. A decisão de trabalhar de forma integrada, com procedimentos harmonizados formando um grande banco de dados nacional de defesa do consumidor, é prova concreta dos resultados produzidos pelo SNDC na elaboração e implementação da Política Nacional das Relações de Consumo.

Outro fato importante no mesmo período é a criação pelo Senado Federal de uma Comissão de Juristas para Atualização do Código de Defesa do Consumidor. Depois de longo trabalho e amplos debates, a Comissão apresentou relatório ao Senado onde propôs basicamente três grandes atualizações legislativas, a saber, Comércio Eletrônico, Superendividamento e Ações Coletivas. As propostas se transformaram nos Projetos de Lei do Senado, 281, 282 e 283 de 2011, que seguem tramitando.

Da mesma forma, o fortalecimento e a atuação cada dia mais integrada do Sistema Nacional de Defesa do Consumidor foi decisivo para a criação da Secretaria Nacional do Consumidor - Senacon em maio de 2012. Sem dúvida uma grande conquista para todos os consumidores brasileiros.

3. A proteção do consumidor na fase de diálogos de resultados

A criação da Senacon foi e ainda é muito comemorada por todos os membros do SNDC e pelos consumeristas que construíram a defesa do consumidor no Brasil, pois ela representa o reconhecimento por todas as ações implementadas, no âmbito da Política Nacional das Relações de Consumo, desde a edição do Código de Defesa do Consumidor. Além disso, a Secretaria propiciou um maior empoderamento da advocacia do consumidor no âmbito federal e estabeleceu uma nova posição institucional para toda essa temática.

Somada à conquista da criação da Senacon, o ano de 2013 registrou pela primeira vez desde a edição do Código de Defesa do Consumidor, o estabelecimento de diretrizes e ações prioritárias para a Política Nacional das Relações de Consumo, por meio do Decreto 7.693 de 15 de Março de 2013, que instituiu o Plano Nacional de Consumo e Cidadania (Plandec).

O Plano priorizou a proteção ao consumidor como política de Estado e instrumento de desenvolvimento econômico e social. O Decreto criou a Câmara Nacional das Relações de Consumo, no Conselho de Governo, e estabeleceu uma agenda de trabalho prioritária em âmbito federal, para aprimorar as relações de consumo no Brasil.

Suas principais diretrizes são: a educação para o consumo, a adequada e eficaz prestação dos serviços públicos, a garantia do acesso do consumidor à justiça, a garantia de produtos e serviços com padrões adequados de qualidade, segurança, durabilidade e desempenho, o fortalecimento da participação social na defesa dos consumidores, a prevenção e repressão de condutas que violem direitos do consumidor, e a autodeterminação, privacidade, confidencialidade e segurança das informações e dados pessoais dos consumidores.

Dados e informações de atendimento ao consumidor, registrados no Sistema de Informações de Defesa do Consumidor – Sindec, subsidiaram as políticas e ações do Plandec. Considerando os setores mais demandados pelos consumidores – assuntos financeiros, telecomunicações e produtos, bem como o diagnóstico dos principais problemas, o Plano focou em três principais eixos de atuação: (i) prevenção e redução de conflitos, diante da necessidade de se restabelecer o diálogo entre o mercado e o consumidor; (ii) regulação e fiscalização, tendo em vista que mais da metade dos problemas enfrentados pelos consumidores se referia a serviços regulados; e, (iii) fortalecimento do Sistema Nacional de Defesa do Consumidor, tendo em vista que a proteção e defesa do consumidor pressupõem um sistema forte, integrado e articulado.

Desde a edição do Decreto 7.693 em 2013, inúmeras ações estão sendo implementadas, dentre elas a criação de um Sistema de Acidentes de Consumo - SIAC, sistema que permite aos profissionais de saúde informar as autoridades de consumo sobre eventuais suspeitas de acidentes de consumo causados por produtos ou serviços.

Consolidação do SINDEC como base para os indicadores e índices de qualidade das relações de consumo: o Sistema abrange 641 unidades espalhadas por 440 cidades brasileiras. Esses Procons atendem uma média mensal de 206 mil consumidores. É da análise de todos esses dados que a Senacon elabora e divulga o Boletim Sindec dando total transparência sobre a conduta dos principais fornecedores de produtos e serviços no Brasil.

Criação do Programa Educação Financeira para Consumidores, alinhado às diretrizes da Estratégia Nacional de Educação Financeira (ENEF), o Programa tem por objetivo ampliar o conhecimento dos consumidores sobre produtos e serviços financeiros, orçamento doméstico e planejamento financeiro, com foco em exemplos concretos e na compreensão sobre seus direitos.

Regulamentação do Comércio Eletrônico, também em março de 2013, foi assinado o Decreto nº 7.962/2013, que regulamenta a Lei 8.078/90 (Código de Defesa do Consumidor), para dispor sobre a contratação no comércio eletrônico, abrangendo informações claras a respeito do produto, serviço e do fornecedor, atendimento facilitado ao consumidor e respeito ao direito de arrependimento. O Decreto também regulamentou a obrigatoriedade da identificação detalhada do fornecedor responsável, a manutenção de serviço adequado e eficaz de atendimento, bem como ferramentas claras e eficazes para que o consumidor exerça tanto seu direito de escolha quanto o seu direito de arrependimento.

Outro fato importante de 2013 foi o envio ao Congresso Nacional do Projeto de Lei 5.196/13 para o Fortalecimento dos Procons, pela Presidência da República. O projeto confere à autoridade administrativa o poder de determinar cumulativa ou isoladamente, medidas corretivas de substituição ou reparação de produto, devolução da contraprestação paga mediante cobrança indevida, cumprimento da oferta pelo fornecedor, devolução ou estorno da quantia paga pelo consumidor quando o produto ou serviço não corresponda ao acordado e prestação adequada das informações requeridas pelo consumidor. Nos casos de descumprimento dos acordos realizados no Procon, o consumidor contará ainda com mecanismos que facilitam a execução do seu direito na Justiça.

A Senacon também pautou sua atuação no enfrentamento dos problemas que mais atingem os consumidores de serviços regulados, construindo uma Proposta de Análise de Impacto Regulatório sob a perspectiva dos direitos do consumidor, ou seja, antes, durante e depois da regulação deve ser levado em conta o impacto dela na vida dos consumidores. Aumentaram as reclamações? Melhorou a qualidade? Os dados em questão são alguns dos que devem ser levados em consideração para se avaliar a efetividade e eficácia da regulação. A proposta está sendo debatida com representantes da Agência Nacional de Telecomunicações, Agência Nacional de Energia Elétrica, Agência Nacional de Aviação Civil, dentre outras.

Outra importante política pública elabora a partir do Plandec, é o Consumidor.gov.br. Trata-se de uma plataforma que facilita e amplia o acesso do consumidor aos seus direitos, promove a conciliação entre as partes envolvidas, e permite ao Estado acompanhar a realidade do mercado de consumo, em tempo real.

Lançado em junho de 2014 pelo Ministro da Justiça José Eduardo Cardozo, o Consumidor.gov marca um novo momento na defesa do consumidor, um grande pacto pela solução rápida e efetiva aos conflitos individuais de consumo e em contrapartida a priorização da análise das condutas que geram conflitos em massa. Foi a primeira vez que órgãos de defesa do consumidor e fornecedores fizeram uma entrega em conjunto aos consumidores, um verdadeiro salto de maturidade.

A plataforma, concebida com base em princípios de transparência e controle social, fornece ao Estado informações essenciais à elaboração e implementação de políticas públicas de defesa dos consumidores e incentiva a competitividade no mercado pela melhoria da qualidade e do atendimento ao consumidor. Até o momento ela já conta com a participação de 250 empresas e mais de 100 mil consumidores atendidos.

Para coroar todos esses vinte e cinco anos da Política Nacional das Relações de Consumo, o Brasil foi escolhido para sediar o maior evento de defesa do consumidor do mundo. O Congresso Mundial da *Consumers International*, associação mundial de consumidores que representa mais de 250 entidades, em 120 países. O tema que será debatido no congresso a realizar-se no Brasil será o empoderamento do consumidor. Um tema forte e intimamente ligado com tudo e todos que trabalharam para implementar a Política Nacional das Relações de Consumo nos últimos vinte e cinco anos.

Bibliografia

BENJAMIN, Antônio Herman V., MARQUES, Claudia Lima e BESSA, Leonardo Roscoe. *Manual de direito do consumidor*. 6ª. ed. São Paulo: RT, 2012.

BRASIL. Ministério da Justiça, Departamento de Proteção e Defesa do Consumidor. *Cadastro Nacional de Reclamações Fundamentadas 2010:* Relatório Analítico. Brasília: DPDC, 2011

BRASIL. Ministério da Justiça, Departamento de Proteção e Defesa do Consumidor. *Balanço social do Sistema Nacional de Informações de Defesa do Consumidor 2003-2010*. Brasília: SDE, DPDC, 2010.

SODRÉ, Marcelo Gomes. *A construção do direito do consumidor:* um estudo sobre as origens das leis principiológicas de defesa do consumidor. São Paulo: Atlas, 2009.

SODRÉ, Marcelo Gomes. *Formação do Sistema Nacional de Defesa do Consumidor.* Biblioteca de direito do consumidor. São Paulo: RT, 2007. Vol. 32.

DIREITO DO CONSUMIDOR, REFORMA DO CDC E A CONSTANTE RENOVAÇÃO DO DIREITO PRIVADO

Fernando Rodrigues Martins

Resumo: A constante renovação do direito privado parte de relevantes causas, entre elas: o surgimento de novos atores com características diferenciadas; a revalorização do direito pela incidência de valores éticos; bem como o movimento ecumênico de promoção à pessoa humana.

Riassunto: Il costante rinnovamento del privato parte di cause rilevanti, tra cui: l'emersione di nuovi attori con caratteristiche differenziate; la rivalutazione del diritto dall'incidenza di valori etici; così come il movimento ecumenico per promuovere la persona umana.

Palavras-chaves: Direito privado; consumidor; metodologia; solidariedade; novas sociedades.

Parole-chiave: Diritto privato; consumatore; metodologia; solidarietà; nuove società.

1. Introdução: o território do direito privado

A chamada teoria das esferas independentes, responsável pela cisão científica do direito e pela distribuição da imputação normativa de forma diferenciada, tem reconhecido caracter no plano histórico das dicotomias. Em destaque, o direito privado, como bem delineado pelo *Code*, experimentou regime racional kantiano lastreado na vontade, enquanto o direito público, representando o templário do legislador pelo Estado *gendarme*, tinha por viso o interesse geral. As bases desse recorte originam do direito romano, afinal '*hujus studii duae sunt positiones; publicum et privatum*'.[1]

Anote-se que a metodologia de dicotomia, também à época liberalista, transpareceria ser mais utilizada. Neste sentido basta verificar que os espaços *dogmáticos-normativo* quanto ao sujeito de direito, ao contrato e

1 Ulpiano (D. 1, 1, 2)

à propriedade, no campo do direito civil, bem como as disposições comercialistas sobre conceito de comerciante, contratos mercantis e sociedades comerciais, são significativos para a demonstração de que mesmo no interior do direito privado erigia-se uma separação de todo insatisfatória e contraditória à luz da coerência e à ideia de sistema.[2]

Destarte, mesmo num mundo de discrepâncias, ainda é possível vislumbrar pontos de contato. E, de fato, entre o direto público e o direito privado já havia pequeno liame para essa interseção. Remarquem-se: a conhecida e diacrônica ordem pública (afinal *privatorum pactio juri publico non derogat*); as questões relativas à possibilidade de prisão por dívidas; e até mesmo o combate à usura (a depender da codificação). Mesmo que estanques, eram áreas de *eventual* encontro.

O estafe entregue pelo liberalismo ao direito privado (sempre com a advertência de que o direito reage conforme à época dos fatos sociais) foi de inspirar o Código Civil a diversas tarefas: *i*) atrelar à pessoa humana a figura virtual de sujeito de direitos (pronto a *sujeitar* ou *ser sujeitado*); *ii*) mediante o caráter reflexivo entre direitos e obrigações (CC/16, art. 1º) e nesse ponto esquecendo-se dos deveres; *iii*) baseando-se numa ordem pública voltada à moral sexual (CC/16, art. 219, inc. IV); *iv*) onde o marido é

---

2 FRANÇA, Rubens Limongi. **Direito privado**. In: Doutrinas essenciais obrigações e contratos. São Paulo: Revista dos Tribunais, 2011, p. 461. Baseando-se nas lições de Teixeira de Freitas rememora: ⍰*Bastariam estas considerações para ficar, de vez por todas, comprovada a viabilidade e mesmo a conveniência da unificação do direito privado em um corpo uno e orgânico. Disto já se tem cogitado ao longo do tempo e do direito comparado. Entre nós, já contava com o testemunho de Teixeira de Freitas, quando da elaboração do Esboço contratado em 1859. Tendo tido o apoio de muitos juristas, é de se ressaltar a opinião de Bulhões Carvalho, em 1900, quando da revisão do Projeto Beviláqua. Renasce a idéia em 1908, com a aprovação quase unânime do I Congresso Jurídico Brasileiro. Inglez de Souza, em 1912, à guisa da elaboração de um projeto de C. Com., preparou emendas destinadas a transformar aquele ordenamento em um Código de Direito Privado. Sustentou também essa bandeira o Anteprojeto de Código das Obrigações de 1941, de Orozimbo Nonato, Hahnemann Guimarães e Philadelpho Azevedo, voltando a idéia à baila, em 1943, no Congresso Jurídico Nacional, mediante tese apresentada por Benedito Costa Neto. Mas tal orientação só começou a vingar no Anteprojeto de Código das Obrigações de Caio Mário da Silva Pereira, de 1962, reiterado pelo Projeto de 1965. Recentemente, foi retomada pelo Anteprojeto da Comissão de Juristas, de 1972, o qual ingressou no legislativo federal como Projeto 634 de 1975. De nossa parte, não podemos deixar de assinalar a conveniência dessa unificação básica. Mas é evidente que muitas matérias deverão ficar reguladas por leis extravagantes, como se dá com o estatuto das sociedades anônimas, sem o que seu insopitável desenvolvimento ficaria coarctado. Cumpre notar, porém, que isto também se deve dar no campo estritamente civil, do que é exemplo a legislação do condomínio e das incorporações imobiliárias*".

o cabeça de casal (CC/16, art. 233); *v*) e a propriedade como instrumento de direitos absolutos, pois 'o dono é o senhorio da coisa' (CC/16, art. 524).

Se a codificação parte com tais valores, no plano da teoria do direito vislumbram-se enfoques presos à teoria da norma (*monismo normativo*), ao sistema hermenêutico pelo viés dedutivo-silogístico, onde os dogmas de adesão inquestionável ao positivismo, de culto à legislação racional e de que o legislador a tudo prevê são constantes. Eis aqui as causas subjacentes que dão concretude ao juízo apodítico kantiano (*dogmatha*) e à neutralidade do sistema jurídico, tudo sob a forte sindicabilidade da escala de justificação hierárquica, que reduz o direito num plano de validade formal.[3]

De forma eficaz esse quadro bem representa o plano de mercado relativo ao *homo faber* e ao *homo laborans*, onde é realçado que o melhor contratante é o melhor jogador e que cumpre ao comprador ater-se com os riscos dos vícios (*caveat emptor*) dos produtos, já que o vendedor é apenas astuto representante do comércio.

2. O direito privado a partir da fertilização: a sociedade

Como não tarda a evoluírem as pessoas e os seus ambientes, a noção de isolamento clausulada pelo direito subjetivo logo é levada a campos de crítica dentro da própria dogmática privada, a começar pela teoria do interesse juridicamente tutelado, que esvazia a ideia da vontade do indivíduo pela vontade da norma.[4]

O problema que se põe é o próprio desnivelamento e insegurança causada pela análise da vontade não apenas nos contratos de trabalho, de locação e de fornecimento (onde a figura do contratante fraco sempre surge), mas nos próprios contratos interempresariais que passam a exigir fluidez, sem subterfúgios ao estado de consciência. Tenha-se o contrato, aqui, como racionalização do processo econômico.[5]

Não fosse isso, sedimentadas por novas ideologias as constituições do Estado social encarregaram o poder de novas tarefas, pois iniciam, para além de justificação de estruturas de governo e competências, a exigência de realização de serviços essenciais à população. Neste prisma, aquela noção de *status* de indivíduo perde-se para a compreensão jurídica de *status*

3 KELSEN, Hans. **Teoria pura do direito**. Trad. João Baptista Machado. São Paulo: Martins Fontes, 1994, p. 241.

4 IHERING, Rudolf Von. **O espírito do direito romano – nas diversas fases de seu desenvolvimento**. vol. IV. Trad. Rafael Benaion. Rio de Janeiro: Alba, 1943, § 70, p. 220.

5 RIBEIRO, Joaquim de Souza. **O problema do contrato: as cláusulas contratuais e o princípio da liberdade contratual**. Coimbra: Almedina, 1999, p. 127.

de sociedade.[6] É ela, a sociedade, a detentora dos grandes interesses e preocupações, frente a institutos jurídicos de direito privado ainda condicionados ao estruturalismo e desprovidos de funções capazes de reduzir as grandes ignomínias dos centros urbanos.[7]

Registre-se o que há de concreto como consequência desta nova manifestação constitucional: a modificação que foi levada ao longo dos tempos no sentido de 'publicização' do direito privado, mediante a inserção de regras de legitimidade e mesmo teleológicas (*ratio*) próprias do direito público que garantiriam melhor desempenho e justificação social dos grandes institutos do direito privado, a exemplo do contrato e da propriedade.[8]

Contudo, mesmo antes da ocorrência de transformações nas leis fundamentais, a dogmática do direito privado já partia para a busca de senso equilibrado e com fins sociais nos limites das relações entre particulares. Três vertentes demonstram essa convergência de propósitos.

Em primeiro lugar, o advento da função social que iniciando pela propriedade, tem posterior adequação à teoria do contrato, e atualmente escapa para quase todos institutos jurídicos do direito privado. Surte o reconhecimento de deveres jurídicos ao lado do detentor de poderes jurídicos quer em razão do direito subjetivo de propriedade, quer em consideração à figura de contratante. Em outras palavras, impõem-se finalidades sociais a serem cumpridas pelo particular.[9]

Em segundo lugar, no campo da responsabilidade civil, o fundamento da culpa se viu comparado ao sofrimento da vítima e à ausência de ressarcimento, dado o grau de dificuldade do lesado instar o lesante mediante

---

6 KANT. Immanuel. **Ideas para una historia en clave cosmopolita**: Madrid: Tecnos, 1987, p. 47. Justifica a sociedade: *"El hombre tiene una inclinación a asociarse, porque en el estado de sociedade se siente más hombre, o sea, siente poder desarrollar mejor sus disposiciones naturales, pero también tien uma forte tendência a disociarse (aislarse) porque tiene en sí también la cualidad antisocial de querer dirigir todo hacia su próprio interés, por lo cual espera encontrar resistência en todas partes y sabe que, por su parte, debe tender a resistir en contra de los otros"*.

7 MENEGUELLO, Cristina. **Espaços e vazios urbanos**. In: Plural de cidade: novos léxicos urbanos. Carlos Fortuna e Rogerio Proença Leite. Coimbra: Almedina, 2009, p. 127. Examina: *"Cidade: multidão de casas, divididas por ruas. Assim corria a definição do Diccionario Portuguez-francez e Latino editado em Lisboa em 1794. A essa definição quase ingênua, em que sobressai apenas o aglomerado populacional, rapidamente aprendemos a associar a ideia de espaço urbano como o da associação de cidadãos que decidem viver no mesmo lugar, sob as mesmas leis e governo. Espaço de negociações, de transformações urbanas, que podemos ou não associar ao espaço público como lugar dotado de significações"*.

8 GIORGIANNI, Michelle. **O direito privado e suas atuais fronteiras**. Trad. Maria Cristina de Cicco. In: Doutrinas essenciais obrigações e contratos. vol. 1. São Paulo: Revista dos Tribunais, 2011, p. 275.

9 GIERKE, Otto Von. **La función social del derecho privado**. Trad. Por José M. Navarro de Palencia. Madrid: Sociedade Española, 1904.

provas. Inicialmente, a questão foi constatada na seara laboral[10] (é clássico o exemplo do caso *Teffaine*). Posteriormente, a hipótese do dono da coisa que acabava ocasionando prejuízo a outrem, independentemente de lucratividade, senão pela própria atividade proprietária, foi capaz de ensejar nova interpretação ao disposto no art. 1.384 do *Code.*[11] Em ambas as situações o direito privado iniciou marcha sem volta ao fundamento do risco[12] dentro da responsabilidade civil, propiciando melhores rumos à indenizabilidade e ao enfrentamento do dano em face do velho muro de arrimo outrora erguido pela culpa a favor dos burgueses (o que justificaria sua conceituação jocosa: uso irresponsável da liberdade, estado individual de ânimo ou defeito de inteligência).

Em terceiro lugar, contempla-se o surgimento de novo princípio a substituir a fraternidade, esse último de mero caráter populista. O solidarismo,[13] como verdadeira prática da solidariedade, proporcionou a consolidação de mecanismos necessários à proteção da sociedade através de contratos com amplas perspectivas na área previdenciária e securitária. E igualmente a solidariedade serviu de princípio para melhor aplicação da responsabilidade civil e outros institutos civilísticos, como ainda significou o compartilhamento de deveres entre todos os membros da sociedade.[14]

Destarte, tem-se constituições voltadas à socialidade e acompanhadas, no máximo, de legislações esparsas, quando *a latere* disso a dogmática partia para a revitalização do direito privado. Mas de outro lado, ainda vigiam os velhos códigos como aríetes de um estruturalismo inquebrantável. Portanto, se opõem: sociedade e códigos.[15]

De qualquer forma, posteriormente, superando os cataclismos mundiais, o '*governo dos direitos humanos*' haveria de erguer-se sobre o '*governo dos homens*', permitindo a autocrítica jurídica, a verificação da

---

10 SALEILLES, Raymond. **Les accidents du travail et la responsabilité civile**. Essai d'une théorie objetive de la responsabilité délictuelle, Paris: A. Rousseau, 1897.

11 JOSSERAND, Josserand. **La responsabilité du fait des choses inanimées**. Paris: A. Rousseau, 1897.

12 TEPEDINO, Gustavo; BARBOZA, Heloísa Helena; BODIN DE MORAES, Maria Celina. **Código Civil interpretado conforme a Constituição da República**. São Paulo: Renovar, 2006, p. 805. Os autores, com apoio a Cass Sunstein e Rip Viscusi, compreendem que o risco não apenas depende de fatores tecnológicos como socioculturais, dado que pode ocorrer *desvios cognoscitivos* por quem empreende ou participa de atividade. Anota-se a inexistência de 'intérprete neutro' na elucidação do risco.

13 DEMOGUE. René. **Le solidarism et la repartition des pertes**. Paris: Elibron classics, 1987.

14 BOURGEOIS, Léon. **L'idée solidarité et ses consequences sociales.** In: Essai d'une philosophie de la solidarité: conferences et discussions. 2ª ed. Paris: Félix Alcan, 1907.

15 MORIN, Gaston. **La révolte des faits contre le code**. Paris: B. Grasset, 1920.

insuficiência dos sistemas, a necessidade de emancipação da humanidade, enfim a persuasão a partir de discursos mediante a participação de toda globalidade, oportunidade em que tratados transnacionais sobre a condição humana ganhariam espaços largos nas legislações internas.

3. O CDC e a nova metodologia do direito privado

Vale dizer: se anteriormente o Estado valia de sua força normativa para garantir os direitos individuais (especialmente quanto ao monumento sagrado do direito subjetivo), com a transformação para a esfera responsiva[16] as *finalidades sociais* tornaram-se exigíveis. No direito estadunidense diz-se da passagem do realismo jurídico para a teoria sociológica do direito.[17]

Esta carga de direito *responsivo* é bem vista no Brasil a partir da Constituição de 1988. Aliás, neste prumo destaca-se inicialmente o princípio da igualdade manifestado três vezes num só dispositivo.[18]

Em termos de direito privado, a Constituição brasileira tem salto de qualidade, vejamos: *i*) encampou matérias de conteúdo privado; *ii*) indicou como *ratio decidendi* dispositivos jusfundamentais para a defesa da pessoa; *iii*) estabeleceu novos rumos a institutos clássicos do direito privado, tal como a propriedade (e função social), a responsabilidade civil (especialmente a ambiental), o contrato (e o regime de concorrência), a família (em afeto por igualdade: crianças e idosos);[19] *iv*) o destaque de novo ator mercadológico: o consumidor.

---

16 NONET, Philippe. **Direito e sociedade: a transição ao sistema jurídico responsivo.** Trad. Vera Ribeiro. Rio de Janeiro: Revan, 2010, p. 125. Assim explica: *"Os três sistemas de direito, repressivo, autônomo e responsivo, podem ser vistos como três respostas ao dilema entre integridade e abertura. A marca distintiva do direito repressivo é a adaptação passiva e oportunista das instituições judiciárias ao ambiente social e político. O direito autônomo é uma reação contra essa abertura indiscriminada, e focaliza sobretudo a preservação da integridade institucional. Por isso o sistema se fecha em si mesmo, reduz sua responsabilidade com o ambiente social e aceita como preço da integridade o formalismo cego. O terceiro tipo busca resolver essa tensão. Preferimos denomina-lo de responsivo, em vez de aberto ou adaptável, para sugerir a capacidade de adaptação responsável, ou seja, discriminada e seletiva. Uma instituição responsiva conserva a capacidade de compreender o que é essencial à sua integridade e ao mesmo tempo leva em consideração as novas forças do ambiente social".*

17 POUND, Roscoe. **Jurisprudence**. St. Paul, Min.: West Publishing, 1959, p. 350.

18 É o exemplo do art. 5º, *caput*, da CF, confiram-se os destaques em itálico: "Art. 5º Todos são *iguais* perante a lei, *sem distinção de qualquer natureza*, garantindo-se aos brasileiros e aos estrangeiros residentes no País a inviolabilidade do direito à vida, à liberdade, à *igualdade*, à segurança e à propriedade, nos termos seguintes".

19 MARQUES, Cláudia Lima e MIRAGEM, Bruno. **O novo direito privado e a proteção dos vulneráveis.** São Paulo: Revista dos Tribunais, 2012.

A incidência desse novo ator, o consumidor, baseia-se sobretudo de duas formas iniciais, conforme o previsto no art. 5º, inc. XXXII, CF. Trata-se ao mesmo tempo de direito fundamental como dever fundamental.[20]

Da leitura do dispositivo, resta claro que se trata de *dever fundamental* na medida em que encarrega o Estado da *'promoção'* desse agente, o que supera o dever de *proteção*, pois conclama a emancipação da pessoa no mercado. Enquanto *'proteção'* toma assento na ideia de direito material a emoldurar o objeto de tutela, *'promoção'* significa projetar além do que é, encaminhar para posição superior: tutela propositiva.[21]

É igualmente *direito fundamental* a partir do reconhecimento da projeção *qualificativa* que esse ator representa no mercado, pois pouco decide, sendo fatalmente objeto de decisões. Portanto, ademais da Resolução 39/248 de 09 de abril de 1985 da Organização das Nações Unidas ter reconhecido sua extrema vulnerabilidade e a partir de então as constituições tenham inserido a proteção desse agente no mote de direito fundamental, vê-se aqui, igualmente, que a elevação à carga de jusfundamentabilidade tem assento no *paradoxo da positivação.*[22]

Do conteúdo constitucional ainda se depara a presença da defesa do consumidor como princípio ou *ordem pública de direção* da Constituição econômica (CF, art. 170, inc. V) no que reflete amplamente a preocupação da lei fundamental na noção de lucro sustentável, lucro legitimado, lucro sem danos! Está neste dispositivo constitucional assegurado que o projeto do desenvolvimento econômico nacional é ao mesmo tempo o projeto de vida econômica do consumidor.

---

20 LOMBARDI, Giorgio. **I doveri costituzionali: alcune osservazioni.** In: I doveri costituzionali: la prospettiva del giudice delle legge. R. Balduzzi, M. Cavino, E. Grosso e J. Luther (Coord.). Torino: G. Giappichelli, 2007.

21 PERLINGIERI, Pietro. **O direito civil na legalidade constitucional.** Trad. Maria Cristina De Cicco. Rio de Janeiro, 2008, p. 562. Ao abordar a União Europeia e o Tratado de Amsterdã reflete: *"O objetivo é, portanto, aquele de apoiar ativamente os interesses dos consumidores: o verbo 'promover', de fato, constitui uma novidade no âmbito da legislação comunitária, enquanto evoca um comportamento propulsivo e propositivo voltado para uma efetiva promoção, em sentido dinâmico, dos direitos dos consumidores".*

22 LORENZETTI, Ricardo Luís. **Teoria da decisão judicial.** Trad. Bruno Miragem. São Paulo: Revista dos Tribunais, 2009, p. 103. Explica: *"Nesse sentido, há alguns direitos que estão baseados na maioria, já que sobre eles não pode haver opiniões 'razoavelmente' contrárias, como, por exemplo, o direito à vida. Pelo menos no plano das normas, trata-se de decisões amplamente fundadas na regra da maioria. No entanto, há numerosos direitos que não gozam da aceitação majoritária, e que têm categoria normativa por serem expressões das minorias ou da concepção pluralista da sociedade. Assim, os direitos fundamentais não têm necessariamente fundamentação majoritária".*

Com a vigência da Lei federal 8.078/90, o direito privado brasileiro foi contemplado com a incidência de valores há tempos conclamada pela sociedade civil. Inicia-se que a exigência de legislação de consumo não partia tão somente da simples alocação do discurso alusivo aos direitos humanos no corpo da Constituição Federal, senão por exigência da sociedade brasileira,[23] a exemplo do ocorria no mundo ocidental.

De outro lado, a legislação consumerista representou: *i*) a reforma ética do direito privado, especialmente com a positivação da boa-fé como princípio fundante das relações de consumo; *ii*) a projeção da ideia de consumo como uma das perspectivas da pessoa humana; *iii*) a incidência de nova metodologia no direito privado; *iv*) a composição de conceitos próprios a par dos já existentes na legislação civil; *v*) a concretude dos direitos humanos através dos direitos básicos do consumidor (art. 6º).

A metodologia proposta baseou-se na adoção de orientação de conteúdo (deixando para trás a corrente neutralidade outrora desenvolvida pela legislação civil), ademais travou perspectiva dinâmica, possibilitando a revisão dos contratos pela superveniência de fatos que rompessem a sinalagma funcional ou lesionassem a sinalagma genética. Quanto ainda abandonou a clássica noção de que entre os contratantes vigia antagonismo cético, para abraçar o modal de cooperação na convergência de interesses entre os partícipes do negócio jurídico. E, por fim, fincou perspectivas na dimensão coletiva da sociedade de consumo, permitindo a defesa em juízo da massa de utentes.[24]

De fato, a vigência do Código de Defesa do Consumidor proporcionou o que a metodologia apregoava. A jurisprudência brasileira no que respeita aos contratos, à responsabilidade civil, à prestação de serviços tomou caminho diferenciado apto à melhor distribuição de encargos nos diversos planos da sociedade. Dessa sorte de ideias ao lado dos tribunais, instituições como o Ministério Público[25] e PROCON permitiram profundo avanço na pro-

---

23 RIOS, Josué. **A defesa do consumidor como instrumento de mobilização nacional**. Rio de Janeiro, Mauad, 1998, p. 42.

24 CAVALIERI FILHO, Sérgio. **Programa de direito do consumidor**. São Paulo: Atlas, 2008, pp. 99/103.

25 PASQUALOTTO, Adalberto. **A defesa coletiva dos consumidores no Brasil**. In: Doutrinas essenciais de direito do consumidor. v. 6. São Paulo: Revista dos Tribunais, 2011, p. 611. Destaca entre os múnus: "*Controle preventivo de cláusulas abusivas. Através do inquérito civil, vem sendo realizado o controle preventivo das cláusulas contratuais abusivas. Conforme o seu texto original, o Código de Defesa do Consumidor autorizava o Ministério Público a efetuar controle administrativo, abstrato e preventivo das condições gerais dos contratos, tendo a sua decisão caráter geral. O dispositivo foi vetado, sob o argumento de que o exame da legitimidade de atos jurídicos é competência do Poder Judiciário. Nada obstante, subsistem na lei fundamentos que autorizam o con-*

moção consumerista, cumprindo as funções constitucionais lhes reservadas enquanto órgãos procedimentais dos direitos fundamentais.

Evidente que com a vigência da nova ordem civil pela Lei federal 10.406/02 o direito privado ganhou robustez em termos de cientificidade e efetividade, inclusive sob os préstimos da jurisprudência consolidada ao longo dos tempos quanto ao Código de Defesa do Consumidor. Daí o (re) estímulo na utilização da boa-fé, do abuso do direito e do equilíbrio contratual, permitindo-se a leitura coordenada das codificações.[26]

4. Considerações finais: o direito privado da aldeia global, reforma do CDC e o dever de aprimoramento sistêmico

A despeito das inserções acima, não se pode dizer como uníssono que o direito privado enquanto conjunto de normas sagrou-se mais 'humanizado' ou 'personalizado' em dias atuais como estratégia corrente. Pensa-se que a humanização ou democratização humanitária do direito privado está a depender muito mais da orientação de conteúdo dos guindastes da hermenêutica utilizada pelo aplicador da norma, do que a norma mesmo em si. Afinal, os tempos que correm estão sob o domínio da *hermenêutica*.[27]

trole administrativo. Sendo um órgão pro societate, o Ministério Público tem o dever de agir em matérias de sua atribuição legal. A lei faculta a qualquer consumidor ou entidade representativa requerer ao Ministério Público o ajuizamento de ação para declaração de nulidade de cláusula considerada abusiva. A prevenção é uma das finalidades do Código. A nenhum consumidor é exigido que primeiramente sofra algum prejuízo para somente depois demandar a sua reparação. Recebendo a reclamação, o Ministério Público instaurará o inquérito civil, previamente ao ajuizamento da ação. Ou poderá instaurar ex officio o procedimento investigatório, com vistas à efetiva prevenção, que é assegurada como direito básico dos consumidores, e em atenção ao fato de que, sendo um dos órgãos legitimados à defesa coletiva, o inquérito civil é prerrogativa exclusivamente sua. No âmbito do inquérito, o conteúdo das cláusulas é discutido com o fornecedor, viabilizando-se muitos termos de ajustamento, que evitam demandas judiciais prolongadas".

26 MARQUES, Cláudia Lima. **Superação das antinomias pelo diálogo de fontes: o modelo brasileiro de coexistência entre o CDC e o CCB/02**. Revista de direito do consumidor. Vol. 51. São Paulo: Editora Revista dos Tribunais, 2004.

27 PALMER, Richard E. **Hermenêutica**. Lisboa: Edições 70, 2011, p. 52. Com apoio em Gadamer reflete: *"A hermenêutica avança ainda mais um passo entrando na sua linguística, com a controversa afirmação de Gadamer de que 'um ser que pode ser compreendido é linguagem'. A hermenêutica é um encontro do com o Ser através da linguagem. Ultimamente, Gadamer defendeu o caracter linguístico da própria realidade humana, e a hermenêutica mergulha nos problemas puramente filosóficos da relação da linguagem com o Ser, com a compreensão, a história, a existência e a realidade. Ela coloca-se no centro dos problemas filosóficos de hoje; não pode fugir às*

E isso se diz tranquilamente, porque mesmo ao lado de normas dirigistas com causa subjacente na igualdade substancial, o desenvolvimento do mercado global também se apresenta exigente dos lindes do direito privado, considerando a readequação de institutos conforme as necessidades econômicas da agenda mundial, especialmente a considerar: *i*) a fragilização das soberanias; *ii*) a *'transcontratualização'* das variadas operações entre empresários e fornecedores de diferentes Estados-nação; *iii*) a propriedade sob o domínio múltiplo de inúmeros agentes com culturas diversificadas; *iv*) os negócios jurídicos virtualizados; *v*) a utilização desenfreada da biogenética para a questão alimentícia em detrimento ao meio ambiente; *vi*) a utilização do crédito com incidência direta sobre a folha de pagamento do trabalhador ou aposentado.

Como se vê, a sociedade é a mais inquieta de todas as manifestações da humana naturalidade.

A vulnerabilidade do consumidor é diacrônica. Isso quer dizer que se prolonga no tempo considerando as novas formas de negociação ou exposições a riscos desnecessários aptos a, senão incutir o dano, retirar o sossego. Dois modos recentes de contratação surgiram e ensejam de imediato o aperfeiçoamento da legislação consumerista considerando as manifestações do mercado global, conforme se viu.

Destaque inicialmente as contratações eletrônicas e o princípio da confiança. Quando da vigência do CDC, o comércio eletrônico era inexistente, sendo que as disposições sobre contratos na lei protetiva em vigência – a despeito de provida de cláusulas gerais de possibilidades amplas (*v.g.* CDC, art. 54, inc. IV) – carecem de meios normativos mais específicos para a ampla promoção do agente destinatário final. Em suma: há disparidade entre a ampla utilização do comércio eletrônico e a existência de conteúdos normativos fundamentais!

Assim a tutela deve considerar: a proteção aos dados sensíveis do consumidor; o respeito ao sossego virtual e à privacidade; as informações claras sobre o sítio eletrônico e o modo de fornecimento de seus produtos ou serviços; as informações claras sobre a procedimentalização da negociação realizada com todo o respectivo *iter*; a proibição de oferta ou meio eletrônico convidativo sem a autorização do utente; o direito de arrependimento do consumidor; e a responsabilidade civil do fornecedor. O espaço eletrônico sendo democratizado não pode ser instrumento de abusos, daí com razão suficiente de sobra a aprovação do Projeto de Lei do Senado nº 281, de 2012.

De outro lado, a popularização do crédito foi vertida inicialmente como política pública governamental, todavia sem os cuidados necessários sobre

questões epistemológicas e ontológicas pois a própria compreensão é defendida como um tema epistemológico e ontológico"

os efeitos imediatos que causaria na sociedade: o *superendividamento*, a compra desnecessária de produtos pelos consumidores, o acesso aos veículos novos em detrimento ao transporte coletivo e ao espaço urbano de tráfego. Enfim, os efeitos se percebem piores que os benefícios.

Longe se vê que não se trata mais de trabalhar os institutos de revisão contratual ou de lesão, porque o superendividamento em si recai não sobre a prestação contratada senão sobre a pessoa do consumidor que perde a margem de conhecimento e controle de seus débitos. A causa é mesmo subjetiva. A considerar a vulnerabilidade, o correto a vindicar normativamente é justamente a inversão do risco de empréstimo, realçando que o crédito responsável exige avaliação de quem empresta. Aqui invertemos o adágio francês conhecido quanto ao pagamento:[28] *"o agente econômico que empresta mal, empresta desprovido de boa-fé"*. Tudo como sói do Projeto de Lei do Senado nº 283, de 2012.

A não aprovação de referidos projetos significa claro desrespeito ao dever de legislar e revela a proibição de insuficiência da norma jurídica aos reclamos sociais, ensejando *defeito de proteção* do Estado aos vulneráveis.[29]

Portanto, o dever de aperfeiçoamento sistêmico se impõe, como forma de 'promover' adequadamente o consumidor, sem que necessariamente as fontes do Código de Defesa do Consumidor modifiquem-se ou sejam substituídas, apenas às anteriores somam-se novas exigências. Enfim, renova-se

---

28 Vale o brocardo francês: *"qui paye mal, aura payé deux fois"*.

29 SARLET, Ingo Wolfgang. **Constituição e proporcionalidade: o direito penal e os direitos fundamentais entre proibição de excesso e de insuficiência**. In: Doutrinas essenciais de direitos humanos. vol. 2. São Paulo: Revista dos Tribunais, 2011, p. 555. Esclarece: *Com efeito, a partir de desenvolvimentos teoréticos formulados especialmente por Claus-Wilhelm Canaris e Josef Isensee, o Tribunal Constitucional Federal da Alemanha, por ocasião da sua segunda decisão sobre o aborto, em maio de 1993, considerou que o legislador, ao implementar um dever de prestação que lhe foi imposto pela Constituição (especialmente no âmbito dos deveres de proteção), encontra-se vinculado pela proibição de insuficiência,[5] de tal sorte que os níveis de proteção (portanto, as medidas estabelecidas pelo legislador) deveriam ser suficientes para assegurar um padrão mínimo (adequado e eficaz) de proteção constitucionalmente exigido. A violação da proibição de insuficiência, portanto, encontra-se habitualmente representada por uma omissão (ainda que parcial) do Poder Público, no que diz com o cumprimento de um imperativo constitucional, no caso, um imperativo de tutela ou dever de proteção, mas não se esgota nesta dimensão (o que bem demonstra o exemplo da descriminalização de condutas já tipificadas pela legislação penal e onde não se trata, propriamente, duma omissão no sentido pelo menos habitual do termo), razão pela qual não nos parece adequada a utilização da terminologia proibição de omissão (como, entre nós, foi proposto por Gilmar Ferreira Mendes), ou mesmo da terminologia adotada por Joaquim José Gomes Canotilho, que – embora mais próxima do sentido aqui adotado – fala em "proibição por defeito", referindo-se a um "defeito de proteção".*

o direito privado com a mesma base matriz de sua anterior codificação, mas ao mesmo tempo sem que o *código esteja sob a revolta dos fatos*.

5. Referências bibliográficas

BOURGEOIS, Léon. **L'idée solidarité et ses consequences sociales.** In: Essai d'une philosophie de la solidarité: conferences et discussions. 2ª ed. Paris: Félix Alcan, 1907.

CAVALIERI FILHO, Sérgio. **Programa de direito do consumidor**. São Paulo: Atlas, 2008.

DEMOGUE. René. **Le solidarism et la repartition des pertes**. Paris: Elibron classics, 1987.

FRANÇA, Rubens Limongi. **Direito privado**. In: Doutrinas essenciais obrigações e contratos. São Paulo: Revista dos Tribunais, 2011

GIERKE, Otto Von. **La función social del derecho privado**. Trad. Por José M. Navarro de Palencia. Madrid: Sociedade Española, 1904.

GIORGIANNI, Michelle. **O direito privado e suas atuais fronteiras**. Trad. Maria Cristina de Cicco. In: Doutrinas essenciais obrigações e contratos. vol. 1. São Paulo: Revista dos Tribunais, 2011, p. 275.

IHERING, Rudolf Von. **O espírito do direito romano – nas diversas fases de seu desenvolvimento**. vol. IV. Trad. Rafael Benaion. Rio de Janeiro: Alba, 1943.

JOSSERAND, Josserand. **La responsabilité du fait des choses inanimées**. Paris: A. Rousseau, 1897.

KANT. Immanuel. **Ideas para una historia en clave cosmopolita**: Madrid: Tecnos, 1987.

KELSEN, Hans. **Teoria pura do direito**. Trad. João Baptista Machado. São Paulo: Martins Fontes, 1994

LOMBARDI, Giorgio. **I doveri costituzionali: alcune osservazioni.** In: I doveri costituzionali: la prospettiva del giudice delle legge. R. Balduzzi, M. Cavino, E. Grosso e J. Luther (Coord.). Torino: G. Giappichelli, 2007.

LORENZETTI, Ricardo Luís. **Teoria da decisão judicial.** Trad. Bruno Miragem. São Paulo: Revista dos Tribunais, 2009.

MARQUES, Cláudia Lima e MIRAGEM, Bruno. **O novo direito privado e a proteção dos vulneráveis.** São Paulo: Revista dos Tribunais, 2012.

MARQUES, Cláudia Lima. **Superação das antinomias pelo diálogo de fontes: o modelo brasileiro de coexistência entre o CDC e o CCB/02**. Revista de direito do consumidor. Vol. 51. São Paulo: Editora Revista dos Tribunais, 2004.

MENEGUELLO, Cristina. **Espaços e vazios urbanos**. In: Plural de cidade: novos léxicos urbanos. Carlos Fortuna e Rogerio Proença Leite. Coimbra: Almedina, 2009.

MORIN, Gaston. **La révolte des faits contre le code**. Paris: B. Grasset, 1920.

NONET, Philippe. **Direito e sociedade: a transição ao sistema jurídico responsivo.** Trad. Vera Ribeiro. Rio de Janeiro: Revan, 2010.

PALMER, Richard E. **Hermenêutica**. Lisboa: Edições 70, 2011.

PASQUALOTTO, Adalberto. **A defesa coletiva dos consumidores no Brasil**. In: Doutrinas essenciais de direito do consumidor. v. 6. São Paulo: Revista dos Tribunais, 2011.

PERLINGIERI, Pietro. **O direito civil na legalidade constitucional.** Trad. Maria Cristina De Cicco. Rio de Janeiro, 2008.

POUND, Roscoe. **Jurisprudence**. St. Paul, Min.: West Publishing, 1959.

RIBEIRO, Joaquim de Souza. **O problema do contrato: as cláusulas contratuais e o princípio da liberdade contratual**. Coimbra: Almedina, 1999.

RIOS, Josué. **A defesa do consumidor como instrumento de mobilização nacional**. Rio de Janeiro, Mauad, 1998.

SALEILLES, Raymond. **Les accidents du travail et la responsabilité civile**. Essai d'une théorie objetive de la responsabilité délictuelle, Paris: A. Rousseau, 1897.

SARLET, Ingo Wolfgang. **Constituição e proporcionalidade: o direito penal e os direitos fundamentais entre proibição de excesso e de insuficiência**. In: Doutrinas essenciais de direitos humanos. vol. 2. São Paulo: Revista dos Tribunais, 2011.

TEPEDINO, Gustavo; BARBOZA, Heloísa Helena; BODIN DE MORAES, Maria Celina. **Código Civil interpretado conforme a Constituição da República**. São Paulo: Renovar, 2006.

ANTINOMIAS JURÍDICAS E AS RELAÇÕES DE CONSUMO COMPLEXAS

Frederico Thales de Araújo Martos

RESUMO: Este artigo tem por objeto o estudo da insuficiência normativa do Código de Defesa do Consumidor para vencer os conflitos existentes nas relações de consumo complexas da atualidade. A pesquisa buscou subsídios principalmente na casuística das decisões do Superior Tribunal de Justiça para aqueles conflitos marcados pela insuficiência normativa nas relações de consumo. Assim sendo, por meio da consolidação de entendimento da Corte Superior, mostra-se possível a devida compreensão de temáticas complexas. O Brasil adotou a corrente positivista do Direito, logo, as alterações legislativas não conseguem acompanhar, na mesma sintonia, as transformações das relações em sociedade. Assim sendo, em que pese certa morosidade para a pacificação jurisprudencial, o entendimento dos tribunais pode ser identificado como principal meio para criar a segurança jurídica nos casos de insuficiência normativa, criando a devida segurança aos consumidores nas mais diversas situações.

Palavras-chave: Código de Defesa do Consumidor. Insuficiência Normativa. Antinomias Jurídicas. Relações Complexas de Consumo.

Abstract: This article focuses on the study of regulatory failure of the Consumer Protection Code to overcome the conflicts in today's complex consumer relations. The research sought mainly subsidies in the series of decisions of the Superior Court of Justice for those conflicts marked by normative failure in consumer relations. Thus, through the understanding of the Superior Court of consolidation, shows if possible a proper understanding of complex issues. Brazil adopted the positivist current law, then, the legislative changes to respond, on the same wavelength, the transformation of society relations. Therefore, despite some delays for judicial peace, understanding of the courts can be identified as the primary means to create legal certainty in cases of regulatory failure, creating the necessary security for consumers in different situations.

Keywords: Consumer Protection Code. Normative insufficiency. Legal antinomies. Complex relationships consumption.

Introdução

O mundo globalizado no qual a sociedade está inserida encontra-se marcado pelo avanço tecnológico e o rompimento das fronteiras existentes entre as nações. Na atualidade, verifica-se a propagação das informações por todo o globo terrestre quase que em tempo real. Além de uma maior conscientização do papel do homem, pode-se afirmar que se vive o tempo da "sociedade do consumo"; afinal, realizar negociações com partes (e produtos) que estão no outro lado do planeta é uma realidade inegável.

Todavia, juntamente com os benefícios que surgiram com o desenvolvimento cultural e tecnológico dos povos, também apareceram alguns problemas como a possibilidade de ocorrer desigualdade nas citadas relações negociais.

A preocupação com a vulnerabilidade enfrentada pelo consumidor sempre esteve presente nas relações comerciais. Nesse sentido, mostra-se oportuno relembrar o importante pensamento de um dos principais nomes que marcaram a evolução prática do movimento capitalista, Henry Ford, ao afirmar que "o consumidor é o elo mais fraco da economia; e nenhuma corrente pode ser mais forte do que seu elo mais fraco".

Isto posto, fica evidente que, desde o início do século passado, o grande empresariado já tinha ciência da importância de proteger seu consumidor nas relações que viriam a surgir.

No Brasil, após constatar e delinear a forma pela qual ocorria o desequilíbrio nas negociações entre empresa e cliente, o legislador percebeu a necessidade de elaborar uma legislação voltada à luz da preservação dos interesses dos consumidores como forma de equilibrar as relações de consumo, tornando imprescindível o reconhecimento da vulnerabilidade do consumidor. Diante disso, em 11 de setembro de 1990 é promulgada a Lei nº 8.078, criando o Código de Defesa do Consumidor.

A gênese constitucional dos direitos dos consumidores está assegurada no artigo 5º, XXXII[1], da Constituição Federal. Na mesma esteira, a elaboração e promulgação do Código de Defesa do Consumidor surgiu por meio de determinação constitucional prevista no art. 48[2] do Ato das Disposições Constitucionais Transitórias – ADCT.

É notório que o advento do Código de Defesa do Consumidor representou um grande avanço na tutela de direitos decorrentes das relações consumeristas. Em que pese sua criação na década de 90 não se pode olvidar que se trata de uma "normativa moderna" até os dias atuais, pois sua

1 XXXII – o Estado promoverá, na forma da lei, a defesa do consumidor.

2 Art. 48 – O Congresso Nacional, dentro de cento e vinte dias da promulgação da Constituição, elaborará código de defesa do consumidor.

redação foi pautada pela simplicidade da linguagem jurídica, corroborando a fácil interpretação pela sociedade sobre suas disposições.

Todavia, em que pese a intenção em facilitar a compreensão da legislação consumerista desde a sua elaboração, em face das perplexidades da vida cotidiana, algumas situações e relações escapam da mera compreensão e aplicação do texto normativo, criando as denominadas antinomias jurídicas. Assim sendo, integra o escopo da presente pesquisa analisar certos casos complexos e, por meio da hermenêutica jurídica, estabelecer a melhor aplicação do direito ao caso concreto, harmonizando tal estudo ao entendimento dos Tribunais Superiores.

Para alcançar o desiderato científico proposto, será utilizada uma metodologia complexa, com a combinação de vários processos e técnicas de investigação e demonstração, caracterizando-se como um método híbrido com o uso das técnicas de análise e síntese, indução e dedução, além do estudo comparativo, jurisprudencial e dogmático do tema.

Por fim, por se tratar de matéria que instiga a ausência de disciplina legal, pretende-se com a presente pesquisa apresentar subsídios úteis e críticos para proporcionar uma melhor regulamentação da temática no futuro em face de sua clara importância perante a sociedade contemporânea na qual se encontra inserida.

1. Os reflexos da globalização nas relações interpessoais

A realidade vivenciada pela sociedade planetária indica diversas novas facetas que passaram a integrar as relações humanas em decorrência dos efeitos da globalização. As facilidades ocasionadas pelos avançados tecnológicos aproximaram os povos e derrubaram as fronteiras existentes, tornando de fácil acesso a comercialização em uma escala global. Por conseguinte, as relações começaram a se mostrar de maior complexidade, encontrando campos lacunosos na legislação vigente aplicável.

Acerca das legislações influenciadas pelos aspectos da modernidade, no Brasil, o Código de Defesa do Consumidor pode ser considerado um legítimo integrante desta categoria, pois apresenta em seu conteúdo questões de direito privado e de direito público, formando um microssistema próprio e especializado na seara das relações de consumo.

Ademais, a legislação em referência encerra com vários conceitos indeterminados como o da boa-fé. Inclusive, a "boa-fé" pode ser considerada como o "coração"[3] de sua estrutura legislativa.

---

3 TARTUCE, Flávio. NEVES, Daniel Amorim Assumpção. **Manual de Direito do Consumidor**. São Paulo: Gen/ Método, 2013, p. 35.

O estudo da casuística consumerista permite inferir que as tendências da hermenêutica jurídica, relacionadas às questões de direito do consumidor, vão no sentido de consolidar os princípios fundamentais consagrados pela Constituição Federal[4] e pelo próprio Código de Defesa do Consumidor.[5]

Nesse diapasão, a principal finalidade da legislação consumerista é proporcionar equilíbrio e segurança na relação entre o fornecedor e o consumidor, pautada nos ideais de igualdade e justiça social, conforme anseios apregoados por toda a sociedade.

A Lei nº 8.079/90 estabelece conceitos e institutos próprios em seus dispositivos, dentre os quais vale ressaltar o teor do art. 1º,[6] que esclarece o objetivo da legislação, ressaltando que se trata de norma de defesa do consumidor, da ordem pública e do interesse social.

Martos e Tartuce explicam que o Código de Defesa do Consumidor é um "sistema próprio, com autonomia em relação às demais normas",[7] devendo, assim, prevalecer sobre todas as normas que tratem de relações de consumo e proteção ao consumidor. Tais leis somente terão cabimento quando da existência de lacuna na legislação consumerista.

Para Cláudia Lima Marques "a noção de Código remete a um todo construído e lógico vinculado à noção de microssistema jurídico admitido em nosso direito e desenvolvido a partir das linhas essenciais estabelecidas

---

4 Para Sérvio Cavalieri Filho: "Os princípios da Lei 8.078/90 se irradiam por todo o texto, pelos diversos capítulos e seções, e são ferramenta fundamental para a interpretação do texto da lei. Quando uma lei ordinária – o Código do Consumidor – densifica um princípio constitucional (a defesa do consumidor), ela ganha uma qualidade nova. A lei é ordinária, mas é excepcionalmente qualificada pelo fato de versar um direito fundamental, uma matéria que a Constituição encomendou a uma lei especialíssima" (in: **Programa de Direito do Consumidor**. São Paulo: Atlas, 2008. p. 11).

5 É possível identificar 6 (seis) princípios fundamentais da Legislação Consumerista, a saber: Princípio da Vulnerabilidade, Princípio do Dever governamental, Princípio da Garantia de Adequação, Princípio da Boa-fé nas relações de consumo, Princípio da Informação e o Princípio do Acesso à Justiça que serão devidamente analisados a seguir. (Cf. ALVIM NETTO, José Manoel de Arruda; ALVIM, Thereza Celina Diniz de Arruda; ALVIM, Eduardo Arruda; SOUZA, James Marins de. **Código do Consumidor Comentado**. 2ª ed. São Paulo: Revista dos Tribunais, 1995. p. 44).

6 Art. 1° O presente código estabelece normas de proteção e defesa do consumidor, de ordem pública e interesse social, nos termos dos arts. 5°, inciso XXXII, 170, inciso V, da Constituição Federal e art. 48 de suas Disposições Transitórias.

7 MARTOS, José Antonio de Faria; TARTUCE, Flávio. **O Diálogo das Fontes e a Hermenêutica Consumerista no Superior Tribunal de Justiça**. CONPEDI/UNINOVE. Coordenadores: Viviane Coêlho de Séllos Knoerr, Frederico da Costa Carvalho Neto, Ronaldo Alves de Andrade. Florianópolis: FUNJAB, pp. 165-188, 2013, p. 172.

no texto constitucional".[8] O teor da legislação em comento proporciona ao termo "relação de consumo" uma interpretação jurídica de maior abrangência quando aplicada aos negócios consumeristas.[9]

A sociedade contemporânea, dotada das características inerentes aos efeitos da globalização, cria situações que merecem atenção pela inevitável complexidade dos negócios, especialmente acerca da proteção à vulnerabilidade. Nesse cenário, em que pese a atualidade do conteúdo do Código de Defesa do Consumidor, em muitos casos o cidadão se depara com uma situação em que a legislação se mostra lacunosa, ou seja, ele está diante de uma antinomia jurídica.

Assim sendo, a vulnerabilidade constitui qualidade intrínseca, peculiar e indissociável do consumidor, pois, para o conceito legal, não importa a condição econômica, cultural ou social, ainda que esse consumidor seja pessoa jurídica ou pessoa física.

Insta salientar que o rol de relações jurídicas controvertidas e complexas relacionadas aos consumidores aumentam na medida em que novas iniciativas mercadológicas são introduzidas no cotidiano dos cidadãos. Afinal, o cidadão não pode ficar vulnerável frente a essas novas relações existentes. Assim sendo, deve-se buscar sempre a legislação que melhor se amolde ao Direito pleiteado.

2. Casuística sobre questões polêmicas relacionadas ao direito do consumidor

No momento de aplicação do Código de Defesa do Consumidor deve ser preponderada a sua autonomia perante as demais normas, pois se trata de um sistema próprio.

Assim sendo, considerando que a Lei nº 8.078/90 refere-se à legislação pátria especialista na regulamentação nas relações de consumo, deve prevalecer sempre que houver qualquer conflito com outra norma de mesma hierarquia.

Considerando o escopo da presente investigação que é analisar as casuísticas em que se identificam conflitos e polêmicas na aplicação da legislação consumerista, o primeiro caso que merece destaque é o conflito do Código de Defesa de Consumidor e a Convenção de Varsóvia (e Montreal) acerca da limitação de responsabilidade civil para o transporte aéreo internacional.

8 MARQUES, Cláudia Lima. **Contratos no Código de Defesa do Consumidor**. 3ª ed. São Paulo: Revista dos Tribunais 1998, p. 224.

9 Cf. NUNES, Luiz Antônio Rizzatto. **Curso de Direito do Consumidor**. 2ª ed. São Paulo: Saraiva, 2006, p. 71.

No caso em tela o debate surge pelo fato do Código Brasileiro Aeronáutico guardar sintonia com as Convenções referendadas. Noutra ponta, o Código de Defesa do Consumidor estabelece o princípio da reparação efetiva dos danos sofridos.[10]

A temática foi objeto de grande debate dentro do Superior Tribunal de Justiça – STJ. Inclusive, o Tribunal mostrou-se contrário ao Código de Defesa do Consumidor num primeiro momento[11]. Todavia, posteriormente, firmou entendimento para afastar os limites de indenização presentes na Convenção de Varsóvia.[12]

Sobre eventual antinomia, Eduardo Arruda Alvim e Flávio Cheim Jorge disciplinam que

> Assim, o fato de a Convenção de Varsóvia não ter sido denunciada pelo Governo brasileiro (tal como previsto no art. 39 da Convenção) não quer significar que os limites de indenização nela previstos prevaleçam ainda hoje, pois que virtualmente incompatíveis com o regime do Código de Proteção e Defesa do Consumidor que, como visto, deita raízes na própria Carta de 1988.[13]

---

10 Nas palavras de Fernando Noronha, a referida antinomia pode ser entendida da seguinte maneira "enquanto o Código de Defesa do Consumidor consagra a regra da efetiva reparação de todos os danos, "patrimoniais e morais, individuais, coletivos e difusos" (cf. art. 6.º, VI) e independentemente da existência de culpa do fornecedor (cf. art. 12), no Código Brasileiro de Aeronáutica e na Convenção de Varsóvia a responsabilidade da empresa transportadora só é ilimitada na hipótese de ocorrência de dolo ou culpa grave, sendo nos demais casos tarifada, ou seja, é a lei que fixa os valores das reparações possíveis ou os quantitativos máximos destas" (*in*: NORONHA, Fernando. **A Responsabilidade Civil do Transportador Aéreo por Danos a Pessoas, Bagagens e Cargas (Caso Recente de Criação Jurisprudencial de Direito)**, *in*: Revista de Direito do Consumidor, nº 44. São Paulo: Revista dos Tribunais, pp. 151-171, out./dez., 2002, p. 156).

11 STJ – REsp nº 58.736/MG, 3ª Turma, Rel. Min. Eduardo Ribeiro, DJ: 29.04.1996.

12 STJ – REsp nº 169.000/RJ, 3ª Turma, Rel. Min. Carlos Alberto Menezes Direito, DJ: 04.04.2000; REsp nº 171.506/SP, 4ª Turma, Rel. Min. Ruy Rosado de Aguiar, DJ: 05.03.2001; AgRg no Ag nº 209.763/MG. 4ª Turma, Rel. Min. Sálvio de Figueiredo Teixeira, DJ: 05.06.2000; REsp nº 65.837/SP. 4ª Turma, Rel. Min. Aldir Passarinho Junior, DJ: 03.09.2001; REsp nº 602.014/RJ, 4ª Turma, Rel. Min. Cesar Asfor, DJ: 14.06.2004; REsp nº 552.553/RJ, 4ª Turma, Rel. Min. Fernando Gonçalves, DJ: 01.02.2006; REsp nº 245.465/MG, 3ª Turma, Rel. Min. Antônio de Pádua Ribeiro, DJ: 20.06.2005; AgRg no Ag nº 957.245/RJ, 4ª Turma, Rel. Min. Aldir Passarinho, DJ: 29.09.2008; REsp nº 1.281.090/SP, 4ª Turma, Rel. Min. Luis Felipe Salomão, DJ: 15.03.2012.

13 ALVIM, Eduardo Pellegrini de Arruda; JORGE, Flávio Cheim. **Contratos de Transporte Aéreo e o CDC**. *in*: Revista de Direito do Consumidor, São Paulo: Revista dos Tribunais, v. 19, jul./set. 1996, p. 135.

É importante ressaltar que o assunto foi objeto de análise no plenário do Supremo Tribunal Federal – STF[14] e, nesses casos, houve a manutenção do posicionamento firmado pelo STJ. A Corte Suprema, aliás, já decidiu que "afastam-se as normas especiais do Código Brasileiro da Aeronáutica e da Convenção de Varsóvia quando implicarem retrocesso social ou vilipêndio aos direitos assegurados pelo Código de Defesa do Consumidor".[15]

Contudo, passados 25 (vinte e cinco) anos da promulgação da legislação consumerista, a temática relacionada à limitação de indenização em caso de transporte aéreo ainda é objeto de polêmicas e divergências. Em que pese a pacificação do tema pelo STJ, em 23 de outubro de 2009, o Ministro do STF, Gilmar Mendes, reconheceu a Repercussão Geral do assunto, admitindo o Agravo de Instrumento nº 762184:

> RECURSO. Extraordinário. Extravio de bagagem. Limitação de danos materiais e morais. Convenção de Varsóvia. Código de Defesa do Consumidor. Princípio constitucional da indenizabilidade irrestrita. Norma prevalecente. Relevância da questão. Repercussão geral reconhecida. Apresenta repercussão geral o recurso extraordinário que verse sobre a possibilidade de limitação, com fundamento na Convenção de Varsóvia, das indenizações de danos morais e materiais, decorrentes de extravio de bagagem.[16]

O julgamento do Recurso Extraordinário nº 636.331 foi iniciado em 08 de maio de 2014. O Relator votou pelo provimento do recurso, acompanhado pelos Ministros Roberto Barroso e Teori Zavascki. Todavia, a decisão ainda não foi totalmente julgada em razão de pedido de vista dos autos pela Ministra Rosa Weber.

Nesse cenário, a sociedade jurídica aguarda ansiosamente pelo julgamento do caso pois, ao que tudo indica, o entendimento, até então pacificado, pode sofrer alteração, confrontando a posição formada por toda a doutrina e pelo próprio STF ao enfrentar o tema no passado.

A contextualização em que a sociedade moderna encontra-se está marcada pela constante mudança da dinâmica de mercado e nas diversas relações do homem. Assim sendo, a presente investigação visa a refletir sobre determinados pontos controversos na doutrina e jurisprudência em relações com consumidores em face da atualidade e eficácia do Direito.

---

14 STF – RE nº 172.720-9/RJ, 2ª Turma, Rel. Min. Marco Aurélio, DJ: 21.02.1997.

15 STF – RE nº 351.750/RJ, 1ª Turma, Rel. Min. Marco Aurélio, Rel. p/ Acórdão: Min. Carlos Britto, DJe: 24.09, 01081 RJSP v. 57, n. 384, 2009, pp. 137-143.

16 STF – AI nº 762.184/RJ, Rel. Min. Cezar Peluso, DJ: 17.12.2009.

2.1. *Da fidelização nos contratos de telefonia fixa*

Um ponto controvertido que merece ser suscitado repousa na legitimidade da cobrança de fidelização nos contratos de telefonia fixa, pois o assunto está longe de apresenta entendimento pacificado pela jurisprudência e doutrina.

Destarte, o período de fidelização elimina o direito de liberdade de contratar durante determinado período. A realidade insurge de maneira inegável que a cláusula de fidelização mostra-se prejudicial ao consumidor pois o torna "escravo" do contrato que assinou.

A prática revela que as empresas buscam com a "fidelização" condicionar o fornecimento de determinado produto ou serviço somente se o cliente firmar contrato por longo período, normalmente superior a 1 (um) ano e também por meio de "venda casada", prática vedada pela legislação consumerista.

No cotidiano, esse comportamento é usualmente adotado pelas companhias de telefone que condicionam a compra de celulares com preços atrativos (ou até mesmo a realização de comodato de aparelhos) somente se o cliente assinar contrato de fidelização de pelo menos 1 (um) ano de determinado plano de linha telefônica.

Sobre o tema, observa-se que a jurisprudência ainda não se pacificou e encontra divergências sobre a licitude da cobrança. Na atualidade, é possível encontrar julgados adotando diferentes entendimentos, inclusive nas instâncias superiores.

A corrente favorável ao consumidor reconhece a prática de venda casada e entende que se trata de estipulação, inequivocamente, abusiva, haja visto atentar contra a liberdade de escolha do consumidor, ferindo um princípio básico da relação consumerista[17].

Em sentido contrário, os oposicionistas entendem que a cláusula de fidelização em contrato de telefonia é legítima, na medida em que o assinante recebe benefícios em face da necessidade de garantir um retorno mínimo em relação aos gastos realizados[18].

Não obstante, o caso em tela deve ser analisado de maneira criteriosa pois, se de fato houver razoabilidade na condição de fidelização, gerando benefícios a ambas as partes, ela deverá ser considerada legítima. Todavia, nos casos em que se verifica a usurpação do direito de livre escolha do consumidor, tal prática deverá ser considerada abusiva.

17 STJ – REsp nº 1.097.582/MS, 4ª Turma, Rel. Min. Marco Buzzi, DJ: 19.03.2013.

18 STJ – AgRg REsp nº 1.204.952/DF, 3ª Turma, Rel. Min. Paulo de Tarso Sanseverino, DJe: 20.8.2012; e, REsp nº 1.087.783/RJ, 3ª Turma, Rela. Mina. Nancy Andrighi, DJe: 10.12.2009.

2.2. A responsabilidade civil do cirurgião plástico

Na atualidade, o Brasil é o país com o maior índice de realização de cirurgias estéticas, ultrapassando, inclusive, os Estados Unidos.[19] Com o aumento do número de cirurgias, também cresceu o número de problemas e questionamentos relacionados a essa área da medicina. O julgamento de ações acerca da responsabilidade civil em caso de cirurgias plásticas mal sucedidas tornou-se algo corriqueiro no meio forense.

Na área contenciosa, o principal questionamento que surge é sobre o tipo de obrigação que o médico assume no caso da realização de cirurgia plástica. Afinal, trata-se de uma obrigação de meio ou de resultado?

Ao enfrentar o tema, o STJ consolidou entendimento favorável aos consumidores, ou seja, em se tratando de cirurgia com propósitos estéticos existe a obrigação de resultado, pois o contratado se compromete a alcançar um resultado específico, que constitui o cerne da própria obrigação, sem o qual haverá a inexecução desta.[20] Por conseguinte, o uso da técnica adequada na cirurgia estética não é suficiente para isentar o médico da culpa pelo não cumprimento de sua obrigação.

2.3. Da responsabilidade objetiva dos hospitais por erro médico

Ainda sobre a responsabilidade civil por erro médico, outra vertente que assola o judiciário é a análise da responsabilidade, objetiva ou subjetiva, dos hospitais nos casos em que seja identificado erro médico.

19 Conforme informações divulgadas pela Revista Veja: Em 2013, o país realizou 1,49 milhão de operações, quase 13% do total mundial em território americano, foram 1,45 milhão. Em terceiro lugar está o México, com 486.000 cirurgias. Os dados fazem parte de um relatório da Sociedade Internacional de Cirurgia Plástica Estética (Isaps, na sigla em inglês) divulgado na terça-feira. De acordo com o levantamento, as cirurgias plásticas mais comuns no Brasil em 2013 foram a lipoaspiração (228.000), o implante de silicone nas mamas (226.000) e a operação para elevar os seios (140.000). O Brasil é líder mundial em dez dos dezenove tipos de cirurgia listados no relatório, incluindo rinoplastia (77.224), rejuvenescimento vaginal (13.683), aumento dos glúteos (63.925). e transplante capilar (8.319). Disponível em: http://veja.abril.com.br/noticia/saude/brasil-lidera-ranking-mundial-de-cirurgias-plasticas. Acesso em 26.01.2015.

20 STJ – REsp nº 1.395.254/SC, Rela. Mina. Nancy Andrighi, 3ª Turma, DJe: 29.11.2013; AgRg nos EDcl no AREsp nº 328.110/RS, 4ª Turma, Rel. Min. Luis Felipe Salomão, DJe: 25.09.2013; REsp nº 985.888/SP, 4ª Turma, Rel. Min. Luis Felipe Salomão, DJe: 13.03.2012; AgRg no Ag nº 1.132.743/RS, 3ª Turma, Min. Rel. Sidnei Beneti, DJe: 25.06.2009; e REsp nº 1.104.665/RS, 3ª Turma, Min. Rel. Massami Uyeda, DJe: 04.08.2009.

No caso em questão verifica-se a tentativa do hospital em se desvencilhar de qualquer responsabilidade, imputando a totalidade da culpa ao profissional responsável pelo ato que originou o erro, muitas vezes se pautando em suposta inexistência de qualquer tipo de vínculo empregatício entre o médico e o hospital.

Nesse cenário, o consumidor não pode ficar a mercê de interpretações subjetivas e convenientes quanto ao seu direito. Eventual relação de emprego ou de dependência entre o profissional médico e o Hospital não afasta a responsabilidade deste na relação de consumo.

A propósito, o STJ ratificou a responsabilidade objetiva dos hospitais por qualquer erro médico que venha a ser cometido. Assim sendo, se um paciente recebe atendimento de um médico que se encontra naquele local em serviço, inclusive no caso de plantonistas, a responsabilidade em razão de qualquer consequência danosa pertence ao hospital.[21]

2.4. A aquisição de automóvel por taxista

Um ponto controvertido na doutrina e jurisprudência é acerca da aplicação do Código de Defesa do Consumidor em caso de constatação de defeito (vício) em veículo novo adquirido por taxista.

O primeiro ponto objeto de contradição é se o conceito de consumidor, definido como o "destinatário final", previsto no art. 2º do Código de Defesa do Consumidor, engloba a condição do taxista.

Todavia, a aquisição de veículo para utilização como táxi, por si só, não impede a aplicação das normas protetivas do consumidor. Nesse sentido, seja com fundamento na doutrina finalista ou na maximalista, o fato é que o taxista deve ser considerado consumidor nos termos do art. 2º da Lei nº 8.078/90.[22]

Com efeito, o fato de o consumidor adquirir um veículo para exercer a profissão de taxista não afasta a sua condição de hipossuficiente na relação junto ao responsável pela venda do veículo. O desequilíbrio de forças entre as partes é tão evidente que, somente com a aplicação do diploma legal que assegura à parte débil da relação jurídica uma tutela especial, poderia se restabelecer um equilíbrio e uma igualdade entre as partes.

Cláudia Lima Marques ressalta que

> Em face da experiência no direito comparado, a escolha do legislador brasileiro, do critério da destinação final, com o parágrafo único do art. 2º e com uma in-

---

21 STJ – REsp nº 400.843/RS, 3ª Turma, Rel. Min. Carlos Alberto Menezes Direito, DJ: 18.04.2005, p. 304.

22 STJ – REsp nº 502.797/MG, 4ª Turma, Rel. Min. Ruy Rosado de Aguiar, DJ: 10.11.2003.

> terpretação teleológica permitindo exceções, parece ser uma escolha sensata. A regra é a exclusão 'ab initio' do profissional da proteção do Código, mas as exceções virão através da ação da jurisprudência, que em virtude da vulnerabilidade do profissional, excluirá o contrato da aplicação das regras normais do Direito Comercial e aplicará as regras protetivas do CDC.[23]

O fato de o comprador adquirir o veículo para uso comercial, como táxi, "não afasta a sua condição de hipossuficiente na relação com a empresa, ensejando a aplicação das normas protetivas do CDC".[24]

Acerca dos vícios do produto, deverão ser responsabilizados, de maneira solidária, todos aqueles que participam da introdução do produto ou serviço no mercado, isto é, "imputa-se a toda a cadeia de fornecimento a responsabilidade pela garantia de qualidade e adequação".[25]

Nesse sentido, a constatação de defeito em carro novo configura hipótese de vício do produto, respondendo, solidariamente, a concessionária e o fabricante[26], conforme dispõe o artigo 18, *caput,*[27] do Código de Defesa do Consumidor.

2.5. Da responsabilidade solidária entre a montadora e a concessionária de automotivos

Ao reportar a responsabilidade solidária entre a montadora e a concessionária, o tema merece ser analisado com maior miudeza, pois a solidariedade deverá ser aplicada para qualquer tipo de consumidor (inclusive ao taxista conforme explicitado no tópico anterior).

---

23 MARQUES, Cláudia Lima. **Contratos no Código de Defesa do Consumidor: O Novo Regime das Relações Contratuais,** 4ª ed., São Paulo: Revista dos Tribunais, 2002, pp. 278-280.

24 STJ – REsp nº 575.469/RJ, 4ª Turma, Rel. Min. Luis Felipe Salomão, DJ: 13.10.2014.

25 STJ – REsp nº 1.077.911/SP 2008/0169205-6, 3ª Turma, Rela. Mina. Nancy Andrighi, DJ: 04.10.2011.

26 STJ – REsp nº 611.872/RJ 2003/0197368-1, 4ª Turma, Rel. Min. Antonio Carlos Ferreira, DJe: 23.10.2012.

27 Art. 18. Os fornecedores de produtos de consumo duráveis ou não duráveis respondem solidariamente pelos vícios de qualidade ou quantidade que os tornem impróprios ou inadequados ao consumo a que se destinam ou lhes diminuam o valor, assim como por aqueles decorrentes da disparidade, com a indicações constantes do recipiente, da embalagem, rotulagem ou mensagem publicitária, respeitadas as variações decorrentes de sua natureza, podendo o consumidor exigir a substituição das partes viciadas.

Na atualidade, verifica-se a consolidação do posicionamento de que a fornecedora, a revendedora e a montadora enquadram-se perfeitamente no que preceitua o art. 34[28] da Lei nº 8.078/90.

O dispositivo legal em referência consagra a responsabilidade de qualquer dos integrantes da cadeia de fornecimento que dela se beneficie, pelo descumprimento dos deveres de boa-fé, transparência, informação e confiança. Assim sendo, também deverá ser imputada a montadora de automotivos pelo inadimplemento da concessionária credenciada que deixa de entregar veículo comprado e totalmente pago pelo consumidor.[29]

Em escorço a referido dispositivo legal, doutrinam Cláudia Lima Marques, Antônio Herman V. Benjamin e Bruno Miragem:

> O art. 34 repete a idéia do sistema geral do direito civil, de que o empregador é responsável pelos atos de seus prepostos (art. 932, III, do CC/2002, antigo art. 1.521, III, do CC/1916), mas inova ao visualizar uma cadeia de fornecimento solidariamente responsável entre o (todos e cada um por todos) preposto ou o re (com vínculo) presentante autônomo e o for (sem vínculo trabalhista) necedor principal de produto e serviço ou organizador da cadeia de fornecimento de produtos e serviços. O CDC impõe a solidariedade mesmo àqueles que teoricamente são independentes, tendo em vista o fim comum, que é fornecer o produto e o serviço.[30]

Ainda sobre a temática, deve ser ressaltado que os preceitos da Lei nº 6.729/1979 (Lei Ferrari), responsável por disciplinar a relação jurídica entre concedente e concessionária, não podem ser aplicados em desfavor do consumidor. O art. 7º[31] do Código de Defesa do Consumidor permite a interpretação integrativa ou analógica apenas no que diga respeito aos "direitos" daqueles.[32]

A utilização de marca de renome, realizada conforme permissão legal[33] da legislação consumerista, gera no consumidor a legítima expectativa de

---

28 Art. 34. O fornecedor do produto ou serviço é solidariamente responsável pelos atos de seus prepostos ou representantes autônomos.

29 STJ – REsp nº 1.309.981/SP, 4ª Turma, Min. Rel. Luis Felipe Salomão, DJe: 17.12.2013.

30 MARQUES, Cláudia Lima; BENJAMIN, Antônio Herman V; MIRAGEM, Bruno. **Comentários ao Código de Defesa do Consumidor: Arts. 1º a 74: Aspectos Materiais.** São Paulo: Revista dos Tribunais, 2003, p. 454.

31 Art. 7° Os direitos previstos neste código não excluem outros decorrentes de tratados ou convenções internacionais de que o Brasil seja signatário, da legislação interna ordinária, de regulamentos expedidos pelas autoridades administrativas competentes, bem como dos que derivem dos princípios gerais do direito, analogia, costumes e equidade.

32 STJ – REsp nº 564.749-RJ, 3ª Turma, Min. Rel. Ricardo Villas Bôas Cueva, DJ: 24.10.14.

33 Art. 3º Constitui objeto de concessão: [..]
III – o uso gratuito de marca do concedente, como identificação.

que o contrato é garantido pela montadora. Diante disso, ela deverá responder solidariamente por eventuais problemas nos negócios jurídicos desta seara.

2.6. A responsabilidade das instituições de ensino superior pelo reconhecimento de seus cursos

No campo da educação, o número de ações judiciais de consumidores em conflito com Instituições de Ensino Superior – IES também estão crescendo. Esse fator decorre das mais diversas razões, mas neste tópico serão debatidas somente as questões voltadas às consequências de uma IES que oferece curso sem reconhecimento ou que demora em proceder ao seu reconhecimento em face das prerrogativas do direito do consumidor aplicáveis ao caso.

Cumpre observar que a Lei de Diretrizes e Bases da Educação – LDB (Lei nº 9.394/1996) estabelece que os cursos devem ser reconhecidos por meio de prazo limitado, havendo a renovação periódica, após processo regular de avaliação.[34]

Assim sendo, a instituição de ensino que oferece determinado curso sem providenciar ao seu devido reconhecimento junto ao Ministério da Educação e Cultura (MEC), resultando em prejuízo ao aluno, deverá responder, objetivamente pelo serviço defeituoso.[35]

Ademais, é cabível a reparação na seara moral, pois a frustração no aluno na obtenção de diploma fere sua esfera íntima e distancia-se da concepção de mero dissabor ou aborrecimento, autorizando o devido ressarcimento pelo constrangimento sofrido.[36]

2.7. A solidariedade da cadeira de fornecedores do serviço de cartão de crédito

No mercado atual, o uso do cartão (débito e crédito) representa a principal forma para a realização de qualquer tipo de transação, pois os mais diversos tipos de serviços e estabelecimentos aceitam esse tipo de pagamento. A predominância do uso do cartão ocorre em razão da segurança que gera para ambas as partes, pois o comprador deixa de circular com ele-

34 Art. 46. A autorização e o reconhecimento de cursos, bem como o credenciamento de instituições de educação superior, terão prazos limitados, sendo renovados, periodicamente, após processo regular de avaliação.

35 STJ – REsp nº 1.244.685/SP, 4ª Turma, Rel. Min. Luis Felipe Salomão, DJe: 17.10.2013.

36 STJ – REsp nº 998.265/RO, 4ª Turma, Rel. Min. Aldir Passarinho Junior, DJe: 01.02.2011.

vadas quantias, evitando assaltos, e o vendedor se protege da tentativa de fraudes de moeda falsa.

O uso do cartão de crédito atinge quase a totalidade da população, sendo acessível a todas as classes sociais. Em que pese as negociações com cartão de crédito proporcionarem maior segurança aos envolvidos, ela não está isenta de riscos e problemas. Nesse sentido, surgem diversos questionamento acerca da responsabilidade quando identificado algum vício no uso do cartão de crédito.

Assim sendo, no que concerne à existência de responsabilidade solidária, todos os que integram a cadeia de fornecedores do serviço de cartão de crédito respondem, solidariamente, em caso de fato ou vício do serviço.

Nesse diapasão, cabe às administradoras do cartão, aos estabelecimentos comerciais, às instituições financeiras emitentes do cartão e até mesmo às proprietárias das bandeiras verificarem a idoneidade das compras realizadas com cartões magnéticos.[37]

Desta forma, é de responsabilidade exclusiva dos fornecedores envidarem todos os meios que dificultem ou impossibilitem fraudes e transações realizadas por estranhos em nome de seus clientes, independentemente de qualquer ato do consumidor, ou seja, indistintamente, que tenha ou não ocorrido roubo ou furto.[38]

2.8. Da aplicação do código de defesa do consumidor nas relações com instituições financeiras

A experiência revela a incansável tentativa dos bancos em emplacar a tese de que não estão sujeitos ao Código de Defesa do Consumidor. Todavia, verifica-se o fracasso em todas as investidas; afinal, o STJ já consolidou o entendimento de que às relações jurídicas originadas dos pactos firmados entre os agentes econômicos, as instituições financeiras e os usuários de seus produtos e serviços estão subordinados à legislação consumerista.[39]

Acerca da temática, confira-se o escólio de José Geraldo Britto Filomeno:

> E, efetivamente, fala o § 2º do art. 3º do Código Brasileiro de Defesa do Consumidor em 'serviço' como sendo 'qualquer atividade fornecida no mercado de consumo, mediante remuneração, inclusive as de natureza bancária,

37 STJ – PET no AgRg no REsp nº 1.391.029/SP 2013/0202357-3, 3ª Turma, Rel. Min. Sidnei Beneti, DJ: 04.02.2014.

38 STJ – REsp nº 1.058.221/PR, 3ª Turma, Rela. Mina. Nancy Andrighi, DJe: 14.10.2011.

39 STJ – REsp nº 57.974/RS, 4ª Turma, Rel. Min. Ruy Rosado de Aguiar, DJ: 29.05.1995 e REsp nº 142.799/RS, 3ª Turma, Rel. Min. Waldemar Zveiter, DJ: 14.12.1998, p. 230.

> financeira, de crédito e securitária, salvo as decorrentes das relações de caráter trabalhista'. [...] Resta evidenciado, por outro lado, que as atividades desempenhadas pelas instituições financeiras, quer na prestação de serviços aos seus clientes (por exemplo, cobrança de contas de luz, água e outros serviços, ou então expedição de extratos etc.), quer na concessão de mútuos ou financiamentos para a aquisição de bens, inserem-se igualmente no conceito amplo de serviços. Aliás, o Código fala expressamente em atividade de natureza bancária, financeira, de crédito e securitária, aqui se incluindo igualmente os planos de previdência privada em geral, além dos seguros propriamente ditos, de saúde etc.[40]

Não obstante, os bancos se enquadram perfeitamente no disposto no art. 3º, § 2º[41] da Lei nº 8.078/90. Noutra ponta, o cliente bancário guarda afinidade com destinatário final, formalizando os requisitos norteadores de uma relação de consumo.

2.9. *Da responsabilidade objetiva das concessionárias de rodovia*

Outro tema que merece a atenção do exegeta concerne à subordinação a legislação consumerista nas relações de concessionárias de serviços rodoviários com os usuários,[42] em especial na ocorrência de acidentes dentro da pista de rodagem. Nesse sentido, o STJ já consolidou entendimento sobre a aplicação do Código de Defesa do Consumidor.

Assim sendo, a empresa concessionária que administra rodovia mantém relação consumerista com os usuários, devendo ser responsabilizada objetivamente por eventuais falhas na prestação do serviço,[43] pela manutenção da rodovia em todos os aspectos, respondendo, inclusive, por eventuais acidentes provocados.[44]

---

40 FILOMENO, José Geraldo Brito. **Código Brasileiro de Defesa do Consumidor Comentado pelos Autores do Anteprojeto.** [*et al.*]. 8ª ed. Rio de Janeiro: Forense Universitária, 2004, p. 49.

41 Art. 3° Fornecedor é toda pessoa física ou jurídica, pública ou privada, nacional ou estrangeira, bem como os entes despersonalizados, que desenvolvem atividade de produção, montagem, criação, construção, transformação, importação, exportação, distribuição ou comercialização de produtos ou prestação de serviços. [...]
§ 2° Serviço é qualquer atividade fornecida no mercado de consumo, mediante remuneração, inclusive as de natureza bancária, financeira, de crédito e securitária, salvo as decorrentes das relações de caráter trabalhista.

42 STJ – AgRg no AREsp nº 150.781/PR, 3ª Turma, Rel. Min. Ricardo Villas Bôas Cueva, DJe: 09.08.2013.

43 STJ – AgRg no AREsp nº 342.496/SP, 3ª Turma, Rel. Min. João Otávio de Noronha, D J: 11.02.2014.

44 STJ – REsp nº 647.710/RJ, 3ª Turma, Rel. Min. Castro Filho, DJ: 30.06.2006, p. 216.

2.10. Os contratos de leasing no código de defesa do consumidor

Ao se debruçar sobre a temática que envolve a restituição do VRG – Valor Residual Garantido, no caso de resolução de contrato de arrendamento mercantil, o STJ consolidou entendimento que a resolução contratual e a devolução do bem ao arrendatário corroboram com a devolução do VRG ao consumidor.[45]

No Brasil, para a venda de automóveis, a forma mais comum de celebração de negócio é por meio de um contrato de leasing que possui uma natureza peculiar: a propriedade do bem objeto do arrendamento pertence à arrendadora, e a posse direta para o uso do bem é do arrendatário. No final da relação contratual é lícito ao arrendatário se manifestar pela intenção de adquirir o bem, renovar o arrendamento ou, simplesmente, devolvê-lo.

Assim sendo, pode-se afirmar que, inicialmente, ficam acentuadas as características do contrato de locação, no qual as prestações são efetuadas como contraprestação pelo uso do bem. Ao término das prestações, caso o arrendatário tenha interesse em adquirir o bem, deverá pagar a quantia referente ao título de VRG, para posterior transferência de propriedade do bem arrendado.

Cumpre consignar que o VRG não pode ser considerado como parte do preço do arrendamento do bem, pois se refere ao custo de amortização do bem arrendado, em razão de sua sobrevida em relação ao prazo contratual do arrendamento.

Todavia, a prática das vendedoras revela que muitas adotam a cobrança do VRG de maneira diluídas nas prestações, ou em uma única parcela no início da celebração contratual, surgindo eventuais questionamentos sobre a necessidade de devolução do valor em caso de devolução do bem.

Nesse cenário, caso ocorra o inadimplemento do arrendatário motivando a rescisão do contrato de arrendamento mercantil existente, ele não terá direito a restituição das prestações por ele adimplidas, todavia, deverá ser ressarcido no montante pago a título de VRG.[46]

Ademais, em caso de pagamento antecipado do VRG, mostra-se possível sua devolução após a resolução do contrato de arrendamento mercantil se houver a restituição do bem em posse da arrendadora.[47]

---

45 STJ – AgRg no AREsp nº 91.964/SC, 3ª Turma, Rel. Min. Paulo de Tarso Sanseverino, DJe: 21.09.2012.

46 STJ – EDcl no REsp nº 957.687/RS, 4ª Turma, Rel. Min. João Otávio de Noronha, DJe: 19.08.2010.

47 STJ – AgRg no REsp nº 1.312.056/SP, 3ª Turma, Rela. Mina. Nancy Andrighi, DJe: 26.06.2012.

Destarte, a resolução do contrato de leasing implica na restituição dos contratantes ao estado anterior. Logo, denota mera consequência a reintegração do bem ao arrendador e a restituição, ao arrendatário, dos valores pagos a título de VRG após o desfazimento do contrato.[48]

2.11. O agricultor como destinatário final na aquisição de bens de produção

As situações relacionadas com o agricultor possuem o mesmo tratamento analógico concedido ao consumidor. Assim sendo, as decisões do STJ versam no sentido de proteger o agricultor em situações onde ele figura como destinatário final, inclusive na compra de uma colheitadeira[49] ou de insumos agrícolas.[50]

Acerca da temática, Antônio Herman Benjamin esclarece o seguinte:

> Para nós, modestamente, consumidor é todo aquele que, para seu uso pessoal, de sua família, ou dos que se subordinam por vinculação doméstica ou protetiva a ele, adquire ou utiliza produtos, serviços ou quaisquer outros bens ou informação colocados a sua disposição por comerciantes ou por qualquer outra pessoa natural ou jurídica, no curso de sua atividade ou conhecimento profissionais.[51]

Assim sendo, em que pese o fato de o bem adquirido ser utilizado na atividade produtiva, em razão de sua natureza, o agricultor deve ser considerado destinatário final, pois, além de representar a parte vulnerável na relação firmada, o bem foi utilizado pelo profissional, encerrando-se a cadeia produtiva respectiva, não sendo objeto de transformação ou Beneficiamento.

Conclusão

No contexto global da atualidade, verifica-se uma abundância de sujeitos de direitos, uma "massificação" das propostas legislativas, além de um pluralismo qualificado pela valorização dos direitos humanos e da liberdade. Nesse cenário, surgem certas preocupações em tutelar agentes vulneráveis,

---

48 STJ – AgRg no Ag nº 864.953/SP, 4ª Turma, Rel. Min. Hélio Quaglia Barbosa, DJ: 06.08.2007, p. 518.

49 STJ – REsp nº 445.854/MS, 3ª Turma, Min. Rel. Castro Filho, DJ: 19.12.2003, p. 453.

50 STJ – REsp nº 208.793/MT, 3ª Turma, Rel. Min. Carlos Alberto Menezes Direito, DJ: 18.11.1999.

51 BENJAMIN, Antônio Herman V. **O Conceito Jurídico de Consumidor**, *in*: Revista dos Tribunais, São Paulo: Revista dos Tribunais, v. 628, fev./1988, pp. 77-78.

tais como: consumidores, trabalhadores, mulheres sob violência, crianças, adolescentes, idosos, indígenas, deficientes físicos e negros, representando um traço forte do direito contemporâneo.

Com efeito, a principal finalidade da legislação consumerista é proporcionar equilíbrio e segurança na relação entre o fornecedor e o consumidor, pautada nos ideais de igualdade e justiça social, conforme anseios apregoados por toda a sociedade.

Em uma projeção futurista da nova hermenêutica do direito do consumidor constata-se que a pauta de assuntos e temas característicos da modernidade tendem a aumentar em razão da maior complexidade envolvendo as relações consumeristas. Nesse cenário, a jurisprudência ganha uma importância substancial na composição dos litígios em razão da insuficiência normativa do Código de Defesa do Consumidor.

Cumpre consignar que, por maior que seja o interesse do legislador em atender às necessidades contemporâneas da sociedade, torna-se impossível à norma jurídica acompanhar simultaneamente as demandas da dinâmica da vida em sociedade.

As novas tendências mercadológicas, a inovação e a obsolescência programada, associadas às agressivas campanhas de marketing, tornam as relações de consumo cada vez maiores e mais complexas. O comércio eletrônico e o mundo virtual são fatores de extrema relevância no convívio social moderno e, por conseguinte, são fatores que merecem atenção na relação consumerista.

A necessidade da busca pelo ideal de justiça do sistema moderno, marcado pela eticidade, socialidade e operacionalidade, reclama uma aplicação atenta da normativa do Código de Defesa do Consumidor. Preocupações como a atenção à dignidade da pessoa humana, à solidariedade e a funcionalização de alguns institutos típicos de direito privado devem ser objeto a serem compreendidos a partir do hiato existente entre as demandas da sociedade e a legislação em vigência.

Assim sendo, verifica-se que ocorre na consolidação dos entendimentos jurisprudenciais, pelas cortes superiores, a aplicação da legislação com uma preocupação voltada à realidade circundante e evolutiva da sociedade.

Não obstante, a utilização do Poder Judiciário para alcançar a devida proteção ao consumidor representa caminho excepcional para a solução de problemas consumeristas. Todavia, sempre que identificada insuficiência normativa, em situações isoladas, cabe à jurisprudência solucionar e pacificar as relações controvertidas atendendo à demanda social.

Isto posto, ao enfrentar o caso concreto em matérias complexas do direito do consumidor, os tribunais superiores atuam como verdadeiros agentes da justiça social, pois a pacificação jurisprudencial representa a verdadeira segurança jurídica para a compreensão de diversos temas controversos originários das relações de consumo..

Referências doutrinárias

ALVIM, Eduardo Pellegrini de Arruda; JORGE, Flávio Cheim. **Contratos de Transporte Aéreo e o CDC**. *in*: Revista de Direito do Consumidor, São Paulo: Revista dos Tribunais, v. 19, jul./set. 1996.

ALVIM NETTO, José Manoel de Arruda; ALVIM, Thereza Celina Diniz de Arruda; ALVIM, Eduardo Arruda; SOUZA, James Marins de. **Código do Consumidor Comentado**. 2ª ed. São Paulo: Revista dos Tribunais, 1995

BENJAMIN, Antônio Herman V. **O Conceito Jurídico de Consumidor**, *in*: Revista dos Tribunais, São Paulo: Revista dos Tribunais, v. 628, fev./1988.

CAVALIERI FILHO, Paulo Sérgio. **Programa de Direito do Consumidor**. São Paulo: Atlas, 2008.

FILOMENO, José Geraldo Brito. **Código Brasileiro de Defesa do Consumidor Comentado pelos Autores do Anteprojeto**. [*et al.*]. 8ª ed. Rio de Janeiro: Forense Universitária, 2004.

MARQUES, Cláudia Lima. Contratos no Código de Defesa do Consumidor. 3ª ed. São Paulo: Revista dos Tribunais 1998.

__________________. Contratos no Código de Defesa do Consumidor: O Novo Regime das Relações Contratuais, 4ª ed., São Paulo: Revista dos Tribunais, 2002.

__________________. BENJAMIN, Antônio Herman V; MIRAGEM, Bruno. **Comentários ao Código de Defesa do Consumidor: Arts. 1º a 74: Aspectos Materiais**. São Paulo: Revista dos Tribunais, 2003.

MARTOS, José Antonio de Faria; TARTUCE, Flávio. **O Diálogo das Fontes e a Hermenêutica Consumerista no Superior Tribunal de Justiça.** CONPEDI/UNINOVE. Coordenadores: Viviane Coêlho de Séllos Knoerr, Frederico da Costa Carvalho Neto, Ronaldo Alves de Andrade. Florianópolis: FUNJAB, pp. 165-188, 2013.

NORONHA, Fernando. A **Responsabilidade Civil do Transportador Aéreo por Danos a Pessoas, Bagagens e Cargas (Caso Recente de Criação Jurisprudencial de Direito)**, *in*: Revista de Direito do Consumidor, nº 44. São Paulo: Revista dos Tribunais, pp. 151-171, out./dez., 2002.

NUNES, Luiz Antônio Rizzatto. **Curso de Direito do Consumidor**. 2ª ed. São Paulo: Saraiva, 2006.

TARTUCE, Flávio. NEVES, Daniel Amorim Assumpção. **Manual de Direito do Consumidor**. São Paulo: Gen/ Método, 2013.

Referências jurisprudênciais

STF – AI nº 762.184/RJ, Rel. Min. Cezar Peluso, DJ: 17.12.2009.

STF – RE nº 351750/RJ, 1ª Turma, Rel. Min. Marco Aurélio, Rel. p/ Acórdão: Min. Carlos Britto, DJe: 24.09, 01081 RJSP v. 57, n. 384, 2009, pp. 137-143.

STF – RE nº 172.720-9/RJ, 2ª Turma, Rel. Min. Marco Aurélio, DJ: 21.02.1997.

STJ – AgRg no Ag nº 1.132.743/RS, 3ª Turma, Min. Rel. Sidnei Beneti, DJe: 25.06.2009.

STJ – AgRg no Ag nº 864.953/SP, 4ª Turma, Rel. Min. Hélio Quaglia Barbosa, DJ: 06.08.2007, p. 518.

STJ – AgRg no Ag nº 957.245/RJ, 4ª Turma, Rel. Min. Aldir Passarinho, DJ: 29.09.2008.

STJ – AgRg no Ag nº 209.763/MG. 4ª Turma, Rel. Min. Sálvio de Figueiredo Teixeira, DJ: 05.06.2000.

STJ – AgRg no AREsp nº 342.496/SP, 3ª Turma, Rel. Min. João Otávio de Noronha, DJ: 11.02.2014.

STJ – AgRg no AREsp nº 91.964/SC, 3ª Turma, Rel. Min. Paulo de Tarso Sanseverino, DJe: 21.09.2012.

STJ – AgRg no AREsp nº 150.781/PR, 3ª Turma, Rel. Min. Ricardo Villas Bôas Cueva, DJe: 09.08.2013.

STJ – AgRg no REsp nº 1.204.952/DF, 3ª Turma, Rel. Min. Paulo de Tarso Sanseverino, DJe: 20.8.2012.

STJ – AgRg no REsp nº 1.312.056/SP, 3ª Turma, Rela. Mina. Nancy Andrighi, DJe: 26.06.2012.

STJ – AgRg nos EDcl no AREsp nº 328.110/RS, 4ª Turma, Rel. Min. Luis Felipe Salomão, DJe: 25.09.2013.

STJ – EDcl no REsp nº 957.687/RS, 4ª Turma, Rel. Min. João Otávio de Noronha, DJe: 19.08.2010.

STJ – PET no AgRg no REsp nº 1.391.029/SP 2013/0202357-3, 3ª Turma, Rel. Min. Sidnei Beneti, DJ: 04.02.2014.

STJ – REsp nº 1.087.783/RJ, 3ª Turma, Rela. Mina. Nancy Andrighi, DJe: 10.12.2009.

STJ – REsp nº 1.281.090/SP, 4ª Turma, Rel. Min. Luis Felipe Salomão, DJ: 15.03.2012.

STJ – REsp nº 1.058.221/PR, 3ª Turma, Rela. Mina. Nancy Andrighi, DJe: 14.10.2011.

STJ – REsp nº 1.077.911/SP 2008/0169205-6, 3ª Turma, Rela. Mina. Nancy Andrighi, DJ: 04.10.2011.

STJ – REsp nº 1.104.665/RS, 3ª Turma, Min. Rel. Massami Uyeda, DJe: 04.08.2009.

STJ – REsp nº 1.244.685/SP, 4ª Turma, Rel. Min. Luis Felipe Salomão, DJe: 17.10.2013.

STJ – REsp nº 13.099.81/SP, 4ª Turma, Min. Rel. Luis Felipe Salomão, DJe: 17.12.2013.

STJ – REsp nº 1.395.254/SC, Rela. Mina. Nancy Andrighi, 3ª Turma, DJe: 29.11.2013.

STJ – REsp nº 142.799/RS, 3ª Turma, Rel. Min. Waldemar Zveiter, DJ: 14.12.1998, p. 230.

STJ – REsp nº 169.000/RJ, 3ª Turma, Rel. Min. Carlos Alberto Menezes Direito, DJ: 04.04.2000.

STJ – REsp nº 171.506/SP, 4ª Turma, Rel. Min. Ruy Rosado de Aguiar, DJ: 05.03.2001.

STJ – REsp nº 208.793/MT, 3ª Turma, Rel. Min. Carlos Alberto Menezes Direito, DJ: 18.11.1999.

STJ – REsp nº 400.843/RS, 3ª Turma, Rel. Min. Carlos Alberto Menezes Direito, DJ: 18.04.2005, p. 304.

STJ – REsp nº 445.854/MS, 3ª Turma, Min. Rel. Castro Filho, DJ: 19.12.2003, p. 453.

STJ – REsp nº 575.469/RJ, 4ª Turma, Rel. Min. Luis Felipe Salomão, DJ: 13.10.2014.

STJ – REsp nº 57.974/RS, 4ª Turma, Rel. Min. Ruy Rosado de Aguiar, DJ: 29.05.1995.

STJ – REsp nº 602.014/RJ, 4ª Turma, Rel. Min. Cesar Asfor, DJ: 14.06.2004.

STJ – REsp nº 611.872/RJ 2003/0197368-1, 4ª Turma, Rel. Min. Antonio Carlos Ferreira, DJe: 23.10.2012.

STJ – REsp nº 985.888/SP, 4ª Turma, Rel. Min. Luis Felipe Salomão, DJe: 13.03.2012.

STJ – REsp nº 998.265/RO, 4ª Turma, Rel. Min. Aldir Passarinho Junior, DJe: 01.02.2011.

STJ – REsp nº 647.710/RJ, 3ª Turma, Rel. Min. Castro Filho, DJ: 30.06.2006, p. 216.

STJ – REsp nº 245.465/MG, 3ª Turma, Rel. Min. Antônio de Pádua Ribeiro, DJ: 20.06.2005.

STJ – REsp nº 552.553/RJ, 4ª Turma, Rel. Min. Fernando Gonçalves, DJ: 01.02.2006.

STJ – REsp nº 65.837/SP. 4ª Turma, Rel. Min. Aldir Passarinho Junior, DJ: 03.09.2001.

STJ – REsp nº 1.097.582/MS, 4ª Turma, Rel. Min. Marco Buzzi, DJ: 19.03.2013.

STJ – REsp nº 502.797/MG, 4ª Turma, Rel. Min. Ruy Rosado de Aguiar, DJ: 10.11.2003.

STJ – REsp nº 58.736/MG, 3ª Turma, Rel. Min. Eduardo Ribeiro, DJ: 29.04.1996.

A REFORMA DO CÓDIGO DE DEFESA DO CONSUMIDOR. COMENTÁRIOS AO PROJETO DE LEI Nº 281/2012 E ALGUMAS SUGESTÕES

Flávio Tartuce
Gracileia Monteiro

1. Palavras iniciais. Da necessidade de revisão do código de defesa do consumidor

O presente texto procura analisar os aspectos principais de uma das propostas de reforma do Código Brasileiro de Direito do Consumidor, qual seja o Projeto de Lei nº 281/2012, em curso no Senado Federal. Além de uma análise técnica de alguns preceitos da projeção, o estudo traz algumas sugestões pontuais de inclusão e reforma do texto, com o propósito de eventualmente auxiliar o trabalho legislativo.

Como é notório, o citado projeto foi elaborado pela comissão de juristas criada em dezembro de 2010, por meio de ato do então presidente do Senado, José Sarney, com o intuito de apresentar propostas de atualização da Lei nº 8.078/1990. A comissão é presidida pelo Ministro do Superior Tribunal de Justiça, Herman Benjamin, e composta pela Professora Cláudia Lima Marques, pela Professora Ada Pellegrini Grinover, pelo Procurador de Justiça do Distrito Federal, Leonardo Roscoe Bessa, pelo Professor Roberto Augusto Pfeiffer e pelo Desembargador do Tribunal Paulista e Professor Kazuo Watanabe. Ao lado do Projeto de Lei nº 281/2012, foram elaborados o PLS nº 282/2012 – tratava do processo coletivo e foi arquivado no Senado Federal – e o PLS nº 283/2012, relativo ao superendividamento e a outros temas correlatos.

Apesar de uma suposta desnecessidade de alteração da Lei nº 8.078/1990, apontada por juristas respeitados, os presentes autores entendem que a norma vigente precisa de algumas modificações pontuais, conforme consta deste artigo científico.[1] Aliás, filia-se plenamente aos termos das justificativas do projeto, uma vez que "a crescente complexidade das relações de consumo demanda a previsão de princípios que reforcem a proteção do consumidor frente a novos desafios, principalmente os relacionados com o diálogo com outras fontes normativas, a segurança nas transações, bem como a proteção da autodeterminação e privacidade de seus dados. É igualmente imprescindível a introdução de uma seção específica para a proteção dos consumidores no âmbito do comércio eletrônico, em razão de sua expressiva utilização. Se, à época da promulgação do Código de Defesa do Consumidor, o comércio eletrônico nem sequer existia, atualmente é o meio de fornecimento a distância mais utilizado, alcançando sucessivos recordes de faturamento".[2]

De fato, a Lei nº 8.078/1990 foi elaborada em outro momento histórico, quando a *internet* sequer existia, mas ocorreram significativas mudanças nos modos de contratação, especialmente à distância, nas últimas duas décadas. Em muitos casos, conforme este artigo visa a demonstrar, as normas vigentes são insuficientes – ou até deficientes – para resolver os intricados problemas que dizem respeito aos negócios jurídicos patrimoniais que hoje são constituídos e celebrados pela via digital.

A título de ilustração, imagine-se a hipótese fática de um consumidor brasileiro que acessa o seu computador no Brasil, para comprar um produto de uma empresa americana, cujo provedor está localizado na Austrália e cuja entrega será efetivada por uma empresa da Itália. O pagamento é efetuado por um cartão de crédito, também brasileiro. Havendo um problema relativo ao transporte da mercadoria, qual a norma a ser aplicada? Qual a justiça competente para apreciar eventual litígio relativo a essa contratação? O caso é corriqueiro, comum na contemporaneidade, mas a solução legal está longe de ser simples.

---

1 Pontue-se que José Geraldo Brito Filomeno, jurista que integrou a comissão de Anteprojeto da Lei nº 8.078/1990, é contrário às modificações. O resumo de suas críticas e observações podem ser encontradas em FILOMENO, José Geraldo Brito. Alterações do Código de Defesa do Consumidor: comissão especial do senado federal. *Cognitio Juris,* João Pessoa, ano I, nº 3, dez. 2011. Disponível em: <http://www.cognitiojuris.com/artigos/03/01.html>. Acesso em: 17 nov. 2014. Nelson Nery Jr. – também componente da comissão de juristas do anteprojeto original do CDC – e Luiz Rodrigues Wambier são dois críticos ao projeto, conforme se retira de <http://www.conjur.com.br/2012-jun-14/projeto-cdc-sofre-duras-criticas-debate-entre-juristas>. Acesso em: 17 nov. 2014. Todavia, constata-se que muitas das críticas dizem respeito ao Projeto de Lei nº 282/2012, que já foi retirado de pauta no Senado Federal.

2 Disponível em: <http://www.senado.gov.br/atividade/materia/getPDF.asp?t=112481&tp=1>. Acesso em: 17 nov. 2014.

Nesse contexto, um dos grandes méritos do Projeto de Lei nº 281/2012 é o de inserir no Código de Defesa do Consumidor a matéria relativa à contratação e ao comércio eletrônico, fazendo uma escolha de *tutela subjetiva*, ou *pelo sujeito*, qual seja, o consumidor vulnerável. Abandona-se, assim, o fim de se regulamentar o tema *pelo objeto*, como constava do antigo Projeto de Lei nº 1.589/1990, proposto pela Ordem dos Advogados do Brasil, Seção de São Paulo.[3]

A propósito, ao final do *XII Congresso Brasileiro de Direito do Consumidor*, realizado em Gramado, Rio Grande do Sul, entre os dias 12 e 15 de maio de 2014, e promovido pelo Instituto Brasileiro de Política e Direito do Consumidor (BRASILCON), foi elaborada uma *carta de intenções*, no sentido de dar apoio irrestrito à proposição que ora se estuda. Conforme documento assinado pelo Professor Bruno Miragem, então presidente do instituto, "há razões de sobra para defender-se a atualização do texto do Código de Defesa do Consumidor. Trata-se, em primeiro lugar, de uma lei cuja efetividade distingue-se da experiência comum brasileira. Uma lei da cidadania, que protege o homem comum em um dos momentos básicos da vida contemporânea, que é a realização de sua necessidade de consumir em uma sociedade de consumo. Todavia, ao tempo da edição desta legislação de sucesso, que realizou o mandamento constitucional de promover a proteção do consumidor – lembre-se, o Código é de 1990 – muitas das situações hoje existentes não eram sequer cogitadas. Não por acaso, dois dos temas que concentram os propósitos das novas regras cuja inclusão se pretende no CDC dizem respeito à proteção do consumidor na internet e frente à facilitação e democratização do crédito ao consumo, prevenindo o superendividamento dos consumidores".[4] Consigne-se que o BRASILCON tem realizado, com êxito e destaque, *Jornadas* e palestras em todo o País, com o intuito de esclarecer e de debater as reformas propostas em relação ao Código de Defesa do Consumidor.[5]

---

3 Disponível em: <http://imagem.camara.gov.br/Imagem/d/pdf/DCD24SET1999.pdf#page=266>. Acesso em: 17 nov. 2014.

4 A íntegra do documento pode ser encontrada em: <http://www.brasilcon.org.br>. Acesso em: 17 nov. 2014.

5 O primeiro autor deste trabalho já coordenou e participou de dois desses eventos. O primeiro deles foi a *IX Jornada Brasilcon de Atualização do Código de Defesa do Consumidor*, promovida na Escola Paulista de Direito (EPD), em São Paulo, com a participação dos professores Cláudia Lima Marques, Bruno Miragem, Giselda Hironaka e Angélica Carlini, em 26 de agosto de 2013. O segundo evento foi realizado na Associação dos Advogados de São Paulo, em convênio com a Escola Nacional da Advocacia do Conselho Federal da OAB, em 1º de outubro de 2014. A palestra do Professor Bruno Miragem, com a intervenção do primeiro autor, foi realizada nos sistemas presencial e telepresencial, com a transmissão para mais de uma centena de sedes da OAB, em todo o País.

A verdade é que mais do que o comércio eletrônico, com o trâmite no Senado Federal, a proposição passou a tratar de outros assuntos também de vital importância. Cite-se, a propósito, o conhecimento de ofício da tutela do consumidor, que igualmente será estudado neste artigo, especialmente pela repercussão que pode acarretar no conhecimento pleno e imediato dos danos sociais e difusos pelos magistrados, mesmo em ações individuais.

Em suma, os autores deste texto não só apoiam como são entusiastas do Projeto de Lei nº 281/2012, sendo a norma projetada de suma importância para a sociedade brasileira, uma *lei de cidadania*, conforme consta da *carta de intenções* assinada por Bruno Miragem. Todavia, há necessidade de alguns reparos e da inclusão de alguns temas ainda não tratados, conforme será exposto a partir do presente momento. Esclareça-se, por oportuno e para os devidos fins de inserção temporal, que este trabalho foi elaborado entre novembro e dezembro de 2014, levando em conta os textos aprovados no Senado Federal até então.

2. O conhecimento de ofício da tutela consumerista no projeto de lei nº 281/2012

Um primeiro aspecto a ser destacado do Projeto de Lei nº 281/2012 diz respeito ao conhecimento de ofício de toda a proteção consumerista, o que passa ser um dos instrumentos para a execução da Política Nacional das Relações de Consumo. Nesse sentido, a Lei nº 8.078/1990 ganha norma expressa no seu art. 5º, inciso VI, com a seguinte dicção, conforme o que foi aprovado até presente momento, no Senado Federal: "Para a execução da Política Nacional das Relações de Consumo, contará o poder público com os seguintes instrumentos, entre outros: (...). VI – o conhecimento de ofício pelo Poder Judiciário, no âmbito do processo em curso e assegurado o contraditório, da violação a normas de defesa do consumidor".

Entre outros assuntos, a inclusão do novo texto normativo tem relação direta com o tema relativo aos *danos sociais* ou *difusos*, expressos no vigente art. 6º, inciso V, do Código de Defesa do Consumidor, segundo o qual é direito básico do consumidor "a efetiva prevenção e reparação de danos patrimoniais e morais, individuais, coletivos e difusos". Como se retira do comando em vigor, além da reparação de danos morais individuais, o sistema consumerista admite também a fixação de indenização por danos morais coletivos e por danos difusos.

Na visão compartilhada por estes autores, os *danos morais coletivos* são aqueles que atingem vários direitos da personalidade ao mesmo tempo, envolvendo *direitos individuais homogêneos* e *direitos coletivos em sentido estrito*, sendo as vítimas identificadas ou identificáveis. Em suma, são utilizadas as ideias que constam do art. 81, parágrafo único, da própria Lei nº 8.078/1990, segundo as quais os interesses ou direitos coletivos *stricto sen-*

su são aqueles transindividuais, de natureza indivisível de que seja titular grupo, categoria ou classe de pessoas ligadas entre si ou com a parte contrária por uma relação jurídica base. Por seu turno, interesses ou direitos individuais homogêneos são os decorrentes de uma origem comum (incisos II e III). Sendo assim, uma vez que é possível a identificação dos ofendidos, o *quantum debeatur* deve ser atribuído a essas vítimas da relação de consumo, sejam elas diretas ou indiretas.

Por outro norte, os *danos sociais* ou *difusos* são os que atingem toda a sociedade, não sendo possível ou viável a identificação dos prejudicados. Em outras palavras, toda a coletividade, na integralidade ou *in totum,* é prejudicada. Na esteira do art. 81, parágrafo único, inciso I, da Lei nº 8.078/1990, são enquadrados esses danos em direitos transindividuais, de natureza indivisível, de que sejam titulares pessoas indeterminadas e ligadas por circunstâncias de fato.

Forçoso concluir que as expressões *danos difusos* e *sociais* são sinônimas, servindo para ambas as categorias a ideia construída por Antonio Junqueira de Azevedo, já clássica entre nós, no sentido de que "os danos sociais, por sua vez, são lesões à sociedade, no seu nível de vida, tanto por rebaixamento de seu patrimônio moral – principalmente a respeito da segurança – quanto por diminuição na qualidade de vida".[6] O que se percebe é que esses danos podem gerar repercussões materiais ou morais. Nesse ponto, também se diferenciam os danos sociais dos danos morais coletivos, pois os últimos são apenas extrapatrimoniais.

A construção proposta mantém relação direta com a principiologia adotada pelo Código Civil Brasileiro de 2002, que escolheu, entre um de seus regramentos básicos, a socialidade: a valorização do *nós* em detrimento do *eu*, a superação do caráter individualista e egoísta da codificação anterior. Também há relação profunda com os fundamentos do Código Brasileiro de Direito do Consumidor, tido como uma *lei de função social*.[7] Assim, os danos sociais decorrem de *condutas socialmente reprováveis ou comporta-*

---

6 AZEVEDO, Antonio Junqueira de. Por uma nova categoria de dano na responsabilidade civil: o dano social. In: FILOMENO, José Geraldo Brito; WAGNER JÚNIOR, Luiz Guilherme da Costa; GONÇALVES, Renato Afonso (Coord.). *O Código Civil e sua interdisciplinaridade*. Belo Horizonte: Del Rey, 2004. p. 376.

7 Como bem leciona Claudia Lima Marques, o CDC é uma lei de função social, que traz "como consequência modificações profundas nas relações juridicamente relevantes na sociedade, em especial quando esta lei, como o CDC, introduz um rol de direitos (...). No caso do CDC, esta lei de função social intervém de maneira imperativa em relações jurídicas de direito privado, antes dominadas pela idade de autonomia da vontade" (MARQUES, Claudia Lima; BENJAMIN, Antonio Herman V.; BESSA, Leonardo Roscoe. *Manual de direito do consumidor*. 3ª ed. São Paulo: RT, 2010. p. 64).

mentos exemplares negativos, como quer Junqueira de Azevedo.[8] Confirma-se a afirmação anterior de que os danos sociais são difusos, na dicção do que consta expressamente da Lei Consumerista, envolvendo direitos dessa natureza, em que as vítimas são indeterminadas ou indetermináveis.

Uma das grandes dificuldades quanto aos danos sociais, sem dúvida, refere-se à questão da legitimidade ou atribuição, ou seja, para quem deve ser destinado o valor da indenização. Junqueira de Azevedo ensina que, além do eventual pagamento de uma indenização para a vítima identificável, deve ser destinado o valor a um fundo de proteção, o que depende dos direitos atingidos. Cita, para fundar sua conclusão, o art. 883, parágrafo único, do Código Civil de 2002, que trata do pagamento indevido e do destino de valor para instituição de caridade.[9] A ideia, nesse sentido, é perfeita: se os prejuízos atingiram toda a coletividade, em um sentido difuso, os valores de reparação devem também ser revertidos para os prejudicados, mesmo que de forma indireta, para uma recomposição ou reequilíbrio social.

Pois bem, essa indenização dos danos sociais ou difusos poderia ser fixada de ofício pelo juiz, independentemente do pedido da parte? Os presentes autores acreditam que sim, especialmente pela expressão do art. 1º da Lei nº 8.078/1990, que enuncia ser todo o CDC norma de ordem pública e interesse social, com fundamento no art. 5º, inciso XXXII, da Constituição Federal de 1988. Em sede doutrinária, várias são as manifestações nesse sentido, pelo conhecimento de ofício dessa importante lei de *substrato constitucional* (*norma principiológica*). Por todos, como pondera Cláudia Lima Marques, "no Brasil, pois, a proteção do consumidor é um valor constitucionalmente fundamental (*Wertsystem*) e é um direito subjetivo fundamental (art. 5º, XXXII), guiando – e impondo – a aplicação *ex officio* da norma protetiva dos consumidores, a qual realize o direito humano (efeito útil e *pro homine* do *status* constitucional); esteja esta norma no CDC ou em fonte outra (art. 7º do CDC)".[10]

---

8 AZEVEDO, Antonio Junqueira de. Por uma nova categoria de dano na responsabilidade civil: o dano social. In: FILOMENO, José Geraldo Brito; WAGNER JÚNIOR, Luiz Guilherme da Costa; GONÇALVES, Renato Afonso (Coord.). *O Código Civil e sua interdisciplinaridade*. Belo Horizonte: Del Rey, 2004. p. 376.

9 CC/2002. "Art. 883. Não terá direito à repetição aquele que deu alguma coisa para obter fim ilícito, imoral, ou proibido por lei. Parágrafo único. No caso deste artigo, o que se deu reverterá em favor de estabelecimento local de beneficência, a critério do juiz".

10 MARQUES, Cláudia Lima. *Comentários ao Código de Defesa do Consumidor*. 3ª ed. São Paulo: RT, 2010. p. 70. No mesmo sentido, ver: TARTUCE, Flávio; ASSUMPÇÃO NEVES, Daniel Amorim. *Manual de direito do consumidor*. 4ª ed. São Paulo: GEN/Método, 2015, volume único, Capítulos 1 e 2.

Todavia, apesar das deduções transcritas, seguidas plenamente por estes autores, não há unanimidade em sua aceitação, na doutrina e na jurisprudência. No âmbito doutrinário, destaque-se que, por ocasião da *VI Jornada de Direito Civil*, promovida pelo Conselho da Justiça Federal e realizada em 2013, foi feita proposta de enunciado doutrinário com o seguinte teor: "É legítimo ao juiz reconhecer a existência de interesse coletivo amplo em ação individual, condenando o réu a pagar, a título de dano moral e em benefício coletivo, valor de desestímulo correspondente à prática lesiva reiterada de que foi vítima o autor da ação". A proposta, formulada por Adalberto Pasqualotto, não foi aprovada por uma pequena margem de votos, infelizmente, tendo sido o debate bem intenso na ocasião. Ao final, acabou prevaleceu o argumento de que a proposta traria precedente perigoso, com a atribuição de um poder excessivo aos julgadores. Ademais, na *V Jornada de Direito Civil*, realizada em 2011, já havia sido aprovado outro enunciado, estabelecendo expressamente a necessidade de legitimidade coletiva para o pleito e a atribuição de tais danos.[11]

No âmbito jurisprudencial, podem ser encontrados importantes arestos que admitem o conhecimento de ofício dos danos sociais ou difusos. No ano de 2013, destaque-se polêmico acórdão da Quarta Câmara de Direito Privado do Tribunal de Justiça de São Paulo, que condenou a empresa AMIL a pagar uma indenização de R$ 1.000.000,00 (um milhão de reais) a título de danos sociais ou difusos, valor a ser destinado ao Hospital das Clínicas de São Paulo. A condenação se deu diante de reiteradas negativas de coberturas médicas, notoriamente praticadas por essa operadora de planos de saúde, sem justo motivo.[12] Frise-se que o aresto reconhece o dano moral individual suportado pela vítima, indenizando-a em R$ 50.000,00 (cinquen-

---

11 Assim a redação do Enunciado nº 456 CJF/STJ: "A expressão 'dano' no art. 944 abrange não só os danos individuais, materiais ou imateriais, mas também os danos sociais, difusos, coletivos e individuais homogêneos a serem reclamados pelos legitimados para propor ações coletivas".

12 Vejamos sua ementa: "Plano de saúde. Pedido de cobertura para internação. Sentença que julgou procedente pedido feito pelo segurado, determinado que, por se tratar de situação de emergência, fosse dada a devida cobertura, ainda que dentro do prazo de carência, mantida. Dano moral. Caracterização em razão da peculiaridade de se cuidar de paciente acometido por infarto, com a recusa de atendimento e, consequentemente, procura de outro hospital em situação nitidamente aflitiva. Dano social. Contratos de seguro-saúde, a propósito de hipóteses reiteradamente analisadas e decididas. Indenização com caráter expressamente punitivo, no valor de um milhão de reais que não se confunde com a destinada ao segurado, revertida ao Hospital das Clínicas de São Paulo. Litigância de má-fé. Configuração pelo caráter protelatório do recurso. Aplicação de multa. Recurso da seguradora desprovido e do segurado provido em parte" (TJSP, Apelação 0027158-41 2010.8.26.0564, 4ª Câmara de Direito Privado, São Bernardo do Campo, Rel. Des. Teixeira Leite, j. 18.07.2013).

ta mil reais), em cumulação com o relevante valor mencionado, a título de danos sociais. Quanto ao último montante, consta do voto vencedor "que uma acentuada importância em dinheiro pode soar como alta a uma primeira vista, mas, isso logo se dissipa em se comparada ao lucro exagerado que a seguradora obtém negando coberturas e obrigando que seus contratados, enquanto pacientes, a buscar na Justiça o que o próprio contrato lhes garante. Aliás, não só se ganha ao regatear e impor recusas absurdas, como ainda agrava o sistema de saúde pública, obrigando a busca de alternativas nos hospitais não conveniados e que cumprem missão humanitária, fazendo com que se desdobrem e gastem mais para curar doentes que possuem planos de assistência médica. Portanto, toda essa comparação permite, e autoriza, nessa demanda de um segurado, impor uma indenização punitiva de cunho social que será revertida a uma das instituições de saúde mais atuantes, o que, quem sabe, irá servir para despertar a noção de cidadania da seguradora".

De toda sorte, essa forma de julgar está longe de ser unânime na jurisprudência nacional. Nesse propósito, podem ser encontrados dois julgamentos do Superior Tribunal de Justiça, do ano de 2014, que reformam decisões inferiores, afastando o citado conhecimento de ofício dos danos sociais ou difusos.

A primeira *decisium* a ser mencionada é a da Segunda Seção do Tribunal da Cidadania, nos autos da Reclamação nº 13.200, originária do Estado de Goiás, prolatada em 8 de outubro de 2014. Em julgamento unânime, a Corte Superior julgou procedente um protesto de instituição financeira contra acórdão de Turma Recursal que, ao majorar condenação por dano moral, reconheceu, de ofício a ocorrência de dano social. O feito dizia respeito a demanda de cliente bancário que alegou ter ficado cinquenta e três minutos à espera de atendimento em fila do banco, a lhe gerar danos extrapatrimoniais. Além dos danos individuais, a Turma Recursal de Juizado Especial de Goiás fixou uma indenização de R$ 15.000.00 (quinze mil reais) pelos danos sociais ou difusos. O ministro Luis Felipe Salomão, relator do processo, assentou que o acórdão "valeu-se de argumentos jamais suscitados pelas partes, nem debatidos na instância de origem, para impor ao réu, de ofício, condenação por dano social", presente um julgamento *extra petita.* Nesse contexto, para fundamentar as conclusões finais, foi citado o Enunciado n. 456, da *V Jornada de Direito Civil*, sendo aludido que os danos sociais devem ser reclamados pelos legitimados para propor as ações coletivas.

Em outro processo, a Reclamação nº 12.062, igualmente originário do Estado de Goiás, foram firmadas as mesmas balizas de conclusão, agora em sede de incidente de recursos repetitivos, com a adoção da tese de que "é nula, por configurar julgamento *extra petita*, a decisão que condena a parte ré, de ofício, em ação individual, ao pagamento de indenização a título de danos sociais em favor de terceiro estranho à lide". A reclamação foi ajuizada pelo Banco Bradesco, tendo seu julgamento final em novembro de 2014. O processo tratava do caso de uma cliente que ajuizou demanda no juizado especial pedindo indenização por danos morais e materiais em decorrência de débitos em sua conta corrente realizados pelo banco no ano de 2011. O valor se referia à cobrança de anuidade de cartão de crédito não solicitado por ela. A sentença condenou o banco à devolução em dobro do valor cobrado indevidamente e ao pagamento de indenização de R$ 5.000,00 (cinco mil reais), como reparação pelos danos morais individuais. Além disso, foi determinado o pagamento de R$ 10.000,00 (dez mil reais) ao Conselho da Comunidade de Minaçu, Goiás, município onde a cliente residia, a título de reparação de danos sociais ou difusos, o que foi mantido pela Turma Recursal local. Em sede superior, mais uma vez, foi reconhecido o julgamento *extra petita,* bem como a necessidade do pleito ser formulado pelos legitimados nas ações coletivas, sem a possibilidade jurídica de sua fixação *ex officio* pelos julgadores.

Pois bem, os presentes autores não se filiam a essa última forma de julgar, pois, reafirme-se, os danos sociais ou difusos são plenamente cognoscíveis de ofício, por interpretação do citado art. 1º do Código de Defesa do Consumidor. De toda sorte, com a emergência do novo art. 5º, inciso VI, ora projetado pelo Projeto nº 281/2012, a controvérsia parece ser encerrada. Em suma, urge a sua aprovação para que julgamentos como os últimos citados não se repitam.

3. O projeto de lei nº 281/2012 e o comércio eletrônico

Como antes destacado, um dos grandes méritos deste projeto de lei é o de tratar da contratação eletrônica. Sob o título "Do Comércio Eletrônico", projeta-se a inclusão dos arts. 44-A a 44-G na atual Lei nº 8.078/1990, tendo-se como parâmetro a proposição consolidada até a data de elaboração deste artigo científico.

Pela primeira norma projetada, insere-se uma previsão no sentido de que "Esta seção dispõe sobre normas gerais de proteção do consumidor no comércio eletrônico e à distância, visando fortalecer a sua confiança e assegurar a tutela efetiva, com a diminuição da assimetria de informações, a preservação da segurança nas transações, a proteção da autodeterminação e da privacidade dos dados pessoais" (art. 44-A). Anote-se que o projeto inicial inseria o art. 45-A no CDC, tendo sido renumerado, diante da existência anterior de uma norma com mesma numeração, que foi antes revogada, na tramitação original da Lei nº 8.078/1990.[13] Ademais, acolheu-se suges-

13 A norma originalmente vetada prescrevia: "Art. 45. As infrações ao disposto neste Capítulo, além de perdas e danos, indenização por danos morais, perda dos juros

tão formulada pelo Instituto Brasileiro de Política e Direito do Consumidor (BRASILCON) para incluir a expressão "à distância", tendo como base a experiência do Direito Comparado, especialmente a europeia. A alteração é salutar, uma vez que as propostas não tratam apenas do comércio eletrônico, mas também da contratação fora do estabelecimento comercial, conforme será abordado. Acreditamos, por razões didáticas, que a modificação também deveria atingir o título da Seção, que passaria a ser redigido "Do Comércio Eletrônico e à Distância".

Conforme o novo art. 44-B, os sítios eletrônicos ou demais meios eletrônicos utilizados para oferta ou conclusão de contrato de consumo devem disponibilizar, em local de destaque e de fácil visualização, dentre outras, as seguintes informações: *a)* o nome empresarial e o número de inscrição do fornecedor, quando houver, no Cadastro Nacional de Pessoas Físicas (CPF), ou no Cadastro Nacional de Pessoas Jurídicas do Ministério da Fazenda (CNPJ); *b)* os endereços físico e eletrônico e as demais informações necessárias para sua localização e contato; *c)* a discriminação, no preço, de quaisquer despesas adicionais ou acessórias, tais como as de entrega; *d)* as condições integrais da oferta, incluídos modalidades de pagamento, disponibilidade, forma e prazo da execução do serviço ou da entrega ou disponibilização do produto ou serviço; *e)* as características essenciais do produto ou do serviço, incluídos os riscos à saúde e à segurança dos consumidores; *f)* o prazo de validade da oferta, inclusive do preço; e *g)* informações claras e ostensivas a respeito de quaisquer restrições à fruição da oferta.

Como se nota, pela projeção, a oferta pela internet deve conter informações completas e precisas a respeito da figura do contratante ou do produto e serviço que está sendo adquirido, na linha do que já estabelece o vigente art. 31 da Lei nº 8.078/1990 e do princípio da boa-fé objetiva (art. 4º, inciso III, da Lei nº 8.078/1990).[14] Elogiável a necessidade de constar o endereço físico do prestador ou fornecedor, diante das dificuldades verifica-

e outras sanções cabíveis, ficam sujeitas à multa de natureza civil, proporcional à gravidade da infração e à condição econômica do infrator, cominada pelo juiz na ação proposta por qualquer dos legitimados à defesa do consumidor em juízo". O diploma tratava da *multa civil,* que ainda será abordada neste trabalho.

14 A respeito dessa completude e precisão, é clara a dicção do art. 31 da Lei nº 8.078/1990, *in verbis:* "A oferta e apresentação de produtos ou serviços devem assegurar informações corretas, claras, precisas, ostensivas e em língua portuguesa sobre suas características, qualidades, quantidade, composição, preço, garantia, prazos de validade e origem, entre outros dados, bem como sobre os riscos que apresentam à saúde e segurança dos consumidores. Parágrafo único. As informações de que trata este artigo, nos produtos refrigerados oferecidos ao consumidor, serão gravadas de forma indelével".

das no campo concreto de sua localização, especialmente nos comuns casos de vícios de produtos e serviços contratados à distância.

A necessidade de constarem informações completas e precisas atinge também os *sites de compras coletivas*, fenômenos mais recentes da contratação à distância, tratados pelo projetado art. 44-C. Em situações tais, são exigidos, além do rol tratado no último preceito, os seguintes dados: *a)* a quantidade mínima de consumidores para a efetivação do contrato de compra coletiva; *b)* o prazo para utilização da oferta pelo consumidor; *c)* a identificação do fornecedor responsável pelo sítio eletrônico e do fornecedor do produto ou serviço ofertado. Ainda sobre os sítios de compras coletivas, há proposta de um parágrafo único no mesmo preceito, enunciando que o fornecedor de compras coletivas, como intermediador legal do fornecedor responsável pela oferta do produto ou serviço, responde solidariamente pela veracidade das informações publicadas e por eventuais danos causados ao consumidor. Para que não pairem dúvidas, adota-se o modelo de responsabilidade civil objetiva e solidária, já consagrada para os casos de vício ou fato do serviço, inclusive presentes problemas na veiculação das informações, nos termos do ora vigente art. 14, *caput,* da Lei nº 8.078/1990.[15] Alguns julgados estaduais vêm dando a mesma solução, que passa a ser positivada, em boa hora.[16]

O novel art. 44-D passa a estabelecer um rol de obrigações – ficaria melhor o termo *deveres* – do fornecedor que utilizar o meio eletrônico ou similar. O primeiro deles é o de apresentar sumário do contrato antes da contratação, com as informações necessárias ao pleno exercício do direito de escolha do consumidor, destacadas as cláusulas que limitem direitos. A tutela da informação, como *dever anexo* à boa-fé objetiva, é clara na proposta, especialmente no momento pré-contratual ou pré-negocial, na linha do espírito adotado pelo próprio Código de Defesa do Consumidor e tam-

15 Com destaque por estes autores: "Art. 14. O fornecedor de serviços responde, independentemente da existência de culpa, pela reparação dos danos causados aos consumidores por defeitos relativos à prestação dos serviços, bem *como por informações insuficientes ou inadequadas sobre sua fruição e riscos*".

16 Por todos os arestos: TJSE, Apelação Cível n. 201300214373, Acórdão n. 19.254/2014, Primeira Câmara Cível, Rel. Des. Ruy Pinheiro da Silva, j. 18.11.2014, *DJSE* 21.11.2014; TJDF; Recurso n. 2014.01.1.098888-6, Acórdão n. 825.502, Segunda Turma Recursal dos Juizados Especiais do Distrito Federal, Rel. Juiz Antônio Fernandes da Luz, *DJDFTE* 17.10.2014, p. 236; TJSP, Apelação n. 4008440-81.2013.8.26.0576, Acórdão n. 7918421, São José do Rio Preto, Trigésima Primeira Câmara de Direito Privado, Rel. Des. Adilson de Araújo, j. 07.10.2014, *DJESP* 15.10.2014; TJMG, Apelação Cível n. 1.0629.12.000573-7/001, Rel. Des. Domingos Coelho, j . 04.09.2014, *DJEMG* 12.09.2014 e TJRS, Recurso Cível n. 31130-61.2013.8.21.9000, Osório, Terceira Turma Recursal Cível, Rel. Des. Cleber Augusto Tonial, j. 21.08.2014, *DJERS* 26.08.2014.

bém pelo Código Civil Brasileiro de 2002. Sendo assim, não há como não apoiar a proposta, mormente diante das evoluções perpetradas pela boa-fé objetiva na teoria e na prática privatista.

O segundo dever previsto no diploma proposto é o de manter disponível um serviço adequado, facilitado e eficaz de atendimento, tal como o meio eletrônico ou telefônico, que possibilite ao consumidor enviar e receber comunicações, inclusive notificações, reclamações e demais informações necessárias à efetiva proteção dos seus direitos. Trata-se da obrigação de manter sempre um Serviço de Atendimento ao Consumidor (SAC), para as tão comuns demandas dos destinatários finais, nos termos do que consta do Decreto nº 6.523, de 2008, que trata desses serviços.

O terceiro dever do fornecedor à distância é o de confirmar imediatamente o recebimento de comunicações relevantes, como a manifestação de arrependimento e cancelamento do contrato, utilizando o mesmo meio empregado pelo consumidor ou outros costumeiros. Aqui, a norma parece ter adotado a *teoria da confirmação* para a formação dos contratos eletrônicos, na linha do que é adotado na Europa (*teoria do duplo clique*) e nos Estados Unidos da América. Todavia, para estes autores, seria interessante inserir uma norma clara nesse sentido, com a seguinte proposição, a título de exemplo: "O contrato eletrônico é formado quando há confirmação do recebimento da aceitação da oferta pelo proponente". A proposta formulada por nós afastaria qualquer dúvida a respeito do tema, superado o antiquado tratamento da formação dos contratos entre ausentes constante do Código Civil de 2002.[17]

Como quarto dever, o fornecedor digital deve assegurar ao consumidor os meios técnicos adequados, eficazes e facilmente acessíveis que permitam a identificação e a correção de eventuais erros na contratação, antes de finalizá-la, sem prejuízo do posterior exercício do direito de arrependi-

---

17 Como é notório, o Código Civil traz regras relativas à formação dos contratos entre os seus arts. 427 e 435, de forma insatisfatória, superada e deficiente. De início, o art. 428, inciso I, segunda parte, da codificação estabelece que "considera-se também presente a pessoa que contrata por telefone ou por meio de comunicação semelhante", o que leva a crer que o contrato eletrônico, em regra, é entre presentes, na contramão de opinião de muitos. Quanto à formação dos contratos entre ausentes, as soluções foram pensadas para o contrato formado por carta, ou contrato *epistolar.* A regra é que o contrato entre ausentes seja aperfeiçoado com a expedição da aceitação pelo oblato, o que é consagração da *teoria da agnição, na subteoria da expedição* (art. 434, *caput,* do CC). Todavia, como exceção, a codificação também trata da *teoria da agnição, na subteoria da recepção*, admitindo que o contrato entre ausentes seja formado com a recepção da aceitação pelo proponente (art. 434, incisos I, II e III). Reconhecendo a deficiência do sistema, na *III Jornada de Direito Civil* foi aprovado o Enunciado nº 173, determinando a aplicação da última teoria para os contratos entre ausentes formados pela via eletrônica.

mento. Mais uma vez, há a tutela da boa-fé objetiva antes mesmo de ser o contrato eletrônico aperfeiçoado.

O fornecedor digital ou eletrônico deve ainda, como quinto dever, utilizar mecanismos de segurança eficazes para pagamento e para tratamento de dados do consumidor. Eventualmente, como decorrência natural do sistema consumerista, se esses *dados sensíveis* forem captados por terceiros, a causar danos aos consumidores, aplica-se a responsabilidade objetiva, prevista no citado art. 14 da Lei Consumerista.

O sexto dever constante do projeto de art. 44-D é o de informar aos órgãos de defesa do consumidor e ao Ministério Público, sempre que requisitados, nome, endereço eletrônico e demais dados que possibilitem o contato do provedor de hospedagem, bem como dos seus prestadores de serviços financeiros e de pagamento. Por derradeiro, como sétimo e último dever, o fornecedor à distância deve informar imediatamente às autoridades competentes e ao consumidor sobre o vazamento de dados ou comprometimento, mesmo que parcial, da segurança do sistema.

Seguindo no estudo das propostas, o projetado art. 44-E continua a tratar de deveres do fornecedor eletrônico, havendo a imposição de enviar ao consumidor, em momento prévio à contratação, o contrato, em língua portuguesa, em linguagem acessível e com fácil visualização em sua página; outra projeção em sintonia com o dever de informação decorrente da boa-fé objetiva. Não se olvide que, conforme o vigente art. 46 da Lei nº 8.078/1990, não vinculam o consumidor as previsões contratuais desconhecidas ou incompreensíveis, estando a proposta com essa última norma sintonizada.

O *dever de confirmar* imediatamente o recebimento da aceitação da oferta passa a ser expresso no inciso II do art. 44-E, o que atesta, mais uma vez, a adoção da antes ventilada teoria. Mais uma vez, reafirmamos a necessidade de constar uma norma que deixe claro o momento de formação do contrato eletrônico, restando explícito o que é implícito no projeto ora em tramitação.

O fornecedor deve também enviar ao consumidor a via do contrato em suporte duradouro, assim entendido qualquer instrumento, inclusive eletrônico, que ofereça as garantias de fidedignidade, inteligibilidade e conservação dos dados contratuais, permitindo ainda a facilidade de sua reprodução. Trata-se de outra proposta elogiável, por concretizar a transparência exigida nas relações de consumo. Por fim, na mesma esteira, há o dever de enviar formulário ou *link* facilitado e específico para preenchimento do consumidor em caso de exercício do direito de arrependimento, tema a ser tratado no próximo tópico deste artigo científico.

Ao lado desses deveres, a Reforma do CDC passa a vedar expressamente o SPAM, o envio de e-mail não solicitado ou indesejado, inovação necessária há muito tempo comentada por civilistas e consumeristas, tido como um abuso de direito.[18] Nesse contexto, o novo art. 44-F passa a dispor que é vedado ao fornecedor de produto ou serviço enviar mensagem eletrônica não solicitada a destinatário que: *a)* não possua relação de consumo anterior com o fornecedor e não tenha manifestado consentimento prévio e expresso em recebê-la; *b)* esteja inscrito em cadastro de bloqueio de oferta; ou *c)* tenha manifestado diretamente ao fornecedor a opção de não recebê-la.

Conforme o novo e eventual art. 44-F, § 1º, se houver prévia relação de consumo entre o remetente e o destinatário, admite-se o envio de mensagem não solicitada, desde que o consumidor tenha tido oportunidade de recusá-la. Ademais, o fornecedor deve informar ao destinatário, em cada mensagem enviada: *a)* o meio adequado, simplificado, seguro e eficaz que lhe permita, a qualquer momento, recusar, sem ônus, o envio de novas mensagens eletrônicas não solicitadas; e *b)* o modo como obteve os dados do consumidor. A última proposta visa ao afastamento imediato da nefasta prática, a pedido do consumidor, bem como a ciência do consumidor quanto à fonte de recolhimento de seus dados, o que pode fazer com que novos SPAMs sejam evitados.

Em todos os casos de SPAM, o fornecedor deve cessar imediatamente o envio de ofertas e comunicações eletrônicas ou de dados a consumidor que manifestou a sua recusa em recebê-las (art. 44-E, § 3º). Seria interessante a inclusão de norma expressa consagrando a responsabilidade objetiva do fornecedor digital em casos tais, apesar de ser esta uma decorrência natural interpretativa do sistema consumerista. Isso porque o Marco Civil da Internet adotou um modelo de *responsabilidade civil subjetiva agravada por decisão judicial* para os casos envolvendo o ambiente digital.[19]

---

18 Sobre o tema: TARTUCE, Flávio. *Direito civil*. 9ª ed. São Paulo: GEN/Método, 2014. v. 2: Direito das obrigações e responsabilidade civil, pp. 345-351.

19 O denominado Marco Civil da Internet é a Lei nº 12.965, de abril de 2014. De acordo com o art. 18 da nova norma, o provedor de conexão à internet não será responsabilizado civilmente por danos decorrentes de conteúdo gerado por terceiros. Em complemento, estabelece o seu art. 19 que, com o intuito de assegurar a liberdade de expressão e impedir a censura, o provedor de aplicações de internet somente poderá ser responsabilizado civilmente por danos decorrentes de conteúdo gerado por terceiros se, após ordem judicial específica, não tomar as providências para, no âmbito e nos limites técnicos do seu serviço e dentro do prazo assinalado, tornar indisponível o conteúdo apontado como infringente. Isso, ressalvadas as disposições legais em contrário. Assim, a estes autores parece que foi adotada uma *responsabilidade subjetiva agravada,* somente existente no caso de desobediência de ordem judicial. Lamentam-se os exatos termos do texto legal, que acaba judicializando as contendas quando a tendência é justamente a oposta. Dessa forma, aguardamos novas posições jurisprudenciais sobre a matéria, especialmente nos casos em que o site oferece claros riscos de lesão a direitos da personalidade.

Ainda no que concerne ao SPAM, propõe-se, pelo eventual § 4º do art. 44-E, que se entende por mensagem eletrônica não solicitada a relacionada à oferta ou publicidade de produto ou serviço e enviada por correio eletrônico ou meio similar. Também passam a ser vedados, nos termos do novo art. 44-E, § 5º, equiparados ao SPAM: *a)* remeter mensagem que oculte, dissimule ou não permita de forma imediata e fácil a identificação da pessoa em nome de quem é efetuada a comunicação e a sua natureza publicitária; *b)* veicular, exibir, licenciar, alienar, compartilhar, doar ou de qualquer forma ceder ou transferir dados, informações ou identificadores pessoais, sem expressa autorização e consentimento informado do seu titular, o que é tido como o *SPAM do SPAM*, ou a *transferência do SPAM a terceiros*, prática bem comum e condenável no ambiente eletrônico.

O § 6º do art. 44-E, que se projeta, determina que, na hipótese de o consumidor manter relação de consumo com fornecedor que integre um conglomerado econômico, o envio de mensagens por qualquer sociedade que o integre não se insere nas vedações ora estudadas, desde que o consumidor tenha tido oportunidade de recusá-la e não esteja inscrito em cadastro de bloqueio de oferta. Com o devido respeito, estes autores pensam que a norma deve ser retirada da pauta de votação, pois distante do *espírito de solidariedade* entre fornecedores consagrado pelo vigente Código de Defesa do Consumidor. Pontue-se que a proposição não constava do projeto original, tendo sido incluída pelo Senador Vital do Rego, sob o argumento de que "a atuação no mercado de consumo de grandes empresas se opera de forma complexa, de modo que o exercício da atividade econômica não está restrito a atuação isolada de uma única empresa ou um único fornecedor, mas sim, em muitas situações de várias empresas pertencentes ao mesmo conglomerado econômico". Ora, o risco do envio dos SPAMs, em casos tais, parece ingressar no *risco do empreendimento empresarial*, ou no *risco-proveito* que fundamenta a responsabilidade objetiva e solidária como regra da Lei nº 8.078/1990. Em suma, os presentes autores acreditam que a proposta deve ser retirada do texto projetado, representando um retrocesso.

A encerrar o tratamento deste tópico, propôs-se a inserção de um novo art. 44-G, prescrevendo que, na oferta de produto ou serviço por meio da rede mundial de computadores (internet) ou qualquer modalidade de comércio eletrônico, somente será exigida do consumidor, para a aquisição do produto ou serviço ofertado, a prestação das informações indispensáveis à conclusão do contrato. Em complemento, estabelece o seu parágrafo único que quaisquer outras informações, além das indispensáveis, terão caráter facultativo, devendo o consumidor ser previamente avisado dessa condição. A proposta visa mais uma vez à tutela dos *dados sensíveis* do consumidor, inclusive para que essas informações não sejam transmitidas a terceiros, de forma gratuita ou até onerosa, com o intuito de posterior envio de SPAM.

Acolheu-se e incorporou-se, em boa hora, o PLS n. 394/2013, do senador Eduardo Lopes, que almejava alterar o Código de Defesa do Consumidor, com os fins de determinar que, "nas transações via internet, as empresas não poderão exigir do consumidor informações pessoais além de nome, endereço, número de telefone, de CPF ou CNPJ ou carteira de identidade e dados do cartão de crédito ou débito, quando for a forma de pagamento, sob pena de bloqueio do domínio da respectiva página eletrônica na internet". O rol previsto na outra proposta até serve para preencher a cláusula geral *"informações indispensáveis"* constante no CDC projetado.

Feitas tais considerações, pontue-se que, ainda na perspectiva do comércio ou contratação eletrônica, há proposições muito importantes quanto ao direito de arrependimento tratado no vigente art. 49 do CDC. Todavia, diante da relevância da matéria, o assunto será tratado em separado, a partir deste momento.

4. O direito de arrependimento do art. 49 Da lei nº 8.078/1990. Propostas de aperfeiçoamento

Como é notório, o direito de arrependimento, nos contratos de consumo, está tratado pelo art. 49 da Lei nº 8.078/1990. Em sua redação vigente, enuncia o *caput* do comando que "O consumidor pode desistir do contrato, no prazo de 7 dias a contar de sua assinatura ou do ato de recebimento do produto ou serviço, sempre que a contratação de fornecimento de produtos e serviços ocorrer fora do estabelecimento comercial, especialmente por telefone ou a domicílio". Ato contínuo, o parágrafo único da norma preceitua que, se o consumidor exercitar tal direito, os valores eventualmente pagos, a qualquer título, durante o prazo de reflexão, serão devolvidos de imediato, monetariamente atualizados, o que visa a afastar o enriquecimento sem causa ou indevido.

Tal direito de arrependimento, relativo ao *prazo de reflexão* de sete dias, constitui um *direito potestativo* colocado à disposição do consumidor, contrapondo-se a um estado de sujeição existente contra o fornecedor ou prestador. Como se trata do exercício de um direito legítimo, não há a necessidade de qualquer justificativa, não surgindo da sua atuação regular qualquer direito de indenização por perdas e danos a favor da outra parte. Como decorrência lógica de tais constatações, não se pode falar também em incidência de multa pelo exercício, o que contraria a própria concepção do sistema de proteção ao consumidor.[20]

20 A propósito da existência de um direito potestativo do consumidor, o Superior Tribunal de Justiça, em notável julgamento do ano de 2013, deduziu que "o Procon pode aplicar multa a fornecedor em razão do repasse aos consumidores, efetivado com base em

Como bem pontuam Claudia Lima Marques, Herman Benjamin e Bruno Miragem, tal direito existe para proteger a declaração de vontade do consumidor, possibilitando que ele reflita com calma nas agressivas situações de vendas a domicílio.[21] De acordo com os juristas, há um notável avanço confrontando-se a previsão com o sistema civil, que não consagra qualquer regra geral de arrependimento para os contratos regidos unicamente pelo CC/2002. Deve ficar claro que não se trata de venda a contento ou *ad gustum,* tratada pelos arts. 509 a 512 do CC, pois nesse caso há necessidade de o comprador motivar as razões da sua não aprovação. No tipo legal previsto no art. 49 do CDC, dispensa-se qualquer motivação para o exercício do arrependimento dentro do prazo de reflexão.

De qualquer maneira, apesar de sua indiscutível importância social, o dispositivo em análise é alvo de importantes alterações estruturais, por meio do Projeto de Lei nº 281/2012. A primeira delas diz respeito a uma suposta ampliação do prazo para quatorze dias, assim como ocorre nos países que compõem a Comunidade Europeia. Nessa linha, o *caput* do comando passaria a ser assim redigido: "O consumidor pode desistir da contratação a distância, no prazo de quatorze dias, a contar da aceitação da oferta ou do recebimento ou disponibilidade do produto ou serviço, o que ocorrer por último".

A proposição, que conta com o apoio destes autores, foi feita pelo Senador Rodrigo Rollemberg, com amparo na doutrina dos juristas que compõem o Instituto Brasileiro de Política e Direito do Consumidor (BRASILCON).

---

cláusula contratual, do ônus de arcar com as despesas postais decorrentes do exercício do direito de arrependimento previsto no art. 49 do CDC. De acordo com o *caput* do referido dispositivo legal, o consumidor pode desistir do contrato, no prazo de sete dias a contar de sua assinatura ou do ato de recebimento do produto ou serviço, sempre que a contratação de fornecimento de produtos e serviços ocorrer fora do estabelecimento comercial, especialmente por telefone ou a domicílio. O parágrafo único do art. 49 do CDC, por sua vez, especifica que o consumidor, ao exercer o referido direito de arrependimento, terá de volta, imediatamente e monetariamente atualizados, todos os valores eventualmente pagos, a qualquer título, durante o prazo de reflexão – período de sete dias contido no *caput* do art. 49 do CDC –, entendendo-se incluídos nestes valores todas as despesas decorrentes da utilização do serviço postal para a devolução do produto, quantia esta que não pode ser repassada ao consumidor. Aceitar o contrário significaria criar limitação ao direito de arrependimento legalmente não prevista, de modo a desestimular o comércio fora do estabelecimento, tão comum nos dias atuais. Deve-se considerar, ademais, o fato de que eventuais prejuízos enfrentados pelo fornecedor nesse tipo de contratação são inerentes à modalidade de venda agressiva fora do estabelecimento comercial (pela internet, por telefone ou a domicílio)" (STJ, REsp 1.340.604/RJ, Rel Min. Mauro Campbell Marques, j. 15.08.2013, publicado no seu *Informativo* nº 528).

---

21 MARQUES, Claudia Lima; BENJAMIN, Antonio Herman; MIRAGEM, Bruno. *Comentários ao Código de Defesa do Consumidor*. 3ª ed. São Paulo: RT, 2010. p. 911.

Em um primeiro momento de tramitação legislativa, a proposta foi aceita no Senado Federal, "pela experiência de outros ordenamentos jurídicos, a exemplo do que ocorreu na Argentina e na Europa, de forma a permitir que o consumidor, como na tradição dos direitos norte-americanos, tenha dois finais de semana para refletir (*cooling off period*), pois o prazo de sete dias se demonstrou curto em demasia". Entretanto, na elaboração do relatório inicial no Senado, houve rejeição dessa ampliação, pois "o prazo atual previsto no CDC, de 7 dias, tem se mostrado plenamente suficiente e adequado para o consumidor brasileiro averiguar se o produto ou serviço contratado corresponde com a oferta. Diante disso, foi suprimida a alteração e mantida a redação original sugerida pela Comissão de Juristas". Como a projeto ainda passará por longa tramitação, acredita-se e espera-se que, ao final, seja adotada a ampliação do prazo, para que o Brasil fique alinhado às legislações ocidentais mais avançadas.

Voltando ao cerne do projeto em estudo, propõe-se a inserção de novos parágrafos ao art. 49 do CDC, sendo o atual parágrafo único renumerado para o § 1º. O novo § 2º passa a conceituar o que seja a *venda à distância*, expressão mais técnica que substitui o atual termo "sempre que a contratação de fornecimento de produtos e serviços ocorrer fora do estabelecimento comercial". Nesse contexto, por *contratação à distância* passa-se a entender aquela efetivada fora do estabelecimento, ou sem a presença física simultânea do consumidor e do fornecedor, especialmente em domicílio, por telefone, reembolso postal, por meio eletrônico ou similar. A menção ao *meio eletrônico* afasta qualquer dúvida quanto à incidência ou não do direito de arrependimento nas contratações feitas pela internet.

Ora, pela literalidade vigente, a sua incidência se restringe às vendas realizadas fora do estabelecimento empresarial, citando a norma as vendas por telefone ou a domicílio (chamada a última de *venda porta a porta*). De toda maneira, reafirme-se que, quando a lei foi elaborada, ainda não existia a atual evolução a respeito das vendas pela internet ou outros meios de comunicação semelhantes ou próximos, devendo o referido dispositivo ser estendido para tais hipóteses, conforme reconhece a melhor doutrina. Nessa linha, posicionam-se, por todos, Nelson Nery Jr. e Rosa Maria de Andrade Nery, afirmando que "o CDC enumerou, de maneira exemplificativa, as formas de contratação fora do estabelecimento comercial: por telefone e a domicílio. O caráter de *numerus apertus* desse elenco é dado pelo advérbio 'especialmente' constante da norma. Assim, as contratações por telefone, fax, videotexto, mala direta, reembolso postal, catálogo, prospectos, lista de preços, a domicílio, via Internet etc.".[22]

---

22 NERY JR., Nelson; NERY, Rosa Maria de Andrade. *Código Civil anotado*. 2ª ed. São Paulo: RT, 2003. p. 944.

Ainda no âmbito da doutrina, como bem aponta Alexandre Junqueira Gomide, "o art. 49 do CDC também deve ser ampliado às transações envolvendo o comércio eletrônico via internet. Nesse sentido a doutrina é quase unânime. A doutrina apenas não pode ser considerada unânime porque existe uma corrente minoritária que defende que a disposição do art. 49 do CDC não deve ser aplicada quando o consumidor visita o estabelecimento virtual do comerciante. A justificativa dessa doutrina é que, nesse caso, não estaria configurada a contratação à distância, uma vez que a iniciativa para aquisição do produto foi realizada pelo próprio consumidor. O principal adepto desta corrente é Fábio Ulhôa Coelho".[23] Pois bem, o novo texto afasta totalmente essa última divergência, na linha do que vem decidindo os Tribunais Brasileiros.[24]

O proposto § 3º do art. 49 traz uma equiparação importante para a teoria e a prática, enunciando que se equipara à modalidade de à distância aquela em que, embora realizada no estabelecimento, o consumidor não teve a prévia oportunidade de conhecer o produto ou serviço, por não se encontrar em exposição ou pela impossibilidade ou dificuldade de acesso a seu conteúdo. Ilustra-se com o caso de uma venda sob encomenda, realizada no estabelecimento, mas sem que haja um contato corpóreo com a coisa. Ou, ainda, a venda realizada em um computador na loja, por acesso à internet, pois não havia no estoque o objeto desejado. Em casos tais, o direito de arrependimento é aplicado por equiparação.

Como outra sugestão dos presentes autores, seria interessante a inclusão no art. 49 do CDC da equiparação com a venda à distância dos negócios celebrados no estabelecimento empresarial, mas com a utilização de *meios agressivos de marketing*. Cite-se a hipótese em que o fornecedor

---

23 GOMIDE, Alexandre Junqueira. *Direito de arrependimento nos contratos de consumo*. São Paulo: Almedina, 2014, pp. 146-147.

24 Por todos: "Compra e venda pela 'internet'. Desistência manifestada no prazo do art. 49 do CDC. Cabimento da restituição do valor debitado pela operadora de cartão de crédito. Descabimento, porém, de indenização pelo dano moral atribuído a desgastes e dissabores, já que pessoa jurídica não sofre tal sorte de repercussão psíquica, assim como de aluguéis pela sala na qual os bens ficaram guardados até retirada pelo vendedor. Apelação parcialmente provida" (TJSP – Apelação 0117190-97.2008.8.26.0100, Acórdão 4926888, São Paulo, Trigésima Sexta Câmara de Direito Privado, Rel. Des. Arantes Theodoro, j. 03.02.2011, *DJESP* 18.02.2011). "Reparação de danos. Consumidor. Compra e venda de aparelho celular efetuada pela internet. Direito de arrependimento exercido conforme art. 49 do CDC. Transtornos para confirmar o distrato. Má comunicação entre a loja e a operadora do cartão de crédito. Cobrança das parcelas na fatura. Direito à restituição, em dobro, dos valores pagos. Inexistência de danos morais. Recurso parcialmente provido" (TJRS – Recurso Cível 71002280618, Soledade, Segunda Turma Recursal Cível, Rel. Des. Vivian Cristina Angonese Spengler, j. 21.10.2009, *DJERS* 29.10.2009, p. 159).

coloca, à porta da loja, funcionários ou prepostos que se utilizam de meios de persuasão para trazer os consumidores ao interior dela. Pela presença, via de regra, de uma *compra por impulso*, acreditamos que seria plenamente plausível a subsunção do direito de arrependimento, na linha da atenta jurisprudência nacional.[25]

De acordo com o projetado § 4º do art. 49 da Lei nº 8.078/1990, a desistência formalizada dentro do prazo de arrependimento implica na devolução do produto com todos os acessórios recebidos pelo consumidor e nota fiscal. A projeção visa a incluir os acessórios do produto e a necessidade de devolução da nota fiscal. Na verdade, essa já era uma decorrência natural do exercício do direito potestativo, mormente pela incidência do princípio jurídico da gravitação jurídica, segundo o qual *o acessório segue o principal*. De toda sorte, as suas menções expressas não trazem qualquer prejuízo, mas muito ao contrário.

Nos termos do novo § 5º, caso o consumidor exerça o direito de arrependimento, os contratos acessórios de crédito são automaticamente rescindidos, devendo ser devolvido ao fornecedor do crédito acessório o valor que lhe foi entregue, acrescido de eventuais juros incidentes até a data da efetiva devolução e tributos. Eis aqui uma das mais festejadas propostas do PLS nº 281/2012, qual seja, pela rescisão imediata e coordenada dos negócios acessórios que dizem respeito ao financiamento

---

25 Assim concluindo, a exemplificar: "Negócio jurídico – Contrato – Direito de arrependimento – Incidência do Código de Defesa do Consumidor – Hipótese em que o contrato foi firmado dentro do estabelecimento comercial – Art. 49 do CDC que não deve ser interpretado restritivamente – Método agressivo de 'marketing' que permite o direito de arrependimento – Caso em que a consumidora foi premiada após participação de jogo, ganhando direito a conhecer hotel, onde foi convencida a contratar, em duna emocional – Vontade maculada pelo entusiasmo temporário, causado pelo estímulo repentino e de ansiedade de contratação, derivado do método de apresentação do produto ou serviço – Direito de arrependimento que deve ser garantido em homenagem à boa-fé contratual, evitando-se que a venda emocional possa legitimar contratações maculadas pela ausência de transparência e respeito aos interesses do contratante mais fraco – Recurso não provido" (TJSP – Apelação com Revisão 9134379-17.2003.8.26.0000, Rel. Melo Colombi, 14ª Câmara de Direito Privado, j. 09.05.2007, data de registro: 25.05.2007). Em reforço, da mesma Corte Estadual: "Na verdade, procura-se proteger o consumidor de uma manifestação de vontade maculada pelo entusiasmo temporário, produzido pelo estimulo repentino, pelo efeito de surpresa e de ansiedade de contratação, causados pelo método de apresentação do produto. Nessa esteira, a contração em que se convida o consumidor a ingressar no estabelecimento comercial por meio de chamarizes como festas, coquetéis, sorteios, jogos em geral, num clima 'emocional' de consumo, como diria Cláudia Lima Marques, deve receber proteção do Código consumerista" (TJSP – Agravo de Instrumento 0000882-84.2008.8.26.0000, Rel. Felipe Ferreira, Comarca: Barretos, 26ª Câmara de Direito Privado, j. 28.01.2008, data de registro: 07.02.2008).

para a compra do produto, caso dos contratos de cartão de crédito, coligados ou conexos com o negócio principal de aquisição do produto e do serviço. Com a alteração, o ônus de extinção cabe aos componentes da cadeia de fornecimento, e não ao consumidor.

Igualmente com essa finalidade, o § 6º proposto para o art. 49 do CDC determina que, sem prejuízo da iniciativa do consumidor, o fornecedor deve comunicar de modo imediato a manifestação do exercício de arrependimento à instituição financeira ou à administradora do cartão de crédito ou similar, a fim de que: *a)* a transação não seja lançada na fatura do consumidor; *b)* seja efetivado o estorno do valor, caso a fatura já tenha sido emitida no momento da comunicação; e *c)* caso o preço já tenha sido total ou parcialmente pago, seja lançado o crédito do respectivo valor na fatura imediatamente posterior à comunicação. O desrespeito a esses deveres gera ao fornecedor o pagamento em dobro do valor do produto ou do serviço contratado, penalidade que vem em boa hora, com intuito claramente pedagógico (proposta de art. 49, § 7º, do CDC).

Em complemento, estatui-se que o fornecedor deve informar, de forma prévia, clara e ostensiva, os meios adequados, facilitados e eficazes disponíveis para o exercício do direito de arrependimento do consumidor, que devem contemplar, ao menos, o mesmo modo utilizado para a contratação (art. 49, § 8º, do CDC). Trata-se da adoção inicial de emenda proposta pelo Senador Antonio Carlos Rodrigues, com o intuito de reforçar os deveres de informação, especialmente sobre o próprio direito de arrependimento, "que já estavam implícitos no texto elaborado pela Comissão de Juristas, mas que ficam mais esclarecidos, assim como que tal informação deve ser disponibilizada antes da efetivação do negócio, tudo no mesmo sentido".

Com a proposta, a teoria da confirmação passa a ser adotada igualmente no que diz respeito ao direito de arrependimento, projetando-se, por meio do § 9º ao art. 49, que o fornecedor deve enviar ao consumidor confirmação individualizada e imediata do recebimento da manifestação de arrependimento. De toda sorte, reafirme-se a necessidade de inserção de regra clara a respeito do aperfeiçoamento dos contratos eletrônicos, conforme antes exposto neste trabalho.

Por derradeiro, havia uma proposta de inserção de uma *multa civil*, no caso de desrespeito aos deveres elencados nos novos parágrafos do art. 49. Estabelecia o projetado comando que "o descumprimento dos deveres do fornecedor previstos neste artigo e nos artigos da Seção VII do Capítulo V do Título I desta lei enseja a aplicação pelo Poder Judiciário de multa civil em valor adequado à gravidade da conduta e suficiente para inibir novas violações, sem prejuízo das sanções penais e administrativas cabíveis e da indenização por perdas e danos, patrimoniais e morais, ocasionados aos consumidores". Esclareça-se que a expressão *multa civil* constava expressamente do projeto original de Código de Defesa do Consumidor, tendo sido vetada pelo então Presidente da República, hoje senador, Fernando Collor de Mello.[26]

A sua natureza parece ser próxima dos danos sociais ou difusos, conforme antes desenvolvido. Sendo assim, talvez fosse melhor utilizar os termos destacados, mormente diante da recente experiência doutrinária e jurisprudencial a respeito da matéria. De qualquer maneira, o Senado Federal resolveu retirar inicialmente essa previsão sobre a multa civil no tratamento relativo ao direito de arrependimento. Em tom mais genérico, passou a se propor, em um novo art. 60-A, que "o descumprimento reiterado dos deveres do fornecedor previstos nesta lei poderá ensejar na aplicação pelo Poder Judiciário de multa civil em valor adequado à gravidade da conduta e suficiente para inibir novas violações, sem prejuízo das sanções penais e administrativas cabíveis e da indenização por perdas e danos, patrimoniais e morais, ocasionados aos consumidores".

Analisadas as propostas relativas ao art. 49 do Código Consumerista, como é notório, há um debate atual e intenso no Brasil, a respeito da subsunção ou não do diploma para as compras de passagens aéreas pela *internet* ou outro meio de comunicação à distância. Algumas decisões afastam a incidência da norma, uma vez que o consumidor tem consciência do que está adquirindo, o que foge do fim social do artigo consumerista, de sua *mens legis*.[27] No âmbito doutrinário, essa é a opinião de Alexandre Junqueira Gomide, que assim se posiciona, a despeito da corrente minoritária antes citada: "ainda assim, admitimos a teoria de Fábio Ulhôa Coelho numa única hipótese: na contratação à distância de serviços de transportes aéreos".[28]

Porém, outras tantas ementas aplicam com justiça o art. 49 do CDC para as compras de passagens aéreas pela internet ou telefone, pois o fim social da norma é justamente a de abranger a hipótese de compra e venda contemporânea.[29] De fato, não se pode buscar o *fim social da lei* em preju-

26 Tratava-se do original art. 45 do CDC, aqui antes transcrito.

27 Por todas: TJDF – Recurso 2010.01.1.014473-2, Acórdão 492.650, Segunda Turma Recursal dos Juizados Especiais Cíveis e Criminais do DF, Rel. Juiz José Guilherme de Souza, *DJDFTE* 05.04.2011, p. 244.

28 GOMIDE, Alexandre Junqueira. *Direito de arrependimento nos contratos de consumo*. São Paulo: Almedina, 2014. p. 148.

29 Nessa linha: TJDF – Recurso 2008.01.1.125046-8, Acórdão 398.269, Primeira Turma Recursal dos Juizados Especiais Cíveis e Criminais, Rel. Juíza Wilde Maria Silva Justiniano Ribeiro, *DJDFTE* 13.01.2010, p. 151; TJBA – Recurso 124461-2/2007-1, Terceira Turma Recursal, Rel. Juiz José Cícero Landin Neto, j. 28.05.2008, *DJBA* 05.06.2008; e TJRS – Recurso Inominado 71000597799, Caxias do Sul, Primeira Turma Recursal Cível, Rel. Des. João Pedro Cavalli Júnior, j. 18.11.2004.

ízo do consumidor, o que viola a própria concepção da Lei nº 8.078/1990 como norma protecionista e com fundamento constitucional. Pelo último caminho, são ilegais e abusivas as multas cobradas pelas empresas aéreas dentro do prazo de arrependimento, contado, nessa hipótese, da celebração do contrato. Ato contínuo, merece aplicação integral o parágrafo único do art. 49 do CDC, com a devolução integral do que foi pago pelo consumidor, valor que deve ser atualizado integralmente.

Pois bem, para afastar qualquer dúvida a respeito da matéria, mais uma vez o Projeto de Lei nº 281/2012 tende a incluir preceito específico sobre as compras de passagens áreas, com a seguinte dicção: "Sem prejuízo do direito de rescisão do contrato de transporte aéreo antes de iniciada a viagem (art. 740, § 3º do Código Civil), o exercício do direito de arrependimento do consumidor de passagens aéreas poderá ter seu prazo diferenciado, em virtude das peculiaridades do contrato, por norma fundamentada das agências reguladoras" (art. 49-A).

A inovação vem em boa hora. Porém, para estes autores é preciso modificar a proposição legal, não se atribuindo a regulamentação do prazo à agência reguladora, o que abriria um precedente perigoso no âmbito das relações do consumo. Nesse contexto, melhor seria que a nova norma trouxesse um prazo de arrependimento de 72 (setenta e duas) horas antes do início da viagem, o que é mais bem adaptado à realidade das passagens aéreas.

Por derradeiro, ainda no que concerne à abrangência atual da norma, ela não tem subsunção para as situações de venda realizada no estabelecimento empresarial, com presença física e corpórea do consumidor, o que é aclamado amplamente na prática.[30] Também não há qualquer proposta de modificação do vigente texto legal nesse sentido na projeção ora estudada.

Porém, uma questão pode ser refletida pela comunidade jurídica consumerista. Na prática, há um costume saudável de as empresas trocarem produtos adquiridos no estabelecimento, em especial quando o consumi-

---

30 Nessa linha, da prática jurisprudencial: "O arrependimento de que trata o art. 49 do CDC somente é possível nos casos ali elencados, ou seja, somente se a compra se deu por telefone ou internet. No caso aqui posto, a venda se deu diretamente na loja da operadora, não incidindo a regra do art. 49, *caput* do CDC. Pedido de cancelamento de linha que não veio comprovado nos autos. Preliminar rejeitada, apelação improvida" (TJRS – Apelação Cível 70029597242, Teutônia, Décima Nona Câmara Cível, Rel. Des. Guinther Spode, j. 21.07.2009, *DOERS* 28.07.2009, p. 69). Em reforço, colaciona-se: "Autora que adquiriu os bens de livre e espontânea vontade no estabelecimento comercial da ré. Posterior arrependimento. Impossibilidade. Relação de consumo que não se sujeita ao art. 49 do Código de Defesa do Consumidor. Solicitação de cancelamento dos negócios não demonstrada suficientemente. Anotação de inadimplência. Ilicitude. Inexistência. Dano moral não patenteado. Apelo desprovido" (TJSP – Apelação 992.08.002923-9, Acórdão 4727236, Osasco, Trigésima Câmara de Direito Privado, Rel. Des. Marcos Ramos, j. 22.09.2010, *DJESP* 25.10.2010).

dor diz não estar satisfeito com eles; ou ainda porque o bem de consumo não lhe serviu. Os fornecedores assim o fazem para não perderem a clientela, mantendo um bom relacionamento com a coletividade consumerista.

A par da existência desse costume reiterado, pode-se construir uma tese, a partir da boa-fé objetiva, no sentido de que já há um direito de troca a favor do consumidor (*surrectio*), afastando a impossibilidade de troca pela outra parte (*supressio*). Deve ficar bem claro que se trata de uma *tese*, que ainda deve ser devidamente desenvolvida no âmbito do Direito Privado Brasileiro. A propósito, a abertura para uma reforma legislativa nos faz crer que a situação pode ser absorvida, em certo sentido, pelo projeto, ficando mais essa sugestão para aqueles que participam do projeto legislativo. Ressalve-se que, em todos os casos, há obrigatoriedade de troca de produtos quando presentes vícios no produto ou do serviço, na esteira do exposto no capítulo anterior desta obra.

5. Referências

AZEVEDO, Antonio Junqueira de. Por uma nova categoria de dano na responsabilidade civil: o dano social. In: FILOMENO, José Geraldo Brito; WAGNER JÚNIOR, Luiz Guilherme da Costa; GONÇALVES, Renato Afonso (Coord.). *O Código Civil e sua interdisciplinaridade*. Belo Horizonte: Del Rey, 2004.

FILOMENO, José Geraldo Brito. Alterações do Código de Defesa do Consumidor: comissão especial do senado federal. *Cognitio Juris,* João Pessoa, ano I, nº 3, dez. 2011. Disponível em: <http://www.cognitiojuris.com/artigos/03/01.html>. Acesso em: 17 nov. 2014.

GOMIDE, Alexandre Junqueira. *Direito de arrependimento nos contratos de consumo*. São Paulo: Almedina, 2014.

MARQUES, Claudia Lima; BENJAMIN, Antonio Herman V.; BESSA, Leonardo Roscoe. *Manual de direito do consumidor*. 3ª ed. São Paulo: RT, 2010.

MARQUES, Claudia Lima; BENJAMIN, Antonio Herman; MIRAGEM, Bruno. *Comentários ao Código de Defesa do Consumidor*. 3ª ed. São Paulo: RT, 2010.

NERY JR., Nelson; NERY, Rosa Maria de Andrade. *Código Civil anotado*. 2ª ed. São Paulo: RT, 2003.

TARTUCE, Flávio. *Direito civil*. 9ª ed. São Paulo: GEN/Método, 2014. vol. 2: Direito das obrigações e responsabilidade civil.

TARTUCE, Flávio; ASSUMPÇÃO NEVES, Daniel Amorim. *Manual de direito do consumidor*. 4ª ed. São Paulo: GEN/Método, 2015.

ANÁLISE DO PL 281/2012 SENADO – REGULAMENTAÇÃO DO COMÉRCIO ELETRÔNICO

Marcelo Chiavassa de Mello Paula Lima

SUMÁRIO: 1. Introdução; **2.** Atual regulação dos contratos eletrônicos no ordenamento jurídico brasileiro; **3.** Propostas do Projeto de Lei nº 281/2012 do Senado Federal sobre comércio eletrônico; **4.** A reforma do art. 9º da LINDB e o impacto nos contratos internacionais; **5.** Conclusão; **6.** Referências Bibliográficas.

1. Introdução

O presente artigo tem o objetivo de analisar as alterações a serem incorporadas ao Código de Defesa do Consumidor por conta do Projeto de Lei nº 281/2012 do Senado Federal.

Referido Projeto de Lei visa regular o Comércio Eletrônico existente no Brasil, o qual se somará ao Marco Civil da Internet (Lei 12.965/2014) e ao Decreto nº 7.962/2013, que dispõe sobre a contratação no comércio eletrônico.

Buscar-se-á analisar as inovações propostas pelo Poder Legislativo através de sua *ratio* e de sua finalidade, de modo a obter um resultado hermenêutico mais concreto.

2. Atual regulação dos contratos eletrônicos[1] no ordenamento jurídico brasileiro

A atual regulação dos contratos eletrônicos pela internet se dá através de 4 (quatro) fontes, (i) o Código Civil; (ii) o Código de Defesa do Consumidor; (iii) o Decreto nº 7.962/2013 e (iv) o Marco Civil da Internet.

O Decreto nº 7.962/2013 veio regulamentar o próprio Código de Defesa do Consumidor, na medida em que o *codex* – elaborado no final da década de 80 – não contemplava nenhuma regra específica para a contratação eletrônica. Com a eventual aprovação do Projeto de Lei 281/2012 do

1 Contratos eletrônicos são todos aqueles realizados através de um meio tecnológico de informação (telefone, fax, televisão,etc). Para fins deste artigo, contrato eletrônico fará referência à contratos eletrônicos pela internet (classificação restritiva – strictu sensu).

Senado Federal, o Decreto tende a ser revogado, uma vez que o Projeto incorporará ao Código de Defesa do Consumidor capítulo específico relacionado com o comércio eletrônico.

Enquanto isto não acontece, o Decreto é a principal fonte de regulamentação e proteção dos contratantes no comércio eletrônico, uma vez que trata diretamente do tema. Foi criado e publicado na época do estouro dos sites de compras coletivas, principalmente para regular a forma do anúncio, visando trazer mais informação e proteção aos consumidores. A preocupação do Decreto se dá em 3 (três) frentes, (a) informações claras a respeito do produto, serviço e do fornecedor;[2] (b) atendimento facilitado ao consumidor e (c) respeito ao direito de arrependimento. A bem da verdade, o PL 281/2012 reproduz *in totum* vários dispositivos atualmente vigentes por meio do Decreto, como se verificará abaixo.

O Marco Civil da Internet (Lei 12.965/2014), por sua vez, não é direcionado especificamente para o comércio eletrônico, mas sim aos princípios, garantias, direitos e deveres para o uso da internet no Brasil[3]. Ainda assim, vários dispositivos podem ser aplicados às hipóteses concretas de comércio eletrônico. Aplicam-se, desta forma, aos contratos eletrônicos, as normas (regras e princípios) de proteção, preservação e tratamento dos dados pessoais (art. 7º, incisos VI, VII, VIII, IV, X,[4] art. 8º, Parágrafo Único).[5]

---

2 "Outro ponto importante foi a exigência de que no sítio eletrônico fique constando, em local de destaque e de fácil visualização, o nome empresarial e número de inscrição do fornecedor, quando houver, no Cadastro Nacional de Pessoas Físicas ou no Cadastro Nacional de Pessoas Jurídicas do Ministério da Fazenda; bem como o seu endereço físico e eletrônico, e demais informações necessárias para sua localização e contato (art. 2º, I e II)." (SCHERKERKEWITZ, Iso Chaitz. *Direito e Internet.* São Paulo: Revista dos Tribunais, 2014, p. 59).

3 "Em análise à Lei do Marco Civil da Internet nota-se que a lei estabelece princípios, direitos e deveres dos usuários da internet." (MASSO, Fabiano Del. ABRUSIO, Juliana. FLORÊNCIO FILHO, Marco Aurélio (coords). *Marco Civil da Internet – Lei 12.965/2014.* São Paulo: Revista dos Tribunais, 2014, p. 22).

4 Art. 7º O acesso à internet é essencial ao exercício da cidadania, e ao usuário são assegurados os seguintes direitos:

I – informações claras e completas constantes dos contratos de prestação de serviços, com detalhamento sobre o regime de proteção aos registros de conexão e aos registros de acesso a aplicações de internet, bem como sobre práticas de gerenciamento da rede que possam afetar sua qualidade;

5 Parágrafo único. São nulas de pleno direito as cláusulas contratuais que violem o disposto no **caput**, tais como aquelas que:

I – impliquem ofensa à inviolabilidade e ao sigilo das comunicações privadas, pela internet; ou

II – em contrato de adesão, não ofereçam como alternativa ao contratante a adoção do foro brasileiro para solução de controvérsias decorrentes de serviços prestados no Brasil.

Já o Código Civil e o Código de Defesa do Consumidor atuam como normas supletivas, devendo serem observadas as regras próprias de cada um dos sistemas jurídicos (boa-fé, função social do contrato, responsabilidade objetiva no CDC, nulidade das cláusulas abusivas, regras sobre contrato de adesão, dentre outras).

3. Propostas do projeto de lei 281/2012 do senado federal sobre comércio eletrônico – reforma do CDC

O PL 281/2012 do Senado Federal é um dos projetos[6] em trâmite para a modificação do Código de Defesa do Consumidor. As alterações propostas decorrem da inegável necessidade em tutelar o direito do consumidor no meio digital (e sua reconhecida vulnerabilidade no mercado de consumo),[7] o que é comemorado pela doutrina,[8] principalmente porque *nem todas as*

---

continuação da nota de rodapé 4

VII – não fornecimento a terceiros de seus dados pessoais, inclusive registros de conexão, e de acesso a aplicações de internet, salvo mediante consentimento livre, expresso e informado ou nas hipóteses previstas em lei;

VIII – informações claras e completas sobre coleta, uso, armazenamento, tratamento e proteção de seus dados pessoais, que somente poderão ser utilizados para finalidades que:

a) justifiquem sua coleta;

b) não sejam vedadas pela legislação; e

c) estejam especificadas nos contratos de prestação de serviços ou em termos de uso de aplicações de internet;

IX – consentimento expresso sobre coleta, uso, armazenamento e tratamento de dados pessoais, que deverá ocorrer de forma destacada das demais cláusulas contratuais;

X – exclusão definitiva dos dados pessoais que tiver fornecido a determinada aplicação de internet, a seu requerimento, ao término da relação entre as partes, ressalvadas as hipóteses de guarda obrigatória de registros previstas nesta Lei;

---

6 Destacam-se, dentre outros, o PL 282/2012 do Senado sobre Ações Coletivas e Direitos Difusos e o PL 283/2012 do Senado sobre o superendividamento.

7 "Não importa se o consumidor se considera um *expert* em informática. Não tratando o assunto de forma profissional ele sempre estará em desvantagem para com o fornecedor. Agregue-se a esse fato o desconhecimento da legislação internacional, o baixo valor da compra (que impede na prática a busca do Poder Judiciário estrangeiro, e muitas vezes, até o nacional) e teremos sempre o consumidor em uma posição de desigualdade." (SCHERKERKEWITZ, Iso Chaitz. *Direito e Internet*. São Paulo: Revista dos Tribunais, 2014, p. 59).

8 "Como já comentado, a aplicação do Código de Defesa do Consumidor não leva em consideração o mercado específico em que a mercadoria ou o serviço foram praticados, ele se aplica a relações de consumo, ocorram elas onde for. Mas não existem dúvidas de que o crescimento do comércio eletrônico no mercado digital motivou uma modernização das regras pertinentes às relações de consumo neste ambiente específico." (MASSO, Fabiano Del. ABRUSIO, Juliana. FLORÊNCIO FILHO,

regras vindas com o Marco Civil da Internet são suficientes para atualizar as relações de consumo na rede,[9] razão pela qual *a aprovação do Projeto de Lei é de capital importância para a tutela do consumidor na internet*."[10]

Ab initio vale pontuar que as normas previstas no PL são direcionadas tanto aos contratos eletrônicos quanto aos contratos à distância. Nem todos contratos eletrônicos são celebrados entre ausentes; convém lembrar aqui que a distinção entre contratos entre presentes e contatos entre ausentes decorre da possibilidade de resposta imediata entre oferta e aceitação. Contrato celebrado por telefone é contrato entre presentes, uma vez que a oferta e a resposta são imediatas, inexistindo lapso temporal entre os atos. Exemplo de contratos eletrônicos entre presentes decorre daqueles *chats online,* nos quais a interação entre consumidor e fornecedor é imediata.

Ademais, contratos à distância são aqueles celebrados fora do estabelecimento comercial, pouco importando o espaço temporal entre as respostas (contrato por telefone é classificado entre presentes, mas também é classificado como contrato à distância),[11] sendo possível, inclusive, uma contratação entre presentes fora do estabelecimento comercial (vendedores de produtos de grandes cadeias de cosméticos que batem de porta em porta, por exemplo). Existe, ademais, um contrato à distância por equiparação, no qual o consumidor, ainda que o contrato seja celebrado no estabelecimento comercial do fornecedor, não teve a possibilidade de conhecer o produto ou serviço, por não se encontrar em exposição ou pela impossibilidade ou dificuldade de acesso à seu conteúdo, nos termos do art. 49, §3º do PL.

Assim, a análise do art. 44-A[12] do PL permite chegar a duas conclusões: (i) a lei aplica-se aos contratos eletrônicos entre presentes ou entre

---

Marco Aurélio (coords). *Marco Civil da Internet – Lei 12.965/2014.* São Paulo: Revista dos Tribunais, 2014, p. 47).

9 MASSO, Fabiano Del. ABRUSIO, Juliana. FLORÊNCIO FILHO, Marco Aurélio (coords). *Marco Civil da Internet – Lei 12.965/2014.* São Paulo: Revista dos Tribunais, 2014, p. 49.

10 Ibidem.

11 O art. 49, §2º do PL traz a seguinte definição: "§ 2º Por contratação a distância entende-se aquela efetivada fora do estabelecimento, ou sem a presença física simultânea do consumidor e fornecedor, especialmente em domicílio, por telefone, reembolso postal, por meio eletrônico ou similar. O conceito ainda pode ser ampliado na forma do art. 49, §3º do PL: § 3º Equipara-se à modalidade de contratação prevista no § 2º deste artigo aquela em que, embora realizada no estabelecimento, o consumidor não teve a prévia oportunidade de conhecer o produto ou serviço, por não se encontrar em exposição ou pela impossibilidade ou dificuldade de acesso a seu conteúdo."

12 Art. 44-A. Esta seção dispõe sobre normas gerais de proteção do consumidor no comércio eletrônico e à distância, visando fortalecer a sua confiança e assegurar a tutela efetiva, com a diminuição da assimetria de informações, a preservação da segurança nas transações, a proteção da autodeterminação e da privacidade dos dados pessoais.

ausentes e (ii) a lei aplica-se aos contratos não eletrônicos celebrados à distância[13], embora, verdade seja dita, o artigo mencionado esteja inserido na Seção VII, destinada ao Comércio Eletrônico.

Ademais, consagra o mesmo art. 44-A do PL novas diretrizes para a interpretação do Código de Defesa do Consumidor, ao reforça a tutela efetiva dos direitos do consumidor através (i) da diminuição da assimetria de informações entre os contratantes; (ii) da preservação da segurança nas transações e (iii) da proteção da autodeterminação e da privacidade dos dados pessoais. Assim, estas novas três diretrizes deverão servir como cânones interpretativos para que o jurista faça uma correta aplicação das normas a serem dispostas na Seção VII do Código de Defesa do Consumidor.

Por consequência direta da primeira diretriz (diminuição da assimetria de informações entre os contratantes), o art. 44-B do PL determina que os *sítios eletrônicos utilizados para oferta ou conclusão de contrato de consumo devem disponibilizar, em local de destaque e de fácil visualização,* dentre outras, as seguintes informações: (i) nome empresarial e número de cadastro no CPF/MF (pessoa física) ou no CNPJ (pessoa jurídica); (ii) endereço físico e eletrônico para localização e contato; (iii) discriminação no preço de todos os custos envolvidos (postagem, embrulho, dentre outros); (iv) condições integrais da oferta; (v) características essenciais do produto ou do serviço, inclusive eventuais riscos à saúde e/ou à segurança dos consumidores; (vi) prazo de validade da oferta e (vii) informações claras e destacadas a respeito de quaisquer cláusulas/condições restritivas da oferta (quantidade, idade, cor, dentre outros).

Sem prejuízo das informações mencionadas no art. 44-B, o artigo 44-C do PL, ao regular as ofertas de compra coletiva, traz novas exigências, a saber a informação (i) sobre a quantidade mínima de consumidores para a concretização do negócio jurídico; (ii) sobre o prazo para a utilização da oferta pelo consumidor; (iii) a respeito da identificação do responsável pelo sítio eletrônico de compras e coletivas e do próprio ofertante do produto/serviço. Ademais, estabelece o art. 44-C, parágrafo único, que o *fornecedor de compras coletivas, como intermediador legal do fornecedor responsável*

---

13 Justificativa do Senado para a segunda conclusão: "Acolhe-se sugestão do Brasilcon – Instituto Brasileiro de Política e Direito do Consumidor, esta relatoria inclui a expressão "à distância", com base na experiência do direito comparado. Embora esta seção, apesar do título, por questões de concisão, mencione apenas o comércio eletrônico, dispõe em verdade sobre normas gerais de proteção do consumidor no comércio à distância, tanto que define contratação à distância e equipara a venda no estabelecimento comercial. Para este fim, melhor esclarecer que o comércio à distância, em qualquer de suas formas, está incluído, assegurando também maior isonomia a todos os fornecedores, pois regula os deveres dos fornecedores no comércio eletrônico e de todos os fornecedores que utilizarem métodos de comércio à distância, sejam lojas de comércio tradicional ou físico ou virtual."

pela oferta do produto ou serviço, responde solidariamente pela veracidade das informações publicadas e por eventuais danos causados ao consumidor.

A segunda diretriz do PL (preservação da segurança na contratação) encontra-se bem visível no art. 44-D, que estabelece as seguintes obrigações do fornecedor que se utiliza de meio eletrônico ou similar (aqui vale também para os contratos entre ausentes, conforme mencionado anteriormente): (i) apresentar o sumário do contrato antes mesmo da contratação (a exigência aqui é redundante e se confunde com a exigência "iv" do art. 44-B do PL); (ii) manter disponível serviço adequado, facilitado e eficaz para que o consumidor entre em contato com o fornecedor (meio eletrônico ou telefônico); (iii) confirmar imediatamente o recebimento de qualquer tentativa de comunicação pelo consumidor, principalmente aquelas referentes à cancelamento e arrependimento; (iv) dispor de meios eficazes e seguros para fins de pagamento e tratamento de dados do consumidor e (v) informar imediatamente às autoridades competentes e ao próprio consumidor quando houver vazamento ou comprometimento ainda que parcial da segurança do sistema.

Em continuação aos deveres do fornecedor que se utiliza de meios eletrônicos ou similares, o art. 44-E determina que o fornecedor deve enviar ao consumidor (i) o contrato previamente à sua celebração, em linguagem acessível e com fácil visualização (aqui nos parece um preciosismo exagerado, principalmente porque já existem as obrigações previstas no art. 44-B, IV e no art. 44-D, I, do PL; na prática, esta obrigação tem tudo para se tornar inócua, uma vez que a proteção do consumidor já se encontra efetivada se cumpridos os requisitos mencionados nestes artigos); (ii) a confirmação imediata do recebimento da aceitação da oferta (decorrência lógica do art. 44-D, III do PL – novamente desnecessário e redundante); (iii) após a celebração do contrato, uma via em suporte duradouro, preservando-se os valores da fidedignidade, inteligibilidade e conservação dos dados contratuais, permitindo, inclusive, a sua reprodução, sendo vedado, portanto, a entrega de uma via impossível de ser reproduzida pelo consumidor; (iv) formulário ou *link* facilitado e específico para o exercício do direito de arrependimento. Importante salientar que se houver descumprimento das obrigações "ii" e "iv", o prazo para o exercício do direito de arrependimento será prorrogado por mais 14 (quatorze) dias, como estabelece o parágrafo único do art. 44-D.

A terceira diretriz (proteção da autodeterminação e da privacidade dos dados pessoais) encontra guarida no art. 44-F do PL, que estabelece hipóteses de restrição (obrigação de não fazer) ao fornecedor que pretende enviar mensagem eletrônica não solicitada[14] pelo consumidor quando (i) com ele

14 Art. 44-F, § 4º PL – "Para os fins desta seção, entende-se por mensagem eletrônica não solicitada a relacionada à oferta ou publicidade de produto ou serviço e enviada por correio eletrônico ou meio similar."

não possuir relação de consumo anterior e não tenha expressamente manifestado consentimento prévio e expresso em recebê-la (quando inexistir relação de consumo prévia, há a prevalência do sistema *opt in* no qual o consumidor deve primeiro manifestar vontade de receber a mensagem em detrimento do *opt out,* defendido pelos fornecedores, através do qual as mensagens são permitidas até que o consumidor manifeste seu interesse em não mais recebê-las; na visão dos fornecedores o modelo *opt in* impede o marketing direcionado e a captação de novos clientes, podendo, inclusive, prejudicar os próprios consumidores que poderiam ter interesse no conteúdo da mensagem eletrônica); (ii) ele estiver inscrito em cadastro de bloqueio de oferta e (iii) tenha manifestado diretamente ao fornecedor a opção de não recebê-la (*opt out*). Na hipótese de prévia relação de consumo entre os contratantes, existirá prevalência do sistema *opt out*, de sorte que caberá ao consumidor o ônus de manifestar seu desinteresse no recebimento das mensagens eletrônicas, hipótese na qual o fornecedor deverá cessar imediatamente o envio delas, como estabelece o art. 44-F, §3º[15] do PL. Em qualquer uma destas hipóteses, deve o fornecedor informar ao consumidor o meio adequado, rápido e seguro para que exerça a vontade de não mais receber estas ofertas (*opt out*) e a forma como obteve os dados do consumidor (art. 44-F, §2º[16] do PL).

Ainda dentro do art. 44-F, o parágrafo 5º traz outras restrições do fornecedor, tais como (i) vedar o envio de mensagens que não permita a fácil identificação do remetente e do conteúdo publicitário; (ii) qualquer forma de utilização dos dados do consumidor sem sua prévia autorização e consentimento[17], permitida a utilização dos dados por empresas do mesmo conglomerado econômico[18]. É permitido o envio de mensagens eletrônicas de outras empresas do mesmo conglomerado econômico, desde que exista prévia relação de consumo entre qualquer uma destas empresas e o consumidor e desde que ele tenha tido a prévia oportunidade de recusá-la (*opt in*) e não esteja inscrito em cadastro de bloqueio de oferta (art. 44-F, §6º).

---

15 § 3º "O fornecedor deve cessar imediatamente o envio de ofertas e comunicações eletrônicas ou de dados a consumidor que manifestou a sua recusa em recebê-las."

16 § 2º "O fornecedor deve informar ao destinatário, em cada mensagem enviada:
I – o meio adequado, simplificado, seguro e eficaz que lhe permita, a qualquer momento, recusar, sem ônus, o envio de novas mensagens eletrônicas não solicitadas; e
II – o modo como obteve os dados do consumidor."

17 A razão desta norma é "coibir a circulação de informações de consumidores e a venda de cadastros e bases de dados a terceiros sem expressa autorização e consentimento informado do consumidor." – justificação do Senado Federal.

18 Art. 44-F, § 7º – "A vedação prevista no inciso II, do §5º, não se aplica aos fornecedores que integrem um mesmo conglomerado econômico."

Na tentativa de proteger os dados pessoais dos consumidores, o art. 44-G do PL estabelece que nos contratos eletrônicos *somente será exigida do consumidor, para a aquisição do produto ou serviço ofertado, a prestação das informações indispensáveis*[19] *à conclusão do contrato*.

O Projeto de Lei em questão regulamenta ainda mais o art. 49 do CDC, no que concerne ao direito de arrependimento, e positiva entendimentos já consolidados por nossos tribunais[20]; além de suprir as questões mais delicadas já apontadas pela doutrina. Uma das questões mais delicadas é a possibilidade do aumento do prazo de arrependimento previsto no atual art. 49 do CDC, dos 7 (sete) dias atuais para 14 (quatorze). A versão original do PL previa o prazo de 14 dias, mas a atual versão reestabeleceu o prazo de 7 dias. Como já explicitado no início deste capítulo, o art. 49, parágrafos 2º e 3º definem a contratação à distância e a contração à distância por equiparação, de sorte que agora ambas as figuras estarão positivadas no *codex*. Decorrência lógica do arrependimento e questão falha da redação anterior, o §4º determina que o arrependimento implica na devolução do produto com todos os acessórios recebidos, além da nota fiscal. Ademais, o arrependimento do contrato principal acarreta na extinção de todos os contratos acessórios de crédito, devendo o consumidor restituir os valores recebidos, acrescido de juros incidentes até a data da efetiva devolução (art. 49, §5º PL). Ainda que o consumidor não tenha feito a devolução dos valores, o fornecedor imediatamente deverá comunicar o exercício do arrependimento

---

19 Para justificar este artigo, o Senado acolheu o PLS 394/2013 para "determinar que, nas transações via internet, as empresas não poderão exigir do consumidor informações pessoais além de nome, endereço, número de telefone, de CPF ou CNPJ ou carteira de identidade e dados do cartão de crédito ou débito, quando for a forma de pagamento, sob pena de bloqueio do domínio da respectiva página eletrônica na internet" – justificativa do Senado Federal.

20 Principalmente no que se refere à contratação realizada pela internet. Agora, não restam dúvidas de que se trata de contrato realizado fora do estabelecimento comercial, o que permite a aplicação do direito de arrependimento. Parte da doutrina entende que não se deveria permitir o direito de arrependimento nesta espécie contratual, uma vez que *a maturidade do consumidor já adquirida com a utilização da rede, em nosso entender é suficiente para que a relação seja tratada como realizada dentro do estabelecimento, é claro que em alguns casos extremamente sui generis será possível a aplicação da regra, mas no geral, não retrata o atual estado de desenvolvimento dos usuários consumidores na utilização da rede* (MASSO, Fabiano Del. ABRUSIO, Juliana. FLORÊNCIO FILHO, Marco Aurélio (coords). *Marco Civil da Internet – Lei 12.965/2014.* São Paulo: Revista dos Tribunais, 2014, p. 50). Não concordamos, todavia, com essa conclusão. Não se pode perder de vista que a *ratio* do direito de arrependimento possui fundamento não na *maturidade do consumidor* naquela determinada espécie contratual, mas sim na compra por impulso, principalmente em virtude do bombardeio de publicidade diária a qual o consumidor é submetido.

à instituição financeira/administradora de cartão de crédito a fim de que consumidor não venha a ser cobrado pelo produto/serviço ou, na hipótese de já ter pago, proceder a pronta e imediata devolução (art. 49, §6º PL); na hipótese de descumprimento deste parágrafo, o consumidor terá o direito de ser ressarcido em dobro (art. 49, §7º PL), independentemente da eventual constatação de boa-fé por parte do fornecedor.

O art. 49-A do PL traz uma inovação que acarretará restrição do direito de arrependimento, ao estabelecer que nos contratos de transporte aéreo as agências reguladoras (ANAC) poderão estabelecer prazos diferenciados, o que deverá ser feito no prazo de 180 dias da publicação do PL – se aprovado – no Diário Oficial (art. 49-A, parágrafo único). A tendência aqui é redução do prazo de 7 dias previsto no art. 49, *caput*, lembrando, todavia, que na hipótese de rescisão posterior a este prazo, o transportador terá o direito de reter apenas 5% do valor da tarifa, observadas as hipóteses previstas no art. 740 do Código Civil.

4. A reforma do art. 9º da lindb e o impacto nos contratos internacionais

No Brasil, por força da atual redação do artigo 9º[21] da Lei de Introdução as Normas do Direito Brasileiro (LINDB), impõe-se aos contratos internacionais o ordenamento jurídico vigente no local onde a obrigação foi contraída (*lex loci executionis* ou *lex loci actus)*, ou ainda, a submissão à lei do Estado de residência do proponente, no caso das obrigações entre ausentes, em respeito ao princípio da territorialidade. Desta forma, se brasileiro efetuar uma compra em um sitio eletrônico de outra nacionalidade, não poderá, em tese, exigir a aplicação do Código de Defesa do Consumidor (art. 9, §2º LINDB).

Com isso, verifica-se que o ordenamento jurídico pátrio, optou por estabelecer restrições materiais à liberdade de escolha das partes da lei de regência dos contratos internacionais, de sorte que a relação entre a lei de regência e o contrato tem como elemento de conexão o local da constituição do contrato ou o domicílio do proponente (na hipótese de contrato celebrado entre ausentes).

21 Art. 9o Para qualificar e reger as obrigações aplicar-se-á a lei do país em que se constituírem.
§ 1o Destinando-se a obrigação a ser executada no Brasil e dependendo de forma essencial, será esta observada, admitidas as peculiaridades da lei estrangeira quanto aos requisitos extrínsecos do ato.
§ 2o A obrigação resultante do contrato reputa-se constituída no lugar em que residir o proponente.

Como se pode observar, a atual redação da LINDB não permite a escolha, pelas partes, da legislação aplicável aos contratos internacionais celebrados no Brasil ou no exterior. Isto porque a redação atual do art. 9º da LINDB estabelece critérios rígidos para a determinação da legislação aplicável, conforme assevera Nádia de Araújo, ao apontar que *não se pode afirmar a existência de autonomia da vontade para escolher a lei aplicável aos contratos internacionais no direito brasileiro, ante o caput taxativo do art. 9º da LICC, expresso ao determinar como elemento de conexão a lex loci contractus.*[22]

Maristella Basso corrobora este entendimento e propõe como solução para os contratantes *realizar o negócio no país cuja lei pretende que seja aplicada ao contrato*[23]. Nosso Direito, portanto, não concede aos contratantes *autonomia da vontade*[24] para o fim de estabelecer a legislação aplicável aos contratos internacionais.

Assim, se a questão for encaminhada à determinado Estado, ele irá dizer qual a lei aplicável de acordo com suas normas de Direito Internacional Privado. Como no Brasil a Lei não concede tal autonomia aos contratantes, a questão deverá ser julgada de acordo com o art. 9º da LINDB, conforme pontua Nádia de Araújo[25].

---

22 ARAUJO, Nadia de. Contratos internacionais e a jurisprudência brasileira: lei aplicável, ordem pública e cláusula de eleição de foro. Rio de Janeiro: Renovar, 2011, p. 212.

23 BASSO, Maristela. A Autonomia da vontade nos contratos internacionais do comércio. São Paulo: Atlas, 2009, p. 48.

24 "A expressão "autonomia da vontade" apresenta-se com significados diferentes no direito interno e no internacional. Esta é uma liberdade relativa. Seus limites são os estabelecidos pelas normas imperativas. Afetam o conteúdo do contrato. No direito interno, podemos recorrer à descrição que faz o Código Civil português, art. 405: "1. Dentro dos limites da lei, as partes têm a faculdade de fixar livremente o conteúdo dos contratos, celebrar contratos diferentes dos previstos neste código ou incluir nestes as cláusulas que lhes aprouver." Já no direito internacional, o significado da expressão é outro. Contém, também, a liberdade de escolher a lei aplicável ao contrato, ou seja, de localizá-lo em determinado sistema jurídico, dentro do qual terá lugar, novamente, o recurso à autonomia da vontade – este já de direito interno – para estabelecer o conteúdo do contrato." (Baptista, Luiz Olavo, *Contratos Internacionais,* São Paulo: LexMagister, 2011, p. 43)

25 "É preciso ser cauteloso quando da redação de uma cláusula de lei aplicável em um contrato internacional, pois os tribunais brasileiros não enfrentaram a questão diretamente, nem parecem ter abraçado as teses pró-autonomia defendida por alguns doutrinadores. Nos casos pesquisados, nota-se que os juízes usaram o método conflitual para determinar a lei aplicável, sempre encontrando como resultado lei brasileira ou a lei estrangeira, a partir de uma interpretação literal do art. 9°, caput. (...) Ao contrário da grande utilização do princípio nos países europeus, a situação no Brasil ainda não evoluiu. A LICC, no seu artigo 9º, não menciona o princípio da autonomia da vontade e, embora muitos juristas sejam a favor, o princípio é proibido." (ARAUJO, Nadia de.

Convém ressaltar, entretanto, uma recente flexibilização de nossos tribunais em relação à norma do art. 9º da LINDB, principalmente ao ser aplicada em benefício do consumidor brasileiro. José Cretella Neto salienta que *no Brasil, a situação apontada pela melhor doutrina é a seguinte: a legislação atual não reconhece expressamente o princípio da autonomia da vontade das partes quanto à escolha da lei aplicável aos contratos internacionais, como já dissemos; contudo, alguns poucos julgados dos tribunais superiores revelam certa tendência a acolher a autonomia das partes na indicação da lei aplicável ao contrato.*[25]

O acórdão paradigma de nossas cortes superiores é do Superior Tribunal de Justiça, em uma ação proposta por um consumidor brasileiro em face da Panasonic Inc. por conta de uma filmadora adquirida nos Estados Unidos. Pela regra da LINDB, deveria ser aplicada a legislação americana, como já explicitado anteriormente (art. 9º, *caput*). Todavia, assim decidiu o STJ:

> "DIREITO DO CONSUMIDOR. FILMADORA ADQUIRIDA NO EXTERIOR. DEFEITO DA MERCADORIA. RESPONSABILIDADE DA EMPRESA NACIONAL DA MESMA MARCA ("PANASONIC"). ECONOMIA GLOBALIZADA. PROPAGANDA. PROTEÇÃO AO CONSUMIDOR. PECULIARIDADES DA ESPÉCIE. SITUAÇÕES A PONDERAR NOS CASOS CONCRETOS. NULIDADE DO ACÓRDÃO ESTADUAL REJEITADA, PORQUE SUFICIENTEMENTE FUNDAMENTADO. RECURSO CONHECIDO E PROVIDO NO MÉRITO, POR MAIORIA.
> I - Se a economia globalizada não mais tem fronteiras rígidas e estimula e favorece a livre concorrência, imprescindível que as leis de proteção ao consumidor ganhem maior expressão em sua exegese, na busca do equilíbrio que deve reger as relações jurídicas, dimensionando-se, inclusive, o fator risco, inerente à competitividade do comércio e dos negócios mercantis, sobretudo quando em escala internacional, em que presentes empresas poderosas, multinacionais, com filiais em vários países, sem falar nas vendas hoje efetuadas pelo processo tecnológico da informática e no forte mercado consumidor que representa o nosso País.
> II - O mercado consumidor, não há como negar, vê-se hoje "bombardeado" diuturnamente por intensa e hábil propaganda, a induzir a aquisição de produtos, notadamente os sofisticados de procedência estrangeira, levando em linha de conta diversos fatores, dentre os quais, e com relevo, a respeitabilidade da marca.
> III - Se empresas nacionais se beneficiam de marcas mundialmente conhecidas, incumbe-lhes responder também pelas deficiências dos produtos que anunciam e comercializam, não sendo razoável destinar-se ao consumidor as consequências negativas dos negócios envolvendo objetos defeituosos.

Contratos internacionais e a jurisprudência brasileira: lei aplicável, ordem pública e cláusula de eleição de foro. Rio de Janeiro: Renovar, 2011, pp. 396/397)

26 Neto, José Cretella, *Contratos Internacionais – Cláusulas Típicas*, Ed. Millenium, p. 185.

> IV – Impõe-se, no entanto, nos casos concretos, ponderar as situações existentes.
> V – Rejeita-se a nulidade arguida quando sem lastro na lei ou nos autos."[27]

Por meio desta decisão, o Superior Tribunal de Justiça condenou a Panasonic do Brasil a reparar o defeito da filmadora do consumidor brasileiro adquirida no exterior com base no Código de Defesa do Consumidor e não com base na legislação americana.

Esta decisão ganhou muita força entre a doutrina brasileira, principalmente no Rio de Janeiro e no Rio Grande do Sul, onde as professoras Nádia de Araújo e Cláudia Lima Marques tomaram para si a liderança da reformulação do art. 9º da LINDB a fim de preservar não só o interesse dos consumidores, mas de todos os contratantes.

Desta forma, por meio da CIDIP[28] VII, ajudaram a traçar normas internacionais de proteção ao consumidor. Concomitantemente, e com base na CIDIP V, que já autorizava a escolha da legislação aplicável aos contraentes[29] (do qual o Brasil é signatário) lideraram os estudos de reforma do art. 9º da LINDB por meio do Projeto de Lei 281/2012 do Senado, cuja atual redação assim se encontra formulada:

> "Art. 9°. O contrato internacional entre profissionais, empresários e comerciantes rege-se pela lei escolhida pelas partes, sendo que o acordo das partes sobre esta escolha deve ser expresso.
> § 1º A escolha deve referir-se à totalidade do contrato, mas nenhuma conexão precisa existir entre a lei escolhida e as partes ou a transação.
> § 2º Na escolha do caput, a referência a lei inclui também a indicação como aplicável ao contrato de um conjunto de regras jurídicas de caráter internacional, opcional ou uniforme, aceitas no plano internacional, supranacional ou regional como neutras e justas, inclusive da *lex mercatoria*, desde que não contrárias à ordem pública.
> § 3º Na ausência ou invalidade da escolha, o contrato será regido pela lei do lugar da sua celebração, considerando-se este em contratos celebrado à distância como o lugar da residência do proponente.

---

27 REsp. 63.981/SP, 4ª Turma STJ, Min. Rel. Sálvio de Figueiredo Teixeira, dj. 11.04.2000, DJ. 20.11.2000.

28 Conferências Especializadas Interamericanas sobre Direito Internacional Privado. A CIDIP VII foi realizada em Washington nos anos de 2009/2010.

29 "Artigo 7º – O contrato rege-se pelo direito escolhido pelas partes. O acordo das partes sobre esta escolha deve ser expresso ou, em caso de inexistência de acordo expresso, depreender-se de forma evidente da conduta das partes e das cláusulas contratuais, consideradas em seu conjunto. Essa escolha poderá referir-se à totalidade do contrato ou a uma parte do mesmo. A eleição de determinado foro pelas partes não implica necessariamente a escolha do direito aplicável."

§ 4º Destinando-se a obrigação a ser executada no Brasil e dependendo de forma essencial, será esta observada, admitidas as peculiaridades da lei estrangeira quanto aos requisitos extrínsecos do ato.

§ 5º Não obstante o disposto neste artigo, em se tratando de contrato standard ou de adesão celebrado no Brasil ou que aqui tiver de ser executado, aplicar-se-ão necessariamente as disposições do direito brasileiro quanto revestirem caráter imperativo.

§ 6º Este artigo não se aplica aos seguintes contratos e obrigações:

I – questões derivadas do estado civil das pessoas físicas, capacidade das partes ou consequências da nulidade ou invalidade do contrato
que decorram da incapacidade de uma das partes;

II – obrigações contratuais que tenham como objeto principal questões sucessórias, testamentárias, de regime matrimonial ou decorrentes de relações de família;

III – obrigações provenientes de títulos de crédito;

IV – obrigações provenientes de transações de valores mobiliários;

V – acordos sobre arbitragem ou eleição de foro;

VI – questões de direito societário, incluindo existência, capacidade, funcionamento e dissolução das sociedades comerciais e das pessoas jurídicas em geral;

VII – contratos de transporte, de seguro ou de trabalho;

VIII – relações de consumo.

Art. 9º-A. Os contratos internacionais de consumo, entendidos como aqueles realizados entre um consumidor, pessoa natural, cujo domicilio esteja situado em um país distinto daquele onde estiver o estabelecimento do fornecedor de produtos e de serviços envolvido na contratação, regem-se pela lei do lugar de celebração ou, se executados no Brasil, pela lei brasileira, desde que mais favorável ao consumidor.

§ 1º Se a contratação for precedida de qualquer atividade negocial ou de marketing, do fornecedor ou seus representantes dirigida ou realizada no território brasileiro, em especial envio de publicidade, correspondência, e-mails, mensagens comerciais, convites, prêmios ou ofertas, aplicar-se-ão as disposições da lei brasileira quanto revestirem caráter imperativo, sempre que mais favoráveis ao consumidor.

2º Os contratos de pacotes de viagem internacionais ou viagens combinadas, com grupos turísticos ou conjuntamente com serviços de hotelaria e turismo, com cumprimento fora do Brasil, contratados com agências de turismo e operadoras situadas no Brasil, regem-se pela lei brasileira.

Art. 9º-B. Para reger as demais obrigações, aplicar-se-á a lei do país em que se constituírem.

§ 1º Em caso de obrigações extracontratuais, caso nenhuma das partes envolvidas possua domicílio ou sede no país em que o acidente dano, fato ou ato ilícito ocorreu, será aplicável a lei do lugar onde os efeitos se fizeram sentir.

§ 2º Em caso de acidentes de trânsito, se no acidente participarem ou resultarem atingidas unicamente pessoas domiciliadas em outro país, o magistrado pode, excepcionalmente, considerar aplicável esta lei à responsabilidade civil, respeitadas as regras de circulação e segurança em vigor no lugar e no momento do acidente.

§ 3º Em se tratando de acidentes de trânsito, a responsabilidade civil por danos sofridos nas coisas alheias aos veículos acidentados como consequência do acidente de trânsito, será regida pela lei do país no qual se produziu o fato."

A atual redação do PL 281/2012 destina o art. 9º aos contratos internacionais, ao passo que a regulação dos contratos internacionais de consumo encontra-se no art. 9º-A PL. As demais obrigações tem previsão normativa no art. 9º-B do PL (as *demais obrigações* mencionadas neste artigo, sem prejuízo de outras, são aquelas descritas no art. 9º, §6º, com exclusão das normas de consumo, uma vez que já se encontram reguladas no art. 9º-A).

O art. 9º PL estabelece que os contratos internacionais entre profissionais, empresários e comerciantes será regido pela lei escolhida pelas partes, desde que previamente estabelecido por escrito. Pontua, ademais, que esta escolha deverá recair sobre a totalidade do contrato (art. 9º, §1º PL), ao contrário do que prevê o art. 7º do CIDIP-V, o que poderá vir a trazer um problema de conflito de normas no tempo para os contratos internacionais celebrados entre pessoas domiciliadas nos países signatários.

Outra novidade é que a possibilidade da escolha da legislação aplicável não precisa recair necessariamente sobre a legislação de um Estado. Esta referência *inclui também a indicação como aplicável ao contrato de um conjunto de regras jurídicas de caráter internacional, opcional ou uniforme, aceitas no plano internacional, supranacional ou regional como neutras e justas, inclusive da lex mercatória, desde que não contrárias a ordem pública*, como estabelece o art. 9º, §2 PLº. Essa possibilidade é criticada por Rigaux quando da análise de um julgado na Corte Internacional de Justiça, como lembra Luiz Olavo Baptista:

> "Com efeito, a C.I.J., em decisão proferida no caso dos empréstimos sérvios e brasileiros, afirmou que "todo contrato que não é um contrato entre Estados, enquanto sujeitos de direito internacional, tem seu fundamento em uma lei nacional.
>
> (...)
>
> Como afirmou Rigaux, concordando com a decisão transcrita, e dizendo que "a natureza própria do direito internacional privado administrado pela jurisdição estatal implica que a lei escolhida pelas partes seja a lei de um Estado", acrescentando mais que "todo contrato internacional é necessariamente ligado à lei de um Estado."[30]

A possibilidade trazida pelo art. 9º, §2º PL merece uma análise cuidadosa, uma vez que imporá aos julgadores brasileiros (já sobrecarregados com o volume de trabalho) um ônus muito pesado, ao qual certamente a maioria não conseguirá suportar: a multiplicação de demandas a serem julgadas com base na legislação estrangeira exigirá do julgador um conhecimento jurídico além das fronteiras de seu conhecimento natural (direito brasileiro). Mais do que isso: aplicar a norma estrangeira não é apenas

30 BAPTISTA, Luis Olavo. *Contratos Internacionais.* São Paulo: Lex Magister, 2011, p. 42.

aplicar literalmente a letra fria da lei, mas sim interpretá-la, o que exigirá conhecimento da doutrina e da jurisprudência alienígena, uma vez que interpretar é aplicar a norma a uma determinada realidade social-política (e daí a necessidade do magistrado também ter conhecimento sobre a realidade social é política do Estado estrangeiro),[31] o que é cada vez mais difícil no mundo atual em que o direito passa a ser regido por cláusulas gerais e conceitos indeterminados. Talvez esta possibilidade devesse ficar restrita à arbitragem, onde os árbitros são normalmente escolhidos pelo profundo conhecimento que possuem sobre a matéria. Requerer este mesmo conhecimento de nossos magistrados talvez seja querer dar vida à figura do juiz Hércules de Ronald Dworkin.

O que atualmente é a regra geral (o contrato internacional é regido pela lei do lugar onde a obrigação for constituída – art. 9º LINDB) passará a ser a regra subsidiária. Assim sendo, na ausência ou na invalidade da estipulação da legislação aplicável pelos contratantes, aplicar-se-á a lei do lugar de sua celebração (art. 9º, §3º PL). Aqui se verifica uma simples alteração jurídica: ao invés de se aplicar a lei do país no qual a obrigação foi *constituída* (atual redação da LINDB), o legislador optou por aplicar a lei do lugar de sua *celebração*, o que faz com que seja necessária a aplicação da *lex fori* para a determinação do lugar da celebração do contrato. Este dispositivo automaticamente remonta ao art. 435 do Código Civil (*reputar-se-á celebrado o contrato no lugar em que foi proposto*).

Nos contratos celebrados entre ausentes, será mantida a atual regra do art. 9º, §2º LINDB, de sorte que considerar-se-á celebrado o contrato no

31 "Ao aplicar o direito estrangeiro, então, o juiz do foro, por coerência e obedecendo à regra de conflito, deverá aplicar o direito estrangeiro interpretando-o na conformidade das regras de interpretação daquele direito. Isto é, deve obter, tanto quanto possível, a prova do seu teor exato, como interpretado nos tribunais. Para a compreensão do direito estrangeiro, não basta – como se pensa correntemente – o texto frio de uma norma qualquer, traduzida (quase sempre mal) por algum tradutor juramentado ou outro escriba. Não. É preciso compreender e ter bem presente que a aplicação é do direito estrangeiro, e não de uma regra avulsa extraída de lá, e inserida no direito do foro. (...) Outro exemplo, também clássico, é o dos direitos belga e francês, onde o mesmo texto, o Code Civil, vigora, quase sem diferenças. Entretanto, é aplicado com interpretações diferentes, de regras formalmente idênticas. Veja-se, por exemplo, a disposição relativa aos testamentos hológrafos (art. 970), em que, na França, a data errada é causa de nulidade e, na Bélgica, não. Mas, como em direito, repito, nada é simples, alguém perguntará: e se a jurisprudência do país cuja lei se aplicará divergir? Não cabe uma terceira interpretação. É melhor a que for dominante. Predomina a que for apoiada pela doutrina, se todas forem do mesmo peso." (BAPTISTA, Luiz Olavo. *Aplicação do direito estrangeiro pelo juiz brasileiro.* http://www2.senado.leg.br/bdsf/bitstream/handle/id/490/r142-21.PDF?sequence=4 – acessado em 24.02.2015).

lugar da residência[32] do proponente (art. 9º, §3º PL). Aqui, deve-se socorrer à *lex fori* para determinar o local do domicílio do proponente, o que no Brasil se dá por intermédio dos artigos 70 e seguintes do Código Civil.

O §4º do art. 9º do PL é reprodução do atual art. 9º, §1º LINDB (*Destinando-se a obrigação a ser executada no Brasil e dependendo de forma essencial, será esta observada, admitidas as peculiaridades da lei estrangeira quanto aos requisitos extrínsecos do ato*).

A possibilidade da escolha da lei de regência pelos contratantes sofre limitações (e não poderia ser diferente). A primeira delas diz respeito à inaplicabilidade da autonomia da vontade na escolha da legislação aplicável quando se estiver diante de contratos *standards ou de adesão celebrado no Brasil ou que aqui tiver de ser executado,* hipótese na qual *aplicar-se-ão necessariamente as disposições do direito brasileiro quando revestirem caráter imperativo* (art. 9º, §5º PL).

A segunda limitação é aquela trazida no art. 9º, §6º do PL que elenca o rol de contratos e obrigações que não podem ser objeto de escolha da lei de regência pelos contratantes. São eles: (i) questões que envolvem o estado civil das pessoas físicas, capacidade das partes (matérias de ordem pública) ou consequências da nulidade ou invalidade do contrato (o PL estabelece aqui a soberania das leis brasileiras em relação ao plano da validade do negócio jurídico, como os vícios de consentimento, vícios sociais, forma, dentre outros); (ii) obrigações contratuais relacionadas à sucessão, testamento, regime matrimonial ou decorrentes de relação de família (também matérias de ordem pública); (iii) obrigações provenientes de título de crédito; (iv) obrigações provenientes de transações de valores mobiliários; (v) acordos sobre arbitragem ou eleição de foro; (vi) questões de direito societário, tais como existência, capacidade, funcionamento e dissolução das sociedades comerciais e das pessoas jurídicas em geral; (vi) contratos de transporte, de seguro ou de trabalho (dada a importância social e alta regulamentação destes contratos) e (vii) relações de consumo (reconhecimento da vulnerabilidade e proteção do consumidor – também norma de ordem pública nos termos do art. 1º CDC).

As relações de consumo internacionais possuem tratamento especial no PL 281, que destinou o art. 9º-A para regular tais atividades. *Ab initio* o mencionado artigo começa por definir a relação de consumo internacional como *aqueles realizados entre um consumidor, pessoa natural, cujo domicílio esteja situado em um país distinto daquele onde estiver o estabelecimento do fornecedor de produtos e de serviços envolvido na contratação*. Chama

32 Aqui a escolha do termo residência pelo Legislador é infeliz e pouco técnica, na medida que uma pessoa pode ter várias residências. O termo juridicamente correto – e com base no qual a interpretação deste artigo deverá ser feita – é domicílio.

atenção a restrição do consumidor à pessoa natural, de sorte que esta regra aparentemente não tem validade aos consumidores pessoas jurídicas (teoria finalista aprofundada).

O problema aqui é que o próprio Código de Defesa do Consumidor não traz restrição ao consumidor pessoa jurídica e, por ser norma de ordem pública, pode fazer com que este artigo seja mitigado, a fim de reconhecer sua aplicabilidade também aos consumidores pessoas jurídicas. E mais: seria possível a diferenciação de tratamento entre consumidores pessoas físicas e jurídicas por uma Lei que versa sobre regras de direito internacional privado, quando esta Lei é mais restritiva que o próprio Código de Defesa do Consumidor, que é lei especial em relação à proteção do consumidor no mercado de consumo? Ou, por outro lado, poder-se-ia defender a validade desta norma com base no princípio da isonomia[33] e da igualdade material? Parece-nos que não é um caso de aplicabilidade do princípio da isonomia, principalmente porque o artigo visa proteger o consumidor dada sua reconhecida vulnerabilidade no mercado de consumo (art. 4º CDC).

Na continuação do art. 9º-A, *caput* do PL, fica estabelecido que os contratos de consumo internacionais são regidos pela *lei do lugar da celebração ou, se executados no Brasil, pela lei brasileira, desde que mais favorável ao consumidor*. Novamente se verifica a intenção de proteger o consumidor, aplicando, para tanto, a lei que for mais benéfica a ele, seja a brasileira ou a legislação estrangeira.

Também observado o favorecimento ao consumidor, a lei brasileira quanto revestirem caráter imperativo, será aplicável *se a contratação for precedida de qualquer atividade negocial ou de marketing, do fornecedor ou seus representantes dirigida ou realizada no território brasileiro, em especial envio de publicidade, correspondência, e-mails, mensagens comerciais, convites, prêmios ou ofertas* (art. 9º-A, §1º PL). Preserva-se aqui, ademais,

33 Sobre isonomia e igualdade material, vale transcrever a lição de Rui Barbosa: "A parte da natureza varia ao infinito. Não há, no universo, duas coisas iguais. Muitas se parecem umas às outras. Mas todas entre si diversificam. Os ramos de uma só árvore, as folhas da mesma planta, os traços da polpa de um dedo humano, as gotas do mesmo fluido, os argueiros do mesmo pó, as raias do espectro de um só raio solar ou estelar. Tudo assim, desde os astros no céu, até os micróbios no sangue, desde as nebulosas no espaço, até aos aljôfares do rocio na relva dos prados. A regra da igualdade não consiste senão em quinhoar desigualmente aos desiguais, na medida em que se desigualam. Nesta desigualdade social, proporcionada à desigualdade natural, é que se acha a verdadeira lei da igualdade. O mais são desvarios da inveja, do orgulho, ou da loucura. Tratar com desigualdade a iguais, ou a desiguais com igualdade, seria desigualdade flagrante, e não igualdade real. Os apetites humanos conceberam inverter a norma universal da criação, pretendendo, não dar a cada um, na razão do que vale, mas atribuir o mesmo a todos, como se todos se equivalessem." (*Oração aos Moços*. Rio de Janeiro: Edições Casa de Rui Barbosa, 1999, p. 26).

a soberania nacional em relação às normas de caráter imperativo (todo o CDC), desde que mais favorável ao consumidor.

Os contratos de pacote de viagem internacionais com cumprimento fora do Brasil serão regidos pela lei brasileira se as agências de turismo e operadoras estiverem situadas no Brasil (art. 9º-A, §2º PL).

Como já explicitado, todas as demais obrigações – inclusive as exceções trazidas pelo art. 9º, §6º PL (menos as relações de consumo) –, são reguladas no art. 9º-B do PL, o qual estabelece que estas obrigações são regidas pela lei do país na qual se constituíram. O §1º traz a ideia da afinidade obrigacional, ao estabelecer que nas relações extracontratuais a lei de regência será aquela onde os efeitos se fizeram sentir, desde que as partes envolvidas possuam domicílio/sede em país diverso daquele onde ocorreu o acidente/fato/ato ilícito.

Na sequência, o PL traz regramento especial aos acidentes *de trânsito*. Aqui vale lembrar que acidentes de trânsito não são aqueles decorrentes apenas de acidentes automobilísticos, mas sim decorrentes de qualquer veículo (bicicleta, patins, carro, moto, barco, avião, helicóptero) que transitava em determinada via (terrestre, aérea, marítima ou pluvial). Parece-nos que a intenção do Legislador aqui seria restringir o conceito de acidentes *de trânsito* aqueles terrestres, nos termos do art. 1º do Código de Trânsito Brasileiro. Este ponto, tal como outros já salientados neste estudo, deverá ser alvo de estudo mais aprofundado pela doutrina e jurisprudência, a fim de se analisar o alcance de seus efeitos.

De qualquer forma, estabelece o §2º do art. 9º-B do PL que os acidentes de trânsito de que participarem ou forem vítimas pessoas domiciliadas em país diverso de onde aconteceu o acidente, poderão, excepcionalmente, serem regidos pela lei do país de domicílio dos envolvidos, *respeitadas as regras de circulação e segurança em vigor no lugar e no momento do acidente*. A regra parece ser aplicável apenas na hipótese das pessoas envolvidas serem domiciliadas no mesmo país (diverso do local onde ocorreu o acidente), do contrário, o juiz não teria como decidir qual das leis seria aplicável (supondo que um dos envolvidos resida no país A e o outro resida no país B).

Ainda na hipótese de acidente *de trânsito*, os danos causados às coisas alheias aos veículos acidentados (cercas, imóveis, plantações, dentre outros) como consequência do acidente (colisão entre veículos automotores e um deles perde o controle a destrói o muro de uma residência – neste exemplo, a destruição do muro da residência é consequência do acidente) serão regidos pela lei do país no qual se produziu o fato (art. 9º-B, §3º PL).

5. Conclusão

Ainda que a regulação e a proteção dos contratantes através dos contratos eletrônicos ainda esteja em gestação, não deixa de ser alentador que o Legislativo comece a se preocupar com estas questões. Muito ainda há de ser feito[34], mas o trilho começou a ser finalmente traçado.

5. Referências bibliográficas

ARAÚJO, Nádia de. *Direito Internacional Privado – teoria e prática brasileira.* Rio de Janeiro: Renovar, 2011. BAPTISTA, Luiz Olavo. *Contratos Internacionais.* São Paulo: Lex Magister, 2011.

______. *Aplicação do direito estrangeiro pelo juiz brasileiro.* http://www2.senado.leg.br/bdsf/bitstream/handle/id/490/r142-21.PDF?sequence=4 acessado em 24.02.2015).

-BARBOSA, Fernanda Nunes. *Informação: direito e dever nas relações de consumo.* São Paulo: Revista dos Tribunais, 2008.

BARBOSA, Rui. *Oração aos Moços.* Rio de Janeiro: Edições Casa de Rui Barbosa, 1999

CANUT, Leticia. *Proteção do Consumidor no Comércio Eletrônico.* Curitiba: Juruá, 2006.

DINIZ, Maria Helena. *Lei de Introdução às Normas do Direito Brasileiro Interpretada.* São Paulo: Saraiva, 2013.

MASSO, Fabiano Del. ABRUSIO, Juliana. FLORÊNCIO FILHO, Marco Aurélio (coords). *Marco Civil da Internet – Lei 12.965/2014.* São Paulo: Revista dos Tribunais, 2014.

NETO, José Cretella. *Contratos Internacionais – Cláusulas Típicas.* Campinas: Millenium, 2011.

PAESANI, Liliana Minardi. *Direito de Informática.* São Paulo: Atlas, 2010.

34 "Entendemos que as previsões legais sobre o estabelecimento do foro competente e da legislação aplicável em operações internacionais não se completa com a fixação de regras que estipulam que o Brasil será o foro competente e as normas a serem aplicáveis serão as brasileiras. O problema é muito maior do que isso, pois estando os fornecedores fora do país, e muitas vezes sendo o objeto das compras de pequenos valores, as dificuldades de operacionalizar o exercício dos direitos são muito grandes; além do mais, o ordenamento jurídico dos outros países também pode contemplar normas diferentes das brasileiras. Aqui, talvez, tenhamos um novo desafio para o Direito Internacional resolver." (MASSO, Fabiano Del. ABRUSIO, Juliana. FLORÊNCIO FILHO, Marco Aurélio (coords). Marco Civil da Internet – Lei 12.965/2014. São Paulo: Revista dos Tribunais, 2014, p. 52).

PECK, Patrícia. *Direito Digital.* São Paulo: Saraiva, 2002.

PORTO MACEDO JÚNIOR, Ronaldo. *Privavidade, mercado e informação.* Revista de Direito do Consumidor nº 31, julho 1999.

SCHERKERKEWITZ, Iso Chaitz. *Direito e Internet.* São Paulo: Revista dos Tribunais, 2014.

SCHREIBER, Anderson (coord). *Direito e mídia.* São Paulo: Atlas, 2013.

ZANON, João Carlos. *Direito à proteção dos dados pessoais*. São Paulo: Revista dos Tribunais, 2013.

OS LIMITES DA COMPETÊNCIA LEGISLATIVA CONCORRENTE PREVISTA NO ARTIGO 24 DA CONSTITUIÇÃO DA REPÚBLICA, EM MATÉRIA DE PRODUÇÃO E CONSUMO

Fernando Crespo Queiroz Neves

I. Introdução

A Constituição da República prevê que a República Federativa do Brasil *"constitui-se em Estado Democrático de Direito e tem como fundamentos ... os valores sociais do trabalho e da livre iniciativa."* (art. 1º, cabeça e inciso IV). Prevê, ainda, que *"A ordem econômica, fundada na valorização do trabalho humano e na livre iniciativa, tem por fim assegurar a todos existência digna, conforme os ditames da justiça social, observados os seguintes princípios"* (art. 170, cabeça) os da *"livre concorrência"* (art. 170, inc. IV) e da *"defesa do consumidor"* (art. 170, V).

Assim sendo, o poder constituinte estabeleceu a *"livre concorrência"* e a *"defesa do consumidor"* como princípios. Os princípios jurídicos são normas constitucionais, que, por sua repercussão em todo o ordenamento jurídico, ocupam posição de primazia dentro do sistema jurídico. Celso Antônio Bandeira de Melo, a respeito, escreveu que princípio *"é, por definição, mandamento nuclear de um sistema, verdadeiro alicerce dele, disposição fundamental que se irradia sobre diferentes normas compondo-lhes o espírito e servindo de critério para sua exata compreensão e inteligência exatamente por definir a lógica e a racionalidade do sistema normativo, no que confere a tônica e lhe dá sentido harmônico. É o conhecimento dos princípios que preside a intelecção das diferentes partes componentes do todo unitário que há por nome de sistema jurídico positivo"*.[1]

E, mais ainda, estabeleceu como direito e garantia fundamental ser dever do Estado promover *"na forma da lei, a defesa do consumidor"* (art. 5º, inc. XXXII). Por isso mesmo, o artigo 48, do ato das disposições constitucionais transitórias, da Carta da República de 1998, estabeleceu que *"O Congresso Nacional, dentro de cento e vinte dias da promulgação da Constituição, elaborará código de defesa do consumidor."*.

---

1 *Curso de direito administrativo*, 12ª ed., São Paulo: Malheiros, 2000, pp. 747-748.

Foi nestes termos, conforme enuncia o seu artigo 1º, que em 11 de setembro de 1990, foi editada a Lei nº 8.078, que dispõe sobre a proteção do consumidor e dá outras providências.[2]-[3] De acordo com o artigo 118, a nova legislação passaria a vigorar *"dentro de cento e oitenta dias a contar de sua publicação"*, ou seja, em 11 de março de 1991.

A edição da Lei nº 8.078/1990, comumente chamada de código de proteção e defesa do consumidor, estabeleceu a "Política Nacional das Relações de Consumo" com o objetivo de *"atendimento das necessidades dos consumidores, o respeito à sua dignidade, saúde e segurança, a proteção de seus interesses econômicos, a melhoria da sua qualidade de vida, bem como a transparência e harmonia das relações de consumo"*.

A leitura e análise do código de proteção e defesa do consumidor revela que o mesmo é bastante complexo e cobre uma extensa gama de direitos e garantias do consumidor, desde a previsão de direitos básicos (art. 6º), como também de prevenção e reparação dos danos (arts. 12 a 25), a respeito das práticas comerciais (arts. 26 a 44) e da proteção contratual (arts. 46 a 54). Estabelece, ainda, regras de prescrição e decadência (arts. 26 e 27), para a desconsideração da personalidade jurídica (art. 28), de sanções administrativas (arts. 55 a 60) e infrações penais (arts. 61 a 80). Prevê, ainda, um núcleo próprio para a "defesa do consumidor em juízo" (arts. 81 a 104).

Com a edição do código de proteção e defesa do consumidor, a competência concorrente dos Estados e do Distrito Federal para legislar sobre *"produção e consumo"* e sobre *"responsabilidade por dano ao consumidor"* (art. 24, cabeça e incisos V e VIII, da CR/88) ficou bastante, se não completamente, restringida às lacunas da legislação federal.

Herman Benjamin escreveu, à época do nascedouro da Lei nº 8.078/1990, que *"O Brasil ocupa atualmente uma posição de destaque na proteção do consumidor. Com uma legislação ultrapassada e sem condições de garantir os interesses mínimos dos consumidores, transformou-se, em 1990, no primeiro país do mundo* ***a ter um "Código de Defesa do Consumidor" (CDC, a partir de agora), uma lei geral englobando todos os grandes temas que integram o Direito do Consumidor*** *(ou Direito do Consumo, como preferem os franceses, belgas, espanhóis, portugueses e parte da doutrina italiana)."*[4]

---

2 "Art. 1° *O presente código estabelece normas de proteção e defesa do consumidor, de ordem pública e interesse social, nos termos dos arts. 5°, inciso XXXII, 170, inciso V, da Constituição Federal e art. 48 de suas Disposições Transitórias."*.

3 A Lei nº 8.078/1990 foi publicada no Diário Oficial da União de 12 de setembro de 1990.

4 O Código Brasileiro de Proteção do Consumidor, publicado na Revista de Direito do Consumidor, editora Revista dos Tribunais, vol. 7/1993, pp. 269 – 292 – Jul – Set/1993.

De acordo com a doutrina de Gilmar Mendes: *"A Constituição Federal prevê, além de competências privativas, um condomínio legislativo, de que resultarão normas gerais a serem editadas pela União e normas específicas, a serem editadas pelos Estados-membros. O art. 24 da Lei Maior enumera as matérias submetidas a essa competência concorrente, incluindo uma boa variedade de matérias como o direito tributário e financeiro, previdenciário e urbanístico, conservação da natureza e proteção do meio ambiente (...) A divisão de tarefas está contemplada nos parágrafos do art. 24, de onde se extrai que cabe à União editar normas gerais – i. é, normas não-exaustivas, leis-quadro, princípios amplos, que traçam um plano, sem descer a pormenores. Os Estados-membros e o Distrito Federal podem exercer, com relação às normas gerais, competência suplementar (art. 24, §2º), o que significa preencher claros, suprir lacunas".*[5]

Todavia, após os quase 25 (vinte e cinco) anos de vigência da Lei Federal nº 8.078/1990 não é isso que se tem verificando, bastando um exame na jurisprudência do Supremo Tribunal Federal para confirmar a quantidade de normas Estaduais e do Distrito Federal que têm sido editadas e que estão em confronto ou em excesso com a legislação federal.

Através do presente trabalho, passamos à análise da abrangência dessa *competência concorrente* dos Estados e do Distrito Federal para legislar sobre consumo.

II – O Código de Proteção e Defesa do Consumidor (Lei 8.078/1990) fixou as normas gerais relativas à relação de consumo

Nos termos dos parágrafos 1º ao 4º do artigo 24 da Constituição Federal, à União compete legislar de maneira geral sobre as matérias discriminadas naquele artigo, enquanto aos Estados e ao Distrito Federal compete legislar de maneira suplementar. Portanto, apesar de ambos os entes federativos possuírem competência para legislar sobre quaisquer dos assuntos arrolados no artigo 24 da Constituição Federal, a lei federal estabelece as diretrizes gerais que deverão ser observadas pelas leis estaduais. Na hipótese dessas leis estaduais inobservarem tais diretrizes, contrariando ou extrapolando o disposto na lei federal, deverão aquelas ser extirpadas do ordenamento jurídico.

Nesse sentido, são oportunas as considerações tecidas por Alexandre de Moraes: *"A competência do Estado-membro ou do Distrito Federal refere-se às normas específicas, detalhes, minúcias (competência suplementar).*

5 MENDES, Gilmar Ferreira, COELHO, Inocêncio Mártires, e BRANCO, Paulo Gustavo Gonet. *Curso de Direito Constitucional*. 3ª Edição. São Paulo: Saraiva: 2008, p. 822.

Assim, uma vez editadas as normas gerais da União, as normas estaduais deverão ser particularizantes, no sentido de adaptação de princípios, bases, diretrizes a peculiaridades regionais (competência complementar); não haverá possibilidade de delegação por parte da União, aos Estados-membros e Distrito Federal das matérias elencadas no art. 24 da Constituição." [6]

Manoel Gonçalves Ferreira Filho, ao tratar da competência legislativa concorrente, preconiza a predominância da legislação editada pela União sobre as normas editadas por Estados e pelo Distrito Federal: *"Por outro lado, existe uma repartição vertical. Há uma competência concorrente deferida à União, aos Estados e ao Distrito Federal (não aos Municípios) (art. 24). Neste campo, compete à União estabelecer apenas as 'normas gerais' (art. 24, § 1º). Aos Estados e ao Distrito Federal cabe complementar essas normas, adaptando-as às suas peculiaridades (competência complementar, que a Constituição incorretamente chama de 'suplementar', art. 24, § 2º). Na falta de normas gerais editadas pela União, os Estados e o Distrito Federal podem editá-las, suprindo a lacuna (competência supletiva, que a Constituição também chama de 'suplementar', de modo incorreto, art. 24, § 3º). Neste caso, porém, editando a União as normas gerais, estas prevalecerão sobre as que houverem sido promulgadas pelos Estados ou pelo Distrito Federal (art. 24, § 4º)."*[7]

O Supremo Tribunal Federal tem se posicionado no sentido de que competência legislativa suplementar dos Estados membros não é ilimitada e deve observar os contornos postos pela legislação federal correlata. Nesse sentido: *"Lei 3.706/2006 do Distrito Federal, que dispõe sobre 'a afixação de tabela relativa a taxas de juros e de rendimentos de aplicações financeiras pelas instituições bancárias e de crédito'. Usurpação da competência privativa da União para fixar normas gerais relativas às relações de consumo (CF, art. 24, V, §1º)."*[8] Vejam-se, ainda, os seguintes precedentes que estão sendo analisado, atualmente, pelo Supremo Tribunal Federal:

COMPETÊNCIA LEGISLATIVA SOBRE PRODUÇÃO E CONSUMO (ART. 24, V, CF)					
ADI	750-5/RJ	910-9/RJ	3.645-9/PR	3.668/DF	2.905/MG
OBJETO	embalagem de alimentos	Embalagem de bebidas	Rotulagem de OGM	tabela de juros e rendimentos	título de capitalização
CAUTELAR	Deferida (parcial)	Indeferida	-	-	-
DECISÃO FINAL	Não	Sim (procedente)	Sim (procedente)	Sim (procedente)	Não (em curso)

6 Direito constitucional, 7 ed., rev., ampl. e atual., Atlas: São Paulo, 2000, p. 284.

7 Curso de Direito Constitucional. 39ª ed. São Paulo: Saraiva, 2013. p. 92.

8 ADI 3.668, Rel. Min. Gilmar Mendes, julgamento em 17.9.2007, Plenário, DJ de 19.12.2007.

É digno de nota que, em todas as demandas acima mencionadas, o Supremo Tribunal Federal entendeu que o Estado havia extrapolado a limitação constitucional legislativa que lhe havia sido imposta. Apesar de, *a priori*, ser o ente federativo dotado de competência concorrente para legislar sobre o tema atinente à produção e consumo, a norma por ele produzida acabou desbordar a moldura contida no artigo 24, § 2º, da Constituição Federal.

Segundo a Suprema Corte, a existência de norma federal regulando o tema objeto da demanda retira a competência residual ou suplementar para o Estado tratar do mesmo tema, especialmente diante da ausência de peculiaridades locais que justifiquem a produção legislativa local. Em suma, na dicção do § 2º, do artigo 24, da Constituição Federal, cabe ao Estado membro suprir eventuais lacunas contidas na lei federal e adaptá-la às peculiaridades regionais. Apenas isso.[9]

Se, ao invés disso, o Estado membro editar norma que disponha de modo contrário, mais amplo ou, ainda, sem a existência de qualquer peculiaridade regional, que justifique a produção legislativa suplementar, haverá clara violação da repartição constitucional de competências, o que deverá ser obstado pelo Supremo Tribunal Federal.

Em outras palavras, a produção normativa do Estado, em sede de competência concorrente, jamais poderá acarretar, em termos práticos, a substituição do conjunto normativo federal em seu território, porque isso, em última análise, acabaria por ferir o próprio pacto federativo (artigo 1º c/c 18, CF), o que não se pode admitir.

Nesse sentido, é oportuno trazer à colação a ementa da ADI sobre rotulagem de Organismos Geneticamente Modificados (OGM). *In verbis*:

9 Já decidiu o STF que ***"O art. 24 da CF compreende competência estadual concorrente não cumulativa ou suplementar (art. 24, § 2º) e competência estadual concorrente cumulativa (art. 24, § 3º). Na primeira hipótese, existente a lei federal de normas gerais (art. 24, § 1º), poderão os Estados e o Distrito Federal, no uso da competência suplementar, preencher os vazios da lei federal de normas gerais, a fim de afeiçoá-la às peculiaridades locais (art. 24, § 2º); na segunda hipótese, poderão os Estados e o Distrito Federal, inexistente a lei federal de normas gerais, exercer a competência legislativa plena "para atender a suas peculiaridades" (art. 24, § 3º). Sobrevindo a lei federal de normas gerais, suspende esta a eficácia da lei estadual, no que lhe for contrário (art. 24, § 4º).*** A Lei 10.860, de 31-8-2001, do Estado de São Paulo foi além da competência estadual concorrente não cumulativa e cumulativa, pelo que afrontou a CF, art. 22, XXIV, e art. 24, IX, § 2º e § 3º." (ADI 3.098, Rel. Min. Carlos Velloso, julgamento em 24-11-2005, Plenário, DJ de 10-3-2006.) No mesmo sentido: ADI 2.818, rel. min. Dias Toffoli, julgamento em 9-5-2013, Plenário, DJE de 1º-8-2013.

> *"(...)*
> *2. Seja dispondo sobre consumo (CF, art. 24, V), seja sobre proteção e defesa da saúde (CF, art. 24, XII), busca o Diploma estadual impugnado inaugurar regulamentação paralela e explicitamente contraposta à legislação federal vigente.*
> *3. Ocorrência de substituição – e não suplementação – das regras que cuidam das exigências, procedimentos e penalidades relativos à rotulagem informativa de produtos transgênicos por norma estadual que dispôs sobre o tema de maneira igualmente abrangente.* ***Extrapolação, pelo legislador estadual, da autorização constitucional voltada para o preenchimento de lacunas acaso verificadas na legislação federal. Precedente: ADI 3.035, rel. Min. Gilmar Mendes, DJ 14.10.05.***
> *(...)*
> *5. Ação direta cujo pedido formulado se julga procedente."*
> *(ADI 3645, Relator(a): Min. ELLEN GRACIE, Tribunal Pleno, julgado em 31/05/2006, DJ 01-09-2006 PP-00016 EMENT VOL-02245-02 PP-00371 RTJ VOL-00199-02 PP-00633 LEXSTF v. 28, n. 334, 2006, pp. 75-91)*

Ainda, no bojo do julgamento da ADI 2.905/MG, ainda em andamento, o Ministro Eros Grau votou pela inconstitucionalidade da norma estadual atacada, pois "*... a competência para emitir normas gerais seria da União sempre e que, se a União não legislasse, o Estado teria a possibilidade de legislar, mas apenas em relação a suas peculiaridades. Observou que, no caso, além de haver lei federal tratando da matéria (Código de Defesa do Consumidor), não se vislumbraria particularidade alguma que, no que concerne a consumo, existisse no Estado de Minas Gerais.*" (cf. Informativo STF 576)

Em outro importante precedente, ficou decidido que:

> *"Ementa: AÇÃO DIRETA DE INCONSTITUCIONALIDADE. LEI ESTADUAL QUE FIXA PRAZOS MÁXIMOS, SEGUNDO A FAIXA ETÁRIA DOS USUÁRIOS, PARA A AUTORIZAÇÃO DE EXAMES PELAS OPERADORAS DE PLANOS DE SAÚDE.*
> *1. Encontra-se caracterizado o direito de propositura. Os associados da requerente estão unidos pela comunhão de interesses em relação a um objeto específico (prestação do serviço de assistência suplementar à saúde na modalidade autogestão). Esse elemento caracteriza a unidade de propósito na representação associativa, afastando a excessiva generalidade que, segundo esta Corte, impediria o conhecimento da ação.*
> ***2. Por mais ampla que seja, a competência legislativa concorrente em matéria de defesa do consumidor (CF/88, art. 24, V e VIII) não autoriza os Estados-membros a editarem normas acerca de relações contratuais, uma vez que essa atribuição está inserida na competência da União Federal para legislar sobre direito civil (CF/88, art. 22, I).***
> 3. Os arts. 22, VII e 21, VIII, da Constituição Federal atribuem à União competência para legislar sobre seguros e fiscalizar as operações relacionadas a essa matéria. Tais previsões alcançam os planos de saúde, tendo em vista a sua íntima afinidade com a lógica dos contratos de seguro, notadamente por conta do componente atuarial.
> *4. Procedência do pedido."*[10]

10 ADI 4.071/PE, Rel. Ministro Luís Roberto Barroso, Sessão Plenária, julgado em 13/04/2014, DJe 25/08/2014 – negritamos para destacar.

Ao lado disso, o Código de Defesa do Consumidor, em seu artigo 55, possibilita aos demais entes federativos tratarem de questões administrativas atinentes à produção e consumo, o que afasta, por óbvio, qualquer possibilidade de se afastar a incidência das próprias normas consumeristas contidas na norma federal deve ser tida como inconstitucional. A respeito, já decidiu o Supremo Tribunal Federal que "*Se é certo, de um lado, que, nas hipóteses referidas no art. 24 da Constituição, a União Federal não dispõe de poderes ilimitados que lhe permitam transpor o âmbito das normas gerais, para, assim, invadir, de modo inconstitucional, a esfera de competência normativa dos Estados-membros, não é menos exato, de outro, que o Estado-membro, em existindo normas gerais veiculadas em leis nacionais (como a Lei Orgânica Nacional da Defensoria Pública, consubstanciada na LC 80/1994), não pode ultrapassar os limites da competência meramente suplementar, pois, se tal ocorrer, o diploma legislativo estadual incidirá, diretamente, no vício da inconstitucionalidade.* ***A edição, por determinado Estado-membro, de lei que contrarie, frontalmente, critérios mínimos legitimamente veiculados, em sede de normas gerais, pela União Federal ofende, de modo direto, o texto da Carta Política***. Precedentes."[11]

Em interessante julgado, o Ministro Herman Benjamin votou no sentido de que: "*Convivem, portanto, em harmonia o Código de Defesa do Consumidor e a Lei Antitruste, porque, no centro do seu quadro valorativo, têm a salvaguarda, direta ou indireta, do consumidor. Na feliz expressão de Erik Jayme, introduzida no Brasil pela Professora Cláudia Lima Marques, trata-se de verdadeiro "diálogo das fontes": muito embora os campos de atuação não sejam exatamente idênticos, conduzem a uma aplicação convergente. Diálogo das fontes esse que, além de aplicável no contexto das normas ou microssistemas envolvidos, deve, pelas mesmas razões, iluminar o poder de polícia e as competências dos órgãos incumbidos da implementação legal. Realmente, a proteção da livre concorrência não consta do rol constitucional das matérias reservadas, privativamente, à esfera legislativa da União (art. 22), já que a opção do constituinte de 1988 foi atribuí-la, simultaneamente, também aos Estados, assegurando a estes o poder para legislar sobre "direito econômico" (art. 24, I). Se é assim no que tange à competência legislativa, com maior razão se justifica a intervenção dos Estados e Distrito Federal no âmbito da competência de implementação da legislação vigente. O combate às práticas anticoncorrenciais é medida que se insere, concomitantemente, nos microssistemas do consumidor (CDC) e da concorrência (Lei 8.884/94). Daí a legitimidade concorrente e competência ratione materiae dos órgãos de defesa do consumidor (inclusive os esta-*

11 ADI 2.903, Rel. Min. Celso de Mello, julgamento em 1º-12-2005, Plenário, DJE de 19.9.2008.

duais) para, em favor da incolumidade das relações jurídicas de consumo, exercitarem o poder de polícia que a lei lhes confere."[12]

Vê-se, assim, que a posição do Supremo Tribunal Federal tem sido no sentido de que em existindo normas gerais veiculadas em leis nacionais, os Estados e o Distrito Federal não podem editar normas que ultrapassem os limites da competência meramente complementar.

III – O princípio da subsidiariedade e a competência legislativa concorrente:

No julgamento da ADI 4.060/SC, o Relator Ministro Luiz Fux votou no sentido de que: *"Em linhas gerais, o federalismo é um arranjo institucional que envolve a partilha vertical do poder entre diversas entidades políticas autônomas, que coexistem no interior de um único Estado soberano. Trata-se de um modelo de organização política que busca conciliar a unidade com a diversidade. Embora existam diferentes modelos de federalismo, há alguns elementos mínimos sem os quais uma federação se descaracterizaria. Dentre estes elementos se destaca a efetiva autonomia política dos entes federativos, que se traduz nas prerrogativas do autogoverno, auto-organização e autoadministração. Neste aspecto,* ***a federação brasileira ainda se revela altamente centralizada, muitas vezes beirando o federalismo meramente nominal. Vislumbro dois fatores essenciais para esse quadro. O primeiro é de índole jurídico-positiva: a engenharia constitucional brasileira, ao promover a partilha de competências entre os entes da federação (CRFB, arts. 21 a 24), concentra grande quantidade de matérias sob a autoridade privativa da União. O segundo fator é de natureza jurisprudencial.*** *Não se pode ignorar a contundente atuação do Supremo Tribunal Federal ao exercer o controle de constitucionalidade de lei ou ato federal e estadual, especialmente aquele inspirado no "princípio da simetria" e numa leitura excessivamente inflacionada das competências normativas da União. O cenário, porém, não é estático.* ***A tensão latente entre centralização e descentralização acaba por gerar uma dinâmica ao longo da existência do regime federativo, que se manifesta por oscilações entre a maior e a menor autonomia local em face da unidade nacional.*** *(...) Acredito seja momento de a Corte rever sua postura prima facie em casos de litígios constitucionais em matéria de competência legislativa, passando a prestigiar as iniciativas regionais e locais, a menos que ofendam norma expressa e inequívoca da Constituição. Essa diretriz parece ser a que melhor se acomoda*

12 AgRg nos EREsp 938.607/SP, Rel. Ministro Herman Benjamin, Primeira Seção, julgado em 14/04/2010, DJe 06/03/2012.

à noção de federalismo como sistema que visa a promover o pluralismo nas formas de organização política."[13]

Com base nessa proposição de uma *revisão* das competências legislativas sob a ótica do *federalismo* traçado na Constituição da República de 1998, ganha força a doutrina da aplicação do *princípio da subsidiariedade* para a solução dos possíveis conflitos de competência.

Para Raul Machado Horta *"A subsidiariedade incorpora na palavra a idéia de auxílio, de reforço, de subsidiário, de subsídio, de complementação, de supletividade. (...) É na repartição de competências da Constituição Federal de 1988 que se localiza a forma mais avançada da inclusão da subsidiariedade em texto constitucional brasileiro. Mantendo os poderes enumerados da União nos domínios da competência geral (art. 21, I até XXV) e da competência privativa (art. 22, I até XXIX), a Constituição abandonou o estilo abreviado e lacônico da remissão, condensada no espaço acanhado do parágrafo de artigo principal, para conferir autonomia e espaço próprio ao que anteriormente permanecia comprimido na referência da legislação complementar e supletiva (Constituições de 1934 e 1946) ou apenas supletiva (Constituição de 1967). A legislação complementar e supletiva adquiriu novas dimensões, formais e materiais, no plano da competência concorrente, abrigando a União, os Estado e o Distrito Federal, tendo por objeto a produção de normas do direito tributário, do direito financeiro, do direito penitenciário, do direito econômico, do direito urbanístico, de produção e consumo, proteção do meio ambiente, do patrimônio histórico, cultural, cultural paisagístico, procedimentos em matéria processual, processo do juizado de pequenas causas, educação, cultura, ensino e desporto, previdência social, proteção e defesa da saúde, responsabilidade por dano ao meio ambiente e ao consumidor, proteção à infância e à juventude, organização, garantias direitos e deveres das polícias civis, proteção e integração social das pessoas portadoras de deficiência. (...). No federalismo contemporâneo, a legislação concorrente tornou-se o domínio predileto para o desenvolvimento e ampliação dos poderes legislativos do Estado-membro e do Município, em território comum ao da União, desfazendo a tendência centralizadora do federalismo centrípeto, para explorar, em profundidade, as perspectivas do federalismo cooperativo e de equilíbrio".*[14]

Em muito bem fundamentada decisão a respeito dessa tortuosa questão, o ministro EDSON FACHIN anotou *"Assim, muito embora seja concorrente e comum a competência para a preservação do meio ambiente, seria*

---

13 ADI 4.060/SC, Rel. Ministro Luiz Fux, Sessão Plenária, julgado em 25/02/2015, DJe 04/05/2015.

14 Federalismo e o Princípio da Subsidiariedade. *In*: Revista do Instituto dos Advogados de Minas Gerais, n. 9, Belo Horizonte, 2003. pp. 13-29.

simplesmente inconstitucional que o efeito da legislação geral, quer a da União, quer a do Estado-membro, pudesse impor níveis de tolerância à poluição incompatíveis com a saúde da população local. É fato notório que um dos principais impactos ambientais nas cidades é causado pelos resíduos sólidos. Porque é um problema essencialmente ligado ao meio ambiente local, apenas se a legislação federal ou estadual viesse a dispor, de forma clara e cogente – indicando as razões pelas quais é o ente federal o mais bem preparado para fazê-lo –, que os Municípios sobre ela não podem legislar, seria possível afastar a competência municipal para impor limites restrições ao uso de sacolas plásticas. As restrições, evidentemente, não poderiam infringir materialmente normas constitucionais, excetuadas essas hipóteses, porém, inexiste impedimento de ordem formal para que o façam. ***Frise-se, uma vez mais, a principal consequência advinda do reconhecimento do princípio da subsidiariedade no direito brasileiro: a inconstitucionalidade formal de normas estaduais, municipais ou distritais por usurpação de competência da União só ocorre se a norma impugnada legislar de forma autônoma sobre matéria idêntica. Se, no entanto, o exercício da competência decorrer da coordenação (art. 24 da Constituição Federal) ou da cooperação (art. 23), a violação formal exige ofensa à subsidiariedade.*** *Não é disso, todavia, que cuida a hipótese dos autos e, por essa razão, resta evidente que inconstitucionalidade não há.* ***Não se desconhece que o exercício da competência municipal, fundada na subsidiariedade e no interesse local, tem reflexos nas demais competências dos entes federados. O que se está a afirmar é que uma leitura consentânea ao federalismo instituído pela Constituição de 1988 não autoriza que, sob pretexto da existência de norma federal a disciplinar tema de competência privativa, a proteção de bens locais seja exclusiva de ente federal ou que, para ser exercida, deva submeter-se a prévio controle federal. Ao contrário, o Texto Constitucional não deixa dúvidas de que a proteção material dos bens descritos no art. 23 deve ser feita de forma imediata, sem condicionalidades. De outro lado, também não há dúvidas de que a prerrogativa final sobre o alcance da regulação sobre determinado tema, seja de competência concorrente, seja de comum, é da União.*** *Essas duas premissas, como reconheceu o Ministro Luiz Fux, na síntese que fez sobre os precedentes desta Corte, são, via de regra, aplicadas para reconhecer que,* ***havendo norma geral ou norma editada no âmbito da competência privativa, haveria inconstitucionalidade formal em eventual incompatibilidade dos diplomas.*** *A solução aqui aventada, entretanto, na linha da argumentação dos votos do Ministro Luiz Fux, limita-se a exigir,* ***como forma de privilegiar o federalismo cooperativo brasileiro, que a opção pela competência federal ou estadual não seja adrede formulada pelo Judiciário, mas que decorra de manifestação explícita da União ou do Estado. Na inexistência de tal indicação, é válida a norma local, desde que a competência seja expressa, compatível com***

a Constituição e, na eventualidade de que venha a dispor sobre tema de competência privativa, observe rígidos limites de proporcionalidade."[15]

José Alfredo de Oliveira Baracho anota que "*As justificações do federalismo dependem de diversas formas de compreensão de sua temática, desde que ele preserva a diversidade e a individualidade, facilita a proteção das minorias, protege a liberdade, encoraja a democracia, devendo ser um sistema de governo eficiente.* ***Nos dias de hoje o princípio de subsidiariedade completa a doutrina federativa, possibilitando o crescimento das formas de colaboração, integração, participação e parceria dos entes governamentais, componentes da estrutura federal de governo.***"[16]

Assim sendo, verifica-se que um novo *ingrediente* tem sido inserido na busca de uma interpretação da competência legislativa concorrente, estabelecida no artigo 24, da Constituição da República, de acordo com a doutrina federativa.

IV. Conclusão

À União cabe dispor sobre regras gerais (art. 24, § 1º, CR/88), enquanto os Estados e o Distrito Federal podem disciplinar acerca de suas peculiaridades. Até que a União edite normas gerais, os Estados e o Distrito Federal podem legislar plenamente na matéria da competência concorrente.

Em se tratando, porém, de competência concorrente, a comparação entre a *lei federal* e a *lei estadual* ou *lei distrital* é indispensável, para se aferir a esfera de atuação de um e de outro ente no âmbito desse chamado "condomínio legislativo".

Quando o exame desse confronto entre a *lei federal* e a *lei estadual* ou *lei distrital* for feito para constatar se houve, ou não, invasão de competência por parte da *lei local*, estar-se-á diante de uma questão de constitucionalidade ou de inconstitucionalidade, a ser decidida pelo Supremo Tribunal Federal.

Para André Luiz Borges Netto "*Eventual invasão de competência de uma entidade federada no campo de outra dará lugar à existência do mais grave vício jurídico existente no ordenamento normativo, que é o vício da inconstitucionalidade (norma inconstitucional é nula ipso jure e ex tunc).*"[17]

---

15 RE 730721/SP, Rel. Ministro Edson Fachin, decisão proferida em 02/10/2015, publicada no DJe de 07/10/2015.

16 A Federação e a revisão constitucional – as novas técnicas dos equilíbrios constitucionais e as relações financeiras. – a cláusula federativa e a proteção da forma de estado na Constituição de 1988, publicado na Revista de Direito Constitucional e Internacional, Ed. Revista dos Tribunais – vol. 14/1996 – p. 16 – 26 – Jan – Mar/1996.

17 Competências Legislativas dos Estados – Membros, São Paulo: Revista dos Tribunais, 1999, p. 75.

Em setembro de 1990, com a edição do código que estabeleceu normas de proteção e defesa do consumidor (Lei 8.070, publicada no D.O.U. de 12/09/1990), a União estabeleceu as normas gerais relativas a *produção* e *consumo*, deixando aos Estados e ao Distrito Federal espaço para a edição de normas suplementares.

Todavia, não poucas vezes, o Supremo Tribunal Federal tem sido acionado para afastar a invasão de competência por parte da *lei local*, em matéria que a União Federal editou a norma geral.

Neste exame de invasão de competência, o Supremo Tribunal Federal tem atuado com firmeza no sentido de reconhecer uma competência, limitada pelo texto da Constituição da República, aos Estados e ao Distrito Federal nesse chamado "condomínio legislativo".

Bibliografia

BANDEIRA DE MELO, Celso Antônio. *Curso de direito administrativo*, 12ª ed., São Paulo: Malheiros, 2000.

BARACHO, José Alfredo de Oliveira. A Federação e a revisão constitucional – as novas técnicas dos equilíbrios constitucionais e as relações financeiras. – A cláusula federativa e a proteção da forma de estado na Constituição de 1988, publicado na Revista de Direito Constitucional e Internacional, Ed. Revista dos Tribunais – vol. 14/1996 – p. 16 – 26 – Jan – Mar/1996

BENJAMIN, Herman. *Código Brasileiro de Proteção do Consumidor*, publicado na Revista de Direito do Consumidor, editora Revista dos Tribunais, vol. 7/1993, p. 269 – 292 – Jul – Set/1993.

BORGES NETTO, André Luiz. Competências Legislativas dos Estados – Membros, São Paulo: Revista dos Tribunais, 1999, p. 75.

FERREIRA FILHO, Manoel Gonçalves. *Curso de Direito Constitucional*, 39ª ed. São Paulo: Saraiva, 2013.

HORTA, Raul Machado. Federalismo e o Princípio da Subsidiariedade, publicado na Revista do Instituto dos Advogados de Minas Gerais, n. 9, Belo Horizonte, 2003.

MENDES, Gilmar Ferreira, COELHO, Inocêncio Mártires, e BRANCO, Paulo Gustavo Gonet. *Curso de Direito Constitucional*. 3ª Edição. São Paulo: Saraiva: 2008.

MORAES, Alexandre de. *Direito constitucional*, 7ª ed., rev., ampl. e atual., Atlas: São Paulo, 2000.

A NECESSÁRIA ATUALIZAÇÃO DO CDC

Alexandre Torres Petry
Rennan Faria Krüger Thamay

1. Introdução

O Código de Defesa do Consumidor, conhecido como CDC, é uma legislação ultrapassada? O CDC precisa de atualização ou já oferece os instrumentos necessários para a efetiva proteção do consumidor? Qual seria o sentido de atualizá-lo se podem ser editadas leis esparsas que protejam o consumidor? E por que falar em atualização ao invés de reforma do CDC ou mesmo de um novo CDC?

Todos estes questionamentos são instigantes e merecem reflexão. Aliás, o projeto de atualização do CDC deveria ser uma das principais pautas da sociedade brasileira, dada a sua importância e repercussões no caso de aprovação, pois a nova legislação impactará de forma imediata e profunda a vida de milhões de consumidores.

Isso porque o projeto de atualização do CDC, que é dividido em três vertentes, trata de assuntos complexos e polêmicos: comércio eletrônico, ações coletivas e superendividamento.

O comércio eletrônico é um fenômeno mundial que se expande constantemente, promovendo uma grande mudança de cultura na sociedade de consumo, que é cada vez mais *on line* e virtual. Atualmente, compram-se produtos e serviços com uma facilidade extrema de todos os lugares do mundo, mas, ao mesmo tempo, nem sempre se tem respaldo jurídico sobre essas transações, que podem ser internacionais. Além disso, o comércio eletrônico envolve várias outras questões delicadas, como a problemática dos contratos, meios de prova, segurança nas relações, proteção de dados, privacidade e sigilo. Todas estas temáticas envolvendo o comércio eletrônico eram impensáveis em 1990 quando do surgimento do CDC, o que por si só já justifica ao menos a discussão sobre a matéria.

Já as demandas coletivas, num país com mais de 200 milhões de pessoas e com extensões continentais, em que todos os indivíduos acabam em algum determinado momento sendo consumidores, estimular ações coletivas para buscar soluções "em massa" apresenta-se como algo natural, afinal, não parece lógico, razoável e sequer sustentável continuarmos fomentando uma sociedade individualista em que cada consumidor age como ator individual, indiferente e desconectado dos demais consumidores que, muitas vezes, possuem exatamente os mesmos problemas com os mesmos fornecedores, ainda mais em tempos de crise, em que o Poder Judiciário enfrenta grandes limitações para atender de forma adequadas as demandas judiciais.

No que tange ao superendividamento, trata-se de problema existente em todos os países (ainda que na proporção e de acordo com a realidade de cada nação), mas que não é tratado por todos, como por exemplo, o Brasil, que tem grande parte da sua população superendividada, a qual sofre consequências terríveis em decorrência deste superendividamento e, mesmo assim, não possui qualquer tipo de amparo do Estado, ou seja, os consumidores superendividados precisam buscar soluções com suas próprias forças, o que ocorre justamente num momento de fragilidade e vulnerabilidade agravada. A existência de "ferramentas" para prevenção e tratamento do superendividamento seria de vital importância para a sociedade.

Ainda que todas as temáticas se mostrem relevantes, o fato é que a proposta de atualização do CDC, composto por três Projetos de Lei do Senado (281, 282 e 283), tramita desde 2012, sendo que a aprovação tem se mostrado muito difícil.

O projeto de atualização do CDC pode ser a efetivação de um novo paradigma na proteção do consumidor frente às dificuldades que a sociedade moderna apresenta. Porém, a sua não aprovação talvez signifique um pesado retrocesso, pois deixará o consumidor mais vulnerável do que já é, destacando-se que a defesa do consumidor é um direito fundamental positivado no art. 5º da Constituição Federal.

Logo, ultrapassados 25 anos do CDC, cabe à comunidade jurídica aprofundar, estimular e ventilar o debate sobre a atualização do CDC, justamente o que se pretende fazer agora.

2. Um olhar histórico para o direito do consumidor e para o CDC

Antes de analisar qualquer inovação legislativa, a qual sempre tem o potencial de representar uma alteração de paradigma, uma ruptura, ou mesmo a continuação do *status quo*, impõe-se um olhar histórico para a devida compreensão do fenômeno sobre o qual se pretende regular. Isso porque, conforme destaca José Reinaldo de Lima Lopes, precisamos lançar nosso olhar sobre o passado, ou para buscar a restauração do próprio passado, ou mesmo para perseguir um futuro melhor.[1]

Segundo o historiador Eric Hobsbawm, em fins da década de 1980 e início da década de 1990, sem dúvidas, uma era se encerrou e outra nova muito diferente começou, sendo que ao final da sua obra o autor ainda conclui que se a sociedade quer ter um futuro reconhecível, não pode ser pelo prolongamento do passado, pois se tentarmos construir o novo século com base no passado, fracassaremos.[2]

Ter este marco histórico bem definido é importante, pois o mesmo é muito simbólico, já que, no Brasil, a preocupação com o "ramo direito do consumidor" nasce com a Constituição Federal de 1988, consolidando-se com o Código de Defesa do consumidor (CDC) de 1990. Portanto, operou-se a edição da legislação consumerista justamente quando o mundo e o Brasil viviam uma época de transição e de profundas mudanças.

Porém, a sociedade de consumo, numa visão mais global, formata-se bem antes dessa mudança de era, pois a mesma se consolidou com a revolução industrial, sendo um dos vértices da estrutura econômica da sociedade industrial moderna. Todas as classes sociais participaram dessas transformações, ocorrendo verdadeira revolução do consumo, a qual é decisiva na história da experiência humana. Entretanto, foi após a metade do século XX que se percebeu um novo tipo de conflito que pode ser traduzido pela luta pelo acesso ao consumo digno, com produtos e serviços seguros e de qualidade, com informações claras e garantias básicas aos consumidores tão frágeis frente aos fornecedores, estes últimos cada vez mais potentes ante a economia em escala global.[3]

A figura do consumidor[4], que se consolidou a partir da revolução industrial, não redundou, portanto, em adoções imediatas de medidas legis-

---

1 LOPES, José Reinaldo de Lima. *O direito na história*: lições introdutórias. 5ª ed. São Paulo: Atlas, 2014. p. 02.

2 HOBSBAWM, Eric J. *Era dos Extremos: o breve século XX: 1914-1991*. Tradução Marcos Santarrita. São Paulo: Companhia das Letras, 1995. p. 562.

3 Conforme SODRÉ, Marcelo Gomes. *A construção do direito do consumidor:* um estudo sobre as origens das leis principiológicas de defesa do consumidor. São Paulo: Atlas, 2009. p. 10.

4 Antes mesmo do advento do CDC, Antônio Herman Benjamin colocava que o consumidor "é todo aquele que, para seu uso pessoal, de sua família, ou dos que se subordinam por vinculação doméstica ou protetiva a ele, adquire ou utiliza produtos, serviços ou quaisquer outros bens ou informações colocados a sua disposição por comerciantes ou por qualquer outra pessoa natural ou jurídica, no curso de sua atividade ou conhecimentos profissionais". BENJAMIN, Antônio Herman de Vasconcelos. O conceito jurídico de consumidor. *Revista dos Tribunais*, São Paulo, nº 628, pp. 69-79, fev. 1988. p. 78.

lativas em sua defesa. Foi necessário um longo período para a conquista de direitos aos consumidores, sendo que foi o movimento consumerista ou o denominado consumerismo, que representou uma forma de confrontação ao poder dos produtores. Pode-se afirmar que este movimento social começou ainda no final do século XIX, quando em 1899 foi fundada, nos Estados Unidos, a *National Consumer League*.[5]

Aliás, o movimento consumerista iniciou nos Estados Unidos, que sentiu fortemente três vezes os efeitos dos movimentos dos consumidores (o primeiro ocorreu na primeira década do século XX, o segundo na metade dos anos 30 e o terceiro por volta da década de 60). Porém, foi o terceiro movimento que deu força ao que hoje conhecemos como movimento consumerista. O mesmo se desenvolveu no período pós-guerra, sendo resultado de uma complexa convergência de circunstâncias, mas podendo ser resumido entre as grandes diferenças do agir dos fornecedores e os interesses fundamentais dos consumidores.[6]

Esse terceiro movimento resultou na consolidação do direito do consumidor como realização de uma política pública e pode ter a sua origem apontada para o ano de 1962, quando o Presidente John F. Kennedy publicou a sua famosa mensagem ao Congresso dos Estados Unidos, anunciando a necessidade de proteção do consumidor, sendo apontados os seguintes direitos como básicos desse novo sujeito: direito à segurança, direito à informação, direito de escolha e direito de ser ouvido.[7] Desde então, sucessivas leis de proteção ao consumidor foram aprovadas nos Estados Unidos ainda na década de 60, sendo, por isso, o país considerado como o berço do direito do consumidor.[8] No entanto, é importante ressaltar que a figura da proteção do consumidor só foi inserida recentemente em um texto constitucional com a Constituição Espanhola de 1978.[9]

---

5 A *National Consumer League* (NCL) se intitula como a mais antiga organização de consumidores, tendo como missão proteger e promover justiça social e econômica aos consumidores. A Liga Nacional de Consumidores ainda é muito atuante e respeitada nos Estados Unidos possuindo forte atividade. Todas as informações dessa organização podem ser consultadas no seu site: http://www.nclnet.org/.

6 Conforme PERIN JUNIOR, Ecio. A globalização e o direito do consumidor: aspectos relevantes sobre a harmonização legislativa dentro dos mercados regionais. Barueri: Manole, 2003. p. 09.

7 COMPARATO, Fábio Konder. A proteção ao consumidor na constituição brasileira de 1988. *Revista de Direito Mercantil, Industrial, Econômico e Financeiro*, São Paulo, nº 80, pp. 66-75, out./dez. 1990. p. 68.

8 De acordo com MIRAGEM, Bruno. *Direito do consumidor*: fundamentos do direito do consumidor; direito material e processual do consumidor; proteção administrativa do consumidor; direito penal do consumidor. São Paulo: Revista dos Tribunais, 2008. p. 24.

9 De acordo com NISHIYAMA, Adolfo Mamoru. *A proteção constitucional do consumidor*. 2ª ed. São Paulo; Atlas 2010. p. 51.

É na década de 1970 que ocorre o forte desenvolvimento da legislação de proteção ao consumidor, concretizando-se nesse período a noção do contrabalançar o desequilíbrio existente entre consumidores e produtores. Para tanto, em vários países ocidentais, começa a ocorrer a introdução de diversas formas de regulação pública e apoio às organizações de consumidores, destacando-se a criação de legislações ampliando os limites da responsabilidade civil e criminal do fornecedor, o início da formação de um aparato estatal especializado na defesa do consumidor e ampliação do papel da justiça de primeira instância e dos tribunais na implementação das políticas e legislação de proteção do consumidor.[10]

Após, em 1985, a Organizações das Nações Unidas (ONU), estabeleceu diretrizes para a legislação consumerista, bem como apontou no sentido de que o direito do consumidor se trata de um direito humano de nova geração (ou dimensão).[11] Os objetivos buscados pela ONU eram os seguintes[12]: a) ajudar os países a estabelecerem uma proteção adequada e efetiva aos consumidores; b) estimular os produtores e distribuidores a adotar normas de ética de conduta; c) ajudar a "frear" as práticas comerciais abusivas; d) facilitar a criação de grupos de defesa dos consumidores; e) fomentar a cooperação internacional; e f) promover condições que permitissem aos consumidores terem opções de escolha de produtos e serviços com preços mais baixos.[13]

A preocupação dos países e organismos internacionais que ocorreu com os consumidores a partir da segunda metade do século XX se deu em razão da constatação de que a fragilidade do consumidor aumentou na mesma proporção do processo de industrialização e informatização ocor-

---

10 De acordo com MACEDO JR., Ronaldo Porto. *Contratos relacionais e defesa do consumidor*. 2ª ed. São Paulo: Revista dos Tribunais, 2007. p. 209.

11 Conforme BENJAMIN, Antônio Herman V.; MARQUES, Claudia Lima; BESSA, Leonardo Roscoe. *Manual de direito do consumidor*. São Paulo: Revista dos Tribunais, 2008. p. 24.

12 Conforme AMAYA, Jorge Alejandro. *Mecanismos constitucionales de protección al consumidor.* Buenos Aires: La Ley, 2004. p. 34.

13 A fim de alcançar os objetivos propostos, a ONU estabeleceu as seguintes diretrizes através da Resolução 39/428, que foram muito importantes na criação e consolidação de legislações sobre os direitos do consumidor na comunidade internacional: 1º) segurança física: os produtos devem ser inócuos ou previsíveis; 2º) promoção e proteção dos interesses econômicos: as políticas dos Estados devem favorecer o máximo benefício possível para os consumidores; 3º) normas de segurança e qualidade: devem ter a publicidade adequada e atualizada; 4º) medidas de compensação: medidas legais e administrativas para obter compensações e soluções de controvérsias; e 5º) programas de educação e informação: para que sejam disseminados e conhecidos os direitos dos consumidores. Conforme BESSA, Leonardo Roscoe. *Aplicação do código de defesa do consumidor*: análise crítica da relação de consumo. Brasília: Brasília Jurídica, 2007. p. 31.

rido nas últimas décadas, quando o consumidor deixou de ser considerado como um indivíduo de direitos, passando a significar apenas um "número" no processo de circulação de bens, já que, diariamente, surgem novas técnicas e procedimentos abusivos de produtos e serviços.[14]

Diante disso, os avanços do tema partiram da conclusão de que o consumidor é vulnerável, o qual cada vez mais se enfraquecia na sua esfera individual, o que tornava indispensável a interferência do Estado para reequilibrar as relações de consumo. Ao mesmo tempo em que o Estado deveria proteger o consumidor, deveria também preservar as leis de mercado e o desenvolvimento econômico, o qual deve ser estimulado e fomentado. A solução mediadora adotada, segundo Sálvio de Figueiredo Teixeira, conferiu ao direito do consumidor um caráter de intervenção estatal no mercado, presente tanto nos países de *Common Law* quanto do *Civil Law*[15], a exemplo do que ocorre na Europa Continental e no Brasil, sendo que o direito do consumidor, de uma forma geral, bifurcou-se em normas de direito material e normas de direito processual, tanto para equilibrar o vínculo entre as partes como para moldar os institutos processuais à defesa individual e coletiva dos direitos dos consumidores.[16]

No Brasil, indubitavelmente, a maior contribuição adveio com a promulgação, em 05 de outubro de 1988, da Constituição da República, a qual traz quatro referências específicas sobre o tema. A Constituição, acolhendo a orientação da ONU, define entre os direitos e garantias fundamentais de todo cidadão a defesa do consumidor. Importante destacar que a Constituição vai além de simplesmente estabelecer que o direito do consumidor deva ser garantido, uma vez que impõe expressamente ao próprio Estado a sua promoção, conforme o seu art. 5º, XXXII, bem como determinou, ainda, ao Congresso Nacional que, no prazo de 120 dias a contar da

---

14 Conforme BESSA, Leonardo Roscoe. *O consumidor e seus direitos:* ao alcance de todos. 2ª ed. Brasília: Brasília Jurídica, 2004. p. 26. O autor ainda prossegue referindo que na era digital, onde muitas relações ocorrem mediante de comércio eletrônico, as relações de consumo tornaram-se tão complexas que o ordenamento jurídico até então existente não se mostrou suficiente para a resolução dos conflitos oriundos das relações de consumo, ainda mais considerando a "fragilidade" do consumidor, que, por ser muito evidente, fez com que Henry Ford, conhecido por criar e estabelecer a produção em série, justamente o que contribuiu para a nova era do consumo, afirmasse o seguinte "o consumidor é o elo mais fraco da economia e nenhuma corrente pode ser mais forte do que seu elo mais fraco".

15 *Civil Law* é a nomenclatura utilizada pelos juristas dos países de sistema da *Common Law* aos sistemas oriundos da tradição romano-germânica.

16 Conforma TEIXEIRA, Sálvio de Figueiredo. A proteção ao consumidor no sistema jurídico brasileiro. *Revista da Faculdade de Direito da Universidade Federal do Rio Grande do Sul*, Porto Alegre, nº 22, pp. 427-456, set. 2002. p. 429.

promulgação da Constituição, elaborasse o Código Brasileiro de Defesa do Consumidor (art. 48 do Ato das Disposições Constitucionais Transitórias – ADCT da Constituição Federal de 1988).[17]

Além disso, a Constituição Federal estabelece como um dos princípios gerais da atividade econômica a defesa do consumidor, conforme o seu art. 170. Em outra passagem, é atribuída a competência concorrente para legislar sobre danos ao consumidor (art. 24, VIII). Logo, determina a Constituição Federal que a proteção do consumidor e a defesa de seus direitos representam compromissos inderrogáveis que o Estado assumiu, compromisso positivado no ordenamento jurídico, sendo que o relevo indiscutível desse compromisso estatal se acentua quando se tem presente que a Assembleia Nacional Constituinte elevou a defesa do consumidor à posição eminente de direito fundamental (art. 5º, XXXII), atribuindo-lhe também a condição de princípio estruturador e conformador da própria ordem econômica e jurídica (art. 170, V). Por último, ainda sob a perspectiva constitucional, a dignidade da pessoa humana, também reconhecida na Constituição Federal (art. 1º, III), justifica e legitima a proteção da pessoa humana no mercado de consumo, devendo, assim, ser considerada a proteção do consumidor como parte da tutela mais ampla que é a da personalidade humana.[18]

Além da promulgação da Constituição, o outro passo fundamental para a consolidação dos direitos dos consumadores foi a elaboração do CDC, o qual foi promulgado através da Lei 8.078 de 11 de setembro de 1990. É verdade que o CDC foi promulgado com quase dois anos de atraso do que o previsto pelo legislador constituinte, mas a sua importância e adequação a realidade social brasileira é inegável.

Destaca-se que, apesar de ter sido aprovada na forma de lei ordinária[19], o CDC é realmente um código na concepção de seu sentido, ou seja,

---

17 Conforme DORNELES, Renato Moreira. A intervenção estatal brasileira nas relações de consumo: estrutura legislativa e fundamentos. *Revista de Direito do Consumidor*, São Paulo, nº 50, pp. 58-70, abr./jun. 2004. p. 61.

18 Conforme BESSA, Leonardo Roscoe. *Aplicação do código de defesa do consumidor*: análise crítica da relação de consumo. Brasília: Brasília Jurídica, 2007. p. 36.

19 O fato de ter sido aprovado como lei ordinária não o tira a característica de código, característica essa que, aliás, foi prevista pela própria Constituição Federal, pois o Código de Defesa do Consumidor apenas foi aprovado como lei ordinária por razões de estratégia legislativa, sendo um ato meramente circunstancial, tendo em vista que na tramitação do projeto do código, o *lobby* dos empresários atrapalhou e tentou impedir a votação, sustentando para tanto que, por se tratar de um Código, seria necessário respeitar um procedimento legislativo extremamente formal e demorado, o que retardaria em muito a aprovação do código, além de gerar uma série de obstáculos para a sua aprovação. Assim, a sua promulgação como lei ordinária, nada mais foi de que a forma encontrada para viabilizar o Código de Defesa do Consumidor. Conforme GRINOVER, Ada Pellegrini et al. *Código brasileiro de defesa do consumidor*: comentado pelos autores do anteprojeto. 9ª ed. Rio de Janeiro: Forense Universitária, 2007. p. 09.

significa um conjunto sistemático e logicamente ordenado de normas jurídicas, com base em uma ideia básica, sendo que no caso em específico a ideia básica é a proteção de um grupo específico, os consumidores. Como se isso não bastasse, o CDC possui nítidas características de um código, já que estrutura e organiza as normas de proteção do consumidor em um sistema explicitado no seu art. 4º, dando a este direito fundamental um caráter de coerência e homogeneidade, possuindo, ainda, autonomia.[20]

Através da atividade legislativa, tentou o Estado brasileiro erguer o consumidor e colocá-lo em condições de igualdade ao fornecedor a fim de que fosse alcançado e efetivado o dogma constitucional de igualdade previsto no art. 5º da Constituição Federal. O objetivo principal do CDC é propiciar, em termos materiais, a isonomia, já que, constatada a inferioridade do consumidor frente ao fornecedor, nada mais natural e lógico que o Estado, através de legislação própria, ofereça ao polo vulnerável dessa relação mecanismos para a sua proteção.[21]

O CDC é uma das mais rígidas e completas leis protetivas existentes no mundo, que introduziu muitos avanços no ordenamento jurídico brasileiro, estando entre os principais, o reconhecimento da vulnerabilidade do consumidor no mercado e o estabelecimento de um Sistema Nacional de Defesa do Consumidor, composto por diversos órgãos judiciais e administrativos. Além do CDC apresentar o conceito e direitos básicos do consumidor, também apresenta dispositivos que visam concretizar a efetiva prevenção e reparação de danos patrimoniais e morais, individuais, coletivos e difusos, de acordo com o disposto no art. 6º, VI.[22]

No campo filosófico, como leciona Nelson Nery Junior, o CDC representou tentativa de mudança de mentalidade de todos os envolvidos nas relações de consumo, seja o fornecedor, que passou a ser desestimulado do espírito de praticar condutas desleais ou abusivas, seja o consumidor, que não deve se aproveitar do regime do Código para reclamar infundadamente pretensos direitos a ele conferidos. De igual forma, o próprio magistrado que julga demanda que envolve relação de consumo fica impedido de decidir com base nos princípios individualistas do liberalismo do começo do sé-

---

20 Conforme MIRAGEM, Bruno. *Direito do consumidor*: fundamentos do direito do consumidor; direito material e processual do consumidor; proteção administrativa do consumidor; direito penal do consumidor. São Paulo: Editora Revista dos Tribunais, 2008. p. 43.

21 Conforme NUNES JÚNIOR, Vidal Serrano. *Código de defesa do consumidor interpretado.* São Paulo: Saraiva, 2003. p. 04.

22 Conforme DORNELES, Renato Moreira. A intervenção estatal brasileira nas relações de consumo: estrutura legislativa e fundamentos. *Revista de Direito do Consumidor*, São Paulo, nº 50, pp. 58-70, abr./jun. 2004. p. 65.

culo XIX, cabendo ao mesmo julgar de acordo com os modernos princípios de direito do consumidor, que estão calcados no equilíbrio real das relações de consumo, boa-fé objetiva e equidade.[23]

O fato é que o CDC representou efetivo avanço para a proteção do consumidor, sendo que a sua sistemática foi bem introduzida no ordenamento jurídico brasileiro, tornando-se de conhecimento de toda a sociedade, cumprindo, mesmo que ainda não seja de forma plena, a sua função social de harmonizar a relação de consumo.

Isso porque o legislador brasileiro, ao promulgar o CDC, disponibilizou a população mecanismos que facilitam a proteção e defesa dos consumidores, os quais possuem as tutelas jurisdicionais e administrativas. Dessa forma, pode o consumidor lesado apresentar reclamação junto a vários órgãos que atuam legitimamente na defesa dos consumidores, onde cada órgão, conforme a sua atribuição, jurisdição e competência, atuará para o fim específico disciplinado no art. 5.º, XXXII da Constituição Federal.[24]

Portanto, o CDC foi a expressão máxima da tentativa de dar efetividade ao direito fundamental previsto no art. 5.º, XXXII, sendo que negar a aplicação do código consumerista é, em última análise, negar a aplicação do preceito constitucional.

Ocorre que passados 25 anos do CDC, as transformações experimentadas na sociedade foram muito mais rápidas e complexas do que se podia prever. Atualmente, mais do que o consumo para a subsistência (que constitui direito fundamental), vivemos a era do "consumismo" (que não é interpretado como um direito fundamental), que é um tipo de arranjo social resultante da reciclagem de vontades, desejos e anseios humanos rotineiros, os quais são constantes e neutros (sem vinculação política ou ligação a qualquer tipo de regime de governo), funcionado como a força propulsora e operativa da sociedade. O consumismo se solidifica quando o consumo assume o papel central na sociedade, que no século passado era exercido pelo trabalho[25], destacando-se que a dialética produtor x consumidor é bem mais complexa e delicada que a tradicional dialética capital x trabalho.[26]

---

23 Conforme NERY JÚNIOR, Nelson. Os princípios gerais do código de defesa do consumidor. *Revista de Direito do Consumidor*, São Paulo, nº 3, 1992. p. 49.

24 Conforme DORNELES, Renato Moreira. A intervenção estatal brasileira nas relações de consumo: estrutura legislativa e fundamentos. *Revista de Direito do Consumidor*, São Paulo, nº 50, pp. 58-70, abr./jun. 2004. p. 66.

25 Conforme BAUMAN, Zygmunt. *Vida para consumo*: a transformação das pessoas em mercadoria. Tradução Carlos Alberto Medeiros, Rio de Janeiro: Zahar, 2008. p. 41.

26 De acordo com COMPARATO, Fábio Konder. A proteção do consumidor: importante capítulo do direito econômico. *Revista de Direito do Consumidor.* São Paulo, nº 77, pp. 27-46, jan./mar. 2011. p. 28.

Portanto, apesar do CDC ter sido um grande avanço e uma conquista, pois foi uma lei que mudou o mercado brasileiro ao estabelecer um novo patamar de boa-fé e qualidade nas relações consumeristas, protegendo os vulneráveis (consumidores), dadas as transformações profundas vivenciadas nos últimos 25 anos, mostra-se propícia a discussão sobre a importância ou não da atualização dessa lei consumerista.

3. O projeto de atualização do CDC

Atualmente, tramitam no Senado Federal três Projetos de Lei (PL) do Senado que, em conjunto, visam atualizar o CDC: o PL 281/2012, que trata a questão do comércio eletrônico, o PL 282/2012, que versa sobre as ações coletivas de consumo e o PL 283/2012, que busca aperfeiçoar a disciplina do crédito ao consumidor e dispor sobre a prevenção do superendividamento.

Os três Projetos de Lei foram elaborados por uma conceituada comissão de juristas instituída pela Presidência do Senado Federal para fornecer subsídios para a atualização do CDC, comissão presidida pelo Ministro Antonio Herman Benjamin, tendo, ainda, como membros Claudia Lima Marques, que foi a relatora geral, Ada Pellegrine Grinover, Leonardo Roscoe Bessa, Roberto Pfeiffer e Kazuo Watanabe. Os trabalhos começaram ainda em 02.12.2010 e, após intensos e diversos debates que ocorreram em todo o Brasil, os Projetos de Lei foram protocolados no senado em 02.08.2012. Desde então, intensos foram os debates, mas ainda não há perspectivas de aprovação dos textos.

Desde a elaboração dos anteprojetos de lei de atualização do CDC, fica claro e evidente a busca de dar centralidade ao CDC, evitando-se, assim, o risco de fragmentação. Dessa forma, as atualizações são pontuais e não permitem qualquer retrocesso no nível já alcançado de proteção dos consumidores. Segundo o Relatório Final da Comissão de Juristas, as reformas do CDC são orientadas por três dimensões: constitucional (que importa no alinhamento com a diretriz constitucional protetiva do CDC), a inclusiva (calcada no paradigma do acesso a bens que guia o direito privado contemporâneo) e a dimensão de efetividade e de confiança no microssistema (que é norteada pelo princípio da efetividade do direito do consumidor).[27]

Os textos elaborados pelos juristas envolvidos na proposta de atualização do CDC tiveram uma ótima metodologia, definem de forma adequada os conceitos, bem como estabelecem novas diretrizes que sem dúvidas são muito importantes para a adequada proteção do consumidor. Aliás, sobre a

27 Segundo MARQUES, Claudia Lima; MIRAGEM, Bruno. Anteprojetos de Lei de Atualização do Código de Defesa do Consumidor. *Revista de Direito do Consumidor*, São Paulo, nº 82, pp. 331-356, abr./jun. 2012. p. 332.

adoção destas três dimensões no projeto de atualização, importa reprisar as palavras de Fernando Rodrigues Martins[28]:

> Entrementes, o entreolhar na adoção das três dimensões citadas revela o cuidado metodológico na atualização, sempre com base em alicerces constitucionais e especialmente pluralísticos, como essa sociedade (pós-moderna, excludente, de informação, de risco e, essencialmente, de consumo) assim exige.

O relatório-geral da comissão de juristas do Senado Federal para atualização do CDC expõe com clareza as justificativas que levam à necessidade de atualização da legislação consumeristas, pois mostram as grandes mudanças que o Brasil sofreu a partir de 1990, sustentam as razões para o reforço tridimensional do CDC (reforço da base constitucional, da base ético-inclusiva e solidarista e, por último, da base da confiança, efetividade e segurança jurídica), assim como explica as razões pelas quais os três projetos merecem aprovação, apresentando dados econômicos, jurídicos e fazendo, ainda, uma densa análise de direito comparado.

Também é destacado no relatório a questão dos "vazios legais", principalmente no que tange ao superendividamento e comércio eletrônico[29], apontando-se ao legislador a necessidade de lei sobre estes temas como forma de preparar a sociedade brasileira para a sua própria evolução. Concluem os juristas o relatório, ainda, da seguinte forma[30]:

> Incontestável que o momento atual é de atualização legislativa em matéria de proteção do consumidor em momentos de especial vulnerabilidade, o crédito ao consumidor e o superendividamento, em virtude da crise financeira mundial e da desconstrução de paradigmas de conduta de boa-fé que acabaram causando a crise, também o comércio eletrônico e o uso de tecnologias novas de consumo e contratação a distância, técnicas que impedem a igualdade dos consumidores na contratação, o assédio de consumo e as que permitem a discriminação de grupos hipervulneráveis da sociedade, além de uma procura de mais efetividade nos instrumentos de proteção coletiva do consumidor.

---

28 MARTINS, Fernando Rodrigues; FERREIRA, Keila Pacheco. A contingente atualização do Código de Defesa do Consumidor: novas fontes, metodologia e devolução de conceitos. *Revista de Direito do Consumidor*, São Paulo, nº 83, pp. 11-54, jul./set. 2012. p. 49.

29 Em relação aos vazios legais, o relatório ainda refere que o vazio legal existente não é apenas o tema do comércio eletrônico em si, mas também no tema da proteção da privacidade do consumidor (que acaba ligada ao comércio eletrônico), em especial de seus dados pessoais e da autodeterminação informacional.

30 BENJAMIN, Antônio Carlos Herman de Vasconcellos; MARQUES, Claudia Lima. Extrato do Relatório-geral da Comissão de Juristas do Senado Federal para atualização do Código de Defesa do Consumidor (14.03.2012). *Revista de Direito do Consumidor*, São Paulo, n.92, pp. 303-366, mar./abr. 2014. p. 365.

A conclusão apresentada no relatório ressalta de forma precisa "o espírito da lei" que se busca ver aprovada, sendo, provavelmente, a melhor síntese do que se pretende com estes três projetos de lei. Aliás, o relatório-geral da comissão de juristas é, muito provavelmente, a melhor fonte de consulta sobre os textos merecendo os mais altos elogios ante a sua qualidade e rigor nas pesquisas apresentadas. Ainda assim, dada as peculiaridades e polêmicas de cada matéria, far-se-á a análise individual de cada tema: comércio eletrônico, ações coletivas e superendividamento.

4. Comércio eletrônico: tendência desafiadora

O CDC é do ano de 1990, quando a internet ainda era uma novidade no Brasil e restrita a pouquíssimas pessoas. Porém, passados 25 anos a internet está consolidada e, consequentemente, o comércio eletrônico, o que atrai a incidência do Código para as referidas relações de consumo. Não obstante, as questões relacionadas ao "direito do espaço virtual", assim como o comércio eletrônico, constituem-se como importante lacuna na legislação consumerista. A atual sociedade da informação cada vez mais contrata através do comércio eletrônico, o qual traz uma série de incertezas e problemas aos consumidores, justificando-se, assim, o projeto de atualização no que tange ao comércio eletrônico, pois isso dará uma adequada regulação casuística para essa espécie de contrato, além de impor deveres específicos aos fornecedores que resultarão em maior segurança aos consumidores[31].

O comércio eletrônico é uma tendência irreversível que se amplia anualmente. Prova disso é que, apenas em 2014, o comércio eletrônico movimentou cerca de 36 bilhões de reais, sendo que neste mesmo ano aproximadamente 50 milhões de consumidores utilizaram a internet com frequência para consumir.[32] O comércio eletrônico é, sem dúvidas, algo positivo e deve ser estimulado, já que são inegáveis as vantagens que traz tanto para os consumidores como para os fornecedores.[33] Logo, é inegável que o comércio eletrônico ocorre em grande escala, expandindo-se cons-

---

31 Conforme AZEVEDO, Fernando Costa. KLEE, Antônia Espíndola Longoni. Considerações sobre a proteção dos consumidores no comércio eletrônico e o atual processo de atualização do Código de Defesa do Consumidor. *Revista de Direito do Consumidor*, São Paulo, nº 85, pp. 209-260, jan./fev. 2013. p. 224.

32 De acordo com informações disponíveis em http://g1.globo.com/globo-news/contacorrente/noticia/2015/02/ comercio-eletronico-faturou-quase-r-36-bilhoes-em-2014-no-brasil.html. Acesso em 16.02.2015

33 De acordo com DINIS, Marisa Catarina da Conceição. Do regime geral do comércio eletrónico no ordenamento jurídico português. *Revista Luso-Brasileira de Direito do Consumo*, Curitiba, nº 6, pp. 145-184, jun. 2012. p. 149.

tantemente ante as suas vantagens, porém, existe pouca legislação sobre a matéria.

Ainda que tenhamos movimentos de consumidores no meio digital em busca proteção mútua, o que ocorre através *marketing* negativo realizado pelos consumidores insatisfeitos, movimento que pode gerar muitos prejuízos aos maus fornecedores[34], isso não se revela suficiente para garantir a real e efetiva proteção dos consumidores, que precisam da tutela do Estado.

O principal problema da prática do comércio eletrônico é justamente a falta de confiança dos consumidores[35], os quais ficam desabrigados no mundo "virtual" que possui peculiaridades próprias, tornando-se fundamental a existência de legislação sobre o comércio eletrônico, conforme se posiciona Newton de Lucca ao referir a "imperiosa necessidade de uma legislação rigorosa e bem estruturada sobre o tema, bem como a efetiva proteção do consumidor".[36]

No Congresso Nacional tramitam diversos projetos de lei que pretendem regulamentar pontos específicos relacionados de alguma forma ao comércio eletrônico[37], entretanto, o principal, por ser o mais completo e tratar a matéria com mais profundidade, é o PL 281/2012 que visa atualizar o CDC dando uma regulamentação mais efetiva ao comércio eletrônico.[38]

Consultando o projeto original[39], encontra-se já na ementa os fundamentos da proposição legislativa bem como o conjunto de normas que se

---

34 Segundo MARTINS, Fernando Rodrigues; BASAN, Arthur Pinheiro; ANDRADE, Pablo Cardoso. Tutela eletrônica do consumidor: ordem espontânea popular na formatação dos bancos de dados dos fornecedores. *Revista de Direito do Consumidor*, São Paulo, nº 87, pp. 211-226, mai./jun. 2013. p. 215. Os autores ainda destacam a nova dimensão de comunicação criada pelo mundo virtual que permite aos consumidores compartilharem conhecimentos e experiências *online*, o que permite uma rede de colaboração, ou seja, uma "inteligência coletiva" na busca de maior proteção contra os fornecedores que não respeitam os consumidores.

35 Conforme VIAL, Sophia Martini. A sociedade da (des)informação e os contratos de comércio eletrônico: do Código Civil às atualizações do Código de Defesa do Consumidor, um necessário diálogo entre fontes. *Revista de Direito do Consumidor*, São Paulo, nº 88, pp. 229-257, jul./ago. 2013. p. 233.

36 LUCCA, Newton de. Comércio eletrônico na perspectiva de atualização do CDC. *Revista Luso-Brasileira de Direito do Consumo*. Curitiba, nº 7, pp. 113-132, set. 2012. p. 118.

37 Destacam-se os seguintes: PL 1.483/1999, PL 1.589/1999, PL 4.906-A/2001, PL 6.965/2002, PL7.093/2002, PL104/2011, PL 2.367/2011, PL 3.200/2012, PL 3.607/2012 e PL 4.189/2012.

38 Segundo EMERIM, Camila Candido. Contratos eletrônicos de consumo: panorama doutrinário, legislativo e jurisprudencial atual. *Revista de Direito do Consumidor*, São Paulo, nº 91, pp. 367-393, jan./fev. 2014. p. 389.

39 Disponível em http://www.senado.leg.br/atividade/materia/getPDF.asp?t=112481&tp=1. Acesso em: 22.02.2015.

pretendem ver incluído no CDC. Reproduz-se a ementa porque a mesma aponta as principais inovações que constam no PL 281/2012[40]:

> Altera a Lei nº 8.078/1990 – Código de Defesa do Consumidor – para aperfeiçoar as disposições gerais constantes do Capítulo I do Título I, estabelecendo que as normas e os negócios jurídicos devem ser interpretados e integrados da maneira mais favorável ao consumidor e dispor sobre normas gerais de proteção do consumidor no comércio eletrônico, visando a fortalecer a sua confiança e assegurar tutela efetiva, preservar a segurança nas transações, a proteção da autodeterminação e da privacidade dos dados pessoais; as normas aplicam-se às atividades desenvolvidas pelos fornecedores de produtos ou serviços por meio eletrônico ou similar; estabelece que o consumidor pode desistir da contratação a distância, no prazo de sete dias a contar da aceitação da oferta ou do recebimento ou disponibilidade do produto ou serviço; dispõe que caso o consumidor exerça o direito de arrependimento, os contratos acessórios de crédito são automaticamente rescindidos, sem qualquer custo para o consumidor; tipifica como infração penal o ato de veicular, hospedar, exibir, licenciar, alienar, utilizar, compartilhar, doar ou de qualquer forma ceder ou transferir dados, informações ou identificadores pessoais, sem a expressa autorização de seu titular e consentimento informado, salvo exceções legais.

Nitidamente, o foco do projeto que envolve o comércio eletrônico está no fortalecimento da confiança do consumidor, o qual passará a ter uma tutela efetiva com esta nova legislação, que busca preservar a segurança nas transações eletrônicas, protegendo os dados dos consumidores que têm o direito de autodeterminação sobre os seus dados reconhecido. A proposta traz algumas importantes alterações conceituais e estabelece uma nova seção específica ao comércio eletrônico, bem explorando e regulando o tema.

Destacar aqui todas as proposições da proposta legislativa é inviável. Ainda assim, merecem ressalte os principias pontos trazidos pela proposta: 1º) a positivação do diálogo das fontes[41] (nos arts. 1º, 5º e 7º); 2º) o reconhecimento como direito básico do consumidor a aoutodeterminação, a privacidade e a segurança das informações e dados pessoais; 3º) a criação de deveres específicos aos fornecedores que atuam no meio eletrônico; 4º)

40 A ementa está disponível em http://www.senado.leg.br/atividade/materia/detalhes.asp?p_cod_mate=106768. Acesso em 22.02.20115

41 A expressão "diálogo das fontes" é muito utilizada por Claudia Lima Marques, que, baseada nas ideias de Erik Jayme, sustenta que o sistema jurídico pressupõe certa coerência, devendo o direito evitar contradições. Assim, ao se aplicar o direito, estando em situação em que estão presentes duas fontes com valores contrastantes, deve-se buscar a coordenação dessas fontes em verdadeiro espírito de diálogo das fontes. MARQUES, Claudia Lima. O "diálogo das fontes" como método da nova teoria geral do direito: um tributo à Erik Jayme. In MARQUES, Claudia Lima (Coord.). *Diálogo das fontes: do conflito à coordenação de normas do direito brasileiro*. São Paulo: Revista dos Tribunais, 2012. pp. 17-66. p. 19.

a vedação do envio de *spam* e mensagens eletrônicas não solicitadas; 5º) a previsão expressa de multa civil[42] (indenização punitiva) que não se confunde com indenização por perdas e danos; e 6º) o reconhecimento que se aplica aos contratos intencionais de consumo a lei do domicílio do consumidor, mas com a opção do juiz aplicar a lei escolhida pelas partes caso esta seja mais benéfica ao consumidor. Certamente, o conjunto destas medidas elevaria o *standard* de proteção dos consumidores, o que justifica o projeto.

Cesar Santolim, com muita propriedade, foi um dos primeiros juristas a se posicionar favoravelmente ao novo projeto, ressaltando que a proposta legislativa, ao mesmo tempo em que permite a manutenção de importantes princípios do CDC que são aplicáveis ao comércio eletrônico, avança "em uma abordagem mais específica das situações criadas com a utilização das tecnologias de informação e comunicação (TIC) no tráfico voltado ao consumidor final".[43]

O PL 281/2012 é muito feliz ao propor a introdução de numa seção denominada de "Comércio Eletrônico" no CDC, pois se aprovada essa proposta legislativa teremos mais segurança nas relações jurídicas advindas do comércio eletrônico, incentivando-se uma relação mais próxima, sincera e equilibrada entre consumidores e fornecedores nesse mercado virtual, para o qual a Lei 8.078 de 1990 não foi pensada, motivo pela qual é necessária essa atualização.[44]

A intervenção do Estado sobre o comércio eletrônico é necessária, pois os consumidores precisam ter reconhecida e efetivada a proteção, especialmente, da sua privacidade, segurança, consumo e tratamento igualitário no meio digital.[45]

Aliás, espanta que o Estado brasileiro ainda não tenha regulamentado de forma devida o comércio eletrônico, pois é incontestável a vulnerabilidade agravada do consumidor no ambiente virtual. Reforça o entendimento

42 O tema da multa civil como indenização punitiva é muito polêmico. Geralmente, realiza-se analogia às *punitive damages* presentes nos países de tradição da *Commom Law*, sendo que boa parte da doutrina não reconhece a aplicação deste instituo no direito brasileiro.

43 SANTOLIM, Cesar. Anotações sobre o anteprojeto da Comissão de Juristas para a atualização do Código de defesa do Consumidor, na parte referente ao comércio eletrônico. *Revista de Direito do Consumidor*, São Paulo, nº 83, pp. 73-82, jul./set. 2012. p. 74.

44 De acordo com LIMBERGER, Têmis; SALDANHA, Jânia Maria Lopes; MORAES, Carla Andreatta Sobbé. Estado, cidadania e novas tecnologias: o comércio eletrônico e as alterações do Código de Defesa do Consumidor. *Revista de Direito do Consumidor*, São Paulo, nº 85, pp. 261-281, jan./fev. 2013. p. 280.

45 De acordo com LORENZETTI, Ricardo Luis. *Comércio eletrônico*. São Paulo: Rev. dos Tribunais, 2004. p. 75.

da necessidade de legislação sobre a matéria o fato de que o Conselho dos Direitos Humanos da ONU, através do Regulamento L.13 de 2012, definiu que a proteção dos direitos humanos que ocorre *off-line* deve ser observada também no ciberespaço (*online*). Logo, a conclusão que se chega é que o nível e proteção no meio virtual deve ser promovido na mesma extensão do mundo físico, o que ainda não ocorre no Brasil ante o vácuo legislativo sobre o comércio eletrônico.[46] Essa situação ainda se agrava porque no plano internacional não há qualquer instrumento (tratado) específico sobre o comércio eletrônico que eleve o grau de proteção dos consumidores.[47]

Entretanto, deve ser destacado que enquanto não for aprovado o PL 281/2012, o Dec. 7.962/2013[48], conhecido como PLANDEC, que também buscou regular as relações consumeristas por meio eletrônico é, por enquanto, a principal norma sobre o comércio eletrônico. Porém, as novidades trazidas pelo referido decreto, ainda que importantes, não respondem de forma suficiente às demandas dos consumidores, o que leva à conclusão de que o comércio eletrônico ainda não está devidamente regulamentado, sendo que o projeto em trâmite no Senado é a resposta necessária, pois preencherá as lacunas existentes e promoverá as alterações necessárias.[49]

Considerando a vulnerabilidade agravada do consumidor no comércio eletrônico, já que há um déficit tanto informacional como técnico neste tipo de operação por parte do consumidor, é recomendável a aprovação de legislação sobre o comércio eletrônico atrelada ao CDC, exatamente como provê o projeto de lei em trâmite no Senado, pois essa nova realidade legislativa reforçará o princípio da boa-fé objetiva com o incremento de deveres

---

46 Segundo CANTO, Rodrigo Eidelvein do. Direito do consumidor e vulnerabilidade no meio digital. *Revista de Direito do Consumidor*, São Paulo, nº 87, pp. 179-209, mai./jun. 2013. p. 198.

47 De acordo com MARQUES, Claudia Lima; DELALOYE, Maria Laura. La regulación de los contratos internacionales de consumo en América. *Revista de Direito do Consumidor*, São Paulo , n.84, pp. 225-245, out./dez. 2012 p. 233. As autoras ainda destacam a situação atual da proteção do consumidor no direito internacional , observando que praticamente não existem normas internacionais de defesa do consumidor, tanto é que já são mais de 25 anos sem um instrumento internacional de proteção (desde a Res. A/RES/39/248 da Assembleia Geral da ONU – Diretrizes das Nações Unidas para a proteção do consumidor de 16 de abril de 1985).

48 O Dec. 7.962/2013 chamado de PLANDEC (Plano Nacional de Consumo e Cidadania), foi lançado no dia mundial do consumidor de 2013 com a pretensão de ser um novo marco regulatório nas relações de consumo no Brasil.

49 Segundo AMARAL JÚNIOR, Alberto. VIEIRA, Luciane Klein. As recentes alterações no direito brasileiro sobre o arrependimento nas relações de consumo estabelecidas por meios eletrônicos: legislação atual e norma projetada. *Revista de Direito do Consumidor*, São Paulo, nº 90, pp. 215-242, nov./dez. 2013. p. 239.

laterais. Essa também é a conclusão de Guilherme Magalhães Martins que ainda se posiciona da seguinte forma[50]:

> Mostra-se necessária uma legislação específica para regular as relações de consumo eletrônicas por meio da Internet, não obstante a importante iniciativa que foi a promulgação do Dec. 7.962/2013, como reforço da segurança e informação dos consumidores, preservando-se a principiologia e fundamentos da Lei 8.078/1990.

Apesar de o PLANDEC ter sido saudado praticamente de forma unânime por se apresentar como nova e importante medida do governo para dar efetividade ao mandamento constitucional de defesa do consumidor, gerando inclusive entusiasmo[51], não se pode interpretar o mesmo como resposta adequada aos vácuos legislativos que ainda temos, como no caso do comércio eletrônico. Aliás, sobre muitos aspectos o mesmo é criticável conforme expõe Adalberto Pasqualotto, que sobre o PLANDEC assim se posiciona no que tange ao comércio eletrônico[52]:

> Substancialmente, desconsiderando algumas diferenças de redação, o Dec. 7.962/2013 reproduz disposições do PL 281/2012 que tramita no Senado, e que versa igualmente sobre comércio eletrônico. O projeto de lei, todavia, é incomparavelmente superior. Conceitualmente, dispõe sobre a autodeterminação, privacidade, discriminação e assédio de consumo. Em regras particulares, veda o envio de mensagens eletrônicas não solicitadas ou autorizadas (combatendo, portanto, o *spam*), fixa o foro de domicilio do consumidor como o competente nas relações de consumo, inclusive no comércio eletrônico internacional, e criminaliza qualquer forma cessão de dados do consumidor. É claro que essas normas (como, de resto, algumas que estão no decreto) carecem de lei. Por isso mesmo, é lastimável que a iniciativa governamental se verifique ao arrepio da tramitação legislativa, pondo a nu um dissenso político entre o Poder Executivo

---

50 MARTINS, Guilherme Magalhães. A atualização do Código de Defesa do Consumidor e a regulamentação do comércio eletrônico: avanços e perspectivas. *Revista de Direito do Consumidor*, São Paulo, nº 95, pp. 255-287, set./out. 2014. p. 285.

51 Segundo MIRAGEM, Bruno. O Plano Nacional de Consumo e Cidadania – Comentário ao Dec. 7.963, de 15.03.2013. *Revista de Direito do Consumidor*, São Paulo, nº 86, pp. 275-285, mar./abr. 2013. p. 281.

52 PASQUALOTTO, Adalberto. Sobre o Plano Nacional de Consumo e Cidadania e a vulnerabilidade política dos consumidores. *Revista de Direito do Consumidor*, São Paulo, nº 87, pp. 249-268, mai./jun. 2013. p. 266. O autor ainda aponta as seguintes conclusões sobre o PLANDEC ao final do seu artigo (p. 268): a) modificou por decreto o que só por lei poderia ser modificado; b) assume uma feição paternalista e contrária ao Estado Democrático de Direito, porque contraria a diretriz de participação social que o anima, ao criar órgãos sem representação dos consumidores; c) colocou em xeque o conceito indeterminado de produto essencial; e d) ignorou os projetos de atualização do CDC em tramitação no Senado.

> e a iniciativa parlamentar, uma vez que os três projetos de atualização do CDC tiveram origem na comissão nomeada pelo presidente do Senado Federal. O dissenso é nefasto para os consumidores, em benefício de quem os bons propósitos deveriam ser somados, ao invés de divididos.

Portanto, o comércio eletrônico ainda é tema em aberto, possuindo neste aspecto o consumidor um déficit de proteção, o que pode ser sanado com a aprovação do PL 281/2012, o qual é muito positivo e dará vitalidade ao CDC no caso de aprovação.

5. Ações coletivas: modo efetivo de tutelar os consumidores

Em especial a partir da segunda metade do século XX, o direito processual civil sofreu grandes mudanças, pois, de instrumento concebido para propiciar com exclusividade o exercício individual do direito de ação, avançou a passou a servir de palco também para a tutela dos interesses da sociedade como um todo ou de grandes grupos sociais, nitidamente ocorrendo um movimento da ordem jurídica para o campo social.[53]

O processo civil coletivo no Brasil, percebendo a necessidade de criar instrumentos adequados e efetivos para a tutela dos interesses coletivos, buscou na experiência norte-americana da *class-actions*, com as devidas adequações ao contexto jurídico e social brasileiro, um modelo de tutela coletiva.[54]

Isso porque os processos coletivos, conforme coloca Ricardo Luis Lorenzetti, permitem uma ampla participação comunitária na discussão de temas muito valiosos para a sociedade, como, por exemplo, os problemas ambientais e relações de consumo, sendo que numa sociedade organizada e realmente democrática as ações coletivas têm respaldo e força, pois este fenômeno produz certa difusão do poder com a judicialização de conflitos em que se debatem temas coletivos. São as ações coletivas que permitem identificar os conflitos existentes na sociedade, pois partem da realidade social dos cidadãos.[55]

No Brasil, a tutela processual dos interesses coletivos possui base constitucional, estando a ação Civil Pública prevista no art. 129, III da Constituição

53 De acordo com THEODORO JÚNIOR, Humberto. *Direito do consumidor:* a busca de um ponto de equilíbrio entre as garantias do código de defesa do consumidor e os princípios gerais do direito civil e do direito processual civil. Rio de Janeiro: Forense, 2004. p. 114.

54 SANTIAGO Y CALDO, Diego. Legitimidade e a representatividade adequada nas ações coletivas: um estudo comparado entre a legislação brasileira e a experiência norte-americana. *Revista de Processo*, São Paulo, nº 205, pp. 231-248, mar. 2012. p. 244.

55 LORENZETTI, Ricardo Luis. *Justicia colectiva*. Santa Fe: Rubinzal-Culzoni, 2010. p. 36.

Federal, bem como os incisos LXX e LXXI do art. 5.º da Carta Magna dão *satus* constitucional ao Mandado de Segurança Coletivo e à Ação Popular, que também podem veicular interesses da mesma espécie.[56]

Em termos de defesa do consumidor é o art. 81 do CDC que enuncia que a defesa dos interesses e direitos dos consumidores será realizada individualmente pelo lesado ou coletivamente pelos legitimados à defesa dos interesses e direitos metaindividuais (ou coletivos lato *sensu*), que são classificados (de acordo com os incisos do parágrafo único do mesmo art. 81) em difusos, coletivos e individuais homogêneos. Em conjunto com o CDC, a Lei da Ação Civil Pública, nº 7.347/1985 (com a atualização da Lei 8.884/1994[57]) ajuda a compor o microssistema do processo coletivo na legislação brasileira, o qual permite, inclusive, o dano moral coletivo.[58]

É consenso que o sistema processual tradicional já não responde mais aos anseios sociais, assim como sequer o Poder Judiciário não está preparado para dar resposta satisfatória ao crescente aumento da demanda[59], principalmente no que concerne aos litígios surgidos das relações massificadas, representando as ações coletivas tentativa de resposta, pois estas trazem em seu bojo a maximização da aplicação dos princípios da celeridade e da

---

56 Conforme GRINOVER, Ada Pellegrini; WATANABE, Kazuo; MULLENIX, Linda. *Os processos coletivos nos países de civil law e common law:* uma análise de direito comparado. 2ª ed. São Paulo: Revista dos Tribunais, 2011. p. 36.

57 O vocábulo *danos morais* foi acrescido pela Lei 8.884/1994 ao art. 1º da Lei .7347/1985, que passou a ter a seguinte redação: "Art. 1º Regem-se pelas disposições desta Lei, sem prejuízo da ação popular, as ações de responsabilidade por danos morais e patrimoniais causados: I - ao meio-ambiente; II - ao consumidor; III – a bens e direitos de valor artístico, estético, histórico, turístico e paisagístico; IV - a qualquer outro interesse difuso ou coletivo. V - por infração da ordem econômica; VI - à ordem urbanística".

58 Conforme EFING, Antônio Carlos. *Contratos e procedimentos bancários à luz do código de defesa do consumidor.* 2ª ed. São Paulo: Revista dos Tribunais, 2012. p. 620.

59 Conforme FACCHINI NETO, Eugênio. VIII Seminário Internacional de Gestão Judicial - Painel II: a gestão estratégica frente ao novo perfil das demandas contemporâneas. *Multijuris*: Primeiro Grau em Ação, Porto Alegre, v. 6, nº 10, pp. 28-33, dez. 2011. pp. 30-31. Sobre os litígios em massa e a resposta que deve ser dada, assim se posiciona o autor: "Uma coisa parece certa. Em uma sociedade de massa, em que os litígios igualmente são massificados e idênticos, crescendo em proporção muito superior a do crescimento da estrutura do Judiciário, não há como fazer frente a essa realidade com os instrumentos de um direito processual que foi criado no século XIX para resolver os litígios intersubjetivos que então existiam. O remédio processual deve ter em vista a natureza da enfermidade. Se o problema são as ações em massa, então a resposta necessariamente passa pela utilização das ações coletivas".

economia processual, sendo que, no que tange as relações de consumo, busca fazer valer o disposto nos arts. 6.º VI a VIII e 83 do CDC.[60]

É frente a essa realidade normativa, que aborda os direitos metaindividuais, que o processo moderno assume uma nove feição, pois o seu objeto se destaca da órbita individual das partes, passando o Poder Judiciário a produzir resultados em favor da coletividade ou até mesmo de grupos.[61]

Aliás, em termos de ações coletivas, no Brasil ainda se teve o acerto de permitir a legitimidade processual concorrente e disjuntiva a órgãos públicos e privados para atuarem na proteção e defesa dos consumidores, o que assegurou aos próprios consumidores a vantagem de todos os sistemas conhecidos, os quais variam do monopólio de órgãos estatais à exclusiva iniciativa privada, rechaçando, assim, os defeitos de cada um (quanto aos órgãos púbicos, aponta-se a burocracia e vinculação política e, no que tange aos privados, a dependência de financiamentos de entidades privadas ou mesmo públicas, o que retira sua independência).[62]

O direito do consumidor felizmente já possui uma *ratio* coletivista e, conforme destaca Luis Alberto Reichelt, "o microssistema consumerista é, pois, um caso à parte no contraste com o modelo liberal que infelizmente ainda impera no processo civil contemporâneo".[63] Apesar dessa realidade, a comissão de juristas que elaborou o projeto de atualização do CDC, dada a massificação dos problemas consumeristas, optou por investir ainda mais nas ações coletivas, elaborando uma série de regras a fim de dar maior celeridade e efetividade ao processo coletivo.

O resultado foi o PL 282/2012[64] com o escopo de aperfeiçoar a disciplina das ações coletivas. Essa proposta traz, sinteticamente, as seguintes

---

60 Conforme SANTOS JR, Ivandick Rodrigues dos. Breves considerações sobre as relações de consumo em massa e sua defesa coletiva em juízo. *Revista do IASP*, São Paulo, nº 24, pp. 120-148, jul./dez. 2009. p. 147.

61 De acordo com ALVIM, Teresa Celina Arruda; WAMBIER, Luiz Rodrigues. Anotações sobre as ações coletivas no Brasil - Presente e futuro. *Revista Jurídica*, Porto Alegre, pp. 11-26, jul. 2010. p. 11.

62 Segundo PASQUALOTTO, Adalberto de Souza. A defesa coletiva dos consumidores no Brasil. *Revista de Direito do Consumidor*, São Paulo, nº 16, pp. 37-44, out./dez. 1995. p. 38.

63 REICHELT, Luis Alberto. Efetividade do processo, tutela jurisdicional do consumidor e direito ao processo justo. *Revista de Direito do Consumidor*, São Paulo, nº 91, pp. 351-364, jan./fev. 2014. p. 362.

64 Disponível em http://www.senado.leg.br/atividade/materia/getPDF.asp?t=112480&tp=1. Acesso em: 10.02.2015. Reproduz-se a ementa do projeto de lei para melhor compreensão de suas inovações: Altera a Lei nº 8.078/1990 – Código de Defesa do Consumidor – para aperfeiçoar a disciplina das ações coletivas; estabelece que a ação coletiva será exercida quando se tratar de interesses ou direitos individuais

alterações: 1º) aperfeiçoamento da conceituação dos direitos ou interesses individuais homogêneos; 2º) novas diretrizes para a competência nas demandas coletivas; 3º) ampliação da legitimidade ativa; 4º) criação de um capítulo especial sobre o procedimento da ação coletiva; 5º) criação dos cadastros nacionais de processos coletivos; 6º) alteração da redação de dispositivos da Lei da ação Civil Pública sobre o litisconsórcio e a coisa julgada; e 7º) previsão de revogação de dispositivos do CDC (art. 93) e da Lei 9.494/97.[65]

Esse projeto de lei, ainda que possa receber algumas críticas pontuais, sem dúvidas, é muito benéfico, pois o seu conteúdo geral atende o objetivo de modernização do CDC, pois apresenta uma nova definição dos direitos individuais homogêneos, também apresenta a definição legal de relevância social e jurídica da tutela coletiva, o reconhecimento da defensoria pública no rol de legitimados a ingressar com a ação coletiva (tema inexplicavelmente polêmico até o momento), a previsão da adaptabilidade e da fungibilidade do procedimento, a possibilidade de realização de audiências públicas, entre outras propostas que, certamente, darão celeridade e maior eficiência ao processo coletivo, o que gerará resultados positivos. Assim, o projeto

homogêneos, assim entendidos aqueles decorrentes de origem comum, de fato ou de direito, que recomendem tratamento conjunto pela utilidade coletiva da tutela; dispõe que a tutela dos interesses ou direitos difusos, coletivos e individuais homogêneos presume-se de relevância social e jurídica; estabelece que as ações coletivas terão prioridade de processamento e julgamento, excetuadas a ação popular e as de alimentos; revoga o art. 93 e acrescenta o art. 81-A para estabelecer novas regras para definição da competência para julgamento da causa; acrescenta o inciso V ao art. 82 para conferir à Defensoria Pública legitimidade concorrente para a defesa dos interesses coletivos; dispõe sobre os honorários advocatícios no caso de procedência da demanda coletiva; estabelece os procedimentos da ação coletiva; altera a Lei nº 7.347/85, que Disciplina a ação civil pública de responsabilidade por danos causados ao meio-ambiente, ao consumidor, a bens e direitos de valor artístico, estético, histórico, turístico e paisagístico (VETADO) e dá outras providências, para tratar do litisconsórcio facultativo entre os Ministérios Públicos e as Defensorias Públicas e para estabelecer que a sentença fará coisa julgada erga omnes, exceto se o pedido for julgado improcedente por insuficiência de provas; revoga o art. 2º-A da Lei nº 9.494/97, que estabelece que a sentença civil prolatada em ação de caráter coletivo proposta por entidade associativa, na defesa dos interesses e direitos dos seus associados, abrangerá apenas os substituídos que tenham, na data da propositura da ação, domicílio no âmbito da competência territorial do órgão prolator.

65 De acordo com ALMEIDA, Gregório Assagra de; ALMEIDA, Flávia Vigatti Coelho de. O direito processual coletivo e a proposta de reforma do sistema de ações coletivas no código de defesa do consumidor no Brasil. *Revista Luso-Brasileira de Direito do Consumo*, Curitiba, nº 7, pp. 11-74, set. 2012. p. 42.

precisa ser encorajado e incentivado, já que pode definir um novo marco no processo coletivo e na consolidação da defesa dos consumidores.[66]

Outro ponto interessante é tentativa de implementação nas ações coletivas de meios consensuais de solução de controvérsias em juízo, o que também se busca no projeto do Senado para um novo CPC.[67] Essa medida é extremamente salutar, pois vai ao encontro da tentativa de harmonizar as relações de consumo.

Diante disso, a proposta legislativa é muita positiva e, mesmo que possa ter algumas imprecisões pontuais, no contexto geral contribuirá muito para o investimento definitivo nas ações coletivas, ficando clara a opção do legislador por essa via. Entretanto, ainda que possam ser destacadas muitas vantagens no projeto 282/2012, das três propostas de atualização do CDC, é a que tem tido menos aderência, sendo a menos promissora no que tange à sua aprovação. Essa realidade muito entristece, pois está se perdendo uma grande oportunidade rumo à coletivização das demandas de consumo, que precisam ser estimuladas o máximo possível por ser uma resposta adequada e sensata aos problemas que se apresentam massificados no direito do consumidor.

6. Superendividamento: realidade social que precisa de prevenção e tratamento

O superendividamento é o tema mais polêmico do projeto de atualização do CDC, ao mesmo tempo em que, sem dúvidas, é o que mais impactará a sociedade brasileira no caso de aprovação. Afirma-se, desde já, que a adoção pela lei consumerista da proteção e tratamento do superendividamento será um marco no direito brasileiro, uma verdadeira revolução que afetará a vida de milhões de consumidores e, portanto, significará profunda mudança na economia brasileira alterando verdadeiramente as relações de mercado entre fornecedores e consumidores.

Antes de adentrar nos conceitos chaves dessa proposta legislativa e desdobramentos jurídicos, impõe-se uma análise econômica para que se verifique se o superendividamento é de fato um problema social, qual a sua dimensão e gravidade.

---

66 Conforme ROCHA, Felippe Borring. Análise da Minuta Preliminar do Anteprojeto de Lei para alteração da disciplina das ações coletivas no código de defesa do consumidor. *Revista Luso-Brasileira de Direito do Consumo.* Curitiba, nº 4, pp. 44-72, dez. 2011. p. 06.

67 Conforme RUBIN, Fernando. A tutela processual do consumidor: aspectos de convergência entre o Projeto do novo CPC e os projetos de atualização do CDC. *Revista de Direito do Consumidor*, São Paulo, nº 83, pp. 141-163, jul./set. 2012. p. 145.

O Brasil ainda é a sétima economia mundial (utilizando-se o PIB como parâmetro) segundo dados do FMI.[68] Porém, contrariando este dado, em termos de desenvolvimento humano, ocupa o Brasil a vergonhosa 79ª posição no relatório do desenvolvimento humano da ONU[69], que também produziu recente relatório denominado de "Humanidade Dividida: Confrontando a desigualdade nos países em desenvolvimento", que aponta o Brasil, apesar de ter melhorado muito na última década, como país que se destaca pela acentuada concentração de renda.[70] Portanto, percebe-se que o Brasil é um país de contrastes e com muitos problemas sociais, apesar da sua pujança econômica, já que a mesma não reflete em ganhos proporcionais para toda a população.

E é exatamente nesse contexto que o crédito se expande constantemente no Brasil e de forma assustadora. Segundo dados da ABECS[71], apenas em 2014 o mercado de cartões movimentou R$ 978,8 bilhões em volume financeiro, o que representa um aumento de 14,8% em relação a 2013. No que tange especificamente aos cartões de crédito, foram transacionados R$ 625,5 bilhões, avanço de 13,1% em relação ao ano anterior. Para 2015, a previsão de crescimento é entre 12% e 13%, o que representa que o setor chegará próximo de R$ 1,1 trilhão em volume transacionado por cartões. Em termos de quantidade de transações de cartão no ano, o número chegou a 10,3 bilhões.[72]

Vários são os indicadores dessa escalada do crédito. Em pesquisa realizada também pela ABECS ainda no ano de 2013, constatou-se que 54% das transações realizadas no comércio já são com cartão o que demonstra que cada vez mais o dinheiro físico está sendo substituído pelo virtual (os restantes 46% são representado por dinheiro, cheque e outras formas de pagamento, como vales, faturas, carnês e boletos). O dinheiro ainda é a forma mais usual de pagamento (35%), mas o cartão de crédito vem logo em seguida (31%) e, se continuar seu ritmo de crescimento, deve superar as

---

68 FMI em português significa Fundo Monetário Internacional. Todos os dados econômicos sobre os 188 países membros podem ser consultados no site http://www.imf.org.

69 Disponível em http://www.pnud.org.br/arquivos/RDH2014pt.pdf. Acesso em: 16.02.2015.

70 Relatório disponível em http://www.undp.org/content/dam/undp/library/Poverty%20 Reduction/Inclusive%20 development/Humanity%20Divided/HumanityDivided_Full-Report.pdf. Acesso em: 16.02.2015.

71 Associação Brasileira das Empresas de Cartões de Crédito e Serviços - (www.abecs.org.br).

72 Dados disponíveis em http://www.abecs.org.br/noticia/setor-de-cartoes-deve-crescer-entre-12-e-13-em-2015-diz-abecs. Acesso em: 16.02.2015.

transações em dinheiro perante o comércio. Na mesma pesquisa ainda se constatou que os cartões já atingem 76,1% da população brasileira.[73]

Inegavelmente, o crédito no Brasil se tornou a principal forma de estímulo ao crescimento econômico, sendo que o crédito ao consumo já supera o crédito concedido às empresas. Esse crédito alcançou todas as classes econômicas, pois, nos últimos anos, o aumento de renda foi constatado em todas as classes que passaram a consumir mais, projetando-se, para os próximos anos, mais renda e consumo.[74] Vive-se verdadeira "farra" do crédito, apesar do Brasil ter uma penetração de crédito inferior a dos países emergentes, possuindo enorme potencial de expansão.[75]

Segundo dados do IPEA[76], apontados no Índice de Expectativas de Famílias, de 17 de agosto de 2012[77], 7,1% das famílias brasileiras se consideram muito endividadas, enquanto 18,8% se declaram "mais ou menos endividadas" e 18% pouco endividadas. Logo, estes dados permitem concluir que em 2012 quase metade da população brasileira possuía dívidas, destacando-se que cerca de 14 milhões encontravam-se superendividadas. Este mesmo estudo apontou, ainda, que 32,2% das famílias brasileiras possuíam contas atrasadas, ou seja, estavam inadimplentes. Apesar destes dados alarmantes, este mesmo estudo concluiu que o brasileiro estava otimista com a situação econômica e buscando mais crédito para consumir sem maiores preocupações.

---

73 Dados disponíveis em http://www.abecs.org.br/indicadores-pesquisas. Acesso em: 16.02.2015. Sobre o ritmo de crescimento dos cartões de crédito, comparando-se apenas o período entre 2008 e 2014, verifica-se que o número de transações com cartão de crédito duplicou, enquanto o valor transacionado a crédito praticamente triplicou. Dados disponíveis em http://www.abecs.org.br/indicadores-de-mercado. Acesso em: 16.02.2015.

74 Estima-se que para os próximos três anos que mais de 17,6 milhões de brasileiros entrarão para a classe "C", que possui renda entre R$ 1.610,00 e R$ 6.941,00, que se tornará a maior classe brasileira, com cerca de 60% da população, classe essa sedenta por consumo. Nesse contexto, os cartões de crédito continuarão com o ritmo de expansão, destacando-se que o Brasil já possui 666,2, milhões de cartões (260,7 milhões de cartões de débitos, 165 milhões de cartões de crédito e 240,5 milhões de cartões de lojas e redes de varejo).

75 Conforme LIMA, Clarissa Costa de. O cartão de crédito e o risco de superendividamento: uma análise da recente regulamentação da indústria de cartão de crédito no Brasil e Estados Unidos. *Revista de Direito do Consumidor*, São Paulo, nº 81, pp. 239-259, jan./mar. 2012. p. 241.

76 Instituto de Pesquisa Econômica Aplicada (IPEA) é uma fundação pública federal vinculada à Secretaria de Assuntos Estratégicos da Presidência da República do Brasil.

77 Relatório disponibilizado em http://www.ipea.gov.br/portal/images/stories/PDFs/IEF/120817_ief_24.pdf . Acesso em: 10.02.2015.

Percebe-se facilmente que endividamento tornou-se inerente à vida na sociedade, sendo que consumo e crédito tornam-se duas faces de uma mesma moeda, vinculados que estão no sistema econômico e jurídico dos países capitalistas[78]. Nesse sentido, bem relacionou Philippe Flores[79] o crédito ao consumo:

> O crédito situa-se no coração do consumo, uma vez que permite a realização imediata de projetos que, do contrário, deveriam ser diferidos ou, na pior hipótese, abandonados. Este instrumento é essencial, tanto no plano macroeconômico, para acompanhar o desenvolvimento, como sobre o plano microeconômico, para favorecer o incremento do plano de vida dos consumidores.

Dessa forma, fica evidente que o superendividamento é uma realidade que não tem recebido a devida atenção no Brasil. Colaboram para essa situação o acesso ao crédito fácil, a falta de informação e de educação para o consumo, a publicidade agressiva, bem como "acidentes da vida"[80], que são situações que contribuem para que o consumidor perca a sua capacidade de pagamento global de suas dívidas.[81]

É claro que o estímulo ao crédito, muitas vezes irresponsável, e o fenômeno do superendividamento não são exclusivos do Brasil, podendo ser identificados em todo o mundo, mas nos países da América Latina em especial ainda não receberam a devida atenção e regulamentação[82], ao contrário da Europa em que, guardadas as peculiaridades de cada Estado, já tem tratamento. Prova disso é que em 23 de abril de 2008, pela Diretiva 2008/48/CE, do Parlamento Europeu e do Conselho, que disciplina os contratos de crédito ao consumidor, operou-se a inversão do que poderia considerar-se o paradigma até então estabelecido: o da celebração irresponsável, temerária e maléfica de contratos por iniciativa dos fornecedores de crédito. Isso

---

78 Conforme MARQUES, Claudia Lima. Sugestões para uma lei sobre o tratamento do superendividamento de pessoas físicas em contratos de crédito ao consumo: proposições com base em pesquisa empírica de 100 casos no Rio Grande do Sul. *Revista de Direito do Consumidor*, São Paulo, nº 55, pp. 11-52, jul./set. 2005. p. 12.

79 FLORES, Philippe. A prevenção do superendividamento pelo código de consumo *Revista de Direito do Consumidor*, São Paulo, nº 78, pp. 67-17, abr./jun. 2011. p. 68.

80 Como "acidentes da vida", pode-se citar, principalmente, o desemprego, doenças, morte de um mantenedor da família, separação ou divórcios, sinistros que levam à incapacidade parcial ou total, entre outros.

81 De acordo com MELLO, Flávio Citro Vieira de. A proteção do sobre-endividado no Brasil. *Revista Luso-Brasileira de Direito do Consumo*, Curitiba, nº 2, pp. 11-38, jun. 2011. p. 13.

82 Conforme PEREIRA, Wellerson Miranda. Sugestões para a harmonização das soluções jurídicas sobre o crédito ao consumidor no Mercosul. *Revista de Direito do Consumidor*, São Paulo, nº 66, pp. 196-241, abr./jun. 2008. p. 237.

porque, de acordo com a referida Diretiva, incumbe aos Estados membros da Comunidade Europeia adotar medidas a incentivar práticas responsáveis em todas as fases da relação de crédito, considerando as peculiaridades do mercado de crédito e as consequências de créditos "podres".[83]

No Brasil a doutrina, seguindo a tendência europeia, mas mais influenciada pela legislação francesa[84] para tratar desse fenômeno social[85], colaborou para o surgimento do PL de Atualização do CDC[86] que, segundo a própria exposição de motivos, trata especialmente do tema do crédito e do superendividamento do consumidor, visando preparar o mercado e a sociedade, reforçando os direitos de informação, de transparência, lealdade e de cooperação nas relações que envolvam crédito para o fornecimento de produtos e serviços a consumidores.[87] Com isso, pretende-se que haja a prevenção ao superendividamento e o tratamento dos consumidores superendividados, apostando-se na negociação entre o consumidor de boa-fé e o fornecedor de crédito.[88]

Aliás, é importante destacar que o PL 283 não pretende estabelecer um sistema formal de falência, mas sim inova ao investir na conciliação global do superendividado com todos os seus credores (repactuação da dívida). Essa proposta é oriunda de projetos já implementados de tentativa de conciliação de consumidores superendividados, o que foi muito bem realizado, inicialmente, pelo TJ/RS e, após, pelo TJ/PR, TJ/PE, TJ/SP, Defensoria Pública/RJ e PROCON/SP.[89]

---

83 De acordo com FROTA, Mário. Do regime jurídico de crédito ao consumidor na União Europeia e seus reflexos em Portugal. *Revista de Direito do Consumidor*, São Paulo, nº 78, pp. 23-66, abr./jun. 2011. p. 25.

84 A legislação francesa define o superendividamento expressamente no art. L.330-1 do *Code de La Cosnommation* como sendo: "A situação de superendividamento das pessoas físicas se caracteriza pela impossibilidade manifesta para o devedor de boa-fé de honrar o conjunto de suas dívidas não profissionais, exigíveis e vincendas".

85 Conforme SCHMIDT NETO, André Perin. Superendividamento do consumidor: conceito, pressupostos e classificação. *Revista de Direito do Consumidor*, São Paulo, nº 71, pp. 09-32, jul./set. 2009. p. 12.

86 O Projeto de Lei foi autuado no Senado sob o nº 283, de autoria do senador José Sarney. O andamento do projeto pode ser acompanhado em http://www.senado.gov.br/atividade/materia/detalhes.asp?p_cod_mate=106773 . Acesso em: 05.02.2015.

87 MARQUES, Claudia Lima; MIRAGEM, Bruno. Anteprojetos de Lei de Atualização do Código de Defesa do Consumidor. *Revista de Direito do Consumidor*, São Paulo, nº 82, pp. 331-356, abr./jun. 2012. p. 348.

88 CONCEIÇÃO, Ana Filipa. Sobre-endividamento ou insolvência. *Revista Luso-Brasileira de Direito do Consumo*, Curitiba, nº 4, pp. 73-111, dez. 2011. p. 105.

89 Segundo MIRAGEM, Bruno; LIMA, Clarissa Costa de. Patrimônio, contrato e a proteção constitucional da família: estudo sobre as repercussões do superendividamento sobre as relações familiares. *Revista de Direito do Consumidor*, São Paulo, nº 91, pp. 85-116, jan./fev. 2014. p. 111.

A questão do superendividamento também precisa ser abordada a partir da perspectiva dos direitos humanos, já que o direito do consumidor necessita estar conectado na temática dos direitos humanos, os quais devem ser protegidos pelo Estado. Sendo o consumidor um sujeito vulnerável, sua proteção se impõe como concretização dos direitos humanos. Nesta perspectiva, a falta de proteção do consumidor no mercado, seja pela ausência de leis ou pela falta de atuação do Poder Judiciário de garantir a concretização dos direitos humanos fundamentais, coloca o Estado como violador dos direitos humanos, quando deveria ser protetor, o que seria capaz, inclusive, de ar a responsabilização do Estado perante tribunais internacionais.[90]

Nesse sentido, deixar de proteger o consumidor ante a problemática do superendividamento, que sem dúvida afeta fortemente o seu mínimo existencial (ou patrimônio mínimo como refere Marcelo Junqueira Calixto[91]) e, consequentemente, a sua dignidade humana, é uma omissão inaceitável.

Segundo Marcelo Schenk Duque políticas públicas direcionadas à prevenção e tratamento do superendividamento são necessárias em decorrência do dever estatal de proteção da pessoa, no caso o consumidor vulnerável, concluindo pelo dever do Estado de regular a matéria[92]:

> A partir do momento em que se sabe que o superendividamento atua como mecanismo prejudicial capaz de afetar decisões, pelo fato de e o simples lidar com a perspectiva de pobreza implica considerável perda de recursos cognitivos, impõe-se ao Estado o dever de colocar em prática políticas públicas q, de modo eficiente, combatam a prática de endividamento além da conta. Esse dever passa pela construção de uma legislação forte e passível de controle, que diminua os riscos no mercado de consumo, aliada à construção e manutenção de tribunais atuantes e facilmente acessíveis aos cidadãos.

Com a questão do superendividamento abarcada pelo CDC, certamente, os agentes da relação de consumo seriam incentivados a mudarem sua postura. Para o credor aumentaria a preocupação em melhor apresentar os riscos existentes em seus contratos de crédito (dever de aconselhar), ao mesmo tempo em que selecionaria melhor os seus consumidores, ou seja,

---

90 Conforme BRAUNER, Daniela Corrêa Jacques. Estado, mercado e defesa do consumidor: uma leitura da proteção constitucional ao consumidor superendividado à luz da intervenção do Estado na ordem econômica. *Revista de Direito do Consumidor*, São Paulo, nº 96, pp. 259-294, nov./dez. 2014. p. 291.

91 CALIXTO, Marcelo Junqueira. A reforma do CDC no tocante ao consumidor superendividado: primeiras impressões. *Revista de Direito do Consumidor*, São Paulo, nº 87, pp. 273-308, mai./jun. 2013. p. 275.

92 DUQUE, Marcelo Schenk. O dever fundamental do Estado de proteger a pessoa da redução da função cognitiva provocada pelo superendividamento. *Revista de Direito do Consumidor*, São Paulo, nº 94, pp. 157-179, jul./ago. 2014. p. 173.

seria mais criteriosos e cauteloso, para não dizer mais responsável. Já ao consumidor, no momento da escolha, munido de mais informações e com o direito de arrependimento, tomaria a decisão de acordo com as suas reais possibilidade de pagamento futuro diminuindo o risco de se superendividar.[93] Logo, o crédito irresponsável seria fortemente desestimulado, o que é saudável para a sociedade como um todo.

Sendo um fenômeno social grave e comprovado (Gilles Paisant chega a firmar que o fenômeno do superendividamento já se generalizou na sociedade moderna),[94] o superendividamento precisa de tratamento, pois pode causar a falência do consumidor, que não conseguirá garantir sequer o mínimo imprescindível e fundamental para manter a sua dignidade. Para evitar essa falência, países como Estados Unidos, Canadá, França, Inglaterra, Alemanha, entre outros, criaram uma série de inovações legislativas, muitas advindas de jurisprudência e por analogia com a concordata comercial, em especial o processo extrajudicial específico, de tratamento amigável ou administrativo de renegociação e parcelamento para pessoas físicas consumidores, o que permite um tratamento global da situação de superendividamento.[95]

Assim, deve o Brasil também tentar mudar a pré-concepção estabelecida quanto ao superendividamento (de que todo o superendividado seria um irresponsável, quando geralmente, o superendividamento é causado por "acidentes da vida"), sem simplesmente incorporar legislações do exterior, mas elaborando, como efetivamente se tenta fazer com o PL 283/2012, legislação própria adaptada à realidade social brasileira, sem ignorar as proveitosas lições de países que já tratam com êxito desse tema.[96]

---

93 Conforme PORTO, Antônio José M.; BUTELLI, Pedro Henrique. O superendividamento brasileiro: uma análise introdutória e uma nova base de dados. *Revista de Direito do Consumidor*, São Paulo, nº 95, pp. 185-229, set./out. 2014. p. 212.

94 PAISANT, Gilles. El tratamiento de las situaciones de sobreendeudamiento de los consumidores en Francia. *Revista de Direito do Consumidor*, São Paulo, nº 89, pp. 13-27, set./out. 2013. p. 26.

95 Conforme MARQUES, Claudia Lima. Algumas perguntas e respostas sobre prevenção e tratamento do superendividamento dos consumidores pessoas físicas. *Revista de Direito do Consumidor*, São Paulo, nº 75, pp. 09-42, jul./set. 2010. p. 26.

96 Nesse sentido, Káren Rick Danilevicz Bertoncello refere que "a criação de regime jurídico capaz de oferecer medidas de prevenção e de tratamento do superendividamento no Brasil dependeria, a nosso sentir, do estudo das legislações comparadas". BERTONCELLO Káren Rick Danilevicz. Breves linhas sobre o estudo comparado de procedimentos de falência dos consumidores: França, Estados Unidos da América e Anteprojeto de Lei no Brasil. *Revista de Direito do Consumidor*, São Paulo, nº 83, pp. 113-137, jul./set. 2012. p. 135.

Logo, ao mesmo tempo em que não se pode simplesmente importar conceitos e experiências alienígenas, também não se pode simplesmente ignorá-los por fazer parte de países com outra tradição jurídica ou outra realidade econômica, sob pena de praticarmos paroquialismo. Conforme ensina Amartya Sen, num mundo globalizado, a discussão das exigências de justiça não pode ficar fechada a uma determinada localidade, como um país ou mesmo uma região, pois se isso ocorrer há o risco possível de ignorar ou subestimar muitos contra-argumentos desafiadores que podem não ter aparecido no debate local, mas que seriam dignos de considerações numa perspectiva racional e imparcial.[97]

Além de uma ideia de solidariedade, o enfrentamento do superendividamento traz também a concepção de equidade, pela distribuição dos ônus de um crédito irresponsável, o que faz com que ambas as partes do contrato fiquem ligadas até o fim, mesmo com problemas para adimplir a dívida. Aliás, sobre a questão da equidade, cita-se John Rawls[98] que expõe que "a função dos princípios de justiça (como parte de uma concepção política de justiça) é definir os termos equitativos de cooperação social".

Para uma sociedade mais justa, equilibrada, cooperativa e solidária, é necessário o tratamento dos superendividados, pois é insustentável que parte da população viva superendividada e sem amparo, muitas vezes, sem condições de prover sequer o seu mínimo existencial, o que justifica a intervenção do Estado no sentido de prover este mínimo existencial, adotando as medidas para que os cidadãos tenham condições de sair dessa trágica situação.

O PL 283/2012 é resultado de exaustiva e profícua pesquisa, revelando-se como oportunidade de trazer para dentro do CDC importante regras sobre o tema do superendividamento, o que impactará imediatamente a sociedade brasileira, interferindo profundamente, inclusive, na economia, já que milhões de consumidores superendividados poderão se beneficiar com esta nova legislação, que estimulará uma era de crédito responsável.

7. A atualização do CDC como necessária medida de modernização

A defesa do consumidor é um direito fundamental assegurado na Constituição Federal. Nesse contexto, conforme destaca Ingo Wolfgang Sarlet, todas as normas constitucionais são dotadas de um mínimo de efi-

---

97 De acordo com SEN, Amartya. *A ideia e justiça.* Tradução Denise Bottmann, Ricardo Doninelli Mendes. São Paulo: Companhia das Letras, 2011. p. 438.

98 RAWLS, John. *Justiça como equidade: uma reformulação.* Tradução Claudia Berliner. São Paulo: Martins Fontes, 2003. p 10.

cácia e, no caso dos direitos fundamentais, com base no mandamento do art. 5º, § 1º da Constituição Federal, incumbe aos poderes públicos o dever de extrair das normas que o consagram a maior eficácia possível, possuindo os direitos fundamentais efeitos reforçados em relação a todas as demais normas constitucionais.[99]

Além disso, o CDC tem o escopo de refazer o equilíbrio da relação consumerista, naturalmente desequilibrada, em que, na maioria dos casos, "alguém age por interesse frente a outrem, que atua por necessidade".[100]

Logo, considerando que em situações de superendividamento e de comércio eletrônico há vulnerabilidade agravada, ou seja, a relação consumerista está mais desequilibrada que o normal, bem como partindo do pressuposto que cabe ao Estado dar a maior proteção possível ao consumidor para dar a maior eficácia ao mandamento constitucional, é impositiva a atualização do CDC, sob pena do consumidor ver o seu patamar de proteção reduzido, já que os fenômenos do superendividamento e do comércio eletrônico eram incipientes em 1990, mas hoje constituem realidade de milhões de consumidores, os quais precisam de tutela do Estado.

Raciocínio semelhante se dá com as ações coletivas, pois na era de problemas em massa, o Estado precisa optar por soluções em massa, investindo fortemente nas ações coletivas, tendência de um processo civil moderno e revigorado.

Portanto, o CDC precisa ser atualizado e com isso revigorado. As novas demandas sociais exigem que esta importante legislação seja adequada para as necessidades complexas que atualmente possuímos. Vivemos a era do consumismo exacerbado e, neste contexto, tratar de demandas coletivas, comércio eletrônico e superendividamento é mais do que uma mera recomendação, trata-se de uma necessidade.

A tentativa de atualização do CDC é sim, fazendo-se aqui uma apreensão da expressão utilizada por Adalberto Pasqualotto[101], um verdadeiro "sopro de vida" para a legislação consumerista, uma vez que a mesma representa o preenchimento de lacunas, inovações e significa a efetivação concreta da proteção do consumidor no Brasil, Estado comprometido com a concretização dos direitos fundamentais.

---

99 SARLET, Ingo Wolfgang. *A eficácia dos direitos fundamentais:* uma teoria geral dos direitos fundamentais perspectiva constitucional. 10. ed. Porto Alegre: Livraria do Advogado, 2009. p. 271.

100 PASQUALOTTO, Adalberto de Souza. Conceitos fundamentais do Código de Defesa do Consumidor. *Revista dos Tribunais*, São Paulo, nº 666, pp. 48-53, abr. 1991. p. 50.

101 PASQUALOTTO, Adalberto. Dará a reforma ao código de defesa do consumidor um sopro de vida? *Revista de Direito do Consumidor*, São Paulo, nº 78, pp. 11-20, abr./jun. 2011. p. 14.

8. Conclusões

Respondendo as questões inicialmente levantadas, afirma-se com convicção que o CDC não é uma legislação ultrapassada, pelo contrário, representou um marco no direito brasileiro, aliás, legislação modelo e mundialmente reconhecida como experiência bem sucedida, ainda que nem todas as suas disposições tenham eficácia plena por diversos fatores.

Além disso, o CDC, norma principiológica, oferta aos consumidores o instrumental necessário para a sua defesa e concretização de seus direitos. Porém, em 1990, ano em que o CDC foi implementado, era praticamente impossível normatizar questões como superendividamento e comércio eletrônico, e mesmo as ações coletivas como atualmente se propõe. E é justamente por isso que se busca atualizar o CDC, seja para reforçar sua importância, seja para atualizá-lo para as atuais demandas da sociedade.

O que se busca é justamente revigorar, revitalizar e reafirmar essa importante legislação, evitando-se o risco de fragmentação, sendo esta a razão pela qual não é recomendável e existência de legislações esparsas, pois o ideal é manter o CDC como norma "guarda-chuva", ou seja, como verdadeiro Código que reúne as principais disposições em matéria de defesa do consumidor, pois a centralidade e unidade o CDC é fundamental, considerando que essa se apresenta como a principal legislação para o consumidor, já sendo, aliás, de conhecimento público.

Então, não se busca um novo CDC. Em matéria consumerista, não precisamos de uma revolução, mas pontual evolução para dar a maior eficácia possível ao mandamento constitucional de defesa do consumidor.

Nesse sentido, a aprovação dos Projetos de Lei 281, 282 e 283 do Senado Federal, todos do ano de 2012, que tratam, respectivamente, do comércio eletrônico, ações coletivas e superendividamento, é medida necessária não apenas para elevar o grau de proteção dos consumidores, mas sim para concretizar a cidadania e colaborar para deixar a sociedade mais harmoniosa, solidária, equilibrada e, consequentemente, sustentável.

9. Referências bibliográficas

ALMEIDA, Gregório Assagra de; ALMEIDA, Flávia Vigatti Coelho de. O direito processual coletivo e a proposta de reforma do sistema de ações coletivas no código de defesa do consumidor no Brasil. *Revista Luso-Brasileira de Direito do Consumo*, Curitiba, nº 7, pp. 11-74, set. 2012.

ALVIM, Teresa Celina Arruda; WAMBIER, Luiz Rodrigues. Anotações sobre as ações coletivas no Brasil - Presente e futuro. *Revista Jurídica*, Porto Alegre, pp. 11-26, jul. 2010.

AMARAL JÚNIOR, Alberto. VIEIRA, Luciane Klein. As recentes alterações no direito brasileiro sobre o arrependimento nas relações de consumo estabelecidas por meios eletrônicos: legislação atual e norma projetada. *Revista de Direito do Consumidor*, São Paulo, nº 90, pp. 215-242, nov./dez. 2013.

AMAYA, Jorge Alejandro. *Mecanismos constitucionales de protección al consumidor.* Buenos Aires: La Ley, 2004.

AZEVEDO, Fernando Costa. KLEE, Antônia Espíndola Longoni. Considerações sobre a proteção dos consumidores no comércio eletrônico e o atual processo de atualização do Código de Defesa do Consumidor. *Revista de Direito do Consumidor*, São Paulo, nº 85, pp. 209-260, jan./fev. 2013.

BAUERMANN, Sandra. Implantação e experiência do projeto de tratamento ao superendividamento do consumidor no Poder Judiciário do Paraná. *Revista de Direito do Consumidor*, São Paulo, nº 95, pp. 231-251, set./out. 2014.

BAUMAN, Zygmunt. *Vida para consumo*: a transformação das pessoas em mercadoria. Tradução Carlos Alberto Medeiros Rio de Janeiro: Zahar, 2008.

BENJAMIN, Antônio Carlos Herman de Vasconcellos; MARQUES, Claudia Lima. Extrato do Relatório-geral da Comissão de Juristas do Senado Federal para atualização do Código de Defesa do Consumidor (14.03.2012). *Revista de Direito do Consumidor*, São Paulo, n.92, pp. 303-366, mar./abr. 2014.

______ . O conceito jurídico de consumidor. *Revista dos Tribunais*, São Paulo, nº 628, pp. 69-79, fev. 1988.

______ .; MARQUES, Claudia Lima; BESSA, Leonardo Roscoe. *Manual de direito do consumidor*. São Paulo: Revista dos Tribunais, 2008.

BERTONCELLO Káren Rick Danilevicz. Breves linhas sobre o estudo comparado de procedimentos de falência dos consumidores: França, Estados Unidos da América e Anteprojeto de Lei no Brasil. *Revista de Direito do Consumidor*, São Paulo, nº 83, pp. 113-137, jul./set. 2012.

BESSA, Leonardo Roscoe. *Aplicação do código de defesa do consumidor*: análise crítica da relação de consumo. Brasília: Brasília Jurídica, 2007.

______ . *O consumidor e seus direitos:* ao alcance de todos. 2ª ed. Brasília: Brasília Jurídica, 2004.

BRAUNER, Daniela Corrêa Jacques. Estado, mercado e defesa do consumidor: uma leitura da proteção constitucional ao consumidor superendividado à luz da intervenção do Estado na ordem econômica. *Revista de Direito do Consumidor*, São Paulo, nº 96, pp. 259-294, nov./dez. 2014.

CALIXTO, Marcelo Junqueira. A reforma do CDC no tocante ao consumidor superendividado: primeiras impressões. *Revista de Direito do Consumidor*, São Paulo, nº 87, pp 273-308, mai./jun. 2013.

CANTO, Rodrigo Eidelvein do. Direito do consumidor e vulnerabilidade no meio digital. *Revista de Direito do Consumidor*, São Paulo, nº 87, pp. 179-209, mai./jun. 2013.

COMPARATO, Fábio Konder. A proteção ao consumidor na constituição brasileira de 1988. *Revista de Direito Mercantil, Industrial, Econômico e Financeiro*, São Paulo, nº 80, pp. 66-75, out./dez. 1990.

______. A proteção do consumidor: importante capítulo do direito econômico. *Revista de Direito do Consumidor.* São Paulo, nº 77, pp. 27-46, jan./mar. 2011.

CONCEIÇÃO, Ana Filipa. Sobre-endividamento ou insolvência. *Revista Luso-Brasileira de Direito do Consumo*, Curitiba, nº 4, pp. 73-111, dez. 2011.

DINIS, Marisa Catarina da Conceição. Do regime geral do comércio eletrónico no ordenamento jurídico português. Revista Luso-Brasileira de Direito do Consumo, Curitiba, nº 6, pp. 145-184, jun. 2012.

DORNELES, Renato Moreira. A intervenção estatal brasileira nas relações de consumo: estrutura legislativa e fundamentos. *Revista de Direito do Consumidor*, São Paulo, nº 50, pp. 58-70, abr./jun. 2004.

DUQUE, Marcelo Schenk. O dever fundamental do Estado de proteger a pessoa da redução da função cognitiva provocada pelo superendividamento. *Revista de Direito do Consumidor*, São Paulo, nº 94, pp. 157-179, jul./ago. 2014.

EFING, Antônio Carlos. *Contratos e procedimentos bancários à luz do código de defesa do consumidor.* 2ª ed. São Paulo: Revista dos Tribunais, 2012.

EMERIM, Camila Candido. Contratos eletrônicos de consumo: panorama doutrinário, legislativo e jurisprudencial atual. *Revista de Direito do Consumidor*, São Paulo, nº 91, pp. 367-393, jan./fev. 2014.

FACCHINI NETO, Eugênio. VIII Seminário Internacional de Gestão Judicial - Painel II: a gestão estratégica frente ao novo perfil das demandas contemporâneas. *Multijuris*: Primeiro Grau em Ação, Porto Alegre, v. 6, nº 10, pp. 28-33, dez. 2011.

FLORES, Philippe. A prevenção do superendividamento pelo código de consumo *Revista de Direito do Consumidor*, São Paulo, nº 78, pp. 67-17, abr./jun. 2011.

FROTA, Mário. Do regime jurídico do crédito ao consumidor na União Europeia e seus Reflexos em Portugal. *Revista de Direito do Consumidor*, São Paulo, nº 78, pp. 23-65, abr./jun. 2011.

GRINOVER, Ada Pellegrini et al. *Código brasileiro de defesa do consumidor*: comentado pelos autores do anteprojeto. 9ª ed. Rio de Janeiro: Forense Universitária, 2007.

______.; WATANABE, Kazuo; MULLENIX, Linda. *Os processos coletivos nos países de civil law e common law:* uma análise de direito comparado. 2ª ed. São Paulo: Revista dos Tribunais, 2011.

HOBSBAWM, Eric J. *Era dos Extremos: o breve século XX: 1914-1991*. Tradução Marcos Santarrita. São Paulo: Companhia das Letras, 1995.

LIMA, Clarissa Costa de. O cartão de crédito e o risco de superendividamento: uma análise da recente regulamentação da indústria de cartão de crédito no Brasil e Estados Unidos. *Revista de Direito do Consumidor*, São Paulo, nº 81, pp. 239-259, jan./mar. 2012.

LIMBERGER, Têmis; SALDANHA, Jânia Maria Lopes; MORAES, Carla Andreatta Sobbé. Estado, cidadania e novas tecnologias: o comércio eletrônico e as alterações do Código de Defesa do Consumidor. *Revista de Direito do Consumidor*, São Paulo, nº 85, pp. 261-281, jan./fev. 2013.

LOPES, José Reinaldo de Lima. *O direito na história*: lições introdutórias. 5ª ed. São Paulo: Atlas, 2014.

LORENZETTI, Ricardo Luis. *Comércio eletrônico*. São Paulo: Rev. dos Tribunais, 2004.

______. *Justicia colectiva*. Santa Fe: Rubinzal-Culzoni, 2010.

LUCCA, Newton de. Comércio eletrônico na perspectiva de atualização do CDC. *Revista Luso-Brasileira de Direito do Consumo*, Curitiba, nº 7, pp. 113-132, set. 2012.

MACEDO JR., Ronaldo Porto. *Contratos relacionais e defesa do consumidor*. 2ª ed. São Paulo: Revista dos Tribunais, 2007.

MARQUES, Claudia Lima. Algumas perguntas e respostas sobre prevenção e tratamento do superendividamento dos consumidores pessoas físicas. *Revista de Direito do Consumidor*, São Paulo, nº 75, pp. 09-42, jul./set. 2010.

______.; MIRAGEM, Bruno. Anteprojetos de Lei de Atualização do Código de Defesa do Consumidor. *Revista de Direito do Consumidor*, São Paulo, nº 82, pp. 331-356, abr./jun. 2012.

______.; DELALOYE, Maria Laura. La regulación de los contratos internacionales de consumo en América. *Revista de Direito do Consumidor*, São Paulo , n.84, pp. 225-245, out./dez. 2012.

______. O "diálogo das fontes" como método da nova teoria geral do direito: um tributo à Erik Jayme. In MARQUES, Claudia Lima (Coord.). *Diálogo das fontes: do conflito à coordenação de normas do direito brasileiro*. São Paulo: Revista dos Tribunais, 2012. pp. 17-66.

______. Sugestões para uma lei sobre o tratamento do superendividamento de pessoas físicas em contratos de crédito ao consumo: proposições com base em pesquisa empírica de 100 casos no Rio Grande do Sul. *Revista de Direito do Consumidor*, São Paulo, nº 55, pp. 11-52, jul./set. 2005.

MARTINS, Fernando Rodrigues; FERREIRA, Keila Pacheco. A contingente atualização do Código de Defesa do Consumidor: novas fontes, metodologia e devolução de conceitos. *Revista de Direito do Consumidor*, São Paulo, nº 83, pp. 11-54, jul./set. 2012.

______.; BASAN, Arthur Pinheiro; ANDRADE, Pablo Cardoso. Tutela eletrônica do consumidor: ordem espontânea popular na formatação dos bancos de dados dos fornecedores. *Revista de Direito do Consumidor*, São Paulo, nº 87, pp. 211-226, mai./jun. 2013.

MARTINS, Guilherme Magalhães. A atualização do Código de Defesa do Consumidor e a regulamentação do comércio eletrônico: avanços e perspectivas. *Revista de Direito do Consumidor*, São Paulo, nº 95, pp. 255-287, set./out. 2014.

MELLO, Flávio Citro Vieira de. A proteção do sobre-endividado no Brasil. *Revista Luso-Brasileira de Direito do Consumo*, Curitiba, nº 2, pp. 11-38, jun. 2011.

MIRAGEM, Bruno. *Direito do consumidor*: fundamentos do direito do consumidor; direito material e processual do consumidor; proteção administrativa do consumidor; direito penal do consumidor. São Paulo: Revista dos Tribunais, 2008.

______. O Plano Nacional de Consumo e Cidadania – Comentário ao Dec. 7.963, de 15.03.2013. *Revista de Direito do Consumidor*, São Paulo, nº 86, pp. 275-285, mar./abr. 2013.

______.; LIMA, Clarissa Costa de. Patrimônio, contrato e a proteção constitucional da família: estudo sobre as repercussões do superendividamento sobre as relações familiares. *Revista de Direito do Consumidor*, São Paulo, nº 91, pp. 85-116, jan./fev. 2014.

NERY JÚNIOR, Nelson. Os princípios gerais do código de defesa do consumidor. *Revista de Direito do Consumidor*, São Paulo, nº 3, 1992.

NISHIYAMA, Adolfo Mamoru. *A proteção constitucional do consumidor*. 2ª ed. São Paulo; Atlas 2010.

NUNES JÚNIOR, Vidal Serrano. *Código de defesa do consumidor interpretado*. São Paulo: Saraiva, 2003.

PAISANT, Gilles. El tratamiento de las situaciones de sobreendeudamiento de los consumidores en Francia. *Revista de Direito do Consumidor*, São Paulo, nº 89, pp. 13-27, set./out. 2013.

PASQUALOTTO, Adalberto de Souza. A defesa coletiva dos consumidores no Brasil. *Revista de Direito do Consumidor*, São Paulo, nº 16, pp. 37-44, out./dez. 1995.

______ . Conceitos fundamentais do Código de Defesa do Consumidor. *Revista dos Tribunais*, São Paulo, nº 666, pp. 48-53, abr. 1991.

______ . Dará a reforma ao código de defesa do consumidor um sopro de vida? *Revista de Direito do Consumidor*, São Paulo, nº 78, pp. 11-20, abr./jun. 2011.

______ . Sobre o Plano Nacional de Consumo e Cidadania e a vulnerabilidade política dos consumidores. *Revista de Direito do Consumidor*, São Paulo, nº 87, pp. 249-268, mai./jun. 2013.

PEREIRA, Wellerson Miranda. Sugestões para a harmonização das soluções jurídicas sobre o crédito ao consumidor no Mercosul. *Revista de Direito do Consumidor*, São Paulo, nº 66, pp. 196-241, abr./jun. 2008.

PERIN JUNIOR, Ecio. A globalização e o direito do consumidor: aspectos relevantes sobre a harmonização legislativa dentro dos mercados regionais. Barueri: Manole, 2003.

PORTO, Antônio José M.; BUTELLI, Pedro Henrique. O superendividamento brasileiro: uma análise introdutória e uma nova base de dados. *Revista de Direito do Consumidor*, São Paulo, nº 95, pp. 185-229, set./out. 2014.

RAWLS, John. *Justiça como equidade: uma reformulação.* Tradução Claudia Berliner. São Paulo: Martins Fontes, 2003.

REICHELT, Luis Alberto. Efetividade do processo, tutela jurisdicional do consumidor e direito ao processo justo. *Revista de Direito do Consumidor*, São Paulo, nº 91, pp. 351-364, jan./fev. 2014.

ROCHA, Felippe Borring. Análise da Minuta Preliminar do Anteprojeto de Lei para alteração da disciplina das ações coletivas no código de defesa do consumidor. *Revista Luso-Brasileira de Direito do Consumo.* Curitiba, nº 4, pp. 44-72, dez. 2011.

RUBIN, Fernando. A tutela processual do consumidor: aspectos de convergência entre o Projeto do novo CPC e os projetos de atualização do CDC. *Revista de Direito do Consumidor*, São Paulo, nº 83, pp. 141-163, jul./set. 2012.

SANTIAGO Y CALDO, Diego. Legitimidade e a representatividade adequada nas ações coletivas: um estudo comparado entre a legislação brasileira e a experiência norte-americana. *Revista de Processo*, São Paulo, nº 205, pp. 231-248, mar. 2012.

SANTOLIM, Cesar. Anotações sobre o anteprojeto da Comissão de Juristas para a atualização do Código de defesa do Consumidor, na parte referente ao comércio eletrônico. *Revista de Direito do Consumidor*, São Paulo, nº 83, pp. 73-82, jul./set. 2012.

SANTOS JR, Ivandick Rodrigues dos. Breves considerações sobre as relações de consumo em massa e sua defesa coletiva em juízo. *Revista do IASP*, São Paulo, n.24, pp. 120-148, jul./dez. 2009.

SARLET, Ingo Wolfgang. *A eficácia dos direitos fundamentais:* uma teoria geral dos direitos fundamentais perspectiva constitucional. 10ª ed. Porto Alegre: Livraria do Advogado, 2009.

SCHMIDT NETO, André Perin. Superendividamento do consumidor: conceito, pressupostos e classificação. *Revista de Direito do Consumidor*, São Paulo, nº 71, pp. 09-32, jul./set. 2009.

SEN, Amartya. *A ideia e justiça.* Tradução Denise Bottmann, Ricardo Doninelli Mendes. São Paulo: Companhia das Letras, 2011.

SODRÉ, Marcelo Gomes. *A construção do direito do consumidor:* um estudo sobre as origens das leis principiológicas de defesa do consumidor. São Paulo: Atlas, 2009.

TEIXEIRA, Sálvio de Figueiredo. A proteção ao consumidor no sistema jurídico brasileiro. *Revista da Faculdade de Direito da Universidade Federal do Rio Grande do Sul*, Porto Alegre, nº 22, pp. 427-456, set. 2002.

THEODORO JÚNIOR, Humberto. *Direito do consumidor:* a busca de um ponto de equilíbrio entre as garantias do código de defesa do consumidor e os princípios gerais do direito civil e do direito processual civil. Rio de Janeiro: Forense, 2004.

VIAL, Sophia Martini. A sociedade da (des)informação e os contratos de comércio eletrônico: do Código Civil às atualizações do Código de Defesa do Consumidor, um necessário diálogo entre fontes. *Revista de Direito do Consumidor*, São Paulo, nº 88, pp. 229-257, jul./ago. 2013.

O DIREITO DO CONSUMIDOR NO CONTEXTO PORTUGUÊS E EUROPEU

(BREVE APONTAMENTO)

António Pinto Monteiro

SUMÁRIO: 1. Oportunidade do tema; **2.** Direito do consumidor; **3.** A protecção do consumidor no passado; **4.** A protecção do consumidor no presente; **5.** A situação na União Europeia e no direito comparado; **6.** A protecção do consumidor no futuro e a opção pela codificação; **7.** Conclusão.

1. Oportunidade do tema

O honroso convite para participar na coletânea com que, no Brasil, se pretende evocar os *25 anos do Código de Defesa do Consumidor,* com uma visão sobre o *panorama atual e perspectivas futuras* do direito do consumidor, levou-me a pensar que seria útil e oportuno fazer como que o *ponto da situação*, em Portugal e na União Europeia, precisamente sobre o direito do consumidor.

A este respeito, o problema central a tratar neste trabalho será, justamente, o da *codificação do direito do consumidor.* Além da actualidade do tema na Europa, seja através da recente aprovação, em alguns países, de um código do consumidor, seja pela inclusão do direito do consumidor no respectivo código civil, a celebração deste *aniversário* do Código de Defesa do Consumidor brasileiro justificaria, por si só, a oportunidade do tema. O balanço *francamente positivo* do Código de Defesa do Consumidor coloca este importante diploma normativo como *exemplo* a seguir.

Mas o problema da codificação do direito do consumidor tem estado também no centro do debate em Portugal, onde, como diremos mais à frente, existe um *Anteprojecto* e um *Projecto* de Código do Consumidor. Iremos, pois, ponderar as vantagens e os inconvenientes da codificação e, particularmente, da aprovação de um código do consumidor.

Antes, porém, logo a abrir este trabalho, reflectiremos sobre a própria *designação* deste ramo do direito. Se no Brasil é pacífica a sua designação como "*direito do consumidor*", já o mesmo não se passa na Europa. Efectivamente, em alguns países, como em Portugal, a expressão tradicionalmente dominante designa-o como *"direito do consumo"*. Vamos tomar posição a este respeito.

São estes, pois, os tópicos que abordaremos neste texto. Reflectiremos sobre a protecção do consumidor no *passado*, no *presente* e no *futuro*, perspectivando a codificação como a *opção certa* e homenageando o Código brasileiro que em devido tempo tomou o rumo correcto.

2. Direito do consumidor

Vamos começar, no entanto, pela abordagem de um ponto prévio, tendo em conta, como dissemos, as divergências que se verificam entre o Brasil e vários países europeus, no tocante à designação deste ramo do direito. Afinal, direito do *consumo* ou direito do *consumidor*? Qual será a designação mais correcta?

Cremos ser preferível falar de *direito do consumidor*, definindo-o como o *conjunto de princípios e regras destinados à protecção do consumidor.*[1]

Com efeito, não é o *consumo*, enquanto tal, que é visado pelas regras que constituem este direito. Verdadeiramente do que se trata é de disciplinar a *produção* e a *distribuição* de bens, assim como a *prestação* de serviços, *tendo em vista a defesa do consumidor* — seria então mais adequado falar de direito da produção... ou de direito da distribuição ... se estas expressões não tivessem já um significado próprio, diferente, abarcando um outro tipo de relações, a montante das relações de consumo. Em si mesmo, pois, *o consumo não é disciplinado* — é sobre o produtor, sobre o prestador de serviços e o distribuidor de bens que recaem obrigações de vário tipo em ordem à defesa do consumidor. Parece, assim, mais apropriado e consentâneo com a finalidade deste ramo do direito falar de *direito do consumidor*!

Repare-se, por outro lado, que se é esta a designação mais adequada do ponto de vista da *ratio* e *finalidade* do direito do consumidor, é ela, também, a mais adequada do ponto de vista *constitucional*: basta atentar, entre outros, nos arts. 60º, 81º e 99º da Constituição da República Portuguesa para ver que é a *protecção do consumidor* e a defesa dos direitos deste que constituem a preocupação expressa na Lei Fundamental.

Justamente por isso, na sequência e em conformidade com a perspectiva constitucional, quer a Lei nº 29/81, de 22 de Agosto, quer a actual, a Lei

1 Cfr. ANTÓNIO PINTO MONTEIRO, *Sobre o direito do consumidor em Portugal e o Anteprojecto do Código do Consumidor*, in "Estudos de Direito do Consumidor", nº 7, Centro de Direito do Consumo, Faculdade de Direito da Universidade de Coimbra, 2005, pp. 245,ss, onde tomamos já posição a este respeito. Aliás, em rigor, já antes havíamos tomado posição a favor da expressão "direito do consumidor", no nosso *Contratos de distribuição comercial,* Coimbra, 2001, p. 41, nº 14, nota 70.

nº 24/96, de 31 de Julho, são *leis de defesa do consumidor*. E é também esta a perspectiva da União Europeia: cfr. os artigos 12º e 169º do Tratado sobre o Funcionamento da União Europeia (TFUE), dedicados, precisamente, à "*defesa dos consumidores*" (anterior art. 153º do Tratado da Comunidade Europeia).

Acresce ser igualmente esta a atitude que se afigura mais adequada do ponto de vista *institucional*. Atente-se que o organismo público que define e actua a política da defesa do consumidor em Portugal tem o nome de *Direcção Geral do Consumidor (*e, anteriormente, de *Instituto do Consumidor*).

Por último, sentimo-nos confortados por ser esta — *direito do consumidor* — a expressão pacificamente utilizada no Brasil (onde existe, desde 1990, o Código de Defesa do Consumidor), assim como é esta a expressão corrente em língua alemã (*Verbraucherrecht* ou V*erbraucherschutzrecht*) e em língua inglesa (*consumer law*). Mas já é diferente a terminologia francesa (*droit de la consommation*), apesar de também aqui se entender que "le droit de la consommation (...) *c'est un droit du consommateur*, plus que de la consommation".[2] Assim como é diferente a terminologia italiana, onde foi já aprovado o *Codice del consumo.*

Parece-nos, contudo, por todas as razões sumariamente apontadas, ser preferível falar de *direito do consumidor*. É a postura mais correcta, a nosso ver, designadamente por razões de ordem teleológica, constitucional e institucional. E conforta-nos, ainda, que entre os Autores que optaram pela nossa posição se tenha vindo a incluir, em Portugal, com a autoridade que todos lhe reconhecem, o Professor Oliveira Ascensão, que rejeita expressamente a designação "direito do consumo" e defende a de *direito do consumidor.*[3]

3. A protecção do consumidor no passado

Em Portugal, tal como nos demais países do mundo, a defesa do consumidor é um tema relativamente recente. Verdadeiramente, pode ver-se na Constituição de 1976 um marco decisivo para a sua afirmação, apesar de a primeira Associação de Defesa do Consumidor ter sido constituída já em 1974, pouco tempo antes da Revolução do 25 de Abril.

O Código Civil português é de 1966, ignorando, naturalmente, o consumidor. Apesar disso, o Código Civil consagrou princípios e regras de grande

---

2 Jean Beauchard, *Remarques sur le Code de la consommation*, in "Écrits en hommage à Gérard Cornu" (pp. 9,ss), p. 12.

3 *Direito Civil e Direito do Consumidor*, in "Themis. Revista de Direito", Edição Especial, Faculdade de Direito da Universidade Nova de Lisboa, 2008, pp. 165,ss.

importância para a defesa do consumidor: lembro, entre outros, o princípio da boa fé em sentido objectivo (por ex., arts. 227º, 239º e 762º, nº 2), a proibição do abuso do direito (art. 334º) e dos negócios usurários (art. 282º), a doutrina da base do negócio (art. 437º), a responsabilidade civil objectiva ou pelo risco (arts. 500º,ss), ao lado do princípio geral de responsabilidade assente na culpa (art. 483º), a redução equitativa de penas contratuais quando forem manifestamente excessivas (art. 812º), etc.[4]

Destaco, a este respeito, a importância do *princípio da boa fé* (em sentido objectivo) para a defesa do consumidor. Basta recordar que a *AGB – Gesetz* (a lei alemã sobre as condições gerais do contrato, hoje incluída, no essencial, no BGB) veio a consagrar essencialmente as soluções que a jurisprudência alemã já tinha acolhido, com base, precisamente, no princípio da boa fé (*Treu und Glaube*: §242 do Código Civil alemão), para fazer face aos abusos cometidos através da celebração de contratos com base em cláusulas não negociadas. E no Brasil, antes de o (actual) Código Civil, de 2002, consagrar o princípio da boa fé em sentido objectivo, já o Código de Defesa do Consumidor o acolhera, em 1990. Ora, em Portugal, como dissemos, já desde 1966 que o Código Civil consagrou expressamente, em vários preceitos legais, o princípio da boa fé em sentido objectivo.

Destaco, ainda, entre todos esses princípios e normas do Código Civil acima mencionados, o art. 282º, que proíbe os negócios usurários. No elenco de situações subjectivas abrangidas por esta norma cabe de modo *muito especial* o consumidor. Diz a lei: "É anulável, por usura, o negócio jurídico quando alguém, *explorando a situação de necessidade, inexperiência, ligeireza, dependência, estado mental ou fraqueza de carácter de outrem*, obtiver deste, para si ou para terceiro, a promessa ou a concessão de *benefícios excessivos ou injustificados*" (nº 1 do art. 282º). Esta norma não terá sido pensada, naturalmente (em 1966!), para o consumidor! Mas que bem assenta ao consumidor, enquanto sujeito fraco, débil, leigo, vulnerável, hipossuficiente...

Por outras palavras, o Código Civil consagra princípios e regras susceptíveis de corrigir desequilíbrios, impedir abusos, promover a correcção e a lealdade nas relações contratuais, impor deveres, fomentar a segurança e encontrar outros fundamentos para a responsabilidade civil, além da culpa.

4 Pode ver-se, entre muitos, J. ANTUNES VARELA, *Das Obrigações em geral*, vol. I, 10ª ed, Coimbra, 2000, pp. 225, ss; M. J. ALMEIDA COSTA, *Direito das Obrigações*, 12ª ed., Coimbra, 2009, pp. 228,ss.; CARLOS MOTA PINTO, *Teoria Geral do Direito Civil*, 4ª ed., por ANTÓNIO PINTO MONTEIRO e PAULO MOTA PINTO, Coimbra, 2005, pp. 54, ss.; ANTÓNIO MENEZES CORDEIRO, *Tratado de Direito Civil*, I, 4ª ed., Coimbra, 2012, pp. 317,ss e 923,ss., e ANTÓNIO PINTO MONTEIRO, *Cláusula penal e indemnização*, Coimbra, 1990 (2ª reimpressão, 2014) pp. 724, ss.

Ou seja, o Código Civil partilha de preocupações de *justiça material* e de *solidariedade social* que, *não sendo privativas da defesa do consumidor*, têm aqui, todavia, um especial campo de aplicação.

Simplesmente... a vida não é estática, evolui. De 1966 para cá, com a progressiva afirmação da "Sociedade de consumo", acentuaram-se consideravelmente as situações de desequilíbrio, multiplicaram-se as fontes de risco e surgiram problemas novos. Houve necessidade de intervir legislativamente, perante a *insuficiência* e/ou a *inadequação* das soluções tradicionais.

4. A protecção do consumidor no presente

Isso explica a imensa legislação avulsa que existe no *presente*. Pensemos, entre tantos outros exemplos, nos *contratos de adesão*, nos contratos celebrados com base em *condições ou cláusulas contratuais gerais*.

Perante este *novo modelo contratual*, em face deste *novo modo de celebração* de contratos, bem distinto do *modelo negociado tradicional*, havia que intervir, para enfrentar problemas específicos ao nível da formação do contrato, do conteúdo das cláusulas predispostas e dos meios de reacção, *maxime* judicial. Daí a legislação publicada, logo em 1985, que consagrou especiais deveres de comunicação e de informação, proibiu cláusulas abusivas e consagrou uma importante acção judicial de índole preventiva, a acção inibitória.[5]

Atentemos, igualmente, na problemática da *responsabilidade do produtor*. Perante a dificuldade e inadequação da via extracontratual — com o pesado encargo do ónus da prova a cargo do lesado —, e pese embora as bem intencionadas e engenhosas tentativas para responsabilizar o produtor pela via contratual (apesar de não ser parte no contrato pelo qual o consumidor adquiriu o bem), houve que intervir legislativamente, já desde 1989,

5 Cfr., por ex., ALMEIDA COSTA/MENEZES CORDEIRO, *Cláusulas contratuais gerais. Anotação ao Decreto-Lei nº 446/85, de 25 de Outubro*, Coimbra, 1986; I. GALVÃO TELLES, *Das condições gerais dos contratos e da Directiva europeia sobre as cláusulas abusivas*, in "O Direito", Lisboa, 1995, pp. 297,ss.; J. OLIVEIRA ASCENSÃO, *Cláusulas contratuais gerais, cláusulas abusivas e boa fé*, in "Revista da Ordem dos Advogados" (ROA), 60, Lisboa, 2000, pp. 573 ss.; J. SOUSA RIBEIRO *O problema do contrato: as cláusulas contratuais gerais e o princípio da liberdade contratual*, Coimbra, 1999; PAULO LUIZ NETO LÔBO, *Condições gerais dos contratos e cláusulas abusivas*, São Paulo, 1991; GUIDO ALPA, *Il recepimento della direttiva comunitaria sulle clausole abusive nei contratti dei consumatori*, in "Estudos de Direito do Consumidor", Centro de Direito do Consumo/ Faculdade de Direito de Coimbra, sob a direcção de ANTÓNIO PINTO MONTEIRO, nº 1, 1999, pp. 69,ss.; ANTÓNIO PINTO MONTEIRO, *O novo regime dos contratos de adesão/ cláusulas contratuais gerais*, in ROA, Lisboa, 2002; *Id., The Impact of the Directive on Unfair Terms in Consumer Contracts on Portuguese Law*, in "European Review of Private Law", 3, 1995, pp. 231, ss.

consagrando a responsabilidade pelo risco do produtor, ou seja, *independente* de culpa sua.[6]

Pensemos, ainda, na legislação relativa ao *crédito ao consumo*. Perante a nova filosofia de vida da actualidade, que parece obedecer ao lema "compre primeiro e pague depois", "goze férias e paga depois" — bem oposta à mentalidade tradicional, em que as pessoas poupavam primeiro para poderem adquirir os bens ou serviços de que careciam —, perante a nova filosofia de vida, dizia, em que o apelo ao consumo e a facilidade de crédito são incessantes, havia que disciplinar o contrato de concessão de crédito, o que foi feito logo em 1991.[7]

Tudo isto sem esquecer as novas modalidades de *técnicas de venda*, desde a venda no domicílio aos modernos contratos a distância, designadamente os celebrados por via electrónica. Menção especial merece ainda a legislação sobre o *time sharing* e sobre as viagens turísticas e organizadas.[8]

---

6 Cfr. J. CALVÃO DA SILVA, *Responsabilidade civil do produtor*, Coimbra, 1990, e YVAN MARKOVITS, *La Directive CEE du 25 juillet 1985 sur la responsabilité du fait des produits défectueux,* Paris, 1990; para um balanço da aplicação da Directiva, pode ver-se a obra *La Directive 85/374/CEE relative à la responsabilité du fait des produits: dix ans après,* ed. MONIQUE GOYENS, Centre de Droit de la Consommation, Louvain-la-Neuve, 1996 (onde se inclui um texto nosso sobre *La responsabilité du fait des produits au Portugal*, pp. 181,ss).

7 Cfr. F. GRAVATO MORAIS, *União de contratos de crédito e de venda para o consumo. Efeitos para o financiador do incumprimento pelo vendedor*, Coimbra, 2004; PAULO DUARTE, *Contratos de concessão de crédito ao consumidor: em particular as relações trilaterais resultantes da intervenção de um terceiro financiador*, Coimbra, 2000; e ANTÓNIO PINTO MONTEIRO, *A resposta do ordenamento jurídico português à contratação bancária pelo consumidor*, in "Revista de Legislação e de Jurisprudência" (RLJ) nº 3987, ano 143º, Coimbra, 2014, pp. 376,ss.

8 Cfr. ENRIQUE RUBIO TORRANO, *Contratación a distancia y protección de los consumidores en el derecho comunitario; en particular, el desistimiento negocial del consumidor*, in "Estudos de Direito do Consumidor", Centro de Direito do Consumo/Faculdade de Direito da Universidade de Coimbra, nº 4, 2002, pp. 59,ss.; MIGUEL PUPO CORREIA, *Contratos à distância: uma fase na evolução da defesa do consumidor na sociedade de informação?,* nos mesmos "Estudos", pp. 165, ss.; LUÍS MENEZES LEITÃO, *A protecção do consumidor contra as práticas comerciais desleais e agressivas,* in "Estudos de Direito do Consumidor", cit., nº 5, 2003, pp. 163,ss; PAULO MOTA PINTO, *Princípios relativos aos deveres de informação no comércio à distância,* nos mesmos "Estudos", pp. 183,ss; *Idem*, *Anteprojecto de diploma de transposição da Directiva 1999/44/CE para o direito português. Exposição de motivos e articulado,* nos mesmos "Estudos", mas nº 3, Coimbra, 2001, pp. 165,ss.; CARLOS FERREIRA DE ALMEIDA, *Orientações de política legislativa adoptadas pela Directiva 1999/44/CE sobre a venda de bens de consumo. Comparação com o direito vigente,* in "Themis", ano II, nº 4, Coimbra, 2001, pp. 109, ss.; C-W. CANARIS, *A transposição da directiva sobre compra de bens de consumo para o direito alemão,* in "Estudos de Direito do Consumidor", cit., nº 3, Coimbra, 2001, pp. 49,ss.; M. HENRIQUE MESQUITA, *Uma nova figura real: o direito de habitação perió-*

Eis, em suma, uma série de novos problemas em múltiplos domínios, a impor a necessidade de consagrar novas regras, tendo designadamente em conta a necessidade de *proteger o consumidor.* É certo que esta preocupação vem *na linha* de preocupações mais antigas, como as de *proteger os mais fracos*, a *parte débil* da relação contratual, e de zelar pela *segurança* das pessoas. Mas com a "sociedade de consumo" dos nossos dias tornou-se imperioso reagir *de modo específico* e *organizado* contra práticas e técnicas de utilização sistemática, tendo por *denominador comum* a defesa do consumidor, isto é, a defesa de quem é *vítima* de tais práticas ou técnicas, de quem está *à mercê*, pela sua situação de *dependência* ou de *debilidade* (económica, técnica, jurídica, cultural ou outra), da organização económica da sociedade.[9]

Assistiu-se, assim, por todo o lado, ao aparecimento, que não cessa de crescer, de legislação *avulsa*, de legislação *especial.* Legislação esta que, além de ficar *fora do Código Civil*, dificilmente se poderá qualificar, em muitos casos, de *direito civil* "tout court", relevando, antes, a sua natureza *pluridisciplinar.*

Mas a especial sensibilização pelos problemas dos consumidores levou, mesmo, a que os direitos destes tivessem sido reconhecidos ao mais alto nível, acabando por ser acolhidos na própria *Constituição da República Portuguesa* de 1976.

Em conformidade com o *imperativo constitucional* de protecção do consumidor, foi publicada em Portugal, logo em 1981, uma importante *Lei de Defesa do Consumidor*: a Lei nº 29/81, de 22 de Agosto. Nela se estabeleceram os direitos dos consumidores e os direitos das associações de consumidores, bem como as regras e os princípios por que se havia de concretizar a defesa desses direitos. Tratou-se de uma lei-quadro que foi sendo

---

dica, in "Revista de Direito e Economia", 1982, pp. 39,ss; ANTÓNIO PINTO MONTEIRO, *A protecção do consumidor de serviços públicos essenciais*, in AJURIS, 1998, pp. 20,ss; *Idem*, *A protecção do consumidor de serviços de telecomunicações*, in "As telecomunicações e o direito na sociedade da informação", Instituto Jurídico da Comunicação/ Faculdade de Direito da Universidade de Coimbra, 1999, pp. 139,ss; *Idem*, *Garantias na venda de bens de consumo. A transposição da Directiva 1999/44/CE para o direito português*, in "Estudos de Direito do Consumidor", cit., nº 5, pp. 123,ss; e MIGUEL MIRANDA, *O contrato de viagem organizada*, Coimbra, 2000, além do artigo de SOUSA RIBEIRO sobre *O contrato de viagem organizada, na lei vigente e no Anteprojecto do Código do Consumidor*, in "Estudos de Direito do Consumidor", cit., nº 8, pp. 127,ss.

---

9 Cfr. MÁRIO TENREIRO, *Un code de la consommation ou un code autour du consommateur? Quelques réflexions sur la codification et la notion de consommateur*, in "Law and Diffuse Interests in the European Legal Order. Recht und diffuse Interessen in der Europäischen Rechtsordnung – Liber Amicorum Norbert Reich", org. L. KRAMER *et alii*, Baden-Baden, 1997, pp. 339,ss.

actuada através de muitas outras leis, algumas das quais, ao mesmo tempo, foram transpondo para o direito português as correspondentes directivas da União Europeia.

A Lei nº 29/81 foi entretanto *revogada* e *substituída*, em 1996, pela actual *Lei nº 24/96*, de 31 de Julho, que "estabelece o regime legal aplicável à defesa dos consumidores". Continuamos na presença de uma lei-quadro, embora mais desenvolvida do que a primeira, que é hoje a *trave-mestra* da política de consumo e o *quadro normativo* de referência no tocante aos direitos do consumidor e às instituições destinadas a promover e a tutelar esses direitos.

De entre essas instituições e organismos destaca-se a *Direcção-Geral do Consumidor* (outrora, *Instituto do Consumidor)*, que é o organismo público destinado a promover a política de salvaguarda dos direitos dos consumidores, bem como a coordenar e executar as medidas tendentes à sua protecção, informação e educação e de apoio às organizações de consumidores, organismo a que a lei atribui ainda poderes de autoridade pública.

Há, em suma, no presente, uma grande preocupação social e política pela defesa dos direitos do consumidor. No plano jurídico, essa preocupação levou a que fosse publicada uma *abundante* legislação, ainda que *dispersa* e *fragmentária*.

Infelizmente, porém, nem sempre à *law in the books* tem correspondido a *law in action*! E isto, muitas vezes, por deficiências do próprio sistema legal, a começar pela *proliferação legislativa* a que se tem assistido, a qual apresenta inconvenientes vários, desde logo pela *dispersão* e *falta de unidade* de que dá mostra. Essa uma das razões por que o Governo português nos confiou, já em 1996, a tarefa de constituir uma Comissão para a elaboração do Código do Consumidor. A Comissão, a que tivemos a honra de presidir, entregou ao Governo, no dia 15 de Março de 2006, o *Anteprojecto do Código do Consumidor*, para debate público, após o qual, por solicitação do Governo, elaborámos o *Projecto do Código do Consumidor,* que entregámos no final de Junho de 2008. Os tempos difíceis por que Portugal tem passado explicará que o *Projecto* não tenha (ainda) sido vertido no Código por que se aguarda.[10]

---

10 Cfr. ANTÓNIO PINTO MONTEIRO, *O Anteprojecto do Código do Consumidor*, in "Revista de Legislação e de Jurisprudência" (RLJ) ano 135º, 2006, pp. 190,ss. Entretanto, para uma apreciação do mesmo — através de importantes estudos publicados em revistas das Faculdades de Direito de Coimbra e de Lisboa —, pode consultar-se o vol. nº 7 dos "Estudos de Direito do Consumidor", Centro de Direito do Consumo/Faculdade de Direito da Universidade de Coimbra, 2005, designadamente os seguintes artigos: ANTÓNIO PINTO MONTEIRO, *Sobre o direito do Consumidor em Portugal e o Anteprojecto do Código do Consumidor*, pp. 245,ss; PAULO MOTA PINTO, *O Anteprojecto de Código do Consumidor e a venda de bens de consumo*, pp. 263,ss, F. GRAVATO MO-

5. A situação na união europeia e no direito comparado

I — No tocante, especificamente, à União Europeia, tem-se assistido a um movimento de intensificação legislativa, impulsionado, em grande medida, pelas inúmeras directivas com que se pretende a *harmonização legislativa* nos países da Comunidade Europeia.

Essas directivas invadem as áreas mais representativas da vida económica e do direito dos contratos, proibindo cláusulas abusivas, disciplinando a concessão de crédito ao consumo, a publicidade, os contratos a distância, o "time sharing", as viagens turísticas e organizadas, as vendas de bens de consumo e as garantias a elas ligadas, a segurança geral dos produtos, as práticas comerciais desleais das empresas face aos consumidores, a responsabilidade do produtor, etc, etc, etc.

Para além da *extensão* das áreas cobertas pelas directivas, assiste-se hoje, por outro lado, a uma aparente viragem, passando-se de uma situ-

---

RAIS, *União de contratos de crédito e de venda para consumo: situação actual e novos rumos*, pp. 279,ss; AUGUSTO SILVA DIAS, *Linhas gerais do regime jurídico dos crimes contra interesses dos consumidores no Anteprojecto do Código do Consumidor*, pp. 315,ss; ALEXANDRE DIAS PEREIRA, *Publicidade comparativa e práticas comerciais desleais*, pp. 341,ss; PAULO DUARTE, *A posição jurídica do consumidor na compra e venda financiada: confronto entre o regime em vigor (RJCC) e o Anteprojecto do Código do Consumidor (AntpCCons.)*, pp. 379,ss; ANTÓNIO JOSÉ FIALHO, *Procedimentos de reestruturação do passivo do devedor insolvente*, pp. 409,ss; e JOÃO ALVES, *O Ministério Público e a defesa do consumidor*, pp. 457,ss.

Também o vol. III dos "Estudos do Instituto de Direito do Consumo" da Faculdade de Direito da Universidade de Lisboa saiu com vários artigos sobre o Anteprojecto do Código do Consumidor: para além do nosso artigo e dos artigos de PAULO MOTA PINTO e de AUGUSTO SILVA DIAS, igualmente publicados neste volume, pode ver-se JOSÉ DE OLIVEIRA ASCENSÃO, *O Anteprojecto do Código do Consumidor e a Publicidade*, pp. 7,ss; PEDRO ROMANO MARTINEZ, *Anteprojecto do Código do Consumidor, Contratos em Especial*, pp. 57,ss; LUÍS MANUEL TELES DE MENEZES LEITÃO, *A reparação de danos causados ao consumidor no Anteprojecto do Código do Consumidor*, pp. 65,ss; DÁRIO MOURA VICENTE, *Arbitragem de conflitos de consumo: da Lei nº 31/86 ao Anteprojecto de Código do Consumidor*, pp. 75,ss; ADELAIDE MENEZES LEITÃO, *A publicidade no Anteprojecto do Código do Consumidor*, pp. 135,ss; e ELSA DIAS OLIVEIRA, *Práticas comerciais proibidas*, pp. 147,ss.

A Revista "O Direito", ano 138º, 2006, IV, também se ocupou do assunto, com um artigo de ANTÓNIO MENEZES CORDEIRO sobre *O Anteprojecto de Código do Consumidor*, pp. 685,ss.

Finalmente, importa referir ainda o artigo de J. SOUSA RIBEIRO, *O contrato de viagem organizada, na lei vigente e no Anteprojecto do Código do Consumidor*, publicado in "Prof. Doutor Inocêncio Galvão Telles: 90 anos", Homenagem da Faculdade de Direito de Lisboa, Coimbra, 2007, pp. 551,ss, bem como, já actualizado segundo o Decreto-Lei nº 263/2007, de 20 de Julho, o mesmo artigo, publicado nos "Estudos de Direito do Consumidor", cit., nº 8, Coimbra, 2007, pp. 127,ss.

ação em que tais directivas visavam, tão-só, uma harmonização *mínima*, para uma outra situação, em que há directivas que pretendem obter uma harmonização *máxima* ou *plena*.

Quer dizer, após um primeiro momento, em que o legislador comunitário se contentava em obter, em cada Estado membro, um patamar *mínimo* de defesa do consumidor — podendo cada Estado ir *além* desse patamar, mas não podendo ficar *aquém* dele, nas medidas que consagrasse para transposição da directiva —, assiste-se hoje, em contrapartida, à publicação de directivas que visam uma *harmonização plena*, retirando aos Estados membros uma liberdade de que anteriormente dispunham.

É certo que se a *liberdade* de cada país passa a ser muito *menor*, já a *harmonização* legislativa, porém, tenderá a ser mais *completa* e *efectiva*. Acresce, na mesma linha, que se evitarão, deste modo, as *distorções na concorrência* que as directivas de harmonização mínima permitiam, perante o *diferente grau* de exigência de cada Estado e o consequente benefício para as empresas de Estados menos exigentes, graças aos menores custos que teriam de suportar, uma vez alcançado aquele patamar mínimo de defesa do consumidor.

Mas é claro que tem *outros custos* essa menor liberdade de conformação legislativa de cada Estado membro ao ter de transpor para o seu direito interno directivas de harmonização máxima ou plena. Ao fim e ao cabo, tais directivas aproximam-nas dos regulamentos, retirando-lhes características que permitiam afirmar a directiva na sua *especificidade* e elegê-la como instrumento *souple* de harmonização legislativa.

Entretanto, as instâncias europeias competentes já tomaram consciência dos inconvenientes vários resultantes da multiplicidade e dispersão das directivas. Daí que, a fim de repensar o *acquis* legislativo em sede de defesa do consumidor em ordem à adopção de medidas de racionalização e sistematização, a Comissão Europeia tenha lançado, já em 2004, um processo de revisão do acervo relativo à defesa do consumidor.

Este processo teve o seu início com a Comunicação de 2004 "O direito europeu dos contratos e a revisão do acervo: o caminho a seguir". Mas já em 2 de Outubro de 2001 a Comissão Europeia apresentara o Livro Verde sobre a Defesa do Consumidor na União Europeia e, posteriormente, em 2002, a Comunicação sobre o Seguimento do Livro Verde.

Paralelamente, mas com implicações claras no direito do consumidor, têm sido igualmente muitas as intervenções das instâncias comunitárias no âmbito do direito dos contratos e, até, do direito civil em geral (o que tem levado à criação de vários grupos de estudo onde se debate, inclusivamente, a eventual aprovação, no futuro, de um código civil europeu), culminando no Plano de Acção de 2004, onde a Comissão Europeia propôs que se estabelecesse um *Quadro Comum de Referência* (CFR: *Common Frame of Reference*), o qual, segundo alguns, poderá ser visto como um conjunto de *guidelines* para a legislação futura, e, segundo outros, como um esboço de um código civil europeu.

É de registar ainda a apresentação, pela Comissão Europeia, do "Livro Verde sobre a revisão do acervo relativo à defesa do consumidor", onde se faz o ponto da situação relativamente ao processo de revisão e se apresentam as questões principais, após o que se equacionam as "opções possíveis para o futuro", assim como é de destacar, mais recentemente, na linha das *preocupações* da União Europeia, a Proposta de Directiva do Parlamento Europeu e do Conselho de 8 de Outubro de 2008 e a actual Directiva 2011/83/EU, de 25 de Outubro de 2011, bem como, no domínio dos contratos de crédito aos consumidores para imóveis de habitação, a Directiva 2014/17/UE do Parlamento Europeu e do Conselho de 4 de Fevereiro de 2014.[11]

II – Todo esse *frenesim legislativo* acabou por traduzir-se, na ordem jurídica interna dos Estados membros, numa imensidão de textos legais *avulsos, dispersos* e *fragmentários.* É esta a situação que (ainda hoje) se vive em Portugal, do mesmo modo que em muitos outros países.

A tomada de consciência do *peso negativo* dessa *inúmera* legislação *especial* foi uma das razões que levou o Governo português a tomar a iniciativa de fazer preparar um *Código do Consumidor*, nos termos já referidos. Se vier a dar esse passo, Portugal seguirá o exemplo do Brasil e, na Europa, o exemplo da França e da Itália, apesar das diferenças que o Código português apresentará relativamente a estes dois últimos.

Efectivamente, o Brasil dispõe, desde 1990, do *Código de Defesa do Consumidor*, apesar de formalmente se tratar de uma lei e não de um código.[12]

Na Europa, a França, desde 1993, conta com o *Code de la Consommation*, que apesar de formalmente ser um código não passa de uma compilação das leis relativas à defesa do consumidor.[13]

---

11 Cfr. o grosso volume coordenado por MANUEL LOPES PORTO e GONÇALO ANASTÁCIO, sobre o *Tratado de Lisboa, Anotado e Comentado*, Coimbra, 2012, designadamente os textos relativos aos arts. 12º e 169º do TFUE (Tratado sobre o Funcionamento da União Europeia), respeitantes à defesa dos consumidores, a cargo, respectivamente, de ANTÓNIO PINTO MONTEIRO (p. 235) e de TERESA MOREIRA (p. 713).

12 Lei nº 8.078, de 11 de Setembro de 1990. Sobre a história das vicissitudes por que passou e dos vetos presidenciais que sofreu, pode ver-se ADA PELLEGRINI GRINOVER/ ANTÔNIO HERMAN BENJAMIN/DANIEL ROBERTO FINK/JOSÉ G. BRITO FILOMENO/KAZUO WATANABE/NELSON NERY JUNIOR/ZELMO DENARI, *Código Brasileiro de Defesa do Consumidor Comentado pelos Autores do Anteprojecto*, 8ª ed., Rio de Janeiro, São Paulo, 2004, pp. 1 e ss.

13 Pese embora tivesse sido outra a proposta da Comissão francesa do *Code de la consommation*, presidida pelo Professor JEAN CALAIS-AULOY. Cfr., deste Autor, o seu *Pro-*

A Itália, por sua vez, aprovou, em Outubro de 2005, o *Codice del Consumo*, o qual se limita a reunir os diplomas legais existentes neste domínio, sem inovar, embora os trate sistematicamente.[14]

Relativamente a Espanha, registe-se o Real Decreto Legislativo 1/2007, de 16 de Novembro, que aprovou o *texto refundido* da lei geral para a defesa dos consumidores e usuários e outras leis complementares.[15]

No respeitante ao direito português, será um verdadeiro código a ter em conta, no futuro, se o mesmo vier a ser aprovado com base no *Projecto* que redigimos, o qual não se limita a reunir o direito existente, antes inova onde se mostra necessário e procura sempre as ligações sistemáticas adequadas.

Mas não tem sido este o passo seguido em toda a parte, relativamente à opção codificadora.[16] Na verdade, outros países, como a Alemanha, optaram por inserir o direito do consumidor no Código Civil: assim aconteceu, por exemplo, com a Reforma do BGB de 2001, através da *Gesetz zur Modernisierung des Schuldrechts*, na linha do passo já ensaiado em 2000, no mesmo país, e, já antes, de certo modo, também na Holanda[17].

---

positions pour un Code de la Consommation. Rapport de la Comission de Codification du droit de la consommation, Paris, 1990. Ainda de JEAN CALAIS-AULOY e de FRANK STEINMETZ, pode ver-se o seu *Droit de la Consommation*, 6ª ed., Paris, 2003. Para um conhecimento do texto do Código, acompanhado dos comentários a cada artigo e antecedido de uma apresentação geral do Código, pode ver-se JEAN-PIERRE PIZZIO, *Code de la Consommation*, 2ª ed., Paris, 1996.

---

14 Cfr., a propósito, o *Codice del consumo. Commentario*, a cura di GUIDO ALPA e LILIANA ROSSI CARLEO, Napoli, 2005, bem como, de GUIDO ALPA, a apreciação ao Código, no seu *Corso di diritto contrattuale*, Padova, 2006, pp. 391 e ss.

15 Um desenvolvido comentário a essa lei pode ver-se em EUGENIO LLAMAS POMBO (Coordenador), *Ley General para la Defensa de los Consumidores y Usuarios. Comentarios y Jurisprudencia de la Ley veinte años después*, Madrid, 2005, *passim.*

16 Será ainda de recordar que na Bélgica esteve em discussão um projecto de código do consumo apresentado por uma Comissão a que presidiu o Professor Thierry Bourgoignie, mas que ficou por aprovar: cfr., a propósito, *Propositions pour une loi générale sur la protection des consommateurs. Rapport de la commission d'étude pour la réforme du droit de la consommation*, org. THIERRY BOURGOIGNIE, Bruxelles, 1995.

17 Cfr. CLAUS-WILHELM CANARIS, *Schuldrechtsreform 2002,* München, 2002, *Idem*, *O novo direito das obrigações na Alemanha,* in "Revista Brasileira de Direito Comparado" (RBDC), nº 25, Rio de Janeiro, 2004, pp. 3,ss, e CHRISTIAN BALDUS, *Protecção do consumidor na zona cinzenta entre o contrato e o não-contrato*?, in "Estudos de Direito do Consumidor", nº 6, Centro de Direito do Consumo/Faculdade de Direito da Universidade de Coimbra, sob a direcção de ANTÓNIO PINTO MONTEIRO, Coimbra, 2004, pp. 129,ss. Para referências à reforma e à inclusão do direito do consumidor no BGB pode ver-se, em Itália, o vol. *La riforma dello Schuldrecht tedesco: un modello per il futuro diritto europeo delle obbligazioni e dei contratti?*, a cura di GIORGIO CIAN, Padova, 2004,

6. A protecção do consumidor no futuro e a opção pela codificação

Numa antevisão optimista do futuro, acreditamos na consolidação da protecção do consumidor. O que se verificará em vários planos: no plano da formação, designadamente da formação jurídica; no plano legislativo, através de um quadro legal que promova soluções justas e eficazes; e no plano organizatório, através de um Sistema Português de Defesa do Consumidor que funcione bem e actue em tempo oportuno e de modo eficaz.

Um dos grandes desafios, a enfrentar no plano legislativo, diz respeito à codificação do direito do consumidor.

Quanto a esta questão, convirá precisar melhor alguns pontos, até porque há quem duvide do passo que estamos a dar em Portugal ou o contrarie mesmo frontalmente. Vejamos, pois, o problema mais de perto.

Antes de mais, há uma primeira questão a debater, uma primeira alternativa a ponderar: *codificação ou não do direito do consumidor*? Num segundo momento, se se optar pela codificação, surge então outra questão a discutir, outra alternativa a analisar: codificação, sim, *mas onde e como*? Designadamente, no *Código Civil*? Ou num diploma próprio, precisamente o *Código do Consumidor?*

Encaremos, pois, para começar, a primeira dúvida: *codificação* ou não do direito do consumidor? A alternativa é entre a inclusão do direito do consumidor num *código* ou a sua permanência em legislação *avulsa, dispersa* e *fragmentária*, que é a situação actual.

Optamos pela codificação. A *"età della decodificazione"*, de que nos fala Natalino Irti, não tem impedido que vários códigos venham sendo aprovados pelo mundo fora, em diversos domínios, desde códigos civis a códigos do trabalho e do consumidor, entre outros. Fala-se hoje, mesmo, de *recodificação.*[18]

E não se esqueça o interessante, significativo e alargado debate que se vem travando na Europa sobre o problema de saber se deve ou não haver um *código civil europeu* ou, ao menos, um *código europeu dos contratos* ou, até, um *código do consumidor europeu.* Em qualquer caso, atente-se bem, é de um *código* que se fala, seja ele civil, dos contratos e/ou do consumidor.[19]

---

especialmente a *Relazione Introduttiva*, pp. 9,ss, bem como o artigo de SALVATORE PATTI, *I contratti del consumatore nel BGB*, pp. 79,ss, e em Portugal, ANTÓNIO MENEZES CORDEIRO, *Da modernização do direito civil I: Aspectos gerais*, Coimbra, 2004. Quanto ao direito holandês, pode ver-se ARTHUR S. HARTKAMP, *Civil Code Revision in the Nederlands 1947-1992*, in P.P.C. HAANAPPEL e EJAN MACKAAY, *Nieuw Nederlands Burgerlijk Wetboek Het Vermogensrecht*, Deventer, 1990, pp. XIII, ss.

18 Recorde-se NATALINO IRTI, *L'età della decodificazione*, 4ª ed., Milano, 1999.

19 Sobre este importante movimento europeu e os vários grupos que se formaram, desde o Grupo de Osnabrück (o *Studi Group on a European Civil Code*) — favorável a um

O que bem se compreende. Basta atentar na enorme vantagem de *reunir num único diploma centenas de normas* dispersas por uma *multiplicidade* de leis e decretos-leis. Parece-nos que assim se facilitará o *conhecimento* e a *compreensão* das regras jurídicas e se beneficiará a sua *aplicação prática* e o próprio *acesso ao direito.*

Por outro lado e ao mesmo tempo, a elaboração de um código permite que se evitem as sucessivas *repetições* com que a par e passo se depara na legislação avulsa, seja a propósito da fixação do regime jurídico do direito de arrependimento (direito de livre resolução do contrato), seja a respeito das exigências de formalismo negocial, da noção de consumidor, da proibição de renúncia antecipada aos direitos concedidos, dos requisitos da informação a prestar, da contratação a distância, etc, etc, etc. Quer dizer, em vez de *inúmeros* diplomas, *soltos* e *desligados*, a regularem figuras e institutos que *em parte são comuns* — e por isso a incorrerem em sucessivas *repetições* —, teremos *um único diploma* que consagrará, *de uma só vez,* aquilo que é *comum* a vários contratos ou situações e estabelecerá depois, tão-só, as *especialidades* de cada caso.

Numa palavra, a elaboração de um código possibilita a reunião, *num só diploma*, em termos *ordenados* e segundo um plano *coerente* e *racional*,

---

código civil europeu —, até aos demais grupos, menos ambiciosos mas porventura mais realistas, como a Comissão Lando (que já elaborou os PECL: *Principles of European Contract Law*), o grupo de Pavia (do Professor Gandolfi, que já publicou o Anteprojecto do Livro I do *Código Europeu dos Contratos*), o grupo de Tilburg-Viena (*European Principles of Tort Law*), o Grupo de Trento (*The Common Core of European Private Law*) e o Grupo "Acquis" (*European Research Group on Existing EC Private Law*), pode ver-se: ANTÓNIO PINTO MONTEIRO, *A parte geral do código, a teoria geral do direito civil e o direito privado europeu*, in "Comemorações dos 35 anos do Código Civil e dos 25 anos da reforma de 1977", Faculdade de Direito da Universidade de Coimbra, 2006, pp. 57,ss., bem como o volume *Um Código Civil para a Europa. A Civil Code for Europe. Un Code Civil pour l'Europe*, dirigido por J. SINDE MONTEIRO, no "Boletim da Faculdade de Direito da Universidade de Coimbra", Colecção *Studia Iuridica*, nº 64, Coimbra, 2002, e ainda o vol. 5, nº 4, 1997, da "European Review of Private Law" (ERPL), todo ele dedicado ao *European Civil Code;* cfr. igualmente, sobre o tema, por ex., *Towards a European Civil Code*, 3ª ed., Nijmegen 2004, eds. HARTKAMP *et. alii*; EWOUD HONDIUS, *Towards a European Civil Code: the debate has started,* in ERPL, vol. 5, nº 4, 1997, pp. 455 e ss; GUIDO ALPA, *Il codice civile europeo: e pluribus unum,* in "Estudos de Direito do Consumidor", Centro de Direito do Consumo/Faculdade de Direito da Universidade de Coimbra, sob a direcção de ANTÓNIO PINTO MONTEIRO, nº 2, 2000, pp. 141,ss; JEAN BEAUCHARD, *Les principes européens du droit des contrats et le droit de la consommation*, in "Liber Amicorum – Jean Calais-Auloy", cit., pp. 55,ss. Ver também, embora de âmbito restrito ao consumidor, o volume *Vers un code européen de la consommation. Towards a european consumer code*, Actas do Colóquio de Lyon, sob a direcção de F. OSMAN, Bruxelles, 1998. Por último, cfr. *supra*, nº 1-III.

da maior parte das normas à deriva nesse "mare magnum" de legislação avulsa, esparsa, destinada à defesa do consumidor.

À *facilidade de consulta* que o código possibilita — em *benefício* de todos, do consumidor aos tribunais —, junta-se, por outro lado, o contributo que ele dá para a *autonomia* e *dignidade* do direito do consumidor e das várias organizações e entidades que fazem parte do Sistema Português de Defesa do Consumidor.

Não é de surpreender, por isso, e atente-se muito bem no que vamos dizer, que neste momento a *tendência* europeia vá no sentido da *codificação* do direito do consumidor. Este passo foi dado pela própria Alemanha, já desde 2000, mas muito especialmente em 2001, assim como em parte tinha sido já esse, em 1992, o exemplo holandês; em 1993 foi a França e, mais recentemente, em Outubro de 2005, foi a Itália a seguir o mesmo caminho.

Como se vê, países de cultura e tradição jurídicas muito fortes *optaram pela codificação do direito do consumidor.* Com uma importante diferença, é certo, pois no caso alemão e holandês a opção foi por incluir o direito do consumidor no código civil, enquanto que em França e na Itália se optou por aprovar um código do consumo ou do consumidor. Num caso e no outro, porém — na Alemanha, Holanda, França e Itália —, optou-se pela *codificação*. E esse é o passo certo, a nosso ver.

Estamos convictos de que a opção, no futuro, será entre a inclusão do direito do consumidor no *Código Civil* ou, antes, num diploma próprio, o *Código do Consumidor.* Esta é, pois, a segunda alternativa a considerar, caso se opte pela codificação em vez de manter a situação actual. Aqui chegados, inclinamo-nos para o segundo termo da alternativa, isto é, *a favor do Código do Consumidor.* Por várias razões.

À partida e desde logo, parece bem mais complexo e difícil *enxertar* o direito do consumidor no Código Civil do que fazer um diploma de raiz... Trata-se, afinal, em grande medida, de reunir e sistematizar, segundo uma linha de racionalização e coerência interna, *direito já hoje vigente* na ordem jurídica portuguesa e que permanece *fora do Código Civil* ou de qualquer outro código.

Observe-se, em segundo lugar, que teriam de ficar *fora* do Código Civil aspectos *fundamentais* do regime jurídico da defesa do consumidor, designadamente os que são de índole processual, penal e administrativa.

Ora, a um *direito pluridisciplinar* terá de corresponder, parece-nos, um novo código, que possa ele próprio incluir normas de *índole pluridisciplinar*. A não ser assim, as normas que visam a defesa do consumidor continuariam a *dispersar-se* por vários códigos, em prejuízo da sua unidade e identidade. O Código do Consumidor terá pois a vantagem, além do mais, de *concentrar* toda a disciplina relevante nesta sede, independentemente da natureza civil ou comercial, penal, administrativa ou processual das suas normas.

Acresce que o direito civil e o direito do consumidor têm *diferentes paradigmas*, sendo o primeiro dominado pelo princípio da igualdade e o segundo pelo princípio da defesa do consumidor. Não parece assim adequado inserir no Código Civil um direito onde prevalece um *diferente* paradigma.

Por último, repare-se que a opção pelo Código Civil *não eliminaria* os inconvenientes e dificuldades que envolve a *codificação* do direito do consumidor, antes os *agravaria*, pela importância e peso histórico do Código Civil; e embora tenha a seu favor, sem dúvida, importantes argumentos de ordem sistemática, a verdade é que tal opção não reuniria *todas as vantagens* que o Código do Consumidor pode trazer, desde logo permitindo este, mas não aquele, acolher normas de *natureza interdisciplinar.* Sem esquecer que o Código do Consumidor é um *microssistema*, acolhe um *estatuto especial*, o que o torna mais adequado ao objectivo que visa.

Apesar do passo dado pela Alemanha e do exemplo que o mesmo poderia constituir, o certo é que, *já depois disso,* como dissemos, a Itália seguiu caminho diverso, com a publicação, em Outubro de 2005, do *Codice del Consumo.* Código este que veio mesmo revogar matéria que estava no Código Civil, por ter chamado a si a disciplina das cláusulas abusivas, até então incluída neste diploma.

E repare-se que estamos a falar de um país em que o Código Civil é como que um *código do direito privado*, por abranger não só o direito civil mas também, por exemplo, o direito do trabalho e o direito das sociedades. Estranhar-se-ia menos, por isso, que ele pudesse vir a incluir também o direito do consumidor — mas não foi essa, como vimos, a opção do legislador italiano.

7. Conclusão

Estamos a par do *debate europeu*, no qual, aliás, alguns de nós vão intervindo. E conhecemos também os *apelos* muito recentes de alguma doutrina a um *"direito dos cidadãos"* ou a uma *"cidadania europeia"*, conceitos ou ideias em que iria desembocar o direito do consumidor. Este como que teria cumprido o seu papel, concluído a sua tarefa, ao *estender ao direito civil* princípios e regras que surgiram para defesa do consumidor e que eram privativas do direito do consumidor. Para esta perspectiva, o exemplo mais revelador dessa tendência verificar-se-ia na Alemanha, ao incluir-se o direito do consumidor no Código Civil.[20]

20 Cfr. sobre o tema HANS W. MICKLITZ, *De la nécessité d'une nouvelle conception pour le développement du droit de la consommation dans la Communauté européenne*, in "Liber Amicorum Jean Calais-Auloy", cit., pp. 725,ss (referindo ter sido o Professor Hondius, uns anos antes, na Universidade de Utreque, a suscitar este problema). Ver

Vemos com muita dificuldade e com grande reserva, porém, que esse passo para um "direito dos cidadãos" ou o apelo a uma "cidadania europeia" possa servir como que de *cavalo de Tróia* para uma *conquista* do direito civil pelo direito do consumidor, estendendo indiscriminadamente àquele — em detrimento dos seus princípios da autonomia, da liberdade e da igualdade — regras que se criaram e foram desenvolvendo no seio deste, para defesa do consumidor.

Mas também não nos parece, ainda que com outro sentido e preocupações, que se possa recuar ao velho conceito de *cives*, cidadão, para se justificar uma generalizada e indiferenciada inclusão do direito do consumidor no Código Civil, com base na ideia de que este abrange *todo o cidadão* e, portanto, também o consumidor.[21]

Diria que nem a *conquista* do direito civil pelo direito do consumidor, nem a *capitulação* deste perante aquele — pois num caso e no outro seria a *especificidade* do direito do consumidor que se perderia, *em prejuízo* de quem, hoje, se visa proteger: precisamente, o *consumidor*!

Gostaríamos, a concluir, de sublinhar especialmente três pontos:

I – Assim, em primeiro lugar, fica expressa a nossa clara preferência pela *codificação* do (essencial do) direito do consumidor, em alternativa à legislação *avulsa, dispersa* e *fragmentária* que foi surgindo para defesa do consumidor.

Feita esta primeira opção, uma segunda abraçámos, de seguida, a favor do *Código do Consumidor*, em alternativa à inclusão de tais matérias no *Código Civil.*

As razões das nossas escolhas foram apresentadas. Não vamos agora repeti-las.

---

já antes, de certo modo, a "utopia" de que fala THOMAS WILHELMSSON, *Consumer Law and the environment: from consumer to citizen*, in "Estudos de Direito do Consumidor", Centro de Direito do Consumo/Faculdade de Direito da Universidade de Coimbra, nº 1, 1999, sob a direcção de ANTÓNIO PINTO MONTEIRO, pp. 353,ss. Em Portugal, pode ver-se a alusão de CARLOS FERREIRA DE ALMEIDA, *Direito do Consumo*, Coimbra, 2005, pp. 195,ss, esp. 211.

21 Cfr. JOÃO CALVÃO DA SILVA, *Bicentenário do Code Civil (o Código Civil e a Europa: influências e modernidade*), in RLJ ano 134º, 2002, pp. 267, ss e 270,ss.

II – Mas importa que se esclareça, isso sim, que a nossa opção pelo Código do Consumidor não significa que nos *alheemos* de tudo o mais, que para solucionar problemas do direito do consumidor *ignoremos* os demais elementos legislativos em vigor. Pelo contrário! O postulado metodológico da *unidade do sistema jurídico* reclama que se deva ter em atenção não só o *Código do Consumidor* mas também, entre outros, a *Constituição* e o *Código Civil.*[22]

O Código do Consumidor não é (não será) uma lei isolada. Ele integra-se no todo da ordem jurídica, faz parte do sistema como uma unidade, *sistema que é sempre convocado pelo problema concreto — qualquer que ele seja — que em cada momento se tenha de decidir.*

Não está assim o Código Civil em oposição ao Código do Consumidor — pelo contrário, a *articulação* entre ambos será indispensável, o "*diálogo*

---

22 Cfr. LUIZ EDSON FACHIN, *Novo Código Civil Brasileiro e o Código de Defesa do Consumidor: um Approach de suas Relações Jurídicas*, in "Estudos de Direito do Consumidor", Centro de Direito do Consumo/Faculdade de Direito da Universidade de Coimbra, nº 7, 2005, pp. 111,ss, bem como, já antes, circunscrito à boa fé, o artigo de JUDITH MARTINS-COSTA, *Os Campos Normativos da Boa-fé Objetiva: as três perspectivas do direito privado brasileiro*, nos mesmos "Estudos", mas nº 6, 2004, pp. 85,ss, e ainda, GUSTAVO TEPEDINO e A. SCHREIBER, *A Boa-fé Objetiva no Código de Defesa do Consumidor e no Novo Código Civil*, in "Revista da EMERJ, nº 23, 2003, pp. 139,ss. Sobre as relações entre o novo Código Civil brasileiro e o Código do Consumidor v. igualmente, e de novo, FACHIN, *As relações jurídicas entre o novo Código Civil e o Código de Defesa do Consumidor: elementos para uma teoria crítica do direito do consumidor*, in "Repensando o direito do consumidor — 15 anos do CDC (1990-2005)", org. ALDACI CAPAVERDE e MARCELO CONRADO, vol. I, OAB, Curitiba, 2005, pp. 27,ss, bem como RENATO AFONSO GONÇALVES, *Os reflexos do novo Código Civil na manipulação de dados pessoais de consumidores*, in "O Código Civil e sua interdisciplinaridade: os reflexos do Código Civil nos demais ramos do direito", coord. de JOSÉ GERALDO BRITO FILOMENO, LUIS GUILHERME DA COSTA WAGNER JUNIOR e RENATO AFONSO GONÇALVES, Belo Horizonte, 2004, pp. 79,ss, e JOSÉ GERALDO BRITO FILOMENO, *Tutela contratual no novo Código Civil em face do Código de Defesa do Consumidor*, no mesmo volume, pp. 98,ss.
Convém ter igualmente presente, por outro lado, que o direito civil de hoje comunga de preocupações e de princípios bem diferentes dos que dominaram no passado, o que é particularmente relevante na área dos contratos, e que pode "ajudar" a um mais fácil diálogo com o direito do consumidor. Cfr., sobre essas tendências, por ex., JUDITH MARTINS-COSTA, *Comentários ao Novo Código Civil*, vol. V, tomo I, 2ª ed., coord. SÁLVIO DE FIGUEIREDO TEIXEIRA, Rio de Janeiro, 2005, pp. 1,ss (a parte constante da "Introdução Geral"); PAULO NALIN, *Do contrato: conceito pós-moderno*, Curitiba 2001; TERESA NEGREIROS, *Teoria do contrato. Novos paradigmas*, Rio de Janeiro, São Paulo, 2002; e LUIZ EDSON FACHIN, *Teoria Crítica do Direito Civil*, 2ª ed., Rio de Janeiro, São Paulo, 2003.

de fontes"[23] será imprescindível, o postulado metodológico da *unidade do sistema* assim o exige.[24]

III – Por último — mas, indiscutivelmente, *last but not least* —, falar, hoje, da defesa do consumidor não é *reduzir* a pessoa humana, não podendo acusar-se de *visão reducionista* quem fala ou quando se fala de *consumidor* em vez de *cidadão*. Melhor: *não pode contrapor-se o cidadão ao consumidor, pois este mais não é do que o cidadão numa especial relação, a relação de consumo.*

Apelar à defesa do consumidor e à consagração de um regime especial, num código próprio, *não significa prescindir da tutela que a ordem jurídica já lhe concede, como cidadão, e que o Código Civil acolhe.* Haja em vista, entre tantos outros exemplos, que os *direitos de personalidade* continuam, como é natural, a ser consagrados no Código Civil. Este será sempre o diploma fundamental do direito privado e só será afastado *nos pontos* em que a *lei especial* — "in casu", o Código do Consumidor — consagre um *regime específico*.

Convém ter sempre presente que o Código do Consumidor procura abranger, *apenas*, aquelas *relações* em que a pessoa carece de uma *protecção especial*. Trata-se de proteger a pessoa, o cidadão, numa *determinada relação*, a relação de consumo, precisamente. Em todas as *demais relações* é a lei *comum* do direito privado — o Código Civil — que tenderá a aplicar-se; ou a própria Constituição, quando for caso disso.

---

23 Cfr. PIETRO PERLINGIERI, *Perfis do Direito Civil. Introdução ao Direito Civil Constitucional*, trad. de MARIA CRISTINA DE CICCO, 3ª ed., Rio de Janeiro, 1997, pp. 7,ss; GUSTAVO TEPEDINO, *Crise de fontes normativas e técnica legislativa na parte geral do Código Civil de 2002*, in "A Parte Geral do Novo Código Civil. Estudos na Perspectiva Civil-Constitucional", Rio de Janeiro, São Paulo, 2002, pp. XV,ss, e CLAÚDIA LIMA MARQUES, *Diálogo das Fontes* (coordenação), 2ª tiragem, São Paulo, 2012, e *Contratos no Código de Defesa do Consumidor*, 5ª ed., São Paulo, 2006, pp. 584,ss, ainda que mais numa perspectiva de conflitos de leis no tempo.

24 Recorde-se A. CASTANHEIRA NEVES, *A unidade do sistema jurídico: o seu problema e o seu sentido (Diálogo com Kelsen)*, separata dos "Estudos em Homenagem ao Prof. Doutor J.J. Teixeira Ribeiro", Boletim da Faculdade de Direito de Coimbra, 1979 (agora também em "*Digesta*", 2º, Coimbra, 1995, pp. 109,ss), e no Brasil, FRANCISCO AMARAL, *Direito Civil. Introdução*, 8ª ed., Rio de Janeiro, 2014, pp. 38,ss e 168,ss. Claro que falamos de sistema no sentido de sistema móvel, de desenvolvimento regressivo. Sobre o ponto, pode ver-se ainda, entre muitos, CANARIS, *Pensamento Sistemático e Conceito de Sistema na Ciência do Direito*, trad. port. de ANTÓNIO MENEZES CORDEIRO, Lisboa, 1989, pp. 127,ss.; LARENZ/CANARIS, *Methodenlehre der Rechtswissenschaft*, 3.ed., Berlin, Heidelberg, New York, 1995, pp. 265, 290, 298 ss e *passim;* WILBURG, *Entwicklung eines beweglichen Systems im bürgerlichen Recht*, Graz, 1950; e F. BYDLINSKI, in *Das bewegliche System im geltenden und künftigen Recht*, 1986, *passim*

Afinal, digamo-lo para terminar, é a necessidade de *proteger a pessoa humana* que exige a *defesa do consumidor*, tal como essa mesma necessidade já exigiu, no passado, a *protecção do trabalhador* e a autonomia do direito do trabalho.

É a *dignidade da pessoa humana,* em suma, que leva à consagração de *regras especiais*, seja quando actua na *veste de trabalhador*, seja quando actua na *veste de consumidor*. Num caso e no outro, trata-se de *defender a pessoa humana de modo eficaz,* através de regras *específicas* e *adequadas*.

Parabéns ao Código de Defesa do Consumidor, por estes seus 25 anos — ele é já um ponto de referência obrigatório, no direito comparado, honrando todos quantos, no Brasil, contribuíram para a sua aprovação e o vão aplicando. Um quarto de século é já tempo bastante para comprovar que o *Código de Defesa do Consumidor* foi uma aposta ganha!

NEUTRALIDADE DE REDE E OS IMPACTOS NA RELAÇÃO DE CONSUMO

Lygia Maria Moreno Molina Henrique

1. O surgimento da Internet como uma rede livre

A criação da Internet pode ser remontada à década de 60, quando o Departamento de Defesa dos Estados Unidos, visando impulsionar as pesquisas universitárias, como forma de concorrer com os feitos soviéticos da época criou a Advanced Reaserch Projects Agency (ARPA), tendo esta, ao final da mencionada década, mais precisamente em 1969, criado uma rede de computadores, a Arpanet, um programa de interação em rede que mais tarde viria a dar origem ao que hoje denominamos de Internet.

Assim, muito embora, a ideia de uma rede que interligasse e permitisse a integração de vários computadores tenha sido uma ideia militar surgida em plena Guerra Fria, o seu intuito estava estritamente ligado à integração de grupos de pesquisa espalhados por todo o globo, ou seja, o objetivo da Arpanet não era estritamente militar, estava mais relacionada à comunicação entre os pesquisadores e as universidades.

A Arpanet teve a sua estrutura arquitetada em rede, em razão de uma proposta feita pela Rand Corporation ao Departamento de Defesa dos Estados Unidos, pois assim esta propiciaria uma comunicação descentralizada e caso houvesse um ataque nuclear, risco iminente à época, a rede sobreviveria.

Fora adotada, igualmente, a tecnologia de comutação por pacotes, assim, os dados a serem transferidos, na Arpanet, eram agrupados em pacotes (unidade de transferência da informação), endereçados e remetidos ao nó (polo da rede) de destino. A comunicação era feita, portanto de nó a nó, sendo que os caminhos entre estes deveriam ficar livres para o transporte de pacotes.

Como o objetivo da criação da Arpanet era impulsionar as pesquisas os primeiros nós (polos das redes) foram instalados em universidades americanas – Universidade da Califórnia em Santa Barbara, Universidade da Califórnia em Los Angeles e na Universidade de Utah – no ano de 1969.

Em seguida, buscou-se comunicar a Arpanet com outras redes de computadores com o intuito de abranger a comunicação. No entanto, foram surgindo redes distintas com protocolos próprios e incompatíveis entre si, o que inviabilizava a troca de informação entre estas.

Assim, diante desta necessidade de se padronizar os protocolos para que as redes fossem interligadas, em 1978, na Universidade da Califórnia do Sul fora criado o protocolo TCP/IP, padrão de "linguagem" adotado até os dias de hoje.

Outra criação que possibilitou as redes de computadores se alastrarem pelo mundo, facilitando a comunicação entres as comunidades acadêmicas e os grupos de pesquisas, foi a criação do WWW (World Wide Web), em 1990, uma aplicação desenvolvida pelo inglês Tim Berners-Lee, funcionário da CERN (Organização Europeia para Investigação Nuclear), a partir de uma necessidade dos cientistas de todos os lugares do mundo em compartilhar dados, utilizando-se de plataformas ou suporte lógico (sequência de instruções a serem seguidas ou executadas) distintos. Sobre o World Wide Web, na ocasião, Tim Berners-Lee esclareceu que:

> *"O projeto WorldWideWeb (WWW) tem por objetivo permitir que todas as ligações possam ser feitas com qualquer informação, não importando onde elas se encontrem. (...) O projeto WWW foi lançado para permitir que os físicos de altas energias possam trocar informações, notícias e documentos. Estamos muito interessados em alargar a web a outras áreas e ter servidores de portas de ligação (Gateway) para outros dados. Os colaboradores são bem-vindos!"*

Desta forma, as redes de computadores tiveram grande avanço entre as décadas de 80 e 90 diante da colaboração da comunidade científica dos Estados Unidos e também da Europa. No Brasil, a história não foi diferente, as redes de computadores se desenvolveram, primeiramente, nos ambientes acadêmicos.

Em 1988, o Professor Oscar Sala, da Universidade São Paulo (USP) e, à época, também Presidente do Conselho Superior da FAPESP (Fundação de Amparo à Pesquisa do Estado de São Paulo), foi responsável pela conexão desta Fundação ao *Fermi National Accelerator Laboratory (Fermilab)*, em Chicago, por meio da rede Bitnet (*Because It`s Time Network*).

Posteriormente, as instituições acadêmicas paulistas foram ligadas entre si por meio da rede ANSP (*Academic Network at São Paulo*) que igualmente fora conectada à linha internacional mantida pela FAPESP, assim, como outras instituições acadêmicas, que também se aproveitaram desta ligação.

Logo em seguida, em 1991, a FAPESP realizou a primeira ligação nacional em TCP/IP à rede já denominada como Internet (rede mundial de computadores). E, ainda em 1991, o Núcleo de Computação Eletrônica da UFRJ (Universidade Federal do Rio de Janeiro) estabeleceu outra linha internacional. Estes últimos fatos foram decisivos para que o Brasil adotasse o protocolo TCP/IP para se conectar às redes internacionais.

Assim, apesar de a criação da Internet ter sido um projeto de pesquisa militar, inclusive, pela ousadia deste projeto, como ressaltado, os desenvolvedores eram cientistas, pós-graduandos, enfim, acadêmicos. Em razão deste histórico, a Internet, em seu início, foi uma pesquisa desenvolvida como missão, mas que não teve a sua liberdade de pensamento sufocada ou limitada, surgiu como uma rede livre.

Outro aspecto relevante do surgimento da Internet foi a sua abertura e descentralização que propiciaram a todos os usuários o aperfeiçoamento desta nova tecnologia, a modelagem da rede pelo uso, levando a um padrão mundial de comunicação e interação que pode ser considerado uma expressão cultural.

2. O princípio da neutralidade de rede e as exceções, por este, comportadas

Assim, como já delineado, a Internet nasceu como uma rede livre de qualquer tipo de interferências, inclusive, em seu tráfego, demonstrando uma natureza aberta e não discriminatória. E, em razão do protocolo de comunicação adotado como padrão (TCP/IP), a Internet se estruturou sob o princípio "end-to-end".

De acordo com este princípio, o tráfego dos pacotes de dados realizado de ponto a ponto, de uma porta a outra deve ser livre e igualitário, independente do conteúdo ou forma dos pacotes transportados. Dessa forma, o controle do tráfego deve ficar nas portas, isto é, com os usuários, sendo certo que qualquer intervenção na transmissão dos pacotes implicaria em ofensa a própria lógica em que a Internet fora estruturada.[1]

Baseado neste princípio "end-to-end", o Professor Tim Wu, da Columbia Law School, em 2003, por meio do artigo "Neutralidade da Rede, Discriminação na Banda Larga", consagrou e divulgou o termo "neutralidade de rede". Segundo Tim Wu, a ideia do conceito de neutralidade, que adiante veio a ser considerado um princípio, é a de:

> "(...) uma rede pública de informações que se pretende o mais útil possível aspira a tratar igualmente todos os conteúdos, sites e plataformas. Isto permite que a rede transporte todo tipo de informação e suporte todo tipo de aplicativo. O princípio sugere que as redes de informação são mais valiosas quando elas são menos especializadas – quando elas são uma plataforma para múltiplos usos, presentes ou futuros".[2]

1 "MARCO REGULATÓRIO CIVIL DA INTERNET NO BRASIL" *in* http://ccsl.ime.usp.br/files/ANEXO_9.pdf, acessado em 30 de julho de 2014.

2 Wu, Tim. "Network Neutrality, Broadband Discrimination" *in* http://papers.ssrn.com/sol3/papers.cfm?abstract_id=388863, acessado em 28 de julho de 2014.

Sendo assim, pode-se entender a neutralidade de rede como um princípio de arquitetura da Internet, de acordo com o qual não deve ser dado tratamento discriminatório tanto à informação que trafega de uma ponta a outra na rede, quanto aos usuários que enviam e recebem tais conteúdos.

Deste modo, o provedor de acesso ou conexão (operadoras de telecomunicações como a OI, Net, Vivo, GVT, entre outras) não pode bloquear determinado conteúdo a um usuário, ou mesmo, limitar a velocidade do tráfego para determinados provedores de conteúdos (ex. redes sociais, sites de notícias, etc.), aquém dos limites de banda contratados.

É importante consignar que este conceito de "neutralidade" não é um conceito novo que surgiu com a Internet, pelo contrário, é um conceito já antigo e que acompanha a evolução dos meios de comunicação, como, por exemplo, a dos correios e do telefone, meios, estes, que contam com proteção constitucional de sigilo, sendo inconstitucional a intercepção destes, ressalvadas as exceções constantes no ordenamento jurídico.

O princípio da neutralidade, assim, ao determinar que usuários e conteúdos não possam ser discriminados na rede, empodera o usuário dando a este o controle e a livre escolha (sem qualquer imposição) de qual conteúdo acessar, bastando, para tanto, que contrate a quantidade de banda necessária e suficiente aos seus anseios, o que é bom tanto para o mercado, quanto para o consumidor. Nesse sentido, já declarou Tim Wu em entrevista concedida à pesquisadora do CTS da FGV-RJ, Joana Varon, a saber:

> "É perfeitamente legítimo que o provedor de Internet ofereça uma conexão mais rápida ou mais banda por um preço mais alto, da mesma forma como, ao usarmos mais eletricidade, pagamos mais", disse o professor da Universidade de Columbia. "Isso é normal e não diz respeito à neutralidade de rede. Mas o que eles querem fazer é ter o poder de bloquear certas coisas e forçar você a consumir outras, cobrando preços diferentes para o tipo de conteúdo que se acessa. Isso será ruim para todos, mais caro e pior".

Pela relevância de tal princípio, o Comitê Gestor da Internet (CGI.br) o reconheceu como um dos princípios essenciais à governança e uso da Internet por meio da Resolução 2009/003, a saber:

> "CGI.br/RES/2009/003/P – PRINCÍPIOS PARA A GOVERNANÇA E USO DA INTERNET NO BRASIL
> Considerando a necessidade de embasar e orientar suas ações e decisões, segundo princípios fundamentais, o CGI.br resolve aprovar os seguintes Princípios para a Internet no Brasil:
> 6 Neutralidade da rede
> Filtragem ou privilégios de tráfego devem respeitar apenas critérios técnicos e éticos, não sendo admissíveis motivos políticos, comerciais, religiosos, culturais, ou qualquer outra forma de discriminação ou favorecimento".

Em análise projeto do Marco Civil da Internet, quando este tramitava no Congresso Nacional, o CGI.br[3] enumerou diversas razões que fazem da neutralidade de rede um princípio norteador da Internet, que merece ser preservado, pontos com os quais concordamos e passamos a tecer:

> • A neutralidade garante que a Internet seja uma plataforma livre e sem restrições para a inovação, permitindo que seus usuários criem novas aplicações e participem desta expressão cultural;
> • A neutralidade proporciona um ambiente horizontal de interação social, acessível a todos;
> • A neutralidade permitir ao mercado se desenvolver com barreiras reduzidas, de forma mais livre, criando novas oportunidades de empregos e possibilitando às pequenas e médias empresas que compitam com as demais tanto em âmbito nacional, como internacional;
> • A neutralidade, ainda, impulsiona a economia da informação ao permitir que pequenas empresas, com poucos recursos, tenham acesso e utilizem a variedade de serviços disponíveis na Internet a preços baixos.

Considerando tais razões que levaram o Comitê Gestor a eleger a neutralidade como um princípio de governança e uso da Internet, verifica-se que, igualmente, seria contrário a tal princípio a prática vislumbrada por alguns provedores de acesso ou conexão de cobrarem dos usuários preços diferenciados pelo acesso a determinados provedores de conteúdo ou serviços, vez que esta prática traria restrições à Internet, ao mercado e às inovações proporcionadas pelo ambiente digital.

Em consonância com este entendimento e visando proteger também o princípio da neutralidade, a Organização das Nações Unidas (ONU) reconheceu o uso da Internet e da Web, como um direito humano, considerando os amplos benefícios que o uso livre e aberto da rede produz.

Tal fato se deu em 29 de junho de 2012, ocasião em que o Conselho dos Direitos Humanos da ONU, pela Resolução A/HRC/20/L.13, convocou todos os Estados, inclusive o Brasil a "promover e facilitar o acesso à Internet e a cooperação internacional visando o desenvolvimento dos meios de comunicação e de informação e instalações de comunicações em todos os países". E, ao final, declarou que a "promoção, proteção e gozo dos direitos humanos, incluindo o direito à liberdade de expressão, na Internet e em outras tecnologias, já que a Internet pode ser uma ferramenta importante para o desenvolvimento e para o exercício dos direitos humanos, de acordo com o seu programa de trabalho".

Apesar da importância mundialmente atribuída à neutralidade, fato é que ou por razões técnicas ou jurídicas a respeito do tráfego de informa-

---

3 "O CGI.br e o Marco Civil da Internet: defesa da privacidade de todos que utilizam a internet; neutralidade de rede; inimputabilidade de rede".

ções (ex. conteúdo ilegal), algumas discriminações vêm ocorrendo na rede, o que levou inclusive o Professor Christian Sandvig a declarar que atualmente a neutralidade não pode ser vista como uma característica da Internet, a saber:

> "A Internet não é neutra agora. A maior parte do debate sobre a Internet se concentra em torno de alguns tipos de discriminação de conteúdo, embora haja muitas variedades mais em jogo. O enfoque do debate sobre a neutralidade da rede pode ter sido sobre os aspectos legais, sim, mas o problema da discriminação de conteúdo costuma ser de caráter tecnológico. Já existem muitas formas de discriminação sendo praticadas – normalmente em segredo – e não está claro, de forma alguma, que todas elas sejam uma má ideia".[4]

Assim, Sandvig defende que, diferentemente da manipulação jurídica do tráfego, a manipulação tecnológica deste não é algo hipotético, mas uma situação que vivenciamos, muitas vezes, por escolhas próprias, como quando bloqueamos *e-mails spam*, e outras sem sequer termos conhecimento, de forma silenciosa e, não raras as vezes, ilegais, como quando um provedor de conteúdo se utiliza de forma indevida de uma ferramenta ou software para realizar inspeção dos pacotes recebidos pelos usuários.

Dentre as formas de manipulação tecnológica que podem infringir ou configurar exceções à neutralidade, as mais comuns e conhecidas são: (i) bloqueio de endereço; (ii) bloqueio de porta ou protocolo; (iii) filtragem de conteúdo; (iv) priorização e condicionamento.

O Bloqueio de endereço consiste na não entrega de pacotes (de dados, vídeo ou áudio) a determinados endereços. Este bloqueio, no entanto, é falho, pois o endereço de destino pode ser alterado ou pode-se disfarçar o destino da transmissão, além disso, este tipo de bloqueio exige que seja mantida uma lista dos endereços bloqueados.

O Bloqueio de porta ou protocolo impede que o pacote entre na porta de destino em razão de algumas características detectadas neste. Tanto esta ferramenta quanto a anterior possuem aplicação no combate aos e-mails *spam*.

A filtragem de conteúdo, por sua vez, está entre aquelas práticas que os usuários na maioria das vezes não possuem conhecimento, e consiste no fato de o provedor de conexão, ao invés de se limitar a verificar o endereçamento do pacote a ser entregue, acaba por abri-lo e por inspecionar o seu conteúdo.

No Brasil, recentemente a operadora TNL PCS S/A (Oi) foi condenada pelo Departamento de Proteção e Defesa do Consumidor (DPDC) da Secretaria Nacional do Consumidor (SENACON/MJ), em R$ 3.500.000,00 (três milhões e quinhentos mil reais) por ter monitorado o tráfego de paco-

4 Sandvig, Christian. Neutralidade de rede e a nova via pública *in* www.**politics**.org.br/edicao_02/.../**poliTICS**_n2_**ChristianSandvig**.pdf, acessado em 29 de julho de 2014.

tes de seus usuários através de um software comercializado pela empresa inglesa *Phorm.* O intuito da operadora era o de verificar os perfis dos usuários e, posteriormente, vende-los a agências de publicidade e portais *web.*[5]

Cumpre ainda mencionar a ferramenta de priorização e condicionamento, neste caso, utiliza-se de dados como os números das portas, os endereços, entre outros, para distinguir os tipos de tráfegos e propiciar a estes tratamentos distintos.

Ademais, vale ressaltar que muitas vezes estas ferramentas que em tese prejudicariam a neutralidade de rede, podem ser utilizadas para preservá-las, como adverte, Demi Getschko, diretor-presidente do Núcleo de Informação e Coordenação do Ponto BR, ao comentar as exceções à neutralidade:

> "E exceções? Apenas para citar uma, há práticas mal intencionadas na rede, que visam minar a própria neutralidade dela e que, portanto, devem ser tratadas como exceção, para a própria preservação da neutralidade ampla. Parece uma contradição, mas isso ocorre quando se detecta um ataque do tipo "negação de serviço", quando alguém quer impedir que um site ou um serviço seja acessível aos demais usuários, usando para isso de meios automáticos que geram uma sobrecarga artificial.
> A forma de amenizar esse tipo de ataque passa por filtrar endereços da origem do ataque. Ou seja, pode haver necessidade específica de interferir no processo "fim-a-fim" da internet, exatamente para preservá-lo neutro".[6]

Sendo assim, diante da análise destas ferramentas, observa-se que algumas são utilizadas em detrimento ao usuário de rede e mesmo sem o seu conhecimento, o que afronta não só a neutralidade, mas também a transparência da navegação. Entretanto, outras, como as ferramentas *antispam* e as utilizadas em prol da preservação da neutralidade, consistem em exceção, apenas, aparente ao princípio da neutralidade, vez que não afetam de forma negativa a experiência do usuário, pelo contrário buscam resguardá-la.

3. Neutralidade e como esta influi no mercado e na relação de consumo

Desta forma, ressalvadas as exceções, considerando a Internet como uma rede, predominantemente, livre, observamos que, ao longo de seus

5 http://pesquisa.in.gov.br/imprensa/jsp/visualiza/index.jsp?jornal=1&pagina=43&data=23/07/2014 , acessado em 23 de julho de 2014.

6 http://blogs.estadao.com.br/demi-getschko/a-internet-nasceu-neutra-e-deve-permanecer-assim/, acessado em 29 de julho de 2014.

poucos anos de desenvolvimento, a Internet propiciou a criação de um novo espaço, o cyberespaço, e diante deste novo espaço as pessoas, as relações e o mercado alteraram, em pouco tempo, a forma de se organizarem.

Tanto o mercado, quanto as relações, inclusive, as de consumo se tornaram mais dinâmicos, em virtude da tecnologia digital, que comporta uma capacidade extrema de troca de informações em uma velocidade muita avançada. Assim, surgiram diversas inovações próprias da Internet como os sites de buscas, as redes sociais, os sites de vídeos online, entre outras.

Esta dinamização do mercado e das relações de consumo, igualmente, ocorreu pela alta competitividade propiciada pelo cyberespaço. Isso, pois, trata-se de um espaço que apresenta custos iniciais mínimos para a abertura de um negócio, como já observou Tim Wu ao dizê-lo que para tanto, basta uma ideia e um bom site[7], além disso, a Internet, por se tratar de um ambiente aberto e neutro, proporciona a competição por méritos e destaques reais.

A competitividade, no cyberespaço, ainda é acirrada pela constante inovação, em pouco tempo, são criados novos aplicativos, novos tipos de serviços e facilidades ao usuário e consumidor, o que demonstra que o mercado que se utiliza deste espaço encontra-se em um constante processo de renascimento, em um constante processo de evolução, o que fortalece a economia e torna o mercado saudável ao consumidor.

Esta livre concorrência e livre iniciativa propiciada pela Internet revelam um mercado mais acessível ao consumidor e muito mais especializado e voltado aos anseios e interesses deste.

Vale destacar, entretanto, que tudo isto somente é possível por meio da neutralidade de rede, vez que esta sempre garantiu aos usuários a liberdade de criação, de invenção, a liberdade de escolha a respeito de qual conteúdo acessar ou qual aplicativo utilizar, bem como, devido ao seu propósito, a neutralidade sempre serviu a vetar que os provedores interferissem nestas escolhas.

Todavia, há muito, os provedores vêm se mostrando incomodados por terem diante de si um mercado altamente competitivo e não poderem manipulá-lo, sendo certo que possuem diversos incentivos para discriminar pacotes e aplicações, alguns deles seriam:[8]

---

7 Wu, Thimoty. "Network Neutrality: Competition, Innovation, and Nondiscriminatory Access." Available at SSRN: http://ssrn.com/abstract=903118, acessado em 28 de julho de 2014.

8 http://observatoriodainternet.br/wp-content/uploads/2012/06/Contribuicao-do-CTS-FGV-sobre-neutralidade-de-rede-no-Marco-Civil1.pdf, acessado em 30 de julho de 2014.

(I) Aumento de lucro com a discriminação de pacotes;
(II) Discriminar o acesso a aplicativos que tenham a mesma função de um serviço prestado pelo provedor, de modo a inibir a concorrência. Ex: bloqueio de serviço de voz IP por provedores que igualmente ofertem serviços de telefonia;
(III) Poder cobrar dos provedores de conteúdo para que os dados sejam veiculados com maior rapidez;
(IV) Degradar o uso de aplicativos que utilizam muita banda com o aumento do tráfego.

Este último incentivo é justamente o motivo pelo qual os provedores se posicionam abertamente de maneira contrária a neutralidade de rede. Ocorre que os provedores usualmente vendem aos consumidores o serviço de banda larga da seguinte forma: uma quantidade de banda por uma mensalidade fixa, assim, acabam comprando acesso conforme o fluxo de dados trafegados, dessa maneira, se o fluxo aumenta e, para assegurá-lo, o provedor deveria adquirir mais acesso, no entanto, tal aquisição gera, a este, despesas que não são repostas, pois a mensalidade é fixa.

Assim, os provedores em geral colocam-se contrários à neutralidade, asseverando que a discriminação de pacotes e aplicativos iria permitir, a estes, investir em infraestrutura e tornar as aplicações mais rápidas, vez que alguns tipos de pacotes demandam mais banda para o seu transporte, pacotes como os de vídeo e áudio não podem ser quebrados, o que dificulta o transporte destes.

Por outro lado, não há qualquer garantia de que o aumento de receitas dos provedores com a discriminação de pacotes seria utilizado para investimentos em infraestrutura e de que a situação, neste campo, não permanecerá como está atualmente, ademais, como já tratado, este tipo de conduta viria em detrimento do consumidor devido à manipulação mercadológica que se instauraria e à limitação de suas escolhas. Além disso, a limitação das aplicações implicaria, ainda, em uma restrição lógica à inovação. Nesse sentido, Tim Wu nos alerta que:

> "Deixar a internet ou qualquer outra infraestrutura se tornar discriminatória pode oferecer marginalmente mais lucros às operadoras. Mas, isto se dará a custo de uma taxa sobre a competição e inovação da rede".[9]

9 Wu, Thimoty. "Network Neutrality: Competition, Innovation, and Nondiscriminatory Access." Available at SSRN: http://ssrn.com/abstract=903118, acessado em 28 de julho de 2014.

4. Como a neutralidade tem sido aceita no mundo e a opção feita pelo Marco Civil

Os países ao redor do mundo estão ao poucos reconhecendo a neutralidade como um princípio da Internet que merece ser resguardado por permitir que este ambiente continue a se desenvolver de forma livre e como um ambiente de expressão cultural.

O país pioneiro a aprovar uma Lei sobre a neutralidade de rede foi o Chile, que o fez no ano de 2010. Recentemente, a Colômbia, igualmente, inseriu em seu Plano Nacional de desenvolvimento uma norma que veda práticas de discriminações.

Os Estados Unidos, país em que a Internet fora arquitetada de forma livre e neutra, tem discutindo desde 2010 a elaboração de normas a regulamentar a neutralidade de rede, principalmente, com a atuação do órgão regulador da área de telecomunicações e radiodifusão, a *Federal Communication Commission* (FCC).

Em novembro de 2011, após intenso debate, o FCC publicou algumas regras básicas sobre a neutralidade de rede, que consistiam em:

> (i) "**Transparência. Provedores de serviços de banda larga fixa e móvel devem divulgar suas práticas de gerenciamento de rede**, características de desempenho e os termos e condições de seus serviços de banda larga;
> **(ii) Proibição de bloqueio. Provedores de serviço de banda larga fixa não podem bloquear conteúdo, aplicativos e serviços lícitos**, nem mesmo aparelhos que não prejudiquem o funcionamento da rede; provedores de serviços de banda larga móvel não podem bloquear *websites* lícitos, nem mesmo bloquear aplicativos que compitam com seus serviços de voz ou vídeochamada; e
> **(iii) Proibição de discriminação de conteúdo de forma não razoável. Provedores de serviço de banda larga não podem discriminar de maneira não razoável o tráfego lícito de rede".**

Estas regras básicas, por sua vez, pouco resguardavam a neutralidade, visto que se utilizavam de termos vagos, como "razoável", que poderia ser interpretado de forma a tornar a regra ineficaz, tendo em vista que esta permitia "a discriminação razoável" de conteúdos sem delimitar e especificar quais as práticas poderiam ser assim entendidas.

Apesar de pouco resguardarem a neutralidade, tais regras representavam, de certa forma, uma garantia em favor da neutralidade, todavia, no primeiro semestre de 2014, o Tribunal Federal de Apelação dos Estados Unidos analisou um caso concreto trazido pela operadora "Verizon", em que esta defendia a possibilidade de estruturar o seu modelo de negócio priorizando determinados conteúdos e encarecendo a oferta de pacotes que demandariam uma rede mais interativa, e, ao julgá-lo, deu provimento ao pleito da operadora, afastando a norma da FCC.[10]

O argumento utilizado pelo Tribunal para tanto foi o de que muito embora fosse a FCC autoridade competente a regular os serviços de Internet, esta teria excedido a sua competência ao impor aos provedores de acesso ou conexão normas antidiscriminatórias e em prol da neutralidade de rede.

Tendo em vista tal decisão, a FCC propôs nova regulamentação à neutralidade de rede em maio de 2014 e submeteu-a à consulta pública em seu site no mês de julho, tendo tal regulamentação, apesar de muito criticada pelos provedores americanos de conteúdo,[11] aprovada em 26 de fevereiro de 2015 .

De outro lado, na União Europeia, no primeiro semestre de 2014, foi aprovado pelo Parlamento Europeu um pacote legislativo ao mercado de telecomunicações, conhecido como "Continente Conectado", que garante a neutralidade de rede em todos os países membros. O projeto foi proposto por Neelie Kroes, comissária responsável pela Agenda Digital. A proposta, contudo, ainda precisará passar pela aprovação do Conselho Europeu.

Algumas operadoras de telefonia, como já era de se esperar, protestaram em face da aprovação do Pacote. E sobre esta crítica à neutralidade de rede, a comissária Neelie Kroes, ao ser questionada, argumentou que:

> "A proposta da Comissão sobre a neutralidade da Internet visa garantir que todos os utilizadores europeus tenham liberdade de escolha e não estejam sujeitos à interferência dos seus fornecedores de acesso à Internet, permitindo ao mesmo tempo o surgimento de novos serviços inovadores com requisitos de qualidade mais exigentes".[12]

No Brasil, por sua vez, após alguns anos de tramitação no Congresso Nacional, em 23 de abril de 2014 fora promulgado a Lei do Marco Civil da Internet, Lei n. 12.965/14, o qual trata da preservação da neutralidade de rede no país. Vejamos.

A Lei, em seu artigo 3º,[13] elege a neutralidade como um dos princípios do uso da Internet no Brasil, consolidando entendimento já exarado

10 http://www.cadc.uscourts.gov/internet/opinions.nsf/3AF8B4D938CDEEA685257C6000532062/$file/11-1355-1474943.pdf , acessado em 8 de abril de 2015.

11 http://www.fcc.gov/openinternet#history, acessado em 31 de julho de 2014.

12 http://www.europarl.europa.eu/RegData/questions/reponses_qe/2014/007411/P8_RE(2014)007411_PT.pdf , acessado em 08 de abril de 2015.

13 Art. 3º A disciplina do uso da internet no Brasil tem os seguintes princípios:
(...)
IV - preservação e garantia da neutralidade de rede;

pelo Comitê Gestor da Internet (CGI) em sua Resolução 2009/003, outrora já ressaltada.

Já em seu artigo 9º, *caput*, a Lei estabelece uma vedação geral ao tratamento discriminatório de dados na Internet, bem como a degradação do tráfego por provedores de conexão, sendo certo que tal vedação engloba tanto o bloqueio a determinadas aplicações ou conteúdos, como a priorização, pelos provedores de conexão, de algumas aplicações em detrimento de outras. Segue texto do art. 9º que revela tal entendimento:

> "Art. 9º **O responsável pela transmissão, comutação ou roteamento tem o dever de tratar de forma isonômica quaisquer pacotes de dados, sem distinção por conteúdo, origem e destino, serviço, terminal ou aplicação.**
> § 1º A discriminação ou degradação do tráfego será regulamentada nos termos das atribuições privativas do Presidente da República previstas no inciso IV do art. 84 da Constituição Federal, para a fiel execução desta Lei, ouvidos o Comitê Gestor da Internet e a Agência Nacional de Telecomunicações, e somente poderá decorrer de:
> I – requisitos técnicos indispensáveis à prestação adequada dos serviços e aplicações; e
> II – priorização de serviços de emergência.
> § 2º Na hipótese de discriminação ou degradação do tráfego prevista no § 1º, o responsável mencionado no caput deve:
> I – abster-se de causar dano aos usuários, na forma do art. 927 da Lei no 10.406, de 10 de janeiro de 2002 – Código Civil;
> II – agir com proporcionalidade, transparência e isonomia;
> III – informar previamente de modo transparente, claro e suficientemente descritivo aos seus usuários sobre as práticas de gerenciamento e mitigação de tráfego adotadas, inclusive as relacionadas à segurança da rede; e
> IV – oferecer serviços em condições comerciais não discriminatórias e abster-se de praticar condutas anticoncorrenciais.
> § 3º Na provisão de conexão à internet, onerosa ou gratuita, bem como na transmissão, comutação ou roteamento, é vedado bloquear, monitorar, filtrar ou analisar o conteúdo dos pacotes de dados, respeitado o disposto neste artigo".

Há que se ressaltar, ainda, a questão trazida pelo 3º, do referido artigo, que veda expressamente a inspeção de pacotes por meio dos provedores de conexão, prática que, como demonstrado, rendeu à Empresa TNL (Oi) uma multa de R$ 3.500.000,00 (três milhões e quinhentos mil), recentemente.

No entanto, apesar do caput do artigo e do 3º consistirem em um avanço à proteção da neutralidade de rede, o seu § 1º vem a conter tal avanço, vez que traz a possibilidade de discriminação e degradação do tráfego de dados e, pior, atrela isto a regulamentação por meio de decreto do Presidente.

Muito embora seja necessário reconhecer que o princípio da neutralidade de rede não pode ser considerado como um princípio absoluto, vez que, como já demonstrado, muitas vezes é necessário infringir a neutralidade a fim de preservá-la (ex. a mencionada filtragem de endereços para conter um ataque de "negação do serviço"), bem como é necessário deixar um espaço para a administração do tráfego e outras exceções que não trazem consequências gravosas aos usuários, como, por exemplo, a possibilidade de se impedir o envio/recebimento de e-mail *spam,* fato é que deixar tal regulamentação para um decreto poderá gerar discussões acerca de como a norma poderá ser interpretada no lapso de tempo que se transcorrer até a regulamentação, tornando-a inócua.

Este entendimento acerca da necessidade de regulamentação já havia, inclusive, sido sinalizado ao Deputado Alessandro Molon, relator da Comissão Especial do Marco Civil da Internet, quando este ainda se encontrava em trâmite no Congresso Nacional, pelo Centro de Tecnologia e Sociedade da FGV por meio de manifestação sobre a neutralidade àquele dirigida, a saber:

> *"(...) Ao remeter à regulamentação posterior, isso acaba por tornar o artigo completamente ineficaz enquanto a regulamentação não é realizada, tornando o esforço de aprovação de um Marco Civil da Internet inócuo. Adicionalmente, ao*
> *delegar tarefa de tamanha importância a outro órgão, criar-se-á um pressão de influência mais difícil de ser contida do que no processo aberto e transparente que está realizado no Congresso Nacional"*[14].

Outra falha da Lei que poderá dificultar ou tornar ineficaz a sua aplicação no que tange à neutralidade é a ausência de previsão de aplicação de sanção pelo Poder Público em caso de sua inobservância, o que deveria ter sido, melhor, delineado, apesar de ser possível em casos de ofensa à neutralidade pelo provedor de conexão a aplicação do Código de Defesa do Consumidor, em virtude, da relação de consumo mantida entre o usuário e o provedor.

Desta forma, entendemos que o Marco Civil, em questão de neutralidade de rede significou um avanço da legislação brasileira em prol da preservação de princípio tão caro de uso e governança na Internet, no entanto, ainda carece de limitações que o impedem de resguardar tal princípio e os próprios usuários de rede de forma ampla e integral.

14 http://observatoriodainternet.br/wp-content/uploads/2012/06/Contribuicao-do-CTS-FGV-sobre-neutralidade-de-rede-no-Marco-Civil1.pdf, acessado em 30 de julho de 2014.

Referências Bibliográficas

Castels, Manuel. "As lições da história da Internet", *in* "A galáxia da Internet", Ed. Zahar, 2013.

Sandvig, Christian. Neutralidade de rede e a nova via pública in www.politics.org.br/edicao_02/.../poliTICS_n2_ChristianSandvig.pdf, acessado em 29 de julho de 2014.

Wu, Timothy. "Network Neutrality, Broadband Discrimination". *Journal of Telecommunications and High Technology Law, Vol. 2, p. 141, 2003. Available at SSRN:* http://ssrn.com/abstract=388863, acessado em 28 de julho de 2014.

______. "Network Neutrality: Competition, Innovation, and Nondiscriminatory

Access." Available at SSRN: http://ssrn.com/abstract=903118, acessado em 28 de julho de 2014.

"Marco Regulatório Civil da Internet no Brasil" *in* http://ccsl.ime.usp.br/files/ANEXO_9.pdf, acessado em 30 de julho de 2014.

"O CGI.br e o Marco Civil da Internet: defesa da privacidade de todos que utilizam a internet; neutralidade de rede; inimputabilidade de rede", CGI.br.

http://www.ime.usp.br/~is/abc/abc/node25.html#SECTION00057000000000000000, acessado em 30 de julho de 2014.

http://pesquisa.in.gov.br/imprensa/jsp/visualiza/index.jsp?jornal=1&pagina=43&data=23/07/2014 , acessado em 23 de julho de 2014.

http://observatoriodainternet.br/wp-content/uploads/2012/06/Contribuicao-do-CTS-FGV-sobre-neutralidade-de-rede-no-Marco-Civil1.pdf, acessado em 30 de julho de 2014.

http://www.fcc.gov/openinternet#history, acessado em 31 de julho de 2014.

http://www.europarl.europa.eu/RegData/questions/reponses_qe/2014/007411/P8_RE(2014)007411_PT.pdf , acessado em 08 de abril de 2015.

http://www.cadc.uscourts.gov/internet/opinions.nsf/3AF8B4D938CDEEA685257C6000532062/$file/11-1355-1474943.pdf , acessado em 8 de abril de 2015.

PRESCRIÇÃO E DECADÊNCIA: DIÁLOGO DO DIREITO COMUM COM O MICROSSISTEMA CONSUMERISTA. OBSERVAÇÕES AO PLS 283/2012

Erik Frederico Gramstrup

1. Prescrição é a perda de uma pretensão pelo decurso do tempo previsto em lei, aliado à inatividade do titular da pretensão. Esta última é o conceito chave para entender-se a prescrição de modo geral: detém pretensão (de direito material) o titular de um direito subjetivo violado, cujo objeto seja uma prestação[1]. O exemplo típico é o direito de crédito, correspectivo de uma obrigação. Com a falta de pagamento, dá-se a violação do direito a uma prestação e surge a pretensão do credor a exigi-la, eventualmente com perdas de danos. O que prescreve propriamente dizendo é essa pretensão,[2] se não for exercida no interregno temporal previsto em lei. Pressupondo-se, ainda, que não se interpuseram óbices legais ao curso do prazo prescricional (fatores impeditivos, suspensivos e interruptivos).

Na definição exposta (prescrição é a extinção de uma pretensão, por inatividade do seu titular durante o prazo previsto em lei) deve-se destacar, é claro, a própria noção essencial de pretensão, mas também o seguinte:

(a) A pretensão prescritível é a correlacionada com os direitos a uma prestação. Direitos de outra natureza não prescrevem. Assim é porque os direitos à prestação (e suas respectivas pretensões) dependem da colaboração de quem esteja encarregado dessa prestação. O direito de crédito, por exemplo, correspondem à obrigação do devedor. Essa pessoa "interposta" entre o credor e a prestação é que pode violar o direito, deixando de efetuá-la sem justo motivo. Em outras palavras, o credor depende da coopera-

---

1 Estamos acompanhando a lição clássica de Agnelo AMORIM FILHO, Critério científico para distinguir a prescrição da decadência e para identificar as ações imprescritíveis. *Revista de Direito Processual Civil.* São Paulo, v. 3º, pp. 95-132, jan./jun. 1961.

2 Foi a solução elegantemente adotada pelo art. 189 do Código Civil. Já houve entre nós, sem embargo, ilustres doutrinadores que não conseguiam ver diferença entre prescrição e decadência, no que se refere à extinção do direito em si. Eduardo ESPÍNOLA, por exemplo, invocava em abono dessa opinião a autoridade do Conselheiro Lafayette, de Chironi e Abello (*Systema do direito civil brasileiro*, p. 527). Reconhecia que o pagamento de obrigação prescrita não dá lugar a indébito, mas a subsistência de uma obrigação natural, um dever de consciência.

ção do devedor para que a prestação torne-se-lhe disponível; quando isso não acontece sem justa causa, o direito foi violado dando azo à pretensão. Outros direitos não operam dessa maneira.

Para perfeita noção do alcance dessas observações, façamos uma comparação com o direito de propriedade. Segundo lição clássica, a propriedade é "imprescritível". Isso quer dizer que não está sujeita à prescrição extintiva. O proprietário não depende de uma pessoa "interposta" para exercer o seu direito, porque este recai direta e imediatamente sobre a coisa. Pode usar, fruir e dispor; como também não usar, não fruir, nem dispor; e essas omissões, por si sós, não implicam em prescrição extintiva. Não há um "devedor" contra quem o proprietário deva reclamar o uso, a fruição ou a disposição. Ele o faz diretamente. Se não o fizer, pode vir a ser desapropriado por descumprimento da função social, conforme a hipótese e segundo circunstâncias que não tem cabimento discutir aqui.[3] Ainda, se for totalmente relapso para com o objeto do direito, o proprietário pode vir a perdê-lo pelo usucapião alheio.[4] Mas isso não é prescrição extintiva e sim aquisitiva.[5] Quando se afirma, segundo lição antiga, que a propriedade é "imprescritível",[6] está-se a dizer que ela não "prescreve" da mesma maneira que os direitos a uma prestação. E o mesmo se pode asseverar de outros direitos reais, tais como a superfície[7] e a enfiteuse (em extinção no Brasil). Ficam excluídos os direitos de garantia (penhor, hipoteca e anticrese) por-

---

3 Vide art. 184 da Constituição Federal.

4 Os arts. 183 e 191 da Constituição Federal dão exemplos notórios de usucapião por razões de interesse social.

5 Não somos infensos a empregar a expressão "prescrição aquisitiva", porque a ela se aplicam certas normas da prescrição extintiva (art. 1.244 do Código Civil).

6 Sobre a imprescritibilidade da propriedade, vide a lição de ASCENSÃO: "Poder-se-á dizer, sem distinções, que as 'faculdades' de origem legal (que formam o conteúdo normal dos direitos) são imprescritíveis? Expressa nestes termos absolutos, a afirmação deve ser considerada incorrecta. Ela refere-se unicamente à extinção por prescrição extintiva ou não uso; não obsta à extinção em consequência da aquisição por usucapião dum direito de conteúdo contrário. Distingamos pois a actuação da prescrição extintiva e não uso, da do usucapião. (...) Começando pela primeira hipótese, seria absurdo que o proprietário que não exercesse determinada faculdade, não adubasse a terra ou colhesse frutos, por exemplo, durante 30 anos, a perdesse por não uso. Ninguém lucraria com esta extinção." (*As relações jurídicas reais*, p. 457-8). Atualizando essa lição a nossos dias, diríamos que o proprietário da terra que não colhe frutos descumpre sua função social e pode perdê-la por desapropriação, mas não por prescrição extintiva.

7 Embora a superfície possa ser temporária, ela não se extingue pelo não-uso. Em contrapartida, extinguem-se pelo não-uso o usufruto (art. 1.410, VIII do Código Civil) e as servidões (art. 1.389, III, do Código Civil).

que, pelo fato de acederem a um crédito (direito a uma prestação), acabam sendo exceções às características gerais dos direitos reais.[8]

(b) O outro elemento importante, decorrente da definição dada é a chamada teoria da "actio nata". Segundo ela, o prazo prescricional começa a correr (na ausência de óbices legais) no momento da violação do direito. Entendida a definição de prescrição, fica óbvio o motivo. Os direitos a uma prestação é que podem sofrer violação do tipo cogitado, quando se pensa em prescrição. São eles que se transmutam em pretensão (essa, sim, prescritível) no instante dessa violação. Estão normalmente associados a condições suspensivas ou a termos que, materializando-se, permitem identificar com facilidade o tempo da violação (mora *ex re*).[9] Nas situações corriqueiras, pelo menos, não há dificuldade em precisá-lo. E, mesmo quando não há termo ou condição, o titular do direito a uma prestação pode notificar o devedor, constituindo-o em mora (mora *ex persona*)[10] com a consequência, dentre outras, de apurar o instante em que a referida violação sobreveio. Em todos esses casos, será normalmente fácil indicar o início do curso da prescrição. Se tudo o mais falhar, finalmente, a mora se dará com a citação em juízo,[11] mas aí já estaremos diante de um fator interruptivo da prescrição e não da caraterização de seu início.

2. Passemos agora à noção de decadência, comparando-a com a prescrição. O que decai é o direito e não a pretensão, porque se está falando de direito não associado à última. É dizer, o direito potestativo,[12] que também poderia ser chamado de poder em sentido estrito.[13] Preferimos a primeira

---

8 Afinal, o penhor se extingue com a extinção da obrigação garantida (art. 1.436, I, do Código Civil), assim como a hipoteca (art. 1.499, I, do Código Civil), embora em ambos os casos fosse mais preciso dizer que se extinguem porque a pretensão se extinguiu.

9 Art. 397 do Código Civil.

10 Art. 397, parágrafo único, do Código Civil.

11 Art. 219 do Código de Processo Civil de 1973; art. 238 do CPC aprovado em 2014.

12 TORQUATO CASTRO enumera, dentre as "situações jurídicas uniposicionais", os direitos reais e os direitos potestativos, que também chama de "(...) direitos do poder jurídico, que são os poderes de cujo exercício decorrem alterações em situações jurídicas preexistentes – ou, mais amplamente, efeitos jurídicos constitutivos em geral" (Teoria da situação jurídica em direito privado nacional, p. 74).

13 Para Giuseppe LUMIA, "una categoria especial de derechos subjetivos la constituyen los denominados DERECHOS POTESTATIVOS. Son derechos subjetivos em lo que el interés del sujeto agente está tutelado mediante el poder conferido al mismo de crear, modificar ou extinguir unilateralmente determinadas situaciones jurídicas em las que están interessados otros sujetos. El derecho del enfiteuta a rescatar el fundo, el del copropietario a pedir la división, el del arrendador a desahuciar al inquilino son algunos ejemplos de derechos potestativos. A éstos no corresponde por el lado pasivo

denominação, mais em uso entre nós. O direito potestativo implica na possibilidade de interferir, por ato próprio e autônomo, na esfera jurídica de outrem, com efeitos constitutivos ou desconstitutivos. Não tem como correspondente passivo uma "obrigação", mas sim uma sujeição, ou um estado de sujeição. O titular do direito potestativo pode agir de modo a alterar a esfera jurídica da pessoa sujeita, sem a necessidade de colaboração dela. Então não pode haver "pretensão", porque também não há "prestação". Por corolário, não há que se falar em prescrição. O direito potestativo pode decair porque não foi exercido no prazo previsto em lei. É a pendência do seu exercício que provoca uma instabilidade, eliminada pela decadência em nome da segurança jurídica.[14] Mas o início desse prazo não está correlacionado com uma "violação". Simplesmente, o titular do direito potestativo foi omisso – ou preferiu não exercê-lo – e permitiu que o prazo legal decorresse, dando azo à decadência.

Para ilustrar, vejamos exemplos:

(a) O direito de discutir a regularidade de constituição de pessoa jurídica: o interveniente na constituição de pessoa jurídica de direito privado tem três anos para anular o registro, por vício do ato constitutivo.[15] Repare-se bem: ele não está exigindo "prestação" nenhuma, até porque não há "devedor" algum. Se resolver discutir a regularidade da constituição da pessoa moral e realmente havia vício no ato constitutivo, o autor do pedido submeterá a esfera jurídica alheia, obtendo provimento judicial constitutivo negativo. Esse demandante fá-lo por si só; é sua a iniciativa de propor a demanda desconstitutiva do registro Não depende da colaboração dos que estão sujeitos a essa iniciativa. Mas deve fazê-lo no triênio legal e esse prazo é decadencial.

(b) O direito de prolongar locação não-residencial: somados certos requisitos (prazo mínimo de 05 anos e ponto há pelo menos três)[16] o locatário, na locação não-residencial, pode pedir a sua renovação compulsória. Em outras palavras, pode submeter o locador à reconstituição da relação con-

---

una obligación, sino más propiamente un estado de sujeción; el destinatario de la declaracion de voluntad de quien ejercita un derecho potestativo no puede más que sufir los efectos de la iniciativa del otro sin poder hacer nada por evitarlos" (Principios de teoria e ideologia del derecho, p. 106).

---

14 No fundo, por trás da prescrição e da decadência remanesce, sombranceiro, o direito à segurança do caput do art. 5º da Constituição Federal.

15 Art. 45, § único, do Código Civil.

16 Art. 51, Lei nº 8.245/1991.

tratual; e deve fazê-lo no lapso legalmente previsto, pena de decadência.[17] Este exemplo é muito interessante, porque poderia parecer que se se está diante de um direito a uma prestação, mas não é o caso. Um espírito arguto poderia argumentar que o locador tem uma prestação de fazer a efetuar e que esse seria o objeto da ação renovatória. Mas só na aparência. Se realmente houvesse uma "obrigação" de renovar, no sentido técnico dessa palavra, a prestação efetivamente seria de fazer. Ora, quando uma prestação de fazer não é executada, dá-se a violação do direito do credor, que pode exigir seu cumprimento *in natura* ou pedir perdas e danos.[18] E não é assim que acontece na renovação da locação não-residencial. O locatário não é "obrigado" a propor novo contrato, sob pena de responder por perdas e danos. A iniciativa deve ser do locatário, que ao fazê-lo exerce direito de natureza potestativa. Se não o exercer, não haverá "perdas e danos", mas sim decadência do direito de renovar a locação. Não ignoramos que a Lei de Locações prevê indenização em certas situações.[19] Mas essa indenização não está associada ao descumprimento de obrigação de fazer e sim à perda do fundo de comércio; tanto assim que não cabe quando o proprietário recusa a renovação para uso próprio.[20]

(c) O direito de anular casamento celebrado sem o consentimento do representante legal: o menor em idade núbil, mas sem capacidade para os atos da vida civil depende da autorização de seus pais ou tutores para casar. Caso contrário, o casamento pode ser anulado nos prazos previstos em lei.[21] Esses prazos são claramente decadenciais, porque estão jungidos à iniciativa autônoma do direito potestativo de desconstituir casamento celebrado irregularmente. Os cônjuges estão sujeitos ao exercício de direito potestativo.[22] Na omissão dos titulares apontados pela lei, decai o direito. De novo, é preciso observar que não há "devedor", nem "prestação" a ser exigida e, por isso, nem cabe falar em "violação".

Vistos esses exemplos, cabem também para a definição de decadência duas importantes observações, a fim de torná-la cristalina:

---

17 Entre um ano e seis meses do término do contrato: art. 51, § 5, da Lei nº 8.245/1991.

18 Arts. 247 e 248 do Código Civil; Art. 461 do Código de Processo Civil de 1973; art. 534 do CPC aprovado em 2014.

19 Art. 52, par. 3º., Lei nº 8.245/1991.

20 Art. 52, inc. II, Lei nº 8.245/1991.

21 Art. 1.555 do Código Civil.

22 Ou um dos cônjuges estará sujeito ao exercício desse poder por aquele que casou incapaz, sem a autorização do legitimado.

(a) Os direitos potestativos são usualmente exercidos por intermédio de ações constitutivas positivas ou negativas, sendo este último o caso mais frequente. Mas isso não deve confundir o intérprete da lei. O que decai é o próprio direito e não a ação. Se e Juiz verificar que o direito decaiu, a sentença será equivalente à de mérito. No entanto, há alguns casos menos numerosos, de direitos potestativos que se podem exercer sem instrumento processual e, como veremos no seu devido tempo, o Código de Defesa do Consumidor adotou uma hipótese muito relevante.[23] Preferimos fazer o comentário mais detalhado dessa hipótese no tópico apropriado, mas podemos antecipar que se trata do direito potestativo do consumidor submeter o fornecedor pela reclamação, em caso de vício do produto. Esse direito decai, se não for exercido no trintídio ou no prazo nonagesimal previsto, conforme o caso e – como também demonstraremos – não deve ser de modo algum confundido com prescrição. Porque tal confusão traria consequências muito sérias, que descaracterizariam totalmente o sistema de tutela do consumidor.

(b) O termo inicial da decadência não é o da "violação" do direito, porque tal violação (no sentido de que uma prestação deixou injustificadamente de ser cumprida) simplesmente não existe em matéria de direitos potestativos. Então não há, para a decadência, um equivalente da teoria da "actio nata" para a prescrição. A determinação do termo inicial da decadência é casuístico. É preciso verificar, caso a caso, como a lei conformou o direito potestativo em causa, a partir de quando poderia ser exercido e qual o prazo associado a esse exercício.

(c) A decadência é sempre de direito potestativo, mas a recíproca não é verdadeira. Há direitos potestativos que não decaem, simplesmente porque o legislador não cometeu um prazo para seu exercício. Infelizmente, é comum empregar-se a expressão "imprescritibilidade" para descrever essas hipóteses. O termo "imprescritível" é enganoso, porque passa a idéia literal de que não há prescrição, quando muitas vezes o que não há é decadência. Um exemplo: o direito de revogar os poderes do mandatário.[24] Esse é um direito potestativo, porque o mandante pode submeter a esfera jurídica do mandatário, retirando seus poderes de representação, mas não há um prazo legalmente estipulado para tanto (e portanto não há decadência). Outro

23 A reclamação do consumidor em face de vício do produto, que é extraprocessual e submete o fornecedor a sanar o vício ou submeter-se às alternativas previstas no Código do Consumidor, art. 18, § 1°

24 Art. 682, I, do Código Civil. Tirante, é claro, a proibição do art. 684 do Código Civil

casc
acont
rar a inex
hoje é que paternidade.[25] Também não há – diferentemente do que
za que não a bituída pelo Código Civil de 1916 – prazos para decla-
portanto, outro em de ascendência-descendência. O que se admite
ilusória expressão "impodem dar azo à paternidade de outra nature-
nada tem a ver com decadência. Esse seria,

3. Pensamos ter esta imune à decadência (para evitar-se a
e decadência, com observaçõ
ções, tal como expostas, podem
só têm cabimento no direito privadamente as noções de prescrição
crição e decadência (observadas, é clar tar tropeços. Mas essas no-
co) são extensíveis a outros ramos, inclusitros ramos do direito ou
aos direitos coletivos e difusos. Repetimos, as *definições* de pres-
nições, não as minúcias de cada regime. Mas tais de regime jurídi-
esclarecedor e expli que não deve ser despíco, quando não
nossa tese gunS exemplos. ocos: as *defi-*
um poder
ustificar

4. Tomemos o direito previdenciário, sob a perspectiva d
Há dois prazos extintivos bastante conhecidos pelos operadores
Um deles, voltado à extinção, em dez anos, do direito de impugnar o
concessão do benefício previdenciário.[27] Trata-se de direito potestativo
titular desse benefício. Exercido com sucesso, a esfera jurídica do Instituto
Nacional do Seguro Social é submetida a revisão do ato administrativo.

25 Art. 1.601 do Código Civil, que declara a ação "imprescritível".

26 Trata-se do art. 103 da Lei nº 8.213/1991, verbis: "*É de dez anos o prazo de decadência de todo e qualquer direito ou ação do segurado ou beneficiário para a revisão do ato de concessão de benefício, a contar do dia primeiro do mês seguinte ao do recebimento da primeira prestação ou, quando for o caso, do dia em que tomar conhecimento da decisão indeferitória definitiva no âmbito administrativo. Parágrafo único. Prescreve em cinco anos, a contar da data em que deveriam ter sido pagas, toda e qualquer ação para haver prestações vencidas ou quaisquer restituições ou diferenças devidas pela Previdência Social, salvo o direito dos menores, incapazes e ausentes, na forma do Código Civil*". Não discutiremos aqui o art. 103-A do mesmo Diploma, que trata de decadência.

27 João Macedo Torres CHINELATO assim explica a evolução do assunto: "a lei previdenciária hoje estabelece o prazo de dez anos para que os segurados possam pedir a revisão dos seus benefícios. Esse lapso decadencial, que antes não existia, foi introduzido em 1997, mas já no ano seguinte foi reduzido para cinco anos, por regra que teve vigência até 2003, quando o decênio foi restabelecido". (Direito intertemporal – previdenciário – as alterações do prazo da decadência previdenciária e os limites do direito adquirido, *Revista da AGU*, Brasília, nº 36, pp. 133-148, abr./jun. 2013).

Portanto, correto o legislador ao qualificar o decênio como decadencial. No entanto, há mais um prazo a ser considerado e este é quinquenal. Embora tenha dez anos para revisão do ato concessivo de benefício, o titular tem apenas cinco anos para cobrar diferenças decorrentes da revisão de benefício. Trata-se de uma pretensão, pois o direito ao benefício visto como crédito de que é devedora a Previdência Social é direito a uma prestação. Violado, surge a pretensão, prescritível em cinco anos. Também está correto, tecnicamente, o legislador, ao qualificá-lo assim. Então a legislação de benefícios distingue com perfeição o direito potestativo do segurado de suas pretensões a haver créditos em atraso, sem diferença substancial com o direito comum.

5. Agora voltemos os olhos para o processo administrativo. A reger a Administração Federal, há uma norma notoriamente conhecida, que estipula o prazo de cinco anos para que se anulem atos administrativos de que decorram efeitos favoráveis aos destinatários.[28] Vale dizer, o direito de a Administração anular seu próprio ato. Esse direito é mais um poder-dever, porque pressupõe ato vicioso, cuja validade seja impugnável e exercido pela própria União – portanto, estruturalmente muito semelhante ao direito postestativo. Tão semelhantes, aliás, que se cuida de desconstituição de uma situação jurídica. Então é claro que se está diante de um caso de decadência e a lei merece todos os encômios por ter empregado, de modo tecnicamente irreprochável, a expressão "decai".[29]

---

28 Lei nº 9.784/1999, que rege o processo administrativo federal, Art. 54: "O direito da Administração de anular os atos administrativos de que decorram efeitos favoráveis para os destinatários decai em cinco anos, contados da data em que foram praticados, salvo comprovada má-fé. § 1º No caso de efeitos patrimoniais contínuos, o prazo de decadência contar-se-á da percepção do primeiro pagamento. § 2º Considera-se exercício do direito de anular qualquer medida de autoridade administrativa que importe impugnação à validade do ato."

29 E o E. Superior Tribunal de Justiça assim tem considerado, como decadencial o prazo. Por exemplo: "PROCESSO CIVIL E ADMINISTRATIVO. AGRAVO REGIMENTAL NOS EMBARGOS DE DECLARAÇÃO NO AGRAVO EM RECURSO ESPECIAL. SERVIDOR PÚBLICO APOSENTADO. QUINTOS. DECADÊNCIA ADMINISTRATIVA. 1. A autotutela administrativa dos atos de que decorram efeitos favoráveis para os destinatários está sujeita ao prazo decadencial quinquenal, previsto no art. 54 da Lei nº 9.784/99, sendo certo, contudo, que essa regra não se aplica de forma retroativa, pois, nos atos anteriores à citada norma, o termo a quo é o dia 1º/2/1999, data em que a lei entrou em vigor. Precedentes: REsp 1.157.831/SC, Rel. Ministro Herman Benjamin, Segunda Turma, DJe 24/4/2012; AgRg no REsp 1.366.119/SC, Rel. Ministro Humberto Martins, Segunda Turma, DJe 12/8/2014. 2. No caso concreto, encontra-se configurada a decadência administrativa, uma vez que a revisão da forma de cálculo do valor dos quintos incorporados pelos servidores poderia se realizar até cinco anos após a

Façamos um paralelo com a Lei nº 9.873/1999, que rege a prescrição da pretensão punitiva da Administração Pública. Essa é uma hipótese que gera dúvidas interpretativas, inclusive quanto ao alcance do Diploma.[30] Não pretendemos entrar nessas discussões, porque nos levariam além de nosso tema. Ressaltemos o ponto de interesse: por que teria o legislador grafado "prescrição", neste caso? É claro que há alguma analogia com a prescrição da pretensão punitiva penal, mas esse não é o único motivo.[31] Facilmente se percebe a simetria com as ações condenatórias no âmbito judicial. Em um e em outro caso se trata de impor uma condenação; e demandas condenatórias estão associadas a prazos de prescrição. É tão clara a simetria que os tribunais passaram a aplicar os cinco anos para a prescrição da cobrança de dívida ativa não-tributária (a tributária rege-se pelo Código Tributário Nacional), desde que decorrente de ação punitiva,[32] antes mesmo de a lei

---

publicação da Lei 9.784/99, mas a Administração somente veio a procedê-la em 2007. 3. Agravo regimental não provido. (AgRg nos EDcl no AREsp 196.105/CE, Rel. Ministro BENEDITO GONÇALVES, PRIMEIRA TURMA, julgado em 18/11/2014, DJe 25/11/2014)".

30 "Art. 1º Prescreve em cinco anos a ação punitiva da Administração Pública Federal, direta e indireta, no exercício do poder de polícia, objetivando apurar infração à legislação em vigor, contados da data da prática do ato ou, no caso de infração permanente ou continuada, do dia em que tiver cessado. § 1º Incide a prescrição no procedimento administrativo paralisado por mais de três anos, pendente de julgamento ou despacho, cujos autos serão arquivados de ofício ou mediante requerimento da parte interessada, sem prejuízo da apuração da responsabilidade funcional decorrente da paralisação, se for o caso. § 2º Quando o fato objeto da ação punitiva da Administração também constituir crime, a prescrição reger-se-á pelo prazo previsto na lei penal."

31 Na verdade, a simetria é tão grande que, instaurada a ação penal, a prescrição passa a regular-se pelo prazo da pretensão punitiva criminal. Por exemplo, o seguinte precedente: "ADMINISTRATIVO. IRREGULARIDADE EM CONTRATOS DE CÂMBIO. MULTA. INEXISTÊNCIA DE AÇÃO PENAL. PRAZO PRESCRICIONAL CRIMINAL. INAPLICABILIDADE. ART. 4º DA LEI 9.873/99. PRESCRIÇÃO CONSUMADA ANTES DA SUA ENTRADA EM VIGOR. INAPLICABILIDADE. 1. A pretensão punitiva da Administração Pública em relação a infração administrativa que também configura crime em tese somente se sujeita ao prazo prescricional criminal quando instaurada a respectiva ação penal. Precedentes. 2. A regra constante do art. 4º da Lei 9.873/99 não se aplica às hipóteses em que a prescrição já houver se consumado antes da sua entrada em vigor. 3. Prejudicada a análise da exorbitância da verba advocatícia em virtude da renúncia do recorrido. 4. Recursos especiais a que se nega provimento." (REsp 1116477/DF, Rel. Ministro TEORI ALBINO ZAVASCKI, PRIMEIRA TURMA, julgado em 16/08/2012, DJe 22/08/2012)

32 Dessa orientação geral decorreu a Súmula n. 467/STJ: "Prescreve em cinco anos, contados do término do processo administrativo, a pretensão da Administração Pública de promover a execução da multa por infração ambiental."

passar a cogitar das multas expressamente.[33] A cobrança de dívida ativa, talvez seja despiciendo dizer, permite óbvia comparação com a pretensão de cobrança de um crédito qualquer; então se trata de prescrição e não de decadência. Nesse ponto, novamente alertamos o leitor de que não podemos entrar em todos os problemas hermenêuticos gerados pela Lei nº 9.873, nem mesmo da problemática aplicação "às avessas" que a jurisprudência fazia do antigo Decreto 20.910/32, para concluir que essa prescrição já era qüinqüenal.[34] Tais discussões são relevantes, mas refogem ao nosso

33 Art. 1º-A, introduzido pela Lei n. 11.941/2009, dez anos depois da Lei n. 9.873.

34 Exemplo dessa aplicação "às avessas", sob pretexto de "simetria": "PROCESSUAL CIVIL E ADMINISTRATIVO. AGRAVO REGIMENTAL. AGRAVO DE INSTRUMENTO. EXECUÇÃO FISCAL. MULTA DE ADMINISTRATIVA (SEGURANÇA). PRESCRIÇÃO. PRAZO QUINQUENAL. DECRETO 20.910/32. (RECURSO REPETITIVO – RESP 1.105.442-RJ). 1. A sanção administrativa é consectário do Poder de Polícia regulado por normas administrativas. A aplicação principiológica da isonomia, por si só, impõe a incidência recíproca do prazo do Decreto 20.910/32 nas pretensões deduzidas em face da Fazenda e desta em face do administrado. 2. Deveras, e ainda que assim não fosse, no afã de minudenciar a questão, a Lei Federal 9.873/99 que versa sobre o exercício da ação punitiva pela Administração Federal colocou um pá de cal sobre a questão assentando em seu art. 1º caput: "Prescreve em cinco anos a ação punitiva da Administração Pública Federal, direta e indireta, no exercício do poder de polícia, objetivando apurar infração à legislação em vigor, contados da data da prática do ato ou, no caso de infração permanente ou continuada, do dia em que tiver cessado." 3. A possibilidade de a Administração Pública impor sanções em prazo vintenário, previsto no Código Civil, e o administrado ter a seu dispor o prazo quinquenal para veicular pretensão, escapa ao cânone da razoabilidade, critério norteador do atuar do administrador, máxime no campo sancionatório, onde essa vertente é lindeira à questão da legalidade. 4. Outrossim, as prescrições administrativas em geral, quer das ações judiciais tipicamente administrativas, quer do processo administrativo, mercê do vetusto prazo do Decreto 20.910/32, obedecem à qüinqüenalidade, regra que não deve ser afastada in casu. 5. Destarte, esse foi o entendimento esposado na 2ª Turma, no REsp 623.023/RJ, Rel. Min. Eliana Calmon, DJ 14.11.2005: "PROCESSO CIVIL E ADMINISTRATIVO – COBRANÇA DE MULTA PELO ESTADO – PRESCRIÇÃO – RELAÇÃO DE DIREITO PÚBLICO – CRÉDITO DE NATUREZA ADMINISTRATIVA – INAPLICABILIDADE DO CC E DO CTN – DECRETO 20.910/32 – PRINCÍPIO DA SIMETRIA. 1. Se a relação que deu origem ao crédito em cobrança tem assento no Direito Público, não tem aplicação a prescrição constante do Código Civil. 2. Uma vez que a exigência dos valores cobrados a título de multa tem nascedouro num vínculo de natureza administrativa, não representando, por isso, a exigência de crédito tributário, afasta-se do tratamento da matéria a disciplina jurídica do CTN. 3. Incidência, na espécie, do Decreto 20.910/32, porque à Administração Pública, na cobrança de seus créditos, deve-se impor a mesma restrição aplicada ao administrado no que se refere às dívidas passivas daquela. Aplicação do princípio da igualdade, corolário do princípio da simetria. 3. Recurso especial improvido." 6. Precedentes jurisprudenciais: REsp 444.646/RJ, Rel. Min. JOÃO OTÁVIO DE NORONHA, Segunda Turma, DJ 02.08.2006; REsp 539.187/SC, Rel. Min. DENISE ARRUDA, Primeira Turma, DJ 03.04.2006; REsp 751.832/SC, Rel.

assunto. O que nos interessa aqui é apenas o aspecto da cobrança de multas punitivas: elas prescrevem porque é claríssimo o paralelo com a prescrição de direito comum.

Levando adiante o elenco, tornemos ao Código Tributário Nacional.

6. É clássica a distinção entre decadência e prescrição tributárias, embora não sejam fáceis de manejar. A primeira atine ao direito de constituir o crédito tributário e, à segunda, à sua cobrança. Ambas têm o mesmo efeito de extinguir o crédito tributário e aí está a diferença essencial com o direito comum. Mesmo assim, é necessário distingui-las. Isso fica perfeitamente claro nos tributos lançados de ofício. O Fisco conta com cinco anos para lançar, isto é, determinar todos os aspectos relevantes do fato imponível e dar ciência disso ao contribuinte. Uma vez o tenha feito, dispõe de cinco anos para a cobrança forçada do crédito já constituído. Sendo o tributo lançado por homologação, a distinção entre prescrição e decadência tributárias esmaece um pouco na prática mas, conceitualmente, permanece relevante. A razão da relativa confusão está na técnica do autolançamento: o contribuinte antecipa-se à atividade do Fisco, calculando ele mesmo o tributo devido (melhor dizendo: determinando ele mesmo todos os elementos do fato imponível) e antecipando o recolhimento à iniciativa fiscal. Caberá ao Fisco, no quinquênio subsequente, glosar as informações do contribuinte. Há duas consequências um tanto estranhas, se assim ocorrer: (a) Se o Fisco tiver elementos para impugnar as informações e o montante recolhido, lançará de ofício, por meio de auto de infração com a imposição das penalidades cabíveis – assim, uma modalidade de lançamento (por homologação) dá lugar a outra (de ofício); (b) Se não houver motivo para a glosa do tributo autolançado, na prática os prazos de decadência e prescrição, por assim dizer, correrão juntos. Assim será porque o lançamento por homologação tornar-se-á definitivo e, conforme o entendimento hoje majoritário, a prescrição começa a correr assim que o contribuinte apresenta seus informes em cumprimento a seus deveres instrumentais. Para plena compreensão desse ponto, imaginemos que o contribuinte houvesse procedido o autolançamento de

p/ Acórdão Min. LUIZ FUX, Primeira Turma, DJ 20.03.2006; REsp 714.756/SP, Rel. Min. ELIANA CALMON, Segunda Turma, DJ 06.03.2006; REsp 436.960/SC, Rel. Min. CASTRO MEIRA, Segunda Turma, DJ 20.02.2006. 7. À luz da novel metodologia legal, publicado o julgamento do Recurso Especial nº 1.105.442/RJ, submetido ao regime previsto no artigo 543-C, do CPC, os demais recursos já distribuídos, fundados em idêntica controvérsia, deverão ser julgados pelo relator, nos termos do artigo 557, do CPC (artigo 5º, I, da Res. STJ 8/2008). 8. Agravo regimental desprovido. (AgRg no Ag 1303811/SP, Rel. Ministro LUIZ FUX, PRIMEIRA TURMA, julgado em 05/08/2010, DJe 18/08/2010)

modo irretocável, mas não tivesse recolhido o tributo.[35] Sem impugnação do Fisco, o lançamento será considerado tacitamente homologado nos cinco anos de lei. Mas nesses mesmos cinco anos o Fisco terá de cobrar o tributo lançado e não pago, sob pena de ver o seu crédito prescrever.

Mas então, se o lançamento for tacitamente homologado, como tantas vezes sucede na praxe diária, os prazos de decadência e prescrição tributárias confundir-se-ão totalmente? Frequentemente sim, já que os termos iniciais serão muito próximos,[36] mas é preciso notar duas variantes que levariam à resposta negativa: (a) a prescrição tributária está sujeita a fatores interruptivos e suspensivos; (b) a decadência tributária conhece uma hipótese de impedimento. Essa hipótese merece consideração em apartado.

O art. 150, par. 4º, do CTN assinala cinco anos para que o Fisco se pronuncie sobre o pagamento "antecipado" pelo contribuinte, sob pena de o lançamento ter-se por homologado e, o crédito, por extinto, salvo dolo, fraude ou simulação. As três previsões reduzem-se a uma só: má-fé, elementar a todas elas. Dolo é sinônimo de má-fé e, quanto às demais, não se concebem sem que haja intenção direta de violar a lei e de prejudicar. Desse modo, o fluxo do prazo decadencial fica impedido pela má-fé – ou

---

35 Por exemplo, dentre inúmeros precedentes: "TRIBUTÁRIO. PROCESSUAL CIVIL. AUSÊNCIA DE VIOLAÇÃO DO ART. 535 DO CPC. EXECUÇÃO FISCAL. PRESCRIÇÃO. TRIBUTO SUJEITO A LANÇAMENTO POR HOMOLOGAÇÃO DECLARADO E NÃO PAGO. TERMO INICIAL DA PRESCRIÇÃO. ENTREGA DA DECLARAÇÃO OU A DATA DO VENCIMENTO, O QUE FOR POSTERIOR. PRESCRIÇÃO CARACTERIZADA. INTERRUPÇÃO. PARCELAMENTO. EXAME DE FATOS E PROVAS. IMPOSSIBILIDADE. SÚMULA 7/STJ. 1. Não há violação do art. 535 do CPC quando a prestação jurisdicional é dada na medida da pretensão deduzida, com enfrentamento e resolução das questões abordadas no recurso. 2. A Primeira Seção do STJ, no julgamento do REsp 1.120.295/SP, Rel. Min. Luiz Fux, submetido ao rito dos recursos repetitivos, nos termos do art. 543-C do CPC e da Resolução 8/2008 do STJ, consolidou entendimento segundo o qual a entrega de Declaração de Débitos e Créditos Tributários Federais – DCTF, de Guia de Informação e Apuração do ICMS – GIA, ou de outra declaração dessa natureza prevista em lei (dever instrumental adstrito aos tributos sujeitos a lançamento por homologação), é modo de constituição do crédito tributário. 3. Caso que se encontram prescritos os débitos relativos às competências anteriores a 31.12.2006, pois decorridos mais de cinco anos entre as datas dos vencimentos e o despacho que ordenou a citação.4. Aferir a existência de parcelamento do débito fiscal e a consequente interrupção do prazo prescricional requer, necessariamente, o reexame de fatos e provas, já que tal informação não consta do acórdão regional. Incidência da Súmula 7/STJ. Agravo regimental improvido." (AgRg no REsp 1462135/RS, Rel. Ministro HUMBERTO MARTINS, SEGUNDA TURMA, julgado em 20/11/2014, DJe 04/12/2014)

36 O art. 174 do Código Tributário Nacional conta cinco anos da prescrição, a contar da constituição definitiva (que no caso seria computada da entrega da declaração) e o art. 150, § 4º, do mesmo Código, estabelece a decadência em cinco anos, computados do fato gerador.

melhor dizendo, será regido pelo art. 173-CTN (e não pelo art. 150, par. 4º.).[37] Poderá, no entanto, haver prescrição se o Fisco permanecer inerte, porque os fatores interruptivos (art. 174, CTN) e suspensivos são outros.[38]

De todas essas considerações, é possível concluir: embora a decadência e a prescrição tributárias tenham o mesmo efeito legal, a extinção do próprio crédito, elas não deixam de apresentar uma semelhança com o direito comum. A decadência tributária liga-se ao poder-dever de promover o acertamento do tributo, o que não deixa de lembrar o exercício de um direito potestativo – afinal, a esfera jurídica do contribuinte será submetida pela atividade constitutiva do Fisco; a prescrição tributária, por seu turno, liga-se a uma cobrança, muito parecida com a pretensão de direito comum. Aquela se destaca desta por razões de segurança jurídica: é preciso por fim ao próprio crédito, porque a obrigação tributária é *ex lege* e decorrente da soberania. O Estado pode invadir o patrimônio particular para dele retirar os meios necessários à prestação dos serviços públicos; mas não sem importantes limites, nem a qualquer tempo. A "simplificação" da solução – é sempre o crédito a ser extinto, quer se trate de prescrição, quer de decadência – tem motivações jurídico-políticas relativas à tutela das liberdades em um Estado democrático de Direito.

7. A título de conclusão parcial: por toda parte, com exceção do *jus puniendi* criminal, releva distinguir prescrição e decadência.[39] Mais que isso, a distinção sempre atende às mesmas razões essenciais: a arquitetura básica da decadência e da prescrição impõe ao operador restrições, assim como o construtor é constrito a obedecer às leis da mecânica. É claro que, no varejo, o legislador pode estabelecer diferenças de regime – e frequentemente o faz. Mas uma semelhança de fundo com a prescrição e a decadên-

---

37 Segundo o entendimento prevalecente, havendo má-fé, a decadência será computada do primeiro dia do exercício seguinte ao da ocorrência do fato gerador: "O prazo decadencial nos tributos sujeitos a lançamento por homologação, caso tenha havido dolo, fraude ou simulação por parte do sujeito passivo, tem início no primeiro dia do ano seguinte ao qual poderia o tributo ter sido lançado" (REsp 1.086.798/PR, Rel. Ministro Castro Meira, Segunda Turma, DJe 24/04/2013).

38 Bem conhecida é a hipótese de parcelamento tributário: como ela é precedida do reconhecimento irretratável do débito, a prescrição se interrompe; e, enquanto vigente o parcelamento, fica suspensa a prescrição, porque essa é a contrapartida natural à impossibilidade de promover a cobrança.

39 Embora seja de notar que, mesmo no direito penal, distingue-se a decadência do direito de oferecer queixa da prescrição, que se aplica à pretensão punitiva (ou à pretensão executória) do Estado.

cia comuns permanece no fundo, semioculta sob a variedade superficial de tratamento.

Vejamos agora o que se passa no campo consumerista, o ponto central de nossas preocupações e como as noções antes expostas podem nos auxiliar.

8. A decadência, no Código de Proteção e Defesa do Consumidor, vincula-se ao conceito de vício do produto ou do serviço e ao direito de reclamar por conta dele. A prescrição relaciona-se à pretensão ressarcitória pelo fato do produto ou serviço.[40] Também se aplica à pretensão ressarcitória por produto ou serviço viciosos, embora sem previsão de prazo específico. Portanto é preciso partir da crucial distinção entre fato e vício do produto e do serviço.

Diz-se que há FATO do produto ou do serviço quando, por sua intrínseca periculosidade, ou por falta da informação indispensável ao seu uso correto, acarretam dano à pessoa ou ao patrimônio do consumidor.[41] O fato (dano) é a decorrência da falta de segurança que seria de esperar-se no bem ou no serviço consumidos. Se um produto ou serviço for exageradamente inseguro, sequer pode ser produzido ou distribuído.[42] Mas, se a insegurança não for exagerada tal ponto, mas ainda assim persistir em certa medida, ela leva à responsabilidade objetiva do fornecedor pelos danos à pessoa ou ao patrimônio. Seja o exemplo, bastante simples, de um aparelho eletrônico que provoque, ao ser manipulado, descargas elétricas no usuário. O choque e suas consequências serão prova de que o aparelho é inseguro, não tem a segurança que dele legitimamente se poderia esperar; os danos decorrentes terão de ser ressarcidos pelo fabricante. Esse é outro ponto importante: o responsável é, em regra, o produtor, o construtor, o fabricante ou o importador do produto[43] ou o prestador do serviço.[44] Todos têm em comum uma característica: introduziram o produto ou o serviço no mercado nacional; deram o primeiro passo na cadeia de produção e circulação. Somente por exceção responde o intermediário: e geralmente porque difícil ou inviável a responsabilização do produtor ou prestador.[45]

---

40 É de ver que o art. 26, § 1°, da Lei nº 8.078/1990 faz contar o prazo do término da execução dos serviços, o que mostra que o prazo também se aplica à reclamação por serviços imperfeitos.

41 A vítima do dano também pode ser um terceiro, dito consumidor por equiparação.

42 Art. 8°, Lei nº 8.078/1990.

43 Art. 12, Lei nº 8.078/1990.

44 Art. 14, Lei nº 8.078/1990.

45 Art. 13, Lei nº 8.078/1990.

A responsabilidade do elo inicial da cadeia de produção e circulação de bens e serviços é pelo dano material e moral à pessoa e ao patrimônio do consumidor ou terceiro equiparado. O problema, portanto, não é a substituição do produto ou o refazimento do serviço e sim a recomposição daquele dano. A ele corresponde uma pretensão ressarcitória, englobando os prejuízos materiais, morais e estéticos, quando for o caso. Dita pretensão prescreve nos cinco anos de que cuida o art. 27 do Código do Consumidor, contados da ciência do dano e de sua autoria.

Há um perfeito paralelo entre a prescrição trienal do Código Civil,[46] para a reparação de danos e a quinquenal do art. 27 do Código do Consumidor. Em ambas, é a pretensão – e não o crédito – que se extingue, embora em prazos ligeiramente diversos. A uma e outra aplicam-se os fatores impeditivos, interruptivos e suspensivos previstos na lei civil. Não haveria porque não ser assim. O consumidor absolutamente incapaz não é prejudicado pela prescrição.[47] Pendendo ação penal, porque o dano é de origem criminosa, a prescrição da pretensão de reparação não se inicia (ainda que o consumidor tenha ciência da materialidade e da autoria.[48] A citação, o protesto e o reconhecimento da dívida serão fatores interruptivos, tanto no direito comum, quanto no microssistema consumerista.[49] Tanto no direito comum, quanto no especial, aplica-se a doutrina da *actio nata*: não pode haver prescrição antes que o direito seja lesado (o que inclui a ciência da autoria da lesão). Praticamente ousaríamos dizer: a diferença está no prazo e na relação jurídica em que o dano se consumou.

Fala-se em vício do produto ou do serviço quando se apresentam defeituosos, isso é, impróprios para a finalidade a que se destinam, desvalorizados ou em quantidade inferior à esperada.[50] Há dessarte tanto vício de qualidade, quanto de quantidade. Vício, como no direito privado, é o defeito, mas, de modo mais extenso que no direito privado, pode ser quantitativo, qualitativo, aparente e não-aparente. Trazendo à baila um exemplo banal, mas esclarecedor: uma faca de cozinha que não corta pelo fio é viciosa (defeituosa), porque deveria ser, afinal, um instrumento de corte. Mas a faca que corte pelo cabo – e assim provoque um ferimento inesperado ao ser empunhada – é perigosa e não viciosa: trata-se aqui de fato (e não

---

46 Art. 206, § 3º, inc. V, do Código Civil.

47 Art. 198, inc. I, do Código Civil.

48 Art. 200 do Código Civil, aliás uma inovação em relação a seu predecessor: "Quando a ação se originar de fato que deva ser apurado no juízo criminal, não correrá a prescrição antes da respectiva sentença definitiva."

49 Art. 202 do Código Civil.

50 Simplificadamente, essa é a definição do art. 18, Lei nº 8.078/1990.

de vício) do produto.[51] No que diz respeito à prescrição e à decadência, o legislador consumerista foi original no tratamento do vício do produto ou do serviço.

A decadência é do direito de reclamar pelo vício. Por quê? Porque se cuida de direito potestativo. Ao reclamar, o consumidor modifica a esfera jurídica do fornecedor, abrindo-lhe oportunidade para sanar o vício, em regra no prazo do art. 18, § 1º, do Código do Consumidor. Há um verdadeiro direito potestativo, que submete a esfera jurídica do fornecedor: ou bem este corrige o defeito, ou terá de sentir os efeitos da escolha do consumidor: a substituição do produto, o refazimento do serviço, o reembolso com perdas e danos ou o abatimento do preço.[52] Os prazos decadenciais – e esse é o ponto que mais causa estranheza ao primeiro contato – são relativamente curtos: trinta dias no consumo de bens não-duráveis; noventa dias para os bens duráveis. Mas assim é porque se trata do exercício, normalmente simples, do direito de perfazer a reclamação perante o fornecedor; isto é, noticiar ao fornecedor que o defeito existe e precisa ser corrigido, sob pena de se abrirem, para o consumidor, as alternativas de que a lei cogita. O trintídio e a noventena não se referem à eventual pretensão ressarcitória; eles atinem ao direito potestativo de reclamar, para sanação do vício no prazo convencional ou legal. E tal reclamação não tem uma forma especial; é essencialmente informal. Pode ser verbal, escrita, expressa ou tática; pode ser veiculada por meios eletrônicos; pode decorrer da simples apresentação do produto defeituoso – com a observação de que o é – ao fornecedor, para que tome as providências a seu cargo. Pode ser considerada formalizada a reclamação se o consumidor procurou o serviço administrativo de tutela e proteção, convocando o fornecedor às contas. Assim se explica por que os prazos decadenciais do Código do Consumidor são aparentemente curtos: não se espera que nesses prazos o consumidor ajuize demanda ressarcitória ou instaure juízo arbitral, mas apenas e tão só que reclame, pela forma que lhe for mais conveniente.

Por essa razão não podemos aplaudir a linha de julgamento seguida em precedente do E. Superior Tribunal de Justiça (REsp 567.333/RN), que atribuiu ao consumidor apenas 90 dias para o ajuizamento de demanda por conta de automóvel defeituoso – ainda que esse precedente tenha contado o prazo do término da tentativa de conserto por parte do fornecedor.[53] Com

---

51 Insistimos na diferença para fins didáticos; é claro que o vício e o fato do produto ou do serviço podem ocorrer simultaneamente, a ponto de confundir-se na prática.

52 Art. 18, § 1°, inc. I a III e art. 20, inc. I a III, Lei nº 8.078/1990.

53 Eis a ementa do julgado: "CONSUMIDOR. VEÍCULO NOVO. DEFEITO. RESTITUIÇÃO DO VALOR DO BEM ACRESCIDO DE PERDAS E DANOS. VÍCIO DO PRODUTO. PRAZO DECADENCIAL. 1. Adquirido veículo novo com defeito não sanado no prazo de trinta

o devido respeito, foram aplicados os 90 dias decadenciais a uma pretensão tipicamente prescritível (demanda ressarcitória).

Outro aresto (REsp 953.187/MT,) em que se faz confusão entre prescrição e decadência – mas felizmente, com menores consequências negativas, relacionou a pretensão de haver indenização por mau funcionamento de herbicida com a decadência. Na verdade, o precedente incide em duas confusões conceituais: se o herbicida não foi eficaz, o caso seria de vício (o produto não presta para os fins previstos). E em todo caso a hipótese é de prescrição e não de decadência.[54]

A decadência, enfim, consuma-se se não houver o exercício do direito potestativo de reclamar; e a reclamação desatendida abre ao consumidor o direito de exigir a substituição, o abatimento do preço, o reembolso integral com perdas e danos etc. Mas – importante insistir nesse ponto essencial – não prejudica, porque não está relacionada – com a pretensão de ressarcimento. Pretensão diz com prazos de prescrição, não de decadência.

Essas necessárias distinções foram tomadas em consideração, pensamos, no seguinte julgado (REsp 967.623/RJ), relatado pela Em. Ministra

dias, pode o consumidor exigir a restituição da quantia paga, acrescida de eventuais perdas e danos. Inteligência do art. 18 do Código de Defesa do Consumidor. 2. O prazo a ser tomado em conta para o ingresso com a ação nas hipóteses de vício do produto é o previsto no art. 26 do Código de Defesa do Consumidor (90 dias quando se tratar de bem durável). 3. Nos termos do § 1º, do referido art. 26, o prazo decadencial de noventa dias se inicia quando termina a execução dos serviços realizados na tentativa de conserto do bem, sendo previstas, ainda, no § 2º, circunstâncias que obstam a decadência, como, por exemplo, a reclamação feita pelo consumidor. Nesse contexto, como a verificação da data inicial do prazo, bem como de eventuais situações obstativas demandam incursão no conjunto fático-probatório dos autos, necessário se faz o retorno do processo ao Tribunal de origem para que se manifeste sobre a questão. 4. Recurso conhecido em parte e, nesta extensão, provido." (REsp 567.333/RN, Rel. Ministro FERNANDO GONÇALVES, QUARTA TURMA, julgado em 02/02/2010, DJe 08/03/2010)

54 É o seguinte: " CIVIL. ALEGAÇÃO DE DANO POR FATO DO PRODUTO E NÃO DE VÍCIO DO PRODUTO. INEFICÁCIA DE HERBICIDA. PREJUÍZO À SAFRA. PRAZO DECADENCIAL. 5 ANOS. ART. 27 DO CÓDIGO DE DEFESA DO CONSUMIDOR. RECURSO PROVIDO PARA AFASTAR A DECADÊNCIA PROSSEGUINDO-SE NO EXAME DO MÉRITO NO TRIBUNAL DE ORIGEM. 1. Diante do fundamento da inicial de ocorrência do fato do produto, e não vício, no mau funcionamento de herbicida que, por não combater as ervas daninhas, enseja prejuízo à safra, e conseqüentemente, ao patrimônio do usuário, o prazo decadencial é de 5 (cinco) anos (CDC, art. 27). 2. Recurso Especial provido para afastar preliminar de decadência, devendo o Tribunal de origem prosseguir no julgamento de mérito." (REsp 953.187/MT, Rel. Ministro SIDNEI BENETI, TERCEIRA TURMA, julgado em 23/06/2009, DJe 29/06/2009)

NANCY ANDRIGHI (acrescendo-se a questão da soma entre os prazos de garantia contratual e legal):

> *"CONSUMIDOR. RESPONSABILIDADE PELO FATO OU VÍCIO DO PRODUTO. DISTINÇÃO. DIREITO DE RECLAMAR. PRAZOS. VÍCIO DE ADEQUAÇÃO. PRAZO DECADENCIAL. DEFEITO DE SEGURANÇA. PRAZO PRESCRICIONAL. GARANTIA LEGAL E PRAZO DE RECLAMAÇÃO. DISTINÇÃO. GARANTIA CONTRATUAL. APLICAÇÃO, POR ANALOGIA, DOS PRAZOS DE RECLAMAÇÃO ATINENTES À GARANTIA LEGAL.*
> *- No sistema do CDC, a responsabilidade pela qualidade biparte-se na exigência de adequação e segurança, segundo o que razoavelmente se pode esperar dos produtos e serviços. Nesse contexto, fixa, de um lado, a responsabilidade pelo fato do produto ou do serviço, que compreende os defeitos de segurança; e de outro, a responsabilidade por vício do produto ou do serviço, que abrange os vícios por inadequação.*
> *- Observada a classificação utilizada pelo CDC, um produto ou serviço apresentará vício de adequação sempre que não corresponder à legítima expectativa do consumidor quanto à sua utilização ou fruição, ou seja, quando a desconformidade do produto ou do serviço comprometer a sua prestabilidade. Outrossim, um produto ou serviço apresentará defeito de segurança quando, além de não corresponder à expectativa do consumidor, sua utilização ou fruição for capaz de adicionar riscos à sua incolumidade ou de terceiros.*
> *- O CDC apresenta duas regras distintas para regular o direito de reclamar, conforme se trate de vício de adequação ou defeito de segurança. Na primeira hipótese, os prazos para reclamação são decadenciais, nos termos do art. 26 do CDC, sendo de 30 (trinta) dias para produto ou serviço não durável e de 90 (noventa) dias para produto ou serviço durável. A pretensão à reparação pelos danos causados por fato do produto ou serviço vem regulada no art. 27 do CDC, prescrevendo em 05 (cinco) anos.*
> *– A garantia legal é obrigatória, dela não podendo se esquivar o fornecedor. Paralelamente a ela, porém, pode o fornecedor oferecer uma garantia contratual, alargando o prazo ou o alcance da garantia legal.*
> *– A lei não fixa expressamente um prazo de garantia legal. O que há é prazo para reclamar contra o descumprimento dessa garantia, o qual, em se tratando de vício de adequação, está previsto no art. 26 do CDC, sendo de 90 (noventa) ou 30 (trinta) dias, conforme seja produto ou serviço durável ou não.*
> *– Diferentemente do que ocorre com a garantia legal contra vícios de adequação, cujos prazos de reclamação estão contidos no art. 26 do CDC, a lei não estabelece prazo de reclamação para a garantia contratual. Nessas condições, uma interpretação teleológica e sistemática do CDC permite integrar analogicamente a regra relativa à garantia contratual, estendendo-lhe os prazos de reclamação atinentes à garantia legal, ou seja, a partir do término da garantia contratual, o consumidor terá 30 (bens não duráveis) ou 90 (bens duráveis) dias para reclamar por vícios de adequação surgidos no decorrer do período desta garantia.*
> *Recurso especial conhecido e provido."*[55]

55 REsp 967.623/RJ, Rel. Ministra NANCY ANDRIGHI, TERCEIRA TURMA, julgado em 16/04/2009, DJe 29/06/2009.

A tal ponto, releva observar que não há dispositivo específico, no Código do Consumidor, a tratar do PRAZO da pretensão de reparação por vício do produto ou do serviço.[56] Que o caso é de prescrição, não seria necessário insistir: trata-se da pretensão de haver o equivalente pelo dano sofrido. Mas o prazo de que o Código do Consumidor se ocupa é o de prescrição da pretensão de ressarcimento por FATO – e não por VÍCIO – do produto ou do serviço. Então duas soluções seriam possíveis: (a) aplicar o quinquênio por analogia à pretensão de reparação por vício do produto ou do serviço; e (b) à míngua de disposição específica, aplicar o triênio previsto no direito comum, para as pretensões de reparação em geral. A primeira hipótese é preferida porque parece atender melhor ao princípio de proteção do consumidor; essa razão, de índole constitucional,[57] prevalece sobre nossa repugnância a criar prazos de prescrição por analogia – modismo de nossa época, contrário à tradição de que não se criam normas restritivas pelo emprego de analogia. Mas, como dissemos, a razão constitucional é mais forte e aparenta por fim à discussão. Procuramos dar máxima efetividade ao princípio de defesa do consumidor, como recomenda ilustrada doutrina.[58]

Independentemente do prazo aplicável – e afinal a diferença entre eles não é tão expressiva, sendo ambos razoáveis para o ajuizamento de demanda ou provocação do árbitro – o ponto é outro: nunca é demais insistir na diferença entre decadência e prescrição, aquela relativa a direito potestativo, esta ao exercício de uma pretensão. São fenômenos jurídicos conceitualmente diversos e independentes. Mesmo que não tenha reclamado, o consumidor pode fazer valer a sua pretensão de ressarcimento pelo dano sofrido, contanto que o faça no quinquênio (ou triênio) legal. O termo inicial do prazo, qualquer que seja, também é diferente conforme a hipótese: a decadência do direito potestativo de reclamar começa a fluir da entrega ou do término do serviço quando o defeito for evidente (ou de sua manifestação quando não o for); a prescrição, como sói ocorrer, obedece à teoria da *actio nata*: inicia seu curso com o conhecimento do dano e de sua autoria (sendo FATO do produto ou do serviço) ou com a constatação do VÍCIO.

---

56 Há um dispositivo que cuida do prazo para a pretensão ressarcitória por FATO do produto ou do serviço: art. 27.

57 Art. 170, inc. V, da Constituição Federal.

58 Tratando do princípio da efetividade, Luís Roberto BARROSO aponta: "É nesse plano da realidade, esse quarto plano, situado fora da teoria convencional, que se vai encontrar a efetividade ou eficácia social da norma. Diz ele respeito, como assinala Miguel Reale, ao cumprimento efetivo do direito por parte de uma sociedade, ao "reconhecimento" (Anerkennung) do direito pela comunidade ou, mais particularizadamente, aos efeitos que uma regra suscita através do seu cumprimento. Cuida-se, aqui, da concretização do comando normativo, sua força operativa no mundo dos fatos." (*Interpretação e aplicação da Constituição*, p. 236).

Insistamos em um aspecto: se o consumidor decair do direito de reclamar, perderá o direito potestativo de submeter a esfera jurídica do fornecedor às opções de que a lei cuida, inclusive a substituição do produto por um equivalente. Mas não "caducará" a pretensão de ressarcimento – esta poderá ser exercida até que se esgote o prazo prescricional. Uma variante do mesmo tema: o consumidor pode ter exercido a reclamação e, diante da recusa do fornecedor, permaneceu inerte. Esse é um caso interessante porque, até a negativa inequívoca do fornecedor, o prazo decadencial estava impedido de correr (art. 26, § 2°, I, do Código do Consumidor). *A contrario sensu*, diante da recusa expressa, o prazo decadencial correrá novamente, não pelo saldo, mas por inteiro,[59] se o consumidor nada fizer. Essa inércia terá um custo: não poderá submeter o fornecedor às opções de que tratam os arts. 18, par. 1, incs. I a III; 19, incs. I a IV; e 20, incs. I a III – mas poderá, não obstante esse custo, ajuizar sua pretensão ressarcitória desde que o faça no prazo prescricional. Por serem conceitualmente diferentes, a prescrição e a decadência têm consequências diversas, em que pese a sutil associação que tiveram no Código do Consumidor.

9. Façamos agora um breve interlúdio, apenas para apontar propostas de modificação que constaram do texto original do Projeto de Lei do Senado n. 283, de 2012, relativamente à matéria que nos ocupa (e ainda que tais propostas tenham sido rejeitadas durante a a tramitação do projeto).

No que se refere ao prazo prescricional, o projeto inseria (art. 1°.) um art. 27-A no Código do Consumidor, a esclarecer que as pretensões de direito material prescreveriam em 10 anos, caso não reguladas na seção IV do Código. Dita seção, composta de dois dispositivos (arts. 26 e 27), regula justamente a decadência do direito de reclamar e a prescrição das pretensão indenizatória por fato do produto ou do serviço, como vimos até aqui. Isso poderia trazer efeitos inesperados. Uma interpretação restritiva do art. 27 conduziria à conclusão de que o novo art. 27-A estaria a tratar das pretensões indenizatórias por vício do produto ou do serviço. A lacuna estaria então colmatada e não haveria mais a necessidade de invocar analogia para aplicar o prazo de cinco anos do art. 27 (fato do produto ou serviço) às pretensões lastreadas em vício. O inconveniente é que estas últimas estariam dotadas de prazo equivalente ao dobro do aplicável às pretensões baseadas no fato (periculosidade) do produto ou do serviço. O legislador é livre para fazê-lo, mas não haveria justificativa lógica para que uma e outra pretensão prescrevesse em intervalos tão diferentes, sem uma razão plausível.

59 Parece que essa foi a intenção ao empregar-se o vocábulo "obsta". A decadência não fica "suspensa", mas obstada: é dizer, como se nunca tivesse corrido.

Outra inovação do texto original do PLS 283, nesse mesmo art. 27-A (introduzido pelo art. 1º do projeto) advogava a aplicação do prazo mais favorável, caso estabelecido em lei. Isso viria ao encontro daqueles que sustentam a aplicabilidade da disposição mais favorável, ainda que prevista em norma geral, mas outorgando ao consumidor proteção mais ampla. É claro que isso atrairia as críticas daqueles de defendem a integridade do microssistema, repugnando a aplicação cruzada de Diplomas gerais e especiais. Difícil seria vislumbrar que prazo poderia ser mais favorável que o decenal, já que este, como é cediço, é o prazo geral de prescrição do art. 202 do Código Civil.

O projeto ainda insistia no prazo decenal, relacionando-o com as pretensões de direito material do consumidor de crédito e de poupança, expressamente grafando que tal prazo seria aplicável às ações coletivas.

E, por fim, estipulava o termo inicial da prescrição decenal (conhecimento do fato pelo consumidor) e, especificamente para os contratos de trato sucessivo, a data "*da quitação anual de dívidas ou da última prestação contestada*".

Emenda apresentada durante a tramitação do PLS 283 também modificava a decadência de que trata o art. 26 do Código, da seguinte forma:

(a) os prazos seriam ampliados para 60 dias (produtos não-duráveis) e cento de oitenta dias (produtos duráveis);

(b) seria explicitado que o termo inicial da decadência se daria com o final da garantia contratual;

(c) o procedimento preparatório (além do inquérito civil público) de ação civil pública obstaria à decadência; e

(d) da mesma forma, obstaria à decadência a reclamação formalizada pelo consumidor perante órgãos públicos.

Tais propostas foram abandonadas no texto aprovado perante a Comissão Temporária de Modernização do Código do Consumidor no Senado[60]. Exceção feita a um ou outro aspecto de menor impacto (como por exemplo a intenção de dobrar os prazos decadenciais), pensamos que tenha sido melhor assim. Particularmente em matéria de prescrição, as inovações propostas em nada contribuíam para tornar mais simples a hermenêutica do Código e ainda adotavam prazos notavelmente díspares sem justificativa.

60 O parecer do Relator, Senador Ricardo Ferraço, foi apresentado em 26.03.2014 (disponível em http://www.senado.gov.br/atividade/materia/detalhes.asp?p_cod_mate=106773).

10. Feitas essas observações, podemos alinhar nossas conclusões:

(I) A prescrição e a decadência são institutos diversos tanto no direito comum, quanto no especial. Em um e outro – à parte o Direito Penal – apresentam semelhanças estruturais (mutatis mutandis quanto às especificidades de regime jurídico) e tais semelhanças permitem compreensão mais aprofundada de seu sentido e alcance;

(II) No direito comum, decadência é simplesmente a perda de um direito (potestativo) – cuja pendência causa instabilidade jurídica – não exercido no prazo para tanto;[61] prescrição é a extinção da pretensão, diante da lesão ao direito a uma prestação, não exercida no prazo legal;

(III) Do ponto de vista estrutural, encontram-se as semelhanças a que aludimos no Direito Administrativo, Previdenciário, Tributário e do Consumidor. Isso permite estabelecer paralelos com a decadência e a prescrição de Direito Comum;

(IV) A simetria estrutual da decadência e da prescrição em todas as hipóteses mencionadas permite uma compreensão mais detalhada de seu significado e alcance, dentro do interessante tratamento dado pelo Código do Consumidor;

(V) Como permanecem conceitualmente diversas, a decadência e a prescrição no Código do Consumidor referem-se a situações diferentes; impondo soluções também diversificadas. Isso transparece no próprio texto do Código;

(VI) A decadência consumerista reporta-se ao direito de formalizar reclamação por vício do produto ou do serviço. Essa reclamação é importante, porque, desatendida, abre ao consumidor diversas alternativas de reparação in natura ou em espécie. Como não tem forma precisa e é relativamente simples de exercer, os prazos decadenciais são relativamente breves. O prazo decadencial pode ser "obstado" (interromper-se, na prática) em certas circunstâncias especiais. O curso do prazo decadencial não prejudica a pretensão de ressarcimento em espécie, porque esta relaciona-se com a prescrição e não com a decadência;

(VII) A prescrição consumerista atine à reparação em pecúnia (à pretensão a essa reparação). A pretensão à reparação genérica não é prejudica-

61 Esse prazo pode ser legal ou convencional.

da pela decadência. Está relacionada com dois aspectos: (a) a pretensão de reparação por dano decorrente de fato (periculosidade) do produto ou do serviço; (b) pretensão de reparação por dano decorrente de vício do produto ou serviço. Mesmo que tenha decaído do direito de reclamar, o consumidor pode exercer a pretensão reparatória genérica no segundo caso. Razões de ordem constitucional apontam para o prazo de cinco anos, conquanto o legislador não tenha sido explícito no segundo caso (b).

Bibliografia

AMORIM FILHO, Agnelo. Critério científico para distinguir a prescrição da decadência e para identificar as ações imprescritíveis. *Revista de Direito Processual Civil*. São Paulo, v. 3º, p. 95-132, jan./jun. 1961.

ASCENSÃO, José de Oliveira. As relações jurídicas reais. Lisboa: Morais, 1962.

BARROSO, Luís Roberto. *Interpretação e aplicação da constituição*. São Paulo: Saraiva, 1999.

CASTRO, Torquato. *Teoria da situação jurídica em direito privado nacional.* São Paulo: Saraiva, 1985.

CHINELATO, João Macedo Torres. Direito intertemporal – previdenciário – as alterações do prazo da decadência previdenciária e os limites do direito adquirido, *Revista da AGU*, Brasília, nº 36, pp. 133-148, abr./jun. 2013.

ESPÍNOLA, Eduardo. *Systema do direito civil brasileiro – volume 1º.* Bahia: Litho-Typ. Reis, 1908.

LUMIA, Giuseppe. *Principios de teoria e ideologia del derecho*. Madrid: Debate, 1973.

DANOS *CIRCA REM*, *EXTRA REM* E OS PRAZOS EXTINTIVOS DO CÓDIGO DE DEFESA DO CONSUMIDOR

Francisco José Barbosa de Barros Neto

1. Introdução

A dinâmica e rápida evolução da sociedade de consumo contemporânea, marcada pela globalização dos mercados e massificação das trocas econômicas, impõe ao jurista que se debruça sobre o direito do consumidor uma tarefa especialmente árdua: a de constante atualização.

De um lado, novos produtos e serviços são desenvolvidos a todo momento, métodos de produção e comercialização são aprimorados e ferramentas de *marketing*, incansavelmente inovadas – gerando novos desafios que demandam a atenção do aplicador do direito.

De outro, novas teorias jurídicas e propostas de solução são criadas com a mesma presteza. Sob a ótica de um microssistema protetivo, dar respostas rápidas e precisas aos novos problemas é uma questão de sobrevivência: sem essa reação, não há tutela eficaz e adequada dos interesses do vulnerável.

Neste artigo procuro contribuir para a análise de uma problemática não exatamente nova, mas pouco conhecida e menos ainda estudada: a dos danos *circa rem*, *extra rem* e os prazos extintivos do Código de Defesa do Consumidor.

O tema está inserido no contexto da responsabilidade civil nas relações de consumo e decorre de uma dificuldade interpretativa do modelo adotado e positivado pelo legislador. Antes de adentrá-lo, portanto, são necessárias algumas considerações sobre esse sistema, seus princípios básicos e principais aspectos.

2. Breves considerações sobre o sistema de responsabilidade civil do Código de Defesa do Consumidor

Como já amplamente discutido em âmbito nacional e internacional há algumas décadas, os sistemas tradicionais de responsabilidade civil[1] e de vícios redibitórios,[2] tais como aqueles positivados nos Códigos Civis de 1916 e 2002, eram incapazes de tutelar adequadamente os interesses do consumidor na sociedade contemporânea.

De fato, os entraves eram tantos e tamanhos que significavam, na prática, que os riscos das atividades de produção, comercialização e consumo em massa corriam por conta do consumidor, que é precisamente aquele menos capacitado para assumí-los. Patente, portanto, a violação ao princípio da igualdade substancial.

Daí terem sido desenvolvidas teorias e sistemas novos, mais adaptados à realidade agressiva e, às vezes, quase predatória do mercado de consumo massificado, numa tentativa de inverter a balança e outorgar ao fornecedor o ônus de socializar os riscos de sua própria atividade lucrativa.[3]

Entretanto, talvez a mudança mais importante tenha sido a unificação do sistema de responsabilidade de consumo para abranger não apenas a responsabilidade civil tradicional, como também a responsabilidade por vícios redibitórios. Os dois regimes passaram a ter, no âmbito do direito do consumidor, unidade de fundamento.

E não é só: à clássica divisão entre responsabilidade civil contratual e extracontratual apôs-se[4] uma nova: responsabilidade *por fato do produto*

---

1 Que peca (i) pelo critério de imputação, fundado na teoria da culpa, (ii) pela preocupação com a fonte do dever jurídico violado, levando à dicotomia entre responsabilidade contratual e extracontratual, (iii) pela pequena extensão das teorias sobre o nexo de causalidade, dentre outros (MIRAGEM, Bruno. *Curso de direito do consumidor*. 5ª edição. São Paulo: Revista dos Tribunais, 2014, p. 517 e ss.).

2 Insuficientes devido (i) à exigência de vínculo contratual, (ii) à exiguidade dos prazos para reclamar, (iii) à limitação pela extensão e visibilidade do vício, (iv) à disponibilidade da garantia etc. (BENJAMIN, Antonio Herman V. MARQUES, Claudia Lima. BESSA, Leonardo Roscoe. *Manual de direito do consumidor*. 6ª edição. São Paulo: Revista dos Tribunais, 2014, p. 149 e ss.).

3 Em síntese: (i) objetivou-se o critério de imputação de responsabilidade, deixando de lado a teoria da culpa para adotar a teoria do risco-proveito; (ii) estipulou-se, como regra geral, a solidariedade; (iii) abandonou-se a exigência de vínculo contratual, muitas vezes inexistente; (iv) tornou-se irrelevante a extensão do vício do produto ou do serviço para autorizar a sua reparação; (v) ampliaram-se os prazos para reclamação e reforçou-se a garantia legal, tornando-a norma cogente insuscetível de exclusão ou diminuição.

4 E não "opôs-se". A novel classificação, como aponta Zelmo Denari, não necessariamente excluiu a antiga, apenas a aperfeiçoou (GRINOVER, Ada Pellegrini. BENJAMIN, Antonio

e do serviço e responsabilidade *por vício do produto e do serviço* – aquela disciplinada pelos artigos 12 a 17 do Código de Defesa do Consumidor, esta, pelos artigos 18 a 25 desse mesmo diploma.

Nesse contexto, há duas importantes perguntas a serem feitas: qual é o fundamento jurídico que embasa essa unificação e qual foi o critério adotado para tal classificação? As respostas estão na chamada *teoria da qualidade*.

Verdadeira pedra-chave dos regimes de responsabilidade do Código de Defesa do Consumidor, a teoria da qualidade tem seus olhos voltados à proteção da confiança legítima do consumidor e da sociedade: confiança de que os produtos e serviços disponíveis no mercado sejam seguros e adequados para o consumo.

Fala-se, assim, em duas órbitas de proteção e, consequentemente, em duas espécies de violação: garantia de incolumidade físico-psíquica do consumidor, cuja infração implica vício de qualidade por insegurança, e garantia de incolumidade econômica do consumidor, cuja transgressão gera vício de qualidade por inadequação.[5]

Nesses termos, foi de acordo com o interesse jurídico violado que o sistema, agora unificado sob a tutela da confiança, novamente se bipartiu: a responsabilidade do fornecedor pelos vícios de qualidade por insegurança está regulada sob a epígrafe "Da Responsabilidade pelo Fato do Produto e do Serviço". Por sua vez, a responsabilidade do fornecedor pelos vícios de qualidade por inadequação está sistematizada sob o título "Da Responsabilidade por Vício do Produto e do Serviço".

Sem dúvidas, esse novo sistema é melhor adaptado à sociedade de consumo em massa e traz benefícios indiscutíveis à proteção do consumidor. Contudo, por mais desenvolvido que seja, é criação humana e, como tal, não é perfeito, trazendo dificuldades que devem ser superadas pelo intérprete.

3. Apresentação da problemática

Uma das dificuldades que o regime de responsabilidade civil de consumo trouxe é fruto da nova bipartição entre responsabilidade pelo *fato* e pelo *vício* do produto e do serviço. A primeira se preocupa com a saúde

Herman de Vasconcellos e. FINK, Daniel Roberto. FILOMENO, José Geraldo Brito. NERY JUNIOR, Nelson. DENARI, Zelmo. *Código brasileiro de defesa do consumidor: comentado pelos autores do anteprojeto*. Vol. I. 10ª edição. Rio de Janeiro: Forense, 2011, p. 190).

5 BENJAMIN, Antonio Herman V. [et al] *Op. cit.*, p. 156 e ss.

(física e mental) e a segurança do consumidor e a segunda, basicamente, com o seu patrimônio.

Vale dizer, no sistema de responsabilidade pelo *fato* busca-se reparar danos causados tanto por vícios ou defeitos[6] "decorrentes de projeto, fabricação, construção, montagem, fórmulas, manipulação, apresentação ou acondicionamento" dos produtos, "bem como por informações insuficientes ou inadequadas sobre sua utilização e riscos" (artigo 12, *caput*, do Código de Defesa do Consumidor), quanto por aqueles "relativos à prestação dos serviços, bem como por informações insuficientes ou inadequadas sobre sua fruição e riscos" (artigo 14, *caput*, do Código de Defesa do Consumidor).

Enquanto isso, no sistema de responsabilidade pelo *vício* tem-se em mente reparar "vícios de qualidade ou quantidade que os tornem [os produtos] impróprios ou inadequados ao consumo a que se destinam ou lhes diminuam o valor, assim como por aqueles decorrentes da disparidade, com a indicações constantes do recipiente, da embalagem, rotulagem ou mensagem publicitária" [anotei] (artigo 18, *caput*, do Código de Defesa do Consumidor), além dos "vícios de qualidade que os tornem [os serviços] impróprios ao consumo ou lhes diminuam o valor, assim como por aqueles decorrentes da disparidade com as indicações constantes da oferta ou mensagem publicitária" [anotei] (artigo 20, *caput*, do Código de Defesa do Consumidor).

Como se vê, o *fato* do produto e do serviço nada mais é do que um dano extrínseco ao bem de consumo defeituoso, que o ultrapassou e atingiu a própria *pessoa* do consumidor;[7] já o *vício* do produto e do serviço é um dano intrínseco ao bem de consumo defeituoso, que se limitou a atingir somente o *patrimônio* do consumidor.[8]

Por isso mesmo é que, na responsabilidade pelo *fato* do produto e do serviço, previu-se um sistema de reparação direta de danos materiais, morais e estéticos, cuja pretensão está submetida a prazo prescricional,[9] ao

---

6 Zelmo Denari critica a pretensa separação que se faz entre *vício* e *defeito*, conceitos ontologicamente idênticos e que significam "a qualificação de desvalor atribuída a um bem ou serviço" (GRINOVER, Ada Pellegrini. [et al]. *Op. cit.*, p. 191). Preferível que se fale, simplesmente, em vícios de qualidade por inadequação e por insegurança.

7 São os *acidentes de consumo*. Ver BENJAMIN, Antonio Herman V. [et al]. *Op. cit.*, p. 148.

8 Em outras palavras, causou "uma desvantagem econômica para o consumidor, mas a perda patrimonial não ultrapassa os limites valorativos do produto ou serviço defeituoso, na exata medida da sua inservibilidade ou imprestabilidade. Costuma-se dizer que, nesta hipótese, a responsabilidade está *in re ipsa*" (GRINOVER, Ada Pellegrini [et al]. *Op. cit.*, p. 192-193).

9 "Art. 27. Prescreve em cinco anos a pretensão à reparação pelos danos causados por fato do produto ou do serviço prevista na Seção II deste Capítulo, iniciando-se a contagem do prazo a partir do conhecimento do dano e de sua autoria".

passo que na responsabilidade pelo *vício* do produto e do serviço estipularam-se faculdades jurídicas (direitos potestativos)[10] para que o consumidor exija o cumprimento perfeito do contrato, cujo exercício está submetido a prazo decadencial.[11]

Ocorre, porém, que na seção correspondente à responsabilidade pelo *vício* do produto e do serviço no Código de Defesa do Consumidor há regras que, a princípio, parecem destoar do contexto de proteção à incolumidade econômica do consumidor. É o caso dos artigos 18, § 1º, inciso II, 19, inciso IV e 20, inciso II, nos quais se faz referência à possibilidade de o consumidor pleitear "perdas e danos" – matéria típica da seção que trata da responsabilidade pelo *fato* do produto e do serviço – sem prejuízo do exercício das faculdades jurídicas ali mencionadas.

Eis a problemática que se pretende solucionar: (i) que "perdas e danos" são essas e (ii) a que prazo extintivo a pretensão à sua indenização está submetida?

4. Proposta de solução: distinção entre dano *circa rem* e dano *extra rem*

À primeira vista, a resposta pode parecer simples: quando se fala em perdas e danos fala-se em responsabilidade pelo *fato* do produto ou do serviço, de modo que a reparação de todo e qualquer dano causado ao consumidor por vício ou defeito estaria sujeita ao prazo prescricional do

---

10 A classificação é controversa, pois o exercício desse "direito potestativo" não produz desde logo a sua eficácia; depende, antes, da boa vontade do fornecedor em atendê-lo. Havendo resistência, a solução seria o ajuizamento de demanda judicial com pedido de provimento condenatório ou (des)constitutivo (MIRAGEM, Bruno. *Op. cit.*, p. 622-623). Câmara Leal, porém, leciona que o fato de se fazer necessária a formulação de uma pretensão não lhe retira a natureza de direito potestativo: "a ação é o meio que o comprador dispõe para o exercício do seu direito à redibição ou ao abatimento do preço" (*apud* GUIMARÃES, Paulo Jorge Scartezzini. *Vícios do produto e do serviço por qualidade, quantidade e insegurança: cumprimento imperfeito do contrato*. 2ª edição. São Paulo: Revista dos Tribunais, 2007. p. 305).

11 "Art. 26. O direito de reclamar pelos vícios aparentes ou de fácil constatação caduca em: I - trinta dias, tratando-se de fornecimento de serviço e de produtos não duráveis; II - noventa dias, tratando-se de fornecimento de serviço e de produtos duráveis. § 1° Inicia-se a contagem do prazo decadencial a partir da entrega efetiva do produto ou do término da execução dos serviços. § 2° Obstam a decadência: I - a reclamação comprovadamente formulada pelo consumidor perante o fornecedor de produtos e serviços até a resposta negativa correspondente, que deve ser transmitida de forma inequívoca; II – vetado; III - a instauração de inquérito civil, até seu encerramento. § 3° Tratando-se de vício oculto, o prazo decadencial inicia-se no momento em que ficar evidenciado o defeito".

artigo 27 do Código de Defesa do Consumidor. As únicas providências que estariam submetidas ao prazo decadencial do artigo 26 do Código de Defesa do Consumidor seriam as faculdades jurídicas especificamente outorgadas ao consumidor para que exija do fornecedor o cumprimento ou a resolução do contrato.

A ideia fundamental, aqui, é a de que os sistemas de responsabilidade pelo *fato* e pelo *vício* do produto e do serviço não se excluem nem se sobrepõem, mas sim se completam, não havendo conflito nenhum entre eles.

A solução, sem dúvida, é tentadora. Todavia, ao mesmo tempo que tem o mérito de partir de uma premissa absolutamente correta – a de que os sistemas de responsabilidade de consumo se completam –, tem também um defeito gravíssimo: esbarra na velha discussão da autonomia das *ações indenizatórias nascidas do vício* em relação às *ações edilícias* (redibitória e estimatória), atualmente superada pela maioria da doutrina nacional e internacional.[12]

Com efeito, a partir do momento em que, na teoria, passamos a tratar qualquer dano causado ao consumidor como elemento exclusivo do sistema de responsabilidade por fato do produto ou serviço, independentemente de sua *origem,*[13] na prática acabamos permitindo que o consumidor, com base no mesmo fato jurídico – a desvalia do produto ou serviço adquirido, decorrente do cumprimento imperfeito do contrato –, ajuíze demanda judicial requerendo a respectiva indenização ainda que escoado o prazo decadencial para requerer, por exemplo, a resolução do contrato ou o abatimento proporcional do preço.[14]

Em outras palavras, estaríamos permitindo ao consumidor, por vias tortas,[15] chegar ao mesmo resultado prático, o que tem potencial para fazer

12 Defendendo a dependência absoluta ou relativa entre essas pretensões temos, no direito pátrio, Carvalho Santos e Câmara Leal e, no direito estrangeiro, Calvão da Silva (Portugal), Pedro Romano Martinez (Portugal), Luciana Pisu (Itália), Massimo Bianca (Itália), os irmãos Mazeaud (França) e Fernando Zavalia (Argentina). Defendendo a autonomia entre elas, Pontes de Miranda (GUIMARÃES, Paulo Jorge Scartezzini. *Op. cit.*, pp. 318-320).

13 Não se pode negar que vício de qualidade por inadequação pode ser traduzido, em última análise, como espécie de dano material decorrente do cumprimento imperfeito do contrato, já que desvaloriza o produto adquirido ou serviço prestado. Ainda assim, para expurgá-lo, o sistema criou alternativas outras que não a pura e simples indenização. Trata-se de verdadeira opção política do legislador.

14 O que seria equivalente a, no sistema dos vícios redibitórios do Código Civil, ajuizar ação de indenização por inadimplemento, sujeita a prazo prescricional, após ter perdido o prazo decadencial para a ação redibitória ou estimatória.

15 Pela mera alteração da causa de pedir próxima (fundamentos jurídicos), como se fosse possível admitir ao credor buscar o mesmo direito invocando outra norma jurídica (GUIMARÃES, Paulo Jorge Scartezzini. *Op. cit.*, p. 324).

ruir a segurança jurídica que um sistema normativo deveria garantir. Aliás, se sempre fosse possível requerer indenização pelo cumprimento imperfeito do contrato, sujeita a prazo prescricional (mais dilatado), independentemente da perda do prazo decadencial (mais reduzido) para requerer o seu cumprimento perfeito ou sua resolução, e ainda assim obter resultados equivalentes, este último prazo não passaria de letra morta.

Como responder, então, àquelas questões?

A solução, como indicado, está na distinção desses danos de acordo com a sua *origem*: danos *circa rem* e danos *extra rem*.

A expressão latina *circa rem* significa, em tradução livre, "próximo à coisa". Danos *circa rem*, portanto, podem ser conceituados como danos *vinculados* ao vício de qualidade por inadequação, que decorrem diretamente dele. São aqueles danos que, por serem inerentes ao vício, não podem dele desgarrar-se[16]. Na divisão tradicional do Código Civil, falaríamos em responsabilidade *contratual*.

Seus maiores exemplos, como nos ensina o jurista lusitano Pedro Romano Martinez, são os prejuízos decorrentes "da diminuição ou perda de valor da coisa, os custos contratuais, o valor da eliminação dos defeitos, quando excepcionalmente feita pelo credor, o montante dispendido em estudos, pareceres etc., a diferença de preço que o credor teve de suportar para adquirir um bem substitutivo, os lucros cessantes, bem como outras despesas derivadas do incumprimento (por exemplo, o valor da renda de uma casa locada no período em que não foi possível usar a própria, o custo de uma sementeira perdida, porque as sementes, em razão da deficiente qualidade, não germinaram, as despesas judiciais na acção em que se exige a execução específica ou a resolução do contrato)".[17]

Por sua vez, a expressão *extra rem* significa, também em tradução livre, "fora da coisa". Danos *extra rem*, assim, são danos *ligados* ao vício de qualidade por inadequação, mas que com ele se relacionam apenas indiretamente. São aqueles danos que, apesar de dividirem com o vício o mesmo contexto, na realidade decorrem de causa superveniente, relativamente independente, que por si só produz o resultado[18]. Na divisão clássica do Código Civil, falaríamos em responsabilidade *extracontratual*.

Seu grande exemplo na prática forense é o dano moral, na maioria das vezes ligados ao descaso do fornecedor e ao consequente mau atendimento do consumidor. É a conduta daquele que, de fato, gera o dano que aflige este, não o vício em si. Vale dizer, "a rigor, não é o vício do produto ou

16 CAVALIERI FILHO, Sergio. *Programa de direito do consumidor.* 3ª edição. São Paulo: Atlas, 2011, p. 325.

17 *Apud* GUIMARÃES, Paulo Jorge Scartezzini. *Op. cit.*, p. 321.

18 CAVALIERI FILHO, Sergio. *Op. cit.*, p. 325.

do serviço que causa o dano *extra rem* – dano material ou moral –, mas a conduta do fornecedor, posterior ao vício, por não dar ao caso a atenção e solução devidas".[19]

Pois bem.

De um lado, como os danos *circa rem* são *vinculados* ao vício de inadequação que os originou, não geram pretensão autônoma a sua reparação. Isso significa que ou eles são reparados pelas próprias providências previstas nos incisos dos artigos 18, § 1º, 19 e 20 do Código de Defesa do Consumidor, ou, no mínimo, sua pretensão indenizatória deve ser formulada dentro do mesmo prazo extintivo a que essas faculdades jurídicas estão sujeitas: o prazo de decadência do artigo 26 do Código de Defesa do Consumidor.

E tal como ocorre com o cúmulo sucessivo de pedidos,[20] aquela pretensão indenizatória tem uma relação de dependência (ou prejudicialidade) com essas faculdades jurídicas – até porque unidas pela causa de pedir remota, a inadequação do produto ou do serviço –, de modo que, uma vez decaído o direito do consumidor de pleitear o cumprimento ou a resolução do contrato, decai também o direito dele de pleitear a reparação dos danos *circa rem*.

De outro, como os danos *extra rem* são apenas indiretamente *ligados* ao vício de inadequação, originando-se de causa a ele superveniente, geram pretensão autônoma a sua reparação. Isso significa que, da mesma forma que os danos decorrentes de vício de qualidade por insegurança, sua pretensão indenizatória está sujeita ao prazo de prescrição previsto no artigo 27 do Código de Defesa do Consumidor.

A pretensão à indenização dos danos *extra rem*, inclusive, pode ser cumulada[21] ao pedido de resolução contratual ou abatimento proporcional do preço – ou qualquer outro previsto nos artigos 18, 19 e 20 do Código de Defesa do Consumidor –, ou formulada em demanda própria, pouco importando se o consumidor decaiu ou não do direito de se valer daquelas faculdades jurídicas.

Em suma, é essa a solução proposta: (i) as "perdas e danos" a que se referem os artigos 18, 19, e 20 do Código de Defesa do Consumidor devem, antes de tudo, ser divididas em danos *circa rem* (vinculados ao vício) e *extra rem* (ligados ao vício), sendo que (ii) a pretensão à indenização dos danos *circa rem*, por não deter autonomia com relação ao vício, deve ser formulada dentro do prazo decadencial do artigo 26 do Código de Defesa do Consumidor e a pretensão à indenização dos danos *extra rem*, por ser

---

19 *Idem, ibidem*.

20 DINAMARCO, Cândido Rangel. *Instituições de direito processual civil*. Vol. II. 6ª edição. São Paulo: Malheiros, 2009, pp. 172-174.

21 Cúmulo simples de pedidos, na forma do artigo 292 do Código de Processo Civil (DINAMARCO, Cândido Rangel. *Op. cit.*, p. 169-172).

relativamente independente em relação ao vício, pode ser formulada dentro do prazo prescricional do artigo 27 do Código de Defesa do Consumidor.

5. Receptividade pela jurisprudência

Ao analisarmos a nossa jurisprudência, fica visível o quanto essa teoria ainda é desconhecida. Atualmente, dos 27 Tribunais de Justiça do nosso país, apenas 9[22] possuem julgados com referência à distinção entre danos *circa rem* e *extra rem*.

O primeiro precedente (ou *leading case*) do Brasil foi do Tribunal de Justiça do Rio de Janeiro, julgado em 20/06/2007 e relatado pelo Desembargador Carlos Eduardo da Fonseca Passos.[23] O caso envolvia compra e venda de veículo automotor usado que apresentava vícios no chassi, tendo a compradora ajuizado, anos depois, demanda visando à indenização por danos materiais (lucros cessantes pela não utilização do veículo) e morais (desgosto íntimo pelo risco da perda do bem) e à condenação das rés na obrigação de providenciar a remarcação do chassi.

Naquela oportunidade e ao analisar qual seria o prazo extintivo aplicável às pretensões da compradora, o relator pontuou ser necessário "se proceder à distinção entre ressarcimento em dano *circa rem* e aquele fundado em dano *extra rem*, tomando o vocábulo – ressarcimento – em acepção ampla, de forma a compreender os pedidos indenizatórios e a tutela específica".

Após conceituá-los praticamente nas mesmas bases aqui apresentadas, ressaltando a ausência de autonomia entre as pretensões de ressarcimento de dano *circa rem* e as ações edilicianas, bem como a independência entre as pretensões de ressarcimento de dano *extra rem* e essas ações, concluiu pela decadência do pedido de tutela específica e de indenização por lucros cessantes, acolhendo apenas o pedido de indenização por danos morais.[24]

---

22 Em ordem cronológica: Rio de Janeiro, São Paulo, Rio Grande do Sul, Paraná, Distrito Federal, Santa Catarina, Mato Grosso, Goiás e Tocantins.

23 TJRJ, Apelação n. 14420/07, 2ª Câmara Cível, j. 20/06/2007, rel. Des. Carlos Eduardo da Fonseca Passos.

24 Importante destacar o seguinte trecho da ementa: "Discussão acerca do entendimento da autonomia de outras pretensões irradiadas das ações edilícias. Distinção entre dano 'circa rem' e dano 'extra rem'. Se o dano é 'circa rem', diretamente ligado ao vício redibitório ou do produto, as pretensões dele decorrentes decaem no mesmo prazo da ação edilícia e de reclamação pelo vício do produto. Se o liame é só indireto, – dano 'extra rem' –, a pretensão é dotada de autonomia. Tutela específica consistente na remarcação do chassi e pretensão aos danos materiais, por serem inerentes ao defeito, decaem no mesmo prazo daquelas ações. Decadência configurada. O dano moral – 'extra rem' – existe de per si, desvincula-se do vício redibitório, guardando com

O segundo Tribunal de Justiça no Brasil a abordar o tema foi o de São Paulo, em julgado datado de 14/11/2007 e relatado pelo Desembargador Carlos Russo.[25] O caso era de indenização por vícios em placas de cerâmica, adquiridas pelo consumidor para revestimento do piso do seu imóvel. Como as placas estavam empenadas e a fabricante, apesar de aceitar trocá-las, recusou-se a recolocá-las, o comprador ajuizou contra ela, meses depois, demanda requerendo indenização por danos materiais e morais e condenação da fabricante na obrigação de recolocar os pisos ou arcar com os custos desse serviço.

Nos termos do voto do relator, a maioria da Turma Julgadora afastou a decadência reconhecida pelo juízo de primeiro grau, e anulou a sentença, pelo simples fato de os pedidos serem indenizatórios, aplicando-lhes o prazo prescricional do artigo 27 do Código de Defesa do Consumidor e não o prazo decadencial do artigo 26 desse diploma.

O Desembargador Andrade Neto, então 3º Juiz, contudo, apresentou voto convergente defendendo que, "no caso vertente, indisputável estar a pretensão indenizatória do autor fundada na responsabilidade por vícios de qualidade do produto, vícios por inadequação, estando, por conseguinte, submetida ao prazo decadencial do art. 26 e não a prazo prescricional do art. 27. Irrelevante, neste particular, ter o autor cumulado sua pretensão de substituição do produto defeituoso com os gastos necessários à sua recolocação, ou o ressarcimento destes valores, além de outras despesas havidas, na medida em que tais danos estão direta e imediatamente associados ao próprio produto, vale dizer, são danos *circa rem*. Nesta perspectiva, não se justifica erigir a pretensão indenizatória em elemento autônomo determinante para fazer incidir o prazo prescricional do art. 27, ante a relação de acessoriedade entre tal pretensão e ação proposta, fundada no vício da coisa por inadequação e destinada essencialmente ao cumprimento perfeito do contrato O direito reclamado submete-se, pois, ao prazo de decadência".[26]

Ainda assim, como a fabricante havia concedido garantia contratual estendida, nos termos do artigo 50 do Código de Defesa do Consumidor, o

ele apenas vínculo indireto, daí se segue ser o prazo prescricional. Ainda que advenha do vício do produto, na relação de consumo, o dano moral converte-se em fato do produto, pelo que o prazo é prescricional. Pretensão compensatória tempestiva".

25 TJSP, Apelação n. 1088196-0/7, 30ª Câmara de Direito Privado, j. 14/11/2007, rel. Des. Carlos Russo.

26 Não concordo integralmente com a colocação do ilustre Desembargador. Isso porque, ao meu ver, o dano moral cuja reparação foi pretendida deve ser classificado, ao menos em regra, como dano *extra rem*, submetido a prazo prescricional, exatamente porque decorre da conduta do fornecedor e não do vício em si. O resultado final, porém, seria o mesmo: anulação da sentença e remessa dos autos à origem para que se desse regular andamento ao feito.

direito do comprador não fora atingido pela decadência, pelo que concordou com o provimento do recurso.

O terceiro Tribunal de Justiça a enfrentar essa problemática foi o do Rio Grande do Sul, em precedente datado de 26/01/2011 e relatado pelo Juiz Fabio Vieira Heerdt.[27] Pela ausência de relatório escrito, não há muitas informações sobre o caso concreto.

Inegavelmente, porém, o julgador fez referência expressa à distinção entre danos *circa rem* e *extra rem* ao abordar o dano moral, ainda que não para fins de estabelecer qual seria o seu prazo extintivo: "correta a fixação de indenização dos danos morais, porque, além de configurado o dano *circa rem* (vício), também se extrai negligência e descaso da recorrente em resolver o problema (dano *extra rem*), agravando sobremaneira a condição de vulnerabilidade do consumidor".

Desde então, as referências ao tema ficaram mais frequentes e alcançaram, em pouco tempo, mais 6 Tribunais: ainda em 2011, Paraná e Distrito Federal;[28] em 2012, Santa Catarina[29] e Mato Grosso;[30] em 2013, Goiás[31] e, finalmente, no final de 2014, Tocantins.[32] Nos Tribunais do Rio de Janeiro, São Paulo e Rio Grande do Sul, inclusive, há hoje um número considerável de julgados abordando a distinção entre danos *circa rem* e *extra rem* nas mais diversas situações e contextos práticos.

A tendência, como se vê, é de expansão e, com ritmo crescente, a teoria está sendo bem recepcionada pela jurisprudência. Entretanto, o Superior Tribunal de Justiça ainda não se manifestou precisamente sobre o assunto[33], que de fato carece de uniformização em âmbito nacional. É questão de tempo.

---

27 TJRS, Recurso Inominado n. 71002532132, 2ª Turma Recursal Cível, j. 26/01/2011, rel. Juiz Fabio Vieira Heerdt.

28 TJDF, Apelação n. 20110110742094, 3ª Turma Recursal dos Juizados Especiais, j. 06/12/2011, rel. Des. Hector Valverde Santana.

29 TJSC, Apelação n. 2009.062419-9, 2ª Câmara de Direito Civil, j. 22/03/2012, rel. Des. Gilberto Gomes de Oliveira.

30 TJMT, Apelação n. 104657/2011, 2ª Câmara Cível, j. 15/08/2012, rel. Des. Clarice Claudino da Silva.

31 TJGO, Apelação n. 343487-45.2012.8.09.0051, 6ª Câmara Cível, j. 26/11/2013, rel. Juíza Sandra Regina Teodoro Reis.

32 TJTO, Apelação n. 0007508-82.2014.827.0000, 2ª Câmara Cível, j. 26/11/2014, rel. Des. Ronaldo Eurípedes.

33 Apesar de haver precedente no sentido de que a reparação de todo e qualquer dano causado ao consumidor está sujeita ao prazo prescricional do artigo 27 do Código de Defesa do Consumidor, entendimento esse que já foi criticado alhures (STJ, REsp nº 683.809-RS, 4ª Turma, j. 20/04/2010, rel. Min. Luis Felipe Salomão).

6. Conclusão

Nosso sistema normativo, como se sabe, está longe de ser perfeito. Cada solução pensada por um jurista traz consigo, naturalmente, uma série de dificuldades – em especial quando se trata de uma teoria relativamente nova e ainda pouco explorada.

A distinção entre danos *circa rem* e *extra rem* não é exceção.

Sua maior virtude reside numa classificação lógica e útil, apta a estabelecer se determinada pretensão indenizatória relacionada a vício de inadequação está sujeita a prazo decadencial ou prescricional de acordo com a proximidade entre vício e dano, em um meio termo entre a doutrina da autonomia de Pontes de Miranda e a doutrina da dependência de tantos outros intérpretes do direito. É inegável a sua contribuição para a preservação da unidade do sistema e da segurança jurídica.

Essa ferramenta, contudo, tem um preço. Sua principal dificuldade prática repousa, exatamente, sobre o critério de classificação: como identificar com precisão, nas infinitas nuances da casuística, se determinado dano é *circa rem* ou *extra rem*? A tarefa, confesso, não é simples.

Ainda assim, com vistas a entregar ao leitor um guia prático para essa classificação caso a caso, proponho que se pesquise, na causa de pedir do autor, qual a origem do dano cuja reparação é requerida: está ela (i) no vício propriamente dito ou (ii) em algum fato externo, posterior a ele? Após, basta conferir o quadro sinótico:

(i) Danos *circa rem*	**(ii) Danos *extra rem***
Danos vinculados ao vício	Danos ligados ao vício
Originam-se do vício em si	Originam-se de causa superveniente
Pretensão dependente	Pretensão autônoma
Prazo decadencial CDC 26	Prazo prescricional CDC 27

Enfim, pretendi demonstrar neste artigo que os benefícios que essa teoria traz para a prática forense já superam, e em muito, as suas dificuldades. Basta uma sintonia fina, um ajuste final que, a meu ver, mais deve vir da jurisprudência do que da doutrina. É o trabalhar dos conceitos em cada caso concreto que será capaz de trazer o colorido necessário para elucidar aquelas questões mais cinzentas.

7. Bibliografia

BENJAMIN, Antonio Herman V. MARQUES, Claudia Lima. BESSA, Leonardo Roscoe. *Manual de direito do consumidor*. 6ª edição. São Paulo: Revista dos Tribunais, 2014.

CARVALHO, José Carlos Maldonado de. *Decadência e prescrição no CDC: vício e fato do produto e do serviço*. Rio de Janeiro: Banco do

Conhecimento do TJRJ, 2008. Disponível em: <http://www.tjrj.jus.br/c/document_library/get_file?uuid=f4de78ce-6dab-4b8c-a006-ebcd1741c741&groupId=10136>. Acesso em janeiro/2015.

CAVALIERI FILHO, Sergio. *Programa de direito do consumidor.* 3ª edição. São Paulo: Atlas, 2011.

DINAMARCO, Cândido Rangel. *Instituições de direito processual civil*. Vol. II. 6ª edição. São Paulo: Malheiros, 2009.

GUIMARÃES, Paulo Jorge Scartezzini. *Vícios do produto e do serviço por qualidade, quantidade e insegurança: cumprimento imperfeito do contrato*. 2ª edição. São Paulo: Revista dos Tribunais, 2007.

GRINOVER, Ada Pellegrini. BENJAMIN, Antonio Herman de Vasconcellos e. FINK, Daniel Roberto. FILOMENO, José Geraldo Brito. NERY JUNIOR, Nelson. DENARI, Zelmo. *Código brasileiro de defesa do consumidor: comentado pelos autores do anteprojeto*. Vol. I. 10ª edição. Rio de Janeiro: Forense, 2011.

MIRAGEM, Bruno. *Curso de direito do consumidor*. 5ª edição. São Paulo: Revista dos Tribunais, 2014.

NERY JUNIOR, Nelson. NERY, Rosa Maria de Andrade [org]. *Responsabilidade civil*. Vol. IV. São Paulo: Revista dos Tribunais, 2010.

RESPONSABILIDADE CIVIL DOS PROVEDORES E DE TERCEIROS SEGUNDO O MARCO CIVIL DA INTERNET (LEI Nº 12.965/2014)

Bóris Chechi de Assis

1. Introdução

A Internet mostra-se cada vez mais como o principal meio de comunicação, sendo a responsável pela maior parte de distribuição de informações no mundo.

Criada no final da década de 70, a Internet foi fruto de projeto do Departamento de Defesa dos Estados Unidos, sob o nome de ARPANET (Agência para Projetos de Pesquisa Avançada), que era um verdadeiro embrião da futura rede global.

Não desconfiava o governo dos Estados Unidos que, em plena guerra fria, teria criado um dos maiores uma das maiores revoluções tecnológicas da história da humanidade.

Com o advento do WWW, a World Wide Web (ou W3), em 1989, o verdadeiro propulsor desse meio de comunicação, não previu Tim Berners-Lee, o criador da WWW, os reflexos que tal criação teria em uma sociedade que exige consumo e informações em massa – e muito menos no mundo jurídico.

Em realidade, o que acabou de formar-se foi um mundo digital e (aparentemente) ajurídico. Diante da dificuldade de identificação dos usuários desta imensa rede digital, o mundo jurídico enfrentou dificuldades para devidamente responsabilizar criminal e civilmente os autores de ilícitos online, e, durante muitos anos, ignorou por completo aspectos jurídicos advindos da Internet.

Assim, anos depois da difusão global completa da web, persiste a questão: estaria ou não preparada a legislação civil brasileira para tutelar os acontecimentos virtuais? Trata-se de questão razoável, uma vez que "[...] o Código Civil não afigura-se suficientemente armado para enfrentar a revolução tecnológica e/ou digital que dia após dia nos surpreende rompendo antigos paradigmas".[1]

Por isso, importantíssimo foi o advento do Marco Civil da Internet em abril deste ano, a fim de que se possa tentar, ao menos com alguma qualidade, estabelecer parâmetros de uso do meio virtual.

Imprescindível lembrar que, posto que o direito positivo seja máquina remodelável de acordo com as mudanças sociais, diante de tal rapidez dos avanços tecnológicos, o legislador encontra grande dificuldade em acompanhá-los. Não se trata, na verdade, de nada longe do esperado, visto que a morosidade do poder legislativo é óbice inclusive para mudanças sociais graduais, como o casamento homoafetivo.

Nesta lógica, "[...] a fragilidade de nosso ordenamento jurídico majora a cada novo gadget (v.g. smartphone, tablete, mp3 player, etc.), software (v.g. os sistemas operacionais) ou hardware (v.g. notebook) lançado pelas empresas de alta tecnologia".[2] Temos, dentro da área do Direito Digital, como maior exemplo de lentidão legislativa, a Lei nº 12.737/2012, criada sob a alcunha de "Lei Carolina Dieckmann".

Embora tal legislação aborde os aspectos criminais da invasão de dispositivos informáticos alheios, contrastam claramente a falta de sintonia entre a promulgação de legislação específica de tal gênero de delitos e a eclosão do meio digital e uso constante dos meios virtuais, que certamente não ocorreram apenas em meados 2012.

Aliás, a Lei nº 12.737/2012 acabou não dispondo sobre os delitos informáticos específicos, pois a maioria dos tipos penais da lei têm correspondência com os crimes tipificados pelo Código Penal atual.

Diante de tais dificuldades, demonstra-se necessário estudo sobre a possível adaptação da legislação atual aos ilícitos surgidos no meio virtual. Perante a inexistência de legislação específica, "[...] muitos casos deixam de ser resolvidos adequadamente, ou recebem julgamentos surpreendentes, em razão do despreparo dos operadores Direito para lidar com as questões técnicas relativas à Internet".[3]

---

1 MOREIRA, Fábio Lucas. Da "sociedade informática" de Adam Schaff ao estabelecimento dos fundamentos e princípios do marco civil da Internet (PL 2.126/2011). *In*: MARQUES, Jader; DA SILVA, Maurício Faria (orgs.). **O direito na era digital**. Porto Alegre: Livraria do Advogado, 2012, p. 16.

2 Ibidem.

3 LEONARDI, Marcel. Internet: Elementos Fundamentais. *In:* DA SILVA, Regina Beatriz Tavares; DOS SANTOS, Manoel J. Pereira (orgs.). **Responsabilidade civil**:

Por isso, far-se-á, neste trabalho, breve análise a respeito da Responsabilidade Civil, dos Atos Ilícitos e de conceitos técnicos da Internet, sob o panorama dos novos dispositivos advindos do recém lançado Marco Civil da Internet, para que se possa chegar à compreensão e resolução desse gênero de conflitos do mundo virtual.

2. A internet

2.1. As figuras da relação jurídica – os provedores de serviços de internet

Em maio do ano de 1995, diante do desconhecimento da grande maioria da sociedade (inclusive acadêmica) para com institutos relacionados à Internet, o Comitê Gestor da Internet no Brasil (CGI) emitiu Nota Conjunta definindo conceitos essenciais à devida compreensão do novo meio virtual e estabelecendo algumas determinações quanto ao seu funcionamento nacional.

Tratam-se, realmente, de breves esclarecimentos quanto às mais primárias definições e funções da Internet. Isto é, mesmo que tenha sido importante marco inicial desta inusitada e – inicialmente – estranha ferramenta, não traz a nota do CGI maiores aclaramentos quanto aos seus institutos.

Como a própria Nota fez questão de elucidar, foi esta a introdução da nação brasileira à nova *Era da Informação.*[4] Portanto, muito por causa das drásticas mudanças virtuais desde 1995, importam aclarações a respeito das figuras que podem ser responsabilizadas pelo conteúdo distribuído *online*: os provedores de serviços de internet.

É sucinta e definitiva a explicação de Marcel Leonardi: "Provedor de serviços de Internet é o gênero do qual as demais categorias (provedor de *backbone*, provedor de acesso, provedor de correio eletrônico, provedor de hospedagem e provedor de conteúdo) são espécies".[5]

Faz-se necessária tal distinção entre espécies, visto que, em alguns casos, provedores de serviços de Internet podem figurar no pólo passivo de

---

responsabilidade civil na internet e nos demais meios de comunicação. 2ª ed. São Paulo: Saraiva, 2012, p. 79.

4 COMITÊ GESTOR DA INTERNET DO BRASIL. **Nota conjunta (maio de 1995)**. Disponível em: <http://www.cgi.br/regulamentacao/notas.htm>. Acesso em: 09 jan. 2014.

5 LEONARDI, Marcel. **Responsabilidade civil dos provedores de serviços da Internet**. São Paulo: Juarez de Oliveira, 2005, p. 19. Disponivel em: <http://leonardi.adv.br/wp-content/uploads/2011/04/mlrcpsi.pdf>. Acesso em: 15 fev. 2014.

uma ação indevidamente pelo mero desconhecimento do procurador do autor em relação a estas categorias.[6]

Embora recorrente esta situação, não se pode, portanto, incorrer em confusão entre espécies. O engano deriva da cumulação de prestação de serviços relacionados à Internet por uma única pessoa jurídica. Ex.: a empresa UOL pode ser, em relação a um único consumidor, provedor de acesso (fornecendo conexão a rede), provedor de correio eletrônico (possibilitando armazenamento e envio de mensagens pelo usuário) e provedor de conteúdo (disponibilizando notícias em seu *site*).

Embora adotado o modelo de divisão dos intervenientes na prestação de serviços de Internet, outra divisão, por ser elucidativa, merece referência, já que relativamente semelhante à figura criada pelo Marco Civil da Internet, como ver-se-á. Chris Reed, em *Internet Law*, citado e seguido por João Fachana, diferenciou os sujeitos passíveis de responsabilização civil na Internet como: (1) intervenientes principais; (2) fornecedores de infraestrutura de comunicação e (3) os prestadores de serviços intermediários em rede.[7] Tal estrutura divisória será referida doravante como modelo inglês.

Explica João Fachana:

> Os intervenientes principais são, como o próprio nome indica, os intervenientes para os quais o conteúdo que circule na Internet tem uma importância direta [...] Tradicionalmente estar-se- a a falar do fornecedor de conteúdos, por um lado, em contraposição com o utilizador ou consumidor final, por outro. [...]. Em segundo lugar, temos os fornecedores de infraestruturas de comunicação. Estes são os proprietários dos cabos, redes de fios e todos os outros elementos físicos que permitem que todas as pessoas, singulares ou coletivas, se liguem à Internet e, por sua vez, permitem que a informação circule entre os diversos objetos corpóreos informáticos [..]. Em último lugar temos os chamados prestadores de serviços intermediários em rede. Estes prestadores de serviços, são, como o próprio nome indica, pessoas singulares ou coletivas, que, intervindo de forma autónoma, permanente e organizada, permitem que um determinado conteúdo circule na Internet e, consequentemente, que o utilizador que o coloca *online* consiga transmiti-lo ao utilizador que o visualiza, a final.[8]

Enfim, o modelo inglês tem espécies mais abrangentes do que o modelo brasileiro proposto por Leonardi, aglutinando as espécies deste último em três únicas definições.

A *European E-Commerce Directive*, adotada pela União Europeia em 2000, estendeu seu regime de responsabilidade, criando figura distinta da

6 Ibidem.

7 FACHANA, João. **A responsabilidade civil pelos conteúdos ilícitos colocados e difundidos na Internet**. Coimbra: Almedina, 2012, p. 38, grifo do autor.

8 Ibidem, pp. 38-39.

já trazida pelos Estados Unidos com o DMCA (*Internet Service Providers* ou simplesmente ISPs): *Information Society Services Providers* (ou provedores de serviços da sociedade de informação).[9] Sobre tal definição:

> An 'information society service' is defined as 'any service normally provided for remuneration, at a distance, by means of electronic equipment for the processing (including digital compression) and storage of data, and at individual request of a recipient of a service. [...] the ECD intermediary service provider liability regime covers not only the traditional ISP sector, but also a much wider range of actors who are involved in selling goods or services online.[10-11]

A importância dos provedores de serviços relacionados à Internet é avaliada por Melise R. Blakeslee:

> ISPs possess a huge amount of data about end users, including account information, where account holders visitor on the Internet, amount of data distributed, amount of traffic a hosted Web site receives (along with where that traffic comes from), and IP address linked with certain postings or accounts on a Web site. Everything goes through an ISP.
> Accordingly, ISPs are true middlemen. When disputes arise, the ISP tends to be in the middle whether the receiving end involves an informal complaint, a formal legal complaint, or a subpoena for information. Understanding the ISP's role in any investigation is crucial. An ISP can be friend or foe – and the legal professional needs to be able to distinguish between them.[12]

Merece destaque, neste ponto, o que estabeleceu o DMCA (*Digital Millenium Copyrights Act*), determinando regras quanto à proteção dos direitos autorais por vias informáticas nos Estados Unidos da América.

O DMCA, em seu Título II, sec. 201, § 512, limitou as hipóteses de responsabilização dos OPS (*Online Service Providers*) de acordo as funções que cada prestador de serviços *online* exerce. A categoria mencionada pelo DMCA trata-se de delimitação do gênero IPS (*Internet Service Provider* ou

---

9 EUR-LEX. **Access to European Union Law**. Disponível em: <http://eur-lex.europa.eu/legal-content/EN/ALL/;ELX_SESSIONID=hQy6JHHBqkpfwyfzZp2p319hzJH11f3C8C2KlFTlnw2lQQxD2MQc!-1891552801?uri=CELEX:32000L0031>. Acesso em: 29 out. 2014.

10 EDWARDS, Lilian; WAELDE, Charlotte. **Law and the Internet.** Portland: Hart Publishing, 2009, p. 62.

11 "Um 'serviço da sociedade de informação' é definido como 'qualquer serviço normalmente provido, a distância, por remuneração por meio de equipamento eletrônico para o processamento (incluindo a compressão digital) e depósito de dados, e à requisição individual de [...]" (tradução nossa).

12 BLAKESLEE, Melise R.. **Internet crimes, torts and scams**: investigation and remedies. New York: Oxford University Press, 2010, p. 159.

Provedores de Serviços relacionados à Internet), mas que abarca as possibilidades de responsabilização, como veremos a seguir no presente trabalho.

Para o regramento americano, só pode fazer uso de seu regime especial de responsabilidade, ou seja, ser caracterizado como *Online Service Providers*, as pessoas – jurídica ou física – que ofereçam transmissão, roteamento ou conexão para o envio e recebimento de dados (nominados, em inglês, de *material*), ou, ainda, mero armazenamento temporário de tais dados sendo transmitidos, roteados ou fornecidos conexão.[13]

Nesta lógica, a lei norte-americana inovadora limitou o seu regime especial de responsabilidade a provedores que praticassem determinadas atividades que fossem praticadas para ou durante a transmissão de dados no meio virtual.

Caminhando em sentido contrário, o legislador brasileiro, na famigerada Lei nº 12.965, de alcunha Marco Civil da Internet, não cita os determinados atos que estarão ou não sob a égide da lei, e sim os possíveis agentes passíveis de responsabilização, sem, entretanto, devidamente conceituá-los.

Cria-se um obstáculo aos aplicadores da lei, que, em tempo hábil, deverão tomar seu precioso tempo a fim de conceituar as lacunas deixadas pelo Congresso Nacional.

O art. 15 e 16, da mesma lei, referem ao provedor de aplicações de Internet. Ora, não havia qualquer necessidade de incluir no projeto figura distinta das espécies já longamente determinadas pela doutrina e jurisprudência, inclusive do Egrégio Superior Tribunal de Justiça.

No artigo 5º, inciso VII,[14] do da lei nº 12.965, o legislador tentou frustradamente explicar ao que pretendia se referir com aplicações de Internet. Ao que parece, abarcou em uma única categoria todos os entes que prestem serviços relacionados à Internet, com exceção da conexão à rede (excluindo-se, nesta lógica, os provedores de conexão, ao qual a lei faz referência específica, e os provedores de *backbone*, esquecidos pelo legislador pátrio).[15]

---

13 U.S GOVERNMENT PRINTING OFFICE. **Digital millennium copyright**. Disponível em: <http://www.gpo.gov/fdsys/pkg/PLAW-105publ304/pdf/PLAW-105publ304.pdf>. Acesso em: 29 out. 2014; RODRIGUES JUNIOR, Edson Beas; FERREIRA, I. S.; BAPTISTA, L. O. (orgs.). **Novas fronteiras do direito na era digital**. 2ª ed. São Paulo: Saraiva, 2002, p. 66.

14 "Art. 5º Para efeitos desta Lei, considera-se: [...] VII – aplicações de Internet: o conjunto de funcionalidades que podem ser acessadas por meio de um terminal conectado à Internet; [...]".

15 VAINZOF, Rony. Da responsabilidade por danos decorrentes de conte´Udo gerado por terceiros. *In:* DEL MASSO, Fabiano Dolenc; ABRUSIO, Juliana; FILHO, Marco Aurélio Florêncio (coords). **Marco Civil da Internet**: Lei nº 12.965.2014. São Paulo: Revista dos Tribunais, 2014, p. 189.

Desta forma, o provedor de aplicações de internet é a pessoa, jurídica ou física, que preste *quaisquer* serviços (gratuitos ou onerosos) relacionados à Internet, seja qual for sua finalidade: redes sociais, contas de e-mail, portais de conteúdo, *websites* de busca, etc.[16] Quer dizer, o legislador fabricou o conceito mais amplo o possível para reduzir quaisquer chances de erro.

Como será longamente visto nos próximos itens do presente trabalho, o voto da Ministra Fátima Nancy Andrighi constituiu um verdadeiro *leading case* com relação à responsabilização dos provedores de serviços de Internet, que, como será logo analisado, está em perfeita harmonia com a doutrina e jurisprudência pátria, assim como, ao nosso ver, com a mais plena razoabilidade.[17]

Assim, a Ministra esclareceu, de maneira resumida e de acordo com a mais qualificada doutrina, as diferenças entre espécies de Provedores de Serviços de Internet:

> Os provedores de serviços de internet são aqueles que fornecem serviços ligados ao funcionamento dessa rede mundial de computadores, ou por meio dela. Trata-se de gênero do qual são espécies as demais categorias, tais como: (i) provedores de backbone (espinha dorsal), que detêm estrutura de rede capaz de processar grandes volumes de informação. São os responsáveis pela conectividade da internet, oferecendo sua infraestrutura a terceiros, que repassam aos usuários finais acesso à rede; (ii) provedores de acesso, que adquirem a infraestrutura dos provedores backbone e revendem aos usuários finais, possibilitando a esses conexão com a internet; (iii) provedores de hospedagem, que armazenam dados de terceiros, conferindo-lhes acesso remoto; (iv) provedores de informação, que produzem as informações divulgadas na internet ; e (v) provedores de conteúdo, que disponibilizam na rede as informações criadas ou desenvolvidas pelos provedores de informação.[18]

Acrescentar-se-ia, ainda, a esta classificação brasileira, a figura do provedor de serviços de busca na internet, cujo expoente é o *Google*. Esta espécie, em nosso entendimento, em nada difere de mero provedor de conteúdo, independentemente da função de busca através de todas as informações disponíveis na internet. Contudo, como é de se esperar, o provedor

16 Ibidem, pp. 188-189.

17 REINALDO FILHO, Demócrito. A jurisprudência brasileira sobre responsabilidade do provedor por publicações na Internet: a mudança de rumo com a recente decisão do STJ e seus efeitos. **Revista Forense**, Rio de Janeiro, v. 414, pp. 485-495, jul./dez. 2011, p. 9.

18 BRASIL. Superior Tribunal de Justiça. Recurso Especial Nº 1.193.764-SP. I P DA S B e Google Brasil Internet LTDA. Relatora: Ministra Fátima Nancy Andrighi. 14 de dezembro de 2010.

de serviços de busca na Internet aparece de maneira atraente para figurar no pólo passivo de possível ação:

> Finally, the fourth activity of ISPs s providing searching services. I list them as less typical, because not all of the ISPs perform this function. Searching tools are indispensable in the use of the internet. It is essential that there are several search engines so as to maintain variety and competition. Providing searching services may also occasionally attract lawsuits, because the ISP can be regarded as providing tools for access to an illegal site. [...] Users can get information about materials available online only through search engines. Therefore search engines are able to influence the users' perception about reality. It is a real threat that search engines discriminate between various contents pages upon criteria that are not influenced by the user.[19]

2.1.1. Provedor de backbone

O provedor de *backbone*, também chamado de espinha dorsal da Internet, é a pessoa jurídica que detém estrutura necessária para manter o fluxo de informações da rede feitas através dos roteadores de tráfego interligados por circuitos de alta velocidade.[20]

Destarte, o provedor de *backbone* é, bem como sua tradução sugere, a verdadeira espinha dorsal de todas as estruturas tecnológicas servientes a manter a rede em perfeito funcionamento. Poder-se-ia dizer que os provedores de *backbone* constituem as malhas rodoviárias nas quais os internautas trafegam.

Dentro da analogia do termo, como a espinha dorsal no corpo humano, o provedor de *backbone* dá sustentação a todo o sistema de distribuição da rede, comportando seu custo e o redistribuindo aos demais agentes.[21] É esta espécie de provedor que mantém a rede de longa distância (*Wide Area Network,* ou simplesmente *WAN*), seja de âmbito multirregional ou nacional, transmitindo conectividade.[22]

Entendeu o governo brasileiro da época que seria demasiado perigoso e arriscado realizar investimentos de alto valor em uma tecnologia recente, determinando a possibilidade de iniciativa privada na área, conforme item 2.5 da Nota do CGI.

19 BRASIL. Superior Tribunal de Justiça. **Recurso Especial Nº 1.193.764-SP. I P DA S B e Google Brasil Internet LTDA**. Relatora: Ministra Fátima Nancy Andrighi. 14 de dezembro de 2010.

20 DA SILVA; DOS SANTOS, op. cit., p. 82; COMITÊ GESTOR DA INTERNET DO BRASIL, op. cit..

21 PARENTONI, Leonardo Netto. Responsabilidade Civil dos Provedores de Serviços na Internet: Breves Notas. **Revista Magister de Direito Empresarial, Concorrencial e do Consumidor**, Porto Alegre, v. 25, pp. 10-11, fev./mar. 2009, p. 11.

22 LEONARDI, op. cit., p. 20.

Da mesma forma, possibilitou a liberdade de escolha em cadeia dos provedores. Ou seja, ao provedor de acesso permite-se a escolha de em qual provedor de *backbone* se conectar, assim como ao usuário (o destinatário final destes serviços) foi possibilitada a escolha de qual provedor de acesso deseja contratar, este último, é claro, mera decorrência lógica livre concorrência.[23] Pontua Marcel Leonardi:

> O provedor de *backbone* oferece conectividade, vendendo acesso à sua infraestrutura a outras empresas que, por sua vez, fazem a revenda de acesso ou hospedagem para usuários finais, ou que simplesmente utilizam a rede para fins institucionais internos. O usuário final, que utiliza a Internet através de um provedor de acesso ou hospedagem, dificilmente terá algum contato com o provedor de *backbone.*[24]

Assim, desenha-se a inicial arquitetura do fornecimento de conexão à rede: o provedor de *backbone* detém todas as estruturas com capacidade de suportar o fluxo de grandes volumes de informações transferidas, repassando a conexão para que os provedores de conexão (como ver-se-á no próximo item), finalmente, a ofertem ao usuário final.[25] Nesta lógica, é possível distinguir as duas categorias dentro do modelo inglês:

> Os fornecedores de acesso: Se com o seu serviço permitem o acesso dos intervenientes principais à rede. Estes intermediários distinguem-se dos fornecedores de *infraestruturas de comunicação* (provedores de *backbone),* uma vez que aqueles atuam na própria Internet em si, na natureza incorpórea que a constitui, ao passo que estes atuam, como referimos, no exterior da Internet, no controlo dos objetos corpóreos que permitem a existência da rede.[26]

Podem, por óbvio, ser cumuladas as funções de provedor de *backbone* e provedor de acesso. Entretanto, devido ao alto custo que tais estruturas da primeira espécie dependem, torna-se hipótese praticamente inviável.[27]

A relação entre estes dois provedores, aliás, regular-se-á pelo Código Civil, uma vez não caracterizada a relação de consumo, por se tratar de mero intermediário o provedor de acesso, redistribuindo um serviço por ele adquirido.[28]

---

23 LEONARDI, op. cit., p. 22.

24 BRASIL, 2010, op. cit., grifos do autor.

25 DA PENHA, Fabiana Cristhina Almeida. O sistema de responsabilidade civil aplicável aos provedores de serviços de internet. **Revista Autônoma de Direito Privado**, Curitiba, nº 5, jul./dez. 2008, p. 370.

26 FACHANA, op. cit., p. 40, grifos do autor.

27 LEONARDI, op. cit., pp. 21-22.

28 LEONARDI, op. cit., p. 22.

São exemplos desta espécie de provedor, em âmbito nacional, o Banco Rural, a Embratel, IBM, etc., e, em âmbito estadual, Rede Bahia (BA), Rede Tchê (RS), Rede Catarinense (SC), entre outros. O Comitê Gestor Internet, órgão regulador do meio virtual brasileiro, traz no artigo 5º, inciso II, do Decreto nº 4.829 de 2003, a figura do provedor de *backbone* como representante do setor empresarial da Internet brasileira.[29]

2.1.2. Provedor de acesso (ou conexão)

É a pessoa, jurídica ou física (mesmo que usualmente jurídica), que fornece conexão à Internet através de um terminal ao usuário, possibilitando a este a transmissão (envio e recebimento) de pacotes de dados e o atribuindo àquele e autenticando um número IP, conforme explicitado pelo art. 5º, inciso V, da lei nº 12.965.[30]

O provedor de acesso é figura que exerce uma atividade de intermédio entre o usuário e à Internet (através da contratação desta com o provedor de *backbone*), possibilitando ao consumidor final o acesso a *World Wide Web*. Tem, por consequência, atividade-meio, exercida através de um típico contrato de prestação de serviços.[31]-[32]

Pouco importa, como já explanado, a cumulação de diversas espécies de provedor em uma única empresa: caso forneça a conectividade à rede para o usuário, tal como definida pelo Marco Civil, caracterizar-se-á como provedor de acesso (ou conexão):

> Note-se que o conceito de provedor de acesso contempla, *exclusivamente*, a disponibilidade de conexão à rede, não incluindo os serviços acessórios, dependentes dessa conexão, como o gerenciamento de contas de correio eletrônico ou a disponibilização de espaços destinados ao armazenamento de dados, com ou sem divulgação a terceiros. Tais atividades constituem serviços autônomos, prestados, respectivamente, pelos provedores de correio eletrônico e provedores de hospedagem.[33]

29 COMITÊ GESTOR DA INTERNET DO BRASIL, op. cit..

30 "Art. 5º Para efeitos desta Lei, considera-se: [...] V – conexão à Internet: a habilitação de um terminal para envio e recebimento de pacotes de dados pela Internet, mediante atribuição e autenticação de um endereço IP".

31 KAZMIERCZAK, Luiz Fernando. Responsabilidade Civil dos Provedores de Internet. **Revista Magister de Direito Empresarial, Concorrencial e do Consumidor, Porto Alegre**, v. 1, abr./maio. 2007, p. 17.

32 LOURENÇO, Shandor Portella. A responsabilidade civil extracontratual dos provedores pelos danos causados através da internet. **Revista de Direito de Informática e Telecomunicações**: RDIT, Belo Horizonte, v. 1. nº 1., jul./dez.2006, p. 179.

33 PARENTONI, op. cit., p. 11, grifo do autor.

Da mesma forma, pouco importa se o fornecimento da conectividade se dá de forma gratuita ou onerosa[34]. Sobressaem-se no Brasil, nesta última forma, empresas como Net, Brasil Telecom, GVT, além de todas as empresas de telefonia que venham a oferecer acesso móvel (3G e 4g) a seus consumidores.

2.1.2.1. Do dever de guarda e disponibilização dos registros de conexão à Internet

O endereço de IP – cuja atribuição ao usuário é de dever do provedor de acesso – é de importância valiosa, pois trata-se do verdadeiro identificador do usuário na Internet, como os números e letras da placa de um carro identificam o seu proprietário.

Mediante o protocolo TCP/IP, os pacotes de dados transmitidos através da rede contêm o endereço identificador do remetente e do destinatário: os seus endereços de IP.

Independentemente de qual tipo de atividade o usuário realiza na Internet, o provedor de acesso terá, devido ao envio de pacotes de dados, todos os registros de acesso ao mundo virtual que o seu provido realizar. Isto é, cada vez que o usuário acessar a Internet, o provedor de conexão terá o "cartão-ponto" de cada acesso: o horário em ficou *on-line* e em que ficou *off-line*, quais *websites* visitou, etc.

Portanto, o registro de conexão que deve ser mantido pelo provedor nada mais é do que o "[...] conjunto de informações referentes à data de início e término de uma conexão à Internet, sua duração e o endereço de IP utilizado pelo terminal para o envio e recebimento de pacotes de dados".[35]

A Lei nº 12.965 estabeleceu, em seus artigos 10 e 13, a obrigação do provedor de conexão em manter os registros de acesso dos usuários pelo prazo de um ano, para caso autoridades administrativas ou judiciais necessitem de tais dados:

> Art. 10. A guarda e a disponibilização dos registros de conexão e de acesso a aplicações de internet de que trata esta Lei, bem como de dados pessoais e do conteúdo de comunicações privadas, devem atender à preservação da intimidade, da vida privada, da honra e da imagem das partes direta ou indiretamente envolvidas.
>
> Art. 13. Na provisão de conexão à internet, cabe ao administrador de sistema autônomo respectivo o dever de manter os registros de conexão, sob sigilo, em

---

34 DA PENHA, op. cit., p. 371.

35 VANCIM, Adriano Roberto; NEVES, Fernando Frachone. **Marco civil da internet – Anotações à Lei nº 12.965/2014.** 1ª edição, Leme/SP: Mundo Jurídico, 2014, p. 83.

ambiente controlado e de segurança, pelo prazo de 1 (um) ano, nos termos do regulamento.[36]

Vale acrescentar que a imposição legal de guarda de registros por um ano do supramencionado dispositivo já havia sido determinada pelo art. 53 da Resolução 614 da Anatel, de 28 de maio de 2013, um ano antes da promulgação do Marco Civil.[37]

Seja como for, não pode, por óbvio, ter acesso livre e ilimitado aos dados de acessos de seus usuários a empresa que fornece o acesso. Deverá esta respeitar o direito a intimidade e vida privada de seus consumidores, não podendo fazer qualquer uso dos dados se não requisitada por autoridade judicial ou administrativa.[38]

---

36 BRASIL. **Lei nº 12.965, de 23 de abril de 2014**. Estabelece princípios, garantias, direitos e deveres para o uso da Internet no Brasil.. Disponível em: <http://www.planalto.gov.br/ccivil_03/_ato2011-2014/2014/lei/l12965.htm>. Acesso em: 20 out. 2014.

37 JESUS, Damásio de; MILAGRE, José Antonio. **Marco Civil da Internet**: comentários à Lei nº 12.965, de 23 de abril de 2014. São Paulo: Saraiva, 2014, p. 56; BRASIL. **Lei nº 12.965, de 23 de abril de 2014**. Estabelece princípios, garantias, direitos e deveres para o uso da Internet no Brasil. Disponível em: <http://www.planalto.gov.br/ccivil_03/_ato2011-2014/2014/lei/l12965.htm>. Acesso em: 20 out. 2014.

38 "Art. 10. A guarda e a disponibilização dos registros de conexão e de acesso a aplicações de internet de que trata esta Lei, bem como de dados pessoais e do conteúdo de comunicações privadas, devem atender à preservação da intimidade, da vida privada, da honra e da imagem das partes direta ou indiretamente envolvidas.

§ 1º O provedor responsável pela guarda somente será obrigado a disponibilizar os registros mencionados no caput, de forma autônoma ou associados a dados pessoais ou a outras informações que possam contribuir para a identificação do usuário ou do terminal, mediante ordem judicial, na forma do disposto na Seção IV deste Capítulo, respeitado o disposto no art. 7º.

§ 2º O conteúdo das comunicações privadas somente poderá ser disponibilizado mediante ordem judicial, nas hipóteses e na forma que a lei estabelecer, respeitado o disposto nos incisos II e III do art. 7º.

§ 3º O disposto no caput não impede o acesso aos dados cadastrais que informem qualificação pessoal, filiação e endereço, na forma da lei, pelas autoridades administrativas que detenham competência legal para a sua requisição.

§ 4º As medidas e os procedimentos de segurança e de sigilo devem ser informados pelo responsável pela provisão de serviços de forma clara e atender a padrões definidos em regulamento, respeitado seu direito de confidencialidade quanto a segredos empresariais [...].

Art. 13. Na provisão de conexão à internet, cabe ao administrador de sistema autônomo respectivo o dever de manter os registros de conexão, sob sigilo, em ambiente controlado e de segurança, pelo prazo de 1 (um) ano, nos termos do regulamento.

§ 1º A responsabilidade pela manutenção dos registros de conexão não poderá ser transferida a terceiros.

A autoridade policial, administrativa ou o Ministério Público podem requisitar a guarda dos registros por prazo superior a um ano, o que deverá ser procedido de ação judicial, dentro do prazo de 60 dias, para o levantamento dos dados. De qualquer forma, o provedor deve manter sigilo sobre qualquer requisição de dados por autoridades, a fim de que tal medida mantenha eficácia.[39]

Nesta lógica, "[...] a guarda dos registros deve ser feita de forma anônima, ou seja, os provedores poderão guardar o IP, nunca informações sobre o usuário e *a disponibilização desses dados só poderá ser feita mediante ordem judicial*".[40]-[41]

---

§ 2º A autoridade policial ou administrativa ou o Ministério Público poderá requerer cautelarmente que os registros de conexão sejam guardados por prazo superior ao previsto no caput.

§ 3º Na hipótese do § 2º, a autoridade requerente terá o prazo de 60 (sessenta) dias, contados a partir do requerimento, para ingressar com o pedido de autorização judicial de acesso aos registros previstos no caput.

§ 4º O provedor responsável pela guarda dos registros deverá manter sigilo em relação ao requerimento previsto no § 2o, que perderá sua eficácia caso o pedido de autorização judicial seja indeferido ou não tenha sido protocolado no prazo previsto no § 3º.

§ 5º Em qualquer hipótese, a disponibilização ao requerente dos registros de que trata este artigo deverá ser precedida de autorização judicial, conforme disposto na Seção IV deste Capítulo.

§ 6º Na aplicação de sanções pelo descumprimento ao disposto neste artigo, serão considerados a natureza e a gravidade da infração, os danos dela resultantes, eventual vantagem auferida pelo infrator, as circunstâncias agravantes, os antecedentes do infrator e a reincidência.

---

39 § 2º A autoridade policial ou administrativa ou o Ministério Público poderá requerer cautelarmente que os registros de conexão sejam guardados por prazo superior ao previsto no caput.

§ 3º Na hipótese do § 2º, a autoridade requerente terá o prazo de 60 (sessenta) dias, contados a partir do requerimento, para ingressar com o pedido de autorização judicial de acesso aos registros previstos no caput.

§ 4º O provedor responsável pela guarda dos registros deverá manter sigilo em relação ao requerimento previsto no § 2º, que perderá sua eficácia caso o pedido de autorização judicial seja indeferido ou não tenha sido protocolado no prazo previsto no § 3º.

§ 5º Em qualquer hipótese, a disponibilização ao requerente dos registros de que trata este artigo deverá ser precedida de autorização judicial, conforme disposto na Seção IV deste Capítulo".

40 VANCIM, Adriano Roberto; NEVES, Fernando Frachone. **Marco civil da internet**: anotações à Lei nº 12.965/2014. Leme: Mundo Jurídico, 2014, p. 83, grifos dos autores.

41 "Art. 13. Na provisão de conexão à internet, cabe ao administrador de sistema autônomo respectivo o dever de manter os registros de conexão, sob sigilo, em ambiente

Assim estabelecido, o Marco Civil reafirmou os princípios já constitucionalmente estabelecidos como cláusulas pétreas da inviolabilidade da intimidade e vida privada, possibilitando, contudo, a quebra de tal princípio em casos em que esteja evidenciado a ilicitude, mediante pedido judicial devidamente fundamentado.[42]

Para a quebra do sigilo judicialmente, tanto em âmbito criminal ou cível, deverá o proponente da ação comprovar a presença de 3 requisitos: (1) fundados indícios de ilicitude; (2) a importância dos registros para a investigação ou instrução probatória; (3) e, finalmente, o período dos registros, já que constituir-se-ia invasão indevida caso todos os registros de um usuário fossem revelados.

Tal garantia de quebra do sigilo judicial de dados virtuais não poderia se dar de outra forma se não com o mesmo procedimento que ocorre no mundo físico: inexiste qualquer diferença, deste ponto de vista, entre comunicações telefônicas, epistolares e correspondência e sigilo eletrônico.[43] Tal dispositivo, portanto, estabeleceu importante avanço para a desconstituição de um "[...] mundo ajurídico cibernético".

Alias, sob a ótica dos princípios instituídos como reguladores do uso na Internet no país pelo Marco Civil, como a liberdade de expressão, comunicação e manifestação de pensamento, a proteção da privacidade e dados pessoais, entre outros,[44] o legislador considerou perigoso permitir aos

---

controlado e de segurança, pelo prazo de 1 (um) ano, nos termos do regulamento. [...]
§ 5º Em qualquer hipótese, a disponibilização ao requerente dos registros de que trata este artigo deverá ser precedida de autorização judicial, conforme disposto na Seção IV deste Capítulo".

---

42 "Art. 5º Todos são iguais perante a lei, sem distinção de qualquer natureza, garantindo-se aos brasileiros e aos estrangeiros residentes no País a inviolabilidade do direito à vida, à liberdade, à igualdade, à segurança e à propriedade, nos termos seguintes: [...]
X – são invioláveis a intimidade, a vida privada, a honra e a imagem das pessoas, assegurado o direito a indenização pelo dano material ou moral decorrente de sua violação;
XXXV – a lei não excluirá da apreciação do Poder Judiciário lesão ou ameaça a direito; [...]".

43 VANCIM; NEVES, op. cit., p. 84.

44 "Art. 3º A disciplina do uso da internet no Brasil tem os seguintes princípios:
I – garantia da liberdade de expressão, comunicação e manifestação de pensamento, nos termos da Constituição Federal;
II – proteção da privacidade;
III – proteção dos dados pessoais, na forma da lei;
IV – preservação e garantia da neutralidade de rede;
V – preservação da estabilidade, segurança e funcionalidade da rede, por meio de medidas técnicas compatíveis com os padrões internacionais e pelo estímulo ao uso de boas práticas;

fornecedores de acesso à rede que mantivessem sob sua guarda todas as atividades realizadas *online* pelo usuário.

Assim, proibiu expressamente, no art. 14 da lei, que os provedores de conexão guardassem os registros de acesso a aplicações de Internet.[45] De fato, tais empresas poderiam se beneficiar do fruição de tais dados, de um ponto de vista comercial.

Adiantando-se a possível tentativa de isenção de responsabilidade pelos provedores de acesso, o Marco Civil da Internet os impossibilitou de repassar a terceiros, conforme § 1º do art. 13.[46]

2.1.3. Provedor de correio eletrônico

Em categoria diferenciada, encontram-se os provedores de correio eletrônico. Tais pessoas jurídicas oferecem serviços de armazenamento, envio e recebimento de mensagens de determinado endereço eletrônico, dentro do limite de espaço disponibilizado no disco rígido de acesso remoto contratado.[47] Por meio de cadastro prévio, o usuário tem o seu acesso possibilitado através de uso de *login* e senha pessoal.[48]

Este simples e corriqueiro serviço constitui, por óbvio, relação jurídica de consumo entre a empresa e o usuário, que caracterizam-se como, respectivamente, fornecedora de serviços e destinatário final, na forma dos artigos 2º e 3º do Código de Defesa do Consumidor.

Essa prestação de serviços pelos provedores de correio eletrônico, como ocorre com os provedores de acesso, dar-se-ão nas formas onerosa ou gratuita. Na primeira, o usuário paga remuneração direta ao seu provedor de acordo com o espaço disponibilizado e outros serviços adicionais.

Na segunda, o que normalmente ocorre é uma aparência de gratuidade, visto que indiretamente os provedores lucrarão com a adesão do consu-

---

VI – responsabilização dos agentes de acordo com suas atividades, nos termos da lei;
VII – preservação da natureza participativa da rede;
VIII – liberdade dos modelos de negócios promovidos na internet, desde que não conflitem com os demais princípios estabelecidos nesta Lei.
Parágrafo único. Os princípios expressos nesta Lei não excluem outros previstos no ordenamento jurídico pátrio relacionados à matéria ou nos tratados internacionais em que a República Federativa do Brasil seja parte".

---

45 "Art. 14º Na provisão de conexão, onerosa ou gratuita, é vedado guardar os registros de acesso a aplicações de internet".

46 "§ 1º A responsabilidade pela manutenção dos registros de conexão não poderá ser transferida a terceiros".

47 DA SILVA; DOS SANTOS, op. cit., p. 83.

48 DA PENHA, op. cit., p. 372.

midor ao seu endereço eletrônico, como com a venda de dados cadastrais do usuário a empresas interessadas, publicação de anúncios na página do endereço eletrônico, envio de propaganda, etc.[49]

2.1.4. *Provedor de hospedagem*

Esta espécie de provedor – sempre uma pessoa jurídica – oferece, primordialmente, dois tipos de serviços: (1) o armazenamento de arquivos em seus servidores para (2) o posterior acesso de terceiros, sob os termos do contrato firmado o provedor e seu consumidor.

Trata-se esta relação, em suma, de "[...] 'aluguel' de espaço em seus discos rígidos para manter o *website* de terceiros em atividade na internet, para o acesso ao público em geral no meio virtual".[50] Esta relação de hospedagem não tem qualquer conexão com o clássico contrato de hospedagem.

Assim, é livre a contratação de qualquer provedor de hospedagem com condições e vantagens que agradar ao contratante. A presente espécie, alias, não detém poder de controle sobre os arquivos que são armazenados em seus servidores.[51]-[52]

Relevantíssimo sublinhar que o provedor de conteúdo será o destinatário final dos serviços prestados pelo provedor de hospedagem, constituindo-se, nesta lógica, relação de consumo entre estas duas figuras, havendo a consequente incidência do Código de Defesa do Consumidor.

2.1.5. *Provedor de conteúdo e o provedor de informação*

Há grandes dificuldades doutrinárias e jurisprudenciais no que respeita à distinção destas duas espécies de provedores. São, em momento algum, o mesmo tipo de provedor, como sugere Portella Lourenço.[53] Muito pelo contrário, há diferença gritante.

O provedor de informação a pessoa física ou jurídica responsável pelas informações veiculadas na internet, ou seja, o efetivo criador da informação. Por sua vez, o provedor de conteúdo é a pessoa, também física ou jurídica, responsável pela veiculação, em servidor próprio ou servidor de um provedor de hospedagem, das informações criadas pelo provedor de informação.[54]

---

49 LEONARDI, op. cit., pp. 26-27.

50 LOURENÇO, op. cit., p. 180.

51 Ibidem, p. 180.

52 KAZMIERCZAK, op. cit., p. 18.

53 LOURENÇO, op. cit., p. 180.

54 LEONARDI, op. cit., p. 30.

Desta forma, confundir estas duas espécies é o mesmo que, por exemplo, afirmar que o *Facebook* é o autor das informações postadas na página pessoal de um de seus usuários.

Em realidade, o provedor de conteúdo dá o suporte necessário para que o provedor de informação, utilizando-se de sua liberdade de expressão, comunicação e manifestação,[55] direitos assegurados pela Constituição Federal e reafirmados pelo Marco Civil, possa expor suas ideias.

Nada impede, é claro, que o provedor de conteúdo seja o próprio provedor de informação, disponibilizando informações suas em seu próprio servidor. Da mesma forma, o provedor de conteúdo pode ou não ter controle editorial sobre as informações que disponibiliza.

Por exemplo, o *website* Clicrbs é um provedor de conteúdo e provedor de informação, responsável por quaisquer matérias publicadas em suas páginas, vez que, por óbvio, como empresa jornalísticas, deve exercer controle sobre as informações disponibilizadas.

A rede social *Facebook*, entretanto, apenas é provedor de conteúdo, sendo o usuário detentor da página pessoal o provedor de informação. Ora, é absolutamente impossível para uma rede social analisar todas as informações em suas páginas disponibilizadas, obviamente por causa das gigantescas proporções de circulação de informação.

Explica Leonardi que apenas em situações especiais os provedores de conteúdo constituirão relação de consumo com o usuário de suas páginas *online*: somente se o acesso se der onerosamente. Nas hipóteses de acesso livre e gratuito a páginas do *website*, não há relação de consumo.[56]

3. Responsabilidade civil na internet

3.1. Responsabilidade civil dos provedores de serviços por atos próprios

O provedor de *backbone* relaciona-se apenas e exclusivamente com o provedor acesso (ou conexão). Tal relação, como já mencionado anteriormente, tem natureza civil, ou seja, não tem, o provedor de acesso, as prerrogativas que a Lei nº 8.078/90 dá ao consumidor.

O legislador silenciou quanto à responsabilidade individual dos provedores de *backbone* no Marco Civil, mas, de qualquer forma, *vis-à-vis* à garantia de neutralidade da rede do art. 9º da lei, há a decorrência lógica

55 "Art. 3º A disciplina do uso da internet no Brasil tem os seguintes princípios: I – garantia da liberdade de expressão, comunicação e manifestação de pensamento, nos termos da Constituição Federal; [...]".

56 LEONARDI, op. cit., p. 31.

de que deve, este provedor, oferecer igualdade de condições aos contratantes de seus serviços, assegurando, dessa forma, a livre concorrência para contratação.[57]

Portanto, a relação entre o provedor de *backbone* e o provedor de acesso dar-se-á contratualmente e regular-se-á pelo art. 931, do Código Civil. De qualquer forma, pode ser responsabilizado o provedor de *backbone* pelas falhas de serviço de suas estruturas de rede, caso haja, por exemplo, lentidão na conexão dos usuários.

Entretanto, tal responsabilidade não acarretará indenização do provedor de *backbone* para o consumidor, em contrariedade ao que explica Almeida da Penha, e sim um direito de regresso em eventual condenação do provedor de acesso, uma vez que este último é objetivamente responsável por ter relação de natureza consumerista com os usuários da rede.[58]

Foi em relação à responsabilidade do provedor de acesso que, com a promulgação do Marco Civil, houve significativos avanços, alguns consolidando o que já vinha sido decidido nos tribunais nacionais, outros sendo lançados pela primeira vez em nosso ordenamento pátrio.

Logo no art. 9º,[59] o Marco Civil inaugura no Brasil a chamada "neutralidade da rede" (*net neutrality*). Tim Wu, considerado o pai da neutralidade da rede, a conceitua como

---

57 LEONARDI, op. cit., p. 104.

58 DA PENHA, op. cit., p. 381.

59 "Art. 9: O responsável pela transmissão, comutação ou roteamento tem o dever de tratar de forma isonômica quaisquer pacotes de dados, sem distinção por conteúdo, origem e destino, serviço, terminal ou aplicação".
§ 1º A discriminação ou degradação do tráfego será regulamentada nos termos das atribuições privativas do Presidente da República previstas no inciso IV do art. 84 da Constituição Federal, para a fiel execução desta Lei, ouvidos o Comitê Gestor da Internet e a Agência Nacional de Telecomunicações, e somente poderá decorrer de:
I – requisitos técnicos indispensáveis à prestação adequada dos serviços e aplicações; e
II – priorização de serviços de emergência.
§ 2º Na hipótese de discriminação ou degradação do tráfego prevista no § 1º, o responsável mencionado no caput deve:
I – abster-se de causar dano aos usuários, na forma do art. 927 da Lei nº 10.406, de 10 de janeiro de 2002 – Código Civil;
II – agir com proporcionalidade, transparência e isonomia;
III – informar previamente de modo transparente, claro e suficientemente descritivo aos seus usuários sobre as práticas de gerenciamento e mitigação de tráfego adotadas, inclusive as relacionadas à segurança da rede; e [....]
IV – oferecer serviços em condições comerciais não discriminatórias e abster-se de praticar condutas anticoncorrenciais.
§ 3º Na provisão de conexão à internet, onerosa ou gratuita, bem como na transmissão, comutação ou roteamento, é vedado bloquear, monitorar, filtrar ou analisar o conteúdo dos pacotes de dados, respeitado o disposto neste artigo".

> [...] um princípio de concepção de rede, segundo o qual uma rede pública de utilidade máxima procura tratar todos os conteúdos, sites e plataformas da mesma maneira, o que permite transportar toda a forma de informação e aceitar todas as aplicações.[60]

Já havia sido tal neutralidade instituída pelo CGI em reunião ordinária, mas, evidentemente, não houve qualquer eficácia do ponto de vista impositivo. Conceitua o objetivo da neutralidade da rede com perfeição Barbuy Melchior:

> Considerando que a Internet se desenvolveu com a inteligência nas pontas (serviços e terminais) baseando-se no princípio fim-a-fim (*end-to-end*) e a rede na qual os dados trafegam tem um efeito apenas de condutor e transmissor desse tráfego (numa comparação mais primária como uma via ou estrada), o nó górdio está em bloquear, retardar, degradar ou de qualquer forma discriminar o tráfego ou uma conexão (estabelecida ou em vias de estabelecer) para acesso a qualquer conteúdo, endereço na Internet, uso de aplicativo ou serviço.[61]

O meio de transmissão de informações criado pela Internet revolucionou para sempre a maneira de se comunicar entre pessoas. Foi criado um mundo à parte do físico (o *online*), que, como aquele, merece estar sob a égide dos direitos da igualdade, liberdade de expressão, privacidade (não monitoramento das atividades virtuais), entre outros, restringindo-se liberdades individuais constitucionais apenas em casos excepcionalíssimos, conforme artigo 9º, caput, §§ 2º e 3º, do Marco Civil.

Instituída a neutralidade da rede, não podem os provedores de acesso limitar à conexão de um usuário de acordo com a sua utilização da rede. Dessa forma, caso faço tal prática mercantil abusiva, responderá objetivamente pelos danos, nos termos do Código de Defesa do Consumidor.

Da mesma forma, caso haja qualquer falha na prestação de serviço do provedor de acesso ao usuário da rede, uma vez presente a relação de consumo, há evidentemente a responsabilidade objetiva, como preceitua o art. 14 do Código de Defesa do Consumidor.

A espécie e extensão dos danos varia de acordo com os serviços contratados pelo consumidor, podendo ser interrupção da conexão, diminuição da velocidade contratada, impossibilidade de conexão a determinados *websites*, etc.[62]

A mesma lógica é aplicada para os provedores de hospedagem e correio eletrônico: comprovado o dano pela má-prestação de serviços, há o

---

60 BARBUY MELCHIOR, Silvia Regina. Naturalidade no Direito Brasileiro. *In:* DEL MASSO; ABRUSIO; FLORÊNCIO FILHO, op. cit., p. 101.

61 Ibidem, p. 102.

62 LEONARDI, op. cit., p. 105.

consequente dever de indenizar, independentemente da aferição de culpa no caso concreto. Justamente por tratar-se de relação facilmente resolvida pelo CDC, não se menciona direta desta situação no Marco Civil.

As causas de tais danos, novamente, podem ser as mais variadas: quebra do sigilo da correspondência eletrônica, invasão por *crackers* aos servidores do provedor de hospedagem, etc.

Em todas as situações acima, é claro, são cabíveis as alegações de excludente de ilicitude, e principalmente ao que refere o § 3º do art. 14 do CDC:[63]-[64]

> Art. 14. § 3° O fornecedor de serviços só não será responsabilizado quando provar:
> I – que, tendo prestado o serviço, o defeito inexiste;
> II – a culpa exclusiva do consumidor ou de terceiro.[65]

É claro que, devido ao dever de vigilância desses provedores (de correio eletrônico e hospedagem), devem provar estes que a causa excludente da responsabilidade era absolutamente imprevisível.[66]

Quanto aos provedores de conteúdo, Leonardi afirmou com precisão: "[...] o provedor de conteúdo que exerce controle editorial prévio sobre as informações disponíveis em seu website responderá por elas, de forma concorrente com o provedor de informação, eu autor efetivo".[67]

O que vale dizer: as pessoas, sejam físicas ou jurídicas, de responsabilidade da página da *web* responderão pelos danos causados por conteúdo nela inserido, juntamente com quem o inseriu.[68] Assim, a Súmula nº 221 do Superior Tribunal de Justiça: "[...] são civilmente responsáveis pelo ressarcimento de dano, decorrente de publicação pela imprensa, tanto o autor do escrito quanto o proprietário do veículo de divulgação".

É o clássico exemplo do abuso do direito de informar das empresas jornalísticas em seus *websites*. Caso as informações veiculadas causem danos a outrem, responderão nos termos do art. 927 e 186, do Código Civil, juntamente, é claro, com o autor da notícia ilícita.

---

63 LEONARDI, op. cit., p. 110.

64 LAGO JÚNIOR, Antônio. **Responsabilidade civil por atos ilícitos na internet**. São Paulo: LTR, 2001, p. 92.

65 BRASIL. **Lei nº 8.078, de 11 de setembro de 1990**. Dispõe sobre a proteção do consumidor e dá outras providências. Disponível em: <http://www.planalto.gov.br/ccivil_03/leis/l8078.htm>. Acesso em: 29 out. 2014.

66 LAGO JÚNIOR, op. cit., p. 93.

67 LEONARDI, 2005, op. cit., p. 115.

68 KAZMIERCZAK, op. cit., 2007, p. 22.

Aliás, tais casos poderão constituir gravíssima ofensa à honra do ofendido, pois, muitas vezes, o alcance dos provedores de conteúdo é imensuravelmente maior do que qualquer notícia escrita.

Nestes casos, considera-se usualmente, na jurisprudência, que o dano moral sofrido é *in re ipsa* (ou seja, dano moral puro), já que o dano moral ínsito na ofensa, motivo pelo qual referida espécie de dano se prova por si (por isso, diz-se *in re ipsa*, na medida em que o dano moral emerge das próprias ofensas cometidas).[69]

Em função disso, nos casos em que o dano ocorre *in re ipsa*, a prova da ocorrência efetiva do dano é dispensada, pois se outrem tivesse passado pela mesma situação fática teri sofrido as mesmas consequências (seja a boa-fama maculada ou abalo psicológico).[70]

3.2. Responsabilidade civil dos provedores de serviços por atos de terceiros

Finalmente, o Marco Civil aborda diretamente e esclareceu, em determinadas partes, de maneira definitiva pela lei. Estabeleceu, em seu artigo 18 e 19, a responsabilidade dos provedores de conexão e de aplicações.

Entretanto, faz-se mister elucidar o ponto em que foi omisso o Marco Civil: a responsabilidade dos provedores de *backbone* por conteúdo gerado por terceiros.

Ora, o provedor de *backbone* meramente detém as estruturas físicas para possibilitar o funcionamento da rede. Não tem, este provedor, qualquer relação, jurídica ou contratual, com o usuário final. Ou seja, "[...] inexiste relação de causa e consequência, até mesmo pela atividade que exerce".[71]

A única função desse tipo de provedor é oferecer a estrutura técnica para que, mediante contrato com um provedor de acesso, este repasse a internet aos consumidores finais.

Não há como atribuir qualquer tipo de responsabilidade, portanto ao provedor de *backbone*, muito menos, como diversas decisões erradamente fizeram, dever de prestar informações judicialmente. Não há nem capacidade técnica para tanto.[72]

Muito em razão do desconhecimento técnico do judiciário destas figuras da internet, deveria ter sido feito, no Marco Civil menção ao provedor de *backbone*. Com certeza, mesmo depois da nova lei, esta espécie de prove-

69 STOCO, Rui. **Tratado de responsabilidade civil**: doutrina e jurisprudência. 7ª ed., revista, atualizada e ampliada. São Paulo: Revista dos Tribunais, 2007, p. 1715.

70 Ibidem.

71 DA PENHA, op. cit., p. 370.

72 LEONARDI, op. cit., 2005, p. 158.

dor figurará novamente no pólo passivo de ações devido à mania brasileira de pecar pelo excesso nas petições iniciais.

Referente à responsabilidade do provedor de acesso por atos de terceiros, o Marco Civil da Internet estabeleceu entendimento ainda controverso em decisões pelo país: "Art. 18. O provedor de conexão à internet não será responsabilizado civilmente por danos decorrentes de conteúdo gerado por terceiros".[73]

O nosso entendimento, embora ainda existam decisões diversas, é de que o provedor de acesso não pode ser responsabilizado por se mero condutor (*mere conduit*) de informações, da mesma forma que a companhia telefônica não se responsabiliza pelo conteúdo das ligações feitas.[74]

Aliás, caso fosse responsável, o poder de controle sobre as informações exercido pelo provedor de conexão seria através de bloqueio do IP do usuário, e não da informação específica disponibilizada na rede, o que, em tese, poderia acarretar em indevida limitação na liberdade de expressão.[75]

Não vemos, neste caso, como determinar a responsabilidade objetiva do Código de Defesa do Consumidor ao provedor de conexão, uma vez não presente nexo causal entre a conduta do provedor e os atos praticados por terceiros na internet.[76]

Da mesma forma, imputar a teoria do risco à atividade exercida pelos provedores de acesso levá-los-ia à falência, pois estariam no pólo passivo de todas as ações de responsabilidade na Internet no Brasil.[77] Nesse sentido,

---

73 BRASIL. **Lei nº 12.965, de 23 de abril de 2014**. Estabelece princípios, garantias, direitos e deveres para o uso da Internet no Brasil.. Disponível em: <http://www.planalto.gov.br/ccivil_03/_ato2011-2014/2014/lei/l12965.htm>. Acesso em: 30 out. 2014.

74 LONGHI, João Victor Rozatti. Marco civil da Internet no Brasil: breves consideracões sobre seus fundamentos, princípios e análise crítica do regime de responsabilidade civil dos provedores. *In:* MAGALHÃES, Guilherme Martins (coordenador). **Direito privado e Internet**. São Paulo: Atlas, 2014, p. 121.

75 Ibidem.

76 LEONARDI, 2005, op. cit., p. 161.

77 Diversos tribunais ao redor do país vinham decidindo em sentido contrário ao nosso, como o TJRJ: Apelação Cível. Rito Ordinário. Criação de perfil falso em site de relacionamentos denominado "Orkut". Legitimidade da Google Brasil. Responsabilidade objetiva que decorre da disponibilização do conteúdo na rede mundial de computadores. A parte ré, como administradora do site de relacionamentos, permite a inserção de conteúdos pelos seus usuários, sem nenhuma espécie de filtro ou controle, o que remete o fato ofensivo à seara dos riscos do negócio, exsurgindo daí a responsabilidade objetiva da ré. Dano moral configurado. Quantum indenizatório corretamente fixado em R$ 10.000,00, em obediência aos critérios de proporcionalidade e razoabilidade. IMPROVIMENTO DOS DOIS RECURSOS. (Apelação Cível nº 2009.001.52083, Relator Desembargador Pedro Saraiva de Andrade Lemos, 10ª Câmara Cível, Julgado em 09/10/2009)

também, tais provedores se colocariam em função de fiscais da Internet, indo em sentido contrário ao princípio da neutralidade da rede estabelecido no Marco Civil. Não poderia a mesma lei proibir o provedor de conexão de guardar registros de acessos a aplicações de internet por terceiros, como no art. 14, e, depois, responsabilizá-lo por não ter coibido determinado conteúdo. Nesta lógica:

> Afinal, é um tanto quanto contraditório ver a resistência desta categoria de fornecedores para que o Marco Civil seja fulcrado na neutralidade e ao mesmo tempo a defesa de sua isenção de responsabilidade pelo conteúdo produzido por terceiros.[78]

Este posicionamento de não responsabilização dos provedores de acesso está em consonância com a legislação europeia, já que o ECD (*European E-Commerce Directive)*, igualmente, os retira de tal situação jurídica. Entretanto, para tanto, eles não podem interferir de qualquer maneira na transmissão de dados, o que parece razoável:

> Where ISSPs act as a 'mere conduit' – ie as a relay station transmitting contente originated by and destined for other parties – the ECD, in the form of Article 12, regards them as basically absolved from all liability. To maintin immunity, the ISP must not initiate the transmission, select the receiver of the transmission or modify the information cotained in the transmission. This is very much in line with the common law position in England developed for neutral carriers such as the Post Office and the telephone companies.[79]

A legislação americana, o DMCA, em sua seção 512 (a), da mesma forma, estabelece a irresponsabilidade dos provedores de conexão quanto à conteúdo de terceiros, desde que aqueles não tenham, basicamente, interferido de qualquer forma no conteúdo transmitido por seus serviços.[80] Portanto, cumpridos os requisitos da legislação, o DMCA é um verdadeiro "porto seguro" para os provedores de conexão.[81]-[82]

Por fim, o Marco Civil da Internet estabeleceu, em seu art. 19 e seguintes, a responsabilização dos provedores de aplicações de Internet pelo con-

78 LONGHI, op. cit., p. 122.

79 EDWARDS WAELDE, op. cit., p. 62.

80 FACHANA, op. cit., p. 90.

81 BLAKESLEE, op. cit., p. 171.

82 Da mesma forma, já vinham decidindo os tribunais norte-americanos nesse sentido anteriormente ao *Communications Decency Act*, conforme Poch, 2007, p. 12: "Por último, el mero transmissor o *common carrier* de un contenido, como es el caso por ejemplo de una companhia telefónica, no quedaría sujeto a responsabilidad aunque connociera o tuviera motivos para conocer la difamación que transita por sus redes".

teúdo disponibilizado por terceiros. Assim, abarca-se, nestes dispositivos, a responsabilidade do provedor de correio eletrônico, provedor de hospedagem e o provedor de conteúdo.

Determinou o artigo 19,[83] em realidade, responsabilidade subjetiva às avessas, pois não é necessário a aferição de culpa, e, sim, o cumprimento de ordem judicial determinando a retirada de determinado conteúdo.

De qualquer forma, não nos parece dizer que há risco inerente à atividade dos provedores de aplicações da Internet, mesmo que parte da jurisprudência discorde.[84] E, aliás, nas palavras de Erica Brandini Bargalo:

---

83 "Art. 19. Com o intuito de assegurar a liberdade de expressão e impedir a censura, o provedor de aplicações de internet somente poderá ser responsabilizado civilmente por danos decorrentes de conteúdo gerado por terceiros se, após ordem judicial específica, não tomar as providências para, no âmbito e nos limites técnicos do seu serviço e dentro do prazo assinalado, tornar indisponível o conteúdo apontado como infringente, ressalvadas as disposições legais em contrário.

§ 1º A ordem judicial de que trata o caput deverá conter, sob pena de nulidade, identificação clara e específica do conteúdo apontado como infringente, que permita a localização inequívoca do material.

§ 2º A aplicação do disposto neste artigo para infrações a direitos de autor ou a direitos conexos depende de previsão legal específica, que deverá respeitar a liberdade de expressão e demais garantias previstas no art. 5o da Constituição Federal.

§ 3º As causas que versem sobre ressarcimento por danos decorrentes de conteúdos disponibilizados na internet relacionados à honra, à reputação ou a direitos de personalidade, bem como sobre a indisponibilização desses conteúdos por provedores de aplicações de internet, poderão ser apresentadas perante os juizados especiais.

§ 4º O juiz, inclusive no procedimento previsto no § 3º, poderá antecipar, total ou parcialmente, os efeitos da tutela pretendida no pedido inicial, existindo prova inequívoca do fato e considerado o interesse da coletividade na disponibilização do conteúdo na internet, desde que presentes os requisitos de verossimilhança da alegação do autor e de fundado receio de dano irreparável ou de difícil reparação"

84 Em sentido contrário ao nosso entendimento, decidiu recentemente o STJ: AGRAVOS REGIMENTAIS NO RECURSO ESPECIAL E NO RECURSO ADESIVO. CIVIL E CONSUMIDOR. RESPONSABILIDADE CIVIL. PROVEDOR DE INTERNET. RELAÇÃO DE CONSUMO. INCIDÊNCIA DO CDC. PROVEDOR DE CONTEÚDO. FISCALIZAÇÃO PRÉVIA DO TEOR DAS INFORMAÇÕES POSTADAS NO SITE PELOS USUÁRIOS. DANO MORAL. RISCO INERENTE AO NEGÓCIO. CIÊNCIA DA EXISTÊNCIA DE CONTEÚDO ILÍCITO. UTILIZAÇÃO PELO LESADO DA FERRAMENTA DE DENÚNCIA DISPONIBILIZADA PELO PRÓPRIO PROVEDOR. FALHA NA PRESTAÇÃO DO SERVIÇO. QUANTUM ARBITRADO COM RAZOABILIDADE. SÚMULA 07 E 83/STJ. AGRAVOS REGIMENTAIS DESPROVIDOS. (AgRg no REsp 1349961/MG, Rel. Ministro PAULO DE TARSO SANSEVERINO, TERCEIRA TURMA, julgado em 16/09/2014, DJe 23/09/2014).

Da mesma forma, o TJRS: APELAÇÃO CÍVEL. RESPONSABILIDADE CIVIL. AÇÃO DE INDENIZAÇÃO POR DANO MORAL. DIVULGAÇÃO DE FOTOGRAFIA EM PÁGINA DA INTERNET ACOMPANHADA DE FRASES VEXATÓRIAS. RESPONSABILIDADE DO PROVEDOR RECONHECIDA. DANO MORAL CONFIGURADO. "QUANTUM" MANTIDO. Trata-se de recursos de apelação interpostos pelos réus contra a sentença de

> [...] interpretar a norma no sentido de que qualquer dano deve ser indenizado, independentemente do elemento culpa, pelo simples fato de ser desenvolvido uma atividade, seria, definitivamente, onerar os que praticam atividades produtivas regularmente, e consequentemente atravancar o desenvolvimento.[85]

De qualquer maneira, só será responsabilizado o provedor de aplicações que não cumprir ordem judicial de retirada de conteúdo publicado por terceiros, que, muitas vezes, como possibilita § 4º do art. 19 do Marco Civil, pode ser dada em função de deferimento de pedido de tutela antecipada feito pela vítima. Neste aspecto, o Marco Civil da Internet também estabeleceu o que já vinha sendo decidido nos tribunais e discutido na doutrina.

E, de toda a sorte, o art. 19 é aplicável aos provedores de conteúdo (como ocorre, por exemplo, quando o *Facebook* é ordenado a retirar determinado conteúdo ofensivo postado por um de seus usários), ao provedor de correio eletrônico (como no caso da determinação de retirada de *email* ofensivo a honra da vítima) e ao provedor de hospedagem, devidamente ilustrada por Castro Filho:

---

procedência proferida nos autos da ação de indenização por dano moral. O conjunto probatório coligido ao feito demonstra que a parte autora teve sua fotografia publicada em forum de discussão na internet, onde foi motivo de deboches e chacotas. A empresa provedora, que disponibiliza o acesso e utilização do "site", assim, como o autor da públicação, é responsável pelo dano decorrente da veiculação da foto hospedada com titulação injuriosa e comentários ofensivos. O "quantum debeatur" fixado em R$ 20.000,00 (vinte mil reais) mostra-se adequado à reparação do dano no caso concreto, segundo as premissas que orientam o arbitramento da indenização por dano moral, não merecendo redução. Sentença mantida. APELAÇÕES DESPROVIDAS. (Apelação Cível Nº 70027710508, Sexta Câmara Cível, Tribunal de Justiça do RS, Relator: Sylvio José Costa da Silva Tavares, Julgado em 30/10/2014)

O mesmo STJ, contudo, julga também de forma contrária ao risco inerente da atividade: AGRAVO REGIMENTAL EM RECURSO ESPECIAL. DIREITO DO CONSUMIDOR. PROVEDOR. MENSAGEM DE CONTEÚDO OFENSIVO. DANO MORAL. NÃO RETIRADA EM TEMPO RAZOÁVEL. 1. – Na linha dos precedentes desta Corte, o provedor de conteúdo de internet não responde objetivamente pelo conteúdo inserido pelo usuário em sítio eletrônico, por não se tratar de risco inerente à sua atividade. Está obrigado, no entanto, a retirar imediatamente o conteúdo moralmente ofensivo, sob pena de responder solidariamente com o autor direto do dano. Precedentes. 2. – Não se revela abusivo, no caso concreto, o valor da indenização fixada a título de danos morais (R$ 12.000,00). 3. – Agravo Regimental a que se nega provimento. (AgRg nos EDcl no REsp 1284096/MG, Rel. Ministro SIDNEI BENETI, TERCEIRA TURMA, julgado em 10/12/2013, DJe 19/12/2013)

---

85 KLEE, Antonia Espíndola Longoni. O conceito de estabelecimento empresarial virtual e a proteção do consumidor nos contratos eletrônicos: algumas reflexões. *In:* MAGALHÃES, Guilherme Martins (coordenador). **Direito privado e Internet**. São Paulo: Atlas, 2014, p. 196.

> O provedor de serviços de hospedagem ou armazenamento não é responsável, como antes dito, pelo conteúdo dos sites que hospeda, uma vez que sobre eles não tem qualquer ingerência. O site é como um cofre no qual seu proprietário guarda o que lhe for conveniente ou útil; o provedor de hospedagem apenas o armazena. Como não tem acesso ao conteúdo do cofre, por ele não pode responsabilizar-se. Aberto, contudo esse cofre e verificada a ilegalidade do conteúdo, assiste ao provedor o direito de imediata interrupção do serviço, sob pena de também ser co-responsabilizado.[86]

No caso do provedor de conteúdo, a jurisprudência e doutrina, partindo do julgado inicial de Nova Iorque de *Cubby, Inc. V. CompuServe*, geralmente ligavam sua responsabilidade à existência de um poder de controle (ou poder editorial) sobre as informações danosas eventualmente disponibilizadas.[87]-[88] Importava, judicialmente, se o provedor atuava como

86 Ibidem

87 REINALDO FILHO, op. Cit., p. 196.

88 O STJ, em realidade, estabeleceu alguns requisitos para a responasbilização do provedor de conteúdo que não tenha controle editorial sobre as informações disponibilizadas na rede: AGRAVO REGIMENTAL NO RECURSO ESPECIAL. DIREITO ELETRÔNICO E RESPONSABILIDADE CIVIL. DANOS MORAIS. PROVEDOR DE BUSCA NA INTERNET SEM CONTROLE PRÉVIO DE CONTEÚDO. ORKUT. MENSAGEM OFENSIVA. NOTIFICAÇÃO PRÉVIA. INÉRCIA DO PROVEDOR DE BUSCA. RESPONSABILIDADE SUBJETIVA CARACTERIZADA. AGRAVO DESPROVIDO. 1. Este Tribunal Superior, por seus precedentes, já se manifestou no sentido de que: I) o dano moral decorrente de mensagens com conteúdo ofensivo inseridas no site por usuário não constitui risco inerente à atividade desenvolvida pelo provedor da internet, porquanto não se lhe é exigido que proceda a controle prévio de conteúdo disponibilizado por usuários, pelo que não se lhe aplica a responsabilidade objetiva, prevista no art. 927, parágrafo único, do CC/2002; II) a fiscalização prévia dos conteúdos postados não é atividade intrínseca ao serviço prestado pelo provedor no Orkut. 2. A responsabilidade subjetiva do agravante se configura quando: I) ao ser comunicado de que determinado texto ou imagem tem conteúdo ilícito, por ser ofensivo, não atua de forma ágil, retirando o material do ar imediatamente, passando a responder solidariamente com o autor direto do dano, em virtude da omissão em que incide; II) não mantiver um sistema ou não adotar providências, que estiverem tecnicamente ao seu alcance, de modo a possibilitar a identificação do usuário responsável pela divulgação ou a individuação dele, a fim de coibir o anonimato. 3. O fornecimento do registro do número de protocolo (IP) dos computadores utilizados para cadastramento de contas na internet constitui meio satisfatório de identificação de usuários. 4. Na hipótese, a decisão recorrida dispõe expressamente que o provedor de busca foi notificado extrajudicialmente quanto à criação de perfil falso difamatório do suposto titular, não tendo tomado as providências cabíveis, optando por manter-se inerte, motivo pelo qual responsabilizou-se solidariamente pelos danos morais infligidos à promovente, configurando a responsabilidade subjetiva do réu. 5. Agravo regimental não provido. (AgRg no REsp 1402104/RJ, Rel. Ministro RAUL ARAÚJO, QUARTA TURMA, julgado em 27/05/2014, DJe 18/06/2014)

editor ou como mero distribuidor da informação.[89] Em análise da jurisprudência norte-americana da década de noventa, ensina:

> Por su parte, el distribuidor, esto es, quien se limita a la tarea de distribuir una publicación, sin ejercer control editorial sobre la misma – como puede ser el caso del proprietario de un quisco, librería, biblioteca, etc –, sólo será responsable si tiene conocimiento de la difamacíon o si tiene motivos para tener tal conocimiento.[90]

É exatamente o que a legislação estado-unidense consolidou com o *Communications Decency Act* em 1996, em sua seção 230 (c) (2),[91] determinando que, caso o provedor tome as medidas cabíveis para retirada do conteúdo ofensivo de qualquer natureza de seus servidores, não será responsável pelos danos. O que estabelece na seção 230 (c) (1) é de suma importância, pois diferencia o provedor de conteúdo do provedor de informação para fins de responsabilidade: "(1) TREATMENT OF PUBLISHER OR SPEAKER- No provider or user of an interactive computer service shall be treated as the publisher or speaker of any information provided by another information content provider.[92]

Posteriormente, o DMCA reafirmou isso, para aspectos de direito autoral, em sua seção 512 (a) e (c), o chamado *safe harbor* dos provedores de serviço de internet: caso atenda os requisitos do dispositivo, excluir-se-á qualquer possibilidade de responsabilização. Na realidade, apenas detalha que o provedor de serviços, para não ser responsabilizado, não pode interferir de qualquer forma com a transferência de dados.

São os requisitos para não responsabilização pela mera transmissão de dados ilícitos: (1) a transmissão tenha sido iniciada por outra pessoa que não o provedor ou não esteja direcionada a este; (2) o provedor não seleciona os materiais que transmite, ou seja, não tem poder de controle; (3) o provedor não escolhe a quem se destina a transmissão de dados; (4) nenhum dos dados ilícitos é mantido por mais tempo pelo provedor em seus provedores do que o suficiente para que seja transmitido; (5) não há modificação do material transmitido.[93]

---

89 POCH, Miguel Peguera. **La exclusión de responsabilidad de los intermediarios en Internet**. Granada: Comares, 2007, p. 14.

90 Ibidem, p. 12.

91 CONGRESS OF UNITED STATES OF AMERICA. **Communications Decency Act**. 1996. Disponível em: <http://transition.fcc.gov/Reports/tcom1996.txt>. Acesso em: 01 nov. 2014.

92 Ibidem.

93 BLAKESLEE, Melise R., op. cit., p. 172.

Também não será responsabilizado o provedor de conteúdo ou de hospedagem por dados que infrinjam direitos autorais se (de acordo com a seção 512 (c) (1): (1) que o provedor não tenha conhecimento da infração dos direitos autorais pelo material armazenado ou disponibilizado; (2) não ausência de conhecimento, não esteja ciente de fatos em que a infração é aparente; (3) tomando conhecimento, aja rapidamente para remover ou desabilitar o acesso ao material.

Portanto, a seção 512 (a) (c), nas palavras de Blakeslee:

> Section 512 (c) provides a 'safe harbor' for ISPs to avoid vicarious or contributory liability for infringing acts on the part of subscribers, but the 'assurance of non-liability applies largely in situations where ISPs face no liability in the first place. In other words, the risk aversion of ISPs forcer complicance with the safe harbor provisions provided by the DMCA to avoid liability that does not exist.[94]

Dessa forma, o que o artigo 19 do Marco Civil instituiu no país, baseando-se na seção 512 do DMCA e artigo 14 do ECD, é o instituto tão controverso do *notice and take-down.*

Esse mecanismo é criticado por possibilitar uma censura aos conteúdos compartilhados na rede, já que os provedores sempre tentarão se eximir de qualquer responsabilidade automaticamente retirando o conteúdo considerado como ofensivo pela vítima denunciante.

Tentou o artigos 19, § 1º, do Marco Civil, instituir medida contrária à possibilidade de censura geral, pois estabelece como nula a ordem judicial que não identificar clara e especificamente o conteúdo infringente.[95] De qualquer forma, especificando-o, há a possibilidade de *take-down*.

---

94 Ibidem.

95 O Superior Tribunal de Justiça condenou, em decisão relativamente recente, provedor de hospedagem nos termos do Marco Civil, pela não retirada de conteúdo devidamente indicado em ordem judicial expressa, embora, na mesma decisão, tenha excluído a responsabilidade por risco inerente à atividade, mesmo entendimento que o nosso: CIVIL E CONSUMIDOR. INTERNET. RELAÇÃO DE CONSUMO. INCIDÊNCIA DO CDC. PROVEDOR DE HOSPEDAGEM DE BLOGS. VERIFICAÇÃO PRÉVIA E DE OFÍCIO DO CONTEÚDO POSTADO POR USUÁRIOS. DESNECESSIDADE. MENSAGEM DE CONTEÚDO OFENSIVO. DANO MORAL. RISCO NÃO INERENTE AO NEGÓCIO. CIÊNCIA DA EXISTÊNCIA DE CONTEÚDO ILÍCITO OU OFENSIVO. RETIRADA DO AR EM 24 HORAS. DEVER, DESDE QUE INFORMADO O URL PELO OFENDIDO. DISPOSITIVOS LEGAIS ANALISADOS: ARTS. 5º, IV, VII E IX, E 220 DA CF/88; 6º, III, 14 e 17 DO CDC; E 927, PARÁGRAFO ÚNICO, DO CC/02. 1. Ação ajuizada em 10.08.2009. Recurso especial concluso ao gabinete da Relatora em 11.09.2013. 2. Recurso especial em que se discute os limites da responsabilidade dos provedores de hospedagem de blogs pelo conteúdo das informações postadas por cada usuário. 3. A exploração comercial da Internet sujeita as relações de consumo daí advindas à Lei nº 8.078/90. Precedentes. 4. O provedor de hospedagem de blogs é uma espécie do gênero provedor de conteúdo, pois se limitam

No § 2º do art. 19, o legislador novamente (vez que deliberadamente) omitiu-se em regulamentar determinada matéria. A questão dos direitos autorais na Internet e suas especificidades, portanto, continuam nebulosas, mas valem, ainda, as disposições gerais da Lei dos Direitos Autorais (lei nº 9.610/98), conforme art. 31.[96]

Por fim, o art. 21 da Lei nº 12.965 trouxe inovação: permitiu que a mera notificação da própria vítima (ou de seu representante legal) permita a retirada de conteúdo ofensivo de cunho sexual sem autorização dos parti-

a abrigar e oferecer ferramentas para edição de blogs criados e mantidos por terceiros, sem exercer nenhum controle editorial sobre as mensagens postadas pelos usuários. 5. A verificação de ofício do conteúdo das mensagens postadas por cada usuário não constitui atividade intrínseca ao serviço prestado pelos provedores de hospedagem de blogs, de modo que não se pode reputar defeituoso, nos termos do art. 14 do CDC, o site que não exerce esse controle. 6. O dano moral decorrente de mensagens com conteúdo ofensivo inseridas no site pelo usuário não constitui risco inerente à atividade dos provedores de hospedagem de blogs, de modo que não se lhes aplica a responsabilidade objetiva prevista no art. 927, parágrafo único, do CC/02. 7. Não se pode exigir do provedor de hospedagem de blogs a fiscalização antecipada de cada nova mensagem postada, não apenas pela impossibilidade técnica e prática de assim proceder, mas sobretudo pelo risco de tolhimento da liberdade de pensamento. Não se pode, sob o pretexto de dificultar a propagação de conteúdo ilícito ou ofensivo na web, reprimir o direito da coletividade à informação. Sopesados os direitos envolvidos e o risco potencial de violação de cada um deles, o fiel da balança deve pender para a garantia da liberdade de criação, expressão e informação, assegurada pelo art. 220 da CF/88, sobretudo considerando que a Internet representa, hoje, importante veículo de comunicação social de massa. 8. Ao ser comunicado de que determinada mensagem postada em blog por ele hospedado possui conteúdo potencialmente ilícito ou ofensivo, deve o provedor removê-lo preventivamente no prazo de 24 horas, até que tenha tempo hábil para apreciar a veracidade das alegações do denunciante, de modo a que, confirmando-as, exclua definitivamente o vídeo ou, tendo-as por infundadas, restabeleça o seu livre acesso, sob pena de responder solidariamente com o autor direto do dano em virtude da omissão praticada. 9. O cumprimento do dever de remoção preventiva de mensagens consideradas ilegais e/ou ofensivas fica condicionado à indicação, pelo denunciante, do URL da página em que estiver inserido o respectivo post. 10. Ao oferecer um serviço por meio do qual se possibilita que os usuários divulguem livremente suas opiniões, deve o provedor de hospedagem de blogs ter o cuidado de propiciar meios para que se possa identificar cada um desses usuários, coibindo o anonimato e atribuindo a cada imagem uma autoria certa e determinada. Sob a ótica da diligência média que se espera do provedor, do dever de informação e do princípio da transparência, deve este adotar as providências que, conforme as circunstâncias específicas de cada caso, estiverem ao seu alcance para a individualização dos usuários do site, sob pena de responsabilização subjetiva por culpa in omittendo. 11. Recurso especial parcialmente provido. (REsp 1406448/RJ, Rel. Ministra NANCY ANDRIGHI, TERCEIRA TURMA, julgado em 15/10/2013, DJe 21/10/2013).

96 JESUS; MILAGRE, op. cit., p. 56.

cipantes. Este, sim, é avanço com relação aos atos ilícitos na Internet no que se refere à vingança sexual, atualmente em alta na rede.

Notificado o provedor de aplicações de Internet e não realizada a retirada do conteúdo, será responsável pelos danos causados à vítima. Tal dispositivo é, em verdade, reflexo da famigerada lei nº 12.737, que regulamentou os delitos informáticos (a famosa "lei Carolina Dieckmann").

Em conclusão, nos termos do art. 19, do Marco Civil, referente à responsabilização de cada provedor, esclarecem resumidamente com lucidez Vancim e Neves:

> 1) na qualidade de *'Provedor de Acesso'* à internet: não responderá por ato ou fato danoso que provenha de terceiro, salvo o seu próprio, como, por exemplo, pelo descumprimento de cláusulas de contrato de provimento de acesso, sendo esta segunda relação jurídica regulada pelo Código de Defesa do Consumidor.
> 2) como *'Provedor de Conteúdo Alheio'* disposto em *'website'* de terceiro (*'Host'*): responderá se tomar conhecimento inequívoco do ato danoso e não atuar para impedir que o dano se perpetue, entendimento ainda em construção, na medida em que a orientação jurisprudencial norte americana é bastante razoável ao eliminar o provedor da responsabilidade se o autor do *'website'* puder se identificado.
> 3) como *'Provedor de Conteúdo Próprio'*, que disponibilize informações (textos) próprias: responderá pelo dano decorrente do seu ato jurídico; e
> 4) como *'Provedor de Conteúdo Próprio'*, que disponibilize informações (textos) de terceiros conceberá dois tratamentos diferentes: a) como Provedor de Conteúdo próprio, que explore periodicamente veículo de informação ou divulgação, responderá por eventual dano causado pelo texto elaborado por terceiro (um *'free lancer'*, *e.g.*). ressalvado eventual direito de regresso; b) como Provedor de Conteúdo próprio, que informe e divulgue sem periodicidade textos de terceiros, não responderá civilmente, sendo o autor o responsável pelo conteúdo, salvo na impossibilidade de determinação de autoria ou diante da ciência inequívoca do dano causado. [97]

4. Conclusão

A lei nº 12.965/2014, o Marco Civil da Internet, é expressivo mas atrasado passo em relação à regulamentação do uso da Internet quando comparados com leis antigas que já tratavam do assunto em outras nações. A exemplo disso temos o *Communications Decency Act* e *Digital Millenium Copyrights Act,* ambos dos Estados Unidos, e o *European E-commerce Directive*, da União Europeia.

Em termos legislativos, de fato, não será o primeiro atraso brasileiro, mas é realmente lamentável um país de tradição anglo-saxônica estar atrás legislativamente de um país da *common law*.

97 VANCIM, op. cit., pp. 100-101, grifos dos autores.

De qualquer maneira, a referida lei, contanto editada com boas intenções, é verdadeira colcha de retalhos: diversos furos e, nas partes em que o material está intacto, nem sempre é da melhor qualidade.

Por diversas vezes foi referido neste trabalho as omissões do Marco Civil, que, entretanto, não deixou de tentar solucionar o âmago do presente estudo: a responsabilidade civil dos provedores.

Anteriormente à lei, os tribunais estavam realmente atordoados no que se refere à responsabilidade na Internet: desconheciam a matéria técnica específica da rede e possibilitavam as mais absurdas decisões contra pessoas sem qualquer conexão com o dano causado. Outros, mais conhecedores do mundo virtual, acertadamente copiavam o que já vinha sendo utilizado no estrangeiro, com base nas legislações europeia e norte-americana.

O que fez, dessa forma, o Marco Civil, foi praticamente uma determinação de orientação jurisprudencial para aqueles que responsabilizavam de maneira errada os provedores de Internet. Deu, acertadamente, responsabilidades aos que, de fato, as tem e eximiu outros de qualquer conexão com atos ilícitos (quando, é claro, evidentemente há a ausência de nexo causal entre a pessoa e o dano ocorrido).

Estruturada, surpreendentemente, no princípio da neutralidade da rede (o que disputa-se nos Estados Unidos), o Marco Civil traz a garantia de que os utilizadores da Internet serão tratados de forma igual, podendo se criar um universo paralelo ao físico de igualdade, possibilitando a todos a manifestação do pensamento, a liberdade de expressão e dando continuidade aos fins sociais e políticos que a rede vinha se dedicando.

Igualmente, constituiu avanço da lei ao facilitar o registro dos acessos à rede e à aplicações da Internet pelos seus provedores, o que, em termos gerais, garante melhor a comprovação de fatos investigados policial ou judicialmente. De igual modo, a remoção extrajudicial de conteúdos de cunho sexual não autorizados também é adição louvável.

Contudo, ao que se refere especificamente à responsabilidade, o instituto do *notice and take-down* cria uma verdadeira possibilidade de censura de todos os conteúdos que estão na rede. Além disso, a lei não proíbe em qualquer momento a remoção extrajudicial de qualquer tipo de conteúdo (a não ser o de cunho sexual) pelos provedores de Internet.

Neste raciocínio, diante da possibilidade de responsabilização e ausência de proibição de censura, os provedores de aplicações de Internet podem apoderar-se e assumir o papel de verdadeiro controlador do conteúdo transmitido na rede, o que é, evidentemente, uma afronta a todos os princípios de liberdade nos quais vinha se baseando o funcionamento do mundo virtual.

A Internet brasileira, portanto, não é mais – completamente – mundo ajurídico. Há uma série de garantias e direitos advindos da nova lei que são novidade no ordenamento e dignos de uma república democrática.

Os avanços tecnológicos devem sempre ser acompanhados pelos avanços jurídicos em igual (ou relativamente igual) proporção. O Marco Civil surgiu atrasado, mas é um passo adiante para a desconstituição de um mundo virtual de ilicitudes.

Bibliografia

BLAKESLEE, Melise R.. **Internet crimes, torts and scams**: investigation and remedies. New York: Oxford University Press, 2010.

BRASIL. **Lei nº 8.078, de 11 de setembro de 1990**. Dispõe sobre a proteção do consumidor e dá outras providências. Disponível em: <http://www.planalto.gov.br/ccivil_03/leis/l8078.htm>. Acesso em: 20 out. 2014.

______. Superior Tribunal de Justiça. **Recurso Especial Nº 1.193.764-SP. I P DA S B e Google Brasil Internet LTDA**. Relatora: Ministra Fátima Nancy Andrighi. 14 de dezembro de 2010.

______. Superior Tribunal de Justiça. **Recurso Especial Nº 1.349.961-MG. Walter Fonseca Mesquita e Google Brasil Internet LTDA**. Relator: Ministro Paulo de Tarso Sanseverino. 16 de setembro de 2014.

______. Superior Tribunal de Justiça. **Agravo Regimental nos Embargos de Declaração no Recurso Especial Nº 1.284.096-MG. Amanda Barbosa Matola e Google Brasil Internet LTDA**. Relator: Ministro Sidnei Beneti. 10 de dezembro de 2013.

______. Superior Tribunal de Justiça. **Recurso Especial Nº 1.402.104-RJ. Juliana Knust Sampaio e Google Brasil Internet LTDA**. Relator: Ministro Raul Araújo. 27 de maio de 2014.

______. Superior Tribunal de Justiça. **Recurso Especial Nº 1.460.448-RJ. Geraldo do Carmo da Costa Limas Júnior e Google Brasil Internet LTDA**. Relatora: Ministra Fátima Nancy Andrighi. 15 de outubro de 2013.

______. Tribunal de Justiça do Rio de Janeiro. **Apelação Cível Nº 2009.001.52083. Geraldo do Carmo da Costa Limas Júnior e Google Brasil Internet LTDA**. Relator: Desembargador Pedro Saraiva de Andrade Lemos. 09 de setembro de 2009.

______. Tribunal de Justiça do Rio Grande do Sul. **Apelação Cível nº 70027710508. Diego Costa dos Santos e Terra Networks Brasil S.A.**. Relator: Desembargador Sylvio José Costa da Silva Tavares. 30 de outubro de 2014.

______. **Lei nº 12.965, de 23 de abril de 2014**. Estabelece princípios, garantias, direitos e deveres para o uso da Internet no Brasil.. Disponível em: <http://www.planalto.gov.br/ccivil_03/_ato2011-2014/2014/lei/l12965.htm>. Acesso em: 20 out. 2014.

COMITÊ GESTOR DA INTERNET DO BRASIL. **Nota conjunta (maio de 1995)**. Disponível em: <http://www.cgi.br/regulamentacao/notas.htm>. Acesso em: 20 out. 2014

CONGRESS OF UNITED STATES OF AMERICA. **Communications Decency Act**. 1996. Disponível em: <http://transition.fcc.gov/Reports/tcom1996.txt>. Acesso em: 29 out. 2014.

DA PENHA, Fabiana Cristhina Almeida. O sistema de responsabilidade civil aplicável aos provedores de serviços de internet. **Revista Autônoma de Direito Privado**, Curitiba, n. 5, jul./dez. 2008.

EUR-LEX. **Access to European Union Law**. Disponível em: <http://eur-lex.europa.eu/legal-content/EN/ALL/;ELX_SESSIONID=hQy6JHHBqkpfwyfzZp2p319hzJH11f3C8C2KlFTlnw2lQQxD2MQc!-1891552801?uri=CELEX:32000L0031>. Acesso em: 29 out. 2014.

FACHANA, João. **A responsabilidade civil pelos conteúdos ilícitos colocados e difundidos na Internet**. Coimbra: Almedina, 2012.

JESUS, Damásio de; MILAGRE, José Antonio. **Marco Civil da Internet**: comentários à Lei n. 12.965, de 23 de abril de 2014. São Paulo: Saraiva, 2014.=

KAZMIERCZAK, Luiz Fernando. Responsabilidade Civil dos Provedores de Internet. **Revista Magister de Direito Empresarial, Concorrencial e do Consumidor, Porto Alegre**, v. 1, abr./maio. 2007.

KLEE, Antonia Espíndola Longoni. O conceito de estabelecimento empresarial virtual e a proteção do consumidor nos contratos eletrônicos: algumas reflexões. *In*: MAGALHÃES, Guilherme Martins (coordenador). **Direito privado e Internet**. São Paulo: Atlas, 2014.

LEONARDI, Marcel. Internet: Elementos Fundamentais. *In:* DA SILVA, Regina Beatriz Tavares; DOS SANTOS, Manoel J. Pereira (orgs.). **Responsabilidade civil**: responsabilidade civil na internet e nos demais meios de comunicação. 2ª ed. São Paulo: Saraiva, 2012.

LEONARDI, Marcel. **Responsabilidade civil dos provedores de serviços da Internet**. São Paulo: Juarez de Oliveira, 2005. Disponivel em: <http://leonardi.adv.br/wp-content/uploads/2011/04/mlrcpsi.pdf>. Acesso em: 20 out. 2014.

LAGO JÚNIOR, Antônio. **Responsabilidade civil por atos ilícitos na internet**. São Paulo: LTR, 2001.

LONGHI, João Victor Rozatti. Marco civil da Internet no Brasil: breves consideracoes sobre seus fundamentos, princípios e análise crítica do regime de responsabilidade civil dos provedores. *In:* MAGALHÃES, Guilherme Martins (coordenador). **Direito privado e Internet**. São Paulo: Atlas, 2014.

LOURENÇO, Shandor Portella. A responsabilidade civil extracontratual dos provedores pelos danos causados através da internet. **Revista de Direito de Informática e Telecomunicações**: RDIT, Belo Horizonte, v. 1. nº 1, jul./dez.2006.

MELCHIOR, Silvia Regina Barbuy. Neturalidade no Direito Brasileiro. *In*: DEL MASSO, Fabiano Dolenc; ABRUSIO, Juliana; FILHO, Marco Aurélio Florêncio (coords). **Marco Civil da Internet: Lei nº 12.965.2014**. São Paulo: Revista dos Tribunais, 2014.

MOREIRA, Fábio Lucas. Da "sociedade informática" de Adam Schaff ao estabelecimento dos fundamentos e princípios do marco civil da Internet (PL 2.126/2011). *In*: MARQUES, Jader; DA SILVA, Maurício Faria (orgs.). **O direito na era digital**. Porto Alegre: Livraria do Advogado, 2012.

PARENTONI, Leonardo Netto. Responsabilidade Civil dos Provedores de Serviços na Internet: Breves Notas. **Revista Magister de Direito Empresarial, Concorrencial e do Consumidor**, Porto Alegre, v. 25, pp. 10-11, fev./mar. 2009.

POCH, Miguel Peguera. **La exclusión de responsabilidade de los intermediários en Internet**. Granada: Comares, 2007, p. 12.

REINALDO FILHO, Demócrito. A jurisprudência brasileira sobre responsabilidade do provedor por publicações na Internet: a mudança de rumo com a recente decisão do STJ e seus efeitos. **Revista Forense**, Rio de Janeiro, v. 414, pp. 485-495, jul./dez. 2011.

RODRIGUES JUNIOR, Edson Beas; FERREIRA, I. S.; BAPTISTA, L. O. (orgs.). **Novas fronteiras do direito na era digital**. 2ª ed. São Paulo: Saraiva, 2002.

STOCO, Rui. **Tratado de responsabilidade civil**: doutrina e jurisprudência. 7ª ed., revista, atualizada e ampliada. São Paulo: Revista dos Tribunais, 2007.

TEPEDINO, Gustavo; BARBOZA, Heloisa Helena; MORAES, Maria Celina Bodin de Moraes. **Código Civil interpretado conforme a Constituição da República**. Rio de Janeiro: Renovar, 2004.

U.S GOVERNMENT PRINTING OFFICE. **Digital millennium copyright**. Disponível em: <http://www.gpo.gov/fdsys/pkg/PLAW-105publ304/pdf/PLAW-105publ304.pdf>. Acesso em: 29 out. 2014.

VAINZOF, Rony. Da responsabilidade por danos decorrentes de conte´Udo gerado por terceiros. *In*: DEL MASSO, Fabiano Dolenc; ABRUSIO, Juliana; FILHO, Marco Aurélio Florêncio (coords). **Marco Civil da Internet: Lei nº 12.965.2014**. São Paulo: Revista dos Tribunais, 2014.

VANCIM, Adriano Roberto; NEVES, Fernando Frachone. **Marco civil da internet**: anotações à Lei nº 12.965/2014. Leme: Mundo Jurídico, 2014.

CONSIDERAÇÕES SOBRE A RESPONSABILIDADE DO TRANSPORTADOR AÉREO INTERNACIONAL: COTEJO ENTRE O SISTEMA DE VARSÓVIA E O ORDENAMENTO JURÍDICO BRASILEIRO

Carolina Teodoro Falleiros

RESUMO: O artigo se dedica ao estudo das regras sobre a responsabilidade do transportador aéreo internacional, através do cotejo entre as limitações inerentes ao denominado Sistema de Varsóvia e as normas constitucionais e infraconstititucionais atinentes ao tema, dentre as quais se destaca o Código de Proteção e Defesa do Consumidor.

ABSTRACT: The following article is dedicated to the study of the rules concerning international air transport liability, through the comparison between the inherent limitations of the Warsaw System and Brazilian constitutional and legal rules relating to the subject, among which the Consumer Protection and Defense Code stands out.

1. Introdução

A partir da Primeira Guerra Mundial, consolidou-se, quanto ao direito do ar, a teoria da extensão da soberania do Estado para o alto,[1] adotada não apenas no que dizia respeito à defesa dos Estados, mas também na regulamentação dos voos sobre territórios nacionais. No cenário de desenvolvimento da aviação civil, destaca-se, no ano de 1919, a Convenção de Paris para a Regulamentação da Navegação Aérea, por meio da qual os Estados-

1 Até então, várias teorias procuravam explicar a situação do espaço aéreo acima dos Estados e das águas territoriais: "Segundo certa opinião, o espaço aéreo era totalmente livre; outra admitia, mediante analogia com o mar territorial, uma faixa de "ar territorial" pertencente ao Estado, seguida de uma zona livre acima dela; um terceiro ponto de vista considerava que todo o espaço acima de um Estado era abarcado por sua soberania; e uma quarta ótica modificava a terceira perspectiva, postulando o direito de passagem inocente pelo espaço aéreo para aeronaves civis estrangeiras. Havia um particular antagonismo entre a teoria francesa da liberdade dos ares e a teoria britânica de soberania do Estado, embora ambas admitissem que o espaço aéreo acima do alto-mar e de *terra nullius* era livre e aberto a todos." SHAW, Malcolm. *Direito Internacional*. Trad. CIPOLLA, Marcelo Brandão; NASCIMENTO, Lenita Ananias e SETTE-CÂMARA, Antônio de Oliveira. São Paulo: Martins Fontes, 2010. p. 380.

parte se comprometiam a facultar, em tempo de paz, a passagem inocente de aeronaves particulares das outras partes sobre o espaço aéreo acima de suas terras e de seu mar territorial, desde que cumprissem as normas elaboradas pela autoridade da Convenção.

Posteriormente, surgiu a Convenção de Chicago sobre a Aviação Civil Internacional,[2] que consolidou os princípios firmados na Convenção de 1919 quanto à soberania do Estado sobre seu espaço aéreo, embora os signatários tenham admitido, em caráter excepcional, certa limitação de sua soberania, concordando que todas as aeronaves dos outros Estados contratantes que não se dedicassem a serviços aéreos internacionais regulares tivessem direito de voar e transitar sem fazer escala sobre seu território, e de fazer escalas para fins não comerciais sem necessidade de obter licença prévia, sujeitos porém ao direito do Estado sobre o qual voassem de exigir aterrissagem.[3] A mesma Convenção criou a Organização da Aviação Civil Internacional, agência especializada da ONU cujos fins e objetivos são desenvolver os princípios e a técnica da navegação aérea internacional e favorecer o estabelecimento e estimular o desenvolvimento de transportes aéreos internacionais.[4]

Questionamentos sobre a responsabilidade das empresas de transporte aéreo surgiram como corolário do incremento da atividade de aviação civil. É nesse contexto que, em 12 de outubro de 1929, foi assinada

2 Promulgada no Brasil pelo Decreto n° 21.713 de 27.08.1946.

3 O artigo 5° da Convenção reserva, no entanto, aos Estados contratantes "o direito, por razões de segurança da navegação aérea, de exigir que as aeronaves que desejam voar sobre regiões inacessíveis ou que não contem com as facilidades adequadas para a navegação aérea, de seguir rotas determinadas ou de obter licenças especiais para esses vôos. Tais aeronaves, quando dedicadas ao transporte de passageiros, carga ou correio, remunerada ou fretada, sem serviços internacionais não regulares, terão também o privilégio, sujeito ao disposto no Artigo 7º, de tomar ou descarregar passageiros, carga ou correio tendo o Estado onde se faça o embarque ou desembarque, o direito de impor os regulamentos, condições e restrições que considerar necessários."

4 Conforme o artigo 44, destacam-se entre os fins e objetivos da OACI: a) Assegurar o desenvolvimento seguro e ordeiro da aviação civil internacional do mundo; b) Incentivar a técnica de desenhar aeronaves e sua operação para fins pacíficos; c) Estimular o desenvolvimento de aerovias, aeroportos e facilidade de navegação aérea na aviação civil internacional; d) Satisfazer às necessidades dos povos do mundo no tocante a transporte aéreo seguro, regular, eficiente e econômico; e) Evitar o desperdício de recursos econômicos causados por competição desarrazoável; f) Assegurar que os direitos dos Estados contratantes sejam plenamente respeitados, e que todo o Estado contratante tenha uma oportunidade equitativa de operar empresas aéreas internacionais; g) Evitar a discriminação entre os Estados contratantes; h) Contribuir para a segurança dos vôos na navegação aérea internacional; i) Fomentar, de modo geral, o desenvolvimento de todos os aspectos da aeronáutica civil internacional.

a Convenção de Varsóvia para a Unificação de Certas Regras Relativas ao Transporte Aéreo.[5] O cenário era de desenvolvimento incipiente das empresas e de insegurança no tráfego aéreo. A necessidade de estímulo à atividade de transporte aéreo, então, recomendava a adoção de regime jurídico especial, que assegurasse que as companhias aéreas não se sujeitassem ao direito comum e ao pagamento de indenizações em valores tão expressivos que ameaçassem a consolidação do transporte aéreo civil.[6]

A Convenção de Varsóvia foi posteriormente emendada pelo Protocolo da Haia, em 1955, e alterada pelos Protocolos Adicionais de Montreal, em 1975. Curioso observar que os termos da Emenda da Haia não foram aceitos pelos Estados Unidos, razão pela qual foi assinado um acordo específico em 1966, que elevava os limites de responsabilidade referentes às empresas aéreas que voam nos EUA ou para o país.[7]

Sobreveio a Convenção de Montreal de 1999, que, conforme expresso em seu preâmbulo, procurou modernizar e refundir a Convenção de Varsóvia e os instrumentos conexos, "reconhecendo a importância de assegurar a proteção dos interesses dos usuários do transporte aéreo internacional e a necessidade de uma indenização equitativa, fundada no princípio da restituição". Vigente entre vários Estados desde 04 de novembro de 2003 (sexagésimo dia após o depósito do trigésimo instrumento de ratificação), referida Convenção foi introduzida no ordenamento brasileiro por meio da publicação do Decreto n°5.910, em 28 de setembro de 2006. Destinou-se a Convenção de Montreal à unificação das regas relativas ao transporte aéreo internacional, com a declarada intenção de modernizar o Sistema de Varsóvia instaurado em 1929.

Para fins de identidade conceitual, as normas da Convenção de Varsóvia, incluindo-se as alterações realizadas na Haia e em Montreal serão adiante referidas simplesmente como Convenção ou Sistema *de Varsóvia*.

---

5 A Convenção de Varsóvia foi promulgada, no Brasil, pelo Decreto n° 20.704, de 24 de novembro de 1931. Os Protocolos Adicionais 1, 2 e 4 foram promulgados pelo Decreto n° 2. 860 e 2.861, de 7 de dezembro de 1998.

6 AMARAL Júnior, Alberto. *A invalidade das cláusulas limitativas de responsabilidade nos contratos de transporte aéreo*. Revista Direito do Consumidor. Abril/Junho-1998. pp. 9-17.

7 É de se observar que "o Acordo de Montreal de 1966 constituiu *conditio sine qua non* para que as companhias aéreas pudessem operar de, para ou escalar nos EUA, ficando ainda este país como depositário dos instrumentos de adesão". ALMEIDA, Carlos Alberto Neves. *Da responsabilidade civil das companhias de aviação face ao novo regulamento (CE) n° 2027/97 do Conselho de 17.10.* Disponível em http://www.estig.ipbeja.pt/~ac_direito/Neves98.pdf Acesso em 25.02.2015.

2. A responsabilidade das empresas de transporte aéreo internacional conforme a Convenção de Varsóvia

A Convenção de Varsóvia cuida da unificação de certas regras relativas ao *transporte internacional*. O desenvolvimento do presente estudo tem como pressuposto o conceito de transporte internacional. Essa noção é extraída do texto da Convenção, segundo a qual:

> "a expressão transporte internacional significa todo transporte em que, conforme o estipulado pelas partes, o ponto de partida e o ponto de destino, haja ou não interrupção no transporte, ou transbordo, estão situados, seja no território de dois Estados Partes, seja no território de um só Estado Parte, havendo escala prevista no território de qualquer outro Estado, ainda que este não seja um Estado Parte. O transporte entre dois pontos dentro do território de um só Estado Parte, sem uma escala acordada no território de outro Estado, não se considerará transporte internacional, para os fins da presente Convenção."

Eis o âmbito material do qual cuidaremos. Em oposição ao transporte internacional, tem-se o transporte doméstico, interno ou nacional. No Brasil, a definição de *transporte doméstico* é dada pelo Código Brasileiro da Aeronáutica (Lei n° 7.565 de 19 de dezembro de 1986):

> "Art. 215. Considera-se doméstico e é regido por este Código, todo transporte em que os pontos de partida, intermediários e de destino estejam situados em Território Nacional.
> Parágrafo único. O transporte não perderá esse caráter se, por motivo de força maior, a aeronave fizer escala em território estrangeiro, estando, porém, em território brasileiro os seus pontos de partida e destino."

Além do Código Brasileiro da Aeronáutica, a responsabilidade pelo transporte aéreo doméstico sofre a incidência do Código Civil,[8] assim como do Código de Defesa do Consumidor, caso se trate de relação de consumo.[9]

---

8 Capítulo XIV – Do transporte.

9 O Código Brasileiro de Aeronáutica, assim como a Convenção de Varsóvia (Montreal) traz a tarifação das indenizações. No tema, o Superior Tribunal de Justiça, em diversas oportunidades, tem reiterado seu entendimento pela prevalência da reparação integral, caso se trate de relação de consumo: "A garantia de reparação do dano moral tem estatura constitucional. Assim, a aplicação de indenização tarifada prevista no Código Brasileiro de Aeronáutica se refere a danos materiais, não excluindo aquela relativa a danos morais. Ademais, esta Corte também tem admitido a indenização por danos morais e afastado a limitação de tarifa prevista no Código Brasileiro do Ar, tendo em vista o disposto no Código de Defesa do Consumidor." (REsp 245465 / MG, terceira turma, Rel. Min. Antônio de Pádua Ribeiro. j. 24.05.2005). O presente estudo, no entanto, cuida do transporte aéreo internacional, sobre o qual não incidem as regras do Código Brasileiro da Aeronáutica.

Não é esse, no entanto, o objeto deste estudo, dedicado à responsabilidade pelo transporte aéreo internacional. Exclui-se, assim, o transporte aéreo doméstico, no qual, por força tanto da Convenção de Varsóvia quanto do Código Brasileiro de Aeronáutica, estão compreendidas escalas não programadas realizadas em Estado estrangeiro, desde que mantidos os pontos de partida e destino dentro de um mesmo Estado.

Definida a noção de transporte aéreo internacional, passemos à compreensão da responsabilidade no Sistema de Varsóvia. O artigo 20 institui regra geral segundo a qual

> "Se o transportador prova que a pessoa que pede indenização, ou a pessoa da qual se origina seu direito, causou o dano ou contribuiu para ele por negligência, erro ou omissão, ficará isento, total ou parcialmente, de sua responsabilidade com respeito ao reclamante, na medida em que tal negligência, ou outra ação ou omissão indevida haja causado o dano ou contribuído para ele. Quando uma pessoa que não seja o passageiro, pedir indenização em razão da morte ou lesão deste último, o transportador ficará igualmente exonerado de sua responsabilidade, total ou parcialmente, na medida em que prove que a negligência ou outra ação ou omissão indevida do passageiro causou o dano ou contribuiu para ele. "

Essa é a primeira diferença entre o Sistema de Varsóvia e o Código de Defesa do Consumidor: nesse último, como regra, a empresa responderá objetivamente, salvo as hipóteses de exclusão da responsabilidade enumeradas pelo texto legal.[10] É de se observar, que, para possibilitar a exoneração da responsabilidade, a Convenção impõe ao transportador o ônus de demonstrar *negligência*, ou outra *ação ou omissão indevida* por parte do requerente da indenização. A *ratio* da exoneração é análoga à possibilidade de demonstração, sob a égide do Código de Defesa do Consumidor, da *culpa exclusiva do consumidor*. A exigência de culpa *exclusiva* do consumidor, no entanto, é mais protetiva que o reconhecimento da mera *negligência* ou ação ou omissão *indevida* como aptas a justificar a exoneração de responsabilidade. Ainda assim, a doutrina internacional reconhece que, para o transportador aéreo internacional, o padrão da prova é alto.[11] Especificamente

---

10 O fabricante, o construtor, o produtor ou importador só não será responsabilizado quando provar: I – que não colocou o produto no mercado; II – que, embora haja colocado o produto no mercado, o defeito inexiste; III – a culpa exclusiva do consumidor ou de terceiro. O fornecedor de serviços só não será responsabilizado quando provar: I – que, tendo prestado o serviço, o defeito inexiste; II – a culpa exclusiva do consumidor ou de terceiro.

11 É o que observa Malcolm Shaw, citando como exemplo *Grein vs. Imperial Airways Ltd* (1937) 1 KB 50; 8AD, p. 453; *Ritts vs. American Overseas Airlines* US Av R, 1954, p. 221; 21 ILR, p. 286. Op. cit. p. 385.

nas indenizações em razão de morte ou lesão a passageiros, é instituída a responsabilidade objetiva da empresa de transporte aéreo internacional, mas somente pelos primeiros 100.000 Direitos Especiais de Saque, nos termos do Artigo 21.1.[12]

2.1. A tarifação das indenizações e o prazo prescricional

O cerne da questão – e a grande diferença da Convenção em relação ao Código de Defesa do Consumidor – é a tarifação das indenizações e o prazo prescricional, mais curto no Sistema de Varsóvia.

A Convenção de Montreal, embora destinada à "modernização" da Convenção de Varsóvia, manteve o sistema de indenização tarifada. Assim é que o artigo 22 traz os limites da responsabilidade relativa ao atraso da bagagem e da carga, medida em "Direitos Especiais de Saque". Em caso de dano causado por atraso no transporte de pessoas, por exemplo, a indenização é limitada a 4.150 Direitos Especiais de Saque por passageiro.

No caso de morte e lesões a passageiros, a Convenção prevê a responsabilidade do transportador, desde que o acidente causador da morte ou lesão haja ocorrido a bordo da aeronave ou durante quaisquer operações de embarque ou desembarque. Também nesse caso a indenização é tarifada: o transportador não será responsável por danos que excedam de 100.000 Direitos Especiais de Saque por Passageiro, desde que prove que: a) o dano não se deveu a negligência ou a outra ação ou omissão do transportador ou de seus prepostos; ou b) o dano se deveu unicamente a negligência ou a outra ação ou omissão indevida *de um terceiro*. Nesse caso é relevante a distinção em relação ao Código de Defesa do Consumidor: indenizações superiores a 100.000 Direitos Especiais de Saque pressupõem a responsabilidade subjetiva do transportador.

A insatisfação gerada pela limitação das indenizações e pelas exclusões da responsabilidade dos transportadores aéreos internacionais não é exclusividade dos brasileiros. As injustiças e deficiências do Sistema de Varsóvia fizeram com que os Estados procurassem alternativas, através, por exemplo, de acordos firmados junto às empresas de transporte aéreo. Destaca-se, nos Estados Unidos, o conjunto de acordos firmado pelo Ministério dos Transportes, na década de 1990, com a cooperação da International Air Transport Association – IATA e da Associação Norte-Americana de

12 "O transportador não poderá excluir nem limitar sua responsabilidade, com relação aos danos previstos no número 1 do Artigo 17, que não exceda de 100.000 Direitos Especiais de Saque por passageiro."

Transportes Aéreos, por meio dos quais as empresas renunciavam aos limites de responsabilidade estabelecidos pelo Sistema de Varsóvia.[13]

Também na Europa buscaram-se alternativas. Em 1997, a Comunidade Europeia adotou o Regulamento 2027,[14] relativo à responsabilidade das transportadoras aéreas em caso de acidente. Dentre as considerações do Regulamento, destacou-se "que os limites da responsabilidade fixados pela Convenção de Varsóvia são demasiado baixos, atendendo aos padrões econômicos e sociais atuais, e conduzem frequentemente a ações judiciais prolongadas que prejudicam a imagem das transportadoras aéreas; que, consequentemente, os Estados-membros aumentaram esses limites de diversas formas, o que levou a que existam no mercado interno da aviação diferentes termos e condições de transporte".

O Regulamento 2027/97 consignou, assim, a supressão de "todos os limites monetários da responsabilidade na acepção do nº 1 do artigo 22º da Convenção de Varsóvia e quaisquer outros limites contratuais ou jurídicos, em consonância com a tendência atual a nível internacional". No entanto, assim como atualmente o Supremo Tribunal Federal se vê na iminência de decidir sobre a (in)compatibilidade entre a Convenção de Varsóvia, a Constituição e o Código de Defesa do Consumidor,[15] tribunais europeus tiveram que resolver a tensão existente essas normas e o Regulamento 2027/97.

Malcolm Shaw noticia que, no Reino Unido, em *Ex parte Internation Air Transport Association*, o tribunal sustentou a prevalência da Convenção de Varsóvia, sob o fundamento de que o sistema fora planejado para uniformizar o direito relativo à responsabilidade, "e que, assim sendo, o único remédio disponível aos passageiros era o estabelecido nesse instrumento".[16] A Corte consignou, ainda, que conforme o artigo 234 do Tratado de Roma, as obrigações de direito internacional surgidas antes desse tratado deveriam permanecer inalteradas por ele.

No que concerne ao prazo para ajuizamento das ações, tem-se que, nos termos da Convenção de Varsóvia,

> "o direito à indenização se extinguirá se a ação não for iniciada dentro do prazo de dois anos, contados a partir da data de chegada ao destino, ou do dia em que a aeronave deveria haver chegado, ou do da interrupção do transporte."

---

13 SHAW, Malcolm. *Direito internacional*. Op. cit. p. 387.

14 Disnponível em http://eur-lex.europa.eu/legal-content/PT/TXT/?uri=CELEX:31997R 2027 Acesso em 25.02.2015.

15 Recurso Extraordinário com Repercussão Geral n° 636.331.

16 SHAW, Malcolm. *Direito internacional*. Op. cit. p. 387.

Embora a literalidade do texto mencione a extinção do direito à indenização, trata-se, conforme interpretação majoritariamente adotada no direito brasileiro, de prazo prescricional.[17] O Código de Defesa do Consumidor, por sua vez, estipula que prescreve em cinco anos a pretensão à reparação pelos danos causados por fato do produto ou do serviço, iniciando-se a contagem do prazo a partir do conhecimento do dano e de sua autoria.

A diferença entre as disciplinas da responsabilização conferidas pela Convenção de Varsóvia e o Código de Defesa do Consumidor ensejam o ajuizamento de inúmeras demandas, nas quais as vítimas defendem a aplicabilidade do último, fundamentadas no fato de a Constituição da República de 1988 ter alçado a defesa do consumidor ao *status* de garantia fundamental (artigo 5°, XXXII) e princípio da ordem econômica (artigo 170, V). Outro aspecto considerado é a responsabilização objetiva imposta às pessoas jurídicas de direito privado prestadoras de serviços públicos (art. 37, §6°). Além disso, há questão que precede a discussão sobre a prevalência do Código de Defesa do Consumidor: trata-se dos incisos V e X do artigo 5° da Constituição da República, os quais determinam a indenização de danos morais e materiais, de maneira proporcional ao dano – e que, por serem normas constitucionais, não poderiam ser afastados pela legislação ordinária, em atenção ao princípio da vedação do retrocesso ou efeito "cliquet".

Já as empresas de transporte aéreo internacional afirmam a impossibilidade de incidência da legislação consumerista pátria nos casos que envolvam o transporte aéreo internacional, disciplinado por tratado, por determinação expressa também do constituinte (artigo 178).

Embora o Superior Tribunal de Justiça tenha reiteradamente se manifestado no sentido da aplicação do Código de Defesa do Consumidor, a questão aguarda a definição do Supremo Tribunal Federal, a ser proferida no Recurso Extraordinário n° 636.331/RJ, reconhecida a repercussão geral do tema "subsistência das normas do Código Brasileiro de Aeronáutica e da Convenção de Varsóvia – que impõem limites pré-fixados para indenizações por dano material – perante a regra constitucional da indenizabilidade irrestrita, segundo o qual as reparações por danos material e moral devem ser a estes proporcionais".

---

17 Para Sílvio de Salvo Venosa, "como critério mais seguro de distinção, embora não definitivo, ao examinarmos o caso específico, tomamos em consideração a origem da ação; se a origem for a mesma do direito e nasceu com ele, configura-se a decadência; se for diversa, se a ação nasceu posteriormente quando o direito já era existente e vem a ser violado, tal ato caracteriza a prescrição." VENOSA, Sílvio de Salvo. *Direito Civil: Parte Geral*. 14ª ed. São Paulo: Atlas, 2014. p. 593. Por pressupor a indenização justamente a violação de um direito, tem-se a natureza prescricional do prazo.

3. A jurisprudência do Superior Tribunal de Justiça

No tema das indenizações decorrentes do transporte aéreo internacional, o Superior Tribunal de Justiça tem, ao longo dos anos, firmado entendimento segundo o qual as disposições do Código de Defesa do Consumidor prevalecem sobre o sistema da Convenção de Varsóvia.

O paradigma histórico dessa jurisprudência é o Recurso Especial n° 235.678,[18] de relatoria do então Ministro Ruy Rosado de Aguiar. O caso cuidava de ação indenizatória para ressarcimento de danos morais decorrentes do atraso de mais de vinte e quatro horas ocorrido em voo datado do dia 11.04.1996, no trecho Miami/São Paulo. Os autores relataram que suas bagagens teriam sido colocadas em voo diverso daquele que posteriormente os trouxera ao Brasil, além de omissão e equívocos nas informações prestadas, limitação do custo de hotel e refeições, e, por fim, problemas na liberação da bagagem quando de sua chegada ao Brasil.

No acórdão, prolatado em decisão unânime, foi tomado em conta, como premissa, o contexto histórico de incentivo ao desenvolvimento da atividade de transporte aéreo: "a origem das cláusulas limitativas do valor indenizatório, inseridas nos tratados internacionais, está em se constituir o transporte aéreo uma atividade que, ao tempo, apresentava maior risco do que os outros meios de transporte, risco esse que deveria ser corrido tanto pelo transportador quanto por quem dele se utilizava." No ponto, anota o relator a mudança nos tempos, que fez como que o transporte aéreo, segundo o que divulgam as próprias companhias aéreas e confirmam os dados estatísticos, seja um dos mais seguros – do que resultaria o desaparecimento da razão de ser da tarifação.

Ressaltou-se, ademais, que, juntamente com a melhoria nas condições técnicas dos voos, houve o incremento das normas protetivas dos usuários dos serviços de transporte aéreo. Nessa linha é que, no Brasil, o Código de Defesa do Consumidor considera abusiva as cláusulas restritivas de direitos inerentes à natureza do contrato, de tal modo a ameaçar seu objeto ou equilíbrio contratual (art. 51, §1°, II, da Lei n° 8.078/1990). Assim, no entender do STJ, a questão trata de conflito entre o Código de Defesa do Consumidor e tratados internacionais, para a solução do qual não é possível afirmar a superioridade hierárquica entre o tratado recebido no ordenamento jurídico interno e a legislação pátria. Como reforço a tal fundamentação, o acórdão noticia restrições feitas por outros países à Convenção de Varsóvia, dentre eles os Estados Unidos da América e a Alemanha, que, por meio de seu Tribunal Constitucional, declarou nulas cláusulas de contratos de voos internacionais, embora regidas por tratados.

18 REsp 235.678/SP, Quarta Turma, Rel. Min. Ruy Rosado de Aguiar, j. 02.12.1999.

No REsp 235.678, destarte, concluiu o STJ que disposições que limitam a responsabilidade do transportador aéreo internacional não prevalecem diante do Código de Defesa do Consumidor quando ofendem o "princípio legal" da responsabilidade do transportador pelos danos causados em decorrência do transporte. Anotou-se, ainda, que o princípio constitucional da igualdade, embora não devesse ser adotado de modo imediato e direto, teria a função de parâmetro interpretativo dos dispositivos legais aplicáveis, a determinar a incidência dos direitos fundamentais não apenas na defesa dos cidadãos contra o Estado (eficácia vertical), mas também na proteção do indivíduo nas relações privadas (a *Drittwirkung* ou "eficácia horizontal" do direito alemão).

Ainda em 1999, portanto, o Superior Tribunal de Justiça – embora tenha adotado como *ratio decidendi* a prevalência do Código de Defesa do Consumidor no conflito havido em face de tratados internacionais – sinalizou, *obiter dictum*, que a questão subjacente à responsabilidade pelo transporte aéreo internacional não se limita à definição de critérios para a solução de antinomias da legislação infraconstitucional, mas pressupõe a compreensão do papel dos direitos fundamentais nas relações entre particulares.

Recentemente, é possível identificar que o Superior Tribunal de Justiça mantém a mesma linha firmada no REsp 235.678,[19] sustentando que, com a entrada em vigor do Código de Defesa do Consumidor, as regras limitativas do prazo prescricional e do valor das indenizações insertas na Convenção de Varsóvia não mais seriam aplicáveis.

3.1. Transporte aéreo internacional que não envolva relação de consumo

Uma hipótese de *distinção*, no entanto, vem sendo ressalvada: trata-se do contrato de transporte aéreo internacional que não envolva relação de consumo. Em 2014, o Superior Tribunal de Justiça decidiu caso que versava sobre danos ocorridos em equipamento de raio X importado por entidade

19 "A responsabilidade civil das companhias aéreas em decorrência da má prestação de serviços, após a entrada em vigor da Lei n. 8.078/90, não é mais regulada pela Convenção de Varsóvia e suas posteriores modificações (Convenção de Haia e Convenção de Montreal), ou pelo Código Brasileiro de Aeronáutica, subordinando-se, portanto, ao Código Consumerista". STJ, Terceira Turma, AgRg no AREsp 567681/RJ, Min Rel. Marco Aurélio Bellizze, DJe 04 11.2014. No mesmo sentido, ver, dentre outros, AgRg no Ag 1409204/PR, Rel. Luis Felipe Salomão, Quarta Turma, j. 25/09/2012; REsp 744.741/PR, Rel. Sidnei Beneti, Terceira Turma, j. 01/12/2011; EREsp 269.353/SP, Rel. Castro Filho, Segunda Seção, j. 24/04/2002.

hospitalar para incrementar sua atividade. [20] O STJ partiu da concepção finalista de consumidor, segundo a qual

> "A expressão "destinatário final" contida no art. 2º, caput, do CDC deve ser interpretada à luz da razão pela qual foi editado o referido diploma, qual seja, proteger o consumidor porque reconhecida sua vulnerabilidade frente ao mercado de consumo. Assim, considera-se consumidor aquele que retira o produto do mercado e o utiliza em proveito próprio. Sob esse enfoque, como regra, não se pode considerar destinatário final para efeito da lei protetiva aquele que, de alguma forma, adquire o produto ou serviço com intuito profissional, com a finalidade de integrá-lo no processo de produção, transformação ou comercialização."

O Tribunal, naquela oportunidade, entendeu não ser possível enquadrar no conceito de consumidora a entidade hospitalar que adquire e importa aparelho de raio X, eis que não seria hipossuficiente ou vulnerável, mas estaria buscando, através do contrato de transporte aéreo internacional, o incremento de sua atividade, com a expansão da gama de serviços prestados e, consequentemente, o aumento dos lucros.[21] Por maioria, o STJ entendeu por bem afastar as regras consumeristas, de modo a incidirem as regras da Convenção de Varsóvia, que impõem a tarifação da indenização por danos causados às mercadorias transportadas, excetuada eventual hipótese de declaração especial de valor mediante o pagamento de eventual taxa suplementar (Protocolo Adicional n. 4, art. 22, item 2, "b"), o que não era o caso dos autos.[22]

---

20 REsp 1.162.649/SP, Quarta Turma, Rel. originário Min. Luis Felipe Salomão, Rel. para acórdão Min. Antonio Carlos Ferreira, j.13.05.2014.

21 Nos termos do voto-vista do Ministro Antônio Carlos Ferreira, "Partindo da premissa incontroversa de que a importação – aí incluídos todos os atos praticados e contratos celebrados ao longo do respectivo ciclo – visa a incrementar a atividade econômica, hospitalar, não há como considerar a importadora, Sociedade Beneficente de Senhoras Hospital Sírio Libanês, destinatária final do ato complexo de importação nem dos atos e contratos intermediários, entre eles o contrato de transporte, para os propósitos da tutela protetiva da legislação consumerista."

22 Merece destaque o seguinte excerto do voto-vista: "A indenização tarifada prevista na Convenção de Varsóvia, portanto, equivalente a "17 Direitos Especiais de Saque por quilograma", deve prevalecer, ressaltando-se não haver notícia de "declaração especial de valor" apresentada pelo hospital importador na forma do art. 22, item 2, alínea "b", acima reproduzido. Ora, se o importador, contratualmente, preferiu não fazer a referida "declaração", não há dúvida de que livremente optou pelo risco de receber a indenização tarifada. Ou seja, desembolsou menos pelo transporte, mas, por escolha própria, correu um risco maior, o que, no âmbito das relações comerciais, é absolutamente legal. Por isso, acautelou-se por meio de um contrato de seguro."

O acórdão, no entanto, não foi unânime. Em seu voto vencido, o relator, Ministro Luís Felipe Salomão, ressaltou a importância da definição de *relação de consumo*. Observou que o que é relevante é "saber se a pessoa, física ou jurídica, é "destinatária final" do produto ou serviço". A relação consumerista apenas restaria desnaturada se o bem ou serviço passasse a integrar a cadeia produtiva do adquirente. No caso em análise, uma entidade hospitalar celebrou serviço de transporte aéreo internacional, razão pela qual o hospital ocuparia posição jurídica de destinatário final do transporte, "não se havendo cogitar de "consumo intermediário" ou de insumos de produção, tendo em vista que o serviço contratado – transporte – não é posto à revenda, tampouco faz parte da cadeia produtiva, mediante montagem ou beneficiamento."[23]

Em conclusão: o voto vencido se alinha aos votos vencedores no que toca à constatação – que, afinal, beira a tautologia – de que, no transporte aéreo internacional, as regras do Código de Defesa do Consumidor apenas deverão incidir caso se trate de relação de consumo. A divergência se põe exatamente na conceituação de consumidor: não estando o serviço de transporte entre aqueles intrínsecos e indispensáveis[24] às atividades produtivas do contratante, presente estaria a relação de consumo.

---

23 O relator, em seu voto, colaciona lição da doutrina de Cláudia de Lima Marques, que identifica no contrato de transporte aéreo internacional todas as características da relação de consumo, na modalidade fornecimento de serviço: "A Lei n° 8.078/90, conhecida como Código de Defesa do Consumidor, nasce como lei especial a tratar das relações de consumo no mercado brasileiro, relações de consumo contratuais e extracontratuais, as quais possuem como elemento caracterizador a presença nos pólos ativo e passivo de um fornecedor e um consumidor ou pessoa a ele equiparada por lei. Seu abrangente campo de aplicação é determinado pelos arts. 2°, 3° e 17, que definem de maneira ampla estes sujeitos de direito: consumidor e fornecedor. A atividade de prestar serviços de transporte, inclusive o transporte aéreo, inclui-se facilmente no campo de aplicação ideal.
O transportador aéreo preenche todas as características exigidas pelo art. 3° do CDC para defini-lo como fornecedor de serviços. (MARQUES. Cláudia Lima. A responsabilidade do transportador aéreo pelo fato do serviço e o Código de Defesa do Consumidor: antinomia entre norma do CDC e de leis especiais. in. Revista de Direito do Consumidor . RDC 3/155. jul.-set./1992, p. 607).

24 Para Fábio Ulhôa Coelho, deve-se perquirir sobre a indispensabilidade do produto ou serviço em relação à atividade econômica exercida pelo adquirente: apenas se qualificariam como insumo, sob o ponto de vista jurídico, aqueles produtos ou serviços estritamente indispensáveis. "Ou seja, quando a atividade econômica do empresário puder ser desenvolvida, sem alterações quantitativas ou qualitativas em seus resultados, apesar da falta de um determinado bem, então, a sua aquisição é, juridicamente, consumo e o empresário estará tutelado pelo novo texto legal." COELHO, Fábio Ulhôa. *A compra e venda, os empresários e o código de defesa do consumidor*. Revista de Direito do Consumidor. São Paulo: Revista dos Tribunais, 1992. v. 3. p. 36/43; pp. 42/43.

3.2. Independentemente da existência de relação de consumo: a impossibilidade de restrição das indenizações a partir da vigência da Constituição da República de 1988

Na motivação da decisão quanto à inadmissibilidade da tarifação das indenizações decorrentes do transporte aéreo, merece ainda destaque outro argumento levantado pelo Ministro Luís Felipe Salomão no REsp 1.162.649. É que a Constituição da República, no artigo 37, §6°, estabelece a responsabilidade objetiva, fundada no risco administrativo, às pessoas jurídicas de direito privado prestadoras de serviços públicos, sem cogitar o texto constitucional de qualquer limite para a indenização.

A solução da *vexata quaestio*, como se vê, reclama considerações que antecedem – cronológica, material e hierarquicamente – a própria vigência da Lei n°8.078/1990 e a aventada antinomia em relação à Convenção de Varsóvia.

Os dispositivos que determinam a responsabilidade objetiva das empresas privadas prestadoras de serviços públicos, por ostentarem natureza constitucional, sobrepõem-se à Convenção de Varsóvia – que cuida do transporte aéreo internacional – e também ao Código Brasileiro da Aeronáutica – que estabelece limites para indenizações no transporte aéreo interno.[25]

Para Carlos Roberto Gonçalves, a partir da vigência da Constituição da República de 1988, operou-se a perda da eficácia dos diplomas que, até então, limitavam a responsabilidade das empresas de transporte aéreo. Para o autor, da mesma forma que o constituinte não admitiu limites apriorísticos para a responsabilidade civil do Estado, também as empresas privadas que operam sob o regime de concessão ou permissão de serviços públicos sujeitam-se à reparação irrestrita dos danos causados:

> "Não vale argumentar em contrário, afirmando-se que o art. 178 da Carta Magna determina, em matéria de transporte internacional, a observância dos "acordos firmados pela União, atendido o princípio da reciprocidade". Nem podia ser diferente. Desarrazoado seria a Constituição Federal determinar a inobservância dos referidos acordos. Não se disse, contudo, que devem prevalecer

25 Ver, por exemplo, o artigo 257 da Lei n° 7.565/1986: "Art. 257. A responsabilidade do transportador, em relação a cada passageiro e tripulante, limita-se, no caso de morte ou lesão, ao valor correspondente, na data do pagamento, a 3.500 (três mil e quinhentas) Obrigações do Tesouro Nacional – OTN, e, no caso de atraso do transporte, a 150 (cento e cinqüenta) Obrigações do Tesouro Nacional – OTN. § 1° Poderá ser fixado limite maior mediante pacto acessório entre o transportador e o passageiro. § 2° Na indenização que for fixada em forma de renda, o capital par a sua constituição não poderá exceder o maior valor previsto neste artigo." Seguem a mesma linha os artigos 260, que disciplina a responsabilidade por danos a bagagens e 262, que cuida do atraso, perda, destruição ou avaria de carga.

> sobre a legislação ordinária no país e muito menos sobre a Lei Maior, no que os contrariem."[26]

O que se extrai dessa observação do Ministro Luís Felipe Salomão é que a limitação das indenizações, operada, no âmbito do serviço de transporte aéreo internacional, pelo Sistema de Varsóvia, seria proibida pelo sistema constitucional instaurado a partir de 1988, que estabelece a responsabilidade objetiva e irrestrita das pessoas jurídicas de direito privados prestadoras de serviços públicos.[27] Restaria, então, saber se o transporte aéreo é serviço público.

Adotando a concepção de transporte aéreo como serviço público, tem-se *obiter dictum*, passagem de voto proferido pelo Ministro Eros Grau no RE 351/750:[28]

> "No caso do transporte aéreo, no Brasil, estamos francamente diante de um serviço público. O "consumidor", antes de ser "consumidor", é um cidadão que reclama proteção, não necessariamente do Código de Defesa do Consumidor, mas das regras estabelecidas na relação entre Estado e prestador de serviço, regras que devem ser impostas ao prestador de serviços em coerência com o texto constitucional."

O Supremo Tribunal Federal, de resto, em julgado emblemático, que cuidou a da responsabilidade da União por danos causados a concessio-

---

26 GONÇALVES, Carlos Roberto. *Responsabilidade civil*. 15ª ed. São Paulo: Saraiva, 2014. pp. 302-303. Na mesma linha, é claro o magistério de Eduardo Arruda Alvim e Flávio Cheim Jorge, também observado no voto do Ministro Luís Felipe Salomão, os quais constatam que, muito embora não tenha a Convenção de Varsóvia (promulgada ainda em 1931 pelo Decreto n° 20.704) passado pelo procedimento formal de denúncia pelo Estado brasileiro, isso não significa que os limites de indenização nela previstos prevaleçam ainda hoje, "pois que virtualmente incompatíveis com o regime do Código de Proteção e Defesa do Consumidor que, como visto, deita raízes na própria Carta de 1988." ALVIM, Eduardo Arruda e JORGE, Flávio Cheim. *A responsabilidade civil no Código de proteção e defesa do consumidor e o transporte aéreo*. Revista de Direito do Consumidor. Julho/Setembro – 1996. pp. 114/147.

27 Para José dos Santos Carvalho Filho, serviço público é toda atividade prestada pelo Estado ou por seus delegados, basicamente sob regime de direito público, com vistas à satisfação de necessidades essenciais e secundárias da coletividade. Serviços delegáveis são aqueles que, "por sua natureza ou pelo fato de assim dispor o ordenamento jurídico, comportam ser executados pelo Estado ou por particulares colaboradores." Como exemplo, tem-se o serviço de transporte coletivo. CARVALHO FILHO, José dos Santos. *Manual de Direito Administrativo*. São Paulo: Atlas, 2014. pp. 329 e 331.

28 Embora tenha o Ministro entendido que o cerne da questão era o conflito em torno do caráter geral que teria o Código de Defesa do Consumidor e o caráter especial que teria a Convenção de Varsóvia, devendo, a seu ver, prevalecer a última, em razão da especialidade.

nária de serviço de transporte aéreo em decorrência da ruptura do equilíbrio econômico-financeiro do contrato decorrente dos efeitos do planos "Funaro" e "Cruzado", recentemente se posicionou quanto à natureza jurídica de serviço público do transporte aéreo.[29] O dever de indenizar da União, segundo decidido, emanaria justamente da condição de concessionária de serviço público ostentada pelas companhias aéreas. A manutenção da qualidade na prestação dos serviços concedidos (exploração de transporte aéreo) imporia a adoção de medidas garantidoras do reequilíbrio da equação econômico-financeira do contrato administrativo, seja pela repactuação, reajuste, revisão ou indenização dos prejuízos. Isso porque, para o STF, o Estado responde juridicamente também pela prática de atos lícitos, quando deles decorram prejuízos para os particulares em condições de desigualdade com os demais.

A natureza e o regime jurídicos da prestação do serviço de transporte aéreo no Brasil, no entanto, estão longe da pacificidade. O Tribunal de Contas da União já apontou que a relação entre companhias aéreas e Estado precisa de regras claras, pois, atualmente, os procedimentos que permitem a operação das empresas não apresentariam elementos típicos da concessão de serviços públicos.[30] Ainda que haja discussão quanto à efetiva con-

---

29 RE 571.969, Rel. Min. Carmen Lúcia, j. 12.03.2014.

30 Disponível em http://www.senado.gov.br/noticias/Jornal/emdiscussao/revista-em-discussao-ediao-novembro-2010/materias/tcu-aponta-que-relaao-entre-companhias-aereas-e-governo-precisa-de-regras-claras.aspx Acesso em 04.04.2015. O texto aponta considerações de Victor de Carvalho Pinto, que enumera razões pelas quais a relação entre as empresas e o Estado, na prática, não seria de concessão: "i) no setor aéreo, as concessões são outorgadas sem licitação ou qualquer procedimento que demonstre que ela é dispensável ou não deve ser exigida; ii) as empresas aéreas não têm nenhuma obrigação de prestar o serviço em condições que não sejam vantajosas financeiramente, como fazer voos para cidades cuja demanda pode deixar muitos assentos desocupados (consideradas linhas de baixa densidade) ou em horários noturnos. As companhias telefônicas, por exemplo, para poder explorar o serviço em um local rentável são obrigadas, como contrapartida pelo contrato de concessão com a União, a levar a telefonia até áreas remotas, onde a infraestrutura pode ficar subutilizada; iii) nas concessões, ao final do contrato, os investimentos feitos pelo concessionário são revertidos para o poder público. Porém, com as empresas aéreas, as aeronaves, por exemplo, são privadas e sequer pertencem às empresas aéreas, que as utilizam em regime de *leasing*; iv) as tarifas são livres, devendo apenas ser registradas na agência reguladora. Em outros setores, como energia elétrica e telefonia, há previsão de reajuste das tarifas de acordo com fórmulas e índices de inflação pré-determinados; e v) nas concessões típicas, o equilíbrio econômico e financeiro do contrato é oferecido como segurança ao concessionário. No setor aéreo, porém, lucros ou prejuízos são responsabilidade exclusiva do concessionário, o que já levou diversas empresas aéreas à falência ou a sair do mercado nos últimos anos (Varig, BRA e

figuração do regime jurídico sob o qual, na prática, operam as companhias aéreas, quanto à natureza jurídica do serviço prestado, tem-se, como inconteste, que o transporte aéreo é de interesse coletivo – quer o intérprete o considere primário ou secundário:

> "Registre-se, por oportuno, entretanto, que o caráter de essencialidade dos serviços não tem parâmetros previamente definidos, variando de acordo com o lugar e o tempo em que a atividade é desempenhada. Com efeito, há países em que um determinado serviço se configura como essencial, ao passo que em outro não passa de atividade secundária."[31]

A celeuma, embora sem dúvida correlata, ultrapassa os limites estritos do presente artigo, que se destina ao estudo das normas que regem a responsabilidade no transporte aéreo internacional.

Seja como for, ainda que não se considere que o transporte aéreo é operado sob qualquer das modalidades admitidas pelo direito administrativo para a prestação de serviço público, bastaria, para assegurar o dever de indenizar, o rol de garantias insertas no capítulo dos direitos e garantias fundamentais, dentre as quais se inclui, sem restrições, o direito à indenização proporcional por dano material, moral, ou à imagem.

4. A jurisprudência do Supremo Tribunal Federal

As turmas do Supremo Tribunal Federal se dividem quanto à definição das normas incidentes sobre a responsabilidade por danos decorrentes do contrato de transporte aéreo internacional. A primeira turma possui precedente em que, embora o recurso extraordinário não tenha sido conhecido,[32] afirma o afastamento das normas especiais do Código Brasileiro da Aeronáutica e da Convenção de Varsóvia quando implicarem: a) retrocesso social ou b) vilipêndio aos direitos assegurados pelo Código de

Ocean Air, por exemplo), sem que isso levasse a qualquer tipo de indenização por parte da União." O item número v, no entanto, restou recentemente prejudicado pela decisão do STJ que responsabilizou a União pelos prejuízos sofridos pela Varig em decorrência de planos econômicos.

31 CARVALHO FILHO, José dos Santos. *Manual de Direito Administrativo*. São Paulo: Atlas, 2014. p. 330.

32 Por maioria, a turma entendeu que não cabe discutir, na instância extraordinária, sobre a correta aplicação do Código de Defesa do Consumidor ou sobre a incidência, no caso concreto, de específicas normas de consumo veiculadas em legislação especial sobre o transporte aéreo internacional, por configurarem tais temas ofensa indireta à Constituição de República.

Defesa do Consumidor.[33] Em seu voto-vista, o Ministro Carlos Ayres Britto observou que a Constituição, ao tratar do consumidor, a ele se refere em seis oportunidades,[34] sendo quatro delas de cunho nitidamente protetivo.

Dentre essas, destaca-se o artigo 170, V, que estabelece que, além de ser direito fundamental, a proteção do consumidor é princípio geral de toda a atividade econômica – aspecto sob o qual, segundo o voto, deve ser compreendido o artigo 178 da Constituição da República.[35] E observa, ainda, que a proteção do consumidor é uma das normas densificadoras da dignidade da pessoa humana e da proteção econômica, tudo a vedar o retrocesso social, já que, como alerta Canotilho, atingido determinado grau de concretização dos direitos sociais e econômicos, passam eles a constituir, simultaneamente, garantias institucionais e direitos subjetivos.[36]

Assim, após a positivação, pela Constituição da República, da proteção do consumidor como direito fundamental e princípio norteador da ordem econômica, e da subsequente vigência do Código de Defesa do Consumidor, a Convenção de Varsóvia e o Código Brasileiro da Aeronáutica apenas poderiam ser aplicados nas hipóteses em que não representassem retrocesso aos direitos do consumidor.

Na mesma linha, e não se restringindo apenas ao âmbito das relações de consumo, o voto-vista do Ministro Cezar Peluso consigna a perda do "fundamento de validez" das referidas regras que estabeleciam a indenização tarifada, porque incompatíveis com o alcance das regras estatuídas no art. 5°, V e X da atual Constituição da República, que consagram o "princípio da indenizabilidade irrestrita". Como se não bastasse a força normativa de tal princípio, tem-se, especialmente no que toca às relações de consumo, a constatação de que a defesa do consumidor, inserida no artigo 5°, XXII, é direito fundamental, de modo que, por ser cláusula pétrea, não poderia ser restringida por norma de hierarquia infraconstitucional, e nem sequer por emenda constitucional.

Em sentido contrário, em recurso que tratava do conflito entre as normas do Código de Defesa do Consumidor e da Convenção de Varsóvia no que diz respeito ao prazo prescricional, a segunda turma afirmou, por unanimidade, que, embora válida a norma do Código de Defesa do Consumidor

---

33 RE 351.750/RJ, Rel. Min. Marco Aurélio Melo, Rel. para o acórdão Min. Carlos Britto. Primeira Turma, j. 17.03 2009.

34 Art. 5°, XXXII; Art. 24, VIII; Art. 150, §5°; Art. 155, §2°, VII; Art. 170, V; Art. 48 do ADCT.

35 Art. 178. A lei disporá sobre a ordenação dos transportes aéreo, aquático e terrestre, devendo, quanto à ordenação do transporte internacional, observar os acordos firmados pela União, atendido o princípio da reciprocidade.

36 CANOTILHO, Joaquim José Gomes. *Direito constitucional e Teoria da Constituição*. Coimbra: Livraria Almeida, 2003. pp. 338/340.

quanto aos consumidores em geral, no caso específico de contrato de transporte internacional aéreo, com base no art. 178 da Constituição Federal de 1988, prevalece a Convenção de Varsóvia, que determina prazo prescricional de dois anos, e não o prazo quinquenal do Código de Defesa do Consumidor.[37]

A motivação do sintético voto da Ministra Ellen Gracie foi, simplesmente, que o artigo 178 da Constituição da República teria expressamente estabelecido que, quanto à ordenação do transporte internacional, a lei deverá observar os tratados firmados pela União. Embora o recurso versasse apenas sobre prazo prescricional, a segunda turma foi peremptória ao declarar que a norma contida no artigo 178 da Constituição da República afastaria quaisquer dúvidas e justificaria a total aplicabilidade da Convenção de Varsóvia nas questões advindas do transporte aéreo internacional. A interpretação é literal e desconsidera a existência de todo um sistema constitucional que detém força normativa. Evidencia-se e lastima-se que não houve sequer ressalvas ou ponderações quanto: i) à constitucionalização da indenizabilidade irrestrita (art. 5°, V e X); ii) à classificação do transporte aéreo como serviço público, a ensejar responsabilidade objetiva (art. 37, §6°); iii) tampouco quanto à vedação do retrocesso social e a configuração da defesa do consumidor como direito fundamental e princípio geral da atividade econômica (art. 170, V).

4.1. Ressalva quanto à indenizabilidade do dano moral, não previsto no Sistema de Varsóvia

Embora as turmas do Supremo se dividam quanto às regras aplicáveis à indenização pelos danos materiais decorrentes do transporte aéreo internacional, a primeira turma, em diferentes oportunidades, já se manifestou pela indenizabilidade do dano moral que exsurge do defeito na prestação do serviço, em que pese inexista, no sistema de Varsóvia, referência a tal modalidade de dano:

> "O fato de a convenção de Varsóvia revelar, como regra, a indenização tarifada por danos materiais não exclui a relativa aos danos morais. Configurados esses pelo sentimento de desconforto, de constrangimento, aborrecimento e humilhação, cumpre observar a Carta Política da República, no que se sobrepõe a tratados e convenções ratificados pelo Brasil."[38]

37 RE 297901/RN, Rel. Min Ellen Gracie, Segunda Turma, j. 07.03.2006.

38 AgR no RE 391032/RJ, Rel. Min. Marco Aurélio Melo, j. 28.02.2012. Em idêntico sentido: "Consoante destacado em recente precedente desta Turma, "a Carta da República previu o direito a indenização por dano moral, não cabendo, em detrimento dela, potencializar a circunstância de a convenção de Varsóvia apenas dispor sobre a

Operou-se, assim, nos termos ementados pelo próprio STF, uma "observação mitigada" da Convenção de Varsóvia. Reconheceram os Ministros, de forma unânime, que o simples fato de a Convenção de Varsóvia não prever a indenização por danos morais não leva à impunidade das empresas aéreas que hajam de modo a lesar moralmente os contratantes de seus serviços. Em outras palavras, admitiu o STF que a interpretação do contrato de transporte aéreo internacional há de se submeter aos princípios estruturantes do ordenamento constitucional.

4.2. Repercussão geral do tema "subsistência das normas do Código Brasileiro de Aeronáutica e da Convenção de Varsóvia – que impõem limites pré-fixados para indenizações por dano material – perante a regra constitucional da indenizabilidade irrestrita, segundo o qual as reparações por danos material e moral devem ser a estes proporcionais"[39]

No Recurso Extraordinário n° 636.331, alega a recorrente, companhia aérea, em síntese, que o acórdão recorrido teria violado o artigo 178 da Constituição da República, que determinaria a incidência das regras da Convenção de Varsóvia mesmo após o advento do Código de Defesa do Consumidor.

A Internacional Air Transport Association – IATA – e a International Union of Aerospace Ensurers – IUAE –, admitidas como *amici curiae*, relataram a ausência de uniformidade no enfrentamento da questão pelos tribunais e afirmaram que embora se reconheça o caráter de lei especial que o CDC reflete em relação ao Código Civil, também se ressalta que, muitas vezes, um determinado instrumento normativo pode ser ao mesmo tempo considerado especial em relação a um dado diploma e geral em relação ao outro. Por essa razão é que, em sua opinião, as disposições do Código de Defesa do Consumidor não se sobreporiam à Convenção de Varsóvia, de caráter especial. Manifestaram-se no sentido de que, embora a proteção do consumidor tenha "relevantíssimo papel", ela deveria ser conjugada com a regra encontrada no artigo 178 da Constituição. Alertaram sobre a

---

responsabilidade, considerado o prejuízo material (RE 391032 AgR/RJ, Rel. Min. Marco Aurélio, DJe 22.3.2012). Agravo conhecido e não provido." ARE 676769 AgR/MA, Rel. Min. Rosa Weber, Primeira Turma. j. 27.11.2012

39 A repercussão geral do tema, inicialmente, foi reconhecida nos autos do Agravo de Instrumento n° 762.184. Posteriormente, o paradigma de repercussão geral foi substituído pelo RE 636.331.

necessidade de estabelecerem-se critérios mínimos para viabilizar o adequado desenvolvimento das relações entre os países – função que, a seu ver, no transporte aéreo internacional, seria adequadamente exercida pela Convenção de Varsóvia. A existência de tetos indenizatórios seria um "incentivo à ampliação e aprimoramento da rede de transporte aéreo nacional e internacional". Seriam inúmeros os efeitos benefícios de tal tarifação.[40]

No sentir da IATA e da IUAE, portanto, a "ponderação sobre os interesses em jogo" traria como resultado a transferência, aos contratantes do serviço de transporte aéreo internacional lesados, do custeio dos danos decorrentes da prestação defeituosa. A diferença resultante da equação "indenização irrestrita" menos "indenização tarifada" seria, a seu ver, justificadamente arcada pelos usuários, que, em contrapartida, e numa "perspectiva macro", eventualmente sentiriam, quer pessoalmente ou como membros da coletividade de contratantes do serviço de transporte aéreo, "inúmeros benefícios". Conforme anteriormente relatado, a mesma IATA, nos Estados Unidos, cooperou com o Ministério dos Transportes para a celebração de um conjunto de acordos por meio dos quais as empresas lá operantes renunciavam aos limites de responsabilidade estabelecidos pelo Sistema de Varsóvia.

A American Air Lines, também admitida na condição de *amicus curiae*, manifestou-se no sentido de que eventual decisão que venha a afastar os limites indenizatórios da Convenção de Varsóvia/Montreal em questões relacionadas com indenizações de danos morais e materiais, decorrentes do extravio de bagagem – em face do aspecto humano da questão – não pode implicar o afastamento dos preceitos daquelas Convenções no que concerne às indenizações decorrentes de avarias ou extravio de mercadorias em transporte aéreo internacional.

O Instituto de Defesa do Consumidor – IDEC – solicitou ingresso como *amicus curiae*, mas não há,[41] nos autos eletrônicos, registro de sua manifestação.

O Procurador Geral da República ofereceu parecer no qual trouxe à colação precedentes do Supremo Tribunal Federal que reconhecem o afastamento das normas especiais do Código Brasileiro da Aeronáutica e da Convenção de Varsóvia quando implicarem retrocesso social ou vilipêndio aos direitos assegurados pelo Código de Defesa do Consumidor.

---

40 Mencionam que disso resultam, "obviamente, novos empregos, maior concorrência entre as empresas que atuam no segmento, diminuição dos preços, aumento do turismo, incentivo à exportação, atração de novos investimentos, enfim, são inúmeros os efeitos benefícios que resultam da garantia de condições para que as empresas de transporte aéreo possam se estabelecer".

41 Consulta em 05.04.2015.

Afirmou a inocorrência de ofensa ao artigo 178 da Constituição da República, ressaltando que os tratados subscritos pelo Brasil não se superpõem à Constituição Federal – sendo tal interpretação harmônica com a norma segundo a qual os direitos e garantias expressos na Constituição não excluem outros decorrentes do regime dos princípios por ela adotados ou dos tratados internacionais em que a República Federativa do Brasil seja parte. Manifestou-se, assim, pelo desprovimento do recurso extraordinário.

Em seu voto, o relator, Ministro Gilmar Mendes, conforme noticia informativo do STF,[42] "assentou a prevalência da Convenção de Varsóvia e demais acordos internacionais subscritos pelo Brasil em detrimento do CDC não apenas na hipótese de extravio de bagagem. Em consequência, deu provimento ao recurso extraordinário para limitar o valor da condenação por danos materiais ao patamar estabelecido na Convenção de Varsóvia, com as modificações efetuadas pelos acordos internacionais posteriores. Aduziu que a antinomia ocorreria, a princípio, entre o art. 14 do CDC, que impõe ao fornecedor do serviço o dever de reparar os danos causados, e o art. 22 da Convenção de Varsóvia — introduzida no direito pátrio pelo Decreto 20.704/1931 —, que fixa limite máximo para o valor devido pelo transportador, a título de reparação. Afastou, de início, a alegação de que o princípio constitucional que impõe a defesa do consumidor (CF, art. 5º, XXXII, e art. 170, V) impediria a derrogação do CDC por norma mais restritiva, ainda que por lei especial. Salientou que a proteção ao consumidor não seria a única diretriz a orientar a ordem econômica. Consignou também que o próprio texto constitucional, desde sua redação originária, determina, no art. 178, a observância dos acordos internacionais, quanto à ordenação do transporte aéreo internacional. Realçou que, no tocante à aparente antinomia entre o disposto no CDC e na Convenção de Varsóvia — e demais normas internacionais sobre transporte aéreo —, não haveria diferença de hierarquia entre os diplomas normativos. Ambos teriam estatura de lei ordinária e, por isso, a solução do conflito envolveria a análise dos critérios cronológico e da especialidade."

Quanto ao critério cronológico, destacou que os acordos internacionais em comento seriam mais recentes que o CDC, e, não obstante o Decreto 20.704 tivesse sido publicado em 1931, sofrera sucessivas modificações que seriam posteriores ao CDC. Acrescentou que a Convenção de Varsóvia — e os regramentos internacionais que a modificaram — "seriam normas especiais em relação ao CDC, porquanto disciplinariam modalidade especial de

42 http://www.stf.jus.br/arquivo/informativo/documento/informativo745.htm#Antinomia entre o CDC e a Convenção de Varsóvia: transporte aéreo internacional – 1 Acesso em 04.04.2015. O inteiro teor dos votos ainda não se encontra disponível nos autos eletrônicos.

contrato, qual seja, o contrato de transporte aéreo internacional de passageiros." Por entender tratar-se de conflito entre regras com âmbitos de validade diferentes (uma geral e outra específica), concluiu que deveria ser aplicado o parágrafo 2º do art. 2º da Lei de Introdução às Normas de Direito Brasileiro[43]. Ressalvou que as disposições previstas nos aludidos acordos internacionais incidiriam exclusivamente nos contratos de transporte aéreo internacional de pessoas, bagagens ou carga. Assim, não alcançariam o transporte nacional de pessoas.

Finalmente, seguindo a tendência do STF já abordada nesse estudo, o relator esclareceu que a limitação indenizatória abarcaria apenas a reparação por danos materiais, e não morais.

O Ministro Roberto Barroso acompanhou o voto proferido pelo Ministro Gilmar Mendes.[44] No mesmo sentido, o Ministro Teori Zavascki acolheu o recurso, por entender que a Convenção de Varsóvia — e o sucessor Protocolo Adicional 4, de Montreal — preponderaria sobre o CDC. Seguiu-se pedido de vista da Ministra Rosa Weber, encontrando-se o caso pendente de julgamento pelos demais ministros.

5. Conclusões

A Convenção de Varsóvia para a Unificação de Certas Regras Relativas ao Transporte Aéreo foi assinada, em 1929, num contexto histórico de insegurança do transporte aéreo e de incipiência das empresas. O especial regime de proteção ao transportador – como as tarifações das indenizações e o estabelecimento de prazos prescricionais relativamente curtos – justificava-se em razão da necessidade de incentivar uma indústria recente, frágil, e ainda em vias de demonstrar sua viabilidade econômica e tecnológica. As regras então firmadas tinham por escopo evitar o pagamento de indeniza-

43 "A lei nova, que estabeleça disposições gerais ou especiais a par das já existentes, não revoga nem modifica a lei anterior".

44 No Agravo em Recurso Extraordinário n° 766.618, que cuida do prazo prescricional e será julgado em conjunto com o RE 636.331, o relator, Ministro Roberto Barroso, já se manifestou no sentido de que por força do art. 178 da CF, em caso de conflito, as normas das convenções que regem o transporte aéreo internacional prevaleceriam sobre o CDC. O Ministro entendeu, ainda, ser o caso de adoção dos critérios tradicionais de solução de antinomias no Direito brasileiro: o da hierarquia, o cronológico e o da especialização. Segundo ele, assim, é de se reconhecer, ainda que se trate de relação de consumo, a incidência do art. 29 da Convenção de Varsóvia, que estabelece o prazo prescricional de dois anos, a contar da chegada da aeronave. Informativo disponível em http://www.stf.jus.br/arquivo/informativo/documento/informativo745.htm#Antinomia entre o CDC e a Convenção de Varsóvia: transporte aéreo internacional – 1

ções tão expressivas a ponto de ameaçarem a consolidação do serviço de transporte aéreo civil.

Sobrevieram, por meio da Emenda de Haia, dos Protocolos Adicionais de Montreal, e da Convenção de Montreal, alterações no Sistema de Varsóvia, mantendo-se, no entanto, a limitação da responsabilidade das empresas operadoras do transporte aéreo internacional. A insatisfação gerada pelo sistema extremamente restritivo tem feito com que os Estados signatários, ainda que não denunciem formalmente o tratado, procurem diversas alternativas jurídicas à simples e irrestrita aplicação das regras da Convenção de Varsóvia.

No Brasil, a jurisprudência do Superior Tribunal de Justiça se firmou, basicamente, no sentido de que, caso o serviço de transporte aéreo internacional configure também uma relação de consumo, ter-se-á, por imposição constitucional, o direito do consumidor lesado à indenização irrestrita, de forma proporcional ao dano sofrido. Entende a corte que a proteção do consumidor é uma das normas densificadoras da dignidade da pessoa humana e da proteção econômica, tudo a vedar o retrocesso social, uma vez que, atingido determinado grau de concretização dos direitos sociais e econômicos, passam eles a constituir garantias institucionais e direitos subjetivos. A ressalva feita pelo STJ é no sentido de que, no caso concreto, é necessário aferir se trata-se, de fato, de relação de consumo. Em caso negativo, tem o tribunal decidido que o critério da especialidade determina a incidência do Sistema de Varsóvia, por ser o Código Civil regra geral em relação àquele.

A jurisprudência do Supremo Tribunal Federal, por sua vez, não é pacífica. Há precedentes que afirmam o afastamento das normas especiais do Código Brasileiro da Aeronáutica e da Convenção de Varsóvia quando implicarem retrocesso social ou vilipêndio aos direitos assegurados pelo Código de Defesa do Consumidor. No Recurso Extraordinário n°636.331, que ainda aguarda julgamento, no entanto, há votos segundo os quais a antinomia há de ser resolvida sob o critério da especialidade que ostentaria o Sistema de Varsóvia em relação ao Código de Defesa do Consumidor.

Uma circunstância que merece atenção é o fato de o Supremo Tribunal Federal ter, em 2014, considerado que as companhias aéreas são *concessionárias de serviços públicos*. A premissa foi adotada para justificar a procedência de pedido de indenização de uma companhia aérea em face da União em razão de prejuízos sofridos em decorrência de planos econômicos. Veja-se: para o STF, empresas que prestam serviço de transporte aéreo não operam livremente conforme os auspícios do direito privado, como se dá em atividades econômicas em sentido estrito. É esse o motivo pelo qual se entendeu que as empresas fariam jus a uma "manutenção do equilíbrio econômico-financeiro do contrato", a justificar o dever de indenizar da União, ainda que em razão de atos lícitos.

É de se esperar coerência do Supremo Tribunal Federal. Se – como se decidiu – foi reconhecida a natureza de serviço público do transporte aéreo para o fim de proteger as empresas aéreas de intempéries inerentes ao regime de direito público, o outro lado da moeda é que as pessoas jurídicas privadas prestadoras de serviços públicos devem responder irrestrita e objetivamente pelos danos que seus agentes, nessa qualidade, causarem a terceiros. A conclusão é lógica e relega a segundo plano a aventada antinomia entre o Código de Defesa do Consumidor e o Sistema de Varsóvia. Tratando-se o transporte aéreo, como já entendeu o Supremo Tribunal Federal, de serviço público, ao regime de responsabilidade segundo o direito público se submetem as empresas prestadoras. Por ora, no entanto, não há, no RE 636.331, sinal de que referido enfoque será considerado.

A polêmica parece ter sido reduzida e traduzida sob o signo da alegada violação ao artigo 178 da Constituição da República pela aplicação, em detrimento do Sistema de Varsóvia, das regras do Código de Defesa do Consumidor. O cerne da questão, no entanto, no que tange à limitação do dever de indenizar, é anterior, e vai além. Ainda que não se trate de relação de consumo, a proporcionalidade da indenização em relação ao dano material, moral ou à imagem tem natureza de direito fundamental. Eventual norma infraconstitucional que afrontasse referido direito haveria de ser tida como incompatível com a ordem constitucional. É o que assegura também o artigo 178: a União é autorizada pela própria Constituição a firmar acordos sobre o transporte internacional. Se é a Constituição que atribui tal competência, o exercício dela deve se dar em conformidade com a unidade constitucional.

O Sistema de Varsóvia, embora não tenha sido formalmente denunciado pelo Estado brasileiro, no que toca à limitação da responsabilidade do transportador aéreo, é desconforme em relação à ordem instaurada pelo constituinte em 1988. A questão, afinal, tem viés procedimental. Se, por hipótese, coubesse à legislação interna disciplinar o transporte, ainda que internacional, o caso haveria de se resolver pela revogação ou declaração de inconstitucionalidade da lei que limitasse o direito à indenização irrestrita e proporcional, eis que seria contrária ao que *garante* a Constituição. A Constituição, no entanto, elegeu os tratados como instrumentos a serem observados na ordenação do transporte internacional.[45] Com isso, por certo,

45 Os quais, sob o âmbito do direito internacional, são afastados por meio do procedimento de denúncia, tratado, em termos gerais, pela Convenção de Viena do Direito dos Tratados (art. 56), e que pode ser compreendido como o ato unilateral, de efeito jurídico inverso ao da ratificação e da adesão, através do qual o Estado manifesta sua vontade de deixar de ser parte do tratado. A Convenção de Varsóvia (Montreal) prevê a renúncia no artigo 54: "1. Todo Estado Parte poderá denunciar a presente Convenção, mediante notificação por escrito dirigida ao Depositário. 2. A denúncia surtirá efeito cento e oitenta dias após a data em que o Depositário receba a notificação."

não pretendeu o constituinte renunciar às demais normas constitucionais, ou abrir caminho ao retrocesso das garantias por ele próprio instituídas.

Não parece haver dúvidas sobre a fragilidade de se sustentar que, materialmente, o sistema tarifado de Varsóvia atenderia adequadamente ao que a Constituição entendeu por indenização proporcional. Não se está a afirmar que, em determinadas hipóteses, nuances do caso concreto não poderão justificar a adoção de critérios a fim de se atingir a proporcionalidade da reparação. Isso já fez o Código Civil,[46] e, até mesmo, o Código de Defesa do Consumidor.[47] Afastar os limites tarifados da Convenção de Varsóvia não significa dar azo à extinção dos parâmetros para a fixação do dever de indenizar. Alardear-se que o afastamento dos limites pré-fixados equivaleria a sujeitar as empresas de transporte aéreo ao risco de inviabilização da atividade econômica, isso, sim, significa desconsiderar todo um sistema de princípios que reclamam sopesamento em concreto, a se atingir, afinal, por meio de decisão judicial devidamente motivada, prestação jurisdicional proporcional.

Referências bibliográficas

ALMEIDA, Carlos Alberto Neves. *Da responsabilidade civil das companhias de aviação face ao novo regulamento (CE) n° 2027/97 do Conselho de 17.10.* Disponível em http://www.estig.ipbeja.pt/~ac_direito/Neves98.pdf Acesso em 25.02.2015.

ALVIM, Eduardo Arruda e JORGE, Flávio Cheim. *A responsabilidade civil no Código de proteção e defesa do consumidor e o transporte aéreo.* Revista de Direito do Consumidor. Julho/Setembro – 1996.AMARAL Júnior, Alberto. *A invalidade das cláusulas limitativas de responsabilidade nos contratos de transporte aéreo.* Revista Direito do Consumidor. Abril/Junho-1998.

CANOTILHO, Joaquim José Gomes. *Direito constitucional e Teoria da Constituição.* Coimbra: Livraria Almeida, 2003.

CARVALHO FILHO, José dos Santos. *Manual de Direito Administrativo.* São Paulo: Atlas, 2014.

COELHO, Fábio Ulhôa. *A compra e venda, os empresários e o código de defesa do consumidor.* Revista de Direito do Consumidor. São Paulo: Revista dos Tribunais, 1992. v. 3.

46 Artigos 478 a 480.

47 Que, em "situações justificáveis", admite que a indenização poderá ser limitada caso o consumidor seja pessoa jurídica (art. 51, I, segunda parte).

GONÇALVES, Carlos Roberto. *Responsabilidade civil*. São Paulo: Saraiva, 2014.

MARQUES. Cláudia Lima. *A responsabilidade do transportador aéreo pelo fato do serviço e o Código de Defesa do Consumidor: antinomia entre norma do CDC e de leis especiais. Revista de Direito do Consumidor*. RDC 3/155. jul.-set./1992.

SHAW, Malcolm. *Direito Internacional*. Trad. CIPOLLA, Marcelo Brandão; NASCIMENTO, Lenita Ananias e SETTE-CÂMARA, Antônio de Oliveira. São Paulo: Martins Fontes, 2010.

VENOSA, Sílvio de Salvo. *Direito Civil: Parte Geral*. São Paulo: Atlas, 2014.

A RELAÇÃO ENTRE A BOA-FÉ OBJETIVA E O DEVER DE INFORMAÇÃO NO CÓDIGO DE DEFESA DO CONSUMIDOR

Rodrigo Mazzei
Bruno Pereira Marques

1. Introdução

Com a nova ordem constitucional consagrou-se a possibilidade de a Carta Constitucional exercer efeitos diretamente nas relações civis, ganhando força o chamado direito civil constitucional. Sob essa perspectiva, mudou-se o foco do direito privado da propriedade para o indivíduo, como forma de respeitar a dignidade da pessoa humana, fundamento da constituição, e perseguir os objetivos concernentes a uma sociedade mais justa.

Seguindo essa lógica, a boa-fé objetiva passou a ser mais valorizada em relação à boa-fé subjetiva, justamente por ter em conta uma coletividade como parâmetro, e não apenas o sentimento individual.

Da incidência da boa-fé objetiva nas relações contratuais é possível extrair três funções exercidas, podendo a boa-fé objetiva servir como cânone interpretativo, como fonte de criação de deveres e de limitação de direitos, sempre com o foco em padrões de comportamento inerentes à sociedade que cerca os sujeitos contratuais, e não mais apenas individual interesse desses. Destacando que todas a funções possuem seu papel na conformação do dever de informar, é inequívoca a maior incidência do papel criador de direitos, sendo reconhecido que, mesmo sem expressa manifestação, os sujeitos contratuais têm uma série de deveres a serem cumpridos, até mesmo antes da própria relação contratual estar acertada e também após o encerramento do vínculo contratual.

Aprofundado mais acerca do dever de informação e intrínseca relação com a boa-fé objetiva, em um primeiro instante delineou-se a conformação do dever de informar extraído da boa-fé objetiva, para só então adentrar no dever de informação advindo do Código de Defesa do Consumidor, diploma fértil no tocante à exposição de deveres informacionais positivados.

2. Uma perspectiva constitucional da boa-fé objetiva

A consolidação da boa-fé objetiva em nosso ordenamento jurídico teve como marco a Constituição Federal de 1988, a despeito sua origem ser muito anterior. Não se discute que a boa-fé sempre foi levada em conta nas relações entre particulares, e, principalmente, nas relações obrigacionais, mesmo se considerarmos que a prevalência se encontrava na boa-fé subjetiva.

Esse pensamento não era à toa. Era apenas a exteriorização do pensamento norteava as relações da sociedade, com uma hipervalorização do individualismo. Assim, nada mais natural que o vértice interpretativo das relações fosse o indivíduo em si considerado, em detrimento de um posicionamento que levasse em conta também o outro.

Mas com a nova ordem constitucional, ganhou força no país o fenômeno da constitucionalização do Direito Civil, trazendo para o corpo constitucional temas que, segundo a antiga concepção constitucional, deveriam ser afeitas apenas ao direito privado. A Constituição deixou de ser apenas uma garantia do indivíduo contra o Estado passando a também reguladora das relações interpessoais, por meios dos princípios. Essa transformação só foi possível com o reconhecimento do que Konrad Hesse chamou de Força Normativa da Constituição. Sob esse prisma, a Constituição deve ser vista como instrumento diretamente aplicável às relações jurídicas, superando-se a ideia de veiculação de regras meramente programáticas. Verificou-se a mudança de paradigmas para aceitar a aplicação direta dos preceitos constitucionais, que deixaram de ser destinados apenas ao legislador, impondo-lhe deveres negativos que protegeriam o cidadão para incutir a ideia de que os ditames constitucionais também eram destinados à regulação da atividade positiva do cidadão. E mais. Passariam a regular também as relações entre cidadãos, passando a Constituição a ter papel principal na regulação comportamental.

Por retratar (ou tentar retratar) uma concepção dos princípios caros a certa sociedade, a Constituição figura não só como instrumento instaurador da ordem jurídica, mas também como elemento norteador da aplicação das normas jurídicas. Todas devem se conformar com as posições constitucionais, pois, caso contrário, ter-se-ia configurada a discrepância entre a legislação e a sociedade que, em tese, apresentou tal legislação, retirando-lhe carga de legitimidade. Assim:

> A interpretação constitucional está submetida ao princípio da ótima concretização da norma. [...] A interpretação adequada é aquela que consegue concre-

> tizar, de forma excelente, o sentido (Sinn) da proposição normativa dentro das condições reais dominantes numa determinada situação.[1]

A normatividade da Constituição, nessa linha, direciona toda a ordem jurídica pátria, gerando efeitos perante todos os ramos do Direito, não sendo diferente do caso do direito processual, mormente quando se constata ser esse o ramo que dispõe sobre como deve o Estado-Juiz exercer sua função de substituição do indivíduo para impor a obediência às normas jurídicas.

Esse processo não se deu, contudo, apenas sob uma ótica interpretativa. Percebendo-se de sua função primordial na regulação também das atividades privadas, o Estado passou a incluir na constituição temas que tradicionalmente não guardavam relação com os que se entendiam como essenciais a uma Carta Constitucional, como direitos fundamentais, processo legislativo e organização do Estado.

Assim, com a Carta de 1988, diversos institutos tipicamente de direito civil foram trazidos ao corpo constitucional, como a família, a sucessão, a propriedade. Também cuidou de reger as atividades econômicas, prevendo intervenção estatal na economia em certas circunstâncias, sob o argumento de preservá-la.

Não obstante, também previu a proteção de setores considerados mais fracos, incumbindo ao legislador ordinário o dever de pormenorizar a proteção aos tido como hipossuficientes, sendo o grupo que mais interesse traz a esse trabalho o dos consumidores. O constituinte, erigiu a defesa do consumidor como princípio da ordem econômica,[2] indicando, assim, a necessidade de consolidar a ideia de igualdade material nas relações consumeristas.

Essa normatização constitucional é deveras importante aos institutos do direito civil. Entretanto, não cabe à Constituição traçar os aspectos normativos destes temas, tendo apenas consagrado os principais pontos, os quais servem de norteamentos a serem seguidos pelo legislador infraconstitucional.

A maior contribuição trazida pela Carta de Outubro não é esse regulação, e sim a veiculação de diversos princípios constitucionais flagrantemente e diretamente incidentes nas relações entre particulares.

---

1 HESSE, Konrad. **A Força Normativa da Constituição**. Tradução de Gilmar F. Mendes. Porto Alegre: Sérgio A. Fabris, Editor, 1991. pp. 22-23)

2 Art. 170. A ordem econômica, fundada na valorização do trabalho humano e na livre iniciativa, tem por fim assegurar a todos existência digna, conforme os ditames da justiça social, observados os seguintes princípios:
(...)
V - defesa do consumidor;

Por meio destes princípios, o constituinte procurou "humanizar" as relações entre os indivíduos, retirando um pouco da carga patrimonialista e individualista dos diplomas civilistas.

A valorização da boa-fé objetiva como norteadora das regras comportamentais civilistas tem como pano de fundo a consequente despatrominialização do direito civil[3], conferido ao homem o posto de centro das relações e irradiador de direitos, pois como lembra Rodrigo Reis Mazzei, citando Carlos Roberto Gonçalves, é primordial que se a valoração do direito se volte para o ser humano, para que este volte a ser a fonte das preocupações, relegando aos demais valores papel secundário, posto serem extensões daquela fonte[4].

Partindo para um enfoque constitucional deste novo paradigma interpretativo, é impossível não associá-lo à crescente importância que o princípio da dignidade da pessoa humana vem adquirindo no ordenamento pátrio enquanto um dos fundamentos da República, nos termos do inciso IV do artigo 1º, pois ambos referem-se à preponderância do homem sobre as coisas. Nas palavras de Carlyle Popp, citado por Nelsonn Rosenvald,

> A dignidade da pessoa humana significa a superioridade do homem sobre todas as demais coisas que o cercam. Representa, então, a subordinação do objeto ao sujeito de direito.[5]

Considerando que a Constituição cuida de estabelecer a ordem vigente no país, e tendo erigido a dignidade da pessoa humana como um de seus fundamentos, resta estreme de dúvida que as relações privadas devem ter como objetivo atingi-la.

Neste ponto, a valorização da boa-fé objetiva nas relações contratuais vem servir como um guardião dos fundamentos da república, cuidando de encaminhar o eixo interpretativo do código civil do patrimônio para a pessoa. E essa mudança de vetor axiológico também se dá na mudança da concepção de como o indivíduo é considerado.

É que, sob a nova ordem constitucional, não é mais possível considerar o *animus* de cada indivíduo, sob pena de inviabilizar essa grande conquista.

---

3 Sempre lembrando que as relações consumeristas possuem inequívocos pontos de contato com o direito civil, sendo ainda também objeto da mencionada despatrominialização, tendo como perspectiva a mudança de paradigma interpretativo do objeto de direito para os sujeitos de direito.

4 MAZZEI, Rodrigo Reis. **Notas iniciais à leitura do novo Código Civil**, In ARRUDA ALVIM; THEREZA ALVIM (coord.). Comentários ao Código Civil Brasileiro, parte geral (arts. 1° a 103). Rio d janeiro: Forense, 2005. V.1. p. CXXXI

5 POPP, Carlyle, apud, ROSENVALD, Nelson, **Dignidade da pessoa humana e boa-fé no código civil**. São Paulo: Saraiva, 2005. p. 14.

Dessa forma, a adoção de balizamentos acerca do que seria a boa-fé, analisando-a objetivamente – ou seja, a prevalência da boa-fé objetiva – permite que o fundamento da dignidade da pessoa humana seja preservado nas relações contratuais. Como bem afirma Teresa Negreiros:

> (...) é possível reconduzir o princípio da boa-fé ao ditame constitucional que determina como objetivo fundamental da República a construção de uma sociedade solidária, na qual o respeito pelo próximo seja um elemento essencial de toda e qualquer relação jurídica.[6]

Além da mudança do vetor interpretativo acima apontada, aprofundando a análise da incidência da boa-fé objetiva nas relações contratuais percebe-se outros fundamentos constitucionais. Nesse sentido, analisando uma aplicação positivada da boa-fé objetiva no tocante ao abuso de direito, enxerga-se um antecedente constitucional que permite uma melhor interpretação de sua disposição.

Pela dicção do artigo 187[7] do Código Civil de 2012, o exercício de um direito que extrapole os limites da boa-fé – abuso de direito – é considerado ilícito, sofrendo quem o faça, portanto, as sanções previstas na legislação civilista (aferidas, por óbvio, sob a luz da boa-fé objetiva). A caracterização do abuso de direito como ilícito civil tem claro amparo no texto constitucional.

Nesse sentido, em recente enunciado aprovado pelas Jornadas de Direito Civil, organizadas pelo Conselho da Justiça Federal, resta estreme de dúvidas esse viés constitucional do abuso de direito. Em seu enunciado 414, externalizou-se o fundamento constitucional, destacando a incidência dos princípios da solidariedade, do devido processo legal e da proteção da confiança, sendo aprovado da seguinte maneira:

> 414) Art. 187. A cláusula geral do art. 187 do Código Civil tem fundamento constitucional nos princípios da solidariedade, devido processo legal e proteção da confiança e aplica-se a todos os ramos do direito.[8]

Definido o aspecto constitucional da boa-fé objetiva, outra questão importante passa a ser a forma de como dar concretude às suas disposições,

---

6 NEGREIROS, Teresa. **Teoria dos contratos**: novos paradigmas. Rio de Janeiro: Renovar. 2002. p. 177.

7 Art. 187. Também comete ato ilícito o titular de um direito que, ao exercê-lo, excede manifestamente os limites impostos pelo seu fim econômico ou social, pela boa-fé ou pelos bons costumes.

8 AGUIAR JÚNIOR, Ruy Rosado de (coord). **Jornadas de direito civil I, III, IV e V**: enunciados aprovados. Brasília: Conselho da Justiça Federal, Centro de Estudos Judiciários, 2012..

a fim de não se restringir a mero ideário, mas sim fonte direta de direitos e deveres aos contratantes.

3. A boa-fé objetiva nas relações contratuais

A boa-fé objetiva possui aplicação predominante no âmbito das relações obrigacionais, sendo por alguns denominada de *boa-fé obrigacional*[9]. Erigida à categoria de princípio contratual,

> (...) compreende um modela de eticização de conduta social, verdadeiro *standard* jurídico ou regra de comportamento, caracterizado por uma atuação de acordo com determinados padrões sociais de lisura, honestidade e correção, de modo a não frustrar a legítima confiança da outra parte.[10]

Desta feita, é possível perceber que para a boa-fé objetiva, não importa o estado anímico do indivíduo, sendo tomado como fator determinante para aferir a conformidade com seus preceitos o comportamento externo do sujeito, em comparação com o esperado pelos que o cercam.

Essa ideia de boa-fé guarda relação com a nomenclatura utilizada pelo direito germânico – *Treu und Glauben*. Ainda que tal denominação tenha sofrido variações com o tempo (natural em qualquer língua viva), o atual significado, ao contrário das formas das línguas latinas modernas, auxilia na distinção entre a boa-fé subjetiva e a objetiva, consoante escólio de Menezes Cordeiro[11]. Em uma tradução livre, esses termos significam lealdade (Treu) e confiança (Glauben). A lealdade e, principalmente, a confiança são os alicerces que a boa-fé objetiva pretende às relações obrigacionais, de modo que a outra parte passa a ser o foco da análise da boa-fé.

A valorização da boa-fé objetiva no âmbito dos contratos tem ainda o escopo de conferir força e longevidade às relações contratuais, no passo que, ante a celebração do contrato, os contratantes geram expectativas entre si acerca dos benefícios que possam fruir de sua conformação. Essas expectativas são decorrentes daquele padrão comportamental esperado, aderindo à relação obrigacional como corolário da formação da vontade.

Ainda que bem definida a existência das três funções da boa-fé objetiva, a identificação de qual função está exercendo influência na relação é

---

9 ROSENVALD, Nelson. **Dignidade da pessoa humana e boa-fé no código civil**. São Paulo: Saraiva, 2005. p. 80

10 Ibidem. loc. cit.

11 CORDEIRO, António Manuel da Rocha e Menezes. **Da boa-fé no direito civil**. Coimbra: Almedina, 2001. p 167

mais tormentosa, face a complementariedade existente entre elas. A professora Teresa Negreiros explica bem essa dificuldade:

> A tripartição das funções atribuídas ao princípio da boa-fé obedece a uma classificação em "tipos ideais". Na prática, estas funções complementam-se, sendo por vezes definir, num caso concreto, sob que "tipo" a boa-fé está sendo invocada; qual, enfim, a função específica que o princípio está desempenhando naquela hipótese em particular.[12]

No caso específico do presente trabalho, em se tratando do dever de informar, é notório que também há essa relação de complementariedade supramencionada. Sob a perspectiva da função interpretativa, a boa-fé objetiva serve como elemento de integração, de aferição se as informações necessárias foram prestadas e estão suficientemente claras. Já sob a ótica da função limitadora de direitos, o dever de informação é moldado pelo comportamento dos contratantes (em especial, o fornecedor). Não apenas o que é externalizado como informação ao consumidor deve ser considerado; o comportamento e principalmente, as expectativas geradas por esse comportamento também são elementos que conformam a prestação de informação, sendo também ponderados a fim de caracterizar o escorreito adimplemento desse dever.

Não obstante as duas funções da boa-fé objetiva também terem papel importante em relação ao dever de informação, mostra-se indubitável que é a função criadora de deveres anexos que se sobressai acerca do tema, na medida que as elementares primordiais do dever de informação cuidam-se de deveres existentes independentemente da vontade, razão pela qual imperiosa uma maior incursão a fim de identificar seu papel na conformação do dever de informação.

4. A função criadora de deveres anexos da boa-fé objetiva

A boa-fé objetiva, ao impor deveres aos contratantes, exerce influência direta a esses enquanto perdurar os efeitos do contrato. A lógica de toda a relação contratual é a assunção de direitos e obrigações pelos contratantes, segundo sua vontade. Surgem, dessa forma, deveres a serem cumpridos pelas partes (com o correlato direito da parte adversa).

Entretanto, há certos deveres que emergem da simples existência do contrato, também chamados de deveres anexos. Esses independem da vontade das partes, sendo uma decorrência direta da boa-fé objetiva, podendo, inclusive, emergir antes mesmo da celebração do contrato, durante a fase

12 NEGREIROS, Teresa. **Teoria dos contratos**: novos paradigmas. Rio de Janeiro: Renovar. 2002. p. 140

pré-contratual (negociações), ou mesmo após o exaurimento da relação contratual, independendo de existência da relação contratual, como bem leciona Rogério Zuel Gomes[13]. Sobre essa independência da relação contratual, também se debruçou Menezes Cordeiro, que afirma que "os deveres acessórios colocam-se numa posição de independência relativa face à obrigação que é suposto acompanharem"[14].

As Jornadas de Direito Civil reconheceram a criação de deveres anexos – até mesmo nas fases pré e pós-contratual – como corolário da boa-fé objetiva, caracterizando a violação a esses como inadimplemento contratual. Tratam-se dos enunciados 24 e 170:

> 24 – Art. 422: Em virtude do princípio da boa-fé, positivado no art. 422 do novo Código Civil, a violação dos deveres anexos constitui espécie de inadimplemento, independentemente de culpa.[15]
> 170 – Art. 422: A boa-fé objetiva deve ser observada pelas partes na fase de negociações preliminares e após a execução do contrato, quando tal exigência decorrer da natureza do contrato.[16]

No campo do direito contratual pátrio, foi por obra do Código de Defesa do Consumidor o reconhecimento destes deveres, o qual incluiu expressamente certos deveres, como o de informação. Mas, a despeito de alguns deveres estarem positivados, não se exclui a possibilidade de se extrair do próprio sistema outros deveres, sendo, pois, meramente exemplificativo o rol apresentado na legislação consumerista.[17] Assim, é mediante a análise da relação contratual na espécie que, precipuamente, será possível depreender os deveres anexos, bem como sua existência em momentos distintos da execução contratual.

Por sua vez, ainda que não haja uma distinção bem determinada dos deveres que incidem em cada um dos momentos contratuais, posto que certos deveres estão presentes em todos esses momentos, a depender da fase, alguns deveres se sobressaem em relação aos outros.

---

13 GOMES, Rogério Zuel. *Teoria contratual contemporânea*: função social do contato e boa-fé. Rio de Janeiro: Forense. 2004. p. 163.

14 CORDEIRO, António Manuel da Rocha e Menezes. **Da boa-fé no direito civil**. Coimbra: Almedina, 2001.. p.61

15 AGUIAR JÚNIOR, Ruy Rosado de (*coord*). **Jornadas de direito civil I, III, IV e V**: enunciados aprovados. Brasília: Conselho da Justiça Federal, Centro de Estudos Judiciários, 2012.

16 Ibidem

17 O código civil de 2002, por exemplo, preferiu não apresentar rol desses deveres, seguindo a linha que o permeia de evitar a enumeração meramente exemplificativa.

4.1. *Deveres anexos pré-contratuais*

Ainda que inexistente relação contratual propriamente dita, com o início das tratativas entre as partes já surgem para essas deveres a serem observados, por incidência imediata da boa-fé objetiva. O principal foco desses deveres é gerar um ambiente contratual propício para que todas as partes alcancem seu objetivo da melhor forma possível. Como bem leciona Regis Fichtner Pereira,

> É intuitivo que as mesmas exigências de conduta, típicas das relações jurídicas contratuais, em razão de conter deveres positivos de conduta, todos derivados da necessidade de as partes cooperarem entre si para alcançarem as finalidades projetada no contrato.[18]

Nessa esteira, mostra imprescindível que as partes ajam não pensando apenas em seus interesses, mas também devem ser levados em conta os interesses do outro.

A existência de deveres a serem observados na fase pré-contratual tem origem na teoria da *culpa in contrahendo*. Conforme nos traz Menezes Cordeiro, o primeiro a cogitar da possibilidade de se imputar responsabilidade por prejuízos decorrente de falhas cometidas em momento anterior à própria celebração do contrato foi Jhering, tendo iniciado nos casos em que o contrato celebrado fosse nulo, e que não houvesse dolo por parte dos contratantes.[19] Sem em que se apoiar, a mencionada teoria fundou na lei a origem da responsabilidade decorrente de atos anteriores ao contrato[20]. E continua o professor português, afirmando que

> No espaço latino, a apresentação de soluções legais para o tema da *culpa in contrahendo* deve-se a FAGGELA. Este autor veio defender, no essencial, e em termos que, de algum modo, representam uma transição, a possibilidade de responsabilizar as partes nos períodos pré-contratuais, com base na conjunção entre a assunção livre de uma situação de negociações preliminares e o infligir de um dano patrimonial à contraparte[21]

---

18 PEREIRA, Regis Fichtner. A responsabilidade civil pré-contratual; teoria geral e responsabilidade pela ruptura das negociações contratuais. Rio de Janeiro: Renovar, 2001. p. 88

19 CORDEIRO, António Manuel da Rocha e Menezes. **Da boa-fé no direito civil**. Coimbra: Almedina, 2001. pp. 532-538

20 CORDEIRO, António Manuel da Rocha e Menezes. **Da boa-fé no direito civil**. Coimbra: Almedina, 2001. pp. 539-540.

21 Ibidem. p. 540

Em decorrência da possibilidade de responsabilização das partes contratantes por danos decorrentes de atos praticados antes mesmo da celebração do contrato – e até mesmo sem que haja efetiva celebração – desenvolveu-se também a ideia de ser imperiosa a obediência de certos deveres de modo impedir que esses danos ocorram. E a origem desses deveres é, indubitavelmente, a boa-fé objetiva, cláusula geral que marca e deve pautar a atuação dos sujeitos de direito, tendo como referencial o patamar médio, o *standard* de comportamento esperado em dada situação fática. Esse comportamento, antes da celebração do contrato, nada mais é do que a observância aos deveres pré-contratuais.

Importante destacar que no momento pré-contratual, até por não haver obrigações assumidas pelos contratantes oriundas da manifestação de vontade, os deveres anexos gerados possuem não guardam caráter acessório, mas são efetivos deveres principais. Regis Fichtner Pereira é contundente nesse sentido, ao afirmar que

> Na fase contratual, contudo, os deveres jurídicos decorrentes da incidência do princípio da boa-fé não terão caráter acessório de um dever jurídico principal, já que esse dever jurídico ainda não existe. Nessa fase, esses deveres jurídicos assumirão o papel principal na regulação do comportamento das partes, pois serão eles que definirão as exigências de conduta de uma parte em relação à outra.[22]

Em se tratando dos deveres pré-contratuais decorrentes da boa-fé objetiva, é de fácil percepção as finalidades que são perquiridas. A obediência desses deveres tem como meta permitir que as partes, ao decidirem por realmente celebrar o contrato, o façam sob bases seguras, sabendo dos prós e contras que possam surgir com a efetiva contratação. Em suma, os deveres pré-contratuais servem como elementos estruturantes de uma boa negociação, dando subsídios suficientes aos contratantes para avaliar se alcançar-se-ão seus objetivos. Tendo em vista que, em regra, a convergência primeira entre as partes é a vontade de contratar, a estruturação das negociações permite que o contrato seja celebrado com base em fundamentos sólidos, que permitirão a plena satisfação dos interesses mútuos e uma execução contratual sem percalços.

4.2. Deveres anexos contratuais

A fonte precípua geradora de deveres durante a relação contratual, como sói de ser, é o encontro da mútua manifestação de vontades. Assim,

---

22 PEREIRA, Regis Fichtner. A responsabilidade civil pré-contratual; teoria geral e responsabilidade pela ruptura das negociações contratuais. Rio de Janeiro: Renovar, 2001. pp 88-89

os deveres contratuais que emanam da avença são decididos e assumidos ao arbítrio dos contratantes. Todavia, nem todos os deveres possuem essa fonte. Alguns são decorrentes direto da incidência da boa-fé objetiva na relação contratual, aparecendo independentemente da vontade das partes.

Superada as tratativas, entrando em acordo os contratantes, os deveres e obrigações a que se submeterão são delineados, iniciando, assim, a fase de execução do contrato. Todavia, não são apenas esses os deveres impostos decorrentes da relação contratual. Por incidência direta da boa-fé objetiva, são criados para as partes deveres acessórios, também com imperiosidade em seu cumprimento. Nessa esteira, conforme enunciado das Jornadas de Direito Civil[23], o descumprimento tão só desses deveres já é considerado inadimplemento contratual, dando ensejo às suas consequências.

Mas, se as partes, no exercício da autonomia da vontade estipulam os deveres e obrigações de cada um, por que ainda há que se falar em mais deveres, e ainda por cima, sem que, sequer possam discuti-los?

A resposta se encontra no fato de as relações contratuais, ainda que sejam construídas no interesse dos contratantes, seus efeitos transcendem, alcançando também a sociedade. É indubitável o papel que possuem as relações privadas na circulação de riquezas. Nessa esteira, ainda que imediatamente digam respeito apenas aos contratantes, não se pode perder de vista sua importância para a economia, os efeitos que, extrapolando desses, alcançam terceiros. Assim, também é de interesse coletivo que as relações contratuais se desenvolvam de forma escorreita.

No mais, é sempre importante destacar que, com a massificação dos contratos, a livre disposição de cláusulas já não se mostra uma realidade geral, ganhando força os contratos de adesão. Também nas relações de consumo é nítida a disparidade de forças entre os contratantes, o que, por si só, já demanda a preocupação em assegurar um comportamento padrão mínimo.

Percebe-se, pois, que o papel primordial dos deveres anexos no decorrer da existência da relação contratual é a garantir a satisfatória execução do contrato, de modo a convalidar a confiança depositada no momento de sua celebração.

4.3. Deveres anexos pós-contratuais

Finalizado o contrato, não mais havendo que se falar na obrigação principal, ainda persistem deveres anexos para os contratantes. Ainda que possa parecer estranho, mesmo com o fim da relação contratual as par-

---

23 Enunciado n° 24 – Art. 422: Em virtude do princípio da boa-fé, positivado no art. 422 do novo Código Civil, a violação dos deveres anexos constitui espécie de inadimplemento, independentemente de culpa

tes permanecem unidas a um vínculo obrigacional, conquanto mínimo. Marcante nesses deveres a redução (redução, e não ausência, frise-se) dos deveres positivos, ao contrário dos demais momentos, modo que os deveres pós-contratuais com maior incidência têm por marca serem deveres negativos. Justificando a necessidade de obediência a deveres pós-contratuais, Christoph Fabian afirma que

> Há aqui um resto ainda sobrevivendo da relação obrigacional, que só pode ser explicado pelo conceito da confiança. As partes podem ficar vulneráveis também na fase pós-contratual e por isso elas ainda devem um certo respeito à contraparte. Elas podem ser vulneráveis especificamente pelo fato de ter tido relações contratuais.[24]

Seguindo essa linha, é possível destacar que os deveres pós-contratuais têm por finalidade precípua impedir que, mesmo após o término do vínculo obrigacional, os contratantes venham a frustrar-se em relação aos objetivos que pretendiam alcançar. Ou seja, impedem que a relação contratual, ainda que já extinta, seja fonte de prejuízos às partes. A confiança depositada em períodos pretéritos, nesses casos, se mostra como elemento-chave, pois esse é o único elo entre os contratantes.

5. O dever de informação como decorrência da boa-fé objetiva e sua conformação

Analisando a função criadora de deveres anexos que a boa-fé objetiva exerce nas relações contratuais (e até mesmo antes de sua formação), bem como a finalidade em cada momento dessa relação, fica latente a forte influência que a boa-fé objetiva possui na conformação do direito de informação.

A boa-fé objetiva tem como alcerce precípuo a construção de relação de confiança entre os sujeitos. Em regra, não se contrata ou consome sem que seja estabelecida inicialmente tal relação. Nutrida essa confiança mútua, exsurgem expectativas nos indivíduos de que certos objetivos serão alcançados com o estabelecimento da relação obrigacional. No estabelecimento dessa relação de confiança e na sua manutenção que entra em cena o dever de informar.

No tocante à influência da função interpretativa da boa-fé objetiva na conformação do dever de informar, é de grande valia trazer, de pronto, a lição de Enzo Roppo expondo a importância da interpretação na relação contratual:

24 FABIAN, Christoph. **O dever de informar no direito civil**. São Paulo, Editora Revista dos Tribunais, 2002. p. 131.

> Muitas vezes, de facto, interpretar o contrato constitui uma verdadeira e própria necessidade, se se quiser dar ao mesmo uma actuação concreta e assim realizar, efetivamente, a operação económica que lhe corresponde.[25]

Em sua função interpretativa, a boa-fé objetiva parte "de um patamar geral de atuação, do homem médio, do bom pai de família que agiria de maneira normal e razoável naquela situação analisada"[26]. Diante deste padrão, espera-se que os contratantes o sigam, em nome dos deveres de lealdade impostos pela boa-fé objetiva. Neste ponto, é com espeque nessa função integradora que se extrai da boa-fé objetiva e, em específico, auxilia na formatação de um dever de informar que seja efetivo. Como delineia Teresa Negreiros, citando Judith Martins-Costa:

> A função de interpretação-integração do contrato que hoje se reconhece como uma das ramificações do princípio da boa-fé reflete esta mesma ideia de "expediente técnico e preciso", a través do qual se confere "ao juiz um especial mandato ou poder para decidir o caso de acordo com as circunstâncias concretas"[27]

É tomando com base as premissas interpretativas decorrentes da boa-fé objetiva que se infere se o dever de informação foi adimplido de forma satisfatória ou não. A mera disposição de dados acerca de um produto ou serviço, analisada formalmente, poderia ser suficiente para se falar em informação prestada. Contudo, para que se tenha uma real prestação de informação esses dados devem ser apresentados de forma inteligível para a potencialidade de interessados, e não apenas a especialistas. Assim, a boa-fé objetiva aparece, em se tratando do dever de informação como cânone interpretativo que permite aferir se essa informação tem a viabilidade de alcançar seu objetivo.

No âmbito da função de limitação de direito das partes inerente à boa-fé objetiva, importante destacar que esse limite tem por fundamento os deveres de confiança e lealdade entre os contratantes e, segundo Anderson Schreiber:

> Trata-se de uma aplicação da boa-fé em seu sentido negativo ou proibitivo: vedando comportamentos que, embora legal ou contratualmente assegurados, não se conformem aos *standards* impostos pela cláusula geral. Aqui, a doutrina

---

25 ROPPO, Enzo. **O contrato**. Trad. Ana Coimbra e M. Januário C. Gomes. Coimbra: Livraria Almeida. 1988. p. 169.

26 MARQUES, Cláudia Lima. **Contratos no código de defesa do consumido***r*: o novo regime das relações contratuais. 4ª ed. rev. Atual. e ampl. São Paulo: RT. 2002. p. 181

27 NEGREIROS, Teresa. **Teoria dos contratos**: novos paradigmas. Rio de Janeiro: Renovar. 2002. p. 135.

> utiliza frequentemente a expressão *exercício inadmissível de direitos*, referindo-se ao exercício aparentemente lícito, mas vedado por contrariar a boa-fé.[28]

Assim, no bojo de uma relação contratual, ainda que não haja nenhuma expressa previsão legal, uma série de comportamentos é vedada, a fim de sustentar a confiança emergente da relação contratual. Afinal, os direitos oriundos da relação contratual não nascem puros, sem qualquer condicionante. E essas condicionantes nem mesmo precisam ter sido objeto de discussão entre as partes. Como lembra Pietro Perlingieri, a proteção que o sistema jurídico confere ao titular tem uma razão de ser, posto ser:

> (...) um interesse juridicamente tutelado, uma situação jurídica que já em si encerra limitações para seu titular. Os chamados limites externos, de um ponto de vista lógico, não seguem a existência do princípio (direito subjetivo), mas nascem junto com ele e constituem seu aspecto qualitativo. (...) Os limites que se definem externos ao direito, na realidade, não modificam do exterior o interesse, mas contribuem à identificação da sua essência, da sua função.[29]

Já quanto aos limites intrínsecos dos direitos subjetivos, afirma o autor italiano que esses se encontram nas cláusulas gerais, citando a boa-fé.[30]

Nesse interim, forçoso destacar que as limitações aos direitos subjetivos das partes têm por objetivo a proteção às expectativas geradas pelas partes reciprocamente. Tendo em vista ser a expectativa, na lição de Pietro Perlingieri, "a situação subjetiva instrumental (situação preliminar) para a aquisição de ulterior situação (situação final)"[31], sua tutela jurídica se monstra como necessária à proteção da própria figura do contrato, no sentido de garantir que as posições assumidas ao início do contrato (e até mesmo antes) sejam mantidas. Ainda na lição de Pietro Perlingieri tem-se que:

> Na fase preliminar à conclusão do contrato as posições das partes assumem importância diversa. A fase das tratativas cria entre os contratantes uma situação de expectativa que o contrato seja concluso.[32]

---

28 SCHREIBER, Anderson. A proibição de comportamento contraditório: tutela da confiança e *venire contra factum proprium*. Rio de Janeiro: Renovar. 2005.. p. 83-84

29 PERLINGIERI, Pietro. **O direito civil na legalidade constitucional**. Trad. Maria Cristina de Cicco. Rio de janeiro: Renovar. 2008. pp 680-681.

30 ,Ibidem. p. 681.

31 Ibidem. p. 690

32 PERLINGIERI, Pietro. **O direito civil na legalidade constitucional**. Trad. Maria Cristina de Cicco. Rio de janeiro: Renovar. 2008. p. 692

Essas expectativas permitem aos contratantes avançar nas tratativas e também a antecipar a movimentação da contraparte. Sem surpresas, o ambiente contratual se mostra mais saudável, levando, via de talante, a um engrandecimento das relações contratuais.

A expectativa de atuação de uma das partes decorrente do comportamento habitual é tutelada contra mudanças repentinas de atuação. Mas como bem lembra Teresa Negreiros, essa perspectiva de comportamento há de ser firme, pois

> (...) não são todas as expectativas, mas somente aquelas que, à luz das circunstâncias do caso, estejam devidamente fundadas em atos concretos (e não somente indícios) praticados pela outra parte, os quais, conhecidos pelo contratante, o fizeram confiar na manutenção da situação assim gerada. Mais que isso, o comportamento contraditório só será alcançado pela boa-fé quando não for justificável e, ainda, quando a reversão de expectativas assim ocorridas gere efetivos prejuízos à outra parte cuja confiança tenha sido traída.[33]

Neste ponto, o comportamento continuado de uma das partes gera para essa uma limitação no seu espectro de atuação, evitando que o outro contratante seja pego de surpresa pela repentina mudança.

Importante destacar as expectativas geradas pelos contratantes – e, em específico, pelo fornecedor – por meio seu comportamento habitual também compõem o dever de informação a ser seguido. Também apresentação de produtos ou serviços de forma semelhante, de modo a gerar indução de semelhança nos benefícios e eventuais inconvenientes, devem ser levados em conta, impondo um reforço maior nas distinções, a fim de afastar essa semelhança.

Por fim, e como já exposto, é no campo dos deveres anexos decorrentes da boa-fé objetiva que se tem o campo mais fértil em relação ao dever de informação. E, seja na etapa pré-contratual, seja durante sua execução, ou até mesmo após encerrado o vínculo obrigacional, o dever de informar se encontra presente, e tendo sempre como norteador a proteção à confiança entre as partes.

No momento pré-contratual, inclusive, o dever decorrente mais latente é o dever de informação, uma vez que sua observância possibilita à parte contrária a aferição das condições que vigorarão durante a execução do contrato, ponderando a viabilidade do negócio. É do escorreito adimplemento do dever de informação que poderão as partes estipular as bases que regerão a relação contratual, com seus deveres e obrigações principais

---

33 NEGREIROS, Teresa. Teoria dos contratos: novos paradigmas. Rio de Janeiro: Renovar. 2002. pp. 147-148

e decorrente da conjugação de vontades que vigorarão por todo período de execução do contrato (ou até ultrapassando esse período).

É preciso entender o dever de informação não apenas como o dever de não faltar com a verdade. Deve ser interpretado como verdadeiro dever positivo imposto às partes, que, além de responder a contento os questionamentos formulados, devem apresentar as informações que, mesmo não solicitadas, sejam relevantes para o contrato que se pretende celebrar, a fim de que a parte contrária possua elementos suficientes para dar sua aceitação no contrato e também para que as partes possam acertar os termos contratuais de forma consciente do negócio e de suas consequências futuras. Nessa linha, Cristoph Fabian afirma que o dever de informar tem finalidade precípua de proteção aos contratantes que se dispuseram a iniciar um contato negocial.[34]

Mais importante ainda o dever de informação nas relações consumeristas. Dada a pequena influência nos termos do negócio jurídicos, é com base nas informações prestadas – sempre observando as diretrizes supra – que o consumidor pode exercer o que podemos chamar de seu maior poder, que é a aceitação do negócio.

Também no momento contratual é imposto aos contratantes o dever de informação. Durante a vigência do contrato devem estes prestar as informações necessárias para que a contraparte possa extrair do contrato o proveito que objetivava. Cláudia Lima Marques destaca que o dever de informação pode se desdobrar em dever de esclarecimento – de observância por todos os contratantes – e dever de aconselhamento – que, por ser mais forte, consiste em apontar os caminhos possíveis a seguir.[35] Sobre o dever de esclarecimento – mas aplicável ao gênero dever de informação – Menezes Cordeiro expõe que:

> Os deveres acessórios de esclarecimentos obrigam as partes a, na vigência do contrato que as une, informarem-se mutuamente de todos os aspectos atinentes ao vínculo, de ocorrências que, com ele, tenham certa relação e, ainda, de todos os efeitos que da execução contratual, possam advir.[36]

E também quando encerrada a relação ente os contratantes é marcante a manutenção de um dever de informação. Ainda que de menor expressividade, não se pode olvidá-lo, até porque diz respeito a temática muito

---

34 FABIAN, Christoph. **O dever de informar no direito civil**. São Paulo, Editora Revista dos Tribunais, 2002. p 122.

35 MARQUES, Cláudia Lima. **Contratos no código de defesa do consumidor**: o novo regime das relações contratuais. 6ª ed. rev. atual. e ampl. São Paulo: RT. 2011. pp. 226-227

36 CORDEIRO, António Manuel da Rocha e Menezes. **Da boa-fé no direito civil**. Coimbra: Almedina, 2001.p. 605

sensível. Mantém-se um dever pós-contratual de cunho positivo que exsurge quando um dos contratantes toma ciência de algum dado relevante posteriormente descoberto. Como cediço, inovações têm como ponto crítico a possibilidade de vícios e defeitos serem constatados tão somente ao fim da relação contratual. Atentaria flagrantemente a boa-fé objetiva caso, tendo notícia desses vícios, o contratante os ignorasse. Essa hipótese é marcante nas relações de consumo, tendo como hipótese notória a questão do *recall* exigido das montadoras de veículos quando descobertos vícios. Previsto nos parágrafos 1° e 2° do artigo 10 do CDC[37], impõe-se a essas empresas o dever de informar a ocorrência desses vícios – impondo-se também o dever de reparar tal vício.

6. Em especial, o dever de informação como dever anexo nas relações consumeristas

Como observado, para se falar no dever de informação imposto aos contratantes (e, especialmente aos fornecedores) despicienda é a expressa menção no bojo da legislação, uma vez que esse dever pode (e deve) ser extraído da boa-fé objetiva. Nesse sentido, o Código Civil de 2002 preferiu não apresentar rol desses deveres, seguindo a linha que o permeia de evitar a enumeração meramente exemplificativa. Assim, é mediante a análise da relação contratual na espécie que será possível depreender os deveres anexos (dentre os quais o de informação), bem como sua existência em momentos distintos da execução contratual.

Por outro lado, o Código de Defesa do Consumidor, já incorporando o novo ideário encampado pela Constituição Federal de 1988, adotou a política legislativa de trazer em seu bojo os deveres inerentes à relação de consumo de forma expressa. Essa posição foi até mesmo natural, mormente se considerarmos que à época de sua promulgação (1990), ainda vivíamos em um momento histórico mais refratário a imposição de deveres pela construção decorrente de cláusulas gerais sem que houvesse expressa indicação, ao mesmo tempo que não estava consolidada a adoção de cláusulas gerais e seu preenchimento concomitante a incidência da norma no caso concret. Nessa linha, é possível perceber que o Código de Defesa do Consumidor é permeado de normas indicativas do dever de informação, dando-lhe forma,

---

37 § 1° O fornecedor de produtos e serviços que, posteriormente à sua introdução no mercado de consumo, tiver conhecimento da periculosidade que apresentem, deverá comunicar o fato imediatamente às autoridades competentes e aos consumidores, mediante anúncios publicitários.
§ 2° Os anúncios publicitários a que se refere o parágrafo anterior serão veiculados na imprensa, rádio e televisão, às expensas do fornecedor do produto ou serviço.

e associando-se à boa-fé objetiva na finalidade de proteção da parte hipossuficiente nessa relação. Bruno Miragem destaca que:

> O direito básico à informação do consumidor estabelecido no artigo 6°, III, do CDC é acompanhado de uma série de deveres específicos de informação ao consumidor, imputados ao fornecedor nas diversas fases da relação de consumo, como é o caso dos artigos 8° e 10 (informação sobre riscos e periculosidade), 12 e 14 (defeitos de informação), 18 e 20 (vícios de informação), 30, 31, 33, 34 e 35 (eficácia vinculativa da informação, sua equiparação à oferta e proposta, e as consequências da violação do dever de informar), 36 (o dever de informar na publicidade), 46 (a ineficácia em relação ao consumidor, das disposições contratuais não informadas), 51 (abrangência pelo conceito de cláusula abusiva, daquelas que não foram suficientemente informadas ao consumidor), 52 e 54 (deveres específicos de informação nos contratos.[38]

Essa preocupação do legislador com o dever de informar é facilmente entendida quando se leva em conta os objetivos que se pretende alcançar. O escorreito cumprimento do dever de informação é primordial à formação da relação de consumo. Tem início antes mesmo de podermos falar nessa relação. É por meio do dever de informação que o fornecedor expõe aos potenciais consumidores os dados básicos para a fruição do produto ou serviço que permitam a esses avaliar se há interesse no estabelecimento da relação de consumo. E, uma vez existente a relação de consumo, é como indica a forma de utilização e os cuidados a serem tomados para que essa relação seja satisfatória.

É indubitável que ao fornecedor é interessante que as informações benéficas e os diferenciais de seu produto ou serviço cheguem ao consumidor, de modo a levá-los ao consumo. Esse é o papel que a publicidade tem nas relações de consumo: ressaltar os atributos que tornam sua oferta mais vantajosa que a de seus concorrentes. Contudo, o dever de informação extrapola essa mera veiculação de informações de cunho persuasivo.

Na relação consumidor-fornecedor, indubitável a existência de um déficit informacional em desfavor daquele. É o fornecedor o detentor dos dados acerca de seu produto, ao passo que o consumidor inicialmente não os possui. É com vistas a sanar essa diferença que o dever de informação encontra sua relevância. Quando se fala em dever de informação, é imperioso que o elemento a ser considerado é a exposição de dados acerca de certo produto ou serviço. A mera veiculação de apenas dados favoráveis não implica em efetivo cumprimento do dever de informação, pois esse consiste no

38 MIRAGEM, Bruno. **Curso de direito do consumidor**: fundamentos do direito do consumidor, direito material e processual do consumidor, proteção administrativa do consumidor, direito penal do consumidor. 2ª ed. São Paulo, SP: Ed. Revista dos Tribunais, 2010. P. 128.

> [...] dever de informar bem o público consumidor sobre todas as características importantes de produtos e serviços, para que aquele possa adquirir produtos ou contratar serviços, sabendo exatamente o que poderá esperar deles.[39]

Somente com base em informações corretas que o consumidor terá aptidão, como informam Antônio Herman Benjamin, Claudia Lima Marques e Leonardo Roscoe Bessa a realizar "o ato de consumo verdadeiramente consentido, livre, porque fundamentado em informações adequadas".[40]

O preenchimento do conteúdo do dever de informar depende das particularidades de cada relação. Alguns produtos, sem muitas complexidades e já bastante difundidos necessitam de informações menos detalhadas, ao passo que produtos ou serviços novos, ou com maior carga de complexidade exigem um maior esforço para fins de adimplemento do dever de informar. Contudo, independentemente do nível de complexidade, o que se espera da informação prestada é que essa seja eficaz e adequada, não podendo ser tratada como mera formalidade. Nessa esteira, algumas características devem estar presentes para se falar em informação eficaz.

A primeira que se destaca é que deve a informação ser correta. É até óbvio, mas a informação a ser prestada pelo fornecedor não pode trazer incorreções nos dados disponibilizados. A lealdade entre os contratantes é, além de um dos deveres inerentes à boa-fé objetiva, uma característica que se pretende em todas as relações humanas. Assim, a informação prestada pelo fornecedor deve primar pela correção de seus dados. Espera-se que o fornecedor tente cativar o consumidor pelas qualidades existentes em seu produto ou serviço, e não pela utilização de artimanhas e falseamentos no intuito de ludibriá-lo. E, sempre tendo em mente esse dever de correção, impõe-se ao fornecedor, ao se deparar com informações incorretas, a obrigação de difundir a existência dessa falha e apresentar a informação correta.

Mas não basta apenas a correção na informação. É primordial que a informação seja clara. Como já delineado, o dever de informação tem como escopo a redução no déficit informacional existente entre consumidor e fornecedor. Mas apresentando-a de forma truncada, repleta de termos técnicos sem grande domínio por parte da população em geral, essa finalidade de certo não será alcançada. Não se nega que, em algumas situações, a utilização de termos mais complexos se faz necessária. Mas sua utilização deve

39 GRINOVER, Ada Pellegrini; WATANABE, Kazuo; NERY JUNIOR, Nelson. **Código brasileiro de defesa do consumidor:** comentado pelos autores do anteprojeto. 10ª ed. rev., atual. e reform. Rio de Janeiro: Forense, 2011. v.1. p. 154.

40 BENJAMIN, Antônio Herman V.; MARQUES, Claudia Lima; BESSA, Leonardo Roscoe. **Manual de direito do consumidor.** 3ª ed., rev. atual. e ampl. São Paulo, SP: Revista dos Tribunais, 2010. P. 221.

se dar com parcimônia, levando em conta também o nível de conhecimento por parte de seu público alvo.

Correlacionada com a clareza na informação, temos necessária precisão. Os elementos básicos para a fruição do produto ou serviço devem ser apresentadas de maneira mais objetiva possível, evitando rodeios. A precisão na informação se mostra imperiosa ainda no fato de que a prolixidade impede que importantes informações possam se perder no meio de dados supérfluos ou ainda dificultar sua localização no meio do ato comunicacional.

Também é imprescindível que a informação prestada tenha como atributo a ostensividade. Não basta sua existência. A informação, para que seja útil a cumprir sua finalidade deve ser de fácil percepção. De nada adianta a informação se essa não for de fácil acesso.

Por fim, é de suma importância que as informações prestadas, no adimplemento desse dever, sejam completas. Ou seja, não pode o fornecedor selecionar as informações que gostaria que fossem levadas ao público em geral (normalmente por lhe serem benéficas) e esconder as informações que possam levar o consumidor a rejeitar certo produto ou serviço após avaliação dos possíveis benefícios em contraposição com eventuais malefícios. Sob essa perspectiva, deve a informação, a fim de alcançar essa completude exigida, apontar também possíveis percalços na fruição do produto ou serviço.

Como bem lecionam Antônio Herman Benjamin, Claudia Lima Marques e Leonardo Roscoe Bessa, a imperiosidade do pleno cumprimento do dever de informação:

> "[...] é mais do que um simples elemento formal, afeta a essência do negócio, pois a informação repassada ou requerida integra o conteúdo do contrato (arts. 30, 33, 35, 46 3 54), ou, se falha, representa falha (vício) na qualidade do produto ou serviço oferecido (arts. 18 20 3 35).

Desta feita, ausente essas características, não há que se falar em cumprimento do dever de informar, situação essa configuradora de inadimplemento contratual, atraindo suas jurídicas consequências, podendo ser causa de rescisão contratual e responsabilização por eventuais danos.

7. Breve fechamento

Diante da exposição apresentada, resta evidente o importante papel que o dever de informação exerce nas relações consumeristas, bem como sua conformação se dá tanto com base no texto do CDC quanto de sua extração da boa-fé objetiva.

A perspectiva constitucional da boa-fé objetiva como corolário da dignidade da pessoa humana e do princípio da solidariedade se amoldam ao bem jurídico em jogo nessas relações, que é a de forma imediata a saúde, e de forma mediata, a vida. Impõe-se, portanto, a análise do contato de plano de saúde sob a ótica da boa-fé objetiva.

Ao impor deveres aos contratantes, não é levada em conta a vontade dos contratantes em específico, mormente se for considerado que uma das partes sempre será mais forte que a outra. Assim, a boa-fé impõe que as partes, antes mesmo de celebrar o contrato propriamente dito, devem obedecer a certos deveres.

Na fase pré-contratual, importante que as partes atuem de forma a atingir a finalidade, que é a celebração do contrato. Para tanto, devem prestar as informações necessárias para permitir que o outro manifeste sua vontade sem vícios. É com base no cumprimento do dever de informação nessa fazer pré-contratual que será possível a prática do ato de consumo de forma livre.

Já durante o desenrolar da relação de consumo, devem as partes agir sempre no intuito de permitir que a contraparte também alcance seus objetivos, tanto de forma positiva quanto de forma negativa. Devem manter o outro contratante sempre informado acerca de modificações circunstanciais que possam influenciar na execução do contrato.

Já no momento pós-contratual, o dever de informação ainda persiste, incidindo quando descoberta informações relevantes em momento posterior.

Não bastando a necessária obediência ao dever de informação com fulcro na boa-fé objetiva, a análise sistemática da legislação consumerista impõe a conclusão de que para se falar em cumprimento do dever de informação, essa deve ser veiculada de forma eficaz e adequada. Assim, é imperioso que a informação dada no cumprimento do dever correlato seja correta, clara, precisa, ostensiva e completa. A falta desses atributos é passível de se enquadrada como inadimplemento contratual, o que pode acarretar na rescisão contratual e eventual responsabilização por danos sofridos.

8. Bibliografia

AGUIAR JÚNIOR, Ruy Rosado de (coord). **Jornadas de direito civil I, III, IV e V**: *enunciados aprovados. Brasília: Conselho da Justiça Federal, Centro de Estudos Judiciários, 2012.*

BENJAMIN, Antônio Herman V.; MARQUES, Claudia Lima; BESSA, Leonardo Roscoe. **Manual de direito do consumidor.** 3ª ed., rev. atual. e ampl. São Paulo, SP: Revista dos Tribunais, 2010

CASSETTARI, Christiano . A Nova Teoria Geral dos Contratos. **Revista EPD** (Escola Paulista de Direito), São Paulo, v. 1, nº 1. pp. 70-71.

CORDEIRO, António Manuel da Rocha e Menezes. **Da boa-fé no direito civil**. Coimbra: Almedina, 2001.

FABIAN, Christoph. **O dever de informar no direito civil**. São Paulo, Editora Revista dos Tribunais, 2002.

GOMES, Rogério Zuel. **Teoria contratual contemporânea**: função social do contato e boa-fé. Rio de Janeiro: Forense. 2004.

GRINOVER, Ada Pellegrini; WATANABE, Kazuo; NERY JUNIOR, Nelson. **Código brasileiro de defesa do consumidor:** comentado pelos autores do anteprojeto. 10ª ed. rev., atual. e reform. Rio de Janeiro: Forense, 2011. v.1.

HESSE, Konrad. **A Força Normativa da Constituição**. Tradução de Gilmar F. Mendes. Porto Alegre: Sérgio A. Fabris, Editor, 1991.

MARQUES, Cláudia Lima. **Contratos no código de defesa do consumidor**: o novo regime das relações contratuais. 6ª ed. rev. atual. e ampl. São Paulo: RT. 2011

MAZZEI, Rodrigo Reis. **Notas iniciais à leitura do novo Código Civil**, In ARRUDA ALVIM; THEREZA ALVIM (coord.). Comentários ao Código Civil Brasileiro, parte geral (arts. 1° a 103). Rio d janeiro: Forense, 2005. V.1.

MIRAGEM, Bruno. **Curso de direito do consumidor**: fundamentos do direito do consumidor, direito material e processual do consumidor, proteção administrativa do consumidor, direito penal do consumidor. 2ª ed. São Paulo, SP: Ed. Revista dos Tribunais, 2010.

NEGREIROS, Teresa. **Teoria dos contratos**: novos paradigmas. Rio de Janeiro: Renovar. 2002.

Nelson, Dignidade da pessoa humana e boa-fé no código civil. São Paulo: Saraiva, 2005.

PEREIRA, Regis Fichtner. **A responsabilidade civil pré-contratual**; teoria geral e responsabilidade pela ruptura das negociações contratuais. Rio de Janeiro: Renovar, 2001.

PERLINGIERI, Pietro. **O direito civil na legalidade constitucional**. Trad. Maria Cristina de Cicco. Rio de janeiro: Renovar. 2008.

ROPPO, Enzo. **O contrato**. *Trad. Ana Coimbra e M. Januário C. Gomes. Coimbra: Livraria Almeida. 1988.*

ROSENVALD, Nelson. Dignidade da pessoa humana e boa-fé no código civil. São Paulo: Saraiva, 2005.

SCHREIBER, Anderson. **A proibição de comportamento contraditório**: *tutela da confiança e venire contra factum proprium. Rio de Janeiro: Renovar. 2005.*

A FUNÇÃO SOCIAL DO CONTRATO COMO INSTRUMENTO DE EQUILÍBRIO CONTRATUAL NO CÓDIGO DE DEFESA DO CONSUMIDOR

Mairan Gonçalves Maia Júnior

I. Introdução

A edição da Lei n. 8.078, de 11 de setembro de 1990, constituiu um marco na renovação da disciplina das relações jurídicas de direito privado. As relações contratuais, objeto específico de enfoque neste trabalho, regiam-se pelo Código Civil de 1916, independentemente da natureza, finalidade, características contratuais ou das partes contratantes. Esta normatização tomara como modelo contratual o tradicional contrato individual, direcionado à satisfação de interesses eminentemente individuais e fundado essencialmente na confiança pessoal dos contratantes, reciprocamente considerada, razão pela qual a boa-fé era considerada basicamente em seu aspecto subjetivo.

Essa regra de disciplina jurídica em sua formação, convém recordar, era fruto das concepções conceituais e sistemáticas da Escola Histórica de Direito Alemão, e seu principal produto, o Código Civil alemão de 1896, o qual entrara em vigor em 1899, e atendera e respondera aos reclamos da burguesia ascendente e do processo de industrialização do final do século XIX e início do século XX na Alemanha. Mas não é só. Quanto à sua interpretação e aplicação, o Código Civil de 1916 sofreu imensa influência da doutrina francesa, e consequentemente, do Code Civil de Napoleão, de 1804, afinal, era em França que a elite jurídica brasileira buscava sua formação e aperfeiçoamento, sendo, ainda, o francês a linguagem utilizada internacionalmente pelos estudiosos e acadêmicos.

Além destes dois aspectos, um terceiro não pode ser desconsiderado para melhor compreensão da disciplina normativa do contrato antes da edição do Código de Defesa do Consumidor, em 1990.

O positivismo científico, do final do século XIX e início do século XX, fundado na doutrina científica, em seus métodos e postulados, vinculou o Juiz aos métodos científicos, visando, ainda, a neutralização política da Jurisprudência, por meio da cientificidade.[1]

A transição da ciência para a legislação, consagrando o positivismo legalista foi considerada, então, "como um avanço das liberdades civis e da construção do Estado Nacional.[2]" A codificação era o elemento de identificação da modernidade da nação, por meio da ordenação racional e planificada de sua vida jurídica, atenta aos valores sociais e econômicos preponderantes na comunidade à época.

A partir do Code Civil de 1804, o processo de codificação expandiu-se pela Europa, América Latina e Oriente, e a lei, ou melhor, a vinculação ao disposto em lei, passou a representar o ideal de segurança jurídica e de igualdade entre as partes.

Assim, no processo de interpretação e aplicação da lei, buscava o juiz deduzir o direito do texto da lei, por meio, sobretudo, da técnica da subsunção, ou seja, do enquadramento da moldura fática à hipótese abstratamente prevista em norma.

Dessa forma, quando da edição do CDC, a disciplina contratual em vigor revelava-se em flagrante descompasso com a realidade da sociedade brasileira, seja em função das modificações econômicas e sociais vividas pela nação ao longo, principalmente, da segunda metade do século XX, seja em função de ter deixado de refletir o contrato suas características próprias, em virtude, notadamente, do processo de contratação em massa e da utilização de contratos *standards* ou de adesão, seja em função do direito das obrigações e do direito contratual já não se deixar obter tão somente pela técnica da subsunção, em virtude da incapacidade desta para responder as novas questões jurídicas decorrentes e as modificações ocorridas mencionadas.

O Código de Defesa do Consumidor inovou com competência e eficácia o ordenamento jurídico nacional. Modificou e induziu comportamentos de produtores, fornecedores e consumidores. Alterou o próprio modo de agir do consumidor brasileiro, despertando-o e conscientizando-o de seus direitos e obrigações. Rompeu com o vetusto e inadequado mecanismo de contratação, fonte de desequilíbrio contratual, modernizando-o e inserindo-o como instrumento jurídico mais condizente com o desenvolvimento social e

---

1 Wieacker, Franz – História do Direito Privado Moderno, 4ª. Ed., Lisboa: Fundação Calouste Gulbenkian, 2010, p. 526.

2 Ibidem, Idem.

econômico vivenciado pela sociedade brasileira. Trouxe o direito para o dia a dia do cidadão, aproximando-o de sua realidade.

Fez mais. Construiu um bem elaborado sistema jurídico, baseado em princípios e valores atentos ao desenvolvimento social e ao mercado de consumo, definindo os objetivos e os atores desse sistema, seus papéis, direitos, obrigações, responsabilidades, objetos e instrumentos processuais de atuação.

Como elementos de construção desse sistema, utilizou-se de conceitos jurídicos indeterminados e cláusulas gerais, de modo a permitir a constante atualização e a plena efetivação de suas normas, em função, por exemplo, da evolução tecnológica e dos meios de produção e consumo, independentemente de modificação legislativa. Ao assim proceder, consagrou o processo de libertação do magistrado à letra da lei, característico do positivismo legalista, pois como já alertava Wieacker, "as cláusulas gerais constituíram uma notável e muitas vezes elogiada concessão do positivismo à auto-responsabilidade dos juízes e a uma ética social transpositiva, cujo padrão propulsor para o legislador foi construído pela organização dada pelo *praetor* romano ao *judex* para determinar o conteúdo da decisão de acordo com a *bona fides*".[3]

O sistema jurídico das relações de consumo, veiculado pela Lei n. 8.078/90, disciplinou de modo específico os contratos tendo por objeto "a aquisição ou utilização de produto ou serviços" por pessoa física ou jurídica, como destinatário final. Excluiu, portanto, *a priori*, de seu âmbito de abrangência as demais formas de contratação, as quais continuaram a ser regidas pelo Código Civil de 1916, à época em vigor, e posteriormente, pelo novel Código de 2002.

Porém, a existência de sistema jurídico próprio das relações de consumo não o excluiu como integrante do sistema jurídico das relações jurídicas privadas, pelo contrário, aproximou-o, permitindo a mútua influência de suas regras. Com efeito, o art. 7º da Lei 8.078/90 assegurou expressamente a coexistência de direitos previstos em tratados ou convenções, na legislação interna ordinária, em regulamentos expedidos pelas autoridades administrativas competentes, bem como dos que derivem dos princípios gerais do direito, da analogia, dos costumes e da equidade.

Inequivocamente, os princípios e valores veiculados pelo CDC também iluminaram a solução de casos regidos pelo direito civil em geral, não qualificados como relação de consumo, como por exemplo pela preocupação com o equilíbrio entre as partes contratantes, com os efeitos decorrentes de deveres acessórios ou anexos ao contrato, ainda que não expressamente previstos no instrumento contratual, com o controle mais rigoroso de cláu-

3 Ob. Cit. pp. 545/546.

sulas abusivas e seus efeitos no contrato, com o papel da boa-fé objetiva na relação contratual etc.

As regras contratuais previstas no CDC, voltadas para as relações de consumo, despertaram o intérprete e aplicador da norma para vários aspectos contratuais não disciplinados pelo Código Civil de 1916, mas também aplicáveis aos contratos em geral.

Por seu turno, apesar de desatualizadas, as regras do Código Civil de 1916, em particular, as disposições de sua parte geral, a título de exemplo, as que tratavam da capacidade negocial, também eram aplicadas, supletivamente, às relações jurídicas de consumo.

Com a promulgação do Código Civil de 2002, fundado em princípios e valores mais identificados com os consagrados no CDC, do que aqueles que embasaram o Código Civil de 1916, essa interpenetração de normas e princípios foi ampliada e solidificada.[4]

II. O Código civil de 2002, seus princípios fundantes e as cláusulas gerais

O Código civil de 2002, também chamado Código Reale, em reconhecimento ao esforço do jurista e filósofo para sua conclusão, é produto do trabalho de diversas comissões, que se sucederam ao longo das últimas décadas do século XX. Apesar de, segundo alguns críticos já ter nascido ultrapassado, principalmente no que se referia às regras de direito de família, constitui, quando comparado ao seu antecessor, instrumento bem mais consentâneo com a realidade da sociedade brasileira e fundado em postulados principiológicos completamente distintos. A eticidade, a sociabilidade e a efetividade constituem o tripé que o sustenta e permeiam seus efeitos por todo seu texto.

A autonomia privada, manifestação por excelência da liberdade jurídica do cidadão, conservou-se como espinha dorsal do sistema contratual, reconhecendo-se aos particulares a aptidão para produção de normas jurídicas vinculativas de seus patrimônios e condutas, a ser exercida, porém, em conformidade com a ordem pública e "em razão e nos limites da função social do contrato". Trata-se de condicionante imperativa que caso não observada pode acarretar a invalidade ou a ineficácia da relação jurídica, a depender da situação jurídica, como a seguir se verificará.[5]

4 Enunciado 167 editado na III Jornada de Direito Civil do STJ: "167. Arts. 421 e 424. Com o advento do Código Civil de 2002, houve forte aproximação principiológica entre esse Código e o Código de Defesa do Consumidor, no que respeita à regulação contractual, uma vez que ambos são incorporadores de uma nova teoria geral dos contratos."

5 "A propósito, os Enunciado 23 e 360 ecitados, respectivamente, nas I e IV Jornadas de Direito Civil do STJ:

A boa-fé objetiva, prevista no artigo 422 do Código Civil, manifestação direta da eticidade, exige dos contratantes comportamento probo e íntegro, conduta ética e reta durante todo o processo de contratação, desde as tratativas preliminares até o exaurimento dos efeitos contratuais.

A preocupação com a efetividade das regras contratuais encontra-se também presente em inúmeros dispositivos legais, e em prol dessa efetividade, é atribuído ao magistrado[6] o poder de interferir nas disposições contratuais, previstas por exemplo, nos artigos 252, 317, 404, 413, 572, 581, 606, 720, 738 etc.

A estruturação do sistema contratual com base nesses princípios aproximou o contrato civil da feição já atribuída ao contrato de consumo, pois, como já visto, a edição do CDC inovou o sistema da disciplina do contrato de consumo, assim entendido como o destinado à aquisição de produtos e serviços, tendo o consumidor, pessoa física ou jurídica, como destinatário final, excluindo-o das regras veiculadas pelo Código Civil, as quais, eventualmente, poderiam ser supletivamente aplicadas, como já observado.

Por seu turno, a modernização da técnica legislativa utilizada, não somente com o emprego de cláusulas gerais[7] e conceitos jurídicos inde-

---

23 – "Art. 421: a função social do contrato, prevista no art. 421 do novo Código Civil, não elimina o princípio da autonomia contratual, mas atenua ou reduz o alcance desse princípio quando presentes interesses metaindividuais ou interesse individual relativo à dignidade da pessoa humana."
"360. Art. 421. A violação do art. 421 conduz à invalidade ou à ineficácia do contrato ou de cláusulas contratuais."

---

6 Neste sentido a posição de Arruda Alvim: "A linguagem de que se utiliza o legislador nesse novo Código Civil é uma linguagem permeada por cláusulas gerais, prenhe de conceitos vagos, ou seja, são ideias, núcleos de valores apresentados pelo legislador, mas cujo preenchimento demandará necessariamente que sejam completados pelo juiz à luz das circunstâncias do caso concreto. Os textos contêm grandes diretrizes, mas saber, concretamente, se essas são aplicáveis a um caso concreto, dependerá de serem avaliadas essas diretrizes em interação com as peculiaridades do caso. Ou, por outras palavras, essas diretrizes não trazem, consigo próprias, elementos precisos, nem fronteiras definidas para serem facilmente aplicadas. O critério central do juiz, para esta tarefa, ao lado de demandar prudência, deverá ser o de tradutor dos valores predominantes na sociedade, com descarte de seus valores pessoais, caso não guardem sintonia com os da sociedade." Arruda Alvim, José Manuel In "A função social dos contratos no novo código civil" - Revista Forense, vol. 371, São Paulo: RT, p. 68.

7 Segundo Tepedino: "Parece indiscutível a necessidade de se desenvolver, por parte do legislador e do intérprete, a técnica das cláusulas gerais, cuja adoção evita as profundas lacunas causadas pela evolução da sociedade; sendo impossível ao legislador acompanhar o passo dos acontecimentos, e infrutífera a tentativa de tipificar a totalidade das situações jurídicas que, assim como os bens jurídicos objeto do direito, multiplicam-se a cada momento". Tepedino, Gustavo, (coord.) O Código Civil, os chamados microssistemas e Constituição: premissas para uma reforma legislativa, IN *Problemas de Direito Civil*, Rio de Janeiro, Renovar, 2001, p. 8.

terminados, à semelhança da técnica empregada com o CDC, mas em conformidade com os princípios estruturantes consagrados pela Constituição Federal de 1988, facilitou o diálogo entre os dois textos e o inter-relacionamento de suas normas.

Não se quer com isso dizer que as cláusulas gerais e os conceitos jurídicos indeterminados já não estivessem presentes no Código de 1916, mas sim que a efetivação desses não estava em consonância com os valores e princípios consagrados na Constituição de 1988. Ademais, até o advento do CDC, a doutrina e os tribunais tinham dificuldade em compreender o papel e os objetivos das cláusulas gerais, e consequentemente, de aplicá-las eficazmente como meio de atualização do conteúdo normativo previsto abstratamente.

Assim, harmonizando-se o subsistema jurídico dos contratos de consumo com o sistema contratual em geral, não se pode deixar de reconhecer a incidência dos princípios e cláusulas gerais deste ao subsistema das relações de consumo, quando compatível com seus valores, particularidades e características, como sói ocorrer com as cláusulas gerais da função social do contrato e da boa-fé objetiva.

A propósito, já há muito observara Tepedino:

> "`O legislador contemporâneo, instado a compor, de maneira harmônica, o complexo de fontes normativas, formais e informais, nacionais e supranacionais, codificadas e extracodificadas, deve valer-se de prescrições narrativas e analíticas, em que consagra expressamente critérios interpretativos, valores a serem preservados, princípios fundamentais como enquadramentos axiológicos com teor normativo e eficácia imediata, de tal modo que todas as demais regras do sistema, respeitados os diversos patamares hierárquicos, sejam interpretadas e aplicadas de maneira homogênea e segundo conteúdo objetivamente definido.
> Supera-se, dessa forma, a desconfiança gerada pelas cláusulas gerais e pelos conceitos indeterminados no passado, cuja definição era subjetivamente atribuída ao magistrado ou à doutrina, sem um critério seguro que respondesse à lógica do sistema".[8]

III. O equilíbrio contratual no Código de Defesa do Consumidor

Uma das preocupações vitais do CDC é com o equilíbrio nas relações de consumo.

O equilíbrio das relações contratuais pode ser aferido por meio da análise de diversos critérios ou elementos. É dependente de fatores internos ao contrato, como por exemplo, o conteúdo das próprias cláusulas contratuais,

8 Ob. Cit. p 9.

como também de fatores externos, considerados pelas partes quando do momento da contratação, os quais constituem as circunstâncias objetivas externas do contrato, ou como já ensinava Oertmann, a base objetiva do negócio jurídico[9], ou ainda de fatores externos supervenientes à contratação, havidos ou não em consideração pelas partes quando contrataram.

O equilíbrio contratual afere-se, outrossim, quanto à posição das partes no contrato, portanto, em seu aspecto subjetivo.

Em relação à posição das partes no contrato de consumo, ou seja, no que se refere ao equilíbrio subjetivo dos contratantes, o CDC considera de modo realista e correto o consumidor como parte vulnerável ou mais fraca da relação contratual.

Com efeito, já em seu artigo 1º, anuncia serem estabelecidas normas de proteção e defesa do consumidor. Em seu artigo 4º, I, reconhece a situação de vulnerabilidade do consumidor no mercado de consumo, prescrevendo o inciso II ações governamentais visando a "proteger efetivamente o consumidor". No artigo, dispõe ser o consumidor hipossuficiente. Como observa Leandro Cardoso Lages, os conceitos de vulnerabilidade e hipossuficiência não se confundem, pois, apesar de serem relacionais, retratam situações distintas. A vulnerabilidade refere-se à situação em geral do consumidor, a hipossuficiência à específica posição jurídica do consumidor em determinada relação jurídica de consumo[10].

A igualdade entre as partes no contrato manifesta-se de modo efetivo pelo equilíbrio no poder de fixação das cláusulas contratuais, na definição de seu conteúdo, de seus poderes, obrigações, faculdades e ônus que estas possam impor, assumir ou exigir da contraparte.

Neste diapasão, o artigo 6º., o qual dispõe sobre os direitos básicos do consumidor, procura assegurar a efetividade deste equilíbrio por diversos modos.

Em primeiro lugar, garantindo a igualdade na contratação e a liberdade de escolha, *rectius,* liberdade de contratar do consumidor. Pretende preservar o livre exercício da autonomia privada e a impossibilidade de imposição de condições não desejadas pelo consumidor, pressupondo a igualdade formal e substancial entre as partes ao contratar.

Com esta finalidade, estabelece como direito do consumidor: a informação adequada e clara sobre os diferentes produtos e serviços (inc. III); a educação e a divulgação sobre o consumo adequado dos produtos e serviços (II); a proteção contra publicidade enganosa ou abusiva, métodos comerciais coercitivos ou desleais (IV). Todos esses direitos pretendem for-

9 Oertmann, Paul – Die Geschäftsgrunlage; Leipzig, Verlag Scholl, 1929.

10 Lages, Leandro Cardoso, In Direito do Consumidor, Rio de Janeiro: Lumen Juris, 2014, p. 57.

necer ao consumidor as informações necessárias para que possa de modo preciso e seguro exercer a "liberdade de escolha", neutralizando a posição vantajosa do fornecedor de produtos e serviços em relação ao objeto da contratação, e, desse modo, permitir a efetiva "igualdade nas contratações".

Com efeito, a boa, correta e precisa informação é indispensável para que se exerça eficazmente a autonomia privada, por meio da ponderação e subsequente decisão do consumidor quanto à aptidão para aquele determinado contrato atingir os objetivos pretendidos e consequentemente satisfazer suas necessidades.

Como ressalta Cláudia Lima Marques, o "direito à informação assegura a igualdade material e formal (art. 5°., I e XXXII da CF/88) para o consumidor frente ao fornecedor, pois o que caracteriza o consumidor é justamente seu *déficit* informacional quanto ao produto e serviço, suas características, componentes e riscos e quanto ao próprio contrato, no tempo e conteúdo".[11]

Reforçando a relevância da informação, estatui o artigo 46 do CDC não obrigarem os consumidores os contratos que regulam as relações de consumo, se não lhes for dada a oportunidade de tomar conhecimento prévio de seu conteúdo, ou se os respectivos instrumentos forem redigidos de modo a dificultar a compreensão de seu sentido e alcance.

As informações e esclarecimentos prestados pelo fornecedor de produtos e serviços são fundamentais para o exercício do direito de contratar, e podem, eventualmente, serem equiparadas às tratativas preliminares à contratação, no contrato comum.

Como já enfatizado, o equilíbrio contratual pressupõe a identidade de poderes, faculdades, deveres e obrigações entre as partes. Contudo, tratando-se de relação de consumo, a qual tem como uma de suas características a contratação em massa e a utilização de contratos-tipo ou de adesão, esse equilíbrio é, na prática, verdadeira utopia.

O CDC não prevê o controle abstrato e preventivo de cláusulas contratuais abusivas, porém estipula ser direito básico do consumidor a proteção contra "práticas e cláusulas abusivas ou impostas no fornecimento de produtos e serviços" (art. 6º., IV). Assim, viabiliza o controle *in concreto* das cláusulas contratuais, elaboradas sem prévia negociação individual, permitindo que se constate sua abusividade ou imposição, situações que atentariam contra o equilíbrio contratual subjetivo e objetivo do contrato.

Deste modo, afastando-se a incidência de referidas cláusulas, poder-se-ia obter o restabelecimento da igualdade entre os contratantes, como, por exemplo, nos casos em que as cláusulas opostas pela parte elaboradora

11 Marques, Cláudia Lima; Benjamin, Antônio Hermann; Miragem Bruno. Comentários ao Código de Defesa do Consumidor. São Paulo: RT, 2013, p. 282.

do contrato fossem contrárias à boa-fé, ou comprometessem a comutatividade do contrato.

III. 1. A comutatividade contratual

O princípio da comutatividade informa a relação contratual. Os contratos, como ensina Roppo,[12] fornecem a disciplina jurídica à operação econômica realizada pelos contratantes, e essa disciplina zela para que o valor econômico correspondente à prestação e à contraprestação seja equivalente ou correspondente.

A propósito, é a comutatividade também um dos critérios de classificação dos contratos, como salienta Trabucchi: "Nei contratti commutativi le prestazioni vengono stabilite in precedenza come punto d'arrivo dele trattative; ciascuno dei contraente, per es, nella vendita, sa fino dal momento della conclusione quale sarà l'ammontare del suo sacrifício e conosce quale bene deve essergli corrisposto...".[13]

E é a comutatividade que permite a tutela da estabilidade contratual. Nas palavras de Trabucchi: "Per garantire ai contraenti l'esistenza iniziale o il permanere di un tal quale equilíbrio nelle prestazioni corrispettive".[14]

A comutatividade reflete o equilíbrio contratual, sendo esse, nas relações entre consumidores e fornecedores um dos pilares do sistema do CDC, expressamente consagrado em seu art. 4º, III, e deve ser preservado durante todo o período da relação contratual.

A comutatividade entre prestação e contraprestação nas relações de consumo é direito do consumidor, e encontra-se positivada no art. 6º., V, primeira parte, o qual prevê "a modificação das cláusulas contratuais que estabeleçam prestações desproporcionais", ou seja, que não guardem a necessária equivalência ou correspondência entre si.

---

12 "Mas se isto é verdade – e se, consequentemente, se pode e se deve falar do contrato-conceito jurídico, como de algo diverso e distinto do contrato-operação econômica, e não identificável pura e simplesmente com este último – é, contudo, igualmente verdade que aquela formalização jurídica nunca é construída (com os seus caracteres específicos e peculiares) como fim em si mesma, mas sim com vista e em função da operação econômica, da qual representa, por assim dizer, o invólucro ou veste exterior, e prescindindo da qual resultaria vazia, abstrata, e consequentemente, incompreensível: mais precisamente, com vista e em função do arranjo que se quer dar às operações econômicas, dos interesses que no âmbito das operações econômicas se querem tutelar e prosseguir". Roppo, Enzo. O Contrato, Coimbra: Ed. Almedina, 2009, p. 9.

13 Trabucchi, Alberto. Istituzioni di Diritto Civile, 43ª. Ed., Milano: CEDAM, 2007, p. 205.

14 Ob. cit. p. 206.

Por oportuno, lembre-se o art. 39, o qual estipula ser vedado ao fornecedor de produtos ou serviços "exigir do consumidor vantagem manifestamente excessiva" (inc. V) ou "elevar sem justa causa o preço de produtos ou serviços" (inc. X) ou ainda "aplicar fórmula ou índice de reajuste diverso do legal ou contratualmente estabelecido" (inc. XIII). Indiscutivelmente, estas disposições pretendem garantir a equivalência entre prestação e contraprestação, preservando-se a comutatividade contratual e o equilíbrio em relação ao seu objeto.

Como inicialmente afirmado, o equilíbrio contratual também pode ser comprometido por fatores alheios à vontade das partes, por fatos supervenientes que acarretem gravame ou onerosidade não prevista ou desejada pelas partes e, consequentemente, gerem a desproporção entre as prestações.

A fim de corrigir as supervenientes situações de desequilíbrio, prevê o art. 6º., V, segunda parte, como direito do consumidor a revisão das prestações "em razão de fatos supervenientes que as tornem excessivamente onerosas".

Porém, a preocupação do CDC com o equilíbrio objetivo do contrato de consumo, ou seja, de seu conteúdo e prestações, revela-se em outras disposições, normativas, como por exemplo, os artigos 18, parágrafo 1º., I, II, III; 19, I, II, II, IV; 20, I, II, III, os quais dispõem sobre a responsabilidade por vício do produto e do serviço; e ainda o art. 35, II, que trata da oferta e da aceitação de "outro produto ou prestação de serviço equivalente" pelo consumidor.

III. 2. A preservação da comutatividade como proteção contratual ao consumidor

O capítulo VI do CDC traz normas destinadas especificamente à proteção contratual do consumidor, subdividas em três seções: a seção I trata das disposições gerais; a seção II das cláusulas abusivas; e a seção III dos contratos de adesão.

Interessa ao presente estudo, particularmente, as normas da seção II.

O art. 51 considera nulas, entre outras, as cláusulas contratuais que: "estabeleçam obrigações consideradas iníquas, abusivas, que coloquem o consumidor em desvantagem exagerada, ou sejam incompatíveis com a boa-fé ou a equidade" (inc. IV); "permitam ao fornecedor, direta ou indiretamente, variação do preço de maneira unilateral" (inc. X); "autorizem o fornecedor a modificar unilateralmente o conteúdo ou a qualidade do contrato, após sua celebração" (inc. XIII).

Asseguram as normas acima o equilíbrio subjetivo, no exercício do poder contratual, e objetivo, preservação da correspondência entre prestação e contraprestação, na contratação, sancionando nulas as cláusulas que as comprometam.

A generalidade da disposição do art. 51, IV, se destaca, e deve ser ressaltada a utilização da cláusula geral da boa-fé e da equidade, como critérios para aferição de eventual iniquidade, abusividade ou desproporcionalidade nos contratos de consumo, e de limitação do exercício da autonomia privada.

Portanto, com razão Cláudia Lima Marques ao afirmar: "Denominar, portanto, uma cláusula do contrato como abusiva é pressupor a reação do direito contratual, é aceitar a imposição de novos limites ao exercício de um direito subjetivo, no caso o da livre determinação do conteúdo do contrato. A intervenção do Estado nos negócios privados e a imposição de limites ao dogma da autonomia da vontade vão caracterizar a atual concepção de contrato."[15]

Neste aspecto, prescreve o parágrafo 1º do citado artigo 51 presumir-se exagerada a vantagem que: "I – ofende os princípios fundamentais do sistema jurídico a que pertence; II – restringe direitos ou obrigações fundamentais inerentes à natureza do contrato, de tal modo a ameaçar seu objeto ou equilíbrio contratual; III – se mostra excessivamente onerosa para o consumidor, considerando-se a natureza e conteúdo do contrato, o interesse das partes e outras circunstâncias peculiares ao caso."

Por seu turno, o § 4º prevê a possibilidade da propositura de ação judicial objetivando a declaração de nulidade de cláusula contratual que "de qualquer forma não assegure o justo equilíbrio entre os direitos e obrigações das partes".

Como destaca o inciso I, do § 1º. do art. 51 do CDC os princípios fundamentais do sistema jurídico atuam como vetores para restabelecer o equilíbrio contratual. E, nesse diapasão, não somente os princípios próprios e específicos do subsistema do consumidor tem aplicação, mas também os princípios fundantes do sistema de direito privado, ao qual pertence o subsistema das relações de consumo. Recorde-se, por oportuno, o já mencionado art. 7º. do CDC.

Assim, os princípios basilares dos contratos em geral, tais como a autonomia privada, a boa-fé objetiva e a função social do contrato, também irradiam seus efeitos nos contratos de consumo.

IV. A Função social do Contrato.

O final do século XIX e início do século XX foram tempos de intensas e significativas mudanças: sociais, políticas, econômicas, culturais e jurídi-

15 Ob. Cit. com.ao art. 51. Ed. de 2004, P. 625.

cas. O reconhecimento dos direitos individuais e o acesso da burguesia aos meios de produção transformaram o cenário político, econômico e social europeu. A instabilidade caracterizadora deste período gerou imensa desigualdade, e cedo se constatou ser a propagada igualdade almejada pela lei entre os cidadãos utópica, como revela este trecho da "Rerum Novarum", de Leão XIII, divulgada em Roma em 1891: "Por toda a parte, os espíritos estão apreensivos e numa ansiedade expectante, o que por si só basta para mostrar quantos e quão graves interesses estão em jogo".

O liberalismo econômico do início do século trouxe não somente a industrialização e os primórdios do capitalismo, mas também grande desigualdade. A igualdade prevista em lei não se concretizara na realidade, e a lei não tratara desigualmente os desiguais, como criticamente registrou Anatole France, por meio de sua personagem, o poeta social revolucionário Choulette: "majestueuse égalité des lois qui interdit au riche comme au pauvre, de coucher sous les ponts, de mendier dans les rues e de voler du pain".[16]

O intervencionismo estatal pouco a pouco se fez presente e necessário, intervindo nos contratos de trabalho, nas locações, nas explorações minerais e comercialização de carvão etc.[17]

A Igreja Católica, a partir dos pontificados de Pio IX e Leão XIII, de acordo com Wieacker, renovou sua constituição e passou a participar ativamente dos movimentos políticos de então. A mudança de postura da Igreja repercutiu fortemente para despertar e inserir o vírus do "social" nas legislações e práticas do Estado.[18]

16 France, Anatole, Le Lys Rouge, cap. VIII, 14a. Ed., Paris: Calmann-Levy, p. 117. "igualdade majestática das leis que proíbem tanto aos pobres como aos ricos dormir debaixo das pontes, pedir pelas ruas e roubar pão." No original: Cela consiste pour les pauvres à soutenir et à conserver les riches dans leur puissance et leur oisiveté. Ils y doivent travailler devant la majestueuse égalité des lois, qui interdit au riche comme au pauvre de coucher sous les ponts, de mendier dans les rues et de voler du pain. C'est un des bienfaits de la Révolution. Comme cette révolution a été faite par des fous et des imbéciles au profit des acquéreurs de biens nationaux et qu'elle n'aboutit en somme qu'à l'enrichissement des paysans madrés et des bourgeois usuriers, elle éleva, sous le nom d'égalité, l'empire de la richesse".

17 Também no Brasil o fenômeno da intervenção estatal nas relações privadas se verifica, como é exemplo o Dec-Lei n. 58, de 1937, o qual disciplina a aquisição de bens imóveis por meio do compromisso de compra e venda, estabelecendo requisitos a serem cumpridos por quem se utilizar deste meio negocial.

18 Wieacker, Franz, ob. Cit., p. 694/695. "(...) adoptou fundamentalmente a ética social universalista, idealista e baseada nas autoridades de S. Tomás de Aquino ("neotomismo"). Mas ela fez derivar da sua responsabilização social – agora com uma elasticidade espiritual muito maior e agudizada pela evolução industrial e pela situação do catolicismo popular na moderna sociedade de massas – consequências directas

Os direitos subjetivos dos indivíduos são então objeto de limitação pelo Estado Social. Reconhece-se a responsabilização dos indivíduos e não somente da sociedade pela existência social e bem estar dos outros.[19] Essas modificações repercutem no direito. São sintetizadas por Otto von Gierke como direito social, e consagradas na Constituição de Weimar, de 1919, que expressamente reconhece a função social da propriedade, em seu artigo 153, parágrafo 1°.

O dogma da liberdade contratual, direito privado clássico, sofre os influxos do direito social e passa a ser reconhecido como "princípio funcional em relação ao conjunto da ordenação social", daí porque afirmar Wieacker derivarem as limitações da liberdade contratual precisamente dessa função.[20]

A funcionalização da autonomia privada reflete sua necessária referibilidade aos valores que informam o sistema de direito privado, bem como aos fins externos do contrato[21] e suas repercussões, independentemente de terem sido previstas, desejadas ou queridas pelas partes contratantes.

Trata-se de significativa modificação da concepção do exercício da autonomia privada, que passa a ser vista, não somente sob a ótica individualista do seu titular, ou dos particulares interesses e necessidades dos contratantes, mas sim em função dos efeitos que acarreta no organismo social, podendo, sob esse prisma ser valorada e condicionada, inclusive em relação ao âmbito de sua validade e eficácia.

O contrato é indiscutivelmente produto do exercício da autonomia privada, agora, porém, encarado como instrumento da dignidade do homem e elemento do desenvolvimento econômico e social, como aliás, consagrados no art. 1°., IV, e 170, *caput*, II, III, IV, e § único, da CF de 1988, respectivamente.

---

para a ordenação social e jurídica. Formuladas e experimentadas continuamente nas encíclicas da Santa Sé a partir dos fins do século passado e trazidas continuamente para a prática pelos partidos católicos nos parlamentos, estas orientações adquiriram nos últimos tempos uma influência global sobre a legislação e sobre as reformas sociais, desafiando os restos do liberalismos e o socialismo."

19 Wieacker, ob. Cit., p. 624. "Esta constituição força, em todo o lado onde a livre concorrência falha e a solidariedade social é ameaçada, à intervenção dos poderes públicos e à assunção de uma função dirigente pela administração pública da economia."

20 Ob. Cit., p. 633.

21 Enunciado 21 da I Jornada de Direito Civil do STJ: "21- Art. 421: a função social do contrato, prevista no art. 421 do novo Código Civil, constitui cláusula geral, a impor a revisão do princípio da relatividade dos efeitos do contrato em relação a terceiros, implicando a tutela externa do crédito."

Com efeito, a função social do contrato tem sede constitucional, e é a partir do texto constitucional que seu conteúdo há de ser formado.

Neste diapasão, o ensinamento de Nelson e Rosa Nery: "O contrato estará conformado à sua função social quando as partes se pautarem pelos valores da solidariedade (CF 3°, I) e da justiça social (CF 170, *caput*), da livre iniciativa, for respeitada a dignidade da pessoa humana (CF, 1°., III), não se ferirem valores ambientais (CDC 51 XIV) etc. Haverá desatendimento da função social quando: a) a prestação de uma das partes for exagerada ou desproporcional, extrapolando a álea normal do contrato; b) quando houver vantagem exagerada para uma das partes; c) quando quebrar-se a base objetiva ou subjetiva do contrato etc."[22]

Analisando a segunda parte da doutrina acima citada, constata-se terem os Professores da PUC/SP enfatizado o papel da função social do contrato como instrumento regulador do equilíbrio contratual. Assim, não estaria sendo observada a função social do contrato nos casos de lesão (art. 157), onerosidade excessiva (art. 478) e de necessária revisão contratual, de acordo com o previsto no art. 317, todos do Código Civil de 2002.

Com efeito, o Código Civil de 2002 reconhece a função social do contrato como princípio e cláusula geral, portanto como meio de tornar operáveis soluções equitativas e concretas (art. 421); bem como limite ético jurídico ao livre exercício da autonomia privada, como estipula o art. 187, que dispõe sobre o abuso de direito; e como preceito de ordem pública, de obrigatória observância pelas partes, ou seja, como critério apto a aferir a validade ou não de convenções particulares, a teor do art. 2.035, parágrafo único.

Reconhece, ainda, seu papel como instrumento de equilíbrio contratual e como fundamento para atuação do juiz na revisão e modificação da cláusula contratual que implique desequilíbrio entre as partes[23], portanto como meio de atuação sobre a dinamicidade da relação contratual, em particular na busca da equivalência de seus efeitos, *ex vi*, dos artigos 156, 157, 317, 478 e 479, todos do Código Civil de 2002.[24]

De rigor, desse modo, verificar como a Jurisprudência do STJ vem aplicando a função social do contrato, de modo a precisar seu papel e as consequências de sua incidência nos contratos de consumo.

---

22 Nery Jr., Nelson; Nery, Rosa, Código Civil Comentado, 11a. Ed., São Paulo: Ed. RT, 2014, p.796.

23 Ob. Cit., p. 797.

24 Enunciado 22 da I Jornada de Direito Civil do STJ: "22 - Art. 421: a função social do contrato, prevista no art. 421 do novo Código Civil, constitui cláusula geral, que reforça o princípio de conservação do contrato, assegurando trocas úteis e justas."

V. O Superior Tribunal de Justiça e a incidência da função social do contrato nos contratos de consumo. Análise de casos

Com o objetivo de possibilitar a análise da posição do STJ relativamente à incidência da função social dos contratos de consumo, foram selecionados[25] nove acórdãos, de diversos Ministros Relatores, que, no julgamento do mérito de Recursos Especiais, mencionassem expressamente, como fundamento de decisão, a função social do contrato e especificassem seus efeitos em relação ao contrato de consumo objeto da controvérsia.

Em todos os acórdãos, verifica-se que foram também utilizados outros fundamentos para a decisão, além do recurso às cláusulas gerais da função social do contrato e da boa-fé objetiva, no entanto, são destacados, tão-somente, os fundamentos que a esses se referem.

Os diversos acórdãos foram classificados em cinco grupos, de acordo com os efeitos reconhecidos à incidência da função social do contrato no caso julgado, a saber:

1) Como limite ético jurídico ao livre exercício da autonomia privada: sanção ao abuso de direito (art. 187 do CC/02).

a) AgRg no Agravo em REsp n. 193.379-RS – Rel. Min. Ricardo Villas Bôas Cueva, 3ª. Turma, v. u. , j. em 02.05.2013

Circunstâncias Fáticas: Empresa de Seguro de Vida e Previdência rescindiu unilateral e imotivadamente contrato existente há vários anos, sendo os contratados pessoas idosas. Os segurados propuseram ação objetivando a manutenção do contrato e cumularam pedido de indenização por danos morais. A ação foi julgada procedente em 1º. grau, mantida a condenação pelo Tribunal de Apelação. A empresa seguradora interpôs Recurso Especial objetivando a reforma do julgado. O Recurso Especial não foi conhecido, ante o óbice das Súmulas 7 e 54 do STJ, interpondo-se, na sequência agravo regimental.

O acórdão, por unanimidade, negou provimento ao Agravo, estando assim ementado:

> *"Agravo Regimental no agravo em Recurso Especial. Seguro de Vida. Idosos. Rescisão unilateral imotivada após anos de renovação. Danos morais. Cabimento. Juros de mora. Termo inicial. Precedentes.*

---

25 Os acórdãos foram selecionados entre os pesquisados diretamente do site do STJ, tendo sido usada para busca a expressão função social do contrato e o art. 421 do Código Civil de 2002.

> *1)A jurisprudência desta Corte já se posicionou no sentido de que 'a rescisão imotivada do contrato, em especial quando efetivada por meio de conduta desleal e abusiva – violadora dos princípios da boa fé objetiva, da função social do contrato e da responsabilidade pós-contratual – confere à parte prejudicada o direito à indenização por danos materiais e morais.'(REsp 1255315/SP, Rel. Min. Nancy Andrighi).*
> *2) (...)*
> *3) Agravo regimental não provido."*

O acórdão em sua fundamentação não aprofunda a discussão quanto à incidência da função social do contrato, restringindo-se a mencionar os precedentes. Reconhece, porém, a aptidão da função social do contrato para conservação do contrato e manutenção de seus efeitos, mesmo contra a vontade de uma das partes, caracterizando a rescisão unilateral como abusiva, já que desprovida de justificada motivação.

b) REsp 1.277.762-SP – Rel. Min. Sidnei Beneti. 3ª. Turma, v.u. j. em 04.06.2013.

Circunstâncias fáticas: Correntistas de Instituição Financeira receberam correspondência da "instituição financeira, comunicando o encerramento unilateral das suas contas-correntes no prazo peremptório de 10 dias e convocando-os a comparecer perante a agência bancária para regularização do sado depositado, devolução dos cartões, inutilização das folhas de cheque, etc". Os correntistas propuseram ação objetivando a manutenção das contas bancárias e indenização por danos morais. A sentença julgou procedente o pedido, tendo sido reformada pelo Tribunal de Apelação, o qual "deu provimento ao recurso de apelação do banco, por reconhecer-lhe o direito de encerrar o contrato, mediante comunicação escrita ao correntista." Os correntistas interpuseram Recurso Especial alegando violação ao art. 39, II e IX, do CDC.

O Relator inicialmente negou provimento ao Recurso Especial. Pediu vista o Min. Paulo de Tarso Sanseverino que, em seu voto, reconheceu a ocorrência de abuso de direito e a violação ao art. 39, II e IX, do CDC, merecendo destaque os seguintes trechos do voto:

> *"Na verdade, o banco recorrido poderia proceder ao encerramento unilateral das contas caso houvesse algum problema cadastral ou de inadimplemento com os autores, ora recorrentes.*
> *Não pode, porém, simplesmente dizer que perdeu o interesse nos contratos sem apresentar qualquer justificativa.*
> *Acrescente-se que esse tipo de negócio jurídico (contrato de abertura de conta corrente) constitui modalidade de contrato relacional, cuja execução, no caso, já se protraía no tempo desde 1969, ou seja, há quase quarenta anos. Subitamente, o banco recorrido perdeu o interesse na relação negocial, sem maiores justificativas, rompendo unilateralmente os contratos.*

> *Em pleno Século XXI, adotou-se uma postura que seria razoável no Século XIX, encerrando abruptamente uma relação contratual de longos anos.*
> *Mesmo que a questão fosse analisada no âmbito do Código Civil de 2002, deveria ser reconhecido o abuso de direito.*
> *No pórtico do Direito Contratual, o Código Civil de 2002 estabeleceu que a liberdade contratual será exercida em razão e nos limites da função social do contrato (art. 421), devendo também respeito aos ditames éticos da boa-fé objetiva (art. 422).*
> *Esses princípios positivados pelo legislador do Código Civil na parte introdutória do Direito dos Contratos (liberdade contratual, função social do contrato e boa-fé objetiva) foram complementados pela norma do art. 187 do próprio Código Civil de 2002, que positivou objetivamente o instituto do abuso de direito".*

Seguiu-se voto vista da e. Min. Nancy Andrighi, acompanhando a divergência inaugurada pelo voto-vista do Min. Sanseverino, nos seguintes termos:

> *"Entretanto, deve-se ter em consideração que o rol de práticas abusivas previstas no art. 39 do CDC não esgota todas as hipóteses de abusividade. Ao contrário, trata-se de dispositivo meramente exemplificativo, cujo conteúdo é ampliado pela inserção de cláusulas abertas e fluídas no art. 6º. IV, bem como no próprio caput do art. 39 do CDC – em que se destaca a possibilidade de identificação de outras práticas abusivas.*
> *Assim, a reorganização do direito civil sob o enfoque constitucionalista, implementada paulatinamente pelo CDC e pelo CC/02, impõe a conformação da liberdade contratual à boa-fé objetiva e seus deveres anexos, resultando em manifesto alargamento do controle judicial de conteúdo e de finalidade dos contratos, à luz da teoria do abuso de direito. Noutras palavras, a extinção unilateral do contrato por iniciativa do recorrido deve ser analisada no sentido de se verificar sua conformidade, para além de sua licitude, com os limites do direito e sua finalidade.*
> *(...)*
> *Noutro giro, não há como se compreender como legítimo exercício do direito de não contratar, sem qualquer alegação de alteração na situação fática das partes, que o interesse comercial por tantos anos existente, abruptamente tenha se perdido.*
> *Dessarte, há uma manifesta quebra desarrazoada da confiança legítima de prorrogação do contrato no tempo, o que enseja sim a caracterização de exercício abusivo de direito."*

Após a apresentação dos votos-vista, o e. Min. Relator retificou seu voto e deu provimento ao recurso especial, reconhecendo a abusividade da conduta e a obrigação de indenizar por dano moral.

Analisando-se os votos-vista, pode-se constatar, em ambos, a preocupação com a incidência das cláusulas gerais previstas no Código Civil aos contratos de consumo, bem como com a inserção deste tipo contratual à teoria geral dos contratos. O voto-vista proferido pelo Min. Sanseverino ressalta a mudança da concepção do contrato atualmente, diferenciando-o de sua compreensão no século XIX e caracteriza bem a função social do contrato como critério para aferir-se o adequado exercício da autonomia privada (liberdade contratual), e consequentemente, configurar o abuso de direito quando não observado.

Já no voto-vista proferido pela Min. Nancy Andrighi, apesar de não expressamente referida a função social do contrato, é destacada a importância da cláusula geral da boa-fé como fator limitador da liberdade contratual, bem como ressaltado o papel do juiz no *"controle judicial de conteúdo e de finalidade dos contratos"* , sendo esta uma das finalidades atribuídas pelo art. 421 à função social do contrato.

Por oportuno, convém recordar o ensinamento de Nelson e Rosa Nery, os quais entendem decorrer a boa-fé objetiva da função social do contrato "de modo que tudo o que se disser sobre a boa-fé objetiva poderá ser considerado como integrante, também, da cláusula geral da função social do contrato."[26]

2) *A função social do contrato como fator de equilíbrio contratual. Art. 421do CC/02.*

a) REsp 1.010.429 –PB – Rel. Min. Carlos Fernando Mathias (Des. Convocado do TRF 1ª. Região), 2ª. Turma, v. u. , j. em 15.04.2008.

Circunstâncias fáticas: Trata-se de Recurso Especial interposto de decisão que entendeu indevida a cobrança da assinatura básica mensal, de acordo com o art. 93, VII, da Lei n. 9.472/97, por concessionária de serviços de telefonia. Com base em precedente da 1ª. Seção do STJ, foi dado provimento ao recurso por unanimidade. Contudo, em voto-vista proferido, o Min. Herman Benjamin, ao acompanhar a posição da Corte, ressalvou em seu voto acarretar a cobrança da tarifa básica de assinatura onerosidade excessiva e gerar desequilíbrio contratual:

> *"A cobrança de assinatura básica mensal nos contratos de telefonia fixa residencial deve ser analisada à luz de seis princípios fundamentais, todos referidos expressamente na LGT – Lei Geral de Telecomunicações (Lei 9.472/97): a) o da função social da propriedade, da empresa e do contrato; b) o da defesa do consumidor; c) o da manutenção do equilíbrio econômico-financeiro; d) o da redução das desigualdades sociais; e) o da modicidade das tarifas e preços; e f) o da vedação de discriminação.*
> *A idéia bifurcada de justiça e de solidariedade (art. 3º. I, da CF) espraia-se pelo ordenamento jurídico brasileiro e lhe serve de fundação mais profunda, colocando-se na origem dos princípios da função social da propriedade (art. 5º. XXIII da Constituição), da função social do contrato (arts. 421 e 2.035, parágrafo*

26 Ob. Cit., p. 796.

> *único, do Código Civil) e da função social do serviço de interesse coletivo (art. 127, VIII, da LGT).*
>
> *No contrato – sobretudo nas redes de contrato e, com maior vigor, nos contratos de prestação de serviços públicos – por trás de cada contratante individual encontra-se um pressuposto da solidariedade e da justiça, verdadeira barreira de defesa do contratante débil diante de abusos dos atores econômicos.*
>
> *(...)*
>
> *Cabe ao Judiciário apreciar as tarifas de telefonia à luz do interesse social no amplo acesso ao serviço público (art. 2º., II, e art. 3º. I, da LGT), no respeito aos direitos do consumidor usuário (art. 5º. e 127 s LGT) e no cumprimento da função social do contrato e do serviço de interesse coletivo (arts. 421 e 2.035, parágrafo único, do Código Civil, e 127, III, da LGT).*
>
> *(...)*
>
> *Em síntese, conclui-se que a cobrança da assinatura básica:*
>
> *(...)*
>
> *c) infringe o CDC, pois constitui vantagem exagerada, uma vez que 'ofende os princípios fundamentais do sistema jurídico a que pertence' (art. 51, parágrafo 1º., I) (...) ; d) mostra-se excessivamente onerosa (art. 51, parágrafo 1º, III, do CDC ao impor o pagamento de quantia considerável (cerca de 10% do salário mínimo só pela OFERTA do serviço, lembre-se!) ao assinante que utiliza muito pouco o serviço público; e e) importa desequilíbrio na relação contratual (art. 51, parágrafo 1º., II do CDC), já que, ao mesmo tempo que onera excessivamente o usuário, proporciona arrecadação extraordinária às concessionárias (cerca de treze bilhões de reais por ano, conforme consta da página eletrônica da ANATEL)."*

O voto do relator restringiu-se a analisar a legalidade da cobrança da tarifa de assinatura básica à luz da LGT (Lei 9.472/97), não se manifestando sobre a incidência da função social do contrato e demais princípios referidos no voto-vista proferido, ou do CDC. Limitou-se a seguir precedente da 1ª. Seção de relatoria do e. Min. aposentado José Delgado.

No voto-vista proferido pelo Min. Herman Benjamin deve-se destacar a interpenetração das normas e princípios consagrados pelo Código Civil, como basilares do sistema, e sua relação com as normas e princípios do CDC e da legislação extraordinária (LGT). Como segundo ponto, a preocupação em considerar os contratos de consumo em seu aspecto coletivo e não individualmente considerado, e a repercussão geral para a sociedade. Nesse aspecto, se manifesta de modo claro a relevância da função social do contrato, como pressuposto da *"solidariedade e da justiça," "verdadeira barreira de defesa do contratante débil diante de abusos dos atores econômicos".*

O terceiro aspecto a recordar é a ofensa *"aos princípios fundamentais do sistema jurídico a que pertence' (art. 51, parágrafo 1º., I)"*, devendo-se entender não somente os princípios do sistema das relações de consumo, mas sim de todo o sistema de direito privado, e também, no caso, de direito administrativo, pois se trata da prestação de serviço público, por meio de concessão pública. O quarto ponto a considerar refere-se à preocupação em caracterizar o desequilíbrio contratual em sua dupla vertente: para o consumidor, em virtude do pagamento de serviço não usufruído, onerando excessivamente a obrigação a seu cargo. Para o concessionário, *a "arrecadação extraordinária"* decorrente da indevida remuneração por serviço não prestado.

b) Recurso Especial n. 1.256.703-SP – Rel. Min. Luis Felipe Salomão. 4ª. Turma, v. u., j. em 06.09.2011.

Circunstâncias Fáticas: Trata-se de ação de cobrança ajuizada por Hospital e Maternidade em face do pai de uma menor que em 18.05.2003, deu entrada no hospital, trazida por policiais militares que estavam em companhia do genitor. A paciente recebeu alta no dia seguinte, tendo sido prestados serviços hospitalares, demonstrados em nota fiscal emitida no valor cobrado. O pagamento foi recusado pelo pai da menor sob a alegação de não ter sido cientificado de que os serviços eram particulares. O pedido foi julgado improcedente pelo juízo de primeiro grau *"por entender que, por ser relação de consumo, cabe a inversão do ônus da prova e que, embora seja certo que houve o atendimento, não há nos autos prova de que o réu tenha sido cientificado de que os serviços eram particulares"*. O Tribunal de Apelação manteve a decisão de improcedência, por entender violado o direito à informação previsto no CDC, aplicando-se o art. 6º., III, do CDC. Do mencionado acórdão foi interposto o presente Recurso Especial.

Foi dado parcial provimento ao Especial para anular o acórdão e a sentença, *"para análise dos pleitos formulados na inicial, avaliando a necessidade de produção probatória, dando, todavia, por superado o entendimento de que no caso, não cabe a retribuição pecuniária pelos serviços prestados diante da falta de orçamento prévio e pactuação documentada"*.

Destaca-se do voto do e. Min. Relator, o seguinte:

> *"3. A questão controvertida é quanto à possibilidade de o hospital cobrar, em situação de emergência, sem prévio orçamento e contratação expressa, por serviços prestados a paciente menor de idade que é levada às suas dependências, pela Polícia Militar, em companhia do réu (genitor da menor).*
> *(...)*
> *Com efeito, o artigo 4º, III, do Código de Defesa do Consumidor esclarece os objetivos e princípios da Política Nacional das Relações de Consumo, que contempla a harmonização dos interesses dos participantes das relações de consumo, compatibilizando a proteção ao consumidor com a necessidade de desenvolvimento econômico, viabilizando os princípios nos quais se funda a ordem econômica, e resguardando o equilíbrio e a boa-fé.*
> *Destarte, a repressão ao abuso do poder econômico, a bilateralidade, a função social do contrato e a necessidade de não se inviabilizar as atividades econômicas, são contempladas nas relações consumeristas.*
> *(...)*

6. A moldura fática apurada pelas instâncias ordinárias aponta que o réu passeava em São Bernardo do Campo- SP, quando sua filha foi acometida por convulsões, tendo o réu parado em um posto de gasolina, quando foram conduzidos por policiais a hospital privado – que então prestou imediato atendimento emergencial.
6.1. Nesse passo, não há dúvida de que houve a prestação de serviço médico hospitalar e que o caso guarda peculiaridades importantes, suficientes ao afastamento, para o próprio interesse do consumidor, da necessidade de prévia apresentação de orçamento, prevista no artigo 40 do CDC, dado ser incompatível com a situação médica emergencial experimentada pela filha do réu.
Por outro lado, é inequívoca a existência de pactuação tácita entre o Hospital e o genitor da menor que, inclusive, acompanhava-a no momento da internação.
Não é despiciendo consignar que o instrumento contratual visa documentar o negócio jurídico, não sendo adequado, tendo em vista a singularidade do caso, afirmar não ter havido contratação apenas por não existir documentação formalizando a pactuação.
(...)
Os princípios da função social do contrato, boa-fé objetiva, equivalência material e moderação impõem, por um lado, seja reconhecido o direito à retribuição pecuniária pelos serviços prestados e, por outro lado, constituem instrumentário que proporcionará ao julgador o adequado arbitramento do valor a que faz jus o recorrente.
8. Outrossim, no caso, a exigência de que o serviço médico-hospitalar fosse previamente orçado colocaria o hospital em posição de indevida desvantagem, pois se assim o fizesse, dada a situação emergencial da paciente, o Hospital e seus prepostos estariam sujeitos à responsabilização cível e criminal, pois não havia escolha senão a imediata prestação de socorro médico.
Igualmente, a elaboração prévia de orçamento nas condições em que se encontrava a paciente acarretaria inequívocos danos à imagem da empresa, visto que seus serviços seriam associados à mera e abominável mercantilização da saúde."

O caso é bastante interessante, e envolve a relação contratual em três fundamentais aspectos: sua existência, o reconhecimento de seu descumprimento, com o inadimplemento da obrigação, e a quantificação da contraprestação inadimplida.

A função social do contrato é inicialmente mencionada como contemplada nas relações consumeristas.

Assim como em todas as relações contratuais, a função social do contrato repercute seus efeitos para ambas as partes e, nas relações de consumo, igualmente para o fornecedor de produtos ou serviços e para o consumidor.

Corretamente, o voto proferido reconhece a possibilidade de formação do contrato, por meio da manifestação tácita da vontade, identificada com o início da prestação de serviços médicos solicitada pelo pai da menor enferma. Na verdade, o hospital aceita a proposta para a prestação de serviços que lhe é dirigida pelo pai, porém, em virtude da situação emergencial deixa de apresentar o prévio orçamento, tal como exigido pelo art. 40 do CDC, omissão esta reputada justificada pelo voto do relator, de modo a não se poder imputar ao hospital o descumprimento de seus deveres anexos, no caso o dever de informação.

O contrato de prestação de serviços caracteriza-se como comutativo, sendo de rigor a correspondência entre prestação e contraprestação, e uma vez mais se busca na função social do contrato o fundamento para a exigência da contraprestação pecuniária e também para a determinação de sua equivalência, ou seja, do *quantum* devido em virtude do serviço prestado.

É interessante este aspecto, pois por tratar-se de ação de cobrança, o valor que o hospital entende como devido já é apresentado, porém não é aceito pelo voto do e. Min. Relator, que oportuniza a possibilidade de sua fixação pelo juízo de primeiro grau, com fulcro na função social do contrato. Faculta, também, a produção probatória, talvez, de modo a considerar eventual elemento que possa influir em sua determinação não trazido ainda aos autos.

O presente julgado demonstra a múltipla incidência da função social do contrato e da cláusula geral da boa-fé objetiva em sede contratual, ilustrando a riqueza de sua aplicação, apesar de não ter sido aprofundado seu estudo no presente julgamento.

3) A função social do contrato como fundamento para não resolução contratual, ou seja, para conservação do contrato. Art. 475 do CC/02.

a) REsp n. 1.051.270. Rel. Luis Felipe Salomão. 4ª. Turma, por maioria, j. em 04.08.2011.

Circunstâncias Fáticas: Trata-se de ação de reintegração de posse ajuizada por empresa de *leasing*, em virtude de inadimplemento de contrato de arrendamento mercantil. O pedido fo julgado improcedente por entender o juiz de primeiro grau que o adiantamento do valor residual garantido (VRG) descaracterizaria o contrato de *leasing*. Interposta apelação, esta foi *"julgada prejudicada, com disposições de ofício"*. Interposto recurso especial, foi este provido, cassando-se o acórdão e determinando-se novo julgamento da apelação. Julgada novamente a apelação da instituição financeira, a ela foi negado provimento, sendo o acórdão do TJRS assim ementado:

> *"Apelação cível. Recurso Especial. Arrendamento Mercantil. Ação de reintegração de posse. Princípio da boa-fé. Teoria do Adimplemento substancial. Atenta contra a boa-fé a reintegração do bem à arrendadora quando o contrato de arrendamento mercantil está substancialmente adimplido, já que importa em medida impositiva de lesão desproporcional ao consumidor. Inviabilidade do pedido. Apelação desprovida."*

Ao não conhecer do recurso especial interposto, frisou o e. Min. Relator em seu voto:

> *"Diante da crescente publicização do direito privado, o contrato deixou de ser a máxima expressão da autonomia da vontade para se tornar prática social de especial importância, prática essa que o Estado não pode simplesmente relegar à esfera das deliberações particulares. Instituto nascido no âmbito do Direito Privado, o contrato passou a ter colorido publicístico, exigindo do julgador aplicação, no caso concreto, das chamadas cláusulas abertas, dentre as quais se destacam a boa-fé objetiva e a função social. Vale dizer, não se pode mais conceber o contrato unicamente como meio de circulação de riquezas.*
> *(...)*
> *Com efeito, é pela lente das cláusulas gerais prevista no Código, sobretudo a boa-fé objetiva e da função social, que deve ser lido o art. 475, segundo o qual '(a) parte lesada pelo inadimplemento pode pedir a resolução do contrato, se não preferir exigir-lhe o cumprimento, cabendo, em qualquer dos casos, indenização por perdas e danos'.*
> *Nesse passo, a faculdade que o credor tem de simplesmente resolver o contrato, diante do inadimplemento do devedor, deve ser reconhecida com cautela, sobretudo quando evidente o desequilíbrio financeiro entre as partes contratantes, como no caso dos autos. Deve o julgador ponderar quão grave foi o inadimplemento a ponto de justificar a resolução da avença.*
> *(...)*
> *Vale dizer que, para a resolução do contrato pela via judicial, há de se considerar não só a inadimplência em si, mas também o adimplemento da avença durante a normalidade contratual. A partir desse cotejo entre adimplemento e inadimplemento é que deve o juiz aferir a legitimidade da resolução do contrato, de modo a realizar por outro lado os princípios da função social e da boa-fé objetiva.*
> *(...)*
> *Diante do substancial adimplemento do contrato, mostra-se desproporcional a pretendida reintegração de posse e contraria princípios basilares do Direito Civil, como a função social do contrato e a boa-fé objetiva. A regra que permite a reintegração de posse em caso de mora do devedor – e consequentemente a resolução do contrato -, no caso dos autos, deve sucumbir diante dos aludidos princípios."*

Foi proferido voto-vista em sentido contrário pelo e. Min. João Noronha, por entender ser significativo o percentual (14%) do inadimplemento e não ter agido a parte devedora com boa-fé objetiva, já que não demonstrara interesse em "*cumprir a integralidade das prestações*". Aduziu ainda: "*Considerando as cláusulas gerais assentadas no Código Civil de 2002 e as orientações jurisprudenciais e doutrinárias, ressalto que o juiz deve ser criterioso ao recepcionar o instituto do adimplemento substancial, pois concebido para garantir o equilíbrio contratual, não pode ser utilizado como estímulo ao enriquecimento ilícito.*"

O primeiro aspecto a destacar é o fato de ambos os votos, tanto o vencedor como o vencido enfatizarem o papel das cláusulas gerais, em especial da função social do contrato e da boa-fé objetiva, e a aptidão destas de intervirem no contrato em curso, mitigando ou redimensionando os efeitos contratuais. Porém não é só. Reconhecem poderem as cláusulas gerais da função social do contrato e da boa-fé objetiva obstar o exercício do direito de resolução contratual em função do inadimplemento.

Nesse ponto, no entanto, divergem os votos proferidos. O voto vencedor reconhece dever preponderar o contrato em detrimento do direito à satisfação do crédito inadimplido, cuja satisfação é pretendida pela reintegração da posse do bem, por estar caracterizado o adimplemento substancial do contrato.

Já o voto vencido advoga posição oposta, considerando o percentual de 14% como significativo. Chama ainda atenção para o papel do juiz, que *"deve ser criterioso"* e para o risco de se estimular o enriquecimento ilícito. Esta questão deve ser bem esclarecida. Em nenhum momento, o voto vencedor menciona não dever ser paga a dívida, mas sim que para o adimplemento da dívida, que pode ser satisfeita por meio de execução, não se faz necessária a resolução do contrato, com a consequente reintegração da posse do bem pelo credor, fato que inclusive acarretaria forte desequilíbrio contratual, pois o prejuízo acarretado ao adquirente do bem, ora devedor, seria bem superior ao do credor.

A função social do contrato é atendida com a conservação do contrato no presente caso, e não com sua resolução, pois não deve preponderar o interesse individual do titular do crédito, mas a relevância dos efeitos do contrato e sua repercussão positiva para a sociedade ao permitir a continuação da utilização do bem na finalidade para a qual fora adquirido.

b) REsp n. 877.965. Rel. Luis Felipe Salomão. 4ª. Turma, v. u., j. em 22.11.2011.

Circunstâncias fáticas: Beneficiária de apólice de seguro ajuizou ação contra empresa seguradora objetivando seu pagamento em razão do falecimento de seu marido. *"Sustentou a autora que o pagamento da indenização havia sido cancelado em junho de 2001, antes do falecimento do segurado, em razão de suposto inadimplemento de parcelas vencidas desde fevereiro daquele ano"*. O juízo de primeiro grau julgou improcedente o pedido, sendo mantida a decisão pelo Tribunal de apelação, interpondo-se o presente recurso especial da decisão do Tribunal.

O recurso especial foi provido, por unanimidade, *"determinando que a recorrida pague o pecúlio devido, nos termos do contrato firmado."*

O voto apresentado pelo e. Min. Relator, abordou a questão nestes termos:

"No caso, há a particularidade de não se tratar exatamente de contrato de seguro, mas sim de obrigação decorrente de previdência privada, cujo capital perseguido pela autora é resultante de plano de pecúlio devido por morte do contratante, seu marido.
(...)
Com efeito, não havendo disposição legal – e ainda que se houvesse, como no caso de seguro, seria superável – a prever a suspensão ou cancelamento do contrato em razão do atraso, descabe negar o pagamento de pecúlio por morte sem que o devedor seja previamente interpelado para a purgação da mora.
(...)
Por essa ótica, a faculdade que o credor tem de simplesmente resolver o contrato diante do inadimplemento do devedor, deve ser reconhecida com cautela, sobretudo quando evidente o desequilíbrio financeiro entre as partes contratantes, como no caso dos autos.
(...)
Vale dizer que, para a resolução do contrato, inclusive pela via judicial, há de se considerar não só a inadimplência em si, mas também o adimplemento da avença durante a normalidade contratual.
A partir deste cotejo, entre adimplemento e inadimplemento, é que deve o juiz aferir a legitimidade da resolução do contrato de modo a realizar, por outro lado, os princípios da função social e da boa-fé objetiva.
Nessa linha, a insuficiência obrigacional poderá ser relativizada com vistas à preservação da relevância social do contrato e da boa-fé, desde que a resolução do pacto não responda satisfatoriamente a esses princípios.
(...)
Na peça contestatória, a recorrida afirma que o contrato foi ***cancelado*** *em razão de inadimplência por 90 (noventa) dias em* ***17.05.2001,*** *apoiando-se em cláusula contratual nesse sentido. Aduz que a última contribuição paga foi em* ***15.2.2001,*** *referente ao mês anterior.*
Todavia, noticia também a própria recorrida que em ***23.5.2001 – antes portanto do falecimento do contratante e apenas seis dias depois*** *de o contrato ter sido administrativa e unilateralmente cancelado -, as parcelas relativas às mensalidades de março, abril, e maio de 2001* ***foram pagas****, mas que em razão do anterior cancelamento administrativo,* ***os valores foram devolvidos pela instituição financeira****.*
(...)
Na verdade, era evitável o inadimplemento e decorreu essencialmente do arbítrio injustificável da recorrida – entidade de previdência e seguros – em não receber as parcelas em atraso, antes mesmo da ocorrência do sinistro, não agindo assim com a boa-fé e cooperação recíproca, essenciais à harmonização das relações civis.
Assim, na verdade a entidade de previdência obstou a purgação de uma mora de somenos importância, antes mesmo da ocorrência do sinistro, somando-se à inequívoca conduta pautada pela boa-fé do consumidor, mostrando-se injustificável a negativa do pecúlio depois de verificado o fato gerador". (grifos do original)

O voto proferido ressalta em particular a ausência de boa-fé objetiva por parte da empresa seguradora e a boa-fé do segurado que efetuara o integral pagamento do débito antes da ocorrência do sinistro, ou seja, antes do falecimento. Destaca a conduta das partes ao longo do cumprimento do contrato e a situação de desequilíbrio ocasionada caso não honrada a obrigação por parte da empresa seguradora, já que todas as prestações contratuais, ainda que com atraso, foram quitadas pelo segurado.

Constata-se, desse modo, a utilização das cláusulas gerais como meio de aferição dos efeitos do contrato às suas finalidades. No presente caso, apesar de mencionada a função social do contrato, o papel da boa-fé objetiva prepondera de modo mais explícito.

4) A função social do contrato como fundamento para revisão de cláusulas contratuais.

a) AgRg no Agravo de Instrumento n. 1.394.166-SC – Rel. Min. Raul Araújo. 4ª. Turma, v.u., j. em 08.05.2012.

Circunstâncias Fáticas: O acórdão não fornece os elementos para compreensão da situação fática, motivo pelo qual será transcrito o seu relatório:

> *"Trata-se de agravo regimental apresentado contra decisão de fls. 378-384 que negou provimento ao agravo de instrumento com base nos seguintes fundamentos: (a) permissão para que se revisem cláusulas contratuais pactuadas, diante do fato de que o princípio do pacta sunt servanda vem sofrendo mitigações, mormente ante os princípios da boa-fé objetiva, da função social do contrato e do dirigismo contratual; (b)quanto à inversão do ônus da prova, ausência de comprovação do devido cotejo analítico entre os paradigmas trazidos no especial e a hipótese dos autos, de modo que não ficou evidenciada a sugerida divergência pretoriana; (c) inexistência, segundo o acórdão recorrido, de previsão contratual da capitalização dos juros em qualquer periodicidade, o que atraiu o óbice das Súmulas 5 e 7/STJ diante da inadmissibilidade de revisão de cláusulas contratuais; (d) impossibilidade de cumulação da comissão de permanência com correção monetária (Súmula 30 STJ); juros remuneratórios (Súmula 296/STJ), juros moratórios nem com a multa contratual; (e) descaracterização da mora, haja vista a cobrança abusiva reconhecida no tocante à capitalização de juros, de acordo com a jurisprudência desta col. Corte Superior de Justiça; (f) incidência da Súmula 83/STJ no que tange à repetição do indébito sempre que verificado o pagamento indevido, sendo desnecessária a prova do erro no pagamento.*
>
> *Nas razões do regimental, o agravante sustenta, em síntese, não incidir as Súmulas 7 e 83, de modo que é possível o conhecimento do recurso, porquanto o Tribunal de origem, ao reconhecer a cobrança abusiva dos encargos violou a legislação federal. Acrescenta, ainda, que a decisão monocrática vai de encontro ao entendimento jurisprudencial desta Corte quanto ao tema.*
>
> *Ao final, requer seja provido o recurso, a fim de que se mantenham as cláusulas pactuadas no contrato."*

Eis, no que pertine à possibilidade da revisão das cláusulas contratuais, o teor da decisão recorrida:

> *"Ademais, no que atine à possibilidade de revisão das cláusulas contratuais, a jurisprudência do STJ pacificou-se no sentido de que, aplicável o Código de Defesa do Consumidor aos casos que envolvem relação de consumo, é permitida a revisão das cláusulas contratuais pactuadas, diante do fato de que o princípio do pacta sunt servanda vem sofrendo mitigações, mormente ante os princípios da boa-fé objetiva, da função social dos contratos e do dirigismo contratual."*

A decisão impugnada refere-se apenas genérica e sinteticamente à possibilidade de revisão de cláusulas contratuais. Não explicita quais as cláusulas revistas judicialmente pelas instâncias inferiores, nem tampouco as razões de fato e de direito que justificariam a revisão. Reconhece, tão somente, a possibilidade de revisão de cláusulas contratuais pactuadas em relações de consumo com base na função social do contrato e da boa-fé objetiva.

5) Ampliação da legitimação subjetiva para exigência do cumprimento de obrigação a cargo de terceiro.

a) AgRg no REsp n. 474.921-RJ – Rel. Min. Paulo Sanseverino. 3ª. Turma, v. u., j. em 05.10.10.

Circunstâncias fáticas: Agravo Regimental interposto contra decisão que reconhecera a legitimidade de empresa de assistência de serviços de saúde, seguradora, litisdenunciada, para responder direta e solidariamente com relação aos valores reclamados em ação de cobrança.

Após analisar as distintas teses relativamente à questão existente, o Relator registra a posição da 3ª. Turma, em desfavor da agravante, nos seguintes termos:

> *"Ademais, para efeito de registro, a Terceira Turma vai mais além, admitindo a propositura da ação de indenização diretamente contra a seguradora do causador do acidente que se nega a usar a sua cobertura de sinistros.*
> *(...)*
> *Mostra-se plenamente correta essa orientação, à luz do princípio da função social do contrato de seguro, permitindo a ampliação do âmbito de eficácia da relação contratual para se garantir o pagamento efetivo da indenização ao terceiro lesado pelo evento danoso.*
> *Por fim, como consequência lógica da condenação solidária, a execução pode-se dar diretamente na figura do denunciado, sem qualquer condicionamento relativo à solvência do denunciante, ou seja, a responsabilidade é solidária e não subsidiária."*

A decisão do relator procura ressaltar a finalidade do contrato estipulado, reconhecendo ao credor da obrigação, em razão da função social do contrato de seguro, a aptidão para exercer sua pretensão indenizatória diretamente contra a seguradora, mesmo que com esta não tenha relação jurídica. Amplia, assim, a eficácia subjetiva do contrato, considerando a causa final de sua celebração: assegurar o ressarcimento de dano ocasionado pelo segurado.

b) REsp n. 1.159.087- MG. Rel. Min. Luis Felipe Salomão – 4ª. Turma, v. u., j. em 17.04.2012.

Circunstâncias Fáticas: Trata-se de ação de exibição de documentos proposta em face de instituição financeira objetivando o fornecimento de endereço residencial e comercial de emitente de cheques, recebido de terceiros em razão da prestação de serviços de despachante e devolvido pela instituição-ré, por falta de fundos. O pedido foi julgado procedente pelo juízo de primeiro grau, mantida a decisão pelo tribunal de apelação. A instituição financeira interpôs recurso especial sustentando ter havido no caso, "devolução por insuficiência de fundos, que corresponde ao 'motivo 12' e que, não há dever de fornecimento das informações solicitadas".

Foi dado parcial provimento ao Recurso Especial apenas para afastar a multa cominatória, *"ressalvando a possibilidade de ser fixado prazo para apresentação do documento, sob pena de expedição de ordem de busca e apreensão do documento cadastral em que consta o endereço do emitente do cheque"*. Da fundamentação do voto do e. Min. Relator, destaca-se, no que refere ao presente tema, já que abordadas também questões de natureza processual e de direito bancário, o seguinte:

> *"É certo que o artigo 43, parágrafo 4º., do Código de Defesa do Consumidor considera os bancos de dados e cadastros relativos a consumidores entidades de caráter público, e que é prática abusiva, vedada pelo artigo 39 do Diploma Consumerista, o fornecimento do endereço do consumidor a terceiro.*
> *(...)*
> *Todavia, o artigo 4º., inciso III, do Código de Defesa do Consumidor esclarece os objetivos e princípios da Política Nacional das Relações de Consumo, que busca compatibilizar a proteção do consumidor com a necessidade de desenvolvimento econômico, viabilizando os princípios nos quais se funda a ordem econômica, resguardando o equilíbrio e a boa-fé.*
> *(...)*
> *Nesse passo, o contrato só cumpre a sua* ***função social*** *com o adimplemento das obrigações convencionais, meio pelo qual é obtida a circulação de riquezas e mantém-se a economia girando.*
> *Nesse diapasão, é oportuno observar que o cheque, salvo pactuação em contrário, só extingue a dívida, isto é, a obrigação que ele visa satisfazer, com o seu efetivo pagamento.*
> *(...)*
> *Ademais, embora a cártula do cheque informe vários dados do emitente, como CPF, identidade e a data em que a conta bancária foi aberta, não permite ao credor da obrigação cambiária ajuizar ação buscando a satisfação do seu crédito, por não conter o endereço.*

> *No entanto, não parece razoável que, tendo em vista a peculiaridade da atividade econômica desempenhada pelo Banco, que se submete à normatização administrativa e sofre forte influxo de regras e princípios de direito público, possa se furtar a colaborar com o Judiciário, mas possa se valer dessa mesma informação para ajuizar ação em face de seus clientes."* (grifo do original)

Como preceitua o artigo 421 do Código Civil de 2002, a liberdade contratual é exercida "em razão" da função social do contrato, ou seja, a causa final do contrato há de ser informada pela sua função social, tendo sido este aspecto acolhido na fundamentação exposta. Esse um dos fundamentos a amparar o exercício de pretensão contra terceiro, de cuja conduta dependia o cumprimento da obrigação, e consequentemente, o atendimento da função social do contrato em espécie. Note-se, ainda, que, apesar de não mencionada na fundamentação do voto, a função social também refere-se ao contrato de prestação de serviços, para cujo pagamento foi emitido cheque sem suficiente provisão de fundos, pois não honrado o pagamento, estaria comprometido o equilíbrio e a comutatividade do contrato de prestação de serviços.

VI. Reflexões conclusivas

Os tribunais nacionais têm procurado compreender o papel das cláusulas gerais e a importância de sua aplicação para a efetividade das disposições contratuais. Não é tarefa isenta de risco, mas que precisa ser feita de modo a permitir não somente a atualização normativa e o preenchimento de lacunas, mas a efetiva realização do direito ao caso concreto. A função social do contrato e a boa-fé objetiva, como cláusulas gerais, têm importante papel na efetividade e eticidade das relações contratuais, e consequentemente no seu bom desenvolvimento.

Como cláusulas gerais dos contratos, ambas encontram também incidência nos contratos de consumo, pois as normas e princípios do Código Civil de 2002 e do CDC podem ser harmonizadas e incidir concomitantemente.

A função social do contrato tem fundamental papel na manutenção do equilíbrio contratual, o qual pode ser comprometido por fatores internos e externos ao próprio contrato. Tem também relevante atuação como critério de aferição do adequado exercício da autonomia privada. Nesse passo, sua não observância pode configurar abuso de direito, devendo-se recordar que as situações de abuso são sempre situações de patente desequilíbrio.

A atuação da função social do contrato como meio de recomposição do equilíbrio da relação contratual pode ocorrer: a) por meio da revisão de suas cláusulas; b) por meio do controle ou modificação dos efeitos contratuais; c) ao obstar o exercício unilateral do direito de resolução contratual; d) ao conservar os efeitos contratuais; e) ao permitir a equiparação de prestação e contraprestação, de modo a assegurar a comutatividade contratual; f) como critério de auxílio para quantificação de prestação inadimplida; g) por meio da ampliação da legitimação subjetiva para satisfação de obrigação a cargo de terceiros.

Ademais, a função social do contrato atua igualmente para fornecedores de produtos e serviços e consumidores.

Bibliografia

Arruda Alvim, José Manuel, In "A função social dos contratos no novo código civil" - São Paulo: Revista Forense, vol. 371, Ed. RT.

France, Anatole, Le Lys Rouge, 14a., Paris: Ed. Calmann-Levy.

Lages, Leandro Cardoso. Direito do Consumidor. Rio de Janeiro: Lumen Juris, 2014.

Marques, Cláudia Lima; Benjamin, Antonio Hermann; Miragem Bruno. Comentários ao Código de Defesa do Consumidor. 13ª ed, São Paulo: RT, 2013 e Ed. de 2004.

Nery Jr., Nelson: Nery, Rosa. Código Civil Comentado, 11a. Ed., São Paulo: RT, 2014.

Oertmann, Paul. Die Geschäftsgrunlage; Leipzig: Verlag Scholl, 1929.

Roppo, Enzo. O Contrato, Coimbra: Almedina, 2009.

Tepedino, Gustavo (coord.) O Código Civil, os chamados microssistemas e Constituição: premissas para uma reforma legislativa, In *Problemas de Direito Civil*, Rio de Janeiro, Renovar, 2001.

Trabucchi, Alberto, Istituzioni di Diritto Civile, 43ª. Ed., Milano: CEDAM, 2007.

Wieacker, Franz – História do Direito Privado Moderno, 4ª. Ed., Lisboa: Fundação Calouste Gulbenkian, 2010.

VENDA AGRESSIVA

Carlos Alberto Garbi
William Néri Garbi

1. Venda agressiva e o código de defesa do consumidor brasileiro

Com a globalização e o surgimento de novas tecnologias e tendências no moderno e ágil mundo dos negócios, inovando nas inúmeras formas de se contratar, ganha destaque o que a doutrina italiana convencionou chamar de *vendite agressive* (vendas agressivas), técnicas de contratação que aumentam de forma considerável a vulnerabilidade do consumidor e, por consequência, o aumento no número de negócios realizados. De forma simples podemos afirmar que esta técnica é empregada em duas formas de contratação: as realizadas fora do estabelecimento comercial – já devidamente regulamentada pelo nosso Código de Defesa do Consumidor – e; os chamados contratos à distância, que apesar de não encontrar regulação expressa na nossa legislação consumerista, é bem conhecida na doutrina, que sustenta para sua regulação a analogia com o art. 49 do CDC.

Este artigo propõe o estudo dessa forma de contratação a partir da identificação das realidades verificadas nos contratos realizados "fora do estabelecimento comercial" e nos contratos "à distância", trazendo para tanto a experiência da União Europeia que, através da Diretiva 2011/83, regulamentou a proteção dos consumidores europeus, com destaque para o já consagrado "direito de arrependimento", sem prejuízo, ainda, das primeiras impressões a respeito do PLS 281 e 283 de 2012, que busca justamente a correção conceitual destes institutos dentre outras alterações.

1.1. *Venda Agressiva*

A palavra "agressivo" é definida em nosso vernáculo como: "1. Que agride, ou envolve ou denota agressão: homem agressivo; palavras e gestos agressivos. 2. Psicol. Diz-se de indivíduo em cuja personalidade prevalece como componente a disposição para condutas destrutivas, hostis".[1]

Venda agressiva se caracteriza pelo fato do fornecedor, através de técnicas de contratação (fora do estabelecimento ou à distância), promover a contratação pelo consumidor por impulso, sob o domínio da emoção, de forma irreflexiva e imprudente, porque despreparado e surpreendido para o ato de consumo. São formas de apresentar ao consumidor o produto e/ou serviço sem que lhe permita melhor comparar com outros similares existentes no mercado, sem ter a possibilidade de melhor se informar sobre o que se está contratando e, especialmente, se apresenta ao consumidor que não formou a convicção para o consumo. Segundo STIGLITZ, estes tipos de contratação devem ser classificados como *"técnicas não ortodoxas de comercialização"*,[2] devido a sua agressividade perante o consumidor.

Para o direito italiano[3] a venda agressiva é classificada de acordo com o local da contratação, bem como o modo de conclusão deste contrato. Pelo

---

1 FERREIRA, Aurélio Buarque de Holanda. *Novo Dicionário Aurélio da Língua Portuguesa*, 2ª Edição, Rio de Janeiro: Editora Nova Fronteira, 1986, p. 65;

2 STIGLITZ, Joseph, *apud* KLEE, Antonia Espíndola Longoni, *Comércio Eletrônico*, São Paulo: Editora Revista dos Tribunais, 2014, p. 217;

3 MAGRI, Matteo, *Le vendite aggressive. Contratti a distanza e negoziati fuori dei locali commerciali*. Nuova Enciclopedia. Collana direta da Paolo Cendon. Casa Editrice Dott. Antonio Milani, 2011, *p. 28-29:* "Il trato comune di queste normative è dato dal fatto che esse apprestano garanzie specifiche in favore della categoria dei consumatori contro particolari forme di vendita o fornitura di beni o servizi, che com uma certa approssimazione possono essere catalogate come vendite aggressive . Per ragioni diverse, i fenomeni regolati si caratterizzano infatti per l'aggressività del (la tecnica commerciale utilizzata dal) fornitore del bene o servizio e per la strutturale debolezza e carenza informativa che ciò determina nell'acquirente. Ciascuna di queste discipline è incentrata su diverse tecniche commerciali tendenti ad abassare le difese del consumatore, tecniche spesso tra loro combinate. In alcuni casi si registra uno spaesamento del consumatore dovuto al luogo dove il contrato è concluso (a domicilio, in strada o in altri luoghi pubblici, sula rete), cosicché il consumatore non puo adeguatamente confrontare le altre offerte presenti sul mercato e d'altra parte è sorpreso da um'iniziativa spesso petulante e non richiesta, alla cale non è preparato; in altri casi il pericolo risiede nele modalità di conclusione del contrato (verbalmente o a distanza o com strumenti elettronici), per le cali il consumatore, oltre a non poter operare quell'attento confronto che garantisce la concorrenza, non è messo in condizione di visionare il bene o può non percepire esattamente e completamente le condizioni contrattuali o le caratteristiche dell'oggeto contrattuale, né è messo in condizioni di ponderarle adeguatamente; in altri casi ancora il contrato apare in grado di soddisfare in modo conveniente le spinte consumistiche dell'acquirente attraverso formule particolarmente attraenti, che lo inducono a usare minore cautele nella conclusione del contrato (multiproprietà, pacchetti turistici, credito al

local a prática passa a se tornar agressiva, pois o fornecedor procura o consumidor em locais no qual ele – consumidor –, se encontra ali para qualquer outro fim, exceto, contratar. Locais como sua residência, ambiente de trabalho, logradouros públicos, fazem com que qualquer abordagem comercial por iniciativa do fornecedor lhe surpreenda, retirando a possibilidade de melhor refletir sobre a contratação daquele bem e/ou serviço. Já pelo modo de conclusão do contrato – de forma verbal, à distância ou através do uso de tecnologia –, consistem em formas de contratação que retiram do consumidor a possibilidade de melhor observar o produto oferecido, privando o consumidor do acesso perfeito e completo aos termos e condições da contratação, vencendo-se a cautela natural do consumidor.

Estas novas formas de contratar, caracterizadas principalmente pela distância propriamente dita entre o consumidor e o fornecedor e entre o consumidor e o produto, acentuam sua vulnerabilidade, colocando em risco as garantias e direitos dos consumidores. O legislador brasileiro, atento à rápida evolução dos negócios, já inspirado nas novas técnicas de contratação – agressivas – que ocorriam principalmente nos Estados Unidos e na Europa, e ao desequilíbrio excessivo que elas representavam nas relações de consumo, buscou equilibrar o jogo de forças entre fornecedor e consumidor, consagrando o chamado "direito de arrependimento" no art. 49 do CDC, que faculta ao consumidor o arrepender-se da contratação feita neste tipo de ambiente, de modo a restabelecer o estado anterior ao contrato.

Ocorre que na recepção do nosso festejado Código de Defesa do Consumidor, em 11 de setembro de 1990, a tecnologia existente e disponível àquela época, em nada se compara com a utilizada nos dias de hoje, de modo que, o texto do nosso código consumerista carece de atualização para melhor retratar e prever, principalmente o direito de arrependimento, nos contratos realizados pela *internet* – tecnologia incipiente naquele tempo.

Sobre a *internet*, utilizada hoje largamente nos contratos realizados à distância, importante lembrar alguns dados. A empresa ebit, presente no mercado brasileiro desde 2000, referência no fornecimento de informações sobre *e-commerce*, divulgou dados[4] sobre o faturamento do comércio eletrônico no Brasil, que entre os anos 2001 e 2013, saltou de meio bilhão de reais para 28 bilhões, isso sem considerar vendas de automóveis, passagens aéreas e leilões *online*. No mesmo período, o número de consumidores cresceu de 1,1 milhão de pessoas para 51 milhões, com potencialidade de

consumo); nell'ipotesi della garanzia nella vendita di beni di consumo, la debolezza del consumatore inerisce poi alla irriconoscibilità da parte sua di determinati difetti del bene".

4 www.e-commerce.org.br/stats.phb; acessado em 31 de janeiro de 2015;

crescer muito mais. Até junho de 2012, o Brasil contava com aproximadamente 88 milhões de usuários, atrás apenas da China (com 538 milhões), Estados Unidos (245 milhões), Índia (137 milhões) e Japão (101 milhões).

O domínio da tecnologia e da internet trouxe para o mercado de consumo novas formas de aperfeiçoamento dos contratos, que anulam o direito do consumidor refletir sobre o negócio. O internauta se depara constantemente com anúncios e *baners* oferecendo produtos e serviços, cuja contratação está ao alcance de um clic. Outros fornecedores, que tem consumidores cativos, disponibilizam técnicas de compra a um toque do teclado do computador ou dos smartphones. A velocidade das contratações que o mundo exige não se ajusta perfeitamente aos direitos assegurados aos consumidores se não houver uma regulação adequada a corrigir a desigualdade de forças do vulnerável consumidor.

Diante deste cenário, resta evidente que as contratações à distância estarão cada vez mais presentes na vida das pessoas no mundo, sendo crucial regular e delimitar a proteção dos consumidores, sempre vulneráveis, nas contratações agressivas feitas através da internet, ocupando lugar de destaque nesse sentido o direito ao arrependimento.

1.2. Direito de arrependimento no CDC brasileiro

Para proteger a autonomia da vontade do consumidor das técnicas de vendas agressivas, permitindo, assim, que declare sua vontade de forma livre e refletida, o art. 49 do Código de Defesa do Consumidor estabeleceu o direito de arrependimento, que consiste na faculdade que tem o consumidor de *"desistir do contrato, no prazo de 07 dias a contar de sua assinatura ou do ato de recebimento do produto ou serviço, sempre que a contratação de fornecimento de produtos e serviços ocorrer fora do estabelecimento comercial, especialmente por telefone ou a domicílio"*.

Estamos diante do "prazo de reflexão" (*cooling-off* time), que antes de melhor definição, detém característica importantíssima fundada no art. 1º do CDC, ao estabelecer que as normas de proteção de defesa do consumidor, e isso inclui o art. 49 supracitado, são de ordem pública e interesse social, o que implica, por exemplo, na impossibilidade do fornecedor dispor de forma contrária, isto é, excluir, contratualmente este direito dos consumidores. Ademais, qualquer cláusula contratual neste sentido configura-se em cláusula abusiva, nos ditames do art. 51, incisos I, II e IV do CDC.

Direito de arrependimento, de arrepender-se, voltar atrás, estabelecer o estado anterior ao contrato celebrado, nas palavras de ORLANDO GOMES, consiste no *"direito de pensar duas vezes ou direito de repensamento, consistente na faculdade de rescindir o contrato após (...) a compra, a ser livre-*

mente, e sem sanção, exercido pelo adquirente". [5] O direito de desistência se justifica pelo ambiente em que o consumidor está inserido, situação de vulnerabilidade excessiva caracterizada por diversos fatores, como a falta de informação fiel, clara e objetiva sobre o bem ou serviço que se pretende contratar, a ausência de reflexão sobre a conveniência e oportunidade da contratação, seus impactos no orçamento doméstico, e maior exposição a técnicas de pressão e *marketing* agressivo exercidos pelo fornecedor.

Todas estas características não precisam estar necessariamente reunidas e presentes de forma conjunta. Técnicas agressivas de contratação e situações que impliquem na vulnerabilidade do consumidor se modificam e se aperfeiçoam com o passar do tempo. Novos fatores que ensejam a debilidade do consumidor sempre surgirão. HIRUELA E OSSOLA, por exemplo, identificam outros requisitos que deflagram a vulnerabilidade do consumidor a depender do caso concreto, como a assimetria econômica,[6] cultural[7] e técnica.[8]

Destaca-se que o direito de arrependimento tem sua aplicação limitada aos contratos que ocorram fora do estabelecimento comercial, por telefone (à distância) ou a domicílio (*door-to-door*). Esta delimitação, exemplificativa, e não taxativa da lei, encontra resposta no que KLEE convencionou chamar de "risco de incumprimento ou decepção", e explica: *"trata-se do risco de o consumidor receber um produto ou um serviço defeituoso ou não coincidente com o que solicitou – o que é provável que aconteça, tendo-se em vista a forma em que é celebrado o contrato, em que o consumidor emite cegamente a sua aceitação negocial, sem haver tido a possibilidade real de ver o produto ou de conhecer as características do serviço. Isto é, o*

---

5 GOMES, Orlando, *apud* KLEE, Antonia Espíndola Longoni, *Op. cit.*, p. 172;

6 OSSOLA, Federico Alejandro e, HIRUELA, María del Pilar, *apud* KLEE, Antonia Espíndola Longoni, *Op. cit.*, p. 170, Nota de rodapé 461: *"A assimetria econômica é uma situação concreta que se manifesta quando existe uma clara necessidade de natureza econômica em alguns dos sujeitos da contratação, circunstância que o compele a contrata. Ou, quando uma das partes, abusando de seu domínio econômico, impõe medidas que a favoreçam e prejudicam injustificadamente a outra – tais como imposição de preço, limitação da responsabilidade, exigência de garantia".*;

7 OSSOLA, Federico Alejandro e, HIRUELA, María del Pilar, *apud* KLEE, Antonia Espíndola Longoni, *Op. cit.*, p. 170, Nota de rodapé 462: *"A assimetria cultural ocorre quando se observa um evidente desequilíbrio na formação e na educação das partes envolvidas na relação;*

8 OSSOLA, Federico Alejandro e, HIRUELA, María del Pilar, *apud* KLEE, Antonia Espíndola Longoni, *Op. cit.*, p. 170, Nota de rodapé 463: *"A assimetria técnica está relacionada diretamente ao objeto do contrato e à sua utilidade, benefícios e riscos. Aparacem aqui as figuras no "expert" e do leigo, sendo o primeiro o fornecedor e o segundo, o consumidor. O fornecedor é a parte que possui os conhecimentos técnicos relacionados com o objeto contratual, e o consumidor desconhece ou ignora tais aspectos;*

chamado "risco de incumprimento ou decepção" decorre da alegada falta de correspondência do produto ou do serviço com a oferta na contratação a distância". [9]

A norma ainda prevê que o prazo para exercício do direito de desistência é de 07 dias, contados da data da assinatura ou do recebimento do bem e/ou serviço, o que for mais benéfico ao consumidor. Sem a necessidade de apresentar qualquer condição para exercer este direito, a legislação deixou a cargo do consumidor esta decisão. Não há necessidade de motivação para se arrepender do contrato feito, basta manifestar sua vontade, independentemente do fato do bem ou serviço apresentar algum vício. Todavia, vale lembrar, isto não implica dizer que a legislação consumerista abriu margem para abusos e decisões arbitrárias por parte dos consumidores, mas sim, evitar que fornecedores restrinjam e dificultem o exercício deste direito mediante exigências infundadas.

Questão de ordem prática reside nas despesas para desfazer o contrato e restabelecer o seu estado anterior. Como aqui as contratações ocorrem à distância ou fora do estabelecimento comercial, para o consumidor devolver o produto que não mais deseja, existirá encargos para conseguir realizar este envio, pelos correios, por exemplo. Alguns fornecedores, no entanto, condicionam a possibilidade de desistir do contrato, desde que o consumidor arque com estas despesas. Trata-se de verdadeiro desestímulo ao direito de arrependimento. Para MIRAGEM, *"não pode o contrato impor condições ou óbices ao seu exercício (...). Todavia, é certo também que não será lícito ao consumidor danificar o produto ou utilizá-lo parcialmente para, ainda dentro do prazo legal de sete dias, devolvê-lo ao fornecedor. Nestas situações, o direito ainda permanece existindo (em vista da falta de previsão legal específica limitando o exercício nestas circunstâncias), porém poderá nascer para o fornecedor um direito de exigir do consumidor o valor correspondente à reparação do desgaste ou dos danos decorrentes, em acordo com o princípio da boa-fé e do equilíbrio contratual"*.[10]

Neste particular, apesar da omissão legislativa, há de se considerar o princípio da isonomia, que conforme KLEE afirma, se *"o fornecedor facilita a celebração de contratos, ao disponibilizar um canal de acesso com o consumidor por meios eletrônicos, em decorrência do princípio da isonomia, o fornecedor deve assegurar o direito de arrependimento do consumidor também por este meio de distância e eletrônico. Isto é, se contratar é fácil, rescindir também deve ser"*.[11]

9 KLEE, Antonia Espíndola Longoni, *Op. cit.*, p. 169;

10 MIRAGEM, Bruno, *Curso de direito do consumidor*. 5ª ed. revista, atualizada e ampliada. São Paulo: Editora Revista dos Tribunais, 2014, p. 378;

11 KLEE, Antonia Espíndola Longoni, *Op. cit.*, pp. 170-171;

1.2.1. Natureza do direito de arrependimento

Importante tratar da natureza do direito de arrependimento, uma vez que, dependendo da corrente doutrinária seguida, consequências diferenciadas surgirão para a interpretação, com reflexos na resolução dos contratos de consumo. O direito de arrependimento, consagrado pioneiramente na legislação francesa, em 1972, guarda tratamento diferenciado da posição adotada no Brasil.

Na França orienta-se pela eficácia suspensiva dos contratos de consumo realizados fora do estabelecimento comercial ou à distância, isto significa dizer, até o exaurimento do prazo de reflexão pelo consumidor, o contrato fica suspenso, não podendo o fornecedor receber pelo bem ou serviço colocado no mercado de consumo, tudo de acordo com o art. 3º da lei francesa publicada em 22 de dezembro de 1972, que proíbe, expressamente, o vendedor de receber qualquer pagamento antes de expirar o prazo de reflexão da contratação. Para a lei francesa, durante a reflexão do consumidor sobre a contratação, não há de se falar em execução do contrato, ele resta suspenso, aguardando o exaurimento da reflexão do consumidor. Esta orientação, apesar de antiga, não foi alterada com a promulgação do código do consumidor francês (*Code de la Consommation*, Loi 93.949/1993), que manteve em seu art. 4º a mesma disposição, conforme esclarece CALAIS-AULOY, *"o retardo de sete dias significaria que o contrato não se conclui instantaneamente, até porque o art. 4º (hoje art. 121-26) da lei francesa proibia que se exigisse do cliente qualquer tipo de contraprestação durante este prazo"*.[12]

Mais esclarecedoras as ponderações de BERTONCELLO, *"os franceses comparam o direito de arrependimento do consumidor ao direito de revogação unilateral dos contratos de duração indeterminada. Assim como o direito de revogação unilateral constitui uma proteção indispensável da liberdade individual nos contratos de duração indeterminada, o direito de arrependimento concede ao consumidor a chance de preservar a integridade de sua vontade, ao protegê-la contra as consequências de sua inexperiência. No direito francês, "o contrato não está definitivamente concluído antes do prazo de retratação expirar".* [13]

Na Alemanha, interpreta-se pela suspensão da eficácia do contrato até manifestação do consumidor, por escrito, pelo arrependimento da contratação. Mesmo o consumidor declarando sua vontade de contratar, esta acei-

12 CALAIS-AULOY, Jean, *apud* MARQUES, Claudia Lima. *Contratos no código de defesa do consumidor. O novo regime das relações contratuais.* 7ª ed. Revisada, atualizada e ampliada São Paulo: Editora Revista dos Tribunais, 2014, p. 914;

13 BERTONCELLO, Káren Rick Danilevicz, *apud* KLEE, Antonia Espíndola Longoni, *Op. cit.*, p. 174;

tação não era suficiente para formar o contrato, aguardando o exaurimento do prazo de reflexão. Segundo MARQUES, se o cliente *"revoga (widerruft) sua aceitação, no prazo e nas condições legais, a aceitação nunca teria tido eficácia, o contrato nunca teria sido formado, pois o evento futuro e incerto (a passagem do prazo, sem a revogação), a que estava submetida a manifestação da vontade do consumidor, não ocorreu".*[14]

Já no ordenamento consumerista brasileiro, o art. 49 do CDC é claro em presumir a existência de um contrato, cabendo margem para interpretação sobre sua eficácia e validade. Neste particular, MARQUES[15] considera três hipóteses de solução. A primeira consistiria em adotar a sistemática adotada pelo sistema francês, isto é, a eficácia do contrato ficaria suspensa durante o prazo de reflexão, sendo considerado perfeito e acabado com o exaurimento do prazo de reflexão.

Numa segunda hipótese, o contrato se concluiria com a manifestação da vontade do consumidor, se tornando perfeito e acabado, sendo rescindido com o exercício do direito de arrependimento, caso o consumidor desista da contratação feita. O contrato é eficaz e surte efeitos, com prestação e contraprestação, aguardando eventual resolução do vínculo contratual caso o consumidor manifeste o exercício do direito de desistência.

A terceira hipótese consistiria em instituir no Brasil uma nova forma de resolução do contrato. Para MIRAGEM, que partilha dessa orientação, *"este direito de arrependimento ou desistência tem natureza de direito formativo extintivo do contrato, uma nova espécie de direito de resolução contratual, cuja eficácia depende exclusivamente do seu exercício por parte do consumidor"*.[16] Trata-se de decisão imotivada do consumidor de resolver o contrato, dentro do prazo de reflexão, operando de forma retroativa para estabelecer o estado anterior ao contrato, lembrando que, qualquer exigência por parte do fornecedor, como cobrança pelo reenvio da mercadoria ou despesas para o desfazimento do serviço, consiste em prática abusiva.

Esta última forma de interpretar o direito de arrependimento pode, num primeiro momento, conflitar com o princípio do *pata sunt servanda*, todavia, neste sentido, a afirmação de MARQUES E MENDES, vez que *"o direito de arrependimento pode ser visto também como um meio de fortalecer a autodeterminação do consumidor e garantir que o consentimento dele seja de fato livre. Nesse sentido, ele não seria uma exceção ao princípio do pata sunt servanda, ao contrário, o direito de arrependimento pode*

14 MARQUES, Claudia Lima. *Op. cit.*, p. 913;

15 MARQUES, Claudia Lima, *Op. cit.*, p. 915;

16 MIRAGEM, Bruno, *Op. cit.*, p. 376;

inclusive reforçar esse princípio, ao propiciar uma escolha mais refletida e responsável do consumidor ao se vincular a uma obrigação".[17]

O direito de arrependimento inspirou reflexões sobre princípios já consagrados no direito contratual. Para o doutrinador italiano SALVATORE PATTI,[18] o direito de desistir consiste em uma das maiores novidades do direito contratual moderno, vez que garantiria a verdadeira autonomia da vontade na hora de contratar. Pondera, ainda, que na última década o direito contratual europeu sofreu uma valoração dos princípios e clausulas gerais, como a boa-fé e a solidariedade. De modo que o número de normas impositivas, antes menor e extremamente reduzido na matéria de contratos, em razão da autonomia da vontade, se mostraram necessárias para buscar uma maior proteção dos contratantes, principalmente, na esfera do direito do consumo, passando a ter maior aplicabilidade.

Neste sentido, o doutrinador italiano sugere certa ponderação quanto ao direito de arrependimento e seu prazo de reflexão (*cooling-off* time), que talvez, pudesse ser excluído das contratações realizadas pela *internet*. Isto porque, nestas contratações, a iniciativa é do adquirente, do consumidor, que perfeitamente possui a possibilidade de melhor refletir e avaliar a conveniência daquela compra. Segundo afirma, poucas pessoas após realizar uma contratação pela internet acabam refletindo melhor e desistindo da contratação, o que só ocorre em maior número quando o objeto do contrato consiste em vestuário, que demanda natural prova das respectivas roupas.

Apresenta como possível solução, valorizando e resguardando o princípio da autonomia da vontade nos contratos, que o fornecedor *online* aplique preço a maior caso o consumidor queira ter a faculdade de exercer o direito de arrependimento, e, outro preço, mais brando, caso opte pela sua ausência. Independentemente da recomendação, SALVATORE PATTI afirma que estas questões merecem maior atenção pela doutrina, de forma que não se deixe uma porta aberta para o abuso, nos dizeres de OTTO VON GIERKE:[19] "Liberdade contratual ilimitada se autodestrói. Uma arma terrível na mão do mais forte, um instrumento não afiado na mão do mais fraco,

---

17 MARQUES, Claudia Lima e, MENDES, Laura Schertel, *apud* KLEE, Antonia Espíndola Longoni, *Op. cit.*, p. 183;

18 PATTI, Salvatore, *Ragionevolezza e clausole generali*. Dott. A. Giufrrè Editore, S.p.A. Milano, 2013, pp. 97-112;

19 GIERKE, Otto Von, *apud* PATTI, Salvatore, *Op. cit.*, p. 112; No original: "Illimitata libertà contrattuale si autodistrugge. Un'arma terribile nella mano del forte, uno strumento non affilato nella mano del debole, diviene strumento di sottomissione dell'uno ad opera dell'altro, di sfrutamento senza vergogna di una posizione di predomínio spirituale ed economico";

torna-se instrumento de subjugação de um pelo outro, de exploração sem vergonha de uma posição de domínio espiritual e econômico".

1.3. Da diferença entre contratos realizados "fora do estabelecimento comercial" e contratos "à distância"

A limitação ao direito de arrependimento, previsto de forma expressa no Código de Defesa do Consumidor, consiste nas contratações ocorridas fora do estabelecimento comercial, especialmente por telefone ou a domicílio. Adiantamos que a interpretação deste artigo foi alargada diante das realidades de nosso tempo, isto é, abrangendo, também, os contratos celebrados na *internet*. Antes de adentrarmos na necessária atualização deste dispositivo da lei, para que seja corrigido conceitualmente, de forma a ser aplicado nas contratações realizadas na *internet*, vamos examinar, brevemente, as limitações previstas.

Em definição simples e objetiva, CALAIS-AULOY[20] diz que as contratações realizadas fora do estabelecimento comercial são aquelas em que os fornecedores vão ao encontro de seus clientes, para lhe propor bens e serviços. A característica principal deste tipo de contratação é o fato de o fornecedor estar em local não destinado à comercialização de bens e serviços, evitando, assim, o deslocamento do consumidor.

Para MATTEO MAGRI,[21] doutrinador italiano, o contrato realizado fora do estabelecimento comercial consiste na relação entre fornecedor e consumidor, no fornecimento de bens e serviços, em quatro situações distintas, não taxativas: a) contrato realizado no domicílio do consumidor; b) durante excursões realizadas pelo fornecedor; c) em áreas públicas ou abertas ao público e; d) contratos por correspondência ou catálogo. O doutrinador ainda lembra que se busca proteger o consumidor contra o emprego de técnicas agressivas, bem como a ausência de informações sobre o objeto de consumo.

Os contratos realizados no domicílio do consumidor (venda a domicílio, venda de porta em porta, *door-to-door*), não se restringe no sentido etimológico da palavra, à residência do consumidor ou ao seu ambiente de trabalho. MATTEO MAGRI[22] anota que não importa de fato o deslocamento do fornecedor ao domicílio do consumidor, mas sim, em qual local e contexto essa visita acontece e se enquadra. Se o consumidor se dirige a algum local, seja para estudar, trabalhar, cuidar de sua saúde ou até mesmo para relaxar, o intuito e propósito do consumidor é diverso daquele de contratar

20 CALAIS-AULOY, Jean, apud KLEE, Antonia Espíndola Longoni, Op. cit., p. 217;

21 MAGRI, Matteo, *Op. cit.*, p. 97;

22 MAGRI, Matteo, Op. cit., p. 99;

bens e serviços, de modo que, qualquer abordagem pelo fornecedor, usufruindo do elemento surpresa e constrangendo o consumidor a contratar de forma irreflexiva, consiste em venda agressiva, merecendo o resguardo da lei, como por exemplo, ter direito ao arrependimento da contratação.

Outro ponto importante consiste no momento desta contratação. Muitas vezes o contrato pode começar dentro do estabelecimento comercial, e ser finalizado, assinado, fora dele, no domicílio do consumidor, seja na sua residência ou no local de trabalho. Neste particular, a jurisprudência[23] italiana já definiu que não se considera este contrato realizado fora do estabelecimento comercial, uma vez que a abordagem inicial se deu dentro da sede da empresa.

Apesar desta proteção aos consumidores nos contratos realizados fora do estabelecimento comercial, uma vez que a legislação consumerista italiana reconhece, como fundamental, o direito dos consumidores de serem destinatários de práticas comerciais exercidas segundo a boa-fé e de forma leal e exata, o doutrinador italiano GALGANO,[24] entretanto, defende que este direito guarda uma exceção, em razão do chamado *dolus bonus*, pois o consumidor, como homem médio, é perfeitamente capaz de distinguir informações, qualidades e características absurdas e exageradas sobre determinados bens e serviços, de modo que, uma vez que a contratação ocorreu baseada em suposições absurdas sobre o objeto de consumo, não haveria, portanto, o por quê, de rescindir o contrato com base no direito de arrependimento, por exemplo.

Paralelamente à exceção feita por GALGANO, a venda em domicílio consiste em técnica de venda agressiva. Conforme KLEE[25] afirma, a presença física do fornecedor na casa ou no local do trabalho do consumidor, por si só, já é uma pressão, ao menos psicológica, que pode gerar certo constrangimento ao consumidor, que se vê forçado a adquirir produtos e serviços mesmo sem querer. Pode-se dizer, então, que a formação do consentimento do consumidor não é livre, e justificável assegurar a ele o direito de se arrepender de ter celebrado o contrato, de ter se vinculado com aquele fornecedor.

A venda a domicílio surgiu na França nos anos 1970. Era um modo tradicional de atender às necessidades dos consumidores que viviam longe das cidades ou dos grandes centros de consumo. No mesmo período, estima-se que nos Estados Unidos da América a venda *door-to-door* correspondida a 35% das contratações no mercado de consumo. Não há dúvidas sobre

---

23 MAGRI, Matteo, *Op. cit.*, p. 100;

24 GALGANO, Francesco, *apud* MAGRI, Matteo, *Op. cit.*, p. 102;

25 KLEE, Antonia Espíndola Longoni, *Op. cit.*, p. 219;

sua força. Comercializando os mais variados tipos de produtos e serviços, a venda a domicílio não demorou a se transformar em um meio agressivo de contratação, pois, segundo ALBERTO DO AMARAL JÚNIOR,[26] *"ao reduzir sensivelmente a liberdade do consumidor, a venda a domicílio elimina o período de reflexão que medeia entre o momento da escolhe e aquele em que a compra efetivamente se realiza. Além disso, a venda a domicílio representa o encontro entre dois personagens muito diferentes: de um lado, o vendedor profissional, especialmente treinado e motivado pelas comissões relativas às vendas efetuadas e, de outro, o consumidor despreparado, cuja fragilidade pode ser ainda mais agravada pelo advento de circunstâncias especiais, como a idade avançada e o baixo nível educacional"*.

As técnicas agressivas de contratação, como por exemplo a venda em domicílio, guardam sensível crítica pela doutrina no tocante a duas consequências que elas podem vir a causar. A primeira delas consistiria na desestabilização do mercado econômico, interferindo e prejudicando a concorrência, chamada concorrência desleal. Já a segunda, consiste na intensificação da vulnerabilidade do consumidor, que na simples relação entre fornecedor e consumidor, ele, consumidor, já é o lado mais fraco, de modo que, ao contratar fora do estabelecimento comercial ou à distância, esta vulnerabilidade se acentua, motivo aliás, pelo qual, consagrou-se o direito de arrependimento.

Para ORIANA,[27] *"a venda de porta em porta prejudicaria a concorrência leal pois, sem suportar os ônus fiscais e econômicos para manter um estabelecimento comercial, o fornecedor que utiliza essa técnica vai ao encontro do cliente, que, sem poder comparar os preços e a qualidade do produto apresentado e, por vezes, para se livrar de importuno vendedor, decide-se pelo produto oferecido. Igualmente, dos vendedores em domicílio não é exigido um nível profissional maior, pois não existe vínculo empregatício entre ele e o fornecedor do produto, e sua remuneração se dará por prêmio ou porcentagens. Tudo acaba por incentivar que o vendedor se utilize de qualquer artifício, inclusive o de mascarar ou omitir informações importantes para o consumidor sobre o preço, a qualidade e os riscos do produtos, para vender mais e alcançar uma retribuição adequada"*.

E continua, *"de outro lado, o consumidor perturbado em sua casa ou no local de trabalho não tem o necessário tempo para refletir sobre se deseja realmente se obrigar, se as condições oferecidas lhe são realmente favoráveis; não tem o consumidor a chance de comparar o produto e a oferta*

26 AMARAL JÚNIOR, Adalberto do. *Proteção do consumidor no contrato de compra e venda*. Biblioteca de direito do consumidor. v. 2. São Paulo: Editora Revista dos Tribunais, 1993, p. 203;

27 ORIANA, *apud* MARQUES, Claudia Lima, *Op. cit.*, p. 911;

com outras do mercado, nem de examinar com cuidado o bem que está adquirindo. O consumidor recebe do vendedor, ou da correspondência circular enviada, no mais das vezes, informações incompletas, principalmente sobre o preço da mercadoria (por exemplo, curso de computação grátis e em 3 vezes, sem juros – mas com correção monetária; desconto de 20% à vista – assinando a proposta receberá uma Bíblia de graça, não ficando obrigado a contratar etc.). Por fim, se o produto adquirido apresenta algum defeito ou vício de qualidade, não possui o consumidor a possibilidade de reclamar, pois o vendedor não retornará e a fábrica se localiza em outro Estado da Federação, o que desestimula a reclamação".[28]

Além da venda a domicílio, outro tipo de técnica agressiva é a chamada "venda emocional", oportunidade que o fornecedor através de diversos artifícios que alteram o ânimo do consumidor, consegue reduzir sua percepção, como por exemplo nos casos das vendas de multipropriedade (*time-sharing*). Segundo MARQUES,[29] *"o direito de arrependimento do art. 49 do CDC deve ser assegurado também em caso de vendas emocionais de time-sharing ou multipropriedade, interpretando-se, como tem reconhecido a jurisprudência brasileira, que tais vendas ocorrem 'fora' do estabelecimento comercial normal, uma vez que o consumidor é convidado (por telefonemas, com sorteios e premiações) a comparecer ao estabelecimento comercial do vendedor ou representante, especialmente organizado para tal, onde então, em uma festa, coquetel ou recepção, em que servem mesmo bebidas alcoólicas, e num clima de sucesso, realização e prazer, é oferecido o produto através de vídeos, aplausos, brincadeiras e jogos, quando o consumidor é (des)informado sobre o contrato e o assina, assim como o seu pagamento, garantido com a assinatura de vários boletos de cartão de crédito, tudo em um clima 'emocional' de consumo e prazer que costuma arrefecer até mesmo advogados e juízes"*.

De modo a se diferenciar das contratações realizadas fora do estabelecimento comercial, o art. 49 do CDC menciona que o direito de arrependimento também é aplicável às contratações feitas por telefone. Aqui, trata-se das contratações feitas à distância, como as vendas por correspondência ou por catálogo, muito utilizadas no século XIX, e que não devem se confundir com as contratações ocorridas fora do estabelecimento comercial.

Com o passar do tempo novos meios de contratação a distância surgiram, o principal deles, a *internet*. O nosso código consumerista, por razões temporais, não contém a expressa previsão do direito de arrependimento para as contratações realizadas no mundo virtual, questão que vem sendo resolvida pela doutrina e pela jurisprudência, alargando a interpretação do

28 MARQUES, Claudia Lima, *Op. cit.*, p. 911;

29 MARQUES, Claudia Lima, *Op. cit*, p. 922;

art. 49 do CDC. Nos dizeres de MARQUES,[30] *"os novos meios de contratação a distância, por satélite, cabo e outros que se sucederem, também devem ser considerados incluídos no art. 49 do CDC, em analogia com a expressão 'telefone'"*.

Na Europa muito já se discutiu sobre o direito de arrependimento em relação aos contratos realizados na internet. A União Europeia, graças ao tratado de Maastricht, deteve competência para legislar sobre os direitos dos consumidores, o que o fez, através de Diretivas, que como iremos analisar, posteriormente, foram adotadas singularmente pelos seus países membros. Segundo MARQUES,[31] *"a Comissão Europeia vinha utilizando esta autorização com sabedoria e, como no caso da Diretiva sobre cláusulas abusivas, e legislando de forma mínima, permitindo que os países mantenham legislações mais protetivas, harmonizando e não unificando as legislações"*.

Sobre esta harmonização, a União Europeia já há algum tempo busca traçar algumas diretrizes comuns quanto aos direitos dos cidadãos europeus, como por exemplo no âmbito do direito contratual, através da DCFR (*Draft Common Frame of Reference*), que traz princípios, definições e um modelo de regras para o direito privado europeu.

Conforme orienta o doutrinador português JOAQUIM DE SOUSA RIBEIRO,[32] estabelecer diretrizes comuns aos estados-membros da União Europeia, consiste numa forma de consolidar o mercado interno, estimulando relações transfronteiriças. Para o professor da Faculdade de Direito de Coimbra, natural que os consumidores busquem, ao contratar, o fornecedor que ofereça as melhores condições, ainda que situado fora de seu país. Entretanto, para que o consumidor possa dar essa passo, importante que se sinta protegido pela legislação, principalmente se houver uma orientação similar entre os países membros.

Especificamente sobre o direito dos consumidores, temos a Diretiva 2011/83, que é resultado da reunião de outras quatro diretivas já existentes na matéria de direito do consumidor, de forma a criar um instrumento horizontal único, disciplinando diversos aspectos, eliminando eventuais dúvidas e facilitando até mesmo a vida do intérprete, em razão do emaranhado de normas. Esta diretiva, modifica a diretiva 85/577/CEE, que trata da proteção dos consumidores no caso de contratos negociados fora do estabelecimento comercial, a diretiva 93/13/CEE, que concerne na proteção dos consumidores contra cláusulas abusivas, a diretiva 97/7/CE, que resguarda

30 MARQUES, Claudia Lima, *Op. cit.*, p. 928;

31 MARQUES, Claudia Lima, *Op. cit.*, p. 929;

32 RIBEIRO, Joaquim de Sousa, *Direito dos contratos, Estudos*, Coimbra editora, 2007, p. 69;

o consumidor em matéria dos contratos realizados à distância e, a diretiva 1999/44/CE, que trata da venda e da garantia dos bens de consumo.

Em seu art. 2º, alínea 7 e 8, os contratos à distância são definidos como: *"qualquer contrato celebrado entre o profissional e o consumidor no âmbito de um sistema de vendas ou prestação de serviços organizando para o comércio à distância, sem a presença física simultânea do profissional e do consumidor, mediante a utilização exclusiva de um ou mais meios de comunicação à distância até o momento da celebração do contrato, inclusive fora do estabelecimento comercial"*.

A Diretiva 2011/83 também define técnica de comunicação à distância, que consiste em *"qualquer meio que, sem a presença física simultânea do fornecedor e do consumidor, possa ser utilizado tendo em vista a celebração do contrato entre as referidas partes"*.

Para o direito argentino,[33] os contratos à distância são aqueles em que a proposta e a resposta são feitas por meio de correspondência, telecomunicações, eletrônica ou formas similares.

O comércio eletrônico (*e-commerce*), realizado através dos contratos à distância e que utilizam uma, ou mais de uma, tecnologia para interligar os ausentes fornecedor e consumidor, como por exemplo os contratos realizados por intermédio da *internet*, *email*, *telemarketing*, tv a cabo, entre outros, cria ainda uma outra figura, definida por GIORGIO OPPO, como a "desumanização do contrato", pois conforme LORENZETTI *"na contratação eletrônica pode ser muito difícil constatar a presença do consentimento de alguém que opere um computador; pode ser extremamente árduo verificar se ocorreu uma intenção real de obrigar-se; pode ser impossível provar o erro, o dolo ou a coação. Ademais, pode ocorrer de a declaração ser automaticamente elaborada por um computador e que a presença do sujeito seja apenas mediata, ao programar o computador, mas não imediata, no ato de celebração (...) Diz-se que não existe um consenso baseado na justaposição de vontade, mas sim em atos unilaterais de autonomia que se manifestam sem uma fusão de vontades. Já se observou que ocorre um acordo, mas não um contrato, não há um verdadeiro consenso, nem um diálogo, já um acordo deste tipo, como o contrato efetuado pelo meio eletrônico, caracteriza-se pela anulação da função da língua, passando-se do diálogo ao silêncio"*.[34]

---

33 MOSSET ITURRASPE, Jorge. *Ley de defensa de consumidor: Ley 24.240. Modif. Por leyes 24.568, 24.787, 24.999 y 26.361. Protección procesal de usuarios y consumidores por Osvaldo A. Gozaíni. Javier H. Wajntraub.* 1ª ed. Santa Fe: Rubinzai Culzoni, 2008, p. 186;

34 LORENZETTI, Ricardo L. *Comércio eletrônico*. Tradução de Fabiano Menke, com notas de Cláudia Lima Marques. São Paulo: Editora Revista dos Tribunais, 2004, p. 277;

Diante desta realidade, a Diretiva 2011/83 além de conceituar os contratos à distância, trouxe uma série de outras normas para estes, ambas técnicas de vendas agressivas (fora do estabelecimento comercial e à distância).

Merece destaque as regras da diretiva que tratam do direito de informação. O art. 5º e 6º da Diretiva 2011/83 impõe informações obrigatórias que devem ser atendidas pelos fornecedores, sob pena de não vinculação do consumidor ao contrato celebrado. Dentre essas informações, que devem ser feitas de forma clara, objetiva e compreensível pelo seu público alvo, constam as principais características do bem e/ou serviço oferecido, identificação completa do fornecedor, como sua razão social, nome fantasia, domicílio (se o caso, da fábrica e da sede administrativa), telefones para contato, preço total dos bens e serviços destacando, inclusive, todos os impostos e taxas que incidem, modalidades de pagamento, a forma como ocorrerá sua entrega, data limite de entrega, canal para que o consumidor possa buscar informações sobre sua compra, aviso de existência de garantia, serviços de pós-venda, duração do contrato, em que condições ele se renova (se o caso), em que condições poderá ser resolvido, bem como se existe ou não direito de arrependimento.

As regras para o exercício do direito de arrependimento, bem como a consequente questão do reenvio do bem, com o reembolso dos valores pagos, são regulados pelos art. 13 e 14 da Diretiva 2011/83. Primeiramente, conveniente destacar que o prazo para o direito de arrependimento é de 14 dias e, não, 07 dias como ocorre no direito brasileiro. Assim, os fornecedores possuem 14 dias para efetuar o reembolso, usando o mesmo meio utilizado pelo consumidor para realizar o pagamento, podendo retê-lo, até efetiva entrega do produto. Em relação a esta entrega, a Diretiva dispõe que cabe ao consumidor arcar com as despesas do envio direito do produto, exceto em 03 casos: quando o contrato prever que esta despesa cabe ao fornecedor; quando o consumidor não tiver sido informado que ele arcará com este custo e; se pela própria natureza do bem, ele não poder ser entregue pelos correios. Quanto à eventual depreciação do produto, o consumidor não é responsável, desde que não exceda o necessário para se verificar a natureza, as características e o funcionamento do bem.

A diretiva ainda dispõe sobre as exceções ao direito de arrependimento (art. 16), casos em que a natureza do objeto do contrato inviabiliza o retorno ao estado anterior do contrato. Entre as exceções, temos, contratos que envolvam serviços já prestados, ou com preços flutuantes, como passagens aéreas, produtos personalizados segundo especificações do consumidor ou solicitados por ele, produtos perecíveis, bens selados (não suscetíveis de devolução por motivos de proteção da saúde ou de higiene quando abertos, bebidas alcoólicas, *softwares*, gravações de áudio e vídeo, jornais, periódicos, revistas, contratos de hasta pública, transporte de coisas, aluguéis de automóveis, restauração, serviços de lazer, se previsto data ou período de execução específica e fornecimento de conteúdos digitais.

Importante também destacar o art. 15 da Diretiva 2011/83, que prevê, expressamente, os efeitos do direito de arrependimento nos contratos de crédito, isto é, uma vez exercido de forma regular o direito de arrependimento, eventual contrato (acessório) de crédito que tenha sido feito para realização da contratação à distância (ou fora do estabelecimento comercial), também deverá, automaticamente, o contrato de crédito, ser rescindido, sem quaisquer custos para o consumidor.

Sobre o crédito, afirma CALAIS-AULOY[35] que ele *"faz nascer dois perigos para o consumidor que não reflete sobre sua decisão: leva a compras desnecessárias e compromete o consumidor para o futuro"*. Para MARQUES,[36] *"a experiência demonstrou que, mesmo em caso de contratos formalizados e concluídos dentro dos estabelecimentos comerciais, como normalmente o são os contratos de crédito, o consumidor tem necessidade de um prazo extra para reflexão. Esta reflexão pode evitar o superendividamento, as compras inúteis, a insolvência e inúmeras violações contratuais, em vínculos não refletidos e não desejados"*.

1.4. Do projeto de alteração do art. 49 do código de defesa do consumidor

As diretivas adotadas pelo União Europeia serviram de modelo para o legislador brasileiro, no PLS 281 e 283 de 2012, em exame no Senado Federal, que prevê algumas modificações e atualizações pontuais do nosso atual Código de Defesa do Consumidor. Para MARQUES, *"parece necessária a aprovação de norma legislativa, que pudesse incluir no CDC uma sessão nova dedicada ao regime dos contratos à distância e do comércio eletrônico e atualizar o art. 49 para estes métodos eletrônicos e similares de contratação, cada vez mais popularizados"*.[37]

Como se denota, da atual previsão existente em nosso código consumerista, em comparação com as diretrizes europeias, muito se diverge, de modo que, qualquer atualização a ser realizada, principalmente no direito de arrependimento, uma boa reforma deve ser feita. Assim, para não retratar aqui as inúmeras mudanças que se pretende em nosso CDC, citamos

35 CALAIS-AULOY, Jean, *apud* MARQUES, Claudia Lima, *Op. cit.*, p. 939, Nota de rodapé 462: No original: *"Le crédif fait peser um doublé danger sur le consommateur qui ne réfléchit pas: il possue à dês achats inutiles e til engaje pour l'avenir"*;

36 MARQUES, Claudia Lima, *Op. cit.*, p. 939;

37 MARQUES, Claudia Lima, *Op. cit.*, p. 944;

algumas, que as considero mais importantes, em relação ao direito de arrependimento e aos contratos realizados à distância.

Como exposto, não contamos atualmente com a definição ou menção aos contratos realizados à distância, nos valendo de interpretação extensiva aos contratos celebrados por telefone, para alcançarmos àqueles realizados pela *internet*. A primeira proposta da lei que interessa mencionar é justamente a inclusão de dois parágrafos no art. 49, que preveem a realização de contratos à distância. Reproduzimos a redação proposta: § 2º "por contratação à distância entende-se aquela efetivada fora do estabelecimento, ou sem a presença física simultânea do consumidor e fornecedor, especialmente em domicílio, por telefone, reembolso postal, por meio eletrônico ou similar"; e §3º "equipara-se à modalidade de contratação prevista no § 2º deste artigo aquela em que, embora realizada no estabelecimento, o consumidor não teve a prévia oportunidade de conhecer o produto ou serviço, por não se encontrar em exposição ou pela impossibilidade ou dificuldade de acesso a seu conteúdo".

A inclusão do termo "à distância", foi sugerida pela BRASILCON "Instituo Brasileiro de Política e Direito do Consumidor, pela professora e advogada ROSANA CHIAVASSA, representando a AASP e grupos da OAB/SP e IAB, de modo que *a expressão à distância" no caput do art. 45-A, uma vez que esta seção, apesar do título, por questões de concisão, mencionar apenas o comércio eletrônico, dispõe em verdade sobre normas gerais de proteção do consumidor no comércio à distância, tanto que define a contratação à distância e equipara a venda no estabelecimento comercial, mas sem que a pessoa possa ver o bem, por falta de estoque ou mostruário na loja, a este tipo de comércio e regula o spam de todos os comerciantes, físicos e eletrônicos, sempre que usarem este meio para suas vendas. A seção, como afirma, visa a fortalecer a confiança do consumidor "e assegurar tutela efetiva, com a diminuição da assimetria de informações, a preservação da segurança nas transações, a proteção da autodeterminação e da privacidade dos dados pessoas". Para este fim, melhor esclarecer que o comércio à distancia, em qualquer de suas formas, está incluído, assegurando também maior isonomia a todos os fornecedores, pois não regula os deveres dos fornecedores do comercio eletrônico, mas todos os fornecedores que utilizarem métodos de comercio a distância, sejam lojas do comércio tradicional ou físico e do virtual".* [38]

Sobre o prazo de reflexão, *caput* do art. 49, chegou-se a acolher a proposta feita pelo Senador RODRIGO ROLLEMBERG, que na esteira da experiência Europeia e Argentina, propunha o aumento do prazo de 07 dias para

---

38 www.senado.gov.br/atividade/materia/getPDF.asp?t=121282&tp=1; acessado em 01/02/2015;

14 dias. Porém, a proposta foi rejeitada por considerar que os atuais 07 dias consagrados pelo CDC, tem se mostrado plenamente suficiente e adequado para o consumidor brasileiro averiguar se o produto ou serviço contratado corresponde com a oferta.

Prevê-se também, através de proposta apresentada pelo senador VITAL DO RÊGO, a inclusão do § 4º, no art. 49, que consiste no "caso o consumidor exerça o direito de arrependimento, os contratos acessórios de crédito são automaticamente rescindidos, devendo ser devolvido ao fornecedor do crédito acessório o valor que lhe foi entregue, acrescido de eventuais juros incidentes até a data da efetiva devolução e tributos". Esta previsão encaixa perfeitamente com o que vimos nas diretivas europeias, dando a mesma sorte ao contrato acessório, aquilo que ocorrer ao principal. É a aplicação da técnica dos contratos conexos ou coligados.

Acolhe-se ainda a proposta feita pelo senador ANTONIO CARLOS RODRIGUES, para tratar dos contratos de transporte aéreo. A comercialização de passagens aéreas consiste em um dos principais objetos do comércio eletrônico atualmente. Segundo o senador, deve ser assegurado ao consumidor o reembolso de, no mínimo, noventa e cinco por cento do valor pago por bilhete de passagem não utilizado, sempre que o consumidor comunicar ao transportador em tempo de ser negociada (art. 740 CC). Admite, também, a possibilidade da agência reguladora diferenciar o tratamento do direito de arrependimento entre companhias aéreas e terrestres, levando em consideração suas peculiaridades. Neste sentido, o art. 49-A: "sem prejuízo do direito de rescisão do contrato de transporte aéreo antes de iniciada a viagem (art. 740, § 3º do Código Civil), o exercício do direito de arrependimento do consumidor de passagens aéreas poderá ter seu prazo diferenciado, em virtude das peculiaridades do contrato, por norma fundamentada das agências reguladoras".

Sobre as propostas das alterações legislativas, sabendo que muito ainda pode ser alterado ou adicionado, concordamos com a reflexão da doutrinadora italiana MARIA ROSARIA FERRARESE[39] que afirma, uma vez guardadas as respectivas peculiaridades de cada realidade jurídica dos países ao redor do mundo, há de se considerar não apenas a globalização no sentido tecnológico, que proporciona relações plurais e múltiplas entre diversos indivíduos, muitas vezes, cada qual em um país, mas também deve-se considerar a globalização no sentido jurídico, onde muitos sistemas jurídicos são cópias e/ou adaptações de outros sistemas, de forma que o ideal venha a ser buscar uma orientação jurídico-política de forma horizontal e, não, vertical. É neste sentido que a experiência europeia com suas diretivas, a realidade do

39 FERRARESE, Maria Rosaria, *Prima lezione di diritto globale*, Editori laterza, Bari, Italia, 2012, p. 164.

mercado americano, bem como recentes atualizações legislativas na américa latina, são fundamentais para melhor orientar as alterações que desejamos em nosso tão elogiado Código de Defesa do Consumidor.

1.5. Conclusão

O nosso Código de Defesa do Consumidor, promulgado em 1990, não trata com fidelidade a questão das técnicas agressivas de vendas – contratos celebrados fora do estabelecimento comercial e à distância. Com a evolução da tecnologia e novas formas de contratar à disposição dos fornecedores, a doutrina e jurisprudência vêm alargando a interpretação de nosso ordenamento jurídico consumerista para dar cabo às questões atuais que surgem da relação com os consumidores.

Os contratos à distância, aqueles realizados com o emprego de uma, ou mais de uma, tecnologia para unir fornecedor e consumidor, se aperfeiçoam a cada dia, ficando cada vez mais agressivos no sentido de retirar a possibilidade de melhor refletir sobre a contratação pelo consumidor. Esta é a base das técnicas agressivas, que consistem em meios, técnicas e artifícios que acentuam a vulnerabilidade do consumidor, vindo a celebrar contratos sem que manifestem sua vontade de forma livre e refletida.

O direito, por bem, não podia ser conivente com a expertise dos fornecedores em celebrar contratos e gerar lucro a qualquer preço, tanto que, como vimos, estas técnicas agressivas de contratação podem interferir na concorrência (des)leal do mercado. Como remédio, previu-se o direito de arrependimento, que para o sistema brasileiro, consiste no prazo de 07 dias para que o consumidor repense a contratação que realizou, podendo, de forma imotivada, desistir do contrato celebrado.

Esta solução, porém, merece melhor análise e ponderação, já que em diversas situações, pela própria natureza do bem ou serviço contratado, resta prejudicado o restabelecimento do estado anterior ao contrato com o seu arrependimento, caso dos *softwares*, produtos com preços flutuantes, arquivos de áudio e vídeo, entre outros. Para isso, importante a experiência de outros países que já lidam com a questão há mais tempo que nós, como no caso da União Europeia, que conta com diretivas específicas sobre o tema, prevendo hipóteses de exceções ao direito de arrependimento, informações obrigatórias que devem ser prestadas pelo fornecedor, bem como o modo de seu exercício.

Com isso, de forma a aproveitar a oportunidade legislativa que vivemos, a atualização do nosso Código de Defesa do Consumidor, de fundamental importância a exata conceituação e diferenciação entre as técnicas de vendas agressivas – contratação fora do estabelecimento comercial e à distância –, para melhor regulamentar o mercado de consumo e garantir o equilíbrio de forças tão desproporcional entre fornecedor e consumidor.

Bibliografia

AMARAL JÚNIOR, Adalberto do. *Proteção do consumidor no contrato de compra e venda*. Biblioteca de direito do consumidor. v. 2. São Paulo: Editora Revista dos Tribunais, 1993.

BRAVO, Fabio. *I contratti a distanza nell'evoluzione del diritto privato* europeo, In *I contrati del consumatori.* Istituti di diritto civile. Collana direta da Guido Alpa. Dott. A. Giuffrè Editore, S.p.A. Milano, 2014.

FERRARESE, Maria Rosaria. *Prima lezione di diritto globale*. Editori Laterza, Bari, Italia, 2012.

FERREIRA, Aurélio Buarque de Holanda. *Novo Dicionário Aurélio da Língua Portuguesa*. 2ª Edição, Rio de Janeiro : Editora Nova Fronteira, 1986.

KLEE, Antonia Espíndola Longoni. *Comércio eletrônico.* São Paulo: Editora Revista dos Tribunais, 2014.

LORENZETTI, Ricardo L. *Comércio eletrônico*. Tradução de Fabiano Menke, com notas de Cláudia Lima Marques. São Paulo: Editora Revista dos Tribunais, 2004.

MAGRI, Matteo. *Le vendite aggressive. Contratti a distanza e negoziati fuori dei locali commerciali*. Nuova Enciclopedia. Collana direta da Paolo Cendon. Casa Editrice Dott. Antonio Milani, 2011.

MARQUES, Claudia Lima. *Contratos no código de defesa do consumidor. O novo regime das relações contratuais.* 7ª ed. Revisada, atualizada e ampliada São Paulo: Editora Revista dos Tribunais, 2014.

MIRAGEM, Bruno. *Curso de direito do consumidor*. 5ª ed. revista, atualizada e ampliada. São Paulo: Editora Revista dos Tribunais, 2014.

MOSSET ITURRASPE, Jorge. *Ley de defensa de consumidor: Ley 24.240. Modif. Por leyes 24.568, 24.787, 24.999 y 26.361. Protección procesal de usuarios y consumidores por Osvaldo A. Gozaíni. Javier H. Wajntraub.* 1ª ed. Santa Fe: Rubinzai Culzoni, 2008.

PATTI, Salvatore. *Ragionevolezza e clausole generali*. Dott. A. Giuffrè Editore, S.p.A. Milano, 2013.

RIBEIRO, Joaquim de Sousa. *Direito dos contratos – Estudos*. Coimbra Editora, 2007.

A RELAÇÃO INCORPORATIVA DE CONSUMO

Everaldo Augusto Cambler

SUMÁRIO: 1. Aspectos gerais; **2.** O bem imóvel como objeto de consumo; **3.** A responsabilidade do incorporador como produtor; **3.1.** A responsabilidade pelo fato do produto e do serviço; **3.2.** A responsabilidade pelo vício do produto e do serviço; **4.** Da responsabilidade pelo dano moral. Conclusões. Referências bibliográficas.

1. Aspectos gerais[1]

Partimos do pressuposto de que a relação jurídica constitui um vínculo entre pessoas – o sujeito ativo (titular de um direito subjetivo, faculdade ou poder) e o sujeito passivo (a cargo de quem fica atribuído determinado comportamento positivo ou negativo ou dever) -, disciplinado pelo Direito, de acordo com o qual uma delas pode pretender determinada coisa ou comportamento, a que a outra está obrigada.[2] No mais das vezes, a relação jurídica assume caráter duplo e complexo, porque a mesma pessoa que é investida da faculdade ou pretensão é também investida de uma obrigação e vice-versa.

Manuel A. Domingues de Andrade enumera os seguintes elementos integrantes da relação jurídica: a) os sujeitos, havendo a possibilidade da pluralidade subjetiva em qualquer dos polos da relação, ou mesmo a multiplicidade desses polos; b) o objeto, sobre o qual incide o direito subjetivo, distinguindo-se o objeto imediato da obrigação, qual seja a prestação (determinado comportamento positivo ou negativo) e o objeto mediato, ou seja, a coisa a prestar; c) o fato jurídico constitutivo; d) a garantia, assim considerada a possibilidade daquele que pode pretender determinada coisa ou comportamento de adotar certas providências, de modo a tornar efetiva a obrigação.[3]

1 Cf. tópico 18.4, pp. 241-3, do nosso trabalho *Incorporação imobiliária – ensaio de uma teoria geral*; tópico 2.2, Parte I, Livro I, pp. 76-84, do nosso trabalho *Responsabilidade civil na incorporação imobiliária*.

2 Giorgio Del Vecchio, *Lições de filosofia do direito*, p. 443.

3 Manuel A. Domingues de Andrade, *Teoria geral da relação jurídica*, nº 4, pp. 19-27.

As normas jurídicas do Código de Defesa do Consumidor (CDC) dão guarida às relações jurídicas denominadas "de consumo". Essas relações compreendem aquelas referentes a atividades de produção, montagem, criação, construção, transformação, importação, exportação, distribuição ou comercialização de produtos ou prestações de serviços, realizadas por pessoa física ou jurídica, pública ou privada, nacional ou estrangeira, bem como por entes despersonalizados, adquiridos ou utilizados por um destinatário final (consumidor – arts. 2º e 3º do CDC).

Parece não haver dúvida de que a relação jurídica incorporativa, na maior parte das vezes, é alcançada pelas normas do Código de Defesa do Consumidor, principalmente quando o próprio Código, no § 1º do art. 3º, faz menção ao objeto da relação de consumo – o produto –, que poderá ser: qualquer bem, móvel ou *imóvel*, material ou imaterial. Dissemos "na maior parte das vezes" porque, em algumas situações, muito embora estejamos diante de uma relação jurídica incorporativa, não conseguimos delinear a relação jurídica de consumo.

A relação jurídica incorporativa confunde-se com a relação jurídica de consumo toda vez que o incorporador, no exercício de sua atividade de produção – promover e realizar a construção de edificações ou conjunto de edificações compostas de unidades autônomas –, oferece no mercado seu produto – bem imóvel e material – e o aliena ao interessado em adquirir, como destinatário final, o produto incorporável – unidades autônomas, a serem construídas ou em construção, sob regime condominial. Na expressão de Melhim Namem Chalhub "*Quanto ao regime jurídico a que estão sujeitos o incorporador e o construtor, nesses casos de responsabilidade, os arts. 2º e 3º do CDC incluem a atividade do incorporador entre aquelas que configuram relações de consumo, nas hipóteses em que fique configurada a vulnerabilidade do adquirente em face do incorporador*".[4]

Portanto, o que irá determinar a ligação dos sujeitos incorporativos à situação jurídica transitiva de consumo será a qualificação subjetiva de vulnerabilidade[5] e a qualidade objetiva de destinatário final fático. "Transitiva" porque a identificação dessas relações jurídicas depende tanto da qualificação subjetiva do consumidor – que não possui o conhecimento específico, próprio, do negócio, o que sem dúvida o coloca em situação desvantajosa em relação ao incorporador – quanto da qualificação objetiva do adquirente, destinatário final do bem incorporável e responsável pelo pagamento das parcelas do preço.

---

4 Melhim Namem Chalhub *Da incorporação imobiliária*, nº 11.5, p. 437.

5 Para Claudia Lima Marques existem quatro tipos de vulnerabilidade: a técnica, a jurídica, a fática e a informacional (*Contratos no Código de Defesa do Consumidor – o novo regime das relações contratuais*, p. 320).

A partir do conceito expresso no art. 3º do CDC, podemos identificar o incorporador como sujeito da relação jurídica de consumo. Muito embora a norma não traga expressa referência à figura do incorporador, o conceito aí referido é de tal forma abrangente que também engloba o sujeito empreendedor da atividade incorporativa, o qual, de certa forma, desenvolve quase todas as atividades descritas nesse artigo, ou seja, realiza a produção das unidades condominiais, planeja a montagem da incorporação, cria o produto imobiliário, promove a transformação do bem imóvel de modo a torná-lo atrativo à comercialização, além de ser potencialmente um prestador de serviços, desenvolvendo e lançando o produto no mercado de consumo.[6]

Por seu turno, o adquirente da unidade condominial é o consumidor na relação jurídica incorporativa. Ele adquire o produto imobiliário como destinatário final do bem durável e participante da relação jurídica fornecedor imobiliário-consumidor. Destarte, mesmo que o consumidor detenha um patrimônio muito maior que o do fornecedor, ainda assim podemos identificar a vulnerabilidade do consumidor, que não possui as informações específicas caracterizadoras daquela atividade produtiva ou serviço, informações essas de conhecimento exclusivo do fornecedor, profissional do ramo e detentor de todas as noções primordiais que o distinguem em seu ramo de atividade.

Contudo, a partir da noção de qualidade subjetiva de consumidor, podemos identificar algumas situações onde não conseguimos identificar o consumidor imobiliário. Quando, por exemplo, o interessado adquire o bem imóvel para revenda, fica caracterizada a sua inserção no processo produtivo, desqualificando-se o adquirente como "destinatário final" do imóvel. Por outro lado, certos adquirentes, em razão de seus conhecimentos técni-

---

6 Neste sentido, veja-se o seguinte julgado: "Inicialmente, cabe salientar que ao contrato em questão, regido pela Lei nº 4.591/1964, aplica-se, também, o Código de Defesa do Consumidor, quando forem estipuladas cláusulas com ele conflitantes, não havendo que se falar que o incorporador e o adquirente não se encaixam nas figuras de fornecedor e consumidor de produtos e serviços. Como ensina o Prof. Everaldo Augusto Cambler, *verbis*: *"O incorporador como fornecedor (...) A partir deste conceito [o do art. 3º do CDC], podemos identificar o incorporador como sujeito ativo da relação jurídica de consumo. De fato, o incorporador, nos termos da LCI, pode ser pessoa física ou jurídica, pública ou privada, nacional ou estrangeira, que desenvolve atividade de produção, montagem, criação, construção e comercialização de unidades condominiais, quando proprietário do imóvel incorporável. Quando não, o incorporador atua mais como prestador de serviços, intermediando as negociações entre os sujeitos incorporativos (dono do terreno, adquirentes, agente financeiro, construtora)."* (TJSP – Ap 9.270-4/1 – 8ª Câmara – j. 26.08.1998 – rel. Debatin Cardoso – *RT* 759/202).

cos e pujança financeira, não podem ser equiparados ao comprador-consumidor comum. [7]

Enfatizando a importância da *destinação final* e da *vulnerabilidade* como aspectos fundamentais a caracterizar a relação de consumo, José Geraldo Brito Filomeno aduz: *"É mister acrescentar, ainda nesse passo, que a pedra de toque para que se considere que uma dada relação jurídica é ou não de consumo é a destinação final (de caráter prevalente) e a vulnerabilidade (de caráter secundário). Sim, pois se não fosse isso, sobretudo diante da vigência do citado Código Civil de 2002, não haveria necessidade de um Código de Defesa do Consumidor, já que a maioria dos princípios por ele elencados pioneiramente em 1990 ali foram oportunamente embutidos"*.[8]

2. O bem imóvel como objeto de consumo [9]

Considerando que a habitação é uma necessidade básica e um produto de difícil aquisição para o consumidor, o legislador resolveu incluir os bens imobiliários dentre aqueles alcançados pelo Código de Defesa do Consumidor. No entanto, ao fazê-lo, não estabeleceu qualquer ressalva no que concerne às peculiaridades que cercam essa espécie de bem, de maneira que, para uma adequada aplicação do Código de Defesa do Consumidor no que se refere à relação incorporativa de consumo, faz-se necessária a apreciação das seguintes peculiaridades, que o distinguem, sobremaneira, dos demais bens ou produtos perecíveis e consumíveis: a) a aquisição do bem imóvel é, em geral, mais ponderada e complexa do que a de outros bens; b) a produção não é instantânea, demandando prazos longos; c) o prazo de pagamento pressupõe um vínculo igualmente prolongado entre quem fornece e quem consome; d) o processo produtivo artesanal é, em geral, a regra; e) a vida útil variável do produto depende de uma manutenção e utilização adequadas; f) o imóvel incorpora inúmeros componentes de outros fornecedores, assemelhando-se a uma linha de produção e gerando responsabilidades conjuntas.[10]

---

7 Neste sentido, veja-se a seguinte ementa: "Indenização – Responsabilidade civil – Ajuizamento por pessoa jurídica – Fundamentação no Código de Defesa do Consumidor – Inadmissibilidade – Bem adquirido para ser utilizado na sua atividade empresarial – Qualidade de consumidor inexistente – Interpretação do art. 2º da Lei Federal 8.078/1990 – Sentença confirmada" [*JTJ* (*Lex*-173/96-103)].

8 José Geraldo Brito Filomeno *Código brasileiro de defesa do consumidor*, comentário ao art. 2º, p. 37.

9 Cf. tópico 4, pp. 238-245, do nosso trabalho *A incorporação imobiliária e o Código de Proteção ao Consumidor*.

10 Cf. Walter Francisco Lafenina et al. *Manual do mercado imobiliário – Código de Defesa do Consumidor*, pp. 6-7.

Assim, por exemplo, levando-se em conta que a aquisição do bem imóvel é, em geral, mais ponderada e complexa do que a de outros bens, mostra-se inaplicável a regra contida no art. 49 do CDC[11] às relações jurídicas incorporativas, pois o referido artigo disciplina a possibilidade do consumidor desistir do contrato, no prazo de sete dias, a contar de sua assinatura ou do ato de recebimento do produto ou serviço. [12]

A particular feição do produto imobiliário impossibilita infligir-se ao empreendedor um prazo de desistência que somente tem sentido nas vendas "porta-a-porta", situação totalmente distinta daquela em que o adquirente dirige-se ao local de venda, tomando a iniciativa para a realização da aquisição do imóvel.[13]

Por outro lado, o processo produtivo é artesanal, dependendo a vida útil variável do produto de seu prazo de validade, bem como de uma manutenção e utilização adequadas. Em sendo aparentes os vícios (v.g., pintura, esquadrias de madeira, ferragens, gesso, revestimentos de pisos e paredes,

---

11 "Art. 49. O consumidor pode desistir do contrato, no prazo de 7 dias a contar de sua assinatura ou do ato de recebimento do produto ou serviço, sempre que a contratação de fornecimento de produtos e serviços ocorrer fora do estabelecimento comercial, especialmente por telefone ou a domicílio."

12 As opiniões doutrinárias majoritárias concluem pela inaplicabilidade desse artigo à compra e venda de bens imóveis, tendo em vista que a negociação não pode ficar subordinada à desistência imotivada do adquirente, principalmente naquelas situações em que os imóveis são alienados na fase de produção, com entrega prevista após um espaço de tempo muito dilatado. Nesta situação, a desistência imotivada romperia todo o processo produtivo, prejudicando os demais consumidores envolvidos na atividade incorporativa e o incorporador. Neste sentido, Marcelo Terra *A venda de imóvel e o Código do Consumidor*, pp. 14-5; Caio Mário da Silva Pereira *Código de defesa do consumidor e as incorporações imobiliárias*, RT (712): 104-5.

13 Neste sentido: "(...) O pedido de desfazimento do contrato de promessa de compra e venda do apartamento, fundado no direito de arrependimento consagrado no art. 49 do Código de Defesa do Consumidor, não podia realmente ser aceito porquanto a disposição codificada não se aplica ao caso dos autos. O prazo de reflexão ali previsto tem sua razão de ser na prática comercial exercida fora do estabelecimento comercial, quando a iniciativa do negócio é comumente do vendedor, posto o comprador em condições desfavoráveis para refletir sobre as propostas que lhe são apresentadas, sofrendo a insistência da oferta. Admitindo que o promissário-comprador, autor da ação, tivesse sido procurado por corretores para a celebração do contrato, teria ele o prazo de sete dias para arrepender-se. Pretender que tal período somente começaria a fluir depois da conclusão da obra e entrega do bem é dar ao dispositivo legal invocado extensão e propósito que lhe são estranhos." (STJ – RE nº 57.789-6-SP – rel. Min. Ruy Rosado de Aguiar – 25.4.95). Da mesma forma: JTJ (LEX-156): 32-5, (LEX-166): 34-54.

vidros, forros de madeira, caixilhos, etc.), o art. 26 do CDC dispõe que o direito de demandar decai em trinta dias para os bens não-duráveis e em noventa dias para os bens duráveis, dentre os quais se encontra o bem incorporável, iniciando-se a contagem do prazo decadencial a partir da entrega efetiva do produto ou do término da execução dos serviços.

No produto incorporável, contudo, é usual que a verificação da existência de vícios aparentes ocorra não da entrega efetiva do produto (imissão na posse) ou do término da execução dos serviços (término da construção), mas da realização com o adquirente de vistoria prévia à entrega efetiva da unidade condominial. Nessa ocasião, são identificados os vícios aparentes existentes, que deverão ser sanados pelo incorporador, com o posterior aceite da obra mediante a realização das retificações cabíveis; ou é declarada a ausência de vícios aparentes no imóvel, liberando-se o incorporador da responsabilidade decorrente da existência de tais vícios.

As características peculiares do bem incorporável fazem com que a aplicação da norma codificada de consumo seja feita com parcimônia, ajustando-se a generalidade e a abstração da regra jurídica à realidade da produção do produto, aplicando-se, no que for cabível, as normas especiais e codificadas vigentes.

3. A responsabilidade do incorporador como produtor[14]

A responsabilidade específica do incorporador pela entrega, a certo prazo, preço e determinadas condições, das obras concluídas (art. 29, *caput*, da LCI) surge com a celebração do contrato de incorporação e só termina com o cumprimento do ajuste, quando a promoção e a realização da construção das unidades autônomas são concluídas e a titularidade é transferida.

Logo, até que todos os elementos essenciais à incorporação estejam reunidos e a atividade atinja seu objetivo econômico, subsistem as formas básicas de responsabilidades dela derivadas: a contemplada na Lei de Condomínio e Incorporação Imobiliária, a contratual e a extracontratual fulcradas na culpa, a objetiva, derivada de sua atividade produtiva, e a subsidiária.

Mais do que as condições de contratação contidas no memorial de incorporação, toda informação prestada ao adquirente, verbal ou escrita, desde que suficientemente precisa, seja ela fornecida diretamente, por intermédio de material promocional (*v.g.*, folhetos, *reprints*, propaganda etc.), seja através de prepostos ou representantes autônomos (*v.g.*, empre-

14 Cf. item 2, da Parte II, do Livro II, do nosso trabalho *Responsabilidade civil na incorporação imobiliária*.

sa corretora), vincula o incorporador ao benefício prometido, sujeitando-o ao sistema coercitivo estabelecido pelo Código de Defesa do Consumidor para obter-se o cumprimento da obrigação.

O lançamento da incorporação, após o registro da documentação relacionada no art. 32 da Lei nº 4.591/1964, assume as feições de uma oferta ao público, que vincula o incorporador mesmo antes de ser efetivamente aceita pelo eventual interessado na aquisição. O incorporador está obrigado a respeitar os termos do memorial de incorporação e do projeto aprovado, considerando-se que estes integram, para todos os fins de direito, o contrato incorporativo que vier a ser celebrado (art. 30 do CDC).[15] A lei de consumo, portanto, concede à oferta e à aceitação, desde que obedecidos certos requisitos, uma extensão maior do que aquela enunciada pelo CC/2002, art. 429 ("*A oferta ao público equivale a proposta quando encerra os requisitos essenciais ao contrato, salvo se o contrário resultar das circunstâncias ou dos usos. Parágrafo único. Pode revogar-se a oferta pela mesma via de sua divulgação, desde que ressalvada esta faculdade na oferta realizada*").

3.1. A responsabilidade pelo fato do produto e do serviço

Tradicionalmente, o princípio da proteção do comprador está estribado no direito resultante da evicção (arts. 447 a 457 do CC) e na teoria dos vícios redibitórios, redibindo-se o contrato (art. 441 do CC), ou pretendendo-se o abatimento do preço (ação *quanti minoris* – art. 442 do CC). As modificações no âmbito contratual, denunciadas por Jaime Santos Briz,[16] sobretudo no campo da compra e venda, em que a produção e a distribuição em massa dificultam ou tornam impossível ao consumidor o ressarcimento do dano sofrido, e a busca de um novo paradigma, observada por Alberto Amaral Jr.,[17] a partir da consciência de que o instrumental teórico, antes existente, deveria evoluir para diagnosticar e atuar sobre uma realidade em constante mutação, encontraram respaldo no Código de Defesa do Consumidor com a implantação dos sistemas de responsabilização pelo fato e vício do produto e do serviço.

---

15 Flauzilino Araújo dos Santos adverte que, na hipótese de modificação total ou parcial do projeto de execução do empreendimento imobiliário, o registrador "atento ao que determina o art. 43, IV, da Lei de Condomínio e Incorporações, deverá exigir sempre anuência prévia de todos aqueles que possuem direitos reais registrados e decorrentes do mesmo empreendimento, a não ser que a alteração resulte do cumprimento de exigência legal" (*Condomínios e incorporações no registro de imóveis*, nº 24.2, p. 284).

16 Jaime Santos Briz, *La responsabilidad civil: derecho sustantivo y derecho procesal*, cap. XVIII, § 5º, pp. 707-709 e 720.

17 Alberto Amaral Jr., *Proteção do consumidor no contrato de compra e venda*, p. 93.

O art. 12 do CDC trata da responsabilidade civil em razão do fato do produto ou, em outras palavras, cuida dos acidentes de consumo, denominada por Carlos Roberto Gonçalves [18] como "extrínseca". O art. 18 do CDC, por sua vez, aborda os vícios do produto (responsabilidade intrínseca), ou seja, aqueles defeitos de qualidade e quantidade que acarretam prejuízo ao consumidor, surgindo o dever de indenizar quando o defeito torna a coisa imprópria ou inadequada para o uso a que se destina.

Esses artigos estabelecem a dicotomia entre os defeitos e os vícios dos produtos. Aqueles são os causadores de danos ao consumidor de maneira mediata, *v.g.*, a falta de segurança do imóvel que ocasiona vítimas. Estes constituem o próprio dano, prejudicando o consumidor de maneira imediata, *v.g.*, inadequação, limitação ou desconforto para o uso da coisa pelo adquirente.

O próprio Código de Defesa do Consumidor traz a noção de produto defeituoso (art. 12, § 1º) – aquele que não oferece a segurança que dele legitimamente se espera, levando-se em consideração não as expectativas subjetivas do lesado, mas as expectativas objetivas do homem médio, dos consumidores em geral[19] –, não sendo considerado defeituoso o produto pelo fato de outro de melhor qualidade ter sido colocado no mercado (§ 2º).

Uma das novidades mais importantes introduzidas pelo Código, no ordenamento jurídico do mercado de consumo, foi a instituição do princípio da responsabilidade civil objetiva para os fatos do produto e do serviço. A introdução do sistema da responsabilidade objetiva para a tutela do consumidor rompe com a sistemática da responsabilidade baseada na culpa, permitindo a restituição ou a indenização apenas com a comprovação do dano e do nexo causal, causado pelo produto ou pelo serviço.

Destarte, o incorporador, em razão do risco proveniente de sua atuação profissional, responde, a princípio, perante o adquirente pelos fatos e vícios do produto. Em contrapartida, o candidato a proprietário assume os riscos próprios da aquisição de um produto dentro do mercado de consumo imobiliário.[20]

Devendo oferecer segurança contra acidentes de consumo, se uma parede mal erguida ou um chuveiro instalado de maneira incorreta vem a prejudicar a saúde do consumidor, os responsáveis – incorporador, constru-

---

18 Carlos Roberto Gonçalves, *Responsabilidade civil – de acordo com o novo Código Civil*, nº 60, p. 391.

19 Cf. Roberto Norris, *Responsabilidade civil do fabricante pelo fato do produto*, nº 5.1.3, p. 42.

20 "Se o comprador, em face da modificação do mercado, constata que comprou mal, deve arcar com as consequências de seu ato unilateral e perder em favor do vendedor as parcelas já pagas, ao pleitear a rescisão do contrato", publicado em *JTJ* 156/43-47.

tor, fabricantes dos produtos incorporados à obra etc. – ficam obrigados a reparar os danos causados, prescrevendo em cinco anos a ação adequada para a reparação desses prejuízos, iniciando-se a contagem do prazo a partir do conhecimento do dano e de sua autoria (art. 27).

3.2. Da responsabilidade pelo vício do produto e do serviço

A responsabilidade intrínseca manifesta-se em razão dos vícios do produto, assim considerados aqueles defeitos de qualidade e quantidade que acarretam prejuízo de natureza econômica ao consumidor, surgindo o dever de indenizar quando o defeito torna a coisa imprópria ou inadequada para o uso a que se destina.

O art. 18 do CDC considera impróprios ao uso e consumo os produtos cujos prazos de validade estejam vencidos (§ 6º, inc. I), aqueles em desacordo com as normas regulamentares de fabricação, distribuição ou apresentação (§ 6º, inc. II), os produtos que, por qualquer motivo, se revelem inadequados ao fim a que se destinam (§ 6º, inc. III).

Há alguma discussão sobre a aplicação da responsabilidade objetiva para os casos de responsabilidade por vício do produto e do serviço, porquanto não há expressa menção no Código de Defesa do Consumidor a respeito. Alguns afirmam que a responsabilidade é objetiva, também para os casos de responsabilidade por vício do produto e do serviço, pois isso defluiria, inequivocamente, de todo o sistema do Código.[21] Outros entendem que a responsabilidade seria subjetiva, mas a culpa do fornecedor estaria relativamente presumida, admitindo prova em contrário mediante a inversão do ônus da prova. Parece-nos que a primeira postura deve prevalecer, pois explicar a responsabilidade por vício do produto ou do serviço pelo critério da culpa contraria todo o sistema estabelecido no Código de Defesa do Consumidor, que procura resguardar a situação do consumidor, presumidamente hipossuficiente.[22]

---

21 Destarte, ao regular as responsabilidades dos fornecedores de bens, produtos e serviços, o Código de Defesa do Consumidor, nos arts. 12 a 25, previu a responsabilidade objetiva destes, que devem indenizar os consumidores, independentemente da existência de culpa, pelos danos causados por defeitos relativos aos fatos do produto e do serviço, restando ressalvada a responsabilidade do profissional liberal, que dependerá da apuração de culpa (art. 14, § 4º) – cf. Hely Lopes Meirelles, *Direito de construir*, cap. VIII, p. 216.

22 No mesmo sentido, Arruda Alvim et al, *Código do Consumidor comentado e legislação correlata*, comentário ao art. 18, p. 143. Gizando o aspecto unificador da responsabilidade civil objetiva no Código do Consumidor, veja-se Flávio Tartuce e Daniel Amorim Assumpção Neves *Manual de Direito do Consumidor*, nº 4.1, pp. 114 ss.

Três requisitos básicos são necessários para que o consumidor possa exigir a garantia legal prevista nas normas codificadas: a) existência de um contrato na origem da introdução do produto no mercado, motivo pelo qual se opõe a adequação do produto para certo fim não apenas com relação ao adquirente, mas a qualquer consumidor que invoque a garantia legal; b) ocorrência do vício, anterior ou contemporâneo à entrega do produto ou à prestação do serviço, que se manifesta pela desconformidade do produto para certo fim ou pela diferença de peso ou medida; c) reclamação nos prazos estabelecidos em lei.[23]

O incorporador responde pelos defeitos de qualidade e quantidade, eventualmente encontrados nos apartamentos, que os tornem impróprios à utilização ou lhes diminuam o valor (art. 18 do CDC), bem como por aqueles decorrentes da disparidade com as indicações constantes da oferta ou da mensagem publicitária (art. 20 do CDC). Nesse caso, o consumidor poderá exigir, alternativamente e à sua escolha: a reexecução dos serviços, sem custo adicional e quando cabível (inc. I); a restituição imediata da quantia paga, monetariamente atualizada, sem prejuízo de eventuais perdas e danos (inc. II); o abatimento proporcional do preço (inc. III).

A reexecução dos serviços que se fizerem necessários na unidade condominial poderá ser realizada pelo próprio incorporador-construtor, pela construtora contratada ou por terceiros devidamente capacitados, por conta e risco do incorporador, sempre que existam elementos que desabonem a qualidade dos serviços do prestador faltoso, evitando que a reparação do dano seja ineficiente ou inadequada, geradora de consequências graves e indesejadas (art. 20, § 1º, do CDC).

Os vícios do produto por defeito de *quantidade* (desconformidade de medidas), carreadores de prejuízos ao consumidor-adquirente de unidades condominiais, suscitam um grande número de demandas envolvendo o negócio incorporativo. De fato, são corriqueiras nos anais dos tribunais reclamações de consumidores que recebem imóveis com metragem inferior àquela discriminada no contrato de promessa de compra e venda, em evidente prejuízo ao consumidor.[24]

---

23 Cf. Alberto do Amaral Júnior, op. cit., p. 274.

24 Para apurar-se o efetivo prejuízo do consumidor, parece razoável a adoção do critério existente na lei civil, utilizado como parâmetro para a promoção da ação *ex empto*: *"Compromisso de compra e venda – Rescisão – Área do imóvel – Diferença superior a 1/20 da extensão – Ação ex empto como meio cabível. Bem diversamente do afirmado na contrariedade da ré, inexiste qualquer carecimento de ação, por parte dos autores, já que, tendo eles sido levados a adquirir um apartamento com determinadas dimensões e que se afeiçoariam a seus interesses, não podem eles ser obrigados a receber uma unidade com as dimensões discrepantes das anunciadas, discrepâncias estas muito bem apuradas no laudo do perito judicial e, também, nos laudos críticos*

Verificado o prejuízo do adquirente, resultante da discrepância entre a área real e aquela inicialmente prevista no plano registrado no Cartório de Registro de Imóveis, poderá a incorporadora responder mediante pagamento de indenização correspondente a um percentual sobre o valor comercial da unidade adquirida proporcional à área indevidamente negociada; restituir parte do valor pago pelo adquirente ou, ainda, receber as parcelas do preço com abatimento,[25] sem prejuízo das demais opções postas à disposição do consumidor pela lei.

O incorporador estará isento de responsabilidade quando, incorporado o imóvel estritamente de acordo com as especificações constantes do projeto aprovado pela administração pública, ficar provado que o adquirente, por sua conta e risco, alterou unilateralmente o projeto original de construção do imóvel, substituindo os materiais e peças relacionados no memorial descritivo.

4. Da responsabilidade pelo dano moral[26]

No que pertine especificamente à esfera do dano moral, estamos diante de um dos efeitos da lesão jurídica ocasionada aos interesses coexistentes e antecedentes de um mesmo direito subjetivo do paciente,[27] razão pela qual é perfeitamente possível a cumulação do pleito de reparação material com o da dor moral, não objetivando, propriamente, o valor reclamado pela vítima, uma reparação equivalente ao preço da dor, mas, concomitantemente, uma função satisfativa das consequências da lesão jurídica.[28]

dos assistentes técnicos, e que apequenaram, seriamente, o apartamento em todos os seus cômodos, a tal ponto de torná-lo desinteressante para a utilização dos promitentes-compradores". *RDC* 37/267-269.

25 Neste sentido: "*Contrato – Compromisso de compra e venda – Área privativa do imóvel inferior à contratada – Depósito das prestações com abatimento – Admissibilidade – Procedimento que visa evitar o desequilíbrio contratual entre as partes mediante pagamentos a maior – Possibilidade jurídica do pedido – Requisitos da medida cautelar plenamente presentes – Liminar deferida – Recurso provido para esse fim*". *JTJ* (*Lex* 172/43-45).

26 Cf. tópico 3, pp. 261-265 do nosso trabalho *Responsabilidade civil na Incorporação imobiliária*.

27 Cf. Maria Helena Diniz. A responsabilidade civil por dano moral, p. 8.

28 Muito embora concordemos que o dano moral não é reparatório, pois não existe correspondente material ao sofrimento, o que se pretende é proporcionar à vítima um *status* material, uma alegria, adquirível com o dinheiro, e que contrabalance a angústia sentida, minimizando-a (cf. Mazeaud, Mazeaud e Tunc, *Tratado teórico y práctico de la responsabilidad civil delictual y contratual*, t. 1, vol. 1, nº 313, pp. 438-439; René Savatier, *Traité de la responsabilité civile en droit français: civil, administratif, professional, procédural*, t. II, nº 527, pp. 92-93).

Em sua monografia a respeito da reparação civil por danos morais, Carlos Alberto Bittar identifica as esferas subjetiva e objetiva dos danos morais, quando estes se circunscrevem *"à esfera íntima ou valorativa do lesado, ou se projetam no círculo de seu relacionamento familiar ou moral"*, atingindo os aspectos íntimos da personalidade humana (*v.g.*, intimidade, consideração pessoal) ou o da valoração da pessoa no meio em que vive (*v.g.*, reputação, consideração social).[29]

Com efeito, não é qualquer tipo de desgosto ou frustração que justifica a responsabilidade pelo dano moral. Somente se justifica a qualificação de "dano moral" àquele dano que possui o caráter atentatório à personalidade, lesando elementos essenciais da individualidade, que devem ser protegidos em defesa dos valores básicos da pessoa e do relacionamento social. Como evidencia Antônio Chaves, propugnar pela ressarcibilidade do dano moral não significa o *"reconhecimento que todo e qualquer melindre, toda suscetibilidade exacerbada, toda exaltação do amor-próprio pretensamente ferido, a mais suave sombra, o mais ligeiro roçar das asas de uma borboleta, mimos, escrúpulos, delicadezas excessivas, ilusões insignificantes desfeitas, possibilitando sejam extraídas da caixa de Pandora do direito centenas de milhares de cruzeiros"*.[30]

Sob pena de ser extensível a todas as situações da vida psíquica humana, em que contrariar o mero capricho poderia dar ensejo a verdadeiras extorsões de caráter patrimonial, a reparação civil por danos morais deve encontrar limite nas situações que não produzem efeito negativo algum na personalidade do lesado ou de maneira nenhuma ameacem a preservação da individualidade da pessoa; em contrapartida, deve alcançar o acontecimento grave, capaz de deixar marcas profundas na generalidade das pessoas, no homem e na mulher medianos.[31] Destarte, o simples "desconforto",

---

29 Carlos Alberto Bittar, *Responsabilidade civil por danos morais*, nº 6 e 7, p. 41 e 45. A esses dois aspectos do ser como entidade individualizada José Eduardo Callegari Cenci denomina os aspectos interno e externo, ambos mensuráveis na avaliação do dano moral para fins indenizatórios, o primeiro correspondente ao aspecto do corpo e da alma, que pode ser mensurado com o suporte da medicina legal; o segundo atinente à repercussão social, que dependerá do prudente arbítrio do julgador, ambos observados em separado, mas aplicados cumulativamente, quando o caso concreto assim exigir (Reflexões sobre o dimensionamento do dano moral para fins de fixação indenizatória, nº 4, p. 264).

30 Antônio Chaves, *Tratado de direito civil*, vol. III, p. 637.

31 Nessa linha de pensar, Sérgio Cavalieri Filho assim configura o dano moral: *"Mero dissabor, aborrecimento, mágoa, irritação ou sensibilidade exacerbada estão fora da órbita do dano moral, porquanto, além de fazerem parte da normalidade do nosso dia a dia, no trabalho, no trânsito, entre os amigos e até no ambiente familiar, tais situações não são tão intensas e duradouras, a ponto de romper o*

a mera "frustração", a não concretização de um negócio não se enquadram dentre as possíveis violações aos direitos contemplados na Carta Magna.[32]

Além disso, devemos lembrar que, não existindo pena sem prévia cominação legal (art. 5º, XXXIX, da CF) e apresentando-se o dano como elemento indispensável ao surgimento do dever de indenizar, no direito brasileiro mostra-se inaplicável o efeito pedagógico-punitivo dos danos morais. Neste sentido, o escólio de Arruda Alvim: "*i) O dano é elemento indispensável da responsabilidade civil, sendo certo que não havendo o que compensar, não há dever de indenizar; ii) Para se configurar o dano moral é indispensável a ocorrência de grave lesão a direito da personalidade. (...); iii) O mero inadimplemento contratual não é apto a gerar dever de indenizar danos morais; (...) v) a aplicação da indenização por dano moral com caráter pedagógico-punitivo enfrenta limitações de ordem constitucional e infraconstitucional; (...)*".[33]

No exercício de sua atividade, caso o incorporador atente contra a personalidade, honra, liberdade, profissão do adquirente ou de terceiros, poderá ser demandado para indenizar o prejuízo causado, ficando ao arbítrio do magistrado a identificação do delito civil e a fixação do quanto a ser indenizado. Como exemplo, podemos citar o desconforto moral e psíquico decorrente de uma situação de injusto constrangimento imposto à vítima pela indevida imputação da pecha de má pagadora, com o registro do nome

---

equilíbrio psicológico do indivíduo. Se assim não se entender, acabaremos por banalizar o dano moral, ensejando ações judiciais em busca de indenizações pelos mais triviais aborrecimentos" (*Programa de responsabilidade civil*, nº 19.4, p. 76). Veja-se, ainda, Antônio Lindbergh C. Montenegro, *Do ressarcimento de danos pessoais e materiais*, nº 49, pp. 158-159.

32 Neste sentido, veja-se o seguinte julgado: "*No mesmo sentido a lição de Everaldo Augusto Cambler, em obra específica a respeito (Responsabilidade civil na incorporação imobiliária, ed. 1998, pp. 292-293). Isto é: "a mera expectativa de entrega de determinada coisa, objeto de contrato de compra e venda, não pode ser fator determinante para a responsabilização civil do vendedor do mesmo modo que a rescisão do contrato pelo inadimplemento do comprador não pode gerar direito de ressarcimento pelo alienante, 'frustrado' em sua esperança de receber o preço convencionado (...). O texto constitucional – art. 5º, X – assegura a indenização pelo dano moral, restringindo-o à violação da intimidade, da vida privada, da honra e da imagem das pessoas, enfim, sempre que ocorra a violação aos direitos fundamentais do ser humano*" (TJSP, Ap c/ Rev 152.789-4/9-00, 8ª Câm. de Dir. Privado, j. 24.01.2007, v.u., rel. Luiz Ambra, publicado na *RT* 861/159, jul. 2007).

33 Arruda Alvim, *Responsabilidade contratual – Inaplicabilidade do efeito pedagógico-punitivo do dano moral*, *Soluções práticas de direito – Pareceres*, vol. II, p. 1056.

do adquirente no Serviço de Proteção ao Crédito, levada a efeito por incorporador malicioso.[34]

Todavia, em algumas circunstâncias, comuns dentro do universo incorporativo, podemos identificar algumas situações nas quais essa forma de dano não ocorre, como, *v.g.*, a perda da privacidade na utilização da piscina ou do jardim, em virtude da construção do edifício vizinho; ou a perda da vista panorâmica, em face do posicionamento do edifício.

Na hipótese mais expressiva, quando o incorporador dá azo à resolução do contrato por descumprimento das obrigações nele contidas, não nos parece plausível a identificação do dano moral.[35] Isto porque a dor consubstanciada na frustração da concretização do negócio, que envolve "o sonho da aquisição da casa própria", não constitui motivo suficiente à indenização, coexistindo essa tristeza com tantas outras sentidas no correr da existência humana.[36]

---

34 Neste sentido, *RT* 717/148-150; *JTJ* (*Lex* 170/35-39; *JTJ* (*Lex* 172/226-232; *JTJ* (*Lex* 176/77-81; AASP 1.783/84-85. "(...) Talvez melhor, aliás, do que outro especialista qualquer, mercê da riqueza e variedade de suas vivências profissionais e do diuturno convívio com a sofrida variegada clientela do verdadeiro hospital de almas que é o Foro. (...) O precedente desta Corte, citado pela apelante, destaca que a violência moral cometida contra a pessoa injustamente 'negativada' em um cadastro de devedores relapsos não tem como única consequência a dor da injustiça sofrida e a agressão à autoestima, mas também a necessidade da dolorosa e desgastante peregrinação pelos escritórios de advocacia e repartições forenses em busca da reparação (*RJTJRGS* 134/372)".

35 Veja-se, a propósito, a Súmula nº 6 do Colégio Recursal da 11ª Circunscrição Judiciária – Pirassununga: "*O simples descumprimento do dever legal ou contratual, por caracterizar mero aborrecimento, em princípio, não configura dano moral, salvo se da infração advém circunstância que atinja a dignidade da parte*" (DJE – Administrativo I de 1.12.2009, pp. 06 a 11).

36 "*No que se refere à indenização pelo dano moral, deve ser também acolhida a pretensão do Autor. (...) Não se objete ser irreparável a dor pela frustração na concretização do negócio, principalmente envolvendo o 'sonho da casa própria', cada dia mais difícil em nosso país.*" Cf. sentença exarada pelo juízo da 4ª Vara Cível do Foro Regional I – Santana – Proc. 400/93 – em 20.09.1993 – Juiz João Pazine Neto. Essa decisão foi reformada por acórdão transitado em julgado, exarado pelo TJSP, Ap. 232.789-2/4, rel. Des. Gilberto Gama, 01.11.1994, a propósito do julgamento do recurso interposto na ação antes referida: "*(...) No caso de resolução de compromisso de compra e venda, somente o patrimônio material foi atingido e está sendo recomposto pelo pagamento das perdas e danos. Não se coaduna com a doutrina afirmar que houve dor, mágoa e tristeza indenizável pelo fato de o apelado não conseguir realizar 'o sonho da casa própria'. Essa tristeza, como tantas outras no correr da existência humana, não é indenizável no ordenamento jurídico nacional.*" Ainda neste sentido: *JTJ* (*Lex* – 167/44-54 ("*Contrato – Compromisso de compra e venda – Incorporação imobiliária – Rescisão – Atraso na entrega da obra – Dano moral – Conceito no qual não se enquadra o simples constrangimento decorrente do insucesso do negócio – Indenização não devida – Recurso não provido*"),

Contudo, não somente o incorporador responde pelo dano moral. Sempre que o incorporador, pessoa física ou jurídica, tiver seu nome, reputação ou imagem atingidos no meio comercial por ato ilícito do adquirente, poderá pleitear o correspondente ressarcimento, responsabilizando-se o candidato a proprietário pelos danos morais sofridos. [37]

Deveras, não sendo um bem personalíssimo, exclusivo do ser humano, a honra constitui atentado contra o incorporador-pessoa jurídica, que pode demandar pelos danos morais sofridos. Neste sentido, distingue-se a honra em seu sentido subjetivo – dignidade, decoro e autoestima –, e em seu sentido objetivo – reputação, bom nome e imagem perante a sociedade. Sempre que o incorporador for atingido em seu bom nome comercial por ato praticado pelo adquirente, investindo contra sua honra profissional, pode procurar sancionar o infrator, pretendendo justa punição contra aquele que macula a honra, o nome ou a imagem empresarial.[38]

Conclusões

O que irá determinar a ligação dos sujeitos incorporativos à situação jurídica transitiva de consumo será a qualificação subjetiva de vulnerabilidade e a qualidade objetiva de destinatário final fático.

As características peculiares do bem incorporável fazem com que a aplicação da norma codificada de consumo seja feita com parcimônia, ajustando-se a generalidade e a abstração da regra jurídica à realidade da produção do produto, aplicando-se, no que for cabível, as normas especiais e codificadas vigentes.

O incorporador, em razão do risco proveniente de sua atuação profissional, responde, a princípio, perante o adquirente pelos fatos e vícios do produto. Em contrapartida, o candidato a proprietário assume os riscos próprios da aquisição de um produto dentro do mercado de consumo imobiliário.

37 Cf. tópico 1.3, Capítulo único, Parte IV, Livro II, p. 278 do nosso trabalho *Responsabilidade civil na Incorporação imobiliária*.

38 Sustentando a indenizabilidade do dano moral para a pessoa jurídica, veja-se acórdão publicado na *RT* 725/336-341, com a seguinte ementa: "Responsabilidade civil – Indenização – Dano moral – Pessoa jurídica – Admissibilidade – Titular de honra objetiva – Direito de resguardar a sua credibilidade e respeitabilidade sempre que seu bom nome, reputação ou imagem forem atingidos no meio comercial por algum ato ilícito – Inteligência do art. 5º, X, da CF". Em sentido contrário, Antônio Carlos Amaral Leão conclui, em suas Considerações em torno do dano moral e a pessoa jurídica, pelo não cabimento do pedido de indenização por dano moral, tendo em vista que este corresponde a um sofrimento de natureza psíquica, não considerável em relação à pessoa jurídica (*RT* 689/6-13).

No exercício de sua atividade, caso o incorporador atente contra a personalidade, honra, liberdade, profissão do adquirente ou de terceiros, poderá ser demandado para indenizar o prejuízo causado, ficando ao arbítrio do magistrado a identificação do delito civil e a fixação do quanto a ser indenizado. Todavia, não nos parece plausível a identificação do dano moral com a mera frustração na concretização do negócio, coexistindo essa tristeza com tantas outras sentidas no correr da existência humana.

Referências bibliográficas

ALVIM, Arruda et al. *Código do Consumidor comentado e legislação correlata*. 2ª ed. rev. e ampl. São Paulo: Ed. RT, 1995.

______. *Responsabilidade contratual – Inaplicabilidade do efeito pedagógico-punitivo do dano moral. Soluções práticas de direito – Pareceres*. São Paulo: Ed. RT, 2011. vol. II. pp. 1037-1056.

AMARAL JR., Alberto. *Proteção do consumidor no contrato de compra e venda*. São Paulo: Revista dos Tribunais, 1993.

ANDRADE, Manuel A. Domingues de. *Teoria geral da relação jurídica*. Coimbra : Almedina, 1987. vol. I.

BITTAR, Carlos Alberto. *Responsabilidade civil por danos morais*. 4ª ed. São Paulo: Saraiva, 2015. Revista, aumentada e modificada por Eduardo C. B. Bittar.

BRIZ, Jaime Santos. *La responsabilidad civil: derecho sustantivo y derecho procesal*. 7ª ed. rev. e actual. Madrid: Montecorvo, 1993.

CAMBLER, Everaldo Augusto. *Incorporação imobiliária – Ensaio de uma teoria geral*. São Paulo: Revista dos Tribunais, 1993. vol. I. Coleção Estudos em Homenagem ao Ministro e Professor Moreira Alves.

______. *Responsabilidade civil na incorporação imobiliária*. 2ª ed. rev., atual. e ampliada. São Paulo: Thomson Reuters – Revista dos Tribunais, 2014.

______. *A incorporação imobiliária e o Código de Proteção ao Consumidor, in Revista Autônoma de Direito Privado* (3): 235-245.Coordenadores: Arruda Alvim e Angélica Arruda Alvim.

CAVALIERI FILHO, Sérgio. *Programa de responsabilidade civil*. 10ª ed. revista e ampliada. São Paulo: Atlas, 2012.

CHALHUB, Melhim Namem. *Da incorporação imobiliária*. 3ª ed. rev. e atualizada. Rio de Janeiro, Renovar, 2010.

CENCI, José Eduardo Callegari. *Reflexões sobre o dimensionamento do dano moral para fins de fixação indenizatória*. RT (702) 261-264. São Paulo: abr. 1994.

CHAVES, Antônio. *Tratado de direito civil*. São Paulo: Ed. RT, 1985. vol. III.

DINIZ, Maria Helena *A responsabilidade civil por dano moral. Revista Literária de Direito*. vol. 9. pp. 7-14. São Paulo, jan.-fev. 1996.

FILOMENO, José Geraldo Brito [et. al.] *Código brasileiro de defesa do consumidor*. 10ª ed. rev., atual. e reformulada. Rio de Janeiro, Forense – GEN, 2011. vol. I.

GONÇALVES, Carlos Roberto. *Responsabilidade civil – De acordo com o novo Código Civil*. 9ª ed. 2ª tiragem. São Paulo: Saraiva, 2006.

MARQUES, Claudia Lima *Contratos no Código de Defesa do Consumidor – o novo regime das relações contratuais*. 5ª ed. rev. atual. e ampliada. São Paulo, Revista dos Tribunais, 2005.

MAZEAUD, Henry; MAZEAUD, Leon; TUNC, André. *Tratado teórico y práctico de la responsabilidad civil delictual y contratual*. Trad. da 5ª ed. francesa por Luis Alcalá-Zamora y Castillo. Buenos Aires: Jurídicas Europa-América, 1962. vol. 1, t. I.

MEIRELLES, Hely Lopes. *Direito de construir*. 10ª ed. atual. São Paulo: Malheiros, 2011.

MONTENEGRO, Antônio Lindbergh C. *Do ressarcimento de danos pessoais e materiais*. 4ª ed. Rio de Janeiro: Âmbito Cultural, 1992.

NORRIS, Roberto. *Responsabilidade civil do fabricante pelo fato do produto*. Rio de Janeiro: Forense, 1996.

PEREIRA, Caio Mário da Silva *Código de defesa do consumidor e as incorporações imobiliárias*. RT (712): 104.

SANTOS, Flauzilino Araújo dos *Condomínios e incorporações no registro de imóveis – Teoria e prática*. São Paulo: Mirante, 2012.

SAVATIER, René. *Traité de la responsabilité civile en droit français: civil, administratif, professional, procédural*. 10ª ed. Paris: Librairie Générale de Droit et de Jurisprudence. 1951. t. II.

TARTUCE, Flávio e NEVES, Daniel Amorim Assumpção *Manual de Direito do Consumidor*. São Paulo, GEN – Método, 2012.

TERRA, Marcelo *A venda de imóvel e o Código do Consumidor*. BDI (21): 14. Julho/1995.

VECCHIO, Giorgio Del "Lições de Filosofia do Direito". 5ª ed. Coimbra, Ed. Arménio Amado, 1979. Trad. por Antonio José Brandão.

CLÁUSULA ABUSIVAS COMUNS NA AQUISIÇÃO DE IMÓVEL EM CONSTRUÇÃO E A PROTEÇÃO DO CONSUMIDOR EM JUÍZO[1]

Tatiana Bonatti Peres
Ana Beatriz Marchioni Kesselring
Alessandro Schirrmeister Segalla

1. Introdução

Dispõe a Constituição Federal de 1988, no seu artigo 5º, inciso XXXII, que *"o Estado promoverá, na forma da lei, a defesa do consumidor."* No artigo 170, dispõe que *"a ordem econômica, fundada na valorização do trabalho humano e na livre iniciativa, tem por fim assegurar a todos existência digna, conforme os ditames da justiça social, observados os seguintes princípios: (...) V – defesa do consumidor;"*

A Lei nº 8.078/90 (Código de Defesa do Consumidor – CDC) visa proteger as relações de consumo entre fornecedores e consumidores, pautada na transparência, boa-fé e harmonia dessas relações. Nesse sentido, o CDC parte do princípio da hipossuficiência do consumidor perante os fornecedores, mas, também, prescreve princípios que se aplicam a todos os entes da relação consumerista.

As relações de compra e venda de imóveis são equiparadas às relações de consumo toda vez que o comprador seja o destinatário final do bem imóvel, reconhecida a sua vulnerabilidade.

Ademais, a própria legislação especial que cuida das incorporações imobiliárias e que antecede o CDC passou a ter sua interpretação também regida pelos princípios do CDC e outros princípios de caráter social que passaram a reger as relações contratuais no Brasil, conforme aponta MELHIM NAMEM CHALHUB:

> O contrato de incorporação imobiliária, tal como tipificado pela Lei 4.591/1964, atende a essa nova concepção, submetendo a controle a manifestação de von-

1 Agradecemos a Vicente Gomes de Oliveira Filho, advogado de Sales & Kesselring Advogados, pela colaboração na pesquisa de doutrina e jurisprudência mencionadas no presente estudo.

> tade para ajustá-la às atuais exigências sociais e econômicas e, assim, assegurar o cumprimento da função social do contrato.[2]

Nesse sentido, para a correta e adequada análise das relações jurídicas de consumo no contexto do direito privado, necessário se faz compreendê-las à luz do princípio da boa-fé objetiva.

A boa fé objetiva pressupõe a cooperação das partes contratantes e atuação ética, como aponta ADALBERTO PASQUALOTTO:

> A boa-fé permite que o contrato converta-se numa "ordem de cooperação", em que "credor e devedor não ocupam mais posições antagônicas, dialéticas e polêmicas". A contraposição de interesses é superada pela convenção, que concerta e harmoniza os objetivos comuns das partes em torno do objeto do negócio. A partir do acordo de vontades, o cumprimento da obrigação de um representará a satisfação do crédito do outro. Por isso o vínculo jurídico que une os contraentes apresenta uma exigência inerente de ética e lealdade, para que não ocorra a frustração das expectativas.[3]

Como afirma ALBERTO DO AMARAL JÚNIOR, a boa fé também serve de critério para o controle das cláusulas contratuais (e sua abusividade):

> O emprego do princípio da boa-fé como meio de controle das cláusulas contratuais abusivas pressupõe a adoção de uma hermenêutica prudencial e finalística que esteja em condições de avaliar, em cada caso concreto, o alcance dos princípios estabelecidos pelo Código de Defesa do Consumidor. Mais do que verificar o cumprimento dos requisitos formais para a validade dos negócios jurídicos, caberá ao intérprete apreciar o conteúdo da relação contratual, analisando o equilíbrio entre prestações e contra prestações resultante do contrato. (...). O art. 4º, I do CDC institui, como princípio que deve balizar a orientação do intérprete, o reconhecimento da vulnerabilidade do consumidor no mercado de consumo.[4]

Na interpretação das cláusulas dos contratos de adesão, lembra o professor JOSÉ MANOEL DE ARRUDA ALVIM NETTO, que ela tende a favorecer o aderente – consumidor:

---

2 CHALHUB, Melhim Namem. *O contrato de incorporação imobiliária sob a perspectiva do Código de Defesa do Consumidor.* In: Revista de Direito Imobiliário | v. 50 | p. 92 | Jan/2001, p. 6.

3 PASQUALOTTO, Adalberto. *Cláusulas abusivas em contratos habitacionais*. In: Revista de Direito do Consumidor | v. 40 | p. 21 | Out/2001, pp. 1-2.

4 AMARAL JÚNIOR, Carlos Alberto do. *A boa-fé e o controle das cláusulas contratuais abusivas nas relações de consumo*. In Revista de Direito do Consumidor | v. 6 | p. 27 | Abr/1993, p. 1.

> As regras de hermenêutica de tais contratos propendem em favor do aderente, compreensivelmente. Se houver dúvida, a inteligência há de ser contra proferentem, isto é, contra aquele que elaborou o texto que serviu de base ao contrato, regra essa que, nos contratos clássicos também se aplica, com a função de interpretar-se o contrato, contrariamente, em caso de dúvida, tendo em vista o contratante para quem foi estabelecida uma determinada vantagem.[5]

Vale lembrar, todavia, como assinala CAIO MÁRIO DA SILVA PEREIRA, que *"o CDC não pode ser aplicado aos contratos avençados antes de sua vigência. E quanto aos posteriores, alguma cláusula infringente será ineficaz, porém o restante do contrato não se vicia."*[6]

Como explica BRUNO NUBENS BARBOSA MIRAGEM, o controle das cláusulas abusivas tem a preocupação da manutenção do resto da avença, no interesse do consumidor:

> A sistemática adotada pelo Código de Defesa do Consumidor, ao cominar a sanção de nulidade da cláusula, visa assegurar o interesse legítimo do consumidor à manutenção do contrato. Esta regra de invalidade parcial do contrato se completa pela imposição ao juiz, de promover esforços de integração (art. 51, § 2º, CDC), visando preencher – quando necessário – a lacuna representada pela nulidade da cláusula – e preservar a parte válida do contrato (nulidade parcial, atingindo apenas a cláusula considerada abusiva).[7]

No mesmo sentido, explica o professor JOSÉ MANOEL DE ARRUDA ALVIM NETTO que se for possível interpretação que levaria à inexistência de abusividade, esta deve ser preferida:

> Os critérios existentes para efetivação do controle haverão de ser compreendidos diante do seguinte contexto, num sopesamento da posição do fornecedor e do consumidor, analisando-se o caráter bilateral da relação, mas com atenção aos referênciais emergentes dos princípios que informam o direito do consumidor e à luz dos textos: a) haver-se-á de atentar para a disparidade de forças entre consumidor e fornecedor; b) o juiz estará diante do contrato de adesão, o que envolve também, diretrizes na própria interpretação de contrato, nos casos de dúvida; uma cláusula poderá não ser nula, por abusividade, se interpretada de uma dada maneira; c) ainda que o contrato de adesão possa, em certa esca-

---

5 ALVIM NETTO, José Manoel de Arruda. *Cláusulas abusivas e seu controle no Direito Brasileiro*. In: Revista de Direito do Consumidor | v. 20 | p. 25 | Out/1996, p. 5.

6 PEREIRA, Caio Mário. *Código de defesa do consumidor e as incorporações imobiliárias*. In: Revista dos Tribunais | v. 712 | p. 102 | Fev/1995, p. 2.

7 MIRAGEM, Bruno Nubens Barbosa. *Nulidade das cláusulas abusivas nos contratos de consumo: entre o passado e o futuro do direito do consumidor brasileiro*. In: Revista de Direito do Consumidor | v. 72 | p. 41 | Out/2009, p. 4.

> la, ter sido alterado, mesmo assim não se altera tal diretiva na interpretação do contrato, em prol do consumidor, ocorrente dúvida.[8]

Como lembra-nos HÉCTOR VALVERDE SANTANA, a intenção da revisão judicial do contrato e nulidade de cláusulas abusivas é assegurar o equilíbrio do contrato:

> O consumidor tem direito de promover a modificação do contrato, cuja formalização se deu desequilibradamente, ou a revisão do pacto se fato superveniente tornar excessivamente onerosa a prestação (art. 6º, V, do Código de Defesa do Consumidor (LGL\1990\40)). A intervenção judicial no contrato é plenamente admitida no direito do consumidor, e também em diversos outros ramos do direito, não se olvidando que se cuida de microssistema legal protetivo do vulnerável, cuja função do magistrado não é apenas garantir a segurança jurídica das partes envolvidas na contratação, mas distribuir justiça, ao assegurar equilíbrio das prestações e racionalidade na destinação econômica do contrato.[9]

Dentre tantas outras prescrições, a Lei nº 8.078/90 (Código de Defesa do Consumidor – CDC) prevê os direitos básicos do consumidor (artigo 6º), além de determinar a nulidade de pleno direito das práticas e cláusulas contratuais consideradas abusivas (artigos 39 e 51).

A coibição de práticas e cláusulas contratuais abusivas contra os interesses do consumidor todavia, não se traduz em salvo conduto para que estes não pautem também sua conduta com base nos princípios acima elencados.[10]

Dessa forma, conforme abordado nesse artigo, os tribunais também vêm reconhecendo situações fáticas onde o consumidor deixa de assumir suas obrigações sem adequada justificativa ou em desacordo com os princípios norteradores das relacões de consumo, gerando assim direitos de ressarcimento por parte dos fornecedores.

O rol das cláusulas abusivas constantes do artigo 51 do CDC é meramente exemplificativo, como disposto no próprio caput do artigo, utilizando-se o legislador da expressão "dentre outras", ao se referir à nulidade das cláusulas, bem como por estabelecer expressamente que, são nulas, as cláusulas que *"estabeleçam obrigações consideradas iníquas, abusivas,*

8 ALVIM NETTO, José Manoel de Arruda. *Cláusulas abusivas e seu controle no Direito Brasileiro*. In: Revista de Direito do Consumidor | v. 20 | p. 25 | Out/1996, p. 10.

9 SANTANA, Héctor Valverde. *Pagamento de comissão de corretagem na compra e venda de imóvel: obrigação do fornecedor*. In: Revista de Direito do Consumidor | v. 91/2014 | p. 141 | Jan/2014, p. 6.

10 CHALHUB, Melhim Namem. O contrato de incorporação imobiliária sob a perspectiva do Código de Defesa do Consumidor In: Revista de Direito Imobiliário | v. 50 | p. 92 | Jan/2001, p. 16.

que coloquem o consumidor em desvantagem exagerada, ou sejam incompatíveis com a boa-fé ou a equidade" (inciso IV do referido artigo), de modo que, caso a caso, a nulidade ou adequação com o *"sistema de proteção ao consumidor"* (inciso XV do referido artigo).

Com base nessas premissas, esse artigo focará nas cláusulas consideradas abusivas contra os interesses dos consumidores, mas não olvidando do caráter bilateral das relações de consumo, da necessidade de melhoria contínua dessas relações no mercado e sociedade brasileiros, e da importante função social exercida pelo setor imobiliário em nosso país.

Conforme o artigo 56 do Decreto 2.181/97, que dispõe sobre a organização do Sistema Nacional de Defesa do Consumidor, além das cláusulas abusivas elencadas no CDC e outras assim julgadas pela doutrina ou jurisprudência, a Secretaria Nacional do Consumidor divulga, anualmente, listas complementares de cláusulas abusivas, para fins de aplicação de multas a quem pratique as referidas cláusulas:

> Art. 56. Na forma do art. 51 da Lei nº 8.078, de 1990, e com o objetivo de orientar o Sistema Nacional de Defesa do Consumidor, a Secretaria Nacional do Consumidor divulgará, anualmente, elenco complementar de cláusulas contratuais consideradas abusivas, notadamente para o fim de aplicação do disposto no inciso IV do caput do art. 22.[11]. (Redação dada pelo Decreto nº 7.738, de 2012).
> § 1º Na elaboração do elenco referido no caput e posteriores inclusões, a consideração sobre a abusividade de cláusulas contratuais se dará de forma genérica e abstrata.
> § 2º O elenco de cláusulas consideradas abusivas tem natureza meramente exemplificativa, não impedindo que outras, também, possam vir a ser assim consideradas pelos órgãos da Administração Pública incumbidos da defesa dos interesses e direitos protegidos pelo Código de Defesa do Consumidor e legislação correlata.
> § 3º A apreciação sobre a abusividade de cláusulas contratuais, para fins de sua inclusão no elenco a que se refere o caput deste artigo, se dará de ofício ou por provocação dos legitimados referidos no art. 82 da Lei nº 8.078, de 1990.

Nesse sentido, tendo em vista o questionamento quanto à abusividade de certas cláusulas contratuais de instrumentos jurídicos venda de unidades em construção, a Secretaria de Direito Econômico do Ministério da Justiça

11 Art. 22. Será aplicada multa ao fornecedor de produtos ou serviços que, direta ou indiretamente, inserir, fizer circular ou utilizar-se de cláusula abusiva, qualquer que seja a modalidade do contrato de consumo, inclusive nas operações securitárias, bancárias, de crédito direto ao consumidor, depósito, poupança, mútuo ou financiamento, e especialmente quando: IV – estabelecer obrigações consideradas iníquas ou abusivas, que coloquem o consumidor em desvantagem exagerada, incompatíveis com a boa-fé ou a eqüidade;

as Portarias nºs 04/98, 03/99, 03/01, 05/02 e 17/04, orientando a não inclusão de certas cláusulas em contratos imobiliários, buscando proteger de forma mais efetiva o consumidor.

Como explica ROBERTO AUGUSTO CASTELLANOS PFEIFFER, a finalidade das portarias é apenas consolidar o entendimento e não legislar ou inovar:

> É neste contexto que deve ser compreendida a portaria: ela não inova, apenas consolida o que já é o entendimento jurisprudencial, do Ministério Público e dos Procons, como esclarecido em seus considerandos. E a sua finalidade não é normativa (no sentido de trazer uma disposição nova ao ordenamento jurídico), mas meramente orientadora.[12]

Também, é mister mencionar, que a Secretaria de Direito Econômico do Ministério da Justiça, por meio da publicação da Portaria nº 66/10, instituiu uma Comissão de Juristas, com a finalidade de analisar, fornecer subsídios e indicativos para o elenco de cláusulas abusivas constantes do artigo 51 do CDC, competindo à Comissão, entre outras funções, a análise dos contratos de adesão relativos aos produtos e serviços de maior expressão no mercado de consumo do Brasil e a sistematização das Portarias de Claúsulas Abusivas editados pelo Ministério da Justiça.

Passamos a analisar, sob o ponto de vista dos contratos de imóvel em construção, a posição doutrinária e jurisprudencial que levou à consolidação do entendimento da abusividade de determinadas práticas e cláusulas contratuais, nas relações de consumo referentes a incorporação de imóveis nos 25 anos de vigência do Código de Defesa do Consumidor.

2. Análise de práticas e cláusulas objeto de discussão acerca da sua abusividade

2.1. Atraso na entrega da obra

Uma das principais obrigações das incorporadoras perante o consumidor é a entrega da unidade a ser construída ou em construção no tempo, modo e local prometidos, de modo que o consumidor possa dela utilizar-se

12 PFEIFFER, Roberto Augusto Castellanos. *Cláusulas abusivas. elenco editado por Portaria da Secretaria de Direito Econômico. Poder-dever caracterizado. abusividade de cláusulas que imponham perda substancial das parcelas pagas pelo consumidor, incidência de juros antes da entrega das chaves do imóvel e que possibilita ao fornecedor, em seu exclusivo interesse. constituir hipoteca em nome do compromissário comprador*. In: Revista de Direito do Consumidor | v. 41 | p. 205 | Jan/2002, p. 2.

de acordo com a sua conveniência e em face da legítima expectativa gerada pelos empreendedores.

Os tribunais têm considerado que o consumidor que não recebe o seu imóvel no prazo prometido faz jus a indenização, desde a data de início da mora, até *"a data em que as chaves foram depositadas em juízo"* (conforme, por exemplo, decisão do STJ, 4ª Turma, REsp 331496/MG, julgada em 14/05/2002, relator o Ministro Ruy Rosado de Aguiar), vez que existe uma presunção relativa de prejuízo por parte do consumidor adquirente do imóvel (conforme decisão do STJ, 3ª Turma, AgRg no REsp nº 735353/RJ, julgada em 15/09/2005, relator Ministro Castro Filho).

Além disso, o TJ-SP tem fixado a indenização por atraso na entrega da obra em 0,5% do valor do imóvel ao mês. Tal percentual, deve ser calculado sobre o valor de mercado do bem, ou na falta dele, *"sobre o valor do imóvel indicado no contrato"* (conforme, por exemplo a decisão de 09/04/2013, da 10ª Câmara de Direito Privado do TJ-SP, nos autos da Apelação 0181877-78.2011.8.26.0100, tendo como relator o Des. João Batista Vilhena).

Por outro lado, conforme entendimento do TJ-SP, não cabe indenização por lucros cessantes se o comprador/consumidor não havia pago todo o preço:

> É entendimento do Superior Tribunal de Justiça: "descumprido o prazo para entrega do imóvel objeto do compromisso de compra e venda, é cabível a condenação por lucros cessantes. Nesse caso, há presunção de prejuízo do promitente-comprador, cabendo ao vendedor, para se eximir do dever de indenizar, fazer prova de que a mora contratual não lhe é imputável" (AgRg no REsp 1202506/RJ, Rel. Ministro SIDNEI BENETI, TERCEIRA TURMA, julgado em 07/02/2012, DJe 24/02/2012; AgRg no Ag 1036023/RJ, Rel. Ministro ALDIR PASSARINHO JUNIOR, QUARTA TURMA, julgado em 23/11/2010, DJe 03/12/2010; AgRg no Ag 692.543/RJ, Rel. Ministro HUMBERTO GOMES DE BARROS, TERCEIRA TURMA, julgado em 09/08/2007, DJ 27/08/2007, p. 223).
>
> Contudo, no caso, o apelado não havia pago à recorrente a importância total que lhe era devida pelo contrato, razão pela qual devem ser afastados os lucros cessantes, sobre presumida renda que o investimento lhe traria.
>
> (TJ-SP, 1ª Câmara de Direito Privado, Apel. nº 9286438-14.2008.8.26.0000, julgado em 01/10/2013 relator DesembargadorAlcides Leopoldo e Silva Júnior).

Em matéria semelhante, o Tribunal de Justiça de São Paulo decidiu que a indenização independe da destinação pretendida pelos adquirentes, mas a compensação pela privação do bem:

> Irrelevante, neste particular, qualquer consideração quanto à destinação que pretendessem dar os adquirentes ao imóvel como se a eventual perspectiva de uso próprio afastasse o direito à ressarcibilidade pela mora verificada.
>
> Objeto de tutela, aqui, não é a reposição em específico de aluguéis que se pretendessem obter, mas tão somente a compensação pela privação injusta da

> posse de coisa dotada de expressão econômica, a ser feita, apenas por equivalência, em função do potencial gerador de renda do bem.
> (TJ-SP, 2ª Câmara de Direito Privado, Apel. nº 990.10.411490-0, julgado em 14/12/2010, relator Juiz Fábio Tabosa) (grifamos)

Em que pese o precendente *retrotranscrito*, podem existir situações em que o dano sofrido pelo promissário-comprador em decorrência do atraso na entrega do imóvel pela promitente-vendedora não guarde qualquer relação com o fato do preço total da unidade já ter sido ou não pago pelo consumidor, uma vez que em alguns casos, o pagamento de todas as parcelas do preço prevista no contrato somente se efetivará anos após a conclusão das obras e das entregas das unidades autônomas.

Outrossim, fica claro que o dano sofrido pelos adquirentes das unidades em construção decorrente do não-cumprimento da oferta, isto é, da não-entrega da unidade no prazo prometido, será devido em razão do referido atraso privar indevidamente o consumidor da legítima posse do imóvel, eis que não poderá fazer uso do bem de acordo com a sua conveniência e oportunidade, situação esta considerada pelo Tribunal de Justiça de São Paulo como violadora de sua "legítima expectativa". Em contrapartida, referida situação nem sempre ensejará o direito de indenização por lucros cessantes.

2.2. *Cláusula de tolerância*

Cláusula muito comum nos contratos de compra e venda de imóveis em construção é a chamada cláusula de tolerância, isto é, que permite à construtora adiar a entrega do imóvel, por mais alguns meses, além do prazo ajustado.

Discute-se sobre a validade da referida cláusula, que inicialmente foi considerada abusiva, conforme, por exemplo a decisão abaixo, de 2000 do Tribunal de Justiça do Distrito Federal:

> PROMESSA DE COMPRA E VENDA DE IMÓVEL – ATRASO NA ENTREGA DA OBRA – INDENIZAÇÃO POR LUCROS CESSANTES – TEORIA DA IMPREVISÃO – INAPLICABILIDADE. PRORROGAÇÃO DO PRAZO DE TOLERÂNCIA – CLÁUSULA ABUSIVA – CÓDIGO DE DEFESA DO CONSUMIDOR.
> 1. A SUPERVENIÊNCIA DE PLANO ECONÔMICO GOVERNAMENTAL NÃO CONSTITUI MOTIVO RELEVANTE PARA DESCUMPRIMENTO DE CONTRATO DE PROMESSA DE COMPRA E VENDA DE IMÓVEL.
> 2. O ATRASO NA ENTREGA DO IMÓVEL CONFIGURA MORA DA CONSTRUTORA, IMPONDO-SE-LHE O PAGAMENTO DE ALUGUÉIS, A TÍTULO DE LUCROS CESSANTES, A PARTIR DO PRAZO DE TOLERÂNCIA MAIS BENÉFICO AO ADQUIRENTE, ATÉ A ENTREGA EFETIVA DO IMÓVEL.
> 3. A CLÁUSULA QUE FACULTA À CONSTRUTORA O ADIAMENTO DA ENTREGA DA OBRA POR DOZE MESES APÓS O PRAZO PREVISTO, SEM QUALQUER

> JUSTIFICATIVA PARA TANTO, É ABUSIVA E NULA DE PLENO DIREITO, POR CONFIGURAR NÍTIDO DESEQUILÍBRIO CONTRATUAL, RECHAÇADO PELO CÓDIGO DE PROTEÇÃO E DEFESA DO CONSUMIDOR.
> (TJ-DF, 5ª Turma Cível, Acórdão nº 113819, APC4824598, julgado em 08/02/1999, publicado no DJU SEÇÃO 3: 10/05/2000, p. 28, relatora Desembargadora Adelith Castro De Carvalho Lopes, Revisor: Vera Andrighi)

Todavia, mais recentemente, o Tribunal de Justiça de São Paulo, entendeu, válida e não abusiva a cláusula de tolerância, conforme algumas decisões que são trazidas abaixo:

> De acordo com a jurisprudência dominante deste Tribunal a cláusula de tolerância de 180 dias prevista nos contratos para a aquisição de imóveis em construção é valida, não podendo ser reputada abusiva. (TJ-SP, 4ª Câmara de Direito Privado, Apel. 0024325-50.2011.8.26.0003, julgada em 27/09/2012, relatora Desembargadora Natan Zelinschi de Arruda; 5ª Câmara de Direito Privado, Apel. 0221659-92.2011.8.26.0100, julgda em 29/08/2012; 4ª Câmara de Direito Privado, Apel. 0193649-38.2011.8.26.0100, julgada em 16/08/2012, relatora Desembargadora Maia da Cunha; 6ª Câmara de Direito Privado, Apel. 0047226-28.2011.8.26.0224, julgada em 02/08/2012, relator Desembargador Vito Guglielmi, 9ª Câmara de Direito Privado, Apel. 0102851-31.2011.8.26.0100, julgada em 22/05/2012, relatora Desembargadora Lucila Toledo)

PRELIMINAR ILEGITIMIDADE passiva INADMISSIBILIDADE Empresas que integram a cadeia da relação de consumo são responsáveis solidariamente e objetivamente pelos danos ocasionados aos consumidores Defesa processual afastada. INDENIZAÇÃO POR DANOS MATERIAIS E MORAIS Ação julgada parcialmente procedente Aplicação do Código de Defesa do Consumidor (Lei nº 8.078/90) – Alegação dos réus de que a demora na entrega da obra se deu por motivo de caso fortuito externo, a afastar a responsabilidade pelo atraso – Inadmissibilidade – Excludente da culpa não comprovada – Descumprimento contratual por parte dos réus devidamente caracterizado – CLÁUSULA DE TOLERÂNCIA – Validade – Não pode ser desconsiderado o prazo de cento e oitenta dias previsto no contrato como tolerância para a conclusão da obra – Prazo, ademais, usual no segmento imobiliário – Reconhecida a inadimplência das rés a partir de 31.07.2013 – Descumprimento contratual devidamente caracterizado Incidência do INCC sobre o saldo devedor após o descumprimento contractual Inadmissibilidade Mora dos réus no cumprimento da obrigação. TAXA DE CORRETAGEM Devolução Inadmissibilidade Hipótese que não é de resolução contratual Resultado útil que foi alcançado pela autora com a concretização do negócio imobiliário – honorários contratados pela autora – Ressarcimento – Cabimento – Responsabilidade dos réus, que deram causa à propositura da ação – Limites adotados pela Tabela de Honorários da Ordem dos Advogados do Brasil que devem ser observados – DANO MORAL

– Inocorrência – Verba indevida – Hipótese de mero descumprimento contratual – Sentença parcialmente reformada, com o acolhimento parcial dos pedidos dos réus, com relação à não devolução da taxa de corretagem e desprovido o recurso da autora.

(TJ-SP, 6ª Câmara de Direito Privado, Apel. nº 4003212-19.2013.8.26.0482, julgada 10/11/2014, relator Desembargador José Percival Albano Nogueira Junior)

Porém, como apontamos antes, a questão não é pacífica e existem precedentes (mesmo no TJ-SP) que entendem ser a cláusula abusiva, a exemplo do transcrito a seguir:

> Cláusula de tolerância. Disciplina contratual idealizada para contornar os estreitos casos legais de fortuito e força maior. Fórmula que, à margem de justa causa, não deve servir de anteparo à propaganda enganosa, ou de licença prévia ao descumprimento da data-base de entrega do apartamento. Prazo ocultado na propaganda inicial. Indevida superioridade técnica da construtora. Relativização da pacta sunt servanda. Caracterização de abuso no exercício do direito. Quebra da boa-fé objetiva. Tutela da confiança negocial. Prazo de tolerância que sequer é respeitado pela inadimplente. Interpretação em prol do aderente (art. 47 do CDC). Dilação que fere a equidade (art. 7º, caput, CDC). Desequilíbrio contratual evidenciado. Prazo descartado
> (TJ-SP, 7ª Câmara de Direito Privado, Apel. nº 0151276-89.2011.8.26.0100, julgado em 21/11/2014, relator Desembargador Rômulo Russo).

PLÍNIO LACERDA MARTINS, considera que *"O prazo de tolerância seria aplicado somente em casos fortuitos externos, que seriam alheios da atividade da empresa."*[13] De modo que, nas outras situações, considera a cláusula de tolerância abusiva.

Também, na linha do entendimento que a referida cláusula não é considerada abusiva, já decidiu o Tribunal de Justiça de São Paulo que, a *"incidência da multa por atraso deve ter como marco inicial o mês imediatamente posterior ao término do prazo de tolerância previsto em contrato para entrega da obra."* (TJ-SP, 10ª Câmara de Direito Privado, Apel. nº 0181877-78.2011.8.26.0100, julgado em 09/04/2013, relator Desembargador João Batista Vilhena).

Ora, se a relação jurídica imobiliária tiver sido estabelecida entre um fornecedor e um consumidor, a cláusula de tolerância poderá ser considerada abusiva porque o incorporador transfere ao adquirente da unidade um

---

13 MARTINS, Plínio Lacerda. *Overbooking imobiliário e os direitos do consumidor na aquisição de imóveis.* In: Revista de Direito do Consumidor | v. 91/2014 | p. 119 | Jan/2014, p. 4.

risco que é apenas seu: o de atrasar a conclusão da obra. Assim, em razão da Teoria do Risco da Atividade, estampada *ex vi legis* no artigo 51, I, do CDC.

Por outro lado, se é o incorporador que fixa a data de conclusão da obra e entrega da unidade, a diferença para o consumidor que esse prazo seja denominado de prazo de tolerância é que pode haver falha no entendimento, pelo consumidor, sobre o prazo que tem a incorporadora para a entrega e nos contratos de consumo, a falta de clareza deve ser interpretada em favor do aderente.

2.3. Reajuste, em caso de atraso na entrega

O STJ já teve a oportunidade de se manifestar, entendendo que, em caso de atraso na entrega da unidade, o saldo devedor deve continuar sendo reajustado, sem prejuízo das consequências decorrentes do inadimplemento da construtora. Assim decidiu o STJ:

> CIVIL. CONTRATOS. COMPRA E VENDA DE IMÓVEL. MORA NA ENTREGA DAS CHAVES. CORREÇÃO MONETÁRIA DO SALDO DEVEDOR. SUSPENSÃO. IMPOSSIBILIDADE. INEXISTÊNCIA DE EQUIVALÊNCIA ECONÔMICA DAS OBRIGAÇÕES. DISPOSITIVOS LEGAIS ANALISADOS: ARTS. 395, 884 E 944 DO CC/02; 1º DA LEI Nº 4.864/65; E 46 DA LEI Nº 10.931/04.
>
> 1. Agravo de instrumento interposto em 01.04.2013. Recurso especial concluso ao gabinete da Relatora em 12.03.2014.
>
> 2. Recurso especial em que se discute a legalidade da decisão judicial que, diante da mora do vendedor na entrega do imóvel ao comprador, suspende a correção do saldo devedor.
>
> 3. A correção monetária nada acrescenta ao valor da moeda, servindo apenas para recompor o seu poder aquisitivo, corroído pelos efeitos da inflação, constituindo fator de reajuste intrínseco às dívidas de valor.
>
> 4. Nos termos dos arts. 395 e 944 do CC/02, as indenizações decorrentes de inadimplência contratual devem guardar equivalência econômica com o prejuízo suportado pela outra parte, sob pena de se induzir o desequilíbrio econômico-financeiro do contrato e o enriquecimento sem causa de uma das partes.
>
> 5. Hipótese de aquisição de imóvel na planta em que, diante do atraso na entrega das chaves, determinou-se fosse suspensa a correção monetária do saldo devedor. Ausente equivalência econômica entre as duas obrigações/direitos, o melhor é que se restabeleça a correção do saldo devedor, sem prejuízo da fixação de outras medidas, que tenham equivalência econômica com os danos decorrentes do atraso na entrega das chaves e, por conseguinte, restaurem o equilíbrio contratual comprometido pela inadimplência da vendedora.
>
> 6. Considerando, de um lado, que o mutuário não pode ser prejudicado por descumprimento contratual imputável exclusivamente à construtora e, de outro, que a correção monetária visa apenas a recompor o valor da moeda, a solução que melhor reequilibra a relação contratual nos casos em que, ausente má-fé da construtora, há atraso na entrega da obra, é a substituição, como indexador do saldo devedor, do Índice Nacional de Custo de Construção (INCC, que afere os custos dos insumos empregados em construções habitacionais, sendo certo que sua variação em geral supera a variação do custo de vida mé-

> dio da população) pelo Índice Nacional de Preços ao Consumidor Amplo (IPCA, indexador oficial calculado pelo IBGE e que reflete a variação do custo de vida de famílias com renda mensal entre 01 e 40 salários mínimos), salvo se o INCC for menor. Essa substituição se dará com o transcurso da data limite estipulada no contrato para a entrega da obra, incluindo-se eventual prazo de tolerância previsto no instrumento.
>
> (STJ, 3ª Turma, REsp 1454139/RJ, julgado em 03/06/2014, relatora Ministra Nancy Andrighi)

De acordo com o precedente oriundo do STJ, nítida se encontra a preocupação do tribunal em permitir o reajuste das prestações decorrentes da promessa de venda e compra da unidade em construção com a finalidade de ser evitado o enriquecimento sem causa.

Ainda que seja permitida a incidência de correção monetária sobre o saldo devedor do negócio jurídico, se houver atraso na entrega da unidade prometida, não será possível ao fornecedor cobrar do consumidor juros (remuneratórios ou moratórios) durante o período, pois a mora da incorporadora lhe retira tal prerrogativa, eis que configuraria a abusividade disposta no artigo 51, IV CDC. Ora, quem deu causa ao atraso não poderá se beneficiar do seu próprio descumprimento, situação essa configuradora de *venire contra factum proprium*.

2.4. Resolução por atraso na entrega e o dano moral:

Tão comum são os atrasos na entrega das unidades, que se discute se a indenização por dano moral é devida, em regra, em caso de resolução por inadimplemento da incorporadora.

Segundo LUIZ ANTONIO SCAVONE JUNIOR, *"os debates são acalorados e as discussões intermináveis"*... Todavia, este autor entende indenização por dano moral é devida:

> Entendemos que o descumprimento da entrega do imóvel pode acarretar danos morais, mormente ante a importância histórica da propriedade imobiliária da sociedade e, consequentemente, no Direito positivo pátrio. Essa reparação por danos morais é cristalina no âmbito do CDC por expressa disposição do art. 6º, inc. VI, do CDC.[14]

Já NELSON NERY JUNIOR, entende que o dano moral não cabe por mero descumprimento de contrato:

> a) tem natureza extrapatrimonial, emocional e simbólica;
>
> b) se exterioriza pela dor, pela angústia, pela humilhação, pela inquietude espiritual, pela violação à honra, à vida, à liberdade, à imagem, à vida privada, à integridade física etc.;

14 SCAVONE JUNIOR, Luiz Antonio. *Direito Imobiliário, Teoria e Prática*. 8ª ed. Rio de Janeiro: Forense, 2014, p.195.

> c) é indenizável se for certo, atual, e subsistente;
> d) deve encerrar os demais pressupostos da responsabilidade civil como o ato ilícito, o nexo causal e o dano;
> e) não merece reparação o mero percalço da vida comum sofrido pela parte, ou ainda, o mero descumprimento do negócio jurídico;
> f) é cumulável com o dano material, mas dele difere em diversos aspectos.

Com base nesta conclusão, o doutrinador analisa situação específica, face a arguição de autores de determinada demanda, quanto à existência de alegadas diferenças na execução das edificações por eles contratadas e conclui pela inexistência de dano moral no caso, uma vez que:

> não há nada na mencionada demanda que revele dor, angústia, humilhação, inquietude espiritual, ou ainda, violação à honra, à vida, à liberdade, à imagem, à vida privada, à integridade física dos autores, senão, simplesmente, a alegação de ter havido o cumprimento inexato de obrigações contratuais decorrentes de um complexo empreendimento imobiliário. Valendo acrescer, que mesmo esse alegado cumprimento inexato do contrato, não implicou privar os autores da utilidade e fruição dos imóveis adquiridos, cuja finalidade e propósito estão plenamente atendidos. [15]

Nessa mesma linha estão os precedentes jurisprudenciais, como se verifica, por exemplo, pelo teor da decisão abaixo. O STJ já se manifestou quanto a não existir dano moral decorrente do inadimplemento por parte da promitente vendedora de imóvel:

> RECURSO ESPECIAL – AÇÃO DE RESCISÃO DE COMPROMISSO DE COMPRA E VENDA DE IMÓVEL – MORA DA CONSTRUTORA PROMITENTE VENDEDORA – RESTITUIÇÃO INTEGRAL DAS PARCELAS PAGAS – CABIMENTO – IMPONTUALIDADE NA ENTREGA DO IMÓVEL – DANO MORAL – INEXISTÊNCIA, EM REGRA – PRECEDENTES – RECURSO ESPECIAL PARCIALMENTE PROVIDO.
> I – O consumidor está autorizado, por nosso ordenamento jurídico, a pleitear a rescisão contratual, bem como a devolução imediata dos valores pagos.
> II – Decorrente da rescisão contratual, em virtude da mora injustificada da Construtora, promitente vendedora, a devolução integral das parcelas pagas é medida de rigor e está em consonância com a orientação preconizada por esta Corte Superior.
> III – Todavia, salvo circunstância excepcional que coloque o contratante em situação de extraordinária angústia ou humilhação, não há dano moral. Isso porque, o dissabor inerente à expectativa frustrada decorrente de inadimplemento contratual se insere no cotidiano das relações comerciais e não implica lesão à honra ou violação da dignidade humana. Precedentes.
> IV – Recurso especial parcialmente provido.
> (STJ, 3ª Turma, REsp 1129881/RJ, julgado em 15/09/2011, relator Ministro Massami Uyeda)

15 NERY JUNIOR, Nelson. *Incorporação Imobiliária e a Virtualidade do Dano Extrapatrimonial*. In Soluções Práticas de Direito – Nelson Nery Junior | v. 7/2014 | p. 627 | Set / 2014 DTR\2014\17397.

Segundo entendemos, a questão da existência ou não de dano moral em decorrência do atraso na entrega de imóveis deverá ser analisada casuisticamente, ou seja, devem ser analisadas as especificidades do caso para se concluir se o consumidor sofreu dano moral em razão do atraso. Todavia, a regra é de não ser admitido o dano moral, conforme retro mencionado.

Com a devida vênia das opiniões em contrátrio, na atualidade o dano moral deverá ser interpretado como lesão à dignidade da pessoa humana, razão pela qual o mero inadimplemento contratual, mora ou prejuízo econômico ficariam absorvidos pelo dano material porque não agridiriam a dignidade humana, *"salvo se os efeitos do inadimplemento contratual, por sua natureza ou gravidade, exorbitarem o aborrecimento normalmente decorrente de uma perda patrimonial e também repercutirem na esfera da dignidade da vítima, quando, então, configurarão o dano moral."* [16]

A privação da posse do imóvel em decorrência do atraso na entrega da unidade enseja dano moral indenizável quando não apenas ultrapasse o limite do razoável e viole a legítima expectativa do consumidor, mas, em especial, quando o atraso causar danos a bens que não possuem preço mas dignidade[17] *(a exemplo de "dor, angústia, humilhação, inquietude espiritual, ou ainda, violação à honra, à vida, à liberdade, à imagem, à vida privada, à integridade física"),* tais como, nas hipóteses de casamento que teve de ser adiado, de filho que se encontra em vias de nascer ou de locatário que acreditava na entrega do imóvel para que pudesse mudar e que se vê obrigado a continuar a pagar aluguéis, como também, o atraso de conclusão de obra superior a 10 anos.[18]

---

16 CAVALIERI FILHO, Sergio. *Programa de responsabilidade civil.* 8ª ed. rev. e amp. São Paulo, Atlas, 2008, pp. 83-85.

17 Segundo IMMANUEL KANT: *"No reino dos fins, tudo tem um preço ou uma dignidade. Quando uma coisa tem preço, pode ser substituída por algo equivalente; por outro lado, a coisa que se acha acima de todo preço, e por isso não admite qualquer equivalência, compreende uma dignidade."* (KANT, Immanuel. *Fundamentação da metafísica dos costumes e outros escritos.* São Paulo: Martin Claret, 2005, p. 65.)

18 "... 2. O acórdão recorrido chegou à conclusão de que a ocorrência de dano moral, no caso, decorreu do não-cumprimento de contrato de promessa de compra e venda de imóvel, cujo atraso já conta com mais de 10 (dez) anos, circunstância que extrapola o mero aborrecimento..." (STJ, 4ª Turma, REsp 617.077/RJ, , julgado em 05/04/2011, DJe 29/04/201, relator Ministro Luis Felipe Salomão)

2.5. Descontos (multas) em caso de resolução por inadimplemento

2.5.1. Devolução do valor pago, em caso de resolução por inadimplemento do consumidor

Prática comum antes da vigência do CDC era estabelecer a perda da totalidade das quantias pagas pelo consumidor, em caso de resolução por inadimplemento por parte do consumidor, o que, foi considerada cláusula abusiva.

Por esta razão, estabeleceu o artigo 53 do CDC: *"Nos contratos de compra e venda de móveis ou imóveis mediante pagamento em prestações, bem como nas alienações fiduciárias em garantia, consideram-se nulas de pleno direito as cláusulas que estabeleçam a perda total das prestações pagas em benefício do credor que, em razão do inadimplemento, pleitear a resolução do contrato e a retomada do produto alienado."*

Também discutiu-se a abusividade de cláusula contratual que determina a perda dos valores despendidos pelo consumidor, quase na sua totalidade, o que também foi considerado abusivo.

De todo modo, como explica ADALBERTO PASQUALOTTO:

> Com a edição do Código de Defesa do Consumidor, a jurisprudência respaldou a nulidade da cláusula de decaimento, tal como está no art. 53, dando-lhe, porém interpretação flexível, sem atribuir à expressão "perda total" valor absoluto. Assim o STJ, em diversos recursos especiais, v.g. : REsp 149.399 (JRP\1999\148) ; REsp 134.629: "o Código de Defesa do Consumidor não autoriza a cláusula de decaimento estipulando a perda integral ou quase integral das prestações pagas"; REsp 60.065: "condenação da promitente vendedora a devolver 80% das prestações pagas"; REsp 139.999: "A cláusula contida em contrato de promessa de compra e venda de imóvel prevendo a perda total das prestações já pagas é nula nos termos do art. 53 do CDC. Autoriza-se, todavia, a retenção pelo promitente-vendedor de um certo percentual que, pelas peculiaridades da espécie, fica estipulado no sinal que foi pago pelo promitente-comprador".[19]

Conforme acima mencionado, em 2001, a Secretaria de Direito Econômico do Ministério da Justiça editou a Portaria 03/01, que ainda se encontra em vigor, passando a se considerar abusiva a cláusula que *"imponha a perda de parte significativa das prestações já quitadas em situações de venda a crédito, em caso de desistência por justa causa ou impossibilidade de cumprimento da obrigação pelo consumidor"* (grifo nosso).

---

19 PASQUALOTTO, Adalberto. *Cláusulas abusivas em contratos habitacionais*. In: Revista de Direito do Consumidor | v. 40 | p. 21 | Out/2001, p. 3.

Como mencionado, em caso de resolução por inadimplemento do consumidor, a incorporadora deverá devolver os valores pagos, deduzida eventual multa contratual e reembolso de algumas despesas, desde que não haja abusividade nessa retenção, abusividade esta que deverá ser aferida casuisticamente.

Como aponta CAIO MÁRIO DA SILVA PEREIRA, entender diferente seria admitir enriquecimento sem causa do consumidor inadimplente:

> Se a total retenção das prestações pelo incorporador pode eventualmente beneficiá-lo, a total restituição (sem correção) pode trazer ao adquirente em enriquecimento às custas do incorporador. E ao mesmo tempo implicar numa descapitalização que reflete nos demais adquirentes, punindo portanto os contratantes adimplentes.[20]

O STJ já teve a oportunidade de se manifestar, no sentido de que considera justo e razoável admitir-se a retenção, pela incorporadora, de parte das prestações pagas como forma de indenizá-la pelos prejuízos suportados em razão do inadimplemento, notadamente as despesas administrativas realizadas com a divulgação, comercialização e corretagem, conforme ementa transcrita abaixo:

> DIREITO CIVIL. RECURSO ESPECIAL. CONTRATO DE COMPRA E VENDA DE IMÓVEL. DISTRATO. DEVOLUÇÃO ÍNFIMA DO VALOR ADIMPLIDO. ABUSIVIDADE. RETENÇÃO DE PERCENTUAL SOBRE O VALOR PAGO. SÚMULA 7 DO STJ. 1. "O distrato faz-se pela mesma forma exigida para o contrato" (art. 472 do Código Civil), o que significa que a resilição bilateral nada mais é que um novo contrato, cujo teor é, simultaneamente, igual e oposto ao do contrato primitivo. Assim, o fato de que o distrato pressupõe um contrato anterior não lhe desfigura a natureza contratual, cuja característica principal é a convergência de vontades. Por isso, não parece razoável a contraposição no sentido de que somente disposições contratuais são passíveis de anulação em virtude de sua abusividade, uma vez que "'onde existe a mesma razão fundamental, prevalece a mesma regra de Direito". 2. A lei consumerista coíbe a cláusula de decaimento que determine a retenção do valor integral ou substancial das prestações pagas por consubstanciar vantagem exagerada do incorporador. 3. Não obstante, é justo e razoável admitir-se a retenção, pelo vendedor, de parte das prestações pagas como forma de indenizá-lo pelos prejuízos suportados, notadamente as despesas administrativas realizadas com a divulgação, comercialização e corretagem, além do pagamento de tributos e taxas incidentes sobre o imóvel, e a eventual utilização do bem pelo comprador. 4. No caso, o Tribunal a quo concluiu, de forma escorreita, que o distrato deve render ao promitente comprador o direito à percepção das parcelas pagas. Outrossim, examinando o contexto fático-

20 PEREIRA, Caio Mário. *Código de defesa do consumidor e as incorporações imobiliárias*. In: Revista dos Tribunais | v. 712 | p. 102 | Fev/1995, p. 2.

-probatório dos autos, entendeu que a retenção de 15% sobre o valor devido seria suficiente para indenizar a construtora pelos prejuízos oriundos da resilição contratual. Incidência da Súmula 7 do STJ. 5. Recurso especial não provido. (STJ, 4ª Turma, Resp nº 1.132.943 – PE (2009/0063448-6), julgado em 27/08/2013, relator Ministro Luis Felipe Salomão)

A esse respeito, explica CAIO MÁRIO DA SILVA PEREIRA, que o mesmo raciocínio deve ser aplicado às despesas de publicidade:

> A despesa de corretagem é a remuneração do intermediário que promoveu a aproximação das partes contratantes. Se é certo que o incorporador se beneficia, propiciando-lhe o cliente que se transforma em comprador, certo é, também, que o corretor mostra a coisa ao futuro adquirente; esclarece-o das respectivas qualidades; facilita a produção de documento; viabiliza o negócio. Quando este se completa, e executa até o final, pode-se dizer que se efetuou em benefício exclusivamente do incorporador. Mas se frustra, não é eqüitativo que o incorporador suporte as despesas sozinho.[21]

Com relação ao percentual a ser retido, RODRIGO AZEVEDO TOSCANO DE BRITO, em 2000, defendia ser de 10%:

> A propósito, por fim, do que se tem decidido sobre o percentual que deve ser devolvido ao adquirente, verifica-se que, em média, determina-se que o incorporador retenha apenas 10% do valor pago pelo adquirente. Entretanto, longe está de se estabelecer uma regra geral para esses casos, uma vez que cada situação deve ser analisada separadamente, de forma que é possível, como se viu, a retenção de percentuais maiores pelos incorporadores, porém tendo sempre em vista a eqüidade, a boa-fé e a função social do contrato.[22]

FLÁVIO TARTUCE já indica que a tendência atual é de retenção de 25% ou mais:

> Todavia, mesmo sendo reconhecida tal nulidade, o promitente vendedor pode reter um percentual do montante do que foi pago pelo compromissário comprador, com os fins de cobrir as despesas e os prejuízos decorrentes do inadimplemento. (...) a jurisprudência do STJ tem fixado o percentual de 25%

21 PEREIRA, Caio Mário. *Código de defesa do consumidor e as incorporações imobiliárias*. In: Revista dos Tribunais | v. 712 | p. 102 | Fev/1995, p. 2.

22 BRITO, Rodrigo Azevedo Toscano de. *Cláusulas abusivas nos contratos de incorporação imobiliária e o código de defesa do consumidor*. In: Revista de Direito Imobiliário | v. 49 | p. 81 | Jul/2000, p. 16.

> do montante do que foi pago[23]. Todavia, outros parâmetros são encontrados no próprio STJ, como 20% do valor pago[24] ou até 40% desse montante.[25-26]

De fato, os julgados mais recentes do STJ têm entendido que é devido o percentual de retenção de 25%, tendo esta retenção caráter não somente de remuneração das despesas incorridas pelo vendedor, mas indenizatório e compensatório, cobrindo os custos do vendedor na hipótese de uso do imóvel pelo comprador após a resilição contratual, conforme, por exemplo, ementa abaixo transcrita:

> PROMESSA DE VENDA E COMPRA. RESILIÇÃO. DENÚNCIA PELO COMPROMISSÁRIO COMPRADOR EM FACE DA INSUPORTABILIDADE NO PAGAMENTO DAS PRESTAÇÕES. RETENÇÃO PELA VENDEDORA DE 25% NA DEVOLUÇÃO DO QUE FOI PAGO AO COMPRADOR. IMÓVEL NÃO OCUPADO PELO COMPRADOR.
>
> 1.- A tese sustentada pela Embargante é a de que o percentual de 25% previsto na jurisprudência da Corte, já leva em conta ressarcimento pela "ocupação/utilização da unidade por algum período e desgaste do imóvel". Desse modo, quando ainda não entregue a unidade imobiliária, deve ser reduzido o percentual de retenção.
>
> 2.- O percentual de retenção tem caráter indenizatório e cominatório. E não há diferenciação entre a utilização ou não do bem ante o descumprimento contratual e também não influi nas "despesas gerais tidas pela incorporadora com o empreendimento" (EREsp 59.870/SP, Rel. Min. BARROS MONTEIRO, DJ 9.12.2002).
>
> 3.- Continuidade da adoção do percentual de 25% para o caso de resilição unilateral por insuportabilidade do comprador no pagamento das parcelas, independentemente da entrega/ocupação da unidade imobiliária, que cumpre bem o papel indenizatório e cominatório.
>
> 4.- Embargos de divergência improvidos.
>
> (STJ, Segunda Seção Emb.Div em Agravo nº 1.138.183 – PE (2010/0022620-3), julgado em 27/06/2012, relator Ministro Sidnei Beneti)

---

23 STJ, RCDESP no AREsp 208.018/SP, 3.ª T., j. 16.10.2012, rel. Min. Sidnei Beneti, DJe 05.11.2012.

24 STJ, RCDESP no AREsp 208.018/SP, 3.ª T., j. 16.10.2012, rel. Min. Sidnei Beneti, DJe 05.11.2012.

25 STJ, AgRg no Ag 1.283.663/SP, 3.ª T., j. 14.12.2010, rel. Min. Sidnei Beneti, DJe 03.02.2011.

26 TARTUCE, Flávio. *Do compromisso de compra e venda de imóvel. Questões polêmicas a partir da teoria do diálogo das fontes*. In: Revista de Direito do Consumidor | v. 93 | p. 159 | Mai/2014, p. 8.

Recentemente a Terceira Turma revisitou esse critério de forma expressa, afirmando que o limite máximo estabelecido pela Corte como regra geral (25%) não deve afastar indenização suplementar previamente pactuada, hipótese em que a cláusula penal servirá de patamar mínimo para a indenização. Também afirma a necessidade de revisão da Jurisprudência da Terceira Turma no sentido do percentual de 25% não ser estabelecido como teto indenizatório, invocando, entre outros argumentos, o Princípio da Reparação Integral, do Código Civil, conforme se verifica da ementa abaixo.

> RECURSO ESPECIAL. CIVIL E PROCESSUAL CIVIL. NEGATIVA DE PRESTAÇÃO JURISDICIONAL. PROMESSA DE COMPRA E VENDA DE IMÓVEL. RESOLUÇÃO POR INADIMPLEMENTO DO PROMITENTE-COMPRADOR. INDENIZAÇÃO PELA FRUIÇÃO DO IMÓVEL. CABIMENTO. INAPLICABILIDADE DA LIMITAÇÃO PREVISTA NO ART. 53 DO CDC. PRINCÍPIO DA REPARAÇÃO INTEGRAL.
> 1. Controvérsia acerca da possibilidade de se limitar a indenização devida ao promitente-vendedor em razão da fruição do imóvel pelo promitente-comprador que se tornou inadimplente, dando causa à resolução do contrato.
> 2. "Não cumprida a obrigação, responde o devedor por perdas e danos, mais juros e atualização monetária segundo indices oficiais regularmente estabelecidos, e honorários de advogado" (art. 389 do CC/2002).
> 3. Possibilidade de estimativa prévia da indenização por perdas e danos, na forma de cláusula penal, ou de apuração posterior, como nos presentes autos.
> 4. Indenização que deve abranger todo o dano, mas não mais do que o dano, em face do princípio da reparação integral, positivado no art. 944 do CC/2002.
> 5. Descabimento de limitação 'a priori' da indenização para não estimular a resistência indevida do promitente-comprador na desocupação do imóvel em face da resolução provocada por seu inadimplemento contratual.
> 6. Inaplicabilidade do art. 53, caput, do CDC à indenização por perdas e danos apuradas posteriormente à resolução do contrato.
> 7. Revisão da jurisprudência desta Turma.
> 8. RECURSO ESPECIAL DESPROVIDO.
> (STJ, 3ª Turma, REsp. Nº 1.258.998 – MG (2011/0095211-1), julgado em 18/02/2014, relator Ministro Paulo de Tarso Sanseverino)

Em síntese, a análise dos julgados proferidos pelo STJ permite entrever uma tendência: se a resolução do compromisso de compra e venda ocorrer enquanto o imóvel estiver em construção, o percentual de retenção será menor; por outro lado, se o imóvel já tiver sido construído e a posse transmitida, o percentual de retenção será maior e se aproximará do teto admitido pelo STJ (25%), a fim de que a incorporadora seja indenizada pelo desgaste do imóvel decorrente da sua ocupação.

2.5.2. Devolução do valor pago, em caso de resolução por inadimplemento da incorporadora

Por outro lado, o STJ já teve a oportunidade de se manifestar que considera indevida qualquer retenção de parcela do preço pago, em caso de resolução por inadimplemento da incorporadora, conforme, por exemplo se verifica da decisão abaixo:

> PROCESSUAL CIVIL. EMBARGOS DE DECLARAÇÃO ACOLHIDOS, COM EFEITOS INFRINGENTES, A FIM DE CONHECER DO AGRAVO REGIMENTAL. CONTRATO DE COMPROMISSO DE COMPRA E VENDA. RESCISÃO. PRECEDENTES.
> 1. Embargos de declaração acolhidos, com efeitos infringentes, para o fim de reconsiderar a decisão que não conheceu do agravo regimental, procedendo-se à análise do agravo interno.
> 2. O acórdão proferido pelo Tribunal estadual decidiu a controvérsia em consonância com a jurisprudência desta Corte que pacificou-se no sentido de considerar que, nos casos em que o rompimento do contrato de promessa de compra e venda se deu por inadimplência da construtora, e não do adquirente, afigura-se indevida qualquer retenção de parcela do preço pago.
> 3. Embargos de declaração acolhidos com efeitos infringentes para negar provimento ao agravo regimental.
> (STJ, 4ª Turma, EDcl no AgRg no AgRg no Agravo de Instrumento nº 776.220 – RJ(2006/0054783-5), julgado em 06/06/2013, Rel. Ministro Raul Araújo)

A jurisprudência do STJ é pacífica no sentido de que, deve haver devolução total dos valores pagos em caso de rescisão de contrato cujo adquirente não deu causa, conforme ementa abaixo transcrita:

> "CIVIL. COMPRA E VENDA. RESCISÃO. Desfeito o negócio, a parte que não deu causa à respectiva rescisão faz jus ao status quo ante. Interpretação do art. 40, § 2º, da Lei nº 4.591, de 1964. Recurso especial não conhecido." (STJ, 3ª Turma, REsp 702307/RJ, DJe 05/11/2008, relator Ministro Castro Filho, relator para Acórdão Min. Ari Pargendler, Terceira Turma)

Ademais, a responsabilidade da construtora aliada à imperatividade de os contratantes serem restituídos à situação anterior à avença, na devolução dos valores pagos pelo consumidor, os juros de mora incidem desde o efetivo desembolso de cada prestação paga pelo adquirente, conforme, por exemplo a decisão abaixo transcrita:

> AGRAVO REGIMENTAL. RECURSO ESPECIAL DA PARTE ADVERSA PROVIDO. RESILIÇÃO DE CONTRATO DE COMPRA E VENDA DE IMÓVEL. CULPA DA CONSTRUTORA. DEVOLUÇÃO DE PARCELAS PAGAS PELO ADQUIRENTE. JUROS DE MORA. TERMO A QUO. DESEMBOLSO DE CADA PRESTAÇÃO. RECURSO A QUE SE NEGA PROVIMENTO. 1. De acordo com a jurisprudência desta Corte, nos casos de rescisão de contrato de compra e venda de imóvel, por culpa da construtora, a restituição das parcelas pagas pelo adquirente deve ser realizada, com incidência de juros de mora desde o efetivo desembolso de cada prestação. 2. Agravo regimental não provido.
> (STJ, 4ª Turma, Resp nº 345.459 – MG, julgado em 19/09/2013, relator Ministro Luis Felipe Salomão)

2.6. Devolução do valor pago que não seja em dinheiro

O STJ também já teve a oportunidade de decidir que a devolução dos valores pagos deve ser em dinheiro, sob pena de caracterizar prática abusiva, conforme se verifica das ementas abaixo transcritas:

> CONTRATO DE COMPRA E VENDA DE IMÓVEL. DISTRATO MEDIANTE ENTREGA DE CARTA DE CRÉDITO PARA COMPRA DE IMÓVEL DE PROPRIEDADE DA CONSTRUTORA. ABUSIVIDADE. AGRAVO REGIMENTAL NÃO-PROVIDO. 1. Compra e venda de imóvel. Distrato. Carta de crédito: a jurisprudência deste STJ considera abusivo o distrato do contrato de compra e venda de imóvel realizado mediante a entrega de carta de crédito a ser utilizado para aquisição de imóvel da mesma construtora. O adquirente tem direito a devolução, em espécie, dos valores pagos com a retenção de 25% em favor da empresa. 2. Agravo regimental improvido.
> (STJ, 4a Turma, REsp 525.444 – MG (2003/0028362-8), julgado em 02/04/2009, relator Ministro Luis Felipe Salomão)

> 1. A análise da abusividade da cláusula de decaimento "é feita tanto frente ao direito tradicional e suas noções de abuso de direito e enriquecimento ilícito, quanto frente ao direito atual, posterior à entrada em vigor do CDC, tendo em vista a natureza especial dos contratos perante os consumidores e a imposição de um novo paradigma de boa-fé objetiva, eqüidade contratual e proibição da vantagem excessiva nos contratos de consumo (art. 51, IV) e a expressa proibição de tal tipo de cláusula no art. 53 do CDC".
> 2. Ao dispor o contrato que a devolução dos referidos valores ao adquirente se daria por meio de duas cartas de crédito, vinculadas à aquisição de um outro imóvel da mesma construtora, isso significa, efetivamente, que não haverá devolução alguma, permanecendo o consumidor-adquirente submetido à construtora, visto que, o único caminho para não perder as prestações já pagas, será o de adquirir uma outra unidade imobiliária da recorrente.
> (STJ, 4ª Turma, REsp 437607/PR, julgado em 15/05/2007, relator Ministro Hélio Quaglia Barbosa)

E isso ocorre porque o credor dos valores a serem restituídos (*in casu*, o consumidor) não pode ser compelido a *"a receber prestação diversa da que lhe é devida, ainda que mais valiosa"* (CC, artigo 313), situação essa que ainda coloca o consumidor em *"desvantagem exagerada"* (CDC, artigo 51, IV).

2.7. Devolução do valor somente após a conclusão da obra

O STJ também já teve a oportunidade de decidir que a devolução dos valores pagos deve ser imediato e não somente após a conclusão da obra, conforme ementa abaixo transcrita:

> AGRAVO REGIMENTAL EM RECURSO ESPECIAL. DIREITO DO CONSUMIDOR. RESCISÃO DE CONTRATO DE PROMESSA DE COMPRA E VENDA DE BEM IMÓVEL. CLÁUSULA QUE CONDICIONA A RESTITUIÇÃO DAS PARCELAS PAGAS AO TÉRMINO DA OBRA. ABUSIVIDADE. PRECEDENTES. SÚMULA 83/STJ. ARRAS

> CONFIRMATÓRIAS. VENDEDOR QUE DEU CAUSA AO DESCUMPRIMENTO CONTRATUAL.
> IMPOSSIBILIDADE DE RETENÇÃO. DEVOLUÇÃO DO VALOR DO SINAL, SOB PENA DE ENRIQUECIMENTO SEM CAUSA.
> 1. Revela-se abusiva, por ofensa ao art. 51, incisos II e IV, do Código de Defesa do Consumidor, a cláusula contratual que determina, em caso de rescisão de promessa de compra e venda de imóvel, a restituição das parcelas pagas somente ao término da obra, haja vista que poderá o promitente vendedor, uma vez mais, revender o imóvel a terceiros e, a um só tempo, auferir vantagem com os valores retidos, além do que a conclusão da obra atrasada, por óbvio, pode não ocorrer. Precedentes.
> 2. As arras confirmatórias constituem um pacto anexo cuja finalidade é a entrega de algum bem, para assegurar ou confirmar a obrigação principal assumida. Por ocasião da rescisão contratual, o valor dado a título de sinal (arras) deve ser restituído ao reus debendi, sob pena de enriquecimento sem causa.
> (STJ, 4a Turma, AgRg no REsp 997956/SC, julgado em 26/06/2012, relator Ministro Luis Felipe Salomão. No mesmo sentido: STJ, 4a Turma, REsp 877980/SC, julgado em 03/08/2010, relator Ministro Luis Felipe Salomão).

O acordão de 13/11/2013 da 4ª Turma do STJ nos autos do REsp 1.300.418 – SC, tendo como relator Ministro Luis Felipe Salomão menciona vários precedentes neste sentido e deixa claro na ementa que tal cláusula é considerada abusiva, na hipótese de resolução do contrato de promessa de compra e venda de imóvel, por culpa de quaisquer dos contratantes. E esclarece: *"Em tais avenças, deve ocorrer a imediata restituição das parcelas pagas pelo promitente comprador – integralmente, em caso de culpa exclusiva do promitente vendedor/construtor, ou parcialmente, caso tenha sido o comprador quem deu causa ao desfazimento".*

No Estado de São Paulo, a Seção de Direito Privado do TJ-SP editou a Súmula de Jurisprudência nº 2, que assim dispõe: *"Súmula 2: A devolução das quantias pagas em contrato de compromisso de compra e venda de imóvel deve ser feita de uma só vez, não se sujeitando à forma de parcelamento prevista para a aquisição."*

Segundo o pensamento que tem predominado, se os valores pagos pelo consumidor ingressaram nos caixas das incorporadoras, a sua devolução imediata é decorrência lógica da resolução do compromisso de compra e venda; caso contrário, a fornecedora poderia utilizar recursos alheios (do consumidor) em seu próprio favor, sem a devida contraprestação, o que denotaria reprovável enriquecimento sem causa.

2.8. Taxa cobrada em caso de cessão da posição contratual

Outra cláusula muito comum nos contratos de compra e venda de unidades em construção é a que estabelece a cobrança de uma taxa, em caso da cessão da posição contratual, pelo consumidor. O TJ-SP já se manifestou, considerando tal cláusula abusiva, conforme ementa abaixo transcrita:

> Ação declaratória de nulidade contratual c.c. cobrança (contrato imobiliário) – Procedência – Inconformismo – Desacolhimento – Reconhecimento da abusividade de cláusula contratual, inserida em contrato de adesão, que estipula o pagamento de taxa de transferência, para fins de anuência do promitente-vendedor, na hipótese de cessão de direitos, pelo promissário comprador.
> - Mitigação do pacta sunt servanda, ante a vantagem injustificada, em prejuízo do aderente – Precedentes deste E. Tribunal de Justiça – Sentença mantida – Recurso desprovido.
> (TJ/SP, 9ª Câmara de Direito Privado, Ap. Cív. nº 994.05.100607-3, julgado em 09/03/2010, relatora Desembargadora Grava Brazil)

Neste particular, percebe-se que a taxa exigida em decorrência da cessão da posição contratual se ostenta abusiva pela total ausência de justa causa (*rectius*, causa legítima) à sua cobrança, violando a regra geral estampada no artigo 51, IV, do CDC, pois impõe ao consumidor o dever de pagar a incorporada em razão do exercício de um direito próprio.

Em outras palavras, se o consumidor figura no negócio estabelecido com a incorporadora na condição de promissário-comprador, este é quem titulariza o direito pessoal ou real decorrente do título, lhe sendo lícito transmiti-lo a quem lhe aprouver.

Logo, questiona-se a ausência de causa para remunerar ou pagar a construtora em virtude do exercício de um direito próprio (pessoal ou real), ou seja, questiona-se qual seria a natureza da contraprestação que seria paga à incorporadora em decorrência do exercício de direito do próprio consumidor. De modo que, na ausência de causa (como por exemplo se a taxa fosse cobrada por despesas com serviços jurídicos ou por outra razão), deve ser tida como abusiva a cobrança.

2.9. Repasse de comissão, sati (taxas de assistência jurídica e de interveniência)

Outra questão a ser analisada, é a cobrança do consumidor de serviços como corretagem por ser considerada venda casada, que vem sendo considerada abusiva pelos tribunais.

Quanto à taxa SATI, cobrada sob a rubrica de "prestação de serviços de assessoria técnico imobiliária", também é considerada inidônea sua cobrança Na hipótese, também se verifica a vedada prática da "venda casada".

Como bem assinala MARCELO CHIAVASSA DE MELLO PAULA LIMA:

> (...) deve-se questionar o que é esse Serviço de Assessoria Técnico Imobiliária e qual seu objeto.

> A bem da verdade, nem as próprias incorporadoras sabem o que esta cláusula significa. Na prática, é fácil detectar que cada uma delas redige esta cláusula de forma diferente, com objetos distintos. Por conta desta falta de clareza sobre o conteúdo da cláusula, os adquirentes sentem-se enganados e, via de regra, tem seus pleitos acolhidos pelo Poder Judiciário.
> Com efeito, o que se vislumbra na prática é que essa Assessoria Técnico-Imobiliária nada mais é do que o pagamento pela formulação da promessa de compra e venda, bem como despesas operacionais do Cartório de Registro de Imóveis. Em alguns casos, engloba também o suposto auxílio de um advogado que, à despeito de auxiliar o adquirente a compreender o contrato, trabalha para o incorporador (e daí se questiona o conflito de interesses e, até mesmo, eventual infração ética).
> Ademais, ainda que o adquirente leve seu advogado, não lhe é facultado – na maior parte das vezes – deixar de arcar com este serviço (Sati), o que, não por acaso, acaba sendo discutido em juízo.[27]

Nos termos do artigo 39 do CDC: *"É vedado ao fornecedor de produtos ou serviços, dentre outras práticas abusivas: I condicionar o fornecimento de produto ou de serviço ao fornecimento de outro produto ou serviço, bem como, sem justa causa, a limites quantitativos".*

> Compra e venda Imóvel em construção Taxa de corretagem e serviço de assistência técnico-imobiliária – Incumbência de pagamento atribuída a quem contratou – Abusividade caracterizada Devolução simples Recurso parcialmente provido.
> (Tj-SP, 6ª Câmara de Direito Privado, AC nº 0025082-16.2011.8.26.0562, julgada em 28/06/2012, relator Desembargador Fortes Barbosa).

> PRESTAÇÃO DE SERVIÇOS. AÇÃO DE REPETIÇÃO DE INDÉBITO. COMISSÃO DE CORRETAGEM E SERVIÇOS DE ASSESSORIA TÉCNICO IMOBILIÁRIA. PLANTÃO DE VENDA LEGITIMIDADE PASSIVA E SOLIDÁRIA DA CONSTRUTORA E INCORPORADA VENDEDORAS. RECONHECIMENTO. 1. Sendo fato notório, que independe de prova (CPC. Art. 334, I), que os corretores que atendem no plantão de vendas de apartamentos estão à serviço dos empreendedores do lançamento, é abusiva e nula de pleno direito a cláusula porventura inserida no contrato de venda, que reverte para o comprador a obrigação do pagamento da comissão que é de responsabilidade do vendedor (CC, art. 722 c.c. Art. 51, IV, §1º, I e II, do CDC). Ademais, ausente informação clara aos compradores de que deveriam arcar com a comissão de corretagem, bem como ausência de comprovação de que os Serviços de Assessoria Técnico Imobiliária (SATI) foram efetivamente prestados, de rigor a devolução destes valores.
> (TJ-SP, 26ª Câmara de Direito Provado, Apel. nº 1016379-68.2014.8.26.0564, julgada em 26/11/2014, relator Desembargador Felipe Ferreira).

---

27 LIMA, Marcelo Chiavassa De Mello Paula. *O ônus de pagamento do serviço de corretagem e do serviço de assessoria técnico-imobiliária (sati) nos contratos de compra e venda de unidades autônomas na planta*. In: Revista de Direito do Consumidor | v. 93 | p. 185 | Mai/2014, p. 5.

> Aquisição do imóvel condicionada à contratação destes serviços caracteriza "venda casada". Abusividade configurada Restituição de rigor. Define-se como um contrato de mediação, em que o corretor se obriga a obter um ou mais negócios para outrem, sem mandato ou relação de dependência, de acordo com o que é visado obter, seguindo instruções, realizando a intermediação e a aproximação das pessoas, partes interessadas. Na espécie, tal não restou caracterizado, pois o autor se dirigiu a estande já montado para a venda de apartamento "na planta", não se configurando o trabalho típico da corretagem, de "aproximação" entre ele e a vendedora.
> (TJ-SP, 1ª Câmara de Direito Privado, Apel. nº 1009717-49.2014.8.26.0577, julgada em 25/11/2014, relator Desembargador Paulo Eduardo Razuk).

Todavia, há quem defenda a inexistência de abusividade ou venda casada na hipótese, a exemplo de NELSON NERY JÚNIOR:

> Destarte, inexiste proibição legal tampouco abusividade na estipulação entre incorporadora e intermediadora de venda, de que a obrigação de pagamento da comissão de corretagem será devida pelo adquirente do imóvel [consumidor]. Por consequência, é plenamente lícito ao vendedor do imóvel desistir do negócio perante a discordância do comprador em pagar o valor da corretagem ao adquirir o imóvel.[28]

Em sentido contrário, defende HÉCTOR VALVERDE SANTANA:

> A cobrança da comissão de corretagem ao consumidor contraria a boa-fé objetiva, esta prevista como ideia geral de abusividade de cláusula contratual, uma vez que o serviço em questão foi prestado em benefício exclusivo do vendedor (construtora ou incorporadora) e sob suas instruções.
> Nesse sentido, a cláusula contratual que transfere ao consumidor a obrigação do pagamento de comissão de corretagem é nula de pleno direito em virtude da manifesta abusividade, sobretudo quando o fornecedor livremente optou por não embutir o referido valor no preço do imóvel. Os custos do negócio somente podem ser transferidos ao consumidor se estiverem contidos no preço do imóvel. Inválido o repasse ao consumidor de qualquer valor, independentemente do motivo, que o fornecedor optou por não incluí-lo no preço, ou de eventuais despesas por serviços que não contratou, não recebeu e não se beneficiou. [29]

Também posicionando-se pela abusividade da cláusula, defende MARCELO CHIAVASSA DE MELLO PAULA LIMA:

---

28 NERY JÚNIOR, Nelson. *Comissão de corretagem e a licitude de sua cobrança na venda de imóveis – inexistência de abusividade ou venda casada*. In: Soluções Práticas de Direito – Nelson Nery Junior | v. 4/2014 | p. 335 | Set/2014, p. 6.

29 SANTANA, Héctor Valverde. *Pagamento de comissão de corretagem na compra e venda de imóvel: obrigação do fornecedor*. In: Revista de Direito do Consumidor | v. 91/2014 | p. 141 | Jan/2014, p. 6.

> Assim, o ônus de arcar com o suposto serviço de corretagem deve ser do incorporador, seja por caracterizar elemento intrínseco e essencial da sua atividade comercial, seja por atentar contra os princípios fundamentais do Código de Defesa do Consumidor, ressalvadas as hipóteses de real concordância do adquirente com estes encargos (por tê-lo efetivamente utilizado).
> Além disso, e mais importante que qualquer outra questão, deve ser dado o direito do adquirente optar por adquirir o imóvel diretamente da incorporadora, sem qualquer intermediador, mormente em função da proibição de venda casada trazida pelo Código de Defesa do Consumidor, na qual proíbe que o fornecedor impinja outro serviço ou produto para que seja efetivada a contratação. [30]

Vale mencionar que o mesmo autor defende, ainda, que a devolução do valor cobrado indevidamente da SATI, deve ser devolvido em dobro:

> A nosso ver, o posicionamento adequado é aquele que prega a devolução do valor em dobro, uma vez que o objeto da prestação – denominada de Sati – nada mais é do que uma ficção jurídica criada para onerar o adquirente e transferir os custos da análise documental e financeira que originariamente deveria ser de responsabilidade da incorporadora, o que é vedado pelo art. 51, XII, do CDC. [31]

2.10. Cobrança de juros antes da entrega de chaves ("juros no pé")

A Portaria nº 3 da Secretaria de Direito Econômico do Ministério da Justiça, de 15 de março de 2001, no item 14, indica como cláusula abusiva aquela que *"estabeleça, no contrato de venda e compra de imóvel, a incidência de juros antes da entrega das chaves"*. Por décadas, os tribunais vêm discutindo acerca da cobrança dos juros compensatórios antes da entrega das chaves, o chamado "juros no pé".

O entendimento inicial do STJ era de que a cobrança dos juros compensatórios antes da entrega das chaves, o chamado "juros no pé" era abusiva frente às normas do direito do consumidor. O STJ e as decisões se baseavam no fato da ausência de um capital construtora/incorporadora mutuado ao promitente comprador, tampouco utilização do imóvel prometido. Assim, decidiu no passado o Órgão:

---

30 LIMA, Marcelo Chiavassa De Mello Paula. *O ônus de pagamento do serviço de corretagem e do serviço de assessoria técnico-imobiliária (sati) nos contratos de compra e venda de unidades autônomas na planta*. In: Revista de Direito do Consumidor | v. 93 | p. 185 | Mai/2014, p. 5.

31 LIMA, Marcelo Chiavassa De Mello Paula. *O ônus de pagamento do serviço de corretagem e do serviço de assessoria técnico-imobiliária (sati) nos contratos de compra e venda de unidades autônomas na planta*. In: Revista de Direito do Consumidor | v. 93 | p. 185 | Mai/2014, p. 8.

> DIREITO CIVIL E DO CONSUMIDOR. PROMESSA DE COMPRA E VENDA DE IMÓVEL. COBRANÇA DE JUROS COMPENSATÓRIOS DURANTE A OBRA. "JUROS NO PÉ". ABUSIVIDADE. INEXISTÊNCIA DE EMPRÉSTIMO, FINANCIAMENTO OU QUALQUER USO DE CAPITAL ALHEIO.
> 1. Em contratos de promessa de compra e venda de imóvel em construção, descabe a cobrança de juros compensatórios antes da entrega das chaves do imóvel – "juros no pé" -, porquanto, nesse período, não há capital da construtora/incorporadora mutuado ao promitente comprador, tampouco utilização do imóvel prometido.
> 2. Em realidade, o que há é uma verdadeira antecipação de pagamento, parcial e gradual, pelo comprador, para um imóvel cuja entrega foi contratualmente diferida no tempo. Vale dizer, se há aporte de capital, tal se verifica por parte do comprador para com o vendedor, de sorte a beirar situação aberrante a cobrança reversa de juros compensatórios, de quem entrega o capital por aquele que o toma de empréstimo.
> (STJ, 4ª Turma, REsp 670117 / PB, julgado em 14/09/2010, relator Ministro Luís Felipe Salomão).

Todavia, o entendimento exarado pela Segunda Seção do STJ reverteu a posição que vinha sendo tomada pelas Turmas competentes do tribunal, no sentido de que esta cobrança é possível, vez que *"não se considera abusiva cláusula contratual que preveja a cobrança de juros antes da entrega das chaves, que, ademais, confere maior transparência ao contrato e vem ao encontro do direito à informação do consumidor (artigo 6º, III, do CDC), abrindo a possibilidade de correção de eventuais abusos"*, bem como resguardando o equilíbrio nas relações contratuais.

Ainda, segundo a decisão, nos contratos em que não há previsão desses juros compensatórios, tal valor seria embutido no custo do empreendimento onerando de qualquer forma, o consumidor, mas não da forma transparente como determina a legislação consumerista.

Assim, a decisão enuncia, que a melhor forma de se preservar o direito à informação do consumidor, conforme exige o artigo 6º, III, do CDC, é permitir a previsão, expressamente convencionada no instrumento contratual, da referida cobrança de juros compensatórios sobre todo o valor parcelado do preço de aquisição do bem.

Assim decidiu o STJ:

> EMBARGOS DE DIVERGÊNCIA. DIREITO CIVIL. INCORPORAÇÃO IMOBILIÁRIA. IMÓVEL EM FASE DE CONSTRUÇÃO. COBRANÇA DE JUROS COMPENSATÓRIOS ANTES DA ENTREGA DAS CHAVES. LEGALIDADE. 1. Na incorporação imobiliária, o pagamento pela compra de um imóvel em fase de produção, a rigor, deve ser à vista. Nada obstante, pode o incorporador oferecer prazo ao adquirente para pagamento, mediante parcelamento do preço. Afigura-se, nessa hipótese, legítima a cobrança de juros compensatórios. 2. Por isso, não se considera abusiva cláusula contratual que preveja a cobrança de juros antes da entrega das chaves, que, ademais, confere maior transparência ao contrato e vem ao encontro do direito à informação do consumidor (art. 6º, III, do CDC), abrindo

> a possibilidade de correção de eventuais abusos. 3 No caso concreto, a exclusão dos juros compensatórios convencionados entre as partes, correspondentes às parcelas pagas antes da efetiva entrega das chaves, altera o equilíbrio financeiro da operação e a comutatividade da avença. 4. Precedentes: REsp n. 379.941/SP, Relator Ministro CARLOS ALBERTO MENEZES DIREITO, TERCEIRA TURMA, julgado em 3/10/2002, DJ 2/12/2002, p. 306, REsp n. 1.133.023/PE, REsp n. 662.822/DF, REsp n. 1 060.425/PE e REsp n. 738.988/DF, todos relatados pelo Ministro ALDIR PASSARINHO JÚNIOR, REsp n. 681.724/DF, relatado pelo Ministro PAULO FURTADO (Desembargador convocado do TJBA), e REsp n. 1.193.788/SP, relatado pelo Ministro MASSAMI UYEDA. 5. Embargos de divergência providos, para reformar o acórdão embargado e reconhecer a legalidade da cláusula do contrato de promessa de compra e venda de imóvel que previu a cobrança de juros compensatórios de 1% (um por cento) a partir da assinatura do contrato.
>
> (STJ, 2ª Seção, Emb.Div. em Resp 670.117 – PB (2010/0182236-6), julgado em 13/06/2012, relator Ministro Antônio Carlos Ferreira)

Mais recentemente o STJ corrobora o seu entendimento acima, acerca da possibilidade da referida cobrança de juros compensatórios, através de estipulação de cláusula contratual prevendo a referida cobrança:

> AGRAVO REGIMENTAL NO AGRAVO EM RECURSO ESPECIAL. JUROS COMPENSATÓRIOS. CONTRATO DE COMPRA DE IMÓVEL ADQUIRIDO NA PLANTA. LEGALIDADE. ENTENDIMENTO PACIFICADO NA SEGUNDA SEÇÃO. DIVERGÊNCIA NOTÓRIA CONFIGURADA. MITIGAÇÃO DE ALGUNS REQUISITOS LEGAIS DE ADMISSIBILIDADE. AGRAVO NÃO PROVIDO. 1. A Segunda Seção, no julgamento dos EREsp n. 670.117/PB, concluiu que "não se considera abusiva cláusula contratual que preveja a cobrança de juros antes da entrega das chaves, que, ademais, confere maior transparência ao contrato e vem ao encontro do direito à informação do consumidor (art. 6º, III, do CDC), abrindo a possibilidade de correção de eventuais abusos" (EREsp 670.117/PB, Rel. Min. Sidnei Beneti, Rel. p/ Acórdão Ministro. Antonio Carlos Ferreira, Segunda Seção, DJe 26/11/2012). 2. "Nas situações de notória divergência jurisprudencial, é possível a mitigação dos requisitos formais de admissibilidade do recurso especial previstos na legislação processual" (AgRg no AREsp 537.217/CE, Rel. Ministro SÉRGIO KUKINA, PRIMEIRA TURMA, julgado em 19/08/2014, DJe 27/08/2014). 3. Agravo regimental não provido.
>
> (STJ, 4ª Turma, AgRg no REsp 1.187.142 – SP (2010/0053103-2), julgado em 16/10/2014, relator Ministro Luis Felipe Salomão.)

De igual modo, a questão não é pacífica na doutrina. ADALBERTO PASQUALOTTO, por exemplo, defende a referida cobrança, uma vez que *"Estaria ausente qualquer abusividade, porque diversas disposições legais permitem a cobrança de juros nos contratos imobiliários."*[32]

---

32 PASQUALOTTO, Adalberto. *Cláusulas abusivas em contratos habitacionais*. In: Revista de Direito do Consumidor | v. 40 | p. 21 | Out/2001, p. 4.

Em sentido contrário, considera a cláusula abusiva ROBERTO AUGUSTO CASTELLANOS PFEIFFER:

> Desse modo, o que se verifica até a entrega das chaves é uma transferência de capital do comprador para o vendedor. Isso é justificado pelo fato de o vendedor necessitar desse capital para fazer frente às despesas que incidem na construção do imóvel. O que, porém, não parece razoável, é que, não obstante a transferência de capital ser do comprador para o vendedor, seja o comprador compelido a ainda pagar juros.[33]

O mesmo posicionamento contrário adota FLÁVIO TARTUCE:

> Outra patente abusividade envolve os juros no pé , que são cobrados dos adquirentes consumidores antes mesmo da entrega do imóvel. A jurisprudência do STJ, com razão, entendia pela impossibilidade de cobrança, pela ausência de capital principal sobre o qual incidiriam os juros. Porém, em sede de incidente de recursos repetitivos, houve uma reviravolta no entendimento anterior do STJ, que passou a entender pela legalidade da cobrança, um verdadeiro sofisma jurídico, na opinião do autor deste texto. A ementa do último aresto tem a ousadia de citar a boa-fé e a transparência quando, na verdade, os juros no pé representam violação não só desse princípio, como também da função social do contrato e da propriedade. Isso porque os citados juros são cobrados antes da entrega da obra, sem que haja um capital principal para a sua incidência. Em reforço, não há inadimplemento por parte do consumidor que justificaria sua cobrança.[34]

Em que pese o entendimento que tem sido prestigiado pelo STJ, a questão de fato é controvertida.

Com efeito, o contrato de incorporação imobiliária consiste na *" atividade exercida com o intuito de promover e realizar a construção, para alienação total ou parcial, de edificações ou conjunto de edificações compostas de unidades autônomas"*, nos termos do artigo 28, parágrafo único, da Lei n. 4.591/64.

Diante da própria estrutura jurídica complexa do contrato de incorporação imobiliária, o legislador reconheceu que a atividade empresária desenvolvida pelo incorporador muitas vezes demanda o aporte de recursos que irão financiar o início e a conclusão da obra, razão pela qual o fornecedor

---

33 PFEIFFER, Roberto Augusto Castellanos. *Cláusulas abusivas. elenco editado por Portaria da Secretaria de Direito Econômico. Poder-dever caracterizado. abusividade de cláusulas que imponham perda substancial das parcelas pagas pelo consumidor, incidência de juros antes da entrega das chaves do imóvel e que possibilita ao fornecedor, em seu exclusivo interesse, constituir hipoteca em nome do compromissário comprador.* In: Revista de Direito do Consumidor | v. 41 | p. 205 | Jan/2002, p. 12.

34 TARTUCE, Flávio. *Do compromisso de compra e venda de imóvel. Questões polêmicas a partir da teoria do diálogo das fontes.* In Revista de Direito do Consumidor | v. 93 | p. 159 | Mai/2014 DTR\2014\2104.

recolhe dos interessados os recursos necessários ao início das obras, podendo ainda, se necessário for, buscar capital adicional no mercado financeiro.

Tanto isso é verdade que o artigo 34 e §§ da Lei nº 4.591/64 autoriza ao incorporador fixar prazo de carência dentro do qual lhe será possível desistir do empreendimento, em especial nas situações em que o número de interessados na obra que ainda será realizada se apresentar aquém das expectativas inicias da fornecedora, inviabilizado financeiramente a sua realização.

Tal fato sugere, que, em muitos casos, são os promissários-compradores que financiam a obra (pelo menos em parte) através das prestações que obrigam a pagar periodicamente com vistas a manter em dia o cronograma da construção.

Por esse raciocínio, não haveria razão jurídica para que do mesmo seja exigido o pagamento de "juros no pé", pois aqueles que financiam o empreendimento não poderiam ser compelidos a pagar juros sobre recursos próprios, situação essa que desvirtuaria a própria finalidade dos juros compensatórios: mitigar a privação de recursos próprios que foram transferidos a outrem.

2.11. Correção pela tabela price

Conforme o artigo 4º do Decreto nº 22.626, de 7 de abril de 1933: *"Art. 4º. É proibido contar juros dos juros."*

Também, nesse sentido, a Súmula nº 121 do Supremo Tribunal Federal: *"É vedada a capitalização de juros, ainda que expressamente convencionada."*

A Portaria nº 3/2001, no item 5, indica como cláusula abusiva aquela que *"estipule a utilização expressa ou não, de juros capitalizados nos contratos civis".*

O Tribunal de Justiça de São Paulo, também já se manifestou a esse respeito, conforme, por exemplo, a decisão abaixo:

> SISTEMA FINANCEIRO DA HABITAÇÃO – Reajuste de prestações – Aplicação da Tabela Price – Inadmissibilidade – Organização do fluxo de pagamento constante que concebe a cotação de juros compostos – Ilegalidade – Reconhecimento – Nulidade da cláusula assim avençada, uma vez que constitui convenção abusiva – Recurso provido em parte.
> (TJ-SP, 14ª Câmara de Direito Privado, Apel. nº 1.160.466-9 julgada em 26/07/2006, relator Desembargador Pedro Alexandrino Ablas)

O STJ, por outro lado, já se manifestou quanto à limitação de cobrança de juros a 12% ao ano, conforme a lei de usura, conforme, por exemplo, a decisão abaixo:[35]

35 Com relação à Tabela Price, o STJ já se posicionou pela não apreciação do tema, vez que "... é questão de fato e não de direito, motivo pelo qual não cabe ao Superior

AGRAVO REGIMENTAL NO RECURSO ESPECIAL. REVISIONAL DE CONTRATO DE COMPRA E VENDA DE IMÓVEL FIRMADO COM CONSTRUTORA. JUROS. 12% AO ANO. APLICABILIDADE. INCIDÊNCIA DA LEI DA USURA. DOBRO DO LIMITE DE 6% PREVISTO NO CCB/16. ENTIDADE QUE NÃO INTEGRA O SISTEMA FINANCEIRO NACIONAL. CORREÇÃO MONETÁRIA. INDEXADORES AUSÊNCIA DE ABUSIVIDADE E VANTAGEM
EXCESSIVA VERIFICADA NAS INSTÂNCIAS ORDINÁRIAS. INCIDÊNCIA DOS ENUNCIADOS 5 E 7 DA SÚMULA DESTA CORTE. AUSÊNCIA DE ARGUMENTOS CAPAZES DE INFIRMAR A DECISÃO AGRAVADA. AGRAVO REGIMENTAL IMPROVIDO. 1. A Construtora Ré não é instituição financeira, não integrando, dessa forma, o Sistema Financeiro Nacional. Desse modo, incidente a Lei da Usura, em especial seu artigo 1º, que estabelece o patamar de 12% ao ano, ou seja, o dobro da taxa legal prevista no Código Civil de 1916, no limite de 6% ao ano. 2. A utilização do CUB-Sinduscon, índice de idêntica natureza do INCC, somente se afigura incabível após a conclusão da obra do imóvel. Precedentes. 3. Ausente a ocorrência de abusividade e de vantagem excessiva oriundas da pactuação dos indexadores: CUB-Sinduscon, quando em construção o imóvel, e IGP-M, após sua entrega, conforme consignado pelo Tribunal de origem com base no acervo fático-probatório, a inversão do julgado encontra óbice contido nos Enunciados 5 e 7 da Súmula desta Corte. 4. Agravo regimental improvido. (STJ, 4ª Turma, AgRg no REsp 761.275 – DF (2005/0099909-3), julgado em 18/12/2008, relator Ministro Luis Felipe Salomão).

2.12. *Entrega de área menor*

O Tribunal de Justiça de São Paulo já decidiu que tem direito à indenização o comprador que recebe área menor à contratada, ainda que a construtora alegue erro de digitação, conforme se verifica da decisão abaixo:

> "a desculpa do 'erro datilográfico' no contrato é de causar perplexidade, principalmente quando se considera ser a ré uma das maiores empresas de construção civil do País, dispondo, à evidência, de ampla estrutura organizacional, inclusive jurídica, para elaboração de contratos", pois "em realidade, o referido 'erro datilográfico' serviu para quando do lançamento do empreendimento, elevar o preço e maior aceitação das unidades autônomas no mercado, pois – repita-se – é fora de dúvida que área privativa maior justifica valor mais elevado do imóvel" (decisão de 05/11/1993 da 17ª Câmara Civil do TJ-SP, nos autos da Apelação Cível n° 211.280.2/8, tendo como Rel. Des. HERMES PINOTTI)."

Ademais, segundo a doutrina, a tendência atual é de que as vagas de garagem não sejam mais caracterizadas como área de uso comum, mas sim como unidades autônomas.

Tribunal de Justiça tal apreciação, em razão dos óbices contidos nas Súmulas 5 e 7 do STJ..." (STJ, Corte Especial, REsp 1124552/RS, julgado em 03/12/2014, DJe 02/02/2015, relator Ministro Luis Felipe Salomão)

O STJ reconhece a possibilidade do registro autônomo da vaga de garagem em cartório e admite até mesmo sua penhora , permitindo-nos concluir que a vaga de garagem, quando for individualizada e de uso exclusivo do proprietário da unidade residencial respectiva, não configura área comum. .

Porém, os compradores devem ser devidamente informados de que a área privativa total do imóvel corresponde à soma das áreas da unidade habitacional e da vaga de garagem, vez que considera o STJ que *"a redação da referida cláusula contratual cria a expectativa, em qualquer pessoa que a lê, de que a área privativa prometida ao comprador se refere unicamente à área do apartamento, isto é, da unidade habitacional, e não da soma desta com a área da vaga de garagem"*. Assim, o STJ considera haver desrespeito aos princípios da transparência e da informação, de especial importância no âmbito das relações consumeristas, havendo abusividade por parte do fornecedor

Nesses casos, quando as incorporadoras entregam vagas de garagem em quantidade insuficiente, posto existirem em número inferior ao de unidades autônomas, ou entregam vagas de garagem em dimensões incompatíveis com o tamanho dos carros atuais, poderão os adquirentes das unidades se valer das demandas de obrigação de fazer, no intuito de efetuarem a regularização da área – e, se isso não for fática e juridicamente possível – ou de demandas indenizatórias para que a incorporadora indenize o prejuízo decorrente da desvalorização do imóvel em decorrência da inadequação das vagas de garagem. Neste sentido:

> RECURSO ESPECIAL – AÇÃO DE INDENIZAÇÃO PARA RESSARCIMENTO DE VALORES REFERENTES A COMPRA E VENDA DE IMÓVEL – ALEGAÇÃO DE DIFERENÇA ENTRE A ÁREA PROMETIDA E A ÁREA ENTREGUE – PROCEDÊNCIA DO PEDIDO NAS INSTÂNCIAS ORDINÁRIAS – ENTENDIMENTO DE QUE A VAGA DE GARAGEM É ÁREA DE USO COMUM E, POIS, NÃO DEVE SER CONSIDERADA NO CÔMPUTO DA ÁREA TOTAL DO BEM. INSURGÊNCIA DA EMPRESA RÉ.
>
> Hipótese em que se discute se a vaga de garagem do condômino deve ser compreendida como área privativa dele e se pode, consequentemente, ser considerada no cômputo da área total do imóvel vendido. Decidido pelas instâncias ordinárias que a vaga de garage "compreende área real de uso comum", que não pode ser inclusa no cômputo da área total do apartamento, o qual, por conseguinte, teria sido entregue com área inferior à prometida.
>
> 1. A vaga de garagem só deve ser considerada área comum de condomínio edilício quando não se vincular a uma unidade residencial específica e, consequentemente, não se destinar ao uso exclusivo do proprietário dessa unidade, podendo ser usada, assim, por todos os condôminos. Quando, porém, a vaga de garagem for individualizada e de uso exclusivo do proprietário de uma unidade residencial específica, ela não será considerada como área comum, podendo, nesse caso, (i) constituir apenas um direito acessório ou (ii) configurar-se como unidade autônoma, caso em que terá registro próprio em cartório.
>
> 2. No caso em questão, a vaga de garagem pertence exclusivamente ao proprietário do apartamento respectivo, pois tem menção expressa no contrato, nu-

> meração própria e delimitação específica no terreno. Sendo assim, as instâncias ordinárias se equivocaram ao considerá-la como bem de uso comum.
> 3. No entanto, os compradores não foram devidamente informados de que a área total do imóvel correspondia à soma das áreas da unidade habitacional e da vaga de garagem, uma vez que a redação do contrato objeto da lide cria a expectativa, em qualquer pessoa que o lê, de que a área privativa prometida ao comprador se refere unicamente à área do apartamento, isto é, da unidade habitacional, e não da soma desta com a área da vaga de garagem.
> 4. A praxe no mercado imobiliário é o anúncio da área do apartamento, apenas, constituindo eventual vaga de garagem.

(STJ, 4ª Turma, REsp nº 1.139.285 – DF (2009/0172089-3), julgado em 18/11/2014, relator Ministro Marco Buzzi).

2.13. Da ausência de prazo para outorga de escritura

Sendo obrigação principal da incorporadora transferir a propriedade da unidade autônoma, uma vez construída, deve constar no contrato o prazo para cumprimento de tal obrigação, sob pena de caracterizar abusividade, conforme, se verifica da decisão do TJ-SP, abaixo:

> Quem elabora contrato de adesão sem data certa para o cumprimento da obrigação de outorgar escritura definitiva ao promitente comprador que pagou a integralidade do preço, age de forma abusiva, violando o dever de boa-fé objetiva.
> Tal cláusula é nula de pleno direito por excessivamente onerosa e por permitir que ao alvedrio do promitente vendedor fique o cumprimento ou não do contrato. Por isso, ultrapassados os 180 dias pactuados, inaplicável a disposição que permite postergação indefinida do cumprimento da contraprestação (decisão de 29/01/2014, 7ª Câmara de Direito Privado do TJ-SP, Apelação nº 0122497-90.2012.8.26.0100, Rel. Des. Mendes Pereira).

Mesmo que os contratos não contiverem prazo para a outorga da escritura por parte das incorporadoras, poderão os adquirentes interpelar a fornecedora para exigir imediatamente o cumprimento da prestação, nos termos do artigo 397, parágrafo único, do Código Civil.

Não obstante, tão comum é a ausência de prazo, que entende-se que o atraso após a quitação do preço não enseja (como regra) o direito à indenização por dano moral, conforme, por exemplo, a decisão do TJ-SP, abaixo:

> INDENIZAÇÃO. Outorga escritura. Ausência de cláusula contratual determinando prazo. Inconvenientes inerentes ao negócio. Ausência de danos morais (decisão de 24/07/2014 da 4a Câmara de Direito Privado do TJ-SP, Apelação nº 0064654-10.2011.8.26.0002, Rel. Des. Teixeira Leite).

Conforme já apontamos anteriormente, a existência de dano moral deve ser verificada a cada caso concreto, em suas especificidades.

2.14. Foro de eleição e arbitragem

A Portaria nº 04/98, editada pela Secretaria de Direito Econômico do Ministério da Justiça, considera nulas de pleno direito as cláusulas que: *"elejam foro para dirimir conflitos decorrentes das relações de consumo diverso daquele onde reside o consumidor."*

O STJ já teve a oportunidade de se manifestar a respeito da nulidade de eleição de foro em prejuízo do consumidor, conforme, por exemplo, a decisão abaixo:

> Uma vez adotado o sistema de proteção ao consumidor, reputam-se nulas não apenas as cláusulas contratuais que impossibilitem, mas que simplesmente dificultem ou deixem de facilitar o livre acesso do hipossuficiente ao Judiciário. Desta feita, é nula a cláusula de eleição de foro que ocasiona prejuízo à parte hipossuficiente da relação jurídica, deixando de facilitar o seu acesso ao Poder Judiciário.
> (STJ, Resp 669.990/CE, julgado em 17/08/2006, relator Min. Jorge Scartezzini)

O STJ já teve a oportunidade de se manifestar também sobre a nulidade da cláusula que determina a utilização compulsória de arbitragem (artigo 51, VII, do CDC), nos contratos derivados de relação de consumo, sejam eles de adesão ou não, conforme ementa abaixo transcrita:

> DIREITO PROCESSUAL CIVIL E CONSUMIDOR. CONTRATO DE ADESÃO. CONVENÇÃO DE ARBITRAGEM. LIMITES E EXCEÇÕES. ARBITRAGEM EM CONTRATOS DE FINANCIAMENTO IMOBILIÁRIO. CABIMENTO. LIMITES. 1. Com a promulgação da Lei de Arbitragem, passaram a conviver, em harmonia, três regramentos de diferentes graus de especificidade: (i) a regra geral, que obriga a observância da arbitragem quando pactuada pelas partes, com derrogação da jurisdição estatal; (ii) a regra específica, contida no art. 4º, § 2º, da Lei nº 9.307/96 e aplicável a contratos de adesão genéricos, que restringe a eficácia da cláusula compromissória; e (iii) a regra ainda mais específica, contida no art. 51, VII, do CDC, incidente sobre contratos derivados de relação de consumo, sejam eles de adesão ou não, impondo nulidade de cláusula que determine a utilização compulsória da arbitragem, ainda que satisfeitos os requisitos do art. 4º, § 2º, da Lei nº 9.307/96.
> 2. O art. 51, VII, do CDC se limita a vedar a adoção prévia e compulsória da arbitragem, no momento da celebração do contrato, mas não impede que, posteriormente, diante de eventual litígio, havendo consenso entre as partes (em especial a aquiescência do consumidor), seja instaurado o procedimento arbitral.
> 3. As regras dos arts. 51, VIII, do CDC e 34 da Lei nº 9.514/97 não são incompatíveis. Primeiro porque o art. 34 não se refere exclusivamente a financiamentos imobiliários sujeitos ao CDC e segundo porque, havendo relação de consumo, o dispositivo legal não fixa o momento em que deverá ser definida a efetiva utilização da arbitragem.
> 4. Recurso especial a que se nega provimento.
> (STJ, 3ª Turma, REsp 1.169.841 – RJ, julgado em 06/11/2012, relatora Ministra Nancy Andrighi) (Também decisão entendendo nula a cláusula arbitral, em con-

> trato de adesão como são os de compra e venda de imóveis: STJ, 3ª Turma, REsp 819.519 – PE (2006/0030668-2), julgado em 09/10/2007, relator Ministro Humberto Gomes de Barrros)

Como se vê, nesta decisão o STJ analisa eventual conflito entre o artigo 51, VII, do CDC que estabelece serem nulas de pleno direito as cláusulas contratuais que determinem a utilização compulsória da arbitragem e o artigo 34 da Lei nº 9.514/97. Menciona que nos contratos de compra e venda de imóvel para fins de moradia a relação é de consumo, como já decidiu reiteradas vezes aquela corte.

Menciona, também, que contrato firmado é de adesão, tanto que foi inserida na cláusula compromissória as exigências contidas no artigo 4º, § 2º, da Lei nº 9.307/96, que dispõe sobre a validade da convenção de arbitragem em contratos de adesão (o referido artigo dispõe que a cláusula compromissória só terá eficácia nos contratos de adesão *"se o aderente tomar a iniciativa de instituir a arbitragem ou concordar, expressamente, com a sua instituição, desde que por escrito em documento anexo ou em negrito, com a assinatura ou visto especialmente para essa cláusula"*.

Já foi debatida a possível incompabilibidade entre o CDC e a Lei de Arbitragem, e no entanto, concluiu-se que essa incompatibilidade é apenas aparente, não resistindo à aplicação do princípio da especialidade das normas, a partir do qual, sem grande esforço, se conclui que o 4º, § 2º, da Lei nº 9.307/96 versou apenas acerca de contratos de adesão genéricos, subsistindo, portanto, a aplicação do artigo 51, VII, do CDC, às hipóteses em que o contrato, mesmo que de adesão, regule uma relação de consumo.

Esclarece que, com a promulgação da Lei de Arbitragem, passaram a conviver, em harmonia, três regramentos de diferentes graus de especificidade (mencionados acima na ementa):

> (I) a regra geral, que obriga a observância da arbitragem quando pactuada pelas partes;
> (II) a regra específica, aplicável a contratos de adesão genéricos, que restringe a eficácia da cláusula compromissória; e
> (III) a regra ainda mais específica, incidente sobre contratos sujeitos ao CDC, sejam eles de adesão ou não, impondo a nulidade de cláusula que determine a utilização compulsória da arbitragem, ainda que satisfeitos os requisitos do artigo 4º, § 2º, da Lei nº 9.307/96.

Esclarece que essa circunstância não impede a utilização da arbitragem na resolução de conflitos de consumo e que o CDC veda apenas a utilização compulsória da arbitragem, o que não obsta o consumidor de eleger o procedimento arbitral como via adequada para resolver eventuais conflitos surgidos frente ao fornecedor.

No mesmo sentido, é que o que explica o professor JOSÉ MANOEL DE ARRUDA ALVIM NETTO: *"O que a norma veda, na linha do direito brasileiro, é a compulsoriedade, e, portanto, é possível a constituição de compromisso, mas não como cláusula contratual, que, surgindo conflito, levasse inexoravelmente a essa constituição."*[36]

Por fim, menciona que o raciocínio ora construído não conflita com o artigo 34 da Lei nº 9.514/97, suscitado pelas recorrentes, segundo o qual *"os contratos relativos ao financiamento imobiliário em geral poderão estipular que litígios ou controvérsias entre as partes sejam dirimidos mediante arbitragem"*, por dois motivos: (i) nada impede que, em financiamentos imobiliários não sujeitos ao CDC, se estipule, desde o início, a utilização da arbitragem; e (ii) porque, havendo relação de consumo, prevalecerá a regra acima delineada, de que a efetiva instauração do procedimento arbitral se sujeite à posterior concordância das partes, por ocasião do surgimento do conflito de interesses, o que não é vedado pelo artigo 34 da Lei nº 9.514/97, que, além de prever a arbitragem como mera faculdade ou alternativa, não fixa o momento em que deverá ser definida a sua efetiva utilização.

2.15. Publicidade enganosa

Conforme o §1° do artigo 37 da Lei 8.078/90: *"é enganosa qualquer modalidade de informação ou comunicação de caráter publicitário, inteira ou parcialmente falsa, ou, por qualquer outro modo, mesmo por omissão, capaz de induzir em erro o consumidor a respeito da natureza, características, qualidade, quantidade propriedades, origem, preço e quaisquer outros dados sobre produtos e serviços".*

Por exemplo, se o consumidor acreditava estar adquirindo unidade em empreendimento hoteleiro, porém o empreendimento não possuia as devidas licenças para desenvolver no local atividades econômicas, tais como restaurante, coffee shop, lavanderia e outros serviços hoteleiros, tratava-se de publicidade enganosa (no caso, por omissão), sendo que o STJ entendeu que os consumidores têm direito ao desfazimento do contrato e indenização inclusive por dano moral, conforme ementa abaixo transcrita:

> 1. O direito à informação, no Código de Defesa do Consumidor, é corolário das normas intervencionistas ligadas à função social e à boa-fé, em razão das quais a liberdade de contratar assume novel feição, impondo a necessidade de transparência em todas as fases da contratação: o momento pré-contratual, o de formação e o de execução do contrato e até mesmo o momento pós-contratual.

36 ALVIM NETTO, José Manoel de Arruda. *Cláusulas abusivas e seu controle no Direito Brasileiro*. In: Revista de Direito do Consumidor | v. 20 | p. 25 | Out/1996, p. 22.

> 2. O princípio da vinculação da publicidade reflete a imposição da transparência e da boa-fé nos métodos comerciais, na publicidade e nos contratos, de modo que o fornecedor de produtos ou serviços obriga-se nos exatos termos da publicidade veiculada, sendo certo que essa vinculação estende-se também às informações prestadas por funcionários ou representantes do fornecedor.
> 3. Se a informação se refere a dado essencial capaz de onerar o consumidor ou restringir seus direitos, deve integrar o próprio anúncio, de forma precisa, clara e ostensiva, nos termos do art. 31 do CDC, sob pena de configurar publicidade enganosa por omissão.
> ...
> (STJ, 4ª Turma, REsp 1188442 / RJ, julgado em 06/11/2012, relator Ministro Luis Felipe Salomão).

De igual modo, se o consumidor acreditava estar adquirindo unidade em empreendimento localizado em frente ao metrô, mas o imóvel estava localizado em lugar diverso, tratava-se de publicidade enganosa, o TJ-SP já decidiu entende que tem direito à resolução do contrato, conforme ementa abaixo transcrita:

> Apelações. Compromisso de venda e compra. Anúncio de que prédio seria edificado em frente a uma estação do metrô. Construção feita em local diverso. Propaganda enganosa. CDC. Rescisão, com devolução da totalidade das quantias pagas. Dano moral arbitrado na origem que se eleva. Condenação solidária da construtora e do corretor que intermediou o negócio (TJ-SP, 10ª Câmara de Direito Privado, Apel. nº 0157482-90.2009.8.26.0100, julgada em 17/12/2013, relator Desembargador Cesar Ciampolini).

2.16. Reciprocidade

Também já foi considerada abusiva pelo STJ cláusula que estipula penalidade exclusivamente ao consumidor, para a hipótese de mora ou inadimplemento contratual, ficando isento de tal reprimenda o fornecedor, de modo que existe, nesta hipótese, a possibilidade de inversão e aplicabilidade da penalidade à incorporadora, conforme, por exemplo, a ementa abaixo transcrita.

Nesse sentido, apesar de a multa ter sido estipulada apenas em desfavor do autor, a jurisprudência do STJ fixou a tese jurídica segundo a qual:

> ser extensível à construtora a multa moratória prevista – exclusivamente – em desfavor do adquirente no instrumento contratual avençado. Em observância aos princípios gerais do direito, ou pela principiologia adotada no CDC, ou por imperativo de equidade, sustentou-se que deve haver reciprocidade entre as penalidades impostas tanto ao consumidor quanto ao fornecedor. Assim, prevendo o contrato a incidência de multa moratória para o caso de descumprimento contratual por parte do consumidor, a mesma multa deverá incidir em desfavor do fornecedor, caso seja deste a mora ou o inadimplemento.
> (STJ, 4ª Turma, REsp 955.134/SC, julgado em 16/08/2012, DJe 29/08/2012, relator Ministro Luis Felipe Salomão)

Descabe, porém, estender em benefício do consumidor a cláusula que previa, em prol do fornecedor, a retenção de valores a título de comissão de corretagem e taxa de serviço, uma vez que os mencionados valores não possuem natureza de cláusula penal moratória, mas indenizatória:

> DIREITO DO CONSUMIDOR E PROCESSUAL CIVIL. RECURSO ESPECIAL. CONTRATO DE PROMESSA DE COMPRA E VENDA DE IMÓVEL. RESCISÃO POR CULPA DA CONSTRUTORA (VENDEDOR). DEFEITOS DE CONSTRUÇÃO. ARBITRAMENTO DE ALUGUÉIS EM RAZÃO DO USO DO IMÓVEL. POSSIBILIDA DE. PAGAMENTO, A TÍTULO DE SUCUMBÊNCIA, DE LAUDO CONFECCIONADO EXTRAJUDICIALMENTE PELA PARTE VENCEDORA. DESCABIMENTO. EXEGESE DOS ARTS. 19 E 20 DO CPC. INVERSÃO DE CLÁUSULA CONTRATUAL QUE PREVIA MULTA EXCLUSIVAMENTE EM BENEFÍCIO DO FORNECEDOR, PARA A HIPÓTESE DE MORA OU INADIMPLEMENTO DO CONSUMIDOR. POSSIBILIDADE.
> (STJ, 4ª Turma, REsp. n º 955.134 – SC (2007/0114070-5), julgado em 16/08/2012, relator Ministro Luís Felipe Salomão)

Como se vê, na decisão cuja ementa foi acima transcrita, apesar de a rescisão contratual ter ocorrido por responsabilidade da construtora (fornecedora), é devido o pagamento de aluguéis, pelo adquirente (consumidor), em razão do tempo em que este ocupou o imóvel, a fim de ser evitado o enriquecimento sem causa do adquirente.

2.17. Constituição de garantia

Outra cláusula muito comum, porém considerada abusiva pelo item 15 da Portaria SDE nº 03/01, é a que *"Preveja, no contrato de promessa de venda e compra de imóvel, que o adquirente autorize ao incorporador alienante constituir hipoteca do terreno e de suas acessões (unidades construídas) para garantir dívida da empresa incorporadora, realizada para financiamento de obras."*

A esse respeito, aponta ADALBERTO PASQUALOTTO:

> Para a proteção do adquirente, a lei determina que a existência de ônus real ou fiscal deve ser obrigatoriamente mencionada em todos os contratos (art. 37 da Lei 4.591/64), além de constar no registro imobiliário e nas respectivas certidões (art. 32 da Lei 4.591/64). Cuida-se de "defender os candidatos à aquisição de unidades, contra as surpresas e os riscos, quer num caso quer no outro". Obviamente que se o ônus sobrevém ao contrato, o alienante tem o dever de informar o adquirente da superveniência, o que nem sempre ocorre, causando ao adquirente, depois de pagar inteiramente o preço e pretender a transferência de domínio, a perplexidade de saber que a unidade que ele adquiriu está hipotecada por dívidas do incorporador, às vezes assumidas depois de prometida a venda. A situação do adquirente é protegida na jurisprudência do STJ, cuja Súmula 84 preconiza: "É admissível a oposição de embargos de terceiro fundados em alegação de posse advinda de compromisso de compra e venda

de imóvel, ainda que desprovido de registro". (...)[37] A hipoteca do imóvel residencial objeto de promessa de compra e venda, instituída pelo incorporador ou construtor, é ineficaz frente ao adquirente. A cláusula-mandato, inserida em contrato de adesão, de que se serve o incorporador ou construtor para realizar a hipoteca, é abusiva e, portanto, nula, porque opera efeito vedado por lei em contrato conexo, do qual não participa o consumidor, colocando-o em posição de desvantagem exagerada.

Assim já decidiu o STJ sobre o tema:

O promissário comprador de unidade habitacional pelo S.F.H. somente é responsável pelo pagamento integral da dívida relativa ao imóvel que adquiriu, não podendo sofrer constrição patrimonial em razão do inadimplemento da empresa construtora perante o financiador do empreendimento, posto que, após celebrada a promessa de compra e venda, a garantia passa a incidir sobre os direitos decorrentes do respectivo contrato individualizado, nos termos do art. 22 da Lei n. 4.864/65.
(STJ, 2ª seção, EREsp. 187.940 SP, julgado em 22/09/2004, relator Ministro Antônio de Pádua Ribeiro).

FLÁVIO TARTUCE, ao comentar a Súmula 308 do STJ (de acordo com tal Súmula, a hipoteca firmada entre a construtora e o agente financeiro, anterior ou posterior à celebração da promessa de compra e venda, não tem eficácia perante os adquirentes do imóvel):

Além disso, o compromisso de compra e venda, celebrado entre os adquirentes e a construtora, gera efeitos somente perante o agente financeiro. Como é notório, a citada Súmula tem origem na falência de construtoras no Brasil em décadas passadas, como a Encol. Com o intuito de proteger os adquirentes, o STJ editou o seu conteúdo, que acaba por restringir os efeitos erga omnes da hipoteca, quebrando com a sequela que tradicionalmente decorre dos institutos reais.
Além da boa-fé objetiva, a Súmula 308 (MIX\2010\1557) do STJ consagra a função social do contrato, pela tutela dos adquirentes como parte mais frágil da relação negocial, concretizando a eficácia interna , entre as partes, do princípio. Há também uma faceta da eficácia externa da função social do contrato, pois o compromisso de compra e venda gerará efeitos perante o agente financeiro, que não é parte. Por tudo isso, pode-se afirmar que a citada sumular é revolucionária. [38]

---

37 PASQUALOTTO, Adalberto. *Cláusulas abusivas em contratos habitacionais*. In: Revista de Direito do Consumidor | v. 40 | p. 21 | Out/2001, p. 5.

38 TARTUCE, Flávio. *Do compromisso de compra e venda de imóvel. Questões polêmicas a partir da teoria do diálogo das fontes*. In: Revista de Direito do Consumidor | v. 93 | p. 159 | Mai/2014, p. 9.

Nessas situações, ainda que a incorporadora tenha hipotecado o terreno e eventuais acessões (unidades construídas) para garantir dívida realizada para financiamento de obras, em caso de inadimplemento da fornecedora o princípio da boa-fé objetiva impõe à instituição financeira o dever de comunicar o adquirente acerca do atraso na realização dos pagamentos, a fim de que este possa direcionar os seus recursos à quitação do empréstimo ou até mesmo consignar em pagamento os valores devidos, a fim de evitar os riscos decorrentes do pagamento à incorporadora inadimplente.

Todavia, se a instituição financeira violar o seu dever de comunicação, não lhe será lícito executar a garantia porque tinha o dever jurídico de *"minimizar o seu próprio prejuízo"*, dever este que também decorre do princípio da boa-fé objetiva.

2.18. Cobrança de contribuição condominial antes da entrega das unidades

Uma outra situação que tem sido enxergada como abusiva pelos tribunais diz respeito às cobranças de contribuições condominiais que são feitas pelas incorporadoras dos promissários-compradores antes que as unidades construídas tenham sido efetivamente entregues aos consumidores.

Em outras palavras, a incorporadora exige dos promissários-compradores os pagamentos das contribuições condominiais mesmo que a posse das unidades não tenha sido transmitida, o que somente ocorre através da "entrega das chaves".

O STJ já teve a oportunidade de apreciar a questão:

> Trata a espécie de saber o termo a quo para a cobrança de obrigação referente às taxas condominiais. A Seção reiterou que é a partir da efetiva posse do imóvel, com a entrega das chaves, que surge a obrigação do condômino de pagar as despesas condominiais. Logo, no caso, é incontroverso que a cobrança é referente ao período anterior à entrega das chaves, consequentemente, não é o ora embargante parte passiva legítima na ação de cobrança. Precedentes citados: REsp 660.229-SP, DJ 14/3/2005; AgRg no Ag 660.515-RJ, DJe 23/9/2008, e AgRg no Ag 645.645-SP, DJ 11/9/2006. EREsp 489.647-RJ, Rel. Min. Luis Felipe Salomão, julgados em 25/11/2009.

Segundo o entendimento que tem prevalecido em sede jurisprudencial, o termo inicial da exigibilidade de eventuais contribuições condominiais é a efetiva transmissão da posse da unidade prometida à venda porque somente a partir da transmissão da prerrogativa de *usar* é que o adquirente assume a condição jurídica de responsável pelas despesas relativas à propriedade comum.

Em situações dessa espécie, se aos fornecedores fosse permitido exigir dos promissários-compradores as contribuições condominiais relativas às unidades autônomas ainda não entregues, na prática os ônus decorrentes da mora das incorporadoras seriam indevidamente transferidos aos consumidores que não estariam aptos a desfrutar da posse de imóveis ainda não entregues, muito embora já titularizassem o dever de pagar as despesas relativas à manutenção das partes comuns.

Nesse sentir, a prática tem demonstrado que em inúmeras ocasiões os atrasos nas entregas das unidades decorrem da não concessão do "habite-se" pelas autoridades competentes, o que demonstra, por outro ângulo, que se os imóveis não se encontram em condições de serem ocupados, as incorporadas não titularizam o direito de exigir o pagamento de contribuições condominiais.

3. Conclusão

Diante de todo o exposto no presente artigo, resta evidenciado que, a partir da vigência do CDC, o consumidor e o fornecedor bem informado ou bem assessorado tem condições práticas de terem contratos equilibrados, pautados na transparência, boa-fé e harmonia dessas relações, seja através da negociação das condições contratuais, quando esta é possível, ou através da revisão judicial dos contratos celebrados, de modo a afastar as cláusulas abusivas.

Vale lembrar, contudo, que o presente artigo abordou apenas alguns exemplos de cláusula contratuais usualmente adotadas pelas incorporadoras nos contratos de venda de unidades em construção, porém, a proteção dada ao consumidor pelo CDC é bastante ampla, devendo, a cada caso concreto ser verificada, para a eventual nulidade das cláusulas contratuais, se existe abusividade na contratação, ou se o consumidor está sendo colocado em desvantagem exagerada, ou se existe incompatibilidade da cláusula com a boa-fé ou a equidade.

Também, é no caso concreto que se verifica quais valores serão devidos a título de indenizaçãoo por descumprimento de obrigação contratual e se esta ensejará, também, a indenização por dano moral.

4. Bibliografia

ALVIM NETTO, José Manoel de Arruda. *Cláusulas abusivas e seu controle no Direito Brasileiro*. In: Revista de Direito do Consumidor | vol. 20 | p. 25 | Out/1996.

AMARAL JÚNIOR, Carlos Alberto do. *A boa-fé e o controle das cláusulas contratuais abusivas nas relações de consumo*. In: Revista de Direito do Consumidor | vol. 6 | p. 27 | Abr/1993.

BRITO, Rodrigo Azevedo Toscano de. *Cláusulas abusivas nos contratos de incorporação imobiliária e o código de defesa do consumidor*. In: Revista de Direito Imobiliário | vol. 49 | p. 81 | Jul/2000.

CAVALIERI FILHO, Sergio. *Programa de responsabilidade civil*. 8ª ed. rev. e amp. São Paulo, Atlas, 2008, pp. 83-85.

CHALHUB, Melhim Namem. *O contrato de incorporação imobiliária sob a perspectiva do Código de Defesa do Consumidor*. In: Revista de Direito Imobiliário | vol. 50 | p. 92 | Jan/2001.

KANT, Immanuel. *Fundamentação da metafísica dos costumes e outros escritos*. São Paulo: Martin Claret, 2005.

LIMA, Marcelo Chiavassa De Mello Paula. *O ônus de pagamento do serviço de corretagem e do serviço de assessoria técnico-imobiliária (sati) nos contratos de compra e venda de unidades autônomas na planta*. In: Revista de Direito do Consumidor | vol. 93 | p. 185 | Mai/2014, p. 5.

MARTINS, Plínio Lacerda. *Overbooking imobiliário e os direitos do consumidor na aquisição de imóveis*. In: Revista de Direito do Consumidor | vol. 91/2014 | p. 119 | Jan/2014.

MIRAGEM, Bruno Nubens Barbosa. *Nulidade das cláusulas abusivas nos contratos de consumo: entre o passado e o futuro do direito do consumidor brasileiro*. In: Revista de Direito do Consumidor | vol. 72 | p. 41 | Out/2009.

NERY JÚNIOR, Nelson. *Comissão de corretagem e a licitude de sua cobrança na venda de imóveis – inexistência de abusividade ou venda casada*. In: Soluções Práticas de Direito – Nelson Nery Junior | vol. 4/2014 | p. 335 | Set/2014.

PASQUALOTTO, Adalberto. *Cláusulas abusivas em contratos habitacionais*. In: Revista de Direito do Consumidor | vol. 40 | p. 21 | Out/2001.

PEREIRA, Caio Mário. *Código de defesa do consumidor e as incorporações imobiliárias*. In: Revista dos Tribunais | vol. 712 | p. 102 | Fev/1995.

PFEIFFER, Roberto Augusto Castellanos. *Cláusulas abusivas. elenco editado por Portaria da Secretaria de Direito Econômico. Poder-dever caracterizado. abusividade de cláusulas que imponham perda substancial das parcelas pagas pelo consumidor, incidência de juros antes da entrega das chaves do imóvel e que possibilita ao fornecedor, em seu exclusivo interesse, constituir hipoteca em nome do compromissário comprador*. In: Revista de Direito do Consumidor | vol. 41 | p. 205 | Jan/2002.

SANTANA, Héctor Valverde. *Pagamento de comissão de corretagem na compra e venda de imóvel: obrigação do fornecedor*. In: Revista de Direito do Consumidor | vol. 91/2014 | p. 141 | Jan/2014.

SCAVONE JUNIOR, Luiz Antonio. *Direito Imobiliário, Teoria e Prática*. 8ª ed. Rio de Janeiro: Forense, 2014.

TARTUCE, Flávio. *Do compromisso de compra e venda de imóvel. Questões polêmicas a partir da teoria do diálogo das fontes*. In: Revista de Direito do Consumidor | vol. 93 | p. 159 | Mai/2014.

FAIXAS DE REAJUSTES NAS MENSALIDADES DE PLANOS E SEGUROS DE SAÚDE: VIOLAÇÃO AO SISTEMA DE PROTEÇÃO AO IDOSO

Guilherme Guimarães Coam

1. Introdução

A conhecida situação dos serviços públicos de saúde tem levado cada vez mais pessoas a contratar, junto à iniciativa privada, planos e seguros de assistência à saúde. De acordo com dados da ANS[1], Agência Nacional de Saúde Suplementar, referentes a setembro de 2014, a taxa de cobertura assistencial de planos e seguros privados de assistência médica é de 26,1% da população brasileira.

Os mesmos dados estatísticos indicam que, dum total de 50.619.350 consumidores, 3.126.598 têm entre 60 e 69 anos de idade; 1.725.272, entre 70 e 79 anos; e 1.005.122, 80 anos de idade ou mais. Ou seja, 5.856.992 de consumidores de planos e seguros privados de assistência à saúde são idosos, o que representa 11,57% do total.

Embora não tenham sido disponibilizados dados específicos sobre a representatividade das faixas etárias na distribuição dos custos das operadoras, é sabido que, estatisticamente, quanto mais idoso o consumidor, maior será a probabilidade de utilização dos serviços ofertados pela operadora, ou seja, maior poderá ser a sua taxa de sinistralidade.

Por esta razão, as empresas privadas operadoras de planos e seguros de assistência à saúde adotam faixas etárias, para a estipulação dos preços das mensalidades. Quanto maior a faixa etária, maior será o preço. Esta

---

1 BRASIL, ANS – Agência Nacional de Saúde Suplementar. *Caderno de Informação da Saúde Suplementar*: beneficiários, operadoras e planos. Disponível em <http://www.ans.gov.br/images/stories/Materiais_para_pesquisa/Perfil_setor/Dados_e_indicadores_do_setor/caderno_informacoes_dez14.xls> Acesso em 23/02/2015.

conduta é amparada pela ANS, que editou uma Resolução Normativa[2], em 2003, estabelecendo regras para o estabelecimento das faixas etárias, e para a estipulação dos preços de cada faixa.

Tais regras, entretanto, são claramente insuficientes para a proteção dos consumidores idosos. A forma pela qual foi redigida a Resolução Normativa é dúbia, permitindo interpretações diversas, o que gera insegurança jurídica. Ademais, protegidas pelas regras da Resolução Normativa, as Operadoras têm se aproveitado para inserir elevados reajustes nas últimas faixas etárias anteriores aos 60 anos, de forma claramente abusiva e discriminatória, e de forma a burlar o sistema de proteção ao idoso.

2. Os Reajustes por Faixa Etária

Como mencionado, quanto mais idoso o consumidor, maior será a probabilidade de aumento nas taxas de sinistralidade. Este fato deve ser reconhecido mesmo por quem defende os direitos dos idosos. BRAGA[3] leciona:

> É evidente que o organismo de um idoso encontra-se mais suscetível a algumas doenças por haver uma diminuição da sua capacidade de defesa. Porém, existem outros aspectos que, também, causam esta diminuição. Não ficamos doentes somente porque envelhecemos, não se trata, puramente, de uma questão cronológica. As doenças, em sua grande maioria, aparecem em decorrência de uma vulnerabilidade biopsicossocial.
>
> Cada existência humana é única, cada homem envelhece de maneira particular. Uns saudáveis, outros não. Não há velhice e sim velhices. O envelhecimento deve ser considerado um processo tipicamente individual, existencial e subjetivo, cujas consequências ocorrem de forma diversa em cada sujeito. Cada indivíduo tem um tempo próprio para se sentir velho.

Assim, embora o envelhecimento não se dê de forma idêntica para todas as pessoas, o fato é que, em termos estatísticos, idosos estão mais suscetíveis à utilização dos serviços oferecidos pelos planos e seguros de saúde.

As operadoras, utilizando a ciência atuarial, têm adotado as faixas etárias, para a fixação dos valores das prestações a serem pagas por seus consumidores.

Até a promulgação do Estatuto do Idoso – Lei nº 10.741/2003 – as operadoras pouco variavam as mensalidades dos seus usuários não-idosos, deixando os reajustes mais expressivos para aqueles que, por sua idade, poderiam ter maior taxa de sinistralidade. Assim, até 2003, era muito comum observar reajustes superiores a 100%, para as faixas etárias a partir dos 60 anos de idade.

---

2 Resolução Normativa RN nº 63/2003, da Diretoria Colegiada da ANS

3 BRAGA, Pérola Melissa Vianna ***Curso de direito do idoso***. São Paulo: Atlas, 2011

Com o Estatuto do Idoso, porém, passou a ser "vedada a discriminação do idoso nos planos de saúde pela cobrança de valores diferenciados em razão da idade", conforme texto expresso do § 3º, do artigo 15, que trata da saúde do idoso. O Poder Judiciário passou, então, a garantir os direitos dos idosos, anulando as cláusulas de reajustes em desacordo com a referida proibição.

As Operadoras, porém, não permaneceram inertes. Passaram a desenvolver teses e mais teses, na tentativa de justificar a validade das cláusulas contratuais. Braga[4] descreve a forma pela qual se deu a discussão, a conclusão a que chegou o Poder Judiciário:

> As operadoras de planos de saúde, para furtar-se ao cumprimento do previsto na lei, passaram a argumentar que tal regramento não incide sobre os contratos celerados antes da sua vigência, invocando para tanto o preceito constitucional de que a lei não prejudicará o ato jurídico perfeito. Sobre a questão, pronunciou-se o Superior Tribunal de Justiça (STJ), que o aperfeiçoamento da cláusula de reajuste por faixa etária condiciona-se a evento futuro e incerto, qual seja, o implemento da idade de 60 anos. Enquanto não completada a idade, nenhuma operadora possui direito adquirido de receber os valores de acordo com o reajuste predefinido, não caracterizando ato jurídico perfeito o estabelecido em cláusula contratual.
>
> E mesmo nos casos em que a idade foi implementada antes da vigência da Lei dos Planos de Saúde (Lei 9.656/98), por disposição expressa do artigo 35-E desse diploma legal, a variação da contraprestação pecuniária para consumidores com mais de 60 anos de idade está sujeita à prévia autorização da ANS. Assim, pela regra, a cobrança de valores diferenciados nos planos de saúde dos consu- midores que completaram 60 anos de idade a partir de 3.9.1998 é ilegal, dependendo tal cobrança, para aqueles que atingiram essa idade antes de 3.9.1998, de prévia autorização da ANS. Porém, não obstante a regra, na prática o desrespeito continua existindo e só tem sido coibido por meio de ações judiciais individuais.

As discussões sobre os reajustes decorrentes de faixa etária, porém, não cessam. Mesmo para os reajustes implantados após os 60 anos de idade, outras questões permanecem em discussão, como, por exemplo, os prazos tanto para a propositura de ação judicial objetivando a nulidade das cláusulas de reajuste, quanto para a condenação das operadoras à devolução dos valores indevidamente cobrados.

A questão é tão polêmica e significativa para o Poder Judiciário, que o Superior Tribunal de Justiça, em fevereiro de 2013, constatando a multiplicidade de recursos especiais tratando da mesma matéria, submeteram o julgamento de dois recursos ao procedimento dos Recursos Repetitivos, previstos no artigo 543-C, § 1º, do Código de processo Civil.

---

4 *idem*

De acordo com as decisões de fevereiro de 2013, os recursos que versem sobre a mesma controvérsia deverão ser suspensos, até que o Superior Tribunal de Justiça julgue o Recurso Especial nº 1.360.969/RS e o Recurso Especial 1.361.182/RS. A complexidade da matéria é imensa: quando da redação deste artigo, em março de 2015, o julgamento dos Recursos já foi iniciado, tendo sido suspenso, com a proclamação parcial do seu julgamento:

> Após o voto do Sr. Ministro Relator, que, no caso concreto, negou provimento ao recurso especial e, na tese, fixou o prazo prescricional vintenário, pelo Código Civil de 1916, e decenal, pelo Código Civil de 2002, no que foi acompanhado pelo Sr. Ministro Paulo de Tarso Sanseverino, abriu a divergência o Sr. Ministro João Otávio de Noronha, fixando um prazo de decadência de dois anos, no que foi acompanhado pelo Sr. Ministro Moura Ribeiro. Uma segunda divergência foi apresentada pelo Sr. Ministro Marco Aurélio Bellizze, assentando o prazo prescricional de três anos. Na sequência, pediu vista o Sr. Ministro Raul Araújo.[5]

Verifica-se que os próprios Ministros do Superior Tribunal de Justiça divergem sobre a interpretação da matéria, havendo três posicionamentos distintos. Esta divergência de opiniões gera incerteza e insegurança jurídica, sendo imprescindível que se chegue, o mais breve possível, a um posicionamento definitivo.

3. Resolução Normativa RN nº 63/2003, da Diretoria Colegiada da ANS

A Diretoria Colegiada da ANS, Agência Nacional de Saúde Suplementar, após a promulgação do Estatuto do Idoso, buscou regulamentar os reajustes por faixa etária, de forma a adaptar as regras do mercado de planos e seguros privados de assistência à saúde às proibições de discriminação dos idosos. Para isso, foi expedida a Resolução Normativa RN nº 63/2013, que dispõe:

> Art. 1º A variação de preço por faixa etária estabelecida nos contratos de planos privados de assistência à saúde firmados a partir de 1º de janeiro de 2004, deverá observar o disposto nesta Resolução.
> Art. 2º Deverão ser adotadas dez faixas etárias, observando-se a seguinte tabela:
> I – 0 (zero) a 18 (dezoito) anos;
> II – 19 (dezenove) a 23 (vinte e três) anos;
> III – 24 (vinte e quatro) a 28 (vinte e oito) anos;
> IV – 29 (vinte e nove) a 33 (trinta e três) anos;
> V – 34 (trinta e quatro) a 38 (trinta e oito) anos;

5 Superior Tribunal de Justiça – Diário da Justiça Eletrônico – Edição nº 1684 – Brasília, disponibilização Sexta-feira, 27 de Fevereiro de 2015, publicação Segunda-feira, 2 de Março de 2015.

> VI – 39 (trinta e nove) a 43 (quarenta e três) anos;
> VII – 44 (quarenta e quatro) a 48 (quarenta e oito) anos;
> VIII – 49 (quarenta e nove) a 53 (cinquenta e três) anos;
> IX – 54 (cinquenta e quatro) a 58 (cinquenta e oito) anos;
> X – 59 (cinquenta e nove) anos ou mais.
> Art. 3º Os percentuais de variação em cada mudança de faixa etária deverão ser fixados pela operadora, observadas as seguintes condições:
> I – o valor fixado para a última faixa etária não poderá ser superior a seis vezes o valor da primeira faixa etária;
> II – a variação acumulada entre a sétima e a décima faixas não poderá ser superior à variação acumulada entre a primeira e a sétima faixas.
> III – as variações por mudança de faixa etária não podem apresentar percentuais negativos.

Respeitados os entendimentos, a Resolução Normativa nº 63, da Diretoria Colegiada da ANS, é absolutamente inconstitucional, como se demonstrará oportunamente. Entretanto, considerando-se que o Poder Judiciário vem aceitando sem ressalvas a validade da referida Resolução Normativa, outras discussões devem ser formuladas, pardindo-se do pressuposto – a nosso entender equivocado – de que a Resolução Normativa é constitucional, legal e válida.

A referidao resolução, ao menos aparentemente, visava impedir abusos por parte das operadoras.

O que se observou, porém, em termos práticos, é que as operadoras têm utilizado esta Resolução como uma verdadeira autorização para atitudes claramente abusivas e de desrespeito aos direitos dos idosos.

Os contratos são de difícil compreensão, sendo mais difícil, ainda, a compreensão das cláusulas de reajuste. E, repetindo o que já vinha sendo feito antes da vigência do Estatuto do Idoso, as Operadoras deixam os reajustes mais expressivos para a última faixa etária, na tentativa de "expulsar" os consumidores que se aproximam da proteção legal. É comum que contratos tragam reajustes superiores a 100% na última faixa e que, ao menos aparentemente, atendam aos requisitos previstos na Resolução Normativa.

A prática forense vem mostrando que a redação da Resolução Normativa permite diversas interpretações, o que também traz insegurança jurídica. O ponto que gera maiores controvérsias é a expressão "variação acumulada", contida no inciso II, do artigo 3º. Há grande controvérsia na interpretação desta expressão.

Para parte minoritária do Poder Judiciário, a "variação acumulada" é a variação de valores, em Reais, entre as faixas. Assim, para se verificar o cumprimento às regras da Resolução Normativa nº 63, dever-se-ia calcular a diferença aritmética entre a primeira e a sétima faixas, e a diferença entre a sétima e a décima faixas, comparando-se os valores das diferenças.

Há, ainda, outra corrente minoritária, que defende que "variação acumulada" é a soma dos percentuais de reajuste. Como exemplo deste entendimento, menciona-se Acórdão, proferido pela 9ª Câmara de Direito Privado do Tribunal de Justiça de São Paulo[6], que assim decidiu:

> E, se assim é, fácil é concluir pela abusividade do reajuste por mudança de faixa etária impugnado pelos autores levado a efeito quando completaram 59 (cinquenta e nove) anos de idade, da ordem de 131,73% (cento e trinta e um inteiros e setenta e três centésimo por cento), pois epigrafado índice de reajuste não respeitou o limite fixado no inciso II do artigo 3º retro transcrito, o que se afirma com base no seguinte cálculo elaborado de acordo com as diretrizes da Resolução Normativa nº 63/03 da ANS e tabela de reajustes contratual de fls. 51:
> a) **somam-se os percentuais de reajuste aplicados da primeira a sétima faixas** (0% + 56,55% + 2,72% + 1,68% + 3,03% + 1,73% + 43,42%), do que resulta o percentual de 108,77%;
> b) **somam-se os percentuais de reajuste aplicados da sétima a décima faixas** (43,42% + 1,60% + 4,06% + 131,73%), do que resulta o percentual de 180,81%;
> c) verificada a manifesta infringência ao inciso II do artigo 3º da Resolução Normativa retro transcrita, visto que a variação acumulada entre a sétima e a décima faixas, 180,81% (cento e oitenta inteiros e oitenta e um centésimo por cento), supera a variação acumulada entre a primeira e a sétima faixas, 108,77% (cento e oito inteiros e setenta e sete centésimo por cento) [...]
> (grifamos)

Tem predominado, todavia, a interpretação – a nosso ver equivocada – de que a "variação acumulada" se refere ao percentual acumulado. Ou seja, para esta corrente, deve-se calcular o percentual de reajuste acumulado entre a primeira e a sétima faixas, e o reajuste percentual acumulado entre a sétima e a décima faixas, comparando-se os percentuais acumulados. Como exemplo deste entendimento, recente decisão da 2ª Câmara de Direito Privado do Tribunal de Justiça de São Paulo[7]:

> Calculando-se os percentuais incidentes, conforme tabela de p. 24, verifica-se que entre a primeira e a última faixa de reajuste a variação não ultrapassa seis vezes (5,9998), e que entre a primeira e a sétima a variação é de 144,9%, exatamente a mesma entre a oitava e a décima (144,9%), já que a sétima deve de ser considerada como termo inicial para este segundo cálculo, desprezando-se o índice já incidente na faixa anterior, sob pena de desvirtuamento do cálculo.

---

6 TJSP – Apelação nº 1098670-96.2013.8.26.0100 – Relator(a): José Aparício Coelho Prado Neto – Comarca: São Paulo – Órgão julgador: 9ª Câmara de Direito Privado – Data do julgamento: 10/03/2015 – Data de registro: 16/03/2015

7 TJSP – Apelação nº 1046434-70.2013.8.26.0100 – Relator(a): Alvaro Passos – Comarca: São Paulo – Órgão julgador: 2ª Câmara de Direito Privado – Data do julgamento: 16/12/2014 – Data de registro: 13/03/2015

Assim, caso se considere constitucional e legal a Resolução Normativa, o ideal seria a aplicação do princípio da interpretação mais benéfica ao consumidor. Embora o Código de Defesa do Consumidor estabeleça, em seu artigo 47, que as cláusulas contratuais devem ser interpretadas da maneira mais favorável ao consumidor, crê-se que também a norma jurídica deverá ser interpretada da maneira mais favorável ao consumidor. Assim, em cada caso concreto, dever-se-ão simular as três hipóteses interpretativas, optando-se pela mais favorável ao consumidor.

4. Inconstitucionalidade da Resolução Normativa RN nº 63/2003

Apesar das divergências interpretativas sobre a Resolução Normativa, pouco se discute uma questão de maior importância, que é a (in)constitucionalidade da referida Resolução.

A referida Resolução Normativa tem sido um meio bastante eficiente, utilizado pelas operadoras de planos e seguros de assistência à saúde, de "expulsar" das suas carteiras de clientes aqueles que, em breve, serão legalmente considerados idosos – e que, portanto, não mais despertarão o voraz interesse econômico dessas empresas.

Até a entrada em vigor do Estatuto do Idoso, Lei nº 10.741/2003, as Operadoras impingiam reajustes astronômicos nas mensalidades dos idosos, de forma a forçá-los a rescindir o contrato.

Com a vigência do diploma protetivo, e observando a crescente tendência do Poder Judiciário a coibir a postura adotada, as Operadoras adotaram um procedimento muito simples, de burla ao Estatuto do Idoso: passaram a impor os reajustes mais robustos quando o consumidor completa 59 anos – ou seja, momento em que ainda não está protegido pela legislação protetiva.

Sabidamente, uma Resolução não pode restringir aquilo que a Lei não restringiu!!! Há que se recorrer ao Direito Administrativo para buscar a definição e a possível abrangência das Resoluções. Celso Antonio Bandeira de Mello[8] leciona:

> O Texto Constitucional brasileiro, em seu art. 5º, II, expressamente estatui que: "Ninguém será obrigado a fazer ou deixar de fazer alguma coisa senão em virtude de lei".
> Note-se que o preceptivo não diz 'decreto', 'regulamento', 'portaria', 'resolução' ou quejandos. Exige lei para que o Poder Público possa impor obrigações aos administrados. É que a Constituição brasileira, seguindo tradição já antiga,

8 BANDEIRA DE MELLO, Celso Antonio. Curso de Direito Administrativo. 25ª Edição – São Paulo: Malheiros Editores, 2008 – p. 338

> firmada por suas antecedentes republicanas, não quis tolerar que o Executivo, valendo-se de regulamento, pudesse, por si mesmo, interferir com a liberdade ou a propriedade das pessoas.

Ainda tratando das normas infraconstitucionais, afirma o referido Autor:

> Tudo quanto se disse a respeito do regulamento e de seus limites aplica-se, ainda com maior razão, a instruções, portarias, resoluções, regimentos ou quaisquer outros atos gerais do Executivo. É que, na pirâmide jurídica, alojam-se em nível inferior ao próprio regulamento.
> [...]
> Tratando-se de atos subalternos e expedidos, portanto, por autoridades subalternas, por via deles o Executivo não pode exprimir poderes mais dilatados que os suscetíveis mediante regulamento.
> Assim, toda a dependência e subordinação do regulamento à lei, bem como os limites em que se há de conter, manifestam-se revigoradamente no caso de instruções, portarias, resoluções, regimentos ou normas quejandas. Desatendê-los implica inconstitucionalidade. A regra geral contida no art. 68 da Carta Magna, da qual é procedente inferir vedação a delegação ostensiva ou disfarçada de poderes legislativos ao Executivo, incide e com maior evidência quando a delegação se faz em prol de entidades ou órgãos administrativos sediados em posição jurídica inferior à do Presidente e que se vão manifestar, portanto, mediante atos de qualificação menor.
> Se o regulamento não pode criar direitos ou restrições à liberdade, propriedade e atividades dos indivíduos que já não estejam estabelecidos e restringidos na lei, menos ainda poderão fazê-lo atos de estirpe inferior, quais instruções, portarias ou resoluções.
> Assim, se a Lei não restringe os direitos do Consumidor, se a Lei não permite abusivos reajustes às vésperas de o consumidor se tornar idoso, na acepção jurídica do termo, não pode uma simples Resolução fazê-lo. Há nítido desrespeito à hierarquia das normas jurídicas!!!

5. Distribuição dos Custos por Toda a Sociedade

São, em parte, compreensíveis os usuais argumentos das operadoras, de que as mensalidades são calculadas segundo a ciência atuarial, e de que e os idosos representam um custo maior. Sabe-se, ainda, que, ao menos no que se refere aos dados por elas divulgados, as empresas operam com uma taxa de sinistralidade média bastante alta. É necessário, ainda, haver um equilíbrio entre as receitas e despesas, sob pena de se inviabilizar o negócio.

Entretanto, quaisquer que sejam os argumentos, definitivamente, são abusivos todos os contratos que inserem, nas últimas faixas etárias, altos reajustes, de forma a dificultar o pagamento, por parte dos idosos.

Para que o negócio empresarial das operadoras não seja inviabilizado, portanto, o custo da maior sinistralidade dos idosos deve ser suportado por toda a sociedade, e não somente por eles.

A Constituição Federal determina, em seu artigo 230, que "a família, a sociedade e o Estado têm o dever de amparar as pessoas idosas, assegurando sua participação na comunidade, defendendo sua dignidade e bem-estar e garantindo-lhes o direito à vida".

O *caput* do artigo 3º, do Estatuto do Idoso, dispõe ser "obrigação da família, da comunidade, da sociedade e do Poder Público assegurar ao idoso, com absoluta prioridade, a efetivação do direito à vida, à saúde" e outros.

Nos dizeres de Vilas Boas,[9] "o Estado deve garantir o fortalecimento dos laços familiares, principalmente para os idosos, com políticas públicas eficazes e direcionadas. A sociedade e a família têm uma dívida de amparo aos idosos e o dever de lhes assegurar o con vívio na sociedade".

Tanto a Constituição Federal quanto o Estatuto do Idoso estabelecem o dever de a sociedade se responsabilizar pela atenção aos idosos, inclusive financeiramente. RAMOS[10] leciona:

> Os segmentos de aposentados, trabalhadores, assim como dos empregadores integram a sociedade, representam-na, de modo que precisam agir de acordo com os valores constitucionais porque toda a sociedade elegeu esses valores para alimentar a sua própria dinâmica.
> Por outro lado, a sociedade pode participar mais ativamente da elaboração e implementação das políticas públicas para idosos por meio da participação nos conselhos de direitos do idoso, em todas as esferas, porquanto referidas instituições são deliberativas e paritárias, quer dizer, formadas por representantes do governo e da sociedade civil.
> Todavia, **a atuação, a interferência da sociedade na garantia dos direitos da pessoa idosa não se restringe à atuação em conselhos, mas estende-se a todo o tecido e instâncias sociais, devendo buscar alternativas de atendimento aos idosos que necessitam de apoio nas comunidades, a partir de iniciativas próprias e de gestões autônomas**, sem jamais almejar substituir o Estado na sua irrenunciável tarefa, muito embora efetivamente nunca a tenha cumprido no Brasil, de garantir o bem-estar de todos.
> (grifamos)

AFONSO[11] também defende que a sociedade, como um todo, deve ser responsável pelo amparo dos idosos

> Todos os textos constitucionais, até o advento do atual (1988), portanto, traziam muito pouco em relação à proteção jurídica do idoso, restringindo-a a aspectos trabalhistas e previdenciários, sempre no campo da ordem econômica

9 VILAS BOAS, Marco Antonio. ***Estatuto do idoso comentado***. 3ª ed. – Rio de Janeiro: Forense, 2011.

10 RAMOS, Paulo Roberto Barbosa. ***Curso de direito do idoso***. São Paulo: Saraiva, 2014.

11 AFONSO, Luiz Fernando. ***Publicidade Abusiva e Proteção do Consumidor Idoso***. São Paulo: Atlas, 2013.

> e social. O grande salto veio com a Constituição Federal de 1988, que criou dispositivo próprio de proteção e defesa dos idosos, junto com a defesa da família e da criança e do adolescente.
>
> O artigo 230 da Constituição Federal, tendo por base o princípio da dignidade da pessoa humana, determina que a família, a sociedade civil e o Estado têm o dever de amparar as pessoas idosas no sentido de assegurar a sua participação na comunidade, defender a sua dignidade e bem-estar e garantir, sobretudo, o direito à vida.
>
> Portanto, é dever constitucional da família, do Estado e da sociedade civil a prática de ações afirmativas para viabilizar a proteção aos idosos, seja na criação de textos legislativos, seja na implementação de políticas públicas, seja, outrossim, na atuação da sociedade civil, por meio de organizações não governamentais, movimentos sociais, entre outras manifestações. Em rigor, o que deve pautar a atuação dessas três esferas é o dever jurídico de cuidado e a ordem para que o idoso não fique desamparado ou desprotegido.
>
> [...]
>
> Não há como negar que, em tempos presentes, a proteção jurídica do idoso ganhou importância por ser, a pessoa idosa, parte integrante da comunidade.
>
> [...]
>
> Em rigor, pretende-se outorgar aos idosos o mais alto grau de proteção legislativa, como forma de dar eficácia social aos seus direitos e para dar concretude ao seu direito subjetivo de ser amparado pela família, pelo Estado e pela sociedade civil. Essa proteção legislativa do idoso revela um dever jurídico de cuidado. A reger essa especial e específica proteção, encontra-se o princípio constitucional da dignidade da pessoa humana, que é o norte de criação e de aplicação das leis na República Federativa do Brasil. A ele, pois, junta-se o princípio da solidariedade, que impõe o dever de auxílio àqueles que apresentam necessidades especiais, e com o idoso não é diferente, haja vista o processo de envelhecimento em marcha, resultando uma vulnerabilidade maior e mais específica.

As regras e princípios do Direito Contratual clássico passaram a se tornar insuficientes para a interpretação das novas espécies de contrato, que envolvem direito de pessoas vulneráveis, como, principalmente, os consumidores idosos. Neste aspecto, Marques[12] explica a evolução do Direito Contratual:

> Em muitos casos o acordo de vontades era mais aparente do que real; os contratos pré-redigidos tornaram-se a regra, e deixavam claro o desnível entre os contraentes – um, autor efetivo das cláusulas; outro, simples aderente –, desmentindo a ideia de que, assegurando-se a liberdade contratual, estaríamos assegurando a justiça contratual.
>
> [...]
>
> As ideias de Jhering foram o ponto de partida da 'jurisprudência dos interesses' do início do nosso século e tiveram uma atuação libertadora para os juízes ao interpretar as leis e preencher as lacunas, pois poderiam eles aplicar os juízos

12 MARQUES, Claudia Lima. ***Contratos no Código de Defesa do Consumidor*** – o novo regime das relações contratuais. 5ª Ed. São Paulo: RT, 2006.

> de valor contidos na lei sem descuidar do caso concreto em julgamento. Porém, infelizmente, a 'função social do direito privado' preconizada por Jhering permaneceu nas páginas dos livros e revistas doutrinárias, não chegando a sensibilizar o legislador do direito civil.
> [...]
> Podemos, assim, concluir que a crise levou o conceito de contrato a um desenvolvimento fecundo. Para muitos o que foi denominado de crise do contrato era, em verdade, a crise do dogma da autonomia da vontade. Efetivamente, no mundo atual podemos verificar que o campo de utilização dos contratos tem se ampliado.
> [...]
> No novo conceito de contrato, a equidade, a justiça (Vertragsgerechtigkeit) veio a ocupar o centro de gravidade, em substituição ao mero jogo de forças volitivas e individualistas que, na sociedade de consumo, comprovadamente só levava ao predomínio da vontade do mais forte sobre a do vulnerável. É o que o Novo Código Civil denomina 'função social do contrato', novo limite ao exercício da autonomia da vontade.

O tema, porém, como a própria Sociedade de Consumo, está em constante evolução. Embora, presentemente, o denominado "Direito Privado Solidário" ainda esteja distante da realidade jurídica brasileira, é um tema que deve ser estudado, para que, num futuro próximo, venha a se tornar uma realidade. Sobre o tema do Direito Privado Solidário, Marques e Miragem[13] trazem importante contribuição:

> O direito privado não pode prescindir do reconhecimento da fraqueza de certos grupos da sociedade, que afinal se apresenta com ponto de encontro entre a função individual que tradicionalmente lhe é reconhecida, e sua função social, afirmada no direito privado solidário que emerge da Constituição.
> [...]
> A questão principal é saber se hoje, apesar da atual crise das ciências e da legitimação, o direito privado brasileiro, com sua nova tendência de valorização dos direitos humanos, dos novos papéis sociais e econômicos (como os de consumidor e de empresa), com a valorização das identidades culturais e das diferentes opções de vida da pessoa humana, está se transformando ou será em breve um 'direito privado solidário' (Solidarprivatrecht), que contém em si a diferença que nos estimula a tratar de um 'novo direito privado'.
> Esta bela expressão da doutrina alemã procura simbolizar o processo contemporâneo de mudança e de surpreendente ressistematização (ou reconstrução) do direito privado pelo conjunto de valores e ideais da Modernidade (liberdade, igualdade e fraternidade), agora sob uma nova roupagem. No meio caminho entre o interesse centrado em si (egoismus) e o interesse centrado apenas no outro (altruismus) está a solidariedade, com seu interesse voltado para o grupo, o conjunto social, o indivíduo na função e no papel de cada um na vida

13 MARQUES, Claudia Lima e MIRAGEM, Bruno. ***O Novo Direito Privado e a Proteção dos Vulneráveis***. São Paulo: Editora Revista dos Tribunais, 2012.

> em sociedade (humanitas). Seria um novo direito privado com função social, um direito privado solidário.
>
> [...]
>
> Se a expressão alemã 'direito privado solidário' parece utópica e frontalmente contraditória com a realidade brasileira, é porque – em todo o mundo ocidental – os processos de mudança da vida privada ou da vida social se apoiam hoje mais no princípio da igualdade e liberdade, do que na fraternidade entre pessoas, na razão, na realização do espírito, nas virtudes ou no interesse geral do corpo social. Utopia, o lugar (topos) que não está (ouk), o lugar que desde Thomas Morus queremos alcançar, a sociedade, o ideal que queremos reconstruir. Assim, esta chocante expressão alemã simbolizaria uma perspectiva mais solidária e fraterna dos direitos civis (ou fundamentais de liberdade) e dos direitos sociais e econômicos (ou direitos fundamentais positivos de prestação); um direito privado ciente da sua função social, um direito guiado pelos valores e a ordem constitucional.

Conclusão

As faixas de reajuste são uma forma inconstitucional, ilegal e imoral de impossibilitar, aos idosos, a manutenção do acesso aos planos e seguros privados de assistência à saúde.

A Resolução Normativa da ANS, que objetivou minimizar os abusos cometidos pelas operadoras, além de inconstitucional, é de pouca ou nenhuma eficácia. Tampouco o Judiciário tem interpretado a referida Resolução de modo favorável aos consumidores.

Assim, num primeiro momento, conclui-se que a Resolução não deve ser aplicada, em virtude da sua inconstitucionalidade. Caso se decida pela sua aplicação, deve-se interpretá-la do modo mais favorável ao consumidor.

Deve-se pensar, então, numa solução, para que as Operadoras não tenham seu negócio inviabilizado: apesar de, estatisticamente, os consumidores com maior idade representarem maiores custos às operadoras, não deveriam sofrer reajustes abusivos em suas mensalidades, aos 59 anos de idade, ou seja, às vésperas de se tornarem idosos.

Os custos devem ser suportados pela sociedade como um todo, especialmente pelos demais consumidores dos planos de saúde. As mensalidades dos consumidores menos idosos devem ser, assim, um pouco maiores, para que as dos consumidores idosos possam não sofrer reajustes tão elevados.

Referências Bibliográficas

AFONSO, Luiz Fernando. Publicidade Abusiva e Proteção do Consumidor Idoso. São Paulo: Atlas, 2013.

BANDEIRA DE MELLO, Celso Antonio. Curso de Direito Administrativo. 25ª Edição – São Paulo: Malheiros Editores, 2008.

BRAGA, Pérola Melissa Vianna Curso de direito do idoso. São Paulo: Atlas, 2011

BRASIL, ANS – Agência Nacional de Saúde Suplementar. Caderno de Informação da Saúde Suplementar: beneficiários, operadoras e planos. Disponível em <http://www.ans.gov.br/images/stories/Materiais_para_pesquisa/Perfil_setor/Dados_e_indicadores_do_setor/caderno_informacoes_dez14.xls> Acesso em 23/02/2015.

BRASIL, ANS – Agência Nacional de Saúde Suplementar. Resolução Normativa RN nº 63/2003, da Diretoria Colegiada.

MARQUES, Claudia Lima. Contratos no Código de Defesa do Consumidor – o novo regime das relações contratuais. 5ª Ed. São Paulo: RT, 2006.

MARQUES, Claudia Lima e MIRAGEM, Bruno. O Novo Direito Privado e a Proteção dos Vulneráveis. São Paulo: Editora Revista dos Tribunais, 2012.

RAMOS, Paulo Roberto Barbosa. Curso de direito do idoso. São Paulo : Saraiva, 2014

VILAS BOAS, Marco Antonio. Estatuto do idoso comentado. 3ª ed. – Rio de Janeiro: Forense, 2011.

A (IR)RESPONSABILIDADE DOS HOSPITAIS E PLANOS DE SAÚDES POR FORÇA DE ERRO MÉDICO À LUZ DO ART. 932, INC. III, DO CÓDIGO CIVIL E DO ART. 14 DO CDC.

Lucas Rister de Sousa Lima

1. Introdução

A questão que justifica a elaboração do presente estudo diz respeito à análise da responsabilidade dos hospitais e dos planos de saúde em virtude de erro cometido por médico que não possui vínculo trabalhista com aqueles. Pretende-se, em síntese, saber se a responsabilidade pelos equívocos eventualmente cometidos pelo médico, no exercício do seu ofício, podem ser imputados aos hospitais e planos de saúde, independentemente de ter havido culpa ou influência destes últimos no resultado danoso.

Não obstante a grande maioria da doutrina[1] e da jurisprudência[2] venha entendendo ser o caso de se aplicar a responsabilidade objetiva *in casu,* seja

1 Nesse sentido, confira-se: CAVALIERI FILHO, Sérgio. *Programa de responsabilidade civil.* 8ª ed. São Paulo: Atlas, 2008, p. 371, 382, 385-386; BENJAMIN, Antônio Herman V.; MARQUES, Claudia Lima; BESSA, Leonardo Roscoe. *Manual de direito do consumidor.* 4ª ed., São Paulo: RT, 2012, p. 174-175; NUNES, Rizzato. *Comentários ao código de defesa do consumidor.* 3ª ed., São Paulo: Saraiva, 2007, p. 229-230; MARQUES, Cláudia Lima; BENJAMIN, Antônio Herman V.; MIRAGEM, Bruno. *Comentários ao código de defesa do consumidor.* 2ª ed., São Paulo: RT, 2006, p. 289; SCHAEFER, Fernanda. *Responsabilidade civil dos planos e seguros de saúde.* 3ª ed., Curitiba: Juruá, 2012, p 88-90.

2 Nessa linha, ver: "PROCESSUAL CIVIL. RESPONSABILIDADE CIVIL. ERRO MÉDICO DE PROFISSIONAL REFERENCIADO. LEGITIMIDADE PASSIVA DA OPERADORA DE PLANO DE SAÚDE. PRECEDENTES.

através de uma interpretação extensiva do conceito de preposto previsto no código civil (art. 932, inc. III) ou por intermédio de uma exegese ampliativa da art. 14 da lei consumerista, não parece ser este, na maioria das vezes, o melhor caminho para o desate dessa difícil questão, como a seguir passar-se-á a demonstrar.

2. A responsabilidade do profissional liberal será sempre baseada na culpa (art. 14, § 4º, do CDC)

Inicialmente, nunca é demais lembrar que o Código de Defesa do Consumidor preconiza que a responsabilidade do profissional liberal (*in casu* o médico) será sempre apurada mediante a verificação da sua culpa.

Prevalece de maneira tranquila, tanto na doutrina como na jurisprudência, a orientação no sentido de que a atividade médica, ordinariamente, constitui-se em atividade de "meio" e não de "resultado". É dizer: no

---

1. Operadora de plano de saúde ostenta legitimidade passiva ad causam em demanda cujo objeto é a responsabilização civil por suposto erro médico de profissional por ela referenciado, porquanto a cooperativa tem por objeto a assistência médica e celebra contrato com seus associados, regulamentando a prestação de seus serviços de maneira padronizada, por meio dos médicos e hospitais a ela filiados. Precedentes. 2. Recurso especial que se nega seguimento." (STJ, Resp n.º 1.319.848-RJ, 4ª Turma, rel. Min. Luis Felipe Salomão, DJe 06/04/2014);

"RECURSO ESPECIAL. PROCESUAL CIVIL. CONSUMIDOR. CIVIL. RESPONSABILIDADE SOLIDÁRIA DAS OPERADORAS DE PLANO DE SAÚDE. ERRO MÉDICO. DEFEITO NA PRESTAÇÃO DO SERVIÇO. DANO MORAL RECONHECIDO. VALOR DA INDENIZAÇÃO. MAJORAÇÃO. RECURSO PROVIDO.

1. Se o contrato for fundado na livre escolha pelo beneficiário/segurado de médicos e hospitais com reembolso das despesas no limite da apólice, conforme ocorre, em regra, nos chamados seguros-saúde, não se poderá falar em responsabilidade da seguradora pela má prestação do serviço, na medida em que a eleição dos médicos ou hospitais aqui é feita pelo próprio paciente ou por pessoa de sua confiança, sem indicação de profissionais credenciados ou diretamente vinculados à referida seguradora. A responsabilidade será direta do médico e/ou hospital, se for o caso.

2. Se o contrato é fundado na prestação de serviços médicos e hospitalares próprios e/ou credenciados, no qual operadora de plano de saúde mantém hospitais e emprega médicos ou indica um rol de conveniados, não há como afastar sua responsabilidade solidária pela má prestação do serviço.

3. A operadora do plano de saúde, na condição de fornecedora de serviço, responde perante o consumidor pelos defeitos em sua prestação, seja quando fornecidos por meio de hospital próprio e médicos contratados ou por meio de médicos e hospitais credenciados, nos termos dos arts. 2º, 3º, 14 e 34 do Código de Defesa do Consumidor, art. 1521, I, do Código Civil de 1916 e art. 932, I, do Código Civil de 2002. Essa responsabilidade é objetiva e solidária em relação ao consumidor, mas, na relação interna, respondem o hospital, o médico e a operadora do plano de saúde nos limites da sua culpa.

momento da apuração da culpa do profissional, e eventual obrigação de indenizar deste, é importante que fique evidenciado se ele envidou todos os esforços existentes ao seu alcance e da ciência médica, com base no que se pode esperar de um bom profissional em tais circunstâncias, para o fim de aplacar os males que acometiam o seu paciente. Se assim ocorreu, não há dever de indenizar, independentemente do desfecho do problema.[3]

Feita essa observação inicial, quer parecer que, como regra, deva ser essa a orientação a imperar, na grande maioria das circunstâncias, também no caso dos hospitais e planos de saúde que não possuem vínculo trabalhista com os médicos que atuam em suas dependências ou são cooperados/credenciados pelos planos, cuja responsabilidade deverá ser apurada – em

4. Tendo em vista as peculiaridades do caso, entende-se devida alteração do montante indenizatório, com a devida incidência de correção monetária e juros moratórios.
5. Recurso especial provido." (STJ, REsp 86371/RS, Rel. Ministro RAUL ARAÚJO, QUARTA TURMA, DJe 20/08/2012). No mesmo compasso: REsp 1170239/RJ, Rel. Ministro MARCO BUZI, QUARTA TURMA, DJe 28/08/2013; AgRg no AREsp 194955/RJ, Rel. Ministro SIDNEI BENETI, TERCEIRA TURMA, DJe 20/03/2013; REsp 309760/RJ, Rel. Ministro ALDIR PASSARINHO JUNIOR, QUARTA TURMA, julgado em 06/11/2001, DJ 18/03/2002; REsp 138059/MG, Rel. Ministro ARI PARGENDLER, TERCEIRA TURMA, julgado em 13/03/2001, DJ 11/06/2001.
Por igual caminho, segue também a jurisprudência majoritária do TJSP: "RESPONSABILIDADE CIVIL – AÇÃO DE INDENIZAÇÃO DE DANOS MATERIAIS E MORAIS – MORTE DO NASCITURO POR TRAUMATISMO CRÂNICO-ENCEFÁLICO DECORRENTE DO MANEJO DE FÓRCEPS ROTATIVO DURANTE O PARTO NORMAL DA COAUTORA – PROCEDIMENTO DISCIPLINAR INSTAURADO PERANTE O CONSELHO REGIONAL DE MEDICINA QUE APONTOU IMPERÍCIA E NEGLIGÊNCIA DO MÉDICO OBSTETRA, CORROBORADO PELO LAUDO PERICIAL – RESPONSABILIDADE SUBJETIVA DO MÉDICO (CDC, ART. 14, § 4º) E OBJETIVA DA SEGURADORA E DO HOSPITAL (CDC, ART. 14, "CAPUT") – NOSOCÔMIO QUE, TAMBÉM, RESPONDE INOBSTANTE NÃO HAJA VÍNCULO EMPREGATÍCIO COM O OBSTETRA – PRECEDENTES DA JURISPRUDÊNCIA (...)" (TJSP, 8ª Câmara de direito privado, Apelação cível n.º 0101376-11.2009.8.26.0100, rel. Des. Theodureto Camargo, DJ 12/11/2014). Na mesma senda, entendendo pela responsabilidade objetiva do hospital, independente de o médico responsável ter vínculo formal com o hospital (TJSP, Ap. 0178455-66.2009.8.26.0100, rel. Teixeira Leite, j. 13/02/2014; TJSP, Ap. 0005673-42.2011.8.26.0566, rel. Des. Alexandre Lazzarini, j. 01/04/2014; TJSP, Ap. 0014937-03.2009.8.26.0292, 5ª Câmara de Direito Privado, rel. Moreira Viegas, DJ 25/09/2013) e também com o plano de saúde (TJSP, 2ª Câmara de Direito Privado, Apelação cível n.º 0031095-21.2012.8.26.0554, rel. Des. José Joaquim dos Santos, DJ 20/05/2014; TJSP, Ap. n.º 0331211-69.2009.8.26.0000, rel. Des. José Joaquim dos Santos, 2ª Câmara de Direito Privado, DJ 11/06/2013).

3 "O objeto do contrato médico não é a cura, obrigação de resultado, mas a prestação de cuidados conscienciosos, atentos, e, salvo circunstâncias excepcionais, de acordo com as aquisições da ciência." (GONÇALVES, Carlos Roberto. *Responsabilidade civil.* 15ª ed. São Paulo: Saraiva, 2014, p. 336). Na mesma linha, confira-se: CAVALIERI FILHO, Sérgio. *Programa de responsabilidade civil.* 8ª ed. São Paulo: Atlas, 2008, p. 370.

regra – de maneira subjetiva, com base na sua culpa e seguindo a mesma orientação e os critérios encampados pelo art. 14, § 4º, do CDC para os profissionais liberais.

3. Da impossibilidade de aplicação do art. 932, inc. III – ausência de relação de subordinação ou empregatícia entre hospitais, planos de saúde e médicos

O primeiro ponto que merece ser enfrentado, a fim de deixar evidenciado o acerto da conclusão exarada ao final do item anterior, diz respeito à impossibilidade de equiparação do médico como um autêntico e legítimo preposto (art. 932, III, do Código Civil) dos hospitais e planos de saúde, apenas porque o mesmo se utilizou das instalações do nosocômio para realizar eventual cirurgia/atendimento ou porque faz parte das lista de médicos cooperados ou credenciados por determinado plano ou seguro de saúde.

No caso dos hospitais, evidente que se o médico for registrado e atuar sob o regime celetista, aqueles responderão pelos erros eventualmente cometidos por estes profissionais (art. 932, III, do CC), a exemplo do que ocorre no caso dos demais profissionais que atuam no hospital nessa condição (como o enfermeiro que ministra a dose errada de um remédio, por exemplo).

Assim, se o sujeito procurou o hospital "X" para realizar o procedimento "Y" e aquele, por sua vez, encaminhou o paciente para ser consultado e operado por médico pertencente ao seu corpo clínico, é indiscutível a responsabilidade do nosocômio.

De maneira diversa ocorrerá no caso de o médico apenas valer-se da estrutura hospitalar para realizar o procedimento porque o seu paciente optou por aquele hospital ou possui plano de saúde com cobertura para este nosocômio. O paciente procurou diretamente o médico em sua clínica, o qual, contudo, muitas vezes dada a complexidade da cirurgia, precisará se valer da estrutura do hospital para dar cabo ao seu mister.

Nesta situação, a obrigação do hospital diz respeito a franquear ao médico todo o seu aparato e estrutura, necessários a viabilizar a realização do procedimento cirúrgico escolhido *pelo médico* para salvaguardar a vida do seu paciente. É dizer: os equipamentos devem estar adequadamente esterilizados, o ambiente suficientemente limpo (para evitar, por exemplo, uma infecção hospitalar), os enfermeiros e técnicos de enfermagem atentos às instruções médicas para o acompanhamento do paciente (como a periodicidade e a dosagem do remédio prescrito pelo médico que acompanha o paciente), etc.

O hospital não é, em tais hipóteses, empregador nem tampouco comitente ("aquele que incumbe alguém, mediante o pagamento de uma comissão, de executar certos atos em seu nome e sob sua direção e responsabilidade" – cf. Houaiss) dos médicos que se valem da sua estrutura, dado inexistir qualquer relação de subordinação ou direção entre eles.[4] Cada médico age com total independência/liberdade e da forma como julga conveniente quando prescreve determinado tratamento, faz um diagnóstico ou escolhe a técnica que irá aplicar ao realizar uma dada cirurgia - e isto é assegurado inequivocamente pelo próprio Código de Ética Médico.[5]

Assim ocorre, pois o hospital, diferentemente do empregador ou comitente, não pode e nem tem a mínima condição de gerir/fiscalizar o agir dos médicos quando realizam uma dada cirurgia nas dependências do hospital, cujo acesso deve lhe ser sempre franqueado, com responsabilidade pessoal e direta do médico pelos seus atos.[6] Se é assim no tocante aos nosocômios, com maior razão deve se entender em relação às operadoras de planos de saúde, cuja missão de fiscalizar ou determinar o *modus operandi* dos médicos credenciados/cooperados torna-se, sem dúvida, ainda mais difícil (para não dizer impossível!).

Com efeito, é certo que no ato da inclusão na lista de cooperados/credenciados de um determinado médico, as operadoras certamente fazem uma triagem prévia acerca da vida pregressa e das condições técnicas do médico que pretende ingressar no seu 'quadro'. No entanto, exceção feita a este ato inicial de ingresso, posteriormente, não possuem ingerên-

4 "Na fixação da exata noção que seja a condição de empregado, serviçal ou preposto, a doutrina destaca a subordinação hierárquica, explicada como a condição de dependência, isto é, a situação daquele que recebe ordens, sob poder ou direção de outrem, independentemente de ser ou não assalariado (Mazeaud e Mazeaud, Responsabilité civil, v. 1, n. 376 e 377; Serpa Lopes, Curso de direito civil, v. 5, n. 214 e 215; Aguiar Dias, Da responsabilidade, cit., v. 2, n. 190; Caio Mário da Silva Pereira, Responsabilidade, cit., p. 102, n. 82)" (GONÇALVES, Carlos Roberto. *Responsabilidade civil*, p. 151-152).

5 Ver, nesse sentido: Capítulo I - PRINCÍPIOS FUNDAMENTAIS: VIII - O médico não pode, em nenhuma circunstância ou sob nenhum pretexto, renunciar à sua liberdade profissional, nem permitir quaisquer restrições ou imposições que possam prejudicar a eficiência e a correção de seu trabalho; Capítulo II - DIREITOS DOS MÉDICOS: XVI - Nenhuma disposição estatutária ou regimental de hospital ou de instituição, pública ou privada, limitará a escolha, pelo médico, dos meios cientificamente reconhecidos a serem praticados para o estabelecimento do diagnóstico e da execução do tratamento, salvo quando em benefício do paciente.

6 Nessa linha, confira-se o preconizado pelo Código de Ética Médico: Capítulo I - PRINCÍPIOS FUNDAMENTAIS: XIX - O médico se responsabilizará, em caráter pessoal e nunca presumido, pelos seus atos profissionais, resultantes de relação particular de confiança e executados com diligência, competência e prudência; Capítulo II - DIREITOS DOS MÉDICOS: VI - Internar e assistir seus pacientes em hospitais privados e públicos com caráter filantrópico ou não, ainda que não faça parte do seu corpo clínico, respeitadas as normas técnicas aprovadas pelo Conselho Regional de Medicina da pertinente jurisdição;

cia ou tampouco poder de direção algum sobre o agir desses profissionais, os quais não são nem nunca poderão ser considerados seus 'empregados, prepostos ou serviçais' apenas porque se utilizam eventualmente da sua estrutura para exercer seu ofício ou porque fazem parte de uma lista previamente fornecida pelos planos de saúde, dada a inequívoca autonomia funcional e operacional que possuem no exercício de sua profissão. Não há, à evidência, o preenchimento dos requisitos caracterizadores de uma relação de emprego (artigos 2º e 3º da CLT).[7]

Entender de maneira diversa, na verdade, seria o mesmo que admitir a criação de modalidade de responsabilidade objetiva não prevista na lei civil, como se fosse possível ampliar o rol esculpido no art. 932, o qual é *numerus clausus* e só pode ser alargado por força de lei. Ademais, não há se falar, por força do princípio da reserva legal, em possibilidade de aplicação da *analogia in malam partem*, mesmo porque não há 'crime' sem lei anterior que o defina, nem pena sem prévia cominação legal ("*Nullum crimen, nulla poena sine praevia lege*").

Tal raciocínio parece possível de ser aplicado aos hospitais e também, *a fortiori*, às operadoras de plano de saúde, as quais, como dito, a exemplo daqueles, também não tem poder de ingerência ou condições mínimas de fiscalizar/acompanhar o agir dos seus médicos conveniados/cooperados, os quais, além de geralmente se credenciarem para atender por inúmeros planos de saúde, muitas vezes sequer se valem da estrutura do plano para o exercício do seu ofício (há um sem-número de cirurgias e tratamentos que podem ser realizados diretamente nas próprias clínicas médicas). A conduta das operadoras limita-se a disponibilizar, quando necessário, a sua estrutura ao médico escolhido pelo paciente, que pode ou não ser conveniado, a fim de que referido médico, com sua ampla autonomia técnica, funcional e profissional, possa 'tratar/curar' o seu usuário.

Se o usuário do plano opta por um médico conveniado ou hospital credenciado, geralmente ficará isento de arcar com os seus custos ou, no míni-

7 Nesse sentido, confira-se o recentemente decidido pelo TRT, em ação ajuizada por um médico cooperado pretendendo o reconhecimento de vínculo empregatício contra operadora de plano de Saúde, em razão dos serviços por ele prestados no hospital desta, o que foi pronta e acertadamente rechaçado pela Justiça Laboral, ao argumento de que "o hospital é apenas o destinatário da prestação de serviços, não havendo como caracterizar o liame empregatício, face a ausência de pessoalidade e subordinação jurídica. (...) a subordinação que caracteriza o vínculo de emprego é a jurídica, hierárquica, típica da relação entre empregado e empregador, onde o empregado está sujeito a receber ordens do empregador, em decorrência do contrato de trabalho firmado, sendo certo que não é o caso dos autos, pois o autor firmou contrato de adesão com a reclamada (fl. 93)" (TRT/15ª região. Processo n.º 0001219-08.2011.5.15.0103, rel. João Batista da Silva, DJ 25/03/2013).

mo (a depender do tipo de procedimento escolhido/necessário), receberá um desconto considerável no valor dos serviços prestados ou fornecidos (quando for o caso dos chamados planos de coparticipação).

Dentre os inúmeros médicos disponibilizados pela operadora, o paciente pode escolher aquele que melhor lhe convier, bem como até mesmo optar por algum não coberto pelo seu plano. Neste último caso, em se tratando de plano de saúde, geralmente o usuário deverá arcar com o valor integral dos honorários médicos. Já se for o caso de seguro-saúde, poderá, por meio de pedido de reembolso, ressarcir-se parcial ou integralmente dos custos do médico particular. São essas, ordinariamente, as "regras do jogo", inclusive já previamente conhecidas e aceitas pelo usuário, no momento que adere ao plano.

Disso decorre a conclusão no sentido de que, para que se evidencie a responsabilidade do hospital ou da operadora do plano de saúde, deverá haver algum erro imputável a estes e que possa ter contribuído, ainda que minimamente, ao resultado final (supondo, é claro, que realmente fique comprovado ter havido erro médico), sob pena de ser aplicada à hipótese a excludente de responsabilidade prevista no art. 14, § 3º do CDC, segundo a qual o prestador de serviço não será obrigado a indenizar se ficar demonstrado que o dano ocorreu por culpa de 'terceiros' (*in casu,* os médicos).

Deve se ter em mente, pois, que se o hospital foi contratado apenas para oferecer 'apoio logístico' à atuação do médico que não compõe seu quadro de funcionários, verifica-se a materialização de dois contratos distintos. O primeiro, entre o hospital e o paciente, tipicamente de hospedagem (art. 932, IV, do CC), no qual se poderá imputar eventual responsabilidade ao nosocômio apenas quando ele falhar no fornecimento desse apoio instrumental pelo qual se incumbiu. Já o segundo, entre o médico e o paciente, quando o profissional liberal fica exclusivamente responsável por sua eventual falha técnica, em razão de sua má atuação profissional.[8]

---

8 STOCCO, Rui. *Tratado de responsabilidade civil.* 6ª ed. São Paulo: RT, 2004, p. 733. "Cabe esclarecer que, se o médico atuar no respectivo hospital mediante contrato de prestação de serviços, deve ser considerado seu preposto e este responderá pelos atos culposos daquele. Do mesmo modo, o hospital terá direito de reaver o que pagar através de ação regressiva contra o causador direto do ano.
Mas se o médico não for preposto, ou seja, não tiver sido contratado pelo hospital com vínculo empregatício, nem contratado para prestação de serviços àquele como autônomo, mas tiver apenas atuado como profissional independente ou como representante do plano de saúde que tenha usado as dependências do nosocômio por interesse ou conveniência do paciente ou dele próprio – razão da aparelhagem, qualidade das acomodações e instrumental, ou apenas como mero hospedeiro – ter-se-á de apurar a culpa desse médico, como enfatizamos anteriormente, se o dano decorrer de sua ação ou omissão.

O hospital poderia sim responder por eventuais danos, mas para que isso ocorresse deveria haver a demonstração de conduta culposa praticada por algum de seus 'funcionários' (na verdadeira e legítima acepção da palavra) durante a 'estada' do paciente em suas dependências ou falha no seu dever de zelar pela vida deste.[9] Digamos que a enfermeira não ministrou o remédio segundo as instruções médicas ou deixou o paciente cair da maca durante algum procedimento e este, em razão disso, tenha sofrido algum dano ou sequela irreversível. Em hipóteses tais, a responsabilidade é objetiva, ainda que a direção do hospital não tenha tido responsabilidade direta pelo infeliz evento, pois é seu dever providenciar o quanto necessário e estiver ao seu alcance para tutelar a vida do paciente.[10]

Nessa esteira é o entendimento encampado por autorizada doutrina (ainda que minoritária),[11] bem como pelo Superior Tribunal de Justiça[12] e

---

Caso, contudo, o dano decorra do fato da hospedagem e da ação ou omissão de seus empregados (enfermeiros, atendentes, funcionários burocráticos, cozinheiro, copeiro, encarregado de limpeza e outros), e não da atuação do médico, então o hospital responderá objetivamente, nos termos do art. 932, III, em conexão com o art. 933 do Código Civil." (STOCCO, Rui. *Tratado de responsabilidade civil,* p. 734). Entendendo de maneira similar, confira-se o escólio de Carlos Roberto Gonçalves (citando Aguiar Dias): GONÇALVES, Carlos Roberto. Responsabilidade civil. 15ª ed. São Paulo: Saraiva, 2014, p. 347-348.

9 E assim ocorre, pois, como destaca Stocco, citando Ruy Rosado de Aguiar Jr., "o hospital é uma universalidade de fato, formada por um conjunto de instalações, aparelhos, e instrumentos médicos e cirúrgicos destinados ao tratamento de saúde, vinculada a uma pessoa jurídica, sua mantenedora, mas que não realiza ato médico (Responsabilidade dos médicos, RT 718/41)." (Apud STOCCO, Rui. *Tratado de responsabilidade civil,* p. 725).

10 "Desse modo, caso o paciente tenha sofrido danos em razão do atuar culposo exclusivo do profissional que o pensou, apenas este poderá ser responsabilizado mediante apuração de culpa.
Por outro lado, se restar comprovada atuação incorreta do estabelecimento hospitalar, seja como mero hospedeiro ou como fornecedor de centro cirúrgico, UTI, CTI, aparelhos e equipamentos especializados, ainda que em virtude da ação ou omissão de seus dirigentes ou de seus prepostos (enfermeiros, atendentes etc), então responderá objetivamente o referido estabelecimento, se a ação ou omissão culposa deles dimana exclusivamente.
Mas, se tanto o hospital quanto o médico obraram com culpa, ainda que este não seja preposto daquele, responderão solidariamente." (STOCCO, Rui. *Tratado de responsabilidade civil,* p. 734).

11 STOCCO, Rui. *Tratado de responsabilidade civil,* p. 725.

12 Nesse sentido, confira-se: "1. A responsabilidade das sociedades empresárias hospitalares por dano causado ao paciente-consumidor pode ser assim sintetizada: (i) as obrigações assumidas diretamente pelo complexo hospitalar limitam-se ao fornecimento de recursos materiais e humanos auxiliares adequados à prestação dos serviços médicos e à supervisão do paciente, hipótese em que a responsabilidade objetiva da instituição (por ato próprio) exsurge somente em decorrência de defeito no serviço prestado (art. 14, caput, do CDC); (ii) os atos técnicos praticados pelos médicos

Tribunal de Justiça de São Paulo[13] (ambos os tribunais também de maneira minoritária), acolhendo o posicionamento ora defendido, no sentido de

---

sem vínculo de emprego ou subordinação com o hospital são imputados ao profissional pessoalmente, eximindo-se a entidade hospitalar de qualquer responsabilidade (art. 14, § 4º, do CDC), se não concorreu para a ocorrência do dano; (iii) quanto aos atos técnicos praticados de forma defeituosa pelos profissionais da saúde vinculados de alguma forma ao hospital, respondem solidariamente a instituição hospitalar e o profissional responsável, apurada a sua culpa profissional. Nesse caso, o hospital é responsabilizado indiretamente por ato de terceiro, cuja culpa deve ser comprovada pela vítima de modo a fazer emergir o dever de indenização da instituição, de natureza absoluta (arts. 932 e 933 do CC), sendo cabível ao juiz, demonstrada a hipossuficiência do paciente, determinar a inversão do ônus da prova (art. 6º, VIII, do CDC" (STJ, Resp 1145728-MG, rel. Min. João Otávio de Noronha, rel. p/ acórdão Min. Luis Felipe Salomão, DJe 08.09.2011); "RECURSO ESPECIAL. AÇÃO DE INDENIZAÇÃO. RESPONSABILDADE CIVIL. ERO MÉDICO. NEGLIGÊNCIA. INDENIZAÇÃO. RECURSO ESPECIAL.
1. A doutrina tem afirmado que a responsabilidade médica empresarial, no caso de hospitais, é objetiva, indicando o parágrafo primeiro do artigo 14 do Código de Defesa do Consumidor como a norma sustentadora de tal entendimento.
Contudo, a responsabilidade do hospital somente tem espaço quando o dano decorre de falha de serviços cuja atribuição é afeta única exclusivamente ao hospital. Nas hipóteses de dano decorrente de falha técnica restrita ao profissional médico, mormente quando este não tem nenhum vínculo com o hospital – seja de emprego ou de mera preposição-, não cabe atribuir ao nosocômio a obrigação de indenizar.
2. Nas hipóteses de prestação de serviços médicos, o ajuste contratual – vínculo estabelecido entre médico e paciente – refere-se ao emprego da melhor técnica e diligência entre as possibilidades de que dispõe o profissional, no seu meio de atuação, para auxiliar o paciente. Portanto, não pode o médico assumir compromisso com um resultado específico, fato que leva ao entendimento de que, se ocorrer dano ao paciente, deve-se averiguar se houve culpa do profissional – teoria da responsabilidade subjetiva. No entanto, se, na ocorrência de dano impõe-se ao hospital que responda objetivamente pelos erros cometidos pelo médico, estar-se-á aceitando que o contrato firmado seja de resultado, pois se o médico não garante o resultado, o hospital garantirá. Isso leva ao seguinte absurdo: nas hipóteses de intervenção cirúrgica, ou o paciente sai curado ou será indenizado – daí um contrato de resultado firmado às avessas da legislação.
3. O cadastro que os hospitais normalmente mantêm de médicos que utilizam suas instalações para a realização de cirurgias não é suficiente para caracterizar relação de subordinação entre médico e hospital. Na verdade, tal procedimento representa um mínimo de organização empresarial.
4. Recurso especial do Hospital e Maternidade São Lourenço Ltda. provido." (STJ, Resp 908.359-SC, 3ª Turma, rel. para acórdão Min. João Otávio de Noronha, DJe 17/12/2008)

13 "AGRAVO DE INSTRUMENTO – Responsabilidade civil – Erro Médico – Inexistência de vínculo empregatício entre o Hospital e o médico – Não alegação de falha na prestação dos serviços hospitalares – Ilegitimidade "ad causam" do nosocômio – Recurso desprovido." (TJSP, 1ª Câmara de Direito Privado, Agravo de instrumento n.º 2067150-76.2014.8.26.0000, rel. Des. Alcides Leopoldo e Silva Júnior, DJ 12/08/2014). No mesmo sentido: TJSP, 1ª Câmara de Direito Privado, Apelação cível n.º 0272460-89.2009.8.26.0000, rel. Des. Alcides Leopoldo e Silva Júnior, DJ 26/11/2013.

outorgar responsabilidade ao hospital apenas em relação aos serviços que podem controlar/executar e, quando se tratar de erro médico, o hospital só responderá se o profissional for seu funcionário ou se tiver sido contratado pelo hospital para determinado fim.

Assim ocorre, pois haverá circunstâncias em que, ainda que excepcionalmente, o hospital deverá responder pelos eventuais danos provocados por erro médico, ainda que não possua vínculo trabalhista com o médico. É o caso, *v.g.,* do paciente que procura o plantão de determinado hospital e o médico plantonista (que, muitas vezes, não é funcionário celetista do hospital) equivoca-se no diagnóstico (deixando de constatar uma apendicite, por exemplo), vindo sua conduta a deflagrar danos de ordem física ou moral ao usuário.[14]

É que, nesta situação, o médico plantonista, quando atende o paciente, o faz na condição de 'representante' do hospital, previamente indicado por este para o exercício de tal função. Portanto, ainda que o médico não seja 'tecnicamente' seu funcionário, age como se fosse e a mando deste (que é quem determina a hora, o local, a forma e as demais normas/diretrizes em que ocorrerá o atendimento no plantão), respondendo o hospital de maneira objetiva pela conduta do médico que não prestar um serviço adequado, porquanto nestas circunstâncias, diferentemente das situações acima retratadas, ele age sim como verdadeiro preposto e em nome do hospital.

Quanto ao plano de saúde, *mutatis mutandis,* quer parecer aplicável o mesmo raciocínio realizado acima em relação aos hospitais. Deve responder civilmente a operadora apenas pelos danos/prejuízos a que eventualmente der causa. Afinal, não se afigura lógico que as operadoras devam responder por atos que não podem fiscalizar ou por obrigação que jamais assumiram.

Se é assim em relação aos planos de saúde, *a fortiori* deve-se entender no caso dos chamados seguros-saúde, que atuam por meio de reembolso.[15]

---

14 "(...) Responsabilidade civil – Hospital – (...) – Erro de diagnóstico de seu plantonista – Omissão de diligência do atendente – Aplicabilidade do Código de Defesa do Consumidor; 2) Hospital – Responsabilidade – Culpa de plantonista atendente, integrante do corpo Médico – Erro de diagnóstico em plantão – Culpa subjetiva. (...) 2. A responsabilidade do hospital é objetiva quanto à atividade de seu profissional plantonista (CDC, art. 14), de modo que dispensada a demonstração da culpa do hospital relativamente a atos lesivos decorrentes de culpa de médico integrante de seu corpo clínico de atendimento. 3. A responsabilidade de médico atendente em hospital é subjetiva, necessitando de demonstração pelo lesado (...)" (STJ, Resp 696.284-RJ, rel. Min. Sidnei Beneti, DJe 18.12.2009).

15 Mesmo porque, como lembra Stocco (para afastar a responsabilidade tanto dos hospitais, como dos planos de saúde/seguros de saúde), "credenciar mais de um hospital ou médico é o mesmo que dar direito de escolha ou liberdade de opção" (...) Quanto ao mais, tenha-se que os seguros-saúde apenas reembolsam as despesas efetuadas pelo paciente, sem interferir na escolha do segurado, de modo que eventual

Não se pode entender, como faz parte da doutrina,[16] que o simples fato de existir uma lista de profissionais previamente fornecida pela operadora/ seguradora, significa dizer que a mesma estaria, de antemão, atestando ou reconhecendo a excelência dos serviços prestados por aqueles profissionais ali mencionados.[17]

O plano de saúde tem, é verdade, o dever de credenciar médicos aptos para a realização de seu ofício por meio de documentos que comprovem sua especialidade e através da análise, inclusive, dos seus antecedentes (como, por exemplo, levantando se existem eventuais ações ajuizadas contra o 'candidato' por erro médico). Contudo, após o seu ingresso, não há como fiscalizar o *modus operandi* do profissional e nele interferir como se este fosse seu 'funcionário', como pretende a jurisprudência e a doutrina majoritária. As operadoras poderão, no máximo, quando constatadas falhas reiteradas por parte do profissional, realizar a exclusão do nome do profissional de sua lista de credenciados/cooperados.

O usuário, por sua vez, também conhece as regras que regulam a relação jurídica estabelecida com a operadora. Sabe que se optar por um daqueles profissionais (que ele pode averiguar e conhecer, aliás, antes mesmo de contrair vínculo formal com a operadora), muito provavelmente não precisará pagar nada ou terá reembolso integral dos valores gastos. É apenas essa a obrigação assumida pela operadora perante o usuário: oferecimento de uma lista prévia de hospitais e médicos credenciados, dos quais poderá usar e desfrutar a um preço módico mensal ou, dependendo do plano, mediante a contraprestação (coparticipação) de um percentual em relação a apenas parte dos serviços prestados (geralmente consultas, exames e atendimentos ambulatoriais), sendo que a parte referente a internação, respeitadas as carências, geralmente terá cobertura integral.

---

dano sofrido por atendimento de outros não lhe diz respeito e, portanto, refoge do nexo de causalidade entre este dano e sua atuação." (STOCCO, Rui. *Tratado de responsabilidade civil*, p. 555).

16 SCHAEFER, Fernanda. *Responsabilidade civil dos planos e seguros de saúde*. 3ª ed., Curitiba: Juruá, 2012, p 90-91.

17 De maneira similar à sustentada no texto, é o pensamento de Rui Stocco, quando afasta a responsabilidade dos planos de saúde em tais hipóteses, lembrando que "(...) a empresa de assistência médica assegura aos seus associados a escolha de alguns hospitais (ou médicos) por ela credenciados, em razão de convênio previamente firmado. Desse modo, o beneficiário ou paciente escolhe, dentre os hospitais credenciados, aquele que lhe atende aos seus interesses.
Nessa hipótese, não há como inferir responsabilidade senão apenas do hospital (ou médico), caso o paciente sofra danos por ato culposo de seus prepostos (médicos e funcionários), com direito de regresso contra estes." (STOCCO, Rui. *Tratado de responsabilidade civil*. 6ª ed. São Paulo: RT, 2004, p. 555).

Com efeito, é certo que se a lista de médicos e hospitais credenciados não agradar ao aderente, ele certamente não terá interesse em aderir ao plano. Ou, mesmo já tendo aderido a este, poderá em determinadas situações escolher outro profissional ou hospital, fora da lista, que melhor lhe convenha, na modalidade particular. Daí o porquê de o plano apenas poder - e dever - responder perante o usuário em hipótese de condutas/atos a ele imputáveis, como, por exemplo, no caso de negar cobertura a eventual tratamento/remédio a que o usuário tenha direito.

4 . Da análise da temática à luz do art. 14 do CDC – responsabilidade subjetiva dos hospitais e planos de saúde

A despeito de ter sido alertado inicialmente (item 2) que a responsabilidade do médico será sempre subjetiva, aferida mediante a demonstração da sua culpa, quando passa-se a analisar a responsabilidade do hospital ou do plano de saúde por ato daquele mesmo profissional liberal, a maioria da doutrina tem entendido que a responsabilidade passaria a ser objetiva, com aplicação do art. 14 do CDC.[18] Nessa senda, levando às últimas consequências este entendimento, o hospital e a operadora apenas não seriam

18 "Devemos ter em mente, todavia, que o Código do Consumidor foi bem claro ao dizer que a exceção só abrange a responsabilidade pessoal do profissional liberal, não favorecendo, portanto, a pessoa jurídica na qual ele trabalhe como empregado ou faça parte da sociedade. Assim, por exemplo, se vários médicos resolverem constituir uma sociedade, a responsabilidade desta não será subjetiva" (CAVALIERI FILHO, Sérgio. *Programa de responsabilidade civil,* p. 371). No mesmo sentido: "Por profissional liberal há que se entender o prestador de serviço solitário, que faz do seu conhecimento uma ferramenta de sobrevivência. É o médico, o engenheiro, o arquiteto, o dentista, o advogado. Trata-se, por outro lado, de categorias em franco declínio, na exata proporção em que, mais e mais, tais profissionais tendem a se agrupar em torno de empresas prestadoras de serviços: os hospitais, os grupos a se agrupar em torno de empresas prestadoras de serviços: os hospitais, os grupos de saúde, as empresas de engenharia e de consultoria, as sociedades de advogados". (BENJAMIN, Antônio Herman V.; MARQUES, Claudia Lima; BESSA, Leonardo Roscoe. *Manual de direito do consumidor*, p. 174). De maneira similar é o entendimento de Rizzato Nunes, esclarecendo porém que: "(...) o que descaracteriza a atividade como liberal não é a existência da pessoa jurídica, simplesmente, mas a constituição de pessoa jurídica que passe a explorar a atividade que era de prestação de serviços liberais de maneira típica desenvolvida na sociedade de massa pelos naturais exploradores: escolha da atividade, exame do mercado, cálculo do custo, do preço, avaliação do risco, tendo em vista o binômio custo/benefício, prestação do serviço em escala e utilização dos instrumentos do marketing, especialmente a publicidade." (NUNES, Rizzato. *Comentários ao código de defesa do consumidor,* p. 229).

condenados a indenizar se o defeito não tiver existido ou tiver ocorrido por força da culpa exclusiva do paciente ou de terceiros (art. 13, § 3º, do CDC).[19]

Tal orientação, contudo, a não ser que se enquadre no conceito de terceiro o médico sem vínculo trabalhista com o hospital/plano de saúde, não pode prevalecer. Não bastasse todo o acima exposto no item anterior (para arrimar tal conclusão), é de se verificar a inexistência de lógica ou coerência na realização de tal dicotomia, uma vez que o serviço prestado é exatamente o mesmo. É dizer: o serviço prestado pelo profissional liberal, independentemente deste pertencer ou não a uma pessoa jurídica, será idêntico, a atrair a incidência do art. 14, § 4º, do CDC.

Em abono ao asseverado, vale recordar, outrossim, que o § 1º do mesmo art. 14 preconiza que "o serviço é defeituoso quando não fornece a segurança que o consumidor dele pode esperar, levando-se em consideração as circunstâncias relevantes, entre as quais: I - o modo de seu fornecimento; II - o resultado e os riscos que razoavelmente dele se esperam; III - a época em que foi fornecido."

Disso decorre que a responsabilidade dos planos de saúde e dos hospitais deve ser apurada sob o mesmo viés, com base na culpa destes no tocante aos atos que efetivamente podem controlar/supervisionar, desde que o serviço por eles fornecidos/prestados não ofereçam a segurança que o consumidor legitimamente dele pode esperar. Em relação a estes serviços, sem dúvida, sua responsabilidade será objetiva, atraindo a incidência do art. 14 *caput* do CDC. Não, porém, no tocante aos atos praticados por médicos (*rectius:* terceiros) que com eles não possuam vínculo trabalhista e apenas se utilizem da sua estrutura e aparato, na forma explicitada no item anterior.[20]

---

19 "Entre as causas que excluem a responsabilidade do prestador de serviços, o Código de Defesa do Consumidor refere-se à inexistência de defeito do serviço – 'o fornecedor de serviços não terá responsabilidade quando provar que, tendo prestado o serviço, o defeito inexiste' (art. 14, § 3º, I) -, de sorte que, para afastar a sua responsabilidade, bastará que o hospital ou médico prove que o evento não decorreu de defeito do serviço, mas sim das condições próprias do paciente ou de fato da natureza." (CAVALIERI FILHO, Sérgio. *Programa de responsabilidade civil,* p. 386).

20 Chegando a semelhante conclusão, foi o lúcido voto do min. João Otávio Noronha, ao afastar a aplicação da responsabilidade objetiva dos hospitais com base em tal dispositivo: "Atualmente tem-se remetido às disposições do Código de Defesa do Consumidor, § 1º do art. 14, como sendo a norma sustentadora de tal responsabilidade. Ocorre que – e aqui também concluo o item I acima exposto –, na hipótese dos autos, não se está diante de falha de serviços de atribuição do hospital, tais como as que indiquei (instrumentação cirúrgica, higienização adequada, vigilância, ministração de remédios etc), mas diante de consequências atinentes a ato cirúrgico de responsabilidade exclusiva médica, de profissional sem nenhum vínculo com o hospital recorrente." (STJ, Resp 908.359-SC, 3ª Turma, rel. para acórdão Min. João Otávio de Noronha, DJe 17/12/2008). Aderindo ao posicionamento divergente e vencedor do min. Noronha, vale a pena conferir os votos dos min. Ari Pargendler e Aldir Passarinho Jr.

Como bem frisa o min. João Otávio Noronha (STJ), em memorável julgado por ele relatado, os hospitais não podem ser equiparados aos demais fornecedores de produtos e prestadores de serviços em geral apenas porque também são organizados, visam lucro e, usualmente, prestam um atendimento de massa. São atividades completamente díspares e que, como tal, devem possuir tratamento diferenciado, afinal, a saúde não é e nem pode ser equiparada a uma mercadoria ou a um simples produto industrializado.[21] O próprio Código de Ética Médico também é claro nesse sentido.[22]

Não se pode, pois, querer impor aos hospitais - e, também aos planos de saúde - o mesmo regime de responsabilização daqueles prestadores e fornecedores de serviços/produtos em massa, como se a vida fosse mais um 'produto' ou 'bem de consumo durável' à disposição no mercado, apenas para garantir a efetiva e integral reparação dos danos ao paciente, como tem feito diuturnamente a maioria da doutrina e da jurisprudência.

Como já demonstrado, o fato de os hospitais cederem sua estrutura a determinados médicos, ou serem previamente credenciados pelos planos de saúde para que os seus usuários e médicos conveniados/cooperados façam uso do seu aparato/estrutura, em nada muda essa realidade, porquanto isto não lhes confere a prerrogativa ou atribuição de poder gerenciar/fiscalizar o serviço executado pelo médico (que não é e nem age como seu funcionário) dentro da sala de cirurgia.[23]

---

21 "*Data venia*, não é o fato de os hospitais terem um mínimo de organização que poderão ser inseridos 'numa complexa cadeia de produção e circulação de bens e serviços' (voto da Relatora) que atraia as disposições do Código de Defesa do Consumidor, a exemplo do que ocorre com o fornecedor de produtos para o consumo de massa. Não há comparação entre um hospital e um fabricante, por exemplo, de sucos industrializados. A atividade hospitalar não é econômica e não se volta para isso. Trata-se de atividade organizada sim, mas não vislumbro nela nenhuma relação de consumo, não há interesses econômicos imediatos em jogo. Ou se poderia classificar o hospital como um fornecedor do produto saúde aos consumidores doentes?
Também o fato de receber remuneração pela locação de espaço físico não faz do hospital solidariamente responsável por danos causados por imperícia médica. O lucro é necessário, sob pena de inviabilizar a atividade (até mesmo em razão da nossa organização social), mas ele não é um fim em si mesmo." (STJ, Resp 908.359-SC, 3ª Turma, rel. para acórdão Min. João Otávio de Noronha, DJe 17/12/2008)

22 Capítulo I - PRINCÍPIOS FUNDAMENTAIS
IX - A Medicina não pode, em nenhuma circunstância ou forma, ser exercida como comércio.
XX - A natureza personalíssima da atuação profissional do médico não caracteriza relação de consumo.

23 Com similar raciocínio, confira-se mais um trecho do lapidar voto vencedor do min. Noronha, no Resp 908.359: "Os hospitais normalmente mantêm cadastros dos médicos que de suas instalações se utilizam para realização de cirurgias. Tal procedimento é indispensável, pois não se pode pretender que o hospital forneça suas instalações a qualquer um que se apresente como médico especializado em cirurgia.

A jurisprudência do TJSP já decidiu por várias vezes nesse sentido,[24] in-

Todavia, isso não confere ao hospital a atribuição de fiscalizar os serviços prestados pelos médicos que lá operam, e a isso não se reporta a Resolução n. 11/95, citada no acórdão recorrido. Inexiste, tanto por parte do hospital como de seu corpo clínico, ingerência no trabalho do cirurgião – o que seria um absurdo, pois não se pode pensar que o hospital obrigue o médico a seguir sua orientação e seus métodos operatórios. Aliás, tais hipóteses, se ocorrentes, feririam a ética profissional, que não admite a intervenção técnica nos serviços do cirurgião, sob pena de, inclusive, colocar em risco a segurança do paciente, ante as divergências que fatalmente surgiriam.
(...)
Assim, não tendo o médico em questão prestado quaisquer serviços no interesse ou sob as ordens do hospital, não há por que falar em responsabilidade do nosocômio quanto ao sucesso da cirurgia questionada nos autos." (STJ, Resp 908.359-SC, 3ª Turma, rel. para acórdão Min. João Otávio de Noronha, DJe 17/12/2008)

24 Nessa linha, confira-se alguns dos julgados (mais antigos) encontrados no curso da pesquisa, acolhendo o posicionamento aqui defendido: "Evidenciada a culpa autônoma do médico pelos danos causados em decorrência de erro profissional, não há como invocar a responsabilidade solidária do hospital do qual nem é empregado, serviçal ou preposto, mas sócio-cotista" (TJSP – 1ª C. – Ap. – Rel. Roque Komatsu – j. 02.12.1988 – RT 639/52 apud STOCCO, Rui. *Tratado de responsabilidade civil,* p. 554); "Se o paciente contratou diretamente com o médico a realização de cirurgia, não pode o hospital ser responsabilizado pelos danos ocorridos em decorrência do ato cirúrgico, mormente se não foi o estabelecimento hospitalar que indicou o profissional ao paciente ou impôs o uso de suas instalações para a realização do procedimento" (TJSP – 4ª C. Direito Privado – Einfrs. 65.345-4 – Rel. Olavo Silveira – j. 28.09.2000 – RT 788/226 apud STOCCO, Rui. *Tratado de responsabilidade civil,* p. 736); "Indenização. Responsabilidade civil. Erro médico. Hospital. Ação contra este ajuizada. Ilegitimidade passiva de parte. Médico indicado pelo paciente. Ato de preposto não caracterizado. Extinção do processo. Recurso provido." (TJSP – 10ª C. Dir. Privado – Ap. 119.970-4 – Rel. Maurício Vidigal – j. 25.09.2001 – JTJ-Lex 251/108 apud STOCCO, Rui. *Tratado de responsabilidade civil,* p. 736); "O hospital não responde por responsabilidade objetiva, nem se aplica o CDC quando tudo tendo funcionado bem, no que tange aos aparelhos cedidos, não se dispunha de elementos hábeis para responsabilizá-lo pelas falhas da equipe médica contratada pelos autores, a qual apenas tivera autorização ou permissão para empregá-los e que não era supervisionada pela direção nem a ela se subordinava" (TJSP – 2ª C. Dir. Privado –AC 65.035-4 – rel. Cezar Peluso – j. 23.02.1999 apud STOCCO, Rui. *Tratado de responsabilidade civil,* p. 737); "Mesmo que se descarte a responsabilidade objetiva imposta pelo art. 14 do CDC, é devida a indenização por reparação de danos aos familiares da vítima se manifesta é a culpa do hospital, pela conduta negligente de seus prepostos, ao permitir que paciente internado na UTI, apresentando quadro de confusão mental, se atirasse pela janela, vindo a falecer em razão de traumatismo craniano, mormente se não tomada nenhuma providência pelo estabelecimento hospitalar para conter física e quimicamente o enfermo" (1º TACSP – 11ª C. – Ap. 810.811-2 – Rel. Urbano Ruiz – j. 04.10.1999 apud STOCCO, Rui. *Tratado de responsabilidade civil,* p. 737); "Indenização. Responsabilidade civil. Erro médico. Dano moral. Hospital. Responsabilidade objetiva. Inadmissibilidade. Entidade não sujeita às normas do art. 6º, inc. VIII, e do § 3º do art. 14, ambos do CDC.

clusive recentemente.[25] Porém, a orientação que – de maneira equivocada - tem se consolidado atualmente, como já mencionado alhures, é no sentido de acolher a responsabilidade objetiva dos hospitais (e planos de saúde) também pelos atos do médico, ainda que não seja este seu funcionário.

5. Da responsabilidade subsidiária

A argumentação exarada nos dois itens anteriores é mais do que suficiente para arrimar a ilação no sentido de se excluir a responsabilidade dos hospitais e planos de saúde por erros de médicos que não são seus funcionários ou que não atuam como tal.

Apesar disso, aos que ainda assim insistem na responsabilidade de todos os envolvidos na cadeia de produtos e serviços fornecidos (com base nos arts 14, 25 e 34 do CDC), como uma forma de garantir a ampla possibilidade de reparação aos pacientes, um meio-termo seria ao menos se reconhecer, na pior das hipóteses, a responsabilidade subsidiária dos hospitais e dos planos de saúde nas circunstâncias aqui tratadas.

Responsabilidade que exige prova de culpa ou dolo. Aplicação do art. 14, § 4º, do referido Código. Ação improcedente. Recurso provido." (TJSP – 9ª C. Dir. Privado – Ap. 120.438-4 – rel. Marco César – j. 05.02.2002 – JTJ-LEX 252/147 apud STOCCO, Rui. Tratado de responsabilidade civil. 6ª ed. São Paulo: RT, 2004, p. 737); "Ação de indenização decorrente de danos provocados por infecção hospitalar. Alegação da paciente de ter contraído hepatite C após transfusão de sangue. Vírus desconhecido à época dos fatos. Inocorrência de culpa nas modalidades de negligência, imprudência ou imperícia. Dever de indenizar inexistente por se equiparar a caso fortuito. Sentença de improcedência mantida. Apelo improvido" (TJSP, Ap. 430.335.4/4-00, rel. Des. Testa Marchi, j. 4-3-2008 apud BDINE JÚNIOR, Hamid Charaf. Responsabilidade civil em infecção hospitalar e na anestesiologia. In: SILVA, Regina Beatriz Tavares da. (Coord.). *Responsabilidade civil na área da saúde*. 2ª ed., São Paulo: Saraiva, 2009, p. 147).

25 "A prova documental (fls. 243/298) demonstrou que o médico responsável pelo procedimento a que se submeteu a autora é profissional liberal, sem qualquer vínculo empregatício com o nosocômio requerido, sendo contribuinte individual (autônomo) da GFIP-SEFIP (fls. 164/166), não havendo responsabilidade deste por eventual falha decorrente única e exclusivamente do ato cirúrgico, não constando da causa de pedir a ocorrência de falha na prestação dos serviços hospitalares, ou de qualquer empregado do hospital" (TJSP, 1ª Câmara de Direito Privado, Agravo de instrumento n.º 2067150-76.2014.8.26.0000, rel. Des. Alcides Leopoldo e Silva Júnior, DJ 12/08/2014); "ILEGITIMIDADE AD CAUSAM – Hospital – Alegado erro médico na realização de laqueadura que resultou em posterior gravidez – Profissional sem vínculo de emprego ou preposição com o hospital ao qual não pode ser imputada qualquer culpa pelo resultado indesejado – ausência de obrigação de indenizar – Sentença mantida – Recurso desprovido." (TJSP, 1ª Câmara de Direito Privado, Apelação cível n.º 0272460-89.2009.8.26.0000, rel. Des. Alcides Leopoldo e Silva Júnior, DJ 26/11/2013).

É dizer: o médico responde integralmente por seus atos e eventuais equívocos cometidos no exercício de sua profissão, sendo que, apenas na hipótese de não conseguir fazer frente à indenização arbitrada em favor do consumidor é que passar-se-ia a vislumbrar a responsabilidade dos hospitais, em primeiro lugar, e, posteriormente, por último e apenas na hipóteses dos dois 'responsáveis' anteriores não conseguirem suportar a condenação, é que então se poderia cogitar da responsabilização da operadora.

Tal posicionamento não é o ideal nem tampouco o correto, frente ao acima exposto, porém, seria apenas uma forma de balancear os interesses de ambas as partes e evitar, ao menos a princípio, que se institua de plano e por analogia, responsabilidade objetiva não criada pelo Código Civil e afastada pela legislação consumerista, a qual ficaria reservada apenas para hipóteses extremas, em que o consumidor não fosse ressarcido pelo verdadeiro responsável.

6. Conclusão

Restou demonstrado, no curso do texto, o desacerto do posicionamento que tem se consolidado na doutrina e na jurisprudência, no sentido de entender que os hospitais e planos de saúde respondem (sempre) pelos erros cometidos por médicos no exercício da sua profissão, desde que os mesmos tenham ocorrido nas dependências do nosocômio ou referidos profissionais liberais integrem lista fornecida por operadora de plano de saúde ou seguro-saúde aos seus usuários – independentemente de serem os médicos funcionários celetistas daqueles (planos e operadoras).

Não se pode admitir que tal entendimento continue a prevalecer, como tem feito parte da doutrina e principalmente a jurisprudência, apenas para garantir a ampla reparação do consumidor eventualmente prejudicado. Primeiro, porque não há, em rigor, como equiparar o médico, sem vínculo trabalhista com o hospital ou operadora de plano de saúde, a um autêntico funcionário ou preposto, para o fim de atrair a incidência do art. 932, III, do Código Civil, dada a inexistência de condição ou possibilidade de gerência/fiscalização dos serviços médicos por parte dos nosocômios e, máxime, das operadoras. Segundo, pois também não há como banalizar em tal medida a saúde, a ponto de considerá-la como mais um produto ou bem de consumo à disposição no mercado - a justificar a aplicação da responsabilidade objetiva prevista no art. 14 da lei consumerista -, notadamente quando se verifica que o § 4º do mesmo dispositivo exclui de tal regime a responsabilidade dos profissionais liberais e o § 3º diz que não haverá responsabilização do fornecedor se ficar comprovada a culpa de 'terceiros' (leia-se: médicos sem vínculo trabalhista com os planos e hospitais).

Por derradeiro, ainda que não se afigure o posicionamento mais correto, aos que concluírem pela responsabilidade de todos os integrantes da cadeia de serviços, deve-se no mínimo reconhecer como subsidiária a responsabilidade dos hospitais e, principalmente, das operadoras de planos ou seguros saúde, em razão de atos/condutas imputáveis única e exclusivamente ao médico que não integra o seu quadro de funcionários e nem tampouco atua como tal.

Bibliografia

BDINE JÚNIOR, Hamid Charaf. Responsabilidade civil em infecção hospitalar e na anestesiologia. In: SILVA, Regina Beatriz Tavares da. (Coord.). *Responsabilidade civil na área da saúde*. 2ª ed., São Paulo: Saraiva, 2009.

BENJAMIN, Antônio Herman V.; MARQUES, Claudia Lima; BESSA, Leonardo Roscoe. *Manual de direito do consumidor.* 4ª ed., São Paulo: RT, 2012.

CAVALIERI FILHO, Sérgio. *Programa de responsabilidade civil.* 8ª ed. São Paulo: Atlas, 2008.

GODOY, Cláudio Luiz Bueno de. A terceirização nos serviços prestados na área de saúde. In: SILVA, Regina Beatriz Tavares da. (Coord.). *Responsabilidade civil na área da saúde*. 2ª ed., São Paulo: Saraiva, 2009.

GONÇALVES, Carlos Roberto. *Responsabilidade civil.* 15ª ed. São Paulo: Saraiva, 2014.

MARQUES, Cláudia Lima; BENJAMIN, Antônio Herman V.; MIRAGEM, Bruno. *Comentários ao código de defesa do consumidor.* 2ª ed., São Paulo: RT, 2006, p. 289.

NUNES, Rizzato. *Comentários ao código de defesa do consumidor.* 3ª ed., São Paulo: Saraiva, 2007.

SCHAEFER, Fernanda. *Responsabilidade civil dos planos e seguros de saúde.* 3ª ed., Curitiba: Juruá, 2012.

STOCCO, Rui. *Tratado de responsabilidade civil.* 6ª ed. São Paulo: RT, 2004.

DEZ BREVES APONTAMENTOS SOBRE A INTERSECÇÃO, PELA JURISPRUDÊNCIA, ENTRE OS PLANOS DE SAÚDE E CÓDIGO DO CONSUMIDOR

Olavo de Oliveira Neto
Décio Luiz José Rodrigues

Introdução

Ao elaborar introdução à obra de doutrina onde os próprios autores do projeto que deu origem ao Código de Defesa do Consumidor (Lei nº 8.078, de 11 de setembro de 1990) se desincumbiram de comentá-lo, disse José Geraldo Brito Filomeno que *"...o novo Código vale muito mais pela perspectiva e diretrizes que fixa para a efetiva defesa ou proteção do consumidor, bem como pelo devido equacionamento da harmonia buscada, do que pela exaustão das normas que tendem a esses objetivos, como já visto, apontando ainda a utilização de certos instrumentos.".*[1]

Realmente, passados 25 anos da entrada em vigor do diploma, que comemora seu *"Jubileu de Prata"*, essas novas perspectivas estão pacificadas em inúmeras situações, não sem vigoroso embate da jurisprudência a respeito dos temas polêmicos que sempre envolveram e continuarão a envolver a matéria.

Dentre todos eles, visando adequar o âmbito deste artigo à natureza da obra publicada, houve a opção por analisar como a jurisprudência tem visto a aplicação do Código de Defesa do Consumidor nas demandas que envolvem os Planos de Saúde, problemática tão viva no dia a dia forense, seja em razão dos debates jurídicos sobre o tema, seja em razão de envolver emocionalmente uma das partes, normalmente acometida por doença que a fragiliza ainda mais na relação de consumo existente. Mas mesmo no bojo desta temática houve a necessidade de uma filtragem, com a escolha dos temas mais comuns, que doravante passaremos a tratar.

Por fim, agradecemos o honroso convite que nos foi dirigido pela coordenação da obra, procurando corresponder à confiança depositada.

1 FILOMENO, José Geraldo Brito. *Dos direitos do consumidor.* In GRINOVER, Ada Pellegrini, et all (Coord.). *Código brasileiro de defesa do consumidor.* 7ª ed.. Rio de Janeiro: Forense, 2001. p. 18.

1. Conflito entre o cdc e a lei dos planos de saúde

Os planos de saúde são regidos pela Lei nº 9.656, de 03 de junho de 1998, alterada pela Medida Provisória nº 2177-44, de 2001, mas, se presentes os requisitos legais previstos na Lei nº 8078/90 (Código de Defesa do Consumidor – CDC), *"id est"*, se caracterizada uma relação de consumo *"stricto sensu"* entre os contratantes, o melhor entendimento sobre o tema sempre foi, em nosso entender, que deveria ser aplicado o CDC em detrimento da Lei nº 9.656, o que veio a ser consagrado pela Súmula 469 do STJ e pela Súmula 100 do TJSP.

Realmente, outra não deveria ter sido a solução do conflito de normas, pois o advento do CDC teve origem no art. 5º, XXXII, da Constituição da República, no capítulo que trata dos direitos e deveres individuais e coletivos, dentro do Título dos direitos e garantias fundamentais, o que redunda na consideração de que ele prevalece sobre a Lei dos planos de saúde, propiciando maior proteção ao consumidor-aderente, já que as leis infraconstitucionais devem ser interpretadas e aplicadas segundo os valores democráticos e fraternos constantes da Carta Magna.

Em outros termos, se presentes os requisitos legais do CDC quanto às definições de consumidor e fornecedor (Art. 2º e 3º, do CDC – *consumidor é toda pessoa física ou jurídica que adquire ou utiliza produto ou serviço como destinatário final e fornecedor é toda pessoa física ou jurídica, pública ou privada, nacional ou estrangeira, bem como os entes despersonalizados, que desenvolvem atividades de produção, montagem, criação, construção, transformação, importação, exportação, distribuição ou comercialização de produtos ou prestação de serviços e, ainda, produto é qualquer bem, móvel ou imóvel, material ou imaterial, sendo, serviço, qualquer atividade fornecida no mercado de consumo, mediante remuneração, inclusive as de natureza bancária, financeira, de crédito e securitária, salvo as decorrentes das relações de caráter trabalhista*), aplica-se, sim, o CDC em detrimento da Lei nº 9656/98.

Mesmo tendo o Supremo Tribunal Federal afirmado que a Lei dos planos de saúde, modificada pela Medida Provisória já referida, não se aplica aos contratos firmados anteriormente à sua vigência (Ação Direta de Inconstitucionalidade – Medida liminar nº 1931-8), entendemos que, em benefício do consumidor-aderente, sempre se deve aplicar o Código do Consumidor, isso dada a natureza Constitucional de sua origem, o que foi corroborado pela Súmula 469 do STJ e, mais explicitamente, pela Súmula 100 do TJSP, a saber: "Súmula 100. *O contrato de plano/seguro saúde submete-se aos ditames do código de defesa do consumidor e da Lei nº 9.656/98 ainda que a avença tenha sido celebrada antes da vigência desses diplomas legais."*.

Além da relação jurídica firmada entre o consumidor-aderente e a empresa de planos de saúde ser relação de consumo *"stricto sensu"*, consideramos o contrato firmado entre tais partes como sendo um contrato de adesão. O art. 54, do CDC, define o contrato de adesão como sendo aquele cujas cláusulas tenham sido aprovadas pela autoridade competente ou estabelecidas unilateralmente pelo fornecedor de produtos ou serviços, sem que o consumidor possa discutir ou modificar substancialmente seu conteúdo; que é exatamente o que se dá quando alguém contrata um plano de saúde, pois o consumidor-aderente não tem a oportunidade de se manifestar sobre o conteúdo do contrato e, "**a fortiori**", de discutir o conteúdo das suas cláusulas.

Não bastasse, em contrapartida a essa limitação de fato, pois o consumidor-aderente está alijado de participar da avença, no caso de dúvida quanto ao conteúdo de clausula, a interpretação deve ser feita em favor do consumidor. É por isso que esses contratos devem ser redigidos em termos claros e com caracteres ostensivos e legíveis, redigindo-se com destaque as cláusulas que impliquem limitação de direito do consumidor, conforme rezam os art. 47 c.c. art. 54, do CDC.

Destarte, portanto, torna-se forçosa a conclusão de que, caracterizada a relação de consumo prevista no CDC, essa legislação prepondera sobre a legislação específica dos planos de saúde, prevista na Lei nº 9.656/98.

2. O contrato de plano de saúde e o cheque-caução

Uma das situações mais corriqueiras do consumidor-aderente que pretende se internar ou que pretende internar dependente em hospital mediante a utilização de seu plano de saúde, consiste na exigência do depósito de cheque-caução por parentes ou acompanhantes do consumidor internado.

Tal prática, além de configurar um evidente abuso da situação de fragilidade na qual se encontra o responsável pelo consumidor internado, que sempre fará tudo que for exigido na esperança de ver seu ente querido rapidamente atendido, ainda viola os princípios e normas protetivas dos art. 6º e 51, do CDC, sendo reputada conduta ilícita e criminosa, pois conforme dispôs a Lei nº 12.653, de 28 de maio de 2012, que acresceu ao Código Penal o art. 135-A, passou a ser crime a conduta de exigir cheque-caução, nota promissória ou qualquer garantia, bem como o preenchimento prévio de formulários administrativos, como condição para o atendimento médico-hospitalar emergencial, com uma pena de detenção, de 03 (três) meses a 01 (um) ano, e multa. Essa pena será aumentada até o dobro se da negativa de atendimento resulta lesão corporal de natureza grave, e até o triplo se resulta a morte. A mesma norma determina que o estabelecimento de saúde que realize atendimento médico-hospitalar emergencial fica obrigado a afixar, em local visível, cartaz ou equivalente, com a seguinte informação:

"Constitui crime a exigência de cheque-caução, de nota promissória ou de qualquer garantia, bem como do preenchimento prévio de formulários administrativos, como condição para o atendimento médico-hospitalar emergencial, nos termos do artigo 135-A do Código Penal.".

Embora a iniciativa legislativa para discutir relação contratual envolvendo empresas de plano de saúde seja tão somente da União, *"ex vi"* do art. 22, I, da Constituição da República, conforme decidido pelo STF na Ação direta de inconstitucionalidade nº 1.589, temos, no Estado de São Paulo, a lei nº 14.471, de 22 de junho de 2011, originada do Projeto de Lei nº 1.414/07, do Deputado Fernando Capez – PSDB, que *proíbe a exigência de caução de qualquer natureza para internação de doentes em hospitais ou clínicas da rede privada no Estado, nas hipóteses que especifica.*[2]

Portanto, sob qualquer ângulo que se examine, a obrigatoriedade do cheque-caução, *"in casu"*, é conduta ilegal e expressamente vedada por lei.

3. Rescisão contratual unilateral (denúncia) pela empresa

Firmado o contrato entre o consumidor-aderente e a empresa de plano de saúde, quando uma das partes não mais pretende continuar com a avença por vontade própria (*"sponte sua"*), para que ocorra o encerramento do que foi acordado há necessidade da denominada denúncia do contrato, que para as hipóteses de plano de saúde apresenta algumas limitações legais. Afinal, o encerramento abrupto de uma cobertura hospitalar, por exemplo, com a paralisação de um tratamento médico, poderia implicar em graves consequências para a saúde do paciente, inclusive colocando em risco a sua vida. Nesse sentido quem já não ouviu notícias de casos de desinternação de um paciente que estava numa UTI por conta da denuncia unilateral do contrato feita pela operadora de plano de saúde?

Diante dessa necessidade de preservar a vida e a saúde do consumidor, a Lei dos Planos de Saúde permite a denúncia do contrato na hipótese de fraude ou de inadimplência, desde que esta some um período de mais de sessenta dias, mas proíbe expressamente a denúncia durante a internação do consumidor-aderente, *"ex vi"* o disposto em seu art. 13. Com isso a lei

2 Verbis: *"Fica proibida a exigência de caução de qualquer natureza para internação de doentes em hospitais ou clínicas da rede privada no Estado, nas hipóteses de emergência ou urgência; na hipótese de descumprimento , o estabelecimento ficará obrigado a:*
I – devolver o valor depositado, em dobro, ao depositante;
II – multa de 1.000 (mil) a 10.000 (dez mil) Unidades Fiscais do Estado de São Paulo – UFESPs, graduada de acordo com a gravidade da infração, a vantagem auferida e a condição econômica do infrator, e aplicada mediante procedimento administrativo, sendo revertida para o Fundo Estadual de Reparação de Interesses Difusos Lesados.".

estabelece uma proteção adequada ao enfermo, vedando manobras que possam gerar prejuízo a sua saúde, fazendo preponderar sobre o interesse de natureza econômica da operadora o direito fundamental à saúde do consumidor. Trata-se, em verdade, de uma evidente manifestação de eficácia horizontal dos direitos fundamentais entre particulares.

Ademais, como o contrato de plano de saúde é um contrato de adesão, abrigando uma relação de consumo *"stricto sensu"*, conforme acima explicitado, temos que seria abusiva a denúncia contratual pura e simples pela empresa, *"a fortiori"* em se considerando que "estão em jogo" a vida humana e a saúde, representando abusividade a ser reconhecida, nos termos dos art. 6º, V, c.c. 39, V, c.c. 51, IV, §1º, todos do CDC. Esse o posicionamento acertado e que foi adotado pelo STJ nos RE nºs 242.084 e 602.397, nos quais se decidiu que a denúncia unilateral do contrato de plano de saúde pela empresa era caracterizava conduta abusiva.

Por fim, deve ser salientado que mesmo em caso de inadimplência do devedor não cabe a denúncia unilateral pura e simples, pois, conforme Súmula 94 do TJSP, a falta de pagamento da mensalidade não opera, por si, a pronta rescisão unilateral do contrato de plano ou seguro de saúde, exigindo-se a prévia notificação do devedor com prazo mínimo de dez dias para purga da mora.

Em suma, embora permitida a denuncia unilateral do contrato pela operadora de plano ou de seguro saúde nos casos de fraude e de inadimplência, essa denúncia não poderá ocorrer quando o consumidor-aderente está internado, prevalecendo sobre o interesse econômico da operadora o direito fundamental à saúde do consumidor.

4. Exclusão da aids e de doenças infectocontagiosas

Os contratos de plano de saúde costumam, eventualmente, inserir entre suas disposições cláusulas que tratam da exclusão de novos tipos de tratamentos e também do tratamento de doenças pré-existentes a assinatura do contrato, situação essa bastante discutível na medida em que tais contratos, como visto, se caracterizam por abarcar uma de relação de consumo *"stricto sensu"*, gozando por isso de uma proteção diferenciada.

Portanto, pelas mesmas razões que não permitem a denúncia em determinadas situações, também não é plausível que o consumidor-aderente tenha seu tratamento excluído sob o fundamento da sua não existência na época da contratação ou de que uma determinada doença aparentemente não existia quando da contratação. Por isso o contrato firmado antes da Lei dos Planos de Saúde, segundo entendemos , bem como os firmados na atualidade, não podem previamente excluir a AIDS ou qualquer outra doença infectocontagiosa, já que tal cláusula seria abusiva frente às normas dos art. 6º, V, c.c. 39, V e 51, IV, §1º, todos do CDC.

Afinal, essa forma de discriminação destoa da proteção à saúde inerente aos objetivos das empresas do ramo.

Nesse sentido, considerando abusiva a cláusula contratual que, pura e simplesmente, exclui a cobertura do tratamento da AIDS e de outras doenças infectocontagiosas, já decidiu o STF nos RESP nºs 244.847 e 729.891; e, mais recentemente, no RESP nº 1322914 da Terceira Turma, da relatoria da Ministra Nancy Andrighi, julgado em 07.03.2013 (DJE 12.03.2013).

Também no Estado de São Paulo é este o entendimento que se tem dado ao tema, conforme se vê pelo teor da Súmula nº 102, do TJSP, segundo a qual *havendo expressa indicação médica, é abusiva a negativa de cobertura de custeio de tratamento sob o argumento da sua natureza experimental ou por não estar previsto no rol de procedimentos da ANS.*

5. Limitação dos dias de internação

Representa questão bastante tormentosa definir se a operadora de plano ou de seguro saúde pode estabelecer, licitamente, mediante clausula contratual, a limitação de dias para internação. Isso porque, numa primeira análise, se a Lei dos Planos de Saúde permite e até mesmo prevê a existência de prazos de carência (*v.g.* 24 horas para urgência e emergência; 38ª semana de gravidez ou 300 dias para parto; e 180 dias para exames, cirurgias e internações), então não seria desarrazoado pensar que ela pudesse também prever uma limitação de prazo para a realização de um tratamento. Não é esse, porém, a melhor interpretação que deve ser dada ao tema.

Iniciado um tratamento, apenas o médico responsável pelo paciente é quem pode definir se esse tratamento está ou não encerrado ou se precisa ter continuidade. Qualquer limitação contratual que fixe um determinado prazo como sendo o prazo máximo de internação, mormente em UTI, independentemente do tempo de adesão ao contrato, mostra-se como uma regra abusiva frente ao CDC, haja vista as normas dos já mencionados art. 6º, V, c.c. 39, V e 51, IV, §1º, todos do mencionado diploma.

O reconhecimento de que tal prática é abusiva está pacificado no STJ, o que pode ser devidamente observado nos RESP nºs 158.728, 254.467, 434.699 e 459.915. Além disso, o próprio Sodalício sumulou a matéria e considerou cláusula abusiva a que limita os dias de internação, conforme o teor da Súmula nº 302, segundo a qual *"É abusiva a clausula contratual de plano der saúde que limita no tempo a internação hospitalar do segurado."*. Com idêntico conteúdo a Súmula nº 92 do TJSP.

6. Hospitais credenciados

O mercado de operadoras de planos e de seguro saúde é bastante amplo, sendo inúmeras as empresas que atuam no setor. Para dar cabo de suas obrigações essas empresas costumam, normalmente, manter hospitais próprios para a prestação dos serviços alcançados pela cobertura do plano, manter uma rede de hospitais conveniados ou reembolsar os consumidores-aderentes que buscam atendimento em médicos e hospitais não conveniados. Há modalidades de planos, ainda, que mesclam essas formas usuais de cobertura.

Pode acontecer, entretanto, que o consumidor tenha necessidade de um determinado tipo de tratamento que não é prestado pela rede pertencente ou conveniada da sua operadora, não havendo previsão para o ressarcimento de despesas. Também pode surgir uma nova técnica para o tratamento de uma antiga moléstia, que não existia na época do contrato, o que fatalmente implica na falta de previsão de cobertura para o tratamento. Nem por isso os Tribunais têm deixado os consumidores sem qualquer tipo de cobertura por parte dos planos de saúde.

Nos contratos atuais a própria lei, por força do que dispôs a Medida Provisória nº 2177-44, de 2001, impõe a obrigatoriedade da existência de previsão de cobertura com relação aos tratamentos de fisioterapia, quimioterapia, radioterapia, hemodiálise, transplante de rim, cirurgia de catarata e transplante de córnea, que eram objeto de uma infinidade de ações judiciais antes da imposição legal. Afinal, em razão do valor de tais tipos de tratamentos, as operadoras de planos de saúde, à época, fatalmente negavam o pedido de cobertura aos seus segurados, que recorriam ao Poder Judiciário para obter a determinação de que as despesas fossem pagas ou os serviços prestados. Também há a imposição legal de que o contrato não exclua a cobertura de qualquer doença contagiosa, sendo vedada à operadora a redução da rede hospitalar.

Diante dessas imposições legais, *"mutatis mutandi"*, há entendimento do STJ, nos RESP 267.530 e 402.727, de que no caso da não existência de hospital credenciado no local em que o consumidor necessitou dos serviços médicos; no caso de recusa do hospital credenciado de receber o paciente; nos casos de urgência da internação e em outras situações análogas, as operadoras estão obrigadas a reembolsar as despesas a favor do consumidor-aderente, mesmo com cláusula limitativa em contrário, a qual deve ser reputada como clausula abusiva.

Nesse sentido, embora tratando apenas de parte do problema, a posição já pacificada do TJSP, que está enunciada na Súmula 99, segundo a qual *"não havendo, na área do contrato de plano de saúde, atendimento especializado que o caso requer, e existindo urgência, há responsabilidade solidária no atendimento ao conveniado entre as cooperativas de trabalho médico da mesma operadora, ainda que situadas em bases geográficas distintas."*.

Por fim, uma nova hipótese tem aparecido, na prática do dia a dia, ao menos no Fórum Central de São Paulo (Fórum João Mendes Junior). As pequenas operadoras de planos de saúde credenciam hospitais famosos e vendem seus planos a um custo menor do que as outras, angariando com isso um número muito grande de clientes na sua carteira. Algum tempo depois, essa mesma carteira é alienada para uma operadora maior, que ao adquiri-la não renova o credenciamento daqueles Hospitais de ponta. Com isso, sendo outra a operadora, vem, a alegação de que não houve propriamente a redução da rede credenciada que é proibida por lei, sendo a responsabilidade de custeio da operadora anterior, que muita das vezes nem mais existe.

A essa triste situação deve ser integralmente aplicada a ideia até aqui desenvolvida, pois a nova operadora não pode suceder a anterior sem manter todos os benefícios que ela disponibilizava aos seus clientes. A sucessão se dá integralmente e a nova operadora deverá ressarcir todas as despesas que eram ressarcidas pela operadora sucedida.

7. Doença pré-existente

Uma exigência feita a todo aquele que contrata um plano ou seguro saúde, comum e automática nos respectivos contratos, trata-se do preenchimento de questionário pelo consumidor-aderente, a fim de que se saiba a sua atual situação de saúde, inclusive se já foi acometido de alguma doença antes do início do contrato e se já se submeteu a algum tipo de intervenção cirúrgica, tudo com as finalidades principais de excluir previamente algum tipo de cobertura e de dosar o *"quantum"* que será cobrado mensalmente pela empresa operadora.

A mais pura verdade deve constar das respostas apostas nesses questionamentos, mormente porque vigem os princípios contratuais dos art. 421 e 422, do Código Civil, *"id est"*, os princípios relativos à função social dos contratos e a boa-fé e a probidade quando da sua elaboração e da sua execução. Se houver qualquer dúvida razoável quanto ao conteúdo das respostas, porém, o sentido da sua interpretação deve ser a mais favorável ao consumidor-aderente, conforme art. 47, do CDC. Justamente por isso é que se recomenda, para segurança da operadora e do consumidor, a realização de exame médico pelo consumidor-aderente antes do início de vigência do contrato, a fim de que, tecnicamente, confirmem-se os aspectos médicos mencionados no questionário pré-admissional. Embora tal prática não seja comum, ela com certeza evitaria um grande número de ações que versa sobre a matéria.

Nada obstante, quando a empresa operadora não exige a realização de exame médico antes da vigência do contrato, a rigor ela assume o risco de arcar com os gastos de doença pré-existente e que não era de ciência do consumidor-aderente, a quem assiste o benefício da dúvida quanto a sua existência (art. 47, do CDC). Esse é o entendimento esposado pelo

STJ em vários precedentes (RESP 116.024, 191.241, 229.078, 234.219, 244.841, 263.564, 272.830 e 334.258), reconhecendo que a doença pré-existente não pode ser alegada como empecilho à cobertura dos gastos do consumidor-aderente caso a empresa de plano de saúde não tenha exigido a realização de prévio exame de saúde, pois, com tal omissão assumiu o risco com a cobertura securitária, a não ser que comprove a má-fé do consumidor-aderente.

Nesse mesmo sentido o entendimento da Súmula 105, do TJSP, afirmando que não prevalece à negativa de cobertura às doenças e às lesões pré-existentes se, à época da contratação de plano de saúde, não se exigiu prévio exame médico admissional.

Pacificado, portanto, o entendimento sobre o tema.

8. "Patologia de consequência" (próteses, "stent" e outros procedimentos acessórios)

Uma das clausulas de exclusão mais comuns em contratos de planos de saúde é aquela que diz, expressamente, que a operadora não se responsabiliza pela cobertura de próteses ou de outros tipos de equipamentos. Diante disso os pedidos de autorização para a implantação de tais artefatos são ordinariamente rejeitados e, fatalmente, a controvérsia acaba por ser judicializada, mediante a propositura de ação por parte do consumidor contra a operadora.

Nesses casos, entretanto, não é possível sustentar que a clausula de exclusão tem plena eficácia em todas as situações de fato, havendo necessidade de fazer uma distinção entre duas situações que são consideradas como hipóteses diversas. Quando a colocação da prótese é feita de modo autônomo, então a exclusão produz efeito e a operadora não tem o dever de arcar com as despesas para sua implantação. Porém, quando há a necessidade da colocação de prótese ou de outro equipamento como consequência ou, por assim dizer, como acessório indissociável de uma cirurgia ou de um tratamento, aquilo que se convencionou chamar de "patologia de consequência", então a operadora de plano de saúde tem o dever de custear a implantação da prótese ou do aparelho. Neste caso a clausula de exclusão acaba por não ser aplicada porque é tida como clausula abusiva (Dentre outros: RESP 158.728, 251.024, 331.860, 439.410 e 519.940).

Na prática, *"ad exemplum"*, se o consumidor-aderente é submetido a uma cirurgia cardíaca coberta pelo plano de saúde e, como consequência desta cirurgia o médico verifica que há a necessidade da implantação de "stent", considerado ou não tal artefato uma prótese, estará a operadora do plano ou do seguro saúde obrigada a arcar com as despesas decorrentes da sua aquisição e implantação. Afinal, seria um absoluto desproposito o cirurgião operar o paciente e, verificando a necessidade do "stent", deixar de implantá-lo porque o plano de saúde não dá a cobertura necessária. Diga-se o mesmo quando ao consumidor que tenha sido operado de câncer, cirurgia coberta pelo plano, e, depois, precisando de exames e de procedimentos como consequência, o plano não queira custear os valores relativos a esse procedimento (*v.g.* cirurgia plástica de reconstrução de mama). Em ambos os casos, tratando-se de "patologia de consequência", a negativa de cobertura é conduta abusiva, cabendo a obrigatoriedade de pagamento pela operadora do plano de saúde.

Esse entendimento resta plena e exaustivamente consolidado no TJSP, sendo editadas as seguintes súmulas: a) *Súmula 93. A implantação de "stent" é ato inerente à cirurgia cardíaca/vascular, sendo abusiva a negativa de sua cobertura, ainda que o contrato seja anterior à lei 9.656/98*; b) *Súmula 95. Havendo expressa indicação médica, não prevalece a negativa de cobertura do custeio ou fornecimento de medicamentos associados a tratamento quimioterápico*; c) *Súmula 96 – Havendo expressa indicação médica de exames associados a enfermidade coberta pelo contrato, não prevalece a negativa de cobertura do procedimento;* e, d) *Súmula 102 – Havendo expressa indicação médica, é abusiva a negativa de cobertura de custeio de tratamento sob o argumento da sua natureza experimental ou por não estar previsto no rol de procedimentos da ANS.*

Em suma, portanto, em se tratando de "patologia de consequência", a clausula de exclusão de cobertura de prótese ou de procedimentos acessórios é abusiva, sendo a operadora do plano ou do seguro de saúde responsável pelo custeio das despesas efetivadas pelo consumidor.

9. Reajuste da prestação, inclusive por mudança de faixa etária e por aumento de sinistralidade

Como acontece em todos os contratos dessa natureza, os contratos de plano de saúde também devem ter suas prestações reajustadas, o que se dá mediante controle da ANS (Agência Nacional de Saúde), mas sempre com a demonstração da apuração do índice de reajuste, com exposição clara e inteligível dos fatores que levaram ao aumento do valor da prestação. Mas mesmo diante dessa normatização dos reajustes por parte da agência reguladora, ainda é possível, caso a caso e diante do caso concreto, a análise da existência ou não de abusividade no fator de reajuste, com o eventual reconhecimento de que o índice não é aplicável à hipótese.

Veja-se, por exemplo, o caso de um o consumidor-aderente tenha idade de sessenta anos ou mais, sendo considerado idoso para os efeitos de enquadramento no Estatuto do Idoso (Lei nº 10.741, de 01.10.2003). No seu caso, de acordo com o art. 15, a falta de esclarecimentos sobre o reajuste decorrente da mudança de faixa etária faz com que a majoração da prestação mensal seja considerada abusiva, conforme já decidiram o STJ, no

Agravo Regimental 627.014, e o TJSP na Apelação Cível nº 449.062- 4/1 e no Agravo de Instrumento 343.841-4/4. Também nesse sentido a jurisprudência consolidada do TJSP, através da Súmula 91, segundo a qual *"ainda que a avença tenha sido firmada antes da sua vigência, é descabido, nos termos do disposto no art. 15, § 3º, do estatuto do idoso, o reajuste da mensalidade de plano de saúde por mudança de faixa etária."*.

Quanto à majoração da mensalidade do plano de saúde pelo aumento da sinistralidade, embora não seja ela, *"a priori"*, uma estipulação ilegal, temos que, para tanto, cabe à empresa operadora de plano de saúde comprovar cabalmente a sua necessidade e proporcionalidade, que, evidentemente, não se presumem. Em outros termos, a empresa deve comprovar a causa que determina a necessidade do aumento da mensalidade, sem o que é incabível e ilegal o aumento, conforme já decidiu o TJSP nas Apelações Cíveis nºs 0028791-87.2010.8.26.0000 – 9ª Câm. – Rel. Piva Rodrigues – j. 12.3.2013, e 0197751-06.2011.8.26.0100 – 8ª Câm. – Rel. Hélio de Faria – j. 20.3.2013.

10. "Home care"

Dependendo do estado de saúde do paciente/segurado/consumidor do plano de saúde, há necessidade de que seu tratamento se dê em seu próprio lar, sem deslocamento ao hospital, a clínica ou local que o valha, procedimento este denominado *"home care"*.

Muita das vezes não há previsão expressa no contrato para a utilização deste tipo de procedimento, mas, mesmo assim, os serviços a serem prestados pela empresa operadora de plano de saúde tão somente "mudarão de local de prestação" e, na essência, são os mesmos serviços que deveriam ser prestados em hospital ao consumidor.

Portanto, mesmo diante da não existência de previsão contratual para tal tipo de procedimento ou mesmo que o contrato o exclua expressamente, a cobertura do "**home care**" é de ser satisfeita pela empresa, nos exatos termos da Súmula 90, do TJSP, segundo a qual *"havendo expressa indicação médica para a utilização dos serviços de home care , revela-se abusiva a cláusula de exclusão inserida na avença, que não pode prevalecer"*.

Conclusões

01. Caracterizada a relação de consumo prevista no CDC, essa legislação prepondera sobre a legislação específica dos planos de saúde, prevista na Lei nº 9.656/98.

02. A exigência, por parte da operadora de plano ou de seguro saúde, de cheque-caução, caracteriza conduta ilegal e expressamente vedada por lei.

03. Embora permitida a denuncia unilateral do contrato pela operadora de plano ou de seguro saúde nos casos de fraude e de inadimplência, essa denúncia não poderá ocorrer quando o consumidor-aderente estiver internado, prevalecendo o direito fundamental do consumidor à saúde sobre o interesse econômico da operadora.

04. Deve ser considerada e declarada abusiva a cláusula contratual que exclui a cobertura do tratamento da AIDS e de outras doenças infectocontagiosas.

05. Resta pacificado o entendimento de que é abusiva a clausula contratual que limita o tempo de internação do consumidor–aderente (Súmula nº 302 do STJ e Súmula nº 92 do TJSP).

06. A não existência de hospital credenciado que possa atender o segurado de plano de saúde enseja para a operadora a obrigação de reembolso das despesas efetivadas com o tratamento em outro nosocômio.

07. Pacificado o entendimento de que é ilegal e de que não pode prevalecer a negativa de cobertura às doenças e às lesões pré-existentes se, na época da contratação do plano de saúde, a operadora não se exigiu prévio exame médico admissional (Súmula 105, do TJSP).

08. Em se tratando de "patologia de consequência", a clausula de exclusão de cobertura de prótese ou de procedimentos acessórios é abusiva, sendo a operadora do plano ou do seguro de saúde responsável pelo custeio das despesas efetivadas pelo consumidor.

09. Em caso de sinistralidade, a empresa operadora de plano de saúde deve comprovar a causa que determina a necessidade do aumento da mensalidade, sem o que é incabível e ilegal a majoração.

10. Diante de expressa prescrição médica, a cobertura do *"home care"* é de ser satisfeita pela empresa, nos exatos termos da Súmula 90, do TJSP.

Bibliografia

ALMEIDA, João Batista de. *A proteção jurídica do consumidor*. 7ª ed. São Paulo: Saraiva, 2009.

CAVALIERI FILHO, Sérgio. *Programa de Direito do Consumidor*. 4ª ed. São Paulo: Atlas, 2014.

FILOMENO, José Geraldo Brito. *Dos direitos do consumidor.* In GRINOVER, Ada Pellegrini, et all (Coord.). *Código brasileiro de defesa do consumidor.* 7ª ed. Rio de Janeiro: Forense, 2001.

MARQUES, Claudia Lima. *Contratos no Código de Defesa do Consumidor*. 7ª ed. São Paulo: RT, 2014.

MORATO, Antonio Carlos e NERI, Paulo de Tarso (Orgs.). *20 anos do Código de Defesa do Consumidor – Estudos em homenagem ao Professor José Geraldo Brito Filomeno*. 1ª ed. São Paulo: Atlas, 2010.

NUNES, Luiz Antônio Rizzato. *Curso de Direito do Consumidor*. 9ª ed. São Paulo: Saraiva, 2014.

NUNES JÚNIOR, Vidal Serrano e DE MATOS, Yolanda Alves Pinto Serrano. *Código de Defesa do Consumidor interpretado*. 6ª ed. São Paulo: Verbatim, 2014.

SCAFF, Fernando Campos. *Direito à saúde no âmbito privado – contratos de adesão, planos de saúde e seguro-saúde*. 1ª ed. São Paulo: Saraiva, 2010.

SCHMITT, Cristiano Heineck. *Cláusulas abusivas nas relações de consumo*. 4ª ed. São Paulo: RT, 2014.

SODRÉ, Marcelo Gomes. *A construção do Direito do consumidor: Um estudo sobre as origens das Leis Principiológicas de Defesa do Consumidor*. 1ª ed. São Paulo: Atlas, 2009.

TRETTEL, Daniela Batalha. *Planos de saúde na visão do STJ e do STF*. 1ª ed. São Paulo: Verbatim, 2010.

PUBLICIDADE INFANTIL E LIBERDADE DE EXPRESSÃO

Daniel Marques de Camargo
Hugo Pires

O consumidor é o elo mais fraco da economia. E nenhuma corrente pode ser mais forte do que seu elo mais fraco
Henry Ford

Introdução

No âmbito de uma economia de mercado, as pessoas inevitavelmente estão inseridas em moldes econômicos que as influenciam a consumir de forma contínua, às vezes mais, outras menos, seduzidas pelo comércio de produtos e serviços cada vez mais atrativo. É que o capitalismo sobrevive mesmo na oferta e aquisição, de modo que enquanto os lucros precisam aumentar em nível acelerado, o número de consumidores e seu poder aquisitivo precisa acompanhar o ritmo capitalista para que se mantenha a ordem econômica.

Nessa busca desenfreada por novos consumidores, as empresas se apoiam na publicidade cada vez mais agressiva, isto é, mais persuasiva e (como sói acontecer) ilusória, no sentido de que o ser humano é tomado por uma falsa impressão de necessidade vital do produto divulgado. Assim, homens, mulheres, jovens e idosos, são vistos como meros e potenciais compradores, números apenas de uma sociedade globalizada que parece desprezar a pessoa humana em favor do capital.

Afinal, nessa toada, o que vale é o quanto se pode comprar e gastar.

Sendo assim, novos horizontes aparecem quando se vislumbra um público-alvo que ainda não possui discernimento crítico capaz de entender as nuances e os interesses comerciais do mercado: o universo infantil. Ora, quiçá os adultos conseguem entender tais nuances e interesses, quem dirá as crianças.

Pensando nisso é que se pretende apresentar os principais aspectos que rodeiam a publicidade infantil, sobretudo no tocante à sua vedação, com ênfase nos direitos constitucional e do consumidor, a fim de travar um diálogo capaz de equacionar possíveis limites da liberdade de expressão e a publicidade dirigida à criança, desde já precoce consumidora.[1]

Para tanto, amparado por doutrina consumerista e constitucionalista, e alinhado à jurisprudência dos tribunais superiores, discorrer-se-á sobre a liberdade de expressão no Estado Democrático de Direito e se a publicidade representa mesmo uma forma de expressão ou apenas de persuasão, além de apresentar os principais direitos do consumidor atinentes ao tema ora proposto, com especial enfoque na hipossuficiência (*hipervulnerabilidade*) da criança-consumidora, bem como as limitações legais existentes no Brasil acerca da publicidade, sem prejuízo da análise de um caso concreto como forma de esquivar-se da análise meramente teórica.

1. Liberdade de expressão: breves palavras

Quando o indivíduo manifesta o pensamento através da palavra, do gesto ou até de um olhar – e os amigos, e também os amantes, bem sabem o que isso significa -, ele está a se expressar diante dos fatos, ou seja, o que a princípio habitava apenas a sua consciência ganha asas e liberdade diante da vastidão do mundo. Em verdade, a palavra dita ou escrita, o gesto lançado e até o silêncio de um olhar descoberto são mesmo como aquela pedra atirada que não volta jamais, ou, ainda, o tempo já vivido.

E se não voltam jamais, o Direito vem regular não o exercício propriamente dito da liberdade de expressão, mas as consequências do seu uso indevido, no sentido de que os autores de eventuais danos possam ser responsabilizados por aquilo que expressaram de forma criminosa, leviana ou abusiva.

Direito fundamental que é em essência, a Constituição Federal de 1988 assegura a livre manifestação do pensamento (art. 5º, IV),[2] mas, em contrapartida e como ponto de equilíbrio, veda o anonimato, de modo que não pode haver em um Estado Democrático de Direito qualquer direito de cunho absoluto, sob pena de se desvirtuar a natureza constitucional que deve ser corolário de uma sociedade que se quer avante.

---

1 Nos termos do artigo 29, do Código de Defesa do Consumidor, equiparam-se aos consumidores todas as pessoas determináveis ou não, expostas às práticas mercadológicas e consumeristas previstas no referido Código.

2 BRASIL. *Constituição da República Federativa do Brasil de 1988*. Art. 5º, inciso IV – é livre a manifestação do pensamento, sendo vedado o anonimato.

Elucidativas, neste sentido, as palavras de Celso Ribeiro Bastos:

> Ora, é fácil imaginar que exercido irresponsavelmente, este direito tornar-se-ia uma fonte de tormento aos indivíduos na sociedade. A todo instante poderiam ser objeto de informações inverídicas, de expressões valorativas de conteúdo negativo, tudo isto feito sem qualquer benefício social, mas com a inevitável conseqüência de causar danos morais e patrimoniais às pessoas referidas.[3]

Implica dizer que concomitantemente ao exercício de um direito faz-se necessária a observância de limites para que não se fira a órbita de direitos do outro. Daí, a justificativa para a vedação ao anonimato. Daí, também, a justificativa sempre boa de ser lembrada da importância da responsabilidade administrativa, civil e penal.

No entanto, conforme asseverado alhures, o Direito não se presta a limitar o exercício da liberdade de expressão, desde que de forma não anônima, mas as consequências danosas que porventura possam advir do seu uso. Neste sentido se manifestou o Supremo Tribunal Federal quando do julgamento da ADPF 187/DF, cujo trecho do voto do Ministro Marco Aurélio segue abaixo transcrito:

> No sistema de liberdades públicas constitucional, a liberdade de expressão possui espaço singular. Tem como único paralelo em escala de importância o princípio da dignidade da pessoa humana. Na linguagem da Suprema Corte dos Estados Unidos, se "existe uma estrela fixa em nossa constelação constitucional, é que nenhuma autoridade, do patamar que seja, pode determinar o que é ortodoxo em política, religião ou em outras matérias opináveis, nem pode forçar os cidadãos a confessar, de palavra ou de fato, a sua fé nelas" – este trecho foi formalizado no caso West Virginia Board of Education v. Barnette. O Tribunal norte-americano assentou, no precedente referido, não haver circunstância que permita excepcionar o direito à liberdade de expressão. Isso porque, acrescento, tal direito é alicerce, a um só tempo, do sistema de direitos fundamentais e do princípio democrático – genuíno pilar do Estado Democrático de Direito.
>
> (...) Concluo que a liberdade de expressão não pode ser tida apenas como um direito a falar aquilo que as pessoas querem ouvir, ou ao menos aquilo que lhes é indiferente. Definitivamente, não. Liberdade de expressão existe precisamente para proteger as manifestações que incomodam os agentes públicos e privados, que são capazes de gerar reflexões e modificar opiniões. Impedir o livre trânsito de ideias é, portanto, ir de encontro ao conteúdo básico da liberdade de expressão.[4]

---

3 BASTOS, Celso Ribeiro. *Curso de Direito Constitucional.* São Paulo: Editora Saraiva, 2005, p. 197.

4 BRASIL. *Supremo Tribunal Federal. ADPF 187/DF*. Disponível em: <http://www.stf.jus.br/arquivo/cms/noticiaNoticiaStf/anexo/ADPF187MMA.pdf >. Acesso em: 07 de jan. 2015.

Com efeito, a liberdade de expressão confunde-se mesmo com a própria essência da pessoa humana, já que representa alto matiz da dignidade do indivíduo em poder transpassar a sua opinião, sem o risco de ser penalizado por simplesmente pensar diferente do dogma estabelecido, porque a discussão de ideias é o espelho de uma sociedade democrática desenvolvida, porquanto é bem de ver que em termos de direitos de liberdade a igualdade é, de fato, universalizada, o que não vale para os direitos sociais.[5]

Ao que calha de mais relevante, cabe analisar se a veiculação de publicidade ao público infantil exprime opinião ou meramente uma tentativa de divulgar e persuadir o consumidor a adquirir o produto ou serviço oferecido, de modo que, se na via dos interesses pessoais a liberdade de expressão coaduna com aquilo que há de mais importante e fundamental à pessoa humana, a recíproca não possui resposta pronta quando se coloca em evidência fins mercantis e comerciais, ou seja, necessário é tecer um diálogo entre fontes, para que se desvele afinal se a proibição de publicidade infantil representa ou não uma vedação ao exercício da manifestação livre do pensamento.

2. Antes, o que é publicidade?

Para que se adentre na tratativa da liberdade de expressão na seara publicitária, é necessário antes discorrer acerca do que vem a ser publicidade. Aqui é importante fazer um recorte com o fito de trazer à baila a celeuma existente na doutrina acerca da possível diferença entre publicidade e propaganda.

Parte da doutrina consumerista considera que não se pode conceber publicidade e propaganda como palavras sinônimas, sob o fundamento de que aquela se liga a fins comerciais de circulação de riquezas, a lucros, portanto; enquanto essa visa propagar questões políticas, religiosas ou ideológicas, sem vistas à geração de lucros.[6]

Neste sentido, o Código de Defesa do Consumidor adotou o termo "publicidade" para dizer sobre a prática de divulgação comercial de produto, conforme se verifica nos artigos 6º, inciso IV; 30; 33, *caput* e parágrafo único; 35, *caput* e inciso I; 36, *caput* e parágrafo único; 37, *caput* e §§ 2º e 3º; 60, *caput* e § 1º; 63; 67; 68 e 69. Em contrapartida, utilizou o termo "contrapropaganda" para referir-se à imposição de sanção administrativa aos casos de publicidade enganosa ou abusiva, no sentido de divulgar, propagar

5 BOBBIO, Norberto. *A era dos direitos.* Rio de Janeiro: Editora Campus, 1992, p. 71.

6 TARTUCE, Flávio; NEVES, Daniel Amorim Assumpção. *Manual de Direito do Consumidor – direito material e processual.* São Paulo: Editora Método, 2014.

a correção ou desfazimento do malefício causado. Tal contrapropaganda é desvinculada de qualquer viés econômico e lucrativo.

Não obstante, a própria Constituição não faz distinção entre os dois termos, de modo que na esfera infraconstitucional a celeuma somente se resolve se assim forem considerados sinônimos, pois a Lei nº 4.137/1962, diploma regulador da repressão ao abuso do poder econômico, adota o termo "propaganda publicitária" (art. 2º, inciso V, alínea "a"), ao passo que o Código Brasileiro de Autorregulamentação Publicitária usa os dois termos. Ademais, a Lei nº 4.680/1965, que dispõe sobre o exercício da profissão do publicitário e do agenciador de propaganda, a define como forma remunerada de difusão de ideias, mercadorias ou serviços realizados por um anunciante identificado (art. 5º).[7]

Além disso, o Código de Ética dos Profissionais da Propaganda, de 1957, conceitua propaganda como "a técnica de criar opinião pública favorável a um determinado produto, serviço, instituição ou ideia, visando a orientar o comportamento humano das massas num determinado sentido".[8]

Do que foi apresentado, considerar a sinonímia entre os termos "propaganda" e "publicidade", sobretudo a fim de homenagear o diálogo entre fontes, isto é, ante a celeuma criada pelo próprio ordenamento jurídico acerca do que vem a ser publicidade e propaganda, parece ser a melhor opção tratá-los como termos de mesma acepção.

Superada essa questão terminológica, ainda importa trazer a lume definição apresentada nos bancos acadêmicos dos estudos publicitários:

> A publicidade é um grande meio de comunicação com a massa, pois não é possível fazer um anúncio adaptado a cada indivíduo da multidão consumidora. Logo, este anúncio tem de ser ajustado ao tipo médio que constitui o grupo consumidor visado pelo anunciante.[9]
>
> Por outras palavras, é direcionada a grupos (crianças, jovens, adultos, idosos, homens, mulheres, pobres, ricos etc.), e não de forma individualizada segundo as características de cada um, ou seja, não há uma publicidade própria para cada pessoa; a adaptação por grupo visa atender o objetivo do anunciante, qual seja: persuadir o consumidor a adquirir determinado produto ou serviço.
>
> Art. 7º. De vez que a publicidade exerce forte influência de ordem cultural sobre grandes massas da população, este Código recomenda que os anúncios se-

---

7 NUNES, Rizzatto. *Curso de Direito do Consumidor.* São Paulo: Editora Saraiva, 2012, pp. 109-110.

8 BRASIL. *Código de Ética dos Profissionais da Propaganda, de 1957.* Informações disponíveis em: <http://www.appbrasil.net/profiles/blogs/codigo-de-etica-dos-profissionais-de-propaganda>. Acesso em: 08 de jan. 2015.

9 SILVA, 1976, *apud.* BRANDÃO, Eduardo. *Definições de Marketing, Propaganda, Publicidade, anúncios e Banner.* (Monografia)-PUC-Rj, Pontifícia Universidade Católica do Rio de Janeiro, 2006, p. 53.

> jam criados e produzidos por Agências e Profissionais sediados no país – salvo impossibilidade devidamente comprovada e, ainda, que toda publicidade seja agenciada por empresa aqui estabelecida.[10]

Difícil não concordar com o expendido pelo supratranscrito artigo, pois dado que a publicidade representa a melhor (e talvez, única) ferramenta à disposição das empresas para a divulgação do produto ou serviço, e considerando que atinge e influencia um número indeterminado de pessoas, assim também a cultura e os costumes do povo, necessário que se possa exercer algum tipo de controle sobre o que e como se divulga, razão pela qual se recomenda a sua criação e agenciamento através de empresas especializadas no ramo e sediadas no País.

3. Publicidade infantil abusiva

Feito esse breve aporte acerca do conceito de publicidade, cumpre agora discorrer sobre a sua exploração abusiva, não poucas vezes também enganosa, voltada às crianças. Impende destacar dois pontos de início: a criança para a ordenação jurídica brasileira, e o que vem a ser publicidade enganosa e abusiva albergada pelo Código de Defesa do Consumidor (CDC).

A saber, nos termos do artigo 2º do Estatuto da Criança e do Adolescente (ECA),[11] criança é toda pessoa com até doze anos de idade incompletos, ao passo que adolescente é aquela entre doze e dezoito anos, o que demonstra o fator biológico como determinante para a definição da etapa de vida da pessoa.[12]

Já no tocante à publicidade enganosa e abusiva, o Código do Consumidor[13] veda toda conduta nesse sentido; e em nome do princípio da

---

10 BRASIL. *Código Brasileiro de Autorregulamentação Publicitária (CBAP)*. In: Conselho Nacional de Autorregulamentação Publicitária. Disponível em: < http://www.conar.org.br/codigo/codigo.php> . Acesso em: 10 de jan. 2015

11 BRASIL. *Lei nº 8.069/1990, Estatuto da Criança e do Adolescente (ECA)* – Art. 2º. Considera-se criança, para os efeitos desta Lei, a pessoa até doze anos de idade incompletos, e adolescente aquela entre doze e dezoito anos de idade.

12 ONU. *Convenção das Nações Unidas sobre os Direitos da Criança*. Art. 1º. Para os efeitos da presente Convenção, entende-se por criança todo ser humano menor de 18 anos de idade, salvo, se, em conformidade com a lei aplicável à criança, a maioridade seja alcançada antes. Disponível em: <http://www.planalto.gov.br/ccivil_03/decreto/1990-1994/D99710.htm>. Acesso em: 10 de jan. 2015.

13 BRASIL. *Lei nº 8.078/1990, Código de Defesa do Consumidor (CDC)* ⍰ Art. 37. É proibida toda publicidade enganosa ou abusiva. § 1° É enganosa qualquer modalidade de informação ou comunicação de caráter publicitário, inteira ou parcialmente falsa, ou, por qualquer outro modo, mesmo por omissão, capaz de induzir em erro o consumidor a respeito da natureza, características, qualidade, quantidade, propriedades, origem,

operabilidade o legislador se arvora na função atribuída à doutrina e conceitua legalmente os institutos a que se refere na lei, de modo que define, exemplificativamente, como enganosa qualquer modalidade de informação ou comunicação de caráter publicitário, ainda que apenas parcialmente falsa ou mesmo omissiva, capaz de induzir o consumidor a erro em relação à natureza, características, qualidade, quantidade, propriedades, origem, preço ou outros dados necessários para a identificação correta do produto ou serviço.

Do mesmo modo exemplificativo, caracteriza como abusiva a publicidade que incite à violência, explore o medo ou a superstição, a que se aproveita da deficiência de julgamento e experiência da criança, inclusive aquela que induza o consumidor a se comportar de forma prejudicial ou perigosa à sua saúde ou segurança, entre outras formas abusivas de publicidade. Ademais, no artigo 6º, inciso IV, do mesmo Código, o legislador garante como direito básico do consumidor a proteção contra a publicidade enganosa e abusiva, bem como métodos comerciais coercitivos ou desleais, atendendo, pois, a mandamento constitucional insculpido no artigo 5º, inciso XXXII, da Constituição de 1988.[14]

Conforme lição de Isabella Vieira Machado Henriques:[15]

> O anúncio deve atentar para as características psicológicas da criança, respeitar a sua ingenuidade, a credibilidade, inexperiência e o sentimento de lealdade infantil, preocupar-se com a segurança da criança e ser produzido com fundamento em regras de boas maneiras. O anúncio não pode, por exemplo, transmitir, ainda que implicitamente, sentimento de inferioridade no caso de a criança não adquirir o produto ou serviço anunciado, quanto menos estimular que a criança constranja seus pais ou responsáveis a fazê-lo.

Em consonância com o precitado, o Código Brasileiro de Autorregulamentação Publicitária (CBAP) estabelece uma série de limitações à publicidade infantil (artigo 37, inciso I, alíneas), dentre as quais merecem destaque a vedação ao apelo imperativo de consumo diretamente à

preço e quaisquer outros dados sobre produtos e serviços. § 2° É abusiva, dentre outras a publicidade discriminatória de qualquer natureza, a que incite à violência, explore o medo ou a superstição, se aproveite da deficiência de julgamento e experiência da criança, desrespeita valores ambientais, ou que seja capaz de induzir o consumidor a se comportar de forma prejudicial ou perigosa à sua saúde ou segurança. § 3° Para os efeitos deste código, a publicidade é enganosa por omissão quando deixar de informar sobre dado essencial do produto ou serviço.

14 BRASIL. *Constituição da República Federativa do Brasil de 1988*. Art. 5º, inciso XXXII – o Estado promoverá, na forma da lei, a defesa do consumidor.

15 HENRIQUES, Isabella Vieira Machado. *Publicidade abusiva dirigida à criança*. Curitiba: Juruá, 2007, p. 54.

criança, à ideia de que a superioridade ou inferioridade perante os demais dependerá da aquisição ou não do produto, à geração de constrangimentos e molestação aos pais, responsáveis ou terceiros visando forçar o consumo.

Deve, ao contrário, favorecer as relações entre pais e filhos, e todo o meio social da criança; respeitar a dignidade, ingenuidade, credulidade, inexperiência e o sentimento de lealdade, próprio da criança, daí a presunção de sua menor capacidade de discernimento; obedecer a cuidados tais que evitem eventuais distorções psicológicas nos modelos publicitários e no público-alvo e, inclusive, abster-se de estimular comportamentos socialmente condenáveis, conforme dicção do inciso II e alíneas, do artigo 37, do mencionado Código Brasileiro de Autorregulamentação Publicitária (CBAP).

Mas, por que a publicidade infantil deve ser tida por abusiva?

Como bem assinala Rizzatto: "O caráter da abusividade não tem necessariamente relação direta com o produto ou serviço oferecido, mas sim com os efeitos da propaganda que possam causar algum mal ou constrangimento ao consumidor".[16]

Merecem destaque as palavras de José Tadeu Neves Xavier:[17]

> [...] a atuação publicitária é esperta, preparada para atingir os pontos mais estratégicos da vulnerabilidade do consumidor, sendo capaz de gerar necessidades que acabam por nutrir a roda-viva do consumismo. A existência de uma vontade livre e consciente do consumidor é substituída por uma vontade formada (ou deformada) ao sabor da pretensão dos empresários, num grau técnico de sofisticação capaz de gerar no agente um sentimento ilusório de autonomia e liberdade de escolha, tão forte que não permitirá distinguir entre a escolha livre e a induzida.

Justamente por ter a criança capacidade de discernimento reduzida, haja vista a sua pouca idade para compreender as reais intenções persuasivas e manipuladoras do mercado publicitário, tem-se ferido o princípio da identificação publicitária, cuja tratativa vem estampada no artigo 28 do Código Brasileiro de Autorregulamentação Publicitária (CBAP),[18] bem como artigo 36 do Código de Defesa do Consumidor,[19] fato que torna os efeitos da

16 NUNES, Rizzatto. *Curso de Direito do Consumidor.* São Paulo: Editora Saraiva, 2012, p. 573.

17 XAVIER, José Tadeu Neves. *Os limites da atuação publicitária na condução de comportamentos sociais.* Revista de Direito do Consumidor, ano 21, nº 81, jan./mar., 2012. p. 124.

18 BRASIL. *Código Brasileiro de Autorregulamentação Publicitária (CBAP).* Art. 28. O anúncio deve ser claramente distinguido como tal, seja qual for a sua forma ou meio de veiculação. Disponível em: <http://www.conar.org.br/codigo/codigo.php> . Acesso em: 10 de jan. 2015.

19 BRASIL. *Lei nº 8.078/1990, Código de Defesa do Consumidor (CDC).* Art. 36. A publicidade deve ser veiculada de tal forma que o consumidor, fácil e imediatamente, a identifique como tal.

publicidade ao público infantil demasiadadamente negativos e causadores de males à personalidade da criança.

De acordo com o Instituto Alana,[20] associação sem fins lucrativos que trabalha na defesa da criança e do adolescente:

> O que caracteriza a abusividade da publicidade dirigida à criança é, principalmente, o fato de ela se aproveitar da ingenuidade dos pequenos para lhes vender produtos. Pelo fato de a maioria das crianças acreditar no que ouve e vê, ela também acredita que o produto ou o serviço anunciado vai realmente proporcionar-lhe os benefícios e os prazeres que a publicidade promete. Mesmo que se trate de algo absolutamente irreal e impossível de se realizar. Um adulto pode compreender que o tênis de marca anunciado não vai deixá-lo tão famoso e rico como o astro esportista que está protagonizando o comercial televisivo. Já a criança desejará o produto por acreditar, por exemplo, que terá um poder diferenciado se tomar um achocolatado; ou que entrará em um mundo encantado se comprar determinado brinquedo. Trata-se, portanto, de um jogo desigual, no qual quem anuncia para crianças sabe o que está fazendo, enquanto elas não sabem exatamente o que estão comprando.

De fato, uma vez que a criança não consegue identificar que o produto divulgado faz parte de uma tática mercadológica para vender (e sempre mais), e que pode não representar verdadeiramente uma necessidade absoluta para a sua vida, as empresas são favorecidas, com lucros maiores em virtude da deficiência de julgamento e (in) experiência do público a que se destina, o infantil.

Nas palavras de Marco Antonio dos Anjos:

> Assim, a publicidade, embora tenha como principal finalidade criar nas pessoas um desejo de consumo – e por isso cumpre um papel favorável ao fornecedor –, deve, por outro lado, ser clara e respeitar limites legais, pois também exerce função informativa ao consumidor. Assim, toda atividade publicitária deve ser exercida de maneira que o consumidor, fácil e imediatamente, a identifique como tal, não podendo ser camuflada. É necessário respeitar, portanto, o princípio da identificação da publicidade.[21]

---

20 ALANA. Conforme informação disponível no sítio eletrônico <http://alana.org.br/>. "O Instituto Alana é uma organização da sociedade civil, sem fins lucrativos, que reúne os projetos que escolhemos apostar na busca pela garantia de condições para a vivência plena da infância. Criado em 1994, o Instituto conta hoje com sete projetos próprios e quatro com parceiros – todos podem ser conhecidos abaixo – e é mantido pelos rendimentos de um fundo patrimonial desde 2013. Tem como missão 'honrar a criança'". Acesso em: 11 de jan. 2015.

21 ANJOS, Marco Antonio dos. *Seção III – Da Publicidade*. In: MACHADO, Costa (org.); FRONTINI, Paulo Salvador (coord.). *Código de Defesa do Consumidor interpretado: artigo por artigo, parágrafo por parágrafo*. São Paulo: Editora Manole, 2013, p. 106.

Nessa senda, pode-se afirmar que o sistema jurídico brasileiro prestigia a vedação à publicidade infantil, seja por uma interpretação do texto constitucional,[22] seja por meio do teor explícito advindo do Código de Defesa do Consumidor (CDC), ou, e não menos importante, pelo Código de Autorregulamentação Publicitária (CBAP); sem prejuízo das normas contidas no Estatuto da Criança e do Adolescente,[23] Convenção das Nações Unidas sobre os Direitos da Criança,[24] Resolução do Conselho Nacional dos Direitos da Criança e dos Adolescentes (CONANDA).

Ainda, vale destacar que se encontra em discussão na Câmara dos Deputados o Projeto de Lei nº 5.921/2001,[25] de autoria do Deputado Luiz Carlos Haury,[26] cuja alteração pretendida é em relação ao artigo 37 do Código de Defesa do Consumidor (CDC), por meio do acréscimo de parágrafo. Deste modo, para além da previsão contida no já mencionado § 2º, do artigo 37, do precitado Código do Consumidor, que diz ser abusiva a publicidade que se aproveitar da deficiência de julgamento e experiência da criança, a pretensão do legislador é tornar legalmente mais clara e objetiva tal vedação. No entanto, aguarda ainda parecer da Comissão de Constituição e Justiça e de Cidadania da Câmara dos Deputados (CCJC).[27]

---

22 BRASIL. *Constituição da República Federativa do Brasil de 1988*. Art. 227. É dever da família, da sociedade e do Estado assegurar à criança, ao adolescente e ao jovem, com absoluta prioridade, o direito à vida, à saúde, à alimentação, à educação, ao lazer, à profissionalização, à cultura, à dignidade, ao respeito, à liberdade e à convivência familiar e comunitária, além de colocá-los a salvo de toda forma de negligência, discriminação, exploração, violência, crueldade e opressão (Redação dada Pela Emenda Constitucional nº 65, de 2010).

23 BRASIL. *Lei nº 8.069/1990, Estatuto da Criança e do Adolescente (ECA)* – Art. 7º. A criança e o adolescente têm direito a proteção à vida e à saúde, mediante a efetivação de políticas sociais públicas que permitam o nascimento e o desenvolvimento sadio e harmonioso, em condições dignas de existência.
Art. 76. As emissoras de rádio e televisão somente exibirão, no horário recomendado para o público infanto juvenil, programas com finalidades educativas, artísticas, culturais e informativas.

24 ONU. *Convenção das Nações Unidas sobre os Direitos da Criança.* Art. 31 – 1. Os Estados-parte reconhecem o direito da criança de estar protegida contra a exploração econômica e contra o desempenho de qualquer trabalho que possa ser perigoso ou interferir em sua educação, ou seja nocivo para saúde ou para seu desenvolvimento físico, mental, espiritual, moral ou social. Disponível em: <http://www.planalto.gov.br/ccivil_03/decreto/1990-1994/D99710.htm>. Acesso em: 11 de jan. 2015.

25 BRASIL. *Projeto de Lei nº 5.921/2001*. Disponível em: <http://www.camara.gov.br/sileg/integras/571215.pdf>. Acesso em: 11 de jan. 2015.

26 Vide <http://www.hauly.com.br/ps/42.pdf>. Acesso em: 11 de jan. 2014.

27 Os substitutivos e suas respectivas emendas à proposta do Projeto de Lei em comento encontram-se disponíveis no sítio eletrônico da Câmara dos Deputados: <http://www.camara.gov.br/proposicoesWeb/prop_emendas?idProposicao=43201&subst=1>. Acesso em: 11 de jan. 2014.

Merece igual atenção a Resolução 163/2014 do Conselho Nacional dos Direitos da Criança e do Adolescente (CONANDA), a qual dispõe sobre a publicidade focada no público infantil, com especial destaque ao artigo 2º, *in verbis*:[28]

> Art. 2º. Considera-se abusiva, em razão da política nacional de atendimento da criança e do adolescente, a prática do direcionamento de publicidade e de comunicação mercadológica à criança, com a intenção de persuadi-la para o consumo de qualquer produto ou serviço e utilizando-se, dentre outros, dos seguintes aspectos: I – linguagem infantil, efeitos especiais e excesso de cores; II – trilhas sonoras de músicas infantis ou cantadas por vozes de criança; III – representação de criança; IV – pessoas ou celebridades com apelo ao público infantil; V – personagens ou apresentadores infantis; VI – desenho animado ou de animação; VII – bonecos ou similares; VIII – promoção com distribuição de prêmios ou de brindes colecionáveis ou com apelos ao público infantil; e IX – promoção com competições ou jogos com apelo ao público infantil.

Extrai-se da leitura do supratranscrito artigo 2º que a publicidade dirigida à criança através de linguagem infantil, efeitos especiais e excesso de cores, bem como através de tudo que se relacione ao contexto próprio do universo desse público, por meio de linguagem apelativa e distribuição de prêmios ou brindes colecionáveis, será tida por abusiva. No entanto, resta a seguinte questão: se descumprida a regra prevista na Resolução, aquele que a descumpriu estará sujeito a sanções?

A grande questão a ser discutida é, destarte, se tal Resolução possui força de lei e normatividade capaz de obrigar a todos a seguirem sua determinação. Sinale-se, de imediato, que da leitura da referida Resolução não se tem qualquer previsão sancionadora às infrações que porventura vierem a ocorrer. Isso, a princípio, pode imprimir a ideia de que se trata apenas de uma concepção do Conselho dos Direitos da Criança e do Adolescente (CONANDA), o que denota ser simplista demais.

O artigo 59 da Constituição[29] confere dentre o processo legislativo a possibilidade de elaboração de resoluções. Sabe-se, contudo, que resolução não tem eficácia de lei, e nem poderia tê-la, pois somente os legítimos representantes do povo podem atuar na formulação/criação de leis represen-

---

28 Por questões puramente metodológicas, decidimos inserir no corpo do texto (e não em nota de rodapé) a citação do referido artigo 2º, da Resolução 163/2014, editada pelo Conselho Nacional dos Direitos da Criança e do Adolescente (CONANDA). Disponível em: < http://www.conar.org.br/codigo/codigo.php> . Acesso em: 11 de jan. 2015.

29 BRASIL. *Constituição da República Federativa do Brasil de 1988*. Art. 59 – O processo legislativo compreende a elaboração de: VII – resoluções.

tativas da vontade geral. A despeito disso, deve-se trazer novamente à baila o teor emanado pelo artigo 37, § 2º, do Código Consumerista,[30] a saber:

> Art. 37. É proibida toda publicidade enganosa ou abusiva. § 2° É abusiva, dentre outras a publicidade discriminatória de qualquer natureza, a que incite à violência, explore o medo ou a superstição, se aproveite da deficiência de julgamento e experiência da criança, desrespeita valores ambientais, ou que seja capaz de induzir o consumidor a se comportar de forma prejudicial ou perigosa à sua saúde ou segurança.

O Código protetor dos direitos do consumidor declara expressamente a vedação à publicidade enganosa ou abusiva (já apresentada acima). No mais, destaca que é abusiva, dentre outras, a publicidade que se aproveita da deficiência de julgamento e experiência da criança. Porém, qual publicidade é essa? O Código silencia.

Por essa razão, ante a lacuna legislativa no tocante à definição dos tipos de publicidade infantil que podem ser considerados abusivos, ainda que desprovida de força normativa, a Resolução 163/2014 pode sim ser usada pelo Magistrado para conceituar, ante o caso concreto, a publicidade infantil que porventura considerar abusiva. Note-se, pois, que não se está a conferir caráter normativo à referida Resolução, mas tão somente caráter instrutivo aos convocados para solucionar o problema (juízes, promotores, advogados, psicólogos etc.), sem prejuízo da necessária observância à regra da proporcionalidade, consentânea sempre da melhor decisão. Nesse tocante, Virgílio Afonso da Silva[31] aponta que:

> Em suma, se os poderes públicos e a sociedade civil estiverem engajados em uma política pública consistente de proteção às crianças, e se essa política, ainda que restritiva a alguns direitos de fabricantes e anunciantes, restrinjam esses direitos de forma proporcional, as normas constitucionais brasileiras estarão resguardadas.

Por este prisma, desde que presentes os requisitos atinentes à regra da proporcionalidade, quais sejam, adequação, necessidade e proporcionalidade em sentido estrito, a discussão agora não é mais em torno da eficácia normativa das resoluções, posto que ausente, mas sim quanto ao diálogo entre o texto constitucional, o Código e as leis consumeristas, resolução,

---

30 BRASIL. *Lei nº 8.078/1990, Código de Defesa do Consumidor (CDC).*

31 SILVA, Virgílio Afonso da. Parecer jurídico elaborado ao Instituto Alana, intitulado *"A Constitucionalidade da Restrição da Publicidade de Alimentos e Bebidas Não Alcoólicas voltada ao Público Infantil"*. São Paulo, 2012, p. 28. Disponível em: <http://www.migalhas.com.br/arquivo_artigo/art20120705-03.pdf>. Acesso em: 12 de jan. 2015.

doutrina e a jurisprudência, a fim de que ao final se aproxime o quanto mais da melhor e mais justa decisão, que verdadeiramente parece ser a vedação à publicidade direcionada ao público infantil.

Nada obstante, poder-se-ia objetar que a Constituição não veda a publicidade infantil; e, para tanto, citar-se-ia mandamento expresso pelo artigo 220, § 4º, da Constituição Federal,[32] *verbis:*

> Art. 220. A manifestação do pensamento, a criação, a expressão e a informação, sob qualquer forma, processo ou veículo não sofrerão qualquer restrição, observado o disposto nesta Constituição. § 4º – A propaganda comercial de tabaco, bebidas alcoólicas, agrotóxicos, medicamentos e terapias estará sujeita a restrições legais, nos termos do inciso II do parágrafo anterior, e conterá, sempre que necessário, advertência sobre os malefícios decorrentes de seu uso.

Extrai-se, da leitura rápida do artigo supratranscrito, garantia à manifestação do pensamento sem qualquer restrição, *observado o disposto nesta Constituição*. É justamente dessa última frase – *observado o disposto nesta Constituição* – que se retira a noção de relatividade dos direitos presentes no texto constituinte, vez que em um Estado Democrático de Direito não existe qualquer direito ou garantia de índole absoluta (nem mesmo a vida, como costumam repetir os constitucionalistas).

Daí poder dizer que a vedação expressa no § 4º já serve para demonstrar a relatividade do direito à manifestação do pensamento, porquanto o constituinte fez constar expressamente a sujeição da propaganda comercial de tabaco, bebidas alcoólicas, agrotóxicos e terapias a restrições legais.

Desta feita, o artigo precitado representa a chamada cláusula restritiva, a qual poderia ensejar o equívoco de que somente os produtos nela identificados poderiam estar sujeitos a restrições legais. Ledo engano. Conforme bem explanado por Virgílio Afonso da Silva:[33]

> Em suma, a relação entre o direito geral e a cláusula de restrição, que, no caso em análise, são representados pelo direito geral à publicidade e a cláusula de restrição do art. 220, § 4°, é a seguinte: (*a*) o direito geral à publicidade é um direito restringível em inúmeros casos, não havendo direito *absoluto* à publicidade; (*b*) a cláusula de restrição deixa explícitos objetivos que o próprio constituinte impôs ao legislador ordinário e o libera do ônus argumentativo nesses casos. Nos outros casos, o ônus é maior e qualquer restrição deve passar pelo teste da proporcionalidade.

Significa dizer que a cláusula de restrição prevista no § 4º, do artigo 220 da Constituição de 1988, não obsta o legislador ordinário de criar ou-

32 BRASIL. *Constituição da República Federativa do Brasil de 1988.*

33 SILVA, 2012, p. 20.

tras vedações consoante a necessidade para o melhor desenvolvimento das pessoas, ou seja, a intenção do constituinte ao mencionar expressamente alguns produtos publicitários suscetíveis de restrições legais não foi isentar outros de igual suscetibilidade. Fosse assim e o texto constitucional estaria engessado diante da sociedade nas resoluções de outros tantos casos que somente o dia a dia é capaz de apresentar, os quais ficariam no desabrigo da tutela jurisdicional.

Desta feita, a função da cláusula não é impedir outras restrições, mas apenas demonstrar ao legislador que determinados produtos são conhecidamente nocivos à saúde pública, tanto que mereceram expressamente a menção do constituinte no texto constitucional, no que tange à sua publicidade.

Sem prejuízo, o supramencionado artigo fala em manifestação do pensamento, criação, expressão e informação relacionadas à comunicação social, de modo que cabe neste diapasão discorrer, finalmente, acerca da liberdade de expressão na publicidade. Por outras palavras, é chegado o momento de abordar se a publicidade pode ser caracterizada como uma forma de expressão, e se, uma vez assim considerada, está sujeita a restrições.

4. Publicidade e liberdade de expressão: uma proposta de diálogo constitucional com os direitos da criança

Sempre que um direito colidir com outro na seara constitucional, estar-se-á diante daquilo que a doutrina clássica classificou como conflito de princípios, ou seja, um impasse entre dois direitos de mesma magnitude, sendo que a escolha por um deles não extingue a importância e a vigência do preterido, apenas se privilegia aquele que melhor atende à resolução do caso em testilha.

Neste sentido, o presente subtítulo é bastante sugestivo e merece alguma atenção. É que quando se coloca a publicidade (livre iniciativa de mercado) ante a liberdade de expressão com a proposta de um diálogo constitucional com os direitos da criança, significa tratar de direitos com a mesma proteção constituinte. Sendo assim, a proposta de diálogo somente pode se dar no bojo da própria Constituição, isto porque se o aparente conflito fosse entre uma norma constitucional e outra infraconstitucional, a rigidez e supremacia do texto constituinte seriam as ferramentas certas para resolução da celeuma, com o devido controle de constitucionalidade.

Virgílio Afonso da Silva destaca que muito embora a Constituição não garanta de forma expressa qualquer direito à publicidade, estender-se podem alguns direitos fundamentais como garantia dessa atividade.[34]

34 SILVA, 2012, p. 16.

De fato, o direito de publicidade tem previsão constitucional indireta e pode ser extraído da liberdade de comunicação estampada no artigo 5º, inciso IX; liberdade de imprensa, prevista no artigo 220; ou por meio do artigo 170, no título da ordem econômica e financeira, da Constituição de 1988. Apesar disso, muito se indaga se a liberdade de publicidade é vertente da liberdade de expressão, cuja previsão constitucional vem homenageada no rol dos direitos fundamentais da pessoa humana (art. 5º, IV); neste ponto aloca-se a questão mais debatida e pontual sobre o tema, a qual será explorada nas linhas a seguir.

Considerando o que já foi apresentado acerca da liberdade de expressão, resta somente abordar se a mesma liberdade de opinião que toda pessoa humana possui para expressar o seu pensamento pode ou não ser estendida a fins comerciais.

Como também já fora dito, toda publicidade traz em si o objetivo de vender determinado produto, persuadindo o consumidor para tanto. Mas não se pode descurar que, muito embora represente interesses financeiros e lucrativos, a publicidade carrega em si a idealização de algo criado, via de regra, pelo agente publicitário. É, portanto, o resultado daquilo que antes fora imaginado por seu responsável, idealizado e tornado público.

Importante ressaltar que dificilmente algum produto seria vendido se não trouxesse consigo uma publicidade bem elaborada, capaz de convencer o consumidor, razão pela qual se utiliza de textos outros (poesia, música, frases, trechos de livros), fotografias, imagens, desenhos, a fim de impulsionar a vontade em adquiri-lo. Deste modo, a publicidade não representa apenas o produto em si, mas uma gama de ideias e opiniões capazes de gerar no consumidor a convicção de que necessita verdadeiramente do bem oferecido.

E o que é isso senão o convencimento também buscado através da opinião? Só considerar que toda forma de expressão, ainda que timidamente, tem o fito de defender um ponto de vista ou até de convencer o interlocutor. Neste sentido, pode-se dizer que inclusive a publicidade tem guarida na liberdade de expressão. Mas que se ressalve: de forma indireta.

A bem ver, é bom que assim seja. É necessário, inclusive. Pois o reconhecimento da garantia constitucional à publicidade faz com que se possa discuti-la em tal esfera. Diferente fosse, como seria possível regulá-la se antes nem previsão tivesse? Somente se pode regulamentar aquilo que existe na Constituição, e para que exista é preciso que haja alguma previsão a seu respeito, ainda que indiretamente.[35]

Sendo assim, em que pese à garantia constitucional ofertada indiretamente à publicidade por meio das liberdades de expressão, de comunicação

35 Confira, neste sentido, Virgílio Afonso da Silva, 2012, pp. 30-31.

e de iniciativa, por certo que não há direito de ordem absoluta na ordenação jurídica. Nem mesmo a liberdade de expressão comercial goza de tal garantia absoluta. Daí poder dizer que passível de regulamentação, sobretudo a publicidade dirigida ao público infantil, pelos motivos já apresentados.

Ao mesmo tempo em que a Constituição garante a livre iniciativa e a liberdade de expressão comercial (de forma indireta, conforme consignado alhures), garante também a proteção especial e absoluta à criança, a qual deve ser exercida pela família, pela sociedade e pelo Estado, ou seja, por todos, a fim de afastá-la de toda forma de negligência, discriminação, exploração, violência, crueldade, opressão e tantos forem os demais riscos oferecidos à sua segurança, saúde, dignidade, respeito e liberdade, conforme mandamento expresso contido no artigo 227.[36]

Neste caso, necessário homenagear-se a aplicação da regra da proporcionalidade para que se atinja a melhor resolução do caso posto em discussão, ou seja, uma vez que a liberdade de expressão publicitária colide com o bem-estar e a saúde da criança, o aplicador do Direito deve ponderar a *adequação, necessidade* e *proporcionalidade* (em sentido estrito) da medida adotada, qual seja a restrição.

Conforme magistério de José Joaquim Gomes Canotilho:[37]

> Este princípio, atrás considerado como um sub-princípio densificador do Estado de direito democrático (...) significa, no âmbito específico das leis restritivas de direitos, liberdades e garantias, que qualquer limitação, feita por lei ou com base na lei, deve ser adequada (apropriada), necessária (exigível) e proporcional (com justa medida). A exigência da adequação aponta para a necessidade de a medida restritiva ser apropriada para a prossecução dos fins invocados pela lei (conformidade com os fins). A exigência da necessidade pretende evitar a adoção de medidas restritivas de direitos, liberdades e garantias que, embora adequadas, não são necessárias para se obterem os fins de proteção visados pela Constituição ou a lei.

É dizer que toda e qualquer limitação a direitos fundamentais deve ser adequada no sentido de que conveniente ao objetivo visado, necessária no que tange à imprescindibilidade da medida estatal e proporcional, quer

---

36 Neste sentido, vide art. 3º, do Estatuto da Criança e Adolescente – A criança e o adolescente gozam de todos os direitos fundamentais inerentes à pessoa humana, sem prejuízo da proteção integral de que trata esta Lei, assegurando-se-lhes, por lei ou por outros meios, todas as oportunidades e facilidades, a fim de lhes facultar o desenvolvimento físico, mental, moral, espiritual e social, em condições de liberdade e de dignidade.

37 CANOTILHO, José Joaquim Gomes. *Direito Constitucional*. Coimbra: Editora Almedina, 1992, p. 617.

dizer, equilibrada. Tudo isso para que não se incorra na usurpação do poder estatal em desfavor das liberdades e garantias constitucionais.

A propósito, como bem apontado por Adolfo Mamoru Nishiyama:[38]

> [...] a Constituição Federal traça controle da publicidade no Brasil e o mesmo ocorre com o CDC. Mas esses controles, constitucional e legal, não visam eliminar a publicidade, pelo contrário, a finalidade é evitar abusos. O sistema de controle da publicidade adotado no Brasil é misto, conjugando a autorregulamentação e a participação da administração e do Poder Judiciário (art. 5º, XXXV).

O Brasil adotou o sistema de controle misto da publicidade, ou seja, ao mesmo tempo em que o Estado tem o poder de dispor sobre as condutas publicitárias, órgãos representativos da iniciativa privada ficam também incumbidos de autorregulamentarem a prática da publicidade no País.

Novamente Virgílio Afonso da Silva:[39]

> Um dos mais frequentes argumentos contrários a qualquer forma de regulamentação estatal da publicidade é aquele que se baseia na ideia de autorregulamentação. O argumento é relativamente simples: regulamentação estatal de um direito fundamental é sempre algo delicado, que deveria ser evitado sempre que se puder recorrer a uma autorregulamentação feita pelos próprios agentes privados. Não há dúvida de que ideia é plausível. Mais do que isso, ela é compatível com a ideia de proporcionalidade, exposta acima, especialmente no que diz respeito ao teste da necessidade de uma medida estatal. Como foi dito, uma medida estatal que restrinja um direito fundamental não é necessária se houver uma medida alternativa, tão eficiente quanto, que restrinja menos (ou nada!) o direito atingido.

A defesa da autorregulamentação da publicidade infantil não se sustenta quando vista pelo prisma do que se tem à disposição no presente, uma vez que, apesar das inúmeras previsões contidas nos diplomas regulamentadores acerca do tema, os abusos continuam ocorrendo à deriva. Com efeito, o descumprimento das previsões contidas nos Códigos autorregulamentados não gera nenhum efeito sancionatório por parte do Conselho Nacional de Autorregulamentação Publicitária (CONAR).

Por derradeiro, utópico pensar que os maiores interessados em lucrar com a exploração publicitária abdicariam de seus interesses mercantis para se autolimitarem, diminuindo seus ganhos. Deste modo, apesar de plausível

---

38 NISHIYAMA, Adolfo Mamoru. *A proteção constitucional do consumidor*. São Paulo: Atlas, 2010. pp. 214-215.

39 SILVA, 2012, p. 25.

a ideia de autodisciplina, ela não pode ocupar a necessidade de regulamentação estatal acerca da publicidade infantil, até porque somente ao Estado incumbe o poder de sanção.

5. Ação Civil Pública proposta pelo Ministério Público Federal em São Paulo contra a publicidade infantil abusiva: breves comentários

No ano de 2009, o Ministério Público Federal em São Paulo ingressou com ação civil pública na defesa dos consumidores contra a prática comercial de três lanchonetes do ramo *fast food* que comercializavam alguns de seus lanches associados a brinquedos para o público infantil.[40]

Releva apresentar, inicialmente, a justificativa do *parquet* para a propositura da demanda, a fim de que posteriormente se possa discorrer a seu respeito. A saber: "Abusa a prática comercial aqui indicada da fragilidade emocional da criança, sobrepondo o brinquedo à comida e definido-o como vínculo emocional de aquisição do fast food."[41]

Destarte, prosseguiu o representante do Ministério Público Federal:[42]

> Tem-se na presente ação, então, a atribuição de relevância jurídica a específica prática comercial das rés, por se entender haver uma contrariedade ou antagonismo dessa prática de venda de brinquedos em lanchonetes como forma de atração, consumo e fidelização do consumidor infantil com a ordem jurídica. Entende-se e argumenta-se, pois, haver uma necessária reprovação por parte da ordem jurídica desses métodos de venda por sua oposição à legislação de proteção da criança, de tutela do consumidor, de prevenção de doenças e de vigilância sanitária no Brasil. Assim tanto na dimensão constitucional quanto legal.

Vale antes lembrar a importância e a pertinência da ação civil pública na defesa dos interesses ou direitos coletivos em juízo (artigo 81, parágrafo único, inciso II),[43] como é o caso da defesa dos consumidores. Destaque,

---

40 CONSUMO. Íntegra da citada ação civil pública disponível no sítio eletrônico: <http://criancaeconsumo.org.br/wp-content/uploads/2008/05/09_acao_burguer.pdf>. Acesso em: 17 de jan. 2015.

41 Idem, p. 50.

42 Ib. Id., p. 5.

43 BRASIL. *Lei nº 8.078/1990, Código de Defesa do Consumidor (CDC)*. Art. 81. A defesa dos interesses e direitos dos consumidores e das vítimas poderá ser exercida em juízo individualmente, ou a título coletivo. Parágrafo único. A defesa coletiva será exercida quando se tratar de: II – interesses ou direitos coletivos, assim entendidos, para efeitos deste código, os transindividuais, de natureza indivisível de que seja titular grupo, categoria ou classe de pessoas ligadas entre si ou com a parte contrária por uma relação jurídica base.

neste ponto, ao diálogo entre fontes consentâneo da integração entre a Lei nº 7.347/ 1985, Lei da Ação Civil Pública (LACP),[44] e o Código de Defesa do Consumidor (CDC), sem prejuízo, é claro, da previsão constitucional contida no artigo 129, inciso III, da Constituição de 1988, que incumbiu como função institucional do Ministério Público, dentre outras, a promoção da ação civil pública.

Hugo Nigro Mazzilli destaca: "Integrando-se a LACP ao CDC, cabe todo tipo de ação civil pública ou coletiva, em defesa de interesses transindividuais de consumidores".[45]

Por tudo isso, o Ministério Público Federal em São Paulo questionou a legalidade e a abusividade das empresas que se utilizam de brindes promocionais relacionados ao universo infantil para fomentarem a venda de seus produtos, os quais causam males à saúde, principalmente a obesidade. Como fora dito pelo representante do *parquet,* tais empresas se aproveitam da fragilidade emocional das crianças para sobrepor o brinquedo à comida, de modo que necessária a intervenção jurídica para fazer cessar tais condutas, com o fito de proteger e tutelar direitos, bem como prevenir doenças.

Apesar da elucubração e consistência jurídica apresentada na referida ação civil pública, assim decidiu o Juízo de 1ª Instância:[46]

> [...] entremostra-se hipertrófica a ingerência estatal tendente a suprimir as atribuições próprias do grupo familiar, dos pais e responsáveis, na avaliação da adequação da dieta das crianças e dos adolescentes. Não merece guarida, portanto, a tese defendida pelo autor de que os responsáveis pelas crianças e adolescentes, diante da publicidade realizada pelas empresas rés, seriam incapazes de exercerem o controle do hábito alimentar dos seus tutelados, que acabam por impor, aos seus responsáveis, os seus desejos de consumirem alimentos altamente calóricos e prejudiciais à saúde, em virtude da alegada "transferência do prazer do brinquedo para a mastigação automática do alimento". Muito embora a criança possua limitação no discernimento de suas escolhas e possa ser mais frágil à publicidade exercida pelas empresas em geral, em especial, ao oferecimento de brinquedos, há de se ter em conta que a criança e o adolescente estão sob os cuidados diretos dos seus responsáveis, sendo fora da razão pressupor que estes seriam igualmente vulneráveis, ainda que em menor proporção, à pratica comercial da empresa, a ponto de estarem incapazes de negarem aos seus filhos os alimentos comercializados pelas rés ou, ainda,

---

44 BRASIL. *Lei nº 7.347/1985,* Lei da Ação Civil Pública (LACP). Art. 21. Aplicam-se à defesa dos direitos e interesses difusos, coletivos e individuais, no que for cabível, os dispositivos do Título III da lei que instituiu o Código de Defesa do Consumidor.

45 MAZZILLI, Hugo Nigro. *A defesa dos interesses difusos em juízo.* São Paulo: Editora Saraiva, 2012, p. 188.

46 TRIBUNAL. Sentença disponível no sítio eletrônico: <http://www.jusbrasil.com.br/diarios/62283781/trf-3-judicial-i-capital-sp-28-11-2013-pg-188>. Acesso em: 17 de jan. 2015.

> de controlarem o consumo de produtos alimentícios altamente calóricos pelas crianças e adolescentes sob a sua responsabilidade. Por tudo isso, não deve prevalecer o entendimento do autor de ilicitude da prática comercial das empresas rés, sob o fundamento de que existe reprovação por parte da Ordem Jurídica, especialmente com relação à legislação de proteção da criança, de tutela do consumidor, de prevenção de doenças e de vigilância sanitária no Brasil.

Com a devida vênia à decisão do magistrado,[47] mas supor que a intervenção em tema de tamanha relevância representa uma hipertrofia estatal e ingerência demasiada no seio familiar, é confundir a regulamentação da publicidade infantil com a proibição do consumo pelos pais e seus filhos, ou seja, regulamentar essa prática extremamente lucrativa às empresas e, ao mesmo tempo, danosa às crianças (conforme maciçamente exposto alhures), não significa que os pais estarão proibidos de adquirirem aquilo que bem entenderem para os seus filhos, assim como não quer dizer que as crianças estarão proibidas de consumirem.

O paternalismo estatal estaria mais ligado à ideia de proibição de comercialização de produtos nocivos à saúde da criança, mas jamais à preocupação com o bem-estar de um público que ainda não possui o discernimento completo para decidir-se meio a um turbilhão de propagandas comerciais que invadem abusivamente os lares, seja pela televisão, pelo radio ou pela internet, por todos os lados.

A criança é escrava daquilo que (ainda) não pode entender. Por essa razão necessita da companhia constante dos pais ou responsáveis, aos quais incumbe a decisão final. No entanto, se é sabido que aos pais cabe a última palavra, por que razão as empresas publicitárias focariam seus esforços justamente na publicidade dirigida ao público infantil? Será mesmo que as empresas investiriam nesse setor se não capitaneassem nenhuma renda lucrativa daquilo que se divulgou? Por certo que as crianças exercem forte influência na decisão dos pais e responsáveis, de modo que acabam sendo forçados a cederem aos pedidos e anseios desse público que se tornou consumidor (por equiparação) cedo demais.

Não fosse assim, as publicidades seriam todas dirigidas aos adultos. Afinal, a eles é quem cabe a escolha final.

Por fim, e a título de observação, no caso em tela a conjugação da venda do lanche ao brinde para a criança representa nítida prática de venda

---

47 Cumpre mencionar que o Ministério Público Federal em São Paulo recorreu da sentença em 1ª instância e aguarda o julgamento junto ao Tribunal Regional Federal da 3ª Região. Conforme se verifica em consulta processual no sítio eletrônico do TRF3 – Processo nº 2009.61.00.013789-7. Data de autuação: 30/10/2014. <http://web.trf3.jus.br/consultas/Internet/ConsultaProcessual/Processo?NumeroProcesso=00137896520094036100>. Acesso em: 17 de jan. 2015.

casada, cuja ilicitude vem estampada no artigo 39 do Código de Defesa do Consumidor (CDC), porquanto se condiciona o fornecimento de um produto ao fornecimento de outro.

6. Considerações finais

Pretendeu-se, por conseguinte, demonstrar que a publicidade infantil deve ser regulamentada pelo Estado, não a fim de impor uma censura descabida a um direito fundamental que é a liberdade de expressão, ainda que em seu âmbito comercial e de forma indireta, mas com vistas a privilegiar o melhor interesse da criança e a garantia de seu bem-estar e saúde, haja vista o fato de que ainda não possui discernimento crítico capaz de entender e qualificar como mera intenção persuasiva mercadológica a publicidade que lhe é dirigida abusivamente.

Para tanto, trouxe-se à baila a perspectiva doutrinária acerca do tema, bem como outros apontamentos levantados por classes representativas da sociedade e da iniciativa privada, dando-se, sobretudo, ênfase ao diálogo entre as fontes e o diálogo constitucional capaz de equacionar o aparente conflito entre princípio que parece circundar a questão ora debatida, por meio da aplicação da regra da proporcionalidade.

A bem ver, em que pese ainda não haver legislação específica sobre a matéria, acredita-se haver previsões legais desde há muito capazes de evitar abusos do mercado publicitário dirigido ao público infantil, conforme demonstrado nas linhas alhures.

Deste modo, não se nega a necessidade de regulamentação estatal acerca da publicidade infantil, até mesmo como forma de dar maior segurança jurídica nas relações jurídicas e lucidez para os magistrados nas decisões judiciais, mas a depender da sensibilidade do julgador, e conforme a análise do caso concreto, com o supedâneo legislativo vigente, associado à leitura sistemática da ordenação jurídica brasileira, principalmente em relação às normas consumeristas e constitucionais, tem-se que perfeitamente cabível a vedação aos abusos e à exploração mercadológica das fraquezas emocionais próprias de um público ainda incapaz para exercer os atos civis da vida.

De mais a mais, a autorregulamentação não aparenta ser a melhor alternativa para a tratativa da questão debatida, porque insuficiente a uma fiscalização ou efetiva sanção aos abusos eventualmente cometidos. Assim, a melhor proposta parece ser a atuação estatal, por meio de lei, a fim de que se tutelem, com absoluta prioridade, os direitos e garantias das crianças, consideradas que são como hipervulneráveis e carentes de maior atenção do Estado.

Referências

ALANA. O Instituto Alana é uma organização da sociedade civil, sem fins lucrativos, que reúne os projetos que escolhemos apostar na busca pela garantia de condições para a vivência plena da infância. São Paulo, 1994. Disponível em: <http://alana.org.br/>. Acesso em: 11 de jan. 2015.

ANJOS, Marco Antonio dos. *Seção III – Da Publicidade*. In: MACHADO, Costa (org.); FRONTINI, Paulo Salvador (coord.). *Código de Defesa do Consumidor interpretado: artigo por artigo, parágrafo por parágrafo*. São Paulo: Editora Manole, 2013, p. 106.

BASTOS, Celso Ribeiro. *Curso de Direito Constitucional.* 22ª ed. São Paulo: Saraiva, 2001.

BOBBIO, Norberto. *A era dos direitos.* Trad. Carlos Nelson Coutinho. Rio de Janeiro: Campus, 1992.

BRANDÃO, Eduardo. *Definições de Marketing, Propaganda, Publicidade, anúncios e Banner*. (Monografia)-PUC-Rj, Pontifícia Universidade Católica do Rio de Janeiro, 2006.

BRASIL. *Código Brasileiro de Autorregulamentação Publicitária (CBAP)*. Disponível em: <http://www.conar.org.br/codigo/codigo.php>. Acesso em: 10 de jan. 2015.

______. *Código de Ética dos Profissionais da Propaganda, de 1957*. Informações disponíveis em: <http://www.appbrasil.net/profiles/blogs/codigo-de-etica-dos-profissionais-de-propaganda>. Acesso em: 08 de jan. 2015.

______. Constituição, 1988. *Constituição da República Federativa do Brasil.* Brasília, DF, Senado, 1988. In: Vade Mecum Saraiva / obra coletiva de autoria da Editora Saraiva com a colaboração de Luiz Roberto Cúria, Lívia Céspedes e Juliana Nicoletti. – 14ª Edição atualizada e ampliada. São Paulo: Saraiva, 2012.

______. *Lei nº 7.347/1985. Lei da Ação Civil Pública (LACP).* Disciplina a ação civil pública de responsabilidade por danos causados ao meio-ambiente, ao consumidor, a bens e direitos de valor artístico, estético, histórico, turístico e paisagístico (VETADO) e dá outras providências. Disponível em: <http://www.planalto.gov.br/ccivil_03/leis/l7347orig.htm>. Acesso em: 18 de jan. 2015.

______. *Lei nº 8.069/1990. Estatuto da Criança e do Adolescente (ECA)*. Dispõe sobre o Estatuto da Criança e do Adolescente e dá outras providências. Disponível em: <http://www.planalto.gov.br/ccivil_03/leis/l8069.htm>. Acesso em: 10 de jan. 2015.

______. *Lei nº 8.078/1990. Código de Defesa do Consumidor (CDC)*. Dispõe sobre a proteção do consumidor e dá outras providências. Disponível em: <http://www.planalto.gov.br/ccivil_03/leis/l8078.htm>. Acesso em: 08 de jan. 2015.

______. *Projeto de Lei nº 5.921/2001*. Acrescenta parágrafo ao art. 37, da Lei nº 8.078, de 11 de setembro de 1990, que "dispõe sobre a proteção do consumidor e dá outras providências". Disponível em: <http://www.camara.gov.br/sileg/integras/571215.pdf>. Acesso em: 11 de jan. 2015.

______. *Supremo Tribunal Federal. ADI 187-DF*, Rel. Min. Celso de Mello, DJ: 15-06-2011. Disponível em: <http://www.stf.jus.br/arquivo/cms/noticiaNoticiaStf/anexo/ADPF187MMA.pdf >. Acesso em: 07 de jan. 2015.

CONSUMO. Íntegra ação civil pública proposta pelo Ministério Público Federal em São Paulo, na defesa dos interesses dos consumidores contra empresas do ramo *fast food*. Disponível no sítio eletrônico: <http://criancaeconsumo.org.br/wp-content/uploads/2008/05/09_acao_burguer.pdf>. Acesso em: 17 de jan. 2015.

CANOTILHO, José Joaquim Gomes. *Direito Constitucional*. 5ª ed. Coimbra: Almedina, 1992.

HENRIQUES, Isabella Vieira Machado. *Publicidade abusiva dirigida à criança*. Curitiba: Juruá, 2007.

MAZZILLI, Hugo Nigro. *A defesa dos interesses difusos em juízo*. 25ª ed. São Paulo: Saraiva, 2012.

NISHIYAMA, Adolfo Mamoru. *A proteção constitucional do consumidor*. 2ª ed. São Paulo: Atlas, 2010. pp. 214-215.

NUNES, Rizzatto. *Curso de Direito do Consumidor*. 7ª ed. São Paulo: Editora Saraiva, 2012.

ONU. *Convenção das Nações Unidas sobre os Direitos da Criança*. Disponível em: <http://www.planalto.gov.br/ccivil_03/decreto/1990-1994/D99710.htm>. Acesso em: 10 de jan. 2015.

SILVA, Virgílio Afonso da. Parecer jurídico elaborado ao Instituto Alana, intitulado *"A Constitucionalidade da Restrição da Publicidade de Alimentos e Bebidas Não Alcoólicas voltada ao Público Infantil"*. São Paulo, 2012. Disponível em: <http://www.migalhas.com.br/arquivo_artigo/art20120705-03.pdf>. Acesso em: 12 de jan. 2015.

TARTUCE, Flávio; NEVES, Daniel Amorim Assumpção. *Manual de Direito do Consumidor – direito material e processual*. 3ª ed. São Paulo: Método, 2014.

TRIBUNAL. *Ação Civil Pública nº 0013789-65.2009.403.6100 (2009.61.00.013789-7)*. Ministério Público Federal. TRF3. Data de divulgação: 28/11/2013. Sentença disponível no sítio eletrônico: <http://www.jusbrasil.com.br/diarios/62283781/trf-3-judicial-i-capital-sp-28--11-2013-pg-188>. Acesso em: 17 de jan. 2015.

XAVIER, José Tadeu Neves. *Os limites da atuação publicitária na condução de comportamentos sociais.* Revista de Direito do Consumidor, ano 21, nº 81, jan./mar., 2012.

OBSOLESCÊNCIA PROGRAMADA: SUA REVERBERAÇÃO SOCIOLÓGICA, NORMATIVA E JURISPRUDENCIAL

Emmanuel Gustavo Haddad
Matheus Gomes Camacho

Introdução

A partir do século XX, iniciou-se uma busca incessante pelo crescimento econômico. Como forma de estimulá-lo, aumentando o Produto Interno Bruto – PIB, e dissuadir eventuais crises econômicas que possam irromper, ganhou força, notadamente após o a crise de 1929, a técnica da obsolescência programada.

Neste espírito, iniciou-se um estímulo cada vez maior para o consumismo, transformando nossa sociedade civil em uma verdadeira sociedade de consumidores, através de dois elementos: ideologia e a propaganda.

Assim, por intermédio de uma ideologia desta sociedade de consumo, que dissemina a busca de um prazer efêmero e a associação da felicidade com a aquisição constante do que houver de mais inovador no mercado – e desprezo pelo velho e antiquado – há a sujeição constante dos cidadãos a informes publicitários que incitam e incutem esta ideologia – e exclui e discrimina aqueles que não possam se adequar a este padrão.

Destarte, os cidadãos, perdendo paulatinamente sua essencialidade humana e ganhando cada vez mais características de meros consumidores, visando a adequação a este sistema vigente, consomem desenfreadamente tudo o que lhes é apresentado como de mais moderno e inovador, sem ao menos refletirem acerca das consequências deste consumo irracional sobre suas vidas e o meio ambiente.

É neste cenário de incentivo ao consumo infrene e busca por acumulação de capitais que surge a obsolescência programada, como forma de impulsionar ainda mais a aquisição de produtos e serviços, estimulando sua troca constante, principalmente pelo encurtamento da vida útil do bem, de forma preordenada, ou pela disseminação de uma falsa relação intrínseca entre felicidade e consumo.

Todavia, este consumo desenfreado vem gerando graves problemas ambientais, pelo descarte dos produtos em locais inadequados, além de fazer com que os consumidores, no furor causado pelo consumismo, contraiam cada vez mais dívidas, comprometendo, inclusive, o mínimo existencial a uma vida digna.

1. Obsolescência programada: definição e gênese

Há a necessidade de trazermos neste momento o significado da palavra obsolescência, sem verificar seu conteúdo jurídico, que significa tornar obsoleto, quando um componente digital ou tecnológico se torna ultrapassado e esta obsolescência o torna desatualizado, apesar de continuar a seu usado, ou ainda, é a condição que ocorre a um produto ou serviço que deixa de ser útil, mesmo estando em perfeito estado de funcionamento, devido ao surgimento de um produto tecnologicamente mais avançado.

Economicamente a obsolescência está associada ao mercado tecnológico, haja vista a constante mercantilização, criação e desenvolvimento de novos equipamentos atrativos, mais rápidos, mais econômicos, mais práticos e mais modernos colocados à disposição dos consumidores.

Essa obsolescência ocorre de três formas:

– programada ou planejada – é verifica comumente nos aparelhos domésticos e eletrônicos, através da ação deliberada da empresa fabricante que estimula o consumidor a adquirir um novo modelo do bem;

– perceptiva – esta ocorre quando o produtor lança no mercado uma versão nova e mais atraente do produto e o consumidor é atraído a adquirir a nova versão, mesmo que o modelo antigo continue operacional; e,

– funcional ou técnica – advém da perda da utilidade do produto ou serviço, ao se tornar mais caro consertar o antigo do que adquirir um novo, ante o desenvolvimento de outro mais prático a substitui-lo, devido à grande evolução de outros produtos, não fazendo sentido continuar a fabricar o antigo.

Trataremos da obsolescência programada, vez que as demais estão intrinsecamente ligadas a ela.

Juridicamente a obsolescência programada é um artifício industrial com vistas à redução da vida útil dos bens de consumo ou inovação em seu *design*, estimulando, assim, o consumo desenfreado e aumento nos lucros das empresas. Ou seja, é a força motriz da sociedade de consumo.

Vance Packard aponta três meios pelos quais ela pode se manifestar, a saber: obsolescência de função, de qualidade e de desejabilidade.

Explanando o tema, o referido autor explica que na obsolescência de função, o produto torna-se ultrapassado quando um novo é introduzido no mercado, executando melhor a função, como é o caso das máquinas de escrever, frente aos computadores. A obsolescência de qualidade, por sua vez, refere-se ao produto que fora planejado para durar determinado período de tempo, não muito longo. Por derradeiro, a obsolescência de desejabilidade relaciona-se com um produto que sofre alteração em seu design, tornando o anterior menos desejável.[1]

A despeito de ser um tema relativamente recente para os tribunais brasileiros, este estratagema está intimamente relacionado com a história, notadamente no período pós-revolução industrial, como evidencia o documentário exibido na televisão franco-alemã *Prêt à Jeter.*[2]

Esta prática iniciou-se com a reunião de um cartel, em meados do século XX, na cidade de Genebra, com intuito de se reduzir a vida útil das lâmpadas – e daí a origem do nome da aludida produção cinematográfica.

Reduzindo o ciclo de vida das lâmpadas – na época, de 2.500 horas para 1.000 horas de duração – estimular-se-ia a aquisição com maior frequência, garantindo aumento nos lucros dos empresários.

Com a quebra da bolsa de Nova Iorque, em 1929, houve uma queda drástica no consumo. Intentando solucionar esta celeuma, Bernard London redigiu a obra *"Ending the depression through planned obsolescence"*,[3] defendendo a implementação da obsolescência programada, com auxílio do governo Federal, como forma de reaquecer a economia estado-unidense, até então solapada pela crise.

London afirmara, em seus estudos, que *"the job of modern management is to balance production with consumption"*,[4] vez que a produção de bens de consumo excessivamente duráveis faria com que a depressão e o desemprego perpetuassem no país. Assim, defendia veementemente a implantação desta técnica como forma de reaquecer a economia e fazer o país crescer.

Com isto, observar-se-ia *"an equally important advantage of a system of planned obsolescence would be its function in providing a new reservoir from which to draw income for the operation of the Government"*.[5] Para

---

1 PACKARD, Vance. *A estratégia do desperdício*. São Paulo:Ibrasa, 1965, p. 51.

2 ARTE FRANCE. *Prêt à Jeter*. Disponível em: < http://vimeo.com/111316941>. Acesso em 20 jan. 2015.

3 LONDON, Bernard. Ending the depression through planned obsolescence. New York: New York, 1932.

4 LONDON, Bernard. Ending the depression through planned obsolescence. New York: New York, 1932, p.05.

5 LONDON, Bernard. Ending the depression through planned obsolescence. New York: New York, 1932, p.07.

tanto, seria necessário que houvesse uma fixação, por parte do governo, de um prazo de vida útil para os bens de consumo.

Outra técnica, muito usual, de obsolescência programada, consiste na alteração reiterada do design, tornando o produto anterior obsoleto.

Esta tática foi utilizada pela empresa Chevrolet, para fazer frente aos motores potentes da Ford, como se infere do documentário *Prêt à Jeter*. A cada novo modelo lançado, o anterior resta obsoleto, o que tornou dispensável o motor durável, eis que há estímulo para troca periódica de automóveis. Isto porque, como demonstrado na obra cinematográfica, a Ford possuía os motores mais potentes do mercado, dificultando a inserção de outras montadoras. Sabendo disto, a Chevrolet aproveitou-se da técnica da evolução do design, influenciando os consumidores a trocarem de veículo constantemente, incutindo a ideia de que deveriam ter sempre o automóvel mais moderno e atual, como forma de gozarem de um *status* privilegiado e felicidade fugaz.

Aliado a isto, tem-se as estratégias de marketing que incentivam o consumismo[6] e, de forma inconsciente, incutem nos consumidores a necessidade de aquisição constante pelo produto mais moderno, como forma quimérica de obtenção da felicidade.

As consequências desta forma inconsequente de consumo introjetada no sistema é responsável, de certa forma, por problemas socioambientais, tendo em vista o acúmulo constante de objetos descartados e escassez dos recursos naturais, e, outrossim, pelo superendividamento, vez que a população, almejando alinhar-se com a sociedade de consumo vigente e adequar-se aos padrões impostos, assumem débitos com os quais não poderá arcar.

2. Análise sociológica

Na sociedade contemporânea, o consumo está presente de uma forma bastante intrínseca e, como já mencionado, é relacionado com o alcance de uma pretensa felicidade, desembocando na famigerada "fetichização" da mercadoria, já denunciada por Marx, em O Capital.[7]

6 Zygmunt Bauman conceitua consumismo como a associação da felicidade não com a satisfação de suas necessidades, mas a um volume e uma intensidade de desejos sempre crescentes, o que implica na rápida substituição dos objetos destinados a satisfazê-la (BAUMAN, Zygmunt. *Vida para o Consumo:* a transformação de pessoas em mercadoria. Trad. Carlos Alberto Medeiros. Rio de Janeiro: Jorge Zahar, 2008, p. 44).

7 MARX, Karl. *O Capital.* V. I. Trad. Regis Barbosa e Flavio R. Kothe. São Paulo: Editora Nova Cultural, 1996.

Hodiernamente, abandonou-se o arquétipo anterior de sociedade de produtores, que visava à produção de bens seguros e de larga vida útil, e adotou-se uma concepção de sociedade de consumidores, altamente líquida e efêmera, que vê na estabilidade, promovida pelo modelo anterior, um perigo à economia e busca, por intermédio de estímulos e instigações de desejos vorazes e falsas necessidades, implicam em uma rápida substituição dos bens, consolidando uma era de "obsolescência embutida" das mercadorias.[8]

Assim, nesta sociedade de desejos voláteis e felicidades fugazes, Serge Latouche aponta três ingredientes para que esta sociedade de consumo prossiga neste circuito: a publicidade, que desperta no consumidor o desejo; o crédito, que lhe fornece os meios de aquisição; e a obsolescência acelerada e programada que intensificam e renovam sua necessidade de forma ininterrupta.[9]

A publicidade a qual depende de uma postura ativa do sujeito destinador da mensagem. A semiótica discursiva, neste ponto, aponta que uma ação só se inicia se o destinador, no papel manipulador, conseguir desencadear no destinatário da publicidade uma vontade, um querer ou impondo um dever de realizar a performance [10]

O crédito, por sua vez, nem sempre está à disposição do destinatário, o que pode desembocar em um superendividamento dos consumidores, a ponto de, inclusive, comprometerem o mínimo existencial.

Bauman corrobora as reflexões supracitadas:

> Afinal de contas, nos mercados de consumidores-mercadorias, a necessidade de substituir objetos de consumo "defasados" [...] ou não mais desejados está inscrita no design dos produtos e nas campanhas publicitárias calculadas para o crescimento constante das vendas. A curta expectativa de vida de um produto na prática e na utilidade proclamada está incluída na estratégia de marketing e no cálculo de lucros: tende a ser preconcebida, prescrita e instilada nas práticas dos consumidores mediante a apoteose das novas ofertas (de hoje) e a difamação das antigas (de ontem)[11].

---

8 BAUMAN, Zygmunt. *Vida para o Consumo:* a transformação de pessoas em mercadoria. Trad. Carlos Alberto Medeiros. Rio de Janeiro: Jorge Zahar, 2008, p. 43.

9 LATOUCHE, Serge. *O pequeno tratado do decrescimento sereno*. Lisboa: Edições 70, 2012, p. 30.

10 HERNANDES, Nilton. A mídia e seus truques: o que jornal, revista, TV, rádio e internet fazem para captar e manter a atenção do público. São Paulo: Contexto, 2006, p. 40.

11 BAUMAN, Zygmunt. *Vida para o Consumo:* a transformação de pessoas em mercadoria. Trad. Carlos Alberto Medeiros. Rio de Janeiro: Jorge Zahar, 2008, p. 45.

Deste modo, é imperioso inferir que a obsolescência planejada tornou-se uma poderosa arma do consumismo a serviço do capitalismo. Latouche ainda aponta que o papel do consumidor acaba se sumarizando em ceder às práticas publicitárias e a pedir crédito para adquirir o que não precisa, em busca da famigerada "lógica do crescimento", que não existe para satisfazer necessidade, mas sim crescer por crescer[12] – e ilimitadamente. E para isso ocorrer, o consumo precisa também estar em ascensão vertiginosa.

Nesta busca desvairada pelo crescimento (econômico) e aquecimento da economia do país, o acréscimo do consumo é muito ansiado, dentro da lógica capitalista, o que culmina em acúmulo destes resíduos indesejados – muitas vezes em locais inadequados.

Mercê do exposto, depreende-se que, na atual sistemática, é preciso rever as diretrizes que aferem o crescimento econômico, abandonando-se, principalmente, a necessidade de um crescimento infinito do produto interno bruto – PIB, em um planeta que possui recursos finitos.

É nesta senda que o economista francês Serge Latouche propõe a ruptura com o ideal de crescimento, desenvolvimento e prazer intrinsecamente relacionados – e sustentados – pelo consumismo. O citado economista ainda adverte que suas proposições "tem como principal meta enfatizar fortemente o abandono do objetivo do crescimento ilimitado, objetivo cujo motor não é outro senão a busca do lucro por parte dos detentores do capital, com consequências desastrosas para o meio ambiente e, portanto, para a humanidade".[13] Afinal, as balizas utilizadas para aferir o PIB de um país não levam em consideração a qualidade de vida, meio ambiente sustentável e baixos níveis de desigualdades sociais.

A polêmica sociológica realizada não é exaustiva. Todavia, é um adendo para que se possa rever ideais e utopias, em busca da preservação do meio ambiente e reflexão pautada na redução do consumo.

3. Problemas ambientais consectários da obsolescência programada e disposições legais

Esta instigação extenuante pela busca do consumo exacerbado gera o aumento dos detritos, em especial do lixo eletrônico e de baterias. Esta situação se acentua ainda mais pela falta de educação para o consumo e

12 LATOUCHE, Serge. *O pequeno tratado do decrescimento sereno*. Lisboa: Edições 70, 2012, p. 33.

13 LATOUCHE, Serge. *O pequeno tratado do decrescimento sereno*. Lisboa: Edições 70, 2012, p. 04.

informações suficientes e claras acerca do descarte destas mercadorias, notadamente mecanismos que efetivem a logística reversa.[14]

Por derradeiro, é inevitável que os produtos que se tornam obsoletos vem provocando o acúmulo destes materiais em locais inadequados, o que compromete o meio ambiente sadio e a qualidade de vida.

Alguns países desenvolvidos, todavia, preocupados em propiciar um ambiente saudável – apenas para seus cidadãos, frise-se, em vez de estimular um consumo consciente e mecanismos de reutilização e reciclagem destes materiais, simplesmente descartam-nos, em *containers*, enviados a países subdesenvolvidos, notadamente os africanos – ocorrendo, então, o tráfico de lixo, também denunciado em *Prêt à Jeter*. Esta prática é deveras realizada, tendo em vista ser o processo de reciclagem ou tratamento dos resíduos muito mais custoso para as empresas, tanto em termos de logística, como financeiros.

Latouche corrobora esta assertiva, acrescentando, outrossim, que são transportados 150 milhões de computadores para estes países menos desenvolvidos – somando 500 navios mensais de lixo eletrônico somente para a Nigéria.[15]

O Programa Nacional das Nações Unidas para o Meio Ambiente apresentou na Indonésia um relatório sobre o crescimento exponencial de lixo de origem eletrônica no mundo. Assentou-se que a geração de lixo eletrônico atinge a cifra de 40 milhões de toneladas por ano e, para arrevesar ainda mais, estima-se que até 2020 a produção de lixo eletrônico, em comparação a 2007, na Índia crescerá 500% e na China e África do Sul, o aumento será em torno de 400%.[16] Ou seja, o homem transforma a natureza em lixo mais rápido do que ela pode converter lixo em matéria-prima.[17]

14 A Lei n º 12.305/2010, que instituiu a Política Nacional de Resíduos Sólidos – PNRS, define logística reversa, em seu art. 3º, XII, como "instrumento de desenvolvimento econômico e social caracterizado por um conjunto de ações, procedimentos e meios destinados a viabilizar a coleta e a restituição dos resíduos sólidos ao setor empresarial, para reaproveitamento, em seu ciclo ou em outros ciclos produtivos, ou outra destinação final ambientalmente adequada". Este mecanismo é de observância obrigatória para os fabricantes de baterias, pilhas e equipamentos eletroeletrônicos, cf. art. 33, II e IV, da referida PNRS.

15 LATOUCHE, Serge. *O pequeno tratado do decrescimento sereno*. Lisboa: Edições 70, 2012, p. 33.

16 PROGRAMA DAS NAÇÕES UNIDAS PARA O MEIO AMBIENTE. *Geração de lixo eletrônico*. Disponível em: <http://www.pnuma.org.br/noticias_detalhar.php?id_noticias=224>. Acesso em: 27 jan. 2015.

17 LATOUCHE, Serge. *O pequeno tratado do decrescimento sereno*. Lisboa: Edições 70, 2012, p. 38.

Intentando rechaçar o tráfico de lixo, com exportações ilegais de detritos eletrônicos e perigosos, celebrou-se a Convenção de Basiléia, internalizada pelo Decreto nº 875, de 1993, que tem como objetivos:

> a) reduzir os movimentos transfronteiriços de resíduos ao mínimo consistente com a gestão eficaz e ambientalmente saudável de tais resíduos; b) minimizar a quantidade e o conteúdo tóxico dos resíduos perigosos gerados e assegurar sua disposição ambientalmente saudável tão próximo quanto possível do local de produção; e c) assistir os países em desenvolvimento na gestão ambientalmente saudável dos resíduos perigosos que produzirem.[18]

Portanto, deve-se buscar a conscientização dos cidadãos de que a proteção ambiental é um dever de todos, consagrada, inclusive, no texto constitucional (art. 225, *caput*, da CRFB/88).

Atentando-se nisto, a Lei nº 12.305, de 2010, que dispõe sobre a Política Nacional de Resíduos Sólidos – PNRS, institui como seus objetivos o estímulo a padrões de sustentáveis de consumo e de produção (art. 7º, III e XV).

Assevera, ainda, ser responsabilidade compartilhada pelo ciclo de vida dos produtos, de modo a abranger fabricantes, importadores, distribuidores e comerciantes, os consumidores e os titulares dos serviços públicos de limpeza urbana e de manejo de resíduos sólidos (art. 30, *caput*) e obriga a implementação de mecanismos de logística reversa aos fabricantes, importadores, distribuidores e comerciantes de agrotóxicos, pilhas, baterias, pneus, óleos lubrificantes, lâmpadas e produtos eletroeletrônicos (art. 33), para evitar, com isto, seu descarte indevido e contaminação do solo e de pessoas que possam desmantelá-los de forma inadequada.

Além disso, a referida lei busca, principalmente, o combate da obsolescência programada. É o que se constata da análise no art. 3º, inciso XVII, da PNRS que institui a responsabilidade compartilhada pelo ciclo de vida dos produtos, buscando minimizar o volume de resíduos sólidos e rejeitos, para, com isto, reduzir os impactos ambientais causados à saúde humana e ao meio ambiente, decorrente de um ciclo reduzido de vida dos produtos.

Para tanto, ela aponta em seu art. 9º que, em relação aos resíduos sólidos deve-se observar a seguinte ordem de prioridade: não geração, redução, reutilização, reciclagem, tratamento dos resíduos produzidos e disposição final ambientalmente adequada dos rejeitos.

---

18 BRASIL. Decreto 875, de 19 de julho de 1993. *Promulga o texto da Convenção sobre o Controle de Movimentos Transfronteiriços de Resíduos Perigosos e seu Depósito.* Disponível em: < http://www. planalto.gov.br/ccivil_03/decreto/D0875.htm#_blank>. Acesso em 27 jan. 2015.

Destarte, é premente a implantação de uma educação para o consumo que, pautada nestes ditames, busque descolonizar a concepção de aquisição compulsiva em busca de uma felicidade efêmera e implemente uma nova ideologia pautada na redução do consumo, no conserto dos bens já adquiridos ou, caso o descarte seja inevitável, que haja mecanismos de reciclagem e logística reversa para que haja seu reaproveitamento ou, excepcionalmente, seu descarte em local adequado.

A Agenda 21, instrumento de planejamento para construção de sociedades sustentáveis, notabiliza a obsolescência programada como obstáculo ao desenvolvimento sustentável, um dos princípios instituídos pela PNRS.

Ela enfatiza os obstáculos a serem enfrentados, importando numa série de mudanças dos padrões vigentes e nos hábitos culturais dos diferentes setores sociais para que se possa avançar no caminho da sustentabilidade, pois não se almeja apenas um padrão duradouro dos bens de consumo, mas a própria existência humana, oriundos da irracionalidade dos padrões de consumo.[19]

Entretanto, a despeito do intuito nobre do legislador, o arquétipo de desenvolvimento arraigado não tem permitido sua compreensão adequada e efetivação, impossibilitando a difusão dos ideais de sustentabilidade e meio ambiente saudável e equilibrado, bem como a perfeita percepção da nefasta prática da obsolescência planejada.

José Leite e Patrick Ayala apontam como tendência o abandono paulatino do fundamento exclusivamente antropocêntrico, buscando a proteção do meio ambiente por tudo o que ele representa, calcado na equidade intergeracional e no desenvolvimento sustentável. Para tanto, é imprescindível a fixação de algumas restrições nas atividades produtivas, desconstruindo, assim, a obsolescência programada.[20]

4. A obsolescência programada e sua ressonância na legislação consumerista

O Código de Defesa do Consumidor – doravante CDC – foi um marco no ordenamento pátrio e buscou efetivar a igualdade material entre os contratantes, implementando uma série de direitos e objetivos, para que o fornecedor e consumidor não permaneçam em posições extremamente desniveladas, de modo a equilibrar a relação de consumo.

19 COMISSÃO DE POLÍTICAS DE DESENVOLVIMENTO SUSTENTÁVEL. Agenda 21 Nacional. 2ª ed. Brasília: Ministério do Meio Ambiente, 2004.

20 LEITE, José Rubens Morato; AYALA, Patryck de Araújo. *Direito ambiental na sociedade de risco*. 2ª ed. Rio de Janeiro: Forense Universitária, 2004.

Não por menos razão que prevê como direitos básicos do consumidor a educação e divulgação sobre o consumo adequado de produtos e serviços (art. 6º, inciso II, CDC), informação adequada sobre características e qualidade (art. 6º, III, CDC) e o protege contra métodos comerciais desleais (art. 6º, IV, CDC). Outrossim, deve-se levar em conta a vulnerabilidade do consumidor, tanto por falta de conhecimentos técnicos, quanto pela sujeição às inúmeras formas de publicidade que buscam incutir-lhe a necessidade, cada vez maior, de aquisição de bens de consumo.

Com base neste artigo, é insofismável a ilegalidade da obsolescência programada, vez que o consumidor desconhece que o produto adquirido fora "programado para morrer", com um ciclo útil de vida, sistematicamente, curto. Deste modo, caso haja alguma lesão ao interesse do consumidor, com base nesta prática aviltante, poderá ele acionar o Judiciário para reparar sua lesão.

Por óbvio que não se espera que um produto seja eterno, pois com seu uso ou em decorrência dos cuidados que lhe forem dispensados, é inevitável que chegue ao fim sua vida útil. Entretanto, o que se busca ao combater a prática da obsolescência programada são produtos em que fora empregada uma técnica com intuito de já reduzir ou predeterminar sua obsolescência.

Nestes casos, é patente a existência de vício oculto, entrando em cena a disposição do art. 18 cumulado com o art. 26, §3º, ambos do CDC, sendo nula qualquer disposição contratual que exima o fornecedor de suas responsabilidades decorrentes do vício (art. 51, I, CDC).

Ainda que o nosso CDC tenha sido modelo para muitos países, não deixa de ser um prisioneiro de seu tempo. Para lutar contra isso, é preciso trilhar novos caminhos em prol de um meio ambiente sustentável e equilibrado. E este caminho precisa ser igualmente positivado na legislação consumerista eis que há uma relação visceral entre meio ambiente e consumo adequado.

Esta relação íntima é corroborada pela Declaração da Conferência das Nações Unidas para o Meio Ambiente – RIO 92 – que anunciou em seu Princípio 8 que "Para alcançar o desenvolvimento sustentável e uma qualidade de vida mais elevada para todos, os Estados devem reduzir e eliminar os padrões insustentáveis de produção e consumo, e promover políticas demográficas adequadas".

Atentos a isto, está em trâmite o Projeto de Lei do Senado Federal nº 281, de 2012 – doravante PL 281/2012 – que aponta, de forma expressa, em sua análise a necessidade de atualização do CDC, com intuito de impor aos fornecedores o dever de implementação da logística reversa e direito à informação ambiental, notadamente, sobre os impactos ambientais do uso de determinados produtos e seu descarte irregular. Isto porque o eco-marketing peca constantemente pela falta de informação, o que acaba confrontando com princípios do CDC, como a veracidade, exatidão, utilidade e pertinência das informações prestadas.

A obsolescência programada, além de causar danos ao meio ambiente, com o acúmulo, por vezes inadequado, de resíduos é responsável também pelo superendividamento dos consumidores que, expostos às mais diversas formas de publicidade, para se adequarem aos padrões da sociedade de consumo, acabam se endividando a ponto de comprometer sua subsistência.

A par disto, está em trâmite também o Projeto de Lei do Senado Federal nº 283, de 2012, que cuida desta problemática. De forma enfática, o aludido projeto dispõe que um de seus objetivos principais é promover acesso ao crédito de maneira responsável e ofertar educação financeira ao consumidor, evitando sua exclusão social e comprometendo o mínimo existencial, em conformidade com princípios da boa-fé, função social do crédito e respeito à dignidade da pessoa humana.

Neste mesmo projeto, a Emenda nº 43, inclui o inciso X ao art. 4º do CDC, acrescentando como princípio norteador do CDC a prevenção e tratamento do superendividamento, geradora da exclusão social do consumidor, bem como prevê a instituição de mecanismos de prevenção e tratamento do superendividamento, na órbita judicial e extrajudicial, e núcleos de mediação de conflitos como instrumento da Política Nacional das Relações de Consumo.

Para tanto, cria audiência de conciliação nos casos de superendivadamento, buscando repactuar as dívidas, sempre pautado na preservação do mínimo existencial ao consumidor. Além disto, determina como direito básico do consumidor a garantia de práticas de crédito responsável e educação financeira, para que o consumidor, vulnerável às publicidades constantes não comprometa o mínimo existencial necessário a propiciar uma vida digna para si e sua família.

Neste espírito, constata-se que a obsolescência planejada não encontra respaldo na legislação consumerista, tampouco nas diretrizes nacionais e internacionais para a promoção do desenvolvimento sustentável. Apresenta-se apenas como manifestação de poderio econômico, em detrimento da defesa do consumidor. Isso evidencia ainda mais a necessidade de imediato controle da referida prática.

Por derradeiro, o legislador brasileiro demonstra um pensamento mais aguçado e compassivo, ao buscar minorar as consequências das práticas publicitárias, que incute no consumidor a necessidade de se buscar a felicidade na aquisição de produtos sempre mais "modernos" – instrumento eficaz da obsolescência programada – ao perceber a relação intrínseca entre meio ambiente sustentável, consumo responsável e educação financeira.

A alteração é urgente, vez que nossa legislação consumerista não aborda a matéria de forma explícita. Há apenas alguns pontos tratados, de forma bem tímida, como o art. 32, parágrafo único, do CDC que determina a disponibilização de peças dos produtos para troca enquanto não cessar a fabricação ou importação e, após estas, deverá mantê-las por período razoável, fixado em lei. Logo, a nossa legislação precisa ser melhorada e evoluir, para evitar que práticas como essas, que desnivelam ainda mais as partes na relação de consumo, violando a boa-fé, continuem a ser efetivadas, sem que haja suporte e proteção ao hipossuficiente.

5. A preocupação global em relação à obsolescência programada

A obsolescência programada está longe de ser um mero devaneio metafísico ou um problema essencialmente nacional.

Na Europa, houve uma pesquisa conduzida pelo *Centre Européen des Consommateurs, na França*, intitulada *"L'obsolescence programmée ou los dérives de la société de consommation"* que concluiu que 8 em cada 10 máquinas de lavar estão equipadas com tanques de plástico que substituem aço inoxidável. Bastaria apenas uma única moeda para quebrarem (devido à velocidade de rotação no momento da centrifugação) ou mesmo uma temperatura muito alta da água para deformar o tanque. Além disso, os estudos assentam que a vida dos televisores reduziu de uma média de 10 a 15 anos, para apenas 9 anos. Ou seja, mesmo com toda a evolução da engenharia e tecnologia, a vida útil dos produtos vem sendo paulatinamente diminuída.

Some-se a este artifício de redução proposital da vida útil dos equipamentos, o fato de que muitos deles não têm suas peças, em caso de eventuais reparos, em circulação – ou o tem por um prazo inferior à vida útil esperada pelo equipamento e por valores altos, que acaba tornando mais vantajoso ao consumidor adquirir um novo, a reparar o velho.

Prova disto é a *class action* que a Apple enfrentou em 2003, nos Estados Unidos, por não oferecer baterias para seus Ipods. Os demandantes restaram vitoriosos e a empresa fora obrigada a fabricar peças de reposição.[21]

Não se pode olvidar que são poucas as demandas desse viés, pois infelizmente a obsolescência programada ainda é vista como um mal necessário para aquecer a economia e gerar aumento do PIB.

A França, na vanguarda, aprovou o Projeto de Lei, que será referendado pelo Senado, relativo à transformação energética para um crescimento verde. Neste documento, apresenta mecanismos de combate à obsolescência programada, como a obrigatoriedade de exibição da vida útil de produtos com valor igual ou superior a 30% do salário mínimo.

21 VIDALES, Raquel. *Lavadoras com muerte anunciada*. Disponível em: <http://economia.elpais.com/economia/ 2014/10/31/actualidad/1414761553_335774.html>. Acesso em 28 jan. 2015.

Neste mesmo Projeto de lei, há uma definição pontual do que vem a ser obsolescência programada, qual seja, *"L'obsolescence programmée désigne l'ensemble des techniques par lesquelles un metteur sur le marché vise, notamment par la conception du produit, à raccourcir délibérément la durée de vie ou d'utilisation potentielle de ce produit afin d'en augmenter le taux de remplacement".*

Neste espírito, o Comitê Econômico e Social Europeu, órgão consultivo da União Europeia, aprovou um parecer proibindo práticas da obsolescência programada.

De forma ponderada, chegaram à conclusão óbvia: esta prática (abusiva) já perdeu sua razão de ser, tendo em vista que muitos produtos são fabricados em países fora da Europa. Em verdade, esta prática apenas atrapalharia o crescimento do país, eis que seu total abandono estimularia a economia local de reparos e assistência técnica aos produtos que apresentassem alguma falha. Além disso, em suas pesquisas, encontraram inúmeros aparelhos que possuíam uma vida útil pouco superior à da garantia, ou seja, eram projetados para durar enquanto vigente a cláusula de proteção do consumidor.[22]

No mesmo sentido da legislação francesa, propõe, de forma ainda não obrigatória, um sistema de rotulagem que garanta um tempo de mínimo de vida do produto, o que ainda depende de algumas pesquisas de campo para determiná-los de forma mais precisa.[23]

Outrossim, a Declaração de Madrid, de 25 de junho de 2014, é categórica ao estabelecer como objetivos para a construção de uma Europa inovadora a luta contra a obsolescência programada, almejando, com isto, o equilíbrio entre os aspectos econômicos, sociais e ambientais, sempre pautado em uma transição econômica competitiva e sustentável.[24]

Carlos Trias Pinto, presidente da Comissão Consultiva das Transformações Industriais, do Comitê Econômico e Social Europeu – CESE, relatou que deve ser, primeiramente, estimulada a reparação, pelos fabri-

22 EUROPEAN ECONOMIC AND SOCIAL COMITEE. *Towards more sustainable consumption*: industrial product lifetimes and restoring trust through consumer information. Disponível em: <http://www.eesc.europa.eu/?i= portal.en.ccmi-opinions.26788>. Acesso em 28 jan. 2015.

23 EUROPEAN ECONOMIC AND SOCIAL COMITEE. Towards more sustainable consumption: industrial product lifetimes and restoring trust through consumer information. Disponível em: <http://www.eesc.europa.eu/?i= portal.en.ccmi-opinions.26788>. Acesso em 28 jan. 2015.

24 EUROPEAN ECONOMIC AND SOCIAL COMITEE. *Declaración de Madrid.* Disponível em: <http://www.eesc.europa.eu/?iportal.es.events-and-activities-built-in-obsolescence>

cantes, dos bens avariados. Em segundo plano, deve-se reavaliar as campanhas que pregam a obsolescência de estética. Também entende necessária a rotulagem dos produtos, indicando sua vida útil.[25]

Infere-se, assim, que a obsolescência programa é uma preocupação que extrapola as fronteiras nacionais. A França, avançando na matéria, foi inovadora ao dispor e reconhecer expressamente em seu ordenamento essa prática. Some-se a isso as propostas realizadas pelo Comitê Econômico e Social Europeu, com vistas a erradicar este expediente.

6. A obsolescência programada e sua reverberação na jurisprudência brasileira

Em virtude das considerações tecidas até então, fica evidente o intuito desta pesquisa, a saber, a obsolescência, em algumas hipóteses, é natural e inevitável, com o desenvolvimento de novas técnicas e evolução das pesquisas. O indesejado é a manipulação ou fabricação de produtos com vistas a encurtar seu ciclo útil, compelindo, de forma cada vez mais célere, a compra de um novo produto, ou então comercializar um produto, anunciando ser o mais inovador, mesmo já dispondo de tecnologia e conhecimento para produzir melhores e modernos.

Não se pode perder de vista um caso recente, ocorrido no Brasil. A razão pela judicialização deste conflito foi que o lançamento, pela empresa Apple, do iPad4, poucos meses depois de ter anunciado e comercializado o iPad3, possibilitando inferir que a empresa já possuía a tecnologia e um design inovador quando do lançamento deste. Os usuários, dentro deste curto lapso temporal (cinco meses após o iPad 3 desembarcar no Brasil), viram seu produto tornar-se obsoleto, mesmo sem apresentar quaisquer diferenças técnicas significativas entre as versões – era apenas para compelir os consumidores a adquirirem a versão mais recente e aumentar seu número de vendas. Em razão disto, foi ajuizada uma ação civil pública pelo Instituto Brasileiro de Direito da Informática, ainda em trâmite.[26]

Outra prática corriqueira é a programação do aparelho para apresentação de vícios após o término do período de garantia ofertada pelo fabricante.

Atentos nisto, o Superior Tribunal de Justiça – STJ, inovou na jurisprudência brasileira ao julgar o Recurso Especial nº 984.106/SC. Assentou que o fornecedor é responsável pelos vícios ocultos surgidos, mesmo após o

25 VIDALES, Raquel. *Lavadoras com muerte anunciada*. Disponível em: <http://economia.elpais.com/economia/ 2014/10/31/actualidad/1414761553_335774.html>. Acesso em 28 jan. 2015.

26 A despeito de se tratar de uma ação civil pública, corre em segredo de justiça perante a 12ª Vara Cível de Brasília, sob o nº 2013.01.1.016885-2

período de garantia fixado, tendo em vista que este prazo é fixado unilateralmente por ele. Deste modo, o prazo decadencial para reclamar pelos vícios ocultos inicia-se no momento em que ficar aparente o defeito (art. 26, §3º do CDC), estando o produto dentro do período esperado para sua vida útil – mesmo finda a garantia contratual.

A lide cuida de ação de cobrança ajuizada por vendedor de máquina agrícola, que pleiteara os gastos dispendidos com o reparo do produto vendido. O Tribunal reconheceu ser do fornecedor a responsabilidade pelo vício oculto do produto adquirido, notadamente por ter sido comprovado defeito de fabricação, eis que apresentou o erro gravíssimo após 3 anos de uso, sendo que o ciclo de vida útil deste bem deveria ser em torno de 10 a 12 anos.

Esta decisão encontra-se na vanguarda, tendo em vista que declara expressamente, pela primeira vez, a existência da prática da obsolescência programada e inaugura um cenário nas relações de consumo, com fundamento efetivo na boa-fé e na vulnerabilidade do consumidor, refém das práticas publicitárias e tecnologias – usadas a serviço do estímulo ao consumismo e concentração de capital, e não pautadas no bem estar da coletividade.

O Desembargador Luis Felipe Salomão, ora relator, asseverou que os prazos de garantia têm função de proteger o adquirente de bens contra defeitos relacionados ao seu desgaste natural, sendo este um prazo mínimo esperado para que não haja deterioração da coisa. Mas após este prazo, tolera-se que possa surgir desgastes em virtude do uso ordinário do produto. Todavia, isto diverge do vício oculto, eis que este se refere a um vício de fabricação, que sempre existiu, mas só se manifestou em período posterior; não decorre da fruição do bem, diretamente, mas de uma característica que esteve escamoteada.

Neste espírito, entender de modo contrário seria avalizar um abuso do poder econômico, que obrigaria o consumidor a adquirir novo bem, por este apresentar um defeito de fabricação, atribuível exclusivamente ao fornecedor, com vistas a uma redução planejada da vida útil dos bens de consumo.

Em que pese o brio existente na decisão do STJ, reconhecendo a existência da obsolescência programada, o Tribunal de Justiça do Rio de Janeiro, os autos sob o nº 0006196-91.2008.8.19.0004, em idêntica sintonia manteve a condenação do fabricante que deixou de fornecer peças de reposição para solucionar vício apresentado por um televisor, após um ano e doze dias a venda – e apenas 12 dias, além do prazo de garantia – tendo em vista ser um bem durável e que se espera um ciclo útil de vida, bem mais superior ao apresentado (de 12 a 18 anos). Além disso, assentou que, em caso de vício oculto, o prazo somente se inicia no momento em que for evidenciado o defeito.

É evidente que práticas como esta devem ser repelidas pelo Judiciário, quando preciso, por violarem princípios da Política Nacional das Relações de Consumo, como a garantia de padrões de qualidade, segurança, durabilidade e desempenho (art. 4º, II, "d" do CDC), bem como por serem uma afronta à boa-fé objetiva, por violação ao dever anexo de informação clara e completa ao consumidor.

Deste modo, ainda que tímida a jurisprudência brasileira acerca da obsolescência programada, o Superior Tribunal de Justiça deu um largo passo em caminho de seu reconhecimento e pelo combate de práticas abusivas análogas, que ferem não só o consumidor, mas toda a coletividade sujeita aos abusos do poder econômico e que sofrem as consequências de um desequilíbrio ambiental oriundo do descarte inadequado dos bens avariados ou obsoletos.

7. Conclusão

Como restou evidenciado, através de uma análise não exaustiva, a obsolescência programada que mantém vínculo estreito com a sociedade de consumidores (compulsivos e impulsivos) e que almeja um crescimento apenas por crescer, olvidando-se da busca por uma sadia qualidade de vida a todos os seus membros – atuais e futuros.

Não por menos razão, que uma grande preocupação atual é em prol de um meio ambiente equilibrado e desenvolvimento sustentável. Deve-se romper com o ideário de que o crescimento de um país está necessariamente atrelado aos acréscimos realizados em seu PIB. Deve-se ir além. O real desenvolvimento de um país deve estar associado à qualidade de vida propiciada aos seus cidadãos, aferida por índices de proteção ambiental, de saúde, educação e redução das desigualdades sociais.

Esta prática deve ser coibida, com vistas à proteção não só do consumidor, vulnerável, mas também para a busca de uma relação simbiótica entre os indivíduos e a natureza, preservando-as para o usufruto das presentes e futuras gerações.

A alteração do cenário atual é que se impõe, desconstruindo o arquétipo impostos até então, em busca de um consumo e desenvolvimento sustentáveis.

Neste espírito, andou bem a jurisprudência brasileira ao reconhecer expressamente a existência desta prática (abusiva) e rechaçá-la veementemente. Espera-se que esta decisão sirva de norte e estimule demais juízes e tribunais a admitirem e combaterem a obsolescência programada, bem como que o legislador, que vem caminhando na proteção do consumidor, discipline a matéria, a exemplo do que ocorreu na França.

Para romper com este paradigma, abandonando de vez os atuais padrões impostos de consumo, é imprescindível que haja maior atuação estatal, seja por políticas públicas, produções legislativas e jurisprudenciais que objetivem a regulação e implementação de políticas públicas voltadas para um desenvolvimento sustentável e educação para o consumo, criando cidadãos conscientes de seus direitos e deveres, além de fiscalizações mais rígidas das empresas, de modo a coibir esta prática desleal.

Além disso, o consumidor deve ter o direito de ser cientificado da vida útil do bem adquirido, garantindo-lhe estabilidade e segurança em suas transações, e assegurando, durante este prazo, a reparação do bem que apresentar vício de fabricação.

Por fim, é imperioso concluir que é preciso caminhar pela quebra dos paradigmas e arquétipos até então definidos como verdades universais. Deve-se abandonar o crescimento econômico *per si*, buscando atrelá-lo a outros fatores, como educação e saúde de qualidade, redução das desigualdades, redistribuição de renda, respeito à natureza e todas as formas de vida existentes e, principalmente, a busca por um desenvolvimento sustentável.

Referências bibliográficas

ARTE FRANCE. **Prêt à Jeter**. Disponível em: < http://vimeo.com/111316941>. Acesso em 20 jan. 2015.

BAUMAN, Zygmunt. **Vida para o Consumo: a transformação de pessoas em mercadoria**. Trad. Carlos Alberto Medeiros. Rio de Janeiro: Jorge Zahar, 2008.

BRASIL. **Constituição da República Federativa do Brasil de 198**8. Disponível em: <http://www.planalto.gov.br/ccivil_03/constituicao/constituicao-compilado.htm>. Acesso em 24 jan. 2015.

______. Decreto 875, de 19 de julho de 1993. **Promulga o texto da Convenção sobre o Controle de Movimentos Transfronteiriços de Resíduos Perigosos e seu Depósito**. Disponível em: <http://www.planalto.gov.br/ccivil_03/decreto/D0875.htm#_blank>. Acesso em 27 jan. 2015.

______. Lei nº 8.078, de 11 de setembro de 1990. **Código de Defesa do Consumidor**. Disponível em: <http://www.planalto.gov.br/ccivil_03/leis/l8078.htm>. Acesso em 26 jan. 2015.

______. Lei nº 12.305, de 2 de agosto de 2010. **Política Nacional de Resíduos Sólidos**. Disponível em: <http://www.planalto.gov.br/ccivil_03/_ato2007-2010/2010/lei/l12305.htm>. Acesso em 26 jan. 2015.

______. Senado Federal. **Projeto de Lei do Senado Federal nº 281, de 2012**. Altera a Lei nº 8.078, de 11 de setembro de 1990 (Código de Defesa do Consumidor), para aperfeiçoar as disposições gerais do Capítulo I do Título I e dispor sobre o comércio eletrônico. Disponível em:

<http://www.senado.gov.br/atividade/materia/detalhes.asp?p_cod_mate=106768>. Acesso em 25 jan. 2015.

______. Senado Federal. **Projeto de Lei do Senado Federal nº 283, de 2012**. Altera a Lei nº 8.078, de 11 de setembro de 1990 (Código de Defesa do Consumidor), para aperfeiçoar a disciplina do crédito ao consumidor e dispor sobre a prevenção do superendividamento. Disponível em <http://www.senado.gov.br/atividade/materia/detalhes.asp?p_cod_mate= 106773>. Acesso em 25 jan. 2015.

______. Superior Tribunal de Justiça. **Recurso Especial 984.106/SC**. Rel.: Min. Luis Felipe Salomão. 4ª turma. Julg. 04/10/2012. DIREITO DO CONSUMIDOR E PROCESSUAL CIVIL. RECURSO ESPECIAL. AÇÃO E RECONVENÇÃO. JULGAMENTO REALIZADO POR UMA ÚNICA SENTENÇA. RECURSO DE APELAÇÃO NÃO CONHECIDO EM PARTE. EXIGÊNCIA DE DUPLO PREPARO. LEGISLAÇÃO LOCAL. INCIDÊNCIA DA SÚMULA N. 280/STF. AÇÃO DE COBRANÇA AJUIZADA PELO FORNECEDOR. VÍCIO DO PRODUTO. MANIFESTAÇÃO FORA DO PRAZO DE GARANTIA. VÍCIO OCULTO RELATIVO À FABRICAÇÃO. CONSTATAÇÃO PELAS INSTÂNCIAS ORDINÁRIAS. RESPONSABILIDADE DO FORNECEDOR. DOUTRINA E JURISPRUDÊNCIA. EXEGESE DO ART. 26, § 3º, DO CDC. Disponível em: <https://ww2.stj.jus.br/processo/pesquisa/?src=1.1.3&aplicacao=processos.ea&tipoPesquisa=tipoPesquisaGenerica&num_registro=200702079153>. Acesso em 25 jan. 2015.

CENTRE EUROPÉEN DES CONSOMMATEURS FRANCE. **L'obsolescence programmée ou les dérives de la société de consommation**. Disponível em: <http://www.europe-consommateurs.eu/fileadmin/user_upload/euconsommateurs/PDFs /publications/etudes_et_rapports/Etude-Obsolescence-eb.pdf>. Acesso em 25 jan. 2015.

COMISSÃO DE POLÍTICAS DE DESENVOLVIMENTO SUSTENTÁVEL. **Agenda 21 Nacional**. 2. ed. Brasília: Ministério do Meio Ambiente, 2004.

EUROPEAN ECONOMIC AND SOCIAL COMITEE. **Declaración de Madrid.** Disponível em: <http://www.eesc.eur opa.eu/?iportal.es.events-and-activities-built-in-obsolescence>

______. **Towards more sustainable consumption: industrial product lifetimes and restoring trust through consumer information.** Disponível em: <http://www.eesc.europa. eu/?i=portal.en.ccmi-opinions.26788>. Acesso em 28 jan. 2015.

FRANÇA. Assembleia Nacional. **Projeto de Lei nº 16. Transition Énergétique.** Disponível em: <http://www.senat.fr/leg/pjl14-016.html>. Acesso em 25 jan. 2015.

HERNANDES, Nilton. **A mídia e seus truques: o que jornal, revista, TV, rádio e internet fazem para captar e manter a atenção do público**. São Paulo: Contexto, 2006.

LATOUCHE, Serge. **O pequeno tratado do decrescimento sereno.** Lisboa: Edições 70, 2012.

LEITE, José Rubens Morato; AYALA, Patryck de Araújo. **Direito ambiental na sociedade de risco.** 2. ed. Rio de Janeiro: Forense Universitária, 2004.

LONDON, Bernard. **Ending the depression through planned obsolescence**. New York: New York, 1932.

MINISTÉRIO DO MEIO AMBIENTE. **Declaração do Rio sobre Meio Ambiente e Desenvolvimento.** Disponível em:

<http://www.mma.gov.br/port/sdi/ea/documentos/ convs/decl_rio92. pdf>. Acesso em 25 jan. 2015.

MARX, Karl. **O Capital.** V. I. Trad. Regis Barbosa e Flavio R. Kothe. São Paulo: Editora Nova Cultural, 1996.

PACKARD, Vance. **A estratégia do desperdício.** São Paulo:Ibrasa, 1965.

PROGRAMA DAS NAÇÕES UNIDAS PARA O MEIO AMBIENTE. **Geração de lixo eletrônico**. Disponível em: <http://www.pnuma.org.br/noticias_detalhar.php?id_noticias =224>. Acesso em: 27 jan. 2015.

RIO DE JANEIRO. Tribunal de Justiça. **Apelação nº 006196-91.2008.8.19.0004.** Rel.: Des. Sergio Jeronimo Abreu da Silveira. Julgado em 19/10/2011. Ação de defesa do consumidor, responsabilidade civil c/c indenização de dano material e moral. Aquisição de eletrodoméstico. Aparelho de TV 42PF7321. Defeito apresentado um ano e doze dias após sua aquisição, fora do prazo de garantia. Consulta à assistência técnica. Frete cobrado pelo transporte até a sede da mesma. Comprovação do defeito. Orçamento realizado. Ausência de peças de reposição. Produto imprestável. Impossibilidade de conserto pela assistência técnica. Contatos mantidos diretamente com o fornecedor. Ausência de informação. Alegada negligência e descumprimento de contrato da relação com o consumidor. Primeira ré que não foi capaz de se desincumbir do seu ônus de comprovar fato impeditivo, modificativo ou extintivo do direito da autora. Sentença de improcedência quanto à segunda ré, assistência técnica. Procedência parcial quanto à primeira ré, fornecedora. Condenação ao pagamento de R$ 15.000,00 a título de dano moral e R$ 5.084,00 a título de dano material. Insatisfação da primeira ré que pugna por sua reforma total face à argüição de decadência ou, em assim não se entendendo, pela exclusão de sua condenação a título de dano moral ou, seja reduzido o quantum indenizatório fixado a título de dano extrapatrimonial. Recurso conhecido. Dado parcial provimento, na forma do disposto no artigo 557, § 1º – A, do CPC, tão somente para reduzir o quantum indenizatório para o valor de R$ 3.000,00. Precedentes da Colenda Quarta Câmara Cível deste Tribunal. Sentença que se mantém em seus demais termos. Disponível em <http://www1.tjrj.jus.br/gedcacheweb/default.aspx?UZIP=1&GEDID=0003B8FADE5F67458E8CFE782FFCE2975F5E9AC403131449>. Acesso em 25 jan. 2015.

VIDALES, Raquel. **Lavadoras com muerte anunciada**. Disponível em: <http://economia. elpais.com/economia/2014/10/31/actualidad/1414761553_335774.html>. Acesso em 28 jan. 2015.

MEIO AMBIENTE E RELAÇÕES DE CONSUMO

Mariângela Guerreiro Milhoranza
Luís Augusto da Rocha Pires

1. Introdução

O aprimoramento tecnológico[1] e a evolução da sociedade acabaram por desencadear o desequilíbrio ambiental. O homem hodierno é o maior causador dos danos à natureza[2]. A existência de agressões ao solo, ao ar e à água geram diversas formas de poluição e a consequência dessa poluição é a destruição de inúmeros ecossistemas. Para melhor examinar esta problemática, o presente estudo é inaugurado por um breve introito onde se busca visualizar a interação do homem moderno com o meio em que vive. Após, continuando a investigação, analisa-se de que forma o consumo desenfreado, causado pela evolução tecnológica, afeta o meio ambiente. Por fim, serão feitas algumas considerações à guisa de conclusão.

2. Homem Versus Ambiente: Um Breve Escorço Histórico

O homem está intimamente relacionado com o meio em que vive e com a forma com que o utiliza, afinal o ambiente é um lugar[3] de encontro

---

1 Para François Ost, a solução para o equilíbrio entre o mundo técnico-científico e a natureza seria um contrato firmado entre o mundo social e o mundo sábio. (OST, François. **A Natureza a margem da lei**: a ecologia à prova do direito. Lisboa: Instituto Piaget, 1990, p. 210.)

2 BUTZKE, Alindo; ZIEMBOWICZ, Giuliano; CERVI, Jacson Roberto. O Direito ao meio ambiente ecologicamente equilibrado. Caxias do Sul: Educs, 2006, p. 29.

3 Molinaro, ao aprofundar seu estudo sobre o ambiente como um lugar de encontro traz como exemplo as culturas africanas. Nesse sentido, pontifica que "a diferenciação é considerada como essencial e pré-requisito funcional para que cada um seja indispensável ao outro. Isso porque, na cultura africana, somente podem viver juntos aqueles

onde tudo interage:[4] "[...] não estamos sós, neste "lugar de encontro", onde somos o encontro; somos com o outro desde uma relação de reconhecimento, respeito, reciprocidade e responsabilidade."[5] Esta responsabilidade com o outro e com o meio, no "[...] lugar de encontro [...]",[6] existe desde que a vida humana emergiu na Terra: "A história da vida sobre a Terra tem sido uma história de interação entre as coisas vivas e o seu meio ambiente [...]",[7] afinal "[...] desde o surgimento do homem na Terra, houve modificações na natureza. Assim, o processo de degradação do meio ambiente se confunde com a origem do homem."[8]

O Homo Sapiens ancorou na Terra há pelo menos 195 mil anos. Entretanto, seu desenvolvimento e sua evolução ocorreram nos últimos 10 mil anos. Segundo Rita Mendonça,[9] o período conhecido como paleolítico é o período mais extenso da história da humanidade. Durante tal período, o Homo Sapiens criou as primeiras ferramentas, embora ainda não houvesse o desenvolvimento da agricultura e da pecuária. No final do período paleolítico, o Homo Sapiens aperfeiçoou as técnicas para se proteger das intempéries do clima, erguendo refúgios e produzindo roupas. Além disso, havia aquilatado a produção de diversos instrumentos como lanças e fle-

que são diferentes, tendo em vista que, na perspectiva africana do mundo, a vida é um processo em que cada um se identifica progressivamente, não com o outro, do qual deve reivindicar sua diferença, mas com a totalidade da comunidade, vale dizer, com a vida cósmica e, especialmente, com a vida divina; aqui evidencia-se um matiz forte de um 'mínimo existencial ecológico' como núcleo material do princípio da dignidade humana. (MOLINARO, Carlos Alberto. Racionalidade ecológica e estado socioambiental e democrático de direito. 2006. Dissertação (Mestrado) – PUCRS, Porto Alegre, 2006, pp. 109–110.)

4 Conforme Lynn Margulis e Dorian Sagan, "Os seres humanos não são especiais e independentes, mas parte de um continuum de vida que circunda e abarca o globo." (MARGULIS, Lynn; SAGAN, Dorian. **O que é vida?** Rio de Janeiro: J. Zahar, 2002, p. 254.)

5 MOLINARO, Carlos Alberto. Racionalidade ecológica e estado socioambiental e democrático de direito. 2006. Dissertação (Mestrado) – PUCRS, Porto Alegre, 2006, p. 107.

6 Pontifica Molinaro que "Ambiente, já afirmamos, é relação. Ambiente – no sentido de *meio ambiente* – pode ser definido como *um lugar de encontro."* (MOLINARO, Carlos Alberto. **Racionalidade ecológica e estado socioambiental e democrático de direito**. 2006. Dissertação (Mestrado) – PUCRS, Porto Alegre, 2006, p. 55.)

7 CARSON, Rachel. **Primavera silenciosa**. São Paulo: Melhoramentos, 1962, p. 15.

8 BUTZKE, Alindo; SPARREMBERGER, Raquel Fabiana Lopes. Direito ambiental e direitos humanos: a relação homem versus ambiente e o problema do fogo nos Campos de Cima da Serra. In: BUTZKE, Alindo; DALLA ROSA, Mardióli (Org.). Queimadas dos campos: o homem e o campo: a natureza, o fogo e a lei. Caxias do Sul: Educs, 2011. p. 9-31, p. 10.

9 MENDONÇA, Rita. **Conservar e criar:** natureza, cultura e complexidade. São Paulo: Senac, 2005, p. 50.

chas. Após o período paleolítico, veio o período neolítico. Este período, surgido há cerca de 9 mil anos, se caracterizou pelo surgimento da agricultura, o desenvolvimento da pecuária e as formas iniciais de convívio em sociedades organizadas[10] politicamente. Portanto, "As sociedades que precederam a Mesopotâmia ou que foram contemporâneas a ela, ainda no período neolítico, erigiram em importantes civilizações que conviveram em harmonia."[11]

A Mesopotâmia, civilização que se desenvolveu na região Crescente Fértil, entre os rios Tigre e Eufrates, há cerca de 7 mil anos, é o marco inicial das grandes civilizações da humanidade. Foi nessa mesma época que começaram a surgir os centros populosos, as tecnologias avançadas de produção em agricultura e pecuária e, também, a escrita. Estas sociedades iniciais são consideradas sociedades matrísticas: sociedades calcadas no equilíbrio e em consonância com o lugar de encontro em uma relação ecológica interespecífica harmônica. Após milênios de uma relação ecológica interespecífica harmônica, ocorreu uma vultosa mutação nas sociedades matrísticas: transformaram-se em sociedades patriarcais. "A grande mudança de sociedades matrísticas para patriarcais aconteceu quando a tecnologia disponível deixou de ser aplicada unicamente para a produção (agrícola e de artefatos) e passou efetivamente a ser utilizada para a fabricação de armas."[12] Nesse mesmo sentido, aduz-se que "paulatinamente as sociedades se tornaram dominadoras. Surgiram os impérios. A ideia de dominação e apropriação da natureza e de outros povos foi se ampliando e difundindo pela região que hoje corresponde ao Oriente Médio e Europa."[13] Seja como for, a história da humanidade está intrinsicamente relacionada à natureza, pois desde o início da vida humana terrestre o homem explora territórios em busca de alimentos que garantam a sua subsistência: explora o solo, as águas e as matas para sobreviver. O homem primitivo retirava do ambiente aquilo que necessitava para suprir sua subsistência.

Um pouco mais tarde, na Grécia Antiga, durante o século VI Antes de Cristo, a reflexão foi calcada sobre os conceitos de *physis* e de *arché*. A pa-

---

10 Considerar que os seres humanos já viveram em harmonia entre si e com a Terra, mesmo quando em sociedades complexas e de tamanho considerável, indica que isso, então, é possível. Ou seja, já foi possível para os seres humanos. Faz parte da natureza humana. (MENDONÇA, Rita. Conservar e criar: natureza, cultura e complexidade. São Paulo: Senac, 2005, p. 56.)

11 MENDONÇA, Rita. **Conservar e criar:** natureza, cultura e complexidade. São Paulo: Senac, 2005, p. 55.

12 MENDONÇA, Rita. Conservar e criar: natureza, cultura e complexidade. São Paulo: Senac, 2005, p. 59.

13 MENDONÇA, Rita. **Conservar e criar:** natureza, cultura e complexidade. São Paulo: Senac, 2005, p. 59.

lavra *physis* vem do verbo *phyomai* cujo significado é nascer/crescer. Tudo o que nasce, cresce: tudo o que é vivo cresce e vem de uma força criadora originária de todos os seres. Já a palavra *arché* simboliza o fenômeno causador de que se constituem todos os seres vivos da natureza.[14] Para os gregos antigos, sobressaia o entendimento de ordem cósmica sintetizado na filosofia aristotélica sobre o meio ambiente: o mundo era algo fixo e, via de regra, imutável. Assim, toda e qualquer mudança era compreendida como degeneração.

Por outro lado, durante a Idade Média, dominaram as visões geocêntrica (a Terra como o centro e tudo) e antropocêntrica (o homem como centro de tudo): o Universo era impecável, perfeito, estável e imutável desde sua criação e o meio ambiente era visto como uma força viva. O homem, centro de tudo, é superior ao lugar de encontro, é superior à natureza, é superior a tudo. As palavras da própria Bíblia conseguem bem traduzir o pensamento "ecológico" da época: "Deus os abençoou: 'Frutificai, disse ele, e multiplicai-vos, enchei a terra e submetei-a. Dominai sobre os peixes do mar, sobre as aves dos céus e sobre todos os animais que se arrastam sobre a terra'."[15]

Entretanto, à medida que a população aumentava, a interferência do homem junto à natureza foi também ganhando um perfil mais agressivo: ao explorar a natureza, não raras vezes, o homem a utiliza de forma não salutar tanto para si quanto para o meio ambiente e a outrora visão harmônica do homem com o meio passou por uma modificação.

O progresso sociológico e tecnológico desencadeado pela Revolução Industrial que as interações do homem com o meio começaram a causar graves prejuízos ambientais. Com o surgimento da máquina nos idos da Revolução Industrial, a ciência e a tecnologia entraram em patente desenvolvimento. Esta revolução tecnológica foi um processo lento que se desenvolveu (e continua se expandindo) em três distintas etapas:

> a) 1ª Revolução Industrial: de 1750 a 1860. Nesta fase houve o pioneirismo tecnológico da Inglaterra na invenção da máquina a vapor. A fonte de energia era o carvão e a matéria-prima base da produção era o ferro;
> b) 2ª Revolução Industrial: de 1860 a 1960. Nesta fase ocorreu a expansão do uso da máquina para outros países como Bélgica, Alemanha e França que utilizavam a energia petrolífera e a energia elétrica. A matéria prima base da produção era o aço;
> c) 3ª Revolução Industrial: de 1960 até os dias atuais. Nesta última e hodierna fase, ocorre a era da microeletrônica, da informática, da biotecnologia, da na-

---

14 CHAUI, Marilena. Introdução à história da filosofia: dos Pré-Socráticos a Aristóteles. São Paulo: Brasiliense, 1994, v. 1, p. 33.

15 BÍBLIA. **A Bíblia Sagrada:** o Antigo e o Novo Testamento. Barueri: Sociedade Bíblica do Brasil, 2004. Gênesis 1, 28.

notecnologia e da robótica. Os desdobramentos ambientais, políticos, sociais e econômicos das duas primeiras fases da Revolução Industrial.[16]

No início do século XX,[17] a expansão da indústria trouxe métodos de fabricação e produção mais aprimorados. A sofisticação da nova tecnologia se multiplicou ocupando maiores territórios físicos comprometendo tanto o meio ambiente como a própria qualidade de vida das pessoas. Se por um lado houve o crescimento industrial descomedido e a expansão acelerada da indústria, por outro houve uma grande pressão para auferir mais lucro e maior resultado econômico. Por inúmeras vezes, sem qualquer forma de controle, cautela, precaução ou prevenção, as riquezas naturais do planeta foram exploradas até a escassez. Este impacto da expansão industrial desenfreada trouxe, sem dúvidas, um resultado negativo e, não raras vezes, irreversível ao meio ambiente. Marx, ao examinar as relações do ser humano com a natureza, refere que:

> O trabalho é antes de tudo um processo entre o homem e a natureza, um processo no qual o homem por sua atividade realiza, regula e controla suas trocas com a natureza [...]. Agindo assim, por seus movimentos sobre a natureza exterior e transformando-a, o homem transforma ao mesmo tempo a sua natureza.[18]

Portanto, sob o prisma capitalista, a relação homem *versus* natureza ocorre através do trabalho: o trabalho impera e modifica para atender às necessidades individuais e coletivas de toda a sociedade. Destarte, conforme Boaventura de Sousa Santos, "[...] a conversão do progresso em acumulação capitalista transformou a natureza em mera condição de produção [...]"[19] e "a produção tornou-se mais acelerada em virtude das exigências do mercado, produzindo externalidades negativas com maior velocidade e escala global."[20] Somente com o final da Segunda Guerra Mundial é que a

16 Conforme José Henrique Pierangelli, A partir da chamada Revolução Industrial, começaram efetivamente as agressões à natureza, cuja extensão, ainda hoje, em uma gradação quanto aos seus efeitos nocivos, é bastante variável, podendo atingir tão-só o meio local, o regional ou até comprometer o equilíbrio biológico do planeta. (PIERANGELLI, José Henrique. Agressões à natureza e proteção dos interesses difusos. Justitia, São Paulo, nº 144, pp. 9-22, out./dez. 1988, p. 9.)

17 CARVALHO, Carlos Gomes de. **O que é direito ambiental?** dos descaminhos da casa à harmonia da nave. Florianópolis: Habitus, 2003, p. 67.

18 MARX, Karl. O capital: crítica da economia política. 8ª ed. Rio de Janeiro: Civilização Brasileira, 2000, p. 211.

19 SANTOS, Boaventura de Sousa. Pela mão de Alice: o social e o político na pós modernidade. 7ª ed. São Paulo: Cortez, 2000, p. 34.

20 STEIGLEDER, Annelise Monteiro. **Responsabilidade civil ambiental**. 2ª ed. Porto Alegre: Livraria do Advogado, 2011, p. 62.

humanidade passou a se preocupar com as questões ambientais. A conscientização do homem em relação à natureza ocorreu porque estudos começaram a demonstrar que os recursos originários do meio ambiente não existem para sempre, vale dizer, os recursos naturais são limitados, escassos e finitos. Ademais, existem riscos ecológicos decorrentes da globalização do processo industrial em grande escala:

> [...] a sociedade de riscos é marcada pelo paradoxo de que os riscos foram gerados pela progressiva sofisticação da tecnologia e da ciência, a qual agora, não consegue encontrar uma forma para reagir adequadamente a eles, resvalando no binômio possibilidade/improbabilidade.[21]

Foi nesse contexto, de visível degradação ambiental e de desrespeito ao lugar de encontro, que, em 1962, Rachel Carson publicou o livro Primavera Silenciosa. Carson começa sua obra com "uma fábula para amanhã" contanto ao leitor que "[...] houve outrora uma cidade, no coração da América, onde a vida toda parecia em harmonia com o ambiente circunstante [...]."[22] e continua sua narrativa descrevendo as maravilhas daquele ecossistema e de toda sua biodiversidade: "[...] a cidade ficava em meio a uma espécie de tabuleiro de xadrez, composto de fazendas prósperas, com campos de trigo e encostas de pomares, nos quais, na primavera, nuvens brancas de flores oscilavam por cima das campinas verdejantes."[23]

Entretanto, naquele paraíso ambiental descrito por Carson algo singular começou a acontecer: "uma doença estranha das plantas se espalhou pela área toda, e tudo começou a mudar [...] enfermidades misteriosas varreram os bandos de galinhas; as vacas e os carneiros adoeciam e morriam. Por toda parte se via uma sombra de morte."[24] A descrição dos acontecimentos continua e Carson chega, enfim, ao cerne da questão ao mencionar que "nenhuma obra de feitiçaria, nenhuma ação de inimigo, havia silenciado o renascer de uma nova vida naquele mundo golpeado pela morte. Fora o povo, ele próprio que fizera aquilo."[25] Estava descrita, de forma sensível e coerente, os danos que poderiam ser causados pela malversação da exploração dos recursos naturais. Após iniciar seu livro com uma fábula e com acontecimentos ocorridos em uma cidade apenas fictícia, Carson passa à análise científica e real do problema: ilustra de que forma o uso de substân-

---

21 STEIGLEDER, Annelise Monteiro. **Responsabilidade civil ambiental**. 2ª ed. Porto Alegre: Livraria do Advogado, 2011, p. 63.

22 CARSON, Rachel. **Primavera silenciosa**. São Paulo: Melhoramentos, 1962, p. 11.

23 CARSON, Rachel. Primavera silenciosa. São Paulo: Melhoramentos, 1962, p. 11.

24 CARSON, Rachel. **Primavera silenciosa**. São Paulo: Melhoramentos, 1962, p. 12.

25 CARSON, Rachel. Primavera silenciosa. São Paulo: Melhoramentos, 1962, p. 13.

cias químicas na natureza, em especial o uso de pesticidas agrícolas como o DDT, podem afetar o ecossistema:

> "[...] o inteiro processo de borrifamento ou de pulverização de substâncias químicas parece que foi colhido por uma espiral sem fim. A partir de quando o DDT foi colocado à disposição do uso civil, um processo de escalação tem estado em marcha, pelo qual materiais cada vez mais tóxicos devem ser encontrados."[26]

Assim, após o livro de Carson,[27] evitar o dano ambiental se tornou a meta de inúmeros órgãos criados com o fito de proteger a natureza. Especificamente sobre o dano ao ambiente, aduz-se que o mesmo pode ser causado por dois fatores extremamente diferenciados. Os danos ambientais tanto podem ser causados por acontecimentos ambientais naturais ou podem ser causados por meio da ação ou da omissão do homem, nesse último caso temos o chamado dano ambiental antropogênico. Enquanto o dano ambiental natural tem como causa algum fator natural, como, por exemplo, maremotos, terremotos, tempestades e erupções vulcânicas o dano ambiental antropogênico é causado diretamente pela interferência do homem na natureza, seja por uma ação seja por uma omissão.[28] Em verdade, em nome do progresso industrial, o despejo de dejetos nas águas do planeta, o uso desmedido de inseticidas nas lavouras e a poluição do ar estão, a passos largos, degradando a flora e a fauna. Mesmo que as novas tecnologias industriais tragam conforto para o bem viver do homem moderno, há que se observar qual o verdadeiro impacto dessas novidades ao meio ambiente.

Por outro lado, resta cristalino que o crescimento da população mundial trará, inevitavelmente, o esgotamento dos recursos naturais do Planeta Terra. Conforme a Organização das Nações Unidas, em apenas 30 anos, entre o ano de 1970 e o ano 2000, a população mundial aumentou de quatro

---

26 CARSON, Rachel. Primavera silenciosa. São Paulo: Melhoramentos, 1962, p. 18.

27 Tiago Fensterseifer aduz que Com sua luta, CARSON denunciou a falta de responsabilidade e prudência dos governos ao permitirem a utilização de substâncias químicas tóxicas antes de um estudo (ou conhecimento) aprofundado acerca das consequências a longo prazo de tais práticas. (FENSTERSEIFER, Tiago. **A Dimensão ecológica da dignidade humana:** as projeções normativas do direito (e dever) fundamental ao ambiente no estado socioambiental de direito. 2007. Dissertação (Mestrado) - PUCRS, Porto Alegre, 2007, p. 13.)

28 Conforme Alindo Butzke, "Nos dias atuais, pode-se afirmar com segurança que o processo de extinção de espécies dos diferentes grupos animais e vegetais tem sua causa maior na intervenção antrópica no ambiente." (BUTZKE, Alindo. O Homem e a natureza. In: BUTZKE, Alindo; PONTALTI, Sieli (Org.). **Os recursos naturais e o homem:** o direito ao meio ambiente. ecologicamente equilibrado frente à responsabilidade solidária. Caxias do Sul: Educs, 2012. pp. 7-28. Disponível em: <http://www.ucs.br/site/midia/arquivos/recursos_naturais_homem_EDUCS_ebook.pdf>. Acesso em: 18 abr. 2013, p. 25.

para seis bilhões de habitantes. Se a população continuar a aumentar nesse ritmo, estima-se que em 2050 a Terra terá cerca de nove bilhões de pessoas.

O aumento da população mundial ocorreu pelo desencadeamento de vários fatores. Com a evolução científica, houve a descoberta de novos remédios e a cura de doenças que, por exemplo, na década de 40, eram consideradas fatais. Com o surgimento de melhores condições sanitárias e centros de saúde disponíveis, a humanidade passou (e vem passando) por uma alteração: um crescimento, sem precedentes, da população mundial e, com esse crescimento desmedido, resta a seguinte indagação: A malversação dos recursos naturais e a má interação do homem com o meio ambiente podem desencadear catástrofes ambientais? Esta indagação é inquietante e preocupante e é feita para que se comece uma profunda reflexão. É evidente que o dano ambiental antropogênico é o resultado da ganância e da falta de respeito do homem com o meio onde vive. Em nome do desenvolvimento, o homem degrada a natureza sem se importar com as consequências tanto para si quanto para o meio ambiente. É cediço que as mazelas ambientais são ameaça à preservação da própria espécie humana. Com o a expansão do capitalismo, os recursos naturais foram explorados sem regras, pois o que se queria era a produção de bens em massa, a baixo custo e sem qualquer preocupação com os dejetos que sobram dessa produção. O consumismo desenfreado, a falta de local apropriado para o lixo, a não utilização da reciclagem e a exploração de países subdesenvolvidos por empresas multinacionais contribuíram, visivelmente, para os violentos ataques à natureza.

A falta de saneamento básico, o desrespeito aos direitos sociais fundamentais, a pobreza, a desordem social[29] e o desrespeito com a demo-

---

29 Como centro de consumo, a cidade produz enormes quantidades de lixo que nem sempre são corretamente descartadas e acabam gerando problemas ainda mais graves que o próprio lixo, sua deterioração e as crescentes dificuldades de se encontrarem áreas apropriadas para descartá-lo. Os desequilíbrios climáticos que produzem tempestades cada vez mais violentas tornam a vida nas cidades, especialmente nas metrópoles, muito mais complicada. O asfalto que cobre as ruas para dar mais conforto aos motoristas, mais estabilidade aos veículos automotores e impedem que as ruas se encham de poeira nos períodos de estiagem e de lama, nos períodos de chuva, é o mesmo que impede a penetração da água e transforma os morros em cachoeiras e as ruas em corredeiras que inundam casas e arrastam tudo o que há pela frente. É cada vez mais comum os citadinos se sentirem amedrontados quando percebem a formação de chuva sobre suas cidades. Há ainda a poluição sonora, visual e a poluição lançada por automóveis e fábricas que, aliada ao excesso de construções, fazem da cidade uma ilha de calor onde as temperaturas têm alcançado níveis cada vez mais elevados. [...] Certamente, nem todas as modificações que são produzidas nas cidades são negativas do ponto de vista socioambiental. O ajardinamento de áreas degradadas, o reflorestamento de áreas centrais para a construção de parques, entre outras. No entanto,

cracia colaboram para a ocorrência de inúmeras agressões ao lugar de encontro. Em verdade, a degradação ambiental é o resultado não apenas da falta de educação ambiental do ser humano mas também, é fruto da desigualdade"[30-31] social que, hodiernamente, assola a humanidade. Não há como falar em equilíbrio ambiental enquanto os direitos básicos do cidadão não são observados. Não há como falar em proteção ambiental enquanto as desigualdades[32] sociais[33] não são reduzidas e amenizadas.

---

todas as modificações causam impactos ambientais. (CASTRO, Sílvia Regina Barbosa de Castro; GAMA, Elce Marilia Silva F.; SANTI, Márcia de Lourdes Domingos. **Geografia:** ensino fundamental. Belo Horizonte: Educacional, 2013, p. 24)

30 No tópico, Tiago Fensterseifer: assevera que: Cada vez mais se reconhece a feição socioambiental das relações sociais contemporâneas, marcadamente pela conexão entre a proteção do ambiente e os direitos sociais à luz do princípio constitucional do desenvolvimento sustentável (art. 170, VI, da CF). A adoção do marco jurídico-constitucional socioambiental resulta da convergência necessária da tutela dos direitos sociais e os direitos ambientais num mesmo projeto jurídico-político para o desenvolvimento humano. O enfrentamento dos problemas ambientais e a opção por um desenvolvimento sustentável passam necessariamente pela correção do quadro alarmante de desigualdade social e da falta de acesso aos direitos sociais básicos, o que, diga-se de passagem, também é causa potencializadora da degradação ambiental. (FENSTERSEIFER, Tiago. A responsabilidade do Estado pelos danos causados às pessoas atingidas pelos desastres ambientais associados às mudanças climáticas: uma análise à luz dos deveres de proteção ambiental do Estado e da proibição de insuficiência na tutela do direito fundamental ao ambiente. Disponível em: <www.defensoria.sp.gov.br/dpesp/Repositorio/31/Documentos/12.pdf>. Acesso em: 23 ago. 2013.)

31 Sobre a desigualdade social, Adir Ubaldo Rech ensina que: Na realidade, há um pacto silencioso, histórico e cultural de exclusão social aceito e praticado, mediante normas urbanísticas informais adotadas pela elite dominante, que ignora determinadas classes sociais, que as afasta do seu convívio e que, ao mesmo tempo, busca beneficiar a especulação imobiliária, impedindo que, nos planos diretores, sejam destinados de forma planejada espaços economicamente mais acessíveis para os mais pobres. (RECH, Adir Ubaldo. Cidades socioambientalmente sustentáveis. In: BUTZKE, Alindo; RECH, Adir Ubaldo; GULLO, Maria Carolina (Org.). **Direito, economia e meio ambiente:** olhares de diversos pesquisadores. Caxias do Sul: Educs, 2012. pp. 9-22, pp. 10-11.)

32 Consoante Molinaro, Pensar a democracia implica a superação das desigualdades (materiais) e por consequência a eliminação da exploração econômica, postulando pela paz social, fruto de um trabalho solidário que afirme uma dimensão humana integral. Pensar a democracia da contemporaneidade exige necessariamente pensar num regime constitucionalista. (MOLINARO, Carlos Alberto. Racionalidade ecológica e estado socioambiental e democrático de direito. 2006. Dissertação (Mestrado) – PUCRS, Porto Alegre, 2006, p. 107.)

33 Nesse mesmo sentido, traz-se o posicionamento de Ingo Sarlet e de Tiago Fensterseifer: O enfrentamento dos problemas sociais e a opção por um desenvolvimento sustentável passam, portanto, necessariamente, pela correção do quadro alarmante de desigualdade social e da falta de acesso de expressivas partes da população aos seus direitos sociais básicos, o que, importa referir, é causa de degradação ambiental.

Tendo em vista a necessidade de proteger tanto a biodiversidade como dirimir as desigualdades, uma série de programas e conferências de cunho ambiental, a nível internacional, foram realizadas no século XX. Podemos citar, por exemplo, "O Homem e a Biosfera" promovida pela Unesco em 1971; a Conferência das Nações Unidas para o Meio Ambiente, realizada em Estocolmo, em 1972; a Comissão Mundial sobre Meio Ambiente e Desenvolvimento formada pela ONU em 1983, e a Conferência das Nações Unidas para o Meio Ambiente e Desenvolvimento conhecida como ECO-92. Todos esses eventos foram realizados ante o desequilíbrio ambiental provocado pela malversação dos recursos naturais.

Nesse sentido, outro tema que é de relevante investigação científica e que merece ser observado é a mudança do clima da Terra. O aquecimento global é uma realidade alarmante. Em 1979, a o debate sobre o clima do planeta foi realizado na Primeira Conferência Mundial sobre o Clima. Este evento foi o berço do Programa das Nações Unidas para o Meio Ambiente e da Organização Meteorológica Mundial, entidades que posteriormente foram reunidas no *Intergovernmental Panel on Climate Changes*. Os estudos realizados pelo *Intergovernmental Panel on Climate Changes* serviram de base teórico-científica para a elaboração da Convenção- Quadro das Nações Unidas Sobre a Mudança do Clima perfilhada na Rio 92 e que está em vigor desde 1994. O artigo 2º da Convenção- Quadro das Nações Unidas Sobre a Mudança do Clima dispõe que "a estabilização das concentrações de gases de efeito estufa na atmosfera num nível que impeça uma interferência antrópica perigosa no sistema climático." No Brasil, o Decreto n. 2652/98 promulga a Convenção-Quadro das Nações Unidas sobre Mudança do Clima, assinada em Nova York, em 9 de maio de 1992.

Posteriormente, em 1997, na cidade de Kyoto, no Japão, foi editado um protocolo, denominado de Protocolo de Kyoto,[34] com o intuito de complementar a Convenção-Quadro das Nações Unidas sobre Mudança do Clima (*Union Nations Framework Convention on Climate Change* – UNFCCC) editando medidas jurídicas de combate ao aquecimento global. Pelo art. 3º do Protocolo de Kyoto, ficou determinado, para o período de 2008 a 2012, o

(SARLET, Ingo Wolfgang; FENSTERSEIFER, Tiago. Estado socioambiental e mínimo existencial (ecológico?): algumas aproximações. In: SARLET, Ingo Wolfgang (Org.). **Estado socioambiental e direitos fundamentais**. Porto Alegre: Livraria do Advogado, 2010. pp. 11–38, p. 15.)

34 Para Délton Winter de Carvalho e Fernanda Dalla Libera Damacena, "O mais importante acordo multilateral já firmado sobre mudanças climáticas é o Protocolo de Quioto, que se tornou muito mais conhecido do que a própria Convenção e expira em 2017." (CARVALHO, Délton Winter de; DAMACENA, Fernanda Dalla Libera. A Intensificação dos desastres naturais, as mudanças climáticas e o papel do direito ambiental. **Revista de Informação Legislativa**, Brasília, v. 49, nº 193, pp. 83-97, jan./mar. 2012, p. 85.)

compromisso de diminuição de emissão dos gases geradores do efeito estufa[35] pelos países listados no Anexo I do Protocolo. O objetivo do Protocolo de Kyoto vem expresso no artigo 3º:

> 1. As Partes incluídas no Anexo I devem, individual ou conjuntamente, assegurar que suas emissões antrópicas agregadas, expressas em dióxido de carbono equivalente, dos gases de efeito estufa listados no Anexo A não excedam suas quantidades atribuídas, calculadas em conformidade com seus compromissos quantificados de limitação e redução de emissões descritos no Anexo B e de acordo com as disposições deste Artigo, com vistas a reduzir suas emissões totais desses gases em pelo menos 5 por cento abaixo dos níveis de 1990 no período de compromisso de 2008 a 2012. 2. Cada Parte incluída no Anexo I deve, até 2005, ter realizado um progresso comprovado para alcançar os compromissos assumidos sob este Protocolo.

No Protocolo de Kyoto, foram eleitos os princípios das "responsabilidades comuns, mas diferenciadas" e do "poluidor pagador" como corolários da proteção ambiental e foram estabelecidas metas, aos países desenvolvidos, para que houvesse a diminuição e a limitação da emissão dos gases do efeito estufa. Nesse sentido, elucida Bruno Kerlakian Sabbag[36] que

> As metas imputadas pelo Protocolo de Quioto aos países desenvolvidos [...], devem ser cumpridas pelas Partes, as quais possuem a prerrogativa de alocar internamente essas metas às atividades industriais privadas e públicas instaladas em seu país, em diversos setores econômicos como manejo de florestas, agricultura sustentável, fontes alternativas de energia, processos produtivos mais limpos, tratamento de resíduos humanos e dejetos animais, entre outros.

O cumprimento das metas, previstas no Protocolo de Kyoto, requerem um considerável esforço econômico dos Países signatários. Para tanto, o próprio Protocolo estabeleceu três mecanismos de flexibilização: a) Implementação Conjunta; b) Comércio de Emissões e c) Mecanismo de Desenvolvimento Limpo (MDL). Ante estes três mecanismos, claramente, vê-se o nascedouro de um novo mercado onde são negociadas as Reduções Certificadas de Emissões (RCEs), após a constatação de que, efetivamente, absorveu gás carbônico e/ou reduziu o nível de emissão de gases de efeito estufa. Portanto, desde o Protocolo de Kyoto, as Reduções Certificadas de Emissões são consideradas bens negociáveis no mercado de valores mobiliá-

---

35 De acordo com o Anexo A do Protocolo de Kyoto, são gases de efeito estufa: o dióxido de carbono (CO2), o metano (CH4), o óxido nitroso (N20), os hidrofluorcarbonos (HFCs), os perfluorcarbonos (PFCs) e o hexafluoreto de enxofre (SF6).

36 59 SABBAG, Bruno Kerlakian. **O Protocolo de quioto e seus créditos de carbono**. São Paulo: LTR, 2008, p. 26.

rios. Seja qual for a natureza jurídica das operações financeiras que envolverão as RCEs (derivativo ou ativo), fato é que já se pode comercializá-las. Se as RCEs forem tratadas como derivativos, com fulcro no que preconizam os artigos 1º e 2º, incisos VII e VIII, da Lei n. 6.385, de 07.12.1976, serão consideradas na categoria de valor mobiliário cuja regulamentação, fiscalização e sanção serão observadas de acordo com a Comissão de Valores Mobiliários, podendo ser negociadas e transacionadas na bolsa de valores ou no balcão. Por outro lado, pode-se ver, também, nas operações financeiras que envolvem as RCEs um contrato de compra e venda. Seja como for, atualmente no Brasil, o mercado financeiro envolvendo as RCEs ainda carece de regulamentação.

Em verdade, o Protocolo de Kyoto Quioto é o único tratado internacional que vincula as nações desenvolvidas a reduzirem as emissões de gases que aquecem a atmosfera da Terra. Mesmo que com uma finalidade bastante louvável sob o ponto de vista ecológico, o protocolo vigorou apenas até dezembro de 2012. Um segundo período de cumprimento do protocolo passou a viger de 1º de janeiro de 2013 a 31 de dezembro de 2020. Entretanto, não farão parte alguns dos países que mais contribuem para as emissões globais de gases que produzem o efeito estufa, como, por exemplo, o Canadá e os Estados Unidos (o USA está afastado do Protocolo de Kyoto desde 2001).

3. O estado socioambiental e democrático de direito e a proteção ao meio ambiente como direito fundamental de terceira dimensão

A análise da dimensão evolucionista e funcional do direito é de suma importância tanto para a preservação ambiental quanto para a evolução do próprio direito, afinal, consoante Ricardo Aronne,[37] "[...] o direito é como a vida. Dificilmente reconhece a linearidade como natural."

Partindo dessa percepção evolutiva, Alan Page Fiske[38] (mediante a análise de pesquisas antropológicas, sociológicas e psicológicas) elaborou um estudo sobre como a disposição do domínio, específica do cérebro humano, compromete as relações sociais. Assevera, então, que existem quatro formas elementares de sociabilidade que definem tanto o comportamento social do ser humano como toda a estrutura social: comunidade **(comunal sharing)**, autoridade **(authority ranking)**, proporcionalidade **(market pri-**

37 ARONNE, Ricardo. **Direito civil-constitucional e teoria do caos**. Porto Alegre: Livraria do Advogado, 2006, p. 33.

38 FISKE, A. Page. **Structures of social life: the four elementary forms of human relations.** New York: The Free Press, 1991.

cing) e igualdade **(equality matching)**. Diante destas quatro formas elementares de sociabilidade, vê-se que a evolução do direito está intimamente ligada à estrutura social[39] e ao comportamento humano dentro da coletividade: a evolução do direito se dá a partir de valores éticos e de toda a carga axiológica de determinada comunidade, vale dizer, a interação humana com o meio ambiente está atrelada à dimensão cultural de determinado grupo social; "[...] pois é através da construção dos valores e da identidade culturais que os comportamentos e as atitudes humanas são praticados, gerando efeitos positivos ou negativos no meio natural."[40] E, inclusive, "[...] por isso, é imprescindível o diálogo entre os diferentes conhecimentos (científico e tradicional), que ressaltem a diversidade cultural como forma de garantir um meio ambiente equilibrado."[41] Logo, os conflitos de interesses que por ventura se apresentem serão solucionados a partir de uma norma que regule as mais diversas formas agônicas de organização social. O meio ambiente acompanha a sociedade em movimentos de progresso e regresso e se modifica de acordo com a evolução da própria sociedade.[42] Essa modificabili-

39 Para Clarissa Eckert Baeta Neves, "[...] a realidade social é cada vez mais complexa e de difícil apreensão e compreensão." (BAETA NEVES, Clarissa Eckert. **Educação superior na CPLP e campo acadêmico**. Disponível em: <http://www.pucrs.br/edipucrs/cplp/arquivos/neves.pdf>. Acesso em: 23 ago. 2013.)

40 NOGUEIRA, Andrezza Rodrigues. Sustentabilidade socioambiental e meio ambiente cultural: análise do sistema de produção familiar do artesanato em barro no Alto do Moura – Caruaru – PE. In: AGUSTIN, Sérgio; CUNHA, Belinda Pereira (Org.). Diálogos de direito ambiental brasileiro. Caxias do Sul: Educs, 2012. pp. 157-184, p. 157.

41 NOGUEIRA, Andrezza Rodrigues. Sustentabilidade socioambiental e meio ambiente cultural: análise do sistema de produção familiar do artesanato em barro no Alto do Moura – Caruaru – PE. In: AGUSTIN, Sérgio; CUNHA, Belinda Pereira (Org.). **Diálogos de direito ambiental brasileiro**. Caxias do Sul: Educs, 2012. pp. 157-184, p. 157.

42 Clarice Costa Sönghen, ao refletir sobre a revolução científica, também testemunha e evolução social ao pontificar que: Na história das ciências, a revolução científica do século XVI, provocada pelas descobertas de Copérnico, Galileu e Newton, iniciou uma nova ordem para a ciência. No entanto, no século XVIII, a transformação técnica e social realizada na história da humanidade já suscitava uma reflexão sobre os fundamentos da sociedade no que tange, principalmente, ao distanciamento entre o conhecimento oriundo do senso comum e o conhecimento científico, produzido por poucos e inacessível à maioria que, em última instância, pode ser traduzido pela investigação acerca da relação entre teoria e prática. (SÖNGHEN, Clarice Costa. Epistemologia e metodologia científica: uma perspectiva pluralista. In: ARONNE, Ricardo. **Direito civil-constitucional e teoria do caos**. Porto Alegre: Livraria do Advogado, 2006. pp. 171-177, p. 171.)

dade ocorre porque nos seres humanos[43] a identidade[44] do eu é sempre uma continuidade de um processo de experimentação ao longo do tempo. Nesse mesmo sentido, o crescimento do direito[45] está intimamente relacionado ao progresso social e é a partir da construção do progresso social que emerge a evolução do próprio Estado Democrático de Direito[46] em prol da concretização dos direitos fundamentais. Nesse diapasão, a consolidação do Estado Democrático de Direito sofreu uma verdadeira evolução.[47]

43 "Uma vez que o corpo humano não possui relógios quase anuais ou fotoperiódicos evidentes para assinalar as mudanças sazonais, as sociedades tiveram de inventar o equivalente cultural: o calendário." (SZAMOSI, Géza. **Tempo & espaço:** as dimensões gêmeas. Rio de Janeiro: Jorge Zahar Editor, 1988, p. 68.)

44 Dizeres de Armindo L. Müller, tratando da unicidade do ser humano, ao apresentar a obra de Kurt Benno Eckert. (ECKERT, Kurt Benno. **Alô, tia Ella**. Cachoeira do Sul: [s. n.], 1999, p. 9.)

45 Rudolf von Jhering, ao analisar a evolução do direito, diz que: O direito não é o princípio superior que rege o mundo; não constitui um fim em si mesmo: não é mais que um meio para a realização de um fim, o qual é a manutenção da sociedade humana. Se a sociedade não poder manter-se no actual- estado jurídico, se o direito não poder ajudá-la a isso, a força virá trazer remédio á situação. São as grandes crises da vida dos povos e dos Estados, durante as quais o direito se suspende, tanto para as nações como para os indivíduos. O próprio direito consagra esta situação para os indivíduos ('), como em muitas constituições a consagrou para o próprio Estado. (JHERING, Rudolf Von. **A evolução do direito**. Lisboa: Antiga Casa Bertrand, 1963, p. 177.)

46 Para Délton Winter de Carvalho, O Direito, seja como prática nuclear (judiciária jurisprudencial) ou periférica (legislação), deve normatizar um processo de estabilização dinâmica dos desastres. Neste sentido, as melhores práticas (better practices) consistem em aplicações locais de formas de enfrentamento dos desastres, enfatizando o conhecimento cultural, geografia, ambiente e ciência local. Uma das principais características das melhores práticas consiste em sua variabilidade de acordo com o caso em concreto (flexibilidade orientada), levando em consideração os fatores de uma determinada comunidade, seus riscos e eventos. Estas podem apresentar uma dimensão de casos comparados entre localidades diferentes e experiências locais, porém, o que diferencia este conceito do conceito best available science é que este último tende a servir, constantemente, de reproduções acríticas de métodos ou estratégias que, em determinado momento e local, tiveram êxito. Já as melhores práticas (better practices) abrangem sempre uma reflexão crítica da viabilidade e eficiência de implementação local de estratégias de prevenção e resposta a desastres, a partir das características e das peculiaridades culturais, axiológicas, científicas, jurídicas e ambientais de uma determinada localidade. Assim, o direito é capaz de manter sua estabilidade normativa com suficiente fluidez e dinâmica, necessárias para processos de tomada de decisão urgentes, servindo de orientação e diretriz em conformidade e com os pilares do Estado Democrático de Direito (Ambiental). (CARVALHO, Délton Winter de. As mudanças climáticas e a formação do direito dos desastres. Novos Estudos Jurídicos, Itajaí, v. 18, n. 3, p. 397-415, set-dez 2013, p. 407.)

47 Segundo André Copetti, tal consolidação [...] passa num primeiro momento pela instituição do Estado Liberal de Direito, num segundo, pelo Estado Social de Direito, para, num

Esta consolidação evolutiva é percebida por José Luis Bolzan de Morais[48] ao enfatizar que o Estado Democrático de Direito:

> [...] tem a característica de ultrapassar não só a formulação do Estado Liberal de Direito, como também a do Estado Social de Direito, vinculado ao Welfare State neocapitalista, impondo à ordem jurídica e à atividade estatal um conteúdo utópico de transformação da realidade.

Comparativamente aos outros modelos de Estado mencionados por Bolzan (Estado Liberal de Direito e Estado Social de Direito), o Estado Democrático de Direito traz uma melhora inovadora: o atendimento a princípios corolários da democracia, tal como o sistema de direitos. Em verdade, o Estado Democrático de Direito é o balizador de valores de justiça ao positivar e/ou normatizar princípios fundamentais de direito natural, dando-lhes vestes de garantias e preceitos fundamentais previstos na Constituição. Portanto, no Estado Democrático de Direito,[49] a existência de um sistema de direitos fundamentais (justiça social, igualdade e legalidade) torna possível a discussão, democrática e instrutiva, da dogmática jurídica.[50]

De qualquer sorte, com fulcro na ideia de evolução consolidativa[51] do Estado Democrático de Direito ao Estado Socioambiental e Democrático

momento final, pós-Segunda Guerra, chegar ao modelo que hoje temos abstratamente à nossa disposição na Constituição Federal de 1988. (COPETTI, André. **Direito penal e estado democrático de direito**. Porto Alegre: Livraria do Advogado, 2000, p. 51.)

48 MORAIS, José Luis Bolzan de. Dos direitos sociais aos interesses transindividuais. Porto Alegre: Livraria do Advogado, 1996, p. 67.

49 Lenio Luiz Streck, ao fazer constatações sobre o Estado Democrático, salienta que: Às facetas ordenadora (Estado Liberal de Direito) e promovedora (Estado Social de Direito), o Estado Democrático agrega um *plus* (normativo): o direito passa a ser transformador, uma vez que os textos constitucionais passam a conter no seu interior as possibilidades de resgate das promessas da modernidade, questão que assume relevância ímpar em países de modernidade tardia como o Brasil, onde o *welfare state* não passou de um simulacro. (STRECK, Lenio Luiz. Quinze anos de constituição: análise crítica da jurisdição constitucional e das possibilidades hermenêuticas de concretização dos direitos fundamentais sociais. **Revista da Ajuris**, Porto Alegre, v. 30, nº 92, pp. 206-234, dez. 2003, p. 206.)

50 Nesse aspecto, diz Leonel Ohlweiler que "[...] a dogmática jurídica, dentro de uma perspectiva hermenêutica, funciona como a possibilidade mesma de ter acesso à compreensão." (OHLWEILER, Leonel. **Direito administrativo em perspectiva:** os termos indeterminados à luz da hermenêutica. Porto Alegre: Livraria do Advogado, 2000, p. 154.)

51 Sobre a evolução consolidativa do Estado Liberal ao Estado Democrático de Direito, leia-se: MORAIS, José Luis Bolzan de; STRECK, Lenio Luiz. Ciência política e teoria geral do estado. 5ª ed. Porto Alegre: Livraria do Advogado, 2004, pp. 88-99

de Direito, Ingo Wolfgang Sarlet e Tiago Fensterseifer[52]-[53] sugerem a agregação das conquistas do Estado Liberal e do Estado Social às exigências e valores do Estado Socioambiental de Direito.[54] Nesse diapasão, o Estado Socioambiental e Democrático de Direito, consoante ensina Ingo Wolfgang Sarlet,[55] pode ser entendido, em apertada síntese, "[...] como um Estado comprometido com o respeito, proteção e promoção tanto da dignidade humana, quando da dignidade da vida em geral."

Obviamente que também se inclui, no princípio da sustentabilidade, o meio ambiente – lato sensu – e as demais formas de vida do planeta – afinal, embora o ser humano possua autonomia de existência, não possui independência da natureza. Por mais que nos mostremos seres socioculturais, ainda somos, também, seres biológicos, afinal, "[...] a preocupação com o meio ambiente tem origem na relação do homem com o meio que o cerca."[56]

Enfim, é sob esse ângulo de discussão, dentro do Estado Socioambiental e Democrático de Direito como vetor da realização dos direitos fundamentais, à luz dos princípios basilares de direito ambiental,[57] que se propõe,

52 SARLET, Ingo Wolfgang; FENSTERSEIFER, Tiago. Estado socioambiental e mínimo existencial (ecológico?): algumas aproximações. In: SARLET, Ingo Wolfgang (Org.). **Estado socioambiental e direitos fundamentais**. Porto Alegre: Livraria do Advogado, 2010. pp. 11-38, p. 13.

53 SARLET, Ingo Wolfgang; FENSTERSEIFER, Tiago. **Direito constitucional ambiental:** estudos sobre a Constituição, os direitos fundamentais e a proteção do ambiente. São Paulo: Revista dos Tribunais, 2011, pp. 94-95.

54 Por seu turno, José Joaquim Gomes Canotilho diferencia o modelo do Estado de Ambiente do Estado Liberal, ao referir que: [...] o "Estado do Ambiente" não é um Estado liberal, no sentido de um Estado de polícia, limitado a assegurar a existência de uma ordem jurídica de paz e confiando que também o livre jogo entre particulares – isto é, uma "mão invisível" – solucione os problemas do ambiente. (CANOTILHO, José Joaquim Gomes. Privatismo, associacionismo e publicismo no direito do ambiente: ou o rio da minha terra e as incertezas do direito público. **Ambiente e Consumo**, Lisboa, v.1, 1996, p. 156.)

55 SARLET, Ingo Wolfgang. Apresentação da obra estado socioambiental e direitos fundamentais. In: SARLET, Ingo Wolfgang (Org.). **Estado socioambiental e direitos fundamentais**. Porto Alegre: Livraria do Advogado, 2010. pp. 7-9, p. 7.

56 BUTZKE, Alindo; SPARREMBERGER, Raquel Fabiana Lopes. Direito ambiental e direitos humanos: a relação homem versus ambiente e o problema do fogo nos Campos de Cima da Serra. In: BUTZKE, Alindo; DALLA ROSA, Mardióli (Org.). Queimadas dos campos: o homem e o campo: a natureza, o fogo e a lei. Caxias do Sul: Educs, 2011. pp. 9-31, p. 9.

57 José Joaquim Canotilho aduz que: Por nossa parte defendemos a ideia segundo a qual se pode e se deve falar em Direito Ambiental não só como campo especial onde os instrumentos clássicos de outros ramos do Direto são aplicados, mas também como

nesse capítulo, o estudo da proteção ao meio ambiente como direito fundamental de terceira geração.

Segundo Robert Alexy,[58] uma teoria jurídica dos direitos fundamentais é uma teoria dogmática que investiga o direito positivo de um ordenamento jurídico onde podem ser identificadas três dimensões: a analítica, a empírica e a normativa. A dimensão analítica está associada ao estudo sistemático-conceitual do texto constitucional, consistente na análise dos conceitos fundamentais. Já a dimensão empírica observa tanto o direito positivado quanto o direito jurisprudencial para se chegar à efetividade como validade do direito e, isso se faz essencial, diante da abertura das normas, fator que reflete na importância da jurisdição constitucional, exercida principalmente no Brasil pelo Supremo Tribunal Federal. Assim, a dimensão empírica está relacionada aos direitos subjetivos e é mais perceptível na esfera dos argumentos históricos e teleológicos, a exemplo de estabelecer o surgimento, o conceito e a função social do respectivo direito em um determinado contexto. Por fim, a normativa é o resultado prático, onde se resolvem os problemas de complementação e fundamentação.

O adjetivo "fundamental" quando empregado na expressão "direito fundamental" vai significar, diz-se com Carlos Alberto Molinaro, "[...] o que é necessário e primacial, como são os direitos [...]."[59] Pois bem, como produtos culturais que são os direitos humanos e os direitos fundamentais, acolhidos os primeiros e inscritos os segundos, nas Constituições modernas, respondem a um peculiar sintagma:[60] dignidade da pessoa humana e a pretensão de segurança, ou garantia, atribuída ao ordenamento jurídico.[61] Nesse passo,

disciplina jurídica dotada de substantividade própria. Sem com isso pôr de lado as dificuldades que tal concepção oferece e condicionamentos que sempre terão de induzir-se a tal afirmação. (CANOTILHO, José Joaquim Gomes (Coord.). **Introdução ao direito do ambiente**. Lisboa: Universidade Aberta, 1998, pp. 29-33,139-134.)

58 ALEXY, Robert apud ROCHA, Daniel Machado da. **O direito fundamental à previdência social**. Porto Alegre: Livraria do Advogado, 2004, p. 84.

59 MILHORANZA, Mariângela Guerreiro; MOLINARO, Carlos Alberto. Alcance político da jurisdição no âmbito do direito à saúde. In: ASSIS, Araken de. **Aspectos polêmicos e atuais dos limites da jurisdição e do direito à saúde**. Sapucaia do Sul: Notadez, 2007. pp. 201-230., p. 203.

60 Utiliza-se a expressão sintagma no sentido grego tardio de σύνταγμα, do verbo συντάσσω, isto é, coisa alinhada com outra, ou um conjunto de expressões linguísticas em que um termo-representação funciona como unidade.

61 Texto de aula cedido pelo autor no Curso de Especialização em Direito Público na Faculdade de Direito da PUCRS (MOLINARO, Carlos Alberto. **Se educação é a resposta:** qual era a pergunta? Porto Alegre, 2006.)

ensina Reinhold Zippelius[62] que "[...] a função principal dos direitos fundamentais consiste em proteger um espaço de liberdade individual contra a ingerência do poder do Estado e contra a sua expansão totalitária."

Ingo Wolfgang Sarlet,[63] afirma que tanto a Constituição quanto os Direitos Fundamentais compõem "[...] condição de existência e medida da legitimidade de um autêntico Estado Democrático e Social de Direito, tal qual como consagrado também em nosso direito constitucional positivo e vigente." Em verdade, é a partir da dignidade que se constrói um sistema jurídico calcado, essencialmente, na igualdade. Assim, a dignidade é a qualidade que mira mais o valor de uso (a capacidade de fazer) que o valor de troca (capacidade de acumular).

A dignidade é qualidade que objetiva o acesso equitativo dos bens e luta contra a desigual repartição que os processos de divisão capitalistas promoveram e promovem até o presente. Como dizíamos, com Molinaro, a dignidade é pantapórica, pois aposta pela dilatação de todos os caminhos, pela ampliação do humano.[64] A dignidade do humano é mais restrita que a noção de dignidade da pessoa humana. Tal é assim, pois mesmo a pessoa (persona) que age ou labora de modo intencional no prejuízo do outro, não perde sua dignidade íntima de "pessoa", persona, por isso, por vezes, mais é "máscara", ou em outras, mais é "face" – também valores (não)humanos. Com a dignidade do humano, as coisas são diferentes. A dignidade do humano é deontológica, revela-se na capacidade de assumir deveres, comprometer-se com o conveniente, portanto com outro. Está bem delineada no Art. 29, 1 e 2, da Declaração de 1948. Concretizar os deveres para a comunidade, para o outro, é o que torna possível o desenvolvimento sustentável do ser humano. Nessa linha argumentativa, ainda com Carlos Alberto Molinaro, insiste-se que há que se ter uma noção bem delineada sobre direitos humanos e sobre direitos fundamentais.[65] Num primeiro momento, afirma-se que os direitos humanos são os resultados de processos

62 ZIPPELIUS, Reinhold. **Teoria geral do estado**. 3ª ed. Lisboa: Fundação Calouste Gulbenkian, 1997, p. 419.

63 SARLET, Ingo Wolfgang. **A eficácia dos direitos fundamentais**. 10ª ed. Porto Alegre: Livraria do Advogado, 2010, p. 62.

64 MILHORANZA, Mariângela Guerreiro; MOLINARO, Carlos Alberto. **Da tutela da confiança e do cumprimento da decisão em matéria de emissão de declaração de vontade e em matéria de pré-contrato.** In: MILHORANZA, Mariângela Guerreiro; PORTO, Sérgio Gilberto; TESHEINER, José Maria Rosa (Coord.). **Instrumentos de coerção e outros temas de direito processual civil:** estudos em homenagem aos 25 anos de docência do professor Dr. Araken de Assis. Rio de Janeiro: Forense, 2007. pp. 59-92, pp. 60-61.

65 SARLET, Ingo Wolfgang. **A eficácia dos direitos fundamentais**. 10ª ed. Porto Alegre: Livraria do Advogado, 2010, p. 29.

culturais de emancipação do ser humano na luta constante pela dignidade do humano; de outra parte, direitos fundamentais são os resultados de processos culturais de regulação das conquistas alcançadas pelos processos emancipatórios. Importa ter presente que identificados os conceitos, devemos mencionar ainda, que eles, direitos humanos e direitos fundamentais, os primeiros na ordem internacional e os segundos nas ordens nacionais são ao mesmo tempo, na lição de Gilmar Ferreira Mendes,[66] "[...] direitos subjetivos e elementos fundamentais da ordem constitucional objetiva."

Márcia Andrea Bühring,[67] a partir dos ensinamentos de Dirceu Pereira Siqueira e Miguel Belinati Piccirillo, explica que "Os direitos humanos são tidos como aqueles que buscam a proteção do indivíduo em um âmbito universal e os direitos fundamentais os que surgem quando positivados em ordenamento jurídico específico." Ainda seguindo esse mesmo viés de raciocínio, assevera que "Consequentemente pode-se utilizar a nomenclatura – direitos humanos – para designar o momento histórico em que esses surgiram e foram reconhecidos pela humanidade E à nomenclatura – direitos fundamentais – para marcar a positivação desses direitos."[68] Portanto, os direitos fundamentais não são a tão-só positivação dos direitos humanos, são mais; são garantias das conquistas que aqueles alcançaram, pois os direitos humanos cabem dentro dos direitos fundamentais, mas deles extravasam; são também, processos regulatórios não necessariamente vinculados aos direitos humanos, por vezes, revestem garantias derivadas de outros direitos fundamentais, e até mesmo de direitos humanos ainda não albergados pela fundamentalidade constitucional, ou albergados e inscritos em normas de sobre ou superdireito.[69] Já Norberto Bobbio defende a tese de que os direitos humanos são fruto da civilização humana já que a natureza do homem não é estanque e nem perene, já que a natureza humana é mutável e

---

66 MENDES, Gilmar Ferreira. **Direitos fundamentais e controle de constitucionalidade:** estudos de direito constitucional. 3ª ed. São Paulo: Saraiva 2004, p. 2.

67 BÜRING, Marcia Andrea. **Direitos humanos e fundamentais, migração nas fronteiras Brasil e Uruguai:** uma análise do direito social à saúde da mulher nas cidades gêmeas: Santana do Livramento-BR/Rivera-UR e Chui-BR e Chuy-UR. 2013. Tese (Doutorado) – PUCRS, Porto Alegre, 2013, p. 66.

68 BÜRING, Marcia Andrea. **Direitos humanos e fundamentais, migração nas fronteiras Brasil e Uruguai:** uma análise do direito social à saúde da mulher nas cidades gêmeas: Santana do Livramento-BR/Rivera-UR e Chui-BR e Chuy-UR. 2013. Tese (Doutorado) – PUCRS, Porto Alegre, 2013, p. 66.

69 MILHORANZA, Mariângela Guerreiro; MOLINARO, Carlos Alberto. Alcance político da jurisdição no âmbito do direito à saúde. In: ASSIS, Araken de. **Aspectos polêmicos e atuais dos limites da jurisdição e do direito à saúde**. Sapucaia do Sul: Notadez, 2007. pp. 201-230, pp. 204-205.

suscetível tanto de transformação quanto de ampliação que pode variar no lugar e no tempo.[70]

Por outro lado, Ingo Wolfgang Sarlet,[71] ao conceituar os direitos fundamentais, traz à tona a abertura material dos direitos fundamentais na Constituição Federal de 1988:

> Direitos fundamentais são, portanto, todas aquelas posições jurídicas concernentes às pessoas, que, do ponto de vista do direito constitucional positivo, foram, por seu conteúdo e importância (fundamentalidade em sentido material), integradas ao texto da Constituição e, portanto, retiradas da esfera de disponibilidade dos poderes constituídos (fundamentalidade formal), bem como as que, por seu conteúdo e significado, possam lhes ser equiparados, agregando-se à Constituição material, tendo ou não assento na constituição formal (aqui considerada a abertura material do catálogo).

Seguindo essa mesma linha de argumentação, cabe fazer uma breve distinção entre direito fundamental em sentido formal e material. Aprioristicamente, aduz-se que o rol dos direitos fundamentais caracteriza-se por sua alopoiése; existindo direitos fundamentais denominados atípicos (aqueles direitos fundamentais que, mesmo não inseridos dentro da Carta Magna, afiguram-se como detentores de fundamentalidade), conforme obra de Jorge Bacelar Gouveia[72] e os direitos fundamentais típicos. A subdivisão da fundamentalidade (em fundamentalidade formal e material) foi semeada por Alexy[73] que propagou a abertura do catálogo constitucional para direitos materialmente fundamentais e que ainda não tenham sido positivados. Entre nós, percebe-se, da leitura do parágrafo segundo do artigo 5º da Carta Magna,[74] a possibilidade de previsão de inserção de outros direitos não contextualizados na Constituição brasileira. Luiz Guilherme Marinoni,[75] relativamente ao § 2º do artigo 5º da CF-88, afirma que:

---

70 BOBBIO, Norberto. **A Era dos direitos**. Rio de Janeiro: Campus, 1992, p. 32.

71 SARLET, Ingo Wolfgang. **A eficácia dos direitos fundamentais**. 4ª ed. Porto Alegre: Livraria do Advogado, 1998, p. 80.

72 GOUVEIA, Jorge Bacelar. Os Direitos fundamentais atípicos. Lisboa: Editorial Notícias, 1995.

73 ALEXY, Robert. **Teoria de los derechos fundamentales**. Madrid: Centro de Estúdios Constitucionales, 1997.

74 Art. 5º Todos são iguais perante a lei, sem distinção de qualquer natureza, garantindo-se aos brasileiros e aos estrangeiros residentes no País a inviolabilidade do direito à vida, à liberdade, à igualdade, à segurança e à propriedade, nos termos seguintes: § 2º – Os direitos e garantias expressos nesta Constituição não excluem outros decorrentes do regime e dos princípios por ela adotados, ou dos tratados internacionais em que a República Federativa do Brasil seja parte.

75 MARINONI, Luiz Guilherme. **Teoria geral do processo**. São Paulo: Revista dos Tribunais, 2006, p. 65.

> [...] Essa norma permite, por meio da aceitação da ideia de fundamentalidade material, que outros direitos, mesmo que não expressamente previstos na CF e, por maior razão, não enumerados no seu título II, sejam considerados direitos fundamentais. Isso quer dizer que o art. 5º, § 2º, da CF institui um sistema constitucional aberto a direitos fundamentais em sentido material.

Verifica-se, portanto, que atualmente a ordem constitucional vem a regrar tanto o Poder Público como a sociedade civil, inexistindo, sob esse prisma, separação tangente entre o direito constitucional e o direito privado. Logo, percebe-se que é impossível concebê-los fundados em uma visão separatista, calcada em lógicas diferentes, uma vez que o direito constitucional e o direito privado possuem campos de incidência análogos. Outro aspecto relevante a ser observado no que tange à incidência dos direitos fundamentais no trato entre os particulares é da questão da dupla dimensão dos direitos fundamentais. Ingo Sarlet,[76] por exemplo, reconhece a eficácia direta dos diretos fundamentais na esfera privada relativamente ao direito brasileiro, sendo semelhante o posicionamento defendido por Marinoni.[77] Já Gilmar Mendes,[78] por seu turno, nutre maior simpatia pela tese da eficácia indireta e mediata. Seja como for, importa referir que a fundamentalidade formal é relacionada à positivação constitucional que qualifica determinados direitos, é um conjunto de normas e princípios inseridos em um documento solene, que só pode ser elaborado e modificado mediante observância de um procedimento técnico e cerimonioso, instituído especialmente para esse fim, e que vinculam, como já foi dito, de maneira imediata entidades públicas e privadas. Já por fundamentalidade material entende-se o conjunto de normas jurídicas que delineiam a estrutura, as

76 SARLET, Ingo Wolfgang. **A eficácia dos direitos fundamentais**. 6ª ed. Porto Alegre: Livraria do Advogado, 2006, pp. 176 e seguintes; e pp. 392 e seguintes.

77 Assevera Marinoni que [...] ao menos no direito brasileiro, é importante aceitar a incidência direta do direito fundamental sobre as relações privadas independentemente da atuação judicial. É inquestionável, por exemplo, que os direitos fundamentais têm grande importância na regulação das relações entre o empregador e o empregado, o que somente pode significar uma eficácia imediata e direta dos direitos fundamentais sobre os privados. (MARINONI, Luiz Guilherme. A jurisdição no estado contemporâneo. In: MARINONI, Luiz Guilherme. **Estudos de direito processual civil:** homenagem ao professor Egas Dirceu Moniz de Aragão. São Paulo: Revista dos Tribunais, 2005. pp. 13-66, p. 43).

78 MENDES, Gilmar Ferreira. Direitos fundamentais: eficácia das garantias constitucionais nas relações privadas: análise da jurisprudência da Corte Constitucional Alemã. In: DIREITOS fundamentais e controle de constitucionalidade. São Paulo: Celso Bastos, 1998.

atribuições e as competências dos órgãos do Estado.[79] Nesse sentido, Ingo Wolfgang Sarlet explica que:

> A fundamentalidade formal encontra-se ligada ao direito constitucional positivo e resulta dos seguintes aspectos, devidamente adaptados ao direito constitucional pátrio: a) como parte integrante da Constituição escrita, os direitos fundamentais situam-se no ápice de natureza supralegal; b) na qualidade de normas constitucionais, encontram-se submetidos aos limites formais e materiais; c) por derradeiro, cuida-se de normas diretamente aplicáveis e que vinculam de forma imediata as entidades públicas e privadas. A fundamentalidade material, por sua vez, decorre da circunstância de serem direitos fundamentais elemento constitutivo da Constituição material, contendo decisões fundamentais sobre a estrutura básica do Estado e da sociedade.[80]

Historicamente, os direitos fundamentais foram, de forma gradativa, sendo incorporados aos ordenamentos jurídicos. Por exemplo, a Declaração de Direitos do Povo da Virgínia de 1776, bem como a Declaração dos Direitos do Homem e do Cidadão de 1789, tinham como característica comum sua profunda inspiração jusnaturalista, reconhecendo, ao ser humano, direitos naturais, inalienáveis, invioláveis e imprescritíveis. Contudo, foi na França que se deu decisiva contribuição para o processo de constitucionalização e reconhecimento de direitos e liberdades fundamentais nas Constituições do século XIX. Em verdade, a positivação dos direitos fundamentais culminou com a afirmação do Estado Democrático de Direito. Os direitos fundamentais são divididos em gerações ou dimensões que demarcam a evolução das liberdades públicas. A primeira geração ou dimensão dos direitos fundamentais surgiu no final do século XVII e era chamada de prestações negativas, vale dizer, aquelas prestações que geram um direito de não fazer por parte do Estado, visando à preservação do direito à vida, à liberdade, à igualdade e à propriedade.

Destarte, os direitos fundamentais de segunda dimensão surgiram logo após a primeira Guerra Mundial e, ao contrário dos de primeira dimensão que cuidavam de evitar a intervenção do Estado na esfera da liberdade individual, geram um direito de fazer por parte do Estado. O impacto da industrialização e os graves problemas sociais e econômicos que a acompanharam, geraram movimentos reivindicatórios de grande magnitude e o reconhecimento progressivo de direitos, atribuindo ao Estado um comportamento ativo na realização da justiça social. Porém, é no século XX, no segundo pós-guerra, que estes novos direitos fundamentais acabaram sendo

79 BULOS, Uadi Lammêgo. Curso de direito constitucional. São Paulo: Saraiva, 2007, p. 6.

80 SARLET, Ingo Wolfgang. A eficácia dos direitos fundamentais. 10ª ed. Porto Alegre: Livraria do Advogado, 2010, pp. 74-75.

consagrados em um número significativo de Constituições, além de ser objeto de diversos pactos internacionais. Nessa esteira, ressalta-se que estes direitos não englobam apenas direitos de cunho positivo, compreendendo os direitos sociais, econômicos e culturais, que são encontrados no Título II, Capítulo II da Lei Maior Brasileira, mas também as chamadas "liberdades sociais", como exemplo: a liberdade sindical, o direito de greve, o direito a férias, ao repouso semanal remunerado, a garantia de um salário mínimo, a limitação da jornada de trabalho.[81]

Por seu turno, os direitos fundamentais de terceira geração (englobados aqui os chamados direitos de solidariedade ou fraternidade), trazem como nota distintiva o fato de se desprenderem da figura homem-indivíduo como seu titular, destinando-se à proteção de grupos humanos (família, povo, nação), sendo considerados os direitos coletivos ou difusos em geral, como por exemplo: o meio ambiente equilibrado, a vida (saudável e pacífica) e o progresso. Enfim, os direitos fundamentais revelam uma dupla perspectiva: a perspectiva jurídico-subjetiva e a perspectiva jurídico-objetiva.[82] A dimensão jurídico-subjetiva dos direitos fundamentais, idealizada na teoria liberal, utiliza os direitos fundamentais como limites ao poder Estatal ao delimitar as pretensões e as formas de proteção que o indivíduo poderia exigir do Estado. Já a dimensão jurídico-objetiva dos direitos fundamentais, conforme Daniel Sarmento,[83] "[...] expande os direitos fundamentais para o âmbito das relações privadas, permitindo que estes transcendam o domínio das relações entre cidadão e Estado, às quais estavam confinados pela teoria liberal clássica." Por sua vez, Ingo Wolfgang Sarlet[84] acentua que:

81 SARLET, Ingo Wolfgang. **A eficácia dos direitos fundamentais.** 10ª ed. Porto Alegre: Livraria do Advogado, 2010, p. 48.

82 Diz José Carlos Vieira de Andrade que [...] os preceitos relativos aos direitos fundamentais não podem ser pensados apenas do ponto de vista dos indivíduos, enquanto posições jurídicas de que estes são titulares perante o Estado, designadamente para dele se defenderem, antes valem juridicamente também do ponto de vista da comunidade, como valores ou fins que esta se propõe prosseguir, em grande medida através da acção estadual. Por outro lado, no âmbito de cada um dos direitos fundamentais, em volta deles ou nas relações entre eles, os preceitos constitucionais determinam espaços normativos, preenchidos por valores ou interesses humanos afirmados como bases objectivas de ordenação da vida social. (VIEIRA DE ANDRADE, José Carlos, **Os Direitos fundamentais na Constituição portuguesa de 1976**. 2ª ed. Coimbra: Almedina, 2001, p. 111.)

83 SARMENTO, Daniel. **Direitos fundamentais e relações privadas**. 2ª ed. Rio de Janeiro: Lumen Júris, 2006, p.107.

84 SARLET, Ingo Wolfgang. Teoria geral dos direitos fundamentais. In: MARINONI, Luiz Guilherme; MIDITIERO, Daniel; SARLET, Ingo Wolfgang. **Curso de direito constitucional**. 2ª ed. São Paulo: Revista dos Tribunais, 2013, p. 305.

> De modo geral, quando nos referimos aos direitos fundamentais como direitos subjetivos, temos em mente a noção de que ao titular de um direito fundamental é aberta a possibilidade de impor judicialmente seus interesses juridicamente tutelados perante o destinatário (obrigado).

Portanto, a dimensão subjetiva dos direitos fundamentais corresponde à possibilidade de os seus titulares exigirem, em juízo, as prestações materiais de seus interesses.[85] Se, na origem, os direitos fundamentais tinham como precípua finalidade amenizar a interferência estatal na vida privada,[86] atualmente, os mesmos incidem nas relações entre indivíduos de igual hierarquia, entre iguais, ou particulares (horizontalidade da disposição). Todavia, durante muito tempo se entendeu que os direitos fundamentais seriam somente oponíveis em face do próprio ente estatal (verticalidade da disposição), sendo esta, portanto, a razão maior pela qual existam, ainda, motivos suficientes para tratar da incidência dos mesmos na seara do direito privado. Assim, nesta questão da dupla dimensão dos direitos fundamentais há a necessidade de ponderação, caso a caso, para a aplicabilidade dos diretos fundamentais nas relações entre particulares, porquanto em algumas situações haverá a referida aplicação de modo direto e em outras de modo indireto e em outros casos, talvez, nem haja tal aplicabilidade. Há que se analisar, portanto, o caso concreto em questão. Para reforçar esta linha argumentativa, recordamos as ideias do constitucionalista Gustavo Zagrebelsky[87], para quem o direito constitucional há de ser flexível e dúctil, eis que – ante a variedade de situações fáticas e de pluralismos de universos culturais, éticos, religiosos e políticos – não se pode cogitar da existência de valores e princípios de caráter absoluto.

De outra banda, Ingo Wolfgang Sarlet[88], a partir de lições de Robert de Alexy e J.J. Canotilho, divide os direitos fundamentais em dois grandes grupos. No primeiro grande grupo, estão os direitos de defesa e no segun-

85 José Luiz Bolzan de Morais, nessa mesma linha argumentativa, acentua que a dimensão subjetiva dos direitos fundamentais corresponde ao conjunto de competências que a normatividade objetiva confere aos titulares do direito. (MORAIS, José Luis Bolzan de. A Ideia de direito social: o pluralismo jurídico de Georges Gurvitch. Porto Alegre: Livraria do Advogado, 1997, p. 46.)

86 Nesse particular, Reinhold Zippelius ensina que "[...] a função principal dos direitos fundamentais consiste em proteger um espaço de liberdade individual contra a ingerência do poder do Estado e contra a sua expansão totalitária." (ZIPPELIUS, Reinhold. **Teoria geral do estado**. 3ª ed. Lisboa: Fundação Calouste Gulbenkian, 1997, p. 419.)

87 ZAGREBELSKY, Gustavo. **El derecho dúctil. ley, derechos, justicia**. 5ª ed. Madri: Editorial Trotta, 2003, p. 14 e seguintes.

88 SARLET, Ingo Wolfgang. **A eficácia dos direitos fundamentais**. 10ª ed. Porto Alegre: Livraria do Advogado, 2010, p. 166-167.

do grande grupo estão os direitos a prestações. O segundo grupo, por seu turno, possui uma subdivisão: a) direitos a prestações em sentido amplo e b) direitos a prestações em sentido estrito. Dando continuidade ao seu raciocínio, Sarlet[89] classifica os direitos de defesa na categoria da abstenção e os direitos a prestações na categoria da ação. Nesse contexto, é possível verificar que o Estado realiza prestações com o fito de resguardar a dimensão negativa dos direitos fundamentais.[90] A dimensão negativa pode ser analisada sob dois ângulos diferentes: um âmbito fático e em um âmbito legal. No primeiro, a dimensão negativa atua impedindo a prática de condutas que possam causar algum prejuízo ao direito em apreço. No que diz respeito ao âmbito legal, a dimensão negativa torna inconstitucionais as normas que não estiverem de acordo com os ditames da Constituição Federal, seja porque não foram respeitadas as normas referentes ao procedimento legislativo por ocasião da sua elaboração, seja porque seu conteúdo se apresente contrário ao que fora determinado pelo texto constitucional.[91] Nesse sentido, são as cláusulas pétreas que impõem limites ao poder reformador, justamente para impedir a supressão de elementos essenciais presentes na Constituição Federal, o que ensejaria, inevitavelmente, uma afronta ao princípio da dignidade da pessoa humana. No caso do direito ao meio ambiente, a dimensão negativa do direito, no âmbito legal se manifesta, a título de exemplo, com a atuação do princípio da vedação do retrocesso, impedindo a revogação de normas que protejam o direito ambiental ou a diminuição de benefícios já concedidos para a sua concretização.

A dimensão positiva dos direitos fundamentais, por sua vez, reclama uma conduta ativa por parte do Estado que tem o dever de fornecer prestações capazes de satisfazer as necessidades dos cidadãos, tendo como parâmetro a dignidade da pessoa humana. Originando-se do que Alexy denominou "[...] direito a algo [...]"[92] impõem ao Estado uma atuação ativa na implementação de medidas e na viabilização de condições fáticas e normativas para a fruição dos direitos, sem olvidar-se da responsabilidade dos

89 SARLET, Ingo Wolfgang. A eficácia dos direitos fundamentais. 10ª ed. Porto Alegre: Livraria do Advogado, 2010, p. 168.

90 CANOTILHO, José Joaquim Gomes. **Direito constitucional e teoria da Constituição**. Coimbra: Almedina, 2003, p. 409.

91 MATEUS, Cibele Gralha. Direitos fundamentais sociais e relações privadas. Porto Alegre: Livraria do Advogado, 2008, p. 71-76.

92 Nesse sentido, ensina Alexy que: [...] o objeto de um direito a algo é sempre uma **ação** do destinatário. Isso decorre de sua estrutura como relação triádica entre um titular, um destinatário e um objeto. Se o objeto não fosse uma ação do destinatário, então, não faria sentido incluir o destinatário da relação. (ALEXY, Robert. **Teoria dos direitos fundamentais**. São Paulo: Malheiros, 2008, p. 194)

particulares e das instituições privadas na contribuição para a concretização dos direitos fundamentais.

3.1. O Meio Ambiente como Direito Fundamental de Terceira Dimensão

Em 1972, durante a Conferência das Nações Unidas sobre o Meio Ambiente Humano, realizada em Estocolmo, o meio ambiente foi aclamado como um direito fundamental do ser humano. Esta conferência originou o Programa das Nações Unidas para o Meio Ambiente e teve como a "Declaração de Estocolmo", um conjunto de 26 proposições designadas de Princípios. O Primeiro Princípio[93] estabelece que:

> O homem tem direito fundamental à liberdade, à igualdade e condições de vida adequadas, em um meio ambiente de qualidade tal que lhe permita levar uma vida digna, gozar de bem-estar e é portador solene de obrigação de proteger e melhorar o meio ambiente, para as gerações presentes e futuras.

Já o Segundo Princípio[94] proclama que "Os recursos naturais da Terra, incluídos o ar, a água, o solo, a flora e a fauna e, especialmente, parcelas representativas dos ecossistemas naturais, devem ser preservados em benefício das gerações atuais e futuras, mediante um cuidadoso planejamento ou administração adequada." Desde então, o meio ambiente, albergado no Princípio da Dignidade da Pessoa Humana, passou a ser tratado como direito fundamental do ser humano.[95]

No Brasil, o art.3º, I, da Lei 6.938/81, Lei da Política Nacional do Meio Ambiente, definiu o meio ambiente como "[...] o conjunto de condições, leis, influências e interações de ordem física, que permite, abriga e rege a vida em todas as suas formas." Posteriormente, com base na Constituição Federal de 1988, passou-se a entender também que o meio divide-se em físico ou natural, cultural, artificial e trabalho. O meio físico ou natural é constituído pela flora, fauna, solo, água, atmosfera etc., incluindo os ecossistemas conforme preconiza o art. 225, §1º, I a VII da Constituição Federal.

---

93 DECLARAÇÃO de estocolmo sobre o ambiente humano. 1972. Disponível em: <http://www.silex.com.br/leis/normas/estocolmo.htm>. Acesso em: 26 jul. 2013.

94 DECLARAÇÃO de estocolmo sobre o ambiente humano. 1972. Disponível em: <http://www.silex.com.br/leis/normas/estocolmo.htm>. Acesso em: 26 jul. 2013.

95 Conforme Eliane Willrich Hoffmann, "O meio ambiente equilibrado integra o rol dos Direitos Humanos." (HOFFMANN, Eliane Willrich. **Desenvolvimento agrícola e o uso de agrotóxicos**: políticas públicas para a sustentabilidade: um estudo de caso nas localidades de Linha Araripe, Linha Brasil e Linha Imperial na Cidade de Nova Petrópolis/ RS. 2006. Dissertação (Mestrado) – UCS, Caxias do Sul, 2006, p. 27)

O meio ambiente cultural constitui-se pelo patrimônio cultural, artístico, arqueológico, paisagístico, manifestações culturais, populares etc consoante dispõe o art. 215, §1º e §2º da Constituição Federal. Por sua vez, o meio ambiente artificial é o conjunto de edificações particulares ou públicas, principalmente urbanas, consoante dizem os art. 182, art. 21, XX e art. 5º, XXIII da Constituição Federal. Por fim, o meio ambiente do trabalho é o conjunto de condições, existentes no local de trabalho, relativos à qualidade de vida do trabalhador. Nessa senda, conforme o inciso VIII do art. 200 da Constituição Federal, o meio ambiente do trabalho pode ser conceituado como "[...] o conjunto de fatores físicos, climáticos ou qualquer outro que interligados, ou não, estão presentes e envolvem o local de trabalho da pessoa." Seja como for, Hugo Nigro Mazzilli[96], ao analisar o conceito de meio ambiente, assevera que:

> O conceito legal e doutrinário é tão amplo que nos autoriza a considerar de forma praticamente ilimitada a possibilidade de defesa da flora, da fauna, das águas, do solo, do subsolo, do ar, ou seja, de todas as formas de vida e de todos os recursos naturais, como base na conjugação do art. 225 da Constituição com as Leis ns. 6.938/81 e 7.347/85. Estão assim alcançadas todas as formas de vida, não só aquelas da biota (conjunto de todos os seres vivos de uma região) como da biodiversidade (conjunto de todas as espécies de seres vivos existentes na biosfera, ou seja, todas as formas de vida em geral do planeta), e até mesmo está protegido o meio que as abriga ou lhes permite a subsistência.

Em verdade, a Constituição de 1988, possui um capítulo específico que trata da tutela dos temas ambientais no Capítulo VI, do Título VIII. Por outro lado, fora do capítulo próprio, traz diversos dispositivos acerca do tema. Assim, a Lex Maior pontifica que as a proteção ao meio ambiente é vital para a vida em sociedade. Nesse sentido, observa-se que há todo um sistema constitucional[97] de proteção ao meio ambiente, pois o meio ambiente ecologicamente equilibrado é um direto fundamental cuja nature-

---

96 MAZZILLI, Hugo Nigro. A Defesa dos interesses difusos em juízo. 18ª ed. São Paulo: Saraiva, 2005, p.142-143.

97 Para Anderson Vichinkeski Teixeira, [...] a maior contribuição para a Teoria Constitucional do século XX feita pelo próprio Estado social de Direito e, por consequência, pelo constitucionalismo social, parece ser a redefinição da função normativa da constituição dentro de um Estado de Direito: de documento mais político do que propriamente jurídico, passa a ser, então, em especial com as constituições do pós-Segunda Guerra Mundial, documento jurídico dotado de normatividade como qualquer outra lei, mas com a prerrogativa de ser a lei maior de um sistema jurídico. Com isso, superamos a supremacia da lei e chegamos à *soberania da constituição*. (TEIXEIRA, Anderson Vichinkeski. Direito público transnacional: por uma compreensão sistêmica das esferas transnacionais de regulação jurídica. **Novos Estudos Jurídicos**, Itajaí, v. 19, n. 2, p. 400-429, maio 2014, p. 406.)

za jurídica pode ser classificada como direito difuso. Mariângela Guerreiro Milhoranza[98], no tópico, explana que "Os direitos difusos se caracterizam pela capacidade de dispersão [...] são os interesses ou direitos transindividuais, de natureza indivisível, de que sejam titulares pessoas indeterminadas e ligadas por circunstâncias de fato." Já Teori Albino Zavascki entende que:

> [...] é preciso que não se confunda defesa de direitos coletivos (e difusos) com defesa coletiva de direitos (individuais). Direito coletivo é direito transindividual (= sem titular determinado) e indivisível. Pode ser difuso ou coletivo, stricto sensu.[99]

Diz, ainda, Teori Albino Zavascki, que:

> Direitos coletivos são direitos subjetivamente transinidividuais (=sem titular determinado) e materialmente indivisíveis. Os direitos coletivos comportam sua acepção no singular, inclusive para fins de tutela jurisdicional. Ou seja: embora indivisível, é possível conceber-se uma única unidade da espécie de direito coletivo. O que é múltipla (e indeterminada) é a sua titularidade, e daí sua transindividualidade. "Direito coletivo" é a designação genérica para as duas modalidades de direitos transinidividuais: o difuso e o coletivo stricto sensu.[100]

Por sua vez, Marcelo Abelha[101] acentua que:

> O interesse difuso é assim entendido porque, objetivamente estrutura-se como interesse pertencente a todos e a cada um dos componentes da pluralidade indeterminada de que se trate. Não é um simples interesse individual, reconhecedor de uma esfera pessoal e própria, exclusiva de domínio. O interesse difuso é o interesse de todos e de cada um ou, por outras palavras, é o interesse que cada indivíduo possui pelo fato de pertencer à pluralidade de sujeitos a que se refere à norma em questão.

---

98 MILHORANZA, Mariângela Guerreiro. Direitos difusos, direitos coletivos, direitos individuais homogêneos e direito coletivo do trabalho. In: MILHORANZA, Mariângela Guerreiro; TESHEINER, José Maria Rosa. Temas de direito e processos coletivos. Porto Alegre: HS, 2010. p. 15-28, p. 24.

99 ZAVASCKI, Teori Albino. Defesa de direitos coletivos e defesa coletiva de direitos. **Revista Jurídica,** v. 43, n. 212, p. 16-33, jun. 1995, p. 16.

100 ZAVASCKI, Teori Albino. **Processo coletivo:** tutela de direitos coletivos e tutela coletiva de direitos. São Paulo: Revista dos Tribunais, 2006, p.41-42.

101 ABELHA, Marcelo. **Ação civil pública e meio ambiente.** 2ª ed. Rio de Janeiro: Forense Universitária, 2004, p. 43.

Sobre a indivisibilidade do bem jurídico nos direitos coletivos, diz Gustavo Filipe Barbosa Garcia[102] que a mesma "é facilmente constada, pois basta uma única ofensa para que todos os titulares do direito sejam atingidos. Do mesmo modo, a satisfação do direito beneficia a todos os titulares indeterminados ao mesmo tempo." Portanto, em suma, podemos observar que as qualidades essenciais dos interesses e direitos difusos são: 1- o número indeterminado de pessoas, 2- pessoas indeterminadas ligadas por circunstâncias fáticas e 3- indivisibilidade do bem jurídico em litígio.

Conforme o magistério de Ann Helen Wainer[103], a missão de tutelar, juridicamente, sobre o meio ambiente começou nos idos das Ordenações Afonsinas. Em 1326, a Ordenação tinha um dispositivo legal que além de proteger as aves equiparava seu furto a crime, nascendo, assim, a primeira menção a crime de natureza ambiental.

Em março de 1393, em Portugal, foi promulgada uma Lei que proibia o corte de árvores frutíferas. Esta Lei, promulgada sob os auspícios de Dom Afonso IV, considerou que o corte de árvore de fruto era crime de injúria ao Rei. Esta mesma legislação foi encampada pelas Ordenações Afonsinas no Livro V, Título VIII. Posteriormente, em 1521, as Ordenações Manuelinas, no Livro V, que, no Título LXXXIII, proibiam a caça de animais com instrumentos capazes acarretar a morte mediante dor e sofrimento. Em 1603, são aprovadas as Ordenações Filipinas que, no seu bojo, especificamente, no Livro V, Título LCCCVIII, § 7º, trazem expressamente a preocupação com a preservação ambiental: "E pessoa alguma não lance nos rios e lagoas em qualquer tempo de ano [...] trovisco, barbasco, coca, cal nem outro algum material com que se o peixe mate", vedando às pessoas a poluição das águas dos rios e das lagoas.

Em 1605, foi promulgado o Regimento sobre o Pau- Brasil com o intuito de permitir o corte da referida madeira apenas a quem tivesse a licença real para tanto. Além de prever esta forma de licenciamento ambiental, havia a previsão de penalidades ao infrator que cortasse a madeira sem licenciamento, que cortasse mais madeira do que o número permitido no licenciamento ou que, ainda, ateasse fogo nas raízes dos troncos da madeira.

Enfim, em que pese a legislação brasileira se mostrar preocupada com a proteção ambiental desde os idos mais remotos, a proteção constitucional ambiental demorou a aparecer. Como Lex Maior de uma Nação, as Constituições sintetizam os direitos primaciais de determinada sociedade. As Constituições Brasileiras sempre tiveram carga normativa diferenciada

---

102 BARBOSA GARCIA, Gustavo Filipe. Direitos fundamentais e relação de emprego. São Paulo: Método, 2008, p. 95.

103 WAINER, Ann Helen. **Legislação ambiental brasileira**. 2ª ed. Rio de Janeiro: Forense, 1999, p. 6.

de forma que sua superioridade hierárquica consecutivamente foi observada. A Carta de 1824, de tendência político-monárquica, não cogitou da necessidade de proteção ambiental. Foi um período de concessão de alguns privilégios para certos segmentos da sociedade, situação que traz reflexos até hoje.

A Constituição de 1891, de características políticas, também não cogitou a respeito da proteção do meio ambiente.

Nas Cartas Magnas de 1937, 1946 e 1967 também não se observam dispositivos voltados à tutela do meio ambiente. Basicamente, estas constituições se preocuparam com questões relacionadas à competência legislativa da União e à proteção do patrimônio histórico e cultural sem tratar, especificamente, do meio ambiente.[104] Nesse aspecto, observa José Afonso da Silva[105] que "a Constituição de 1988 foi a primeira a tratar deliberadamente sobre a questão ambiental." Portanto, é somente na Constituição Federal de 1988 que se observa o início de uma preocupação do legislador constituinte com o debate da tutela e da proteção ambiental.

No Brasil, o Supremo Tribunal Federal reconheceu o meio ambiente como direito fundamental de terceira geração quando do julgamento do Mandado de Segurança n. 22.164/SP[106], no ano de 1995, cujo Relator foi o Ministro Celso de Mello. O caso em tela era sobre a possibilidade de desapropriação de um imóvel rural para fins de reforma agrária. Da leitura da ementa do referido acórdão, extrai-se o seguinte e interessante trecho:

> **A questão do direito ao meio ambiente ecologicamente equilibrado – direito de terceira geração – princípio da solidariedade – o direito a integridade do meio ambiente – típico direito de terceira geração – constitui prerrogativa jurídica de titularidade coletiva, refletindo, dentro do processo de afirmação dos direitos humanos, a expressão significativa de um poder atribuído, não ao indivíduo identificado em sua singularidade, mas, num sentido verdadeiramente mais abrangente, a própria coletividade social.** Enquanto os direitos de primeira geração (direitos civis e políticos) – que compreendem as liberdades clássicas, negativas ou formais – realçam o princípio da liberdade e os direitos de segunda geração (direitos econômicos, sociais e culturais) – que se identifica com as liberdades positivas, reais ou concretas – acentuam o princípio da igualdade, **os direitos de terceira geração, que materializam poderes de titularidade coletiva atribuídos genericamente a todas as formações sociais,**

104 MILARÉ, Édis. Direito do ambiente: doutrina: Jurisprudência: Glossário. 4ª ed. São Paulo: Revista dos Tribunais, 2005, p. 182-184.

105 SILVA, José Afonso da. **Direito ambiental constitucional**. 4ª ed. São Paulo: Malheiros, 2002. p. 46.

106 BRASIL. Supremo Tribunal Federal. Mandado de Segurança n. 22.164/SP, Tribunal Pleno. Rel. Min. Celso de Mello, 30.10.1995. Disponível em: <www.stf.jus.br>. Acesso em: 26 ago. 2013.

> **consagram o princípio da solidariedade e constituem um momento importante no processo de desenvolvimento, expansão e reconhecimento dos direitos humanos, caracterizados, enquanto valores fundamentais indisponíveis, pela nota de uma essencial inexauribilidade.** (grifo nosso)

Verifica-se, portanto, que o direito ao meio ambiente sadio insere-se na denominada terceira dimensão de direitos fundamentais, e nesta condição pode-se dizer que o meio ambiente ecologicamente equilibrado é um direito materialmente social e de titularidade difusa, ou seja, possui uma tríplice dimensão: dimensão de titularidade coletiva, dimensão social e dimensão intergeracional.[107] Calcado no Princípio da Dignidade da Pessoa Humana, todos os indivíduos têm direito ao meio ambiente ecologicamente protegido: com qualidade de vida onde a saúde do ser humano é o reflexo dos elementos da própria natureza (água, solo, ar, flora e fauna). Portanto, a titularidade a esse meio ambiente é coletiva e também social, eis que como bem de uso comum do povo o meio ambiente ecologicamente equilibrado agrega o patrimônio coletivo. Raciocinando sobre a dimensão de titularidade coletiva e sobre a dimensão social do bem ambiental, Paulo Affonso Leme Machado[108] ensina que "Os bens que integram o meio ambiente planetário, como a água, o ar e o solo, devem satisfazer as necessidades comuns de todos os habitantes da Terra." Por fim, a dimensão Intergeracional do meio ambiente significa que tanto a presente geração quanto as gerações passadas e futuras devem se preocupar em tutelar e preservar o meio ambiente.

4. As Relações de Consumo e o Meio Ambiente

Relacionar consumo e meio ambiente não é uma tarefa fácil, devido à noção equivocada de desenvolvimento econômico dissociado de sustentabilidade ambiental. No entanto, não há como pensar em proteção ao meio ambiente de maneira desconexa aos valores de mercado e às relações de consumo, pois desenvolvimento sem sustentabilidade traz consequências desastrosas a médio e longo prazo no que tange à manutenção da vida

107 Observa Délton Winter de Carvalho que: O texto constitucional brasileiro prevê, a exemplo da constituição portuguesa, o direito ao meio ambiente como um direito fundamental capaz de refletir a institucionalização de uma dupla geração de direitos ambientais. Enquanto uma primeira geração encontra-se fundada na prevenção e controle das degradações ambientais, uma segunda geração de direitos ambientais surge mais preocupada com os aspectos globais (efeitos combinados) e de controle dos efeitos colaterais das ações presentes às futuras gerações. (CARVALHO, Délton Winter de. Regulação constitucional e risco ambiental. Revista Brasileira de Direito Constitucional, São Paulo, n. 12, p. 13-31, jul./dez. 2008, p. 14.)

108 MACHADO, Paulo Affonso Leme. **Direito ambiental brasileiro**. 10ª ed. São Paulo: Malheiros, 2002, p. 46.

humana no planeta. Quando se analisa o impacto ambiental de determinado produto ou serviço, há uma forte tendência em desconsiderar as consequências ao meio ambiente decorrentes da atuação do fornecedor e da escolha do consumidor, pondo em foco, apenas, o proveito econômico decorrente da atividade.

As pessoas ainda associam o desenvolvimento econômico de um país a grandes obras e bens consumíveis que lhes proporcionem conforto e bem-estar, sem sopesar as consequências decorrentes desses empreendimentos e atividades ao meio ambiente, seja para a geração atual, seja para as gerações que ainda virão.

No entanto, nosso ordenamento jurídico possui exaustivas disposições sobre os papéis de consumidores e fornecedores, inclusive em suas relações de proteção para com o meio ambiente, no sentido de salvaguardar tanto o consumidor – como ente hipossuficiente na relação contratual com o fornecedor – quanto o meio ambiente ecologicamente equilibrado. A oferta e a demanda, dentro das relações de consumo, devem pautar-se em condições que possibilitem sadia qualidade de vida, de forma a responsabilizar os entes da relação consumerista pela defesa e preservação do meio ambiente. Nesse sentido, como bem descreve Lafayete Josué Petter

> Como a qualidade de vida é mesmo um bem da atual e das futuras gerações, é de se perquirir qual o impacto que as práticas econômicas estabelecidas nas relações fornecedores x consumidores impõem ao meio ambiente e de que modo se podem implementar políticas de defesa do meio ambiente ao se tratar de políticas econômicas que afetem diretamente o consumidor. Certo, entretanto, é que aos consumidores são atribuíveis mais responsabilidades na proteção do meio ambiente. Como pondera a doutrina, a livre escolha do consumidor pode ser legitimamente limitada em nome da defesa do meio ambiente. Os consumidores, a cada dia, precisam tornar-se conscientes da dimensão ecológica do processo de consumo em geral e de seu comportamento individual em particular.[109]

São direitos fundamentais reconhecidos constitucionalmente o direito ao meio ambiente e o direito do consumidor. Ambos necessitam da atuação do Estado para que sejam efetivos, tendo este o papel de um importante ator, talvez o principal, na promoção de direitos fundamentais. Em nosso ordenamento jurídico temos uma série de disposições concernentes a reduzir a desigualdade fática entre fornecedor e consumidor, no sentido de que as relações consumeristas possam desenvolver-se de maneira justa. Porém, há que se ter em mente que a justiça ambiental, sem sombra de dúvidas, está

---

109 PETTER, Lafayete Josué. **Princípios constitucionais da ordem econômica: o significado e alcance do art. 170 da Constituição Federal**. São Paulo: Revista dos Tribunais, 2005, pp. 240-241.

entre os parâmetros de justiça que se busca quando da proteção do consumidor, pois sem um meio ambiente ecologicamente equilibrado a segurança e a saúde do consumidor restam ameaçadas. Para tanto, entende-se ser necessário difundir a ideia de consumo sustentável.

A ONU conceituou o consumo sustentável, no sentido de que é preciso compreender o caráter de esgotabilidade dos recursos naturais, além da capacidade degradadora das relações consumeristas, com foco na garantia, para as gerações futuras, de um meio ambiente minimamente sustentável:

> Consumo sustentável é o uso de serviços e produtos que correspondem às necessidades básicas de toda a população e trazem a melhoria da qualidade de vida, ao mesmo tempo que reduzem o uso dos recursos naturais e de materiais tóxicos, a produção de lixo e as emissões de poluição em todo ciclo de vida, sem comprometer as necessidades das gerações futuras.[110]

Temos, entre outros, dois princípios balizadores entre as relações de consumo e o meio ambiente, concatenados a uma relação de consumo sustentável. São eles o princípio do Desenvolvimento Sustentável e o Princípio da Informação. Na esteira do Desenvolvimento Sustentável, o princípio 1 da Declaração do Rio de Janeiro/92 afirma que "Os seres humanos constituem o centro das preocupações relacionadas com o desenvolvimento sustentável. Têm direito a uma vida saudável e produtiva, em harmonia com a natureza."

O Desenvolvimento Sustentável baseia-se em um princípio ético, no sentido de que a geração atual não deve prejudicar as gerações seguintes. É necessário que o progresso econômico seja compatibilizado com a utilização racional dos recursos ambientais.[111]

O outro princípio de suma importância é o Princípio da Informação, muito ligado ao direito do consumidor. Um dos fatores que colocam o fornecedor em uma situação de vantagem ante ao consumidor é o domínio total e exclusivo das informações referentes ao produto ou serviço que oferece ao mercado.

Nesse sentido, o princípio da Informação prevê o direito de todas as pessoas estarem informadas acerca das questões inerentes às atividades e produtos que lhes são oferecidas. Trazendo esse princípio para o âmbito da proteção do meio ambiente, refere-se ser necessário que os consumidores sejam substancialmente informados sobre as questões ambientais, inclusive sobre os reflexos e riscos que tais atividades ou produtos podem apre-

---

110 Comissão de Desenvolvimento Sustentável da Organização das Nações Unidas (CDS/ONU), 1995.

111 Oliveira, José Marcos Domingues de. Direito tributário e meio ambiente: proporcionalidade, tipicidade aberta, afetação da receita. 2ª ed. Rio de Janeiro: Renovar, 1999. pp. 18-19.

sentar para a qualidade de vida e saúde das presentes e futuras gerações. Para que o consumidor possa escolher o que vai consumir conscientemente, faz-se necessário o acesso aos conhecimentos básicos acerca do produto ou serviço colocados à disposição do consumidor pelos fornecedores.[112]

5. Conclusão

O Estado Socioambiental e Democrático de Direito deve primar pela sustentabilidade ambiental. A sustentabilidade ambiental consiste na conservação dos componentes do ecossistema de modo a observar a capacidade que o ambiente natural tem de manter as qualidades de vida para as pessoas e para outras espécies. Juarez Freitas destaca que o desenvolvimento sustentável, levado a bom termo, introduz intencionalmente, na sociedade e na cultura, o paradigma axiológico e existêncial da sustentabilidade homeostática.[113] Toda fonte de energia renovável não deve ser extrapolada de forma que ultrapasse o que dela pode render, pois o fundamento do desenvolvimento sustentável é ter como meio a amenização desse recurso natural a curto e longo prazo simultaneamente. Nesse sentido, o desenvolvimento sustentável versa em reconhecer os recursos naturais de modo que as atividades econômicas e industriais não se desenvolvam desprezando a natureza. Em apertada síntese, a sustentabilidade é o modo de sustentação, ou seja, da qualidade de manutenção de algo. Este algo "somos nós", nossa forma de vida enquanto espécie biológica, individualidade psíquica e seres sociais.

Ademais, impera ressaltar a importância da postura do consumidor em não adquirir produtos ou serviços de empresas que não sigam as regras ambientais ou degradem o meio ambiente de maneira insustentável. Há que se combater a obtenção de vantagens econômicas às custas de lesões provocadas ao meio ambiente, compreendendo o consumidor que o desenvolvimento sustentável, com vistas a um meio ambiente ecologicamente equilibrado, significa a garantia de uma vida com qualidade para a sua geração e para as gerações futuras, de modo que é sua responsabilidade exigir o cumprimento das regras concernentes à relação consumerista e à proteção do meio ambiente. Desse modo, também é importante a intervenção estatal para que esses direitos fundamentais sejam alcançados.

112 Boletim Científico ESMPU, Brasília, a. 4 – nº 17, p. 33-60. Outubro/dezembro 2005.

113 FREITAS, Juarez. Sustentabilidade: direito ao futuro. Belo Horizonte: Fórum, 2011, p. 106.

Parte II

Temas de Direito Processual

PRESENTE E FUTURO DOS PROCESSOS COLETIVOS

Ada Pellegrini Grinover

1. A posição do brasil em relação à tutela dos interesses e direitos metaindividuais

O Brasil ocupa posição de vanguarda entre os países de *civil law* em tema de processos coletivos. Antes de tudo, pela introdução, no ordenamento, da tutela dos interesses e direitos difusos e coletivos, de natureza indivisível, ocorrida pela reforma de 1977 da Lei da Ação Popular (Lei n. 4.717/65); depois, mediante a promulgação da Lei n. 7.347/85 sobre a denominada "ação civil pública"; a seguir, em 1988, elevando a nível constitucional a proteção dos referidos interesses ou direitos; e finalmente, em 1990, pelo Código de Defesa do Consumidor (cujas disposições processuais são aplicáveis à tutela de todo e qualquer interesse ou direito transindividual). Este Código foi além da dicotomia dos interesses ou direitos difusos e coletivos, criando a categoria dos chamados interesses ou direitos individuais homogêneos, que abriram caminho às ações coletivas reparatórias dos prejuízos individualmente sofridos.

A evolução doutrinária a respeito dos processos coletivos autoriza a elaboração de um verdadeiro Direito Processual Coletivo, como ramo do direito processual, que tem seus próprios princípios e regras, diversos dos do Direito Processual Individual. Os institutos da legitimação, competência, poderes e deveres do juiz e do Ministério Público, conexão, litispendência, liquidação e execução da sentença, coisa julgada, entre outros, têm feição própria nas ações coletivas que, por isso mesmo, se enquadram numa Teoria Geral dos Processos Coletivos. Diversas obras, no Brasil, já tratam do assunto.

2. As dificuldades de tratamento dos processos coletivos

De outro lado, a aplicação prática das normas brasileiras sobre processos coletivos (ação civil pública, ação popular, mandado de segurança coletivo) tem apontado para dificuldades práticas decorrentes da atual legislação e de sua interpretação: assim, por exemplo, dúvidas surgem sobre a natureza da competência territorial (absoluta ou relativa), a competência concorrente (que tem como conseqüência a proliferação de demandas, chegando a questão ao STJ só para resolver conflitos de competência), a litispendência (quando é diverso o legitimado ativo), a conexão (que, rigidamente interpretada, leva à proliferação de ações coletivas e à multiplicação de decisões contraditórias), o controle difuso da constitucionalidade, a possibilidade de se repetir a demanda em face de prova superveniente e a de se intentar ação em que o grupo, categoria ou classe figure no polo passivo da demanda. Por outro lado, é certo que o Poder Executivo tem tomado diversas iniciativas capazes de limitar a abrangência das ações coletivas; que o Poder Judiciário, como um todo, tem hesitado em relação a teses que oscilam entre a abertura e o fechamento das vias coletivas; que o juiz, via de regra, não sabe lidar e não gosta de ações coletivas, preferindo sempre a solução individual; que os legitimados sub-utilizam as ações coletivas, sobretudo em campos como o da saúde, em que se multiplicam e proliferam as ações individuais. E o legislador brasileiro não se tem mostrado sensível à necessidade de aperfeiçoamento do sistema.

3. As primeiras tentativas de aperfeiçoamento

A disciplina de pós-graduação *stricto sensu*, instituída na Faculdade de Direito da USP, ministrada em dois semestres por Ada Pellegrini Grinover e Kazuo Watanabe, propiciou, no final de 2003, a idéia da elaboração de uma proposta de um Código Brasileiro de Processos Coletivos, que aperfeiçoasse o sistema, sem desfigurá-lo. Ada Pellegrini Grinover coordenou os trabalhos do grupo de pós-graduandos que se dispôs a preparar propostas de Código Brasileiro de Processos Coletivos, progressivamente trabalhadas e melhoradas. Depois, no encerramento do curso de 2004, outra turma de pós-graduandos, juntamente com a primeira, aportou aperfeiçoamentos à proposta, que se transformou em Anteprojeto.

Quase ao mesmo tempo, Aluísio de Castro Mendes também produziu, por intermédio do trabalho de pós-graduandos, por ele coordenado, outra proposta de Código de Processos Coletivos, em muitos pontos coincidente com o paulista.

4. O anteprojeto de são paulo e sua evolução

O Anteprojeto de São Paulo, apresentado ao Ministro da Justiça em 2005, foi tomado como ponto de partida para a elaboração de um Projeto de reformulação da Ação Civil Pública, elaborado por Comissão constituída pelo Ministério e pela Secretaria da Reforma do Judiciário. O Projeto, apresentado à Câmara dos Deputados, foi no entanto rejeitado pela Comissão de Constituição e Justiça, em 2009, e arquivado.

Embora o Projeto mantivesse, em sua essência, as normas da legislação em vigor, aperfeiçoava suas regras, com o intuito principal de conferir maior efetividade aos processos coletivos.

5. A tônica da reforma proposta e rejeitada

A tônica da reforma proposta consistia em superar algumas dificuldades na utilização dos processos coletivos, que vamos enumerar a seguir:

a. Coexistência de ações individuais e ações coletivas. Em face dessa problemática, a jurisprudência titubeou durante um bom tempo, embora mais recentemente o STJ tenha firmado o entendimento no sentido da suspensão dos processos individuais, enquanto se aguardasse o julgamento da coletiva. O Projeto dava expressamente preferência às ações coletivas (art. 104-A), além de priorizar seu processamento e julgamento (art. 81, par. 3º).

b. Competência concorrente. Os foros alternativos, previstos pela legislação atual, ocasionaram a multiplicação de demandas coletivas, sempre acompanhadas de grande volume de individuais. O Projeto fixava regras de competência mais adequadas (art. 81-A) e previa a instituição de Cadastros Nacionais (art. 104-B, art. 90-A, par. 2º).

c. Coisa julgada *erga omnes* de caráter nacional, evitando a proliferação de demandas coletivas. Aqui também, depois de grandes incertezas jurisprudenciais, o STJ acaba de firmar seu entendimento no sentido favorável à coisa julgada de índole nacional, deixando de aplicar o art. 16 da LACP. No mesmo sentido dispunham o Art. 2º do Projeto e art. 81-A, par. 4º.

d. Prescrição. Errou profundamente o STJ quando decidiu que o prazo de prescrição da "ação civil pública" é o mesmo da prescrição da "ação popular" (5 anos). O que prescreve é a pretensão de direito material e não a ação, e o objeto da ação civil pública é totalmente diferente do da ação popular, que é de natureza sancionatória. O Projeto corrigia essa orientação (art. 81, par. 5º e art. 90-A, par. 5º).

e. Ênfase aos meios consensuais de solução de conflitos Os. art. 90-B e art. 90-D, IV e pars. 1º e 2º do Projeto deram ênfase à aplicação da Justiça conciliativa.

f. Custeio das perícias: esse grave entrave para o regular andamento da ação coletiva era solucionado pelo art. 90-F do Projeto.

g. Transformação da obrigação de pagar em obrigação de fazer na tutela dos interesses ou direitos difusos e coletivos: a falta de efetividade e as dificuldades de cumprimento da sentença condenatória à obrigação de pagar eram superadas pelo art. 90-G do Projeto.

h. Possibilidade de condenação líquida na tutela dos interesses ou direitos individuais homogêneos: também nesse tema, a previsão legal de condenação genérica levou muitas vezes a inviabilizar as liquidações e execuções. O art. 95-A do Projeto destinava-se a superar essas dificuldades.

i. Cumprimento da sentença: fiscalização e implementação por pessoa ou ente que agirá por sub-rogação, atendendo às diretrizes do juiz. O cumprimento da obrigação de fazer deve ser acompanhada cuidadosamente pelo juiz, tão responsável por ele quanto pela sentença. O art. 90-I do Projeto previa a possibilidade de o juiz valer-se do auxílio de terceiro, como ocorre no Contencioso Administrativo italiano.

j. Audiência ordinatória substituindo o despacho saneador: o contato do juiz com as partes, para solucionar as questões processuais e estabelecer as questões controvertidas, é essencial à gestão correta do processo: o art. 90-D do Projeto dispunha nesse sentido, prevendo também o princípio da distribuição dinâmica do ônus da prova (VI),

k. Estímulos às associações: as associações ainda não assumiram por completo seu papel de legitimados às ações coletivas, por encontrarem diversos óbices para seu ajuizamento. O art. 82, pars. 2º e 3º do Projeto estabeleciam estímulos para sua atuação.

l. Mitigação do princípio dos efeitos *erga omnes* da sentença condenatória só *in utilibus* na tutela dos interesses ou direitos individuais homogêneos. A fim de privilegiar a estabilidade, previa-se os efeitos da sentença "erga omnes" "*pro et contra*", em questões exclusivamente de direito, e dando-se ao integrante do grupo a possibilidade do *opt out*, efetivamente exercido (art.34, par; 1º e 3º do Projeto)

6. As novas propostas

Rejeitado o Projeto, o trabalho dos especialistas foi retomado em dois sentidos:

a) numa proposta de coletivização de processos individuais, no Projeto de Código de Processo Civil (que propositadamente descartou a idéia de também regular os processos coletivos);

b) na apresentação de um Projeto de Lei sobre Ações Civis Públicas, ao ensejo da apresentação de propostas destinadas a atualizar o Código de Defesa do Consumidor.

Vamos a elas.

6-a. O projeto de novo CPC

As ações *coletivas*, por terem objeto indivisível e porque os efeitos da sentença atuam *erga omnes* (embora com algumas exceções), veiculam pretensões também coletivas, relativas à tutela de interesses difusos, coletivos s.s. ou individuais homogêneos, inserindo-se nas idéias de universalidade e igualdade de tratamento próprias sobretudo do controle jurisdicional de políticas públicas. No campo da saúde, por exemplo, pertence tipicamente a esta espécie o pedido que se formule em ação civil pública para que a Anvisa aprove um novo medicamento e o SUS passe a distribuí-lo gratuitamente; ou para que cláusulas contratuais de um determinado plano de saúde sejam alteradas. Aqui, a sentença favorável beneficiará a todos.

No outro extremo, encontramos as ações *tipicamente individuais*, em que a pretensão também é individual, veiculando um direito subjetivo. São os exemplos em que se pede o fornecimento de um medicamento, a internação hospitalar, a cirurgia no exterior. Aqui, os efeitos da sentença só colherão as partes, não prejudicando nem beneficiando terceiros.

Mas existe também um plano intermediário, em que a ação é ajuizada como sendo individual, mas na verdade, em função do pedido, os efeitos da sentença podem acabar atingindo a coletividade. Assim se um indivíduo, invocando seu direito subjetivo, ajuíza ação tendente a disciplinar o horário de funcionamento de um local noturno, ou a colocar um filtro numa fábrica poluente próximos à sua residência, a sentença favorável, ainda que a coisa julgada se restrinja às partes, beneficiará a todos os habitantes do bairro. Neste segundo caso, teremos uma ação *individual com efeitos coletivos.*

E há ainda uma outra hipótese, de ações que denominamos *pseudoindividuais*, porque o pedido, embora baseado num direito subjetivo, na verdade só pode beneficiar a todos. Trata-se de casos em que a relação de direito material, jurídica ou de fato, é *unitária*, e só pode ser resolvida de maneira igual para todos. Se se tratasse de litisconsórcio, estaríamos perante o litisconsórcio unitário, de natureza facultativa. Ou, como a doutrina trata a matéria, de uma pluralidade de legitimados para atingir o mesmo objeto da demanda.

Clássico é o exemplo, no processo individual, do pedido de anulação de assembléia, em que qualquer acionista pode ajuizar a demanda; mas, tratando-se de relação jurídica de direito material unitária, a assembléia será anulada para todos ou validada para todos. Neste caso, entendemos que a coisa julgada deve atuar *erga omnes pro et contra* (como já sustentavam Chiovenda, Alfredo Rocco, Betti, Carpi, Rosenberg - com fundamentos diversos - e, entre nós Barbosa Moreira, Lobo da Costa, Zuffelato e eu mesma) Outros exemplos, ainda no campo do processo individual, são o de declaração de nulidade de uma patente, a ação de nulidade de casamento, ou a ação pauliana. O autor é legitimado para agir individualmente, mas a sentença terá necessariamente o mesmo resultado para todos. Talvez se possa invocar aqui uma nova espécie de substituição processual, em que o autor é substituto processual em relação a todos os demais titulares da pretensão, produzindo a sentença necessariamente o mesmo resultado em relação a substituto e substituídos. Mas se reconhece haver escolhos para essa interpretação no sistema do Código de Processo Civil, de modo que será mais simples, para explicar o fenômeno, invocar a unitariedade da relação de direito material.

O caso concreto típico dessa última situação foi o das tarifas telefônicas, em que, por disposição legal, o tratamento era uniforme para todos os assinantes. Essa questão só poderia ser tratada coletivamente, em face da unitariedade da relação de direito material. Mas assim não entendeu o STJ, contra a opinião de especialistas como Kazuo Watanabe: as ações coletivas existentes com esses objetivos foram deixadas para trás, julgando-se uma ação individual e determinando-se que todas seriam julgadas isoladamente. O Ministro Herman Benjamin deu voto divergente. A ação pseudoindividual é uma aberração, pois nesses casos o conflito só pode ser tratado coletivamente.

E ainda surgiu, mais recentemente, a categoria das ações *pseudocoletivas,* em que o legitimado (sobretudo o MP) ajuíza suposta ação civil pública, destinada a beneficiar um único indivíduo, pedindo a extensão dos efeitos da sentença para todos. Outra aberração, a que o Poder Judiciário não tem se prestado, até porque a prova, na demanda individual, é completamente diferente da prova necessária para a demanda coletiva.

Claro que o Judiciário não pode furtar-se a dar resposta às pretensões individuais, baseadas em direitos subjetivos, veiculadas por ações tipicamente individuais. Mas, nesse caso, deve ter bem presente os efeitos que sua decisão acarretará para os demais indivíduos, e, em caso positivo, tratar o processo como coletivo.

Desse modo, entendemos que o maior esforço do Judiciário deve ser no sentido de converter, sempre que possível, ações individuais em ações coletivas, para atendimento não apenas de um indivíduo, mas de todos, em observância aos princípios da universalidade da jurisdição e da igualdade.

O substitutivo de novo CPC aprovado pela Câmara dos Deputados – e que retornou ao Senado para discussão e aprovação final - acolheu duas técnicas, não excludentes, para a coletivização de ações individuas: a) havendo diversas ações individuais versando sobre o mesmo objeto, em defesa de *direitos individuais homogêneos*, o juiz deverá notificar os legitimados às ações coletivas (principalmente MP, Defensoria e Associações) para ajuizarem ação coletiva, na qual os autores individuais poderão atuar como assistentes litisconsorciais; b) tratando-se de ação individual com *efeitos coletivos* ou *pseudoindividual*, em defesa de interesses ou direitos difusos ou coletivos s.s., mais radicalmente ainda, o juiz deverá converter *ex officio* a ação individual em ação coletiva. O artigo 139, par. X, trata do primeiro tipo de aglutinação, destinado a diversas demandas individuais repetitivas. Para a segunda hipótese, o art. 334 prevê-se a conversão da ação individual (com efeitos coletivos ou pseudoindividual) em ação coletiva Reproduza-se o disposto no art. 334 do Substitutivo:

Capítulo IV

DA CONVERSÃO DA AÇÃO INDIVIDUAL EM AÇÃO COLETIVA

Art. 334. Atendidos os pressupostos da relevância social e da dificuldade de formação do litisconsórcio, o juiz, a requerimento do Ministério Público, da Defensoria Pública ou de outro legitimado para a condução do processo coletivo, poderá converter em coletiva a ação individual que veicule pedido que:

I. tenha alcance coletivo, em razão da tutela de bem jurídico coletivo e indivisível, cuja ofensa afete, a um só tempo, as esferas jurídicas do indivíduo e da coletividade;

II. tenha por objetivo a solução de conflito de interesse relativo a uma mesma relação jurídica plurilateral, cuja solução, pela sua natureza ou por disposição de lei, deva ser necessariamente uniforme, assegurando-se tratamento isonômico para todos os membros do grupo.

§ 1.º A conversão não pode implicar a formação de um processo coletivo para a tutela de direitos individuais homogêneos.

§ 2.º Não se admite a conversão, ainda, se:

I. já iniciada, no processo individual, a audiência de instrução e julgamento; ou

II. houver processo coletivo pendente com o mesmo objeto; ou

II. o juízo não tiver competência para o processo coletivo que seria formado.

§ 3.º Determinada a conversão, o juiz intimará o autor do requerimento para que, no prazo fixado, adite ou emende a petição inicial, para adequá-la à tutela coletiva.

§ 4.º O autor originário da ação individual atuará na condição de litisconsorte do legitimado para a condução do processo coletivo.

§ 5.º O autor originário não é responsável por qualquer despesa processual decorrente da conversão do processo individual em coletivo.

§ 6.º Após a conversão, observar-se-ão as regras do processo coletivo.

§ 7.º A conversão poderá ocorrer mesmo que autor tenha cumulado pedido de natureza estritamente individual; neste caso, o processamento desse pedido dar-se-á em autos apartados.

§ 8.º O Ministério Público deverá ser ouvido sobre o requerimento a que se refere o caput, salvo quando ele mesmo o houver formulado.

A importância evidente do dispositivo é a de tratar um verdadeiro processo coletivo como tal, com todas as vantagens apontadas em favor das demandas coletivas, levando a uma coisa julgada "erga omnes", universal e unitária. A desvantagem, na proposta, é a de deixar a coletivização a critério dos legitimados às ações coletivas, quando, decorrendo como decorre da natureza das coisas, deveria ser o juiz a converter, *ex officio* – e necessariamente – a ação individual em coletiva. Mas o resultado já é satisfatório, tendo sido o máximo a que se conseguiu chegar.

No entanto está havendo resistências no Senado em relação à manutenção do dispositivo. O principal argumento contrário parece ser a existência, no Projeto de CPC, do incidente de resolução de demandas repetitivas (art. 988 ss.), que nada mais representa do que a ampliação do âmbito de incidência do art. 476 do CPC em vigor. Afirma-se que esse incidente, cumpriria a mesma função do incidente de resolução de demandas repetitivas. Ledo engano: o incidente de resolução de demandas repetitivas opera para o passado, não passando de uma técnica voltada à economia processual e à uniformização das decisões; mas não opera para o futuro, pois as decisões, ainda que uniformes, continuam fazendo coisa julgada só entre as partes. E novas demandas repetitivas, com outro demandante, poderão ser ajuizadas. Ao contrário, o incidente de resolução de demandas repetitivas opera para o futuro, pois a sentença coletiva fará coisa julgada "erga omnes". As duas medidas são complementares, e destinadas a objetivos diversos.

6-b. O projeto de lei de atualização do CDC sobre ações coletivas

Por determinação do então Presidente do Senado, José Sarney, foi constituída comissão, presidida pelo Ministro do STJ Herman Benjamin, com a incumbência de apresentar projetos de lei setoriais de atualização do CDC, com expressa proibição de qualquer retrocesso.

Em setembro de 1990, foram encaminhados ao Senado 3 Projetos de lei nesse sentido: 1. Projeto de Lei que altera a Lei nº 8.078, de 11 de setembro de 1990 (Código de Defesa do Consumidor), para aperfeiçoar as disposições gerais e dispor sobre o comércio eletrônico; 2. Projeto de Lei que altera a Lei nº 8.078, de 11 de setembro de 1990 (Código de Defesa do Consumidor), para aperfeiçoar a disciplina do crédito ao consumidor e dispor sobre o superendividamento; 3. Projeto de Lei que altera a Lei nº 8.078, de 11 de setembro de 1990 (Código de Defesa do Consumidor), para aperfeiçoar a disciplina das ações coletivas.

É deste último que vamos nos ocupar. O objetivo geral da proposta é reforçar a efetividade das ações coletivas e incentivar a desjudicialização das demandas. Cumpre notar que as disposições processuais do CDC se aplicam integralmente à LACP, ampliada pelo CDC. Com efeito, de um lado o art. 110 do CDC acrescentou o inc. IV ao art. 1.º da LACP, alargando a abrangência desta para "qualquer outro interesse difuso e coletivo". E, de outro lado, o art. 117 do CDC acrescentou à LACP dispositivo, numerado como art. 21, dando-lhe a seguinte redação: "Art. 21. Aplicam-se à defesa dos direitos e interesses difusos, coletivos e individuais, no que for cabível, os dispositivos do Título III da Lei que instituiu o Código de Defesa do Consumidor... Em virtude disso, surge uma perfeita interação entre os sistemas do CDC e da LACP, que se completam e podem ser aplicados indistintamente às ações que versem sobre direitos ou interesses difusos, coletivos e individuais homogêneos, em qualquer matéria.

Em especial, a proposta pretende:

1. Complementar a definição dos direitos individuais homogêneos – O inc. III do parágrafo único do art. 81 do CDC atualmente conceitua os interesses ou direitos "individuais homogêneos" como "os decorrentes de origem comum", permitindo sua tutela a título coletivo A nova redação dada ao Art. 81, parágrafo primeiro, visa a complementar a definição legal dos direito e interesses individuais homogêneos, uma vez que a prática de 14 anos do CDC comprovou que a redação atual do art. 81, § 1º, III, do CDC é por demais vaga, dando margem a diversas discussões sobre o seu real alcance. O texto traz nova redação ao corpo do parágrafo primeiro do vigente art. 81 do CDC: substituiu a palavra *"defesa"* por *"ação"*, expressão mais técnica para identificar o fenômeno tratado no dispositivo. O texto acrescenta ao dispositivo do parágrafo único a indicação de que a origem comum, característica dos interesses individuais homogêneos, pode ser fática ou jurídica. E ainda estabelece um novo critério metodológico para caracterização dos interesses individuais homogêneos: a *utilidade coletiva* no tratamento conjunto da questão. Em outras palavras, no caso dos interesses individuais homogêneos, que não são interesses coletivos em sentido estrito, mas direitos individuais tratados coletivamente, por definição legal, deve haver utilidade em tratar coletivamente a questão. A norma pode dar mais efetividade às ações coletivas, ao autorizar maior poder ao juiz para que ele determine, subjetivamente e no caso concreto, se há ou não "utilidade coletiva da tutela", enquanto o critério atual é objetivo e insuficiente.

2. Reforçar a presunção legal da relevância social e jurídica da tutela coletiva – A tutela dos interesses ou direitos difusos, coletivos e individuais homogêneos presume-se de relevância social e jurídica. A regra incluída no Art. 81 objetiva reafirmar um paradigma do direito brasileiro atual, qual seja o da relevância social e jurídica dos interesses transindividuais, a valorizar as ações coletivas como instrumentos de acesso à Justiça. Este paradigma já está implícito no Art. 1 do CDC e facilita a interpretação constitucional do Código. Destaque-se que a relevância social e jurídica da tutela coletiva justifica a atuação do Ministério Público (art. 128 e 129 da CF e art. 82 do

CDC), bem como pode tornar "presumível" também a repercussão geral das questões constitucionais em eventual recurso extraordinário interposto acerca de matéria de consumo (art. 102, § 3º, da CF). Esta presunção serve de baliza para a imprescritibilidade das ações coletivas (art. 81, § 4º) e para a atuação *ex officio* do magistrado em vários momentos do novo procedimento.

3. Dar prioridade de processamento e julgamento às ações coletivas, com possibilidade de suspensão das individuais – O art. 104-A dispõe que o julgamento da ação coletiva terá prioridade em relação às individuais, inclusive nos processos repetitivos ou de repercussão geral. Seu par. 1o acrescenta que, a critério do tribunal, poderão ser suspensas as demandas individuais de caráter exclusivamente patrimonial, pelo prazo máximo de um ano, com as necessárias cautelas, conforme o par. 2o:. durante o período de suspensão, poderá o juiz perante o qual foi ajuizada a demanda individual conceder medidas de urgência ou assegurar o mínimo existencial.

4. Possibilitar o controle difuso de constitucionalidade nas ações coletivas – A constitucionalidade ou inconstitucionalidade de lei ou ato normativo poderá ser arguida incidentalmente, como questão prejudicial, pela via do controle difuso. A proposta visa aqui atualizar o CDC com a melhor doutrina e superar discussão entre os Ministros do STF sobre a existência ou não desta possibilidade.

5. Retocar as regras de competência, para evitar a proliferação de ações decorrente da competência concorrente – O art. 81-A e seus parágrafos tratam de centralizar o foro competente, sem prejuízo do cuidado com o acesso à justiça. Especificamente, o par. 4° derroga art. 16 da LACP, determinando que a competência do juiz não limitará o âmbito regional ou nacional da coisa julgada. E o par. 6o que as regras de prevenção não favorecerão outros legitimados quando os entes públicos já tiverem iniciado inquérito ou investigação a respeito dos fatos objeto da ação, favorecendo a legitimação dos entes públicos.

6. Reforçar o incentivo à atuação das associações de defesa do consumidor – Uma vez que ainda hoje a maioria das ações coletivas são ajuizadas por outros legitimados que não as associações, a proposta objetiva estimular a atuação destas nas demandas coletivas, instituindo uma gratificação extra: o magistrado poderá, sem prejuízo da verba da sucumbência, fixar gratificação financeira, suportada pelos Fundos Nacional, Estaduais ou do Distrito Federal dos Direitos Difusos e Coletivos, quando a atuação da associação tiver sido relevante na condução da demanda coletiva, observados na fixação os critérios de razoabilidade e modicidade. E os honorários do advogado, quando o trabalho tiver sido complexo, serão fixados em porcentagem não inferior a 20% sobre o valor da condenação.

7. Incluir capítulos regulando o procedimento da ação coletiva e os cadastros nacionais de processos coletivos e compromissos de ajustamento de conduta – A proposta prevê a inclusão de novo Capítulo I. A regulando o procedimento da ação coletiva, que seguirá o rito ordinário com a flexibilidade necessária. Assim, a ação coletiva, na fase de conhecimento, seguirá o rito ordinário estabelecido no Código de Processo Civil, obedecidas as modificações previstas agora no CDC, que tem prevalência. A proposta também prevê a inclusão de um capítulo sobre o "cadastro nacional de processos coletivos e do cadastro nacional de inquéritos civis e compromissos de ajustamento de conduta", de forma a facilitar a não proliferação destas ações e inquéritos no Brasil, facilitando o conhecimento da existência de compromissos de ajustamento de conduta. Consolida-se assim medida aprovada pelo Conselho Nacional de Justiça e pelo Conselho Nacional do Ministério Público (Resolução Conjunta CNJ/CNMP nº 2/11), que visa a relacionar todas as ações coletivas em curso no Brasil, para otimizar o funcionamento da tutela coletiva.

8. Reforçar a adaptabilidade do procedimento e a conciliação nas ações coletivas e cuidar do procedimento – Observando coerência com o futuro Código de Processo Civil (Projeto de Lei da Câmara nº 8.046/10), a proposta consagra em seu texto o chamado princípio da adaptabilidade procedimental. Busca, assim, permitir que o juiz tenha maior liberdade na condução do processo, ajustando o rito à realidade da questão coletiva em prol de uma maior efetividade na prestação da tutela jurisdicional e na solução do problema. A proposta também trata da requisição de documentos para instruir a petição inicial, do prazo da resposta do réu e da inversão do ônus da prova, facilita a fixação do valor da causa e a fungibilidade do procedimento, reforçando, por fim, a possibilidade de conciliação e a tese da causa madura. Na fase de saneamento e de instrução probatória, cria uma audiência ordinatória, regula-se a prova pericial e a atuação do perito, assim como se cria a figura, no esteira do direito norte-americano, de um terceiro neutro, de confiança das partes, que as ajuda a se conciliarem, mas sem influenciar o julgamento do juiz, em caso de não sucesso deste esforço do expert.; ainda existem disposições sobre a possibilidade de sentença condenatória líquida na tutela dos interesses individuais homogêneos, assim como, nesta, novas regras para facilitar a liquidação e execução da sentença condenatória . Isso tudo, sem olvidar jamais as garantias do "devido processo legal".

9. Reforçar a regulamentação das indenizações individuais – A proposta inclui ainda algumas regras sobre o Fundo, o pagamento das indenizações individuais e estipula que seja determinado ao réu, além da ampla divulgação nos meios de comunicação, a comprovação da realização dos depósitos individuais e a notificação aos beneficiários com endereço conhecido. E permite ao magistrado substituir a multa civil à indenização por dano moral coletivo, independentemente de pedido do autor.

10. Incluir a Defensoria Pública no rol dos legitimados, bem como a Advocacia Pública e as Agências reguladoras na proteção dos consumidores – A proposta, a exemplo da legislação mais atual, inclui a Defensoria no rol dos legitimados e modifica o § 5° do art. 5° da Lei nº 7.347, de 24 de julho de 1985, para admitir o litisconsórcio facultativo entre os Ministérios Públicos e as Defensorias Públicas da União, do Distrito Federal e dos Estados para a defesa dos interesses e direitos de que cuida a Lei da ação civil pública. A proposta ainda considera que além desta nova carreira jurídica, os advogados da União, muitas vezes atuando em Agências reguladoras ou órgãos de Estado, também devem promover a proteção dos consumidores e modifica o Art. 102 do CDC de forma a permitir que, uma vez proposta uma ação coletiva, a Advocacia Pública possa abster-se de contestar o pedido ou mesmo atuar como litisconsorte do autor, desde que isso se coadune com o interesse público.

11. Reforçar a coisa julgada *erga omnes* e os efeitos da sentença – A proposta amplia a Lei da Ação Civil pública para esclarecer que se aplica também à tutela dos direitos individuais homogêneos a regra de que "a sentença fará coisa julgada *erga omnes,* exceto se o pedido for julgado improcedente por insuficiência de provas, hipótese em que qualquer legitimado poderá intentar outra ação com idêntico fundamento, valendo-se de novas provas." Da mesma forma a proposta esclarece que os "limites da competência territorial do órgão prolator não restringirão o âmbito da coisa julgada de caráter nacional ou regional".

12. Preservar o CDC como fonte principal do microssistema de processos coletivos e regular a prescrição das ações coletivas e sua execução – A proposta esclarece que as disposições processuais do CDC aplicam-se à defesa dos interesses e direitos difusos, coletivos e individuais homogêneos de qualquer natureza. Para afastar a analogia com a prescritibilidade da ação popular (art. 21 da Lei nº 4.717/65), em cinco anos, regra que se submete à lógica da prescrição imposta à própria Fazenda Pública, para cobrança de tributos (art. 1º do Decreto nº 20.910/32 e art. 2º do Decreto-Lei nº 4.597/42) e, portanto, utiliza outro paradigma do que o da proteção dos interesses metaindividuais, a proposta esclarece que o que prescreve são as pretensões de direito material (consoante o que dispõe o Código Civil). A interrupção da prescrição da pretensão da questão de fundo, no plano individual, pela interposição de ação coletiva também é tema controverso e a proposta esclarece que a interposição da ação coletiva gera a interrupção da prescrição da pretensão para a propositura das ações individuais, que versarem sobre o mesmo tema, acatando assim a posição mais favorável à efetividade da tutela coletiva e reforçando o CDC.

7. Conclusão

As ações coletivas, no Brasil, ainda não conseguiram atingir o grau ideal de utilização, desenvolvimento e efetividade, em virtude de várias circunstâncias apontadas no n. 2 deste trabalho. Sua evolução depende, em grande parte, dos Poderes da República, da mentalidade dos operadores do direito e da própria sociedade civil. E, nesse momento crucial, depende sobretudo do Legislativo brasileiro, que não pode e não deve desperdiçar mais uma tentativa para seu aperfeiçoamento.

NATUREZA JURÍDICA DA AÇÃO COLETIVA NO DIREITO DO CONSUMIDOR E O FORO COMPETENTE PARA O SEUAJUIZAMENTO. LEGITIMIDADE DE ASSOCIAÇÃO CIVIL PARA PROPOR, EM NOME DOS SEUS ASSOCIADOS, AÇÃO CIVIL COLETIVA PRETENDENDO APLICAÇÃO DO DIREITO DO CONSUMIDOR

José Augusto Delgado

1.Introdução

O Código de Defesa do Consumidor (Lei nº 8.078, de 11 de setembro de 1990) completa, neste ano de 2.015, 25 (vinte e cinco) anos de vigência, interpretação e aplicação.

Entendemos que está assentado o aumento da conscientização no círculo da atuação da cidadania sobre os direitos nas relações de consumo e do acesso à Justiça, quando estes são concretamente violados.

Reconhecemos que o Código de Defesa do Consumidor atualmente vigorando projeta uma das legislações mais avançadas sobre o tema no mundo, segundo reconhece a doutrina atual, pelo que o seu aperfeiçoamento legislativo está restrito a determinados aspectos decorrentes da evolução dos direitos fundamentais aplicados à valorização da cidadania e da dignidade humana. Citamos, como exemplo, a necessidade de serem criados mecanismos mais eficientes para que as empresas industriais e comerciais aprimorem os seus veículos de comunicação para que sejam ampliados os conhecimentos dos consumidores sobre os direitos e garantias que lhe são assegurados. Idem de serem enfrentados pelo legislador e pelos Tribunais o desafio de ser garantido, plenamente, o respeito aos princípios e diretrizes contidos no diploma referido bem como o aperfeiçoamento dos seus mecanismos de controle administrativo e judicial dos conflitos envolvendo os consumidores e a educação para um consumo democrático e exercido com segurança jurídica.

Anotamos ao lado dessas breves considerações a importância de uma jurisprudência uniformizada sobre as várias entidades que compõem, na atualidade, as relações de consumo, com ditames asseguradores dos seus objetivos centrais que se resumem na real, efetiva e constante proteção ao consumidor quando vítima de dano decorrente de um negócio jurídico consumerista.

No presente artigo, apreciaremos, em linhas sintéticas, a NATUREZA JURÍDICA DA AÇÃO COLETIVA E O FORO COMPETENTE PARA O SEUAJUIZAMENTO, além da LEGITIMIDADE E A PERTINÊNCIA TEMÁTICA DE ASSOCIAÇÃO CIVIL PARA INTERPOR, EM NOME DOS SEUS ASSOCIADOS, AÇÃO CIVIL COLETIVA, que estão exigindo, ao nosso pensar, o lançamento de uma visão jurídica sobre elas que se compatibilize com os princípios gerais aplicados às relações de consumo. .

2. A natureza jurídica da ação civil coletiva e o foro competente para o seu ajuizamento

A ação civil coletiva, como proclama a doutrina, nasceu, em nosso ordenamento jurídico, com a Lei nº 7.347, de 1985, com o objetivo de ser via formal para a entrega dos interesses e direitos metaindividuais quando violados ou ameaçados.

O art. 1º da Lei nº 7.347/85, após modificações introduzidas em sua redação original por leis posteriores, descreve, atualmente, as funções e atribuições da ação civil pública do modo seguinte:

> *"Art. 1º Regem-se pelas disposições desta Lei, sem prejuízo da ação popular, as ações de responsabilidade por danos morais e patrimoniais causados: I – ao meio-ambiente; II – ao consumidor; III – a bens e direitos de valor artístico, estético, histórico, turístico e paisagístico; IV – a qualquer outro interesse difuso ou coletivo; V- por infração da ordem econômica; VI – à ordem urbanística."*

Tendo em vista a vontade contida no texto legal, a Ação Civil Coletiva apresenta-se como instrumento processual para acolher e decidir litígios que envolvam juridicamente os interesses metaindividuais dos cidadãos quando afetados por danos ou abusos contra os mesmos praticados por pessoas físicas e jurídicas de direito privado ou de direito público. Esses interesses qualificados como metaindividuais devem se apresentar como relevantes socialmente no ambiente das relações jurídicas por eles alcançados, a fim de justificar a instauração de ação civil coletiva para apurar se contra eles ocorreram danos materiais ou morais.

Com a promulgação da Constituição Federal vigente, por ordem emitida pelo art. 129 e inciso III que a compõem, a ação civil coletiva foi elevada ao patamar de garantia fundamental do cidadão, por ser via formal de ser entregue prestação jurisdicional visando proteger as categorias de direitos enunciadas no art. 1º da Lei n. 7.345, de 1985, que se apresentam como tutelando interesses e direitos individuais homogêneos, coletivos e difusos, produzindo decisões de cunho condenatório individual e coletivo.

A doutrina, em sua pregação constante visando o aperfeiçoamento da Ação Civil Coletiva, tem, a seu respeito proclamado que:

> a) ela se apresenta como sendo uma ação de conhecimento de natureza constitutiva negativa;
> b)a condenação quando imposta beneficia uma coletividade;
> c)produz, quando procedente o pedido nela formulado, efeitos condenatórios e declaratórios coletivos;
> d)declara a nulidade de atos ou fatos lesivos aos interesses metaindividuais (interesses e direitos individuais homogêneos, coletivos e difuso);
> e) os seus sujeitos ativos deverão provar, em juízo, de modo real, a exata caracterização e repercussão material do dano nos tutelados por interesses e direitos individuais homogêneos, coletivos e difusos;
> f) a ação deve ser proposta no foro que compreende o local onde ocorreu o dano, conforme determina o art. 2º da Lei 7.347/85, *in verbis*: "Art. 2º As ações previstas nesta Lei serão propostas no foro do local onde ocorrer o dano, cujo juízo terá competência funcional para processar e julgar a causa";
> g) se o dano causado apresentar repercussão em âmbito nacional ou supra regional (caso de dois ou mais estados), a competência funcional para processar e julgar a ação coletiva será do juízo sediado na Capital do Estado onde o dano apresenta-se como consumado, conforme previsão do art. 93 do Código de Defesa do Consumidor (Lei n. 8.087/90): "Art. 93. Ressalvada a competência da Justiça Federal, é competente para a causa a justiça local: I – no foro do lugar onde ocorreu ou deva ocorrer o dano, quando de âmbito local; II – no foro da Capital do Estado ou no do Distrito Federal, para os danos de âmbito nacional ou regional, aplicando-se as regras do Código de Processo Civil aos casos de competência concorrente."

Registramos que, a respeito da interpretação e aplicação do art. 93 do Código de Defesa do Consumidor, o Superior Tribunal de Justiça tem reconhecido que a ação civil pública será ajuizada tanto no foro do Distrito Federal, quanto no foro da Capital do Estado, quando o dano for de repercussão nacional, segundo se observa pelo aresto infra transcrito:

> "COMPETÊNCIA – AÇÃO CIVIL PÚBLICA – DEFESA DE CONSUMIDORES – INTERPRETAÇÃO DO ART. 93, II, DO CÓDIGO DE DEFESA DO CONSUMIDOR – DANO DE ÂMBITO NACIONAL. Em se tratando de ação civil coletiva para o combate de dano de âmbito nacional, a competência não é exclusiva do foro do Distrito Federal.
> Competência do Juízo de Direito da Vara Especializada na Defesa do Consumidor de Vitória/ES" (CC 26.842 – Rel. Min. César Asfor Rocha – DOU 05.08.2002)".

Como observado nos pronunciamentos acima destacados, para a determinação da competência da fixação do foro das Ações Civis Coletivas, ganha importância se definir se o dano apontado como tendo sido provocado tem repercussão nacional, regional ou se se expande, apenas, no território do Estado ou do Município.

Exemplificamos com fato concreto que apreciamos em parecer que ofertamos que a UNICONS (*UNIÃO NACIONAL EM DEFESA DE CONSUMIDORES CONSORCIADOS E USUÁRIOS DO SISTEMA FINANCEIRO)* promoveu 590 (quinhentos e noventa ações) contra 590 (quinhentas e noventas) empresas concessionárias de veículos situadas em três Estados e respectivos Municípios: Rio Grande do Sul, São Paulo e Santa Catarina. As mencionadas Ações Civis Coletivas contêm pretensões de indenização em dinheiro de que direitos individuais homogêneos de consumidores foram violados.

A UNICONS não identificou os consumidores, seus associados, que negociaram a compra de veículos com as concessionárias, a fim de se ter conhecimento dos locais de seus domicílios ou residências para se definir onde o dano alegado produziu efeito. Outrossim, a UNICONS, embora afirme em seus Estatutos que é de nível nacional, tal não se caracteriza, haja vista que a sua atuação é restrita ao Estado do Rio Grande do Sul onde tem a sua sede na cidade de Porto Alegre e os seus associados são sediados no mencionado Estado.

Há de se verificar que há diversas outras associações de consumidores sediadas nos vários Estados brasileiros atuando e com os mesmos objetivos da UNICONS, o que importa em delimitar a sua atuação territorial, considerando-se a localização de sua sede e o domicílio dos seus associados, sob pena de conflitos serem instaurados no concernente à área de atuação de tais entidades.

No particular, bem se pronunciou a Promotoria de Justiça do Consumidor do Estado de São Paulo, na Ação Civil Pública n. 583.00.2012.142832-0, proposta pela UNICONS contra empresa concessionária sediada no Estado de São Paulo, ao afirmar no parecer emitido:

> *"Meritíssimo Juiz,*
> *I – Trata-se de Ação Civil Pública movida pela UNICONS – UNIÃO NACIONAL EM DEFESA DE CONSUMIDORES CONSORCIADOS E USUÁRIOS DO SISTEMA FINANCEIRO em face da empresa Veibras AS Importação e Comércio, objetivando que a Ré se abstenha de incluir comissão de qualquer natureza recebida das instituições financeiras com as quais opere em pareceria, no valor financiado pelo consumidor na aquisição de veículo automotor, bem como que passe a aplicar a menor taxa de juros de financiamento de cada uma das instituições financeiras parceiras.*
> *1. Funda-se a causa de pedir na ilegalidade da denominada "tarifa de retorno", consubstanciada, nos termos da exordial, em uma comissão paga ao lojista para indicação da instituição que fará o financiamento do veículo, utilizada, destarte, como mecanismo de fidelização. Como é destinada exclusivamente ao interesse do credor, não pode ser repassada ao consumidor, uma vez que o Código de Defesa do Consumidor veda a presença de cláusulas abusivas e iníquas.*

> *2. Preliminarmente, ausente a competência territorial para análise e julgamento da demanda, uma vez que o dano trazido à baila é circunscrito à localidade em que ocorrido, sem reflexos regionais ou nacionais.*
> *Com efeito, o CDC traz dois critérios de definição do foro competente, variando de acordo com a extensão do prejuízo. Será competente o foro do lugar onde ocorreu – ou possa ocorrer – o dano, se este for apenas de âmbito local (art. 93, I), com a lógica de facilitar as diligências a serem realizadas no curso do processo, na hipótese de o prejuízo tomar dimensões maiores – dano regional ou dano nacional – serão competentes os foros da capital do Estado ou do Distrito Federal, a escolha do autor (art. 93, II).*
> *Como, in casu, a potencial lesão ao direito dos consumidores acontecem e se exaurem nos limites de uma Comarca – os consumidores se dirigem até o local onde sediada a empresa para entabular seus contratos, momento que ocorre o dano (Lei n. 6.729/79 delimita a área operacional de responsabilidade do concessionário, vedando que este venha a amealhar consumidores em campo alheio. Assim, os danos ficam circunscritos ao local em que sediada a empresa, uma vez que os consumidores até ela se deslocam para celebrar os contratos em que presentes as cláusulas reputadas abusivas.) -, deve-se aplicar o inciso I do art. 93 do CDC, delimitando-se a competência naquela comarca. O artigo 2º da Lei n. 7.3l47/85 igualmente estabelece o local da ocorrência do dano como o competente para a propositura da ação.*
> *Nesse sentido, preleciona Ada Pellegrini Grinover que*
> *"A determinação do foro competente varia na conformidade da extensão do dano. Quando de âmbito local, a competência territorial é do lugar onde ocorreu ou devia ocorrer o dano (inc. I do art. 93).*
> *Será o caso de danos mais restritos, em razão da circulação limitada de produtos ou da prestação de serviços circunscritos, os quais atingirão pessoas residentes num determinado local" (Ada Pellegrini, et all. Código Brasileiro de Defesa do Consumidor – Comentado pelos autores do Anteprojeto, Rio de Janeiro, Forense, 10ª. Ed., 2011, p. 146).*
> *Assim, até para facilitar a colheita de prova, a competência é do lugar onde se encontra sediada a empresa – São José dos Campos/SP – nos termos do art. 93, inciso I, do CDC, conjugado ao art. 2º, LACP."*

No caso motivador do parecer acima citado, a UNICONS apresentou a ação no Foro Estadual situado no Município de São Paulo, local onde ela não está situada e não é, também, sede da empresa demandada, nem há prova de que seja o local de residência dos substituídos associados.

Na situação citada, o nosso entendimento foi manifestado no sentido de que violado está, portanto, o art. 93 do Código de Defesa do Consumidor, cuja redação está acima transcrita.

A definição da competência territorial/funcional em ação civil pública está subordinada ao que preceitua o art. 2º da Lei Federal n. 7347/85, no sentido seguinte:

> *"Art. 2º. As ações previstas nesta Lei serão propostas no foro do local onde ocorrer dano, cujo Juízo terá competência funcional para processar e julgar a causa.*
> *Parágrafo único. A propositura da ação prevenirá a jurisdição do juízo para to-*

das as ações posteriormente intentadas que possuam a mesma causa de pedir ou o mesmo objeto."

A referida competência é de **natureza funcional, p**ortanto, considerada como sendo de natureza **absoluta**, não admitindo, em consequência, prorrogação.

Pelo comando do mencionado dispositivo, **nenhum juiz poderá, sob pena de nulidade da sua decisão, conforme interpretação conjunta do art. 19 da Lei 7.347/85,**[1] **em combinação com os arts. 113, § 2º, e 485, II, do CPC,**[2] **julgar ação civil pública sem que detenha competência territorial abrangente** do local (ou de um dos locais) do dano ou, na hipótese de **tutela preventiva**, do lugar (ou de um dos lugares) em que, pelas circunstâncias do caso, haja **fundado receio** de que o dano nele(s) deva ocorrer.

Impera, portanto, a regra de que, no caso de ser promovida qualquer ação civil coletiva perante território onde o Juiz exerce a sua competência e que não há prova de que, em seu âmbito, foi provocado o dano alegado, há de o magistrado, a quem o feito foi distribuído, declarar **de ofício** a sua **incompetência**, como prescreve o **art. 113 do CPC**, subsidiariamente aplicável à hipótese (Lei 7.347/85, art. 19), *in verbis:*

> *"Art. 113.* **A incompetência absoluta deve ser declarada de ofício** *e pode ser alegada, em qualquer tempo e grau de jurisdição, independentemente de exceção."*

O tema foi abordado em excelente artigo publicado na REVISTA DO MINISTÉRIO PÚBLICO DO TRABALHO NA PARAÍBA, nº 1 – fevereiro/ 2005, JOÃO PESSOA – PB, pp. 193 e seguintes, da autoria de MÁRCIO ROBERTO DE FREITAS EVANGELISTA, sob o título COMPETÊNCIA TERRITORIAL EM AÇÃO CIVIL PÚBLICA – NECESSIDADE DE IMEDIATA REVISÃO DA ORIENTAÇÃO JURISPRUDENCIAL Nº 130 DA SBDI-2 DO TST, de onde destacamos os trechos seguintes:

---

1 *Art. 19. Aplica-se à ação civil pública, prevista nesta Lei, o Código de Processo Civil, aprovado pela Lei nº 5.869, de 11 de janeiro de 1973, naquilo em que não contrarie suas disposições*

2 *Art. 113. A incompetência absoluta deve ser declarada de ofício e pode ser alegada, em qualquer tempo e grau de jurisdição, independentemente de exceção.*
§ 1º Não sendo, porém, deduzida no prazo da contestação, ou na primeira oportunidade em que lhe couber falar nos autos, a parte responderá integralmente pelas custas.
§ 2º Declarada a incompetência absoluta, somente os atos decisórios serão nulos, remetendo-se os autos ao juiz competente.
Art. 485. A sentença de mérito, transitada em julgado, pode ser rescindida quando:
I – ....;
II – proferida por juiz impedido ou absolutamente incompetente;.......".

"Fixada essa premissa fundamental – a de que a competência em estudo pressupõe, necessariamente, a efetiva ou potencial ocorrência do dano no círculo territorial de atuação do juízo processante –, cumpre perquirir as razões que inspiraram o legislador no estabelecimento do critério previsto no art. 2º da Lei da Ação Civil Pública.

Em excelente monografia sobre o assunto, Motauri Ciocchetti de Souza[3], *Promotor em São Paulo e mestre em direito pela PUC, esclarece:*
'(...) hipóteses há em que a natureza especial de determinada causa recomenda sua atribuição a certo juízo, 'pelo fato de ser aí mais fácil ou mais eficaz a sua função'. Em tais casos fala-se em competência territorial absoluta (ou funcional), sendo eles identificados sempre que 'a lei especificamente declara competente a autoridade de determinado lugar em vista da relação existente entre a lide e um fato ali ocorrido ou com um cargo ali situado'. **A competência funcional, assim, justifica-se também pela proximidade do juiz em relação aos fatos, supondo a lei que ele possua melhores condições de compor adequadamente o conflito de interesses, além de ter maior facilidade na coleta da prova a tanto destinada. Exemplos de tal vertente da competência funcional** *são variegados em nosso ordenamento jurídico, podendo ser lembrados os arts. 95 do Código de Processo Civil, 2º da Lei federal 7.347/85 e 7º do Decreto-lei 7.661/45 (Lei de Falências)'.*
Para **René Ariel Dotti,**[4] *a diretriz estampada na referida norma* **(art. 2º da Lei 7.347/85)** *assegura uma maior eficácia na defesa dos interesses metaindividuais, uma vez que:*
'(...) o sentimento de reação emocional ao dano é melhor vivenciado pelo agente do Ministério Público (e outras autoridades) que habita na mesma cidade, que convive com as mesmas vítimas e testemunhas e assim poderá, com mais eficiência que outro colega distanciado da área das conseqüências do fato, promover as medidas adequadas à perseguição dos agressores, bem como lutar pela prevenção do dano'.
Sobre essa mesma questão, **Édis Milaré,**[5] *em seu Direito do Ambiente, obtempera:*
'Por trás da regra do local do dano identificamos, como seu fundamento, a busca da eficiência da implementação ambiental. **Não só os implementadores situados na área da danosidade têm, como regra, uma adequação psicológica mais acertada ("o que olhos não vêem, coração não sente", diz o adágio popular), como os elementos probatórios são mais facilmente recolhidos e utilizados'.**
Pelo que se depreende das lições doutrinárias acima transcritas, **o legislador,** *ao ditar a competência* **territorial/funcional** *inscrita no art. 2º da Lei 7.347/85,* **teve em mira dois objetivos básicos***:*

---

3 ***CIOCCHETTI DE SOUZA, Motauri.*** *Ação civil pública – competência e efeitos da coisa julgada.* ***São Paulo: Malheiros, 2003.***

4 ***ARIEL DOTTI, René.*** *Revista do Ministério Público do Rio Grande do Sul,* ***edição especial, Porto Alegre, 1986.*** *A atuação do Ministério Público na proteção dos interesses difusos.*

5 ***MILARÉ, Édis.*** *Direito do Ambiente.* ***São Paulo: Revista dos Tribunais, 2000.***

> *a)* **facilitar o acesso à tutela jurisdicional coletiva**: *primeiro, permitindo que os co-legitimados para o ajuizamento da ação civil pública demandem no próprio foro* **(ou em um dos foros)** *em que verificado o dano; segundo, propiciando uma maior agilidade e segurança na coleta dos elementos de convicção imprescindíveis ao julgamento da ação civil pública;*
> *b)* **cometer a solução do litígio** *a magistrado que,* **pela proximidade com os fatos discutidos na causa**, *ostenta, naturalmente,* **superior aptidão cognoscitiva e decisória** *em relação a juízes de outras localidades* **não atingidas** *pela lesão ou ameaça de lesão combatida na ACP.*
> *Em síntese: as* **razões de ordem pública** *inspiradoras do art. 2º da Lei 7.347/85 procuram atender ao escopo de* **otimização** *da própria prestação jurisdicional, mediante a suposição de que* **o juiz do local possui melhores condições** *para proferir o julgamento". Daí o caráter* **absoluto e improrrogável** *da competência territorial fixada no aludido preceito'.*

De modo sequencial, o autor citado estabelece as diferenciações, para efeito de determinação da competência territorial acima analisada, entre dano de âmbito local, regional e nacional. Afirma, a respeito:

> *"Os estudiosos da tutela jurisdicional coletiva adotam, quanto à* **extensão dos danos** *infligidos aos direitos e interesses metaindividuais, a seguinte classificação:*
> *a)* **dano de âmbito local**: *assim entendido aquele que está confinado aos limites territoriais de um único e determinado foro;*
> *b)* **dano de âmbito regional**: *o que, em sua dimensão ou em seus reflexos, atinge localidades abarcadas pela competência territorial de foros diversos, mas pertencentes a um mesmo Estado da Federação;*
> *c)* **dano de âmbito nacional**: *aquele que se projeta sobre localidades situadas em dois ou mais Estados da Federação ou que afeta todo o território do País.*
> *Na primeira hipótese (dano de âmbito local), a competência para o julgamento da ação civil pública será de um dos juízos do* **foro em que verificada a lesão**. *Se, nesse foro, existir apenas um juízo, caber-lhe-á, privativamente, a apreciação da demanda; se existirem dois ou mais juízos, efetuar-se-á a necessária distribuição.*
> *Na segunda e terceira hipóteses* **(dano de âmbito regional e dano de âmbito nacional)**, *a ação civil pública poderá ser proposta, indistintamente, perante qualquer dos foros que alberguem, em sua competência territorial, as localidades em que praticada a conduta lesiva (ou a ameaça de lesão), uma vez que, nas circunstâncias aventadas (dano regional e dano nacional),* **dois ou mais foros** *se acham* **tocados** *pelos efeitos concretos* **(ou pela ameaça)** *do comportamento ilícito impugnado na ACP, sendo cada um deles, por isso mesmo, competente para resolver a controvérsia (Lei 7.347/85, art. 2º). Em tais situações, portanto, a competência é* **concorrente**.
> *Tanto na primeira (dano local) quanto nas demais hipóteses figuradas* **(dano regional ou nacional)** *poderão surgir eventualmente* **conflitos (positivos ou negativos) de competência**, *ocasionados,* **por exemplo**, **(a)** *pela distribuição, a juízos (Varas) diferentes, de* **ações civis públicas conexas** *ajuizadas, em um mesmo foro, por dois ou mais dos co-legitimados ou* **(b)** *pela propositura de tais ações* **em foros diversos, mas concorrentemente competentes**.

> *Havendo* **conflito** *entre juízos igualmente competentes, vale dizer, entre juízos pertencentes a qualquer dos foros em que verificada a ameaça, a ação ou a omissão lesiva do réu, será ele (o conflito) dirimido pelo critério da* **prevenção,** *aplicando-se ao caso a regra insculpida no* **parágrafo único** *do art. 2º da Lei 7.347/85, litteris:*
> *'Art. 2º. < omissis >*
> *Parágrafo único. A propositura da ação prevenirá a jurisdição do juízo para todas as ações posteriormente intentadas que possuam a mesma causa de pedir ou o mesmo objeto'. (Parágrafo acrescentado pela MProv 2.180-35/2001.)*
> *Como se vê, a Lei 7.347/85 (art. 2º), a despeito de opiniões em contrário, regula, de maneira satisfatória, a* **competência territorial** *em ação civil pública,* **o que afasta** *– pela inexistência de lacuna nessa matéria –* **a possibilidade de incidência supletiva** *do Código de Defesa do Consumidor. Essa, na minha ótica, a interpretação mais consentânea com a locução* **no que for cabível**, *inserta no art. 21 da Lei nº 7.347/85:*
> *'Art. 21. Aplicam-se à defesa dos direitos e interesses difusos, coletivos e individuais, no que for cabível, os dispositivos do Título III da Lei nº 8078, de 11 de setembro de 1990, que instituiu o Código de Defesa do Consumidor'.*
> *Cumpre reconhecer, todavia, que, em se tratando de dano de âmbito regional ou nacional, o* **Superior Tribunal de Justiça e o Tribunal Superior do Trabalho vêm admitindo** *o emprego subsidiário do* **art. 93, II, do Código de Defesa do Consumidor**, *que assim dispõe:*
> *'Art. 93. Ressalvada a competência da Justiça Federal, é competente para a causa a justiça local:*
> *I – no foro do lugar onde ocorreu ou deva ocorrer o dano, quando de âmbito local;*
> *II – no foro da Capital do Estado ou no do Distrito Federal, para os danos de âmbito nacional ou regional, aplicando-se as regras do Código de Processo Civil aos casos de competência concorrente'.*

3. A legitimidade e a pertinência temática de associação civil para interpor, em nome dos seus associados, ação civil coletiva

O art. 5º da Lei nº 7.347/85 estabelece todos os legitimados para impetração dessa ação, *in verbis:*

> *Art. 5º Têm legitimidade para propor a ação principal e a ação cautelar: I – o Ministério Público; II – a Defensoria Pública; III – a União, os Estados, o Distrito Federal e os Municípios; IV – a autarquia, empresa pública, fundação ou sociedade de economia mista; V – a associação que, concomitantemente: a) esteja constituída há pelo menos 1 (um) ano nos termos da lei civil; b) inclua, entre suas finalidades institucionais, a proteção ao meio ambiente, ao consumidor, à ordem econômica, à livre concorrência ou ao patrimônio artístico, estético, histórico, turístico e paisagístico.*
> *§ 1º O Ministério Público, se não intervier no processo como parte, atuará obrigatoriamente como fiscal da lei.*
> *§ 2º Fica facultado ao Poder Público e a outras associações legitimadas nos termos deste artigo habilitar-se como litisconsortes de qualquer das partes.*
> *§ 3° Em caso de desistência infundada ou abandono da associação legitimada, o Ministério Público ou outro legitimado assumirá a titularidade ativa.*

> *§ 4.° O requisito da pré-constituição poderá ser dispensado pelo juiz, quando haja manifesto interesse social evidenciado pela dimensão ou característica do dano, ou pela relevância do bem jurídico a ser protegido.*
> *§ 5.° Admitir-se-á o litisconsórcio facultativo entre os Ministérios Públicos da União, do Distrito Federal e dos Estados na defesa dos interesses e direitos de que cuida esta lei.*
> *§ 6° Os órgãos públicos legitimados poderão tomar dos interessados compromisso de ajustamento de sua conduta às exigências legais, mediante cominações, que terá eficácia de título executivo extrajudicial."*

Os referidos dispositivos legais demonstram que o legislador optou por adotar critério ampliativo para determinar as pessoas legitimadas para a propositura da ação civil coletiva.

Considerando que o interesse definido tratado no parecer que apresentamos e no presente artigo é examinar os aspectos jurídicos envolvidos nas lides propostas por associações civis, com as mesmas características da UNICONS, contra empresas em geral, em especial concessionárias e distribuidoras de veículos automotores, passamos a comentar, unicamente, as condições da legitimação ativa desse tipo de pessoa para a propositura das mencionadas ações civis coletivas.

As associações civis necessitam, por disposições legais, demonstrar que possuem, sem qualquer dúvida, representatividade adequada para serem admitidas como legitimadas para a propositura de qualquer ação civil coletiva, isto é, se estão constituídas há mais de 1 (um) ano e preenchem os requisitos exigidos pelo Código Civil para a determinação da sua existência, validade e eficácia.

As condições e a caracterização de legitimidade das associações para a propositura de ações civis coletivas são, em regra, as seguintes:

a) a pré-constituição da associação há mais de um ano;

b) a pertinência temática;

c) o "manifesto interesse social evidenciado pela dimensão ou característica do dano, ou pela relevância do bem jurídico a ser protegido";

d) é de natureza extraordinária, tendo em vista que, obrigatoriamente, substituem um estamento social específico, nunca uma coletividade sem identificação de seus membros, isto é, pessoas a elas ligadas por um vínculo associativo;

e) é autônoma, considerando-se que não é exigida, na relação jurídica processual por ela formada, a presença dos substituídos, mesmo identificados;

f) exclusiva, por só representar a coletividade que afirma ter sofrido o dano decorrente da relação de consumo;

g) concorrente "em relação aos representantes adequados, entre si, que concorrem em igualdade para a propositura da ação; e

h) "disjuntiva, já que qualquer entidade poderá propor a ação sozinha, sem a anuência, autorização ou intervenção dos demais, sendo o litisconsórcio, eventualmente formado, sempre facultativo".[6]

As associações civis são criadas de acordo com o que, a seu respeito, estabelece o Código Civil de 2002, sem inovar o antes regulado pelo Código Civil de 1916.

Dispõe, primeiramente, o Código Civil de 2002, em seu art. 44, I, que as associações são pessoas jurídicas de direito privado.

A seguir, no art. 45, determina que a existência legal das associações, por serem pessoas jurídicas de direito privado, começa com a inscrição do ato constitutivo no respectivo registro, precedida, quando necessário, de autorização ou aprovação do Poder Executivo, averbando-se no registro todas as alterações por que passar o ato constitutivo.

Especifica, no art. 46, que o registro das associações conterá, obrigatoriamente, sob pena de tais entidades serem consideradas inexistentes, o seguinte:

I – a denominação, os fins, a sede, o tempo de duração e o fundo social, quando houver;

II – o nome e a individualização dos fundadores ou instituidores, e dos diretores;

III – o modo por que se administra e representa, ativa e passivamente, judicial e extrajudicialmente;

IV – se o ato constitutivo é reformável no tocante à administração, e de que modo;

V – se os membros respondem, ou não, subsidiariamente, pelas obrigações sociais;

VI – as condições de extinção da pessoa jurídica e o destino do seu patrimônio, nesse caso.

As associações são conceituadas pelo Código Civil, em seu art. 53, como sendo constituídas pela união de pessoas que se organizam para fins não econômicos, inexistindo, entre os associados, direitos e obrigações recíprocas.

As associações são regidas pelos seus estatutos que, sob pena de nulidade, deverão constar os requisitos exigidos pelo art. 54 do Código Civil, a saber:

I – a denominação, os fins e a sede da associação;

II – os requisitos para a admissão, demissão e exclusão dos associados;

III – os direitos e deveres dos associados;

---

6 *Ver Pedro Lenza in "? Apud Rodolfo de Camargo Mancuzo. Ação Civil Pública: em defesa do meio ambiente, patrimônio cultural e dos consumidor; 11 ed, São Paulo, Ed. Revista dos Tribunais, 2009, p. 114.*

IV – as fontes de recursos para sua manutenção;

V – o modo de constituição e de funcionamento dos órgãos deliberativos;

VI – as condições para a alteração das disposições estatutárias e para a dissolução.

VII – a forma de gestão administrativa e de aprovação das respectivas contas.

As associações que não comprovarem que estão constituídas e que funcionam de acordo com as regras ordenadas pelo Código Civil, conforme acima demonstrado, não são consideradas legitimadas para que ingressem com Ações Civis Públicas representando os seus associados.

No parecer que elaboramos, verificamos que A UNICONS, no exemplo citado, nas ações intentadas nos Estados de São Paulo e Santa Catarina, não demonstrou que possui, em seus quadros, associados residentes ou domiciliados em tais Estados e que firmaram negócios jurídicos com as concessionárias demandadas. Não está, portanto, legitimada para que atue, como substituto processual, de consumidores indeterminados alegando ferimento de direitos individuais homogêneos.

Embora não seja da tradição do nosso ordenamento jurídico assentar, em dispositivos legais, o conceito de entidades jurídicas, deixando, em regra, tal tarefa para a doutrina e para a jurisprudência, o legislador optou em conceituar, no âmbito do Código de Defesa do Consumidor (Lei nº 8.076/90, art. 91), as três espécies de interesses coletivos que podem ser buscados por via de ações coletivas. Em face desse posicionamento, ditou, no mencionado artigo 91, que:

a) interesses difusos devem ser considerados como sendo os de natureza indivisível, transindividuais, em que não há possibilidade de determinação dos atingidos pela lesão;

b) por interesses coletivos há de se compreender os caracterizados como transindividuais, de natureza indivisível, relativos aos integrantes de uma categoria ou grupo de pessoas;

c) interesses individuais homogêneos são os que têm uma origem comum.

Explicita a doutrina que o ponto fundamental determinador da distinção entre "interesses difusos e coletivos em relação aos interesses individuais homogêneos é a potencialidade da lesão no que concerne aos dois primeiros e a efetividade da lesão em relação ao terceiro".

Em se tratando de direitos atribuídos ao consumidor, assunto do nosso interesse no presente parecer, tem que se examinar se a acusação de existência de dano afeta, de modo potencial, os usuários na relação jurídica que estão envolvidos.

O Ministro Ives Gandra da Silva Martins Filho, em aprofundado artigo sobre o assunto, assentou o entendimento que passamos a registrar:

> *"Já o que caracteriza os interesses individuais homogêneos é a possibilidade de determinação dos que foram efetivamente afetados, pois a lesão é comum e real a todos eles. Daí que o CDC deu tratamento distinto para cada uma dessas duas hipóteses, criando, para a defesa desses últimos interesses, um instrumento próprio, que é a ação civil coletiva.*
> *Assim, ao se detectar uma lesão de caráter difuso ou coletivo, haverá sempre alguns lesados efetivamente e uma grande maioria lesada potencialmente, esta última de difícil ou impossível determinação".*[7]

As diferenças conceituais entre direitos difusos, coletivos e individuais homogêneos estão explicadas, com absoluta clareza, por Leonardo Roscoe Bessa, na obra coletiva intitulada Manual de Direito do Consumidor, Editora Revista dos Tribunais, pp. 385 e seguintes, onde, ao escrever sobre os aspectos formadores da Ação Coletiva, leciona:

> *"5. Direitos difusos. De acordo com os parâmetros legais (art. 81 do CDC), os direitos difusos são metaindividuais, de natureza indivisível, comuns a toda uma categoria de pessoas não determináveis que se encontram unidas em razão de uma situação de fato.*
> *Na conceituação legal de direitos difusos, optou-se pelo critério da indeterminação dos titulares e da ausência entre eles de relação jurídica base (aspecto subjetivo) e pela indivisibilidade do bem jurídico (aspecto objetivo).*
> *Os direitos difusos são materialmente coletivos. Não é a lei que lhes impõe artificialmente esta característica plural, e sim o fato de serem necessariamente usufruídos por um número indeterminado de pessoas. Não se trata, também, de união de diversas pretensões individuais num único processo. Em face da ausência de um titular específico do direito somada à vinculação processual entre esta titularidade e a legitimatio ad causam (arts. 6º e 267, VI, do CPC), faz-se necessário que a lei indique as pessoas que tenham legitimidade de requerer sua proteção jurisdicional".*

O citado autor registra como exemplos de tutela de interesses difusos os casos seguintes:

> a) a veiculação de publicidade enganosa ou abusiva (art. 37 do Código de Defesa do Consumidor):
> b) a vedação de comercialização de produto com alto grau de nocividade ou periculosidade (art. 10 do Código de Defesa do Consumidor);

7 *IN "**A Importância da Ação Civil Pública no Âmbito Trabalhista**, **da autoria de Ives Gandra da Silva Martins Filho,** Ministro do Tribunal Superior do Trabalho, artigo publicado no site, acessado em 05.2012, http://www.planalto.gov.br/ccivil_03/revista/Rev_25/artigos/Art_MinistroIves.htm.*

c) o pedido para que determinado arquivo de consumo deixe de realizar o tratamento de informações sem a prévia comunicação aos consumidor (§ 2º do art. 43 do Código de Defesa do Consumidor).

Os exemplos citados demonstram, como salienta o autor referido, que os beneficiários da 'referida tutela jurisdicional são todos os consumidores, pessoas indeterminadas e que, por circunstâncias fáticas, principalmente de tempo e lugar, estão expostas às práticas indicadas'.

A seguir, o autor acima lembrado, doutrina sobre o que se deve entender por direitos coletivos, explicitando:

"Os direitos coletivos, por seu turno são os transindividuais, de natureza indivisível, pertencentes a um grupo determinável de pessoas (categorias de pessoas), ligadas entre si ou com a parte contrária por uma relação jurídica base"

Cita como exemplos:

a) contrato padrão de plano de saúde;
b) contrato padrão de financiamento de imóvel pelo Sistema Financeiro de Habitação;
c) contrato padrão entre consumidores e uma empresa telefônica;
d) contrato padrão de estabelecimento de ensino com cláusula de aumento das prestações;
e) tutela visando a nulidade de cláusula contratual abusiva em contrato-padrão de empresa de incorporação imobiliária.

Por último, o autor em destaque, mesma obra e páginas já mencionadas, ao cuidar da conceituação de direitos individuais homogêneos, explica:

"Os direitos individuais homogêneos estão definidos no art. 81, parágrafo único, III, do CDC, simplesmente como aqueles 'decorrentes de origem comum'. Todavia, para a melhor compreensão desta categoria, faz-se necessária uma análise mais ampla do Código de Defesa do Consumidor, especialmente do disposto nos arts. 91 a 100, que integram o Capítulo II (Das ações coletivas para a defesa de interesses individuais homogêneos), bem como de um enfoque retroprescritivo".

Após desenvolver considerações gerais sobre o assunto, assinala:

"A leitura do art. 91 e seguintes do CDC conduz ao entendimento de que a tutela de direito individual homogêneo concerne a um único fato (origem comum) gerador de diversas pretensões indenizatórias. Há duas fases no processo: a inicial, promovida pelo legitimado coletivo, em que se busca o reconhecimento e a declaração do dever de indenizar; e a segunda fase, que é o momento da habilitação dos beneficiados na ação, com o fim de promover a execução da dívida reconhecida no âmbito coletivo".

Prossegue o autor:

> *"Destaque-se: 'A origem comum poder ser de fato ou de direito, e a expressão não significa, necessariamente, uma unidade factual e temporal. As vítimas de uma publicidade enganosa veiculadas por vários órgãos de imprensa e em repetidos dias de um produto nocivo à saúde adquirido por vários consumidores num longo espaço de tempo e em várias regiões têm, como causa de seus danos, fatos de uma homogeneidade tal que os tornam a origem comum de todos eles' (Kazuo Watanabe, Código Brasileiro de Defesa do Consumidor, p. 825).*
>
> *Assim, a sentença, na hipótese de tutela de direito individual homogêneo, deve ser genérica, limitando-se a reconhecer a responsabilidade do réu pelos danos causados, conforme disposição expressa do art. 95 do CDC: 'Em caso de procedência do pedido, a condenação será genérica, fixando a responsabilidade do réu pelos danos causados'.*
>
> *Futuramente deverão os consumidores lesado (as vítimas) ou seus herdeiros se habitar no processo, a título individual, para procederem a liquidação da sentença, provando o dano sofrido, o seu montante, e que se encontram na situação amparado pela decisão. É o que estabelece o art., 97 do CDC: 'A liquidação e a execução de sentença poderão ser promovidas pela vítima e seus sucessores, assim como pelos legitimados de que trata o art. 82.'*
>
> *A sentença condenatória, na hipótese, é certa, porém ilíquida. É necessária, portanto, a habilitação dos consumidores no processo, ou, eventualmente, de seus sucessores, para provar dois aspectos: 1) que foram vítimas do fato gerador do dano, conforme delimitado na decisão proferida na ação coletiva; 2) o valor do seu dano (material ou moral), ou seja, o quantum debeatur."*

Verificamos, ainda, no exemplo citado, que a relação jurídica apresentada pela UNICONS com a pretensão de ser discutida em sede de Ação Civil Coletiva não se apresenta, em nenhuma hipótese, como sendo de direito individual homogêneo, por não ter origem de um único fato comum, sendo, portanto, direito individual diferenciado pela variação presente, em cada contrato de financiamento de veículos, de cláusulas contratuais.

Sobre o tema é de muita influência o posicionamento do Tribunal Superior do Trabalho que passamos a analisar.

A doutrina atual tem procurado estabelecer critérios científicos rígidos para a definição da natureza jurídica dos provimentos jurisdicionais na ação civil coletiva, considerando os efeitos produzidos.

O Ministro Ives Gandra da Silva Martins Filho[8], no artigo intitulado "A Importância da Ação Civil Pública no Âmbito Trabalhista", lembra que sobre os efeitos dos provimentos jurisdicionais na ação civil coletiva o TST tem posição assumida no rumo seguinte:

---

8 *Artigo publicado no site a seguir identificado e acessado na data de 05.10.2012: http://www.planalto.gov.br/ccivil_03/revista/Rev_25/artigos/Art_MinistroIves.htm*

> *"O TST, por ocasião da apreciação da ACP referente aos subaquáticos, em acórdão da lavra do Min. Manoel Mendes de Freitas, deixou claro que a ação civil pública não tem natureza reparatória (cfr. TST-ACP 92.867/93, in LTr 58-05/564). A Lei nº 7.347/85 dá, à ação civil pública, apenas a natureza cominatória (art. 3º – imposição de obrigação de fazer ou não fazer, com cominação de multa) ou condenatória genérica (art. 13 – condenação revertendo não para os diretamente lesados, mas para um fundo genérico de reparação dos danos aos interesses difusos e coletivos).*
>
> *Assim, a finalidade da ação civil pública é, precipuamente, obter um provimento jurisdicional que faça cessar a lesão existente, pensando fundamentalmente no futuro (ainda que se possa pedir uma reparação abstrata e genérica em relação ao passado). Para a reparação direta dos danos em relação ao passado, o ordenamento jurídico-processual brasileiro prevê a ação civil coletiva, criada especificamente para a defesa de interesses individuais homogêneos, com feição reparatória (Lei nº 8.078/90, art. 91).*
>
> *Daí sustentarmos a impossibilidade de utilização da ação civil pública para a defesa de interesses difusos e coletivos. Tanto a natureza do instrumento processual (que não visa a um provimento jurisdicional reparatório direto do lesado), quanto a dicção literal do art. 129, III, da Constituição Federal (que admite tão somente a defesa de interesses difusos e coletivos através da ação civil pública), não permitem outra conclusão.*
>
> *Cabe ressaltar que a Constituição Federal permite que o Ministério Público defenda os interesses individuais homogêneos (sem mencioná-los expressamente), quando, no art. 129, IX, prevê que o MP exerça outras funções que a lei lhe conferir. Dentre elas estaria a defesa desses interesses, através do meio específico que a lei criou, que é a ação civil coletiva".*

Como visto, segundo o autor citado, a Ação Civil Coletiva para defesa de interesses individuais homogêneos deve conter requisitos especiais que delimitem o seu campo de ação e que identifique, de modo muito claro, os substituídos quando for impetrada por Associações Civis, o que não ocorre quando a sua autoria for do Ministério Público.

As nossas reflexões passam, agora, a ser feitas na busca de se definir, de modo legal, a legitimidade e a pertinência temática da Associação Civil para interpor, em nome dos seus associados, Ação Civil Coletiva.

Há entendimento pacífico no âmbito do Superior Tribunal de Justiça no sentido de que a Ação Civil Coletiva é o instrumento adequado para a defesa dos interesses individuais homogêneos dos consumidores. Quanto à legitimidade, preenchidos os requisitos legais (art. 5º da Lei n. 7.347/1985 e art. 82, IV, do CDC), as associações de defesa dos consumidores podem propor ação civil pública ou ação coletiva na tutela dos interesses e direitos individuais homogêneos. Dispensam-se formalidades, tais como a prova de que os associados tenham conferido autorização expressa ou a evidência de que tenham aprovado o ajuizamento da ação em assembleia.(REsp 805.277-RS, Rel. Min. Nancy Andrighi, julgado em 23/9/2008).

A legitimidade ativa das Associações está prevista no inciso V do artigo 5º da Lei 7.347/85 e inciso IV do artigo 82 do CDC, abaixo transcritos:

Art. 5º Têm legitimidade para propor a ação principal e a ação cautelar: I – o Ministério Público; II – a Defensoria Pública; III – a União, os Estados, o Distrito Federal e os Municípios; IV – a autarquia, empresa pública, fundação ou sociedade de economia mista; V – a associação que, concomitantemente: a) esteja constituída há pelo menos 1 (um) ano nos termos da lei civil; b) inclua, entre suas finalidades institucionais, a proteção ao meio ambiente, ao consumidor, à ordem econômica, à livre concorrência ou ao patrimônio artístico, estético, histórico, turístico e paisagístico.

Logo mais adiante, o Código de Defesa do Consumidor dispõe, no art. 82:

Art. 82. Para os fins do art. 81, parágrafo único, são legitimados concorrentemente: I – o Ministério Público, II – a União, os Estados, os Municípios e o Distrito Federal; III – as entidades e órgãos da Administração Pública, direta ou indireta, ainda que sem personalidade jurídica, especificamente destinados à defesa dos interesses e direitos protegidos por este código; IV – as associações legalmente constituídas há pelo menos um ano e que incluam entre seus fins institucionais a defesa dos interesses e direitos protegidos por este código, dispensada a autorização assemblear.
§ 1° O requisito da pré-constituição pode ser dispensado pelo juiz, nas ações previstas nos arts. 91 e seguintes, quando haja manifesto interesse social evidenciado pela dimensão ou característica do dano, ou pela relevância do bem jurídico a ser protegido. (grifos nosso)

Com observado, segundo as regras do Código Civil e do Código de Defesa do Consumidor, que devem ser aplicadas de modo harmônico, as Associações de Consumidores só serão legitimadas a estarem em Juízo em nome dos seus associados, se comprovarem a sua regular constituição há mais de um ano, a composição do seu quadro social com a relação dos membros inscritos, bem como que têm como objetivo fundamental a defesa dos direitos difusos, coletivos e direitos individuais homogêneos.

Como visto, a legitimação há de existir nos exatos termos da lei, pois a Constituição Federal de 1988, em suas determinações sobre as condições das associações atuarem em juízo, em nome dos seus associados, condiciona, explicita e implicitamente, que haja comprovação da legitimidade de tais pessoas jurídicas de direito privado de acordo com as regras criadas para o seu funcionamento pelo ordenamento jurídico em vigor.

A associação, para propor a ação, há de comprovar possuir legitimidade, interesse e possibilidade jurídica do pedido, nos termos do art. 3º do Código de Processo Civil. O interesse processual deve encontrar-se caracterizado pela demonstração da necessidade e da utilidade da ação. A legitimidade é a prova de que a associação é titular do direito ou da situação jurídica descrita na petição inicial, conforme exige o art. 6º do CPC.

A posição firme da doutrina e da jurisprudência é de ser exigida da associação, para que possa propor ação civil coletiva em nome dos seus associados, que demonstre, expressamente, estar autorizada, (i) pelos seus estatutos, o que dispensará autorização da assembleia para agir, ou caso contrário, (ii) que a assembleia expeça a autorização.

Além do mais, as associações devem incluir entre seus fins institucionais, a defesa judicial dos interesses objetivados na ação coletiva ingressada em juízo.

Há, no caso que examinamos no parecer elaborado, ausência de pertinência temática para a UNICONS defender os seus associados pelo fato de que a relação jurídica relatada, nas petições iniciais apresentadas em juízo, não caracteriza direito individual homogêneo, como demonstraremos a seguir.

A UNICONS, no corpo de sua petição inicial, afirma, expressamente, que está buscando tutela jurídica em favor dos seus associados e de pessoas não associadas que não são identificadas, para proteger direitos individuais homogêneos. No seu entender, os negócios jurídicos celebrados por compradores de veículos com as empresas concessionárias e os financiamentos obtidos constituem, no referente a exigência de uma taxa que denomina de retorno, interesses individuais homogêneos.

Esclareça-se, desde logo, que o comprador de determinado veículo, em uma mesma oportunidade ou em momentos diferentes, firma dois negócios jurídicos:

a) um de compra e venda com a concessionária ou distribuidora; b) outro com a empresa financeira.

Este segundo negócio jurídico pode ser um contrato de empréstimo com garantia que a financeira exige do comprador do veículo para que este pague o valor do bem adquirido à empresa vendedora ou um contrato de leasing, em que o bem passa para a propriedade da entidade financiadora que o adquire em garantia do financiamento a ser concedido, embora deixando-o na posse do comprador para, sob sua responsabilidade, ser usado até liquidação do compromisso assumido, quando adquirirá a propriedade do mesmo. O comprador assume, em qualquer situação, a obrigação de pagar as prestações ajustadas.

Os referidos negócios jurídicos são praticados por várias empresas concessionárias e diferentes financeiras, com condições variáveis. Não há preços uniformes para a venda dos veículos, nem condições iguais para os financiamentos, qualquer que seja a forma adotada (empréstimo ou leasing).

Fixados os variados aspectos presentes nos negócios jurídicos celebrados para a aquisição de veículos por meio de financiamentos, passamos a relembrar a conceituação de interesse individual homogêneo, capaz de autorizar a interposição de Ação Civil Coletiva tendo associações no polo ativo, na qualidade de substitutas processuais.

A doutrina consagra o entendimento de que a tutela coletiva está caracterizada pelos fatores seguintes:

a) um litígio onde estão presentes interesses de grupos, classes ou categorias de pessoas;

b) um conflito coletivo, o que constitui o objeto da lide proposta em juízo e que tem como base violação a interesses difusos, coletivos ou individuais homogêneos;

c) há de ter uma conflituosidade presente nos grupos envolvidos com pretensões da parte ativa e da parte passiva que são colidentes;

d) ser extraordinária a legitimação das associações para representar, em juízo, os seus associados.

No contexto acima configurado, temos a concepção de que os interesses individuais homogêneos alcançados por ação civil coletiva só são os marcados pela condição de constituirem interesses individuais cindíveis que se originam de um ponto comum. As associações, quando atuam como substitutas processuais, na defesa dos interesses individuais homogêneos dos seus associados, não são titulares de tais interesses que são transindividuais, bem como que a sentença a ser prolatada, após transitar em julgado, deve ultrapassar os limites dos negócios jurídicos celebrados pelos substituídos, produzindo, consequentemente, efeitos *erga omnes.*

No campo dos fenômenos processuais acima destacados, atuam os interesses individuais homogêneos que se caracterizam como sendo os que interessam a um grande número de pessoas, embora indeterminados em dado momento, que podem ser identificados no futuro, mas tais direitos estão ligados por um negócio jurídico de origem comum, isto é, revestido da mesma qualidade e produzindo iguais efeitos.

Por tal razão, afirmam os doutrinadores:

> *"Direitos individuais homogêneos são aqueles que dizem respeito a pessoas que, ainda que indeterminadas num primeiro momento, poderão ser determinadas no futuro, e cujos direitos são ligados por um evento de origem comum. Tais direitos podem ser tutelados coletivamente muito mais por uma opção de política do que pela natureza de seus direitos, que são individuais, unidos os seus sujeitos pela homogeneidade de tais direitos num dado caso. A defesa dos direitos individuais homogêneos teve início nos Estados Unidos em 1966, através das chamadas "Class actions".*[9]

Os traços que diferenciam direitos individuais homogêneos e coletivos – *stricto senso* – é sua indivisibilidade,

9 *In; http://pt.wikipedia.org/wiki/Direitos_difusos,_coletivos,_individuais_ehomog%C3%AAneos*

"decorrente da sua afetação a um grupo mais restrito e determinado de pessoas, que estão ligadas entre si para um fim comum decorrente de origem comum". (ROCHA, idem:39)[10]

"Interesses individuais homogêneos possuem causa comum que afeta, embora de modo diverso, número específico de pessoas, com consequências distintas para uma delas. A distinção entre o interesse individual homogêneo e o individual simples repousa na existência, no primeiro, de uma origem comum, que atinge diversas pessoas de forma homogênea, é dizer, são diversas afetações individuais, particulares, originárias de uma mesma causa, as quais deixam os prejudicados em uma mesma situação, sem embargo de poderem expor pretensões com conteúdo e extensões distintos." (MORAIS apud LEITE, idem:62)

Carlos Henrique Bezerra (idem:67) Leite indica o seguinte exemplo:

"Parece-nos razoável que a expressão 'direitos ou interesses individuais da categoria' (CF, art. 8, III) deva ser entendida como 'direitos ou interesses individuais homogêneos dos integrantes da categoria representada pelo sindicato, porque decorrentes de uma mesma causalidade comum surgida no âmbito e no interesse da própria categoria".[11]

"Os interesses individuais homogêneos são "assim entendidos os decorrentes de origem comum".[12] *MAZZILLI*[13] *diz que, "para o CDC, interesses individuais homogêneos são aqueles de grupo, categoria ou classe de pessoas determinadas ou determináveis, que compartilhem prejuízos divisíveis, de origem comum, normalmente oriundos das mesmas circunstâncias de fato".*

Na acepção do termo, os interesses individuais homogêneos são aqueles individualizáveis consoante o direito concernente a cada componente de um grupo definido, cujas partes estão solidamente ligadas pela mesma natureza. Segundo GRINOVER[14]:

A origem comum pode ser de fato ou de direito e, como observou Kazuo Watanabe, a expressão não significa, necessariamente, uma unidade factual e temporal. As vítimas de uma publicidade enganosa veiculada por vários órgãos de imprensa e em repetidos dias de um produto nocivo à saúde adquiridos por vários consumidores num largo espaço de tempo e em várias regiões têm, como

---

10 *In: http://www.juslaboral.net/2009/04/diferencas-entre-direitos-difusos.html.*

11 *In: http://www.juslaboral.net/2009/04/diferencas-entre-direitos-difusos.html.*

12 *Art. 81, parágrafo único, III do CDC.*

13 *MAZZILLI, Hugo Nigro.* ***A defesa dos interesses difusos em juízo****: meio ambiente, consumidor, patrimônio cultural, patrimônio público e outros interesses. 16ª edição, São Paulo: Saraiva, 2003, p. 51.*

14 *GRINOVER, Ada Pellegrini.* ***Da class action of damages à ação de classe brasileira: os requisitos de admissibilidade,****in MILARÉ, Édis (coord.).* ***Ação Civil Pública****, Lei nº 7.347/1985 – 15 anos. 2ª ed., São Paulo: RT, 2002, p. 31, aspas no original.*

causa de seus danos, fatos de uma homogeneidade tal que os tornam a "origem comum" de todos eles".

Humberto THEODORO JÚNIOR[15] diz que

"......os interesses individuais homogêneos tanto podem ser tutelados individualmente, em ações movidas pelo ofendido, como coletivamente, em ações de grupo, como aquelas promovidas por sindicatos e associações", o que expressa o duplo caráter do interesse: individual e coletivo lato sensu.

Um exemplo já citado de interesses individuais homogêneos é o do consumidor que comprou um produto cuja propaganda descrevia erroneamente uma qualidade, ou não informava sobre seu caráter nocivo à saúde. Todos os consumidores que compraram o produto em função da veiculação do comercial enganoso possuem um interesse individualizável, pois aquele que comprou apenas um produto terá o interesse diferente daquele que comprou dois e assim sucessivamente.

Da mesma maneira, quem comprou um produto que ainda não ocasionou o fato danoso decorrente de seu defeito oculto terá pretensões diversas daquele cujo produto comprado ocasionou um fato danoso. "Cada indivíduo lesado tem direito próprio a exercitar individualmente contra o fornecedor",[16] nos casos de direitos individuais homogêneos".

Após tais citações de ordem doutrinária e que são aceitas pelos Tribunais, passamos a demonstrar que os negócios jurídicos celebrados pelos compradores de veículos com as concessionárias e distribuidores e com as entidades financeiras não se caracterizam como interesses individuais homogêneos a serem protegidos via Ação Civil Coletiva.

A associação citada no exemplo destacado descreve, nas petições iniciais das ações intentadas, que os compradores de veículos automotores, de forma financiada, pagam uma taxa que denominou de "taxa de retorno", por ocasião da firmação dos mencionados negócios jurídicos que menciona.

Afirma, ainda, sem a apresentação de qualquer prova, de que a referida taxa está embutida nos cálculos elaborados para o financiamento de cada veículo e que ela representa uma comissão por a concessionária ter captado o cliente para o agente financeiro.

Esclarece a autora que a referida taxa, que denomina de "taxa de retorno," varia de 1 (um) a 12 (doze) níveis/índices diferentes (em alguns Estados de 1 a 20), tudo decidido pelo vendedor das concessionárias, conforme a cara do comprador, o que resulta na aplicação de uma taxa de juros maior e, via de consequência, comissão mais elevada, aumentando os seus lucros.

---

15 THEODORO JÚNIOR, Humberto. Direitos do consumidor, a busca de um ponto de equilíbrio entre as garantias do Código de Defesa do Consumidor e os princípios gerais do Direito Civil e do Direito Processual Civil. 4a ed., Rio de Janeiro: Forense, 2004, p. 120.

16 *id., ibid.*

Concebe, ainda, a UNICONS, a associação escolhida como exemplo, em face da situação concreta que examinamos, que essa prática comercial acaba por imputar ao consumidor custos que em nada lhe competem, por um serviço alheio à operação de compra e venda financiada.

Ora, como relatado pela própria UNICONS, o comprador de um veículo automotor firma, primeiramente, o negócio jurídico de compra e venda com a concessionária, acordando quanto ao tipo de veículo, a sua cor e o seu preço, bem como a forma do seu pagamento, se a vista, se parte a vista e parte financiada. Em se tratando de parte financiada, a operação de financiamento pode ser feita pela própria concessionária ou distribuidora, quando para tanto tem possibilidades financeiras, ou por intermédio de instituições financeiras a escolha do comprador.

É evidente que, em sendo caso de financiamento com terceiros, isto é, instituições financeiras, temos dois negócios jurídicos celebrados. Um de compra e venda do veículo a ser consumado entre a concessionária ou distribuidora e o comprador. Outro, o do financiamento que será concretizado entre o comprador e a instituição financeira de livre escolha pelo adquirente do veículo, que pode aceitar a sugerida pela empresa vendedora ou qualquer outra. O comprador tem absoluta liberdade de escolher os planos de financiamento que lhe são oferecidos, as taxas cobradas e de optar pelo o que melhor se adapte ao seu orçamento.

Na elaboração dos mencionados negócios jurídicos não há que se afirmar existir taxas ocultas, haja vista que os valores componentes do financiamento são apresentados ao comprador do veículo e que, após examiná-los, resolve aceitar ou não a proposta que lhe é feita. Tudo se desenvolve, portanto, no campo da livre manifestação de vontades, sem ter como base nenhum contrato de adesão.

Cada negócio jurídico gera um tipo de financiamento, variando de cliente para cliente, com base em taxas de juros aplicadas pelo mercado e que não tem percentuais fixos.

Os encargos do financiamento são todos expostos no contrato e discutidos entre a empresa financeira e o financiado, sem nenhuma interferência das concessionárias ou distribuidoras de veículos.

Não há, como idealizado pela UNICONS, comissão cobrada pela concessionária em razão do financiamento contratado pelo comprador do veículo com a entidade financeira. A concessionária não participa dos ajustes para a firmação do contrato de financiamento, tratativas que são feitas, exclusivamente, entre a entidade financeira e a pessoa interessada no financiamento.

A UNICONS informa que os fatos por ela descritos têm como base notícias de jornais. Não apresenta um contrato, uma prova documental, um cálculo efetuado em qualquer negócio de financiamento que comprove, primeiramente, a cobrança da hipotética "comissão" alegada e, também, que tal cobrança se faz de forma oculta, isto é, sem conhecimento da parte financiada.

A UNICONS vale-se, apenas, das notícias ditas veiculadas por jornais e de um relatório lavrado em inquérito policial instaurado contra uma determinada concessionária, nada tendo sido instaurado com a chamada a integrar o polo passivo da demanda proposta.

Observamos que, no relatório do mencionado inquérito, consta que a parte representante, uma adquirente de veículo, relata que, no seu contrato de financiamento, estão registrados os valores pelos serviços cobrados, as taxas exigidas e o percentual das parcelas a serem pagas mensalmente. Não há afirmação de que a concessionária em questão tenha conduzido o contrato de financiamento e que tenha cobrado taxa oculta, sem qualquer conhecimento do comprador.

Por outro ângulo, a prova de tal inquérito, além de ser unilateral, só está dirigida à apurar a conduta da concessionária investigada. Não pode ser considerada prova emprestada para sustentar ação contra quase 600 (seiscentas) concessionárias, como está ocorrendo, no momento atual, nos Estados do Rio Grande do Sul, São Paulo e Santa Catarina.

É a própria UNICONS que apresenta prova inequívoca de que todo o negócio jurídico com a financeira é realizado de modo muito claro e com o registro, no instrumento contratual, de todas as obrigações assumidas pela parte beneficiada pelo financiamento.

Não há contrato de adesão celebrado entre o comprador do veículo financiado e a entidade financeira. Não há, também, contrato de adesão entre a empresa concessionária e o comprador do veículo.

Em síntese, o que está alegado nas petições iniciais, sem nenhuma prova documental, é a existência de um valor cobrado sob o título de "tarifa ou taxa de retorno", como sendo uma comissão paga pelas instituições financeiras às concessionárias, por permitir a negociação dos contratos de financiamento em seus estabelecimentos e indicá-las aos compradores de veículos que pretendem financiar a compra dos mesmos.

Nos referidos negócios jurídicos não estão presentes os elementos determinadores de se tratar de interesses individuais homogêneos, isto é, que tenham uma origem comum. Conforme demonstramos, de modo intenso, só há interesses individuais homogêneos, aliás entidade existente só no campo do direito processual, se, no negócio jurídico celebrado, existir uma unidade factual e temporal. Há ausência da unidade factual porque cada contrato é firmado em condições diferentes, com cláusulas variáveis, a depender das condições e das opções do comprador do veículo de forma financiada. Não há unidade de tempo porque os contratos são firmados em épocas diversas, com prazos diferentes para pagamento e em condições não uniformes, tanto no referente às taxas de juros, como aos demais encargos (despesas para a obtenção do financiamento). Não há unidade de desígnios em face de um contrato ser firmado com as concessionárias e o outro ser firmado com as instituições financeiras, pessoas jurídicas completamente diferentes que firmam obrigações com objetivos não iguais.

Devemos observar, ainda, que cada comprador de veículo, ao buscar financiamento, firma com a instituição financeira um contrato diferente, com taxas variáveis, aceitando ou não as que lhe foram propostas. No caso de ser cometida qualquer lesão pela parte contratante, cada consumidor, por se sentir lesado, vai acionar o Poder Judiciário contra a entidade financeira, individualmente, para ver reconhecido direito próprio e específico. Não acionará a concessionária porque está não é parte no contrato de financiamento. Não há, portanto, um direito comum a ser protegido, não caracterizando, portanto, a existência de direitos individuais homogêneos. Os negócios jurídicos celebrados e acima identificados estão restritos a um grupo de pessoas e não têm qualquer relevância social. Não são, portanto, considerados como produtores de interesses individuais homogêneos, conforme definição do Código de Defesa do Consumidor.

Por outro ângulo, a doutrina posiciona-se em afirmar, com destaque, que os direitos individuais homogêneos só podem ser defendidos através de ação civil coletiva quando indisponíveis ou quando se trate de relação de consumo (desde que em causa um ou alguns daqueles interesses, considerados básicos pelo art. 6º. do CDC), ou quando o dano decorra de infração da ordem econômica, conforme regulado na Lei 8884/94, que também contém normas de ordem pública, no magistério de Sérgio Sahione Fadel.[17]

Os interesses e direitos discutidos na situação examinada não são, portanto, indisponíveis. Os associados da UNICONS podem deles dispor do modo como bem entenderem, de acordo com a livre manifestação da vontade de cada um.

Aplica-se à situação examinada a lição de Sérgio Sahione Fadel, posta no artigo já citado:

> *"Isso porque não só a Constituição Federal, como a lei complementar e também a lei ordinária (estas últimas posteriores à Lei nº 8.078/90), ao regularem as atribuições do Ministério Público, limitaram-na aos direitos individuais homogêneos "indisponíveis", vale dizer, àqueles que não podem ser objeto de disposição, estando, destarte, afastada e derrogada a legislação ordinária anterior que eventualmente houvesse dilargado inconstitucionalmente".*

17 *In: Ação Civil Pública artigo publicado via internet, no site acessado em 12. 10.2012: http://www.rkladvocacia.com/arquivos/artigos/art_srt_arquivo20110818122701.pdf,*

Não há nenhuma similitude na situação descrita pela UNICONS, em suas petições iniciais, com as já reconhecidas como projetando direitos individuais homogêneos, a saber:

a) a lesão sofrida por consumidores por terem comprado um produto cuja propaganda descrevia erroneamente uma qualidade, ou não informava sobre seu caráter nocivo à saúde;

b) idem por consumidores que adquiriram produtos com base em propaganda prometendo distribuir prêmios em dinheiro, com ampla publicidade, aos que fossem premiados, fato que não aconteceu;

c) idem por consumidores em decorrência tutela de interesses individuais homogêneos dotados de alto relevo social, como os de mutuários em contratos de financiamento pelo Sistema Financeiro da Habitação;

d) idem por consumidores em decorrência de prestadoras de serviços públicos cobrarem tarifas além dos valores fixados pelo Poder Público.

A amparar o que está sendo defendido, chamamos a colação, mais uma vez, o magistério de Sérgio Sahione Fadel, no artigo já referido:

> *"No dizer de RODOLFO DE CAMARGO MANCUSO ("Comentários ao Código de Proteção ao Consumidor", Editora Saraiva, 1991, páginas 278/279) "no que concerne à titularidade dos interesses ou direitos individuais homogêneos" (nº III do artigo 81), já se anotou a singeleza do texto legal. Tudo indica que esses interesses não são coletivos em sua essência, nem no modo como são exercidos, mas, apenas, apresentam certa uniformidade, pela circunstância de que seus titulares encontram-se em certas situações ou enquadrados em certos segmentos sociais, que lhes conferem coesão ou aglutinação suficiente para destacá-lo da massa de indivíduos isoladamente considerados. Como exemplo, "é pensável a hipótese de um grupo de alunos de certa escola que, em virtude de disposição legal, se beneficiaram de certo desconto em suas mensalidades; negado o benefício, poderia sobrevir uma ação de tipo coletivo, tendo por destinatários não apenas o grupo prejudicado, mas tantos quantos se encontrem em igual situação (= homogeneidade decorrente da origem comum dos fatos e da análoga base jurídica)". Realmente, o parágrafo único, do artigos 81, da Lei nº 8.078/90, lei esta que instituiu o denominado "Código de Defesa do Consumidor", dispôs que a defesa coletiva dos interesses e direitos dos consumidores e das vítimas será exercida quando se tratar de: "I – interesses ou direitos difusos, assim entendidos, para efeitos deste Código, os transindividuais, de natureza indivisível, de que sejam titulares pessoas indeterminadas e ligadas por circunstâncias de fato; II – interesses ou direitos coletivos, assim entendidos, para efeitos deste Código, os transindividuais de natureza indivisível de que seja titular grupo, categoria ou classe de pessoas ligadas entre si, ou com a parte contrária por uma relação jurídica base; III – interesses ou direitos individuais homogêneos, assim entendidos os decorrentes de origem comum". Das duas, uma: ou se entende, corretamente, que os direitos individuais homogêneos, a que se refere o nº III do artigos 81 da Lei nº 8.078/90, são apenas os indisponíveis, com o que se compatibiliza essa regra com o artigos 129 da Constituição Federal, ou então se*

admite que o caso é de ação coletiva, melhor dizendo, ação individual plúrima em que a nomeação e representação das vítimas é de rigor. Qualquer outra exegese levará à inafastável incompatibilidade entre aquele dispositivo legal e a previsão da Lei Maior, exsurgindo daí inconstitucionalidade flagrante".

Na linha do que acabamos de expor e concluir estão as decisões a seguir anotadas:

a) no Processo n. 583.00.2012.144072-0, Primeiro Grau da Justiça Estadual de São Paulo, Comarca de São Paulo:

"UNICONS UNIÃO NACIONAL EM DEFESA DE CONSUMIDORES CONSORCIADOS E USUARIOS DO SISTAMA FINANCEIRO ajuizou ação civil pública coletiva contra TREVICAR VEICULOS LTDA sob a alegação de estarem os adquirentes de veículos automotores sendo vítimas de práticas abusivas quando da contratação de financiamento ou leasing, com cobranças que reputou como ilegais. Insurgiu-se contra a chamada " taxa de retorno", cujo percentual variava de cliente para cliente. Disse que o consumidor não era informado acerca do relatado e que estaria havendo desrespeito à Lei Federal 8.078/90. Socorreu-se de precedentes dos pampas que entendeu cabíveis e disse ser o caso de repetição de indébito e condenação por dano moral. Ao final, pediu antecipação de tutela para que a Ré não cobrasse taxas ou comissões de seus consumidores, bem como que passasse a aplicar a menor taxa possível. Pediu ainda pela preservação de documentos e juntada, pela Ré, de outros. No mérito, pediu pela procedência da ação a fim de ser tornada definitiva a antecipação de tutela, condenação em devolução de valores, indenização por danos materiais e morais sofridos pelos consumidores. Deu à causa o valor de R$ 2.000,00. Juntou documentos. O Ministério Público se manifestou a fls. 58/63. É o relatório. Decido. A hipótese é de indeferimento da inicial. A pretensão da autora, tal como deduzida, é inviável por intermédio de ação coletiva. De interesse difuso não se cuida, pois é perfeitamente possível a identificação dos consumidores que teriam sofrido o dano defendido pela Autora. O interesse é individual e os titulares identificáveis. Não se vislumbra hipótese em que a autora esteja autorizada a atuar em substituição processual dos consumidores, especialmente porque não demonstrada a condição de associados dos eventuais lesados e o atendimento à regra do art. 5º da Carta Magna que estatui que "as entidades associativas, quando expressamente autorizadas, têm legitimidade para representar seus filiados judicial ou extrajudicialmente". Por outro prisma observa-se que a inicial traz genérica descrição de fatos que não são imputados de forma direta à requerida, fundando-se unicamente na pretensão de inversão de ônus da prova, sem qualquer suporte fático, com violação da determinação processual de correta descrição dos fatos e fundamentos do pedido. A inversão do ônus da prova não permite que a pretensão seja deduzida sem o mínimo de indícios de ocorrência dos fatos que foram genericamente imputados à parte. O que se tem nos autos, a bem da verdade, são imputações genéricas, desprovidas de prova alguma a dar azo ao próprio recebimento da inicial. Não há nos autos um só documento que demonstre ter a Ré, de algum modo, agido como, genérica e superficialmente, descrito na inicial. Não bastasse, a Autora está mal representada nos autos, por cópia de documento que se exige original. Pelo exposto, INDEFIRO A INICIAL e JULGO EXTINTO o processo nos termos do artigo 295, I e II, combinado

com artigo 267, I e VI, ambos do Código de Processo Civil. P.R.I. São Paulo, 21 de maio de 2012. Renato Acacio de Azevedo Borsanelli Juiz de Direito".

Processo n. 583.00.2012.142833-3, Primeiro Grau do Estado de São Paulo – Comarca de São Paulo:

"Processo nº 583.00.2012.142928-8 Vistos Trata-se de ação civil pública promovida em face de empresa de consórcio, e que visa discutir aspectos financeiros da remuneração contratada. É o relatório. Decido. A ação civil pública visa a defesa de direitos difusos, coletivos, e individuais homogêneos indisponíveis. Evidente assim o conteúdo social de referido tipo de demanda. Não se presta a ação civil pública para a defesa de direitos individuais identificados, divisíveis e disponíveis. Nestes casos só se justificaria a demanda se houvesse uma relação jurídica base de inclusão social imperativa, decorrente do pacto jurídico político em termos globais para a proteção de bens e valores éticos desejáveis. Quando não se encontra caracterizada tal hipótese, o que se tem é a impossibilidade de utilização da presente via justamente porque sendo o interesse individual e disponível apenas àquele que se sentir lesado caberia o questionamento em juízo. Trata-se de opção do contratante. No caso em questão, foi ajuizada ação civil pública por entidade privada, demanda esta que visa discutir aspectos de contratação de consórcios, aspectos estes relacionados aos termos da contratação, como comissões e encargos cobrados. Ora, referido questionamento não tem qualquer cunho coletivo, difuso, muito menos individual homogêneo indisponível. Trata-se de interesse estritamente individual de cada consorciado dentro de seu respectivo grupo que, entendendo por cobrança abusiva de tarifas, encargos ou serviços, pode ou não contratar com o consórcio, ou, em contratando, questioná-lo juridicamente. Descabe a substituição processual muito menos a utilização desta via, patentemente inadequada. Isto posto, indefiro a petição inicial na forma do art. 267, inciso I, combinado com o art. 295, III do CPC. Custas na forma da lei. Indevidos honorários na espécie. P.R.I. São Paulo, 08 de maio de 2012. HELMER AUGUSTO TOQUETON AMARAL Juiz de Direito".

Em síntese:

a) o direito que a UNICONS, como substituta processual, alegou defender e que pertencem aos consumidores que pretende tutelar, é, essencialmente, individual simples ou, em outras palavras, individual heterogêneo, dependendo, para se verificar se está conforme ou não com o ordenamento jurídico, da análise de cada caso concreto, por ser diferente, em cada relação jurídica, o teor da condição manifestada por cada parte (não se trata, portanto, de interesses individuais homogêneos a permitir o ingresso, em juízo, de ação coletiva);

b) o mencionado direito, insista-se, não é indivisível, nem tem origem na sua essência, em um tronco comum, haja vista que cada contrato tem cláusulas diferentes, não uniformes, entre os contratantes e as contratadas;

c) considere-se, ainda, que falta ás mencionadas relações jurídicas, a fim de que sejam concebidas, processualmente, como caracterizadoras de interesses individuais homogêneos, uma bem definida vinculação social, por os interessados não pertencerem a grupos autônomos e juridicamente definidos, muito pelo contrário, apresentam-se os consumidores como pessoas com interesses isolados e vontades diferenciadas;

d) os fatos alegados pela UNICONS, nas petições iniciais elaboradas e apresentadas em juízo, SEM NENHUMA DOCUMENTAÇÃO QUE OS COMPROVE, não atingem diversas pessoas de forma homogênea, não deixam as pessoas com situações jurídicas gerando as mesmas consequências, sendo, portanto, situações demonstradoras de direito individual simples;

e) o negócio jurídico celebrado entre os consumidores e as empresas demandadas e as financeiras (estas não integram a lide por opção da autora) não têm origem comum, haja vista que em cada contrato os valores dos financiamentos dependem de diversos fatores vinculados à situação financeira do cliente, do valor a ser financiado, das condições de financiamento a serem negociadas entre as partes, do número e do valor da prestação, das taxas de mercado na data da contratação e de outros acertos, variando de contrato para contrato;

f) a própria UNICONS, em pronunciamento emitido no curso da Ação nº 583.00.2012.142847-8, Comarca de São Paulo, 43ª. Vara, reconhece, p. 66, que os pedidos formulados são complexos e que os reflexos da ação para cada consumidor lesado poderão ser diferentes, o que atesta a inexistência de direitos individuais homogêneos;

g) em face de tudo quanto exposto, manifestamos, no parecer que elaboramos e apresentamos à parte consulten, que a UNICONS é carente da ação proposta, por não lhe assegurar o ordenamento jurídico formal ação civil coletiva para, em nome dos seus associados, defender o que propõe em Juízo, sem apresentar qualquer compromisso com a segurança que as regras processuais devem imprimir e com os compromissos que têm com os princípios que as regem. Datíssima vênia, pratica simples aventura processual com ferimento direto aos artigos 14 a 17 do Código de Processo Civil.

LIMITES SUBJETIVOS DA COISA JULGADA NO PROCESSO COLETIVO

Araken de Assis

SUMÁRIO: Introdução; **1.** Panorama da coisa julgada no processo coletivo; **2.** Coisa julgada na tutela dos direitos coletivos; **3.** Coisa julgada na tutela coletiva dos direitos; conclusão.

Introdução

Ao articular-se com a precedente Lei nº 7.347/1985 (Lei da Ação Civil Pública), a Lei 8.078/1990 (Código de Defesa do Consumidor) edificou um singular regime no tocante à autoridade da coisa julgada no processo coletivo, envolvendo a tutela do consumidor. Revisitar essa disciplina, no contexto do primeiro lustro de vigência da Lei 8.078/1990, coligindo os resultados já obtidos, constitui a melhor homenagem à lei inovadora.

1. Panorama da coisa julgada no processo coletivo

A experiência brasileira nos domínios do processo coletivo baseia-se em conjunto normativo avançado e atual. Em muitos aspectos, disposições verdadeiramente notáveis; porém, não impediram incertezas nas etapas iniciais da respectiva aplicação. Segundo atento protagonista desses esforços, a interpretação unívoca edificou-se, "por assim dizer, no varejo, na lida diária dos casos concretos, resolvidos à luz de textos diversos".[1]

A esta altura, ultrapassada a fase de criação, o ponto de partida é simples, cumprindo distinguir nítida e definitivamente a tutela dos direitos coletivos da tutela coletiva de direitos. Os direitos coletivos são subjetivamente transindividuais, ou seja, materialmente sem titular determinado, e indivisíveis. Em relação ao objeto do processo, os direitos coletivos constituem unidade determinada de sujeitos plurais, dividindo-se em duas subespécies: (*a*) direitos difusos; e (*b*) direitos coletivos. Desse gênero destacam-se os direitos individuais homogêneos, objeto da tutela coletiva de direitos,

1 Rodolfo de Camargo Mancuso, *Jurisdição coletiva e coisa julgada*, p. 64.

constituem conjunto de direitos individuais relacionados por afinidade e semelhança, traduzidas no caráter homogêneo.[2]

O regime geral da coisa julgada alterou-se de um modo significativo num caso e noutro. Expressivamente, a sistemática própria revela a necessária adequação ao direito posto em causa.[3] Esta feição peculiar vale-se de expedientes anteriormente rejeitados ou postos em quarentena no processo versando direitos individuais e, ao fim e ao cabo, revela-se mais simples do que parece ao primeiro contato O destaque excessivo às diferenças, a ênfase estridente no incomum e particular, tendeu a obscurecer os pontos de contato e aproximação, lançando luzes misteriosas em matéria de fácil compreensão. Impende esclarecê-los, não sem assinalar que sofre impugnações, averbada a sistemática de tendenciosa.[4]

A individualização do objeto litigioso no processo coletivo realiza-se através dos três clássicos elementos – partes, *causa petendi* e pedido. Nenhuma dificuldade diversa apresenta nesses domínios, adaptando-se o art. 301, § 2°, perfeitamente ao figurino dos direitos transindividuais, qual corte feito sob medida por hábil artesão. A especialidade do regime da sentença coletiva envolve dois tópicos estranhos ao próprio mérito, e, *a fortiori*, à capacidade para conduzir o processo: (*a*) os pressupostos para adquirir *auctoritas rei iudicate*; e (*b*) os limites da eficácia.[5] Como os dois aspectos relacionam-se, a seguir passa-se em revista o regime especial da coisa julgada no processo coletivo, enfatizando, entretanto, os limites subjetivos.

O regime da coisa julgada é especial, mas não se renunciou ao instituto da coisa julgada. A coisa julgada não é resíduo da tradição individualista do processo civil, mas garantia da segurança jurídica conferida aos resultados do processo em todos os tempos.[6]

2. Coisa julgada na tutela dos direitos coletivos

O regime da coisa julgada no processo coletivo (e, não, de tutela coletiva de direitos), parte, outra vez, e sempre, a autoridade da coisa julgada e os efeitos da sentença coletiva.

---

2 *Vide*, Teori Albino Zavascki, *Processo coletivo*, n° 2.4, pp. 33-35.

3 Sérgio Gilberto Porto, *Coisa julgada civil*, n° 4.4, pp. 68-74. No mesmo sentido, Rodolfo de Camargo Mancuso, *Jurisdição coletiva e coisa julgada*, p. 288. Em sentido diverso, Carmen Azambuja, *Rumo a uma nova coisa julgada*, p. 122.

4 *Vide*, Rennan Faria Krüger Thamay, O processo coletivo: legitimidade e coisa julgada, n° 2.2.2, p. 273.

5 Teori Albino Zavascki, *Processo coletivo*, n° 3.6, p. 65. *Vide*, ainda, Paulo Eduardo Lépore, Extensão subjetiva da coisa julgada no direito processual civil coletivo, pp. 19-35.

6 Jordi Nieva Fenoll, *La cosa juzgada*, p. 221.

A natureza transindividual do objeto litigioso altera os pressupostos para a sentença passada em julgado adquirir a peculiar eficácia que vincula outros juízos sobre a mesma situação litigiosa. O regime da coisa julgada no principal remédio voltado à tutela dos direitos coletivos, que é a ação civil pública, resulta da remissão do art. 21 da Lei nº 7.347/1985 ao art. 103 da Lei nº 8.078/1990, combinado ao art. 16 do primeiro diploma. Explicitamente, a disciplina daí resultado aplica-se às relações de consumo (art. 103 da Lei 8.078/1990), mas abrangerá quaisquer direitos transindividuais (*v.g.*, meio-ambiente), por força do art. 21 da Lei nº 7.345/1985.

A sentença coletiva na ação civil pública adquire a *auctoritas rei iudicate* quando, além de não se sujeitar mais a recurso de qualquer espécie (art. 467, *in fine*), preencher as seguintes condições: (*a*) houver acolhido o pedido (sentença de procedência); (*b*) houver desacolhido o pedido (sentença de improcedência) por outro fundamento que não a falta ou a insuficiência de prova.

A sentença de improcedência fundada na falta de prova para persuadir o juiz a acolher ou a rejeitar o(s) pedido(s) de tutela de direito transindividual não produz o vínculo próprio da coisa julgada. É exceção ao julgamento baseado nas regras sobre ônus da prova. Por conseguinte, a coisa julgada produz-se *secundum eventus litis*. O art. 103, I, da Lei 8.078/1990, relativamente aos direitos difusos, ressalva o óbvio: qualquer legitimado coletivo poderá repetir a ação, invocando a mesma *causa petendi* e formulando idêntico pedido, valendo-se de nova prova. E o art. 103, II, da Lei 8.078/1990, ao remeter ao inciso imediatamente anterior, adota análoga ressalva. Em tal hipótese, "qualquer legitimado" poderá renovar a ação anteriormente julgada. O pronome "qualquer" abrange o próprio autor vencido.[7] E, inexistindo coisa julgada, o autor repetirá a ação, invocando idêntica *causa petendi*, ou aperfeiçoará suas alegações de fato para obter melhor êxito na nova tentativa, sem qualquer impedimento.

A inexistência da autoridade de coisa julgada no caso de improcedência fundada na falta (ou insuficiência) da prova, quanto aos direitos transindividuais, baseia-se (*a*) na relevância do objeto litigioso; e (*b*) na circunstância de a capacidade de conduzir o processo incumbir a pessoa distinta do futuro beneficiado pelo julgamento (*v.g.*, o Ministério Público).

Não parece conveniente, exceto para tolher o fenômeno da "relativização" (*rectius*: desconsideração) da coisa julgada, idêntica solução legislativa na hipótese de direitos individuais.[8] A impossibilidade de formular juízo de fato não significa a inexistência de julgamento do mérito. O entendimento

---

7 Luiz Eduardo Ribeiro Mourão, *Coisa julgada*, n° 18.4.1, p. 431.

8 Nesse sentido, Guilherme Athayde Porto, *Formação da coisa julgada e prova produzida*, n° 4.2, pp. 97-98.

contrário torna inútil a regra de julgamento decorrente da atribuição do ônus da prova, qualquer que seja seu regime (dinâmico ou estático), elimina o risco de insucesso do autor, eventualidade indispensável ao processo constitucionalmente justo e equilibrado, multiplicando demandas, e altera as oportunidades das partes de êxito. Em última análise, favorece-se unicamente o autor, talvez negligente quanto ao ônus de provar suas alegações, em área reservada ao domínio das partes, em razão da autonomia privada. O réu necessitará defender-se, outra vez, e contra sucessivas investidas do autor.

A sentença de improcedência, porque infundada a pretensão (questão de fato ou questão de direito), produzirá, *tout court*, coisa julgada para as partes principais e qualquer outro legitimado coletivo concorrente. Não prejudicará pretensões individuais, "porque não há identidade de ações, nem a ação coletiva contém as individuais".[9]

Os efeitos da sentença de procedência proferida na ação civil pública operam "*erga omnes*, nos limites da competência do órgão prolator" (art. 16 da Lei nº 7.347/1985) no caso dos direitos difusos (art. 103, I, da Lei nº 8.078/1990. E, com efeito, o caráter transindividual do direito tocante a pessoas indeterminadas (art. 81, parágrafo único, I, da Lei nº 8.078/1990), a par da indivisibilidade intrínseca ao objeto litigioso, determina a extensão desses efeitos além das partes principais (coisa julgada *ultra partes*). Não é possível estabelecer uma precisa extensão subjetiva. Também a autoridade da coisa julgada não se cinge às partes principais, sem dúvida vinculadas, mas estende-se a qualquer pessoa. Entende-se por tal as pessoas inseridas no objeto litigioso.[10] Existirão terceiros indiferentes por uma razão e outra.

Esse regime obsequia o direito fundamental processual ao devido processo. Ninguém pode perder direito hipotético sem a oportunidade de defendê-lo em juízo. Assim, independentemente do respectivo fundamento (*v.g.*, a sentença baseada no ônus da prova), somente a sentença de procedência repercutirá favoravelmente ou *ad extra*. De seu turno a sentença coletiva de improcedência não afeta pretensões individuais.

No tocante aos direitos coletivos *stricto sensu*, o art. 103, II, da Lei nº 8.078/1990 declara produzirem-se os efeitos e, *a fortiori*, a coisa julgada *ultra partes*, limitadamente ao grupo, categoria ou classe, porque nesse caso os titulares são determináveis (*v.g.*, os usuários da empresa de telefonia *A*). A coisa julgada, aqui também, produz-se *secundum eventus litis*, não exis-

9 José Maria Rosa Tesheiner, *Eficácia da sentença e coisa julgada no processo civil*, n° 3.3.16, p. 134. No mesmo sentido Ricardo de Barros Leonel, *Manual do processo coletivo*, n° 5.13.4, p. 290.

10 Camilo Zufelato, *Coisa julgada coletiva*, n° 5.5.1, p. 247.

tindo no caso de improcedência por falta de prova, vinculando as partes ao juízo de procedência e de improcedência, porque infundada a pretensão.[11]

O juízo de improcedência por falta de prova é incomum. O órgão judiciário geralmente adota distribuição dinâmica do ônus da prova, carreando ao réu os riscos da insuficiência de prova, inclusive quando figura o Ministério Público como autor e, nesse caso, manifestamente *contra legem*. Por conseguinte, o juiz emitirá sentença de procedência baseada em regra de julgamento. As partes principais ficam vinculadas ordinariamente à coisa julgada com essa ressalva.

A cláusula relativa à "nova prova" como pressuposto da repetição de ação idêntica, por qualquer legitimado concorrente (art. 103, I, da Lei nº 8.078/1990 e art. 16, *in fine*, da Lei nº 7.347/1985), revela o fundamento da regra e esclarece o sentido da "insuficiência de prova". O juiz repeliu o pedido ao emitir juízo de fato desfavorável ao autor. Se o fundamento recaiu sobre questão de direito, desaparece a coisa julgada *secundum eventuis litis*, operando a eficácia de coisa julgada *inter partes*.[12] A exigência não limita a repetição da ação.[13] As partes produzem prova no processo e parece excessivo exigir do autor, initio litis, a indicação da espécie de prova que alteraria o acervo da causa originária.[14] Assim, inconclusiva a perícia na causa originária, travada entre *A* e *B*, o autor *C* poderá renová-la com melhores resultados na segunda ação coletiva movida contra *B*. As disposições não chegaram ao excesso de exigir "nova prova" pré-constituída. Tampouco há necessidade de indicar novo meio de prova ou fonte de prova (*v.g.*, testemunha anteriormente não arrolada).[15]

Em qualquer hipótese, a extensão *erga omnes* ou *ultra partes* dos efeitos da sentença de procedência e da coisa julgada não ofendem os direitos fundamentais processuais do réu. Deparando-se com a pretensão coletiva, o réu fica ciente da imensa repercussão econômica do insucesso e, geralmente, enfrentando o mais temível e poderoso dos adversários, que é o Ministério Público, não se descurou da defesa. Por sinal, basta o vínculo usual da coisa julgada para tornar o réu vencido adstrito à regra jurídica concreta.[16] O juízo de procedência torna-se indiscutível para o réu em qual-

---

11 Ricardo de Barros Leonel, *Manual do processo coletivo*, n° 5.13.4, p. 290

12 Antonio Gidi, *Coisa julgada e litispendência nas ações coletivas*, p. 134.

13 Em sentido contrário, Arnaldo Rizzardo, *Ação civil pública e ação de improbidade administrativa*, n° 39.4, p. 252.

14 Nesse sentido, porém, Camilo Zufelato, *Coisa julgada coletiva*, n° 5.6.6, p. 293.

15 Em sentido contrário, no último aspecto, Luiz Eduardo Ribeiro Mourão, *Coisa julgada*, n° 18.4.3, p. 435.

16 Eduardo Talamini, *Coisa julgada e sua revisão*, n° 2.5.12, p. 125.

quer outro processo, repercutindo favoravelmente nas ações individuais pendentes.

Essa técnica – o vínculo beneficia, mas não prejudica o terceiro – excepciona em parte a diretriz tradicional do art. 472 do CPC de 1973 e, no processo individual, exceção por muito tempo rejeitada em nome da isonomia. De acordo com a teoria do *mutality rule* da *issue preclusion*, visando *nonparties*, se o autor *A* pede indenização do réu *B*, porque o automóvel deste dirigido por *C* causou-lhe dano, e o pedido é rejeitado por sentença transitada em julgado, é admissível *A* demandar *C*, porque julgamento contrário entre *A* e *B* não lhe prejudicaria, e, desse modo, tampouco pode lhe beneficiar, ou o vínculo da coisa julgada não seria bilateral (mútuo).[17] O objetivo é do evitar o julgado *secundum eventus litis*.[18] No processo coletivo, porém, a regra de legitimação através de representação adequada resolve o problema de outra maneira.[19]

O regime da limitada extensão *ultra partes* da sentença coletiva agasalha flagrante inconveniente. Eventualmente, o réu será convocado a se defender em juízo contra as sucessivas pretensões individuais, porque a sentença de improcedência não prejudica as ações dos titulares dos direitos difusos e coletivos (integrantes do grupo, categoria ou classe afetados).[20] Não há, *de lege lata*, remédio hábil contra essa dificuldade intrínseca sociedade de massas. Eis bom motivo para o órgão judiciário adotar cautelosamente a distribuição dinâmica do ônus da prova, aumentando a pressão e as desvantagens do réu. Uma coisa é certa: rotular o problema real de resistência malsã ao câmbio paradigma (curiosamente, através de expedientes técnicos antigos) equivale a trocar o lugar dos móveis da casa em vez de consertar o telhado, evitando que chova no interior da residência. Ao impor-se este notório sacrifício ao réu, todavia realizam-se os valores constitucionais,[21] e, portanto, inexiste inconstitucionalidade latente no tratamento desigual e penoso.

A rigor, a extensão subjetiva não é *secundum eventus litis*, pois a coisa julgada forma-se *inter partes*, variando apenas o rol dos beneficiários para

17 Fleming James Junior, Geoffrey C. Hazard Junior e John Leubsdorf, *Civil procedure*, § 11.25, p. 716.

18 Federico Carpi, *L'efficacia ultra partes della sentenza civile*, n° 28, p. 120.

19 A respeito, a correta comparação de Marília Zanella Prates, *A coisa julgada no direito comparado: Brasil e Estados Unidos*, n° 6.2.2, pp.118-120.

20 Nesse sentido, Vicenzo Vigoriti, *Interesse collettivi e processo*, p. 112.

21 Ibrahim Rocha, *Litisconsórcio, efeitos da sentença e coisa julgada na tutela coletiva*, pp. 223-224.

incluir terceiros.[22] O *secundum eventus litis* sucede apenas na sentença de improcedência, e, aí, na verdade *secundum eventus probationis*.[23]

A sentença de improcedência proferida na tutela coletiva de direitos não impede as pretensões individuais (art. 103, § 1º, da Lei nº 8.078/1990). É simples aplicação da diretriz geral quanto aos limites subjetivos da coisa julgada instituída no art. 472, primeira parte, do CPC de 1973.[24] Por identidade de motivos, tampouco haverá litispendência (art. 103, § 3º, da Lei nº 8.078/1990). Pendendo a ação individual e sobrevindo coisa julgada na sentença de procedência, o fato superveniente é recepcionado, decidindo a causa favoravelmente ao autor,[25] desde que a regra jurídica concreta seja compatível com o objeto da demanda coletiva, fórmula mais ampla do que limitar o transporte, *in utilibus*, às condenações em dinheiro.

O art. 16 da Lei nº 7.345/1985 introduziu extravagante limitação territorial da eficácia *erga omnes*, ao confiná-la aos "limites da competência territorial do órgão prolator". É proposição incompatível com a coisa julgada. Encontra-se mal formulada a regra. A indiscutibilidade não pode ser circunscrita à competência territorial do órgão prolator da sentença de procedência, ou seja, a uma comarca ou a uma seção judiciária. E o motivo é intuitivamente simples: o vínculo opera no mundo jurídico, e, não, no âmbito físico.[26] A limitação imposta no art. 16 da Lei nº 7.345/1985 respeita somente à tutela coletiva dos direitos individuais homogêneos. Em tal hipótese, mostrando-se cindível o objeto litigioso, os efeitos próprios da sentença de procedência podem ser limitados geograficamente, segundo o domicílio dos respectivos titulares.

Essa interpretação restritiva do alcance do art. 16 da Lei nº 7.345/1985 não vingou, literalmente, no STJ.[27] Realizou-se a seguinte distinção: por um lado, "A liquidação e a execução individual da sentença genérica proferida em ação civil pública pode ser ajuizada no foro do domicílio do beneficiário, porquanto os efeitos e a eficácia da sentença não estão circunscritos a lindes geográficos, mas aos limites objetivos e subjetivos do que foi decidido, levando-se em conta, para tanto, sempre a extensão do dano e a qualidade dos interesses metaindividuais postos em juízo".

---

22 Antonio Gidi, *Coisa julgada e litispendência nas ações coletivas*, pp. 287-289.

23 Marília Zanella Prates, *A coisa julgada no direito comparado: Brasil e Estados Unidos*, n° 6.2.3, p. 122; Rodolfo de Camargo Mancuso, *Jurisdição coletiva e coisa julgada*, p. 300.

24 Teori Albino Zavascki, *Processo coletivo*, n° 3.6, p. 66.

25 Pedro Lenza, *Teoria geral da ação civil pública*, n° 4.3.4, p. 239.

26 Teori Albino Zavascki, *Processo coletivo*, n° 3.6, p. 67.

27 2ª S. do STJ, EREsp. 411.529-SP, 10.03.2010, Rel. Min. Fernando Gonçalves, *DJE* 24.03.2010.

Por outro lado, não se afigura razoável liquidar a sentença de procedência genérica (e, eventualmente, executá-la) em qualquer foro do País, haja vista a possibilidade de entendimentos distintos quanto ao *quantum debeatur*. O STJ limitou essas pretensões aos limites da competência do órgão prolator, ou seja, proferida a sentença por juiz de direito do Estado-membro, em qualquer comarca, pois a possibilidade de recurso para o respectivo TJ assegura a uniformidade; em outras palavras, a "limitação territorial" é a do tribunal de segundo grau (TJ ou TRF).[28] Vale, aqui, a necessidade de respeitar a regra, e, não, ignorá-la como não escrita.[29]

3. Coisa julgada na tutela coletiva de direitos

Relações jurídicas homogêneas surgem, na sociedade de massas, em várias situações da vida. Pessoas diferentes mantêm relações jurídicas análogas, em substância, com a de outras pessoas, em círculos mais ou menos amplos. É particularmente frisante o caso das relações entretidas com a Administração Pública, objeto do processo civil brasileiro, em virtude da sua peculiar extensão, comparativamente a vários ordenamentos da *Civil Law*. Por exemplo, os servidores públicos de um Estado-membro, integrantes da mesma carreira (*v.g.*, o magistério; os militares); os contribuintes do mesmo imposto; os candidatos inscritos em certo concurso público, e assim por diante. Em casos tais, ao invés de estimular ações individuais, à boa Administração da Justiça interessa o processo coletivo, na espécie de tutela coletiva de direitos.

O art. 103, III, da Lei nº 8.078/1990 prevê a extensão dos efeitos da sentença e da coisa julgada da sentença de procedência, quando o objeto litigioso abranger direitos individuais homogêneos, assim entendidos os de origem comum (art. 81, parágrafo único, da Lei nº 8.078/1990), a exemplo dos arrolados há pouco, produzirá eficácia *erga omnes* em proveito dos vitoriosos Flagrante o exagero: a eficácia é *ultra partes*, beneficiando os titulares de igual direito. E, além disso, limita-se ao âmbito da competência territorial do órgão prolator, a teor do art. 2°-A da Lei nº 9.494/1997. Embora seja possível controverter, na liquidação ulterior, a pertinência subjetiva da pessoa que se vale da sentença coletiva, há coisa julgada,[30] recaindo a indiscutibilidade sobre o *an debeatur* do réu condenado no processo coletivo.

---

28 C. Especial do STJ, REsp. 1.243.887-PR, 19.10.2011, Rel. Min. Luís Felipe Salomão, *DJE* 12.12.2011.

29 Nesse sentido, José Maria Tesheiner e Deise Nicola Tanger Jardim, Coisa julgada nas ações relativas a interesses difusos, n° 5, p. 251.

30 Em sentido contrário, José Maria Rosa Tesheiner, *Eficácia da sentença e coisa julgada no processo civil*, n° 3.3.16, p. 134.

A sentença de improcedência, qualquer que seja o respectivo fundamento – insuficiência de provas ou não –,[31] produzirá coisa julgada coletiva. Quer dizer, não cabe a outro legitimado concorrente repeti-la.[32] Porém, não prejudicará a pretensão individual, como resulta do art. 103, § 2°, da Lei nº 8.078/1990, simples corolário do vínculo *inter partes* da coisa julgada instituído no art. 472, primeira parte, do CPC de 1973. Ressalva o art. 103, § 2º, da Lei nº 8.078/1990, os titulares do direito homogêneo que intervieram no processo como litisconsortes.

A intervenção do titular do direito postulado pelo substituto processual é na condição de assistente litisconsorcial,[33] consoante a noção defendida no item próprio. A capacidade plena de conduzir o processo é do autor coletivo. Parece legítimo, então, atenuar o vínculo resultante da sentença de improcedência nas mesmas condições de qualquer outro assistente.

O art. 103, 2º, c/c art. 104 da Lei nº 8.078/1990 estipula que, pendente a ação individual, o autor não será beneficiado, sobrevindo sentença de procedência coletiva. Na realidade, não será beneficiado, nem prejudicado, em qualquer hipótese, inclusive no caso de ter requerido a suspensão. O objetivo da providência consiste em permitir o aproveitamento de eventual sentença de procedência, e, não, o de autorizar a repercussão *ad extra* desfavorável, em irretorquível ofensa aos direitos fundamentais processuais do autor individual.

A disciplina do processo coletivo pré-exclui a extensão dos efeitos da sentença coletiva para quem utilizou sem êxito o processo individual. Duas soluções podem ser adotadas: primeira, a criação remédio específico, visando à uniformização dos julgados discrepantes;[34] segunda, a possibilidade de extensão dos efeitos da sentença a todas as pessoas na mesma situação jurídica (*v.g.*, tributária), conquanto individual o processo paradigma.[35] Qualquer delas encaminharia solução expedita para o problema.

O mandado de segurança é remédio passível de emprego para a tutela coletiva de direitos. O art. 22, *caput*, da Lei nº 12.2009 estipula a autorida-

31 Teori Albino Zavascki, *Processo coletivo*, nº 7.7.2, p. 175; Ricardo de Barros Leonel, *Manual do processo coletivo*, nº 5.13.4, p. 290; José Rogério Cruz e Tucci, *Limites subjetivos da eficácia da sentença e da coisa julgada civil*, nº 30, p. 320.

32 José Maria Rosa Tesheiner, *Eficácia da sentença e coisa julgada no processo civil*, nº 3.3.16, p. 134

33 Ricardo de Barros Leonel, *Manual do processo coletivo*, nº 5.13.6, p. 293.

34 Paulo Roberto de Oliveira Lima, *Contribuição à teoria da coisa julgada*, nº 9.5, pp. 120-124; José Maria Rosa Tesheiner, *Eficácia da sentença e coisa julgada no processo civil*, nº 3.6.16, pp. 190-192

35 *Vide*, Luis Martin Contreras, *La extensión de efectos de una sentencia a terceros*, pp. 20-30.

de da coisa julgada, *ultra partes*, limitando-a aos "membros do grupo ou da categoria substituídos pelo impetrante". À primeira vista, também o juízo de improcedência vincularia os terceiros;[36] porém, a interpretação mais consentânea indica que a autoridade *ultra partes* produz-se só no caso de procedência, impossibilitando infração ao direito fundamental processual de o membro do grupo ou da categoria pôr em causa seu próprio direito.

Conclusão

A recapitulação do regime especial da coisa julgada no processo coletivo aponta a necessidade de uma observação final usualmente omitida. Ao versar esse assunto, objeto de contribuições notáveis, não poucos inclinam-se por impor-lhe tons inéditos, por vezes no beiral do insólito. Não há razão para tanto. Feitas as distinções necessárias, lidos os dispositivos legais e bem entendido o respectivo sistema, o panorama evocado desanuvia-se, revelando esquema tão simples como efetivo. Inexistirá, talvez, melhor elogio à Lei nº 8.078/1990.

Bibliografia

AZAMBUJA, Carmen. **Rumo a uma nova coisa julgada**. Porto Alegre: Livraria do Advogado Editora, 1994.

CARPI, Federico. **L'efficacia *ultra partes* della sentenza civile**. Milão: Giuffrè, 1974.

CRUZ E TUCCI, José Rogério. **Limites subjetivos da eficácia da sentença e da coisa julgada civil**. São Paulo: RT, 2006

GIDI, Antonio. **Coisa julgada e litispendência nas ações coletivas**. São Paulo: Saraiva, 1995.

JAMES JUNIOR, Fleming; HAZARD JUNIOR, Geoffrey C.; LEUBSDORF, John. **Civil procedure**. 5.ª ed. Nova Iorque: Fondation Press, 2001.

LENZA, Pedro. **Teoria geral da ação civil pública**. São Paulo: RT, 2003.

LEONEL, Ricardo de Barros. **Manual do processo coletivo**. 2ª Ed. São Paulo: RT, 2011.

LÉPORE, Paulo Eduardo. Extensão objetiva da coisa julgada no direito processual civil coletivo. **Revista de Processo**. V. 169. São Paulo: RT, 2009.

LIMA, Paulo Roberto de Oliveira. **Contribuição à teoria da coisa julgada**. São Paulo: RT, 1997.

36 Roberto de Aragão Ribeiro Rodrigues, Notas sobre a coisa julgada nas ações coletivas, nº 6, p. 78.

MANCUSO, Rodolfo de Camargo. **Jurisdição coletiva e coisa julgada (teoria geral das ações coletivas)**. São Paulo: RT, 2006.

MARTÍN CONTRERAS, Luis. **La extensión de efectos de uma sentencia a terceros**. Granada: Comares, 2010.

MOURÃO, Luiz Eduardo Ribeiro. **Coisa julgada**. Belo Horizonte: Fórum, 2008

NIEVA FENOLL, Jordi. **La cosa juzgada**. Barcelona: Atelier, 2006.

PORTO, Guilherme Athayde. **Formação da coisa julgada e prova produzida: uma perspectiva do processo coletivo para o individual**. Porto Alegre: Livraria do Advogado, 2015.

PORTO, Sérgio Gilberto. **Coisa julgada civil**. 2ª ed. Rio de Janeiro: Aide, 1998.

PRATES, Marília Zanella. **A coisa julgada no direito comparado: Brasil e Estados Unidos**. Salvador: Juspodium, 2013.

RIZZARDO, Arnaldo. **Ação civil pública e ação de improbidade administrativa**. Rio de Janeiro: GZ, 2009.

ROCHA, Ibrahim. **Litisconsórcio, efeitos da sentença e coisa julgada na tutela coletiva**. Rio de Janeiro: Forense, 2002.

RODRIGUES, Roberto de Aragão Ribeiro. Notas sobre a coisa julgada nas ações coletivas. **Revista de Processo**. V. 207. São Paulo: RT, 2012.

TALAMINI, **Coisa julgada e sua revisão**. São Paulo: RT, 2005.

TESHEINER, José Maria. **Eficácia da sentença e coisa julgada no processo civil**. São Paulo: RT, 2001.

TESHEINER, José Maria; TANGER JARIM, Deise Nicola. Coisa julgada nas ações relativas a interesses difusos. **Revista de Processo**. V. 230. São Paulo: RT, 2014.

THAMAY, Renan Faria Krüger. O processo coletivo: legitimidade e coisa julgada. **Revista de Processo**. V. 230. São Paulo: RT, 2014.

VIGORITI, Vincenzo. **Interesse collettivi e processo – la legitimazione ad agire**. Milão: Giuffrè, 1979.

ZAVASCKI, Teori Albino. **Processo coletivo (tutela de direitos coletivos e tutela coletiva de direitos)**. 4ª ed. São Paulo: RT, 2009.

ZUFELATO, Camilo. **Coisa julgada coletiva**. São Paulo Saraiva: 2011.

ALGUMAS PERSPECTIVAS DO PROCESSO COLETIVO FRENTE AO NOVO CPC

Eduardo Arruda Alvim
Angélica Arruda Alvim

Desde o último quartel do Século XX, a grande novidade do processo tem sido a possibilidade de tutelar os direitos difusos, coletivos e individuais homogêneos de forma mais e mais eficaz, por intermédio das denominadas ações coletivas. Nesse contexto, outorgou-se legitimidade a determinados órgãos para tal finalidade.

As ações coletivas ganharam força e notoriedade com a edição do Código de Defesa do Consumidor (Lei nº 8.078/90), mas, é bem verdade, leis anteriores já haviam, de certa forma, rompido com a estruturação básica do Código de Processo Civil, voltado à solução de conflitos individuais. Assim, pode-se referir a Lei da Ação Popular (Lei nº 4.717/65) e, em seguida, a Lei da Civil Pública (Lei nº 7.347/85).

Posteriormente, a Constituição Federal de 1988, dentre outras novidades, previu o mandado de segurança coletivo, no seu art. 5º, LXX, *a* e *b*,[1] conferindo legitimidade para: (*i*) *partido político com representação no Congresso Nacional* (alínea *a*); e (*ii*) *organização sindical, entidade de classe ou associação legalmente constituída e em funcionamento há pelo menos um ano, em defesa dos interesses de seus membros ou associados.*

Sucessivamente, a Lei nº 12.016/2009 veio a disciplinar o mandado de segurança coletivo na esfera infraconstitucional.

É de todo conveniente observar, nesse passo, que as ações que possuem natureza coletiva vêm ao encontro de moderna tendência do direito processual, dado serem ações que têm o condão de tratar, em um só processo, e, por isso, com grande economia processual, do interesse de um grande – por vezes até indeterminado – número de pessoas.

Nesse contexto, dois fatores devem ser analisados com particular interesse: a legitimidade para agir nas ações coletivas e o regime diferenciado

---

1 Que tem o seguinte texto: "Art. 5º (...) LXX – o mandado de segurança coletivo pode ser impetrado por: *a*) partido político com representação no Congresso Nacional; *b*) organização sindical, entidade de classe ou associação legalmente constituída e em funcionamento há pelo menos um ano, em defesa dos interesses de seus membros ou associados."

da coisa julgada, em relação àquele que é próprio das ações individuais. Como é facilmente perceptível, há um rompimento com as regras cardeais do Código de Processo Civil, concebido e voltado à solução de conflitos individuais.

Deveras, as ações coletivas implicam ruptura com regras fundamentais do Código de Processo Civil, dentre as quais aquela insculpida no art. 506 do CPC/15,[2] na medida em que é da essência dos processos coletivos que seus efeitos afetem os que "estão fora do processo", e, não os que atuam.

Tem-se, na verdade, que o processo coletivo envolve categorias de interesses – difusos e coletivos – que sequer foram considerados pelo regime do CPC/73. Todavia, vieram a ser considerados no CPC/15.

São interesses transindividuais indivisíveis e à legitimidade que é própria daqueles que podem persegui-los em juízo, Nelson Nery Junior e Rosa Nery chamam de "legitimação autônoma para condução do processo".[3]

O processo coletivo também envolve a possibilidade de tutela coletiva dos chamados interesses individuais homogêneos que, pela dimensão que assumem, podem ser tratados coletivamente. Nesse caso, pode-se falar com mais propriedade que aqueles legitimados a persegui-los em juízo agem como substitutos processuais.

Mais do que a noção de coisa julgada nas ações coletivas, alterou-se, é certo dizer, o próprio espectro da eficácia das sentenças. Perceba-se que no processo tradicional esses efeitos circunscrevem-se às partes, via de regra, enquanto nas ações coletivas ter-se-á um processo que é idealizado, justamente, para atingir quem não é parte no processo.

A coisa julgada, no Código de Processo Civil de 2015, a teor do que dispõe o artigo 506, atinge apenas quem tenha sido parte no processo, não prejudicando terceiros. É dizer, a imutabilidade do que tenha sido decidido, quando tenha havido julgamento de mérito (art. 487, do CPC/15), atinge apenas quem tenha sido parte.

É um sistema nitidamente idealizado para que cada um vá a juízo perseguir seus próprios interesses. Essa a regra geral do Código de Processo Civil. Cada qual vai a juízo, se quiser, cuidar dos seus próprios interesses, e, por isso mesmo, o que for decidido, atinge apenas aquele que moveu a ação, não prejudicando terceiros.

Trata-se da regra da coisa julgada *inter partes*, expressa no multicitado art. 506 do Código de Processo Civil de 2015, a qual se forma sempre, em tendo havido decisão de mérito.

---

2 "A sentença faz coisa julgada às partes entre as quais é dada, não prejudicando terceiros."

3 Cf. *Código de Processo Civil comentado e legislação extravagante*, 8ª ed., São Paulo: RT, 2004, p. 1.426.

Diversamente, coloca-se o sistema próprio das ações coletivas, e que atualmente se encontra regulado com minúcias na parte processual do Código de Defesa do Consumidor,[4-5] rompendo com essa idéia nuclear que informa o Código de Processo Civil, e na linha do que vimos acima. Aquilo que é exceção no sistema do Código de Processo Civil (a coisa julgada atingir quem não tenha atuado no processo) é a regra em se tratando de ações coletivas.

Mais do que isso, é da própria essência das ações coletivas. A alteração profunda do âmbito subjetivo dos efeitos da ação coletiva e da noção de coisa julgada, que subsistem no processo tradicional, tais como sempre foram aí regulados, está imbricada com a alteração da legitimidade nas ações coletivas. Ao referirmo-nos a *efeitos da sentença* e *coisa julgada,* tanto no processo voltado a conflitos individuais, quanto no das ações coletivas, não significa que essas noções não se distingam, entre si, senão que as expressões são utilizadas com o fito de que contrastar o significado de ambas, lado a lado, na sede do processo tradicional e no âmbito do das ações coletivas.

A possibilidade da tutela coletiva dos interesses individuais homogêneos trouxe, pelo menos, duas grandes vantagens. Por primeiro, permitiu que uma parcela expressiva da população, economicamente alijada do acesso ao Judiciário, pudesse beneficiar-se das ações coletivas. Mas, não apenas isso. Possibilitou, ainda, que questões que isoladamente consideradas não têm grande repercussão, cheguem ao Judiciário, porque, tratadas em conjunto, apresentam relevância tal, que justifica que possam ser perseguidas pelos entes legitimados a tanto, beneficiando, com isso, a um imenso número de pessoas, que, sozinhas, muito possivelmente não bateriam às portas do Judiciário para dirimir questões individuais de pequena importância, se individualmente consideradas.[6]

---

4 Que se constitui, pode-se dizer, em verdadeira Parte Geral do Processo Coletivo.

5 Vale lembrar que antes do advento do Código de Defesa do Consumidor (Lei nº 8.078/90), o Estatuto da Criança e do Adolescente (Lei nº 8.069/90) já disciplinava as ações coletivas propostas com o fim de preservar os interesses e direitos protegidos por essa mesma lei nos arts. 208 e ss. Tanto é assim que o Capítulo VII, do Título VI, da Parte Especial da Lei nº 8.069/90 restou intitulada "Da Proteção Judicial dos Interesses Individuais, Difusos e Coletivos".

6 Em interessante acórdão do Superior Tribunal de Justiça, de que foi relator o Min. Humberto Gomes de Barros, reconheceu-se que "As ações coletivas foram concebidas em homenagem ao princípio da economia processual. O abandono do velho individualismo que domina o direito processual é um imperativo do mundo moderno. Através dela, com apenas uma decisão, o Poder Judiciário resolve controvérsia que demandaria uma infinidade de sentenças individuais. Isto faz o Judiciário mais ágil. De outro lado, a substituição do indivíduo pela coletividade torna possível o acesso

Neste sentido, são as ações ajuizadas pelos entes legitimados (art. 82 do Código de Defesa do Consumidor) versando interesses individuais homogêneos (art. 81, parágrafo único, inc. III, do mesmo diploma legal).

Não se deve perder de vista, porém, que os entes legitimados à ação civil pública deverão lançar mão desse poderoso instrumento constitucional, tendo em vista os objetivos que eles próprios estão autorizados por lei a perseguir. Assim, se é certo que o órgão do Ministério Público pode utilizar-se da ação civil pública para perseguir interesses individuais homogêneos, de outro lado é igualmente correto asseverar que não deverá distanciar-se, o *parquet*, dos seus fins institucionais (CF/88, art. 127, *caput* e art. 129, inc. III), com o que queremos afirmar que, para tal mister, o Ministério Público deve, sempre, guiar-se pelas balizas constitucionais e legais.

Nesse contexto, soa equivocada a transposição, pura e simples, de conceitos já arraigados na sistemática do Código de Processo Civil, em especial o de substituição processual, para caracterizar-se a atuação em juízo dos que agem em prol de interesses difusos e coletivos *stricto sensu*. Nem mesmo no caso de interesses individuais homogêneos, segundo pensamos, pode-se falar com inteira propriedade em substituição processual.

Deveras, se é correto asseverar que no caso dos interesses individuais homogêneos há algo mais próximo da substituição processual do que sucede no caso dos difusos e coletivos (em relação a essas duas hipóteses, Nelson Nery Jr. e Rosa Nery falam em legitimação autônoma para a condução do processo),[7] ainda assim, há profundas diferenças com o regime do Código de Processo Civil.

Veja-se que a substituição processual, que é espécie de legitimação extraordinária, consubstancia, no sistema do Código de Processo Civil, uma situação excepcional, dependente, sempre, de lei expressa (art. 18 do CPC/15); já no sistema do Código de Defesa do Consumidor, o atuar dos entes legitimados pelos incisos I a IV do art. 82 (Ministério Público; União; Estados; Municípios e Distrito Federal; entidades e órgãos da administração pública direta e indireta, ainda que sem personalidade jurídica, especificamente destinados à tutela dos direitos protegidos por este Código e associações constituídas há mais de ano, que incluam entre seus fins institucionais a defesa dos direitos protegidos por este Código, dispensada a autorização assemblear) em prol de interesses individuais homogêneos é a regra, e não a exceção.

---

dos marginais econômicos à função jurisdicional. Em a permitindo, o Poder Judiciário aproxima-se da democracia" (trecho da ementa – MS 5.187/DF, rel. Min. Humberto Gomes de Barros, DJU de 29.6.1998).

7 *Código de Processo Civil comentado e legislação extravagante*, 8ª ed., São Paulo: RT, 2004, p. 1.426.

Ademais, o atuar do substituto processual atinge o substituído para beneficiá-lo e para prejudicá-lo. Inclusive, o parágrafo único do art. 18 do CPC/15, prescreve que havendo substituição processual, o substituto poderá intervir como assistente litisconsorcial. Já no sistema do Código de Defesa do Consumidor, os potenciais titulares de interesses individuais homogêneos não são, jamais, prejudicados pelo resultado adverso da ação coletiva, a menos que nesta tenham intervindo como litisconsortes (parte final do § 2º do art. 103 do Código de Defesa do Consumidor).

Vê-se, como é evidente, que a sistemática criada pelo legislador acaba por desestimular a intervenção do interessado como litisconsorte em ações versando interesses individuais homogêneos. De qualquer forma, para os fins deste trabalho, em que pesem as afirmações acima apontadas, trataremos esta hipótese (interesses individuais homogêneos) como sendo de substituição processual.

De outro modo, deve-se consignar que a adoção da regra da coisa julgada *secundum eventum litis* pelo sistema do Código do Consumidor, e que norteia todas as ações de natureza coletiva, teve como base o sistema americano das *class actions,* sofrendo, todavia, mutações para adequar-se à realidade brasileira.

No sistema americano exige-se que a associação ou outro ente legitimado comprove que efetivamente representa os associados (*adequacy of representation)* e que todos os associados sejam informados da existência da ação (*fair notice*), para que possam optar entre aderir à ação, não se manifestar ou sair da ação. Verifica-se, assim, que o sistema americano não adotou o sistema da coisa julgada *secundum eventum litis,* uma vez que o indivíduo será ou não beneficiado conforme a sua opção de se sujeitar ou não à ação coletiva.

Cabe também referir, sobre o tema, trabalho de Antonio Gidi,[8] que estudou com profundidade o assunto e que aborda a *"Rule 23, B, 3"* das *Federal Rules of Civil Procedure,* que trata de hipótese assemelhada àquela dos interesses individuais homogêneos, à luz do Direito brasileiro.

O sistema americano possui, sem dúvida, grandes méritos ao possibilitar que o indivíduo exerça *discricionariamente* a opção de participar ou não da ação. Todavia, essa sistemática não poderia ser adotada na íntegra pelo direito brasileiro, *como de fato não foi* (que adotou o sistema da coisa julgada *secundum eventum litis*), tendo em vista as diferenças sociais e culturais

8 Antonio Gidi, *Coisa julgada e litispendência em ações coletivas,* São Paulo: Saraiva, 1995, pp. 241-244.

da população, que poderiam, com facilidade, comprometer a liberdade com o que o indivíduo opta por aderir ou não à ação coletiva.[9]

Em que pesem essas afirmações, é possível notar certa tendência em se seguir o sistema americano das ações coletivas, como se pode perceber da análise da tramitação do hoje aprovado Novo Código de Processo Civil, conforme veremos a seguir.

Dentre os argumentos contrários à coisa julgada *secundum eventum litis,* apontados *de lege ferenda* por determinados setores doutrinários, está o fato de o réu poder ser demandado sucessivas vezes, caso a ação seja julgada improcedente por falta de provas (e, desde que, a cada vez, haja surgido nova prova), tendo que arcar com sua defesa sem poder sustentar que existe decisão procedente em seu favor.[10] Antonio Gidi, além desse "desequilíbrio" entre as partes, aponta como suposto argumento contrário à adoção da coisa julgada *secundum eventum litis,* o inconveniente de se ter de conviver juridicamente com decisões pouco uniformes.[11]

---

9 A esse respeito, a professora Ada Pellegrini Grinover, que foi uma das autoras do Anteprojeto que deu origem ao Código de Defesa do Consumidor, assevera: "(...) outras circunstâncias desaconselhavam a transposição pura e simples, à realidade brasileira, do esquema norte-americano da coisa julgada nas *class actions*: a deficiência de informação completa e correta, a ausência de conscientização de enorme parcela da sociedade, o desconhecimento dos canais de acesso à justiça, a distância existente entre o povo e o Poder Judiciário, tudo a constituir gravíssimos entraves para a intervenção de terceiros, individualmente interessados, nos processos coletivos, e mais ainda para seu comparecimento a juízo visando à exclusão da futura coisa julgada." (Ada Pellegrini Grinover, *Código Brasileiro de Proteção e Defesa do Consumidor comentado pelos autores do anteprojeto*, 8ª ed., Rio de Janeiro: Forense Universitária, 2004, p. 907).

10 Nesse sentido, a opinião crítica de José Ignácio Botelho de Mesquita, que defende a idéia de que a sentença proferida nas ações coletivas previstas no Código de Defesa do Consumidor contraria a própria Constituição Federal, pois: *"Suposto no entanto que, conseguindo superar as desvantagens que lhe são impostas no processo, logre o réu obter um julgamento de improcedência da ação, de nada lhe valerá a sentença, ainda que confirmada pelas mais altas Cortes de Justiça do País. Pelo que dispõe o Código, qualquer um que se apresente como vítima poderá submetê-lo a discutir novamente toda a questão, impondo-lhe novamente o mesmo dispêndio de recursos e atividades já gastos no processo anterior, e tendo que repetir tudo isto em quantos processos lhe sejam movidos. (...) A linha adotada pelo Código neste passo, anote-se, não se limita a contrariar a Constituição. Ela desserve os fins generosos a cuja tutela o Código se propôs. Em lugar de estimular a participação das vítimas no processo, dando a este maior eficácia na apuração da verdade, incentiva ao contrário a esperteza e estimula a abstenção, em desfavor do melhor rendimento da atividade processual e da autoridade do Poder Judiciário"* (José Ignácio Botelho de Mesquita, "Na ação do consumidor, pode ser inútil a defesa do fornecedor", *in* Revista do Advogado nº 33, pp. 80/82).

11 Antonio Gidi, *op. cit.,* p. 67.

Ainda sobre a temática, Pedro da Silva Dinamarco sublinha que: "essa coisa *julgada secundum eventum litis*, adotada por vários países, era criticada por Mauro Cappelletti. Afinal, se a parte representa adequadamente os membros de um grupo, então não se poderia distinguir entre efeitos favoráveis ou contrários, devendo a coisa julgada estender-se a todos os representados (...). Não se pode pensar exclusivamente no lado coletivo; ele é relevantíssimo, mas o indivíduo-réu não pode estar eternamente sujeito à angústia, aos riscos e ao elevado custo decorrente de um sem número de processos (nas demandas coletivas sequer tem havido condenação do autor pelos encargos da sucumbência), apesar de já ter saído vencedor em uma demanda coletiva".[12]

O Código do Consumidor, dentre outros diplomas legais, no art. 82, elencou diversos entes legitimados a agir nas hipóteses do art. 81, parágrafo único, I, II e III (direitos difusos, coletivos e individuais homogêneos).

São eles: o Ministério Público; a União, os Estados, os Municípios e o Distrito Federal; entidades e órgãos da administração pública, direta e indireta, ainda que sem personalidade jurídica, especificamente destinados à tutela dos interesses e direitos protegidos pelo CDC; e as associações constituídas há mais de ano, que incluam, entre seus fins institucionais, a defesa dos interesses e direitos protegidos pelo CDC, dispensada a autorização assemblear (incs. I a IV do art. 82).

Esses entes legitimados a agir em prol dos interesses e direitos previstos nos incs. I a III do art. 81, parágrafo único, poderão, segundo o que preconiza o art. 83, utilizar *qualquer tipo de ação* capaz de propiciar sua adequada e efetiva tutela, inclusive mandado de segurança, do que se conclui não ser exaustiva a enumeração dos entes legitimados à impetração de mandado de segurança coletivo, constante do art. 5º, LXX, *a* e *b*, da CF/88, bem como do art. 21, *caput*, da Lei nº 12.016/2009, que passou a disciplinar aquela ação constitucional em âmbito infraconstitucional.

Durante a tramitação legislativa do hoje aprovado Novo Código de Processo Civil – Lei 13.105/15, fora aprovado pelo Congresso Nacional o então art. 333 do Projeto, que possibilitava a denominada "conversão da ação individual em ação coletiva". Tratava-se de tendência do direito brasileiro, de se seguir o modelo das *class actions* norte-americanas, conforme dissemos linhas atrás.

A redação do dispositivo era a seguinte:

> "Art. 333. Atendidos os pressupostos da relevância social e da dificuldade de formação do litisconsórcio, o juiz, a requerimento do Ministério Público ou da

12 Pedro da Silva Dinamarco, *Ação Civil Pública*. São Paulo: Saraiva, 2001, p. 103.

> Defensoria Pública, ouvido o autor, poderá converter em coletiva a ação individual que veicule pedido que:
> I – tenha alcance coletivo, em razão da tutela de bem jurídico difuso ou coletivo, assim entendidos aqueles definidos pelo art. 81, parágrafo único, incisos I e II, da Lei nº 8.078, de 11 de setembro de 1990 (Código de Defesa do Consumidor), e cuja ofensa afete, a um só tempo, as esferas jurídicas do indivíduo e da coletividade;
> II – tenha por objetivo a solução de conflito de interesse relativo a uma mesma relação jurídica plurilateral, cuja solução, por sua natureza ou por disposição de lei, deva ser necessariamente uniforme, assegurando-se tratamento isonômico para todos os membros do grupo.
> § 1º Além do Ministério Público e da Defensoria Pública, podem requerer a conversão os legitimados referidos no art. 5º da Lei nº 7.347, de 24 de julho de 1985, e no art. 82 da Lei nº 8.078, de 11 de setembro de 1990 (Código de Defesa do Consumidor).
> § 2º A conversão não pode implicar a formação de processo coletivo para a tutela de direitos individuais homogêneos.
> § 3º Não se admite a conversão, ainda, se:
> I – já iniciada, no processo individual, a audiência de instrução e julgamento; ou
> II – houver processo coletivo pendente com o mesmo objeto; ou
> III – o juízo não tiver competência para o processo coletivo que seria formado.
> § 4º Determinada a conversão, o juiz intimará o autor do requerimento para que, no prazo fixado, adite ou emende a petição inicial, para adaptá-la à tutela coletiva.
> § 5º Havendo aditamento ou emenda da petição inicial, o juiz determinará a intimação do réu para, querendo, manifestar-se no prazo de 15 (quinze) dias.
> § 6º O autor originário da ação individual atuará na condição de litisconsorte unitário do legitimado para condução do processo coletivo.
> § 7º O autor originário não é responsável por nenhuma despesa processual decorrente da conversão do processo individual em coletivo.
> § 8º Após a conversão, observar-se-ão as regras do processo coletivo.
> § 9º A conversão poderá ocorrer mesmo que o autor tenha cumulado pedido de natureza estritamente individual, hipótese em que o processamento desse pedido dar-se-á em autos apartados.
> § 10. O Ministério Público deverá ser ouvido sobre o requerimento previsto no *caput*, salvo quando ele próprio o houver formulado.

Contudo, tal dispositivo veio a ser vetado pela Presidente da República, sob o argumento de que "da forma como foi redigido, o dispositivo poderia levar à conversão de ação individual em ação coletiva de maneira pouco criteriosa, inclusive em detrimento do interesse das partes. O tema exige disciplina própria para garantir a plena eficácia do instituto. Além disso, o novo Código já contempla mecanismos para tratar demandas repetitivas. No sentido do veto manifestou-se também a Ordem dos Advogados do Brasil – OAB".

Com efeito, dentre as grandes novidades do CPC/15, inclui-se o denominado "Incidente de Resolução de Demandas Repetitivas" (art. 976 e seguintes do CPC/15), que cuida da possibilidade de formulação de tese jurídica pelo tribunal local que deverá ser aplicada a processos repetitivos (art. 985, do CPC/15), sob pena de reclamação (art. 988, IV, do CPC/15).

Contudo, a despeito de aludido veto presidencial, o Novo Código de Processo Civil não deixou de lado as ações coletivas.

A esse respeito, calha mencionar o art. 139, X, do CPC/15, que permite ao magistrado, diante de ações repetitivas, oficiar o Ministério Público, a Defensoria Pública e, na medida do possível, outros legitimados a que se refere o art. 5º da Lei da Ação Civil Pública (Lei 7.347/85) e o art. 82 do CDC, para, se for o caso, promover a propositura da ação coletiva respectiva.

Diferentemente do incidente de resolução de demandas repetitivas, a expedição de ofício ao Ministério Público ou aos demais legitimados acima indicados e a sucessiva propositura de ação coletiva respectiva tem o condão de formar a denominada coisa julgada coletiva. Contudo, o desrespeito à decisão tomada em ação coletiva não tem aptidão de ser atacada via reclamação, diferentemente do que ocorre com o desrespeito à tese firmada no julgamento de incidente de resolução de demandas repetitivas.

É de se ressaltar, entretanto, que a busca pela implementação da segurança jurídica buscada pelo CPC/15 (ver a esse respeito o quanto disposto nos art. 926 e 927 do CPC/15) pode também ser vislumbrada no já referido art. 139, X, do CPC/15, ao determinar a expedição de ofício aos entes legitimados para o ajuizamento de ações coletivas.

Trata-se, sem dúvida alguma de importante inovação elencada dentre os poderes do magistrado e que encontrará farto campo de aplicação, sobretudo quanto à tutela de direitos individuais homogêneos, que tenham sido veiculados em ações individuais.

Bibliografia

DINAMARCO, Pedro da Silva. *Ação Civil Pública*. São Paulo: Saraiva, 2001.

GIDI, Antonio. *Coisa julgada e litispendência em ações coletivas.* São Paulo: Saraiva, 1995.

GRINOVER, Ada Pellegrini. *Código Brasileiro de Proteção e Defesa do Consumidor comentado pelos autores do anteprojeto.* 8ª ed. Rio de Janeiro: Forense Universitária, 2004.

MESQUITA, José Ignácio Botelho de. "Na ação do consumidor, pode ser inútil a defesa do fornecedor", *in Revista do Advogado* nº 33.

NERY JR. Nelson; NERY, Rosa Maria de Andrade. *Código de Processo Civil comentado e legislação extravagante*. 8ª ed. São Paulo: RT, 2004.

A DEMANDA CONSIGNATÓRIA E A MORA DO CREDOR:

COMPREENSÃO TRADICIONAL E AVANÇOS JURISPRUDENCIAIS

Andrea Zanetti
Fernanda Tartuce

1. Introdução

A ação de consignação é a forma pela qual o devedor pode obter o adimplemento indireto da prestação que assumiu perante o credor. As hipóteses que tradicionalmente autorizam a propositura desta medida são: a) a *mora accipiendi* – a mora do credor (artigo 335, inciso I CC); b) fatos relacionados à pessoa do credor que afetem a titularidade (art.335, III e IV CC), o lugar e o modo de pagamento (art.335, II CC) e c) fatores que afetem o objeto da prestação em si (art. 335, V CC). Essas são situações capazes de impedir o cumprimento efetivo e seguro do pagamento direto da obrigação prometida, constituindo as hipóteses clássicas de cabimento da ação de consignação.

Nessas condições a lei autoriza o uso deste meio de pagamento por um procedimento especial (com base nos artigos 334 do CC e 890 do CPC). Tanto o depósito extrajudicial em instituições bancárias oficiais, quanto o depósito judicial são medidas válidas, faculdades conferidas ao *solvens* ante as situações acima indicadas.

Das hipóteses referidas a mais comum em nossos dias refere-se à consignação por força da mora do credor; sobre ela nos deteremos para enfatizar uma mudança proporcionada pela jurisprudência brasileira: a possibilidade de consignar em juízo, em condições particulares, mesmo quando não há propriamente mora do credor.

Atualmente a medida costuma ser adotada em associação com outras espécies de demandas, como as "ações revisionais" intentadas por consumidores. Exemplos podem ser encontrados em contratos de financiamento, alienação fiduciária, arrendamento mercantil, empréstimos em geral e serviços educacionais,[1] dentre outros.

O que se nota é uma evolução e uma ampliação do uso da demanda consignatória, a ponto de a mora do credor já não ser mais um requisito essencial – especialmente se a ação é proposta cumulativamente com outras demandas.

2. Vínculo jurídico da obrigação e pagamento

2.1. Obrigação, momento do pagamento e impossibilidade do pagamento direto: elementos que precedem a via consignatória

Medida especial que conjuga elementos de Direito Civil e Direito Processual Civil, a ação de consignação possui caráter interdisciplinar.

Como é intuitivo perceber, uma relação obrigacional a precede. Ela pressupõe a existência de um vínculo jurídico em que a pessoa (sujeito passivo) está sob *coerção* até que satisfaça a prestação prometida à outra pessoa (sujeito ativo). É o devido cumprimento da *obligatio*, o pagamento, que resultará no término da condição transitória em que se encontra sujeito, restaurando sua plena liberdade.[2]

A força do pagamento realizado de forma direta e voluntária pelo devedor é, no entendimento de Orosimbo Nonato, *verdadeiro ato jurídico,* que

1 Neste sentido, merece destaque interessante acórdão proferido pela 14ª Camara de Direito Civil do Tribunal de Justiça que autorizou a consignação para discutir a redução da mensalidade escolar proporcionalmente ao número de disciplinas cursadas: CIVIL E PROCESSUAL CIVIL – APELAÇÃO – AÇÃO ORDINÁRIA DE CONSIGNAÇÃO – PRELIMINAR – SENTENÇA CITRA PETITA – REJEIÇÃO – MENSALIDADE ESCOLAR – PROPORCIONALIDADE AO NÚMERO DE DISCIPLINAS – EXIGÊNCIA – COBRANÇA DE SEMESTRALIDADE INTEGRAL – IMPOSSIBILIDADE – VANTAGEM EXAGERADA – RECURSO CONHECIDO E PARCIALMENTE PROVIDO. Estando a aluna cursando apenas algumas das matérias do semestre letivo, a mensalidade cobrada deverá ser proporcional ao serviço efetivamente prestado. O pagamento em contraprestação pelas disciplinas cursadas deve ser proporcional à prestação dos serviços fornecidos pela instituição de ensino, sob pena de desequilíbrio contratual e enriquecimento sem causa (Apelação Cível nº 1.0713.09.089993-9/001, Rel. Antônio de Pádua, j. 02/12/2010).

2 Nonato, Orosimbo. *Curso de obrigações*. 3ª parte, volume primeiro, Editora Jurídica e Universitária: Rio de Janeiro – São Paulo, 1971, pp. 9-10.

tem o poder de *extinguir a obrigação, e que, em alguns casos, apresenta os traços de contrato.*[3] O pagamento desfaz, portanto, o liame obrigacional; sendo satisfeito o crédito, tem-se ao mesmo tempo *a satisfação do credor e a desoneração do devedor.*[4]

Mas nem sempre haverá adimplemento direto. Em algumas circunstâncias o pagamento será indireto, na forma dos artigos 334 a 345 do Código Civil e arts. 890 a 900 do Código de Processo Civil.

Vale lembrar que o sujeito passivo possui não apenas um *dever,* mas um *direito,* o de ver-se desobrigado. Na situação ora estudada o *solvens* (devedor) manifesta sua vontade de adimplir a prestação, realiza os atos necessários, procura o credor, age de boa fé,[5] portanto, para realizar o cumprimento direto da prestação no modo, tempo e lugar ajustados; contudo, questões jurídicas envolvendo principalmente o objeto da prestação e a pessoa do credor impedem ou tornam inseguro o pagamento.

Logo, se o credor recusa-se ao recebimento sem razão de direito; se a legitimidade do crédito ou do credor está em discussão; se ele encontra-se em lugar desconhecido, de difícil acesso ou que implique em risco eminente de vida (obrigações portáveis), ou ainda, se o objeto da prestação está *sub judice,* o pagamento poderá ser feito pela via consignatória.

Vejamos a situação a partir da complexidade do empreendimento imobiliário. Para a construção de um conjunto de prédios residenciais, uma incorporadora se vale de um contrato de financiamento bancário para obter caixa e viabilizar o empreendimento. Em tal contrato há o gravame da hipoteca em favor do agente financiador. A incorporadora também realizará contratos de compra e venda das unidades com os consumidores (compradores ou promitente compradores) solicitando o pagamento direto das parcelas da compra para si; de outro lado, o Banco também reclamará o pagamento direto notificando os compradores ou promitentes compradores para que lhe paguem as parcelas, ressaltando que, se assim não for feito, o levantamento da hipoteca – que recai sobre o imóvel objeto da compra – não ocorrerá. O que deve fazer o comprador da unidade habitacional?

---

3 Nonato, Orosimbo. *Curso de obrigações.* 3ª parte, volume primeiro, p. 13

4 Marcato, Antônio Carlos. *Ação de consignação em pagamento.* São Paulo, Malheiros, 2001, p. 12

5 A boa fé objetiva, tida como princípio norteador das relações obrigacionais e, dentro destas o contrato, determina que ambas as partes (credor e devedor) atuem para auxiliar e facilitar o cumprimento da obrigação, realizando atos necessários ao adimplemento, ao pagamento do que foi ajustado como devido. Neste sentido recomenda-se a leitura de Clovis Couto e silva, *A obrigação como um processo.* Editora FGV: Rio de Janeiro, 2006, pp. 90-98.

Outra situação pode envolver contratos de empréstimo ou financiamento em que, além do pagamento da parcela principal e juros remuneratórios, há a previsão de pagamento de tarifas dos mais variados tipos, como *cobrança de serviços de terceiro, gravame eletrônico e registro de contrato,* que nem sequer são previstas por autoridade monetária. Ainda que referidas tarifas sejam claramente de caráter duvidoso e abusivo, o credor só aceita o pagamento acrescido das mencionadas tarifas, todas somadas com o valor da parcela principal no boleto. Deve o consumidor simplesmente pagá-las para que não seja considerado moroso?[6]

Eis algumas das hipóteses que ilustram problemas concretos para o devedor que pretende adimplir, tem sobre si o peso do pagamento, o momento em que ele se torna exigível pelo decurso do prazo ou da condição, mas que não pode fazê-lo diretamente ao credor por razões além de sua vontade.

Em síntese, temos quatro elementos essenciais à via consignatória: a) existência de uma obrigação jurídica prévia, válida e eficaz que implique no dever de pagar; b) vontade do devedor em realizar o ato do pagamento no modo, tempo e lugar ajustados; c) advento da exigibilidade da prestação e d) impossibilidade de fazê-lo diretamente ao credor, seja pela falta de cooperação deste ou por circunstâncias ligadas a sua pessoa ou objeto do pagamento.

Já apontamos que adimplir a obrigação constitui não só um dever do devedor, mas também um direito, assim como para o credor é um direito receber a prestação do devedor e também um dever cooperar para que este possa fazê-lo tal como acordado.

---

6 Neste seara, o Tribunal de Justiça do Estado de São Paulo assim se posicionou quanto as tarifas referenciadas: Ação Revisional – Financiamento bancário – Aquisição de veículo automotor – Não exigência de sujeição da instituição financeira aos limites do art. 1º do Dec. 22.626/33 – Aplicação da Súmula 596 do STF – Encargos de mercado – Capitalização – Admissibilidade – Expressa previsão contratual – Contrato firmado na vigência da Medida Provisória 1.963-17, de 30.03.2000 e suas reedições – Comissão de permanência não pactuada, de modo que prevalece a exigência da multa contratual para o período de inadimplência, juros de mora, inerentes à inadimplência, além dos juros remuneratórios, previstos em contrato para o período de normalidade – Recurso parcialmente provido. Ação revisional – Cobrança de Tarifa de Cadastro – Possibilidade – Entendimento pacificado pelo E. STJ – Aplicação do art. 543-C, do CPC, incluído pela Lei nº 11.672, de 08.05.2008 – Cobrança de Serviços de Terceiros, Gravame Eletrônico e Registro de Contrato – Ilegalidade – Precedentes desta Corte – Repetição de indébito – Devolução simples – Inaplicabilidade do art. 42, do CDC – Ausência de má-fé – Liquidação de sentença para recálculo do valor financiado – Procedência parcial da ação – Sucumbência recíproca – Recurso do banco parcialmente provido. (19ª Camara de Direito Privado, Rel. Sebastião Junqueira, Apelação nº 0001161-61.2012.8.26.0572, j. 15/12/2014).

Não obstante, a consignação é, em regra, uma faculdade concedida ao devedor que deseja por termo a sua obrigação e vem exemplificada nas hipóteses do artigo 335, incisos I, II e III do Código Civil. Por seu turno, as hipóteses previstas nos artigos IV e V versam sobre ônus jurídicos, uma vez que não tratam da vontade do credor, mas de circunstâncias objetivas atreladas à própria prestação devida.[7]

Outras formas consignatórias podem ser encontradas também em leis especiais, como a Lei de Locação[8] e o Código Tributário Nacional;[9] nosso

---

7 Em situações específicas, a consignação poderá assumir caráter obrigatório, com expressa previsão legal como é o caso de depósito da indenização securitária de bem hipotecado que foi destruído (1.425, § 1º do CC) e também de indenização securitária de coisa gravada com usufruto, sendo o segurado, no caso, o usufrutuário (art.1407, § 2º do CC) (Guerra, Alexandre Dartanhan de Mello. *Pagamento em consignação. in* Obrigações. Coord. Renan Lotufo e Giovanni Ettori Nani. Atlas: São Paulo, 2011, p. 356).

8 Lei nº 8245/91, art. 67. Na ação que objetivar o pagamento dos aluguéis e acessórios da locação mediante consignação, será observado o seguinte: I – a petição inicial, além dos requisitos exigidos pelo art. 282 do Código de Processo Civil, deverá especificar os aluguéis e acessórios da locação com indicação dos respectivos valores; II – determinada a citação do réu, o autor será intimado a, no prazo de vinte e quatro horas, efetuar o depósito judicial da importância indicada na petição inicial, sob pena de ser extinto o processo; III – o pedido envolverá a quitação das obrigações que vencerem durante a tramitação do feito e até ser prolatada a sentença de primeira instância, devendo o autor promover os depósitos nos respectivos vencimentos; IV – não sendo oferecida a contestação, ou se o locador receber os valores depositados, o juiz acolherá o pedido, declarando quitadas as obrigações, condenando o réu ao pagamento das custas e honorários de vinte por cento do valor dos depósitos; V – a contestação do locador, além da defesa de direito que possa caber, ficará adstrita, quanto à matéria de fato, a: a) não ter havido recusa ou mora em receber a quantia devida; b) ter sido justa a recusa; c) não ter sido efetuado o depósito no prazo ou no lugar do pagamento; d} não ter sido o depósito integral; VI – além de contestar, o réu poderá, em reconvenção, pedir o despejo e a cobrança dos valores objeto da consignatória ou da diferença do depósito inicial, na hipótese de ter sido alegado não ser o mesmo integral;VII – o autor poderá complementar o depósito inicial, no prazo de cinco dias contados da ciência do oferecimento da resposta, com acréscimo de dez por cento sobre o valor da diferença. Se tal ocorrer, o juiz declarará quitadas as obrigações, elidindo a rescisão da locação, mas imporá ao autor-reconvindo a responsabilidade pelas custas e honorários advocatícios de vinte por cento sobre o valor dos depósitos; VIII – havendo, na reconvenção, cumulação dos pedidos de rescisão da locação e cobrança dos valores objeto da consignatória, a execução desta somente poderá ter início após obtida a desocupação do imóvel, caso ambos tenham sido acolhidos.

9 Código Tributário, art. 164. A importância de crédito tributário pode ser consignada judicialmente pelo sujeito passivo, nos casos: I – de recusa de recebimento, ou subordinação deste ao pagamento de outro tributo ou de penalidade, ou ao cumprimento de obrigação acessória; II – de subordinação do recebimento ao cumprimento de exigências administrativas sem fundamento legal; III – de exigência, por mais de uma pessoa jurídica de direito público, de tributo idêntico sobre um mesmo fato gerador.

foco, porém, é a ação consignatória regulada pelo Código Civil e pelo Código de Processo Civil.

Até o momento tratamos do devedor adimplente, ou seja, que observa o prazo do pagamento. Contudo, o que se pode dizer daquele que descumpre o contrato previamente? O devedor, nesse cenário, ainda pode se socorrer da via consignatória?

2.2. Descumprimento da obrigação e consignação

Aparentemente, no caso de um devedor em mora, a tendência seria negar a possibilidade de consignação; contudo, faz-se necessário examinar a situação com acuidade. Ainda que o devedor esteja em atraso, desde que o descumprimento não resulte em inadimplemento absoluto,[10] é possível mudar o quadro procurando o credor para cumprir sua obrigação e realizar o pagamento juntamente com as penalidades e os encargos inerentes ao atraso para purgar a mora.

Se a prestação ainda é útil ao credor, este não pode se negar a receber ou criar obstáculos ao devedor para que ele possa adimpli-la. É dever do credor atuar também com boa fé objetiva no recebimento da prestação, cooperando para o fiel e efetivo cumprimento da obrigação.[11]

---

10 Como bem expõe Agostinho Alvim. "há inadimplemento absoluto quando o devedor não mais pode cumprir a obrigação; há mora quando a possibilidade ainda persiste" (*Da inexecução das obrigações e suas conseqüências*. 3ª ed. SP: Saraiva, 1980, p. 37*)* Para ilustrar como no adimplemento absoluto a prestação devida já não é útil ao credor, considere uma festa de formatura com data e horário certos para ocorrer: se os geradores de energia forem entregues no dia posterior ao evento, não haverá mais utilidade para os formandos (contratantes). Por outro lado, o atraso 5 dias no pagamento do gerador de energia, que também possui prazo certo, ainda tem utilidade para o credor, desde que recebido com os encargos inerentes à mora.

11 Eis precedente nesse sentido: Consignação em pagamento. Pretensão à liquidação antecipada com redução dos juros. Procedência. Apelo da instituição financeira. Interesse de agir caracterizado. Instituição financeira que procurada pelo consumidor através do Procon se queda inerte quanto ao pedido de liquidação antecipada. Possibilidade de consignação em pagamento. Art. 335, inciso I, do Código Civil. Redução de juros devida. Parágrafo 2º, art. 52 do Código de Defesa do Consumidor. Injustificada recusa do banco em aceitar a liquidação do dívida que descaracteriza a mora do consumidor. Redução de juros devida. Honorários arbitrados com equidade. Sentença mantida. Recurso desprovido (TJSP, 21ª Câmara de Direito Privado, Apel. nº 0016535-23.2008.8.26.0196, relator Virgilio de Oliveira Junior, julgado em 01/10/2012*)*.

O *animus solvendi,* enquanto desejo de pagar, é que dá o direito *legítimo* ao *solvens* de exigir do *accipiens* que receba a prestação devida, acompanhada da quitação adequada.[12]

Se o credor se nega a receber a prestação (acrescida de multa, juros e outros encargos inerentes ao atraso), ou dar a devida quitação do pagamento, não será possível o adimplemento direto. O ato do credor torna a medida insegura para o devedor, e o ato deste pode não ser suficiente para por fim à obrigação nessas condições, devendo fazer uso da tutela (judicial ou extrajudicial) que a lei lhe permite.

A forma segura de pagamento se dá com a consignação a partir do depósito da prestação devida em instituição financeira autorizada (depósito extrajudicial)[13] ou em juízo (depósito judicial).[14]

Com o levantamento do depósito pelo credor ou com a sentença transitada em julgado na ação de consignação em pagamento, teremos a extinção da obrigação por adimplemento indireto, sendo restabelecida a plena liberdade do devedor.

Como assinala Alexandre Guerra, "é essa reconquista da liberdade por comportamento do próprio devedor que imprime a feição democrática e auto-responsável impregnada ao direito das obrigações: o indivíduo libertar-se-á por sua própria força e por seu pessoal comportamento voltado a essa finalidade".[15]

3. Aspectos clássicos da ação de consignação

O uso da expressão *aspectos clássicos* da ação de consignação se deve ao fato de que trataremos dos elementos tradicionais romanos da ação de consignação. Alguns desses elementos, em especial a mora do credor *(mora accipiendi),* objeto deste estudo, modificaram-se por força jurisprudencial. Detalharemos a situação quando tratarmos das atualidades no uso da ação de consignação em pagamento no Brasil.

---

12 Lopes, Serpa. *Curso de Direito Civil, vol. 2,* Freitas Bastos: Rio de Janeiro, 1960, 3ª edição, p. 246.

13 Nos termos do art. 890 § 1º do CPC, "tratando-se de obrigação em dinheiro, poderá o devedor ou terceiro optar pelo depósito da quantia devida, em estabelecimento bancário, oficial onde houver, situado no lugar do pagamento, em conta com correção monetária, cientificando-se o credor por carta com aviso de recepção, assinado o prazo de 10 (dez) dias para a manifestação de recusa".

14 Segundo o artigo 891 do CPC, "Requerer-se-á a consignação no lugar do pagamento, cessando para o devedor, tanto que se efetue o depósito, os juros e os riscos, salvo se for julgada improcedente".

15 Guerra, Alexandre Dartanhan de Mello. *Pagamento em consignação. in* Obrigações. Coord. Renan Lotufo e Giovanni Ettori Nani. Atlas: São Paulo, 2011, p. 349

3.1. Mora *accipiendi*

A consignação é modalidade de pagamento indireto exatamente por não haver coincidência de vontades.[16] Na hipótese clássica[17] e comum da consignação o devedor deseja pagar, realiza a oferta, mas o credor se recusa, sem motivo, a receber ou permanece inerte.

A solução é dada pelo ato de depósito com a posterior aceitação do credor ou a partir da sentença judicial em que o órgão judicante reconhece a procedência do pedido, declarando extinta a obrigação.

A mora do credor é uma hipótese tradicional, comum desde os tempos da antiga Roma onde o devedor, após realizar a oferta real da coisa móvel devida ao credor, em local designado e na presença de testemunhas, diante da recusa injustificada deste, consignava-a em templo ou local indicado pela autoridade da época, devidamente fechado e lacrado.[18] Hoje, constituem locais aptos ao depósito os bancos e o Poder Judiciário.

Para consignar extrajudicialmente, o devedor depositará em instituição bancária (oficial, onde houver)[19] o valor da prestação, em conta com correção monetária.[20]-[21]

Ademais, caso feito o depósito em instituição não oficial (mesmo existindo uma na localidade), não se deve conceber qualquer consequência se ausentes alegação e prova de prejuízo pelo credor.[22]

---

16 Marcato, Antonio Carlos. *Ação de consignação em pagamento*, p. 13.

17 Usamos a expressão "clássica" porque pelo momento tratamos de expor sobre as hipóteses identificadas no artigo 335 do código Civil. Aliás, ressaltamos que as situações identificadas nos incisos do artigo 335 do Código Civil, não obstante a discussão doutrinária, podem ser tomados como exemplificativos, considerando o sentido amplo e flexível das expressões utilizadas no artigo como "credor que não possa receber"; "justa causa", "lugar incerto", bem como o principio da boa fé que permeia a norma indicada. Neste sentido recomenda-se a leitura de Judith Martins-Costa, *Comentários ao novo Código Civil.* Coord. Sálvio de Figueiredo Teixeira, Vol. V, Tomo I, RJ: Forense, 2006, p. 434.

18 Moreira Alves, José Carlos. *Direito Romano. Vol II.* 6ª ed. Forense: Rio de Janeiro, 2001, p. 84

19 Embora a lei processual refira-se a estabelecimentos bancários oficiais, deve prevalecer o entendimento de que eles serão os destinatários da consignação se existentes no local do pagamento; não havendo ali tais instituições, quaisquer outros bancos serão aptos a receber o pagamento.

20 TARTUCE, Fernanda. *Processo civil: estudo didático. SP:* Método, 2011, p. 249.

21 Gonçalves, Tiago Figueiredo. *Consignação em pagamento: aspectos de direito processual e material – com notas e remissões ao projeto de novo Código de Processo Civil*. Curitiba: Juruá, 2013, p. 60.

22 Gonçalves, Tiago Figueiredo. *Consignação em pagamento: aspectos de direito processual e material – com notas e remissões ao projeto de novo Código de Processo Civil*, p. 60.

Na *mora accipiendi* temos, portanto, os seguintes elementos: oferta da prestação pelo devedor em tempo, modo e lugar ajustados e recusa injustificada do credor. A recusa injustificada, como anota Agostinho Alvim, é o momento em que se inicia a mora do credor e seus efeitos.[23]

A recusa poderá ser expressa ou tácita – por exemplo, quando o credor não praticar atos necessários ao cumprimento da obrigação ou pela simples ausência de mandatário apto a receber em seu nome. Como se percebe, o conceito de recusa pode ser tido em sentido amplo.[24]

Já a qualidade de "injustificada" ou "desmotivada" que pauta a recusa considera: a) a ausência de amparo na lei; b) a ausência de fundamento no contrato; c) a falta de relação direta com a obrigação; d) a reação desproporcional e desarrazoada, considerando a extensão e efeitos do descumprimento do devedor; esta ultima hipótese foi construída em sede jurisprudencial.[25]

Para exemplificar a última situação, consideremos a consignação de chaves nos casos dos contratos de locação de imóvel. É habitual encontrar nestes contratos cláusulas que estabelecem que, ao final da vigência contratual, o imóvel deva ser restituído nas mesmas condições em que foi recebido do locador.

É exatamente neste momento da entrega do imóvel que surgem pontos de divergência entre os contratantes. É comum que o imóvel se encontre sujo, com paredes não pintadas e louças sanitárias danificadas, enfim, em desconformidade com o ajustado; nesta situação, o locador normalmente se recusa a receber as chaves e, conseqüentemente, por termo ao contrato.

Esta conduta do credor tem sido considerada inidônea por nossos Tribunais, a ponto de autorizar o locatário a promover ação consignatória para depositar as chaves em juízo e livrar-se do aluguel e encargos daí de-

---

23 Alvim, Agostinho. *Da inexecução das obrigações e suas conseqüências*. Saraiva: SP, 1980, p. 65.

24 Alvim, Agostinho, Da inexecução das obrigações e suas consequências, p. 71.

25 Eis exemplo decisório sobre esta expansão: APELAÇÃO – Ação de consignação em pagamento. Rescisão do contrato de Plano de Previdência Complementar que o pai das autoras mantinha com PREVER S.A. SEGUROS E PREVIDÊNCIA ante o não pagamento das duas últimas parcelas. Pretensão à consignação do valor referente às referidas parcelas, eis que não foi dada oportunidade às autoras de quitá-las, tendo em vista a rescisão do contrato sem comunicação prévia. Aplicação da teoria do adimplemento substancial pela qual não se justifica a resolução de pleno direito se o descumprimento do contrato foi de apenas uma pequena parte do contrato, mantendo-se a utilidade do recebimento das prestações pelo credor. Sentença mantida. Recurso não provido. (TJSP, 9ª Câmara de Direito, Apel. 9130071-98.2004.8.26.0000, Rel. Oswaldo Luiz Palu, julgado em 07/04/2010).

correntes, ficando resguardada a alternativa da ação de reparação de danos para o locador.[26]

O momento da caracterização da mora do credor é importante pelos efeitos que acarreta na relação obrigacional – sobretudo nos contratos. Assim temos: (a) a exclusão da mora do devedor, já que não há mora concomitante em nosso sistema[27]; (b) a atenuação da responsabilidade do devedor, sendo os riscos da guarda e conservação da coisa atribuídos ao credor – salvo dolo do devedor; (c) a possibilidade de o devedor cobrar o ressarcimento pelas despesas que teve com a obrigação que não foi recebida no modo, tempo e condições ajustadas; (d) se o valor do objeto da prestação oscilar entre o dia do pagamento e da sua efetivação, o credor será obrigado a receber pela estimação favorável ao devedor[28] (caso dos commodities de café, soja, algodão e milho) e, por fim, (e) a legitimação do devedor para consignar o objeto da prestação, liberando-o definitivamente da obrigação, na forma dos artigos 890 do CPC.

Mas como caracterizar a mora?

A prova da mora do credor quando a obrigação possui um prazo é simples: normalmente basta o transcurso da data aprazada *(dies interpellat pro homine).* Se não houver prazo, é aconselhável que o devedor se acautele e faça a oferta da obrigação de forma expressa a fim de produzir provas de

---

26 Nesta linha de entendimento: Civil e Processual Civil. Ação de rescisão de contrato de locação não residencial cumulada com pedido de consignação do imóvel locado, simbolicamente representado pelas chaves. Sentença de procedência. Pretensão à anulação ou à reforma integral. Não cabimento. Rejeição da preliminar de nulidade da sentença, porque inexistente propalado cerceamento de defesa. Como destinatário da prova, pode o juiz indeferir a que julgar desnecessária ao deslinde da controvérsia, a teor do artigo 130 do Código de Processo Civil. Recusa da locadora em receber as chaves sem a realização de vistoria, a pretexto da necessidade de reparos no imóvel para repô-lo no estado em que se encontrava ao tempo da celebração do contrato. Impossibilidade. Prorrogado o contrato de locação por prazo indeterminado, o locatário tem o poder (direito potestativo) de resili-lo a qualquer tempo, mediante declaração de vontade enviada por escrito ao locador, com aviso prévio de 30 dias (art. 6º, caput, da Lei n. 8.245/91), não sendo lícito ao senhorio, com base na alegação de inadimplemento contratual, opor-se à entrega do imóvel e a consequente extinção do contrato. Recusa injusta da locadora que impõe a procedência da demanda consignatória. Precedentes do C. STJ e deste E. Tribunal de Justiça. Recurso não provido (TJSP, 33ª Câmara de Direito Privado, Desembargador relator Mourão Neto, Apelação nº 0155118-14.2010.8.26.0100, j. 10.02.2014).

27 Alvim, Agostinho, Da inexecução das obrigações e suas conseqüências, p. 73

28 Prescreve o artigo 400 do CC que i) A mora do credor subtrai o devedor isento de dolo à responsabilidade pela conservação da coisa, ii) obriga o credor a ressarcir as despesas empregadas em conservá-la, iii) e sujeita-o a recebê-la pela estimação mais favorável ao devedor, se o seu valor oscilar entre o dia estabelecido para o pagamento e o da sua efetivação.

seu ato de boa fé (notificação judicial ou extrajudicial, testemunhas, mensagens de texto, etc).

3.2. Do que e onde pode ser consignado

A consignação, por si só implica, em um ato comissivo; por tal razão, obrigações omissivas (não fazer) e obrigações que se restringem a um simples fazer (*facere)* não podem ser objeto de consignação; trata-se de impossibilidade decorrente da própria natureza dessas obrigações.[29] No caso da obrigação de fazer, só é possível consigná-la se a mesma for seguida de um dar (como no caso da feitura de um piano à mão).

A obrigação de dar é a comumente consignada; neste tipo encontram-se depósitos em dinheiro, bens móveis ou imóveis, bens fungíveis (determinados por quantidade e qualidade) ou infungíveis, bens materiais (alugueres, títulos, documentos, mercadorias) e até imateriais (direitos autorais). O importante é que apresentem valor.[30]

No caso das quantias pecuniárias, conforme a redação do § 1º do artigo 890 do Código de Processo Civil, o devedor poderá optar pelo depósito extrajudicial em instituição bancária desde que concorram, além da recusa injustificada do credor, os seguintes requisitos: a) que a obrigação devida seja dívida em dinheiro (líquida e certa); b) que haja, no local de pagamento (artigos 337 do CC e 891 do CPC), estabelecimento bancário oficial e, na ausência deste, particular;[31] c) que o credor seja conhecido, certo, capaz, solvente, com endereço conhecido para receber a carta, com aviso de recepção, deixando-o ciente do depósito e d) que o depósito seja feito no mesmo lugar do pagamento.[32]

Normalmente a estipulação do local de pagamento está prevista no contrato ou na lei; se ausente, considera-se o local onde o pagamento era

---

29 Martins-Costa, Judith. *Comentários ao novo Código Civil – arts. 304 a 388*, p. 420.

30 Lôbo, Paulo Luiz Netto. *Direito Civil: obrigações*. Saraiva: São Paulo, 2013, p. 228

31 Eis o teor do artigo 1º do Decreto Lei nº 3077/41: *Quaisquer importâncias em dinheiro, cujo levantamento ou utilização depender de autorização judicial, serão obrigatòriamente recolhidas ao Banco do Brasil S.A., às Caixas Econômicas Federais, ou Estaduais, ao Banco Nacional do Desenvolvimento Econômico, ou a Banco de que os Estados-membros da União possuam mais da metade do capital social integralizado.* Diante dessa redação, e pela possibilidade do credor não levantar a quantia depositada extrajudicialmente, há julgados que entendem que apenas bancos oficiais poderiam receber os valores em questão para depósito extrajudicial. Essa não é nossa compreensão; nada impede que bancos particulares também possam receber.

32 Geralmente se considera a comarca do local do pagamento: se no município não há banco, mas no vizinho há, desde que pertençam a mesma comarca, o depósito pode ser realizado aí.

feito reiteradamente (se parcelado), conforme o artigo 337 do CC e 891 do CPC; o local em que o bem imóvel se localiza (artigo 341 do CC); ou ainda o domicílio do devedor quando a dívida for quesível (o credor deve ir até o devedor buscar a prestação). Se a dívida for portável (o devedor deve ir até o credor para pagar), convém considerar aspectos particulares probatórios como a periculosidade e a inacessibilidade do local, a incerteza da residência do credor ou outro motivo relevante, o que poderá possibilitar o depósito em outro local (artigo 335, inciso III e interpretação extensiva do artigo 329 do Código Civil), segundo o entendimento do Juízo.[33]

O bem só precisa ser certo e individualizado na data de depósito; isso explica porque é possível consignar obrigações ilíquidas, genéricas (determinadas pela qualidade e quantidade, como nos contratos de agronegócios envolvendo grãos, rebanhos, etc) e alternativas (em que o credor deve escolher uma das obrigações indicadas no contrato).[34] Portanto, ainda que o bem seja incerto na data da celebração do contrato, desde que seja determinável, poderá ser depositado em juízo.

Há bens difíceis de consignar e que podem acarretar alto custo para o devedor, autor da ação, até que ocorra a solução da questão jurídica relacionada à obrigação; nestas condições, recomenda-se que cautelas sejam tomadas ainda na fase contratual.

Em interessante caso apreciado pelo Superior Tribunal de Justiça,[35] o consignante buscava depositar valor correspondente a sacas de soja não retiradas pelo credor. Suscitando o artigo 336 do Código Civil, o v. acórdão assim expôs em sua ementa:

> celebrado contrato entre as partes para a entrega de 372 sacas de soja de 60 kg, a US$9,00 cada uma, sem estipulação de outra forma alternativa de cumprimento dessa obrigação, não é possível o uso da ação de consignação em pagamento para depósito em dinheiro daquilo que o devedor entende devido.

A medida possível no Direito Civil Italiano,[36] que inclui a venda de bens perecíveis ou de depósito dispendioso com a respectiva consignação, precedida autorização judicial, parece não encontrar respaldo em nossas Cortes.

---

33 Martins-Costa, Judith, *Comentários ao novo Código Civil – arts.304 a 388*, p. 451.

34 Consoante redação do artigo 342, se a escolha da coisa indeterminada competir ao credor, será ele citado para esse fim, sob cominação de perder o direito e de ser depositada a coisa que o devedor escolher; feita a escolha pelo devedor, proceder-se-á como no artigo antecedente.

35 4ª Turma, REsp 1194264/PR, Rel. Min. Luís Felipe Salomão, j. 01/03/2011.

36 Art. 1211 Cose deperibili o di dispendiosa custodia ? Se le cose non possono essere conservate o sono deteriorabili, oppure se le spese della loro custodia sono eccessive, il debitore, dopo l'offerta reale o l'intimazione di ritirarle, può farsi autorizzare dal

Exatamente pela presença de decisões com interpretação literal do artigo 313 do Código Civil,[37] recomenda-se que os contratantes prevejam a possibilidade de o devedor vender o bem de difícil guarda e conservação, podendo consignar o valor diante da mora do credor, com base em tal disposição contratual.

3.3. Dos efeitos

O regime de riscos recai sobre o devedor até a tradição da coisa,[38] como aplicação da expressão *a res perit domino.* Contudo, sendo o depósito realizado cessam para o devedor, autor da ação consignatória, os juros e os riscos; os riscos de perda da coisa passam a ser do credor (*res perit creditoris),* salvo se o pedido da demanda for julgado improcedente (art. 891 do CPC e art. 337 do CC).

Se o credor aceitar o depósito, não há porque prosseguir o processo judicial. Se o credor permanecer inerte ou se, citado, restar revel, o juiz julgará procedente o pedido da demanda, declarando extinta a obrigação e condenando o credor ao pagamento do ônus da sucumbência.[39]

Assim, o depósito tem o efeito da tradição no que tange aos riscos e à cessação dos juros, tendo sua eficácia plena com a sentença de procedência. A data do depósito é o termo inicial dos efeitos da extinção da obrigação pela consignação; contudo, se o devedor levantar o depósito esses riscos voltarão a correr para ele, inclusive em relação aos juros. Isso poderá acontecer:

a) Enquanto o credor não impugnar ou não declarar que aceita o depósito, arcando o devedor com as despesas (art. 338 do CC e 267, parágrafo 4º do CPC), sendo restabelecido o crédito com todas as suas garantias e encargos (esta medida também se aplica aos depósitos extrajudiciais);

b) Após contestar a lide ou aceitar o depósito, sem que ainda a sentença tenha sido proferida, se o credor aquiescer no levantamento, perderá a preferência e a garantia que lhe competiam com respeito à coisa consigna-

---

pretore a venderle nei modi stabiliti per le cose pignorate e a depositarne il prezzo (2797; Cod. Proc. Civ. 529 e seguenti).

37 "O credor não está obrigado a receber coisa diversa do que convencionou, ainda que mais valiosa",

38 CC, art. 234. Se, no caso do artigo antecedente, a coisa se perder, sem culpa do devedor, antes da tradição, ou pendente a condição suspensiva, fica resolvida a obrigação para ambas as partes; se a perda resultar de culpa do devedor, responderá este pelo equivalente e mais perdas e danos.

39 CPC, art. 897. Não oferecida a contestação, e ocorrentes os efeitos da revelia, o juiz julgará procedente o pedido, declarará extinta a obrigação e condenará o réu nas custas e honorários advocatícios.

da. Se a obrigação for solidária ficarão desobrigados os demais co-devedores, ocorrendo o mesmo com os fiadores que não tenham anuído com o ato (art. 340 do Código Civil);

c) Após o reconhecimento da procedência do pedido de depósito, e antes do trânsito em julgado, mediante a concordância do credor, dos fiadores e demais co-devedores (obrigação indivisível ou solidária).[40] Sem a concordância dos fiadores, o credor perderá a garantia; no caso dos co-devedores, estes ficarão desobrigados se não concordarem com o levantamento, restando ao credor apenas cobrar do devedor que promoveu a ação consignatória (art. 340 do CC).

Vale assinalar que a petição de depósito, via de regra, acaba por reconhecer a dívida e por isso funciona como forma de interrupção da prescrição prevista no artigo 202 do IV do CC[41]

Frise-se que o simples depósito judicial ou bancário da prestação devida não constitui pagamento por si só. O efeito de liberar o devedor e extinguir a obrigação só é efetivado, no direito brasileiro, quando o credor levanta a prestação ou o pedido da ação de consignação em pagamento for julgado procedente, com o trânsito em julgado da sentença. Neste momento considera-se consolidada a transferência do domínio do objeto depositado.

A eficácia da sentença da ação consignatória possui força equivalente à quitação,[42] sendo por isso capaz de extinguir a obrigação e gerar efeitos *ex tunc*, retroagindo até a data do depósito. A demonstração desta quitação realizada via judicial se dá com a certidão expedida pelo cartório.

4. Atualidades no uso da ação de consignação em pagamento no Brasil: o depósito sem mora do credor

Se examinarmos as decisões dos tribunais ao longo dos anos, poderemos notar gradativamente uma mudança de comportamento jurisprudencial, reflexo do dinamismo jurídico necessário para acompanhar as mudanças sociais e as questões jurídicas daí emergentes. Passemos a elas.

---

40 Segundo o artigo 399 do Código Civil, o devedor em mora responde pela impossibilidade da prestação, embora essa impossibilidade resulte de caso fortuito ou de força maior, se estes ocorrerem durante o atraso; salvo se provar isenção de culpa, ou que o dano sobreviria ainda quando a obrigação fosse oportunamente desempenhada.

41 TEPEDINO Gustavo; Heloisa Barboza e Maria Celina Bodin. *Código Civil interpretado segundo a Constituição Federal*. Rio de Janeiro: Renovar, 2006, p. 631.

42 Nos termos do parágrafo único do artigo 897 do CPC, "não oferecida a contestação, e ocorrentes os efeitos da revelia, o juiz julgará procedente o pedido, declarará extinta a obrigação e condenará o réu nas custas e honorários advocatícios".

4.1. Possibilidade de cumular pedidos

Observa-se que, não obstante haja alguns julgados em sentido contrário,[43] nossos tribunais já sedimentaram o entendimento sobre a possibilidade de cumulação da ação de consignação em pagamento com ações revisionais de cláusulas contratuais. Trata-se de uma evolução que acresce novo sentido à tradicional forma pela qual a ação consignatória era utilizada.

Aqui não há recusa do credor em receber: portanto, não há mora *accipiendi*, e nem qualquer das hipóteses clássicas previstas nos incisos do artigo 335 do CC.

A única hipótese que poderia se aproximar desta situação seria a do inciso V do artigo 335 do CC, que prevê como possibilidade de consignar a situação de *pender* litígio sobre o objeto do pagamento. Mas, como se observa a doutrina brasileira a partir da lição de Renan Lotufo, "é inadmissível pensar em litígio entre o devedor e o credor como ensejador de consignação, a menos que ocorra expressa previsão legal, como se tem na hipótese do art. 504".[44]

Portanto, estamos diante de uma construção jurisprudencial extremamente importante ante a multiplicação dos contratos de consumo, que incluem os contratos de empréstimo, financiamento, alienação fiduciária e outros contratos bancários, facilitando a defesa do consumidor prevista no Código de Defesa do Consumidor (art. 4º, inciso III; art. 6º, inciso V e

43 Neste linha: AÇÃO DE CONSIGNAÇÃO EM PAGAMENTO – DISCUSSÃO DE CLÁUSULAS CONTRATUAIS – IMPOSSIBILIDADE – VIA ELEITA INADEQUADA – RECURSO DESPROVIDO. A ação de consignação em pagamento, como procedimento especial, somente se presta ao pagamento de uma dívida líquida e certa. Se o devedor pleiteia o depósito do montante que entende devido, deve ser o pedido indeferido, uma vez que não se pode apurar a correção deste valor, constituindo requisito da consignação em pagamento a entrega do importe exigido pelo credor. (TJMG, Apelação Cível 1.0210.11.000993-8/001, Des.(a) Antônio de Pádua, j. 06/09/2012). Em sentido contrário: APELAÇÃO CÍVEL – REVISÃO CONTRATUAL – RITO ORDINÁRIO – CUMULAÇÃO COM AÇÃO DE CONSIGNAÇÃO EM PAGAMENTO – RITO ESPECIAL – POSSIBILIDADE – SENTENÇA CASSADA. – É perfeitamente possível o ajuizamento de ação revisional de contrato cumulada com pedido de consignação em pagamento, no caso, o depósito das parcelas tidas como incontroversas, com base no art. 292 do CPC, que prevê a possibilidade de cumulação de pedidos processados em rito obrigatoriamente ordinário. (TJMG, Processo: Apelação Cível 1.0024.11.218123-5/001, Des.(a) Mariângela Meyer, j. 04/09/2012) e Ação Revisional c.c Consignação em Pagamento Contrato de Financiamento. Cumulação de pedidos. Possibilidade. Sentença anulada. Remessa dos autos à Vara de origem para regular prosseguimento. Recurso provido. (TJSP, Apelação n° 0021964-16.2012.8.26.0071, 6ª Câmara Extraordinária de Direito Privado, Relator Thiago de Siqueira, j. 24/07/2014)

44 Lotufo, Renan. *Código Civil Comentado*, vol. 2. SP: Saraiva, 2003, p.276.

artigo 51, IV) e o controle jurisprudencial de eventuais abusos contratuais cometidos.

A hipótese a seguir mencionada reflete essa evolução jurisprudencial em termos de consignação em pagamento: situações de reajustes de planos de saúde em desconformidade com as normatizações da ANS (Agência Nacdional de Saúde). Uma dessas situações é a fixação de valores superiores a mais de 6 vezes da faixa etária inicial (0-17 anos) para os consumidores que se encontram na última faixa etária do plano (59 anos ou mais), obrigando o consumidor com mais de 60 anos ao pagamento de quantia excessivamente onerosa para que possa se manter no plano de saúde.[45]

Aqui não há mora do credor, muito menos a configuração de quaisquer das situações clássicas de consignação; contudo, os tribunais permitem o depósito dos valores mensais do plano de saúde em juízo para discussão sobre o reajuste abusivo.[46]

Interessante acórdão proferido pela 4ª turma do Superior Tribunal de Justiça, deixa clara a possibilidade de revisão de cláusulas contratuais no bojo da ação consignatória.[47]

Em termos procedimentais, cabe perquirir: se a ação de consignação tem previsão de procedimento especial e a ação revisional usualmente segue o rito ordinário, como solucionar tal aparente incompatibilidade?

---

45 A Resolução Normativa n.63 de 22 de dezembro de 2003, estabelece em seu artigo 3º que Art. 3º Os percentuais de variação em cada mudança de faixa etária deverão ser fixados pela operadora, observadas as seguintes condições: I – o valor fixado para a última faixa etária não poderá ser superior a seis vezes o valor da primeira faixa etária; II – a variação acumulada entre a sétima e a décima faixas não poderá ser superior à variação acumulada entre a primeira e a sétima faixas. III – as variações por mudança de faixa etária não podem apresentar percentuais negativos.

46 Nesta toada: PLANO DE SAUDE AÇÃO DECLARATÓRIA DE NULIDADE DE REAJUSTE C.C. CONSINAÇÃO EM PAGAMENTO E PEDIDO DE DEVOLUÇÃO DE VALORES Procedência Reajuste decorrente de alteração de faixa etária da autora, titular do plano (92,82%) – Abusividade – Embora exista previsão contratual para reajuste por mudança de faixa etária, o aumento praticado é abusivo e coloca a consumidora em verdadeira situação de desvantagem Inteligência da Súmula 91 deste E. Tribunal de Justiça (Ainda que a avença tenha sido firmada antes da sua vigência, é descabido, nos termos do disposto no art. 15, § 3º, do Estatuto do Idoso, o reajuste da mensalidade de plano de saúde por mudança de faixa etária) Correto o afastamento do reajuste praticado pela ré e a devolução de valores pagos a maior a esse título, mas não em dobro (tal qual determinado pelo Juízo de primeiro grau) Precedentes Sentença mantida – Recurso improvido. (TJSP, 8ª Câmara de Direito Privado, Relator Salles Rossi , Apelação n. 1068088-79.2014.8.26.0100, j. 21/01/2015)

47 Recurso especial n° 645.756/RJ, Rel. Ministro Aldir Passarinho Junior, j. 07/12/2010.

A solução encontrada pelos julgadores foi dar aplicação ao CPC[48] reconhecendo a adoção do rito ordinário no caso de cumulação; tal decisão é interessante porque a produção de provas constitui ônus essencial para a revisão ou a manutenção das cláusulas do contrato, ressalvado o fato de que nas ações de consumo o ônus da prova tende a ser invertido e ser, portanto, do réu (fornecedor). A síntese do aqui explicitado vem exposta na ementa do seguinte acórdão:[49]

> Ação de consignação em pagamento. Cumulação de pedidos. Precedentes da Corte.1. Já decidiu a Corte ser possível em ação de consignação em pagamento "examinar o critério de reajustamento em contratos de mútuo para a aquisição da casa própria" (REsp n° 257.365/SE, de minha relatoria, DJ de 18/6/01). Há, também, precedente no sentido de que se admite "a cumulação dos pedidos de revisão de cláusulas do contrato e de consignação em pagamento das parcelas tidas como devidas por força do mesmo negócio jurídico" e de que quando o autor cumula pedidos "que possuem procedimentos judiciais diversos, implicitamente requer o emprego do procedimento ordinário" (REsp n° 464.439/GO, Relatora a Ministra Nancy Andrighi, DJ de 23/6/03). 2. Não viola o art. 292, § 1°, I e II, do Código de Processo Civil a decisão que defere ao autor a possibilidade de opção pelo procedimento ordinário antes do indeferimento da inicial.(...)

4.2. A questão de depósito integral

A extensão do uso da ação consignatória considerava o seguinte: como ela era vista como meio de pagamento indireto, depositava-se judicialmente ou extrajudicialmente o que havia sido ajustado contratualmente e que, devido à falta de cooperação do credor ou outra circunstância alheia à vontade deste e do devedor, impedia o último de realizar o pagamento direto.

Atualmente o depósito em consignação pode ocorrer mesmo que o credor seja conhecido, capaz, solvente, com endereço certo ou lugar de pagamento acessível, e ainda, manifeste interesse no recebimento; isso se dá por sua cumulação com outras demandas (como a já citada "ação de revisão contratual").

E não se trata apenas da possibilidade de consignar fora das hipóteses clássicas previstas no artigo 335 do CC, mas da possibilidade de realizar depósito a menor, correspondente à quantia incontroversa apenas.

---

48 Nos termos do art. 292, parágrafo 2º do CPC, "quando, para cada pedido, corresponder tipo diverso de procedimento, admitir-se-á a cumulação, se o autor empregar o procedimento ordinário".

49 3ª Turma do Superior Tribunal de Justiça, Recurso Especial 616357/PE, Ministro Rel. Carlos Alberto Menezes Direito, j. 07.06.2005.

Isso fica claro pela dicção do *caput* do artigo 899 do CPC, que permite ao devedor integralizar o depósito em até 10 (dez) dias após a contestação do credor (réu).

Conforme o parágrafo 1º do artigo 899 do CPC, alegada a insuficiência do depósito, conforme o artigo 896 do CPC, poderá o réu levantar, desde logo, a quantia ou a coisa depositada, com a consequente liberação parcial do autor, prosseguindo o processo quanto à parcela controversa.[50]

Portanto, a ação não pode ser extinta sem julgamento de mérito por este motivo e, nem tampouco ter seu pedido julgado improcedente pela mesma razão. Se ao final da demanda ficar demonstrado que o credor (réu) tinha razão quanto à insuficiência do depósito, o pedido será julgado parcialmente procedente, com extinção parcial do débito. O juiz, dentro do possível, deve expressar o montante do que sopesar da dívida; a sentença valerá como título executivo, procedendo-se à execução nos mesmos autos (art.899, § 2º do CPC).[51]

Tal entendimento foi reforçado pela 4ª Turma do Superior Tribunal de Justiça no seguinte aresto:

> "esta Corte de Uniformização Infraconstitucional firmou entendimento no sentido de que o depósito efetuado a menor em ação de consignação em pagamento não acarreta a total improcedência do pedido, na medida em que a obrigação é parcialmente adimplida pelo montante consignado, acarretando a liberação parcial do devedor. O restante do débito, reconhecido pelo julgador, pode ser objeto de execução nos próprios autos da ação consignatória (cf. REsp nº 99.489/SC, Rel. Ministro BARROS MONTEIRO, DJ de 28.10.2002; REsp nº 599.520/TO, Rel. Ministra NANCY ANDRIGHI, DJ de 1.2.2005; REsp nº 448.602/SC, Rel. Ministro RUY ROSADO DE AGUIAR, DJ de 17.2.2003; AgRg no REsp nº 41.953/SP, Rel. Ministro ALDIR PASSARINHO JÚNIOR, DJ de 6.10.2003; REsp nº 126.326/RJ, Rel. Ministro BARROS MONTEIRO, DJ de 22.9.2003)." (REsp 613552/RS, Rel. Min. Jorge Scartezzini, Quarta Turma, Unânime, DJ: 14/11/2005, p. 329).[52]

---

50 Nesta toada, eis a seguinte ementa: PROCESSUAL CIVIL. AGRAVO. RECURSO ESPECIAL. AÇÃO DE CONSIGNAÇÃO EM PAGAMENTO. DEPÓSITOS INSUFICIENTES. QUITAÇÃO PARCIAL DA OBRIGAÇÃO. ÔNUS SUCUMBENCIAIS.- Na ação de consignação em pagamento, a insuficiência do depósito não conduz à improcedência do pedido, mas sim à extinção parcial da obrigação, até o montante da importância consignada.- Na hipótese de procedência parcial dos pedidos, os ônus desucumbência devem ser suportados por ambas as partes.- Agravo não provido. (STJ, Ministra NANCY ANDRIGHI, 3ª Turma, AgRg nos EDcl no REsp 1223520 / MS, j. 09/10/2012).

51 A sucumbência, por seu torno, será suportada por ambas as partes (STJ, Rel. Ministra NANCY ANDRIGHI , 3ª Turma, AgRg nos EDcl no REsp 1223520 / MS, j. 09/10/2012).

52 Recurso especial nº 912697/RO, Relator Ministro Aldir Passarinho Junior, julgado 07/10/2010.

O devedor, portanto, pede a consignação daquilo que entende devido e demonstra suas razões a partir de cálculo plausível, feito com base no contrato ou título, não sendo obrigado a depositar aquilo que o credor alega ser devido.

Com isso, índices e critérios de reajuste nos mais diversos tipos de contrato que se estendem por um período razoável de tempo – como, por exemplo, compra e venda parcelada; financiamento imobiliário; arrendamento rural, locação, planos de saúde, serviços educacionais, entre outros-podem ser objeto de discussão. É o que temos acompanhado nas discussões judiciais tanto em esfera estadual[53] e como federa.l[54]

---

53 Eis exemplos: PLANO DE SAÚDE COLETIVO. Reajuste em 400%, sob o argumento de aumento da sinistralidade Inadmissibilidade Ausência de demonstração pela operadora da adequação de tão exorbitante percentual à realidade fática do grupo atendido Violação do dever de informação, bem como dos princípios da boa-fé e da transparência, por parte da operadora Autorizado somente reajuste legal determinado pela ANS Precedentes da Corte Honorários advocatícios, porém, arbitrados equivocadamente em quantia fixa e, cumulativamente, em percentual da condenação Irrazoabilidade de tal cumulação Sentença reformada nesse ponto Apelo provido em parte (TJSP, Apelação nº 1072205-50.2013.8.26.0100, 6ª Câmara de Direito Privado, Rel. Percival Nogueira, j. 21.07.2014); AÇÃO DE REVISÃO CONTRATUAL C.C. CONSIGNAÇÃO EM PAGAMENTO. Cessão de Termo de Adesão e Compromisso de Participação, com anuência da ré, para aquisição de imóvel. Autorização para uso antecipado do imóvel concedida em julho/2010. Reajuste excessivo em janeiro/2011, de R$ 375,50 para R$ 940,62, a motivar a propositura da ação. Sentença de procedência, para determinar a correção das prestações pelo INCC, até a entrega das chaves e, após, pelo INPC, além de extinguir a obrigação de pagamento das parcelas consignadas e reduzir a taxa de administração de 25% para 10%. (...). Descabimento. CDC. Aplicabilidade. Reconhecimento de que a relação de consumo pode ser estabelecida independentemente da pretensão de lucro. Atualização do saldo devedor e prestações. Norma do art. 5º, XVIII, CF (vedação da interferência estatal na cooperativa) que deve ser apreciada harmonicamente com o inciso XXXV (impossibilidade de exclusão da apreciação de lesão ou ameaça a direito pelo Poder Judiciário), sobretudo objetivando a proteção do particular, cujo objetivo foi a razão precípua para formação da cooperativa. Reajuste praticado, superior a 100%, que inviabilizaria o objetivo da ré, em razão da impossibilidade de pagamento das parcelas e perda do bem adquirido. Forma de reajuste que resultaria em contratação ad eternum, sem que jamais a unidade fosse quitada, circunstância reputada inadmissível. Manutenção da atualização pelo INCC até a entrega da unidade e, após, pelo INPC. Taxa de administração. Percentual abusivo (25%). Ausência de prestação de contas ou demonstração de valores que comprovem a utilização de todo o montante. Adequação da redução para 10% (,,,) (TJSP, 5ª Câmara de Direito Privado, Apelação nº 0016458-49.2011.8.26.0506, Rel. James Siano, j. 24.06.2014).

54 Eis exemplos: PROCESSUAL CIVIL. CONSIGNAÇÃO. PRELIMINARES. SFH. REVISÃO DE CONTRATO. CLÁUSULA PES-CP. REAJUSTE DA PRESTAÇÃO. ALTERAÇÃO DE CATEGORIA PROFISSIONAL. ÍNDICE DA NOVA SITUAÇÃO DO DEVEDOR. PRECEDENTES. 1. Em ação consignatória é possível o debate a respeito das obrigações do contrato. Precedentes. 2. A aplicação do PES refere-se às prestações do financiamento e não ao reajuste do

Vale frisar que a simples propositura da demanda revisional do contrato não inibe a caracterização da mora do autor;[55] o depósito a menor, se deferido judicialmente, apesar de não impedir o andamento do processo, tem se revelado não raro insuficiente para impedir os efeitos da mora sobre o devedor devido ao caráter genérico das alegações na inicial. Explica-se.

A consignação a menor do valor da parcela principal, acrescido dos encargos inerentes, deve estar pautada em determinados requisitos ligados à urgência ou evidência para evitar as consequências da mora do *solvens* (devedor) e obter o deferimento da ordem de vedação da inscrição do nome do devedor em cadastros dos órgãos de proteção do crédito e a manutenção do bem junto ao autor (como no caso de financiamento envolvendo alienação fiduciária e *leasing*).

Em ações de revisão, em geral cumuladas com pedidos de consignação, em que se debate o reajuste de parcelas em contratos a longo prazo, a abusividade da taxa poderá ficar evidenciada por sua discrepância em relação: a) ao valor da inflação, por exemplo; b) à aplicação de índices prove-

---

saldo devedor do mútuo vinculado ao SFH, que deve ser corrigido segundo índice de reajuste da poupança, quando assim contratado. 3. O PES não constitui índice de correção monetária, mas regra de cálculo das prestações a serem pagas pelo mutuário, tendo em conta seu salário. 4. Deve ser mantida a relação entre prestação e salário, como forma de manutenção do equilíbrio econômico-financeiro da avença, se as partes expressamente contrataram o Plano de Equivalência Salarial. 5. Quando o devedor principal fica sem fonte de renda, situação comunicada, por escrito, ao agente financeiro, com pedido de alteração da categoria profissional, o reajuste da prestação deve obedecer à nova situação do devedor. 6. Matéria preliminar rejeitada. Apelação da CEF não provida. (TRF da 3ª Região, Turma Suplementar da 1ª Seção, Apelação Cível 0001650-23.1991.4.03.6000 (MS); Relator Juiz Convocado João Consolim, j. 24.02.2010) e APELAÇÃO EM MANDADO DE SEGURANÇA – ENSINO SUPERIOR – MENSALIDADES EM ATRASO – REAJUSTE – CONSIGNAÇÃO EM PAGAMENTO – MATRÍCULA – SITUAÇÃO FÁTICA CONSOLIDADA. 1 – Tendo sido garantido, por sentença, o direito dos impetrantes de se matricularem, assistirem às aulas, participarem de trabalhos e provas, enfim, de praticarem todos os atos acadêmicos, sem quaisquer constrangimentos oriundos da discussão judicial acerca do valor devido a título de mensalidades escolares, operou-se na espécie situação fática consolidada pelo transcurso de tempo, que, uma vez assegurada por decisão judicial, tornou-se irreversível. 2 – Estando sub judice a questão do valor das mensalidades em atraso, tendo em vista o ajuizamento de ação de consignação em pagamento pelos alunos para discussão do seu reajuste, não é lícito ao estabelecimento de ensino proibir, sob esse argumento, a renovação de matrícula e a prática das atividades escolares. 3 – Apelação e remessa oficial a que se nega provimento. (TRF da 3ª Região, 6ª Turma, Apelação Cível em Mandado de Segurança, processo nº 0402207-58.1990.4.03.6103 –SP; Des.Fed. Lazarano Neto, j. 06.05.2005).

55 Nos termos da Súmula 380 do STJ, "a simples propositura da ação de revisão de contrato não inibe a caracterização da mora do autor".

nientes de fórmulas indecifráveis que levam a uma "eterna dívida"; ou ainda c) por sua afronta clara à lei.

Na primeira e na segunda hipóteses, um cálculo comparativo esclarecedor deve ser feito e anexado à petição inicial. No segundo caso também é preciso indicar a lei e demonstrar seu descumprimento, como no caso do empréstimo consignado na folha de pagamento do empregado junto com extratos bancários que comprovam o desconto das parcelas mensais superior a trinta por cento de seu rendimento pela instituição financeira (Lei nº 10.820/2003, artigo 2º, § 2º, inciso I).

Nas ações revisionais cumuladas com pedido de consignação em pagamento, envolvendo empréstimos nos contratos bancários, os tribunais têm exigido do autor o preenchimento de requisitos instituídos jurisprudencialmente pelo Superior Tribunal de Justiça, bem expostos no seguinte precedente:

> "A abstenção da inscrição/manutenção em cadastro de inadimplentes, requerida em antecipação de tutela e/ou medida cautelar, somente será deferida se, cumulativamente: i) a ação for fundada em questionamento integral ou parcial do débito; ii) houver demonstração de que a cobrança indevida se funda na aparência do bom direito e em jurisprudência consolidada do STF ou STJ; iii) houver depósito da parcela incontroversa ou for prestada a caução fixada conforme o prudente arbítrio do juiz".[56]

Logo, alegações genéricas, como a cobrança de juros remuneratórios pelas instituições financeiras acima de 12% ao ano e capitalização dos juros fixada em periodicidade inferior a 1(um) ano nos contrato bancários firmados a partir da Medida Provisória 1963-17 não são argumentos aptos a ensejar o deferimento de medidas antecipatórias: tal assertiva constitui ponto pacífico em nossa jurisprudência.[57]

---

56 2ª Seção do STJ, Ministra relatora Nancy Andrighi, Agravo Regimental do Agravo de Instrumento do processo nº REsp 1.061.530/RS, j. 10.03.2009.

57 Ao menos até o momento da elaboração do presente artigo... Eis dois precedentes neste sentido: AGRAVO DE INSTRUMENTO. AÇÃO REVISIONAL DE CONTRATO BANCÁRIO. PEDIDO LIMINAR DE CANCELAMENTO DE INSCRIÇÕES EM CADASTROS DE INADIMPLENTES, CANCELAMENTO DE DESCONTO EM CONTA CORRENTE E CONSIGNAÇÃO DA PARCELA INCONTROVERSA. HIPÓTESE QUE NÃO AUTORIZA A ANTECIPAÇÃO DOS EFEITOS DA TUTELA, POIS NÃO PREENCHIDOS OS REQUISITOS EXIGIDOS PELO C. STJ. AGRAVO DE INSTRUMENTO AO QUAL SE NEGA SEGUIMENTO, EM DECISÃO MONOCRÁTICA. (TJRS, , 19ª Câmara Cível, Relator: Mylene Maria Michel, Agravo de Instrumento Nº 70060569589, J. 28/07/2014); Agravo de instrumento. Contrato de financiamento de veículo. Tutela antecipada. Autorização para depósito do valor incontroverso. Ajuste de posicionamento em razão do advento da Lei nº 12.810, de 15/05/2013, que acrescentou o art. 285-B ao Código de Processo Civil. Pretensão que não elide a mora. Manutenção da parte agravante na posse do bem.

Evidentemente, nas ações revisionais a consignação da parcela integral é a forma mais segura de conseguir o prosseguimento do feito com a suspensão dos efeitos da mora. O depósito da parcela a menor, devidamente fundamentada, não obsta a propositura da ação, mas para que a tutela antecipada seja deferida, elidindo os efeitos da mora, o devedor (ainda que consumidor), necessita apresentar na inicial um primeiro cálculo comparativo e eventuais discussões jurisprudenciais que apresentem os indícios da abusividade ou da ilegalidade cometida na situação fática.[58]

5. Conclusão

A hipótese clássica de consignação em pagamento por mora do credor foi desenvolvida ainda no direito romano, com reflexo em nossa legislação, como forma de garantir o direito do devedor a adimplir sua obrigação. Seus elementos clássicos (a oferta da prestação pelo devedor em tempo, modo e lugar ajustados e a recusa injustificada do credor) não abarcam, contudo, a multiplicidade de divergências entre credores e devedores que poderiam ser ao menos em parte solucionadas pela consignação.

Com as reformas introduzidas pela Lei nº 8.951, de 13.12.94, a ação de consignação ampliou seu alcance. Atualmente aproveita imediatamente ao réu, que pode levantar a quantia depositada ainda que insuficiente; neste caso, a sentença também servirá como um título executivo para a cobrança do saldo remanescente, caso o pedido da ação seja julgado parcialmente procedente.

A jurisprudência pátria, especialmente a desenvolvida pelo Superior Tribunal de Justiça, trouxe importantes avanços, permitindo que a ação consignatória seja usada mesmo quando tecnicamente não há mora do credor,

Inadmissibilidade. Fundamentos jurídicos insustentáveis. Regularidade diante de inadimplência. Inscrição de seus dados em órgãos de proteção ao crédito. Possibilidade, já que a maior parte da dívida não estará salvaguardada. Valor a ser depositado é muito aquém do valor das parcelas contratadas (...) (TJSP, 21ª Câmara de Direito Privado, Agravo de Instrumento nº 2115207-28.2014.8.26.0000, j. 04/08/2014).

58 Mesmo assim, há exceções que devem ser tomadas em conta, visto que existem decisões que afirmam que só a partir do amplo contraditório é possível o deferimento, não sendo possível a apreciação a partir de cálculo ou parecer técnico unilateral: "Revisão contratual de financiamento de veículo automotor Tutela antecipada Agravo de instrumento Inadmissibilidade – Ausência dos requisitos do art. 273 do Código de Processo Civil. Recurso não provido. (...) Ademais o depósito judicial das prestações no modo pretendido não tem o condão de elidir a mora, nem tampouco livrar o agravante dos efeitos decorrentes de eventual inadimplência. Somente o pagamento do contrato na forma avençada, por ora, pode elidir a mora, o que não se tem, aqui, como cumprido." (TJSP,Agravo de instrumento nº 0143840-54.2012.8.26.0000, 11ª Câmara de Direito Privado, Rel. Marino Neto, j. 30/08/2012).

mas sim divergências sobre a extensão da obrigação. Especialmente no caso de contratos de consumo, onde é comum ocorrerem abusos ou equívocos, a possibilidade de depósito da porção incontroversa da obrigação enquanto se discute o restante tornou-se uma importante ferramenta de defesa dos devedores.

Tal possibilidade pode ser aliada à técnica da tutela antecipada: caso haja verossimilhança nas alegações do devedor e risco de dano, o depósito judicial de parte da obrigação, ainda que o credor cobre mais, permite evitar os efeitos danosos da mora do devedor, como o vencimento antecipado da dívida, a excussão extrajudicial de garantias imobiliárias, a negativação do nome do devedor, etc.

Cumulada com outros pleitos (como o revisional), a consignação feita de forma integral, no total da dívida ou no valor das parcelas ajustadas, tem também a força de inibir o ajuizamento da execução.

A destinação do depósito da quantia controvertida dependerá do deslinde da controvérsia. Se procedente o pedido da ação ordinária, será levantada pelo autor; do contrário será revertida em proveito do réu.

Nota-se, assim, que o avanço jurisprudencial na matéria, aliado à renovação das previsões legais, propicia que a ação consignatória seja um importante instrumento de garantia recíproca de direitos: do devedor em pagar o justo e do credor em receber o montante devido.

6. Referências bibliográficas

ALVIM, Agostinho. *Da inexecução das obrigações e suas conseqüências*. 3ª ed. São Paulo: Saraiva, 1980.

COUTO e SILVA, Clovis. *A obrigação como um processo*. Rio de Janeiro: Editora FGV, 2006.

GONÇALVES, Tiago Figueiredo. *Consignação em pagamento: aspectos de direito processual e material – com notas e remissões ao projeto de novo Código de Processo Civil*. Curitiba: Juruá, 2013.

GUERRA, Alexandre Dartanhan de Mello. *Pagamento em consignação. in* Obrigações. Coord. Renan Lotufo e Giovanni Ettori Nani. São Paulo: Atlas, 2011.

LOBO, Paulo Luiz Netto. *Direito Civil: obrigações*. São Paulo: Saraiva, 2013.

LOPES, Serpa. *Curso de Direito Civil, vol. 2*. Rio de Janeiro: Freitas Bastos, 1960.

LOTUFO, Renan. *Código Civil Comentado, vol. 2*. São Paulo: Saraiva:, 2003.

MARCATO, Antônio Carlos. *Ação de consignação em pagamento*. Malheiros: São Paulo, 2001.

MARTINS-COSTA, Judith, *Comentários ao novo Código Civil – arts.304 a 388*, vol. V, Tomo I. 2ª ed. Rio de Janeiro: Forense: 2006.

MOREIRA ALVES, José Carlos. *Direito Romano, vol II. RJ:* Rio de Janeiro, Forense, 2001.

NONATO, Orosimbo. *Curso de obrigações*. 3ª parte, vol. 1. RJ / SP: Editora Jurídica e Universitária, 1971.

TARTUCE, Fernanda. *Processo civil: estudo didático. SP:* Método, 2011.

TARTUCE, Flávio. *Direito civil, vol. 2: direito das obrigações e responsabilidade civil*. SP: Método, 2015,

TEPEDINO Gustavo; Heloisa Barboza e Maria Celina Bodin. *Código Civil interpretado segundo a Constituição Federal*. RJ: Renovar, 2006.

MOMENTO DE DISTRIBUIÇÃO DO ÔNUS DA PROVA

OS PROJETOS DE LEI DO SENADO FEDERAL 281, 282 E 283 DE 2012, E O NOVO CÓDIGO DE PROCESSO CIVIL

Daniel Willian Granado
Fernando Rey Cota Filho
Rosane Pereira dos Santos

SUMÁRIO: 1. Introdução; **2.** Ônus da prova; **3.** O destinatário da prova; **4.** Requisitos da inversão do ônus da prova – os Projetos de Lei que buscam alterar o Código de Defesa do Consumidor; **5.** O Novo Código de Processo Civil; **6.** Bibliografia.

1. Introdução

O presente estudo se volta à análise de algumas questões a respeito do ônus da prova, em especial sobre o momento de sua inversão, explorando tanto as disposições dos Projetos de Lei que cuidam de alterar a Lei 8.078/90 (Código de Defesa do Consumidor) quanto aquelas presentes na Lei 13.105/15 (Novo Código de Processo Civil), diante dos princípios da ampla defesa e contraditório.

2. Ônus da prova

Dentre as providências que devem ser determinadas na decisão de saneamento, inserem-se, segundo o CPC/15, a delimitação das questões de fato sobre as quais recairá a atividade probatória, especificando os meios de prova admitidos, bem como a definição a respeito da distribuição do ônus da prova (CPC/15, art. 357, II e III).

Antes da decisão de saneamento, contudo, tanto autor quanto réu já devem ter especificado as provas que pretendem produzir, o primeiro na inicial (art. 319, VI, do CPC/15) e o segundo na contestação (art. 336, do CPC/15).

Em caso de revelia, sem a incidência de seus efeitos (art. 344, do CPC/15), é dado ao magistrado intimar o autor para que especifique as provas que pretenda produzir, caso ainda não as tenha indicado na petição inicial (art. 348, do CPC/15). De outro lado, ao réu revel será lícita a produção de provas, contrapostas às alegações do autor, se comparecer ao processo em tempo oportuno (art. 349, do CPC/15). A esse respeito, calha mencionar ainda a Súmula 231 do STF, no sentido de que "o revel, em processo civil, pode produzir provas, desde que compareça em tempo oportuno".

Também poderá o magistrado, nos termos do art. 370, do CPC/15, determinar a produção de provas de ofício, desde que sejam necessárias ao julgamento do mérito. Evidentemente, o juiz não está jungido a admitir as provas indicadas pelas partes. Tanto é assim que o parágrafo único do art. 370, do CPC/15, prescreve que o juiz indeferirá, em decisão fundamentada, as diligências inúteis ou meramente protelatórias.

A regra geral no direito processual civil é aquela segundo a qual aquele que alega deve se desincumbir do ônus de provar suas alegações, sob pena da falta de comprovação influenciar negativamente no pedido formulado ou na defesa apresentada. Neste sentido ensina Arruda Alvim[1]:

> *"De um modo geral, podemos dizer que, recaindo sobre uma das partes o ônus da prova relativamente a tais e quais fatos, não cumprindo esse ônus e inexistindo nos autos quaisquer outros elementos, pressupor-se-á um estado de fato contrário a essa parte. Assim, quem devia provar e não o fez perderá a demanda.*
> *Assim, tendo o réu negado a autoridade do fato do qual nasceria sua obrigação, incumbe ao autor o ônus da prova, sob pena de absolvição do réu"*

Assim, o art. 373, I e II do CPC/15 determina que o ônus da prova incumbe ao autor, quanto ao fato constitutivo de seu direito e ao réu, quanto à existência de fato impeditivo, modificativo ou extintivo do direito do autor.

A esse respeito, há eloquente Acórdão do STJ, relatado pela Ministra Eliana Calmon, à luz do CPC/73:

> *"PROCESSO CIVIL – JULGAMENTO COLEGIADO – TURMA SUPLEMENTAR: LEI 9.788/99 – PROVA DOCUMENTAL – ÔNUS DA PROVA.*
> *6. A prova cabe a quem alega e quem se insurge contra fatos retratados em documentos oficiais tem o ônus de provar o porquê da imprestabilidade do documento (art. 333 do CPC)."*[2]

Do voto da Relatora, Ministra Eliana Calmon, extrai-se a seguinte e pertinente passagem:

> *"Segundo minha ótica, foram apresentadas para exame neste especial teses jurídicas que, prolixamente desenvolvidas, acabaram por tecer considerações sobre base fática, rica em detalhes de importância vital para a compreensão do pedido e da causa de pedir, já que pretendem os recorrentes refutar afirmação*

---

1 cf Arruda Alvim, Manual de Direito Processual Civil, v.2, 11ª ed, pp. 466 e 467.

2 STJ, RESP 569.985/DF, Segunda Turma. Rel. Min. Eliana Calmon; Julgamento 20.06.2006.

> *de que não conseguiram eles desincumbirem-se da prova. Tenha-se presente que não se objetiva examinar prova, e sim valorá-la, dentro deum contexto processual.*
> *De forma reiterada, venho proclamando que não é o Superior Tribunal de Justiça terceira instância. Por isso mesmo, reveste-se o recurso especial de técnica de que, se inobservada, levará a uma segunda apelação. Reexaminar prova é reapreciar os elementos probatórios contidos nos autos para chegar à conclusão de que foram tais elementos bem ou mal interpretados. Diferentemente, valorar a prova é aferir o valor jurídico dela, sua admissibilidade ou não diante da lei, o que conduz à questão unicamente de direito.*
> *(...)*
> *Nessa base fática o que nos interessa é a resposta à seguinte indagação: há nos autos prova da prática do ilícito e da relação de causalidade entre o ilícito e o dano?*
> *(...)*
> *Tais fatos foram completamente ignorados pela decisão colegiada que, em resumo, conclui pela inexistência de dano porque os autores não se desincumbiram da prova." (destaques nossos).*

Mereceram destaques os trechos do voto colacionado para que se possa concluir que a prova recai, em regra, sobre fatos. De outro lado, o direito, como regra, não se prova, devendo-se mencionar, a respeito, as hipóteses previstas no art. 376 do CPC/15, segundo o qual o direito municipal, estadual, estrangeiro ou consuetudinário podem ser objeto de prova se assim tiver sido determinado.

O que se quer dizer, em outras palavras, é que as provas são necessárias para se provar fatos controvertidos. Diz Eduardo Arruda Alvim, sobre o assunto que "o objeto da prova, como sendo o fato controvertido em que se funda a ação ou a defesa, vem bem definido no art. 332 [do CPC/73]. Tais fatos deverão ser pertinentes e relevantes, isto é, devem dizer respeito à causa (pertinentes) e devem ser capazes de influir na sua decisão (relevantes). Excepcionalmente, o direito pode ser objeto de prova. Como regra, pode-se dizer que *iura novit curia*, de tal modo que inexiste necessidade de alegar ou provar o direito. Se, porém, estiver em questão direito municipal, estadual, estrangeiro ou consuetudinário, o direito, se assim o determinar o juiz, deve ser provado por quem o alega".[3]

A regra sobre o ônus da prova prevista no CPC/73, que veio a sofrer modificações a partir do advento do CPC/15, conforme veremos a seguir, decorre, dentre outros motivos, da preocupação que havia no legislador em voltar a regulamentação do direito processual civil para a solução de ações individuais, sem se atentar para as denominadas lides coletivas.

3 Cf. Eduardo Arruda Alvim, *Direito processual civil*, 5ª ed. São Paulo: RT, 2013, pp. 521 e 522.

Ressalta-se que quando da entrada em vigor do CPC/73, a preocupação residia em fazer um Código que solucionasse as demandas da época, de acordo com a legislação material da época, em que não se atribuía a importância como acontece atualmente com as ações coletivas e os direitos transindividuais.

Por este motivo, o CPC/73, no que atina ao ônus da prova dos fatos alegados, é muito claro ao estatuir que a parte que o alega (constitutivo para o autor; impeditivo, modificativo e extintivo para o réu), deve comprová-lo.

O modelo acima é baseado na isonomia formal entre as partes, vale dizer, através do modelo de direitos individuais no qual cabe à parte decidir SE e COMO irá litigar quando se tratar de direitos disponíveis. Esta era a forma como era lida a teoria do ônus da prova, sob o enfoque da igualdade formal.

Com o passar dos anos e a evolução do direito processual civil, passou-se a perceber que buscar a isonomia formal não era a melhor forma de alcançar a justiça real. A isonomia formal, em outras palavras, nem sempre era apta a atingir a paz social, um dos escopos do processo.

A característica da Jurisdição consistente na substitutividade sobre a vontade das partes tem por escopo justamente a busca da paz social, que existia anteriormente ao conflito de interesses. Vale dizer, só existe o litígio judicial se uma das partes buscar acudir ao Judiciário para resolver uma situação de caos, em caráter de definitividade (coisa julgada).

A prova, nesse contexto, se insere como o meio de que dispõe o jurisdicionado para influenciar a decisão judicial. Nesse sentido, após formularem suas alegações e prová-las segundo as regras de ônus da prova existentes e referidas linhas atrás, as partes buscarão, em outros termos influenciar a decisão judicial dessa ou daquela maneira, que será proferida de acordo com o material probatório constante dos autos.

É dizer, o acolhimento das alegações das partes pelo Poder Judiciário dependerá, se se tratar de fatos controvertidos como regra, das provas que cada qual tenha produzido, de modo que deverá ser acolhida a alegação cuja prova produzida tenha aptidão de demonstrar da melhor forma possível o que ocorreu e como os fatos se sucederam, a fim de que possa influenciar na decisão meritória a favor de uma das partes. A prova, enfim, é uma poderosa arma de que dispõem as partes.

A igualdade formal pode implicar que uma das partes tenha extrema dificuldade em produzir a prova necessária para comprovar suas alegações, o que não aconteceria se fosse buscada a denominada igualdade material. Nessa linha a denominada teoria da carga dinâmica do ônus da prova vem a exercer importante papel na perseguição da igualdade material, conforme mencionaremos no tópico seguinte. Observa, com pertinência, Paulo Rogério Zaneti[4]:

> *"Não demoramos muito para que essa reflexão [sobre a ratio esculpida no inciso II do art. 333 do CPC/73] encontre alguns motivos considerados pelo legislador, a saber: (a) coibir a prova diabólica, impossível ou quase impraticável para uma das partes; (b) evitar que uma das partes se utilize de ardis, artifícios ou superioridade técnica/econômica para se sobrepor à outra; (c) combater de forma clara, inequívoca e manifesta o desiquilíbrio processual nocivo, que pode levar à perda ou aniquilamento de um direito ou, ainda, a uma decisão flagrantemente injusta. A esse respeito, pergunto ao leitor: quais eram os motivos e fundamentos que elencamos para aplicar a teoria da carga dinâmica da prova? Praticamente os mesmos.*
>
> *Nesse sentido, se a lei permite ao magistrado declarar nula a convenção entre as partes que distribui o ônus da prova de maneira diversa do estatuído nos incisos I e II do art. 333 do CPC quando essa convenção torne excessivamente difícil o exercício do direito para uma delas (restabelecendo, destarte, o equilíbrio processual entre os litigantes), nada mais natural e elementar que o magistrado possa, num determinado caso concreto (constatando a presença dessa mesma dificuldade com a aplicação das regras tradicionais de distribuição do ônus da prova), atribuir esse ônus também de maneira diversa do previamente estabelecido pelos incisos I e II do art. 333 do CPC, utilizando, por exemplo, a teoria da carga dinâmica da prova para tal, impondo a prova, assim, a quem tem melhores condições ou facilidade para fornecê-la"*

3. O destinatário da prova

Conforme dissemos acima, a prova serve para atestar fatos pertinentes e relevantes para o deslinde de determinada ação judicial. Nenhuma prova (judicial) deverá ser realizada sem este propósito.

Tem-se, desse modo, que a produção de prova é verdadeiro consectário da justiça, na medida em que não importa o que Autor venha a dizer ou o argumento do Réu para se defender se não houver prova para atestar/legitimar a alegação.

Diante das questões que tenham sido controvertidas no curso da ação, cabe ao magistrado buscar satisfazer o anseio das partes em lhes dizer de quem é a razão. Desse modo, a instrução probatória coloca-se como o meio para se esclarecer qual versão alegada é a mais próxima da efetiva verdade.

Diz Eduardo Arruda Alvim, a esse respeito, que a prova terá como objeto os fatos deduzidos pelas partes em juízo e terá como destinatário o juiz, a quem incumbirá dar solução à lide.[5] A prova, portanto, tem como

---

4 cf Paulo Robério Zaneti, Flexibilização das regras sobre o ônus da prova, p. 144.

5 Cf. Eduardo Arruda Alvim, Direito processual civil, 5ª ed. São Paulo: RT, 2013, pp. 521.

destinatário o juiz, ou seja, aquele que lhe atribuirá valor de acordo com seu convencimento e então passará a ter condições de declinar os fundamentos para sentenciar.

Ao analisar o direito à prova a partir de visão mais publicista do processo, observa Marcelo Abelha Rodrigues[6] que *"aquele [visão privatista] cede terreno a esta [visão publicista] na medida em que também para os litigantes opositores há o senso comum de busca da paz social. É essa visão publicista da prova que nos permite dizer que a prova serve ao processo, à verdade, para o convencimento do juiz e com vistas à entrega de uma ordem jurídica justa"*

A prova visa, em outras palavras, a servir ao processo, a dar elementos para que o julgador possa melhor examinar os fatos como efetivamente ocorridos para que possa ao final prolatar a sentença.

4. Requisitos da inversão do ônus da prova – os Projetos de Lei que buscam alterar o Código de Defesa do Consumidor

Já dissemos que a denominada teoria da carga dinâmica do ônus da prova tem, dentre outras finalidades, a busca pela verdade material. Em outras palavras, a perseguição da verdade material não deve ser obstada por regras processuais que imponham a alguma das partes a prova quanto a esta ou aquela alegação.

Inclusive, merecem destaques as ponderações de Pedro Ferreira Múrias:[7]

> *"O instituto do ónus subjectivo ou ónus da produção de prova prescreve a qual das partes processuais incumbe alguma atividade probatória, sob pena de ver sua pretensão desatendida. Por aplicação deste instituto, o tribunal só pode decidir com apoio em certo <facto> se a parte por ele beneficiada fizer prova bastante"*

O direito do consumidor, nesse contexto, prevê há muito a possibilidade de inversão do ônus da prova, sobretudo em função da situação de vulnerabilidade em que se encontra o consumidor frente à figura do fornecedor.

Em 1990, quando da entrada em vigor da Lei nº 8.078/90 (o Código de Defesa do Consumidor), possibilitou-se a inversão do ônus da prova, nos seguintes termos:

---

6 RODRIGUES, Marcelo Abelha, Elementos de Direito Processual Civil, v.1, 3ª ed., São Paulo: RT, 2003, P.. 297.

7 cf Pedro Ferreira Múrias, Por uma distribuição fundamentada do ónus da prova, Lisboa: Ed Lex, 2000, p. 21.

> *"Art. 6º. São direitos básicos do consumidor:*
> *(...)*
> *VIII – a facilitação da defesa de seus direitos, inclusive com a inversão do ônus da prova, a seu favor, no processo civil, quando, a critério do juiz, for verossímil a alegação ou quando for ele hipossuficiente, segundo as regras ordinárias de experiências".*

O atual Código de Defesa do Consumidor, portanto, inovou no sentido de dar elasticidade à forma de se obter a prova no processo que veiculasse direitos do consumidor.

Ocorre que, por mais que se tenha determinada a inversão do ônus da prova naquelas hipóteses prescritas no CDC, esse mesmo diploma legal não estatuía qual o momento adequado para se determinar aludida inversão.

Com efeito, o inciso VIII do artigo 6º do CDC determinou que o juiz deve inverter o ônus da prova naquelas situações, mas não o momento em que esta deve acontecer.

A grande importância prática decorre do fato de haver decisões judiciais que determinam a inversão do ônus da prova (i) na decisão que determina a citação do réu; (ii) na decisão de saneamento; ou, (iii) na sentença.

Tal discussão é comumente travada nas ocasiões em que o considerado hiperssuficiente, ou aquele que consegue com maior facilidade produzir a prova, ``descobre`` que o ônus de se desincumbir do ônus probatório era seu, sobretudo quando da prolação da sentença em seu desfavor. Em outros termos, a parte acaba sendo surpreendida com a inversão do ônus da prova em seu desfavor por ocasião da prolação da sentença, de modo que pode vir a ter o seu direito de produzir provas completamente tolhido.

Por mais que essa discussão já ocorra nos tribunais há bastante tempo, havendo inclusive Acórdãos em um[8] e outro sentido,[9] o momento de inversão do ônus da prova não veio a ser alvo de modificação nos Projetos de Lei que visam alterar o Código de Defesa do Consumidor.

De fato, sobre o momento de inversão do ônus da prova, o relatório final aprovado no Senado é o mesmo que existe no Código de Defesa do Consumidor de 90.

Entretanto, conforme se demonstrara no tópico abaixo, o Novo Código de Processo Civil – Lei nº 13.105/15 veio a solucionar a questão, inclusive para as ações que versarem direitos dos consumidores, eis que o CPC é lei geral, devendo ser aplicável em todos os Processos, naquilo que não for incompatível com a legislação específica.

---

8 STJ, AgRg no AI 1.323.794/MA, Quarta Turma, Rel. Min. Maria Isabel Gallotti, julgado em 18 de junho de 2015.

9 STJ, REsp 1.125.621/MG, Terceira Turma, Rel. Min. Nancy Andrighi, julgado em 19 de agosto de 2010.

5. O Novo Código de Processo Civil

O Novo Código de Processo Civil adotou, regra geral, o ônus da prova consagrado pelo CPC/73. Contudo, trouxe inovações a respeito da possibilidade de modificá-lo.

Primeiramente, o artigo 373 dispôs, assim como o CPC/73, que (i) cabe ao autor comprovar fatos constitutivos do seu direito, e, (ii) ao réu cabe provar a existência de fatos impeditivos, modificativos ou extintivos do direito do autor. O CPC/15, nesse particular, manteve as mesmas regras do ônus da prova do CPC/73.

As novidades constam dos parágrafos que complementam o disposto no art. 373 do CPC/15, em que se pode verificar o prestígio aos princípios constitucionais da ampla defesa e contraditório (CF/88, art. 5º, LV), por autorizar o magistrado a distribuir o ônus da prova de modo diverso àquele instituído no *caput*.

Evidentemente, a distribuição diversa do ônus da prova deve preencher os requisitos dos §§ 1º e 2º do art. 373. Vale dizer, se alguma das partes tiver facilidade de produzir a prova, ou mesmo se for excessivamente difícil a uma delas de se desincumbir do ônus de provar, é dado ao magistrado distribuir diversamente o ônus da prova. A possibilidade de distribuição diversa também poderá decorrer por força de lei (como no caso do já mencionado art. 6º, VIII, do CDC).

Em todos os casos elencados no parágrafo acima, a distribuição diversa do ônus da prova só é possível se não implicar em excessiva dificuldade ou impossibilidade da parte, em desfavor de quem tenha sido distribuído o ônus, em provar. Ao lado disso, a decisão judicial de distribuição diversa deve ser, como não poderia deixar, devidamente fundamentada.

Estamos tratando, aqui, da distribuição diversa operada por força de decisão judicial, na medida em que tal providência também poderá ser perseguida por meio de convenção entre as partes, nos moldes do art. 373, § 3º do CPC/15, o que já era permitido no regime do CPC/73.

Verifica-se, portanto, que o legislador de 2015 adotou, expressamente, a teoria da carga dinâmica do ônus probatório. Acentua-se que essa teoria visa a um processo menos individualista, com menor apego ao princípio dispositivo, isto é, com menor influência do ônus estático, por meio do qual se a parte não se desincumbir de provar o direito que alega, provavelmente virá a sucumbir.

Outra grande novidade operada pelo CPC/15 consiste na explicitação do momento em que se deve operacionalizar a distribuição diversa do ônus da prova.

Atento às controvérsias existentes na doutrina e nos tribunais, principalmente entre a corrente que defende a inversão no momento da decisão de saneamento, oportunizando-se, desse modo, que a parte se desincumba do ônus de provar, e aquela que compreende a inversão como regra de julgamento, e, portanto, que deve ser determinada somente quando da prolação da sentença, o legislador de 2015 veio a consagrar a importante regra prevista na parte final do § 1º, do art. 373 do CPC/15.

De fato, ao dispor sobre a forma de compreensão de *regra de julgamento* diz Bedaque[10]:

> *"As regras referentes à distribuição do ônus da prova devem ser levadas em conta pelo juiz apenas e tão somente no momento de decidir. São regras de julgamento, ou seja, destinam-se a fornecer ao julgador meios de proferir a decisão, quando os fatos não restaram suficientemente provados. Antes disso, não tem ele de se preocupar com as normas de distribuição do ônus da prova, podendo e devendo esgotar os meios possíveis a fim de proferir julgamento que retrate a realidade fática e represente a atuação da norma à situação apresentada em juízo. Os princípios estabelecidos no art. 333 do CPC só devem ser aplicados depois que tudo for feito no sentido de se obter a prova dos fatos. E quando isso ocorre, ano importa a sua origem, isto é, quem a trouxe para os autos"*

Deveras, segundo aludido dispositivo legal, ao determinar a distribuição diversa do ônus da prova, deve ser dada à parte a oportunidade de se desincumbir do ônus que lhe tenha sido atribuído.

Coerentemente à aludida modificação, o art. 357, III do CPC/15 também veio a deixar claro que a distribuição dinâmica do ônus da prova deverá ser determinada na decisão de saneamento.

Deve ser ressaltado e aplaudido, portanto, o quanto prescrito no inciso III, do art. 357, que consagrou, a orientação no sentido de que o momento para a inversão do ônus da prova deve ocorrer no saneamento do processo. Deveras, temos para nós que a distribuição diversa deve se dar de forma que possa a parte, incumbida de produzir as provas, tenha oportunidade para tanto, sempre pensando no prestigio do princípio do contraditório e da ampla defesa.

Por mais que os Projetos de Lei que visam a alterar o Código de Defesa do Consumidor não tragam essas novidades, temos que o Novo Código de Processo Civil supre esta falta, e como deve ser utilizado subsidiariamente, resolve a questão do momento de inversão do ônus da prova.

A inversão do ônus probatório serve para que a parte se desincumba de provar algum fato, possibilitando-se a busca da verdade material. Dessa forma, temos que a única forma de se investigar tal possibilidade é passando pelo filtro do contraditório, vale dizer, só se pode inverter o ônus da

10 BEDAQUE, José Roberto dos Santos, Poderes Instrutórios do Juiz, 7ª ed., São Paulo: RT, 2013, pp. 130/131.

prova de forma útil para o litigante que recebe esta incumbência e tenha condições de exercê-la.

Em função de tudo o que dissemos e sustentamos até aqui, entendemos que por mais que os Projetos de Lei que busquem alterar o CDC pudessem ter ido mais longe consagrando-se o momento de inversão do ônus da prova nos litígios que envolvem direito do consumidor, o Novo Código de Processo Civil foi ainda mais longe ao se permitir aludida providência na decisão de saneamento em todas as lides que possam ser disciplinadas por esse último diploma legal.

6. Bibliografia

ALVIM, Eduardo Arruda. *Direito processual civil*. 5ª Ed. São Paulo: RT, 2013.

ALVIM NETTO, José Manoel de Arruda. *Manual de direito processual civil*. 2º Volume. 11.ª Ed. São Paulo: RT, 2007.

BEDAQUE, José Roberto dos Santos, *Poderes Instrutórios do Juiz*. 7ª ed. São Paulo: RT, 2013.

MÚRIAS, Pedro Ferreira, *Por uma distribuição fundamentada do ónus da prova*, Lisboa: Ed. Lex, 2000.

RODRIGUES, Marcelo Abelha, *Elementos de Direito Processual Civil*, v.1. 3ª ed. São Paulo: RT, 2003.

ZANETI, Paulo Rogério, *Flexibilização das regras sobre o ônus da prova*, São Paulo: Editora Malheiros 2011.

ÔNUS DA PROVA E COMPLEXIDADE SOCIAL – O USO INDISCRIMINADO DA INVERSÃO DO ÔNUS PREVISTO NO CDC:

PARA UMA ANÁLISE EMPÍRICA DOS JUIZADOS ESPECIAIS CÍVEIS DO ESTADO DO RIO DE JANEIRO

Fernando Rister de Sousa Lima
Maria Beatriz Crespo Ferreira Sobrinho

Introdução

A pesquisa investigou qual é a racionalidade jurídica dos Juizados Especiais Cíveis do Estado do Rio do Janeiro no que diz respeito à inversão do ônus da prova em relações de consumo. Com efeito, o texto demonstrará como o referido órgão do Judiciário carioca enfrentou a questão da inversão do ônus da prova com base nos critérios previstos pelo Código de Defesa do Consumidor.

As hipóteses do problema de pesquisa foram delimitadas em três aspectos: (i) Os processos em comento teriam sofrido uma aplicação automática da inversão do ônus da prova (ii) A inversão tem sido usada indiscriminadamente em detrimento dos requisitos da legislação consumerista (iii) Os casos judiciais de inversão do ônus da prova são situações nas quais se comprovou o atendimento às necessidades exigidas pela lei.

A pesquisa foi desenvolvida sob o viés empírico por meio de um levantamento jurisprudencial, cuja leitura se realizou mediante a teoria social desenvolvida pelo alemão Niklas Luhmann. A escolha da teoria luhmanniana se justifica porque Luhmann descreveu uma sociedade complexa a qual exige, em alguns momentos, a utilização de instrumentos de redução da complexidade para se propiciar condições de decidibilidade. E os juízes quando enfrentam uma excessiva complexidade processual reclamam se servir de instrumentos para reduzi-la; do contrário, a decisão final restaria impossível – ou ao menos mais difícil – pela elevada quantidade de opções decisionais frente à realidade dos autos.

PARTE I – Da Teoria Social Aplicável à Leitura das Decisões

O processo como procedimento do subsistema do Direito

1. Os procedimentos são os sistemas que melhor caracterizam a sociedade moderna num prisma luhmanniano.[1] Dá-se destaque ao procedimento judiciário – a tutela processual – cujo foco principal é legitimar a aplicação do direito posto. O Estado só se justificaria à sociedade quando atua mediante procedimentos a partir desse novo cenário social,[2] notadamente no Direito em que se resolve todo tipo de problema, tornando a sua contingência algo inevitável.[3]

1.1. O procedimento é um ritual que na medida em que se aprofunda seu estudo, percebe-se a sua importância para o Estado de Direito, cuja missão é a prevalência do governo das leis e não o dos homens. Ele proporciona segurança jurídica em certa medida[4] e também é um grande qualificador histórico, pois possibilita o registro das etapas que foram aos poucos sendo superadas para, ao final, resultar em determinado fim. O rito reduz a complexidade social. Imagine-se se não houvesse previsão ritual alguma, quantas possibilidades poderiam surgir?[5]

1.1. a Para realizar o seu mister, no entanto, os procedimentos utilizam-se de estruturas positivadas. Uma delas é o ônus da prova para auxiliar a generalização das expectativas de comportamento dentro do processo. Sua institucionalização diminui as possibilidades de escolha, o que por si só reduz a complexidade processual. O sistema adquire uma identidade que exclui as outras hipóteses de variações. Em verdade, delimita-a, provoca uma prévia seletividade no ambiente.[6]

---

1 Ver LUHMANN, Niklas. Procedimenti giuridici e legitimazione sociale. A cura di Alberto Febbrajo. Milano: Giuffré, 1995, p. 3

2 Cf. *Ibidem*, p. 9.

3 Cf. Ibidem, p. 13.

4 Cf. *Ibidem*, p. 32.

5 Cf. Ibidem, p. 34.

6 Cf. *Ibidem*, p. 35 e 36.

A) A complexidade instaurada na relação processual

1.2. A complexidade social é conceito-chave na metodologia luhmanniana, todavia, no momento, cabe somente a análise da complexidade da relação processual.[7] Destarte, pensar num processo complexo é construir uma realidade em que exista mais de um clamor à comunicação favorável. Por comunicação favorável, neste caso, entenda-se decisão judicial. Dito de outra forma, existem duas ou mais versões sobre o mesmo fato ou derivados. Há variedades de escolhas ao observador. Parece tal ideia comum ao mundo processual? Sim, e como! Não existe lide sem complexidade. Alterna-se a sua intensidade. Pode ser mais ou menos complexa. Tudo dependerá da extensão do objeto litigioso e das comunicações ofertadas pelas partes.

1.2.a. A complexidade processual reflete simplesmente a necessidade de escolhas. A comunicação final deve selecionar uma delas mesmo não sendo a proposta por uma das partes no processo. Há sempre mais de uma escolha possível.[8] Um exemplo dessa complexidade processual é a aplicação da norma processual aos fatos notórios.

1.2.b. Esses fatos, muitas vezes por serem alheios à relação processual, não são passíveis de identificação com antecedência. Há expectativas, mas não existe clareza absoluta. Isso porque o conceito de notoriedade é umbilicalmente ligado ao espaço territorial e temporal no qual vive o magistrado. Leva-se em consideração a sua vida social, o seu rol de amigos, os hábitos mais pessoais, como os jornais preferidos e principalmente a carga psíquica armazenada por toda a vida.[9]

B) A redução da complexidade social

1.3. No subsistema do direito, o processo comunicativo guiado pelo lícito/ilícito absorve a complexidade.[10] Para tanto, porém, a comunicação interna ao sistema tem que se diferenciar como produto do próprio siste-

---

7 Cf. SCHUARTZ, Luis Fernando. **Norma contingência e racionalidade**. Rio de Janeiro: Renovar, 2005, p. 99.

8 Sobre a ideia de complexidade, contingência e seleção, ver *Ibidem*, pp. 99 e 100. Convém citar um pequeno trecho, p. 99.

9 Ver sobre fatos notórios LUISO, Francesco Paolo. Istituzioni di diritto processuale civile. Torino: G. Giappichelli, 2003. p. 104.

10 Cf. BÜLLESBACH, Alfred. Ciência do direito e ciências sociais. In: KAUFMANN, Arthur; HASSEMER, Winfried. Introdução à filosofia do direito e à teoria do direito contemporâneas. Tradução Marcos Keel; Manuel Seca de Oliveira. Lisboa: Fundação Calouste Gulbenkian, 2002, p. 426.

ma. Não se aplicam, contudo, os postulados jusnaturalistas, fundados em valores estáveis/imutáveis, pois a alta instabilidade dos axiomas sociais da contemporaneidade geram alta complexidade, só possível de ser controlada pela diferenciação do sistema social.[11]

1.3.a. O aumento de complexidade da sociedade incentiva a produção de normas cada vez mais gerais e abstratas (pense-se no Código Civil em que se privilegiou acima de tudo a construção de cláusulas gerais). Elas corroboram o dinamismo da comunicação e garantem que o observador interno (o juiz) possa proferir as suas decisões adaptadas ao caso prático.[12]

1.4. A comunicação jurídica é o próprio Direito num sistema jurídico operativamente fechado. Ela, pois, quando emitida na relação processual, resulta na decisão judicial. Esta decisão – ou comunicação – é emitida por um observador interno, o juiz. Ela é fruto da reflexidade interna da comunicação.[13] Essa reflexidade é a consequência da diferenciação do sistema de decisões, o qual, em síntese, consiste nas comunicações a serem emitidas apenas com base no lícito/ilícito no sistema parcial do direito e na auto-observação.

1.4.a. O observador (o juiz) usará apenas a construção interna ao sistema do direito para fundamentar sua decisão. Do contrário, seriam gerados efeitos negativos na disposição sistêmica de manter as expectativas normativas ao longo do tempo, que é justamente a função do Direito.[14]

1.4.b. Esse elemento de reflexidade é que organiza a tomada de decisão na falta da representação do direito positivado.[15] O sistema forma a sua própria complexidade à medida em que toma as suas decisões. Sem embargo disso, a reflexidade permanece como algo vago à teoria do direito tradicional; em certos casos, chega a ser desconhecida; em outros, aparece como consciência jurídica.[16] Nesses casos, a decisão concebe mais de um caso de interpretação dos conceitos contemplados pelas normas, do que propriamente a comprovação de diferenciação ou mesmo, ainda, indicado-

11 Cf. *Ibidem*, p. 426.

12 Cf. Ibidem, p. 426.

13 Cf. LUHMANN, Niklas. **El derecho de la sociedad**. Traducción Javier Nafarrate Torres. México: Universidad Iberoamericana, 2002, p. 203.

14 Cf. *Ibidem*, p. 205.

15 Cf. Ibidem, p. 205.

16 Cf. *Ibidem*, p. 206.

ra da perda social.[17] Em contrapartida, a complexidade formada num sistema de decisão serve justamente à descarga da vida cotidiana.[18]

PARTE II – Breve Sistematização do Ônus da Prova à Luz da Dogmática Processual Civil como Técnica de Decisão e à Perspectiva da Teoria Social como Técnica de Redução da Complexidade Processual

2. As partes processuais têm ônus a serem cumpridos para que possam impor obrigações ao seu duelante. Quem almeja efetivar seu direito primeiro deve cumprir com os ônus processuais. Por exemplo, aquele que pretende que determinado fato seja tido como verdadeiro dentro do processo tem o dever de prová-lo.[19]

2.a. Aliás, devido à sua importância na resolução do litígio, a distribuição do ônus da prova é questão que, há muito tempo, vem sendo discutida. Cita-se, inclusive, que ainda no Direito Romano procurou-se estabelecer critérios de distribuição de ônus entre as partes. Séculos depois, na era medieval, era repartido o ônus da prova com base no critério da qualidade dos fatos afirmados (positivos ou negativos), segundo o qual, as negativas não poderiam servir como meio de prova. Desde então, a doutrina viu-se diante de um árduo trabalho para estabelecer os critérios de distribuição da incumbência de provar.

2.1. Na história recente da civilização há posições defensoras da liberdade judicial para partilha do ônus da prova, de acordo com cada caso concreto. No entanto, Rosenberg é contrário a este entendimento. Ele pontua que, por ser uma regra decisiva no julgamento do litígio, não seria de bom tom prestigiar surpresas, visto ser regra imposta por norma que tem função imprescindível na dialética processual.[20]

2.2. Na doutrina processualística, encontram-se vários posicionamentos sobre o ônus da prova: Chiovenda, Carnelutti e Betti analisaram teorias

---

17 Cf. *Ibidem*, p. 146.

18 Cf. *Ibidem*, p. 206.

19 Cf. Ibidem, p. 206.

20 Cf. NERY JÚNIOR; Nelson; NERY, Rosa Maria Andrade. Código de processo civil comentado e legislação extravagante em vigor. 8ª ed. São Paulo: Revista dos Tribunais, 2004, p. 835. Sobre o ônus da prova, ver LIEBMAN, Enrico Tullio. Manuale di diritto processuale civile. 6ª ed. Milano: Giuffrè, 2002. pp. 308-314 e LOPES, João Batista. A prova no direito processual e civil. 3ª ed.São Paulo: Revista dos Tribunais, 2007. p. 37: "No ônus, há a idéia de carga, e não de obrigação ou dever." Ainda sobre ônus da prova, ver MIRANDA. Francisco Cavalcanti Pontes de. Comentários ao código de processo civil. Rio de Janeiro: Forense, 1976. v. 3, p. 281.

baseadas na natureza dos fatos afirmados (constitutivos, impeditivos, extintivos e modificativos).[21] Rosenberg e Taruffo concentraram os seus esforços em criticar o critério da normalidade que tanto influenciou as doutrinas do século XIX.

2.2.a. Segundo Proto Pisani, a divisão do ônus da prova entre autor e réu deriva dos fatos materiais, não de critérios processuais propriamente ditos. Almeja-se, por meio deles, impor aos litigantes condutas que o magistrado, frente à ausência de provas, irá utilizar como redutor da complexidade.[22] Em comento ao dispositivo regulador do ônus da prova, no CPC Italiano, Proto Pisani afirma tratar-se de uma norma em branco, cujo conteúdo impõe às partes ônus subjetivos.[23]

2.2.b. Para o juiz, a norma concretiza regra de julgamento, porque, ainda que os fatos não estejam devidamente provados na relação processual, o juiz, nem por isso, pode se escusar de proferir uma decisão. Por assim dizer, a decisão é inafastável, inclusive na ausência de provas. No entanto, escolher previamente quem sofrerá as consequências pela não comprovação da matéria fática é o desiderato da partilha do ônus da prova entre as partes.

2.2.c. Echandía realça a fundamental importância da noção do ônus da prova para o processo como fator de incremento de segurança jurídica e de harmonia social e como concretizador do interesse geral de que se realizem os fins próprios do processo.[24]

2.3. O ônus da prova está intimamente ligado à obrigatoriedade de o juiz julgar sempre – a proibição do *non liquet*.[25] Ele se porta como um pêndulo que oscila entre os litigantes, apontando quem deve sofrer as consequências da ausência ou insuficiência de prova. No passado, havia entendimento de que deveria recair inteiramente ao autor o ônus da prova. Rosenberg o rebateu, afirmando que há exigências de conveniência e de justiça que impõem a distribuição do ônus da prova. Atribuir ao autor todo o encargo seria suprimir sua possibilidade de êxito na demanda.[26]

21 Ver BETTI, Emilio. **Diritto processuale civile italiano**. 2ª ed. Roma: Foro Italiano, 1936. p. 335. Ver também CARNELUTTI, Francisco. **La prova civile**. Roma: Athenaeum, 1914. pp. 24-25. Sobre um retrospecto histórico doutrinário da divisão do ônus da prova, ver LOPES, João Batista. *Op. cit.*, pp. 39-44.

22 Cf. PISANI, Andrea Proto. Lezioni d diretto processuale civile. Nápole: Jovene, 2002, p. 440.

23 Cf. *Ibidem*, p. 440.

24 ECHANDÍA, Hernán Devis. Teoría general de la prueba judicial. 3ª ed. Buenos Aires: Zavalia, 1976. p. 451.

25 LOPES, João Batista. *Op. cit.*, p. 51: *"As regras sobre o ônus da prova só têm relevância no momento da sentença, isto é, são 'regras de julgamento'"*.

26 ROSENBERG, Leo. *Op. cit.*, p. 85.

2.3.a. Nessa mesma linha, Echandía acreditava não haver dúvidas de que o princípio geral, que determina que o ônus seja distribuído e não totalmente imposto a uma das partes, tem um evidente fundamento lógico.[27]

2.3.b. A forma de distribuição do *ônus probandi* no direito brasileiro está disposta no art. 373 do Novo Código de Processo Civil,[28] que dispõe que ao autor compete demonstrar o fato constitutivo de seu direito; ao réu, o fato impeditivo, modificativo ou extintivo desse mesmo direito. O Novo CPC permite, todavia, no parágrafo 1º do mesmo art. 373, que o juiz inverta o ônus da prova, de acordo com a facilidade que cada parte tenha de fazer prova de determinado fato, generalizando, assim, a regra do CDC. Diz o parágrafo 1º. que a inversão deve ocorrer por decisão fundamentada, e deve ser dado direito à parte de dele se desincumbir. Isso significa que: (i) ou essa decisão ocorre no saneamento (e não no julgamento, portanto); (ii) ou ela necessariamente significará conversão do julgamento em diligência. A doutrina processual tem caminhado para a primeira hipótese.

2.4. O conjunto probatório tem âmbito de atuação diretamente ligado ao convencimento pessoal do magistrado, notadamente quando visto sob o prisma da teoria do conhecimento. De outra forma, na óptica processual, a prova tem duas conotações: uma destinada à transparência do processo, – ou seja, a permitir que cidadãos que, porventura, analisem os autos, evidenciem as razões motivadoras daquela decisão – outra ligada à questão subjetiva da valoração dada a ela pelo julgador.

2.4.a. Isso porque o juiz, quando profere um juízo de valor, expressado na decisão judicial, leva em consideração desde a carga emocional adquirida na sua educação, até os problemas conjugais, que o levaram a uma separação brutal e cheia de sequelas. Por outro lado, a questão da valoração probatória é simplificada no momento em que se faz uma opção legal de divisão de ônus da prova. A partir deste ponto, quem deveria provar e não o fez, não cumpriu o seu ônus. Por conseguinte, terá a sua pretensão frustrada. Por meio desta escolha legal, atenua-se o subjetivismo que o exame probatório provoca no processo; em consequência, reduz-se a complexidade.[29]

2.5. Pelo exposto, evidencia-se a importância da prova dentro do processo para, primeiro, formar o juízo de convencimento do magistrado. Além disso, como o juiz não pode simplesmente se esquivar de julgar em razão da

27 ECHANDIA, Hernán Devis. Op. cit., p. 453.

28 Texto enviado à sanção presidencial.

29 Cf. MANDRIOLO, Crisanto. *Op. cit.*, p. 122.

falta de matéria probatória, deve usar, mais do que nunca, o ônus imposto pela distribuição de produzir provas dentro do processo.[30]

2.5.a. Ao contrário do que parece, não há surpresa e nem aplicação de magia alguma, ou mesmo varinha de condão (nomenclatura Luhmanniana). É claro, transparente e previamente estipulado: em regra, quem alega deve provar, e a outra parte deve produzir material no sentido de desmerecer o afirmado pelo requerente. Afirmar sem provar não gera consequência jurídica. A comunicação processual é, em regra, assim: quem alega deve provar. As exceções devem vir previamente fundamentadas nos autos, de forma a deixar claro às partes quais são as regras do jogo.

2.6. À vista disso tudo, os ônus processuais são impostos às partes para realizar os seus objetivos; numa linguagem popular: são dadas tarefas aos participantes do jogo que, para ganharem ponto, devem cumpri-las. Por isso mesmo, quem não consegue demonstrar a veracidade das suas alegações não estará submetido às suas conseqüências.[31]

2.6.a. O ônus opera como simplificação da complexidade processual, chamada por Pisani de *"semplificazione della fattispecie"*, cuja utilização permite ao juiz conhecer dos direitos sua base de alegação e da prova dos fatos constitutivos.[32] Porque a norma é redutora da complexidade, tem-se como "conhecimento-regulação", controla a reprodução e a produção das regularidades.[33] Noutras palavras, a norma reduz escolhas. Há várias hipóteses possíveis de serem escolhidas; a norma escolhe uma e, consequentemente, elimina outras.

PARTE III
Da Inversão do Ônus da Prova no Código de Defesa do Consumidor

3.1. Muito do raciocínio travado no item II pode ser levado ao ônus da prova previsto no Código de Defesa do Consumidor. O espírito é similar até porquanto se trata de um instituto tipicamente processual que foi aproveitado sob novas especificidades no CDC. Não se trata de uma invenção, mas sim, de um reaproveitamento de instrumento processual adaptado às eventuais necessidades.

30 Cf. *Ibidem*, p. 122.

31 Cf. *Ibidem*, *Op. cit.*, p. 124.

32 Cf. PISANI, Andrea Proto. *Op. cit.*, pp. 440-441.

33 Cf. SANTOS, Boaventura de Souza. **A crítica da razão indolente**. São Paulo: Cortez, 2000. p. 141: *"[...] Graças à ordem positivista, a natureza pode tornar-se previsível e certa, de forma a poder ser controlada, enquanto a sociedade será controlada para que possa tornar-se previsível e certa.[...]"*.

3.1.a. A criação da referida norma consumerista, como visto acima, embasou-se na necessidade de se reduzir a complexidade processual dentro do processo judicial ao menos sistemicamente falando. O Código de Defesa do Consumidor possibilitou a inversão do ônus da prova pelo magistrado, a favor do consumidor, desde que atendidos dois requisitos: verossimilhança das alegações e hipossuficiência do consumidor.

3.2. No Direito do Consumidor há uma presunção de que uma das partes – o consumidor – está em posição desigual (leia-se desfavorável) perante a outra – o fornecedor. Uma das formas que o legislador encontrou para tentar equiparar as partes que estiverem nessa relação desequilibrada, em virtude da vulnerabilidade do consumidor, foi a inversão do ônus da prova,[34] prevista no artigo 6º, VIII do CDC. A exceção prevista na relação de consumo quanto ao ônus da prova tem o real condão de suprimir as desigualdades existentes entre fornecedor e consumidor, quer no tocante a questão técnica, quer no tocante a questão financeira.[35]

3.3. A concessão dessa benesse dependerá do preenchimento de alguns requisitos previstos legalmente, no artigo 6º, VIII do CDC,[36] quais sejam: a verossimilhança da alegação do consumidor e a sua hipossuficiência. Acerca da compreensão desses requisitos, conclui-se que a verossimilhança é a aparência de veracidade do direito alegado pelo consumidor[37]; de outra banda, a hipossuficiência pode ser financeira – a falta de recursos econômi-

34 "Trata-se, pois, de um mecanismo indispensável à promoção da igualdade real e concreta do consumidor". (CAMBI, Eduardo. Divergência Jurisprudencial: Inversão do ônus da prova e o ônus de antecipar o pagamento dos honorários periciais. *Revista do Direito do Consumidor*, São Paulo, nº 45, jan-mar. 2003, p. 132).

35 "A inversibilidade do ônus probatório *ope iudicis* prescrita no Código de Defesa do Consumidor atua, como cediço, como fator de reequilíbrio entre sujeitos processuais que são naturalmente desiguais no universo do embate processual: a evidente falta de equivalência entre os dois litigantes normais que figuram no litígio judicial consumerista exige a intervenção do órgão jurisdicional no sentido de abreviar, mitigar, a enorme disparidade de forças verificada entre consumidor e fornecedor litigantes". (MELO, Rogério Licastro Torres de. A inversão do ônus probatório nas ações de consumo. Revista de Processo – RePro, São Paulo, nº 157, mar. 2008, p.77).

36 Art. 6º. São direitos básicos do consumidor: (...) VIII – a facilitação da defesa de seus direitos, inclusive com a inversão do ônus da prova, a seu favor, no processo civil, quando, a critério do juiz, for verossímil a alegação ou quando for ele hipossuficiente, segundo as regras ordinárias de experiências;

37 "Alegação verossímil é aquela que, mesmo não sendo apoiada em elementos probatórios, tem a aparência de ser verdadeira. Opera-se, pois, com indícios ou sérias suspeitas que o fato realmente tenha ocorrido". (CAMBI, Eduardo. Inversão do ônus da prova e tutela dos direitos transindividuais: alcance exegético do art. 6º, VIII, do CDC. Revista de Processo – RePro, São Paulo, nº127, set. 2005.CAMBI, p.103).

cos para a produção de determinada prova – ou técnica – a inexistência de conhecimentos técnicos acerca da questão discutida nos autos.[38]

3.4. Doutrinariamente, discute-se se esses requisitos são alternativos ou cumulativos. Isso porque o texto legal optou pela utilização da conjunção adversativa "ou" como liame de conexão entre os requisitos. A partir de uma interpretação literal do texto legal, alguns doutrinadores concluem que tais requisitos seriam alternativos.[39]

3.4.a. De outra banda, há outra corrente defendida por aqueles que entendem que os requisitos legais seriam cumulativos.[40] Para os defensores dessa corrente, a verossimilhança das alegações é requisito intrínseco à in-

---

38 "Mas hipossuficiência, para fins da possibilidade de inversão do ônus da proa, tem sentido de desconhecimento técnico e informativo do produto e do serviço, de suas propriedades, de seu funcionamento vital e/ou intrínseco, de sua distribuição, dos modos especiais de controle, dos aspectos que podem ter gerado o acidente de consumo e o dano, das características do vício etc." (NUNES, Luiz Antônio Rizzatto. Curso de Direito do Consumidor. São Paulo: Saraiva, 2008, p. 775).

39 "Assim, também, na hipótese do art. 6º, VIII, do CDC, cabe ao juiz decidir pela inversão do ônus da prova se for verossímil a alegação ou hipossuficiente o consumidor. Vale dizer, deverá o magistrado determinar a inversão. E esta se dará pela decisão entre duas alternativas: verossimilhança das alegações ou hipossuficiência. Presente uma das duas, está o magistrado obrigado a inverter o ônus da prova". (NUNES, Luiz Antônio Rizzatto Comentários ao Código de Defesa do Consumidor. 3ª Ed. São Paulo: Saraiva, 2007, p.151). No mesmo sentido, segue o escólio de Cláudia Lima Marques: "Nota-se também que a partícula "ou" bem esclarece que, a favor do consumidor, pode o juiz inverter o ônus da prova quando apenas uma das duas hipóteses está presente no caso". (MARQUES, Claudia Lima; et all. Comentário ao Código de Defesa do Consumidor. 2ª Ed. São Paulo: Revista dos Tribunais, 2006, p. 81).

40 Nesse sentido, Cândido Rangel Dinamarco ensina que: "O emprego da conjunção ou, à qual em gramática é atribuída função disjuntiva, poderia dar a falsa impressão de que se autoriza a inversão quando ocorrer um dos dois requisitos, ou seja: ou a verossimilhança da alegação, ou o estado de hipossuficiência do consumidor-autor. Mas essa interpretação superficial traz em si todos os males da mera exegese, que não é inteligente porque desconsidera os substratos éticos e axiológicos do dispositivo. É preciso conhecer a ordem jurídica nacional como um todo, seja nos preceitos positivados na Constituição e na lei, seja nos valores que compõem o universo axiológico da nação. (...) Por isso, não-obstante a lei empregue formalmente a conjunção ou, ao intérprete conhecedor do sistema jurídico e axiológico da nação impõe-se a leitura do dispositivo como se ele contivesse a conjunção aditiva e – ou seja, é imperioso ler o dispositivo como se nele estivesse escrito: 'quando, a critério do juiz, for verossímil a alegação e quando ele for hipossuficiente'." (Fundamentos do processo civil moderno, tomo I. 6ª ed. São Paulo: Malheiros, 2010. pp. 790-1). Antonio Gidi corrobora: "Para que a inversão do ônus da prova seja autorizada, tanto a afirmação precisa ser verossímil quanto o consumidor precisa ser hipossuficiente." (Aspectos da inversão do ônus da prova no Código de Defesa do Consumidor, v. 13. in Revista Direito do Consumidor, São Paulo, 1995. p. 34).

versão do ônus da prova, não bastando, portanto, a mera hipossuficiência para a concessão do benefício, haja vista que, para a proteção do hipossuficiente, existem outros institutos legais, tais como a assistência judiciária gratuita. Todavia, tal posicionamento é minoritário na doutrina e jurisprudência consumerista, prevalecendo a interpretação literal do dispositivo, por meio da qual se entende que os requisitos deverão ser vistos como alternativos.

3.5. Demais disso, da leitura do referido dispositivo legal, depreende-se que as expressões "a critério do juiz" e "segundo as regras de ordinárias de experiência" nos levam a concluir que a inversão do ônus da prova não ocorre automaticamente, mas está condicionada à análise do Juiz acerca do preenchimento dos requisitos legais.[41] Nessa senda, não se admitiria a inversão do ônus da prova "automática", como sói acontecer em grande parte dos casos judiciais que os consumidores figuram no polo ativo, máxime nas ações que tramitam perante o Juizado Especial Cível – tal como será melhor analisado adiante -; por outro lado, a inversão deveria ser decidida, em análise do preenchimento dos requisitos legais e somente nos casos que realmente se fizesse necessária, permitindo ao fornecedor, figurando no polo passivo da referida demanda judicial, produzir as provas pertinentes ao deslinde do litígio.

PARTE IV
Da Análise das Decisões do Juizado Especial Cível do Estado do Rio de Janeiro

4. O levantamento das decisões foi promovido com base em critérios pré-definidos de forma rígida, com o intuito de diminuir a divergência da situação fática julgada para, dessa forma, mapear-se a racionalidade do Juizado Especial numa determinada situação. Os critérios foram dois: primeiro, foram selecionadas decisões em que houvesse necessidade de perícia técnica, ou seja, os autos obrigatoriamente deveriam reclamar de prova pericial, porquanto a necessidade da produção de prova de tal natureza coloca interessante variável na busca pela comprovação das alegaçoes das partes sobre a existência ou não de defeito no produto vendido; segundo, essas decisões foram no sentido da inversão da prova, em razão do objeto central da pesquisa.

41 No mesmo sentido é a opinião de Rizzatto Nunes: "Assim, também, na hipótese do art. 6º, VIII, do CDC, cabe ao juiz decidir pela inversão do ônus da prova se for verossímil a alegação ou hipossuficiente o consumidor. Vale dizer, deverá o magistrado determinar a inversão" (NUNES, *Op. Cit.*, p. 151)

4.1. A problemática definiu-se com os critérios acima mencionados. A partir deles, o material empírico fica condicionado a um eixo teleológico: a produção de prova pericial e a inversão do ônus da prova. Com base nele, optou-se por escolher um produto específico, vendido e apresentado nos autos como defeituoso para se demarcar bem o terreno empírico. Aparelho de ar-condicionado foi o produto escolhido. O clima tropical do Brasil fomenta a venda de climatizadores de ar, bem como contribui à insatisfação dos consumidores. Quanto mais quente a temperatura, maior a necessidade do aparelho adquirido gelar. Num clima ameno, a exigência quanto à sua qualidade em resfriar não é tão cobrada como em climas de elevada temperatura. Justifica-se, assim, a escolha do Estado do Rio de Janeiro.

Perspectiva geral

4.2. A inversão do ônus da prova em favor do consumidor obrigatoriamente deveria "pontencializar" o direito do fabricante e/ou fornecedor do serviço à produção de provas dentro do processo. Na medida na qual se dispensa o consumidor de provar suas alegações com a presunção da autenticidade das suas narrativas, a outra parte torna-se "réu confesso", mesmo nada tendo feito nesse intuito. Porque o seu ônus de provar a inexistência do direito do autor é elevado consideravelmente ao presumir sua responsabilidade ao mesmo tempo que se veda a produção de prova pericial num caso em que a divergência entre as partes é justamente sobre o defeito ou não do produto vendido. As expressões "pontencializar" e "réu confesso", mesmo carentes de rigor técnico, têm razão de serem utilizadas: chamar a atenção para a inversão do hipossuficiente processual que a inversão do ônus da prova provocou nos autos analisados.

4.3. Optou-se por dar destaque a dois casos abaixo comentados com mais vagar. Ambos podem ser denominados de paradigmas por representarem certa homogeneidade da racionalidade no tema pesquisado dentro do material coletado. As decisões analisadas reconhecem expressamente a presunção de defeito de um produto pela simples palavra do consumidor, ainda que nos autos não haja prova técnica nessa linha e o réu tenha impugnado tal afirmação.[42]

Casos paradigmas

4.4. Dentro do cenário das decisões levantadas, destacam-se dois casos – ora rotulados de paradigmas – que denotam o espírito da racionalidade das decisões analisadas, no sentido de inverter o ônus da prova em favor

42 Proc. nº 0005420-28.2014.8.19.0054 – TJERJ.

do consumidor concomitantemente a não permissão aos réus (fabricantes e distribuidores dos produtos vendidos) a produzirem perícia técnica nos produtos negociados quando as partes divergem justamente sobre a existência ou não de vício e/ou defeito no produto.

Paradigma nº 1

4.5. A primeira decisão a ser comentada diz respeito à utilização do ônus da prova em processos nos quais um dos requeridos requereu a produção de prova pericial porque nos autos se discutia vício no produto negado pelo fabricante e/ou pela assistência técnica especializada. Não obstante o requerimento da parte e a latente necessidade da produção da prova, posta a natureza do debate, sentenciou-se indeferindo a produção de perícia, e inverteu o ônus da prova. Em suma, impôs-se aos requeridos o ônus de provar que o aparelho não tem defeito algum, todavia, sem lhes permitir a produção da prova pericial requerida e imprescindível ao deslinde do feito.

4.5. a. As partes discutem nos autos nº 0014286-18.2013.8.19.0003 eventual vício existente em produto negociado entre eles em típica relação consumerista. Uma parte afirma o vício, enquanto a outra o nega. A divergência se tornou uma questão prejudicial: há ou não defeito no produto? O consumidor não leva nenhuma prova do problema, além de suas reclamações feitas à outra parte. Ou seja, a palavra de ambos os litigantes, suas alegações sobre os fatos e o direito formam a controvérsia dos autos. Não há, ainda, nenhuma prova produzida.

4.5. b. Uma das requeridas, com intuito de provar a sua tese de defesa pediu a produção de prova pericial, frisando o porquê da sua importância. No entanto, como em sede do juizado especial não tem sido admitida a produção de prova pericial, em razão de não se tratar de causa de pequena complexidade, requereu-se que os autos fossem remetidos às vias ordinárias, mediante uma preliminar de incompetência do Sistema dos Juizados Especiais. A decisão analisada enfrente a questão nos seguintes termos: "[...] *Quanto à preliminar de incompetência por necessidade de perícia, esta não merece prosperar, já que, uma vez invertido o ônus da prova, cabe à ré apresentar provas que afastem a presunção de veracidade de boa-fé do consumidor. No mais caberia à ré, trazer para a AIJ todas as provas que pretenda produzir, mormente em face do que dispõe o art. 6, VIII do CDC (vide artigos 33 e 35 da L. 9099/95). A preliminar de incompetência, como dito, não merece guarida já que desnecessária a perícia, quando ao réu é permitida a produção de outro meio de prova.*[...]".

4.5.c. A decisão, percebe-se, entende que a perícia é desnecessária vez, segundo ela, que o réu poderia ter provado suas alegações com outro meio de prova. A leitura denota uma inércia dos requeridos e deixa indicação subliminar de que se enxerga a produção da prova pericial como uma estratégia com intuito protelatório. Mais à frente, porém, a própria decisão se contradiz: "[...] *As rés não lograram êxito em comprovar a inocorrência dos fatos narrados na inicial, se restringindo à apresentação de alegações e de documentação unilateral, incapazes de contrariar os dizeres da inicial. Deveriam as rés comprovar efetivamente através de prova idônea e isenta que o defeito não existiu.* [...]".

4.5.d. As requeridas apresentaram nos autos documentos produzidos por suas respectivas equipes de atendimento ao consumidor. A decisão em comento entendeu que tais provas eram unilaterais, porquanto elaboradas pelo representante das requeridas durante o processo de atendimento ao consumidor. Por outro lado, nada foi apresentado pelo requerente a não ser as declarações que ele unilateralmente também produziu. As provas apresentadas pelas partes não esclarecem de forma definitiva a questão prejudicial, isto é, o produto tem ou não defeito? Qual a melhor – ou talvez única – forma de se evidenciar a questão além de uma perícia? Não há. No entanto, mesmo não permitindo que as requeridas se desincumbissem do ônus de provar que o produto não tinha vício, o que dependeria de perícia técnica, tempestivamente requerida por uma das requeridas, *in casu*, o magistrado singular preferiu, com base na inversão do ônus da prova, julgar procedente o pedido do requerente.

Paradigma nº 2

4.6. Os autos do processo n. 0013064-81.2014.8.19.0002 também dizem respeito ao litígio formado, de um lado, pelo consumidor e, do outro, pelo fabricante e um de seus revendedores. O requerente afirma que comprou um aparelho de ar-condicionado, porém, este apresentou vício oculto não sanado pela assistência técnica especializada. De outro lado, os requeridos negaram a existência de vício no produto conforme afirmações da própria assistência técnica do fabricante (um dos requeridos). Mais uma vez, trata-se de um caso típico de necessidade de perícia a fim de dirimir a dúvida. Por esse motivo, em sede de preliminares, arguiu-se a incompetência do juizado especial, e requereu-se que os autos fossem remetidos à vara comum. No tema, a sentença decidiu: "[...] *Rejeito a preliminar de incompetência do juízo ante a necessidade de realização de perícia técnica, arguida pelo 2 réu, pois não se trata de causa de maior complexidade, sendo suficientes as provas documentais contidas nos autos para o deslinde da controvérsia.*".

4.6.a. A despeito de mencionar a suficiência da prova, a decisão, porém, entendeu que a segunda requerida não fez prova da inexistência de vício no produto. Pela decisão, não se provou a não existência de defeito. As requeridas deveriam ter produzido prova negativa. Não se trata de prova fácil de ser produzida. Como se poderia ter provado que não há defeito no aparelho de ar-condicionado comprado? Além dos familiares do requerente, quem teria acesso ao funcionamento do respectivo aparelho? Trata-se de situação peculiar dentro da relação processual consumerista só superável mediante a produção da prova pericial. Como no procedimento do juizado há vedação à perícia, os autos deveriam ter sido remetidos ao juízo comum sob rito ordinário a fim de propiciar a produção da prova necessária à resolução da lide. Ao contrário, decidiu o sentenciante: "[...] *não merece prosperar a alegação do 2 réu que não houve a constatação do vício. Verifico que o 2 réu não apresentou provas contra as alegações da parte autora, ônus que lhe incumbia por força do art. 333, II, do CPC, razão pela qual se presumem verdadeiras as alegações autorais de que o produto, objeto da lide, apresentou defeito,[...].*".

4.6.b. A verbalização utilizada na decisão denota a utilização de conceitos consumeristas como hipossuficiência e verossimilhança das alegações do requerente a fim de legitimar a inversão do ônus da prova. Chama a atenção também o fato da não correlação fática dos citados conceitos com a realidade dos autos. A sentença debate vários pontos particulares da narrativa das partes litigantes, entretanto, como se constata, nas decisões analisadas, não houve debate sobre a verossimilhança e a hipossuficiência do consumidor. O texto decisório aponta para uma aplicação automática da inversão do ônus da prova. O requerente se beneficiou da inversão do ônus da prova num rito automático, sem atendimento a qualquer critério legal. Essa foi a nítida impressão extraída da leitura das peças processuais com ênfase à sentença.

PARTE V
Resultado da Pesquisa: Heteroreferência Social em desfavor da Autorreferência Teórica

5. Consoante se depreende da Parte 3 deste artigo, a legislação consumerista contemplou a possibilidade da inversão do ônus da prova, desde que preenchidos, ao menos, um dos requisitos legais: verossimilhança e hipossuficiência. Desta forma, é possível a inversão do ônus probante até então imposto ao autor; no entanto, é necessário atendimento prévio aos requisitos sob pena de ausência de consistência teórica da decisão. Demais disso, pela simples leitura do texto legal – artigo 6º, VIII do CDC – nota-se que a inversão do ônus da prova decorre da análise empírica do magistrado deve ou não ser deferida por meio de decisão fundamentada. Contudo, as decisões analisadas sem exceção carecem de fundamento teórico-dogmático no que diz respeito à inversão do ônus da prova.

5.1. Servindo-se do instrumental sistêmico na análise das decisões em comento, conclui-se que há excesso de heteroreferência social e falta de autorreferência teórica. As decisões estão em atendimento de forma excessiva aos clamores consumeristas em completo detrimento da própria dogmática consumeristas. A "causa" consumerista no cenário empírico observado encontra eco exagerado, de modo que a racionalidade se afasta da legitimidade jurídica para se tornar uma legitimidade simbólica no sentido de justiça social protetiva dos pequenos em desfavor dos grandes. Porém, os procedimentos legais são ritos a serem seguidos sob pena de afronta ao Estado de Direito. Não cabe a um grupo de juízes o direito de simplesmente desconsiderar exigências jurídicas na ânsia de se produzir justiça.

5.1.a. As decisões prejulgam os autos em análise antes de qualquer produção de prova – aliás, as provas nem ao menos foram passíveis de serem produzidas. O ônus da prova é instrumento de redução da complexidade social sob viés sistêmico, ou seja, a redução – leia-se a sua utilização – deve ser conduzida na hipótese em que, após a produção probatória, não se evidenciou quem tem razão segundo a convicção do magistrado, ou, ainda, na linha do CDC e do parágrafo 1º do art. 370 do novo CPC, atendendo-se aos requisitos específicos à inversão.

5.2. A linha de raciocínio exposta no parágrafo anterior não diverge em termos de resultado da dogmática processual civil. O ônus da prova deve ser utilizado como técnica de decisão, o que importa em dizer que o processo deve ter seu andamento normal: contraditório, produção de provas etc., e, ao final, se o juiz não estiver convicto sobre qual parte tem ou não razão, aí, deve, sim, utilizar-se do ônus da prova. É outra a realidade apreendida pela análise das decisões em comento porque nelas há um verdadeiro procedimento automático: todo consumidor tem direito à inversão do ônus da prova! A lei não previu tal procedimento. Não basta ser consumidor para que a inversão se produza automaticamente. Eis a constatação da falta de consistência teórica das decisões em tela.

5.3. Em outros casos, já houve decisões em que o magistrado admitiu que, simplesmente por se tratar de relação de consumo, a inversão do ônus da prova seria automática e, por conseguinte, o vício no produto seria presumido. Destaca-se, a seguir, trechos de algumas dessas decisões: *"(...) A relação em análise é de consumo, devendo, portanto, sofrer a incidência das regras disciplinadas na Lei nº 8078/90, inclusive no tocante à inversão do ônus da prova nos termos do art. 6, VIII do CDC. (...) Ainda que não provado o defeito por laudo técnico, este deve ser presumido (...) Com efeito, as rés não trouxeram aos autos qualquer documento idôneo a represar a pretensão autoral, o que por si só conduz à improcedência de suas alegações, devendo, pois, responder integralmente pelo vício do produto e pela falha na prestação do serviço, nos termos do artigo 14, da Lei nº 8.078/90"* (proc. nº 0005420-28.2014.8.19.0054).

"As rés, nos termos do art. 6º, VIII da lei 8078/98 cabia trazer prova da regular prestação do serviço, com o reparo ou indenização compensatória

em tempo razoável, ônus este que não se desincumbiu, eis que a contestação vem desprovida de qualquer prova que atese as teses defensivas" (proc. nº 0262295-96.2014.8.19.0001)

"No mérito, verifica-se que a hipótese retrata uma relação de consumo indiscutível, cuja disciplina deverá ser regida pelo CDC, dentro de sua principiologia e regras de ordem pública. Hipossuficiência fática, econômica e juridicamente que é a parte autora perante as rés e sendo regra de julgamento (art. 6º, VII, CDC e Enunciados JEC/RJ nº 9.1.1 e 9.1.2). As rés não lograram êxito em comprovar a inocorrência dos fatos narrados na inicial, se restringindo à apresentação de alegações e de documentação unilateral, incapazes de contrariar os dizeres da inicial. Tal prova não ocorreu. Persiste, então, na íntegra a presunção relativa de veracidade das alegações do autor, já que as rés não se desincumbiram dos seus ônus probatórios" (proc. nº 0014286-18.2013.8.19.0003).

"No mérito, cumpre ressaltar que estamos diante de relação de consumo, de modo que são aplicáveis as normas e princípios do CDC, que visam a proteção do consumidor e a facilitação da sua defesa em juízo, dentre elas a inversão do ônus da prova. (...) A parte ré, por sua vez, não faz qualquer prova de que as alegações da parte autora são inverdades, limitando-se a alegação inexistência de danos morais indenizáveis e a ausência de sua responsabilidade, sem apresentar qualquer argumento consistente." (proc. nº 0039834-88.2013.8.19.0021)

5.4. O resultado da pesquisa leva à conclusão de que ocorreu nas decisões analisadas aplicação automática da inversão do ônus da prova em favor do consumidor, refutando-se, inclusive, o pedido de prova pericial requerida pelo fornecedor e descaracterizando a prova documental produzida pelo réu, como, por exemplo, laudos emitidos pela assistência técnica autorizada sob a alegação de que seria prova unilateral. Cria-se uma situação kafkaniana em que a prova possível não é admitida como suficiente, pois unilateral, e a prova que seria suficiente (pericial) não é cabível, em função do rito dos juizados especiais. Se não é deferida a prova pericial e, se a única prova nos autos é um laudo da assistência técnica da fabricante reconhecendo que o produto não possui vício, qual seria o fundamento para o Juiz determinar a inversão do ônus da prova e julgar procedente o pedido do consumidor? No mínimo, faltaria o requisito da verossimilhança da alegação do autor para se justificar a inversão do ônus da prova em seu favor. Nesse sentido, parece desacertada a decisão que, mesmo diante de prova documental em sentido contrário, reconhece a presunção de veracidade da mera alegação do consumidor.

5.5. Destarte, nota-se que as decisões analisadas na pesquisa que ensejou este trabalho estão lastreadas de excessivo favoritismo para o consumidor. Pode-se dizer que elas encontram-se fundadas na máxima "o consumidor tem sempre razão". Entretanto, ainda que essa expressão seja utilizada na relação comercial de consumo, certamente não pode ser conduzida para a relação jurídica de consumo. Por isso mesmo, a inversão do ônus da prova não deve ser admitida indistintamente, mas somente nos casos em que forem preenchidos os requisitos legais, assim como mediante decisão fundamentada.

ROL DE DECISÕES ANALISADAS

Data da sentença	Órgão julgador	Nº do processo	Partes
24/09/2014	Juizado Especial de São João de Meriti-RJ	0005420-28.2014.8.19.0054	Dorgival Rosa de Lima xx Consul – Whirlpool S/A e outra
10/09/2014	1º Juizado Especial Cível de Niterói-RJ	0013064.31.2014.8.19.00002	Luiz Carlos Pimentel Nitzche xx Samsung Eletrônica da Amazônia Ltda e outro
22/10/2014	21º Juizado Especial Cível da Capital-RJ	0262295-96.2014.8.19.0001	Robson de Souza Giangianrulo xx LG e outra
28/01/2015	Juizado Especial de Angra dos Reis-RJ	0014286-18.2013.8.19.0003	Silvania Braga de Oliveira xx Frioflex Refrigeração e outros
11/09/2014	2º Juizado Especial Cível de Duque de Caxias –RJ	0039834-88.2013.8.19.0021	Hilvaneide Lins dos Santos xx Uniservice 2008 Peças e Serviços Ltda-ME
14/11/2014	2º Juizado Especial da Tijuca-RJ	0015070-22.2014.8.19.0209	Erika Nigro Eyler xx MIDEA DO BRASIL AR CONDICIONADO LTDA. e outros
11/09/2014	13º Juizado Especial Cível da Capital-RJ	0009118-65.2014.8.19.0208	Maria Celia Inocencio xx Springer Carrier Ltda
11/09/2014	5º Juizado Especial Cível da Capital-RJ	0095025-47.2014.8.19.0001	Dora Helena Valle Dané xx Central Ar Condicionado
15/12/2014	2º Juizado Especial Cível de Nova Iguaçu-RJ	0019236-28.2014.8.19.0038	Marcelo Cardoso Duarte xx Riquena Neto Ar Condicionado Ltda
03/02/2015	6º Juizado Especial Cível da Capital-RJ	0417830-52.2013.8.19.0001	Leonardo Costa Rangel xx Riquena Neto Ar Condicionado
11/11/2014	2º Juizado Especial Cível de Niterói-RJ	0003985-63.2014.8.19.0002	Eduardo Azeredo Rodrigues xx Riquena Neto Ar Condicionado Ltda
28/11/2014	2º Juizado Especial Cível da Barra da Tijuca-RJ	0018603-11.2014.8.19.0209	DAYSE DE CASSIA LAGO ANTUNES COIMBRA xx Midea do Brasil e outros
26/09/2014	Juizado Especial de São João de Meriti-RJ	0004060-58.2014.8.19.0054	Claudia Simões de Souza Azevedo xx Riquena Neto Ar Condicionado Ltda.
10/09/2014	14º Juizado Especial Cível da Capital –RJ	0000708-33.2014.8.19.0203	Luiz Claudio de Alencar Mota xx Riquena Neto Ar Condicionado Ltda.

11/07/2014	2º Juizado Especial Cível da Capital –RJ	0388548-66.2013.8.19.0001	Lidiane da Sila Ribeiro xx Consul e outros
17/10/2014	Juizado Especial Cível da Região Oceânica de Niterói-RJ	0006900-52.2014.8.19.0212	José Antonio Delgado Moteiro xx Springer Carrier Ltda e outros
26/09/2014	12º Juizado Especial Cível da Capital-RJ	0007554-51.2014.8.19.0208	Allan Jorge Machado Ramos xx Riquena Neto AR Condicionado Ltda.
17/09/2014	3º Juizado Especial Cível de Niterói-RJ	0021687-37.2014.8.19.0002	Argelia Bonan Maia Pacheco xx Samsung Eletrônica da Amazônia Ltda e outros
04/12/2014	1º Juizado Especial Cível da Barra da Tijuca-RJ	0023147-20.2014.8.19.0209	Liana Lima Pinheiro xx Whirpool S/A e outros
17/10/2014	2º Juizado Especial Cível da Barra da Tijuca-RJ	0013533-88.2014.8.19.0209	Valéria Conceição dos Santos xx Central Ar

Referência Bibliográfica

BEDAQUE, José Roberto dos Santos. **Poderes instrutórios do juiz**. 2ª ed. ver. ampl. São Paulo: Revista dos Tribunais, 1994.

BETTI, Emilio. **Diritto processuale civile italiano**. 2ª ed. Roma: Foro Italiano, 1936.

BÜLLESBACH, Alfred. Ciência do direito e ciências sociais. In: KAUFMANN, Arthur; HASSEMER, Winfried. **Introdução à filosofia do direito e à teoria do direito contemporâneas**. Tradução Marcos Keel; Manuel Seca de Oliveira. Lisboa: Fundação Calouste Gulbenkian, 2002. pp. 409-442.

CAMBI, Eduardo. **Divergência Jurisprudencial: Inversão do ônus da prova e o ônus de antecipar o pagamento dos honorários periciais**. *Revista do Direito do Consumidor*, São Paulo, nº 45, pp. 129-139, jan-mar. 2003.

_______. **Inversão do ônus da prova e tutela dos direitos transindividuais:alcance exegético do art. 6º, VIII, do CDC**. Revista de Processo – RePro, São Paulo, nº 127, p. 101-105, set. 2005.

CARNELUTTI, Francesco. **Diritto e processo**. Nápoles: Morano, 1958.

DINAMARCO, Cândido Rangel. **Fundamentos do processo civil moderno**, tomo I. 6ª ed. São Paulo: Malheiros, 2010

ECHANDÍA, Hernán Devis. **Teoría general de la prueba judicial**. 3.ed. Buenos Aires: Zavalia, 1976.

GIDI, Antonio. **Aspectos da inversão do ônus da prova no Código de Defesa do Consumidor**, v. 13. in Revista Direito do Consumidor, São Paulo, 1995

LIEBMAN, Enrico Tullio. **Manuale di diritto processuale civile**. 6ª ed. Milão: Giuffrè Editore, 2002.

LOPES, João Batista. **A prova no direito processual civil**. 3ª ed. São Paulo: Revista dos Tribunais, 2007.

LUHMANN, Niklas. **El derecho de la sociedad**. Traducción Javier Nafarrate Torres. México: Universidad Iberoamericana, 2002.

______. **Procedimenti giuridici e legittimazione sociale**. A cura di Alberto Febbrajo. Milano: Giuffré, 1995.

LUISO, Francesco Paolo. **Instituizioni di diritto processuale civile**. Torino: G. Giappichelli Editore, 2003.

MANDRIOLI, Crisanto. **Corso di diritto processuale civile**. 10ª ed. v. 1. Turim: Giappichelli, 1995.

MARQUES, Claudia Lima; et all. **Comentário ao Código de Defesa do Consumidor**. 2ª ed. São Paulo: Revista dos Tribunais, 2006.

MELO, Rogério Licastro Torres de. **A inversão do ônus probatório nas ações de consumo**. Revista de Processo – RePro, São Paulo, nº 157, pp. 72-84, mar. 2008.

MIRANDA. Francisco Calvalcanti Pontes de. **Tratado de direito privado**. v. 22. 2ª ed. Rio de Janeiro: Forense, 1979.

NERY JÚNIOR; Nelson; NERY, Rosa Maria Andrade. **Código de processo civil comentado e legislação extravagante em vigor**. 8ª ed. São Paulo: Revista dos Tribunais, 2004.

NUNES, Luiz Antônio Rizzatto. **Curso de Direito do Consumidor**. São Paulo: Saraiva, 2008.

________. **Comentários ao Código de Defesa do Consumidor**. 3ª ed. São Paulo: Saraiva, 2007.

PISANI, Andrea Proto. **Lezioni di diretto processuale civile**. Nápole: Jovene, 2002.

ROSENBERG, Leo. **La carga de la prueba**. Buenos Aires: Ejea, 1956.

SANTOS, Boaventura de Sousa. **A crítica da razão indolente**. São Paulo: Cortez, 2000.

SCHUARTZ, Luis Fernando. **Norma contingência e racionalidade**. Rio de Janeiro: Renovar, 2005. pp. 63-178.

O NEGÓCIO JURÍDICO PROCESSUAL NAS RELAÇÕES DE CONSUMO

Letícia Arenal

1. Introdução

A missão do Direito Processual Civil é de promover a tutela do direito material. Utilizamos o instrumento para a obtenção da prestação jurisdicional intrinsicamente ligada ao litigio cujo objeto é propriamente o direito material, ainda que utilizemos medidas meramente processuais com o fim de desconstituir um instituto de direito processual – como a coisa julgada. De fato, ao final, o objetivo é o mesmo: o reconhecimento do direito material.

Entre as discussões doutrinárias ainda travadas – e muitas surgirão com o advento do novo código de processo civil – podemos destacar a diferença entre *normas de processo e normas de procedimento*, ainda que para fins de competência legislativa.

A Lei nº 13.105/2015, NCPC, traz expressamente prevista a inovação tão defendida há tempos por estudiosos do direito e já implicitamente prevista no código de 1973, possibilitando às partes convencionarem sobre *mudanças no procedimento, seus ônus, poderes, faculdades e deveres processuais,* antes ou durante o processo.

O negócio jurídico atípico não é novidade na prática forense. Podemos citar como exemplo de convenção sobre regras processuais: (i) a eleição do foro de competência; (ii) a alteração de prazos dilatórios; (iii) a renúncia ao prazo para interposição de recursos; (iv) a instituição da arbitragem. O Código de 1073, no entanto, já previa expressamente a possibilidade de as partes distribuírem, por convenção processual, o ônus probatório de maneira diversa da regra geral esculpida no *caput* do artigo 333, preenchidos os requisitos previstos nos incisos I e II do parágrafo único do mesmo artigo.

Caminhando ao encontro do que elucidamos inicialmente, a flexibilização do procedimento propõe a sua adequação a uma dada realidade social e econômica, que viabilize a prestação jurisdicional pelo Estado-Juiz visando resguardar o direito material cerne do litígio. Ou seja, a previsão na legislação infraconstitucional acerca da mudança de procedimentos tem como bem maior o direito material tutelado.

Nessa visão, interessante o estudo voltado ao consumidor, à luz da Lei nº 8.078/90, cujas premissas, conceitos, direito e deveres a ele inerentes deverão ser cuidadosamente analisados para a correta aplicação do *negócio jurídico processual.*

2. Breves considerações acerca do negócio jurídico processual

O CPC/2015, artigo 190, dispõe que:

> "versando o processo sobre direitos que admitam autocomposição, é lícito às partes plenamente capazes estipular mudanças no procedimento para ajustá-lo às especificidades da causa e convencionar sobre os seus ônus, poderes, faculdades e deveres processuais, antes ou durante o processo".

Podendo atuar de ofício ou a requerimento, o juiz exercerá o controle de validade das convenções, vedando-lhes aplicação "nos casos de nulidade ou de inserção abusiva em contrato de adesão ou em que alguma parte se encontre em manifesta situação de vulnerabilidade" (art. 190, parágrafo único, CPC/2015).

A convenção proposta pelo novo regramento poderá ser realizada antes ou durante o processo, cabendo ao juiz, quando exercido o direito de ação por uma das partes contratantes, praticar o controle de validade do ajuste. A prestação jurisdicional nesse caso dar-se-á, nos termos da lei, sob o enfoque de eventual nulidade no campo do direito material e processual, inserção abusiva em contrato de adesão e vulnerabilidade de uma das partes. O artigo 190, *caput,* possibilita, ainda, que o controle de validade seja realizado de ofício pelo juiz ou a *requerimento.* Aqui cabem alguns comentários.

Objetivando evitar as indesejáveis decisões-*surpresa,* com relevância ao princípio do devido processo legal e da ampla defesa – agora também consagrados na legislação infraconstitucional -, o NCPC assegura às partes o direito de serem previamente ouvidas à prolação de qualquer decisão contra uma delas, salvo algumas exceções.[1] Assim, antes de exercer o poder

1 Art. 9º Não se proferirá decisão contra uma das partes sem que ela seja previamente ouvida.
Parágrafo único. O disposto no *caput* não se aplica:
I – à tutela provisória de urgência;
II – às hipóteses de tutela da evidência previstas no art. 311, incisos II e III;
III – à decisão prevista no art. 701.

de controle da validade do negócio jurídico processual de ofício, deverá o juiz intimar as partes para manifestação acerca da cláusula contratual ou convenção realizada no próprio processo. Por outro lado, o código também permite o *requerimento* do exercício jurisdicional desse controle, sem citar aqueles que detêm legitimidade para tanto.

Devemos partir do pressuposto de que apenas partes plenamente capazes, ao versar o processo sobre direitos que admitam autocomposição, podem realizar a convenção em estudo, não havendo razão, então, para a participação do Ministério Público – em ações individuais -, que deixa de integrar o rol dos possíveis legitimados para o requerimento do controle de validade. Contudo, assistente litisconsorcial, *amicus curie* e terceiro interessado são figuras com possível 'participação' em processo capacitado para abarcar o acordo, cabendo-nos analisar a legitimidade para o requerimento do controle de validade.

Assistente litisconsorcial e terceiro interessado têm real interesse na lide e, consequentemente, na forma como será conduzido o processo para a tutela do direito material. À luz desse raciocínio, ambos também têm legítimo interesse para requerer a apreciação pelo Estado-Juiz da convenção realizada pelas partes, caso verse sobre o procedimento ou mesmo sobre seus ônus, poderes, faculdades e deveres processuais. O *amicus curiae*, por sua vez, em que pese não ter interesse próprio na lide acaba por intervir para auxiliar o juiz, sendo, como bem leciona Cassio Scarpinella Bueno, um "fiscal da lei". O fato de o juiz também poder exercer o controle de validade do negócio jurídico processual *ex officio,* ampara a afirmação no sentido de que àquele também resta legitimidade para o *requerimento.*

Tradicionalmente, as pessoas são livres para contratar: se quiserem, com quem quiserem e sobre o que quiserem. As partes têm a faculdade de celebrar contratos sem qualquer interferência do Estado, "contratos nominados ou fazer combinações, dando origem a contratos inominados".[2] O princípio da autonomia da vontade teve seu apogeu após a Revolução Francesa, sacramentado no art. 1.134 do Código Civil Francês, ao dispor que "as convenções legalmente constituídas têm o mesmo valor que a lei relativamente às partes que a fizeram". No Código Civil Brasileiro a liberdade contratual é prevista no artigo 421: "*a liberdade de contratar será exercida em razão e nos limites da função social do contrato*".

Vigorou, de forma ampla e irrestrita, até o nascimento da nova legislação processual civil o *princípio da relatividade dos efeitos do contrato*, não mais aplicável no âmbito das convenções sobre procedimento nas ações judiciais. Tal princípio "funda-se na ideia de que os efeitos do contrato só

2 GONÇALVES, Carlos Roberto. **Direito civil brasileiro, volume III: contratos e atos unilaterais.** 5 ed. rev. e atual. São Paulo: Saraiva, 2008, p. 20.

se produzem em relação às partes, àqueles que manifestaram a sua vontade, vinculando-os ao seu conteúdo, não afetando terceiros". Ocorre que, ao convencionarem as partes sobre mudanças no procedimento de processo jurisdicional, o contrato erradicará efeitos além dos contratantes, atingindo e vinculando ao seu conteúdo terceiros, salvo no caso de invalidade. O primeiro deles é o próprio Estado-Juiz, a quem cumprirá "adequar-se" à convenção válida das partes; o segundo é o terceiro juridicamente interessado, que ao figurar como assistente sujeitar-se-á aos mesmos ônus processuais que o assistido, passíveis de modificação por convenção.[3]

Chiovenda, já no século passado, admitia os *negócios jurídicos processuais* quando expressamente previstos em lei, entendendo pela impossibilidade, entretanto, do acordo entre as partes condicionar a atividade pública do juiz. O jurista tratava esse acordo como um ato processual relacionado à vontade das partes, trazendo imensa contribuição ao desenvolvimento da matéria.[4]

O CPC/2015 consagrou o negócio jurídico processual sob as premissas há tempos traçadas por Chiovenda, mas evoluiu na concepção de sua abrangência e amplitude de aplicação. O objetivo claro desse novo instituto é auxiliar na efetividade da tutela do bem jurídico, a ser interpretado, também para o exercício do controle de validade, à luz do princípio do devido processo legal e da segurança jurídica, sem prejuízo das garantias fundamentais constitucionalmente asseguradas aos participantes.

As hipóteses de objeto da convenção, como vimos, são: a) mudanças no procedimento e b) ônus, poderes, faculdades e deveres processuais das partes, sendo o controle de validade exercido pelo juiz sob a ótica das nulidades no campo do direito material e processual, inserção abusiva em contrato de adesão e vulnerabilidade da parte. Considerando as especificidades do código de defesa do consumidor, conforme delineamos inicialmente, o estudo se aprofundará na aplicação do instituto às relações de consumo.

3. Da defesa do consumidor

Ao promulgar, em 1988, a Constituição Federal do Brasil, o legislador constituinte reconheceu a necessidade de proteção especial ao consumi-

3 Art. 121. O assistente simples atuará como auxiliar da parte principal, exercerá os mesmos poderes e sujeitar-se-á aos mesmos ônus processuais que o assistido.
Parágrafo único. Sendo revel ou, de qualquer outro modo, omisso o assistido, o assistente será considerado seu substituto processual. (NCPC)

4 CHIOVENDA, Giuseppe. **Instituições de direito processual civil**. Trad. Paolo Capitanio. 4. ed. Campinas: Bookseller, 2009, pp. 121-123; 945-947; 969-970.

dor, nos termos da redação dada ao inciso XXXII do artigo 5°: "o Estado promoverá, na forma da lei, a defesa do consumidor". A sua regulamentação se deu 2 (dois) anos mais tarde com a sanção presidencial do Código de Defesa do Consumidor. A luta pela aprovação de leis que protejam os consumidores, no entanto, iniciou-se nos países de primeiro mundo no começo do século XX, ganhando impulso após a Segunda Guerra Mundial, se consolidando nas décadas de 70/80. Nos países de *common law* os primeiros julgados versando direito do consumidor ocorreram já por volta de 1920, nos EUA, inexistindo à época, porém, nos países de *civil law* sistematização desses novos direitos.[5]

Mas para entendermos as diferenças inerentes a esse regramento peculiar, a fim de, inclusive, desenvolvermos o pensamento lógico nos tópicos seguintes, necessária se faz a concepção das razões que impulsionaram o surgimento de leis de defesa do consumidor.

O Professor canadense Iain Ramsay destaca que nas décadas de 60 e 70 os governos tinham como objetivo compreender os problemas vividos pelos consumidores, cuja base destes conflitos era a desigualdade entre consumidores e fornecedores. O Professor ainda acrescenta que "Os três principais princípios delineados para a proteção do consumidor são: (i) falhas no mercado; (ii) metas éticas como a justiça equitativa, direitos do consumidor e valores sociais; (iii) paternalismo".[6]

Jean Calais-Auloy foi o autor francês que mais influenciou os estudiosos do direito do consumidor de todo o mundo, apresentando um conceito que até hoje é considerado como central para entender a *vulnerabilidade* do consumidor. Para ele, a existência do direito do consumidor se baseia "sobre tripla constatação: a) os consumidores estão naturalmente em posição mais fraca em relação aos profissionais; b) a lei tem a função de proteger o fraco contra o forte; c) o direito civil clássico é impotente para assegurar a proteção dos consumidores".[7]

A partir daqui concluímos que a vulnerabilidade do consumidor advém do desiquilíbrio que existe entre o profissional de posse dos fornecedores e a ausência deste conhecimento por parte dos consumidores, sujeitando-os a todo tipo de riscos, desde problemas de saúde e segurança até prejuízos econômicos.

---

5 SODRÉ, Marcelo Gomes. **A construção do direito do consumidor.** Um estudo sobre as origens das leis principiológicas de defesa do consumidor. São Paulo: Atlas, 2009, pp. 26-27.

6 *Consumer protection:* tex and materials, p. 34, Ian Ramsey, London: Weindenfeld and Nicolson, 1989 (tradução livre). *In* SODRÉ, Marcelo Gomes. **A construção...**, p. 29.

7 *Droit de la consommation,* Jean Calais-Auloy, p. 16, Paris: Dalloz, 1996, 4ª ed. (tradução livre). *In* SODRÉ, Marcelo Gomes. **A construção...**, p. 30.

O legislador constituinte brasileiro, sob essa ótica – já defendida há tempos nos países de primeiro mundo –, acrescida do fator negativo da enorme desigualdade social que se alastra nos países de terceiro mundo, visou abrigar amplamente o consumidor, surgindo no Brasil, em 1990, a Lei 8.078 para, entre outros, protegê-lo contra "práticas e cláusulas abusivas ou impostas no fornecimento de produtos e serviços", assegurada a facilitação da defesa de seus direitos no processo civil, possibilitando, inclusive, a inversão do ônus da prova. Nos termos do quanto dispõe a própria redação normativa, o código "estabelece normas de proteção e defesa do consumidor, de ordem pública e interesse social".[8]

A desigualdade constatada nas relações de consumo não será aqui discutida por nós. Contudo, necessário traçarmos a diferença entre o desiquilíbrio na relação tida por fornecedor e consumidor, da relação jurídica das partes autor e réu. É claro que fatores externos têm suma importância para a análise da discussão, já que quando da realização de um negócio jurídico entre fornecedor e consumidor, havendo um evidente desiquilíbrio na relação, poderá aquele beneficiar-se da sua posição de *superioridade* para prejudicar o consumidor ao vislumbrar sua possível figura em momento futuro na qualidade de autor de ação judicial. Compreensível, assim, a inversão do ônus da prova.

O instituto do negócio jurídico processual confere às partes, ainda que antes do processo, o direito de convencionar sobre seus ônus, poderes, faculdades e deveres processuais, mesmo que frente à relação consumerista. Cumpre-nos analisar a dimensão do campo de abrangência e validade do instituto nessas relações, em harmonia com as considerações até agora ponderadas.

3.1. Negócio jurídico processual referente ao ônus da prova

Nos termos do quanto exposto inicialmente, o CPC/1973 já previa a possibilidade de convenção sobre a distribuição do ônus da prova, como um *negócio processual típico.* O novo código de processo civil expandiu a abrangência da convenção entre as partes, sob um controle rígido de validade a ser realizado pelo Estado-Juiz.

A prova no processo é todo meio destinado a convencer o magistrado da veracidade dos fatos alegados, utilizado para formar seu convencimento motivado para solução do litígio. O objeto da prova é a alegação do fato. No sentido objetivo, *prova* pode ser conceituada como o instrumento hábil para demonstrar a existência de um fato; no subjetivo o conceito de *prova*

---

8 Art. 1° O presente código estabelece normas de proteção e defesa do consumidor, de ordem pública e interesse social, nos termos dos arts. 5°, inciso XXXII, 170, inciso V, da Constituição Federal e art. 48 de suas Disposições Transitórias.

está relacionado à convicção final do julgador acerca da existência, ou não, dos fatos alegados.

Requerida a prestação jurisdicional, o juiz deve ter uma participação ativa na produção da prova, cabendo-lhe, "de ofício ou a requerimento da parte, determinar as provas necessárias ao julgamento do mérito" (artigo 370, NCPC). Em decisão fundamentada, indeferirá as diligências impertinentes ou desnecessárias.

Antes de falarmos sobre *ônus da prova,* elementar discorrermos sobre o próprio significado da palavra "ônus",[9] e nesse contexto não podemos deixar de citar Francesco Carnelutti, um dos primeiros a tentar conceituar a palavra no campo do Direito. Em sua obra *Teoria General del Derecho,* Carnelutti estabelece a definição de ônus mediante as diferenças entre ônus e obrigação, dispondo que "a obrigação é a subordinação de um interesse do obrigado a um interesse de outro, o ônus é a subordinação do interesse do onerado a outro interesse do mesmo sujeito".[10] A maior distinção, no entanto, residiria em verificar se a violação do preceito poderia definir-se, ou não, como ato ilícito e, sendo positiva a resposta estaríamos diante de um ônus, já ao contrário tratar-se-ia de uma obrigação.

Evoluindo no conceito da palavra, Leo Rosenberg, processualista alemão que se tornou ícone no tocante ao ônus da prova, junto a outros críticos à teoria carneluttiana, afirma que a noção de *ônus* deve ser compreendida como liberdade de poder que a parte detém para atingir determinado fim em seu **próprio benefício**. As partes debruçam todos os seus esforços para triunfar em razão do próprio interesse, e não do dever do êxito. Deste modo, a atividade probatória das partes não constitui nem um dever, tampouco um direito, mas, sim, um ônus.[11]

Assim, o ônus é a possibilidade de a parte praticar atos no processo para seu próprio benefício, sofrendo consequências pela sua omissão. Leciona Pontes de Miranda que "o ônus da prova, objetiva, regula consequência de se não haver produzido prova. Em verdade, as regras sobre consequência de falta de prova exaurem a teoria do ônus da prova. Se falta a prova é que se tem de pensar em determinar a quem se carrega a prova. O

---

9 A palavra vem do Latim, *onus,* que significa "carga", "fardo", "peso", "gravame" (cf. Nelson Nery Jr e Rosa Maria Andrade Nery, **Código de processo civil comentado e legislação processual extravagante em vigor,** 3ª ed., São Paulo, Ed. RT, 1997, p. 614, nota 1 ao art. 333).

10 "La obligación es subordinación de un interés del obligado a um interés de outro, la carga es subordinación de un interés del gravado a outro interés del mismo sujeto" (Francesco Carnelutti, *Teoria General del Derecho,* Madri, Editorial Revista de Derecho Privado, 1941, p. 223). *In* ZANETI, Paulo Rogério. **Flexibilização...,** p. 73.

11 ZANETI, Paulo Rogério. **Flexibilização das regras sobre o ônus da prova.** São Paulo: Malheiros, 2011, p. 74.

problema da carga ou ônus da prova é, portanto, o de se determinar a quem vão as consequências de se não provado; ao que afirmou a existência do fato jurídico (e foi, na demanda, o autor), ou a quem contra-afirmou (negou ou afirmou algo que excluiu a validade ou eficácia do ato jurídico afirmado), seja o outro interessado, ou, na demanda, o réu".[12]

O CPC/2015, repetindo a norma da vigente legislação processual civil nesse ponto, imputa ao autor o ônus da prova quanto ao fato constitutivo de seu direito, inovando na expressa previsão da *teoria da carga dinâmica da prova*.[13] O código de defesa do consumidor, por outro lado, assegura o direito ao consumidor da "inversão do ônus da prova, a seu favor, no processo civil, quando, a critério do juiz, for verossímil a alegação ou quando for ele hipossuficiente, segundo as regras ordinárias de experiências" (art. 6, inciso VIII, CDC).

Da hermenêutica do dispositivo em questão devemos ressaltar que o legislador utilizou a conjunção alternativa "ou" e, assim, para a inversão do ônus da prova é necessário apenas o preenchimento de um dos requisitos legais: a verossimilhança da alegação ou a hipossuficiência do consumidor. Trata-se aqui de hipótese de inversão judicial do ônus da prova, já que depende de ato do juiz.

O negócio jurídico processual, consoante redação dada ao novo dispositivo 190 do CPC/2015, pode versar sobre os ônus das partes no processo judicial, convenção a ser efetivada antes ou durante o processo. A dúvida que surge nesse ponto é: nas relações de consumo esse instituto é irrestritamente aplicado?

---

12 PONTES DE MIRANDA, Francisco C. **Tratado de direito privado.** 2ª ed. São Paulo: Booklseller, 1994. v. 3.

13 Art. 373. O ônus da prova incumbe:
I – ao autor, quanto ao fato constitutivo de seu direito;
II – ao réu, quanto à existência de fato impeditivo, modificativo ou extintivo do direito do autor.
§ 1º Nos casos previstos em lei ou diante de peculiaridades da causa relacionadas à impossibilidade ou à excessiva dificuldade de cumprir o encargo nos termos do *caput* ou à maior facilidade de obtenção da prova do fato contrário, poderá o juiz atribuir o ônus da prova de modo diverso, desde que o faça por decisão fundamentada, caso em que deverá dar à parte a oportunidade de se desincumbir do ônus que lhe foi atribuído.
§ 2º A decisão prevista no § 1º deste artigo não pode gerar situação em que a desincumbência do encargo pela parte seja impossível ou excessivamente difícil.
§ 3º A distribuição diversa do ônus da prova também pode ocorrer por convenção das partes, salvo quando:
I – recair sobre direito indisponível da parte;
II – tornar excessivamente difícil a uma parte o exercício do direito.
§ 4º A convenção de que trata o § 3º pode ser celebrada antes ou durante o processo.

O controle de validade do negócio jurídico processual será exercido pelo juiz, conforme abordamos no início do trabalho, que lhe recusará aplicação nos casos de nulidade ou de inserção abusiva em contrato de adesão ou em que alguma parte se encontre em manifesta situação de vulnerabilidade.

Especificamente acerca do ônus da prova nas relações de consumo, dispõe o artigo 51 do código de defesa do consumidor serem nulas as clausulas contratuais que: "IV – estabeleçam obrigações consideradas iníquas, abusivas, que coloquem o consumidor em desvantagem exagerada, ou sejam incompatíveis com a boa-fé ou a eqüidade; VI – estabeleçam inversão do ônus da prova em prejuízo do consumidor". Ou seja, mesmo que haja efetiva convenção entre as partes antes do processo, o consumidor poderá requerer a invalidade do negócio jurídico processual alegando a nulidade da cláusula com base nos incisos IV e VI do artigo 51 do CDC.

Concluímos, assim, que nas relações consumeristas o consumidor não pode convencionar, antes do processo, sobre o ônus da prova, já que a própria regra especial lhe beneficia e qualquer estipulação em contrário será interpretada em seu prejuízo, pela lógica regra de subsunção. Por outro lado, a linha de raciocínio não pode ser a mesma quando tratarmos de negócio jurídico processual ocorrido durante o processo. Vejamos.

A própria regra disposta no código de defesa do consumidor impõe certos requisitos para aplicação da inversão do ônus da prova: verossimilhança da alegação ou hipossuficiência do consumidor. Referindo-se à verossimilhança da alegação, José Carlos Babosa Moreira afirma que "o juiz extrairá dos indícios, fatos alegados e provados no processo, dos quais se possa deduzir, com base no que ordinariamente acontece, a ocorrência de outro fato, este todavia, não provado. Em outras palavras: o juiz, a partir do indício, presumirá ter acontecido, também, o fato que constituiu o *thema orobandum*".[14] A doutrina majoritária, representada por Kazuo Watanabe, destaca que a vulnerabilidade técnica do consumidor é o aspecto considerado no requisito da hipossuficiência.

Essas condicionantes para a inversão do ônus da prova são questões analisadas fora do processo, ou seja, quando da formação da relação jurídica entre as partes. O consumidor, então, importa para processo os indícios de ocorrência dos fatos alegados ou suscita a sua vulnerabilidade técnica à época da efetivação do negócio jurídico, a fim de exercer seu direito à inversão do ônus da prova. Esse direito, porém, foi assegurado ao consumidor através da legislação especial diante da presunção de que o consumidor será prejudicado, frente ao desequilíbrio inerente às relações de consumo,

14 MOREIRA, José Carlos Barbosa. Notas sobre a inversão do ônus da prova em benefício do consumidor. **RePro.** São Paulo: RT, n. 86, abr.-jun., 1997.

quando exercer o seu direito de ação requerendo a prestação jurisdicional do Estado-Juiz. Porém, podemos afirmar que depois de exercido esse direito o consumidor, igualmente bem representado por profissional capacitado – advogado –, traz o equilíbrio à relação jurídica havia entre as partes no processo, capazes, então, de convencionar sobre seus ônus, poderes, faculdades e deveres processuais.

A desvantagem econômica, social e técnica que consubstancia o desequilíbrio das relações de consumo, ensejando a proteção sistemática do consumidor, desaparece quando a relação se transforma em litígio e ambas as partes estão igualmente assistidas por profissionais qualificados, recebendo a orientação e amparo necessários para a tomada de decisões. Ao consumidor já está assegurada a inversão do ônus da prova, caso preenchido o requisito legal. Qual seria, então, o fundamento para invalidar a convenção sobre referido ônus quando ocorrida durante o processo?

O novo código de processo civil também prevê que a distribuição do ônus da prova, de forma diversa da regra geral, pode ocorrer por convenção das partes, salvo quando "tornar excessivamente difícil a uma parte o exercício do direito" (artigo 373, § 3°, inciso II). Essa previsão por si só protege toda e qualquer pessoa acerca dos inevitáveis prejuízos sofridos pela omissão da prática do ônus da prova quando lhe for excessivamente difícil o exercício desse ato apesar de convenção em sentido contrário.

3.2. O negócio jurídico processual no contrato de adesão

O código de defesa do consumidor dedicou um capítulo ao *contrato de adesão,* conceituando-o como "aquele cujas cláusulas tenham sido aprovadas pela autoridade competente ou estabelecidas unilateralmente pelo fornecedor de produtos ou serviços, sem que o consumidor possa discutir ou modificar substancialmente seu conteúdo" (artigo 54, CDC).

Ao realizar o controle de validade do negócio jurídico processual, caberá ao juiz recusar-lhe aplicação no caso de inserção abusiva em contrato de adesão. É o que dispõe o parágrafo único do artigo 190, CPC/2105. Resta-nos avaliar quais são os fatores que tornam abusiva a inserção da convenção em contrato de adesão.

A legislação especial protege o consumidor nas relações firmadas sob a égide de contrato de adesão, imputando ao fornecedor a obrigação de escrevê-lo "em termos claros e com caracteres ostensivos e legíveis, cujo tamanho da fonte não será inferior ao corpo doze, de modo a facilitar a sua compreensão pelo consumidor" (§ 3°, art. 54). Além disso, qualquer clausula que implique limitação de direito do consumidor deverá ser redigida com destaque, visando ao mesmo fim (§ 4°, art. 54).

Antes de qualquer conclusão, válida a leitura do artigo 47 do mesmo código, que proclama: "As cláusulas contratuais serão interpretadas de maneira mais favorável ao consumidor". Em defesa do consumidor, o maior avanço se dá com o artigo que imediatamente o antecede, ao retirar a obrigatoriedade de cumprimento do contrato caso não seja ofertada ao consumidor a oportunidade de conhecer previamente o seu conteúdo, ou for redigido de forma a dificultar a compreensão de seu conteúdo e alcance.

O código civil também estabeleceu duas regras de interpretação dos contratos de adesão. A primeira se extrai da leitura do artigo 423, que assim dispõe: "Quando houver no contrato de adesão cláusulas ambíguas ou contraditórias, dever-se-á adotar a interpretação mais favorável ao aderente". A segunda vem expressa no artigo subsequente, ao prever que "são nulas as cláusulas que estipulem a renúncia antecipada do aderente a direito resultante da natureza do negócio". Como bem delineado por Carlos Roberto Gonçalves, "o legislador teve em mira proteger especialmente os direitos correlatos que na prática comercial são comumente excluídos pro cláusulas-padrão, como a de não-reparação pelos danos decorrentes de defeitos da coisa ou pela má prestação de serviços, não-indenizabilidade de vícios redibitórios, evicção etc".[15]

Ao serem preenchidos todos os requisitos de validade previstos na própria legislação especial e ordinária, o negócio jurídico processual não poderá ser rejeitado pelo juiz sob o fundamento de inserção abusiva em contrato de adesão. A lei é expressa ao dispor que a convenção somente não será válida, e assim rejeitada, no caso de abusividade.

Assim, a abusividade na inserção de cláusula de convenção em contrato de adesão restará caracterizada apenas quando, nas relações de consumo: a) o contrato não for escrito em termos claros e com caracteres ostensivos, legítimos e com tamanho da fonte igual ou superior a corpo doze; b) a cláusula implicar em limitação de direito do consumidor e não estiver redigida com destaque; c) não houver sido dada a oportunidade ao consumidor de tomar conhecimento prévio de seu conteúdo, ou se o instrumento for redigido de modo a dificultar a compreensão de seu sentido e alcance; d) a cláusula estipular, mesmo que de forma indireta na convenção, a renúncia antecipada do aderente a direito resultante da natureza do negócio.

3.3. A (in)vulnerabilidade do consumidor no processo judicial

O código de defesa do consumidor elenca o *reconhecimento da vulnerabilidade do consumidor no mercado de consumo* como princípio a ser

15 GONÇALVES, Carlos Roberto. **Direito civil brasileiro, volume III: contratos e atos unilaterais.** 5ª ed. rev. e atual. São Paulo: Saraiva, 2008, p. 46.

atendido pela Política Nacional das Relações de Consumo. Essa vulnerabilidade refere-se à condição momentânea da pessoa na qualidade de consumidor, diante do desequilíbrio evidente que há na relação comercial.

A convenção prevista no CPC/2015, já denominada *negócio jurídico processual,* poderá ser afastada, como vimos, caso alguma parte se encontre em "manifesta situação de vulnerabilidade". A essa proposição, dedicamos um tópico para reflexão.

No capítulo 3 caminhamos brevemente ao longo da história das leis de defesa do consumidor, delineando o seu surgimento e as razões pelas quais o sistema viu-se compelido a protegê-lo. Recordando, Jean Calais-Auloy apresentou um conceito que até hoje é considerado como central para entender a *vulnerabilidade* do consumidor, baseando-se numa "tripla constatação: a) os consumidores estão naturalmente em posição mais fraca em relação aos profissionais; b) a lei tem a função de proteger o fraco contra o forte; c) o direito civil clássico é impotente para assegurar a proteção dos consumidores".

Concluímos, então, que a vulnerabilidade do consumidor advém do desiquilíbrio que existe entre o profissional de posse dos fornecedores e a ausência deste conhecimento por parte dos consumidores. Ou seja, a vulnerabilidade do consumidor existe tão somente na relação comercial, quando concretizado o negócio jurídico entre fornecedor e consumidor.

Essa premissa é de extrema importância para a compreensão da diferença interpretativa nas proposições "vulnerabilidade do consumidor no mercado de trabalho" (art. 4°, inciso I, CDC) e "manifesta situação de vulnerabilidade" no processo (parágrafo único, artigo 190, CPC/2015).

A vulnerabilidade a que se refere a legislação processual civil não guarda as mesmas bases de apuração da vulnerabilidade elencada no código de defesa do consumidor, em que o consumidor é considerado vulnerável diante do desequilíbrio existente em dada relação preeminentemente diferente da relação jurídica processual havida entre autor e réu.[16] No processo judicial as partes detêm igualdade de conhecimento técnico, através de profissional capacitado que as representa, havendo um efetivo equilíbrio presumido.

No processo jurisdicional as partes não são necessariamente iguais, mas essa afirmação não guarda qualquer semelhança com a relação consumerista. O juiz, agente condutor do processo, deve propiciar condição necessária para que as partes exerçam seus ônus, poderes, deveres e facul-

---

16 O Superior Tribunal de Justiça já se manifestou nesse sentido: "o ponto de partida do CDC é a afirmação do Princípio da Vulnerabilidade do Consumidor, mecanismo que visa a garantir igualdade formal-material aos **sujeitos da relação jurídica de consumo**, o que não quer dizer compactuar com exageros" (REsp 586.316/MG, Rel. Ministro HERMAN BENJAMIN, SEGUNDA TURMA, julgado em 17/04/2007, DJe 19/03/2009).

dades de maneira qualitativamente equilibrada, razão de ser da norma em análise.

Afirma Alexy que o comando constitucional *deve-se tratar igualmente os iguais e desigualmente os desiguais* "não contém, em si mesmo, um tal critério; mas sua aplicação pressupõe um".[17] Assim, a valoração da condição social, econômica, política ou jurídica da parte poderá apontar a vulnerabilidade do litigante.

Acerca da situação de vulnerabilidade das partes no ordenamento processual, Fernanda Tartuce desenvolveu profunda pesquisa que realça a função e atuação do juiz à luz da liberdade. Leciona a Professora que "a vulnerabilidade emerge como critério caracterizador de uma justa causa para a promoção de igualdade real, circunstância permissiva ao juiz de superação de certos efeitos prejudiciais ao litigante".[18]

A vulnerabilidade processual a que se refere o parágrafo único do artigo 190 do NCPC, verificar-se-á diante da impossibilidade de a parte atuar, exercendo plenamente seus direitos constitucionais ao devido processo legal e ampla defesa, em decorrência de fatores externos influenciadores, como saúde, ordem econômica, informal ou técnica. Esse desiquilíbrio nas oportunidades processuais não guarda as mesmas premissas que o desiquilíbrio existente nas relações de consumo, não podendo, portanto, ser transportado para o processo jurisdicional.

4. Conclusão

O negócio jurídico processual é a convenção entre as partes, que pode ocorrer antes ou durante o processo, para alteração do procedimento ou mesmo versar sobre seus ônus, poderes, faculdades e deveres processuais. Ainda que efetivado antes do litígio, o juiz *deve* exercer sobre ele o controle de validade, de ofício ou a requerimento de qualquer interessado que participe do processo.

Nos termos da nova redação do CPC/2015, a expressa previsão acerca da alteração do procedimento através de convenção visa "ajustá-lo às especificidades da causa", sempre em busca da efetividade na tutela do direito material. Nesse sentido, relevantes avanços são projetados para o novo código.

À luz da legislação especial que defende o consumidor, apresentamos a interpretação à regra visando à mais ampla aplicação e extensão de seus

17 ALEXY, Robert. **Teoria dos direitos fundamentais.** São Paulo: Malheiros, 2008, p. 400.

18 TARTUCE, Fernanda. **Igualdade e vulnerabilidade no processo civil**. São Paulo: Forense, 2012, p. 334.

efeitos, permitindo a perpetuação da proteção do consumidor com a adequação ao novo regramento.

Bibliografia

ALEXY, Robert. **Teoria dos direitos fundamentais.** São Paulo: Malheiros, 2008.

ALVIM, José Eduardo Carreira. **Teoria geral do processo**. 8ª ed. Rio de Janeiro: Forense, 2002.

BARIONI, Rodrigo; CARVALHO, Fabiano (coord.). **Aspectos processuais do código de defesa do consumidor.** v. 1, orientação Teresa Arruda Alvim Wambier. São Paulo: RT, 2008.

BRAGA, Paula Sarno. "Primeiras reflexões sobre uma teoria do fato jurídico processual: plano da existência". **Revista de Processo**. São Paulo: RT, nº 148, jun. 2007.

CÂMARA, Alexandre Freitas. **Lições de direito processual civil**. 25ª ed. São Paulo: Atlas, 2014, v. 1.

CHIOVENDA, Giuseppe. **Instituições de direito processual civil**. Trad. Paolo Capitanio. 4ª ed. Campinas: Bookseller, 2009.

DIDIER JR., Fredie. **Fundamentos do princípio da cooperação no direito processual civil português**. Coimbra: Ed. Coimbra, 2010.

______. "Sobre dois importantes, e esquecidos, princípios do processo: adequação e adaptabilidade do procedimento". **Gênesis – Revista de Direito Processual Civil.** Curitiba, v. 21, p. 530-541, 2001.

DINAMARCO, Cândido Rangel. **Instituições de direito processual civil**. 6ª ed. São Paulo: Malheiros, 2009, v. 2.

DINIZ, Maria Helena. **Curso de direito civil brasileiro.** Teoria das obrigações contratuais e extracontratuais. v. 3, 21ª ed. rev. e atual. de acordo com o novo Código Civil. São Paulo: Saraiva, 2005.

FABRÍCIO, Adroaldo Furtado. **Comentários ao Código de Processo Civil**. 7ª ed. Rio de Janeiro: Forense, 1995, v. 8, t. 3.

FUX, Luiz. **Curso de direito processual civil**. 2ª ed. Rio de Janeiro: Forense, 2004.

GAJARDONI. Fernando da Fonseca. **Flexibilização procedimental: um novo enfoque para o estudo do procedimento em matéria processual de acordo com as recentes reformas do CPC**. São Paulo: Atlas, 2008.

GONÇALVES, Carlos Roberto. **Direito civil brasileiro, volume III: contratos e atos unilaterais.** 5 ed. rev. e atual. São Paulo: Saraiva, 2008.

GOUVEIA, Lúcio Grassi. A função legitimadora do princípio da cooperação intersubjetiva no processo civil brasileiro. **Revista de Processo**. São Paulo: RT, jun. 2009, v. 172.

GRECO FILHO, Vicente. **Direito processual civil brasileiro**. 20ª ed. São Paulo: Saraiva, 2009, v. 2.

HARTMANN, Rodolfo Kronemberg. **Curso completo de processo civil**. Niterói: Impetus, 2014.

LACERDA, Galeno. **Comentários ao Código de Processo Civil**. 5ª ed. Rio de Janeiro: Forense, 1993, v. 8, t. 1.

LIMA, Bernardo Silva de. "Sobre o negócio jurídico processual". **Revisitando a teoria do fato jurídico: homenagem a Marcos Bernardes de Mello**. Fredie Didier Jr.; Marcos Ehrhardt Jr. (coord.). São Paulo: Saraiva, 2010.

LIMA, Fernando Antônio Negreiros. **Teoria geral do processo judicial**. São Paulo: Atlas, 2013.

MARINONI, Luiz Guilherme; ARENHART, Sérgio Cruz. **Processo de conhecimento.** 12ª ed. São Paulo: RT, 2014.

MAZZEI, Rodrigo; CHAGAS, Bárbara Seccato Ruis. "Breve diálogo entre os negócios jurídicos processuais e a arbitragem". **Revista de Processo**. São Paulo: RT, v. 237, nov-2014.

MELLO, Marcos Bernardes de. **Teoria do fato jurídico: plano da existência**. 19ª ed. São Paulo: Saraiva, 2013.

MITIDIERO, Daniel. **Colaboração no processo civil: pressupostos sociais, lógicos e éticos**. São Paulo: RT, 2009.

MOREIRA, José Carlos Barbosa. "Convenções das partes sobre matéria processual". **Temas de direito processual – terceira série**. São Paulo: Saraiva, 1984.

______. Notas sobre a inversão do ônus da prova em benefício do consumidor. **RePro.** São Paulo: RT, nº 86, abr.-jun., 1997.

NERY JUNIOR, Nelson; NERY, Rosa Maria Andrade. **Código de processo civil comentado e legislação processual extravagante em vigor.** 3ª ed. São Paul: RT, 1997.

NOGUEIRA, Pedro Henrique Pedrosa. A cláusula geral do acordo de procedimento no projeto do novo CPC (PL 8.046/2010). **Novas tendências do processo civil: estudos sobre o projeto do novo Código de Processo Civil**. Alexandre Freire; Bruno Dantas; Dierle Nunes; Fredie Didier Jr.; José Miguel Garcia Medina; Luiz Fux; Luiz Henrique Volpe Camargo; Pedro Miranda de Oliveira (org.). Salvador: JusPodivm, 2013.

NUNES, Dierle José Coelho. **Processo jurisdicional democrático**. Curitiba: Juruá, 2008.

OLIVEIRA, Guilherme Peres de. **Adaptabilidade judicial.** A modificação do procedimento pelo juiz no processo civil. São Paulo: Saraiva, 2013.

PASSOS, José Joaquim Calmon de. **Esboço de uma teoria das nulidades aplicada às nulidades processuais**. Rio de Janeiro: Forense, 2002.

PONTES DE MIRANDA, Francisco C. **Tratado de direito privado.** 2 ed. São Paulo: Booklseller, 1994. v. 3.

SANTOS, Moacyr Amaral. **Primeiras linhas de direito processual civil: processo de conhecimento.** 25ª ed. Atual. Maria Beatriz Amaral Santos Köhnen. São Paulo: Saraiva, 2007.

SILVA, Clóvis do Couto e. **Comentários ao Código de Processo Civil**. São Paulo: RT, 1977, v. 9, t. 1.

SODRÉ, Marcelo Gomes. **A construção do direito do consumidor.** Um estudo sobre as origens das leis principiológicas de defesa do consumidor. São Paulo: Atlas, 2009.

TARTUCE, Fernanda. **Igualdade e vulnerabilidade no processo civil**. São Paulo: Forense, 2012, p. 334.

TUCCI, Rogério Lauria. Negócio jurídico processual. **Enciclopédia Saraiva de Direito**. São Paulo: Saraiva, 1977, v. 54.

ZANETI, Paulo Rogério. **Flexibilização das regras sobre o ônus da prova.** São Paulo: Malheiros, 2011.

NOTAS SOBRE A RELEVÂNCIA DO NOVO CÓDIGO DE PROCESSO CIVIL NO DIREITO DO CONSUMIDOR

A RELAÇÃO DO DIREITO CONSUMERISTA COM A PARTE GERAL, AUDIÊNCIA DE CONCILIAÇÃO E OS NEGÓCIOS JURÍDICOS PROCESSUAIS

Nathália Gonçalves de Macedo Carvalho
Rogério Luiz dos Santos Terra

SUMÁRIO: 1. Introdução. **2.** A parte geral do Novo CPC. **3.** A relevância da audiência de conciliação e a efetividade do direito do consumidor. **4.** A relevância da audiência de conciliação e a efetividade do direito do consumidor. **5.** O Contrato de adesão e os negócios jurídicos processuais. **6.** Conclusão. **7.** Bibliografia.

1. Introdução

O Código de Processo Civil de 1973 era norteado pela individualidade e a sua inaptidão para resolver conflitos que transcendiam os conflitos individuais, essa situação ficou comprovada diante da necessidade do advento de outras leis, versando sobre a matéria processual, para assegurar a efetividade do direito material, exemplo disso é a inversão do ônus da prova (Art. 6º, VIII, do Código de Defesa do Consumidor).

É claro, que mesmo antes da vigência do Código de Defesa do Consumidor era possível ingressar com ação com pedido difuso. A ausência de lei especifica sobre direito difuso não impedia a sua proteção quando violado ou sob ameaça de violação.

Na década de 90, ao analisar os 20 anos de vigência do Código de Processo Civil, Arruda Alvim destacou:

> (...) evidentemente, o Código que é pautado por esse individualismo 'radical', supõe que todos aqueles que litigam são formais e substancialmente iguais. Desta forma, são considerados e tratados de uma maneira igual pelo legislador, e, de uma maneira igual pelo juiz, ainda que exista a regra do art. 125, que recomenda ao juiz que assegure o equilíbrio das partes com vistas a assegurar a permanência ou a subsistência desta situação de igualdade no plano do litígio. Mas, na concepção originária do Código, essa regra deve assegurar um comportamento igual, para os que são, pelo Código, assumidos como já sendo iguais.[1]

1 ALVIM, José Manuel de Arruda. O direito de defesa e a efetividade do processo: 20 anos após a vigência do Código. Revista de Processo, vol. 79. São Paulo: RT, jul. 1995, p. 207.

Diante dessa individualidade e da reconhecida ausência de coesão do texto do código de 1973 em razão das diversas alterações que sofreu ao longo dos anos, era esperado um código inovador e que assumisse a missão de corrigir as inúmeras falhas apontadas pela doutrina e pela jurisprudência. O Novo Código de Processo Civil já é uma realidade. Ainda não é possível aferir se assumiu a contento a missão que lhe foi concedida, mas é possível enxergar profundas e necessárias melhoras que estão por vir, não é o código perfeito, disso não se tem dúvidas, como será tratado adiante.

Alguns dispositivos do Novo Código de Processo Civil buscam atender ao clamor de Mikhail[2] e incentivar os atores processuais a saírem do isolamento atual. Essas preocupações não são exclusivas dos processualistas civis, é por isso que justifica-se o presente estudo que buscará estabelecer qual a relação entre a efetividade dos direitos estabelecidos no Código de Defesa do Consumidor e o Novo Código de Processo Civil, analisando as influências práticas que consumidor sentirá como parte em um processo regido pela nova sistemática.

2. Parte Geral do Novo CPC

A criação de uma parte geral possui precípua função de fornecer textos com abstração de conteúdo que deverá ser aplicado às normas especificas e servirá de guia hermenêutico. Para que a norma possa ser considerada 'parte geral' é necessário que o conteúdo do texto tenha aplicabilidade em todos os livros, sob pena de falecer o caráter generalista.

A tarefa de construir um texto com pretensão de auxiliar na interpretação da parte especial não é tarefa fácil e essa dificuldade também foi percebida, em maior escala, na elaboração do Código Civil. Leonard Ziesemer Schmitz aponta que: *"Mesmo no Código Civil (que deve aqui ser encarado paradigmaticamente), houve intensa discussão acerca do cabimento ou não de elaborar esse conjunto de enunciados gerais. Orlando Gomes, por exemplo, via na inclusão de uma Parte Geral a positivação de conceitos e construções eminentemente técnicas ou formulações abstratas que dizem mais respeito à filosofia do direito. 18 Uma codificação deveria, para o autor, ser um texto de disposições com eficácias normativas, não meramente enuncia-*

2 "Para mudar o mundo, é preciso que os homens mudem de vida. Enquanto cada um não for verdadeiramente o irmão do próximo, não haverá fraternidade. Nunca os homens saberão, a partir da ciência ou do interesse, repartir pacificamente entre eles a propriedade e os direitos. Ninguém se sentirá satisfeito, todos vão reclamar, invejar-se mutuamente, exterminar uns aos outros. Você pergunta quando isto vai se realizar? Isso virá, mas só quando terminar o período de isolamento humano. Mikhail, o viajante misterioso em "Os Irmãos Karamázov", Dostoiévski.

tivas. A formulação de princípios gerais não seria suportada pelo texto legal, para a doutrina das últimas décadas."[3]

Estabelecendo essa dificuldade como premissa, serão analisados pontos específicos da parte geral do NCPC. No capítulo das normas fundamentais do processo civil, o legislador inseriu um reforço ao texto constitucional, reiterando a impossibilidade de afastar do Poder Judiciário a apreciação de ameaça a lesão a direito.

Apesar da aparente boa intenção do legislador, põe-se à tona a discussão de que quando a parte se deparar com eventual violação do princípio da inafastabilidade, em sede de recursos excepcionais, será necessária, guardados os devidos pressupostos, a interposição de recurso extraordinário e especial. Isso porque o artigo 3º do Novo Código de Processo Civil repete o texto constitucional, fazendo com isso surgirá duplo fundamento para a violação, sob pena de preclusão da matéria.[4]

Não parece adequada a importação do texto constitucional justamente pela problemática e dúvida que certamente surgirão a respeito do combate recursal nos Tribunais Superiores. O reforço textual, apesar de ontologicamente louvável, poderá trazer mais custo, dúvidas e problemas do que a ausência dele.

Não há, porém, apenas críticas negativas à parte geral. Acompanhando a tendência de reforma do processo civil alemão, a Comissão de Juristas demonstrou preocupação em oportunizar às partes a conciliação e consagrou na parte geral e em todo o Código essa faculdade.[5]

Outros importantes pontos, de grande interesse ao Direito do Consumidor, também foram incluídos na parte geral, como por exemplo, a necessidade de cooperação dos sujeitos processuais para um julgamento em tempo razoável. Se utilizada como diretriz poderá essa norma legal contribuir favoravelmente ao andamento mais célere do processo.

---

3 Schmitz, Leonard Ziesemer. A teoria geral do processo e a parte geral do novo Código de Processo Civil. Revista de Direito Privado, vol. 55. São Paulo: RT, jul-set/2013, pp. 329-359

4 "A controvérsia que abrange duplo fundamento (constitucional e legal) impõe ao recorrente o dever de interpor simultaneamente os recursos extraordinário e especial em face do acórdão prolatado pelo Tribunal a quo. Dessa forma, o recurso extraordinário não interposto em momento oportuno está sujeito aos efeitos da preclusão, e à sua consequente inadmissão." RE 365.989-AgR/SP, Rel. Ministro Celso de Mello; RE nº 518.257/PR, 2ª Turma, Rel. Ministro Eros Grau, DJe de 30/4/2008; ARE 668989-AgR/DF, Rel. Ministro Ricardo Lewandowski, DJe 12/04/12).

5 "Deu-se ênfase à possibilidade de as partes porem fim ao conflito pela via da mediação ou da conciliação". Exposição de motivos apresentada pela Comissão de Juristas ao então Presidente do Senado Federal, Senador José Sarney.

A cooperação (art. 6º), que passa a ser tratada como dever de todos os sujeitos do processo, também terá influência nas relações consumeristas. Por cooperação não se deve simplistamente entender como uma variável da boa-fé, mas sim da forma que ensina o Professor Dierle Nunes que aponta a busca da adoção de um modelo processual *comparticipativo/cooperativo*, que compreende o dever de esclarecimento, prevenção, assistência ou auxílio.

A atitude cooperativa será esperada (e exigida) de todos os sujeitos que compõe o processo.

Não era aceitável na vigência do Código de 1973 – e continuará não sendo-, ante a necessidade do guardo da boa-fé, que uma empresa na situação de ré , quando possivelmente já teria ciência da diligência do seu advogado, aguardar dias ou meses beneficiando-se da morosidade cartorária em razão do acúmulo de trabalho, para expedição de carta de intimação com o escopo de cientificar o cumprimento de determinada obrigação quando já ciente da incumbência, porém, o caso narrado se aproxima muito mais da má-fé processual, do que de uma eventual violação à cooperação.[6] Dessa forma, no novo sistema, atitudes semelhantes deverão ser desestimuladas.

Porém, parece que a positivação da cooperação não faz com que surja a necessidade de uma nova postura das partes, essa postura colaborativa já era esperada e exigida durante a vigência do CPC de 1973, mas, certamente implica e conduz a uma compreensão mais ampla do que é de fato a cooperação. Pode-se dizer, porém, que a cooperação, em verdade, não se confunde com o conceito de boa-fé.

Por outro lado, o artigo 9º da parte geral do Novo Código de Processo Civil traz uma das mais importantes disposições da nova lei, determina de forma expressa, o que a Constituição de forma mais abrangente objetivou com o contraditório e devido processo legal. O escopo é impedir a prolação de decisão judicial prejudicial à uma das partes sem a adequada garantia do contraditório, assim, o juiz ao visualizar a possibilidade de proferir decisão que prejudique uma das partes deverá oportunizar o contraditório, sob pena da decisão recair em nulidade.

Essa vedação de decisões que surpreendam seus destinatários impõe um dever de consulta prévio sobre qualquer questão que poderá ser objeto da decisão, ainda que seja questão a ser decidida de ofício.[7]

Cabe introduzi-los a mais dois artigos da parte geral, igualmente envoltos em recentes polêmicas. O artigo 11 da parte geral 'adianta' uma das

6 Art. 6º. Todos os sujeitos do processo devem cooperar entre si para que se obtenha, em tempo razoável, decisão de mérito justa e efetiva.

7 Schmitz, Leonard Ziesemer. A (crise) de fundamentação das decisões judiciais e a construção da resposta ao caso concreto. Dissertação apresentada e defendida como requisito para o título do mestrado na Pontifícia Universidade Católica de São Paulo.

principais e louváveis inserções legislativa, a necessidade de fundamentação das decisões judiciais. Apesar de também repetir a garantia já encapada pela Constituição Federal funciona como verdadeiro lembrete que a disposição específica prevista artigo 486 servirá de parâmetro para todos os livros do Código. Elucida-se, assim, que a parte geral funciona como verdadeira diretriz hermenêutica.

O outro e último artigo que se pretende abordar a respeito da parte geral não possui a mesma essência fundamental, porém, certamente, merece o adequado destaque. Trata-se da ordem cronológica para prolação da sentença ou acórdão (Art. 12, do NCPC), segundo esse dispositivo, o órgão jurisdicional estaria vinculado a uma ordem cronológica para prolação de decisão. A regra não é absoluta e vem acompanhada de exceções no parágrafo segundo.

Mesmo diante das exceções previstas pelo legislador, o artigo 12, aparentemente, não foi bem recebido pela comunidade jurídica, os magistrados criticaram fortemente o fim da gestão processual: *O que, entretanto, aparenta ser um avanço (e é prometido e aplaudido como tal), causará infindáveis problemas práticos, principalmente em 1º grau de jurisdição, de modo que, preservadas as opiniões em contrário, acredita-se que a proposta prejudicará – e profundamente -, a prestação do serviço público jurisdicional.*[8]

A maior crítica feita pelos magistrados, consiste na suposta perda da *gestão* de cartório, em que o magistrado não mais poderia gerir os processos a serem julgados ficando vinculados a um critério pré-fixado por lei. Em verdade, não parece que o artigo 12- infelizmente- possa eliminar a possibilidade do magistrado realizar a atividade de 'gestão', ao contrário, o dispositivo procura imprimir uma nova forma do órgão jurisdicional gerir, utilizando um critério mais objetivo para a prolação da decisão.

Com a permissão de realizar um salto para além da parte geral, outro dispositivo com essência semelhante, também foi alvo de críticas: *Nem de longe se nega as boas intenções do legislador. A questão contudo é que não se percebeu a gravidade das implicações que o dispositivo aludido, de duvidosa constitucionalidade, poderá acarretar no dia a dia do foro. Basta pensar que uma das atividades mais comuns e de longa data integrada à nossa tradição, praticada pelos advogados em diligência, preocupados com os interesses dos seus constituintes, é cobrar a atuação dos servidores responsáveis pelo cumprimento de atos processuais, como i) a publicação de despachos ou decisões; ii) a prática de citações ou intimações pessoais; iii) a*

8 Gajardoni, Fernando; Dellore, Luis; Roque, Andre Vasconcellos; Oliveira, Zulmar Duarte de Oliveira. O julgamento dos processos em ordem cronológica no novo CPC. http://www.migalhas.com.br/dePeso/16,MI184582,11049-+julgamento+dos+processos+em+ordem+cronologica+no+novo+CPC, acesso em 03/01/2015.

lavratura e expedição de alvarás; iv) a lavratura e assinatura de termos; v) o aperfeiçoamento da penhora e a designação de hasta pública; vi) a conclusão de processos estagnados nos escaninhos; vii) a manifestação sobre proposta de honorários periciais em que o advogado, no próprio balcão da secretaria, lança seu "de acordo"; viii) a remessa dos autos ao representante do Ministério Público; ix) audiência junto ao relator perante os tribunais para que o processo seja colocado em pauta. Não é à toa que, no meio forense, o advogado já tenha sido apelidado, com uma ponta de sarcasmo, de pedinte qualificado, tamanhas são as atribuições que exigem sua atenção contínua, às vezes, a bem da verdade, incômodo para os servidores que com ele lidam no cotidiano. [9]

Em verdade, não parece que o artigo 12 possa eliminar a possibilidade do magistrado realizar a atividade de 'gestão', ao contrário, o dispositivo procura imprimir uma nova forma do órgão jurisdicional gerir a prolação das decisões. Espera-se com isso que os processos com temáticas mais complexas não permaneçam aguardando julgamento por tempo desproporcionalmente superior as outras demandas.

Note-se que todos os artigos aqui mencionados sobre a parte geral foram objeto de tratamento pormenorizado na parte especial com a ampliação do texto, deferência de requisitos e outras textualidades que personificam e individualizam os institutos na parte especial. Assim, a parte geral funciona como uma verdadeira apresentação dos institutos que serão novamente descritos na parte especial.

Por fim, parece que a intenção legislativa na parte geral, além, claro, de funcionar com uma diretriz a toda a lei, foi também a de reforçar na norma processual algumas das principais garantias constitucionais.

3. A relevância da audiência de conciliação e a efetividade do direito do consumidor

Em todo o Poder Judiciário, mas de forma exponencial no âmbito das relações consumeristas, as partes que utilizavam-se da justiça ordinária para tutela do seu direito, sempre se sujeitaram a um procedimento longo e cansativo. Além do costumeiro descaso das empresas fornecedoras de serviço e produto que por vezes requeriam ou não obstavam a realização da audiência de conciliação, porém ao comparecer no ato sequer apresentava-se proposta efetiva para a conciliação.

9 Delfino, Lucio. Artigo 153 do novo CPC vai contra o advogado diligente. Migalhas. http://www.conjur.com.br/2014-ago-01/lucio-delfino-artigo-153-cpc-advogado-diligente . Acesso em 03/01/2015.

Com o crescente fluxo de ações judicias coube ao legislador compreender que não é só com a sentença de mérito e seu cumprimento que se atinge a efetividade do processo.

O Novo Código de Processo Civil estabelece que a contestação somente será apresentada após a realização da audiência de conciliação. Arruda Alvim, sobre a ausência de audiência preliminar, ponderou: *Dessa forma, pode-se afirmar que, em princípio, o saneamento do processo será realizado por decisão escrita, independentemente de realização de audiência. À primeira vista, tal panorama excluiria a possibilidade de realização de audiência no intuito de conciliar as partes nesse momento processual, i.e., posteriormente à resposta do réu e antes da produção da prova pericial e da realização de audiência de instrução e julgamento.* [10]

A obrigatoriedade se criar centros judiciários especializados para a solução consensual de conflitos, com a incumbência de realizar as sessões e audiências de conciliação e mediação consiste em importante ponto de partida para, em uma visão otimista, garantir a efetividade a alguns consumidores, ainda que em escala irrisória.

O Novo Código valoriza e incentiva o diálogo. *O diálogo significa a comunicação direta, clara, não subliminar, entre partes e juiz.* [11]

A indicação do autor pelo interesse na realização da audiência de conciliação ou mediação passa a ser requisito de validade da petição inicial e se adequadamente preenchidos os requisitos essências, o juiz deverá designar a audiência de conciliação, excetuando-se casos de improcedência liminar e direitos indisponíveis.

A importância de se enxergar a conciliação como meio mais célere de se alcançar a efetividade esta traduzida em vários artigos do Novo Código, a exemplo, que apenas não se realizará a audiência conciliatória, se ambas as partes manifestarem, expressamente, não possuírem interesse no comparecimento. Dessa forma, não é suficiente o réu não desejar a realização da audiência, para que esta não ocorra o autor também precisará demonstrar expressamente seu repudio ao ato, em outras palavras, basta uma das partes querer -ou não se manifestar-, que o ato deverá ser realizado.

Essa situação, poderá, trazer situações, no mínimo, inusitadas e que deverão ser objeto de enfrentamento. Partindo da premissa trazida pelo art. 334, §6º que, em havendo litisconsórcio basta a manifestação de apenas um quanto ao interesse na designação da audiência conciliatória para

10 ALVIM, Arruda. Manual de direito processual civil. 16 ed. rev.atual. e ampl.São Paulo: Editora Revista dos Tribunais,2013, p. 1109.

11 Schmitz, Leonard. A (crise) de fundamentação das decisões judiciais e a construção da resposta ao caso concreto. Dissertação apresentada e defendida como requisito para o título do mestrado na Pontifícia Universidade Católica de São Paulo.

que o ato se realize. No entanto, a situação se agrava quando ocorrer litisconsórcio passivo unitário, pois a manifestação de um litisconsorte repudiando a designação de audiência, apesar de não possuir o condão de impedir a realização do ato, impossibilita a formalização válida do acordo.

Apesar disso, o estimulo ao comparecimento das partes à audiência de conciliação não se restringe somente a essas providências, o Novo Código de Processo Civil procurou resguardar e desestimular o não comparecimento à audiência. No âmbito do Juizado Especial Cível o não comparecimento injustificado do réu à audiência de conciliação implica na decretação da revelia e do autor a extinção da ação (Art. 20 e 51, I da Lei 9099/95).

Porém, no NCPC uma das três possibilidades do termo inicial para fluência do prazo para contestação é a própria audiência de conciliação ou mediação (art. 335, I, do NCPC), assim, optou-se por impor a parte que injustificadamente não comparece à audiência a multa de até dois por cento da vantagem econômica ou do valor da causa, considerando a ausência como ato atentatório a dignidade da justiça (Art. 334, § 8º, do NCPC).

É claro, que para que se alcance o fim almejado, será necessário realizar uma árdua capacitação dos conciliadores e mediadores, que não poderão adotar a costumeira postura de realizar audiências de conciliação com intervalos pequenos que inviabilizem o diálogo das partes (Art. 334, § 12º, do NCPC).

4. O Contrato de adesão e os negócios jurídicos processuais

É desnecessário, para os objetivos do presente trabalho, tecer profundas considerações acerca da vulnerabilidade do consumidor. O tema protecionista surgiu justamente do reconhecimento dessa vulnerabilidade, além na necessidade de fortalecer a posição do consumidor no mercado. [12]

O artigo 190 do NCPC trouxe a negociação sobre procedimento e sobre regras processuais, a matéria implicará grandes reflexos no direito do consumidor, isso porque caberá a doutrina delinear quais os limites dessa 'negociação' procedimental.

Permitir que as partes alterem o procedimento torna o processo civil mais democrático, uma vez que evidencia a efetividade na busca da satisfação do direito material. Além do caráter objetivo de participação das partes e incentivo do diálogo no processo, acredita-se que a possibilidade das partes acordarem sobre determinados pontos do procedimento poderá

12 BENJAMIN. Antônio Herman. Proteção do Consumidor e patentes: o caso dos medicamentos. Revista de Direito do Consumidor. Vol. 10, São Paulo: RT, 1994, pág. 21-26.

aproxima-las do processo e proporcionar uma maior compreensão da decisão judicial.

As partes poderão convencionar sobre a impenhorabilidade de determinado bem, ampliação de prazo das partes, acordo de rateio de despesas processuais, dispensa consensual de assistente técnico, dentre outras inúmeras possibilidades. [13]

É natural que as regras de 'negociação' sobre procedimento surjam nos contratos de adesão, situação em que o diálogo, enquanto oportunidade de paridade de voz nunca estará presente.

Distintamente do que ocorria com a cláusula de arbitragem, não há uma vedação antecipada do negócio processual em contrato de adesão: *Em tese, é possível, cabendo apenas ao juiz controlar validade da respectiva cláusula, recusando-lhe aplicação somente nos casos de nulidade ou de inserção abusiva em contrato de adesão ou no qual alguma parte se encontre em manifesta situação de vulnerabilidade.* [14]

Não poderá ser permitido, por exemplo, negocio bilateral para modificação de competência absoluta, supressão de primeira instância ou ainda acordo que onere em demasia uma das partes.

A ausência de assistência técnica-jurídica não é por si só suficiente para considerar nulo o negócio jurídico processual, contudo, a ausência de orientação jurídica funciona como verdadeiro indicio de vulnerabilidade.

A análise da validade encontrará como limite a impossibilidade de se mitigar do consumidor (e a todos) as garantias constitucionais. O texto que introduz o negócio processual não é amplo e liberal, condiciona a negociação a disponibilidade do direito e o crivo judicial sobre eventual inserção de cláusulas abusivas e, principalmente, se o quanto acordado impõe a uma das partes condição de vulnerabilidade.

---

13 Enunciado 19 do Fórum Permanente de Processualistas (art. 191) São admissíveis os seguintes negócios processuais, dentre outros: pacto de impenhorabilidade, acordo de ampliação de prazos das partes de qualquer natureza, acordo de rateio de despesas processuais, dispensa consensual de assistente técnico, acordo para retirar o efeito suspensivo da apelação, acordo para não promover execução provisória. (Grupo: Negócio Processual; redação revista no III FPPC- Rio)

14 CUNHA. Leonardo Carneiro. Negócios Jurídicos Processuais no processo civil brasileiro. Texto preparado para o I Congresso Peru-Brasil de Direito Processual e apresentado em Lima, no Peru, novembro de 2014.

5. Conclusão

Mesmo diante das críticas negativas construídas ao longo do processo legislativo, o Novo Código de Processo Civil é uma realidade e caberá, certamente, um estudo aprofundado sobre as influências do Código no direito do consumidor.

O dever de colaboração que se mostra tão presente no novo Código também foi objeto de preocupação do legislador de 1973: *Ninguém se exime do dever de colaborar com o Poder Judiciário para o descobrimento da verdade* (Art. 339, CPC/1973).

Apesar do dispositivo estar inserido no capítulo de provas, percebe-se que o dever de cooperação não traduz uma novidade gestada pelo Novo Código de Processo Civil. É claro que o tratamento diferenciado, com a ampliação do dever de cooperação a todos os sujeitos processuais importa em nova perspectiva e acende a importância da cooperação não só das partes.

A criação da parte geral do Novo Código e a inserção do dever de cooperação nesse capítulo, comprova a essência técnica de uma parte geral, que serve de verdadeira diretriz e importante alicerce para interpretação e proporcionando em diversos momentos uma repetição constitucional que possibilita às partes uma maior compreensão sobre extensão das garantias constitucionais em relação ao processo.

A valoração da conciliação, com a previsão de criação de centros de conciliação, cadastro de conciliadores, câmaras privadas de conciliação, entre outras novidades, denota o estímulo do Código aos meios alternativos de solução de conflito.

A partir da vigência do NCPC, a intenção de conciliar-se deverá ser mencionada na petição inicial, sob pena de não indicando o (des) interesse e não completado no momento da emenda, a ação ser extinta sem resolução do mérito. Assim, passa-se a dar um tratamento de requisito da petição inicial.

A obrigatoriedade da realização da audiência quando uma das partes tenha manifestado pelo interesse ou se mantido inerte, impõe uma mudança de postura das partes e de seus advogados que deverão ficar mais atentos quanto a necessidade de evidenciar ao juízo o seu interesse (ou não) em se conciliar.

O diálogo deverá ser sempre estimulado e a oitiva do consumidor nesses casos poderá auxiliar o magistrado na apuração de eventuais nulidades da cláusula negocial, a alteração também não poderá ser feita para restringir direitos do consumidor e tão pouco para reduzir prazos processuais ou suprimir instância recursal.

O negócio jurídico processual não será de plano rechaçado para as relações de consumo e tão pouco considerado nulo por constar no contrato de adesão, cabendo ao juiz, em cada caso, analisar a existência de abusividade.

6. Referência Bibliográfica

ABBOUD, Georges. *Jurisdição constitucional e direitos fundamentais*. São Paulo: RT, 2011.

______. *Discricionariedade: alcance da atuação administrativa e judicial no Estado Constitucional*, tese de doutorado em direito apresentada e defendida na Pontifícia Universidade Católica de SP no ano de 2013.

ALVIM, Arruda. O direito de defesa e a efetividade do processo: 20 anos após a vigência do Código. Revista de Processo, vol. 79. São Paulo: RT, jul. 1995, p. 207.

ALVIM, Arruda. Manual de direito processual civil. 16º ed. Rev.atual. e ampl. São Paulo: Editora Revista dos Tribunais, 2013.

ALVIM, Eduardo Arruda. Direito processual Civil. 5.ed. rev. Atual. E ampl. São Paulo: Editora Revista dos Tribunais, 2013.

AFONSO DA SILVA, Luis Virgílio. Princípios e regras. In *Revista Latino-Americana de Estudos Constitucionais.* Belo Horizonte: Del Rey, jan/jun. 2003.

BENJAMIN. Antônio Herman. Proteção do Consumidor e patentes: o caso dos medicamentos. Revista de Direito do Consumidor. Vol. 10, São Paulo: RT, 1994, pág. 21-26.

BUENO, Cassio Scarpinella. *Curso Sistematizado de Direito Processual Civil. Procedimento comum: ordinário e sumário*. São Paulo: Editora Saraiva, 2007.

______. *Curso sistematizado de direito processual: teoria geral do direito processual civil*. São Paulo: Saraiva, 2012.

CÂMARA, Alexandre Freitas. *Lições de direito processual civil.* 25ª ed. São Paulo: Atlas, 2014, v. 1.

CANOTILHO, José Joaquim Gomes. *Direito constitucional e teoria da Constituição*. Coimbra: Almedina, 2003.

COUTURE, Eduardo. *Interpretação das leis processuais*. Rio de Janeiro: Forense, 2011.

CUNHA, Leonardo Carneiro da. "A assistência no projeto do novo CPC brasileiro". *O direito de estar em juízo e a coisa julgada: estudos em homenagem a Thereza Alvim.* Arlete Inês Aurelli; Leonard Ziesemer Schmitz; Lúcio Delfino; Sérgio Luiz de Almeida Ribeiro; William Santos Ferreira (coord.). São Paulo: RT, 2014.

______. "CUNHA. Leonardo Carneiro. Negócios Jurídicos Processuais no processo civil brasileiro. Texto preparado para o I Congresso Peru-Brasil de Direito Processual e apresentado em Lima, no Peru, novembro de 2014.

DELFINO, Lucio. Artigo 153 do novo CPC vai contra o advogado diligente. Migalhas. http://www.conjur.com.br/2014-ago-01/lucio-delfino-artigo-153-cpc-advogado-iligente Acesso em 03/01/2015.

DIDIER JR., Fredie. *Curso de direito processual civil, vol. 1*, 11ª ed. Salvador: JusPodivm, 2009.

DINAMARCO, Cândido Rangel. *Instituições de direito processual civil, vol.* I. São Paulo: Malheiros, 2003

______. *A instrumentalidade do processo*. São Paulo: Malheiros, 2013.

GAJARDONI. Fernando da Fonseca. *Flexibilização procedimental: um novo enfoque para o estudo do procedimento em matéria processual de acordo com as recentes reformas do CPC*. São Paulo: Atlas, 2008.

_____; Dellore, Luis; Roque, Andre Vasconcellos; Oliveira, Zulmar Duarte de Oliveira. O julgamento dos processos em ordem cronológica no novo CPC.http://www.migalhas.com.br/dePeso/16,MI184582,11049julgamento+dos+processos+em+ordem+cronologica+no+novo+CPC, acesso em 03/01/2015.

GUERRA FILHO, Willis Santiago. *Teoria processual da constituição*, 3ª ed. São Paulo: Srs, 2007.

LUCCA, Rodrigo Ramina de. *A motivação das decisões judiciais civis em um estado de direito: necessária proteção da segurança jurídica*. Dissertação de mestrado apresentada na faculdade de Direito da Universidade de São Paulo em 2013.

NERY, Carmen Lígia. *Decisão judicial e discricionariedade*. São Paulo: RT, 2014.

NUNES, Dierle José Coelho. Processo jurisdicional democrático. Curitiba: Juruá, 2008.

ROQUE, Andre Vasconcelos. O Projeto do Novo Código de Processo Civil: uma análise crítica. 1ª ed. Brasília: Gazeta Jurídica

SCHMITZ, Leonard Ziesemer; ABBOUD, Georges; LUNELLI, Guilherme. Como trabalhar – e como não trabalhar – com súmulas no Brasil: um acerto de paradigmas. In: MENDES, Aluísio Gonçalves Castro; MARINONI, Luiz Guilherme; WAMBIER, Teresa Arruda Alvim. Direito jurisprudencial, vol. II. São Paulo: RT.

SCHMITZ, Leonard Ziesemer. A teoria geral do processo e a parte geral do novo Código de Processo Civil. Revista de Direito Privado, vol. 55. São Paulo: RT, jul-set/2013, pp. 329-359

SCHMITZ, Leonard Ziesemer. A (crise) de fundamentação das decisões judiciais e a construção da resposta ao caso concreto. Dissertação apresentada e defendida como requisito para o título do mestrado na Pontifícia Universidade Católica de São Paulo.

STRECK, Lênio Luiz. Da interpretação de textos à concretização de direitos. IN: Streck, Lênio Luiz, et al (org). Constituição, sistemas sociais e hermenêutica. Programa de pós-graduação em direito da unisinos: mestrado e doutorado, 2005.

WAMBIER, Teresa Arruda Alvim. Nulidades do processo e da sentença. 7ª ed.rev. ampl.e atual., com notas de referência ao Projeto do Novo Código de Processo Civil. São Paulo: Editora Revista dos Tribunais, 2014.

O CONTRATO DE SEGURO E O NOVO CÓDIGO DE PROCESSO CIVIL

Gianvito Ardito

RESUMO: O objetivo do presente estudo é apresentar os principais reflexos no âmbito das relações securitárias das inovações trazidas pelo Novo Código de Processo Civil (Lei nº 13.105/2015). Em um primeiro momento, será necessário tecer breves considerações acerca do contrato de seguro, inclusive quanto à incidência do Código de Defesa do Consumidor. Posteriormente, serão abordadas as peculiaridades trazidas pela nova lei processual civil, notadamente a (im)possibilidade de condenação direta da seguradora quando denunciada da lide em ação na qual o seu segurado é réu e a (im)possibilidade de o terceiro prejudicado ajuizar ação direta e exclusivamente contra a seguradora, sem que o segurado (suposto causador do dano) também figure no polo passivo da ação indenizatória.

Palavras-chave: Seguro; consumidor; responsabilidade civil; Novo Código de Processo Civil.

1. Introdução

O contrato de seguro tem como finalidade garantir o interesse legítimo do segurado em razão da ocorrência futura e incerta de riscos predeterminados.

Esse contrato típico – previsto nos artigos 757 a 802 do Código Civil –, notadamente o seguro de dano, tem uma grande importância para o desenvolvimento econômico da sociedade, uma vez que por meio dele o segurado busca se proteger de adversidades (previstas expressamente na apólice), mitigando os danos que venha a sofrer com a ocorrência do sinistro.

Assim, atualmente, não há como negar a importância do contrato de seguro, o que fica ainda mais evidente quando se constata, por exemplo, que em grandes centros urbanos é cada vez mais comum identificar que os proprietários de veículos automotores contratam seguro para o caso de o bem ser objeto de roubo ou furto.

Também tem ganhado cada vez mais espaço o seguro de responsabilidade civil, segundo o qual "o segurador garante o pagamento de perdas e danos devidos pelo segurado a terceiro" (artigo 787, *caput*, do Código Civil).

Nesse cenário, o escopo do presente estudo é apresentar algumas alterações nas ações de natureza securitária, notadamente após a entrada em vigor do Novo Código de Processo Civil, sendo que, para tanto, serão abordadas duas situações: (i) a (im)possibilidade de condenação direta da seguradora quando denunciada da lide em ação na qual o seu segurado é réu; e (ii) a (im)possibilidade de o terceiro prejudicado ajuizar ação direta e exclusivamente contra a seguradora, sem que o segurado (suposto causador do dano) também figure no polo passivo da ação indenizatória.

Para tanto, primeiro será necessário tecer breves considerações acerca do contrato de seguro – inclusive no que tange à incidência ou não do Código de Defesa do Consumidor a essas relações jurídicas -, para posteriormente adentrar nas inovações processuais trazidas pelo Novo Código de Processo Civil.

2. Breves considerações sobre o contrato de seguro

De acordo com o *caput* do artigo 757 do Código Civil, por meio do contrato de seguro "o segurador se obriga, mediante o pagamento do prêmio, a garantir interesse legítimo do segurado, relativo a pessoa ou a coisa, contra riscos predeterminados".

Desse conceito identifica-se que o seguro pressupõe risco, o qual deve ser entendido como o perigo, a possibilidade de ocorrência de dano em virtude de acontecimento de evento futuro e incerto, sendo que o segurado, mediante o pagamento do prêmio[1], busca um segurador[2] para o fim de transferir (total ou parcialmente) as consequências econômicas decorrentes do sinistro.[3]

Assim, o contrato de seguro traz segurança patrimonial para o segurado à medida que, caso ocorra o sinistro, ele terá os recursos econômicos

1 Prêmio é o valor correspondente a cada um dos pagamentos destinados ao custeio do seguro. Trata-se, portanto, da contraprestação do segurado, da qual ele não se exime ainda que não se tenha verificado o risco (artigo 764 do Código Civil).

2 Frisa-se que somente as empresas organizadas sob a forma de sociedade anônima ou cooperativas (para os casos de seguros agrícolas, de saúde e de acidentes de trabalho) é que poderão operar seguros privados, nos termos do artigo 757, parágrafo único, do Código Civil e do artigo 24 do Decreto-lei nº 73/1966.

3 Sinistro é a ocorrência de um risco coberto durante o período de vigência do contrato.

para recuperar (ou minorar) o seu prejuízo e recompor (ainda que parcialmente) o seu patrimônio.

O Código Civil disciplinou o contrato de seguro terrestres, dividindo-o em duas espécies: seguros de dano (que abarca tanto o seguro das coisas quanto o de responsabilidade civil) e seguros de pessoas (que se desdobra em seguro de vida e de acidentes pessoais).

Além disso, é importante deixar claro que se aplica ao contrato de seguro o princípio indenitário, ou seja, "o segurado não pode lucrar com o recebimento da indenização, o que significa dizer que o segurado não pode pretender mais do que a reposição do seu patrimônio à situação anterior à ocorrência do sinistro".[4]

Tendo isso em vista, Pedro Alvim conclui que o segurado "não pode fazer do contrato um meio de obter qualquer vantagem, pretendendo receber quantia superior ao valor dos bens atingidos".[5]

É por esse motivo que o artigo 781 do Código Civil é categórico ao impor que para os seguros de dano, com exceção do caso de mora do segurador (hipótese em que incidirá correção monetária e juros moratórios, nos termos do artigo 772 desse mesmo diploma legal), "a indenização não pode ultrapassar o valor do interesse segurado no momento do sinistro, e, em hipótese alguma, o limite máximo da garantia fixado na apólice".

Nessa mesma linha encontra-se o artigo 778 do Código Civil, que estabelece que nos seguros de dano, o capital segurad[6] não poderá ultrapassar o valor do interesse segurado (ou seja, do bem segurado) no momento da conclusão do contrato. Frisa-se que, por expressa disposição do artigo 789 da lei civil, essa limitação não se opera para o seguro de vida.

Nesse particular, também é digno de nota que em observância do disposto no artigo 760, caput, do Código Civil, as apólices de seguro,[7] dentre outras exigências legais, "mencionarão os riscos assumidos", bem como "o limite da garantia". Assim, pode-se afirmar que o direito brasileiro – atento à própria essência da relação jurídica securitária – não prevê a possibilidade de o segurador ser compelido a indenizar o segurado pela a ocorrência de

4 Gustavo Tepedino et. al., *Código Civil interpretado conforme a Constituição da República, Vol. II*, p. 588.

5 Pedro Alvim, *O seguro e o novo Código Civil*, pp. 111-112.

6 O capital segurado é o valor máximo para a cobertura contratada a ser pago pelo segurador ante a ocorrência do sinistro.

7 A apólice é o documento emitido pelo segurador formalizando a aceitação da cobertura solicitada pelo segurado. O *caput* do artigo 760 estabelece que ela deverá mencionar "os riscos assumidos, o início e o fim de sua validade, o limite da garantia e o prêmio devido, e, quando for o caso, o nome do segurado e o do beneficiário".

um evento que não tenha sido objeto da avença, até mesmo porque, em uma situação como essa, não há nem que se falar em sinistro.

Além disso, quando se fala em contrato de seguro, é importante ter em mente o mutualismo, que está atrelado à divisão dos riscos entre a coletividade. Em outras palavras, todos aqueles submetidos aos mesmos riscos decidem contribuir para a formação de um fundo capaz de fazer frente aos prejuízos sofridos pelos integrantes do grupo, cabendo ao segurador administra-lo à luz dos prêmios recebidos.

No mais, como é cediço, o legislador estabeleceu o dever geral de boa-fé no artigo 422 do Código Civil, sendo que, no que tange ao contrato de seguro, esse dever tem um especial destaque, especialmente quando se constata que (i) "o segurado e o segurador são obrigados a guardar na conclusão e na execução do contrato, a mais estrita boa-fé e veracidade, tanto a respeito do objeto como das circunstâncias e declarações a ele concernentes" (artigo 765 do Código Civil), sendo que se o segurado fizer declarações inexatas ou omitir circunstâncias que possam influenciar na aceitação da proposta ou no valor do prêmio, ele não fará jus ao capital segurado (artigo 766, *caput*, do Código Civil); (ii) "o segurado perderá o direito à garantia se agravar intencionalmente o risco objeto do contrato" (artigo 768 do Código Civil); (iii) "o segurado é obrigado a comunicar ao segurador, logo que saiba, todo incidente suscetível de agravar consideravelmente o risco coberto, sob pena de perder o direito à garantia, se provar que silenciou de má-fé" (artigo 769, *caput*, do Código Civil); (iv) "o segurado participará o sinistro ao segurador, logo que o saiba, e tomará as providências imediatas para minorar-lhe as consequências", sob pena de perder o direito ao capital segurado (artigo 771 do Código Civil); e (v) "o segurador que, ao tempo do contrato, sabe estar passado o risco de que o segurado se pretende cobrir, e, não obstante, expede a apólice, pagará em dobro o prêmio estipulado" (artigo 773 do Código Civil).

Pelas próprias características do contrato de seguro, o § 3º do artigo 3º do Código de Defesa do Consumidor expressamente prevê como serviço a atividade securitária fornecida ao mercado de consumo, sendo que, para que se esteja diante de uma relação de consumo também há a necessidade de se estar diante de um consumidor e de um fornecedor.

Uma interpretação açodada desse dispositivo poderia levar o intérprete à equivocada conclusão de que todo contrato de seguro é um contrato de consumo, sendo que essa afirmação nem sempre é verdadeira, ainda mais quando se está diante de um segurado pessoa jurídica.

A maior dificuldade em enquadrar uma relação jurídica como sendo de consumo repousa na interpretação da expressão "destinatário final" constante no *caput* do artigo 2º do Código de Defesa do Consumidor.

Desde o advento da lei consumerista, muito se discutiu acerca do alcance dessa expressão, podendo serem identificadas três teorias, sendo que, atualmente, a teoria do finalismo aprofundado é que tem ganhado corpo tanto na doutrina quanto na jurisprudência.[8]

Essa teoria ganhou voz por meio da doutrina de Claudia Lima Marques[9] ao identificar que alguns precedentes dos tribunais analisavam a condição de consumidor sob a ótica da vulnerabilidade, uma vez que se trata de um dos princípios da Política Nacional das Relações de Consumo (artigo 4º, I, do Código de Defesa do Consumidor).

No que tange à vulnerabilidade, Bruno Miragem ensina que ela está associada "à identificação de fraqueza ou debilidade de um dos sujeitos da relação jurídica em razão de determinadas condições ou qualidades que lhe são inerentes ou, ainda, de uma posição de força que pode ser identificada no outro sujeito da relação jurídica".[10]

Assim, constata-se que somente há que se falar na aplicação das regras do direito do consumidor se restar configurada a vulnerabilidade, ou seja, existe a necessidade de identificação de um desequilíbrio de forças entre as partes integrantes dessa relação jurídica, o que fundamenta a existência de regras especiais para a proteção do sujeito mais fraco da relação de consumo.

A aplicação desse princípio, na verdade, busca dar efetividade ao mandamento constitucional esculpido no artigo 5º, XXXII, da Constituição Federal segundo o qual "o Estado promoverá, na forma da lei, a defesa do consumidor".[11]

Ante o exposto, conclui-se que a pessoa jurídica que adquire um produto ou um serviço poderá ser equiparada à condição de consumidora se apresentar frente ao fornecedor alguma vulnerabilidade.[12]

É por esse motivo que o Superior Tribunal de Justiça reconheceu que, no caso do seguro empresarial – em qual o segurado é uma pessoa jurídica que busca a proteção contra riscos possíveis de ocorrer no interior do esta-

8 Outras duas teorias identificáveis seriam (i) a finalista, segundo o qual consumidor é aquele que adquire/utiliza o produto ou serviço para si próprio ou para sua família, sendo que consumidor seria aquele não profissional, excluindo, portanto, o consumo intermediário, assim entendido aquele cujo produto retorna para a cadeia de produção e de distribuição; e (ii) a maximalista, para quem o consumidor seria aquele que retirou o produto ou o serviço do mercado de consumo, sendo irrelevante se a pessoa jurídica, nesse caso, visa ou não lucro.

9 Claudia Lima Marques, *Comentários ao Código de Defesa do Consumidor*, p. 107.

10 Bruno Miragem, *Curso de direito do consumidor*, p. 114.

11 Não se pode perder de vista que a defesa do consumidor também é reconhecida como um princípio da ordem econômica (artigo 170, V, da Constituição Federal).

12 Nesse sentido: STJ, REsp 1195642/RJ; Rel. Min. Nancy Andrighi; 3ª Turma; julgado em 13/11/2012; disponibilizado no DJe de 21/11/2012; v.u.

belecimento -, somente o seguro do patrimônio do próprio segurado é que seria capaz de, em tese, caracterizar a relação de consumo.[13]

Assim, nos dizeres do Ministro Ricardo Villas Bôas Cueva, "há relação de consumo no seguro empresarial se a pessoa jurídica o firmar visando a proteção do próprio patrimônio (destinação pessoal), sem o integrar nos produtos ou serviços que oferece, mesmo que seja para resguardar insumos utilizados em sua atividade comercial, pois será a destinatária final dos serviços securitários. Situação diversa seria se o seguro empresarial fosse contratado para cobrir riscos dos clientes, ocasião em que faria parte dos serviços prestados pela pessoa jurídica, o que configuraria consumo intermediário, não protegido pelo CDC."[14]

Em outras palavras, não é pelo fato de se estar diante de um contrato de seguro que obrigatoriamente há que se falar em relação de consumo (suscetível de incidência do Código de Defesa do Consumidor), uma vez que, além da necessidade de restar demonstrada a vulnerabilidade, o serviço contratado não pode estar relacionado à atividade profissional/empresarial do segurado.

3. Questões processuais relevantes

3.1. O Novo Código de Processo Civil

O Novo Código de Processo Civil foi sancionado em março de 2015 pela Presidência da República (Lei nº 13.105, de 16 de março de 2015),

13 STJ; REsp 1352419/SP; Rel. Min. Ricardo Villas Bôas Cueva; 3ª Turma; julgado em 19/08/2014; publicado no DJe de 08/09/2014; v.u.

14 Frisa-se que esse entendimento deve ser aplicado para os contratos coletivos de assistência médica e hospitalar firmados com operadoras de planos de saúde, uma vez que se trata de relação jurídica regida pela Lei nº 9.656/1998, que, em seu artigo 35-G, expressamente prevê que o Código de Defesa do Consumidor somente se aplica de forma subsidiária. Nesse particular, não se desconhece o enunciado nº 469 da Súmula do Superior Tribunal de Justiça, segundo o qual "aplica-se o Código de Defesa do Consumidor aos contratos de plano de saúde". Todavia, é importante ter em mente que a lei consumerista não se aplica para os contratos coletivos de planos de saúde, uma vez que (i) o estipulante do contrato não pode ser enquadrado como consumidor à medida que não é destinatário final do produto/serviço (artigo 2º do Código de Defesa do Consumidor); e (ii) inexiste vulnerabilidade e hipossuficiência na relação jurídica entre as partes (artigos 4º e 6º do Código de Defesa do Consumidor). Destaca-se, inclusive, que o Superior Tribunal de Justiça possui entendimento nesse sentido: STJ; REsp 1102848/SP, Rel. Ministra Nancy Andrighi, Rel. p/ Acórdão Ministro Massami Uyeda, 3ª Turma, julgado em 03/08/2010, DJe 25/10/2010. Assim, o mencionado enunciado nº 469 somente se aplica para os contratos individuais de plano de saúde.

após ter tramitado no Congresso Nacional por pouco mais de quatro anos.[15]

Conforme se depreende da exposição de motivos apresentada pela Comissão de Juristas encarregada da elaboração do Anteprojeto, o novo código foi idealizado com o escopo de dar maior efetividade aos mandamentos constitucionais da duração razoável do processo (artigo 5º, LXXVIII, da Constituição Federal)[16] e do efeito acesso à justiça (artigo 5º, XXXV, da Constituição Federal).[17]

O foco da Lei nº 13.105/2015 é, portanto, a celeridade no trâmite processual, permitindo, conforme dito na exposição de motivos do anteprojeto, "que cada processo tenha maior rendimento possível", tornando-o mais simples,[18] possibilitando "ao juiz centrar sua atenção, de modo mais intenso, no mérito da causa".[19]

---

15 A discussão acerca de um novo diploma processual civil surgiu com a nomeação de uma Comissão de Juristas encarregada de elaborar o Anteprojeto de Lei. O processo legislativo teve início no Senado Federal (PLS nº 166/2010), oportunidade em que não foi objeto de muita discussão pelos congressistas, tendo sido aprovado no final do ano de 2010. Com a aprovação na casa iniciadora, o projeto de lei foi encaminhado para a Câmara dos Deputados (PL nº 8.046/2010), tendo a sua aprovação ocorrido no primeiro semestre de 2014. Retornando o projeto ao Senado Federal, este aprovou o novo código em dezembro de 2014, encaminhando o projeto de lei à sanção presidencial (nos termos do artigo 66 da Constituição Federal), o que ocorreu em cerimônia pública realizada no dia 16 de março de 2015, tendo alguns dispositivos sido vetados.

16 Nesse particular, destaca-se que o artigo 4º da versão constante no relatório final estabelece que "as partes têm direito de obter em prazo razoável a solução integral do mérito, incluída a atividade satisfativa".

17 A comissão de juristas encarregada de elaborar o anteprojeto do novo Código de Processo Civil, nas palavras de seu presidente, Luiz Fux, "teve como ideologia norteadora dos trabalhos a de conferir maior celeridade à prestação da justiça, no afã de cumprir a promessa constitucional da duração razoável dos processos." (Luiz Fux, *O novo processo civil,* p. 1)

18 A comissão de juristas, na exposição de motivos do Anteprojeto do Novo Código de Processo Civil é clara ao estabelecer cinco objetivos: "Com evidente redução da complexidade inerente ao processo de criação de um novo Código de Processo Civil, poder-se-ia dizer que os trabalhos da Comissão se orientaram precipuamente por cinco objetivos: 1) estabelecer expressa e implicitamente verdadeira sintonia fina com a Constituição Federal; 2) criar condições para que o juiz possa proferir decisão de forma mais rente à realidade fática subjacente à causa; 3) simplificar, resolvendo problemas e reduzindo a complexidade de subsistemas, como, por exemplo, o recursal; 4) dar todo o rendimento possível a cada processo em si mesmo considerado; e, 5) finalmente, sendo talvez este último objetivo parcialmente alcançado pela realização daqueles mencionados antes, imprimir maior grau de organicidade ao sistema, dando-lhe, assim, mais coesão."

19 Exposição de motivos do Anteprojeto do Novo Código de Processo Civil.

Não obstante, também é digno de nota que a nova lei visou trazer maior coesão ao sistema processual, uma vez que o Código de Processo Civil de 1973 sofreu inúmeras alterações legislativas que, não raras vezes, dificultavam a sua interpretação sistemática pelo jurista.

No que tange propriamente ao contrato de seguro, assim como já ocorria no Código de Processo Civil de 1973, o Novo Código de Processo Civil também prevê a utilização do instituto da denunciação da lide "àquele que estiver obrigado, por lei ou pelo contrato, a indenizar, em ação regressiva, o prejuízo de quem for vencido no processo" (artigo 125, II).

A denunciação da lide é uma ação secundária, de natureza condenatória, ajuizada no curso da ação condenatória principal, por meio da qual o denunciante formula pretensão indenizatória contra o denunciado para o caso de ser vencido na demanda principal.

Essa espécie de intervenção de terceiros visa eliminar eventuais ulteriores ações regressivas nas quais o denunciado figuraria como réu e o denunciante como autor, sendo que, na denunciação da lide, o direito de regresso ocorre no próprio processo.

Ela tem como característica a eventualidade, uma vez que a ação secundária somente será examinada se o denunciante for vencido na ação principal, a teor do disposto no *caput* do artigo 129 do Novo Código de Processo Civil.

Nesse particular, é importante destacar que a interpretação da expressão "vencido na ação principal" constante desse dispositivo deve ser no sentido de condenação do denunciante, ou seja, pressupõe a apreciação/resolução do mérito (cujas hipóteses descritas no artigo 487 do novo diploma).

Frisa-se ainda que o parágrafo único do mencionado artigo 129 impõe que "se o denunciante for vencedor, a ação de denunciação não terá o seu pedido examinado, sem prejuízo da condenação do denunciante ao pagamento das verbas de sucumbência em favor do denunciado".

Não obstante, destaca-se que o artigo 125, § 1º, do Novo Código de Processo Civil possibilita que o direito de regresso seja exercido por ação autônoma quando a denunciação for indeferida, deixar de ser promovida ou não for permitida.

Esse disposição acaba com a teórica obrigatoriedade da denunciação da lide que era prevista no artigo 70 do Código de Processo Civil de 1973. Sedimentou-se doutrinariamente que essa imposição somente ocorreria no caso da denunciação fundada na evicção, uma vez que o artigo 456 do Código Civil estabelecia que "para poder exercitar o direito que da evicção lhe resulta, o adquirente notificará do litígio o alienante imediato, ou qualquer dos anteriores, quando e como lhe determinarem as leis do processo."[20] Todavia, considerando que esse dispositivo foi revogado pelo artigo 1.072, II, do Novo Código de Processo Civil e que o artigo 125, § 1º, autoriza expressamente o exercício do direito de regresso por meio de ação autônoma, não há que se falar mais em obrigatoriedade da utilização da denunciação da lide.

A nova lei termina com a discussão existente na doutrina e na jurisprudência acerca da possibilidade de denunciações sucessivas, sendo que, de acordo com o artigo 125, § 2º, somente será admitida uma única denunciação sucessiva pelo denunciado, "não podendo o denunciado sucessivo promover nova denunciação, hipótese em que eventual direito de regresso será exercido por ação autônoma".

Além disso, não há como olvidar que as ações de natureza securitária (notadamente aquelas que envolvem planos de saúde) estão em alguns casos vinculadas a demandas consumeristas de massa, razão pela qual o incidente de resolução de demandas repetitivas criado pelo Novo Código de Processo Civil (artigos 976 a 987) também impactará no cotidiano dessas relações.

Conforme dito anteriormente, o escopo do presente estudo não é tratar de referido incidente, mas é importante que se tenha em mente o seu objetivo, qual seja, estabelecer um julgamento padronizado para questões, unicamente de direito, no âmbito dos tribunais em segundo grau de jurisdição (Tribunais de Justiça e Tribunais Regionais Federais), permitindo-se, assim, que a decisão proferida pela corte vincule todos os processos que estejam no seu âmbito de competência territorial.

Por meio desse incidente, busca-se, portanto, prestigiar a isonomia e a segurança jurídica à medida que questões unicamente de direitos (efetivamente repetida em diversos processos) serão decididas da mesma forma.[21]

---

20 Ao comentarem o artigo 70 do Código de Processo Civil de 1973, Nelson Nery Junior e Rosa Maria de Andrade Nery entendiam que a denunciação da lide, a despeito da dicção do *caput* do mencionado dispositivo, somente seria obrigatória no caso da evicção, uma vez que "o CC 456 caput e o CC/1916 1116 dizem que, para que o adquirente possa exercer o direito que da evicção lhe resulta, deve denunciar da lide ao alienante imediato ou a qualquer dos anteriores (denunciação per saltum), conforme a lei processual determina. A contrario sensu, se não for feita a denunciação da lide na forma da lei processual, o adquirente não poderá mais exercer o direito decorrente da evicção. Verificada esta, não terá direito à indenização." (*Código de Processo Civil comentado e legislação extravagante*, p. 344)

21 Conforme ensina Cassio Scarpinella Bueno, "o instituto quer viabilizar uma verdadeira concentração de processos que versem sobre uma mesma questão de direito no âmbito dos tribunais e permitir que a decisão a ser proferida nele vincula todos os demais casos que estejam sob a competência territorial do tribunal julgador" (*Novo Código de Processo Civil anotado*, p. 612). Bruno Dantas identifica com previsão a finalidade do incidente de resolução de demandas repetitivas: "o escopo do IRDR é a

Além disso, também merece destaque o fato de o legislador ter prestigiado os institutos da mediação e da conciliação, os quais terão reflexos na maioria das relações jurídicas, inclusive naquelas de natureza securitária.[22] O fortalecimento dessas formas de resolução de conflitos pode ser constatado em diversas passagens do Novo Código de Processo Civil, sendo digno de nota que após o recebimento da petição inicial, se estiverem preenchidos todos os seus requisitos e não for o caso de julgamento liminar de improcedência, "o juiz designará audiência de conciliação ou de mediação com antecedência mínima de 30 (trinta) dias, devendo ser citado o réu com pelo menos 20 (vinte) dias de antecedência" (artigo 334, *caput*), sendo que, nesse caso, o termo inicial do prazo do réu para a apresentação de contestação da data "da audiência de conciliação ou de mediação, ou da última sessão de conciliação, quando qualquer parte não comparecer ou, comparecendo, não houver autocomposição" (artigo 335, I).

Nesse particular, destaca-se que, de acordo com o artigo 334, § 8º, do Novo Código de Processo Civil, o não comparecimento de qualquer das partes na referida audiência caracteriza ato atentatório à dignidade da justiça, com a condenação da parte ausente a multa de até dois por cento do proveito econômico discutido na demanda, que será revertida a favor da União ou do Estado.

Frisa-se ainda que o artigo 3º, § 3º, da nova lei processual civil impõe que todos aqueles envolvidos "a conciliação, a mediação e outros métodos de solução consensual de conflitos deverão ser estimulados por juízes, advogados, defensores públicos e membros do Ministério Público, inclusive no curso do processo judicial."

De qualquer forma, quanto às ações individuais em que se discute contrato de seguro de dano, dois temas sempre trouxeram discussão doutrinária e jurisprudencial: (i) a possibilidade de condenação direta e solidária da seguradora denunciada da lide por seu segurado; e (ii) o ajuizamento de ação pelo terceiro prejudicado diretamente contra a seguradora em caso de seguro de responsabilidade civil.

---

tutela isonômica e efetiva dos direitos individuais homogêneos e seu advento traduz o reconhecimento do legislador de que a chamada 'litigiosidade de massa' atingiu patamares insuportáveis em razão da insuficiência do modelo até então adotado, centrado basicamente na dicotomia tutela individual x tutela coletiva" (*Breves comentários ao Novo Código de Processo Civil*, Coord. Tereza Arruda Alvim Wambier et. al., p. 2178)

22 Quanto à mediação é importante ressaltar que ela foi objeto de disciplina mais detalhada na Lei nº 13.140/2015.

Somente o primeiro desses temas é que, de certa forma, foi tratado pelo Novo Código de Processo Civil, sendo que, no caso do segundo tema, não há disposição a respeito.

3.2. Execução direta contra a seguradora denunciada da lide

Quando se fala em ajuizamento de ação pela vítima de um dano contra o seu causador que, posteriormente, traz aos autos a seguradora, muito se discute acerca da possibilidade de execução direta contra este terceiro.

Primeiramente, o intérprete deve se atentar para o fato de a relação jurídica entre as partes originárias ser ou não de consumo.

Como é cediço, nas ações que envolvam relações de consumo a regra é a inadmissibilidade da intervenção de terceiros, com exceção do chamamento ao processo da seguradora no caso de seguro de responsabilidade civil, nos termos do artigo 101, II, do Código de Defesa do Consumidor.

Nesse caso, na ação indenizatória ajuizada pela vítima fundada na lei consumerista, há preceito expresso criando a solidariedade entre o segurado e a seguradora, sendo que, na visão de Nelson Nery Junior e Rosa Maria de Andrade Nery (ao comentarem o artigo 76 do Código de Processo Civil de 1973), verifica-se a intenção do legislador "de permitir que, na mesma sentença, possam ser condenados solidariamente o fornecedor e a seguradora, de sorte a permitir ao consumidor a execução do julgado contra qualquer deles".[23]

Todavia, na hipótese de a pretensão da vítima não decorrer de um acidente de consumo - e, portanto, não se tratar de relação jurídica sujeita ao Código de Defesa do Consumidor - inexistia previsão no Código de Processo Civil de 1973 que possibilitasse a condenação solidária da seguradora denunciada da lide, até mesmo porque (i) não havia relação jurídica entre a vítima e a seguradora;[24] e (ii) o denunciado da lide era assistente simples do denunciante e não seu litisconsorte.

O Superior Tribunal de Justiça, em julgamento sob a sistemática dos recursos repetitivos (artigo 543-C do Código de Processo Civil de 1973), reconheceu que "em ação de reparação de danos movida em face do segurado, a seguradora denunciada pode ser condenada direta e solidariamente

---

23 *Código de Processo Civil comentado e legislação extravagante*, p. 357.

24 Nesse sentido, Nelson Nery Junior e Rosa Maria de Andrade Nery, ao comentarem o artigo 76 do Código de Processo Civil de 1973, ensinam que "não é possível haver condenação solidária do denunciado e do denunciante, em face do adversário deste, já que não há relação jurídica entre eles." (*Código de Processo Civil comentado e legislação extravagante*, p. 356).

junto com este a pagar a indenização à vítima, nos limites contratados na apólice".[25]

Essa decisão - a despeito de, com a devida vênia, estar equivocada tecnicamente - tem como pano de fundo, nos dizeres do Ministro Luis Felipe Salomão, rejeitar "tecnicismos processuais, no mais das vezes servis exclusivamente a interesses privados postos em juízo, em obséquio a propósito maior, que é a pacificação social, a efetividade da tutela judicial prestada, a duração razoável do processo e, em hipóteses como a tratada nos autos, a indenização plena do dano sofrido".

Tendo isso em vista, o posicionamento do Superior Tribunal de Justiça foi o de que a seguradora, ao aceitar a denunciação da lide e contestar o pedido, assume a posição de litisconsorte passivo, o que autorizaria a sua condenação direta e solidária.

Constata-se que, nesse caso, a jurisprudência inovou ao criar uma solidariedade não prevista em lei, em flagrante ofensa ao disposto no artigo 265 do Código Civil, sendo que o Superior Tribunal de Justiça buscou facilitar o cumprimento da sentença, especialmente na eventualidade de não se localizarem bens do segurado passíveis de penhora.

Tendo isso em vista, o artigo 128, parágrafo único, do Novo Código de Processo Civil estabelece que "procedente o pedido da ação principal, pode o autor, se for o caso, requerer o cumprimento da sentença contra o denunciado, nos limites da condenação deste na ação regressiva".

De certa forma, a despeito de não falar expressamente em condenação direta e solidária (até mesmo porque não existe solidariedade nesse caso), o legislador ampliou os legitimados passivos do cumprimento de sentença, incluindo o denunciado (nos limites de sua condenação na lide secundária), o que, na prática, possibilitará que o vencedor da lide principal execute diretamente o denunciado.

Ainda quanto a esse ponto, destaca-se que o artigo 128, I, do Novo Código de Processo Civil praticamente manteve a contestada redação do artigo 75, I, do Código de Processo Civil de 1973, sendo que se o denunciado aceita a denunciação da lide e contesta o pedido formulado pelo autor, ele e o denunciante, na lide principal, serão litisconsortes.

3.3. Ajuizamento de ação diretamente contra a seguradora

Provavelmente, no que toca ao seguro de dano (especialmente o de responsabilidade civil), a maior discussão processual circunda a (im)possibi-

25 STJ; REsp 925130/SP; Rel. Min. Luiz Felipe Salomão; 2ª Seção; julgado em 08/02/2012; publicado no DJe de 20/04/2012 e na RT vol. 921 p. 748; v.u. Tema nº 469 dos recursos repetitivos.

lidade de a vítima (terceiro prejudicado) ajuizar a ação diretamente contra a seguradora, sem que o segurado (causador do dano) figure no polo passivo da demanda.

Uma vez configurado o sinistro, o terceiro prejudicado, identificando que o causador do dano possui seguro, decide ajuizar ação indenizatória direta e exclusivamente em face da seguradora.

Nessa situação, resta evidente a ilegitimidade passiva da seguradora, uma vez que (i) inexiste relação jurídica de direito material entre ela e o terceiro prejudicado; e (ii) a ausência do segurado no polo passivo prejudica o direito de defesa da seguradora.

Todavia, prevalecia no Superior Tribunal de Justiça o entendimento de que seria possível o ajuizamento de ação direta contra a seguradora por parte do terceiro prejudicado, ainda que o segurado não figurasse no polo passivo da demanda.

Esse entendimento estava pautado na função social do contrato e, especialmente, no fato de o seguro de responsabilidade civil ser uma estipulação em favor de terceiro, o que, nos termos do artigo 436, parágrafo único, do Código Civil, autorizaria que esse terceiro exija o adimplemento da obrigação.[26]

A despeito de respeitoso, esse entendimento não merece prosperar, uma vez que a estipulação em favor de terceiro pressupõe que esse beneficiário é que obtém todos os proveitos da obrigação assumida entre promitente e estipulante, sendo que, no seguro de responsabilidade civil, o beneficiário é o próprio segurado, que contrata esse seguro para resguardar o seu patrimônio das consequências civis do dano que porventura venha a causar a outrem.[27]

Para um correto enquadramento do tema, é necessário ter em mente o que deve ser entendido por seguro de responsabilidade civil.

---

26 A esse respeito, destaca-se o seguinte precedente do Superior Tribunal de Justiça: STJ; REsp 1245618/RS; Rel. min. Nancy Andrighi; 3ª Turma; julgado em 22/11/2011; publicado no DJe de 30/11/2011, na RDDP vol. 107 p. 123 e na RT vol. 918 p. 799; v.u.

27 Nesse sentido, destaca-se a lição de Sergio Cavalieri Filho: "No seguro de responsabilidade civil contra danos causados a terceiros, o segurado não contrata o seguro em benefício da vítima, mas, sim, em benefício próprio, para resguardar o seu patrimônio das consequências civis do dano que venha a causar a outrem. Não se trata, portanto, como também já assinalado, de estipulação em favor de terceiro. Logo, a vítima nada pode exigir do segurador, porque não tem com ele nenhuma relação jurídica. Não é parte do contrato de seguro, nem é o seu beneficiário. A relação jurídica da vítima é com o causador do dano, fundada na responsabilidade extracontratual, ato ilícito (art. 186 do Código Civil), e não no contrato de seguro. Apenas o segurado é que terá ação contra o segurador para ser ressarcido, até o limite do contrato, por aquilo que tiver indenizado à vítima". (*Programa de responsabilidade civil*, p. 468)

A esse respeito, em um primeiro momento, é importante asseverar que esse seguro pode ser obrigatório (nos termos do artigo 788 do Código Civil e do Decreto-lei nº 73/1966) ou facultativo, que é o que mais interessa para o presente estudo, uma vez que, no caso do seguro obrigatório, o parágrafo único do mencionado artigo 788 autoriza o ajuizamento de ação direta contra a seguradora.

Assim, a discussão persiste quanto ao seguro de responsabilidade civil facultativo, o qual, segundo o artigo 787, *caput*, do Código Civil, é aquele por meio do qual "o segurador garante o pagamento de perdas e danos devidos pelo segurado a terceiro".

Ainda quanto o conceito dessa espécie de seguro de dano, mostra-se relevante analisar o posicionamento da SUSEP[28] que, no artigo 5º da Circular nº 437/2012 (que estabelece as regras básicas para a comercialização desse tipo de seguro), estabelece que "no Seguro de Responsabilidade Civil, a Sociedade Seguradora garante ao Segurado, quando responsabilizado por danos causados a terceiros, o reembolso das indenizações que for obrigado a pagar, a título de reparação, por sentença judicial transitada em julgado, ou por acordo com os terceiros prejudicados, com a anuência da Sociedade Seguradora, desde que atendidas as disposições do contrato."

Assim, resta evidente que, nos dizeres de Claudio Luiz Bueno de Godoy, "o seguro de responsabilidade é um seguro reembolso, que pressupõe, antes, o pagamento pelo segurado ou o reconhecimento, em ação que lhe seja movida, de sua responsabilidade pelo evento danoso que vitimou terceiro, de modo a que, nessa demanda, oferte o segurado a defesa que tiver, decerto que a ele afeta e de seu conhecimento, e não do segurador".[29]

Dessa forma, não há como correlacionar o seguro de responsabilidade civil facultativo – que pressupõe o reconhecimento da obrigação de indenizar do segurado – com a estipulação em favor de terceiro, razão pela qual a seguradora é parte ilegítima para figurar isoladamente no polo passivo da demanda ajuizada pelo terceiro prejudicado pelo sinistro.

Ademais, também é importante salientar que o artigo 787, § 3º, do Código Civil – diversamente do que o faz o parágrafo único do artigo 788 do mesmo diploma para os seguros obrigatórios – determina que "intentada a ação contra o segurado, dará este ciência da lide ao segurador", ou seja, a lei pressupõe a necessidade de o segurado figurar no polo passivo da demanda.

---

28 A SUSEP (Superintendência de Seguros Privados), criada pelo Decreto-lei nº 73/1966, é uma autarquia vinculada ao Ministério da Fazenda responsável pelo controle e fiscalização dos mercados de seguro, previdência privada aberta, capitalização e resseguro.

29 Claudio Luiz Bueno de Godoy, *Código Civil comentado* (Coord. Cezar Peluso), p. 780

O entendimento aqui defendido foi reconhecido pelo Superior Tribunal de Justiça quando do julgamento do recurso especial nº 962.230/RS[30], submetido à sistemática dos recursos repetitivos (artigo 543-C do Código de Processo Civil de 1973), oportunidade em que restou decidido que "descabe ação direta do terceiro prejudicado ajuizada direta e exclusivamente em face da Seguradora do apontado causador do dano".[31]

Esse julgado parte do pressuposto de que, nos termos do voto do Ministro Luis Felipe Salomão, "a figura central do seguro de responsabilidade civil é, exatamente, a obrigação de indenizar imputável ao segurado por danos causados a terceiros, e não pura e simples ocorrência de sinistro envolvendo o bem segurado".

O posicionamento em tela merece prevalecer, pois dá guarida ao mandamento constitucional do devido processo legal, uma vez que, sem a presença do segurado na lide, resta inviabilizada a investigação de todas as circunstâncias do sinistro, inclusive eventual alegação de que o segurado estaria em mora (o que nos termos do artigo 763 do Código Civil afasta o dever de indenizar) ou que o segurado agravou intencionalmente o risco (o que também não gera o dever de indenizar para a seguradora, de acordo com o artigo 768 do Código Civil).

Frisa-se que o julgamento de uma ação indenizatória promovida pelo terceiro prejudicado direta e exclusivamente contra a seguradora parte do pressuposto de que o autor da ação ostenta a condição de vítima e que o segurado é o causador do dano, o que pode não restar comprovado após ampla dilação probatória com a participação de todos os envolvidos no sinistro.

Em outras palavras, conforme restou consignado no aludido precedente, "no seguro de responsabilidade civil facultativo a obrigação da Seguradora de ressarcir danos sofridos por terceiros pressupõe a responsabilidade civil do segurado, a qual, de regra, não poderá ser reconhecida em demanda na qual este não interveio, sob pena de vulneração do devido processo legal e da ampla defesa".

Ainda é importante destacar que a 2ª Seção do Superior Tribunal de Justiça, em sessão realizada no dia 13/05/2015, aprovou a edição da Súmula

---

30 STJ; REsp 962230/RS; Rel. Min. Luiz Felipe Salomão; 2ª Seção; julgado em 08/02/2012; publicado no DJe de 20/04/2012; v.u. Tema nº 471 dos recursos repetitivos.

31 Frisa-se que, por não se tratar de julgamento com efeito vinculante, encontram-se precedentes em sentido contrário mesmo após a sua publicação: (i) TJSP; Apelação nº 4005969-37.2013.8.26.0562; Rel. Des. Francisco Loureiro; 6ª Câmara de Direito Privado; julgado em 04/09/2014; e (ii) TJSP; Apelação nº 0001578-03.2011.8.26.0587; Rel. Des. Leonel Costa; 11ª Câmara Extraordinária de Direito Privado; julgado em 20/08/2014.

nº 529 daquela Corte, segundo a qual "no seguro de responsabilidade civil facultativo, não cabe o ajuizamento de ação pelo terceiro prejudicado direta e exclusivamente em face da seguradora do apontado causador do dano".

Dessa forma, ante o posicionamento sumular acima exposto, pode-se afirmar que o terceiro prejudicado que formule pretensão indenizatória em decorrência de um sinistro deve ajuizar contra (i) o segurado e este, posteriormente, denuncia da lide a seguradora; ou (ii) o segurado e a seguradora em litisconsórcio passivo. Ou seja, a seguradora é parte ilegítima para figurar no polo passivo da demanda em questão, razão pela qual, caso o terceiro prejudicado não identifique adote essas providências, será proferida sentença sem resolução do mérito, nos termos do artigo 485, VI, do Novo Código de Processo Civil.

Não obstante, é importante asseverar que esse posicionamento do Superior Tribunal de Justiça não será alterado com a entrada em vigor do Novo Código de Processo Civil, uma vez que o artigo 128, parágrafo único, dele somente amplia os legitimados passivos para a fase de cumprimento de sentença, sendo que todas as considerações acima feitas quanto ao tema, notadamente da observância ao devido processo legal e à ampla defesa, se mantem intactas.

Chega-se a essa conclusão quando se constata que o Novo Código de Processo Civil deve ser "interpretado conforme os valores e as normas fundamentais estabelecidos na Constituição da República Federativa do Brasil" (artigo 1º), sendo que em diversas oportunidades ele prestigia os princípios do devido processo legal, do contraditório e da ampla defesa (conforme se verifica nos artigos 9º e 10).

Não obstante, é importante salientar que o mencionado artigo 128, parágrafo único, estabelece a ampliação subjetiva da fase de cumprimento de sentença, partindo do pressuposto de que (i) se esteja diante de uma denunciação da lide; (ii) o denunciante foi vencido na lide principal; e (iii) a pretensão indenizatória formulada pelo denunciante na lide secundária foi julgada procedente. Somente com a observância de todos esses elementos é que se pode cogitar em execução direta do denunciado.

É importante deixar claro que o Novo Código de Processo Civil não criou solidariedade entre o denunciante e o denunciado. Esse entendimento resta evidente ao se constatar que o denunciado não necessariamente responderá pela integralidade da condenação do denunciante na lide principal, sendo que a sua obrigação está limitada à condenação da lide secundária.

Ademais, admitir a possibilidade de ajuizamento de ação indenizatória pelo terceiro prejudicado em face única e exclusivamente do segurador demandaria uma interpretação extensiva do mencionado artigo 128, parágrafo único, para que se entenda que se estabeleceu uma solidariedade entre segurado e segurador, a qual não estaria limitada à fase de cumprimento de sentença.

Todavia, como visto, esse posicionamento não se coaduna com a natureza do contrato de seguro de responsabilidade civil (que pressupõe o reconhecimento da obrigação de indenizar do segurado) e também com a própria obrigação solidária, a qual não pode ser identificada onde a lei ou as partes expressamente não a preveem, sendo vedada a sua interpretação extensiva.

Assim, a nova lei processual civil não altera o posicionamento do Superior Tribunal de Justiça visto acima, até mesmo porque ele está pautado no contraditório e na ampla defesa.

4. Conclusão

O contrato de seguro exerce um papel essencial para o desenvolvimento da atividade econômica, uma vez que traz mais segurança para o segurado ao proteger o seu patrimônio ante a possibilidade do advento de riscos, os quais poderiam impactar o exercício de sua atividade econômica caso não haja o contrato em tela.

Todavia, não há como olvidar que a importância do contrato de seguro vai além da preservação do patrimônio, visto que essa espécie contratual traz enorme segurança, a qual é indispensável para a consecução de inúmeros empreendimentos, cujos riscos deles decorrentes os inviabilizariam.

Frisa-se que essa importância não é diminuída em razão da não aplicação do Código de Defesa do Consumidor ao seguro empresarial contratado para a proteção de bens que não sejam do segurado, mas de terceiros, que estejam em sua posse em virtude de sua atividade. A não incidência da lei consumerista somente evidencia que, nesse caso, se trata de nítida relação comercial, submetida às leis comerciais e ao Código Civil.

Em razão da ampla utilização do contrato de seguro pela sociedade contemporânea, não há como negar que o Novo Código de Processo Civil merece uma especial atenção.

Nesse particular, não se pode perder de vista que o artigo 1º do novo código já estabelece que ele deve ser interpretado à luz da Constituição Federal, prestigiando-se não apenas a duração razoável do processo, mas também o contraditório e a ampla defesa, princípios constitucionais sem os quais não se pode almejar um efetivo e adequado acesso à justiça (artigo 5º, XXXV, do texto constitucional).

Quanto às ações de natureza securitária, é inegável os impactos decorrentes do prestígio à mediação e à conciliação, além da criação de regras específicas para a resolução de demandas massificadas (que envolvam a mesma questão de direito) atinentes a direitos individuais homogêneos (incidente de resolução de demandas repetitivas).

Destaca-se que o Novo Código de Processo Civil manteve a denunciação da lide como a forma de o segurado, no mesmo processo em que é demandado por um terceiro, formular pretensão indenizatória em face do segurador (artigo 125, II), o que decorre do direito de regresso que possui em virtude do contrato de seguro, sendo que este direito poderá ser exercido por ação autônoma (artigo 125, § 1º).

Nesse ponto, a inovação trazida pelo novo diploma consiste na possibilidade de, em razão da procedência tanto da lide principal, o denunciado ser executado diretamente, observando-se os limites de sua condenação na lide secundária (artigo 128, parágrafo único). Trata-se do estabelecimento de solidariedade entre denunciante e denunciado, positivando o entendimento do Superior Tribunal de Justiça.

Frisa-se que esse dispositivo (artigo 128, parágrafo único) não afasta a aplicabilidade do enunciado nº 529 da Súmula do Superior Tribunal de Justiça, persistindo a impossibilidade de o terceiro (suposta vítima do sinistro) formular pretensão indenizatória em face única e exclusivamente do segurador, sem que o segurado (suposto causador do dano) esteja no polo passivo da demanda.

Esse entendimento demonstra a inexistência de relação jurídica entre o terceiro prejudicado e o segurador e que o contrato de seguro de responsabilidade civil não se confunde com uma estipulação em favor de terceiro. Além disso, prestigiou-se o amplo direito de defesa do segurador, que estaria mitigado em razão de o segurado não estar presente na lide.

Em outras palavras, o Novo Código de Processo Civil trouxe importantes inovações, mas o intérprete, ao se deparar com demandas de natureza securitária, deve se atentar para as peculiaridades desse tipo de contrato, as quais, se não observadas, podem resultar na sua desnaturalização.

5. Bibliografia

ALVIM, Eduardo de Arruda. *Direito processual civil*. 5ª ed. rev., ampl. e atual. São Paulo: Revista dos Tribunais, 2013.

ALVIM, Pedro. *O contrato de seguro*. 3ª ed. Rio de Janeiro: Forense, 2007.

______. *O seguro e o novo Código Civil*. Organização e compilação de Elizabeth Alvim Bonfioli. Rio de Janeiro: Forense, 2007.

ARRUDA ALVIM, José Manuel de; ASSIS, Araken de; ALVIM, Eduardo de Arruda. *Comentários ao Código de Processo Civil*. Rio de Janeiro: GZ Editora, 2012.

______. ALVIM, Thereza; ALVIM, Eduardo Arruda; MARINS, James. *Código do Consumidor comentado*. 2ª ed. rev. e ampl. São Paulo: Revista dos Tribunais, 1995.

BUENO, Cassio Scarpinella. *Curso sistematizado de direito processual civil: procedimento comum: ordinário e sumário, vol. 2, tomo I*. 5ª ed. rev. e ampl. São Paulo: Saraiva, 2012.

______. *Novo Código de Processo Civil anotado*. São Paulo: Saraiva, 2015.

______. *Projetos de novo Código de Processo Civil comparados e anotados: Senado Federal (PLS nº 166/2010) e Câmara dos Deputados (PL nº 8.046/2010)*. São Paulo: Saraiva, 2014.

CARNEIRO, Athos Gusmão; *Intervenção de terceiros*; 18ª ed.; São Paulo: Saraiva; 2009.

CAVALIERI FILHO, Sergio. *Programa de direito do consumidor*. São Paulo: Atlas, 2008.

______. *Programa de responsabilidade civil*. 9ª ed. rev. e ampl. São Paulo: Atlas, 2010.

CINTRA, Antonio Carlos de Araújo; GRINOVER, Ada Pellegrini; DINAMARCO, Cândido Rangel. *Teoria geral do processo*. 30ª ed. rev., atual. e ampl. São Paulo: Malheiros. 2014.

DINAMARCO, Cândido Rangel. *Instituições de direito processual civil, volume III*. 6ª ed. rev. e atual. São Paulo: Malheiros Editores, 2009.

FUX, Luiz (Coord.). *O novo processo civil brasileiro (direito em expectativa): (reflexões acerca do projeto do novo Código de Processo Civil)*. Rio de Janeiro: Forense, 2011.

GOMES, Orlando. *Contratos*. 26ª ed. Rio de Janeiro: Forense, 2008.

GONÇALVES, Carlos Roberto. *Direito civil brasileiro, v. III: contratos e atos unilaterais*. 4ª ed. rev. e atual. São Paulo: Saraiva, 2007.

GRINOVER, Ada Pellegrini; NERY JUNIOR, Nelson; WATANABE, Kazuo. *Código Brasileiro de Defesa do Consumidor comentado pelos autores do anteprojeto*, volume II. 10ª ed. rev., atual. e ref. Rio de Janeiro: Forense, 2011.

MARCATO, Antonio Carlos (Coord.). *Código de Processo Civil interpretado*. 3ª ed. rev. e atual. São Paulo: Atlas, 2008.

MARINONI, Luiz Guilherme; MITIDIERO, Daniel. *O projeto do CPC: crítica e propostas*. São Paulo: Revista dos Tribunais, 2010.

MARQUES, Claudia Lima; BENJAMIN, Antônio Herman de Vasconcelos; MIRAGEM, Bruno. *Comentários ao Código de Defesa do Consumidor*. 3ª ed. rev., atual. e ampl. São Paulo: Revista dos Tribunais, 2010.

MIRAGEM, Bruno. *Curso de direito do consumidor*. 4ª ed. rev., atual. e ampl. São Paulo: Revista dos Tribunais, 2013.

NERY JUNIOR, Nelson. *Princípios do processo na Constituição Federal: processo civil, penal e administrativo*. 10ª ed. rev., ampl. e atual. com as novas súmulas do STF (simples e vinculantes) e com análise sobre relativização da coisa julgada. São Paulo: Revista dos Tribunais, 2010.

______. NERY, Rosa Maria de Andrade. *Código de Processo Civil comentado e legislação extravagante*. 12ª ed. rev., atual. e ampl. São Paulo: Revista dos Tribunais, 2013.

______. *Comentários ao Código de Processo Civil – Novo CPC*. São Paulo: Revista dos Tribunais, 2015.

______. *Leis civis comentadas*. 3ª ed. rev., ampl. e atual. São Paulo: Revista dos Tribunais, 2012.

NUNES, Luiz Antônio Rizzatto. *Comentários ao Código de Defesa do Consumidor*. 6ª ed. São Paulo: Saraiva. 2011.

PELUSO, Cezar (Coord.); *Código Civil comentado*; 3ª ed.; Barueri-SP: Manole; 2009.

PEREIRA, Caio Mário da Silva; *Responsabilidade civil*; 9ª ed.; Rio de Janeiro: Forense; 2001.

TARTUCE, Flávio; NEVES, Daniel Amorim Assumpção. *Manual de direito do consumidor – direito material e processual*. Rio de Janeiro: Forense. São Paulo: Método. 2012.

TEPEDINO, Gustavo; BARBOSA, Heloisa Helena; MORAES, Maria Celina Bodin de. *Código Civil interpretado conforme a Constituição da República – volume II*. 2ª ed. rev. e atual. Rio de Janeiro: Renovar, 2012.

THEODORO JÚNIOR, Humberto; *O contrato e sua função social*; 3ª ed.; Rio de Janeiro: Forense; 2008.

______. *Curso de direito de processual civil: teoria geral do processo e processo de conhecimento*, volume 1. 53ª ed. rev. e atual. Rio de Janeiro: Forense, 2012.

TZIRULNIK, Ernesto; CAVALCANTI, Flávio de Queiroz B.; PIMENTEL, Ayrton. *O contrato de seguro de acordo com o Novo Código Civil Brasileiro*. 2ª ed. rev., atual. e ampl. São Paulo: Revista dos Tribunais, 2003

WAMBIER, Teresa Arruda Alvim et. al. (Coord.). *Primeiros comentários ao Novo Código de Processo Civil: artigo por artigo*. São Paulo: Revista dos Tribunais, 2015.

______. *Breves comentários ao Novo Código de Processo Civil*. São Paulo: Revista dos Tribunais, 2015.